Livro BEST SELLER

A GRAMÁTICA
PARA CONCURSOS PÚBLICOS

Teoria completa e
mais de 1.400 questões
comentadas

QUINTA EDIÇÃO REVISTA, ATUALIZADA E AMPLIADA

O GEN | Grupo Editorial Nacional – maior plataforma editorial brasileira no segmento científico, técnico e profissional – publica conteúdos nas áreas de concursos, ciências jurídicas, humanas, exatas, da saúde e sociais aplicadas, além de prover serviços direcionados à educação continuada.

As editoras que integram o GEN, das mais respeitadas no mercado editorial, construíram catálogos inigualáveis, com obras decisivas para a formação acadêmica e o aperfeiçoamento de várias gerações de profissionais e estudantes, tendo se tornado sinônimo de qualidade e seriedade.

A missão do GEN e dos núcleos de conteúdo que o compõem é prover a melhor informação científica e distribuí-la de maneira flexível e conveniente, a preços justos, gerando benefícios e servindo a autores, docentes, livreiros, funcionários, colaboradores e acionistas.

Nosso comportamento ético incondicional e nossa responsabilidade social e ambiental são reforçados pela natureza educacional de nossa atividade e dão sustentabilidade ao crescimento contínuo e à rentabilidade do grupo.

SÉRIE PROVAS
& CONCURSOS

FERNANDO **PESTANA**

Livro **BEST SELLER**

A GRAMÁTICA
PARA CONCURSOS PÚBLICOS

Teoria completa e
mais de 1.400 questões
comentadas

QUINTA EDIÇÃO REVISTA, ATUALIZADA E AMPLIADA

■ O autor deste livro e a editora empenharam seus melhores esforços para assegurar que as informações e os procedimentos apresentados no texto estejam em acordo com os padrões aceitos à época da publicação, e todos os dados foram atualizados pelo autor até a data de fechamento do livro. Entretanto, tendo em conta a evolução das ciências, as atualizações legislativas, as mudanças regulamentares governamentais e o constante fluxo de novas informações sobre os temas que constam do livro, recomendamos enfaticamente que os leitores consultem sempre outras fontes fidedignas, de modo a se certificarem de que as informações contidas no texto estão corretas e de que não houve alterações nas recomendações ou na legislação regulamentadora.

■ Fechamento desta edição: 25.08.2022

■ O autor e a editora se empenharam para citar adequadamente e dar o devido crédito a todos os detentores de direitos autorais de qualquer material utilizado neste livro, dispondo-se a possíveis acertos posteriores caso, inadvertida e involuntariamente, a identificação de algum deles tenha sido omitida.

■ Atendimento ao cliente: (11) 5080-0751 | faleconosco@grupogen.com.br

■ Direitos exclusivos para a língua portuguesa
Copyright © 2023 by **Editora Forense Ltda.**
Publicada pelo selo **Método**
Uma editora integrante do GEN | Grupo Editorial Nacional
Travessa do Ouvidor, 11
Rio de Janeiro – RJ – 20040-040
www.grupogen.com.br

■ Reservados todos os direitos. É proibida a duplicação ou reprodução deste volume, no todo ou em parte, em quaisquer formas ou por quaisquer meios (eletrônico, mecânico, gravação, fotocópia, distribuição pela Internet ou outros), sem permissão, por escrito, da Editora Forense Ltda.

■ Capa: Bruno Sales Zorzetto

■ CIP – BRASIL. CATALOGAÇÃO NA PUBLICAÇÃO.
SINDICATO NACIONAL DOS EDITORES DE LIVROS, RJ.

P571g
5. ed.

Pestana, Fernando

A gramática para concursos públicos / Fernando Pestana. – 5. ed., atual. e ampl. – [4. Reimp.] – Rio de Janeiro: Método, 2025.
1056 p.; 23 cm.   (Provas & concursos)

Inclui bibliografia e índice
ISBN 978-65-5964-547-3

1. Língua portuguesa – Estudo e ensino. 2. Língua portuguesa – Gramática. 3. Serviço público – Brasil – Concursos. I. Título. II. Série.

CDD: 469.5076
CDU: 821.134.3'36

22-79470

Meri Gleice Rodrigues de Souza – Bibliotecária – CRB-7/6439

DEDICATÓRIA

Este livro não existiria sem o apoio de minha esposa (que acabou se tornando erudita de tanto pesquisar junto comigo). Juliana é mais do que um achado. É O achado da minha vida.

AGRADECIMENTOS

Sem Jeová (Javé ou Iavé, como queiram), simplesmente nada existiria. Portanto, Ele é o responsável pela vida e pela disposição que tenho. Não menos importantes foram certas pessoas, como meus pais, meus amigos, meus alunos – principalmente os da EsPCEx (Brasil!) – e meus grandes mestres Sérgio Pachá e Danton Pedro dos Santos. Claudio Cezar Henriques, Marcelo Caetano, Roberto Lota, Vítor Campos, Sidney Martins, Bernardo Augusto, Mazô Athayde Jr., muito obrigado pelas discussões (e soluções)! Valeu pela moral, João Antonio!!! Será que perderei a amizade por não incluir alguns que me ajudaram tanto no trajeto? Ah, depois eu me redimo na próxima edição!

A OBRA

Há algum tempo, estava eu avaliando colegas de Português num processo de seleção de um grande curso preparatório do Rio de Janeiro... Dentre os candidatos, um deles se destacou muito, impressionando-me vivamente por sua determinação e inquietação intelectual. Ele me afirmou que, nos lugares onde trabalhava, havia parceiros para bate-papos, festas, mas não para estudo e discussão da matéria. Assegurei-lhe que no nosso curso ia ser diferente, porque a cadeira de Português não se furtava à discussão de assuntos polêmicos. E assim foi durante o tempo em que trabalhamos juntos.

Ele sempre me disse que tinha grande vontade de escrever uma gramática. Estudou, estudou, estudou. Pesquisou autores antigos e novos, fez cursos, numa luta incessante para saber cada vez mais. E assim foi.

Animava-me tanta empolgação e eu já torcia pelo livro que viria inexoravelmente.

Ele foi além, como lhe é peculiar: examinou exaustivamente provas dos últimos anos de concursos públicos civis, militares e vestibulares. E com tamanho embasamento, teórico e prático, surgiu *A Gramática*.

Assim, sem fugir dos problemas mais complexos, ousando atrever-se por caminhos tortuosos, até conflitantes, apresentando frequentemente argumentos de renomadas autoridades da língua portuguesa, Pestana fez deste livro algo inédito: combinou tudo o que se julga excelente em uma gramática, do ponto de vista docente e discente.

Por isso, espera-se que, neste agradável passeio por substantivos, verbos, preposições e conjunções, por orações coordenadas e subordinadas, todos os candidatos a cargos públicos consigam o esclarecimento definitivo das dúvidas e passem a mergulhar profundamente nos meandros da língua.

Em matéria de gramática, este livro é definitivamente a tão aguardada resposta aos anseios dos concurseiros (e professores!), pois, além da sua teoria completa, segura e muito consistente, contém mais de 1.400 exercícios das últimas provas oficiais de concursos recentes, constituindo-se deste modo uma obra altamente indicada aos estudiosos da língua portuguesa.

Como é a vida... Depois de tantas obras lidas durante quase 50 anos, não tinha ideia de que poderia ainda me surpreender com algo tão original e pleno.

E aqui fico, pois A obra fala por si.

Danton Pedro dos Santos
Novembro/2012

A GRAMÁTICA

A notícia do lançamento de uma gramática vem normalmente acompanhada de duas reações. De um lado, a inevitável indagação sobre ser "mais uma gramática" – afinal, já existem tantas... De outro, a inquebrantável expectativa de que enfim alguém tenha lançado uma gramática com algo de novo e uma visão de fato moderna.

Digamos, no entanto, que são duas esperanças fundadas em suposições falsas. De fato, as gramáticas que temos são tantas... Mas são tão poucas diante da riqueza que o tema reserva e da variedade de teorias que se nos oferecem. Com efeito, as novas gramáticas deviam ter algo de novo... Mas é quase pueril alguém exigir, além do enfoque, novidade num assunto que, quanto mais se estuda, mais se comprova a contribuição dos antigos gramáticos, desde os alexandrinos. Não obstante, a necessidade de mais obras gramaticais nunca haverá de cessar.

Além disso, seria preciso averiguar de que tipo de gramática se está falando. Uma gramática descritiva não tem os mesmos objetivos de uma gramática normativa, e ambas diferem dos experimentalismos de outras adjetivações que se possam apor ao substantivo "gramática", seja gerativa, transformacional, funcional, filosófica, e quantas outras que se posicionam num dos lados do ringue da modernidade olhando desafiadora e até arrogantemente para seu "franzino" oponente tradicional.

A obra de Fernando Pestana alcança os dois lados da "moeda gramatical": (1) traz uma revisão crítica e oportuna sobre o acervo dos estudos gramaticais do português; (2) apresenta uma organização original e meticulosa, numa linguagem acessível, bem-humorada e didática – sem perder o tom sério de quem se pretende claro e eficiente. Por isso PREPARA e por isso ENSINA. Justo, então, ver em seu título um artigo definido como núcleo fonossemântico do sintagma. Abra *A Gramática*, estude-a e sinta-se preparado para **A prova**, **A vida**.

Claudio Cezar Henriques
Doutor em Língua Portuguesa
pela Universidade do Estado do Rio de Janeiro

PREFÁCIO

Não aprendemos para a escola, mas para a vida, diziam os Antigos, querendo com isto significar que o conhecimento adquirido na escola tem um valor intrínseco, que de longe transcende as circunstâncias e exigências do universo escolar.

Os tempos e as vontades mudaram. Atualmente, a preocupação que parece servir de norte a quase todo o ensino que se ministra entre nós é fazer o discente absorver e memorizar o maior número possível de informações, sem ordem nem hierarquia, de tal sorte que se sinta aparelhado a enfrentar, com boas possibilidades de êxito, o montão de charadas e perguntas de algibeira destinadas a eliminar o maior número possível de candidatos a poucas vagas: seja em exames vestibulares, seja em concursos para o preenchimento de cargos públicos.

Foi esta, portanto, a questão com que se deparou e a que teve de responder meu jovem colega, Fernando José Pestana, primeiro em sala de aula e logo diante da tela em branco de um computador: como ensinar Língua Portuguesa de maneira clara e bem ordenada, eficaz e honesta, e, ao mesmo tempo, sempre útil a quem dela necessite para transpor com segurança as corridas de obstáculos que encontrar no caminho da Universidade ou do serviço público? Por outras palavras: como ser professor de Português no Brasil sem jamais vender a alma ao diabo?

A resposta é o livro que você tem em mãos. Abra-o. Leia-o devagar. Reflita sobre o que leu. Ponha em prática o que ele ensina. Nenhum livro se propõe ensinar-lhe ***tudo*** aquilo de que você necessita para conhecer a fundo nossa língua. Ensinar-lhe-á, no entanto, como se flexionam os blocos que a compõem e como estes se combinam para formar blocos maiores – os sintagmas, as orações e os períodos de que nos servimos para expressar nossas ideias e sentimentos. E também o induzirá a completar seu estudo, buscando, nas fontes mesmas da língua literária (também conhecida como norma culta do idioma), os grandes modelos que a ilustraram e engrandeceram ao longo de uma história multissecular de muitas glórias. Em o fazendo, meu jovem amigo, você estará desmentindo, por suas ações, o pragmatismo estéril de nosso tempo: você estará primacialmente aprendendo não para a escola, ou para o vestibular, ou para o concurso público, mas para a vida.

Sergio Pachá
Mestre em Língua Portuguesa
Ex-lexicógrafo-chefe da Academia Brasileira de Letras

EIS UMA BREVE APRESENTAÇÃO...

... porque não podemos perder tempo com palavras garbosas e blá-blá-blás. Um discurso polido e preciosista não me interessa nem deve interessar-lhe. Minha intenção é facilitar ao máximo sua vida, por isso a abordagem de *A Gramática* — que apresenta uma linguagem bem informal para ensinar o registro culto — visa principalmente a um propósito: fazer **você acertar as questões de qualquer prova de Língua Portuguesa** (independentemente do nível). Ponto.

Saiba que *A Gramática* está totalmente "antenada" com a linguagem dos concursos públicos, que vêm se valendo cada vez mais dos estudos linguísticos modernos. Coloque na sua cabeça o seguinte: foi-se o tempo em que as grandes bancas trabalhavam a gramática de modo superficial, por isso, em *A Gramática*, não há "mixaria" de informações. Hoje é preciso saber muito, pois as bancas estão cada vez mais "maldosas"! No devido grau, tudo aqui é pertinente, para que você se sinta sempre confiante no dia da prova. E, caso uma informação não tenha tanta relevância, você será avisado no corpo dos capítulos. Afinal, além de muita informação, precisamos de foco!

Entenda que, atualmente, as boas provas exploram muito a gramática textual, ou seja, o conhecimento de conteúdos gramaticais aplicados aos textos e, consequentemente, ao discurso. Hoje, muitas questões (quase todas) tratam de trechos retirados de um texto, portanto não posso deixar de apegar-me aos valores discursivos das classes gramaticais e de certos aspectos da análise do discurso. Isso é algo primordial e **inovador**! Não foi por nada que me preocupei com os anseios dos concurseiros (e dos professores!).

Falando sério, quem não quer mais de 1.400 questões atuais co-men-ta-das (Comentários no Material Complementar da obra)? Quem não quer inúmeras referências gramaticais para interpor recursos? Quem não quer teoria consistente em fácil linguagem? Quem não quer um professor que, embora detalhista, diga exatamente o que você deve ou não estudar, para otimizar seu tempo? Quem não quer ter contato com questões polêmicas sobre as quais mais de um gramático pensa diferente acerca da resolução delas? Quem não quer "aquela" gramática? Quando eu era concurseiro, eu queria muito tudo isso!

Enfim... existe *A Gramática*? Sim, e está em suas mãos! Há muito mais a perceber, mas agora é com você.

Eis *A Gramática*.

COMO ESTUDAR PARA CONCURSO PÚBLICO?

Se você nunca estudou para concursos, sugiro que estude capítulo por capítulo, com toda a calma e concentração do mundo. Não adianta pressa; afinal, como diz o sábio ditado, "a pressa é a inimiga da perfeição".

– Mas, Pestana, eu preciso passar logo no concurso!

Se você ficar ansioso(a), vai acabar se sabotando... Isso é bem perigoso, pois leva à frustração.

Pense: para correr uma maratona de 50 km, você sai do sedentarismo e se prepara só dois meses antes da corrida? Claro que não! Um concurso é uma maratona. Você precisa de <u>disciplina</u>: acordar cedo, alimentar-se bem, treinar bastante, dormir bem e repetir o processo durante muitos meses. Mesmo depois disso tudo, a chance de você ganhar sua primeira maratona é bem pequena, concorda? Afinal, há pessoas que vêm se preparando há mais tempo do que você. No entanto, depois de correr algumas maratonas, o cenário começa a mudar... positivamente! Você começa a ficar bom demais, a ponto de ficar entre os primeiros em várias maratonas, acumulando prêmios e medalhas. Sim, não é fácil, mas o resultado de todo esse esforço é MUITO SATISFATÓRIO! Sentir o gostinho da vitória é algo único... Só depende de você desejar e agarrar esse propósito com muita vontade!

Para ajudá-lo(a) melhor, leia abaixo três perguntas e respostas que normalmente me fazem, pois elas podem ser dúvidas suas.

1 – Qual é a melhor maneira de estudar Português?

Antes de mais nada, se o aluno quer aprender Português para concursos, será necessário tempo. Não adianta acreditar que será possível "mandar bem" numa prova de língua portuguesa estudando apenas três meses. É preciso estudar pelo menos três vezes por semana, três horas por dia, por seis meses, fazendo milhares de questões comentadas para a fixação do conteúdo estudado. Só assim o processo de aprendizado vai ser produtivo, permitindo ao candidato passar no concurso desejado. Ficou assustado(a)? Não fique, pois todos os candidatos estão no mesmo barco. Salva-se aquele que sabe nadar! Então, vá com tudo, com sangue nos olhos!

Pois bem... Vamos ao que interessa! Existem várias técnicas para aprender gramática, mas recomendo o seguinte processo: assistir a aulas (presenciais ou videoaulas) com um profissional competente; ter uma gramática que seja referência no mercado para constantes consultas; fazer milhares de questões comentadas (preferencialmente em cima das provas da banca que elaborará o seu concurso) visando esgotar cada assunto estudado; revisar tudo o que foi estudado na semana (revisar é a alma do negócio!); e sempre repetir esse processo quando determinado ponto não for bem internalizado. Aos poucos, as regras gramaticais vão entrando pelas veias, até chegarem ao coração! Sobre interpretação de textos, é preciso seguir estes pontos: ter um grande volume de leitura semanal, buscar identificar o tipo e o gênero textual do que é lido, parafrasear passagens do texto que não ficaram tão claras, resumir cada parágrafo para "pegar" a ideia principal, destacar as ideias mais relevantes do texto, perceber as relações de sentido que existem entre os parágrafos, não "viajar" indo além da superfície textual, ler e reler as afirmações do comando da questão e das alternativas para manter o foco. Fique tranquilo(a), pois todos os capítulos de *A Gramática* conduzirão você ao sucesso.

2 – Quais são os pontos mais comuns de gramática e interpretação que costumam ser cobrados na maior parte dos concursos?

Em gramática, os assuntos mais recorrentes são: acentuação, ortografia, semântica, pronome, verbo, conjunção, análise sintática, pontuação, concordância, regência, crase, coesão e coerência. Portanto, é cair para dentro do livro, com sangue nos olhos! Já as questões de interpretação levam em conta alguns pontos, como: a extrapolação (o candidato não pode fazer uma leitura que vá além do conteúdo textual); a redução (o candidato não pode fazer uma leitura aquém do que está no texto); e a contradição (o candidato precisa estar atento, nas alternativas, a afirmações com ideias contrárias às ideias reais do texto). Sendo assim, é preciso ler com atenção, mais de uma vez, estando atento ao comando da questão, buscando sempre perceber se há equívoco entre as afirmações das alternativas e o que está na superfície textual.

3 – Como devo estudar para a banca do meu concurso?

Por favor, dirija-se ao Capítulo 39 e leia-o na íntegra, com atenção!

Observação

Ao longo da leitura deste livro, você vai ver que me empolgo, colocando alguns detalhes teóricos que caem raramente em prova. Por que faço isso? Prefiro ser detalhista a deixar você ser surpreendido na prova por um detalhe que me escapou na teoria. Afinal, as bancas estão cada vez mais perigosas. MAAAASSSS... para otimizar seu tempo, criei (em cada capítulo) um tópico chamado "**O que cai mais na prova?**", que aborda os conteúdos mais relevantes de cada capítulo estudado. **Não deixe de ler, hein**! É a cerejinha do bolo de cada capítulo! ☺

Para atender às críticas

Não estou interessado em elogios. Elogios costumam amortecer a vontade de melhora. Além de encher a caixa de *e-mails*. Brincadeira. Na verdade, estou ávido por ouvir suas críticas construtivas (e nem tão construtivas assim) a respeito do livro, principalmente acerca de erros "bobos", que às vezes nos escapam, de ortografia, digitação, espaçamento etc. Se até o *Manual de Redação Oficial da Presidência da República* tem erros, certamente deverá haver nesta obra. Antes, porém, coloque este *link* no Google e leia:

http://filosofarpreciso.blogspot.com.br/2009/02/critica-construtiva.html

Anote o *e-mail* para onde você vai enviar suas **críticas** (construtivas): **agramaticadopest@gmail.com**. Para quem já conhece meu *e-mail* pessoal, nem tente enviar para ele, senão vou enlouquecer!

Quer aprender ainda mais com aulas ao vivo, simulados para treinar, cursos em vídeo e PDF de teoria e resolução de questões separados por banca?

Leia o QR Code abaixo ou acesse www.portuguesdozero.com.br, clique na opção "QUERO FAZER PARTE" e informe o cupom AGRAMATICA na finalização da compra.

Bons estudos!

SUMÁRIO

Introdução **O que é Gramática Normativa, Norma Culta, Registro Culto etc.?** **1**

Capítulo 1 **Fonologia** **3**

Definição 3

Fonema 3

Letra 4

Dígrafo e Dífono 4

Classificação dos Fonemas 5

Sílaba 7

Encontros Vocálicos 8

Encontros Consonantais 10

Separação Silábica 10

Ortoepia e Prosódia 11

Algumas Pronúncias e Grafias Duplas Registradas em Dicionários e/ou no VOLP ... 13

O Que Cai Mais na Prova? 14

Questões de Concursos 14

Gabarito 18

Capítulo 2 **Acentuação Gráfica** **19**

Definição 19

Sinais Diacríticos 19

Algumas Considerações Importantes 20

Regra de Acentuação para Monossílabas Tônicas 21

Regra de Acentuação para Proparoxítonas 22

Regra de Acentuação para Paroxítonas 23

Regra de Acentuação para Oxítonas 23

Regra de Acentuação para os Hiatos Tônicos (I e U) 24

Regra de Acentuação para os Ditongos Abertos 24

Regra de Acentuação para os Hiatos EEM e OO 25

Regra de Acentuação para o Trema	25
Regra de Acentuação para os Acentos Diferenciais	25
Algumas Formas Variantes na Grafia e na Pronúncia	27
Regras para o Uso do Hífen	27
Diferenças Ortográficas entre o Português Brasileiro (PB) e o Português Europeu (PE)	31
O Que Cai Mais na Prova?	32
Questões de Concursos	32
Gabarito	36

Capítulo 3   Ortografia — 37

Definição	37
O Alfabeto	38
Emprego da Letra E	39
Emprego da Letra I	40
Emprego da Letra O	40
Emprego da Letra U	41
Emprego da Letra C	41
Emprego do Ç	41
Emprego da Letra G	42
Emprego da Letra J	43
Emprego da Letra H	44
Emprego da Letra S	44
Emprego do Dígrafo SS	45
Emprego do Dígrafo SC	46
Emprego do Dígrafo CH	46
Emprego da Letra X	47
Emprego da Letra Z	47
Emprego dos Verbos Terminados em -EAR e -IAR	48
Dupla Grafia	49
Emprego das Iniciais Maiúsculas ou Minúsculas	50
Abreviaturas	52
O Que Cai Mais na Prova?	53
Questões de Concursos	54
Gabarito	60

Capítulo 4   Semântica e Lexicologia — 61

Definição	61
Sinonímia	62

Sumário XXIII

Antonímia 63

Homonímia 63

Paronímia 65

Polissemia 67

Hiponímia e Hiperonímia 68

Meronímia e Holonímia 69

Acronímia, Estrangeirismos, Toponímia, Antroponímia, Axionímia e Oneonímia 69

Campo Lexical e Campo Semântico 70

Ambiguidade 70

Intertextualidade 71

Denotação e Conotação 74

Fatos e Dificuldades da Língua Culta (Uso dos Porquês e de Outras Expressões) 74

A Escolha das Palavras 85

Expressões Idiomáticas 87

O Que Cai Mais na Prova? 88

Questões de Concursos 89

Gabarito 95

Capítulo 5   Morfologia   **97**

Capítulo 6   Estrutura e Processo de Formação de Palavras   **101**

Definição 101

Morfema 101

Alomorfia 103

Vocábulos Cognatos 103

Radical 103

Radicais Gregos 104

Radicais Latinos 110

Afixos 112

Prefixos Gregos 112

Prefixos Latinos 114

Sufixos Greco-Latinos 118

Desinências 124

Vogal Temática 126

VTs nominais 127

VTs verbais 127

Letra de Ligação 128

Processo de Formação de Palavras 128

Derivação Prefixal, Sufixal, Parassintética (Circunfixação), Regressiva (Regressão) e Imprópria (Conversão) 129

Composição por Justaposição e por Aglutinação 137

Recomposição 138

Onomatopeia 138

Abreviação (Redução).. 138

Siglonimização 139

Hibridismo 140

Combinação (Amálgama ou Palavra-Valise) 140

Neologismo... 141

O Que Cai Mais na Prova?.. 143

Questões de Concursos 144

Gabarito.. 148

Capítulo 7   Substantivo   149

Definição 149

Identificação e Substantivação 150

Recurso de Nominalização 154

Locução Substantiva.. 156

Classificação.. 156

Variação em Gênero 158

Variação em Número 163

Variação em Grau.. 170

Valor Discursivo (Linguística Textual) 174

O Que Cai Mais na Prova?.. 175

Questões de Concursos 175

Gabarito.. 181

Capítulo 8   Adjetivo   183

Definição 183

Identificação e Adjetivação 185

Recurso de Nominalização 187

Classificação.. 187

Locução Adjetiva... 189

Variação em Gênero 190

Variação em Número 191

Variação em Grau.. 192

Valor Discursivo (Linguística Textual) 196

Sumário **XXV**

O Que Cai Mais na Prova? 198

Questões de Concursos 199

Gabarito 204

Capítulo 9 **Artigo** 205

Definição 205

Classificação 205

Identificação 206

Emprego dos Artigos Definidos 209

Emprego dos Artigos Indefinidos 215

Valor Discursivo (Linguística Textual) 216

O Que Cai Mais na Prova? 217

Questões de Concursos 218

Gabarito 223

Capítulo 10 **Numeral** 225

Definição 225

Identificação 226

Classificação 227

Valor Discursivo (Linguística Textual) 231

O Que Cai Mais na Prova? 232

Questões de Concursos 232

Gabarito 237

Capítulo 11 **Pronome** 239

Definição 239

Identificação 240

Classificação, Emprego e Colocação do Pronome Pessoal 241

Classificação e Emprego do Pronome Possessivo 261

Classificação e Emprego do Pronome Indefinido 263

Classificação e Emprego do Pronome Interrogativo 268

Classificação e Emprego do Pronome Demonstrativo 269

Classificação e Emprego do Pronome Relativo 274

Valor Discursivo (Linguística Textual) 281

O Que Cai Mais na Prova? 283

Questões de Concursos 283

Gabarito 292

Capítulo 12 Verbo — 293

Definição 293
Identificação 294
Flexões dos Verbos 296
Estrutura Verbal 297
Locução Verbal 301
Aspecto Verbal 306
Formas Nominais dos Verbos 308
Voz Verbal 314
Formação dos Tempos Primitivos e Derivados 326
Formação do Imperativo e Uniformidade de Tratamento 330
Formação dos Tempos Compostos 332
Emprego dos Tempos e Modos Verbais 334
Correlação Verbal 346
Classificação dos Verbos 349
Paradigmas (Modelos) de Conjugação Verbal 355
Particularidades Gráficas e Fonéticas 379
Papéis Temáticos 380
Valor Discursivo (Linguística Textual) 380
O Que Cai Mais na Prova? 383
Questões de Concursos 384
Gabarito 396

Capítulo 13 Advérbio — 397

Definição 397
Identificação e Particularidades 399
Classificação dos Advérbios e das Locuções Adverbiais 402
Palavras e Locuções Denotativas 414
Variação em Grau 417
Valor Discursivo (Linguística textual) 419
O Que Cai Mais na Prova? 424
Questões de Concursos 425
Gabarito 432

Capítulo 14 Preposição — 433

Definição 433
Identificação 434
Classificação 435

Combinações e Contrações 436

Locução Prepositiva e Valores Semânticos 437

Valor Relacional e Nocional 440

Certas Particularidades 447

Valor Discursivo (Linguística Textual) 449

O Que Cai Mais na Prova? 450

Questões de Concursos 450

Gabarito 456

Capítulo 15 Conjunção — **457**

Definição 457

Identificação 458

Locução Conjuntiva 459

Classificação 459

Coordenativas 459

Subordinativas 467

Recado Final 479

Valor Discursivo (Linguística Textual) 481

O Que Cai Mais na Prova? 482

Questões de Concursos 483

Gabarito 492

Capítulo 16 Interjeição — **493**

Definição 493

Identificação 494

Locução Interjetiva 494

Classificação 494

Valor Discursivo (Linguística Textual) 496

O Que Cai Mais na Prova? 496

Questões de Concursos 496

Gabarito 498

Capítulo 17 Sintaxe — **499**

O Que é Morfossintaxe? 501

"SINTAGMA" – Ainda Não Sabe o Que é Isso? 502

Capítulo 18 Frase, Oração e Período — **505**

Capítulo 19 Termos Essenciais da Oração **509**

Definição 509

Sujeito 509

Classificação do Sujeito 512

Predicado 521

Predicação Verbal / Transitividade Verbal 522

Predicativo do Sujeito e do Objeto 527

Classificação do Predicado 530

O Que Cai Mais na Prova? 531

Questões de Concursos 532

Gabarito 539

Capítulo 20 Termos Integrantes da Oração **541**

Definição 541

Objeto Direto 541

Objeto Direto x Sujeito 544

Objeto Indireto 545

Complemento Nominal 547

Complemento Nominal x Objeto Indireto 549

Agente da Passiva 550

Agente da Passiva x Complemento Nominal 552

O Que Cai Mais na Prova? 552

Questões de Concursos 552

Gabarito 557

Capítulo 21 Termos Acessórios da Oração **559**

Definição 559

Adjunto Adnominal 559

Adjunto Adnominal x Agente da Passiva 561

Adjunto Adnominal x Complemento Nominal 561

Adjunto Adnominal x Predicativo do Sujeito e do Objeto 562

Funções Sintáticas dos Pronomes Pessoais Oblíquos Átonos 563

Adjunto Adverbial 570

Adjunto Adverbial x Adjunto Adnominal 572

Adjunto Adverbial x Objeto Indireto 573

Adjunto Adverbial x Predicativo do Sujeito 573

Adjunto Adverbial x Agente da Passiva 574

Aposto 574

Classificação do Aposto 575

Aposto x Adjunto Adnominal 577

Aposto x Predicativo do Sujeito 578

Vocativo 578

Vocativo x Aposto 578

O Que Cai Mais na Prova? 579

Questões de Concursos 579

Gabarito 585

Capítulo 22 Orações Coordenadas — 587

Conceito de Coordenação 587

Orações Coordenadas Assindéticas e Sindéticas 588

Orações Coordenadas Sindéticas Aditivas 589

Orações Coordenadas Sindéticas Adversativas 590

Orações Coordenadas Sindéticas Alternativas 591

Orações Coordenadas Sindéticas Conclusivas 591

Orações Coordenadas Sindéticas Explicativas 591

Paralelismo Sintático 592

O Que Cai Mais na Prova? 595

Questões de Concursos 596

Gabarito 602

Capítulo 23 Orações Subordinadas — 603

Conceito de Subordinação 603

Orações Subordinadas Substantivas 604

Orações Subordinadas Substantivas Subjetivas 605

Orações Subordinadas Substantivas Predicativas 606

Orações Subordinadas Substantivas Objetivas Diretas 607

Orações Subordinadas Substantivas Objetivas Indiretas 608

Orações Subordinadas Substantivas Completivas Nominais 609

Orações Subordinadas Substantivas Apositivas 610

Orações Subordinadas Substantivas Justapostas 610

Orações Subordinadas Adjetivas 611

Orações Subordinadas Adjetivas Restritivas 612

Orações Subordinadas Adjetivas Explicativas 614

Valores Circunstanciais das Orações Adjetivas 614

Orações Subordinadas Adjetivas Justapostas 615

Funções Sintáticas dos Pronomes Relativos 615

Orações Subordinadas Adverbiais... 619

Orações Subordinadas Adverbiais Causais 620

Orações Subordinadas Adverbiais Causais x Orações Coordenadas Sindéticas Explicativas........ 620

Orações Subordinadas Adverbiais Consecutivas.. 622

Orações Subordinadas Adverbiais Condicionais 623

Orações Subordinadas Adverbiais Concessivas... 623

Orações Subordinadas Adverbiais Conformativas... 623

Orações Subordinadas Adverbiais Comparativas 623

Orações Subordinadas Adverbiais Finais... 624

Orações Subordinadas Adverbiais Proporcionais.. 625

Orações Subordinadas Adverbiais Temporais.. 625

Orações Subordinadas Adverbiais Modais 626

Orações Subordinadas Adverbiais Justapostas.. 626

O Que Cai Mais na Prova?... 627

Questões de Concursos 627

Gabarito.. 634

Capítulo 24   Orações Reduzidas   635

Definição 635

Orações Reduzidas de Infinitivo.. 635

Orações Reduzidas de Gerúndio 638

Orações Reduzidas de Particípio.. 639

O Que Cai Mais na Prova?... 640

Questões de Concursos 641

Gabarito.. 645

Capítulo 25   Orações Intercaladas   647

Definição 647

Tipos... 647

Capítulo 26   Período Misto   651

Definição 651

Possibilidades de Período Misto.. 651

A Elipse na Análise Sintática 653

Modelo de Análise de um Período Misto.. 654

O Que Cai Mais na Prova?... 655

Questões de Concursos 656

Gabarito.. 659

Sumário **XXXI**

Capítulo 27 **Pontuação** 661

Definição 661

Vírgula 664

Ponto e Vírgula 679

Dois-Pontos 680

Ponto 681

Ponto de Interrogação 681

Ponto de Exclamação 682

Travessão 682

Parênteses 684

Aspas 685

Reticências 686

O Que Cai Mais na Prova? 687

Questões de Concursos 688

Gabarito 697

Capítulo 28 **Concordância** 699

Definição 699

Concordância Verbal com o Sujeito Simples 701

Concordância Verbal com o Sujeito Composto 708

Concordância Verbal do Ser 713

Casos Especiais de Concordância Verbal 715

Casos Mais Frequentes em Provas 719

Casos Facultativos 721

Silepse de Número e de Pessoa 723

Concordância Nominal com Adjetivos 724

Casos Especiais de Concordância Nominal 727

Silepse de Gênero e de Número 730

O Que Cai Mais na Prova? 731

Questões de Concursos 732

Gabarito 740

Capítulo 29 **Regência** 741

Definição e Particularidades 741

Regência Verbal 746

Regência Nominal 764

O Que Cai Mais na Prova? 768

Questões de Concursos 768

Gabarito 776

Capítulo 30 Crase — 777

Definição	777
Casos Obrigatórios	779
Casos Proibitivos	781
Casos Facultativos	784
Casos Especiais	786
A Crase e Certas Implicações	794
O Que Cai Mais na Prova?	795
Questões de Concursos	796
Gabarito	802

Capítulo 31 Que, Se e Como — 803

Definição	803
O Vocábulo QUE e Suas Classificações	803
O Vocábulo SE e Suas Classificações	809
O Vocábulo COMO e Suas Classificações	812
O Que Cai Mais na Prova?	814
Questões de Concursos	815
Gabarito	821

Capítulo 32 Estilística — 823

Definição	823
Figuras de Palavras (Conceito)	824
Metáfora	824
Comparação	824
Metonímia	825
Catacrese	825
Perífrase	825
Sinestesia	825
Figuras de Sintaxe	826
Hipérbato	826
Pleonasmo	826
Anacoluto	826
Elipse	827
Zeugma	827
Assíndeto	827
Polissíndeto	827
Anáfora	827

Figuras de Pensamento 828

Antítese 828

Oxímoro (Paradoxo) 828

Hipérbole 828

Gradação 828

Eufemismo 829

Ironia 829

Prosopopeia (Personificação) 829

Figuras Fônicas 829

Aliteração 830

Assonância 830

Paranomásia 830

Onomatopeia 830

Paralelismo 830

Combinação de Figuras 830

Vícios de Linguagem 831

Ambiguidade (Anfibologia) 831

Arcaísmo 831

Barbarismo 832

Cacofonia 832

Colisão 832

Parequema 833

Eco 833

Hiato 833

Solecismo 833

Preciosismo 833

Plebeísmo 834

Redundância (Tautologia) 834

Estrangeirismo 834

Prolixidade 835

O Que Cai Mais na Prova? 835

Questões de Concursos 835

Gabarito 841

Capítulo 33 Teoria da Comunicação — 843

Definição 843

Elementos da Comunicação 843

Funções da Linguagem 845

XXXIV A Gramática para Concursos Públicos • Fernando Pestana

Noções de Semiótica (ou Semiologia) e Linguística 847

O Que Cai Mais na Prova? 849

Questões de Concursos 849

Gabarito 858

Capítulo 34 Compreensão/Interpretação de Textos e Tipologia Textual   859

Definição 859

Operadores Argumentativos 860

Pressupostos e Subentendidos 863

Tipologia Textual 868

Texto Narrativo, Tipos de Discurso e Modos de Citação do Discurso Alheio 868

Modos de Citação do Discurso Alheio 871

Texto Descritivo 872

Texto Injuntivo 873

Texto Dialogal 874

Texto Dissertativo 874

Estratégias Argumentativas 876

Métodos de Raciocínio 878

Gênero Textual 880

Estratégias para Compreensão/Interpretação de Textos 882

Análise de um Texto 885

O Que Cai Mais na Prova? 887

Questões de Concursos 887

Gabarito 902

Capítulo 35 Coesão e Coerência   903

Definição 903

Coesão Referencial 905

Coesão Sequencial 907

Coesão Recorrencial 908

Fatores de Coerência 908

Coerência Narrativa 910

Coerência Argumentativa 911

Coerência Figurativa 911

Coerência Temporal 911

Coerência de Registro 912

Continuidade Textual 912

O Que Cai Mais na Prova? 914

Questões de Concursos 915

Gabarito.. 925

Capítulo 36 Registros e Variações Linguísticas — **927**

Registro Culto e Coloquial.. 928

O Que Cai Mais na Prova?.. 936

Questões de Concursos 937

Gabarito.. 947

Capítulo 37 Reescritura de Frases — **949**

Definição de Paráfrase 949

Mudança de Posição dos Vocábulos.. 950

Equivalência entre Locuções e Palavras e entre Conectivos 951

Substituição de Verbos por Advérbios e Vice-Versa.. 952

Uso de Sinônimos 952

Substituição de Substantivos por Pronomes.. 953

Nominalização 953

Transformação de Oração Reduzida em Desenvolvida e Vice-Versa...................... 955

Substituição de Pronome Relativo por Outro e Pronome Demonstrativo por Outro.............. 956

Possibilidades de Paralelismo 957

Relação de Causa e Consequência 957

O Que Cai Mais na Prova?.. 957

Questões de Concursos 958

Gabarito.. 966

Capítulo 38 Simulado da Banca CQIP — **967**

Simulado de Português.. 967

Capítulo 39 Raio-X das Bancas — **975**

Perfi l da AOCP 975

Perfil do Idecan 976

Perfil da Consulplan.. 978

Perfil do IBFC... 979

Perfil da Vunesp 980

Perfil da Cesgranrio... 980

Perfil da FGV 981

Perfil da FCC... 982

Perfil do Cespe/UnB 984

Perfil da Esaf 985

Momento Mister M 987

Capítulo 40 Questões Mal Formuladas e Polêmicas Gramaticais — **989**

Questões Mal Formuladas.. 989

Polêmicas Gramaticais... 991

Bibliografia — **997**

Índice Alfabético-Remissivo — **1001**

Mensagem Final — **1017**

INTRODUÇÃO
O QUE É GRAMÁTICA NORMATIVA, NORMA CULTA, REGISTRO CULTO ETC.?

Leia isto (vá por mim!), pois tais conceitos são importantes para a sua prova!

A **gramática normativa** trata da sistematização do registro culto escrito da língua, em seus níveis fonético/fonológico (som), mórfico (forma), sintático (organização), semântico (sentido) e léxico (vocabulário). Abordarei também os níveis discursivo (uso efetivo) e estilístico (criatividade). Tratarei de tudo isso em *A Gramática*.

A **língua culta (ou registro culto)**, conforme dizia o conceituadíssimo gramático Celso Cunha, "trata de uma descrição do português atual na sua **forma culta**, isto é, da língua **como a têm utilizado** os escritores portugueses, brasileiros e africanos, do Romantismo para cá, dando naturalmente uma situação *privilegiada* aos autores dos nossos dias". Como se pôde perceber com os grifos que dei, é simplesmente a maneira como as pessoas que gozam de alto grau de letramento usam a língua. Não é a língua **pura** ou **correta** (apesar de ainda muitos sustentarem tal discurso!), mas tão somente uma maneira de usar a língua. A partir do modelo de escrita de pessoas conceituadas, estudiosos dessa modalidade linguística criaram padrões de "bom uso" da língua. De modo simplista, é por isso que a língua culta é também chamada de **língua padrão**, ou **registro culto**, ou ainda **registro formal**. Em algumas provas atuais, você ainda vai encontrar a expressão "<u>erro</u> gramatical", quando melhor seria dizer "desvio", "inadequação" ou "incorreção" do ponto de vista do padrão culto da língua.

A **gramática normativa**, segundo a concepção mais tradicional, portanto, é um conjunto de regras para escrever e falar **corretamente** uma língua, isto é, de acordo com o molde de uso dessa língua por pessoas *cultas/letradas*. Será que é por isso que se fala em *norma culta*? Certamente.

A **norma culta** é apenas uma das variedades de uso da língua. Infelizmente, ainda, muitos pensam que o padrão culto da língua é o melhor, o correto, o ideal de língua e, portanto, o que deve ser usado por todos. Mas saiba que ela é tão somente uma das variedades de uso da língua. É normalmente ensinada pelas gramáticas escolares, que se baseiam nos registros escritos de pessoas consagradas na sociedade e tidas como cultas/letradas. E é normalmente usada em situações formais. Estudos linguísticos modernos definem **norma culta** como diferente de **norma-padrão**. Em concursos, ainda são tratadas como conceitos sinônimos.

Abra qualquer gramática **tradicional**, como a do Celso Cunha ou a do Bechara... Verá lá uma série de trechos retirados de livros de gente famosa, culta, influente e consagrada na sociedade. O modo como essas pessoas se expressavam linguisticamente pela escrita seguia um determinado modelo – com algumas variações, é claro, mas nada substancial – que, por sua vez, serviu de base para a feitura da **gramática normativa**, em que a língua padrão (culta) se torna o ideal do "bem falar e escrever".

Adendos e críticas à parte, devido à relevância que tem nas situações formais, essa norma culta *deve* ser ensinada nas escolas (afinal, não a aprendemos na rua). É nesse ambiente institucionalizado que a aprendemos regularmente.

Pois bem... se o objetivo da língua é a comunicação e a interação, quero alistar aqui algumas vantagens do aprendizado do registro culto/formal da língua:

- Assegura a unidade da língua nacional, pois é por meio do uso da língua culta que os livros didáticos, científicos e jurídicos, os documentos formais, os (tele)jornais consagrados, as grandes mídias etc. veiculam as informações de modo neutro e unificado para todo o país.
- Permite que uma pessoa ascenda profissionalmente, pois uma das exigências nas entrevistas de emprego ou nas provas de concursos públicos é o uso considerado *mais esmerado* da língua, por meio do qual pensamentos complexos são expressos, a saber: o registro culto da língua.
- Serve como um valioso instrumento em situações formais, para que circulemos bem em determinados ambientes sociolinguísticos. Por exemplo, ao nos dirigirmos a um juiz em um tribunal, a um presidente de uma empresa, enfim, a uma pessoa que ocupa um cargo social mais elevado que o nosso, sentimo-nos impelidos a usar a língua culta.

Assim, percebemos que, em termos práticos, precisamos aprender o registro culto da língua para nosso bem-estar social! E isso inclui o quê? **Acertar questões em provas de concurso público**, pois elas se baseiam na norma culta. Como esta gramática se destina a ensinar tal norma, visando à sua ascensão social, chega de papo! Sirva-se!

CAPÍTULO 1
FONOLOGIA

Definição

Quando usamos a língua falada, saem sons de nossa boca, certo? Esses sons se combinam e formam palavras, certo? Essas palavras, por sua vez, podem ter seu sentido modificado caso uma parte sonora seja modificada, certo? Ok, então.

A **Fonologia** é a parte da gramática que estuda os sons da língua, sua capacidade de combinação e sua capacidade de distinção. Ela se ocupa da função dos sons dentro da língua, os quais permitem aos falantes formar palavras e distinguir significados. É o estudo dela que nos interessa para as provas de concursos públicos. O estudo da Fonética não nos importa.

"Ah, então existe uma distinção entre Fonética e Fonologia?" Sim! A Fonética descreve os aspectos articulatórios e as propriedades físicas de todos os sons, ou seja, trata da produção dos sons, como eles se formam etc. "Poxa, Pestana, então você não vai mostrar todo o aparelho fonador, a boca, a língua, os dentes, a transcrição fonética etc. e tal?" E-xa-ta-men-te! Não vou falar nada disso. "Mas por quê?" Simples. Porque não cai em prova. Outra informação: não usarei símbolos de transcrição fonética nem barras para marcar um fonema; meu objetivo é facilitar e ir direto à linguagem das provas. Reitero: só os aspectos da Fonologia importam para provas de concursos públicos!

Em questões bem antigas (décadas de 1980 e 1990), até havia questões sobre Fonética. Hoje em dia, você não precisa se preocupar com isso. Graças a Deus! Quanto menos tiver de saber detalhes da gramática para acertar uma questão na prova e ser feliz, melhor para você. Concorda? Encher linguiça não é minha praia. Preciso ser preciso. Então... vamos lá!

Fonema

O **fonema** é a menor unidade sonora da palavra e exerce duas funções: formar palavras e distinguir uma palavra da outra.

É mais simples do que parece: quando os fonemas se combinam, formam palavras, ou seja, C + A + S + A = CASA. Percebeu? Quatro fonemas (sons) se combinaram e formaram uma palavra. Se substituirmos agora o som S por P, haverá uma nova palavra, certo? CAPA.

A combinação de diferentes fonemas permite a formação de novas palavras com diferentes sentidos. Portanto, os fonemas de uma língua têm duas funções bem importantes: **formar palavras** e **distinguir uma palavra da outra**.

Ex.: cal / Gal / mal / sal / tal...

moço / moça / maço / maça / maçã...

Com a troca de fonemas, novas palavras surgiram, com sentidos diferentes. Percebeu?

Letra

A **letra** é um símbolo que representa um som, é a representação gráfica dos fonemas da fala.

É bom saber dois aspectos da letra: **pode representar mais de um fonema** ou **pode simplesmente ajudar na pronúncia de um fonema**. Como assim?

> **Observação**
>
> Por exemplo, a letra X pode representar os <u>sons</u> X (*enxame*), Z (*exame*), S (*têxtil*) e KS (*sexo*; neste caso a letra X representa dois fonemas – K e S = KS). Ou seja, uma letra pode representar mais de um fonema.

Às vezes a letra é chamada de **diacrítica**, pois vem à direita de outra letra para representar um fonema só. Por exemplo, na palavra *cachaça*, a letra H não representa som algum, mas, nesta situação, ajuda-nos a perceber que CH tem som de X, como em *xaveco*.

Vale a pena dizer que nem sempre as palavras apresentam número idêntico de letras e fonemas.

Ex.: **m**ola > 4 letras, 4 fonemas

guia > 4 letras, 3 fonemas

Percebeu que o U em GU não tem som? É uma letra diacrítica. Agora, em *água*, o U é pronunciado, logo não é mais uma letra diacrítica. Simples assim.

Tome cuidado, pois existem algumas palavras em que se pode pronunciar o X como Z ou KS: *hexágono*. Logo, se fôssemos analisar o número de letras e de fonemas, diríamos que, se pronunciarmos o X com som de Z, haverá 8 letras e 7 fonemas; caso pronunciemos o X com som de KS, haverá 8 letras e 8 fonemas. O H não é pronunciado, óbvio.

<u>Só de curiosidade</u>: na palavra *inexorável*, o X tem som de Z, logo há 10 letras e 10 fonemas.

Dígrafo e Dífono

O **dígrafo** constitui-se de duas letras representando um só fonema. A segunda letra é diacrítica (exceto em: sc, sç, xc, xs), isto é, existe apenas para ajudar numa determinada pronúncia. Por exemplo, se dissermos *caro*, o R terá um som diferente de RR, em *carro*. Este segundo R, em *carro*, é uma letra diacrítica.

Há dois tipos de dígrafo:

- **consonantais: gu, qu, ch, lh, nh, rr, ss, sc, sç, xc, xs.**

  Ex.: **gu**erreiro, **qu**eda, **ch**ave, **lh**ama, **nh**oque, a**rr**astão, a**ss**ado, de**sc**endente, cre**sç**a, e**xc**itado, e**xs**udar.

- **vocálicos ou nasais: a, e, i, o, u** seguidos de **m** ou **n** na *mesma* sílaba (!).

  Ex.: ca**m**po, a**n**ta/e**m**presa, e**n**trada/i**m**batível, ca**in**do/o**m**bro, o**n**da/u**m**bigo, u**n**tar.

Chamamos de **dífono** o som KS representado pela letra X.

Ex.: tó**x**ico (tó**ks**ico), comple**x**o (comple**ks**o), tóra**x** (tóra**ks**)...

CUIDADO!!!

1) O M e o N usados após as vogais, nasalizando-as, não são fonemas nem consoantes. Logo, se o "homem da banca" quiser dar uma "pernada" em você, ele vai dizer que ocorre o encontro de duas consoantes em *menta*, por exemplo. Não caia nessa! O M e o N são apenas marcas de nasalização da vogal, como se fossem um til (~). Se vierem, porém, antes da vogal (*na-ta-ção*) ou em outra sílaba (*Fa-bi-a-na*), aí sim são fonemas, são, de fato, consoantes.

2) Sempre que uma palavra tiver dígrafo, o número de letras será maior que o número de fonemas. Na palavra *champanha*, há 9 letras e 6 fonemas, pois há dois dígrafos consonantais (ch, nh) e um vocálico (am). Agora, tome cuidado com palavras que tenham dígrafo e dífono, pois o número de letras pode ser igual ao de fonemas, como em "circunflexo". Olho vivo!

3) Se as palavras terminam em -AM, -EM, -EN(S), tais terminações não são dígrafos vocálicos, mas sim ditongos decrescentes nasais. Falarei mais disso daqui a pouco.

4) Parece bobeira, mas não confunda, por exemplo, *piscina* (**sc**: 1 som), *escola* (**sc**: 2 sons). Outra informação: na antiga ortografia, os segmentos GU e QU, que só são dígrafos se seguidos da letra E ou I, recebiam trema em algumas palavras, o que facilitava a nossa vida em palavras como *qüiproquó* (os *us* são pronunciados, **mesmo sem trema**: *quiproquó*). Hoje (com a nova ortografia), sem trema, algumas palavras podem dificultar nossa vida. Exemplo: como se pronuncia *liquidificador*? Pronunciando o U ou não? As duas formas são possíveis (qüi/qui), mas se acostume com a ausência do trema, que tanto facilitava nossa vida na pronúncia das palavras. Depois reclamavam dele! Vai deixar saudades...

5) A letra H é chamada de letra etimológica, pois se manteve do latim até o português atual. Não representa fonema algum.

6) Nunca é demais dizer que, antes de P e B, se usa M: *âmbar, amplexo, embromar, empréstimo* etc.

Classificação dos Fonemas

Os fonemas são de três tipos: **vogais**, **semivogais** e **consoantes**.

Vogais

São fonemas produzidos livremente, sem obstrução da passagem do ar. São mais tônicos, ou seja, têm a pronúncia mais forte que as semivogais. São o centro de toda sílaba. Podem ser **orais** (timbre aberto ou fechado) ou **nasais** (indicadas pelo ~, m, n). As vogais são A, E, I, O, U, que podem ser representadas pelas **letras** abaixo. Veja:

A: c**a**sa (oral), c**a**ma (nasal)
E: h**é**lio (oral), **e**strada (oral, timbre fechado), c**e**ntro (nasal)
I: am**i**go (oral), **í**ndio (nasal)
O: p**o**de (oral), **o**lho (oral, timbre fechado), l**o**nge (nasal)
U: sa**ú**de (oral), **u**ntar (nasal)
Y: hobb**y** (oral)

> **Observação**
>
> Os fonemas vocálicos representados pelas letras E e O são pronunciados, respectivamente, como I e U quando terminam palavra: *pente* (penti); *ovo* (ovu). No Sul do país, a pronúncia alterna. Outra informação importante: sempre que o acento agudo (´) ou circunflexo (^) estiver em cima de E, I, O, U, tais fonemas serão vogais; o **A** será sempre vogal!

Semivogais

Os **fonemas semivocálicos** (ou **semivogais**) têm o som de I e U (apoiados em uma vogal, na mesma sílaba). São menos tônicos (mais fracos na pronúncia) que as vogais. São representados pelas letras I, U, E, O, M, N, W, Y. Veja:

pai: note que a letra I representa uma semivogal, pois está apoiada em uma vogal, na mesma sílaba.
mouro: note que a letra U representa uma semivogal, pois está apoiada em uma vogal, na mesma sílaba.
mãe: note que a letra E representa uma semivogal, pois tem som de I e está apoiada em uma vogal, na mesma sílaba.
pão: note que a letra O representa uma semivogal, pois tem som de U e está apoiada em uma vogal, na mesma sílaba.
cantam: note que a letra M representa uma semivogal, pois tem som de U e está apoiada em uma vogal, na mesma sílaba (= cant**áu**).
dancem: note que a letra M representa uma semivogal, pois tem som de I e está apoiada em uma vogal, na mesma sílaba (= danc**ẽi**).
hífen: note que a letra N representa uma semivogal, pois tem som de I e está apoiada em uma vogal, na mesma sílaba (= hífẽi).
glutens: note que a letra N representa uma semivogal, pois tem som de I e está apoiada em uma vogal, na mesma sílaba (= glutẽis).
windsurf: note que a letra W representa uma semivogal, pois tem som de U e está apoiada em uma vogal, na mesma sílaba.
office boy: note que a letra Y representa uma semivogal, pois tem som de I e está apoiada em uma vogal, na mesma sílaba.

CUIDADO!!!

1) Celso Cunha, Sacconi e outros gramáticos, por exemplo, consideram a letra L uma semivogal em fim de sílaba (*sal, mal, sol, alto...*) por ter som de U. No Sul do Brasil, entretanto, mesmo nessa situação, o L tem som de L mesmo, predominantemente. Em toda a minha vida, só encontrei uma questão sobre isso. Consulte: FUMARC – PREF. MARIANA/MG – AGENTE DE INVESTIGAÇÃO EPIDEMIOLÓGICA – 2011 – QUESTÃO 10.

2) Em um encontro vocálico, para saber qual fonema vocálico é vogal ou semivogal, sugiro substituir as vogais por valores de intensidade; assim: A = 3, E = 2, I = 1, O = 2, U = 1. Por exemplo, em *vácuo* (u = 1, o = 2, logo U é semivogal e O é vogal). Saiba que o encontro vocálico *-eo* (*óleo*), por não se encaixar na minha sugestão, é analisado assim: semivogal

(e) + vogal (o). Por fim, num encontro vocálico com I e U, o que vier antes do outro será, normalmente, vogal. Uma maneira de perceber isso é colocando um acento agudo **hipotético** em cima desses fonemas; Ex.: *partíu* (i, vogal; u, semivogal); *gratúito* (u, vogal; i, semivogal); *saguí* (u, semivogal; i, vogal). Esta última palavra é escrita com trema, segundo a antiga ortografia.

3) As palavras "windsurf" e "office boy", de origem estrangeira, já figuram nos dicionários de língua portuguesa do Brasil, por isso não podemos deixar de analisar as já consideradas letras do nosso alfabeto K, W e Y sob uma perspectiva fonológica. Só de curiosidade: Charles *Darwin* (*w* com som de *u*, semivogal).

Consoantes

São fonemas produzidos com interferência de um ou mais órgãos da boca (dentes, língua, lábios). Todas as demais letras do alfabeto representam, na escrita, os fonemas consonantais: B, C, D, F, G, J, K, L, M, N, P, Q, R, S, T, V, W (com som de V, *Wagner*), X, Z.

Sílaba

A **sílaba** é, normalmente, um grupo de fonemas centrados numa vogal. Toda sílaba é expressa numa só emissão de voz, havendo breves pausas entre cada sílaba. Isso fica mais perceptível quando pronunciamos uma palavra bem pausadamente. Por isso, intuitivamente, a melhor maneira de separar as sílabas é falar bem pausadamente a palavra. Exemplo: FO... NO... LO... GI... A. Percebeu?

Fique sabendo que a base da sílaba é a vogal e, sem ela, não há sílaba, ok? Há palavras com apenas uma vogal formando cada sílaba: *aí*, que se pronuncia a-í (duas sílabas).

Quanto ao **número** de sílabas, as palavras classificam-se em:

- **Monossílabas** (uma vogal, uma sílaba): m**ã**o.
- **Dissílabas** (duas vogais, duas sílabas): m**a**n-g**a.**
- **Trissílabas** (três vogais, três sílabas): m**a**n-gu**e**i-r**a.**
- **Polissílabas** (mais de três vogais, mais de três sílabas): m**a**n-gu**e**i-r**e**n-s**e.**

Ou quem sabe esta: pn**e**u-m**o**-**u**l-tr**a**-m**i**-cr**o**s-c**o**-p**i**-c**o**s-s**i**-l**i**-c**o**-v**u**l-c**a**-n**o**-c**o**-n**i**-**ó**--t**i**-c**o**.

Se eu ainda sei contar, são 20 vogais, logo 20 sílabas. Esta é polissílaba desde criancinha!

Quanto à **tonicidade**, há sílaba **tônica** (alta intensidade na pronúncia) e **átona** (baixa intensidade na pronúncia). Sempre há apenas uma (1) sílaba tônica por palavra, ok? Ela se encontra em uma das três sílabas finais da palavra (isto é, se a palavra apresentar três sílabas).

 Se houver acento agudo (´) ou circunflexo (^) em uma das vogais, aí estará a sílaba tônica da palavra.

Qual seria, então, a sílaba tônica de *pneumoultramicroscopicossilicovulcanoconiótico*? Moleza, não? Veja: *pneumoultramicroscopicossilicovulcanoconi**Ó**tico*.

Se não houver acento agudo ou circunflexo para facilitar a nossa vida, coloque um acento **hipotético** para identificar a sílaba tônica: **cás**telo, cas**té**lo ou caste**ló**? Como falamos? É claro que a sílaba tônica é a segunda: cas-**te**-lo.

Quanto à **posição** da sílaba tônica, as palavras só podem ser:

- **Oxítonas** (última sílaba tônica): con**dor**.
- **Paroxítonas** (penúltima sílaba tônica): ru**bri**ca.
- **Proparoxítonas** (antepenúltima sílaba tônica): **ín**terim.

 CUIDADO!!!

1) Conheça a posição da sílaba tônica de algumas palavras: *SÁbia, saBIa, sabiÁ, misTER, noBEL, ureTER, ruIM, filanTROpo, puDIco, reCORde, graTUIto, iBEro, aRÍete, ZÊnite, QUÉops...*
2) Há palavras que têm dupla possibilidade de posição da sílaba tônica: *projÉtil/projeTIL, RÉPtil/repTIL, XÉrox/XeROX...* Note que há mudança na acentuação gráfica...
3) Só para relaxar: "A sábia não sabia que o sábio sabia que o sabiá sabia assobiar". E as sílabas tônicas?

Falaremos sobre **Prosódia** (assunto que trata, basicamente, da correta posição da sílaba tônica) com calma mais à frente. *Relax!*

Encontros Vocálicos

Como o nome sugere, é o contato entre fonemas vocálicos. Há três tipos: **hiato, ditongo** e **tritongo**.

Hiato

Ocorre hiato quando há o encontro de duas vogais, que acabam ficando em sílabas separadas (V – V), porque só pode haver uma vogal por sílaba.
Ex.: sa-**í**-da, ra-**i**-nha, b**a-ús**, c**a-ís**-te, tu-cu-m**ã-í**, su-c**u-u**-ba, r**u-i**m, jú-n**i-o**r...

 CUIDADO!!!

1) Em palavras com a sequência V + SV + V, como *praia, meio, joio*, ocorre um falso hiato, vulgarmente falando. Isso ocorre porque ***prai-a***, por exemplo, apresenta semivogal (i) separada de vogal (a). Na realidade, o que ocorre é um fenômeno chamado **glide**, isto é, cada uma das palavras acima apresenta dois ditongos, pois a semivogal (i) se **prolonga** até a sílaba seguinte: *prai-ia, mei-io...* Nunca vi isso em prova de concurso, mas... nunca se sabe...
2) As palavras *rio, cio, mia, tia, dia* não são monossilábicas! São dissilábicas, pois apresentam hiato!

Ditongo

Existem dois tipos: crescente ou decrescente (oral ou nasal).

Crescente (SV + V, na mesma sílaba):
Ex.: magistér**io** (oral), sér**ie** (oral), várz**ea** (oral), q**uo**ta (oral), q**ua**torze (oral), enq**ua**nto (nasal), cinq**ue**nta (nasal), q**ui**nquênio (nasal)...

Decrescente (V + SV, na mesma sílaba):
Ex.: it**em** (nasal), am**am** (nasal), sêm**en** (nasal), c**ái**bra (nasal), c**au**le (oral), **ou**ro (oral), v**ei**a (oral), fl**ui**do (oral), v**ai**dade (oral)...

 CUIDADO!!!

1) Os ditongos não são separados, mas os crescentes finais (-ea, -eo, -ia, -ie, -io, -oa, -ua, -ue, -uo) são vistos como possíveis hiatos de palavras proparoxítonas acidentais/aparentes/eventuais. Por exemplo: ***his-tó-ria*** (paroxítona/ditongo crescente) ou ***his-tó-ri-a*** (proparoxítona/hiato). Em concurso, é comuníssima a *primeira* análise, ou seja, *áu-rea*, *plúm-beo*, *ca-lú-nia*, *sé-rie*, *co-lé-gio*, *má-goa*, *á-gua*, *tê-nue*, *trí-duo*. Olho vivo!

2) Palavras terminadas em *-am* (verbo), *-em* (verbo ou não verbo), *-en* (nome), *-en(s)* (verbo ou não verbo) apresentam ditongo decrescente nasal (também chamado de ditongo fonético). Exemplo: danç**am** (= ãu), beb**em** (= ẽi), s**em** (= ẽi), glút**en** (= ẽi), cont**éns** (= ẽi), hif**ens** (= ẽi)... Mesmo com sufixo, o ditongo se mantém: tr**en**zinho, vint**en**zinho... Consulte: IADES – EBSERH – ENFERMEIRO ASSISTENCIAL – 2014 – QUESTÃO 8.

3) A palavra *muito* apresenta um ditongo decrescente nasal apesar da ausência de marca de nasalização. A Língua Portuguesa apresenta outras palavras assim: *Elaine, andaime, plaino, açaima* (do verbo açaimar), *Roraima* (também existe a pronúncia *Roráima*) etc.

4) Interessante é a palavra *ioiô*, que se separa em io-iô (há dois ditongos crescentes). Outras palavras podem apresentar mais de um encontro vocálico, como **Pi-au-í** (um hiato, um ditongo decrescente e um falso hiato). Cuidado também com as palavras *vaidade* e *paisagem*, que apresentam ditongos decrescentes, e não hiatos!

Tritongo

O tritongo é a união de **SV + V + SV** na mesma sílaba; pode ser oral ou nasal.
Ex.: sag**uão** (nasal), Parag**uai** (oral), enxág**uem** (nasal), averig**uou** (oral), deság**uam** (nasal), ag**uei** (oral)...

 CUIDADO!!!

1) O M dos exemplos de tritongo é uma semivogal. Logo, não pense que, em *enxáguem* e *deságuam*, os encontros UEM e UAM formam ditongos crescentes nasais. São tritongos: SV + V + SV.

2) Há duas palavras perigosas: **se-quoi-a** e **ra-diou-vin-te**. Há tritongo nelas, hein!

3) Como eu já disse mais acima (em Hiato), palavras como *praia, joio, veia* não têm tritongo!

Encontros Consonantais

É a sequência de consoantes numa palavra. Existem os perfeitos (inseparáveis, pois ficam na mesma sílaba) e os imperfeitos (separáveis, pois não ficam na mesma sílaba). Geralmente, os encontros consonantais perfeitos apresentam **consoante + l** ou **r**.

Ex.: Flamengo (perfeito) > **Fl**a-men-go

Vasco (imperfeito) > Vas-co

> ### Observação
>
> Não confunda encontro consonantal com dígrafo vocálico! Exemplo: *campo* (o M nasaliza a vogal anterior; não é consoante, é só uma marca de nasalização; não forma encontro consonantal com P!).

Separação Silábica

Trata da adequada separação das sílabas de uma palavra. **Lembre-se: toda sílaba tem de apresentar uma vogal**.

Separam-se

Os **hiatos**: *va-ri-a-do, car-na-ú-ba, pa-ra-í-so, ru-í-na, cu-ri-o-so, ál-co-ois* (ou *al-co-óis*)...

Os **dígrafos** (rr, ss, sc, sç, xc, xs): *car-rei-ra, cas-sa-ção, nas-cer, des-ça, ex-ces-so, ex-si-car*...

Os **encontros consonantais** que não iniciam imediatamente as palavras (pç, bd, cc, cç, tn, bm, bst, bt, sp, ct, pt, sc, sf, mn, br etc.): *op-ção, ab-di-car, oc-ci-pi-tal, fic-ção, ét-ni-co, sub--me-ter, abs-tra-to, ob-ten-ção, trans-por-te, in-tac-to, ap-ti-dão, ins-pi-rar, cons-pur-car, obs-cu-ro, at-mos-fe-ra, am-né-sia, ab-rup-to* (ou *a-brup-to*, pois essa palavra tem dupla pronúncia [ab-rup-to ou a-brup-to] e dupla grafia [ab-rupto ou abrupto])...

> ### Observação
>
> Quando a palavra for seguida de um conjunto de consoantes, separar-se-á a última da penúltima: *tungs-tê-nio, felds-pa-to, sols-tí-cio, pers-pi-caz*... **Cuidado:** *quart-zo* ou *quar-tzo, me-temp-si-co-se* ou *me-tem-psi-co-se*.

A **última consoante dos prefixos** (bis, dis, sub, cis, trans, super, ex, inter etc.), quando **seguida de vogal**, junta-se a ela: *bi-sa-vó, di-sen-te-ri-a, su-bem-pre-go, ci-sal-pi-no, tran-sa-tlân--ti-co, su-pe-res-pe-ci-al, e-xan-gue, in-te-res-ta-du-al*...

> ### Observação
>
> É preciso atenção quando uma palavra PARECE ter prefixo. Exemplo: *suboficial* (a palavra *oficial* existe, logo "sub" é prefixo; assim: *su-bo-fi-ci-al*), mas *sublime* (a palavra *lime* não existe, logo "sub" pertence ao radical, não é prefixo; assim: *su-bli-me*).

Não se Separam

Ditongos e tritongos: *cau-sa, doi-do, a-fei-to, pleu-ra, bai-xa, cou-ro, gra-tui-to, men--tiu, a-guen-tar, bai-a-no, coi-o-te, fei-o-so, plêi-a-de, Cui-a-bá, boi-a-da, U-ru-guai, i-guais, en-xa-guou...*

 Observação

Muitos dicionários divergem quanto à separação do encontro vocálico **-io** no meio da palavra; analisam ora como ditongo, ora como hiato (ambas as formas estão adequadas, por falta de consenso). Exemplo: fi-**si-o**-te-ra-pi-a (ou fi-**sio**-te-ra-pi-a).

Dígrafos (lh, nh, ch, qu, gu): *ve-lho, ba-nhei-ra, mar-cha, quei-jo, guer-ra...*

Encontros consonantais perfeitos no início de palavras, normalmente: *gno-mo, mne-mô--ni-co, pneu-má-ti-co, psi-có-lo-go, pro-ble-ma, cni-dá-rio...*

A **última consoante dos prefixos** (bis, dis, sub, cis, trans, super, ex, inter etc.), se seguida de consoante, não formará nova sílaba com ela: *bis-ne-to, dis-cor-dân-cia, **sub--li-nhar (cai muito em prova!)**, cis-pla-ti-no, trans-por-tar, su-per-ho-mem, ex-car-ce-rar, in-ter-na-cio-nal...*

⚠ CUIDADO!!!

A **translineação silábica** trata da separação das sílabas de uma linha para outra em um texto formal, como em uma Redação Oficial. Seguem as normas gramaticais estabelecidas para a divisão silábica em uma redação:

1) Deve-se evitar que a sílaba constituída de vogal fique isolada no fim ou no início de linha: *úmi-do*, e não *ú-mido*.
2) Deve-se evitar que a translineação provoque a ocorrência de palavras chulas ou inadequadas: *apósto-lo*, e não *após-**tolo***; *dispu-ta*, e não *dis-**puta***.

O Novo Acordo Ortográfico recomenda, por clareza gráfica, quando o hífen de palavra composta, ou com prefixo, coincidir com o fim de linha, repeti-lo no início da linha seguinte:

A defesa pleiteou no pedido de *habeas corpus* a expedição de ***salvo--conduto*** para que o militar não fosse.

Ortoepia e Prosódia

Ortoepia ou **Ortoépia** trata da pronúncia adequada das palavras. Já a **Prosódia** trata, basicamente, da correta acentuação tônica das palavras, ou seja, da posição adequada da sílaba tônica das palavras. Quando alguém comete um desvio de prosódia, damos a isso o nome de **silabada** – deslocamento da sílaba tônica.

Esse assunto está ligado à fonologia, à ortografia e à acentuação, por isso revisite-o sempre. Não é incomum ouvirmos as pessoas dizendo *menDINgo, morTANdela, aDEvogado, PREvilégio ou RÉcorde, RÚbrica, inteRIM, gratuÍto* etc., certo? Até o mais conceituado apresentador de telejornal brasileiro diz *RÉcorde*! Preste atenção!

No entanto, sabemos que *mendigo, mortadela, advogado* e *privilégio* são as adequadas pronúncias, o que acaba influenciando a ortografia, percebe? Sabemos também que o adequado é *reCORde, ruBRIca, ÍNterim, graTUIto*. Beleza?

Nós, falantes cultos da língua, devemos nos preocupar muito em pronunciar adequadamente as palavras, sem acrescentar ou retirar partes das palavras, ou ainda deslocar a posição da sílaba tônica delas. Nossa ascensão social depende disso, seja em uma entrevista de emprego, seja em uma prova de concurso. Fique ligado nisso!

Leia e releia os desvios mais clássicos:

ADEQUADO	INADEQUADO
Admissão	Adimissão*
Absoluto	Abissoluto
Advogado	Adevogado
Aforismo	Aforisma
Aleijar	Alejar
Aterrissar/Aterrizar	Aterrisar
Adivinhar	Advinhar
Apropriado	Apropiado
Bandeja	Bandeija
Bugiganga	Buginganga
Beneficente	Beneficiente
Bebedouro	Bebedor
Bochecha	Buchecha
Boteco	Buteco
Braguilha	Barguilha
Cabeleireiro	Cabelereiro
Caranguejo	Carangueijo
Cutucar	Cotucar
Creolina	Criolina
Digladiar	Degladiar
Disenteria	Desinteria
Empecilho	Impecilho
Engajamento	Enganjamento
Estourar	Estorar
Estupro	Estrupo**
Esteja	Esteje
Etimologia	Etmologia
Fratricídio	Fatricídio
Freada	Freiada
Fragrância	Fragância
Frustração	Frustação

Intitular	Entitular
Lagarto	Largato
Lagartixa	Largatixa
Manteigueira	Mantegueira
Mendigo	Mendingo
Meritíssimo	Meretíssimo
Meteorologia	Meterologia
Mortadela	Mortandela
Prazerosamente	Prazeirosamente
Privilégio	Previlégio
Problema	Pobrema/Poblema
Proprietário	Propietário
Prostrar	Prostar
Reivindicar	Reinvidicar
Salsicha	Salchicha
Seja	Seje
Sobrancelha	Sombrancelha
Supetão	Sopetão
Superstição	Supertição
Tábua	Talba
Tóxico	Tóxico (ch)
Umbigo	Imbigo
Basculante	Vasculante

* Para os professores de plantão, não entrarei no mérito da epêntese e de outros fenômenos prosódicos, pois isso não cai em prova.

** A palavra "estrupo" existe e significa "tropel, tumulto, ruído". No entanto, nunca tem o mesmo sentido de "estupro" (crime sexual).

Algumas Pronúncias e Grafias Duplas Registradas em Dicionários e/ou no VOLP

acróbata ou acrobata

aborígine ou aborígene

abóbada ou abóboda

assoviar ou assobiar

aterrissar ou aterrizar

boêmia ou boemia

infarto, infarte, enfarte ou enfarto

diabetes ou diabete

percentagem ou porcentagem

ambrósia ou ambrosia

hieróglifo ou hieroglifo

Oceânia ou Oceania

xerox ou xérox

zângão ou zangão

autopsia ou autópsia

biopsia ou biópsia

ortoepia ou ortoépia

projétil ou projetil

réptil ou reptil

sóror ou soror

homília ou homilia   elétrodo ou eletrodo
Madagáscar ou Madagascar   dúplex ou duplex

Quanto ao timbre da vogal, há muito desacordo entre os gramáticos. Tentei alistar algumas palavras em que há certo consenso, mas, cada vez que eu pesquisava mais profundamente, ficava mais desesperado. Há muuuuuita discordância! Você não tem ideia. Por isso minha lista é breve:

- **Com timbre aberto:** *acerbo, badejo, coeso, coldre, dolo, grelha, inodoro, ileso, leso, molho* (feixe, conjunto), *obeso, obsoleto, piloro, suor.*
- **Com timbre fechado:** *acervo, alcova, algoz, algozes* (pode ser com timbre aberto), *bodas, crosta, cerda, escaravelho, omeleta* (a pronúncia de omeléte é polêmica), *reses, torpe.*

 ## O Que Cai Mais na Prova?

Se eu fosse você, estudaria a posição da sílaba tônica (proparoxítona, paroxítona, oxítona), os encontros vocálicos (hiato, ditongo, tritongo) e as separações silábicas.

> *Concurseiro(a), quer uma dica de irmão? Guarde no seu coração o que vai ler agora: NUNCA DEIXE DE FAZER SEU PRÓPRIO RESUMO DE CADA CAPÍTULO. Esse processo cognitivo é extremamente valioso. Eu poderia ser legalzinho e fofinho pondo um quadro-resumo do que vimos no capítulo, mas, se fizesse isso, estaria sabotando você, impedindo-o(a) de ter esse trabalho de internalização imprescindível do conteúdo. Por favor, não pule essa etapa!!! Mesmo que seu resumo fique gigantesco (não vá escrever outra gramática... rsrs), nunca deixe de fazê-lo, para o seu próprio bem! Seu cérebro agradece e, quando passar no concurso, sua conta no banco também. Vá fundo na missão!* ♕

Questões de Concursos

Veja agora quais bancas gostam de trabalhar questões de Fonologia. De uma coisa eu tenho certeza: a maioria das questões relacionadas à Fonologia, atualmente, não são trabalhadas pelas bancas de maior prestígio no universo dos concursos civis. Além disso, a maior parte das questões é de nível fundamental/médio.

Adaptei as questões antigas (antes de 2009) à **nova ortografia**. Chega de papo! Vamos trabalhar!

1. (FGV – SPTRANS – Especialista em Transportes – 2001) Assinale a alternativa em que o *x* representa fonema igual ao de "exame".
   a) exceto.   b) enxame.   c) óxido.   d) exequível.
2. (Vunesp – Prefeitura de São Paulo – Auxiliar de Zoonoses – 2002) Assinale a alternativa em que as sílabas de todas as palavras estão separadas corretamente.
   a) fi-ngem, no-rte, con-fu-nde.
   b) ex-pres-são, lín-gua, fo-ra.
   c) ali-men-tar, vi-vos, ga-mbá.
   d) qu-an-do, a-ta-ca-dos, i-sso.

Capítulo 1 • Fonologia **15**

3. (FUNDEC – TJ/MG – Oficial de Justiça – 2002) Todas as palavras a seguir apresentam o mesmo número de sílabas e são paroxítonas, **EXCETO**:
   a) gratuito;   b) silencio;   c) insensível;   d) melodia.

4. (FUNDEC – TJ/MG – Oficial de Justiça – 2002) Assinale a alternativa **INCORRETA** quanto à descrição da palavra.
   a) distinguir: um encontro consonantal e dois dígrafos.
   b) cinquentão: dois encontros consonantais, um ditongo crescente e um ditongo decrescente.
   c) quiproquó: dois ditongos crescentes e um encontro consonantal.
   d) antiguidade: dois dígrafos e nenhum ditongo.

5. (FUNDEC – TJ/MG – Oficial de Justiça – 2002) Assinale a alternativa **CORRETA** quanto à divisão silábica, à ortografia e à análise da estrutura fonética da palavra em destaque.
   a) **se-ri-ís-si-mo** – vocábulo proparoxítono, com um hiato e um dígrafo.
   b) **ar-rit-mia** – vocábulo oxítono, com dois encontros consonantais e um ditongo crescente.
   c) **flu-i-dos** – vocábulo paroxítono, com um encontro consonantal e um hiato.
   d) **pre-ten-ci-o-so** – vocábulo paroxítono, com um encontro consonantal, um dígrafo e um hiato.

6. (FUMARC – Câmara Municipal de Ouro Preto – Advogado – 2004) Ambas as palavras contêm exemplo de dígrafo em:
   a) magma/massa;   b) nascer/exceto;   c) seccional/barro;   d) afta/minha.

7. (Cesgranrio – Assembleia Legislativa/TO – Auxiliar Legislativo (Manutenção e Conservação) – 2005) Há ERRO na separação silábica da palavra:
   a) a-ver-me-lha-do;   c) Ro-ra-i-ma;   e) sil-ves-tre.
   b) pi-co-lé;   d) nu-tri-ti-vo;

8. (OFFICIUM – TJ/RS – Auxiliar Judiciário – 2005) Assinale a alternativa em que os segmentos destacados representam o mesmo fonema (som).
   a) desper**dí**cio – desper**di**çamos.   c) produ**ção** – do**ses**.   e) e**x**cessos – **x**ampu.
   b) **j**úbilo – **g**argalo.   d) re**s**ervamos – bu**r**ocracia.

9. (Fepese – Prefeitura de Balneário de Camboriú – Arquiteto – 2008) Observe a frase, retirada do texto:
   Entreabri os olhos e deparei com uma quantidade enorme de cascalho e areia.
   Coloque dentro dos parênteses (coluna 2) o número que corresponda à classificação correta dos conjuntos destacados, de acordo com a coluna 1 (não é permitido repetir qualquer número).

   Coluna 1
   1. hiato
   2. ditongo decrescente
   3. ditongo crescente
   4. grupo consonantal
   5. dígrafo

   Coluna 2
   ( ) **abri**
   ( ) **olhos**
   ( ) **quantidade**
   ( ) de**parei**
   ( ) **entreabri**

   Assinale agora a resposta que apresenta a sequência **correta**, de cima para baixo.
   a) 1 – 4 – 3 – 2 – 5.   c) 4 – 5 – 3 – 2 – 1.   e) 5 – 4 – 2 – 3 – 1.
   b) 4 – 5 – 3 – 1 – 2.   d) 5 – 4 – 3 – 2 – 1.

10. (Cespe/UnB – UEPA – Auxiliar de Laboratório – 2008) Assinale a opção em que as palavras apresentam, em sequência, ditongo / hiato / ditongo.
    a) outra / comeu / coisa.
    b) comeu / chorou / rainha.
    c) diante / muito / teus.
    d) meus / piavam / pai.

11. (Cespe/UnB – Sebrae/BA – Assistente – 2008) A seguinte separação de palavras polissílabas do texto está correta: tes-tos-te-ro-na; neu-ro-lo-gis-ta; pu-dés-se-mos; sa-be-rí-a-mos.
    ( ) CERTO   ( ) ERRADO

12. (Cespe/UnB – CEHAP – Auxiliar de Serviços Administrativos – 2009) Assinale a opção que apresenta o vocábulo classificado **inadequadamente** quanto ao número de sílabas.
    a) acredito – polissílabo.   c) Rosinha – dissílabo.
    b) comigo – trissílabo.   d) eu – monossílabo.

16 A Gramática para Concursos Públicos • Fernando Pestana

13. (AOCP – Câmara de Paranavaí – Procurador – 2010) Assinale a alternativa correta quanto ao que se afirma a seguir.
   a) Na palavra **humanos**, há 7 letras e 7 fonemas.
   b) Na palavra **balança**, há 7 letras e 7 fonemas.
   c) Na palavra **guerra**, há 6 letras e 4 fonemas.
   d) Na palavra **campanha**, há 8 letras e 7 fonemas.
   e) Na palavra **terras**, há 6 letras e 6 fonemas.

14. (AOCP – Câmara de Paranavaí – Procurador – 2010) Assinale a alternativa INCORRETA quanto ao que se afirma a seguir.
   a) Na palavra **detalhamento**, há, respectivamente, um dígrafo consonantal e um dígrafo vocálico.
   b) Na palavra **promessas**, há, respectivamente, um encontro consonantal e um dígrafo consonantal.
   c) Na palavra **revanchismo**, há, respectivamente, um dígrafo vocálico e um dígrafo consonantal.
   d) Na palavra **discussões**, há, respectivamente, um dígrafo consonantal e um dígrafo consonantal.
   e) Na palavra **programa**, há, respectivamente, um encontro consonantal e um encontro consonantal.

15. (AOCP – Prefeitura Municipal de Camaçari – Procurador Municipal – 2010) Assinale a alternativa em que todas as palavras são proparoxítonas.
   a) documentos, dirigentes, pesquisadora.
   b) públicas, pedagógico, física.
   c) adicionais, levantamento, atividades.
   d) contador, eliminados, escolas.
   e) gestores, concentrassem, sistema.

16. (AOCP – Prefeitura Municipal de Camaçari – Procurador Municipal – 2010) Assinale a única alternativa que apresenta apenas um encontro vocálico.
   a) relatórios.   b) violência.   c) regionais.   d) reuniões.   e) funcionários.

17. (Consulplan – Assistente Administrativo – 2010) Assinale a alternativa em que a palavra sublinhada é um ditongo oral crescente:
   a) Você não contribuiu para a contaminação da <u>água</u>.
   b) Após as chuvas, a cidade está um <u>caos</u>.
   c) ... o processo <u>inteiro</u> passou por critérios de proteção ao meio ambiente.
   d) ... os alimentos da <u>estação</u> costumam ser mais bonitos e gostosos.
   e) A <u>proteína</u> é necessária para o organismo.

18. (Consulplan – Profissional de Área Técnica (PRAT) – 2011) A palavra "horrores" apresenta:
   a) ditongo;   c) tritongo;   e) hiato.
   b) dígrafo;   d) encontro vocálico;

19. (Consulplan – Técnico em Informática – 2011) "Por <u>trás</u> de um <u>pequeno</u> homem talvez exista uma <u>mulherzinha</u> de nada". As palavras destacadas apresentam, respectivamente:
   a) encontro vocálico / dígrafo / encontros vocálicos;
   b) hiato / dígrafo / encontros consonantais;
   c) encontro consonantal / ditongo / dígrafos;
   d) tritongo / ditongo / dígrafos;
   e) encontro consonantal / dígrafo / dígrafos.

20. (IPAD – Senac/PE – Auxiliar Administrativo – 2011) O termo que se enquadra na mesma justificativa de **tênis**, quanto à tonicidade, é:
   a) enfatizar;   c) Natal;   e) espiritual.
   b) acabar;   d) consumismo;

21. (AOCP – Cismepar – Auxiliar de Serviços Gerais – 2011) Assinale a alternativa INCORRETA quanto ao número de sílabas.
   a) Redução (trissílaba).   d) Lei (monossílaba).
   b) Acontece (polissílaba).   e) Saúde (dissílaba).
   c) Hipertensão (polissílaba).

Capítulo 1 • Fonologia **17**

22. (Fumarc – Prefeitura de Nova Lima/MG – Estagiário de Técnico em Administração – 2012) Considere estes grupos de palavras:
I.   co – lé – gi – o; bra – si – le – i – ras; as – pe – ctos.
II. e – nig – ma; pror – ro – gar; ca – ná – rio.
III. due – lo; mi – ú – do; su – bli – nhar.
IV. in – con – tes – tá – vel; eu – ro – pei –a; i – guais.
A **correta** divisão silábica de todas as palavras pode ser observada:
a) apenas em II;   b) apenas em II e IV;   c) apenas em III e IV;   d) apenas em I e IV.

23. (Ceperj – SEAP/RJ – Inspetor de Segurança e Administração Penitenciária – 2012) Na palavra "fazer", notam-se 5 fonemas. O mesmo número de fonemas ocorre na palavra da seguinte alternativa:
a) tatuar.   b) quando.   c) doutor.   d) ainda.   e) além.

24. (Quadrix – CFP – Analista Técnico (Psicologia) – 2012) Sobre a palavra "pessoa", analise as seguintes informações:
I.   Não possui dígrafos ou hiatos.
II. É uma paroxítona.
III. É trissílaba.
Está correto o que se afirma em:
a) somente I e II;   c) somente I e III;   e) nenhuma.
b) somente II e III;   d) todas;

25. (FAB – EEAr – Controlador de Tráfego Aéreo – 2012) Observe:
fre-ar: contém hiato
pou-co: contém ditongo oral decrescente
Em qual alternativa a palavra **não** apresenta nenhuma das classificações acima?
a) aorta.   b) miolo.   c) vaidade.   d) quatro.

26. (Funrio – MPOG – Analista de Tecnologia da Informação – 2013) Sobre a identificação de encontros consonantais, encontros vocálicos e dígrafos é CORRETO afirmar que:
a) há dígrafo nas seguintes palavras: distintos, presidente e imposto.
b) há ditongo nas seguintes palavras: quando, duas e oposição.
c) há hiato nas seguintes palavras: negociação, muito e imediato.
d) há encontro consonantal nas seguintes palavras: conquista, objetivo e aumentos.
e) há tritongo nas seguintes palavras: imediatamente, titubeante e população.

27. (Instituto AOCP – UFPB – Técnico em Segurança do Trabalho – 2014) Assinale a alternativa em que NÃO há dígrafo na palavra.
a) Terreno.   c) Estresse.   e) Briga.
b) Pouquinho.   d) Cumprimento.

28. (AOCP – EBSERH/HU-UFS/SE – Assistente Administrativo – 2014) Temos um hiato na palavra:
a) ácido.   b) dieta.   c) necessário.   d) está.   e) só.

29. (Fundatec – Pref. Monte Belo do Sul/RS – Agente Comunitário – 2015) A palavra **chuvas** tem:
a) seis letras e seis fonemas.   c) cinco letras e cinco fonemas.   e) cinco letras e seis fonemas.
b) seis letras e cinco fonemas.   d) cinco letras e um fonema.

30. (Idecan – Prodeb – Assistente (Eletrotécnico) – 2015) Assinale a alternativa em que todas as palavras apresentam a semivogal "u".
a) continua – algum – muita.   c) confirmou – estabeleceu – pouca.
b) indivíduo – incluir – regular.   d) neurociência – preocupa – graduação.

31. (Objetiva – Samae de Jaguariaíva/PR – Advogado – 2016) Em relação aos encontros consonantais, analisar os itens abaixo:
I – Em encontros como "bs", "rs", "ns", se o "s" for seguido de vogal, separam-se as consoantes. Do contrário, ficam na mesma sílaba: "ab-sol-ver", mas "abs-ter"; "per-so-na-gem", mas "pers-pec-ti-va"; "tran-sa-tlân-ti-co", mas "trans-por-te".
II – São alguns exemplos de encontros consonantais inseparáveis: br – "brin-co"; gl – "gló-ria"; fl – "in-fla-ma-do".

a) Os itens I e II estão corretos.
b) Somente o item I está correto.
c) Somente o item II está correto.
d) Os itens I e II estão incorretos.

32. (Fumarc – Copasa – Agente de Saneamento – 2017) Leia o conceito abaixo:
HIATO: quando duas vogais estão juntas na mesma palavra, mas em sílabas diferentes.
A partir da leitura do conceito, há hiato em:
a) adorarei
b) caminhão
c) leitura
d) meia

33. (AOCP – Funpapa – Assistente de Administração – 2018) Assinale a alternativa correta quanto ao que se afirma a respeito das palavras em destaque em "O HOSPITAL Johns Hopkins conseguiu DIMINUIR o tempo de espera por atendimento ao INSTITUIR o PRIMEIRO centro de análise preditiva com foco na experiência dos pacientes".
a) Em "hospital", há a mesma quantidade de letras e de fonemas.
b) Em "hospital", há um encontro vocálico.
c) Em "diminuir", há um ditongo.
d) Em "instituir", há um hiato.
e) Em "primeiro", há um dígrafo.

34. (Cespe – Prefeitura de São Cristóvão/SE – Professor de Educação Básica – 2019) A palavra "ideias" tem quatro sílabas, portanto se classifica como polissílaba.
( ) CERTO   ( ) ERRADO

35. (Fundatec – Prefeitura de Cristinápolis/SE – Médico do Trabalho – 2020) Analise as assertivas a seguir:
I.   A palavra "táxis" tem 5 letras e 6 fonemas.
II. O vocábulo "trabalho" tem 8 letras e 7 fonemas.
III. A palavra "outra" tem 5 letras e 4 fonemas.
Quais estão corretas?
a) Apenas I.
b) Apenas II.
c) Apenas I e II.
d) Apenas I e III.
e) Apenas II e III.

36. (FUNDATEC – Prefeitura de Vacaria/RS – Professor de Ensino Fundamental – 2021) (Adaptada) A forma verbal "enxergam" tem mais fonemas que letras.
( ) CERTO   ( ) ERRADO

37. (FAURGS – SES-RS – Técnico de Enfermagem – 2022) (Adaptada) O nome "Hermenegildo" possui mais fonemas do que letras.
( ) CERTO   ( ) ERRADO

Gabarito

1. D.	11. CERTO.	21. E.	31. A.
2. B.	12. C.	22. B.	32. D.
3. A.	13. C.	23. B.	33. D.
4. B.	14. D.	24. B.	34. ERRADO.
5. A.	15. B.	25. D.	35. C.
6. B.	16. A.	26. A.	36. ERRADO.
7. C.	17. A.	27. E.	37. ERRADO.
8. A.	18. B.	28. B.	
9. C.	19. E.	29. B.	
10. D.	20. D.	30. C.	

Os comentários sobre as questões estão no *Material Complementar* do livro.
Para acessá-lo, veja o passo a passo na orelha desta obra.

CAPÍTULO 2
ACENTUAÇÃO GRÁFICA

Definição

Às vezes, quando vamos escrever algumas palavras, dá uma agonia, não é? Como se escreve? Como se acentua? Qual é a sílaba tônica da "criança"? Só de pensar que existem cerca de 400 mil palavras na língua portuguesa... *Aff*!

Bem, este capítulo não vai deixá-lo na mão, mas prepare-se para muita decoreba! O fato é que você terá a capacidade de acentuar adequadamente todas as palavras, ok? "Bem, mas o que é acentuação gráfica, Pest?" Não é nada complicado.

A **Acentuação Gráfica** trata da correta colocação de sinais gráficos nas palavras. Nas palavras de um conceituado gramático, "as regras de acentuação visam sistematizar a leitura dos vocábulos da língua; assim sendo, baseiam-se na posição da sílaba tônica, no timbre da vogal, nos padrões prosódicos menos comuns da língua, na compreensão dos conceitos de encontros vocálicos etc". Por isso, recomendo que você releia a explicação sobre os encontros vocálicos (Capítulo 1). Muito importante!

Para que você não erre uma questão de acentuação (que sempre cai em prova!), é preciso conhecer bem a posição da sílaba tônica das palavras. Por isso – vá por mim! –, reveja também Ortoepia e Prosódia (no Capítulo 1). E, é claro, não deixe de consultar um bom dicionário e, principalmente, o VOLP (encontrado no *site* da ABL, a Academia Brasileira de Letras).

Sinais Diacríticos

Os **sinais diacríticos**, também chamados de **notações léxicas**, servem para indicar, dentre outros aspectos, a pronúncia correta das palavras. Vejamos um por um:

– **Acento agudo**: marca a posição da sílaba tônica e o timbre aberto.
   Ex.: Já cursei a Faculdade de História.

– **Acento circunflexo**: marca a posição da sílaba tônica e o timbre fechado.
   Ex.: Meu avô e meus três tios ainda são vivos.

– **Acento grave**: marca o fenômeno da crase.
   Ex.: Sou leal à mulher da minha vida.

> **Observação**
> Esses três primeiros são <u>acentos</u> gráficos. Os demais são <u>sinais</u>.

- **Til**: marca a nasalização das vogais **a** e **o**.
  Ex.: Amanh**ã** convidarei muitos anci**õ**es para a reuni**ão**.

- **Cedilha**: indica que o C tem som de SS.
  Ex.: Toda a**ç**ão implica uma rea**ç**ão.

- **Apóstrofo**: indica a supressão de uma vogal.
  Ex.: Devem-se limpar caixas d'água a cada 6 meses.

- **Trema**: marcava a semivocalização do *u* nos grupos *gue, gui, que, qui*; na nova ortografia, só é usado em palavras estrangeiras.
  Ex.: Lin**gui**ça, a**gue**nta e **qui**nqu**ê**nio; Müller, mülleriano, Bündchen, Hübner, hübneriano, Schönberg...

- **Hífen**: marca a união de vocábulos, a ênclise, a mesóclise e a separação das sílabas.
  Ex.: Água-de-colônia, hiper-realista, vê-lo, dar-te-ei, vai-da-de...

Algumas Considerações Importantes

- **Acento prosódico** (ou **tônico**) é diferente de **acento gráfico**. O primeiro marca a tonicidade, a força com que se pronuncia uma sílaba tônica; portanto, está ligado à pronúncia, à fala. É o mesmo que "sílaba tônica". O segundo só pertence à escrita, como vimos nos exemplos do tópico anterior. Importante: enquanto a maioria das palavras da língua possuem **acento tônico**, apenas algumas apresentam **acento gráfico**.
- Vale dizer que cada vocábulo só pode receber apenas um (1) acento gráfico que, *stricto sensu*, marca a posição da sílaba tônica! No entanto, bons dicionários, como Aulete e Priberam, grafam a palavra *démodé* (origem francesa) com dois acentos gráficos. Em *órfão*, o til não é considerado acento gráfico, mas tão somente marca de nasalização, portanto só há um acento gráfico mesmo. Em *Tupã*, coincidentemente, o sinal gráfico til (~) está na sílaba tônica, mas seu papel é apenas nasalizar a vogal. Não obstante, em palavras com pronomes mesoclíticos, pode haver dois acentos gráficos: *convidá-la-íamos* e *vendê-lo-á*, por exemplo. Segundo os filólogos, o *-íamos* e o *-á* são formas contraídas do verbo *haver*, que formou as desinências verbais do português. Então teríamos um acento para cada palavra (*convidar* + "haver"). Um pouquinho de história da língua nunca é demais...
- Algumas questões relacionadas à acentuação gráfica podem gerar falta de clareza, dependendo do contexto. Por exemplo, as palavras *secretaria, fotografo, inicio, historia, numero, ate, baba, magoa, sabia, publico, amem, medico, negocio, musica, doido, contribui, fluido, fabrica, analise* etc. podem ter o significado e, até mesmo, a classe gramatical mudados, se forem acentuadas: *secretária, fotógrafo, início, história, número, até, babá, mágoa, sábia (sabiá), público, amém, médico, negócio, música, doído, contribuí, fluído, fábrica, análise etc.* Muitas questões de concursos podem ser criadas em cima dessas palavras, que, **sem**

Capítulo 2 • Acentuação Gráfica **21**

acento, têm uma análise fonológica, um sentido e uma classe gramatical; mas, **com** acento, têm outra análise fonológica, outro sentido e outra classe gramatical. Percebeu agora a importância dos acentos gráficos?

Exemplo de questão que trabalhou isso:

FAB – EEAr – SARGENTO – 2/2011
20. A ausência do acento gráfico pode modificar a classe gramatical de uma palavra. Em qual das alternativas há uma palavra que, se não for acentuada, deixa de ser um substantivo e passa a ser um verbo?
   a) inocência, ignorância, frequência
   b) carência, fragrância, polícia (Gabarito!)
   c) comício, fascínio, decência
   d) palácio, domínio, ciência

GABARITO: B. A forma verbal "policia" existe. É a 3ª pessoa do singular do presente do indicativo do verbo "policiar". Veja: eu policio, tu policias, ele *policia* etc. "Polícia" é um substantivo.

– Quando uma palavra acentuada recebe sufixo *-mente*, sufixo iniciado por **z** ou por qualquer outro sufixo, o acento gráfico (agudo ou circunflexo) sai da jogada e o acento prosódico (a sílaba tônica) se torna a primeira sílaba do sufixo. Exemplo: he**rói** (heroizinho), eco**nô**mica (economica**men**te), **Bu**da (Bu**dis**mo)... É importante dizer também que o *til* é o único sinal gráfico que não desaparece quando tais sufixos se unem à palavra: *irmãmente, orfãozinho...*

– **A lógica por trás das regras de acentuação** – Na língua portuguesa, a esmagadora maioria das palavras não são acentuadas graficamente. Por serem maioria (cerca de 80%), as paroxítonas terminadas em -a(s), -e(s), -o(s), -em, -ens não são acentuadas graficamente – justamente por isso, as demais paroxítonas (com terminações diferentes) recebem acento. Deduzimos, portanto, que o acento gráfico (agudo ou circunflexo) é usado para distinguir a minoria das palavras – terminadas diferentemente da maioria. Assim, todas as proparoxítonas são acentuadas (até porque são pouquíssimas na língua); diferentemente das paroxítonas, as oxítonas terminadas em -a(s), -e(s), -o(s), -em, -ens são a minoria no grupo de palavras oxítonas, por isso recebem acento gráfico; as monossílabas tônicas terminadas em -a(s), -e(s), -o(s) são acentuadas por serem a minoria no grupo de monossílabas tônicas; no caso da regra dos hiatos, acentua-se a segunda vogal do hiato, -i(s) e -u(s), quando for tônica, uma vez que a maioria das palavras apresentam esses fonemas ("i" e "u") como semivogais formando ditongos decrescentes; no caso dos ditongos abertos ("éi", "éu", "ói"), acentuam-se porque são a minoria (a maioria dos ditongos são fechados). O Acordo Ortográfico vigente eliminou alguns acentos gráficos em razão dessa lógica e manteve outros... por outros critérios que não convém explicitar plenamente numa gramática voltada para concursos. *Relax!*

A partir de agora, vamos às regras. Respire fundo e... *simbora!*

Regra de Acentuação para Monossílabas Tônicas

Acentuam-se as terminadas em *-a(s), -e(s), -o(s)*.

Ex.:   m**á**(s), tr**ás**, p**é**(s), m**ês**, s**ó**(s), p**ôs**...

CUIDADO!!!

1) **Monossílabas átonas** não são acentuadas, porque não apresentam autonomia fonética e porque se apoiam em uma palavra. Geralmente apresentam modificação prosódica dos fonemas:

   Ex.: "O (=U) garoto veio de (=di) carro".

   São elas: **artigo** (o, a, os, as, um, uns), **pronome oblíquo átono** (o, a, os, as, lo, la, los, las, no, na, nos, nas, me, te, se, nos, vos, lhe, lhes e contrações), **pronome relativo** (que), **pronome indefinido** (que; quando não está acentuado), **preposição** (a, com, de, em, por, sem, sob e contrações, como à, do, na...), **conjunção** (e, nem, mas, ou, que, se), **advérbio** ("não"; antes do verbo) e **formas de tratamento** (dom, frei, são e seu). Além das monossílabas átonas, há também as **dissílabas átonas**, a saber: **preposição** (para), **contração de preposição com artigo** (pelo [e variações]), **conjunção** (como e porque), **artigo indefinido** (uma[s]).

2) Cuidado com o pronome indefinido/interrogativo "quê" em fim de frase ou imediatamente antes de pontuação. Vem sempre acentuado. O substantivo (assim como a interjeição) "quê" também é sempre acentuado.

   Ex.: Você estava pensando em *quê*? / Ela tem um *quê* de mistério. / *Quê*! Você não viu?!

3) Quando se vai acentuar uma palavra conforme determinada regra, ignoram-se os pronomes oblíquos átonos, ou seja, eles não são contados como sílaba – sendo a palavra monossílaba ou não.

   Ex.: dá-lo, vê-los, comprá-las, mantém-no, constituí-los...

4) Algumas bancas (devido à redação do Novo Acordo Ortográfico) têm considerado as monossílabas tônicas como oxítonas. Logo, palavras como "café" e "fé" têm sido consideradas (por algumas bancas) palavras acentuadas de acordo com a mesma regra. Eu acho isso um absurdo, mas, como este livro tem a pretensão de não deixar nenhum concurseiro a ver navios no dia da prova, eis duas referências para consulta: Funcab – Faceli – Técnico Administrativo – 2015 e Fundep – Assistente Adm. – UPA/Centro-Sul – 2016.

Regra de Acentuação para Proparoxítonas

Todas são acentuadas!

Ex.: **ál**cool, **ré**quiem, **más**cara, **zê**nite, **á**libi, **plê**iade, **náu**frago, du**ún**viro, serií**ss**imo...

> **Observação**
>
> Segundo o Vocabulário Ortográfico da Língua Portuguesa, atualizado pela equipe da Academia Brasileira de Letras, os vocábulos latinos proparoxítonos a seguir têm dupla possibilidade de grafia: *deficit/déficit, habitat/hábitat* (sem acento, é a forma latina; com acento, é a forma vernacular). Somente nas formas com acento é que o plural é feito, acrescentando-se um "s": *déficits* e *hábitats* – o mesmo vale para *superávit(s)*. Ah! Existe a variante aportuguesada "défice". Eita linguinha complicada!

Regra de Acentuação para Paroxítonas

Acentuam-se as terminadas em **ditongo crescente** ou **decrescente** (seguido ou não de *s*), **-ão(s)** e **-ã(s)**, **tritongo** e **qualquer outra terminação** *(l, n, um, r, om, ons, x, i, is, us, ps)*, **exceto** as terminadas em **-a(s), -e(s), -o(s), -em(-ens)**.

Ex.: histó**ria**, **cá**ries, **jó**quei(s); **ór**gão(s), **ór**fã, **í**mãs; **á**guam, en**xá**guem; **fá**cil, **glú**ten, **fó**rum, ca**rá**ter, **rá**dom, **pró**tons, **tó**rax, **jú**ri, **lá**pis, **ví**rus, **fór**ceps.

 CUIDADO!!!

1) A palavra *hífen* é acentuada por ser paroxítona terminada em **-n**. Já *hifens* não é acentuada por terminar em **-ens**. É bom dizer que palavras terminadas em **-n** têm dois tipos de plural (com **-s** ou **-es**), podendo, então, ser pluralizadas como proparoxítonas: *hífenes, pólenes, abdômenes...* Estas formas (hífen/hifens/hífenes), assim como outras terminadas em **-em** ou **-n**, devem estar no seu sangue, hein!
2) Verbos paroxítonos terminados em ditongo **-am** também não são acentuados: *cantam*, mex*am*...
3) Não se acentuam afixos (prefixos ou falsos prefixos) paroxítonos terminados em **-r** ou **-i**, exceto quando substantivados: **hiper-** (o *híper*), **mini-** (a *míni*).
4) Como vimos no capítulo de Fonologia, palavras paroxítonas terminadas em ditongo crescente podem ser analisadas como proparoxítonas eventuais, relativas ou acidentais. Portanto, palavras como *paciência, miséria, colégio, série,* que normalmente são interpretadas como paroxítonas terminadas em ditongo crescente, podem ser tomadas como proparoxítonas terminadas em hiato. Logo, se cair na prova uma questão dizendo que tais palavras são acentuadas por serem paroxítonas terminadas em ditongo crescente ou por serem proparoxítonas (eventuais, relativas ou acidentais), não titubeie, pois está correto! Entretanto, a banca Cespe/UnB (STM – Técnico Judiciário – 2011) foi mais taxativa ao dizer que "aeroportuários" (paroxítona ou proparoxítona acidental) não segue a mesma regra de acentuação de "meteorológica" (proparoxítona). Já em 2017, a banca FGV, num concurso da ALERJ para Especialista Legislativo – Registro de Debates, considerou as palavras pátria e tênue como "vocábulos cuja acentuação gráfica pode ser justificada simultaneamente por duas regras" (paroxítona ou proparoxítona). É sempre bom saber como as bancas pensam.
5) Infelizmente algumas bancas, por mera arbitrariedade, vêm considerando que paroxítonas com terminações diferentes recebem acento por regras diferentes. Vou exemplificar: certas bancas entendem que, por exemplo, as palavras "tórax", "glória" e "caráter" não são acentuadas pelo mesmo motivo, só pelo fato de terem terminações diferentes (como se houvesse sub-regras dentro da "regra das paroxítonas"). Absurdo isso! Mas... quem está na chuva... Enfim, estas são algumas das bancas: AOCP, Comperve, Consulplan (em 2015), Vunesp. Cuidado com isso!

Regra de Acentuação para Oxítonas

Acentuam-se as terminadas em **-a(s), -e(s), -o(s), -em(-ens)**.

Ex.: so**fá**(s), ax**é**(s)*, bon**gô**(s), vin**tém**(éns)...

Reitero: Quando se vai acentuar um verbo oxítono, ignoram-se os pronomes oblíquos átonos ligados a ele. Ex.: comprá-las, revê-lo, mantém-no... (oxítonas terminadas, respectivamente, em **-a, -e** e **-em**).

* Mera curiosidade: não confunda "axe" (pronuncia-se "akse", paroxítona) com "axé" (oxítona).

Regra de Acentuação para os Hiatos Tônicos (I e U)

Acentuam-se com acento agudo as vogais I e U tônicas (segunda vogal do hiato!), isoladas ou seguidas de S na mesma sílaba, quando formam hiatos.

Ex.:   sa-**ú**-de, sa-**í**-da, ba-la-**ús**-tre, fa-**ís**-ca, ba-**ú**(s), a-ça-**í**(s)...

 CUIDADO!!!

1) As palavras *raiz* e *juiz*, erradamente acentuadas por muitos, não têm acento, porque o I no hiato tônico vem seguido de Z, e não de S: *ra-iz* e *ju-iz*.
2) Os hiatos em I seguidos de NH na sílaba seguinte não deverão ser acentuados: *ra-i-nha, ta-bu-i-nha, la-da-i-nha, cam-pa-i-nha*...
3) Quando há hiato I-I e U-U, não se pode acentuar (salvo os proparoxítonos): *xi-i-ta, va--di-i-ce, su-cu-u-ba*... (*i-í-di-che, ne-ces-sa-ri-ís-si-mo, du-ún-vi-ro*...). É nesse caso que se diz que a regra das proparoxítonas prevalece.
4) Depois de ditongos decrescentes, **nas palavras oxítonas**, o I e o U são acentuados normalmente: *Pi-au-í, tui-ui-ú(s)*...
5) Segundo a nova ortografia, nas palavras **paroxítonas**, o I e o U não recebem acento depois de **ditongo decrescente**: *feiura, bocaiuva, baiuca, Sauipe*... Todavia, se o ditongo for *crescente*, o acento é usado: *Guaíra, Guaíba, suaíli*... (alguns dicionários separam *suaíli* assim: *su-a-í-li*).
6) Em verbos seguidos de pronomes oblíquos átonos, a regra dos hiatos continua valendo (ignore os pronomes e siga a regra): *atribuí-lo (a-tri-bu-Í), distribuí-lo (dis-tri-bu-Í)*...
7) Segundo o documento oficial do novo Acordo Ortográfico, a regra dos hiatos só se aplica a palavras oxítonas e paroxítonas, e não a proparoxítonas, por isso a palavra VEÍCULOS se acentua tão somente pela regra das proparoxítonas. No entanto, a banca Cespe vacilou feio. Veja: CESPE/UnB – MINISTÉRIO DA SAÚDE – REDAÇÃO DE TEXTOS – 2008 – QUESTÃO 112; CESPE/UnB – ANTT – ESPECIALISTA – 2013 – QUESTÃO 10.

Regra de Acentuação para os Ditongos Abertos

Acentuam-se os ditongos abertos ÉI, ÉU, ÓI, seguidos ou não de S.
Ex.:   c**éu**, m**éis**, G**óis**, coron**éis**, trof**éu**(s), her**ói**(s), M**éi**er, destr**ói**er, aracn**ói**deo...

 CUIDADO!!!

1) Segundo a nova ortografia, nas palavras **paroxítonas** com ditongos abertos, não há acento gráfico: ideia, Coreia, estreia, jiboia, paranoia, sequoia...; cuidado com as palavras Méier

Capítulo 2 • Acentuação Gráfica **25**

e destróier, que são acentuadas pela regra das paroxítonas terminadas em "r", e com as palavras "aracnóideo, esferóideo, tireóideo etc.", que são acentuadas pela regra das paroxítonas terminadas em ditongo crescente – lembre-se de que tais paroxítonas podem ser interpretadas também como proparoxítonas acidentais.

Como já vimos antes na sequência do livro, estas últimas (paroxítonas terminadas em ditongo crescente) podem ser interpretadas como proparoxítonas.

2) Nunca é demais dizer que a pronúncia das palavras não mudou, só a grafia. Logo, palavras como ideia, heroico etc., mesmo sem acento, continuam com timbre aberto.

3) <u>Só de curiosidade</u>: a abreviação de Leonardo (Leo) não recebe acento agudo, porém o que mais vemos é o acento (Léo), não é mesmo? O fato é que nenhuma regra justifica o acento agudo nesta abreviação. O certo é **Leo**. Ponto.

Regra de Acentuação para os Hiatos EEM e OO

Não se acentua mais com acento circunflexo a primeira vogal dos hiatos O-O e E-EM (nos verbos *crer, dar, ler, ver* e seus derivados); cuidado com a palavra "herôon", que é acentuada por ser paroxítona terminada em "n".

Ex.: en-j**o-o**, v**o-o**, cr**e-em**, des-cr**e-em**, d**e-em**, re-l**e-em**, v**e-em**, pre-v**e-em**...

Regra de Acentuação para o Trema

Foi abolido na nova ortografia! Na antiga se usava nos grupos "gue, gui, que, qui": agüei, lingüiça, cinqüenta, eqüino. Conserva-se, na nova ortografia, apenas nas palavras derivadas de nomes próprios estrangeiros que possuem esse sinal: *mülleriano* (derivado de Müller), *Bündchen, Hübner, hübneriano, Schönberg...*

Fique esperto, pois os verbos *distinguir, extinguir, adquirir* já não registravam a pronúncia do U e por isso sempre foram – e ainda serão – grafados sem trema. Sobre a palavra "questão" e seus derivados (questionário, questionamento, questionador etc.), o *Vocabulário Ortográfico da Língua Portuguesa*, da Academia Brasileira de Letras, registra dupla pronúncia: **qu** (dígrafo) ou **qü** ("u" pronunciado).

O que mudou foi só a GRAFIA. O som não mudou. Por exemplo, a palavra "liquidação" não será escrita mais com trema, no entanto, como antes da reforma havia a possibilidade de grafar com trema, a **pronúncia** é dupla: li**ki**dação ou li**kui**dação. Safo?

Regra de Acentuação para os Acentos Diferenciais

Os acentos diferenciais servem para marcar algumas distinções de classe gramatical, pronúncia e/ou sentido entre algumas palavras.

Não se usa mais o acento que diferenciava os seguintes pares:

1) *Pára (verbo)* / *para (preposição)*: Ele sempre *para para* assistir aos jogos do Flamengo.

> **Observação**
> Na frase "Mais um engarrafamento **para** São Paulo", há ambiguidade! Se ainda houvesse acento diferencial, não haveria ambiguidade. Fazer o quê...? "Bendita" reforma ortográfica...

2) ***Péla*** *(verbo)* **/ *pela*** *(contração da preposição per/por + a):* Ela ***pela*** as axilas só ***pela*** sexta-feira.
3) ***Pêlo*** *(substantivo)* **/ *pelo*** *(contração da preposição per/por + o):* Os ***pelos*** eriçados do gato costumam passar ***pelo*** pé do dono.
4) ***Pólo*** *(substantivo)* **/ *polo*** *(por+o (arcaísmo)* **/ *pôlo*** *(substantivo; filhote de gavião):* Os ***polos*** norte e sul são meras abstrações espaciais, por onde os ***polos*** não voam.
5) ***Pêra*** *(substantivo)* **/ *pera*** *(preposição arcaica):* ***Pera*** é uma fruta sem graça.

CUIDADO!!!

1) Permanece o acento diferencial em **pôde/pode**. **Pôde** é a forma do passado do verbo **poder** (pretérito perfeito do indicativo), na 3ª pessoa do singular. **Pode** é a forma do presente do indicativo, na 3ª pessoa do singular.
   Ex.: Ontem ele não **pôde** sair mais cedo, mas hoje ele **pode**.
2) Permanece o acento diferencial em **pôr/por**. **Pôr** é verbo. **Por** é preposição.
   Ex.: Vou **pôr** o livro na estante que foi feita **por** mim.
3) Permanecem os acentos que diferenciam o singular do plural dos verbos **ter** e **vir**, assim como de seus derivados *(manter, deter, reter, conter, convir, intervir, advir* etc.).

Ele **tem** duas lanchas. / Eles **têm** duas lanchas.
Ele **vem** de Mato Grosso. / Eles **vêm** de Mato Grosso.
Ele **mantém** sua palavra. / Eles **mantêm** sua palavra.
Ele **intervém** em todas as reuniões. / Eles **intervêm** em todas as reuniões.
Por favor, tenha um cuidado muito especial com esses verbos. Questão de prova todo ano! A maldade das bancas, principalmente, é deslocar o sujeito do verbo, para que você não perceba que os verbos **vir** e **ter** estão no plural, fazendo-o errar uma questão de acentuação (ou concordância verbal).
Exemplo: "Os alunos, ainda que venham estudando muito para uma prova cuja banca mantém um nível de dificuldade mediano em suas questões, tem de colocar a humildade no coração para não desmerecer a importância do concurso".
Essa frase está certa ou errada quanto à acentuação do verbo **ter**? Até o "Word" errou. Veja de novo: "<u>Os alunos</u>, ainda que venham estudando muito para uma prova cuja banca mantém um nível de dificuldade mediano em suas questões, <u>T**Ê**M</u> de colocar a humildade no coração para não desmerecer a importância do concurso".
Percebeu a distância entre o sujeito e o verbo? É isso que o "homem da banca" vai fazer! Não se deixe enganar!

   Outros casos relevantes!
4) É facultativo o uso do acento circunflexo para diferenciar as palavras *forma/fôrma, dêmos* (presente do subjuntivo) e *demos* (pretérito perfeito do indicativo).
5) Não se usa mais o acento agudo no **u** tônico das formas (tu) *arguis*, (ele) *argui*, (eles) *arguem*, do presente do indicativo do verbo arguir. Isso vale para o seu derivado *redarguir*. Não há mais o trema nas formas desses verbos, obviamente. De acordo com a antiga ortografia, a escrita era assim: argúis, argúi, argúem... Falarei mais sobre isso no capítulo Verbo.
6) Há uma variação na pronúncia dos verbos terminados em -**guar**, -**quar** e -**quir**, como *aguar, averiguar, apaziguar, desaguar, enxaguar, obliquar, delinquir* etc. Esses verbos admitem duas pronúncias em algumas formas do presente do indicativo, do presente do subjuntivo e também do imperativo. Veja:

a) Se forem pronunciadas com **a** ou **i** tônicos, essas formas devem ser acentuadas.

Enxaguar: *enxáguo, enxáguas, enxágua, enxáguam; enxágue, enxágues, enxáguem.*

Delinquir: *delínquo, delínques, delínque, delínquem; delínqua, delínquas, delínquam.*

b) Se forem pronunciadas com **u** tônico, essas formas deixam de ser acentuadas.

Enxaguar: *enxaguo, enxaguas, enxagua, enxaguam; enxague, enxagues, enxaguem.*

Delinquir: *delinquo, delinques, delinque, delinquem; delinqua, delinquas, delinquam.*

<u>Atenção</u>: No Brasil, a pronúncia mais corrente é a primeira, aquela com **a** e **i** tônicos.

Algumas Formas Variantes na Grafia e na Pronúncia

Observação

Segundo o VOLP, não existe "ca**té**ter" nem "u**ré**ter", mas sim "cate**ter**" e "ure**ter**". Cuidado com a grafia e com a pronúncia!

Fique atento!

acróbata ou acrobata	ortoepia ou ortoépia
boêmia ou boemia	projétil ou projetil
ambrósia ou ambrosia	réptil ou reptil
hieróglifo ou hieroglifo	sóror ou soror
Oceânia ou Oceania	homília ou homilia
xerox ou xérox	Madagáscar ou Madagascar
zângão ou zangão	elétrodo ou eletrodo
zênite ou zenite	anidrido ou anídrido
autopsia ou autópsia	alópata ou alopata
biopsia ou biópsia	transístor ou transistor
necrópsia ou necropsia	clitóris ou clítoris (...)

<u>Só de curiosidade</u>: os nomes de pessoas (antropônimos) seguem as mesmas regras de acentuação gráfica e de ortografia. Não há diferença entre substantivo comum e substantivo próprio quanto às regras relativas à correta escrita das palavras. "Ah, mas o meu nome é Andreia, sem acento!" Parabéns! Antes da reforma ortográfica estava errado, mas agora está certo, por causa da regra dos ditongos abertos nas paroxítonas. "Ah, mas o meu nome é Fabio, sem acento!" Lamento! Está errado, pois paroxítonas terminadas em ditongo crescente são obrigatoriamente acentuadas! Deveria ser Fábio. Perdoe-me, Fábio!

Regras para o Uso do Hífen

Como já dito, o hífen (-) é um sinal gráfico usado normalmente para:

- unir elementos de palavras compostas e unir prefixos (ou falsos prefixos) a radicais (bem-te-vi e sub-humano);
- ligar verbos a pronomes (dir-me-ás);
- separar sílabas de palavras (ca-sa-men-to).

Vamos ao que interessa!

Quer um conselho? Não entre na paranoia de querer decorar tudo! Vá devagar, sem pressa, assimilando aos poucos, até porque o assunto não aparece quase em prova nenhuma. Vejamos com mais profundidade agora quando usar ou não usar o hífen.

Usa-se o **hífen** nas seguintes situações:

1) Nas palavras compostas em que os elementos da composição têm acentuação tônica própria e formam uma unidade significativa, sem elementos de ligação: arco-íris, segunda-feira, mesa-redonda, guarda-costas, beija-flor, bem-te-vi, zum-zum-zum, reco-reco...

2) Com a partícula denotativa de designação **eis** seguida de **pronome pessoal átono**: **eis-me**, **eis-vos**, **eis-nos**, **ei-lo** (com a queda do **s**)...

3) Nos adjetivos compostos: surdo-mudo, nova-iorquino, verde-amarelo...Vale ressaltar que o hífen é obrigatório quando se unem dois vocábulos gentílicos ou pátrios: indo-europeu, luso-brasileiro, sino-americano, euro-asiático...

4) Na união de prefixos (ante, anti, arqui, auto, circum, contra, entre, extra, hiper, infra, inter, intra, semi, sobre, sub, super, supra, ultra…) e falsos prefixos (aero, foto, macro, maxi, micro, mini, neo, pan, proto, pseudo, retro, tele…): auto-hipnose, micro-ônibus e pan-negritude, por exemplo. Veja mais abaixo.

O Acordo Ortográfico de 1990 (que só foi assinado em setembro de 2008) visou simplificar o emprego do hífen. Caso queira saber mais, consulte a Academia Brasileira de Letras: **www. academia.org.br**. Há uma parte no *site* que traz o derradeiro VOLP (Vocabulário Ortográfico da Língua Portuguesa). Eu me baseei principalmente nele, pois é a autoridade máxima quanto à grafia das palavras. As lições que seguem refletem a nova ortografia.

Basicamente, são **duas** as regras (chamadas de regra geral!) para emprego do hífen **com prefixos**:

- Por via de regra, quando o segundo elemento iniciar por **H**: *pré-história, super-homem, mal-humorado, mega-homenagem...*
- Quando as letras no fim do prefixo e no início da palavra forem iguais: *anti-inflamatório (antes era sem hífen), micro-ondas (antes era sem hífen), hiper-realismo, sub-bairro...*

Reitero que qualquer prefixo (ou falso prefixo) que, porventura, não for mencionado segue a regra geral, beleza?

ABL RESPONDE

Pergunta: Olá. Qual é a diferença entre prefixo e falso prefixo? Poderiam justificar com alguns exemplos práticos? Muito agradecido!

Resposta: Os prefixos são partículas que se acrescentam ao início do radical de um vocábulo da língua. Ex.: contra-ataque, bilateral, reescrever, transpor. Já o falso prefixo é um radical, grego ou latino, que se coloca no início da palavra, acrescentando-lhe o seu significado. Ex.: videoarte, pseudocaule, microssistema, sociologia, micro-ondas. De nada, disponha.

Capítulo 2 • Acentuação Gráfica **29**

5) Com **sub**, além de **b**, usa-se o hífen também diante de palavra iniciada por **r**: sub-região, sub-raça, sub-reitor, sub-reptício, sub-bairro etc. Palavras iniciadas por **h** perdem essa letra e juntam-se com ou sem hífen: sub-humano, subumano, sub-hepático, subepático etc.

6) Com **circum** e **pan**, usa-se o hífen diante de palavra iniciada por **m, n** e **vogal**: circum--meridiano, circum-navegação, pan-americano etc.

7) Com **vice, vizo, grá, grão, além, aquém, ex (anterior), recém, sem, soto(a)**, usa-se sempre o hífen: vice-rei, vice-almirante, vizo-reinado, grã-duquesa, grão-mestre, além-mar (mas Alentejo, cidade de Portugal), aquém-mar, ex-aluno, recém-casado, sem-terra (mas sensabor, sem hífen), soto-pôr, sota-general, para-raios...

8) Na formação de palavras com **ab, ob, ad e sob**, usa-se o hífen diante de palavra iniciada por **r**: ad-renal (ou adrenal), ob-rogar, ab-rogar, ab-rupto (ou abrupto), sob-rojar... (no caso deste último prefixo, só se usa hífen diante de "r").

9) Com **mal**, usa-se o hífen apenas quando a palavra seguinte começar por **vogal, h ou l**: mal-estar, mal-humorado, mal-limpo...; quando **mal** significa doença, usa-se o hífen se não houver elemento de ligação: mal-francês; se houver elemento de ligação, escreve-se sem o hífen: mal de lázaro, mal de sete dias. Exceção: mal-bruto. Vale ainda dizer que malcriação e má-criação são formas corretas.

10) Com **bem**, usa-se o hífen diante das vogais **a, e, i, o** e das consoantes **b, c, d, f, h, m, n, p, q, s, t, v**: bem-amado, bem-encarado, bem-estar, bem-intencionado, bem-ouvido, bem-bom, bem-criado, bem-ditoso, bem-falante, bem-humorado, bem-mandado, bem-nascido, bem-parado, bem-querer, bem-soante, bem-sucedido (antônimo: malsucedido), bem-talhado, bem-visto, bem-vindo... **Cuidado** com estas palavras: benfazer (o VOLP ainda registra o bem-fazer), benfeito, benfeitor, benfeitoria e benfazejo. Benquerer (o VOLP ainda registra o bem-querer), benquisto, benquerença (o VOLP ainda registra o bem-querença). Bendizer (o VOLP ainda registra bem-dizer), bendito (mas bem-ditoso, segundo o VOLP). Sublinho o "bemposta", sem hífen, segundo o VOLP.

11) Os prefixos **pós, pré** e **pró** (tônicos) unem-se por hífen a quaisquer palavras: pós-adolescência, pós-simbolismo, pré-vestibular, pré-simbolismo, pró-ativo (ou proativo), pró--russo...; se a pronúncia do prefixo for átona, não há hífen: poscefálico, posfácio, pospor, prealegar, preanunciar, precondição, preconceito, predeterminar, predizer, preeminente, preestabelecer, preestipulado, preexistir, prejulgar, prenome, pré-requisito/prerrequisito (segundo o VOLP), pressupor, prever, procônsul, procriar, pronome, propor... consulte o VOLP, sempre.

12) Deve-se usar o hífen com os sufixos de origem tupi-guarani (**açu, guaçu** e **mirim**) formadores de adjetivos: amoré-guaçu, anajá-mirim, capim-açu.

13) Deve-se usar o hífen para ligar duas ou mais palavras que ocasionalmente se combinam, formando não propriamente vocábulos, mas encadeamentos vocabulares: ponte Rio--Niterói, eixo Rio-São Paulo.

14) A presença ou a ausência do hífen têm implicações semânticas e morfológicas em muitas palavras: dente-de-leão, bico-de-papagaio, má-criação... Exemplo: "Já viu um **dente de leão**? É curioso... e grande" (aqui se está falando sobre o dente do animal leão, mas, se estivesse com hífen – dente-de-leão – seria uma planta, o que mudaria substancialmente o sentido da frase). Veja outro exemplo: "Sua **má-criação** (ou malcriação) não vai levá-

-lo a lugar algum nessa vida!" (má-criação é um substantivo composto). Agora: "A má criação das crianças pode levá-las a um desvio de conduta" (má criação é um adjetivo + um substantivo). Interessante, não?

15) Apesar de o Acordo Ortográfico não tocar neste ponto, vale dizer que se convencionou usar hífen ligando prefixo a nome próprio: anti-Lula, pró-Trump.

Não se usa o hífen nas seguintes situações:

1) **Não** se usa o hífen em certas palavras que perderam a noção de composição: girassol, madressilva, mandachuva, pontapé, paraquedas (e derivados; nas demais palavras em que "para" é verbo, o hífen é usado: para-raios, para-lama, para-choque, para-brisa...).

2) **Não** se usa o hífen em vocábulos com elementos de ligação: azeite de dendê, lua de mel, água de coco, mula sem cabeça, pé de mesa, calcanhar de aquiles, pé de vento, cor de burro quando foge, café com leite, pão de ló, pão de milho, pé de moleque, dia a dia, corpo a corpo, ponto e vírgula, fim de semana, cabeça de bagre, bicho de sete cabeças, leva e traz... **Exceções**: água-de-colônia, arco-da-velha, cor-de-rosa, mais-que-perfeito, ao deus-dará, à queima-roupa, pé-de-meia. Além desses, há os vocábulos com **apóstrofo** e os que designam **espécies botânicas ou animais**: pé-d'água, gota-d'água, pau-d'alho, cola-de-sapateiro, pão-de-leite, andorinha-da-serra, lebre-da-patagônia, dente-de-leão, olho-de-boi, pimenta--do-reino, cravo-da-índia, bico-de-papagaio... Cuidado com cão de guarda (sem hífen)!

3) O prefixo *co* aglutina-se sempre com o segundo elemento: coobrigação, coordenar, coo-perar, cooperação, cooptar, coocupante, coautor, coerdeiro, corréu, cosseno, coóspede.

4) Não se usa nunca hífen com o prefixo **re**: reescrever, reescrita...

5) Com os prefixos **in-** e **des-** junto com palavras iniciadas por **h**, esta consoante "cai" e **não** se emprega hífen: inabilidade, desumano...

6) Os vocábulos **quase** e **não**, funcionando como prefixos, dispensam o hífen: quase crime, quase posse, não conformismo, não pagamento...

7) As palavras e expressões "tão só, tão somente, à toa" ficam **sem** hífen agora.

Em concursos, é comum aparecerem questões centradas nas regras básicas abaixo. Por isso, são as mais importantes. Leia com atenção!

Prefixo Terminado em Vogal

- Sem hífen diante de **vogal diferente**: autoescola, antiaéreo...
- Sem hífen diante de **consoante diferente de r e s**: anteprojeto, semicírculo...
- Sem hífen diante de **r e s**, dobram-se essas letras: co**rr**éu, anti**rr**acismo, contra**rr**eforma, anti**ss**ocial, ultra**ss**om, pseudo**ss**ábio...
- Com hífen diante de **mesma vogal**: contra-**a**taque, micr**o**-**o**ndas, ultra-**a**quecido, sem**i**-**i**nconsciência...

Prefixo Terminado em Consoante

- Com hífen diante de **mesma consoante**: inter-**r**egional, su**b**-**b**ibliotecário...
- Sem hífen diante de **consoante diferente**: intermunicipal, supersônico...
- Sem hífen diante de **vogal**: interestadual, superinteressante...

Diferenças Ortográficas entre o Português Brasileiro (PB) e o Português Europeu (PE)

– Calma aí, Pest! Com esse título, eu deduzo que aquele papo de "uniformização" da ortografia da Língua Portuguesa não existe...

Mais ou menos... O Acordo Ortográfico não veio para pasteurizar a língua. Algumas diferenças ainda existem, sobretudo entre o PB e o PE.

Vejamos a lista:

1. A letra C e a letra P em encontros consonantais: em algumas palavras – sim, é sempre bom confrontar dicionários do PB (Houaiss, Aulete, Michaelis) com dicionários do PE (Porto, Priberam) –, a depender da pronúncia empregada, pode-se manter ou não o C ou o P (a escolha lexical varia entre os países lusófonos): aspecto e aspeto, cacto e cato, respectivamente e respetivamente, caracteres e carateres, dicção e dição; fato e facto, setor e sector; concepção e conceção, corrupto e corruto, recepção e receção etc.

2. A letra B, a letra G e a letra M em encontros consonantais (BD/BT, GD, MN): em algumas palavras – sim, é sempre bom confrontar dicionários do PB (Houaiss, Aulete, Michaelis) com dicionários do PE (Porto, Priberam) –, a depender da pronúncia empregada, pode-se manter ou não o B, o G ou o M (a escolha lexical varia entre os países lusófonos): súdito e súbdito; sutil e subtil (e seus derivados); amídala e amígdala (e seus derivados); indenizar e indemnizar.

3. Em algumas (poucas) palavras oxítonas terminadas em -e/-o tônico, geralmente provenientes do francês ou japonês, estas vogais, por serem articuladas nas pronúncias cultas – ora como abertas, ora como fechadas –, admitem tanto o acento agudo como o acento circunflexo (eis alguns pares mais usuais do PE e PB, respectivamente): bebé e bebê, bidé e bidê, caraté e caratê, croché e crochê, guiché e guichê, matiné e matinê, nené e nenê, puré e purê, cocó e cocô, judo e judô, metro e metrô.

4. Muito poucas palavras com as vogais tônicas grafadas "e" e "o" em fim de sílaba, seguidas das consoantes nasais grafadas "m" e "n", apresentam oscilação de timbre nas pronúncias cultas da língua e, por conseguinte, também de acento gráfico agudo ou circunflexo (veja alguns pares do PE e PB, respectivamente): sémen e sêmen, xénon e xênon; fêmur e fémur, vómer e vômer; fénix e fênix, ónix e ônix; pónei e pônei; pénis e pênis, ténis e tênis; bónus e bônus, ónus e ônus, tónus e tônus, Vénus e Vênus.

5. É facultativo assinalar com acento agudo as formas verbais de pretérito perfeito do indicativo, do tipo "amámos, louvámos", para as distinguir das correspondentes formas do presente do indicativo (amamos, louvamos), já que o timbre da vogal tônica é aberto naquele caso em certas variantes do português. No PE, usa-se com acento. No PB, usa-se sem acento. Se um brasileiro escrever "amámos", isso não se configurará erro ortográfico, mas gerará tamanha estranheza como se usasse a palavra "autoclismo" no lugar de "descarga" da "sanita" (vaso sanitário).

6. Facultativamente, usa-se "dêmos" (1ª p. pl. pres. subj.), para se distinguir da correspondente forma do pretérito perfeito do indicativo ("demos"); "fôrma" (substantivo), distinta de "forma" (substantivo; 3ª p. sing. pres. ind. ou 2ª p. sing. imp. do verbo formar). No PB, só se usa sem acento. Mas vale a mesma observação final do número 5.

7. Levam acento agudo ou acento circunflexo as palavras proparoxítonas, reais ou aparentes, cujas vogais tônicas grafadas "e" ou "o" estão em fim de sílaba e são seguidas das consoantes nasais grafadas "m" ou "n", conforme o seu timbre é, respectivamente, aberto ou fechado nas pronúncias cultas da língua (veja a sequência PE e PB): académico e acadêmico, anatómico e anatômico, cénico e cênico, cómodo e cômodo, fenómeno e fenômeno, género e gênero, topónimo e topônimo; Amazónia e Amazônia, António e Antônio, blasfémia e blasfêmia, fémea e fêmea, gémeo e gêmeo, génio e gênio, ténue e tênue.

– Pestana, essas doidices já caíram em prova?
– Sim, duas vezes na FGV. Tomara que não vire modinha...

 O Que Cai Mais na Prova?

Se eu fosse você, estudaria com muita vontade todas as regras de acentuação gráfica, principalmente a dos verbos **vir** e **ter**. Não dê tanto valor à regra dos verbos terminados em **-uar** (aguar, obliquar...). Hífen é galho fraco, mas nunca se sabe... fico preocupado. Fique esperto!

> *Concurseiro(a), quer uma dica de irmão? Guarde no seu coração o que vai ler agora: NUNCA DEIXE DE FAZER SEU PRÓPRIO RESUMO DE CADA CAPÍTULO. Esse processo cognitivo é **extremamente** valioso. Eu poderia ser legalzinho e fofinho pondo um quadro-resumo do que vimos no capítulo, mas, se fizesse isso, estaria sabotando você, impedindo-o(a) de ter esse trabalho de internalização imprescindível do conteúdo. **Por favor, não pule essa etapa!!!** Mesmo que seu resumo fique gigantesco (não vá escrever outra gramática... rsrs), nunca deixe de fazê-lo, para o seu próprio bem! Seu cérebro agradece e, quando passar no concurso, sua conta no banco também. Vá fundo na missão!* ☝

Questões de Concursos

Comentarei, em algumas questões, apenas as opções relativas ao capítulo estudado. Por razões didáticas, algumas delas foram reformatadas. Adaptei as questões antigas (antes de 2009) à nova ortografia.

Sempre observe o padrão de questões de uma banca! Ultimamente as bancas de maior prestígio (Cespe/UnB, Esaf e FCC) têm trabalhado acentuação gráfica em questões de redação adequada ao registro culto da língua e concordância. Fique atento! Mãos à obra!

1. (Cespe/UnB – TCU – Analista de Controle Externo – 2007) Fragmento de texto: "Desde então, vêm se impondo, entre especialistas ou não, a compreensão sistêmica do ecossistema hipercomplexo em que vivemos e a necessidade de mudança nos comportamentos predatórios...". A retirada do acento circunflexo na forma verbal "vêm" provoca incorreção gramatical no texto porque o sujeito a que essa forma verbal se refere tem dois núcleos: "compreensão" e "necessidade".
( ) CERTO ( ) ERRADO

2. (Cespe/UnB – Instituto Rio Branco – Diplomata – 2008) As palavras "líderes", "empréstimo", "Econômico" e "públicas" recebem acento gráfico com base na mesma justificativa gramatical.
( ) CERTO ( ) ERRADO

3. (Cespe/UnB – BB – Escriturário – 2008) "(...) Foi graças ao acúmulo desses recursos que o Brasil pôde decretar o fim da sua dívida externa. (...)".
O acento circunflexo em "pôde" indica que, além de a pronúncia da vogal ser fechada, como em ovo, por exemplo, o verbo está no pretérito, o que, por sua vez, indica que o fim da dívida externa foi decretado.
( ) CERTO ( ) ERRADO

Capítulo 2 • Acentuação Gráfica **33**

4. (Cesgranrio – Prefeitura de Salvador – Professor de Português – 2010) Quanto à acentuação gráfica, a relação de palavras em que todas estão conformes ao atual Acordo Ortográfico é:
    a) família – arcaico – espermatozóide – pólo;
    b) epopeia – voo – tranquilo – constrói;
    c) troféu – bilíngue – feiúra – entrevêem;
    d) decompor – agüentar – apóio – colmeia;
    e) linguística – joia – refém – assembléia.

5. (Cespe/UnB – Instituto Rio Branco – Diplomata – 2010) Julgue o item quanto à correção gramatical.
    Todas as línguas indígenas em terras brasileiras tem menos de 40 mil falantes, sendo que a mais forte, a tikúna, falada no alto Solimões, apenas, ultrapassa os 30 mil. O aspecto mais grave é que muitas dessas línguas contam com menos de 1 mil falantes.
    ( ) CERTO   ( ) ERRADO

6. (FUNIVERSA – CEB – Advogado – 2010) Assinale a alternativa em que todas as palavras são acentuadas pela mesma razão.
    a) "Brasília", "prêmios", "vitória".
    b) "elétrica", "hidráulica", "responsáveis".
    c) "sérios", "potência", "após".
    d) "Goiás", "já", "vários".
    e) "solidária", "área", "após".

7. (FCC – TRE/AP – Técnico Judiciário – 2011) Entre as frases que seguem, a única correta é:
    a) Ele se esqueceu de que?
    b) Era tão ruím aquele texto, que não deu para distribui-lo entre os presentes.
    c) Embora devessemos, não fomos excessivos nas críticas.
    d) O juíz nunca negou-se a atender às reivindicações dos funcionários.
    e) Não sei por que ele mereceria minha consideração.

8. (Cesgranrio – Petrobras – Técnico de Administração e Controle Jr. – 2011) A frase em que ocorre ERRO quanto à acentuação gráfica é:
    a) Eles têm confiança no colega da equipe.
    b) Visitou as ruínas do Coliseu em Roma.
    c) O seu sustento provém da aposentadoria.
    d) Descoberta a verdade, ele ficou em maus lençóis.
    e) Alguns ítens do edital foram retificados.

9. (Cesgranrio – Transpetro – Técnico de Contabilidade Jr. – 2011) Considere a frase abaixo.
    O chefe de vários departamentos identifica a mudança no cenário da informática.
    A palavra **identifica** pode ser substituída, mantendo o sentido da sentença, pelo verbo **ver**, flexionado de acordo com a norma-padrão, por:
    a) vêm;   b) veem;   c) vem;   d) vê;   e) viram.

10. (Cespe/UnB – Correios – Cargos de Nível Superior – 2011) As palavras "ônibus" e "invioláveis" são acentuadas de acordo com a mesma regra de acentuação gráfica.
    ( ) CERTO   ( ) ERRADO

11. (Cespe/UnB – TJ/ES – Analista Judiciário – 2011) Os vocábulos "analítica" e "teríamos" recebem acento gráfico com base na mesma regra de acentuação.
    ( ) CERTO   ( ) ERRADO

12. (Cespe/ UnB – TJ/ES – Cargos de nível superior – 2011) Os vocábulos "países" e "áreas" são acentuados de acordo com a mesma regra de acentuação gráfica.
    ( ) CERTO   ( ) ERRADO

34   A Gramática para Concursos Públicos • Fernando Pestana

13. (FUNIVERSA – SEPLAG/DF – AFAU (Transportes) – 2011) (Adaptada) A afirmação abaixo está correta ou incorreta?
    – As palavras "ninguém", "pé" e "você" são acentuadas pela mesma razão.

14. (Cesgranrio – SEEC/RN – Professor de Português – 2011) Conforme o novo Acordo Ortográfico da Língua Portuguesa, que só entrará plenamente em vigor a partir de 1º de janeiro de 2013, o hífen **NÃO** deve ser utilizado em:
    a) formas compostas que designam espécies botânicas e zoológicas, estejam ou não ligadas por preposição ou qualquer outro elemento;
    b) palavras formadas com o acréscimo de prefixos como **anti-**, **sub-**, em que o segundo elemento começa por **h**;
    c) palavras formadas por prefixo que termina na mesma vogal em que se inicia o segundo elemento;
    d) palavras formadas por prefixo terminado em vogal quando o 2º elemento começa por **r** ou **s**;
    e) topônimos iniciados pelos adjetivos **grã**, **grão**.

15. (Cesgranrio – SEEC/RN – Professor de Português – 2011) Segundo o novo Acordo Ortográfico da Língua Portuguesa, "Não se acentuam graficamente os ditongos representados por **ei** e **oi** da sílaba tônica das palavras paroxítonas, dado que existe oscilação em muitos casos entre o fechamento e a abertura na sua articulação".
    Segundo essa regra, portanto, as palavras que eram acentuadas por terem o ditongo aberto **ei** ou **oi** não o são mais. São exemplos dessa mudança as palavras:
    a) assembleia, aldeia, proteico;
    b) cadeia, paranoico, introito;
    c) heroi, boina, epopeico;
    d) heroico, onomatopeico, plateia;
    e) jiboia, comboio, papeis.

16. (Funcab – MPE/RO – Analista (Administração) – 2012) Assinale a alternativa em que todos os substantivos devem ser acentuados.
    a) lapis – bonus – bainha.
    b) serie – aspecto – torax.
    c) alcool – moinho – sucuri.
    d) urubu – egoismo – magoa.
    e) armazem– orgão – carater.

17. (FCC – TCE/AP – Analista de Controle Externo – 2012) (Adaptada) A frase abaixo está correta ou incorreta quanto à acentuação?
    – Quando entrevisto candidatos, sempre os argúo acerca de sua descrição quanto a assuntos profissionais, pois esse é um dos quesitos avaliados no processo de ascenção na empresa.

18. (FCC – TCE/SP – Agente de Fiscalização Financeira (ADM) – 2012) (Adaptada) A frase abaixo está correta ou incorreta quanto à acentuação?
    – Eram vários e bastante distintos os estudos acerca dessas produções populares, uma das quais, nas últimas semanas, vêm merecendo elogios e indicação para publicação.

19. (FCC – TRF (2ª R) – Analista Judiciário – 2012) Consideradas as prescrições do Acordo Ortográfico da Língua Portuguesa, em vigor desde janeiro de 2009, a palavra em que o hífen foi empregado de modo INCORRETO é:
    a) anti-higiênico;
    b) hiper-realista;
    c) aquém-fronteiras;
    d) bem-visto;
    e) anti-semita.

20. (Cespe/UnB – MPE/PI – Cargos de Nível Superior – 2012) De acordo com a ortografia oficial vigente, o vocábulo "órgãos" segue a mesma regra de acentuação que o vocábulo "últimos".
    (   ) CERTO   (   ) ERRADO

21. (Cespe/UnB – MPE/PI – Cargos de Nível Médio – 2012) Os verbos "comunicar", "ensinar" e "comandar", quando complementados pelo pronome **a**, acentuam-se da mesma forma que "constatá-las", "designá-las" e "elevá-las".
    (   ) CERTO   (   ) ERRADO

Capítulo 2 • Acentuação Gráfica **35**

22. (Cesgranrio – Liquigás – Profissional Jr. – 2012) De acordo com as regras de acentuação, o grupo de palavras que foi acentuado pela mesma razão é:
a) céu, já, troféu, baú;
b) herói, já, paraíso, pôde;
c) jóquei, oásis, saúde, têm;
d) baía, cafeína, exército, saúde;
e) amiúde, cafeína, graúdo, sanduíche.

23. (FCC – TST – Analista Judiciário – 2012) Segundo os preceitos da gramática normativa do português do Brasil, a única palavra dentre as citadas abaixo que NÃO deve ser pronunciada com o acento tônico recaindo em posição idêntica àquela em que recai na palavra **avaro** é:
a) mister;   b) filantropo;   c) gratuito;   d) maquinaria;   e) ibero.

24. (Cesgranrio – CMB – Assistente Técnico Administrativo – 2012) Algumas palavras são acentuadas com o objetivo exclusivo de distingui-las de outras. Uma palavra acentuada com esse objetivo é a seguinte:
a) pôr.   b) ilhéu.   c) sábio.   d) também.   e) lâmpada.

25. (CEPERJ – Procon/RJ – Advogado – 2012) A palavra do texto que teve sua grafia alterada pelo mais recente acordo ortográfico é:
a) mídias.   b) álcool.   c) trás.   d) estresse.   e) ideia.

26. (IBFC – Câmara de Franca/SP – Técnico em Informática – 2012) Assinale a alternativa em que a palavra deve ser obrigatoriamente acentuada.
a) Angustia.   b) Critica.   c) Analise.   d) Escritorio.

27. (FAFIPA – Câmara Municipal de Guairáça/PR – Advogado – 2013) Assinale a alternativa INCORRETA quanto ao emprego do hífen, segundo a nova ortografia da língua portuguesa:
a) Contrarreforma.   b) Inter-relação.   c) Anti-inflamatório.   d) Semi-reta.

28. (Cesgranrio – LIQUIGÁS – Oficial de Produção – 2014) A palavra que precisa ser acentuada graficamente para estar correta quanto às normas em vigor está destacada na seguinte frase:
a) Todo torcedor **tem** um sentimento especial em relação à seleção.
b) Muita gente do exterior **vem** ao Brasil para ver a Copa do Mundo.
c) Há árbitros que costumam **supor** que são os principais artistas do espetáculo.
d) Alguns jogadores dizem nas entrevistas que eles sempre se **doam** nos jogos.
e) Os jornalistas de emissoras diferentes também se **reunem** ao final do trabalho.

29. (IDECAN – Pref. Rio Pomba/MG – Auxiliar Administrativo – 2015) A palavra "eficácia" é acentuada pelo mesmo motivo que a seguinte palavra:
a) Suíça.   b) útero.   c) câncer.   d) prevalência.

30. (FGV – SSP/AM – Técnico de Nível Superior – 2015) "Os bebés têm uma necessidade muito grande de interação". Sobre os acentos e sinais gráficos presentes nas palavras desse segmento do texto, a afirmação correta é:
a) o vocábulo "bebê" só pode ser grafado com circunflexo;
b) o vocábulo "têm" recebe acento circunflexo por ter som nasal;
c) o vocábulo "têm" mostra número plural por meio do acento circunflexo;
d) no vocábulo "interação", o til mostra que a vogal a é oral;
e) no vocábulo "bebés", o acento mostra que a vogal acentuada deve ser pronunciada fechada.

31. (FUNRIO – IF/BA – Administrador – 2016) De acordo com as regras ortográficas em vigor, a única dupla de palavras corretamente hifenizadas é:
a) arco-íris & cor-de-abóbora.
b) cor-de-rosa & bola-de-gude
c) zé-ninguém & arco-da-velha
d) bolha-de-sabão & água-de-colônia.
e) água-de-cheiro & maria-vai-com-as-outras.

32. (CESPE – TRF (1ªR) – ANALISTA JUDICIÁRIO (TAQUÍGRAFO) – 2017) O emprego de acento na palavra "memória" pode ser justificado por duas regras de acentuação distintas.
( ) CERTO   ( ) ERRADO

33. (FGV – AL/RO – Analista Legislativo (Redação e Revisão) – 2018) Assinale a opção em que a palavra sublinhada está corretamente grafada.
a) "Esse previlégio de sentir-se em casa em qualquer lugar pertence apenas aos reis."
b) "A natureza brasileira apresenta aspetos bem diversos."
c) "No alto do morro, um palacete com picina."
d) "As seções espíritas eram realizadas todos os dias."
e) "Na adolecência tudo é permitido."

34. (Vunesp – TJ/SP – Enfermeiro Judiciário – 2019) Assinale a alternativa em que os termos estão acentuados, correta e respectivamente, a exemplo das palavras: dúvida, abundância e também.
a) exíguo; hemácia; outrém.
b) trôpego; anúncia; provém.
c) rúbrica; latência; pajém.
d) álibi; essência; aquém.
e) récorde; incônscio; amém.

35. (Instituto Consulplan – Prefeitura de Formiga/MG – Agente Social – 2020) O verbo "ter" em "Algumas pessoas têm a falsa impressão de que todos os resíduos plásticos são recicláveis, (...)" (2º §) recebe acento circunflexo porque está na 3ª pessoa do plural do presente do indicativo.
Observe o emprego deste acento nas orações a seguir.
I. Eles vêm o pássaro.
II. Os vasos contêm flores.
III. Os doces vêm da Argentina.
IV. Os livros da biblioteca provêm de doações.
Em quais orações os verbos também devem receber acento circunflexo?
a) I e II.
b) III e IV.
c) I, II e III.
d) II, III e IV.

36. (Idecan – Prefeitura de Campina Grande/PB – Fiscal de Tributos Municipais – 2021) Sobre o emprego do hífen, assinale a alternativa em que a regra de seu uso NÃO tenha sido corretamente observada.
a) socioeducativo   b) co-réu   c) micro-ondas   d) hiper-realista

37. (FAURGS – SES-RS – Administrador – 2022) Qual dos exemplos abaixo NÃO é um monossílabo tônico?
a) lei   b) fim   c) mais   d) dos   e) ser

Gabarito

1. ERRADO.	11. CERTO.	21. CERTO.	31. C.
2. CERTO.	12. ERRADO.	22. E.	32. CERTO.
3. CERTO.	13. INCORRETA.	23. A.	33. B.
4. B.	14. D.	24. A.	34. D.
5. ERRADO.	15. D.	25. E.	35. D.
6. A.	16. E.	26. D.	36. B.
7. E.	17. INCORRETA.	27. D.	37. D.
8. E.	18. INCORRETA.	28. E.	
9. D.	19. E.	29. D.	
10. ERRADO.	20. ERRADO.	30. C.	

Os comentários sobre as questões estão no *Material Complementar* do livro.
Para acessá-lo, veja o passo a passo na orelha desta obra.

CAPÍTULO 3
ORTOGRAFIA

Definição

Ao longo da história *moderna* da Língua Portuguesa (de 1911 para cá), houve muitas tentativas de reformulação da **ortografia – conjunto de regras destinadas a orientar a escrita culta (correta)**. Semiparafraseando o acordo ortográfico vigente, "o emprego correto das letras e das consoantes para a formação de uma palavra regula-se fundamentalmente pela etimologia e por particularidades da história das palavras. Assim se estabelecem variadíssimas grafias". As palavras são escritas desta ou daquela forma, levando-se em conta sua origem e algumas arbitrariedades. Brasileiros e portugueses "brigaram" muito para fazer valer sua ortografia. Mas isso é fofoca! Enfim... em 2009, houve mais uma reforma (parece que dessa vez o *negócio* foi sério...). Sim, a nova ortografia está valendo de vez, e a velha mor-reu...

Gosto muito deste material da PUC/RS (se quiser, jogue no seu navegador este endereço e leia!):

http://revistaseletronicas.pucrs.br/ojs/index.php/graduacao/article/viewFile/6690/4850

Falando sério agora: a intenção do Acordo é dar unidade intercontinental ao português, melhorando seu prestígio. Em resumo, o objetivo da reforma ortográfica é unificar, em tese, a escrita nos países que falam Português (Angola, Moçambique, Cabo Verde, Guiné-Bissau, Guiné Equatorial, São Tomé e Príncipe, Timor-Leste, Brasil e Portugal). Espero não ter esquecido ninguém. Bem, minha finalidade aqui é ajudar você a dirimir suas dúvidas para "matar" uma questão na prova, certo? Então chega de conversa fiada e vamos ao que interessa.

O aprendizado da Ortografia Oficial está ao seu alcance. Fique tranquilo. Como os concursos já estão adotando a nova ortografia em seus textos (e em algumas questões), prepare-se para aprender a **nova reforma ortográfica**. Venho escrevendo de acordo com ela há um tempo (espero que você faça igual, pois não podemos errar de bobeira uma questão de ortografia!). Se o *Word* não me "passar a perna", todas as palavras desta gramática estarão de acordo com a nova reforma. E, se quiser saber o assunto na íntegra, consulte a melhor fonte possível no assunto, a Academia Brasileira de Letras: **www.academia.org.br.** Lá estão o Documento Oficial (Ortografia Oficial) e o VOLP (Vocabulário Ortográfico da Língua Portuguesa). Neles você encontrará as derradeiras respostas a suas dúvidas ortográficas.

> **Observação**
> Antes de começar a brincadeira séria, preciso falar algo importantíssimo: infelizmente as bancas de concurso nem sempre se apegam às palavras que se encaixam nas regras ortográficas contempladas pelas gramáticas normativas e manuais de redação oficiais. Isso porque nem todas as palavras da língua seguem tais regras. Não se desespere! As regras abrangem apenas uma parte do vocabulário; existem exceções, é óbvio (quando não há?). Não se assuste! Só de curiosidade: existem cerca de 400 mil palavras no estágio atual da língua portuguesa. As bancas, quando trabalham questões de ortografia, querem saber se você tem, além de conhecimento das regras ortográficas, boa memória visual. Cá entre nós, o mais interessante é que muitas palavras se repetem em questões de ortografia. Portanto, aqui vai uma recomendação: leia, leia, leia bastante, inclusive as questões de ortografia do seu concurso, antes de fazer a prova, pois você vai, provavelmente, esbarrar com uma questão de ortografia já conhecida. Siga as dicas!

O Alfabeto

Com **26 letras** agora, o alfabeto completo passa a ser:

Aa	Nn
Bb	Oo
Cc	Pp
Dd	Qq
Ee	Rr
Ff	Ss
Gg	Tt
Hh	Uu
Ii	Vv
Jj	Ww
Kk	Xx
Ll	Yy
Mm	Zz

As letras **k** (consoante), **w** (consoante ou semivogal) e **y** (vogal ou semivogal) são usadas em várias situações. Por exemplo:

- Na escrita de siglas e símbolos de unidades de medida de valor internacional: *km (quilômetro), kg (quilograma), w (watt), kw (kilowatt)...*
- Na escrita de palavras estrangeiras (e seus derivados): *quaker, show, playboy, playground, windsurf, kung fu, yin, yang, skate, kaiser, kafkiano, darwinismo...*
- Em antropônimos estrangeiros (nomes de pessoas) e topônimos estrangeiros (nomes de lugares) e derivados: *Washington, Darwin (darwinismo), Kafka, Kant, Byron (byroniano), Kwanza, Kuwait, (kuwaitiano), Malawi (malawiano)...*

> **Observação**
> A palavra *Maláui (malauiano)* já se encontra aportuguesada.

Vejamos agora, sem mais *enrolações*, algumas regras ortográficas. Leia com calma, relaxadamente. **Sempre consulte um bom dicionário e leia muito!** Sua memória visual no dia da prova será mais importante do que a memorização de regras. No entanto não custa nada consultar as famigeradas regrinhas. Afinal, quantas vezes na vida ficaremos em dúvida se devemos escrever com E ou I, O ou U, C ou Ç, G ou J, H ou sem H, S ou Z, SS ou SC, X ou CH? Leia com calma as regras. E faça exercícios sobre o assunto, para fixar!

Então, vamos!

Emprego da Letra E

– Em formas dos verbos terminados em **-air** (3ª pessoa do plural do presente do indicativo), **-oar** (presente do subjuntivo), **-uar** (presente do subjuntivo) e **-uir** (3ª pessoa do plural do presente do indicativo): caem, perdoem, continue, possuem...
– Na 2ª e na 3ª pessoa do singular e na 3ª pessoa do plural do presente do indicativo dos verbos terminados em **-ir**, como **partir:** partes, parte, partem...
– Em ditongos nasais **-ãe(s)** e **-õe(s):** aldeães, capitães, mãe, vilões, apõem, pospõe...
– Em palavras com o prefixo **ante-**, que indica anterioridade: antebraço, antevéspera, antediluviano, antegozo, antessala...

> Observação
> Não confunda esse prefixo com seu semelhante (***anti-***, que indica contrariedade).

– Em palavras com o prefixo **des-**, que indica ação contrária, valor contrário, negação, separação, mudança de estado, intensificação: despentear, desfavorável, desleal, desmembrar, desfigurar, desinfeliz...

> Observação
> Muitas vezes, o prefixo **dis-** tem o mesmo sentido que o **des-**, portanto cuidado para não trocar as bolas. Veja algumas palavras com DIS-: dissidência, dissolver, difícil (às vezes o -s não aparece), dissimular, distenso, dislexia, dissimetria...

– Em substantivos terminados em **-dade** formados de adjetivos terminados em **-io**: sério > seriedade; contrário > contrariedade; arbitrário > arbitrariedade; próprio > propriedade; solidário > solidariedade...
– Conheça algumas palavras, escritas com **E**, que podem gerar dúvidas: *acareação, arrear* (pôr arreios ou ornamentar), *arrepiar, beneficência, carestia, cadeado, candeeiro, cemitério, corpóreo, creolina, cumeeira, desenfreado, desfrutar, descrição* (ato de descrever), *deferir* (ceder, aprovar), *delatar* (denunciar), *descriminação* (absolvição), *despensa* (onde se guardam mantimentos), *destrato* (desacato), *destilar, disenteria, empecilho, efetue, emergir* (vir à tona), *emigrar* (sair do país), *eminência* (elevação), *empestear* (empesteado), *entronizar, encarnação, enfarte* (enfarto, infarto ou infarte) *estrear, granjear, indígena, irrequieto, lacrimogêneo, mexerico, mimeógrafo, orquídea, páreo, parêntese* (ou parêntesis), *peão* (peça de xadrez e vaqueiro), *prazerosamente, quepe, senão, sequer, seringa, umedecer, vadear* (transpor rio), *veado* (animal ou homossexual – neste caso usado pejorativamente)...

Emprego da Letra I

– Na segunda e na terceira pessoa do singular do presente do indicativo dos verbos terminados em **-air**, **-oer** e **-uir**: **atrais, atrai, corróis, corrói, possuis, possui...**

– Nos adjetivos e substantivos derivados em que entram os sufixos **-iano** e **-iense** antes da sílaba tônica: **Acre > acriano; Açores > açoriano/açoriense; Rosa (Guimarães Rosa) > Rosiano; Machado (Machado de Assis) > machadiano.** No entanto, na terminação de algumas palavras terminadas em **-e (tônico)** ou **-eu/-ei (tônicos)**, colocamos apenas o sufixo **-ano** ou **-ense**: **Daomé > daomeano; Guiné > guineense; Galileu > galileano; Coreia > coreano...**

– Em palavras iniciadas pelo prefixo **anti-**: **antídoto, anticristo, antipatia, antiabortivo, antiofídico, anti-infeccioso, antissepsia, antirrábico...**

– Em palavras terminadas em **-eo**, substitui-se a letra **O** por **I** antes do sufixo **-dade**: **espontâneo > espontaneidade; contemporâneo > contemporaneidade; momentâneo > momentaneidade; instantâneo > instantaneidade; idôneo > idoneidade...**

– O verbo viger é peculiar (cuidado com ele!) e os terminados em **-er**, na 1ª pessoa do singular do pretérito perfeito do indicativo e em todas as formas do pretérito imperfeito do indicativo, recebem a vogal **I** no lugar da vogal **E**: **Eu vigi; Eu vigia, Tu vigias, Ele vigia, Nós vigíamos, Vós vigíeis, Eles vigiam....**

> **Observação**
>
> Nas demais formas, a letra E se mantém: Tu vigeste, Ele vigeu, Nós vigemos, Vós vigestes, Eles vigeram (pretérito perfeito do indicativo).

– Conheça algumas palavras, escritas com **I**, que podem gerar dúvidas: *aborígine* (ou aborígene), *alumiar, aleijar, aleijado* (!), *arriar* (abaixar), *artifício, artimanha, calidoscópio* (ou caleidoscópio), *chilique, corrimão, crânio, crioulo, diferir* (diferenciar, discordar), *dilatar* (aumentar, inchar) *digladiar, displicência, displicente, dispensa* (de dispensar), *distrato* (desfazer um trato), *discricionário* (arbitrário, irrestrito), *erisipela, escárnio, feminino, frontispício, idiossincrasia, inclinação, incinerar, infestar, inigualável, invólucro, impigem* (ou impingem), *intemperança, imbróglio, lampião, meritíssimo, miscigenação, pátio, penicilina, pontiagudo, privilégio, pinicar, requisito, silvícola, terebintina, vadiar* (vagabundear)...

Recomendo que você perceba, no próximo capítulo (Semântica), a diferença de escrita em palavras muito semelhantes na grafia. Não deixe de ler a parte de Parônimos e Fatos da Língua Culta! Vá por mim! Você vai perceber que palavras escritas com **E** ou com **I**, apesar de semelhantes na grafia e na pronúncia, têm sentidos bem diferentes.

Emprego da Letra O

– Conheça algumas palavras que podem gerar dúvidas: *abolir, agrícola, abotoar, aroeira, assoar* (expelir secreção nasal), *boate, boeiro* (ave), *bobina, bolacha, boletim, botequim, boteco, bússola, chacoalhar, cochicho, comprimento* (extensão), *capoeira, chover, costume, coringa* (pessoa enfezada e feia), *encobrir, engolir, êmbolo, focinho, fosquinha, goela, lombriga, mágoa, magoar, mocambo, molambo, moela, moleque, mosquito, névoa, nódoa, óbolo, poleiro, polenta, polia, polir, ratoeira, rebotalho, Romênia, romeno, sortir* (abastecer; já vi muito na prova da FCC), *sortido* (variado), *sotaque, toalete, tostão, tribo, vinícola, vultoso* (volumoso), *zoar...*

Emprego da Letra U

– Conheça algumas palavras que podem gerar dúvidas: *assuar* (vaiar), *acudir, bugalho, bueiro* (buraco), *buliçoso, bulir, bulinando, burburinho, camundongo, chuviscar, chuvisco, cumbuca, cumprimentar, cumprimento* (saudação), *cúpula, curtume, curinga* (carta de baralho), *Curitiba* (cidade), *cutia* (animal), *cutucar, embutir, entupir, estripulia, esbugalhar, fuçar, íngua, jabuti, jabuticaba* (segundo o VOLP), *lóbulo, muamba, mutuca, mucamba* (mucama), *mulato, murmurinho, rebuliço, sinusite, tábua, tabuada, tabuleiro, trégua, tulipa, úmido, umidade* (e não húmido, humidade), *urtiga, usufruto, virulento, vultuoso* (congestão facial)...

Novamente recomendo que você consulte os parônimos (capítulo 4) que podem confundir sua cabeça. Você vai perceber que palavras escritas com **O** ou com **U**, apesar de semelhantes na grafia e na pronúncia, têm sentidos bem diferentes.

Emprego da Letra C

O **C**, seguido de **E** e **I**, tem som de **Ç** ou **SS**. Normalmente as pessoas confundem a grafia de palavras escritas com **C, Ç** ou **SS**. Isso pode atrapalhar sua vida na hora de grafar uma palavra, ou melhor... podia. Usa-se a letra **C**:

– Em vocábulos de origem indígena, africana ou árabe: **cipó, cacimba, Piracicaba, piracema, Araci, cacique, alface, acicate, acéquia, ceifa, cetim...**
– Em palavras derivadas de vocábulos terminados em **-te/-to**: **marte > marcial, marciano; torto > torcer...**
– Depois de ditongos: **foice, fauce, coice, beicinho (de beiço), loucinha (de louça), boucelo...**
– Com as terminações **-ecer** e **-encer**: **empalidecer, entardecer, amanhecer, convencer, pertencer, vencer...**
– Conheça algumas palavras que podem gerar dúvidas: *acender* (iluminar), *acento* (sinal gráfico), *acelga, acervo, acepção, acessório, acetinado, arvorecer, cedilha, ceia, cela* (quarto), *celibato, celofane, censo* (contagem), *cerração* (nevoeiro), *certame* (ou certâmen), *cerzir, chacina, cirrose, cismar, concertar* (harmonizar), *concerto* (música), *cenáculo, cenário, censura, disfarce, displicência, displicente, empobrecer, focinho, intercessão, maledicência, maciço, mencionar, necessário, ócio, pacífico, quociente, rocio, saciar, saciação, taciturno, vacilo, vício...*

Emprego do Ç

Antes de mais nada, não se usa **Ç** (cê-cedilha ou cê-cedilhado) antes de **E** e **I**, mas sim de **A, O** e **U**. Guarde isso em sua cabecinha para não chorar depois! Usa-se o Ç:

- Em palavras de origem indígena, africana, árabe, italiana, francesa e exótica: cachaça, açaí, açucena, açúcar, muçarela (ou mozarela), Juçara, Moçambique, maçom, miçanga, muçum... Incluem-se nesta regra os sufixos -guaçu, -açu: Paraguaçu, capim-açu...
- Em palavras com to no radical: ação (de ato), atenção (de atento), isenção (de isento), intenção (de intento), direção (de direto), exceção (de exceto), correção (de correto)...
- Em palavras derivadas de vocábulos terminados em -tar/-tor (principalmente!): adoção (de adotar), infração (de infrator), tração (de trator), redação (de redator), seção (de setor), deserção (de desertor), produção (de produtor), redução (de redutor)...
- Em substantivos e adjetivos advindos do verbo ter (e derivados): detenção (de deter), retenção (de reter), contenção (de conter), abstenção (de abster)...
- Em sufixos -aça, -aço, -ção, -çar, -iça, -iço, -nça, -uça, -uço: barcaça, ricaço, armação, aguçar, carniça, sumiço, fiança, convalescença, dentuça, dentuço... Fique atento a palavras derivadas de verbos dos quais se retira a desinência r e coloca-se o sufixo ção: reeducação (de reeducar), importação (de importar), repartição (repartir), partição (de partir), fundição (de fundir)...
- Em palavras derivadas de vocábulos terminados em -tivo: introspecção (de introspectivo), relação (de relativo), ação (de ativo), intuição (de intuitivo)...
- Após ditongos: feição, louça, eleição, traição, caiçara, precaução, arcabouço...
- Conheça algumas palavras escritas com Ç: (à) beça, absorção, acaçapar, açafrão, acepção, açucena, açude, assunção, adereço, alçapão, alicerçar, arruaça, asserção, babaçu, bagaço, boçal, buço, chumaço, cabaça, caçar, caçarola, calça, cansaço, carniça, coleção, descrição, eriçado, erupção, encaçapar, exibição, extinção, exceção, fuçar, guçar, hortaliça, içar, joça, laço, Moçambique, moçoró, mormaço, maçaneta, maniçoba, muçarela (!), noviço, ouriço, pança, palhoça, pinça, quiçá, rechaçar, regaço, ruço (pardacento, grisalho, surrado), sanção (ato de sancionar), sumiço, superstição, soçobrar, tição, terça, terço, trançar, troça, troço, unção, viço, vidraça, vizinhança...

Emprego da Letra G

A letra G, diante de E e I, se confunde com a letra J às vezes. Cuidado para não escrever uma em vez de outra. Usamos a letra G:

- Em palavras de origem estrangeira: álgebra, ginete, algema, agiota, herege, sargento, ágio, doge, gengibre, geleia, gim...
- Em palavras terminadas em -agem, -igem, -ugem; -ege, -oge; -ágio, -égio, -ígio, -ógio, -úgio: malandragem, garagem, fuligem, vertigem, ferrugem, penugem; herege, bege, paragoge, doge; naufrágio, adágio, egrégio, colégio, vestígio, prodígio, relógio, martirológio, refúgio, subterfúgio...

> **Exceções**: laje (ou lajem), paje (ou pajem), lambujem. Cuidado com a palavra viagem (substantivo: Fizeste boa viagem?) e viajem (verbo: Talvez eles viajem hoje).

- Em verbos terminados em -ger e -gir: eleger, reger, proteger, correger, fingir, fugir, frigir, impingir, submergir, aspergir, corrigir...

Capítulo 3 • Ortografia **43**

– Nos vocábulos gerir, gestão e derivados: **digerir, digestivo, ingestão, sugerir, sugestão, sugestivo...**
– Em palavras iniciadas por **A**: **agente, agência, agendar, agérrimo, ágil, agir, agitar, ágio...**

> **Exceções (verbos formados de substantivos que já apresentam J no radical):** ajeirar (de jeira), ajeitar (de jeito), ajesuitar (de jesuíta), ajirauzado (de jirau)...

– Em palavras derivadas de outras que já apresentam **G**: **afugentar (de fugir), rigidez (de rígido), gelado (de gelo), impingem (de impingir), rabugento, rabugice (de rabugem), tingido (de tingir)...**
– Conheça algumas palavras que podem gerar dúvidas: *aborígine, abranger, adágio, adstringente, afugentar, agência, agenda, agente, agilidade, ágil, agiota, agiotagem, agitar, alergia, álgebra, algema, Angelina, algibeira, angina, apanágio, apogeu, aragem, Argélia, argila, auge, Bagé, beberagem, blindagem, congestão, digerir, digestão, divergente, esfinge, estágio, estratégia, estrangeiro, estrogênio, evangelho, exagero, ferrugem, flagelo, geada, gêiser, gérbera, gergelim, geringonça, gilete, girândola, gengibre, gesso, gibi, gigante, gim, higiene, ilegível, imagem, imaginação, imaginar, indigesto, impingem* (ou impigem)*, indígena, legítimo, legista, legível, legenda, ligeiro, monge, megera, nigeriano, necrológio, ogiva, origem, penugem, pugilista, relógio, refrigerante, regurgitar, rugido, rígido, rigidez, selvagem, selvageria, sigilo, singelo, sugestão, sugestivo, tangerina, tangente, tangível, tragédia, tigela, urgente, vagem, vagina, vertigem, vigência, viagem* (substantivo)...

Emprego da Letra J

Usa-se o **J** seguido de qualquer vogal.

Há uma palavrinha que aparece direto em prova; que palavra é essa? Hojeriza? Hogeriza? Hogerisa? Ogeriza? Ojerisa? Ojeriza? Bizarro, não é? Bem, e a palavra certa é... O-JE-RI-ZA (OJERIZA)! Cuidado com ela! Ah! E aquele papinho da titia da escola de que se a palavra couber na tigela, nós a escrevemos com **J** é papo furado, hein! Nunca ouviu essa, não? Berinjela cabe na tigela, mas geleia também! Chega de besteira... Vamos às regras. Usa-se a letra **J**:

– Em palavras de origem indígena, africana, árabe ou exótica: **beiju, jirau, jerimum, jequitibá, alforje, jiboia, mujique, manjericão, manjerona, jiu-jítsu...**
– Em palavras derivadas de outras que já são, na sua formação, escritas com **J**: **anjinho (de anjo; porém angélico, que deriva de uma palavra latina que tinha G na raiz); canjica (de canja); encoraje, encorajem (do verbo encorajar); laranjeira, laranjinha (de laranja); lojista (de loja); lajedo (de laje); rijeza, enrijecer (de rijo; no entanto, cuidado com rigidez e rígido); viajei, viajamos, viajem (de viajar)...**
– Em verbos terminados em **-jar/-jear**; por exemplo, viajar e granjear: **viajo, viajas, viaja, viajamos, viajais, viajam ... viaje, viajes, viaje, viajemos, viajeis, viajem...; granjeio, granjeias, granjeia, granjeamos, granjeais, granjeiam ... granjeie, granjeies, granjeie, granjeemos, granjeeis, granjeiem...**
– Conheça algumas palavras que podem gerar dúvidas: *acarajé, adjetivo, adjunto, ajeitar, alforje, anjo, azulejo, azulejista, berinjela, brejeiro, brejo, cafajeste, canjica, caranguejeira, cerejeira, cervejeiro, desajeitado, enjeitado, enrijecer, gorjear, gorjeta, granjeiro, jeca, igreja,*

interjeição, injeção, Jeni, Jeová, jequitibá, jesuíta, jirau, laje, laranjeira, laranjinha, lisonjear, lisonjeiro, loja, lojista, majestade, majestoso, manjericão, manjedoura, Moji, objetivo, objeto, pajé, pajelança, projeção, projétil, projeto, rejeitar, rejeição, subjetivo, sujeira, sujeito, trejeito, ultraje, varejo, varejista, viajem (verbo)...

Emprego da Letra H

A letra H não representa som algum, por isso é considerada consoante muda. É considerada uma letra etimológica, pois vem do latim (e do grego), em que era expirada, como em Tom **H**anks. Vejamos algumas regrinhas que indicam quando a letra **H** aparece:

– No início de certas palavras de origem latina, grega ou inglesa: **hábil, hábito, habitar, heavy-metal, headfone, hebraico, hecatombe, hiato, hipótese, homérico, hipotaxe, hidrofobia, hora, hérnia...**
– Como letra diacrítica nos dígrafos **CH, LH, NH**: **chave, olhar, sonho...**
– No fim de certas interjeições: **ah!, eh!, ih!, oh!, uh!, hein!...**
– Após hífen nas palavras derivadas por prefixação ou nas compostas por justaposição: **sobre-humano, super-homem, anti-higiênico, pré-histórico, pan-hispânico, giga--hertz, neo-hebraico, pseudo-hermafrodita, mini-hotel, arqui-hipérbole...**

> **Observação**
> Cuidado com estas palavras, pois os prefixos co-, des-, ex-, in-, sub-, re- dispensam o hífen e a letra H: coerdeiro, desarmonia, exaurir, inábil, subumano (ou sub-humano), reidratar, reaver; turboélice, lobisomem, filarmônico...

– Em toda a conjugação do verbo haver: **hei, hás, há, havemos/hemos, haveis, hão...**
– Por convenção, usa-se **H** ainda na palavra Bahia (o estado). Nos derivados, não há **H**: **baiano, baianinha, baianidade...**
– Conheça algumas palavras que podem gerar dúvidas: *haltere* (ou halter), *hangar, haurir, haxixe, hectare, hediondo, hélice, hera* (planta), *hermenêutica, hermético, híbrido, hipocondria, hirto, histologia, homeopatia, homilia* (ou homília), *homogeneidade, hóquei, hortênsia, horto, hosana, hóstia, hulha, húmus...*

Emprego da Letra S

Não confunda **S** com **SS, Z** ou **Ç**. Atenção às regrinhas! Usa-se **S**:

– Em substantivos correspondentes a verbos terminados com **corr, d, nd, nt, pel, rg, rt** no radical: **concurso (de concorrer), discurso (discorrer), colisão (de colidir), alusão (de aludir), defesa, defensivo (de defender), pretensão, pretensioso (de pretender), compreensão, compreensivo (de compreender), difusão (de difundir), ascensão, ascensorista (de ascender), suspensão (de suspender), distensão (de distender), expansão (de expandir), senso, sensível (de sentir), expulso, expulsão (de expelir), compulsório (de compelir), imersão (de imergir), emersão (de emergir), inversão (de inverter), conversão (de converter), diversão (de divertir)...**

Capítulo 3 • Ortografia   **45**

- Em adjetivos pátrios/gentílicos ou títulos de nobreza terminados em **-ês(a)** e **-ense**: rio-grandense, paranaense, catarinense, fluminense, parisiense... camponês, japonês, pequinês, princesa, duquesa, inglesa, calabresa (de Calábria), milanesa (de Milão)...
- Nos sufixos nominais terminados em **-oso(a)** e **-isa**: gostoso, apetitoso, afetuoso, papisa, poetisa...; **exceção**: gozo (e derivados).
- Com som de Z, após **ditongo**: coisa, deusa, pausa, pouso, causa, lousa, maisena (!), paisagem...
- Na conjugação dos verbos pôr e querer (pretérito perfeito e mais-que-perfeito do indicativo e pretérito imperfeito e futuro do subjuntivo), inclusive dos derivados do verbo pôr: quiser, pus, quis, pusemos, quisemos, interpusemos, propusestes...

O verbo **requerer** NÃO é derivado do verbo querer. Consulte a conjugação deste verbo!

- Em substantivos terminados em **ase, ese, ise, ose**: frase, tese, crise, osmose, metamorfose, catequese...; exceções: deslize, gaze...
- Nos verbos terminados em **isar**, se os nomes correspondentes tiverem **S** no radical: pesquisar (de pesquisa), paralisar (de paralisia), improvisar (de improviso), avisar (de aviso), analisar (de análise), alisar (de liso)...; exceções: catequiZar (de catequese), batiZar (de batismo), hipnotiZar (de hipnose), sintetiZar (de síntese), enfatiZar (ênfaSe).
- O sufixo **inho** vem acompanhado de **S** quando esta letra fizer parte do radical da palavra de origem (com **Z** quando a palavra de origem não tiver o radical terminado em **S**): LuiSinho (de Luís), meSinha (de mesa), lapiSinho (de lápis)...; lugarZinho (de lugar), cafeZinho (de café)...

 O *bizu* da manutenção do S no radical serve para, praticamente, todos os casos: baseado, basear, embasamento (de base)...

- Conheça algumas palavras que podem gerar dúvidas: *adversário, alisar, aguarrás, ânsia, ansiar, ansioso, apreensão, apoteose, através, apreensivo, aspersão, aspersório, autópsia, aversão, avulso, catalisar, cisão, colisão, cansaço, cansar, cansado, cansativo, canseira, compreensão, compreensível, compreensivo, compulsão, compulsório, convulsão, defensivo, defensor, descanso, dispersão, disperso, dose, enviesar, entrosar, entorse, emersão, escusável, expulsão, frasear, formosura, freguesa, fusível, gasoso, gris, grosa, glosa, impulso, imersão, imerso, improvisar, impulsionar, lesar, lisura, maisena, manusear, medusa, misantropo, misto* (de mistura), *pêsame(s), pesquisar, percurso, perversão, pretensão, rasura, revés, reveses, repulsão, senso* (percepção), *sessão* (reunião), *sósia, sassafrás, tenso, trás, usura, verso, verossímil, verossimilhança* (ou *verossímil, verossimilhança*), *zeloso...*

Emprego do Dígrafo SS

- Em verbos terminados em **primir, meter, mitir, cutir, ceder, gredir, sed(i)ar**: impressão (de imprimir), depressão (de deprimir), promessa (de prometer), intromissão (de intrometer), admissão (de admitir), demissão (de demitir), percussão (de percutir),

repercussão (de repercutir), excesso (de exceder), concessão (de conceder), agressão (de agredir), transgressão (de transgredir), obsessão (de obsed(i)ar)...

Cuidado com a palavra **exceção**! Ela cai direto em prova. Consulte: Cesgranrio – Petrobras – Cargos de nível superior – 2010 – QUESTÃO 28.

— Prefixo terminado em vogal + palavra iniciada por **S**: **assimétrico (a + simétrico), ressurgir (re + surgir), autosserviço (auto + serviço), minissaia (mini + saia), parassíntese (para + síntese), pressentimento (pré + sentimento)...**

— Em todo o pretérito imperfeito do subjuntivo: **fosse, fosses, fosse, fôssemos, fôsseis, fossem...**

— Conheça algumas palavras que podem gerar dúvidas: *acesso, acessível, acessório, assessor, assessoria, abadessa, abscesso, admissão, agressão, agressor, amassar, amerissar, amerissagem, antepassado, argamassa, assar, assalariado, assassinar, assédio, assalto, assassinato, assanhado, assear, asseio, assinar, assinalar, assobiar* (assoviar), *assíduo, aterrissar, aterrissagem* (ou aterrizar, aterrizagem), *atravessar, avesso, bússola, colosso, compasso, concessão, demissão, dissensão, dissídio, endossar, escassez, escasso, excesso, excessivo, fotossíntese, ingresso, ingressar, missa, monossílabo, obsessão, pássaro, passeata, passeio, permissão, possessão, potássio, progresso, progressão, ressaca, ressurreição, ressuscitar, retrocesso, ultrapassado, verossímil, verossimilhança, vicissitude...*

Emprego do Dígrafo SC

O dígrafo **SC** era usado em muitas palavras do latim. Elas sofreram algumas mudanças ao longo dos séculos, mas o dígrafo foi conservado. Por isso, conheça algumas palavras que podem gerar dúvidas: *abscesso, abscissa, acrescentar, acréscimo, adolescência, apascentar, aquiescência, ascensorista, ascendente, discípulo, crescente, crescer* (cresço), *concupiscência, condescender, consciência, crescimento, convalescença, discernimento, discente, disciplina, efervescência, excrescência, fascículo, fascismo, florescente, fosforescente, imprescindível, isósceles, incandescente, intumescer, irascível, lascívia, miscelânea, miscigenação, nascimento, nascer, néscio, nascença, obsceno, onisciência, oscilação, plebiscito, piscicultura, presciência, recrudescer, reminiscência, rescindir, rescisão, ressuscitar, renascimento, seiscentos, susceptível, suscitar, transcendência, víscera...*

Emprego do Dígrafo CH

As palavras que apresentam este dígrafo têm origens diversas: latim, francês, espanhol, italiano, alemão, inglês, árabe etc.

— Veja algumas: **chave, cheirar, chuva; chassi, chalé, chefe, chuchu, deboche; apetrecho, mochila, trapiche; charlatão, espadachim, salsicha; chope, charuto, cheque, sanduíche; azeviche, chafariz, cherne, escabeche...**

— Em palavras derivadas de **cognatas (mesmo radical)**: **chinelada (de chinelo), chifrada (de chifre), chaveiro (de chave), chamariz (de chamar), enchente (de encher), encharcar (de charco), achincalhar (de chincalho), pichação (de piche)...**

— Em sufixos aumentativos ou diminutivos -**acho**, -**achão**, -**icho**, -**ucho**: **bonachão, rabicho, papelucho, riacho, barbicha, gorducho...**

— Depois de -**an**, -**en***, -**in**, -**on**, -**un**: **anchova, gancho, encher, preencher, inchaço, pechincha, concha, ponche, funcho, escarafunchar...**

* Na maioria das palavras com **-EN**, usa-se X: enxame, enxada, enxergar, enxugar, desenxabido...
— Conheça algumas palavras que podem gerar dúvidas: *achincalhar, anchova, apetrecho, bacharel, beliche, bochecha, bombacha, bolacha, brecha, brocha* (prego), *brochura, bucha, cacho, cachola, cachoeira, cachimbo, cartucho, chácara, chacina, chafariz, chalé, charuto, charque, cheque* (= dinheiro), *chicote, chiste, chuchu, chucrute, chumaço, coqueluche, cochicho, debochar, deboche, ducha, estrebuchar, fachada, ficha, fechar, garrancho, guache, inchado, lanche, mochila, pachorra, piche, pichação, pechincha, prancha, rocha, rachar, salsicha, tacha* (mancha ou prego pequeno), *tachar* (acusar), *tchau, tocha, trecho, trincheira...*

Emprego da Letra X

— Depois de **ditongo**: caixa, peixe, frouxo, seixo, feixe...; **exceção**: caucho, recauchutar, recauchutagem, guache.
— Depois da sílaba **en**: enxadrista, enxugar, enxovalhar, enxoval, enxofre, desenxabido...; **exceção**: enchente (de encher, cheio), encharcar (de charco), enchiqueirar (de chiqueiro), enchumaçar (de chumaço), enchova (ou anchova)...
— Depois da sílaba **me**: mexerica, mexer, mexilhão, mexeriqueiro...; **exceção**: mecha (de cabelos) e derivados.
— Na vasta maioria das palavras depois das sílabas **bru, gra, la, li, lu**: bruxa, bruxulear; graxa, graxeiro; laxante, laxo; lixa, lixo, lixiviação; luxo, luxação, luxamento...
— Em palavras de **origem árabe, grega, latina, africana, espanhola, indígena, inglesa** etc.: xá, Xerxes, luxação, rixa, taxar, xampu, Xangai, abacaxi, Erexim, muxoxo, xavante, xingar, almoxarife, enxaqueca, enxoval, xadrez, oxalá, lagartixa, xarope, xaveco, xerife, xeque-mate, xucro, xuá...
— Em certas **interjeições**: Xi!, Xô!
— Conheça algumas palavras que podem gerar dúvida: *abacaxi, afrouxar, almoxarife, atarraxar, Araxá, baixada, baixela, bauxita, bexiga, broxa* (pincel), *Bruxelas, bruxo, caixão, caixa, caixeiro, caixote, capixaba, caxumba, deixar, desleixo, elixir, encaixotar, engraxar, engraxate, enxada, enxame, enxergar, enxoval, enxotar, enxurrada, enxuto, faxina, faxineiro, feixe, frouxo, graxa, gueixa, luxo, luxúria, madeixa, macaxeira, mexer, mexida, orixá, praxe, puxão, Quixote, relaxado, relaxamento, rouxinol, taxa* (imposto), *vexame, Xapecó, xavante, xenofobia, xereta, xícara, xingar, xilindró...*

> **Observação**
>
> Vale a pena dizer que, em muitas palavras escritas com **X**, tal letra tem som de **KS** (uxoricida, tóxico), **Z** (inexorável, êxito) ou **S** ou **SS** (têxtil, sintaxe). Alguns estudiosos insistem em dizer que, em sintaxe, o **X** tem som de **KS**, inclusive o dicionário Caldas Aulete abona essa pronúncia. Já o VOLP, que é a autoridade máxima no assunto, diz que o **X** tem som de **SS**. Bem-vindo à língua portuguesa!

Emprego da Letra Z

— No sufixo **ez(a),** em substantivos abstratos derivados de adjetivos: acidez (de ácido), polidez (de polido), moleza (de mole), pobreza (de pobre), frieza (de frio)...

– Em verbo terminado em **izar** derivado de palavra **sem S** no radical (e substantivo derivado deste verbo, com sufixo **ização**): amenizar, amenização (de ameno), suavizar, suavização (de suave), concretizar, concretização (de concreto), hospitalizar, hospitalização (de hospital)...

– Em palavras terminadas em **zado(a)**, **zal**, **zeiro**, **zinho(a)**, **zito**, derivadas de outras com **Z** no radical ou sem **S** no radical: abalizada, cafezal, "caozeiro", açaizeiro, cajazeiro, jardinzito, cãozito, cãozinho, raizinha, florzinha, sozinho...

> ⊙ **Observação**
>
> Dependendo do valor semântico-discursivo (contextual), algumas palavras terminadas em **(z)inho** podem ter dupla forma: *colherzinha/colherinha; florzinha/florinha; homenzinho/hominho.*

– Na maioria dos verbos terminados em **uzir**, **er** ou **ir**: produzir, conduzir, reproduzir, deduzir, dizer, fazer, comprazer, jazer, luzir...

– Conheça algumas palavras que podem gerar dúvida: *agonizar, agudeza, alazão, alcoolizado, alteza, Amazonas, Amazônia, anãozinho, armazém, avestruz, azedo, bendizer, capuz, certeza, cartaz, catequizar* (porém catequese), *dizer, correnteza, cozinhar, dramatização, escravizar, frieza, flacidez, horizonte, idealizar, lazer, legalizar, martirizar, neutralizar, nazismo, ozônio, Queluz, prezado, viuvez, vazio, verniz, vezes, vizinho.*

Emprego dos Verbos Terminados em -EAR e -IAR

No presente do indicativo e do subjuntivo (e no imperativo) de todos os verbos terminados em **ear**, como **pentear**, acrescenta-se a letra **I** depois da **E**, exceto na 1ª e na 2ª pessoa do plural.

Veja: **Eu penteio, Tu penteias, Ele penteia, Nós penteamos, Vós penteais, Eles penteiam** (presente do indicativo); **Que... eu penteie, tu penteies, ele penteie, nós penteemos, vós penteeis, eles penteiem** (presente do subjuntivo).

No imperativo afirmativo e negativo, respectivamente: **penteia (tu), penteie (você), penteemos (nós), penteai (vós), penteiem (vocês); não penteies (tu), não penteie (você), não penteemos (nós), não penteeis (vós), não penteiem (vocês).**

Agora, em verbos terminados em **iar**, como *negociar*, a conjugação é regular, não há acréscimo nem decréscimo. Exemplo:

Eu negocio, Tu negocias, Ele negocia, Nós negociamos, Vós negociais, Eles negociam; Que... eu negocie, tu negocies, ele negocie, nós negociemos, vós negocieis, eles negociem...

Importante! No presente do indicativo e do subjuntivo dos verbos **M**ediar, **A**nsiar, **R**emediar, **I**ncendiar/**I**ntermediar e **O**diar (**MARIO**), a conjugação se dá com uma ditongação através da letra **E** antes do **I** em todas as formas, exceto na 1ª e na 2ª pessoa do plural.

Veja na prática: **Eu odeio, Tu odeias, Ele odeia, Nós odiamos, Vós odiais, Eles odeiam** (presente do indicativo). **Que... eu odeie, tu odeies, ele odeie, nós odiemos, vós odieis, eles odeiem** (presente do subjuntivo). No imperativo afirmativo e no negativo, respectivamente: **odeia (tu), odeie (você), odiemos (nós), odiai (vós), odeiem (vocês); não odeies (tu), não odeie (você), não odiemos (nós), não odieis (vós), não odeiem (vocês).**

> **Observação**
>
> Sempre que for conjugar os verbos *mediar, ansiar, remediar, incendiar/intermediar*, siga o modelo do verbo *odiar*. A conjugação é igual! Exemplo: se "Eu odeio", "Eu medeio"; se "Tu odeias", "Tu intermedeias"... e por aí vai! Fica a dica, hein!

Cuidado com certos verbos terminados em **-ear** e **-iar**, de forma muito parecida, mas de sentido diverso:

- afear (de feio) e afiar (de fio);
- enfrear (de freio) e enfriar (de frio);
- estear (de esteio) e estiar (de estio);
- estrear (de estreia) e estriar (de estria);
- mear (de meio) e miar (de mio, miado);
- pear (de peia) e piar (de pio);
- arrear (de arreios) e arriar (de abaixar).

Dupla Grafia

Vejamos algumas palavras que apresentam mais de uma grafia (você perceberá que algumas palavras são estranhas ao ouvido, pois nem todas são usuais ou aceitas unanimemente pelos gramáticos e dicionaristas):

Abaixar e baixar; abdome e abdômen; açoitar e açoite, açoutar e açoute; afeminado e efeminado; afoito e afouto; aluguel e aluguer; aritmética e arimética; arrebitar e rebitar; arremedar e remedar; assoalho e soalho; assobiar e assoviar; assoprar e soprar; azálea e azaleia; bêbado e bêbedo; besoiro e besouro; bilhão e bilião; bílis e bile; biscoito e biscouto; bombo e bumbo; bravo e brabo; cãibra e câimbra; cálice e cálix; caminhão e camião; carnegão e carnicão; carroçaria e carroceria; catinga e caatinga; catorze e quatorze; catucar e cutucar; chipanzé e chimpanzé; clina e crina; cociente e quociente; coice e couce; coisa e cousa; cota e quota; cotidiano e quotidiano; cotizar e quotizar; covarde e cobarde; cuspe e cuspo; dactilografia e datilografia; deficit e défice; degelar e desgelar; demonstrar e demostrar; dependurar e pendurar; desenxavido e desenxabido; diabete e diabetes; doido e doudo; doirar e dourar; dois e dous; emagrecer e esmagrecer; empanturrar e empaturrar; enfarte, enfarto, infarte e infarto; engambelar e engabelar; enlambuzar e lambuzar; entoação e entonação; entretenimento e entretimento; enumerar e numerar; espuma e escuma; estalar e estralar; este e leste; estoiro e estouro; exorcizar e exorcismar; flauta e frauta; flecha e frecha; fleuma e flegma; flocos e frocos; geringonça e gerigonça; gorila e gorilha; hemorroidas e hemorroides; humo e húmus; impinge e impigem; imundícia, imundície e imundice; intrincado e intricado; lantejoula e lentejoula; limpar e alimpar; lisonjear e lisonjar; louça e loiça; louro e loiro; macaxeira e macaxera; maçom e mação; maltrapilho e maltrapido; maquiagem e maquilagem; marimbondo e maribondo; marino e marinho; melancólico e merencório; menosprezo e menospreço; mobiliar, mobilhar e mobilar; neblina e nebrina; nenê, neném e nenen; oiro e ouro; olimpíada e olimpíade; parêntese e parêntesis; percentagem e porcentagem; peroba e perova; pitoresco e pinturesco; plancha e prancha; pólen e polem; quadriênio e quatriênio; rádio e rádium; radioatividade e radiatividade; rastro e rasto; registro e registo; relampear, relampejar, relampadejar, relampaguear, relampadar e relampar; remoinho e redemoinho; ridiculizar e ridicularizar; salobra e salobre; seção e secção; selvageria e selvajaria; silueta e silhueta; sobressalente e sobresselente; sutil e subtil; surripiar e surrupiar; taberna e taverna; televisar e televisionar; terremoto e terramoto; tesoura e tesoira; tesouro e tesoiro; toiro e touro; toicinho e toucinho; transvestir e travestir; tríade e tríada; trilhão e trilião; várzea, várgea, vargem e varge; volibol e voleibol...

Caso queira saber mais, reveja o capítulo de Acentuação (Algumas Formas Variantes) e Fonologia (Ortoepia e Prosódia).

Emprego das Iniciais Maiúsculas ou Minúsculas

Esta parte é importante para quem faz provas discursivas. Fique atento! Eu me ative ao texto oficial da ABL, ao Manual de Redação da PUC/RS e ao Manual de Elaboração de Textos do Senado.

A letra minúscula inicial é usada:

a) Normalmente em todos os vocábulos da língua nos usos correntes, sem que haja, é claro, obrigatoriedade no uso da maiúscula.

b) Nos **nomes dos dias, meses, estações do ano**: segunda-feira; outubro; primavera.

c) Nos **pontos cardeais** (mas não nas suas abreviaturas): norte, sul (mas: SW, de sudoeste).

d) Nos substantivos (ou pronomes indefinidos para alguns) **fulano, sicrano** e **beltrano**, desde que não iniciem frase.

e) Depois de dois-pontos (:), a não ser quando a palavra é um substantivo próprio, uma citação direta ou uma palavra que deva seguir a regra de maiúsculas: "De você eu quero isto: dedicação!" **Mas**: "Há só uma gramática que traz questões da banca CQIP: A Gramática".

f) Em substantivos próprios que se tornaram comuns, sofrendo derivação imprópria (ou conversão): "Pegaram o Joãozinho para cristo, mas você é que não passa de um judas!"

> ### Observação
> Neste caso, vale dizer que as frases substantivadas, que se tornam substantivos compostos são escritas com letra minúscula: comigo-ninguém-pode, arranca-rabo, bate-boca, bem-te-vi, bem-me-quer, desmancha-prazer...; lembre-se de que certos substantivos desse tipo perderam o hífen, como maria vai com as outras, bumba meu boi, leva e traz...

g) Em palavras derivadas de nomes estrangeiros: bachiano, kantismo, beethoveniano, byronismo, freudiano...

h) Na sequência de alíneas e de incisos, que devem ter início na altura do parágrafo do texto: São benefícios concedidos pelo IPC:
    a) auxílio-doença;
    b) auxílio-funeral;
    c) pecúlio.

Capítulo 3 • Ortografia

A escolha de seus membros compete:

I – ao Senado Federal;

II – à Assembleia Geral;

III – ao Conselho Deliberativo.

i) Nas partículas intermediárias (palavras invariáveis e contrações) monossilábicas dos onomásticos compostos (título de obras, acordos, conferências, congressos etc.): Crônicas de Risos e Lágrimas, Ninguém Escreve ao Coronel, Triste Fim de Policarpo Quaresma, II Congresso Nacional de Biblioteconomia, Pacto Internacional dos Direitos Civis e Políticos.

j) Nos adjetivos **gentílicos** e **pátrios** e na designação de **grupos étnicos**: brasileiros, ingleses, xavantes, tamoios, paulistanos, mato-grossenses, mineiros...

k) Nos **axiônimos** (títulos e outras formas especiais de tratamento), usa-se minúscula: senhor doutor Joaquim da Silva, bacharel Mário Abrantes, o cardeal Bembo...

l) Depois de interjeições, quando o nome for comum: Oh! quanta miséria!; Nossa Senhora, que frio!; Ai! meu Deus!...

A letra maiúscula inicial é usada:

a) No **início de períodos**, em **citações diretas** e **após o ponto-final**: "Hoje disse algo que a chocou: 'Saia daqui e não volte nunca mais.' Ela ficou desesperada".

b) Nos substantivos próprios de qualquer espécie (**nomes de pessoas, apelidos, alcunhas, entidades religiosas/governamentais, nomes de lugares, nomes de astros, nomes de personagens fictícios, nomes de tribos ou castas, nomes de comunidades religiosas ou políticas...**): Pedro Marques, D. João VI; Branca de Neve, D. Quixote, Alá, Deus, Messias, Oxum, Lisboa, Luanda, Maputo, Rio de Janeiro, Atlântida, Hespéria, Golfo Pérsico, Cabo da Boa Esperança, Oceano Atlântico, Monte Everest, Mar Morto, Mar Vermelho, Trópico de Câncer, Hemisfério Sul, Terra, Vênus, Marte, Júpiter, Adamastor, Mickey Mouse, Chapeuzinho Vermelho, Netuno, Aquiles, Tupinambás, Tamoios, Brâmanes, Sudras, Testemunhas de Jeová, Cristadelfianos, Nação, Estado, Pátria, Raça...

> **Observação**
>
> As palavras "Nação, Estado, Pátria e Raça" são escritas com letra maiúscula se tiverem sentido de entidade: "O Estado supre carências populares". Usamos minúscula quando estiverem determinadas, especificadas: "Devemos lutar pela nossa gentil pátria!" / "Eu moro no estado de São Paulo". A palavra "estado" (= situação/condição) se escreve com letra minúscula: "Ela se encontra em estado terminal". Se for o nome do jornal, letra maiúscula: O Estado de São Paulo.

c) Nos nomes de **leis, decretos, atos** ou **diplomas oficiais**: Decreto Federal nº 25.794; Portaria nº 1.054, de 17-9-1998; Lei dos Direitos Autorais nº 9.609; Parecer nº 03/00; Sessão nº 01/00; Resolução nº 3/87 CFE...

d) Nos nomes que designam **instituições (acadêmicas ou não), períodos notáveis, acontecimentos (históricos ou não)**: Instituto de Pensões e Aposentadorias da Previdência Social, Faculdade de Letras da UFRJ, Jogos Olímpicos de Inverno, Copa do Mundo, Jornada Paulista de Radiologia, Idade Média, Revolução Francesa...

e) Nos nomes de **festas** e **festividades**: Natal, Páscoa, Ramadão, Todos os Santos, Carnaval...

f) Nos **títulos de periódicos** e **jornais** (escreve-se em itálico, sem aspas): *O Globo, O Estado de São Paulo (ou S. Paulo), Folha de São Paulo...*

g) Nos **pontos cardeais** ou equivalentes, quando empregados absolutamente: Nordeste, por nordeste do Brasil, Norte, por norte de Portugal, Ocidente, por ocidente europeu para cá, Oriente, por oriente asiático para lá...

h) Em **siglas, símbolos** ou **abreviaturas** internacionais ou nacionalmente reguladas com maiúsculas, iniciais ou mediais ou finais ou o todo em maiúsculas: FAO, NATO, ONU; H2O, Sr., V. Ex.ª

> **⊘ Observação**
>
> As disposições sobre os usos das minúsculas e maiúsculas não obstam a que obras especializadas observem regras próprias, provindas de códigos ou normalizações específicas (terminologias antropológica, geológica, bibliológica, botânica, zoológica etc.), promanadas de entidades científicas ou normalizadoras, reconhecidas internacionalmente.

Casos Facultativos

a) Nos **bibliônimos** (nome de livro) – após o primeiro elemento, que é com maiúscula, os demais vocábulos podem ser escritos com minúscula, salvo nos nomes próprios neles contidos, tudo em grifo: O Senhor do paço de Ninães ou O senhor do paço de Ninães, Menino de engenho ou Menino de Engenho, Árvore e Tambor ou Árvore e tambor.

b) Nos **hagiônimos** (palavras sagradas e nomes próprios sagrados), usa-se maiúscula ou minúscula: ressurreição (ou Ressureição), santa Filomena (ou Santa Filomena).

c) Nos nomes que designam **domínios do saber, cursos** e **disciplinas** (opcionalmente, também com maiúscula): português (ou Português), matemática (ou Matemática); línguas e literaturas modernas (ou Línguas e Literaturas Modernas).

d) Opcionalmente, em palavras usadas reverencialmente, aulicamente (ref. a corte, palácio) ou hierarquicamente, em início de versos, em categorizações de logradouros públicos: rua ou Rua da Liberdade, largo ou Largo dos Leões, igreja ou Igreja do Bonfim, templo ou Templo do Apostolado Positivista, palácio ou Palácio da Cultura, edifício ou Edifício Azevedo Cunha, túnel Rebouças ou Túnel Rebouças...

e) Nos intitulativos gerais de **doutrinas, correntes** e **escolas de pensamento, religiões** e **regimes políticos**: positivismo ou Positivismo, romantismo ou Romantismo, barroco ou Barroco, marxismo ou Marxismo, catolicismo ou Catolicismo, cristianismo ou Cristianismo, parlamentarismo ou Parlamentarismo...

f) Cargos políticos, religiosos e militares (recomendam-se as formas maiúsculas): ministro ou Ministro, bispo ou Bispo, capitão ou Capitão...

Abreviaturas

As abreviaturas não podem ser confundidas com abreviações. A primeira é a representação contraída de uma palavra ou locução, em que são retiradas várias letras, permanecendo geralmente as iniciais, que são seguidas de um ponto (.), chamado de ponto abreviativo:

pág. ou pg. ou p. (página). A segunda trata apenas da retirada de algumas sílabas até um determinado ponto; é possível pronunciar a palavra abreviada como uma palavra normal, sem prejuízo da pronúncia e do sentido da palavra; além disso, não há ponto abreviativo: **otorrino (otorrinolaringologista).** Vou falar mais de abreviação vocabular no capítulo de Processo de Formação de Palavras.

Como as abreviaturas ocorrem? Vejamos os principais casos:

a) Escreve-se a primeira sílaba e a primeira letra da segunda sílaba, seguida de ponto abreviativo: **gram. (de gramática), al. (de alemão), num. (de numeral)...**

b) O acento presente na primeira sílaba se mantém: **gên. (de gênero), créd. (de crédito), lóg. (de lógica)...**

c) Se a segunda sílaba iniciar por duas consoantes, escrevem-se as duas: **pess. (de pessoa), constr. (de construção), secr. (de secretário)...**

d) As abreviaturas universais são escritas sem ponto e sem a letra S para indicar plural (medidas, pesos, distâncias...): **g (grama), m (metro), min (minuto), h (hora), km (quilômetro)...**

> **Observação**
>
> O que a gente mais vê na rua é isto: "A loja abre às 14hs ou 14hs. ou 14hrs" É ou não é? O certo é "A loja abre às 14h".

e) Quando se quer acrescentar o S para indicar o plural, basta colocá-lo antes do ponto: **fs. ou fls. (folhas), caps. (capítulos), segs. (seguintes)...**

f) As abreviaturas de formas de tratamento são feitas sempre com inicial maiúscula: **C.ᵉˡ, Cel. (coronel), Dep. (deputado), Des., Des.ᵃ, Desa. (desembargador, desembargadora), Diác. (diácono)...**

> **Observação**
>
> O plural das formas de tratamento varia, ou se coloca o S (autoridades universitárias, militares, judiciárias, eclesiásticas, civis) ou se duplica a letra da abreviatura (autoridades monárquicas): V.Em.ᵃˢ, V.Emas. (Vossas Eminências), VV.MM (Vossas Majestades). Em alguns casos, a duplicação indica superlativação: DD (Digníssimo), MM (Meritíssimo), SS (Santíssimo).

g) Inúmeras palavras não seguem essas regras: **a. C. ou A.C. (de antes/Antes de Cristo), ap., apart., apto. (de apartamento), cia. (de companhia), f., fl. ou fol. (de folha), h (de hora), seg (segundo)...**

O Que Cai Mais na Prova?

Tudo relativo ao emprego de letras é importante, principalmente quanto aos verbos terminados em -EAR e -IAR. Os demais assuntos (iniciais maiúsculas ou minúsculas e abreviaturas) são desimportantes em provas de concursos públicos. Não deixe de contar com sua memória visual caso não se lembre de uma regra. Fica aqui mais uma dica: observe as palavras que mais se repetem nas questões. Memorize-as!

A Gramática para Concursos Públicos • Fernando Pestana

*Concurseiro(a), quer uma dica de irmão? Guarde no seu coração o que vai ler agora: NUNCA DEIXE DE FAZER SEU PRÓPRIO RESUMO DE CADA CAPÍTULO. Esse processo cognitivo é **extremamente** valioso. Eu poderia ser legalzinho e fofinho pondo um quadro-resumo do que vimos no capítulo, mas, se fizesse isso, estaria sabotando você, impedindo-o(a) de ter esse trabalho de internalização imprescindível do conteúdo. **Por favor, não pule essa etapa!!!** Mesmo que seu resumo fique gigantesco (não vá escrever outra gramática... rsrs), nunca deixe de fazê-lo, para o seu próprio bem! Seu cérebro agradece e, quando passar no concurso, sua conta no banco também. Vá fundo na missão!* ✍

Questões de Concursos

Adaptei as questões antigas (antes de 2009) à nova ortografia.

1. (Cesgranrio – AL/TO – Assistente Legislativo – 2005) Marque a opção em que a palavra é escrita com **s**.
   a) Avare___a.
   b) Apra___ível.
   c) Ra___ão.
   d) De___ertas.
   e) Cafe___al.

2. (ACEP – BNB – Técnico de Nível Superior – 2006) Assinale a alternativa com palavras ortografadas corretamente de acordo com a sequência: "peixe", "anzol", "concessão".
   a) laxante – cataqueze – sessão.
   b) trouxer – catequizar – assento.
   c) broxa – analizar – passo.
   d) xácara – deleitozo – obsessão.
   e) taxa – catálize – admissão.

3. (NCE/UFRJ – MPE/RJ – Analista (Processual) – 2007) O adjetivo que os autores utilizam no título é uma das palavras que costumeiramente geram dúvidas ortográficas. Nos casos abaixo, a grafia de ambas as palavras só está correta em:
   a) mantegueira / aterrissagem;
   b) cataclismo / adivinhar;
   c) mortadela / meretíssimo;
   d) entitulado / embutido;
   e) prostração / beneficiente.

4. (Cespe/UnB – Analista de Comércio Exterior – 2008) Julgue o item a seguir levando em conta a correção gramatical (apegue-se apenas à ortografia):
   Portanto, ao se iniciar a nova década, o ambiente que se formula e gerencia a política de comércio exterior brasileira é radicalmente diverso daquele que vigiu à época em que a CACEX atuava como superagência nessa área. A institucionalidade da política distanciou-se do modelo CACEX, mas é pouco nítido o modelo desejável e adequado aos novos condicionantes e objetivos.
   ( ) CERTO   ( ) ERRADO

5. (FGV – Senado Federal – Analista de Relações Públicas – 2008) O vocábulo ***anabolizar*** está grafado corretamente. Assinale a alternativa em que haja pelo menos uma palavra com **erro** de grafia.
   a) profissionalizar – pesquisar.
   b) paralizar – realizar.
   c) hostilizar – analisar.
   d) indenizar – inferiorizar.
   e) informatizar – ironizar.

6. (Cespe/UnB – Ministério da Saúde – Área de Redação Oficial – 2008) De acordo com o padrão da língua portuguesa, são variantes da palavra "imundície" as seguintes formas: imundice e imundícia.
   ( ) CERTO   ( ) ERRADO

7. (FCC – PGE/RJ – Técnico Assistente de Procuradoria – 2009) Todas as palavras estão escritas corretamente na frase:
   a) Intervensões governamentais massiças e até agora sem precedentes não conseguiram conter os impactos da crise financeira em diversos países.
   b) A permanência e a gravidade dos desdobramentos da crise financeira deicham dúvidas e originam expeculações em todo o mundo.

Capítulo 3 • Ortografia **55**

c) A ganância por lucros cada vez maiores fez com que os riscos dos investimentos crecessem esponencialmente no mercado financeiro.

d) A excessiva circulação de instrumentos financeiros imbutia imenço potencial de perigos redundando, como se viu, em enormes prejuízos.

e) O êxito das resoluções tomadas em outros países depende de um maior controle das instituições financeiras, o que atinge interesses múltiplos e provoca resistência.

8. (FCC – TRT (16R) – Técnico Judiciário – 2009) A frase em que há palavras escritas de modo INCORRETO é:

a) A aridez que sempre caracterizou as paisagens do Nordeste brasileiro aparece agora, para assombro de todos, na região Sul, comprometendo as safras de grãos.

b) Alguns estudiosos reagem com sensatez às recentes explicações, considerando se o papel da bomba biótica é realmente crucial na circulação do ar.

c) Se for comprovada a correção da nova teoria, a preservação das florestas torna-se essencial para garantir a qualidade de vida em todo o planeta.

d) O desmatamento indescriminado, que reduz os índices de chuvas e altera o ciclo das águas, pode transformar um continente em um estenso e inabitável deserto.

e) Com ventos mais próximos ao mar, o ar úmido resultante da evaporação da água do oceano é puxado para o continente, distribuindo a chuva ao redor do planeta.

9. (FCC – MPE-AP – Técnico Administrativo – 2009) Está correta a grafia de todas as palavras da frase:

a) Compadecido com a humilhação de seu velho servo, o rei Psamênito não conteu as lágrimas e as verteu abundantemente.

b) O príncipe e a princesa ainda poderiam insurgir-se contra os persas, mas não o velho servo, cujas forças esmoresciam.

c) Talvez Psamênito não previlegiasse o velho servo, talvez este tivesse sido a última gota de tanto sofrimento.

d) As forças e a dignidade do rei egípcio apenas titubiaram quando se deparou com a imagem do velho servo.

e) Há divergências quanto à interpretação do porquê de haver chorado o rei Psamênito, sucumbindo à visão do velho servo.

10. (FCC – PGE-RJ – Técnico Superior de Procuradoria – 2009) É adequado o emprego e correta a grafia de todas as palavras da frase:

a) É prazeroso o reconhecimento de uma pessoa que, surgindo longínqua, parece então mais próxima que nunca – paradoxo pleno de poesia.

b) A abstensão da proximidade de alguém não impede, segundo o cronista, que nossa afetividade aflore e haja para promover uma aproximação.

c) Nenhuma distância dilui o afeto, pelo contrário: o reconhecimento da amada longeva avisinha-a de nós, fá-la mais próxima que nunca.

d) O cronista ratifica o que diz um velho provérbio: a distância que os olhos acusam não exclue a proximidade que o nosso coração promove.

e) Os poetas românticos eram obsecados por imagens que, figurando a distância, expressavam com ela a gososa inatingibilidade de um ideal.

11. (Vunesp – TJ/SP – Escrevente Técnico Judiciário – 2010) Não precisa ir ao sebo, LPs _____ vão voltar às lojas. Obra do autor revela _____ pelo purgatório.

Boato de _____ piora o mau-humor dos norte-coreanos.

Decisão do tribunal é um marco e traz princípios _____

a) imprecindíveis ... obseção ... dezerção ... balisadores;

b) imprescindíveis ... obsessão ... deserção ... balizadores;

c) imprecindíveis ... obsessão ... dezerção ... balizadores;

d) imprescindíveis ... obseção ... deserção ... balisadores;

e) imprescindíveis ... obsessão ... dezerção ... balisadores.

12. (Esaf – MTE – Auditor-Fiscal do Trabalho – 2010) (Adaptada) A frase abaixo está correta ou incorreta quanto à ortografia?

– Constroe-se o espaço social de tal modo que os agentes ou grupos são aí distribuídos em razão de sua posição nas distribuições estatísticas de acordo com os dois princípios de diferenciação que, em sociedades mais desenvolvidas, são sem dúvida, os mais eficientes: o capital econômico e o capital cultural.

56 A Gramática para Concursos Públicos • Fernando Pestana

13. (Cespe/UnB – TCU – Auditor Federal de Controle Externo – 2010) O uso das letras iniciais maiúsculas em "Império Romano", "Cristianismo" e "Revolução Francesa" são exemplos de que substantivo usado para designar ente singular deve ser grafado com inicial maiúscula, como, por exemplo, **Lei nº 8.888/1998.**
( ) CERTO   ( ) ERRADO

14. (FCC – Casa CiviL/SP – Executivo Público – 2010) A frase em que a grafia respeita totalmente o padrão culto escrito é:
    a) Muitas eram as reminiscências, algumas esdrúxulas, outras comuns, repetindo-se iguaizinhas de tempo em tempo, em circuito que não exorbitava os limites da fazenda.
    b) O espaço era exiguo, à exceção da cozinha, mas nada impedia que os vizinhos tentassem grangear a simpatia do padre inflingindo-lhe pratos que excitavam sua gula.
    c) Sabiam que pouco tempo teriam para descançar, mas ninguém quis alterar o trajeto, minuciosamente pensado e repensado durante meses.
    d) Era tão grande a sua presunsão, que entendia como ato lisonjeiro até um breve aceno do mais distraído dos transeuntes de seu vilarejo.
    e) Tal era sua ogeriza pela política que se excedia em palavras e tons assim que algum desavisado puxava o assunto tabu, sem intenção alguma de ferí-lo.

15. (FCC – TRE/AM –Técnico Judiciário – 2010) A frase em que a grafia respeita totalmente o padrão culto escrito é:
    a) À exceção dos que se abstiveram de opinar sobre a qualidade dos serviços, os participantes da pesquisa puderam usufruir gratuitamente de um dia de lazer no hotel.
    b) A escursão prometida não ocorreu, pois o número de interessados foi excessivo; mas até isso colaborou para o explendor da viagem, pois o desconto oferecido surpreendeu.
    c) Casualmente encontraram-se no saguão; ela parecia advinhar o que ele tinha a lhe dizer, por isso não lhe deu oportunidade de ser posta em cheque.
    d) Considerou ultrage o comentário adivindo do seu sucessor, mas, para preservar-se, abdicou de dar-lhe resposta à altura.
    e) Com a dispensa abarrotada de produtos nobres, não exitou um minuto ao negar um jantar aos participantes do programa de inclusão social.

16. (Consulplan – CAPS – Assistente Social – 2011) Os sentidos e a correção da grafia das palavras do texto seriam mantidas caso se substituísse:
    a) massacre por *assacinar;*   d) precariedade por *deficiência;*
    b) ampliar por *almentar;*
    c) ostensivo por *esibido;*   e) acessível por *alcanse.*

17. (Consulplan – IBGE – Supervisor de Pesquisas (Estatística) – 2011) Quanto à grafia marque a alternativa correta.
    a) A sensasão de poder torna as pessoas autoritárias e exigentes.
    b) A sociedade quer fazer contenção de despezas em relação a obras públicas.
    c) Nabuco advinhou o que aconteceria no Brasil.
    d) As classes mais desfavorecidas vencem os impecilhos impostos pelas elites.
    e) As pessoas solidárias trabalharão em projetos beneficentes.

18. (FCC – TRT/AL (19ª R) – Técnico Judiciário – 2011) Estão grafadas corretamente todas as palavras da frase:
    a) O mercado mais atraente é necessáriamente aquele que possue mais produtos disponíveis.
    b) Com o adivento da internet, deparamos com uma imença cidade virtual, onde há os melhores preços do mercado.
    c) A escacês de mercadorias no campo foi determinante para explicar o porque dos homens se agruparem nas cidades.
    d) As empresas virtuais vêm se tornando concorrentes desleais das que se encontram no mundo físico.
    e) O mercado de relacionamentos virtuais assistiu a um avanço discomunal com a consolidassão da internet.

19. (FCC – TRT/AL (19ª R) – Analista Judiciário – 2011) Quanto à ortografia, há INCORREÇÕES na frase:
    a) O crescimento da classe C tem tido uma importância incomensurável para o comércio, mas vem ocasionando também uma elevação na taxa de inadimplência, o que é perturbador.
    b) Milhões de pessoas têm sido beneficiadas com o crescimento econômico que se vê no país, saltando da classe D para a C, algo que há poucos anos não pareceria factível.

Capítulo 3 • Ortografia

c) Alguns especialistas vêm disseminando a teoria de que, a partir da distribuição de riqueza por meio da geração de milhões de novos empregos, a classe E deixe de existir.

d) Os "consumidores emergentes", como vêm sendo chamados os novos integrantes da classe C, ainda têm dificuldade em poupar e adquirem grande parcela de produtos a crédito.

e) Sabe-se que a ascenção da classe D tem proporcionado um aumento expresivo do consumo de bens duráveis, o que pode acelerar sobremaneira esse mercado.

20. (FCC – TRF (1ª R) – Técnico Judiciário – 2011) As palavras estão corretamente grafadas na seguinte frase:
   a) Que eles viajem sempre é muito bom, mas não é boa a ansiedade com que enfrentam o excesso de passageiros nos aeroportos.
   b) Comete muitos deslises, talvez por sua espontaneidade, mas nada que ponha em cheque sua reputação de pessoa cortês.
   c) Ele era rabugento e tinha ojeriza ao hábito do sócio de descançar após o almoço sob a frondoza árvore do pátio.
   d) Não sei se isso influe, mas a persistência dessa mágoa pode estar sendo o grande impecilho na superação dessa sua crise.
   e) O diretor exitou ao aprovar a retenção dessa alta quantia, mas não quiz ser taxado de conivente na concessão de privilégios ilegítimos.

21. (Cespe/UnB – PC/ES – Auxiliar de Perícia Médico-Legal – 2011) Julgue o item com referência à correção gramatical. (Preocupe-se apenas com a ortografia nesta questão.)
   Não há dúvida de que o caminho é perseverar, ampliar a presença da polícia nas ruas, avançar com as UPPs e ir ao encalso dos responsáveis pelos ataques; e não apenas da arraia miúda. São imensas, no entanto as dificuldades em superar, desde a carência de efetivos e recursos policiais à extensão e a profundidade que o problema adquiriu.
   (   ) CERTO   (   ) ERRADO

22. (Cesgranrio – FINEP – Técnico (Apoio Administrativo e Secretariado) – 2011) Em que frase o verbo está conjugado de acordo com a norma-padrão?
   a) Não receiem os desafios da vida.
   b) As crianças passeiaram no jardim.
   c) É bom que vocês nomeem o novo diretor.
   d) Ele sapatea como um dançarino americano.
   e) É preciso que os carros freem lentamente.

23. (Cesgranrio – FINEP – Técnico (Apoio Administrativo e Secretariado) – 2011) A palavra corretamente grafada é:
   a) admissão;   b) distenção;   c) discursão;   d) excessão;   e) extenção.

24. (FCC – TCE/SP – Agente de Fiscalização Financeira – 2012) A frase que respeita a ortografia é:
   a) Antes de cochilar, era-lhe natural fazer um exame de consciência e reiterar a si próprio seu empenho em vencer a itemperança.
   b) O desleixo com que passou a manuzear os objetos da coleção fez o respeitado colecionador optar pela despensa do já antigo colaborador.
   c) O debate recrudesceu, mas os mais bem-intencionados foram hábeis em dirimir as provocações, às vezes pungentes, das lideranças que se confrontavam.
   d) Estava bastante ciente de que era à sua gulodice que podia creditar a desinteria que o abatera às vésperas do exótico casamento.
   e) O poder descricionário dos ditadores, responsável por tantas atrocidades em tantas partes do mundo, é analisado na obra com um rigor admirável.

25. (FCC – TRE/PR – Analista Judiciário – 2012) A frase correta do ponto de vista da grafia é:
   a) Era grande a insidência de casos de enjoo quando era servido aquele alimento, por isso o episódio não foi tratado como exceção, atitude que garantiu o êxito das providências.
   b) Em meio a tanta opulência da mansão leiloada, encontrou a geringonça que, tratada criativamente por ele, garantiu por anos seu apoio a entidades beneficientes.
   c) Seus gestos desarmônicos às vezes eram mal compreendidos, mas seu jeito afável de falar, sem resquícios de mágoa, revelava sua intenção de restabelecer a paz entre os familiares.
   d) Defendeu-se dizendo que nunca pretendeu axincalhar ninguém, mas as suas caçoadas realmente humilhavam e incitavam à malediscência.
   e) Sempre ansiosos, desenrolaram no saguão apinhado a faixa com que brindavam os recém-formados, com os seguintes dizeres: "Viagem bastante e divirtam-se, nobres doutores".

58 A Gramática para Concursos Públicos • Fernando Pestana

26. (Consulplan – Prefeitura de Porto Velho/RO – Assistente Administrativo – 2012) "E **agiliza** o aprendizado". Assim como a palavra destacada, são escritas com "z" todas as palavras da seguinte alternativa:
    a) reali___ar / pesqui___ar / fiscali___ar;
    b) avi___ar / enrai___ar / legali___ar;
    c) arbori___ar / anali___ar / suavi___ar;
    d) generali___ar / utili___ar / u___ar;
    e) hospitali___ar / civili___ar / humani___ar.

27. (Cespe/UnB – PM/CE – Soldado – 2012) O emprego da inicial maiúscula confere aos vocábulos "Pátria", "Nação" e "País" sentido particular e determinado, elevando-os à categoria de alto conceito político ou nacionalista.
    (   ) CERTO   (   ) ERRADO

28. (Cespe/UnB – Banco da Amazônia – Técnico Científico – 2012) Mantém-se a correção gramatical do texto e suas informações originais ao se substituir o termo "percentual" por **percentil.**
    (   ) CERTO   (   ) ERRADO

29. (Cesgranrio – Petrobras – Técnico de Contabilidade – 2012) No Texto I, aparecem substantivos grafados com ç que são derivados de verbos, como **produção**, **redução**, **desaceleração**, **projeção**. Os verbos a seguir formam substantivos com a mesma grafia:
    a) admitir, agredir, intuir.
    b) discutir, emitir, aferir.
    c) inquirir, imprimir, perseguir.
    d) obstruir, intervir, conduzir.
    e) reduzir, omitir, extinguir.

30. (FCC – ISS/SP – Auditor-Fiscal Tributário Municipal – 2012) A frase em que a ortografia está adequada ao padrão culto escrito é:
    a) À mínima contrariedade, exarcebava-se de tal maneira que seus excessos verbais eram já conhecidos de todos.
    b) A expontaneidade com que se referiu ao local como "impesteado" fez que todo o auditório explodisse em risos.
    c) Quanto à infraestrutura, será necessário reconstrui-la em prazo curto, mas sem que haja qualquer tipo de displiscência.
    d) O docente não viu como retaliação a rasura no cartaz que afixara, mas sua intenção era advertir quanto ao desleixo com a coisa pública.
    e) A obra faraônica será uma excressência naquela paisagem bucólica, mas ninguém teve hêsito em convencer os responsáveis da necessidade de revisão do projeto.

31. (Cesgranrio – CHESF – Engenheiro Civil – 2012) Ao escrever frases que deveriam estar de acordo com a norma-padrão, um funcionário se equivocou constantemente na ortografia. Ele só **NÃO** se enganou em:
    a) O homem foi acusado de estuprar várias vítimas.
    b) A belesa da duquesa era realmente de se admirar.
    c) Porque o sapato deslisou na lama, a mulher foi ao chão.
    d) Sem exitar, as crianças correram para os brinquedos do parque.
    e) Sem maiores pretenções, o time venceu o jogo e se classificou para a final.

32. (IBFC – SDHPR - Arquiteto – 2013) Quem foi o _____ que_____ na minha_____?
    Assinale abaixo a alternativa que completa, correta e respectivamente, as lacunas.
    a) encherido/mexeu/enxada.
    b) enxerido/mecheu/enchada.
    c) encherido/mecheu/inxada.
    d) enxerido/mexeu/enxada.

33. (FGV – SEDUC/AM – Assistente Social – 2014) "Maioria crescente dos brasileiros".

    No fragmento, o adjetivo "crescente" está grafado com sc. Assinale, dentre as opções a seguir, a que apresenta o vocábulo corretamente grafado.
    a) prescisão.   c) descisão.   e) inscisão.
    b) conscisão.   d) ascensão.

Capítulo 3 • Ortografia **59**

34. (FUNDATEC – Pref. Imbé/RS – Agente de Combate a Endemias – 2015) Fragmentos de texto:
01: "... a escasse_ de água para populações em crescimento..."
11: "... liquidou as ten_ões entre os países nessa área..."
20: "... a ta_a de cooperação supera a incidência de conflitos graves..."
Assinale a alternativa que preenche, correta e respectivamente, as lacunas das palavras das linhas 01, 11 e 20.
a) s – ss – ch
b) z – s – ch
c) z – s – x
d) s – ss – x
e) z – ss – x

35. (INSTITUTO AOCP – CASAN – Advogado – 2016) Assinale a alternativa correta em relação à ortografia.
a) chuchu – berinjela.
b) mecher – jiló.
c) chuchu – giló.
d) xuxu – beringela.
e) mexer – beringela.

36. (FGV – ALERJ – Especialista Legislativo (Registro de Debates) – 2017) Há palavras na língua portuguesa que apresentam mais de duas grafias aceitas como corretas; as formas que NÃO se encontram nesse caso são:
a) bêbedo/bêbado;
b) enfarte/enfarto;
c) mágoa/mágua;
d) catorze/quatorze;
e) cociente/quociente.

37. (CESGRANRIO – LIQUIGÁS – Profissional Júnior (Direito) – 2018) A seguinte frase está totalmente escrita de acordo com as normas da ortografia vigente:
a) Ele ficou paralizado diante daquela notícia.
b) Não quero que haja nenhuma excessão.
c) Não sei por que eles não vem nos visitar.
d) Para reivindicar o serviço, é preciso suavizar o preço.
e) Depois de advinhar o resultado do jogo, ele foi ao cabelereiro.

38. (VUNESP – TJ/SP – Administrador Judiciário – 2019) Assinale a alternativa em que a acentuação e a grafia das palavras estão de acordo com a norma-padrão da língua portuguesa.
a) Pela fronteira, tem entrado no país muitos refugiados, e é imprecindível acolhê-los adequadamente.
b) Faltou ombridade aos dirigentes da empresa, pois eles omitiram dos sócios o récorde de vendas.
c) À excessão dos quibes, os salgados servidos na cerimônia de inauguração estavam saborosos.
d) A atendente da companhia aérea fez uma rúbrica na passagem para retificar o horário do voo.
e) Atualmente, é mister acabar com privilégios concedidos a clãs inescrupulosos.

39. (Fepese – Prefeitura de Coronel Freitas/SC – Auxiliar Administrativo – 2020) Assinale a alternativa em que a frase está corretamente escrita.
a) A paralisação de ônibus foi para reivindicar preços mais justos nas passagens.
b) Tomei uma chícara de café e depois um duxa de água fria.
c) A salchicha estava quente e eu quiz esperar um pouco para comer o cachorro-quente.
d) É preciso fazer a análize das finanças antes da viajem para o exterior.
e) Nesses tempos de crise, iorgute e mortandela são opção de comida mais acessível à população.

40. (Quadrix – Cremese – Médico – 2021) A palavra "discussão" poderia ser substituída por "discursão", pois ambas as grafias são corretas e têm o mesmo significado.
( ) CERTO   ( ) ERRADO

41. (Fundatec – Prefeitura de Porto Alegre/RS – Técnico em Enfermagem – 2022) As lacunas dos trechos "___ políticas daquela época", "o bom _ parece que saiu de férias" e "não há ___ político sobre nada" devem ser preenchidas, respectivamente, por:
a) Fações – censo – concenso
b) Facções – senso – consenso
c) Faccões – senso – consenso
d) Fações – senso – concenso
e) Faccões – censo – concenso

Gabarito

1.	D.	12.	INCORRETA.	23.	A.	34.	C.
2.	B.	13.	CERTO.	24.	C.	35.	A.
3.	B.	14.	A.	25.	C.	36.	C.
4.	ERRADO.	15.	A.	26.	E.	37.	D.
5.	B.	16.	D.	27.	CERTO.	38.	E.
6.	CERTO.	17.	E.	28.	ERRADO.	39.	A.
7.	E.	18.	D.	29.	D.	40.	ERRADO.
8.	D.	19.	E.	30.	D.	41.	B.
9.	E.	20.	A.	31.	A.		
10.	A.	21.	ERRADO.	32.	D.		
11.	B.	22.	A.	33.	D.		

Os comentários sobre as questões estão no *Material Complementar* do livro.
Para acessá-lo, veja o passo a passo na orelha desta obra.

CAPÍTULO 4
SEMÂNTICA E LEXICOLOGIA

Definição

A **semântica** trata da significação das palavras, que podem estar isoladas ou contextualizadas. A diferença entre significado e sentido mais clássica é esta: o primeiro diz respeito à noção que a palavra apresenta (Um cachorro atravessou a rua. Comprei um cachorro lindo); o segundo diz respeito à noção que a palavra pode apresentar (Ele é chato pra cachorro. Já que tive um sonho, amanhã vou jogar no cachorro).

As palavras não só podem ter uma acepção primária, mas também diversas acepções; tudo dependerá do contexto. A princípio, quando pensamos em cachorro, imediatamente vem uma imagem à nossa cabeça: a de um cão, qualquer cão, um animal doméstico. Só que a **semântica** trata de todas as possibilidades de significação, envolvendo nosso conhecimento de mundo, experiência de vida e outros fatores extralinguísticos, como a região em que vivemos, a idade que temos, o grupo social ou profissional a que pertencemos etc. Tudo isso vai influenciar os matizes da palavra. A palavra isolada tem um significado primário; no entanto, tem vários sentidos secundários dentro de contextos específicos.

Vale dizer também que, em nossa língua, gramaticalmente falando, há inúmeros fatores que podem alterar o significado das palavras, como:

— a **acentuação gráfica/prosódia**: sá**bi**a (mulher culta) e sabi**á** (ave);
— a **posição da sílaba tônica**: fa**bri**ca (paroxítona; forma do verbo fabricar) e **fá**brica (proparoxítona);
— o **timbre**: m**o**lho (/ô/; caldo) e m**o**lho (/ó/; conjunto de objetos unidos);
— o **número**: a letra (símbolo gráfico) e a**s** letra**s** (literatura);
— o **gênero**: **a** rádio (emissora) e **o** rádio (aparelho);
— o **acento grave** (crase): "Chegou **a** noite" (A noite chegou) e "Chegou **à** noite" (Alguém chegou à noite);
— a **posição de certas palavras**: **qualquer** mulher (alguma mulher) e mulher **qualquer** (mulher sem valor) / "Eu preciso aprender a ser **só**, e não a **só** ser" (sozinho/somente);
— o **contexto da conjunção**: "Nós estudamos, **mas** não passamos" (adversidade, oposição) e "Não só jogo vôlei, **mas** faço natação" (adição);
— o **contexto da preposição**: "**Para** mim, ele é um canalha" (opinião) e "Não dá **para** sair hoje" (possibilidade);
— o **contexto do advérbio**: "Fale **mais**!" (intensidade) e "Não fale **mais**!" (tempo).
— a **pontuação**: "Ele voltou logo**,** fiquei feliz" (vírgula depois de logo, ideia de tempo) e "Ele voltou**,** logo fiquei feliz" (vírgula antes de logo, ideia de conclusão);

– a **regência**: "João sempre **implica com** ela" (zombar) e "Ela **implicou em** um assalto o namorado" (envolver).

Por ora, quero dizer o seguinte: muito de semântica veremos ao longo da gramática, afinal, sem semântica, não é possível estudar morfologia tampouco sintaxe. Os níveis linguísticos se cruzam, Ok? "Mas... e a tal da **lexicologia**?"

A **lexicologia** trata do estudo do **léxico** (vocábulo/palavra), basicamente quanto a sua formação e seu sentido, portanto esta parte da gramática está intrinsecamente ligada à morfologia e à semântica. A formação de uma palavra começa a partir de "pedaços" (chamados de morfemas) que a compõem, como radical, prefixo, sufixo e desinências. Esses morfemas se unem formando palavras. Existem vários processos de formação das palavras, como Derivação e Composição, mas deixaremos para ver isso melhor em Morfologia.

Ao conjunto de palavras damos o nome de **vocabulário**. O dicionário se ocupa exatamente disso. Fora dele, entretanto, as palavras passam a adquirir "vida própria", afinal, elas não são vazias de significado. Portanto, a **lexicologia** se ocupa também das palavras em si e de seus sentidos. Apegando-se a isso, muitas questões são criadas para avaliar a capacidade de intelecção dos candidatos. O que se espera de você, muitas vezes, é a percepção da seleção/adequação vocabular dentro de um **contexto**. Como dizia Carlos Drummond de Andrade em *Procura da poesia*: "cada uma (a palavra) tem mil faces sob a face neutra". Isso quer dizer que, por meio do contexto, pode-se atribuir significados diferentes a uma mesma palavra. Safo?

Veremos neste capítulo o cruzamento entre **semântica** e **lexicologia**, que andam lado a lado. Está claro isso? Então, vamos lá!

Sinonímia

Trata de palavras diferentes na forma, mas com sentidos iguais ou aproximados, ou seja, **sinônimos**. Não se iluda: não existe sinônimo perfeito. Tudo depende do contexto e da intenção do falante.

Por exemplo, se você encontrasse uma pessoa querida na rua, que não o vê há muito tempo, você iria falar isto: "Nossa! Você está com a **cara** "photoshopada", hein!"? Dificilmente, não é?! Provavelmente, devido ao contexto, você vai falar isto: "Nossa! Você está com um **rosto** lindo, hein!". Eu não consigo visualizar os imortais da Academia Brasileira de Letras dizendo: "Você está com a **cara amarrada** hoje. **Rolou alguma parada**? Posso te dar uma **moral**?". Creio que eles devam falar assim, no mínimo: "Você está com o **semblante sério**. **Algo sucedeu**? Posso **acudi**-lo?".

Numa calorosa discussão, por exemplo, você não vai dizer: "**Vou agredi-lo**, **malédico**!", mas sim "**Vou te encher de porrada, seu #@$%*!**". O uso de um léxico em substituição de outro raramente será perfeito. O contexto é tudo. Portanto, só o contexto e a intenção vão determinar qual é a escolha adequada do vocabulário (seleção vocabular).

Vale lembrar também que muitas palavras são sinônimas, se levarmos em conta as variações geográficas (aipim = macaxeira; mexerica = tangerina; pipa = papagaio; aipo = salsão...).

A **sinonímia** não trata apenas do **léxico** (palavra ou expressão), mas da frase também. Neste sentido, o uso de sinônimos é muito importante dentro de um texto – com eles, evitamos a repetição de vocábulos, porque eles servem para substituir palavras. Veremos mais sobre isso no capítulo de Coesão e Coerência, no entanto vejamos agora os exemplos de **sinonímia vocabular**:

– *A multidão teve de clamar em protesto. Ela só bradou devido ao descaso dos políticos.*
– *Graças a Deus conseguimos extinguir nossas dívidas. Se não as saldássemos, não sei o que faríamos.*

– *O jogo vai atrasar em virtude do temporal. Devido a isso, teremos de aguardar.*

Ademais, como já foi dito, existe **sinonímia frasal**, ou seja, uma frase pode ser reescrita com outras palavras sem alteração de sentido.

– *Ela construiu esta casa. = Esta residência foi edificada por ela.*
– *Parece que tu estás certo sobre o assunto. = Aparentemente a verdade sobre a questão está contigo.*

 CUIDADO!!!

A FCC adora questões de sinonímia! Toda prova apresenta uma questão sobre expressões sinônimas. É claro que a banca não quer saber de você qual é o sinônimo de "bonito". Quando a questão é formulada, a intenção é fazer você "suar a camisa". Daí que o "homem da banca" vai criar uma questão exigindo de você o conhecimento do sinônimo de "idiossincrasia". "Qual é?" Consulte um dicionário! Para ter facilidade neste assunto, é preciso ampliar seu vocabulário e perceber o contexto.

Antonímia

Trata de palavras, expressões ou frases diferentes na forma e com significações opostas, excludentes, ou seja, **antônimos**. Normalmente ocorre por meio de palavras de radicais diferentes, com prefixo negativo ou com prefixos de significação contrária. Veja estes exemplos:

– *O chegar e o partir são dois lados cruciais da vida.*
– *Você é meu amigo ou meu inimigo?*
– *Há menos imigrantes do que emigrantes no Brasil.*
– *Ela se molhou de cima a baixo.*

Só de curiosidade: qual é o antônimo de verde? Seria amarelo? "Antônimo de cor existe, Pestana?" Até onde se sabe, não! Como nem tudo é preto ou branco na língua portuguesa, os vocábulos preto (ausência de todas as cores) e branco (união de todas as cores) são antônimos. Verde só tem antônimo em sentido figurado. Exemplo: Esta fruta está verde. / Esta fruta está madura (antônimo). Na verdade, o registro literário cria relações antonímicas interessantes! Por isso, questão envolvendo poema é sempre perigosa...

Há **antonímia frasal**, desde que o conteúdo de uma frase ou oração esteja em conflito com o de outra:

– *Por ter ficado calado durante anos, aturando todos os tipos de maus-tratos, resolveu berrar sem parar em ataque a tudo e a todos.*

E... só "pra não dizer que não falei das flores", existem subtipos de antonímia, segundo o grande gramático José Carlos de Azeredo: a complementar, a polar, a distributiva e a reversa. Como esta minúcia não cai em prova, deixemo-la de lado, ok? (Gostou do *deixemo-la*?)

Só para fazer graça: o antônimo de um antônimo é um sinônimo?!

Homonímia

Trata de palavras iguais na pronúncia e/ou na grafia, mas com significados diferentes, ou seja, **homônimos**. Veja:

- *São Jorge já foi cantado por muitos artistas.*
- *Os alunos daqui são estudiosos.*
- *Finalmente o garoto ficou são.*

Existem três tipos de vocábulos homônimos: **homófonos, homógrafos** e **perfeitos**. Veja:

1) **Homófonos:** apresentam pronúncia igual e grafia diferente.

Acender (iluminar, pôr fogo em)	**Ascender** (subir, elevar)
Caçar (perseguir, capturar a caça)	**Cassar** (anular, revogar, proibir)
Cela (aposento de religiosos ou de prisioneiros)	**Sela** (arreio de cavalo)
Censo (recenseamento – estatística)	**Senso** (juízo claro, percepção)
Cerrar (fechar)	**Serrar** (cortar)
Concerto (apresentação musical)	**Conserto** (ato ou efeito de consertar, reparar)
Espectador (aquele que vê)	**Expectador** (o que está à espera de; expectativa (!))
Espiar (espreitar, olhar)	**Expiar** (redimir-se, pagar uma dívida)
Esperto (atento, perspicaz, ativo)	**Experto** (especialista, perito)
Estrato (camada social)	**Extrato** (extração, resumo)
Incipiente (principiante, iniciante)	**Insipiente** (ignorante, imprudente)
Remição (ato ou efeito de remir "tornar a obter, resgatar", liberação de pena ou dívida)	**Remissão** (perdão; ação ou efeito de remeter)
Seção (parte, divisão, departamento) / **Sessão** (reunião de pessoas para um determinado fim)	**Cessão** (doação, ato de ceder)
Saldar (pagar o saldo de, liquidar contas)	**Saudar** (cumprimentar, aclamar)
Tachar (censurar, acusar, botar defeito em (ideia depreciativa))	**Taxar** (estabelecer uma taxa; avaliar positiva ou negativamente)
Trás (atrás, detrás; após, depois de)	**Traz** (forma do verbo trazer)

2) **Homógrafos**: apresentam grafia igual e pronúncia diferente.

Almoço (timbre fechado: refeição)	**Almoço** (timbre aberto: forma do verbo almoçar)
Conserto (timbre fechado: reparação, correção)	**Conserto** (timbre aberto: forma do verbo consertar)
Colher (timbre fechado: verbo)	**Colher** (timbre aberto: instrumento usado para comer)
Edito (decreto, lei)	**Édito** (ordem judicial)
Gosto (timbre fechado: sabor)	**Gosto** (timbre aberto: forma do verbo gostar)
Jogo (timbre fechado: recreação)	**Jogo** (timbre aberto: forma do verbo jogar)

Pôde (timbre fechado: verbo *poder* no passado)	**Pode** (timbre aberto: verbo *poder* no presente)
Sábia (mulher com sabedoria)	**Sabia** (forma do verbo saber)

> **Observação**
>
> Nestes dois últimos casos, ignora-se o acento gráfico; o que importa é que as palavras apresentam a mesma grafia (mesmas letras). O único aspecto diferente é o timbre.

3) **Perfeitos**: apresentam grafia e pronúncia iguais.

Casa (lar, moradia)	**Casa** (forma do verbo casar)
Janta (refeição)	**Janta** (forma do verbo jantar)
Cedo (advérbio)	**Cedo** (forma do verbo ceder)
Livre (liberto, solto)	**Livre** (forma do verbo livrar)
Lima (ferramenta)	**Lima** (forma do verbo limar)
Manga (fruta) / **Manga** (parte da camisa)	**Manga** (forma do verbo mangar)
Somem (forma do verbo somar)	**Somem** (forma do verbo sumir)

Como são mais de 380.000 vocábulos na língua portuguesa, obviamente não foi possível colocar todos aqui. Nem me dei o trabalho, afinal, meu/minha nobre, você vai se lembrar de todos? Seria bom... mas o que importa, geralmente, no dia da prova, é a aplicação do conceito de **homônimo homófono, homógrafo** e **perfeito**. Beleza?

Paronímia

Trata, normalmente, de pares de palavras *parecidas* tanto na grafia quanto na pronúncia, mas com sentidos diferentes. Veja:

Abjeção (baixeza, degradação)	**Objeção** (contestação, obstáculo)
Absolver (absolvição)	**Absorver** (absorção)
Acidente (ocorrência casual grave)	**Incidente** (episódio casual sem gravidade, sem importância)
Aferir (conferir)	**Auferir** (colher, obter)
Amoral (descaso com as regras de moral)	**Imoral** (contrário à moral)
Arrear (colocar arreios em)	**Arriar** (abaixar)
Cível (relativo ao Direito Civil)	**Civil** (cortês, civilizado, polido; referente às relações dos cidadãos entre si)
Comprimento (uma das medidas de extensão – largura e altura)	**Cumprimento** (ato de cumprimentar alguém, ou cumprir algo)

Cavaleiro (homem a cavalo)	**Cavalheiro** (homem gentil)
Conjetura (suposição)	**Conjuntura** (momento)
Deferimento (concessão, atendimento)	**Diferimento** (adiamento, demora, discordância, distinção)
Delatar (denunciar)	**Dilatar** (adiar, alargar)
Descrição (ato de descrever)	**Discrição** (qualidade de quem é discreto)
Descriminar (inocentar, absolver)	**Discriminar** (distinguir, especificar, segregar)
Destratar (insultar)	**Distratar** (romper um trato, desfazer um contrato)
Defeso /ê/ (proibido)	**Defesso** /é/ (fatigado, cansado)
Desidioso (em que há desídia, preguiçoso, negligente)	**Dissidioso** (em que há dissídio, divisão; conflituoso, desarmonioso)
Despercebido (desatento, distraído)	**Desapercebido** (despreparado, desprevenido, desprovido)
Elidir (suprimir, excluir, eliminar)	**Ilidir** (rebater, contestar, refutar)
Eludir (evitar ou esquivar-se com astúcia ou com artifício)	**Iludir** (causar ilusão em, enganar, burlar)
Emenda (correção de falta ou defeito, alteração)	**Ementa** (resumo, síntese – de lei, decisão judicial etc.)
Emergir (vir à tona, surgir, manifestar-se)	**Imergir** (fazer submergir, mergulhar, afundar)
Emigrar (emigrante) (sair de um país para ir viver em outro)	**Imigrar** (imigrante) (entrar em outro país para nele viver)
Eminente (que se destaca, notável)	**Iminente** (que está prestes a ocorrer, pendente)
Flagrante (fato percebido no ato de uma ocorrência)	**Fragrante** (que exala cheiro agradável)
Fluir (transcorrer, passar)	**Fruir** (usufruir, desfrutar, gozar)
Inflação (ato de inflar, aumento de preços)	**Infração** (violação, transgressão)
Infligir (aplicar ou determinar uma punição)	**Infringir** (desobedecer, violar, transgredir)
Mandado (incumbência, ordem, missão)	**Mandato** (procuração, poder recebido para representar outrem)
Pleito (questão em juízo, discussão, eleição; pleitear: demandar em juízo; falar a favor de)	**Preito** (homenagem, respeito)
Preceder (anteceder, vir antes)	**Proceder** (vir, provir, originar-se)
Preeminente (que ocupa lugar mais elevado, superior)	**Proeminente** (que sobressai, que vem à frente)
Prescrever (prescrição) (preceituar, receitar)	**Proscrever** (proscrição) (banir, expulsar, vetar, proibir)

Relegar (pôr em segundo plano; deixar de lado)	**Renegar** (renunciar, rejeitar, negar)
Reincidir (reincidência) (tornar a incidir, recair em, repetir)	**Rescindir** (rescisão) (tornar nulo – um contrato –, cancelar)
Repreensão (censura, advertência)	**Repressão** (ação de reprimir, contenção, impedimento)
Ratificar (confirmar, corroborar)	**Retificar** (alterar, corrigir)
Sesta /é/ (período de descanso)	**Cesta** /ê/ (compartimento)
Soar (emitir som)	**Suar** (transpirar)
Sortir (abastecer, prover)	**Surtir** (ter como consequência, produzir, acarretar)
Sobrescrever ou **sobrescritar** (pôr nome e endereço do destinatário)	**Subscrever** ou **subscritar** (assinar)
Tráfego (movimento ou fluxo, trânsito)	**Tráfico** (negócio, comércio ilegal)
Vultoso (de grande vulto, nobre, volumoso)	**Vultuoso** (inchaço especialmente na face e nos lábios)
Usuário (o que usa alguma coisa)	**Usurário** (o que pratica a usura ou agiotagem)

Não fique louco de tanto decorar estes parônimos. **Entenda** o que é um **parônimo**! Na hora da prova, o que importa é se você consegue se lembrar do conceito de **paronímia**, e não a decoreba. Ok?

Saiba que principalmente a FCC "se amarra" em trabalhar questões de paronímia junto de flexão verbal. Veja esta questão:

---

16. (FCC – TRF/2R – Analista Judiciário (ADM) – 2012) O emprego, a grafia e a flexão dos verbos estão corretos em:

b) Quando se imaginou que Paraty havia sido para sempre renegada a um segundo plano, eis que ela imerge do esquecimento, em 1974.

c) A cada novo ciclo econômico retificava-se a importância estratégica de Paraty, até que, a partir de 1855, sobreviram longos anos de esquecimento.

Deveriam ser reescritas assim:

b) Quando se imaginou que Paraty havia sido para sempre **relegada** a um segundo plano, eis que ela **emerge** do esquecimento, em 1974.

c) A cada novo ciclo econômico **ratificava**-se a importância estratégica de Paraty, até que, a partir de 1855, **sobrevieram** longos anos de esquecimento.

Foi feita a diferença entre relegar/renegar, emergir/imergir, ratificar/retificar. Fique esperto!

Polissemia

Trata da pluralidade significativa de um mesmo vocábulo, que, a depender do contexto, terá uma significação diversa. Em palavras mais simples: a palavra polissêmica é aquela que, dependendo do contexto, muda de sentido (mas não muda de classe gramatical!).

Por exemplo, veja os sentidos de "peça": "peça de automóvel", "peça de teatro", "peça de bronze", "és uma boa peça", "uma peça de carne" etc. Só de curiosidade: a palavra *ponto* é a mais polissêmica da nossa língua! Consulte o dicionário e veja.

Agora, observe mais estes exemplos:

– Desculpe o *bolo* que te dei ontem.
– Comemos um *bolo* delicioso na casa da Jéssica.
– Tenho um *bolo* de revistas lá em casa.

 CUIDADO!!!

Não confundir **homônimos perfeitos** com vocábulos **polissêmicos**. Uma boa maneira de resolver a situação, normalmente, é perceber se há mudança na classe gramatical do vocábulo; se houver, a palavra **não** é polissêmica! Às vezes, é preciso analisar a homonímia e a polissemia partindo de uma descrição semântica mais profunda, pois há uma questão histórica nos significados das palavras. Por exemplo, *manga* (fruta) e *manga* (parte da camisa) não têm a mesma origem (a mesma raiz) e não pertencem ao mesmo campo de sentido, por isso são *homônimas perfeitas*. Veja estas frases:

– *O peso está muito leve para mim.* (adjetivo)
– *Bateram leve à porta.* (advérbio)
– *Por favor, leve isso para ela.* (verbo)

Nestes casos, portanto, constatamos que "leve" não é vocábulo **polissêmico**, mas sim **homônimos perfeitos** (mesma grafia e pronúncia, mas classes gramaticais diferentes). Perceba nos exemplos do "'bolo" que a classe gramatical não mudou, ou seja, "bolo" é substantivo em todos os casos, o que muda é só o sentido. Mesma classe gramatical, diferente contexto, diferente sentido: palavra **polissêmica**. Ficou claro agora, não?

Hiponímia e Hiperonímia

Se você teve infância, com certeza já brincou de "adedaaaaaanha"! Você se lembra de que a gente colocava no alto da folha assim:

| Homem | Mulher | Cor | Fruta | Animal | Objeto (...) |

E, embaixo de cada um desses, colocamos nomes de homens, mulheres, cores, frutas, animais, objetos etc. Bem, voltamos à infância, não? O que eu quero falar com tudo isso? Em linguagem séria, estou falando de **hipônimos** e **hiperônimos**; você já brincou com **hipônimos** e **hiperônimos** na sua vida, sabia disso?

É o seguinte: o **hiperônimo** é uma palavra cuja significação inclui o sentido de diversas outras palavras, é uma palavra que se refere a todos os seres de uma "espécie":

Animal é hiperônimo de gato, tartaruga, burro, boi etc.
Fruta é hiperônimo de laranja, uva, maçã, morango etc.

Já o **hipônimo** é uma palavra de significação específica dentro de um campo de sentido:

Fernando, José, Saulo são hipônimos de **homem**.
Azul, amarelo, branco são hipônimos de **cor**.

Portanto, o **hiperônimo** é uma palavra que *abarca* o sentido de outras palavras, é mais **abrangente**; o **hipônimo**, por sua vez, tem o sentido mais **restrito** em relação a um vocábulo de sentido mais genérico. Há entre esses conceitos, portanto, uma relação de hierarquia.

Meronímia e Holonímia

Este assunto não cai em prova (pelo menos eu nunca vi), mas meus dedos coçam. Se quiser "passar batido" por ele, fique à vontade! Caso contrário, aprenda mais um pouquinho.

O conceito de **meronímia** trata de palavras que representam a parte de um todo, ou seja, a palavra **pneu** mantém uma relação de sentido com a palavra **carro**, pois aquele constitui este. Portanto, assim como pneu é um **merônimo** de carro, dedo é de mão, braço é de corpo, tecla é de computador etc.

Adivinha quais são os **holônimos**! A **holonímia** trata de palavras que apresentam uma ideia de todo em relação a suas partes. Por exemplo, a palavra **porta** é holônima de **maçaneta**, que, por sua vez, é merônima.

Acronímia, Estrangeirismos, Toponímia, Antroponímia, Axionímia e Oneonímia

Desses conceitos, o que eu já vi em prova foi o **estrangeirismo**, portanto não se preocupe com os demais.

Vejamos as mais conhecidas.

A **acronímia**, ou sigla, trata de palavras criadas a partir das iniciais de uma expressão: Petrobras (petróleo brasileiro), e-mail ("electronic mail"), Comlurb (Companhia Municipal de Limpeza Urbana) etc. Alguns estudiosos dizem que há uma diferença entre sigla e acrônimo: este é pronunciado como uma palavra só, respeitando a estrutura silábica da língua, aquela é pronunciada em soletração.

Os **estrangeirismos** são palavras de origem estrangeira, que podem ou não ser aportuguesadas, o que significa que tais palavras se submetem à ortografia e morfologia do português, por meio de leve adaptação ou tradução literal; checar ("check"), estresse ("stress"), banda ("band"), toalete ("toillet") etc.; alta costura ("haute couture"), centroavante ("center-forward"), cachorro--quente ("hot dog") etc. A recomendação é que grafemos entre aspas ou em itálico as palavras estrangeiras em sua forma original: "mouse", "drive-in", "personal trainer", "show" etc. Conhece o *Samba do Approach*, de Zeca Baleiro? Não?! Escute assim que puder!

A **toponímia** trata de palavras que representam lugares: Brasil, Rio de Janeiro, Jacarepaguá, Praça Seca etc.

A **antroponímia** trata de palavras que representam pessoas: Dilma, Fernando, José, João, Maria José etc.

A **axionímia** trata de palavras que constituem formas corteses de tratamento, expressões de reverência, títulos honoríficos etc.: Excelência, Doutor, Dom, Meritíssimo, senhor(a), Vossa Majestade, Sua Santidade etc.

A **oneonímia** diz respeito a palavras referentes a marcas ou artigos comerciais: Melhoral, Gelol, Anador, Nescafé, Bombril, Ricardo Eletro, Café Pilão etc.

Campo Lexical e Campo Semântico

Alguns estudiosos não fazem a distinção entre um conceito e outro, mas muitos (e consagrados!) o fazem; logo, é o que farei aqui.

Campo Semântico

É um conceito que trata de um conjunto de palavras que mantêm uma familiaridade de sentido por pertencerem à mesma área. Nosso conhecimento de mundo nos norteia quanto à escolha de palavras que se correlacionam.

Na informática, por exemplo, as seguintes palavras pertencem ao mesmo campo semântico: computador, monitor, impressora, teclado e tecnologia. Já na área do futebol, podemos dizer que as palavras árbitro, bola, gol, equipe, estádio, torcida, cartão, craque etc. pertencem ao mesmo campo. Como já disse, muitos estudiosos entendem que tais grupos de palavras ou expressões pertencem ao mesmo **campo semântico**. Campo semântico em torno do conceito de morte: falecer, bater as botas, ir desta para melhor, apagar-se etc.

Campo Lexical

É um conceito que trata de um conjunto de palavras que mantêm uma familiaridade de sentido por terem o mesmo radical (também chamado de **família de palavras** ou **vocábulos cognatos**): mar, marinho, marinheiro, marítimo, maresia, amarar, amerissar, amaragem, amerissagem...

Nem doeu, não é? Muito fácil!

Ambiguidade

Trata da duplicidade de sentidos que pode haver em uma palavra, em uma expressão, em uma frase ou em um texto inteiro, em razão do contexto linguístico. A **ambiguidade** ou **anfibologia** pode ser causada por vários fatores. Veja alguns casos:

Distinção entre agente (adjunto adnominal) e paciente (complemento nominal)
– *A demissão do ministro causou celeuma.* (Ele demitiu ou foi demitido?)

Mau uso do pronome
– *Pedro e Marina vão desquitar-se.* (Um do outro ou de seus cônjuges?)

Má colocação de palavras
– *A professora deixou a turma entusiasmada.* (Ela ou a turma?)

Mau uso de pronomes relativos (dois antecedentes expressos)
– *Encontrei a menina e o menino de que lhe falei.* (Falou de quem?)

Não distinção entre pronome relativo e conjunção integrante
– *O cliente falou com a advogada que mora perto daqui.* (Quem mora perto?)

Indefinição de complementos
- *O pai quer o casamento logo, mas a filha não quer.* (Não quer casar ou não quer que seja logo?)

Mau uso das formas verbo-nominais
- *O advogado encontrou o réu entrando no tribunal.* (Quem entrava no tribunal?)

Mau uso dos possessivos
- *Chegaram João, Maria e seu filho.* (Filho de quem?)

Inversão sintática
- *Venceram os flamenguistas os vascaínos.* (Quem perdeu?)

Mau uso dos adjuntos adverbiais
- *Depois de difícil disputa, São Paulo vence o Avaí em casa.* (Na casa de quem?)

Polissemia
- *O xadrez está na moda.* (O jogo ou a roupa?)

Locução prepositiva ou preposição seguida de substantivo
- *Fui ao encontro das turmas.* (Fui *em direção* às turmas ou fui a uma *reunião* na qual se encontravam as turmas?)

Observação

Às vezes, a ambiguidade – quando bem empregada – pode ter valor expressivo, criativo.
Se o seu problema é a vista, nós vendemos a prazo. (Propaganda de uma ótica.)
– *Doutor, já quebrei o braço em vários lugares.*
– *Se eu fosse o senhor, não voltava mais para esses lugares.* (Piada... péssima...)

Intertextualidade

Sugiro que você leia as sábias palavras de Platão e Fiorin, autores do excelente livro *Lições de texto: leitura e redação*:

"Com muita frequência um texto retoma passagens de outro. Quando um texto de caráter científico cita outros textos, isto é feito de maneira explícita. O texto citado vem entre aspas e em nota indica-se o autor e o livro donde se extraiu a citação.

Num texto literário, a citação de outros textos é implícita, ou seja, um poeta ou romancista não indica o autor e a obra donde retira as passagens citadas, pois pressupõe que o leitor compartilhe com ele um mesmo conjunto de informações a respeito de obras que compõem um determinado universo cultural. Os dados a respeito dos textos literários, mitológicos, históricos, são necessários, muitas vezes, para a compreensão global de um texto".

Em suma, a intertextualidade trata da relação de identidade e semelhança entre dois textos em que um cita o outro com referência implícita ou explícita. Um texto B faz menção, de algum modo, a um texto A.

A intertextualidade se apresenta, normalmente, nas provas de concursos públicos, pela **paráfrase** ou pela **paródia**. Alguns exemplos e suas explicações a seguir são baseados em algumas questões feitas pela banca do vestibular da Universidade Estadual do Rio de Janeiro.

Paráfrase

É uma reescritura em que se ratifica, positivamente, a ideologia do texto original, ou seja, é dizer o mesmo com outras palavras:

A escola, embora não tenha plena consciência do processo que desencadeia, é a base para a evolução profissional do ser humano.

As instituições de ensino, apesar de não se darem conta da interferência na psique alheia, são o alicerce do desenvolvimento secular do homem.

Paródia

É a intertextualidade em que se subverte ou se distorce a ideologia do texto original, normalmente com objetivo irônico:

Minha terra tem palmeiras,
Onde canta o sabiá;
As aves que aqui gorjeiam
Não gorjeiam como lá
                (Gonçalves Dias)

Minha casa tem goteiras,
Pingam daqui pingam de lá;
Quando chove é uma tristeza,
Pegue um balde para ajudar.
                (Abraão S. Dias)

Há outros tipos de intertextualidade, como a **citação**, o **plágio** e a **alusão**:

Citação

Como de costume, muitas definições dessa gramática se basearão no sensacional dicionário Caldas Aulete. Não poderia ser diferente agora. Segundo ele, "é uma frase ou passagem de obra escrita, reproduzida geralmente com indicação do autor original, como complementação, exemplo, ilustração, reforço ou abonação daquilo que quer dizer". Os dois-pontos e as aspas simples ou duplas (principalmente) costumam aparecer nas citações.

Concordo com Machado de Assis quando disse: "A vida sem luta é um mar morto no centro do organismo universal".

Plágio

É a apresentação de imitação ou cópia de obra intelectual ou artística alheia como sendo de própria autoria. As aspas são ignoradas, como se as palavras fossem autênticas e de sua autoria.

Segundo penso, *a vida sem luta é um mar morto no centro do organismo universal.*

Alusão

É uma referência vaga, breve e indireta que se faz a/de alguma pessoa ou coisa. Às vezes é difícil perceber. É preciso que haja um bom conhecimento de mundo, uma boa "mina" cultural.

> *Meu partido*
> *É um coração partido*
> *E **as ilusões estão todas perdidas***
> *Os meus sonhos foram todos vendidos*
> *Tão barato que eu nem acredito*
> *Eu nem acredito*
> *Que aquele garoto que ia mudar o mundo*
> *(Mudar o mundo)*
> *(...)*
>
> *(Cazuza e Frejat)*

Este verso pode ser lido como uma **alusão** a um livro intitulado *Ilusões perdidas*, de Honoré de Balzac.

Para que eu não fique com a consciência pesada, cito mais três tipos de intertextualidade: **estilização**, **epígrafe** e **pastiche.**

Estilização

Um texto, ao dialogar com outras manifestações culturais, pode estabelecer com elas diferentes relações de sentido. Esse tipo de intertextualidade complementa o sentido do texto original. Veja este texto de Rubem Alves, que amplia o lamento de Ravel:

> *Terminando a minha crônica do último domingo eu me referi a Ravel que, ao final da vida, dizia, como um lamento: "Mas há tantas músicas esperando ser escritas!". **E acrescentei um comentário meu: "Com certeza o tempo não se detém para esperar que a beleza aconteça..." (...) A vida é como a vela: para iluminar é preciso queimar. A vela que ilumina é uma vela alegre. A luz é alegre. Mas a vela que ilumina é uma vela que morre. É preciso morrer para iluminar. Há uma tristeza na luz da vela. Razão por que ela, a vela, ao iluminar, chora. Chora lágrimas quentes que escorrem da sua chama. Há velas felizes cuja chama só se apaga quando toda a cera foi derretida. Mas há velas cuja chama é subitamente apagada por um golpe de vento... (...)***

Epígrafe

Literariamente falando, trata-se de um pequeno texto no início de um livro, conto, capítulo ou poema, para lhe dar apoio temático, ou resumir-lhe o sentido ou a motivação. Veja:

> *"Sou do tamanho daquilo que vejo e não do tamanho da minha altura". (Carlos Drummond de Andrade)*

Após esse pequeno texto (epígrafe), segue-se um texto qualquer, que pode ser um conto, uma crônica, um poema, uma resenha etc.

Pastiche

É um trabalho literário ou artístico grosseiramente copiado de outro, normalmente feito de colagens, com viés cômico e, às vezes, crítico. O limite entre **pastiche** e **paródia** é tênue. Muitos estudiosos apresentam definições "supersemelhantes" a um e a outro tipo de intertextualidade. Veja um exemplo de **pastiche**, em que se mistura o Seu Madruga (Madruga é um clássico!) com o cantor da banda *The Doors*, Jim Morrison:

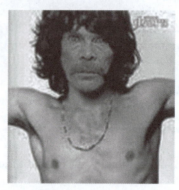

(Fonte desconhecida)

Denotação e Conotação

A essa altura do campeonato, você já percebeu que o contexto é determinante para que atribuamos este ou aquele sentido a uma palavra, certo? É por aí que os conceitos de **denotação** e **conotação** *passeiam* (usei o verbo *passear* com sentido conotativo, percebeu?).

A **denotação** trata do significado básico e objetivo de uma palavra; uma palavra com sentido denotativo está no seu sentido literal, primário, real. Uma dica para lembrar: "denotação" começa com a letra D, a mesma de "dicionário", que apresenta os significados primários, os sentidos literais das palavras.

— *Gosto de estudar à noite.*

A **conotação** é o avesso, pois trata do sentido figurado, simbólico, não literal das palavras.

— *Há dias que amanhecem noite.*

Note que o verbo amanhecer também está no sentido figurado, porque dias não amanhecem. O ato de amanhecer não depende de ser algum, pois amanhecer é um fenômeno natural.

Fatos e Dificuldades da Língua Culta (Uso dos Porquês e de Outras Expressões)

Há muitos pares (ou trios, ou quartetos) de palavras ou expressões cultas que nos deixam "de cabelo em pé", não é verdade? Quando usar uma ou outra forma? Sublinho que tudo abaixo cai todo ano em concursos diversos, principalmente os números 1, 2, 3 e 4.

Seus problemas acabaram agora!

1) Por que / Porque / Por quê / Porquê

A forma **por que** pode ser uma locução adverbial interrogativa de causa quando equivale a "por qual razão/motivo" ou "(o) motivo pelo qual". Pode aparecer em frases interrogativas diretas (com o sinal "?") e indiretas (sem o sinal "?").

– *Por que você fez isso?*
– *Juro que eu não sei por que eu fiz isso.*
– *Ainda que as redes sociais se amplifiquem, não há por que considerá-las responsáveis pelas intolerâncias que estão nas ruas.*

A forma **por que** pode ser apenas a combinação da preposição "por" + o pronome indefinido "que", equivalendo a "por qual".

– *Começo a entender por que motivo você fez isso.*

A forma **por que** pode ser apenas a combinação da preposição 'por', exigida por um termo + a conjunção integrante "que".

– *Eu sempre ansiei por que você me explicasse o motivo.*

A forma **por que** também pode ser a combinação da preposição "por" + o pronome relativo "que", equivalendo a "pelo qual" (e variações).

– *O motivo por que você fez isso não é mais surpresa para ninguém.*

A forma **porque** pode ser uma conjunção explicativa ou causal (equivalendo a *pois, visto que, já que etc.*); para alguns gramáticos, como Luiz A. Sacconi, Pasquale C. Neto, Ulisses Infante etc., pode ser também uma conjunção final (equivalendo a "para que").

– *Você fez isso porque (pois) queria dinheiro, não é?*
– *Só fiz isso porque (para que) conseguisse dar-me bem, até porque (pois; ignore o "até") sou merecedor.*
– *Porque (Visto que) eu o considero merecedor, será recompensado.*

 CUIDADO!!!

Em frases interrogativas diretas, a banca vai tentar influenciar você a marcar o uso de **por que** (separado, sem acento). Não caia nessa. Analise com calma a questão, pois, mesmo em frases interrogativas diretas, podemos usar a forma **porque**. Veja só um caso: "Será **porque** ele viajou mais de 20 horas na classe econômica que está cansado?". Observe que a substituição por "pois" não seria suficiente para batermos o martelo, até porque iria ficar estranha a frase: "Será *pois* (?!) ele viajou mais de 20 horas na classe econômica que está cansado?". Como analisar, então, a frase "Será ***porque*** ele viajou mais de 20 horas na classe econômica que está cansado?". Ignore o verbo **ser** + **que**, que formam uma expressão expletiva (de realce), e a frase ficará assim, na ordem direta: "Ele está cansado ***porque*** (= pois) viajou mais de 20 horas na classe econômica?". Percebe que a forma ***porque*** está certíssima? Cuidado!!!

A forma **por quê** normalmente é usada em 5 situações: imediatamente antes de pausa representada por sinal de pontuação, em fim de frase, isolada, antes de conjunção coordenativa ou em fim de oração. Dica: o "e" do "quê" é acentuado quando é tônico, ou seja, quando tem som de "e", e não de "i". Veja que o quarto exemplo ilustra bem isso (mesmo não havendo sinal de pontuação ou não estando em fim de frase).

– *Agora você soube por quê, certo?*
– *Sem seu esclarecimento, nunca entenderia por quê.*
– *Por quê?*
– *Não sei por quê nem como aquilo ocorreu.*
– *Às vezes, entender por quê é difícil.*

> **Observação**
>
> Não se usa **por quê** antes de vírgula marcando intercalação; exemplo: "O aluno não sabe por que, mesmo depois da explicação, foi reprovado pelo professor" (certo); "O aluno não sabe por quê, mesmo depois da explicação, foi reprovado pelo professor" (errado). Consulte: FGV – CODESP/SP – ADVOGADO – 2010 – QUESTÃO 14.

A forma **porquê** é um substantivo e vem comumente acompanhada de um determinante (artigo, pronome, numeral ou adjetivo/locução adjetiva). Esta "regrinha" anula a anterior, ou seja, por mais que a expressão esteja em fim de frase ou antes de pontuação, se vier acompanhada de determinante, será escrita "junto com acento". Pode ir ao plural, uma vez que se trata de um substantivo.

– *Preciso que você me explique pelo menos mais dois porquês, ok?*
– *Só vou dar este porquê a você; já o porquê de verdade não lhe cabe saber.*

2) **Há / A**

A forma verbal *há*, para não ser confundida com a preposição *a*, precisa ser entendida como indicadora de tempo passado ou decorrido (pode-se substituir por "faz" para facilitar). A preposição *a*, por sua vez, indica tempo futuro ou distância.

– *Há meses venho fazendo provas de concurso.*
– *É por isso que você está a anos-luz de mim.*

> **Observação**
>
> Sobre "**Há** uns anos **atrás**...": a demolidora maioria dos linguistas (e é assim que se vê em prova de concurso) diz que não se usa o vocábulo "atrás", pois o **há** já indica tempo decorrido. Isso serve para a expressão "**há** cerca de dez anos **atrás**". (Isso me lembra a música do Raul Seixas: "Eu nasci há dez mil anos atrás...". Mas o homem tinha licença poética.) Só de curiosidade: usa-se *a* na expressão destacada "Não tem nada *a* ver, cara!".

3) **Se não / Senão**

Assinando embaixo da lição dada por Odilon Soares Leme (obrigado, mestre!) sobre o assunto, parafraseio muito – *senão* plagio – a explicação dele, der-ra-dei-ra!

A forma **se não** é constituída de conjunção condicional **se** + o advérbio de negação **não** (iniciando orações subordinadas adverbiais condicionais – normalmente os verbos dessa oração estão no modo subjuntivo e/ou indicando hipótese).

 Se puder tirar o **não** da frase, usa-se **se não** (separado). E mais: podemos, neste caso, substituir **se não** por **caso não**.
– *Se não* estudar, não passará. (Se estudar, passará. / Caso não estude, não passará.)
A forma **se não** é constituída de conjunção integrante **se** + o advérbio de negação **não**.
– Ele perguntou se não iríamos à festa. (Ele perguntou se iríamos à festa.)

A forma **se não** é constituída de pronome oblíquo átono **se** (reflexivo, apassivador ou indeterminador do sujeito) + o advérbio de negação **não**. Tal caso ocorre em apossínclise, ou seja, quando o pronome fica, normalmente, entre o que e o não antes do verbo. Esse caso é raro; normalmente encontrado em escritos literários.

– *Existem pessoas que se não penteiam.* (Normalmente dizemos: ... que não se penteiam; pronome reflexivo.)
– *Há coisas que se não dizem.* (Normalmente dizemos: ... que não se dizem; pronome apassivador.)
– *Ele só mora em lugares onde se não vive tranquilamente.* (Normalmente dizemos: ...onde não se vive tranquilamente; pronome indeterminador do sujeito.)

A forma **senão** é usada nos seguintes casos: quando é uma **preposição acidental** indicando exceção (pode ser substituído por afora, exceto, salvo, a não ser); quando é uma **conjunção adversativa** (pode ser substituído por mas, mas sim; normalmente a oração introduzida por esta forma apresenta verbo implícito); quando é uma **conjunção aditiva** (vem depois de não só/não apenas/não somente, equivalendo a mas também); **substantivo** (com sentido de problema, falha, erro); quando vem depois de verbo no imperativo ou verbo indicando opinião, sugestão, recomendação (neste caso, o senão pode ser interpretado de duas maneiras: **conjunção condicional "se" aglutinada ao advérbio de negação "não"** (seguido de verbo da oração anterior implícito + outro verbo; equivalente a do contrário) ou **conjunção alternativa** (seguido de verbo da oração anterior implícito, mas sem verbo algum depois; equivalendo a ou). Vejamos, respectivamente, os exemplos:

– *Nada pode derrubar minha confiança senão as palavras de minha amada, pois que coisa sou eu senão seu escravo?* (= exceto, salvo, a não ser)
– *Não quero seu amor, senão sua amizade.* (= mas sim)
– *Meu amigo, não só estudo, senão trabalho; não tenho esta vida fácil.* (= mas também)
– *Ele apontou não só um senão, mas vários senões na tramitação do processo.* (= problema, falha)
– *Estude, senão será reprovado!* (= do contrário; Estude, se não estudar, será reprovado)
– *Fala três línguas, senão quatro.* (= ou; Fala três línguas, se não falar quatro)

Observação
Segundo o dicionário Aurélio, o filólogo Arnaldo Niskier e outros linguistas, "... se usará **se não** (separado), virgulando-o, se houver pausa enfática". Daí as duas possibilidades: "Lute, **senão** está perdido" ou "Lute; **se não** (lutar), está perdido".

78 A Gramática para Concursos Públicos • Fernando Pestana

Há um **caso facultativo**: quando o **senão**, indicando alternativa, incerteza, imprecisão, equivaler a **ou/quando não**. Nestes casos, pode-se interpretar que o verbo está subentendido.

– *É muito difícil,* *senão (se não (for))* *impossível, prever o resultado.*
– *João é rico,* *senão (se não (for))* *riquíssimo.*
– *Comprarei duas TVs,* *senão (se não (comprar))* *três.*
– *Compareceu a maioria dos convidados,* *senão (se não (compareceu))* *todos.*

Meus dedos coçam. Preciso dar um exemplo de uma questão sobre o assunto. Veja!

UNIRIO – Técnico-Administrativo em Educação (Revisor de Texto) – 2008

(...)

Escrevi este primeiro parágrafo no mais irresponsável araque dactilográfico e só então resolvi parar para pensar, o que é sempre uma atitude condenável, acaba retirando o embalo da naturalidade em que a gente se vai arrastando, digamos, nas asas da inspiração. Parei para pensar só, não. Fui ao "pai dos burros", o velho Domingos de Azevedo dos meus tempos de ginásio. E ali como sempre aprendi o insuspeitado: pois, senão, vejamos. Abro até outro parágrafo, para que o texto respire uma pausa e, ao mesmo tempo, ganhe a necessária solenidade a minha recentíssima ciência vocabular.

(...)

5. A palavra sublinhada em "... pois, <u>senão</u>, vejamos" (§ 2º.) foi empregada com as mesmas características morfológica e semântica em:

a) A quem, *senão* **(exceto; preposição acidental)** ao nosso orientador, devemos recorrer, nos momentos de dúvidas, quanto ao desenvolvimento de uma monografia?

b) O jornalista não apenas considerou minuciosamente o fato, *senão* **(mas também; conjunção aditiva)** divulgou-o com cautela, para que se evitassem distorções.

c) O médico esperava que a epidemia fosse controlada com rapidez, *senão (do contrário; conjunção condicional aglutinada ao advérbio 'não' ou conjunção alternativa; vem seguido de verbo implícito + verbo explícito)* teria de adiar, para o mês seguinte, a palestra em São Paulo. – O médico esperava que a epidemia fosse controlada com rapidez, *se não (fosse controlada), teria de adiar...* **(Gabarito!)**

d) Havia apenas aquele *senão* **(problema, falha, erro; substantivo)** em todo o texto escrito pelo candidato estrangeiro à vaga no curso de Biblioteconomia.

e) Gastou todo o salário do mês de março, *senão* **(ou; conjunção alternativa; não vem seguido de verbo explícito, só implícito)** mais, na compra de livros sobre psicologia, pois queria passar no concurso. – *Gastou todo o salário do mês de março, senão (gastou) mais...*

---

4) Onde / Aonde / Donde

As formas **onde**, **aonde** e **donde** podem ser classificadas como advérbio de lugar ou pronome relativo (quando retoma um termo anterior). As duas últimas só ocorrem se houver as combinações das preposições **a** e **de** (exigidas por um verbo ou por um nome) + **onde**. Veja:

– *Estou* *onde* *quero na empresa. (Advérbio de lugar.)*
– *O Exército, para* *onde* *fui, é minha casa. (Pronome relativo. Quem vai (no sentido de ir e permanecer), vai para algum lugar.)*
– *Donde* *você saiu para chegar* *aonde* *se encontra? (Advérbios de lugar. Quem sai, sai de algum lugar e quem chega, chega a algum lugar.)*
– *A cidade* *donde* *venho é muito pequena. (Pronome relativo. Quem vem, vem de algum lugar.)*

– *Meu coração, aonde a ida não é nada fácil, abriu-lhe a guarda. (Pronome Relativo. O substantivo "ida" exige a preposição **a**.)*

 CUIDADO!!!

1) Lembre-se de que a combinação da preposição **de** com **onde** é opcional, ou seja, podemos dizer (ou escrever): "O presídio de onde (ou donde) João Augusto saiu ficava bem distante de sua nova residência".

2) Uma maneira prática para saber usar **onde** ou **aonde** é perceber se o verbo indica noção estática ou noção dinâmica. Veja: **Aonde** você mora? (errado) / **Onde** você mora? (certo; noção estática) / **Aonde** você está? (errado) / **Onde** você está? (certo; noção estática) / **Aonde** você foi? (errado) / **Aonde** você foi? (certo; noção dinâmica). **Onde** você pretende chegar com essa atitude? (errado) / **Aonde** você pretende chegar com essa atitude? (certo; noção dinâmica)

3) A noção de lugar vale para espaços físicos, virtuais ou figurados. Portanto o **onde** (aonde ou donde), normalmente como pronome relativo em provas de concursos públicos, pode retomar palavras ou expressões que indiquem "colocação numa classificação, escala ou hierarquia; emprego, cargo; posição social; trecho dentro de um livro ou filme; direção, caminho, destino, espaço físico, emocional ou filosófico". Veja alguns exemplos:

– *O primeiro lugar do vestibular, onde ninguém esperava que eu ficasse, é meu!*
– *Você está onde na empresa? Eu estou na vice-presidência.*
– *Finalmente conseguimos entrar na classe B, onde todos um dia desejam, no mínimo, estar.*
– *Em seu ego, onde nunca dera oportunidades a sentimentos negativos, muita coisa mudou.*
– *No capítulo 24 do livro de Mateus, onde Jesus fala sobre os últimos dias, muitas profecias são anunciadas.*
– *Quanto a seu estado mental, atualmente não mais sabemos onde ele se encontra.*
– *O Budismo, de onde eu nunca deveria ter saído, me trazia paz de espírito.*

Observação
Infelizmente, a esmagadora maioria das bancas não têm mente aberta nesse ponto, preferindo encarar o pronome relativo "onde" como correto só quando retomar lugar real/físico, de modo que as frases anteriores – com "onde" usado como pronome relativo – estariam todas incorretas, devendo-se substituir o "onde" por "em que", por exemplo.

5) **Mal / Mau**
A forma **mal** pode ser um substantivo, um advérbio (antônimo de "bem" ou equivalente a "nem", "pouco") ou uma conjunção subordinativa temporal (equivalendo a "logo que, assim que"). Já **mau** pode ser um substantivo ou um adjetivo (equivalendo a "bom").

– *O mal de Parkinson é uma doença incômoda. (substantivo)*
– *A pessoa anda mal, fala mal etc. (advérbio, advérbio)*
– *Engraçado, mal toquei no assunto, eu me lembrei de uma coisa: os maus da humanidade sofreram disso, sabia? (conjunção subordinativa temporal, substantivo)*
– *Tenho um amigo que é muito mau, será que...? (adjetivo)*
– *Você mal conversa com ele, não é? (advérbio)*

6) Mais / Mas

A forma **mais** (normalmente advérbio ou pronome indefinido) está ligada à ideia de quantidade, intensidade ou tempo (neste caso, quando vem depois de uma negação). **Mas** é uma conjunção coordenativa adversativa, quando equivale a porém; é uma conjunção coordenativa aditiva, quando antes vêm as expressões "não só/não apenas/não somente". Só de curiosidade: a pronúncia é a mesma.

—   *Sou mais feliz quando estou com você, mas você nunca está aqui. (advérbio de intensidade, conjunção coordenativa adversativa.)*
—   *Dedique mais tempo a sua esposa, e ela não vai mais cobrar nada de você. (pronome indefinido – quantidade –, advérbio de tempo.)*
—   *Não só fiquei mais contente, mas também extremamente realizado. (advérbio de intensidade, conjunção coordenativa aditiva.)*

7) Afim / A fim de

A forma **afim** é um adjetivo que significa afinidade, semelhança, parentesco; **a fim de** é uma locução prepositiva que indica finalidade, propósito, intenção.

—   *Apesar de ele ser meu parente afim, nós não temos ideias afins.*
—   *Comecei a estudar a fim de fazer aquela famigerada prova.*
—   *Está a fim de namorar comigo? (frase própria do registro coloquial.)*
—   *Português é uma língua afim do latim.*

8) Em vez de / Ao invés de

A forma **ao invés de** é usada com termos antônimos na frase em que aparece; já **em vez de** equivale a "no lugar de".

—   *Em vez de estudar para a prova do TSE, estudou para a do AFT.*
—   *Ao invés de ser elogiado pelo que disse, foi vaiado efusivamente.*

9) Acerca de / Há cerca de / (a) cerca de

A primeira forma equivale a sobre (assunto); a segunda indica número aproximado ou tempo decorrido aproximado; a terceira indica distância aproximada, tempo futuro aproximado ou quantidade aproximada.

—   *Falamos acerca de futebol e de política.*
—   *Há cerca de vinte mil pessoas habitando aquele bairro.*
—   *Há cerca de uns anos venho estudando com vontade.*
—   *Estou (a) cerca de um mês para a prova.*
—   *Cerca de cem amigos presentearam-no quando se casou.*

10) Malgrado / (De) mau grado

A forma **malgrado** (preposição acidental: antes de verbo no infinitivo; ou conjunção subordinativa concessiva: antes de verbo no subjuntivo) equivale a "apesar de, embora"; já **(de) mau grado** é uma expressão formada por "(preposição) + adjetivo + substantivo" e indica má vontade, contra a vontade.

—   *Malgrado não ter estudado suficientemente, passei em terceiro lugar.*
—   *Malgrado não tenha estudado suficientemente, passei em terceiro lugar.*
—   *O advogado fez as tarefas diárias de mau grado.*
—   *Mau grado meu, trouxe o amigo consigo.*

11) Porventura / Por ventura

A forma **porventura** é um advérbio de dúvida e equivale a "por acaso"; já **por ventura**, a "por sorte". Observe o diálogo:

– *"Porventura já fui desonesto com você ou com qualquer outro amigo nosso?"*
– *"Por ventura ainda não, pois, se fosse, iria arrepender-se amargamente."*

12) A baixo / Abaixo

Usa-se a forma **a baixo** quando, na frase, vem acompanhada da expressão de cima. Em outros casos, usa-se o **abaixo**.

– *Ela sempre me olha de cima a baixo.*
– *Abaixo dela não há mais ninguém na lista.*

13) De encontro a / Ao encontro de

A forma **de encontro a** está ligada à ideia de "choque, colisão, divergência, oposição". A segunda forma (**ao encontro de**) está relacionada à ideia de "algo favorável, aproximação positiva, pensamento convergente".

– *Nunca fui de encontro às ideias dele, pois são ótimas.*
– *Resolvi ir ao encontro dela, uma vez que valia a pena.*
– *Seu plano é excelente, pois vem ao encontro do que pensamos.*
– *O carro atravessou a pista e foi de encontro à mureta.*

14) A par de / Ao par de

A forma **a par de** é o mesmo que "estar ciente de"; **ao par de** equivale a "pareado", na área da economia.

– *Por que nunca fico a par dos assuntos desta empresa?*
– *Um dia, o Real estará, de fato, ao par do Dólar?*

15) Com quanto / Conquanto

Com quanto refere-se à quantidade, valor; **conquanto** é uma conjunção subordinativa concessiva e equivale a "embora".

– *Com quanto dinheiro você pretende viajar para os EUA?*
– *Conquanto consiga boas notas nas provas mais difíceis, ele nunca fica satisfeito.*

16) Por quanto / Porquanto

Por quanto refere-se à quantidade, valor; **porquanto** é uma conjunção explicativa ou causal e equivale o mesmo que **pois**.

– *Por quanto vocês me venderiam este livro?*
– *Estudo cinco horas por dia, porquanto me é suficiente.*

17) De mais / Demais

De mais é uma locução adjetiva; normalmente essa expressão se liga a um substantivo. Já **demais** é um advérbio de intensidade ou um pronome indefinido.

– *Eles têm dinheiro de mais.*
– *O professor fala demais.*
– *Precisamos explicar os demais assuntos.*

18) Tampouco / Tão pouco

Tampouco é, tradicionalmente, um advérbio e equivale a "também não, nem"; **tão pouco** é uma expressão formada por advérbio de intensidade + advérbio de intensidade/pronome indefinido, indicando quantidade, normalmente.

—   *O que você fez não foi certo, tampouco justo.*
—   *Estudei tão pouco, mesmo assim, por sorte, me classifiquei.*
—   *Seu aluno faz tão pouco exercício por quê?*

19) Nem um / Nenhum

Nem um equivale normalmente a sequer um; já **nenhum** é um pronome indefinido.

—   *Ela não me deixou expor nem um pensamento.*
—   *Nenhum homem será capaz de me dissuadir.*

20) Com tudo / Contudo

Com tudo indica quantidade; **contudo** é uma conjunção adversativa, equivale a porém.

—   *Procuro um portal de notícias com tudo que acontece no país.*
—   *O filme não me agrada, contudo, por ser crítico de cinema, preciso assistir.*

21) A princípio / Em princípio

A princípio equivale a "no início, inicialmente". **Em princípio** equivale a "em tese, conceitualmente". Em alguns momentos, uma ou outra expressão dará conta daquilo que se quer transmitir, portanto, nas duas últimas frases abaixo, o propósito do falante no discurso vai determinar o uso da expressão. Nenhuma delas, pois, estará equivocada. Dependerá do contexto.

—   *Vou abordar apenas questões gramaticais a princípio.*
—   *Em princípio, as gramáticas de ensino médio não deveriam polemizar.*
—   *Em princípio não estamos interessados em vender este imóvel.*
—   *A princípio não estamos interessados em vender este imóvel.*

22) Por tanto / Portanto

Por tanto indica causa e quantidade; **portanto** é uma conjunção coordenativa conclusiva, equivale a "então, por isso, logo" etc.

—   *Por tanto que eu já te fiz, eu mereço uma chance de novo.*
—   *Voltei a estudar como antes, portanto vou passar.*

23) Sobre tudo / Sobretudo

A primeira expressão equivale a "a respeito de tudo"; a segunda é o mesmo que "especialmente, principalmente"; pode ser uma vestimenta (casacão) também.

—   *Eles conversam sobre tudo de que gostam.*
—   *Estudamos muito nesta Gramática, sobretudo porque aspiramos à excelência.*
—   *Comprei um sobretudo sensacional para a viagem de fim de ano à Europa.*

24) Ao nível de / Em nível de

A primeira expressão (**ao nível de**) tem a ideia de "à mesma altura"; a segunda (**em nível de**) exprime "hierarquia". A expressão "a nível de" é um equívoco.

– *Este artigo está ao nível dos melhores.*
– *Isto foi resolvido em nível de governo estadual.*
– *Isto foi resolvido a nível de governo estadual (**errado!**)*

> **Observação**
>
> Segundo o excepcional José Maria da Costa, em seu incrível *Manual de Redação Profissional*, "o erro é tão comum, que, em 1998, foi realizado um congresso em uma capital da Amazônia com o seguinte título: 'O Direito Ambiental e seu Reflexo *a Nível* Internacional'; a correção de tal título, sem dúvida, há de ser: 'O Direito Ambiental e seu Reflexo *no Âmbito* Internacional', ou, simplesmente, 'O Direito Ambiental e seu Reflexo Internacional'. Não tem ela, a bem da verdade, os sentidos que lhe querem conferir, e são errôneas as seguintes construções: 'reunião *a nível de* desembargadores', 'discussão *a nível de* Órgão Especial'; em tais casos, o correto é dizer: 'reunião *de* desembargadores', 'discussão *da alçada do* Órgão Especial'". O *Manual de Redação da Presidência da República* desabona a construção "a nível de".

25) **Por ora / Por hora**

A expressão **por ora** significa "por enquanto, por agora, até então, até agora". Já **por hora** é o mesmo que "a cada sessenta minutos, pelo tempo de uma hora".

– *Por ora, não acredito nos políticos brasileiros.*
– *Não dispomos de policiais eficientes e honestos, por ora.*
– *Os cientistas, por ora, não conseguiram chegar à cura definitiva da AIDS.*
– *O professor particular de Português me cobrava R$111 por hora.*
– *Você viu que o carro passou a duzentos quilômetros por hora?*

26) **O mais das vezes / As mais das vezes / No mais das vezes**

Mário Barreto, Cândido Jucá Filho e Domingos Paschoal Cegalla abonam tais construções. Todas indicam "a maior parte das vezes", sendo a primeira expressão mais usual na língua culta. Veja um exemplo do gramático Pasquale C. Neto:

– *Suas palavras são, o mais das vezes (ou as mais das vezes), meras repetições de discursos vazios, nos quais nem ele mesmo crê.*

27) **À medida que / Na medida em que**

A locução conjuntiva **à medida que** indica proporção e equivale a "à proporção que, ao passo que". Por outro lado, **na medida em que** indica causa e equivale a "visto que, já que, tendo em vista que".

– *À medida que o líder russo crescia no palco político, o mundo ia se habituando à sua personalidade descomunal.*
– *Do ponto de vista político, este ato é desastrado, na medida em que exprime um conflito entre o Estado e a Igreja.*

> **Observação**
>
> Nunca é demais dizer que as expressões ***à medida em que*** e ***na medida que*** não existem.

28) Sequer / Se quer

Sobre **sequer**, é uma palavra que significa "ao menos, pelo menos". Muito usada em frases negativas, mas não substitui o "não" ou "nem", que devem aparecer antes de "sequer" em frases negativas; às vezes é precedida pela preposição "sem".

– *Não havia sequer um aluno em sala de aula.*
– *O homem nem sequer se dignou de responder a minha solicitação.*
– *Tudo se arranjaria se ambos tivessem sequer um pouco de boa vontade.*
– *Não deixou cair uma lágrima sequer.*
– *Sem sequer ter atravessado a rua direito, foi atropelado.*
– *Sequer um carro de polícia funcionava naquela maldita cidade. (errado!) / Nem sequer um carro de polícia funcionava naquela maldita cidade. (agora sim!)*
– *O pseudomédico sequer possuía diploma de ensino médio. (errado!) / O pseudomédico nem sequer possuía diploma de ensino médio. (agora sim!)*

Já **se quer** é a união da conjunção subordinativa condicional **se** + **quer** (3ª pessoa do singular do presente do indicativo do verbo querer), equivalendo a "se desejar".

– *Se quer tanto aquela sonhada vaga, empenhe-se... e gaste dinheiro.*
– *Eu comprei aquele suco de que você falou; se quer, basta me avisar.*

29) A domicílio / Em domicílio

Segundo José Maria da Costa, o melhor, em realidade, parece ser distinguir, de modo efetivo, entre verbos ou vocábulos de significação estática ou dinâmica. Com os primeiros, que não exigem a preposição A, usa-se **em domicílio**; com os segundos, que exigem a preposição A, **a domicílio**.

– *Levam-se encomendas a domicílio.*
– *Leciona-se piano em domicílio.*
– *"Desembarcadas as mercadorias, o transportador não é obrigado a dar aviso ao destinatário, se assim não foi convencionado, dependendo também de ajuste a entrega a domicílio..."* (CC/2002, art. 752, "caput"). Corrija-se: *... entrega em domicílio...*

> **Observação**
>
> Segundo o gramático Evanildo Bechara, não há por que condenar a expressão "entrega a domicílio", que já está consagrada pelo uso, justificada por critério metonímico e abonada pela história da língua na pena de grandes escritores. Numa prova de concurso, fique de olho (afinal, nunca se sabe)!

30) Fazer com que / Fazer que

Tanto faz. Vasco Botelho de Amaral, Domingos Paschoal Cegalla, Francisco Fernandes, Evanildo Bechara, Cláudio Moreno e muitos outros defendem ambas as formas como cultas, no sentido de "provocar, acarretar, influir, conseguir". A preposição é expletiva ao iniciar objeto direto.

– *A minha boa sorte fez (com) que não perdesse o avião...*
– *A presidenta do país fez (com) que os demais políticos mudassem de opinião.*
– *Esta postura só fará (com) que seus pais briguem com você.*
– *O professor fazia (com) que toda a matéria fosse fácil de assimilar.*

31) Estar / Está, Dar / Dá...

Está e **dá** são formas de 3ª pessoa do singular do presente do indicativo:

– *Ela está feliz porque ele dá valor a ela.*

A frase estaria errada se estivesse assim:

– *Ela estar feliz porque ele dar valor a ela.* (Se você não fala assim, não escreva assim... kkkk...)

Estar e **dar** são formas infinitivas (verbo no infinitivo não flexionado), usadas depois de preposição, em locuções verbais ou introduzindo oração reduzida:

– *Para estar feliz, é preciso dar ajuda aos outros.*
– *Vou estar com ela amanhã e vou dar o presente a ela.*
– *Estar feliz depende de esforço; dar a mão aos outros depende de um bom coração.*

As frases estariam erradas se estivessem assim:

– *Para está feliz, é preciso dá ajuda aos outros.*
– *Vou está com ela amanhã e vou dá o presente a ela.*
– *Está feliz depende de esforço; dá a mão aos outros depende de um bom coração.*

 Um *bizu* é trocar por outro verbo, como **fazer**. Pense: como você fala: "Ele vai **fazer** a prova hoje" ou "Ele vai **faz** a prova hoje"? É claro que você fala usando o **r** no final (mesmo que tenuamente), logo você escreve com **r** no final os verbos estar, dar etc.

Agora o teste final: qual frase abaixo está certa?
(A) Pode vê isso amanhã para mim?
(B) Deixe conosco, vamos dá uma olhada nisso.
(C) Preciso está lá ao meio-dia.
(D) Você estar bem?
(E) Apesar de ela andar com boas pessoas, faz besteiras.

GABARITO: E. Corrigindo as demais frases: (A) Pode **ver**...; (B) ...vamos **dar**...; (C) Preciso **estar**...; (D) Você **está**...

A Escolha das Palavras

Para que nosso texto ou discurso mantenha uma harmonia de sentido, devemos nos preocupar com a escolha das palavras. Selecionar bem um vocábulo é primordial para que não cometamos certas gafes. Já pensou se um jornal noticiasse o seguinte: "Governador carioca reúne-se hoje com governadores de outros estados".

Se você não percebeu a gafe, cuidado! O cargo de governador está relacionado ao Estado do Rio de Janeiro. Por isso, a palavra "carioca" foi mal selecionada; deveria ser: "Governador fluminense reúne-se hoje com governadores de outros estados". Se ainda fosse prefeito, tudo bem, pois ser prefeito significa cuidar da cidade do Rio de Janeiro. Aí a frase seria esta, bonitinha: "Prefeito carioca reúne-se hoje com prefeitos de outras cidades".

Outro caso interessante seria este: "Enquanto eu jantava, roubaram meu carro". No entanto, "roubar" significa, no Código Penal, artigo 157, "subtrair coisa móvel alheia, para si ou para outrem, <u>mediante grave ameaça ou violência à pessoa, ou depois de havê-la, por qualquer meio,</u> <u>reduzido à impossibilidade de resistência</u>". Sendo assim, a frase inicial deveria ser: "Enquanto eu jantava, furtaram meu carro". *Furtar* significa o mesmo que *roubar*, sem a parte sublinhada. Devemos tomar cuidado com as palavras que escolhemos.

Bem, sistematizando o assunto, vejamos os cuidados que devemos tomar quando selecionamos certos vocábulos para formar frases adequadas quanto ao sentido. Devemos selecionar as palavras, levando em conta basicamente dois critérios: **referente** e **situação de comunicação**.

Referente

Se você estiver falando sobre um cheiro desagradável, cuidado para não fazer isto:

"Nossa! A fragrância deste chorume é insuportável!"

A palavra *fragrância* remete a cheiro agradável das flores, plantas, frutas, perfumes etc. Logo, ela foi mal usada neste contexto. Para que houvesse adequação vocabular, como estamos usando o **referente** (*assunto*) "cheiro desagradável", o vocábulo bem selecionado seria: *fedor, fedentina, fetidez...*

Situação de Comunicação

Podemos dizer que a situação de comunicação está ligada a dois fatores: **a pessoa com quem falamos** (levando em consideração a profissão, idade, sexo, posição social, origem geográfica etc.) e **o ambiente em que nos encontramos** (igreja, *show*, um concerto de música clássica, estádio de futebol, bar, casa de outras pessoas etc.). Basicamente, este ponto trata de uso da língua culta/formal e língua coloquial/informal.

Imagine que um homem esteja em um concerto de música clássica, observando uma mulher. Ele toma coragem e segue em direção a ela no fim do espetáculo. Diz assim diante dela: "Aí, Nem... tô te querendo! Demorô lá em casa agora então?".

Preciso dizer mais alguma coisa?

Por outro lado, imagine um rapaz que vai a um baile "funk" e diz assim para a mais bela do baile: "Por obséquio, dê-me o regozijo de dar-lhe um ósculo!".

Preciso dizer mais alguma coisa?

Observe agora estas frases:

Como foram redigidas	Como deveriam ser redigidas
Consumidores da cidade de São Paulo, por serem paulistas exigentes por natureza, reclamaram do preço caro do pescado.	Consumidores da cidade de São Paulo, por serem paulistanos exigentes por natureza, reclamaram do preço alto do pescado.
Como as prateleiras estão vazias, ficou constatada a escassez do produto na cidade.	Como as prateleiras estão vazias, ficou constatada a falta do produto na cidade.
Os cinco primeiros da fila acompanhem, por gentileza, a secretária; quanto ao resto peço que permaneçam aqui.	Os cinco primeiros da fila acompanhem, por gentileza, a secretária; quanto aos demais peço que permaneçam aqui.

Como foram redigidas	Como deveriam ser redigidas
O deputado confessou ter recebido 40 mil dólares da contravenção, alegando que o dinheiro era para ajudar ONGs que apoiam as vítimas da aids. Como ficou comprovado, isso explica o envolvimento de seu nome no jogo do bicho.	O deputado confessou ter recebido 40 mil dólares da contravenção, alegando que o dinheiro era para ajudar ONGs que apoiam as vítimas da aids. Como ficou comprovado, isso justifica o envolvimento de seu nome no jogo do bicho.
Como o saneamento básico é precário, as águas da lagoa ficaram poluídas pelo vibrião do cólera.	Como o saneamento básico é precário, as águas da lagoa ficaram contaminadas pelo vibrião do cólera.

Na primeira frase, "paulista" é quem mora no Estado de São Paulo; **paulistano** é quem mora na cidade de São Paulo. "Caro" já significa "preço alto", logo o adequado é dizer "preço **alto**".

Na segunda frase, a palavra "escassez" (exiguidade, insuficiência) não tem o mesmo sentido de **falta** (ausência, inexistência).

Na terceira frase, a palavra "resto" tem sentido depreciativo, pejorativo, já a palavra ***demais*** tem sentido neutro.

Na quarta frase, por causa do contexto, "explicar" tem sentido distinto de **justificar**. A leve diferença entre um termo e outro é que a ideia de justificativa está ligada à ideia de inocência e absolvição. Os dois verbos até poderiam ser considerados sinônimos. É aquela velha história do "explica, mas não justifica", ou seja, "dá para entender, mas não dá para desculpar". No caso do deputado, dá para desculpar, por isso justifica.

Na quinta frase, o vibrião do cólera não "polui" (degradar meio ambiente) nada, mas sim ***contamina*** (transmitir doença).

Interessante, não?

Vale dizer que o léxico da língua vai muito além de meras escolhas de palavras para comunicar algo. Certas "linguagens" servem para manter unidos certos grupos: as **gírias** (linguagem de um grupo social, como os LGBTQ+: *"coió"*, *"arrasou"*, *"bofe"*...), os **regionalismos** (linguagem de um grupo geográfico, como os nordestinos: *"avexado"*, *"bestar"*, *"da peste"*...), os **jargões** (linguagem de um grupo profissional, como os militares: *"zaralho"*, *"Brasil!"*, *"selva!"*...), os **estrangeirismos** (linguagem estrangeira, como a dos americanos: *"yes"*, *"fashion"*, *"game"*...), os **arcaísmos** (linguagem antiga, como a do português arcaico: *"fremoso"*, *"vosmecê"*, *"ceroula"*...), os **neologismos** (linguagem inventada, como a partir da informática: *"baixar"*, *"ciberpirata"*, *"blogueiro"*)...

Expressões Idiomáticas

Expressões idiomáticas são locuções ou pequenas frases próprias de um idioma. No português, não poderia ser diferente. Há infinitas (inclusive gírias)! Vejamos algumas:

Expressão	Significado
Acertar na lata/mosca	Atingir alvo com precisão
Abotoar o paletó	Morrer
Acabar em pizza	Situação mal resolvida, sem resultados

Expressão	Significado
Procurar chifre em cabeça de cavalo	Procurar problemas onde não existem
Procurar pelo em ovo	Buscar coisas impossíveis ou inexistentes
A dar com pau	Grande quantidade
Afogar o ganso	Fazer sexo (no caso do homem)
Agarrar com unhas e dentes	Agir de forma extrema para não perder
Água que passarinho não bebe	Bebida alcoólica (normalmente cachaça)
Amarrar o burro	Ficar descansado ou em zona de conforto
Amigo da onça	Falso amigo, traidor
Andar na linha/Perder a linha	Agir corretamente/Agir impulsivamente
Bater na mesma tecla	Insistir no mesmo assunto
Cara de pau	Descarado, atrevido, desavergonhado
Dormir no ponto	Perder uma oportunidade
Encher linguiça	Enrolar, embromar
Feito cego em tiroteio	Perdido, desorientado
Grosso modo (expressão latina)	De modo grosseiro (*a grosso modo* é erro)
Jogado para escanteio	Descartado
Lavar as mãos	Não se envolver
Meter o dedo na ferida	Arreliar, Intrometer-se
Na mão do palhaço	Em situação de perda de autocontrole
Onde Judas perdeu as botas	Em lugar bem distante
Pisar na bola	Cometer deslize
Quebrar o galho	Dar solução precária, improvisar
Riscar do mapa	Fazer desaparecer
Sem pé nem cabeça	Confuso, sem sentido
Trocar as bolas	Atrapalhar-se
Uma mão lava a outra	Ajuda mútua
Xisnovear	Delatar, alcaguetar

Consulte mais na Wikipédia ou em qualquer livro especializado, como *Expressões Idiomáticas da Língua Portuguesa*, de Ítalo José Alves, ou no *Dicionário de Expressões Idiomáticas da Língua Portuguesa*, de Maria Helena Schambil e Peter Schambil.

 O Que Cai Mais na Prova?

Frequentemente se veem questões relativas a **sinonímia, homonímia, paronímia, denotação e conotação** e **fatos e dificuldades da língua culta**. Nestes pontos, portanto, quero você "na ponta dos cascos", hein!

Capítulo 4 • Semântica e Lexicologia   **89**

*Concurseiro(a), quer uma dica de irmão? Guarde no seu coração o que vai ler agora: NUNCA DEIXE DE FAZER SEU PRÓPRIO RESUMO DE CADA CAPÍTULO. Esse processo cognitivo é **extremamente** valioso. Eu poderia ser legalzinho e fofinho pondo um quadro-resumo do que vimos no capítulo, mas, se fizesse isso, estaria sabotando você, impedindo-o(a) de ter esse trabalho de internalização imprescindível do conteúdo. **Por favor, não pule essa etapa!!!** Mesmo que seu resumo fique gigantesco (não vá escrever outra gramática... rsrs), nunca deixe de fazê-lo, para o seu próprio bem! Seu cérebro agradece e, quando passar no concurso, sua conta no banco também. Vá fundo na missão!* ✍

Questões de Concursos

Preocupe-se apenas com os assuntos relativos a este capítulo, beleza? Boa resolução para você! A FCC e a Cesgranrio gostam bastante de questões relativas à sinonímia. A Esaf e o Cespe já preferem trabalhar fatos da língua culta. A verdade é que devemos estar preparados para tudo.

1. (FCC – TRE-SP – Analista – 2004) O elemento sublinhado na frase:
   a) *É correta a disposição (...) de abandonar os planos de seu antecessor para descentralizar os recursos investidos na área* expressa uma **causalidade**;
   b) *Distribuir pouco dinheiro a muitos centros pode equivaler a desperdiçar toda a verba* constitui um **paradoxo**;
   c) *A pulverização das verbas pode atender a interesses populistas de políticos* tem o sentido de **compromissos populares**;
   d) *(...) cabe ao poder público colocar suas fichas em projetos com maior possibilidade de oferecer retorno* tem o sentido de **ir de encontro a**;
   e) *Não se trata de ser contra a descentralização como conceito* tem o sentido de **em tese**.

2. (FDC – Professor de Português II – 2005) Assinale a única frase que se completa com a segunda forma entre parênteses:
   a) Os culpados _____ as leis. (infringiram / infligiram)
   b) O _____ do senador termina no próximo ano. (mandado / mandato)
   c) Não saia, pois a chuva está _____. (iminente / eminente)
   d) Ladrão foi apanhado em _____. (flagrante / fragrante)
   e) Os requintes de educação caracterizam um perfeito _____. (cavalheiro / cavaleiro)

3. (FCC – SEFAZ/PB – Auditor Fiscal de Tributos Estaduais – 2006) Nas frases:
   I. O mau julgamento político de suas ações não preocupa os deputados corruptos. Para eles, o mal está na mídia impressa ou televisiva.
   II. Não há nenhum mau na utilização do Caixa 2. Os recursos não contabilizados não são um mau, porque todos os políticos o utilizam.
   III. É mau apenas lamentar a atitude dos políticos. O povo poderá puni-los com o voto nas eleições que se aproximam. Nesse momento, como diz o ditado popular, eles estarão em mal lençóis.
   O emprego dos termos *mal* e *mau* está correto APENAS em:
   a) I;   c) II;   e) I e III.
   b) I e II;   d) III;

4. (FCC – TRF (2R) – Analista Judiciário – 2007) (Adaptada) A frase abaixo está correta ou incorreta quanto à norma culta?
   Quando se considera a par do tema, ajuíza sem medo, mas, ao se compreender insipiente, para tudo e pede aos especialistas que o catequizem no assunto para não passar por néscio.

5. (FCC – TCE-AL – Analista de Sistemas – 2008) (Adaptada) A frase abaixo está correta ou incorreta quanto à norma culta?
   É prazeirosa a experiência de quem formula propósitos e promove ações que vão de encontro aos mesmos.

6. (Esaf – MTE – Auditor-Fiscal do Trabalho – 2009) (Adaptada) A afirmação abaixo está correta ou incorreta? (...) Criada em 2000 para "promover a defesa do interesse público na assistência suplementar à saúde e regular as operadoras setoriais, inclusive quanto às suas relações com prestadores (de serviços) e consumidores", a ANS opera **numa corda bamba**. (...)

   A expressão "numa corda bamba" tem significação conotativa e confere um tom de informalidade ao texto.

7. (Adaptada) A afirmação abaixo está correta ou incorreta? (...) A crise que se iniciou em 2008 nos EUA para depois atingir todas as economias, no quadro da globalização, ao contrário da de 1929, levou os governos a optarem pela intervenção pública para salvar o sistema bancário e para dar um impulso à economia. Isso se traduziu como forte pressão sobre as finanças públicas, que estão **acusando** *déficits* muito elevados.

   A palavra "acusando" está sendo empregada com a acepção de **indicando, mostrando, revelando.**

8. (FCC – TJ/SE – Técnico Judiciário – 2009) Constituem **parônimos** os vocábulos grifados nas frases apresentadas em:
   a) Constava do relatório a <u>descrição</u> pormenorizada da destruição do centro de treinamento decorrente da invasão de torcedores. / Com <u>discrição</u> e muita simpatia, o novo jogador logo conquistou a confiança da torcida.
   b) O descontentamento dos torcedores culminou com um <u>protesto</u> no próprio estádio. / Como <u>protesto</u> contra as medidas tomadas pela diretoria, funcionários se recusaram a trabalhar.
   c) Torcedores descontentes invadiram a <u>sede</u> do clube e a depredaram. / Com <u>sede</u> de vitória, os torcedores estimulavam o time ao ataque.
   d) O recinto foi atacado por <u>bombas</u> de fabricação caseira. / Na festa junina soltaram-se <u>bombas</u> e fogos de artifício coloridos.
   e) Os <u>feridos</u> no confronto foram encaminhados ao hospital mais próximo. / Vários espectadores ficaram <u>feridos</u> no último festival.

9. (FCC – MPE/SE – Técnico do MP – 2009) Identificam-se parônimos no par de expressões transcritas em:
   a) importância capital // importância fundamental;
   b) tráfico de pessoas // tráfego de pessoas;
   c) tecnologias de informação // comunicação tecnológica;
   d) violações cometidas // violações reprimidas;
   e) vida com liberdade // vida com dignidade.

10. Considere as frases abaixo:
    I. Os horrores trazidos pela II Guerra Mundial marcaram o <u>porquê</u> da criação de um documento internacional que garantisse o respeito aos direitos humanos.
    II. Sem conhecer seus direitos, os indivíduos não saberão dispor dos instrumentos nem apresentar razões <u>porque</u> reivindicar sua efetiva aplicação.
    III. Por falta de divulgação dos termos previstos na Declaração Universal, grupos minoritários se tornam mais vulneráveis à violação de seus direitos, sem mesmo saber <u>por quê</u>.
    IV. São inúmeros os benefícios trazidos pela Declaração Universal, embora exista desrespeito aos direitos nela previstos, como a persistência da pobreza, <u>por que</u> passa um terço da população mundial.
    Estão escritos corretamente os termos que aparecem grifados em:
    a) I, II, III e IV;
    b) I, II e III, apenas;
    c) I, III e IV, apenas;
    d) II, III e IV, apenas;
    e) I, II e IV, apenas.

11. (Cespe/UnB – TRT/RN (21R) – Técnico Judiciário – 2010) A expressão "em lugar" (Logo descobrimos que a tecnologia, na verdade, nos trazia uma carga maior de atribuições e, **em lugar** das 8 horas, passamos a trabalhar muito mais. Mas não foi só...) poderia ser substituída por **em vez**, sem prejuízo para o sentido e a clareza do texto.
    ( ) CERTO   ( ) ERRADO

12. (Cespe/UnB – ANEEL – Cargos de Nível Superior – 2010) O sentido da expressão "mal das pernas", característica da oralidade, seria prejudicado caso se substituísse "mal" por **mau**.
    ( ) CERTO   ( ) ERRADO

Capítulo 4 • Semântica e Lexicologia

91

13. (FCC – TRE/RS – Analista Judiciário – 2010) A frase em que a palavra destacada está empregada de modo equivocado é:
    a) <u>Inerme</u> diante da ofensiva tão violenta, não lhe restou nada a fazer senão render-se.
    b) Há quem <u>proscreva</u> construções linguísticas de cunho popular.
    c) Fui informado do <u>diferimento</u> da reunião em que o fato seria analisado.
    d) A <u>descriminalização</u> de algumas drogas é questão polêmica.
    e) A <u>flagrância</u> do perfume inebriava a todos os convidados.

14. (FCC – TRE/AL – Analista Judiciário – 2010) Na frase *Eis **por que** o espectador não se sente em casa em parte alguma, **porque** o espetáculo está em toda parte*, os elementos sublinhados podem ser correta e respectivamente substituídos por:
    a) *a razão pela qual* e *visto que*;
    b) *por cujo motivo* e *visto que*;
    c) *a finalidade pela qual* e *dado que*;
    d) *o motivo por onde* e *conquanto*;
    e) *a alegação de que* e *conquanto*.

15. (Esaf – MTE – Auditor-Fiscal do Trabalho – 2010) Assinale a opção que indica onde o texto foi transcrito com <u>erro</u> gramatical.
    *A lição reafirmada pela crise **é a da** (1) instabilidade como pressuposto da economia de mercado, transmitida por dois canais. O primeiro é o da confiança dos agentes – aspecto crucial nas observações de John Maynard Keynes –, que é volúvel e sujeita a mudança repentina em momentos de incerteza. Tal instabilidade pode ainda ser **catalisada** (2) pelo canal financeiro, como ficou claro, de forma dramática, em 2008. Falhas de mercado e manifestações de irracionalidade são comuns no capitalismo, sem dúvida, mas a derrocada recente não **repõe** (3) a polarização entre Estado e mercado. Reforça, isso sim, a necessidade de aperfeiçoar instituições, **afim de** (4) preservar a funcionalidade dos mercados e a concorrência, bens públicos que o mercado, deixado **à** (5) própria sorte, é incapaz de prover.*
    a) 1.
    c) 3.
    e) 5.
    b) 2.
    d) 4.

16. (Cesgranrio – Petrobras – Todos os Cargos (Nível Médio) – 2010) O vocábulo destacado, quanto ao seu significado, está empregado, adequadamente, na seguinte frase:
    a) Ações malsucedidas prenunciam um fracasso **eminente**.
    b) Para **acender** profissionalmente, é preciso perseverança.
    c) O profissional de sucesso **descrimina** as etapas de suas ações.
    d) A **expectativa** do triunfo motiva o empreendedor.
    e) É preciso saber **deferir** o amor do ódio.

17. (Cesgranrio – Petrobras – Todos os Cargos (Nível Superior) – 2010) O valor semântico atribuído ao verbo **dar**, apresentado entre parênteses, está INCORRETO na frase:
    a) Lamentavelmente, deu pouco tempo do seu dia para uma reflexão. (dedicar)
    b) Embora tivesse magoado algumas pessoas, não se deu conta. (percebeu)
    c) Daqui a um tempo, dará por terminado o seu problema maior. (considerar)
    d) O seu primeiro erro se deu quando tentou ajudar um amigo em apuros. (concedeu)
    e) No presente, a vida se dá tão pessimista. (apresenta)

18. (Cesgranrio – EPE – Advogado – 2010) Dentre os trechos abaixo, aquele em que a palavra "até" tem um significado diferente do que apresenta nos demais é:
    a) "... descobrir se o nome de um sujeito era com q ou com k às vezes demandava até pesquisa telefônica."
    b) "os dicionários, enciclopédias e até papiros deteriorados estão a um par de cliques de distância..."
    c) "Há cada vez mais felizardos que trabalham de bermuda, sem camisa e até à beira de uma piscina..."
    d) "... se torna, para a turma mais radical, um risco desnecessário, uma coisa até meio *passée*..."
    e) "Com certeza não chegarei até lá..."

19. (Cesgranrio – BNDES – Técnico Administrativo – 2010) Em "Devemos deixar de nos conformarmos em saber executar apenas uma atividade e conhecer várias outras, nas quais com interesse e dedicação podemos ser **diferenciados**", o vocábulo destacado pode ser substituído, sem alteração de sentido, por:
    a) indiscriminados;
    c) preteridos;
    e) destacados.
    b) inatingíveis;
    d) disseminados;

20. (Cesgranrio – BNDES – Analista de Sistemas – 2010) Em "... esse futuro que concebemos deve estar sempre em **congruência** com nosso eu", o vocábulo destacado pode ser substituído, sem alteração de sentido, por:
a) dissonância;
b) resistência;
c) correspondência;
d) relutância;
e) controvérsia;

21. (Cesgranrio – BNDES – Analista de Sistemas – 2010) Ao redigir respostas para "Por que quero conseguir um trabalho novo?", cometeu-se, segundo o registro culto e formal da língua, um erro de ortografia em:
a) Não quero passar a minha vida inteira só cumprindo ordens sem nunca entender por quê.
b) Alguns constrangimentos porque venho passando me obrigam a considerar outras opções.
c) Para mim, a realização profissional, no momento presente, é importante porque implica melhoria de vida.
d) Desse modo, eu poderei saber o motivo por que o sucesso de ontem não nos garante o de amanhã.
e) Um dia, atingindo o meu objetivo, eu talvez possa contar-lhe o porquê.

22. (Cesgranrio – BNDES – Profissional Básico (Administração) – 2010) É melhor começar a exercitar a linguagem, _____ o seu relacionamento pode acabar mal. / A pesquisa recentemente realizada pela empresa foi _____ do estresse emocional do trabalhador. / Expliquei-lhe as exigências do atual mercado _____ ele se adaptasse melhor.
A sequência que completa corretamente as frases acima é:
a) se não – a cerca – a fim de que;
b) se não – acerca – afim de que;
c) se não – acerca – a fim de que;
d) senão – acerca – a fim de que;
e) senão – a cerca – afim de que.

23. (Cesgranrio – SEPLAG/BA – Professor Português – 2010) Estabelece relação de hiperonímia/hiponímia, nessa ordem, o seguinte par de palavras:
a) estrondo – ruído;   c) pista – aeroporto;   e) aeronave – jatinho.
b) pescador – trabalhador;   d) piloto – comissário;

24. (Cespe/UnB – EBC – Cargos de Nível Superior – 2011) *"(...) Daí a razão **por que**, segundo o filósofo, "a doutrina do direito e a doutrina da virtude distinguem-se menos pela diferença entre os deveres do que pela diferença de sua legislação, que vincula um ou outro motivo à lei". E exemplifica: "Cumprir uma promessa contratual é um dever exterior; **mas o mandamento de agir unicamente porque se trata de um dever,** sem levar em conta outro motivo, diz respeito apenas à legislação interior".* Na linha 26, "por que" poderia, sem prejuízo para a correção gramatical, ser grafado **porque**, em razão de estar empregado como conjunção causal, tal como ocorre em "mas o mandamento de agir unicamente porque se trata de um dever".
(   ) CERTO   (   ) ERRADO

25. (FCC – TRE-RN – Analista – 2011) O segmento cujo sentido está corretamente expresso em outras palavras é:
a) *se multiplicaram de maneira prodigiosa* = cresceram ilusoriamente.
b) *as duas espécies se regalaram* = os dois gêneros se empanturraram.
c) *uma família singular* = um conjunto variegado.
d) *que selou o destino* = que indigitou a fatalidade.
e) *empenhou-se na procura* = dedicou-se com afinco à busca.

26. (Cesgranrio – FINEP – Técnico (Apoio Administrativo e Secretariado) – 2011) Observe a palavra **coral** no par de frases: "[...] cantei em coral..." / Mergulhei e arranhei a perna num coral. A relação existente entre as duas palavras é a mesma que se verifica em:
a) O perigo é **iminente**. / O **eminente** deputado fez uma declaração.
b) Passei em frente a seu **edifício** hoje. / Imploudiram o **prédio** condenado.
c) A **manga** que comi estava docinha. / Rasguei a **manga** da camisa.
d) Comprei **figo** na feira, mas a **fruta** não estava boa.
e) A **sala** de aula estava lotada e a **escola** é um sucesso.

Capítulo 4 • Semântica e Lexicologia   **93**

27. (Cesgranrio – FINEP – Técnico (Apoio Administrativo e Secretariado) – 2011) A sentença em que o verbo **tocar** está usado com o mesmo sentido que se verifica na sentença "Como acontece com todos os poetas e compositores, ele tocou cada pessoa de modo diferente" é:
    a) Ele tocava na orquestra da capital.
    b) O sino da igreja vai tocar às seis horas.
    c) A equipe tocou o projeto rapidamente.
    d) Não toque em nada que está sobre a mesa.
    e) O sorriso de uma criança sempre me toca.

28. (Cesgranrio – Petrobras – Administrador Júnior – 2011) O emprego da palavra/expressão destacada está INCORRETO em:
    a) Estava **mau-humorado** quando entrou no escritório.
    b) Indaguei a razão **por que** se empenhou tanto na disputa pelo cargo.
    c) Ninguém conseguiu entender **aonde** ela pretendia chegar com tanta pressa.
    d) Não almejava mais nada da vida, **senão** dignidade.
    e) Ultimamente, no ambiente profissional, só se fala **acerca de** eleição.

29. (Cesgranrio – Petrobras – Técnico de Estabilidade Júnior – 2012) Na frase "foi criado sinteticamente em laboratório para **replicar** essas moléculas encontradas na natureza", a palavra destacada pode ser substituída, sem alterar o significado do trecho, por:
    a) reestruturar;   b) reproduzir;   c) reservar;   d) restaurar;   e) retirar.

30. (FEC/UFF – PREF. Angra dos Reis/RJ – Administrador – 2012) Observe as frases.
    I.   O paciente submeteu-se a SESSÕES de sangria, utilizando-se de sanguessugas.
    II. Encontrou, na SEÇÃO de remédios, o que procurava para o seu alívio.
    O par de palavras SESSÃO/SEÇÃO relaciona-se ao estudo da:
    a) homonímia;   b) sinonímia;   c) paronímia;   d) antonímia;   e) polissemia.

31. (Vunesp – SEAP/SP – Agente de Escolta e Vigilância Penitenciária – 2012) No trecho – Para especialistas, fica uma questão: até que ponto essa **exuberância** econômica no Brasil é sustentável ou é apenas mais uma bolha? – o termo em destaque tem como antônimo:
    a) fortuna;   b) opulência;   c) riqueza;   d) escassez;   e) abundância.

32. (FAB – EEAr – Controlador de Tráfego Aéreo – 2012) Assinale a alternativa em que os termos destacados em cada grupo de frases são parônimos.
    a) 1. Tudo já está preparado para a cidade **empossar** o novo prefeito.
       2. É preciso cuidar para o piso da varanda não **empoçar** água.
    b) 1. Uma das grandes festas de apreço popular é a do **Círio** de Nazaré.
       2. Chegou à hospedaria um homem; dizem que é **sírio**.
    c) 1. Nas cidades europeias, após o almoço, a **sesta** põe tudo a dormir com as pessoas.
       2. A menina, feliz, preparou uma grande **cesta** de Páscoa para sua avó.
    d) 1. Espera-se que as delegações dos países **viajem** nesta semana para a realização dos jogos olímpicos.
       2. Segundo o poeta, a **viagem** mais difícil é a que fazemos para dentro de nós mesmos.

33. (FEMPERJ – VALEC – Jornalista – 2012) Intertextualidade é a presença de um texto em outro; o pensamento abaixo que NÃO se fundamenta em intertextualidade é:
    a) "Se tudo o que é bom dura pouco, eu já deveria ter morrido há muito tempo."
    b) "Nariz é essa parte do corpo que brilha, espirra, coça e se mete onde não é chamada."
    c) "Une-te aos bons e será um deles. Ou fica aqui com a gente mesmo!"
    d) "Vamos fazer o feijão com arroz. Se puder botar um ovo, tudo bem."
    e) "O Neymar é invendável, inegociável e imprestável."

34. (Makiyama – DETRAN/RJ – Assistente Técnico Administrativo – 2013) Assinale a alternativa que apresenta uma oração em que NÃO há uso do recurso expressivo da ambiguidade:
    a) A atriz deixou a plateia muito entristecida.
    b) O médico examinou o seu filho com dor de ouvido.
    c) A ministra analisou o documento entediada.
    d) Ana Lúcia viu o acidente do carro.
    e) Eu já fraturei a perna em vários lugares.

35. (CESPE – PF – Agente da PF – 2014) Fragmento de texto:

"O uso indevido de drogas constitui, na atualidade, séria e persistente ameaça à humanidade... Suas consequências infligem considerável prejuízo às nações do mundo inteiro, e não são detidas por FRONTEIRAS: avançam por todos os cantos da sociedade e por todos os espaços geográficos, afetando homens e mulheres de diferentes grupos étnicos, independentemente de classe social e econômica ou mesmo de idade. (...)"

– Dados os sentidos do trecho introduzido por dois-pontos, o vocábulo "fronteiras" deve ser interpretado em sentido amplo, não estando restrito ao seu sentido denotativo.

( ) CERTO   ( ) ERRADO

36. (Idecan – Pref. Ubatuba/SP – Agente Administrativo – 2015) No trecho "No levantamento, os participantes viram o nome de *hits* cuja letra faz **menção** ao álcool", a palavra destacada pode ser substituída, sem alteração de sentido, por:

a) citação.   b) quantia.   c) campanha.   d) composição.

37. (Cetro – Pref. Campinas/SP – Agente de Educação Infantil – 2015) Assinale a alternativa correta segundo o contexto em que a palavra destacada se encontra.

a) Lílian é uma **previlegiada**, vai morar na Suécia.
b) Todos mantiveram a **descrição** que aquele momento exigia e não falaram sobre o assunto.
c) O rapaz foi **discriminado** porque não estava vestido de acordo com o traje exigido na festa.
d) O ladrão foi preso em **fragrante**.

38. (FGV – Codeba – Analista Portuário (Advogado) – 2016) A frase cuja grafia do vocábulo destacado está correta é:

a) Ambição não é nada SE NÃO a sombra maligna da aspiração.
b) O que é uma erva daninha SE NÃO uma planta cujas virtudes ainda não foram descobertas?
c) Liberdade não é nada SE NÃO a distância entre a caça e o caçador.
d) Se você espera pelo amanhã, o amanhã chega; SE NÃO espera pelo amanhã, o amanhã chega.
e) A civilização nada mais é SE NÃO uma camada de pintura que qualquer chuvinha lava.

39. (Idecan – Inca – Analista em Ciência e Tecnologia Júnior – 2017) A relação de sinonímia entre vocábulos distintos diz respeito a determinados aspectos semânticos contextuais. Considerando-se a preservação do sentido original do texto, os vocábulos destacados a seguir seriam substituídos adequadamente pelas respectivas sugestões, com EXCEÇÃO de:

a) "[...] que FOMENTAM o ódio entre as pessoas." / incitam
b) "[...] sonho da sociedade proletária se tenha FRUSTRADO." / malogrado
c) "A ambição DESVAIRADA pelo lucro é o mal do capitalismo [...]" / frenética
d) "[...] não sairemos do impasse que INVIABILIZOU o regime comunista [...]" / desaveio

40. (Cespe – MPE/PI – Cargos de Nível Superior – 2018) A substituição da palavra "só" ("... ela não pode por si só implicar a condenação...") por "somente" não alteraria os sentidos do texto, já que ambas são sinônimos no contexto linguístico considerado.

( ) CERTO   ( ) ERRADO

41. (Vunesp – TJ/SP – Médico Judiciário – 2019) Assinale a alternativa que mantém o sentido do texto e emprega, corretamente, termos parônimos.

a) É essencial que juntas médicas promovam seções periódicas para chegar a diagnósticos acurados.
b) Analistas discutem a cerca da migração de alguns profissionais para uma medicina mais técnica.
c) Jayme Murahovschi ratifica o ponto de vista de outros colegas que também acreditam que a profissão está vivendo uma reviravolta.
d) A finalidade da profissão não se alterou, porém, na atual conjetura, o modus operandi passa por drásticas mudanças.
e) Apesar das contribuições da robótica, não é fato eminente a realização de cirurgias sem a intervenção humana.

42. (Cespe – Ministério da Economia – Técnico de Complexidade Intelectual – 2020) Em "Tampouco implica abandonar pleitos por qualidade" (último parágrafo), o advérbio "tampouco" poderia ser substituído pela expressão "tão pouco" sem prejuízo da correção gramatical e do sentido original do texto.

( ) CERTO   ( ) ERRADO

Capítulo 4 • Semântica e Lexicologia   **95**

43. (Cespe/Cebraspe – PG-DF – Técnico Jurídico (Apoio Administrativo) – 2021) Caso a expressão "21 anos atrás" ("... estabelecido pela primeira vez 21 anos atrás...") fosse substituída por "a 21 anos", a correção gramatical e o sentido original do texto seriam mantidos.

( ) CERTO   ( ) ERRADO

44. (IBFC – MGS – Agente de Campo – 2022) Assinale a alternativa correta, em que "mas" e "mais" são corretamente empregados nas lacunas, respectivamente:

I. Ela chegou, _____ não veio sozinha.

II. Que bom, você trouxe _____ pessoas para a festa!

III. Eles estavam com fome, _____ naquele horário já não havia o que comer.

a) mas, mais, mais.
b) mais, mas, mas.
c) mas, mais, mas.
d) mais, mais, mas.

Gabarito

1. E.	12. CERTO.	23. E.	34. C.
2. B.	13. E.	24. ERRADO.	35. CERTO.
3. A.	14. A.	25. E.	36. A.
4. CORRETA.	15. D.	26. C.	37. C.
5. INCORRETA.	16. D.	27. E.	38. D.
6. CORRETA.	17. D.	28. A.	39. D.
7. CORRETA.	18. E.	29. B.	40. ERRADO.
8. A.	19. E.	30. A.	41. C.
9. B.	20. C.	31. D.	42. ERRADO.
10. C.	21. B.	32. C.	43. ERRADO.
11. CERTO.	22. D.	33. E.	44. C.

Os comentários sobre as questões estão no *Material Complementar* do livro.
Para acessá-lo, veja o passo a passo na orelha desta obra.

CAPÍTULO 5
MORFOLOGIA

Morfologia é a parte da gramática que estuda a **forma** dos vocábulos.

Mas como as palavras se formam? São constituídas de quê? Sofrem processos, mudanças? Dividem-se em grupos, classes? Todas essas perguntas serão respondidas a contento! Antes disso, porém, saiba que há uma diferença entre **vocábulo** e **palavra**.

Nem todo vocábulo é uma palavra, mas toda palavra é um vocábulo. Há? Relaxa! Partindo do princípio que, por definição, **palavra** é a "unidade da língua que, na fala ou na escrita, tem <u>significação própria e existência isolada</u>", só podemos dizer que **palavra** é uma **palavra**, se ela puder ser usada neste contexto, por exemplo:

— Você vive em que país?

— **Brasil**.

Brasil é, portanto, uma palavra, pois "tem significação própria e existência isolada". Continuando o diálogo:

— Você gosta de lá?

— **Muito**.

Muito é, portanto, uma palavra, pois "tem significação própria e existência isolada".

A maioria dos linguistas concorda que **vocábulo** e **palavra** são conceitos próximos, mas a diferença é que a palavra "tem significação própria e existência isolada". Isso significa que o **vocábulo** não tem? Não é bem assim. Como eu disse antes, toda palavra é um vocábulo, logo alguns vocábulos são chamados de palavras quando "têm significação própria e existência isolada". E quando o vocábulo "***não*** tem significação própria e existência isolada"? Aí dizemos que não são palavras, mas sim apenas vocábulos. Semiparafraseando o eminente linguista brasileiro Joaquim Mattoso Câmara Jr., há três formas de vocábulos: **livres**, **dependentes** e **presas** (esta última também chamada de "não vocábulo").

A primeira tem autonomia semântica, ou seja, pode ser empregada isoladamente, pois estabelece comunicação (**formas livres**: substantivo, adjetivo, verbo, alguns advérbios e numerais). As formas livres constituem palavras. É neste caso que **vocábulo** e **palavra** se equivalem.

Vocábulos átonos normalmente dependem de formas livres, pois não estabelecem comunicação sozinhos, são dependentes (**formas dependentes**: artigo, conjunção, preposição, pronomes átonos). Exemplo: "**O** homem **e a** mulher **do** jornal vieram **me** entrevistar".

Há, por último, as formas que aparecem fixas a um vocábulo, pois não existem isoladamente em enunciados (**formas presas**: afixos, radical, desinências, vogal temática). Exemplo: **in/constitu/cion/al/issim/a/mente**.

Para entendermos bem o que é morfologia, portanto, precisamos entender...

Como as palavras se formam?
Normalmente, as palavras se formam a partir da combinação de **formas presas**, já vistas.

Elas são constituídas de quê?
Normalmente, elas são constituídas de mais de um morfema (partes que a compõem, como prefixo, sufixo, radical, desinências, vogal temática, vogal ou consoante de ligação).

> **Observação**
> Veremos tudo isso em detalhes no capítulo seguinte. Não se desespere caso não se lembre deste ou daquele nome ou conceito, ok? Farei questão de reiterá-los, quando necessário.

Elas sofrem processos, mudanças?
Sim, elas sofrem vários processos. Uma palavra pode se transformar em várias palavras, desde que acumulemos formas presas a elas: **governo, governante, governamental, governabilidade, ingovernável, desgovernado, antigovernista, pseudogovernador** etc. Além disso, muitas palavras podem mudar de forma para indicar o sexo do ser ou a ideia de quantidade; exemplo: *garoto, garota, garotos, garotas*. Safo?

Elas se dividem em grupos, classes?
Sim, as palavras se dividem em tradicionais dez grupos: **substantivo, adjetivo, artigo, numeral, pronome, verbo, advérbio, preposição, conjunção** e **interjeição**. Ainda há as **palavras denotativas**, que são postas à parte. Essas classes de palavras só existem porque muitas palavras têm semelhanças morfológicas. Por exemplo, *gato, cachorro* e *lobo* mudam de forma em gênero (*gata, cachorra* e *loba*) e número (*gatos/gatas, cachorros/cachorras* e *lobos/lobas*). Percebe que, morfologicamente, ou seja, do ponto de vista da forma, tais palavras variam? Então elas têm uma semelhança, certo? Por isso são enquadradas em um **grupo**, em uma **classe**. Nesse caso, os **substantivos**!

Sendo assim, de maneira didática, podemos dizer que a **morfologia** trata da **estrutura das palavras**, do **processo de formação das palavras** e das **classes de palavras**.

Muitos têm dificuldade em diferenciar **análise morfológica** de **análise sintática**. São dois conceitos bem diferentes. Se você tem dificuldade, é a hora de fazer a diferença aí na sua cabeça! Quando o enunciado é construído com as seguintes expressões: "analise morfologicamente", "quanto à morfologia", "do ponto de vista morfológico", o que ele deseja é que você analise a palavra gramaticalmente, ou seja, aponte a **classe gramatical** (ou **classes de palavras**). Exemplo:

Caramba!	Os	meus	cinco	sensacionais	professores	vieram	do RJ	e palestraram	aqui.
Interjeição	Artigo	Pronome	Numeral	Adjetivo	Substantivo	Verbo	Preposição	Conjunção	Advérbio

Pronto! Essa é uma análise gramatical/morfológica, e não sintática.

 DICA DE IRMÃO: Identificar bem as 10 classes gramaticais é MUITO IMPORTANTE, sobretudo para entender bem a temida parte de análise sintática! Por isso, do capítulo 7 ao capítulo 16, dedique-se com sangue nos olhos, lendo atentamente o tópico "Identificação" de cada um desses capítulos. Dessas dez classes, existem três que

Capítulo 5 • Morfologia

precisam estar em sua mente e coração: **pronome, verbo e conjunção** (elas caem **muito** em prova!). Combinado? Então, vamos trabalhar, com muito foco e sem mi-mi-mi!

É bom dizer que algumas classes gramaticais (**substantivo**, **adjetivo**, **artigo**, **pronome**, **numeral** e **verbo**) são precipuamente variáveis, porque mudam de forma (singular, plural, masculino, feminino etc.). Já outras (**advérbio**, **preposição**, **conjunção** e **interjeição**) são precipuamente invariáveis, porque não mudam de forma.

Quando a banca deseja que você saiba as **partes** que compõem a palavra ou como a palavra se formou, ela trabalha diretamente no enunciado assim: "Qual é a análise mórfica..." ou "Qual é o processo de formação das palavras?", ou algo bem parecido. Ok?

Observação

Há muito mais a dizer. Só quero lembrar-lhe algo crucial: *A Gramática tem o abusado objetivo de não deixar ninguém desamparado*, por isso falo muito quando acho que devo falar, mas o maior termômetro daquilo que você realmente deve estudar são as questões da banca que irá elaborar seu concurso, por isso nada de ficar arrancando os cabelos. Aliás, a cada fim de capítulo, eu friso "o que mais cai na prova"! Por conseguinte, não fique decorando tudo que nem um maluco! Beleza?

No próximo capítulo, muito será falado, mas você só vai realmente se aprofundar se tiver de fazer uma prova muito "cabeluda" ou quiser saber mais; caso contrário, siga somente aqueles passos que eu dou sobre o que você deve estudar, em "**O que cai mais na prova?**". Chega de papo! Vamos nessa!

CAPÍTULO 6
ESTRUTURA E PROCESSO DE FORMAÇÃO DE PALAVRAS

Definição

Como já vimos, as palavras se formam a partir de certas formas presas, a que damos o nome de afixos, radicais, desinências etc. Tais "pedaços" que compõem as palavras se unem formando mais e mais palavras. Por exemplo, "inconstitucionalissimamente". Falarei melhor sobre ela à frente.

Assim como um prédio, as palavras têm uma estrutura formada por uma "base" + outras partes que se ligam a ela. Por meio desse acúmulo de constituintes (partes), muitas palavras são formadas e modificadas. Não é por nada que existem mais de 380.000 palavras na língua portuguesa.

A parte de **Estrutura das Palavras** trata dos conceitos de **radical, prefixo, sufixo, desinência, vogal temática, vogal/consoante de ligação**.

> **Observação**
> Este assunto é raro em prova, portanto, se já tiver certo domínio sobre ele, avance para "processo de formação de palavras", que costuma aparecer em algumas provas!

A parte de **Processo de Formação das Palavras** trata dos conceitos de **derivação, composição e outros processos**.

Vejamos como, por que e quais são as formas das palavras agora!

Morfema

Antes que você comece a se perguntar o que é **morfema**, não é nada de mais, é só mais uma palavrinha nova em seu vocabulário apreendido na leitura deste livro. O conceito é muito fácil. Fique calmo.

Morfema é a menor parte significativa que constitui uma palavra. Uma palavra pode apresentar vários morfemas (ou "pedaços"). Por exemplo, a palavra **supervalorização** tem cinco partes: **super + valor + iz + a + ção**. A palavra que a gente viu lá atrás tem sete (7) partes: **in + constitu + cion + al + issim + a + mente**. E por aí vai!

Existem três tipos de morfema: **lexical, derivacional** e **flexional**. Vejamos um por um:

Morfema Lexical

O **morfema lexical** é aquele que não pode faltar nas palavras, é o morfema mais importante, é o principal! Por quê? Muito simples. Ele carrega o significado das palavras e serve de base para que outros morfemas se juntem a ele formando novas palavras. É por isso que, sem esse morfema, a palavra não existe. Raciocine comigo: se ela não tem autonomia semântica, não pode ser palavra, mas sim um mero vocábulo. Neste capítulo, deve interessar-nos a análise das **palavras**. Então, voltemos a elas.

Você já ouviu falar em **radical**? Então. O **morfema lexical** é nada mais, nada menos que o radical. "Sem radical, existe palavra?" Não! "O radical carrega o sentido básico das palavras?" Sim! "Posso formar novas palavras a partir do morfema lexical?" Só pode! É por isso que existem 10 bilhões de palavras (hipérbole!), pois inúmeras palavras se formam a partir da união de outros morfemas a este principal: o **morfema lexical**. Ficou claro?

Bem, os morfemas lexicais são indecomponíveis, ou seja, não podem ser fragmentados. Exemplo: **livreiro** (**livr-** é o morfema lexical – radical, pois posso formar outras palavras com este pedaço, como **livr**inho, **livr**aria, **livr**ete etc.). "Podemos fragmentar o radical? Separar em **li-** + **vr-**?" Claro que não, pois nenhuma palavra se forma a partir de **li-**, tampouco de **vr-**. Uma vez que tais pedaços nada representam, não têm sentido, não formam palavra alguma, não podem ser considerados morfemas.

"Agora, Pestana, que outros morfemas se unem ao morfema lexical (radical) para formar novas palavras?" Vejamos.

Morfema Derivacional

O **morfema derivacional** é aquele que se une ao morfema lexical para formar novas palavras. Se você já ouviu falar em **afixos**, ou seja, **prefixo** *e* **sufixo**, então já sabe o que é morfema derivacional.

"Ah! Entendi! Então quando dizemos que uma palavra é derivada de outra, isso significa que ela foi acrescida de morfema derivacional?" Exatamente! "Tipo assim, **livreiro** é palavra derivada de **livro** porque recebeu o sufixo **-eiro**?" Exatamente! Para ficar claríssimo: livro + **eiro** = livr**eiro**; safado + **eza** = safad**eza**; **super** + homem = **super**-homem; **a** + normal = **a**normal.

Muitas vezes ocorre mudança de classe de palavras na formação de novas palavras pelo uso de afixos (em safado > safadeza, o sufixo alterou a classe – **adjetivo** > **substantivo**). Beleza? Falou em **morfema derivacional**, falou em **afixos** (prefixo e sufixo).

Morfema Flexional

Diz-se normalmente que uma palavra se flexiona quando não há troca de radical nem acréscimo de **afixos** (prefixo e sufixo), mas sim quando há uso de **desinências**, ou seja, morfemas que indicam o gênero e o número das palavras (no caso dos nomes) e que indicam o modo, o tempo, o número e a pessoa (no caso dos verbos) sem mudar a classe gramatical das palavras. O **morfema flexional**, portanto, é a parte da palavra que carrega conceitos relativos a conhecimentos de mundo (sexo/gênero e quantidade, no caso dos nomes; modo, tempo, número e pessoa, no caso dos verbos) e sintáticos, como concordância verbal e nominal.

Capítulo 6 • Estrutura e Processo de Formação de Palavras **103**

> **Observação**
>
> Para você que acha este assunto chato e desnecessário, por já ter certo domínio sobre ele, peço que avance direto para **Processo de Formação de Palavras**. Não perca seu tempo! Para você que teve uma base muito ruim, continue a leitura. "Perca" bem o seu tempo com o que segue!

Alomorfia

Alomorfia é uma mudança, uma variação, uma alteração em algum morfema para que, em determinados casos, a palavra seja bem pronunciada e, em outros, se preserve a forma da origem etimológica. Normalmente isso ocorre nos morfemas lexicais (radicais). Um exemplo disso é o verbo **fazer**, que apresenta alomorfia no radical **faz-** (**faço**; **fez**; **fiz**era; **fa**rei; **fei**to). Percebeu quantas alomorfias? Alguém pronunciaria: "Eu **fazo** dez flexões na barra!"? Claro que não! Ocorre **alomorfia** para que haja **eufonia** – **eu-** (bom) -**fonia** (relativo ao som) –, ou seja, um bom som na língua.

Só de curiosidade: Você sabia que a palavra **difícil** é derivada de **fácil**? "Mas cadê o radical, Pestana?" Eis o radical alomórfico: di**fícil**.

Não há alomorfia só no radical, mas há também em outros morfemas. Veremos isso ao longo deste capítulo. Toda vez que eu falar de **alomorfia** a partir de agora, fique esperto!

Vocábulos Cognatos

Os **vocábulos cognatos** (ou família de palavras) são um grupo de palavras que apresentam o mesmo morfema lexical. Exemplo: **corp**o, **corp**óreo, **corp**oral, **corp**anzil, en**corp**ado, **corp**o-ração, **corp**ulento, in**corp**orar, **corp**orativismo, in**corp**orado, des**corp**orificado etc.

Só tome cuidado com a **alomorfia**! Por exemplo, "**amig**o, **amig**ote, **amig**ueiro, in**imig**o" são vocábulos cognatos? "Ah, Pestana, claro que não, ora; o último vocábulo não tem o mesmo morfema lexical, pô!"

Você já ouviu falar em alomorfia, variação no morfema... Cuidado! Tais palavras pertencem, sim, à mesma família de palavras, pois apresentam radical igual. O fato de haver alomorfia não impede que os vocábulos sejam cognatos.

Importante: Para que vocábulos sejam cognatos, não basta semelhança entre si, é preciso haver ligação semântica, significados afins – ou agora vamos dizer que "café, cafezal, cafeína e **cafetina**" têm o mesmo radical?!?!

"E o que é **raiz**, Pestana? É o mesmo que **radical**?" Vamos ver agora, no próximo tópico!

Radical

Antes de qualquer coisa, é bom dizer que **raiz** e **radical** são conceitos levemente diferentes. A raiz é um radical mais antigo, ou seja, a raiz é um morfema que deu origem ao radical. Quando estudamos raiz, temos de olhar para o latim, para o grego e outras línguas. Por exemplo, veja estas palavras: **amarg**o, **amarg**or, **amarg**ura, **amarg**urar, **amarg**urado, **amar**íssimo. Percebeu que a última palavra apresenta o radical **amar-**? Por quê? Muito simples. No latim, **amargo** era **amar**us. Eis, portanto, a raiz da palavra **amargo**.

Esta análise é **diacrônica** (ao longo do tempo), ou seja, olhamos para o passado para observar a origem. A ciência que estuda a origem das palavras é a **etimologia** – as gramáticas bem antigas, como a de Júlio Ribeiro, tratavam dessa parte da língua. Em tese, hoje em dia "não precisamos estudar etimologia" para acertar uma questão específica sobre o assunto. As gramáticas atuais não tratam diretamente do assunto, pois há dicionários só sobre isso. Os bons dicionários "normais" também trazem a análise etimológica da maioria das palavras. O Aulete é muito bom, o Houaiss idem.

Bem... volte a "**amarg**o, **amarg**or, **amarg**ura, **amarg**urar, **amarg**urado, **amar**íssimo". Todas elas têm o mesmo **radical** (**amarg**-), exceto a última. Isso ocorre porque o adjetivo **amargo** no grau superlativo absoluto sintético vira **amaríssimo**, ou seja, usa-se a raiz **amar**- + o sufixo **-íssimo**. "Como encontrar, então, o radical de uma palavra?" Seria bom se todos conhecessem profundamente etimologia... mas calma! Vamos entender o conceito de **radical**.

Radical é o mesmo que **morfema lexical**, é a base da palavra, é a parte responsável pela significação principal de uma palavra e pela formação de novas palavras. Sem radical não há palavra(s).

> 🔍 **Observação**
>
> Uma boa sugestão para identificarmos o **radical** é a seguinte: tente pensar na palavra primitiva, isto é, no estado em que a palavra ainda não sofreu modificação alguma. Por exemplo: casa. Agora comece a pensar em palavras que derivam de casa: **cas**arão, **cas**eiro, **cas**ar, **cas**amento, des**cas**ado, **cas**ebre... Percebeu que elas têm a mesma base? Esse pedaço, esse "morfema" (para falar bonitinho) é o famigerado radical!

Normalmente, as palavras da língua portuguesa vêm do latim e do grego, por isso é importante conhecer alguns radicais provindos dessas "línguas-mãe".

Radicais Gregos

Conheça alguns radicais que servem de 1º e 2º elemento de uma composição. Note que alguns radicais podem sofrer alomorfias.

– **1º Elemento da Composição**

Forma	Sentido	Exemplos
acro-	alto, elevado	acrobata, acrofobia
aero-	ar	aeronave, aeronauta
agro-	campo	agronegócio, agrônomo
andro-	homem, macho	androfobia, andrógino
anemo-	vento	anemômetro, anemógrafo
antropo-	homem, ser humano	antropologia, antropofagia
aristo-	ótimo, o melhor	aristocracia, aristodemocracia
aritmo-	número	aritmética, aritmografia
arqueo-	antigo	arqueologia, arqueografia
asteno-	fraqueza, debilidade	astenospia, astenosfera
astro-	corpo celeste	astronomia, astrodinâmica
atmo-	gás, vapor	atmosfera, atmômetro

Capítulo 6 • Estrutura e Processo de Formação de Palavras

Forma	Sentido	Exemplos
auto-	por/de si mesmo	autobiografia, autoajuda
baro-	pressão, peso	barômetro, barítono
biblio-	livro	biblioteca, bibliófilo
bio-	vida	biologia, biografia
caco-	feio, mau, desagradável	cacofonia, cacografia
cali-	belo	caligrafia, calidoscópio
cardio-	coração	cardiograma, cardiologia
cefalo-	cabeça, crânio	cefalídio, cefaleia
ciclo-	círculo, esfera	ciclismo, ciclomotor
cine-, cinemato-	movimento	cinética, cinematografia
cito-	célula	citologia, citoplasma
cosmo-	mundo, universo	cosmologia, cosmogênese
cromo-	cor	cromossomo, cromogravura
crono-	tempo	cronologia, cronograma
da(c)tilo-	dedo	dactilografia, datilografia
deca-	dez	decaedro, decâmetro
demo-	povo	democracia, demográfico
derma(to)-	pele	dermatologista, dermatite
di-	dois	dissílabo, ditongo
eco-	casa, habitat	ecologia, ecossistema
ele(c)tro-	(âmbar) eletricidade	eletroímã
ene(a)-	nove	eneagonal, eneágono
ergo-	trabalho	ergofobia, ergógrafo
esperma(to)-	semente, sêmen	espermograma, espermatozoide
etio-, etimo-	origem	etiologia, etimologia
etno-	raça, nação	etnologia, etonocentrismo
filo-	amigo, amante	filologia, filosofia, filantropo
fisio-	natureza (normalmente física)	fisionomia, fisiologia
fono-	voz, som	fonologia, fonógrafo
foto-	fogo, luz	fotosfera, fotografia
gamo-	casamento, união	gamogênese, gamomania
gastro-	estômago	gastrite, gastronomia
gen(o)(ese)-	origem, início, nascimento, família	biogênese, genocídio

Forma	Sentido	Exemplos
geo-	terra	geografia, geoide
gino-, gineco-	mulher	ginecocracia, ginantropo
gono-	semente, esperma	gonorreia, gonócito
helio-	sol	heliocentrismo, heliografia
hemo-	sangue	hemorragia, hemograma
hepato-	fígado	hepatite, hepático
hepta-	sete	heptágono, heptacampeão
hetero-	outro, diferente	heterogêneo, heterossexual
hexa-	seis	hexágono, hexacampeão
hidro-	água	hidrogênio, hidrografia
higro-	umidade	higrômetro, higroscópio
hipno-	sono	hipnose, hipnotismo
hipo-	cavalo	hipopótamo, hipódromo
homeo-, homo-	semelhante	homeopatia, homossexual
icono-	imagem	iconoclasta, iconografia
ictio-	peixe	ictiologia, ictiofagia
iso-	igual	isósceles, isóbaro
laringo-	garganta, laringe	laringalgia, laríngeo
lito-	pedra, rocha	litografia, litogravura
macro-	grande, longo	macróbio, macrocosmo
mani-	loucura	manicômio
mega(lo)-	muito grande, imenso	megafone, megalomanía-co (**alguns dicionaristas entendem que é um prefixo ou falso prefixo**)
melo-	canto	melodia, melomania
meso-	meio	mesóclise, Mesopotâmia
metro-	relativo à mãe; matriz, útero; medida	metrópole; metrorragia; metrologia
micro-	pequeno	micróbio, microfone
miria-	dez mil, numeroso	miríade, miriâmetro
miso-	ódio, aversão, impureza	misantropia, misofilia
mito-	fábula, história	mitologia, mitomania
mnemo-	memória, lembrança	mnemônico, mnemonização
mono-	um só	monarca, monobloco

Capítulo 6 • Estrutura e Processo de Formação de Palavras **107**

Forma	Sentido	Exemplos
morfo-	forma	morfologia, morfossintaxe
necro-	morto	necrotério, necrofilia
neo-	novo	neolatino, neologismo
neuro-, nevro-	nervo	neurônio, nevralgia
octo-	oito	octaedro
odonto-	dente	odontologia, odontalgia
oftalmo-	olho	oftalmologia, oftalmia
oligo-	pouco	oligarquia, oligopólio
onir(o)-	sonho	onírico, onirologia
onomato-	nome	onomatopeia, onomatomancia
ornito-	ave	ornitorrinco, ornitologia
orto-	reto, justo	ortodoxo, ortografia
oto-	ouvido	otite, otoscopia
oxi-	agudo, penetrante, ácido	oxítono, oxidação
paleo-	antigo	paleontologia, paleografia
pan-, pant(o)-	todos, tudo	pan-americano, panteísmo
pato-	doença	patologia, patogenia
penta-	cinco	pentágono, pentacampeão
piro-	fogo	pirotecnia, pirófago
pneumo; (ato)-	pulmão; ar, gás, espírito	pneumonia, pneumatologia
poli-	muito, vários	poliglota, polifonia
potamo-	rio	potamografia, Mesopotâmia
proto-	primeiro	protozoário, protótipo
pseudo-	falso	pseudônimo, pseudoliterário
psico-	alma, espírito	psicologia, psiquiatria
ptero-	asa, coluna	pterodáctilo, pterossauro
quilo-	mil	quilograma, quilômetro
quiro-	mão	quiromancia, quiromante
rino-	nariz	rinoceronte, rinite
rizo-	raiz	rizotônico, rizófago
sema-, semio-	sinal, significado	semáforo, semântica, semiologia
sidero-	ferro, aço	siderurgia, siderografia
sismo-	terremoto	sísmico, sismologia

Forma	Sentido	Exemplos
somato-	corpo, matéria	somatologia, somatizar
tanato-	morte	tanatofobia, tanatofilia
taqui-	rápido	taquicardia, taquigrafia
tecno-	arte, ofício	tecnografia, tecnologia
tele-	distância	telefone, telégrafo
teo-	deus, divindade	teocentrismo, teocracia
termo-	calor, temperatura	termômetro, termostato
tetra-	quatro	tetraedro, tetracampeão
tipo-	figura, marca	tipografia, tipologia
topo-	lugar	topografia, topônimo
tri-	três	trissílabo, tricampeão
xeno-	estranho, estrangeiro	xenofobia, xenofilia
xero-	seco, sem umidade	xerografia, xeroderma
xilo-	madeira, árvore, celulose	xilogravura, xilofone
zoo-	animal	zoologia, zoomorfização

– **2º Elemento da Composição**

Forma	Sentido	Exemplos
-agogo	que conduz	pedagogo, demagogo
-algia	dor	nevralgia, mialgia
-arca	que comanda; soberano	monarca, patriarca
-arquia	comando, governo	monarquia, anarquia
-astenia	fraqueza, esgotamento	neurastenia, ergastenia
-bata	que anda, que vive em	acrobata, nefelibata
-cefalo	cabeça	microcéfalo, autocéfalo
-ciclo	círculo, roda	triciclo, bicicleta
-cosmo	mundo, universo	macrocosmo, microcosmo
-cracia	poder	democracia, burocracia
-doxo	crença, opinião	ortodoxo, paradoxo
-dromo	lugar para correr, curso, caminho	hipódromo, sambódromo
-edro	base, fase	poliedro, pentaedro
-fagia	ato de comer	antropofagia, autofagia
-fago	que come	antropófago, necrófago

Capítulo 6 • Estrutura e Processo de Formação de Palavras

Forma	Sentido	Exemplos
-filia, -filo	amizade, apreço	bibliofilia, cinefilia, pedófilo
-fobia	inimizade, ódio, temor, aversão	claustrofobia, xenofobia
-fobo	que odeia, inimigo; que teme	xenófobo, claustrofóbico
-foro	que leva ou conduz	fósforo, sinesíforo
-gamia	casamento, união	poligamia, monogamia
-gamo	casa	bígamo, polígamo
-gên(e)o	que gera; que provém de	heterogêneo, cancerígeno
-gino	relativo a mulher	exógino, andrógino
-glota; -glossa	língua	poliglota, isoglossa
-gono	ângulo	pentágono, polígono
-grafia	escrita, descrição	ortografia, caligrafia
-grafo	que escreve	calígrafo, geógrafo
-grama	escrito, peso	telegrama, quilograma
-latr(i)a	culto, veneração, vício	idolatria, chocólatra
-lito	pedra, rocha	aerólito, acrólito
-logia	discurso, estudo, coleção	arqueologia, antologia, biologia
-logo	que fala ou trata	diálogo, monólogo
-mancia	adivinhação	quiromancia, cartomancia
-mania	loucura	ninfomania, xenomania
-metria	medida	biometria, densitometria
-metro	que mede	pentâmetro, termômetro
-morfo, -morfia	que tem a forma	polimorfo, zoomorfo, alomorfia
-nomia	lei, regra, divisão	astronomia, taxonomia
-nomo	que regula, que age	autônomo, agrônomo
-ônimo	nome	sinônimo, antônimo
-pedia	educação, ensino	enciclopédia, ortopedia
-peia	ato de fazer	onomatopeia, epopeia
-pólis, -pole	cidade	Petrópolis, metrópole
-ptero	asa	helicóptero, calóptero
-scopia	ato de ver	macroscopia, artroscopia
-scópio	instrumento para ver	microscópio, telescópio
-sofia, -sofo	sabedoria, sábio	logosofia, filosofia
-soma(o)	corpo, matéria	cromossomo, tripanossoma'
-stico	linha	macróstico, hemistíquio

Forma	Sentido	Exemplos
-tanásia	morte	eutanásia, cacotanásia
-teca	lugar onde se guarda, coleção	biblioteca, discoteca
-terapia	cura	fisioterapia, musicoterapia
-tipo	marca, modelo	estereótipo, logotipo
-tomia	corte, divisão	dicotomia, lobotomia
-tono	tensão, tom	monótono, proparoxítono

Radicais Latinos

Conheça mais alguns radicais que servem de 1º e 2º elemento de uma composição. Note que alguns radicais podem sofrer alomorfias.

– **1º Elemento da Composição**

Forma	Sentido	Exemplos
agri-	campo	agricultura
ambi-	ambos	ambidestro
arbori-	árvore	arborícola
bis-, bi-	duas vezes	bípede, bisavô
calori-	calor	calorífero
cruci-	cruz	crucifixo
curvi-	curvo	curvilíneo
duo-	dois	dual, duelo
equi-	igual	equilátero, equidistante
ferri-, ferro-	ferro	ferrífero, ferrovia
igni-	fogo	ignífero, ignição
loco-	lugar	locomotiva
morti-	morte	mortífero
multi-	muito	multiforme
olei-, oleo-	azeite, óleo	oleígeno, oleoduto
oni-	todo	onipotente
pedi-	pé	pedilúvio
pisci-	peixe	piscicultor
pluri-	muitos, vários	pluriforme
quadri-, quadru-	quatro	quadrúpede
reti-	reto	retilíneo
semi-	metade	semimorto

Forma	Sentido	Exemplos
tri-	três	tricolor

– **2º Elemento da Composição**

Forma	Sentido	Exemplos
-cida	que mata	suicida, homicida
-cola	que cultiva, ou habita	vinícola, silvícola
-cultura	ato de cultivar	piscicultura, apicultura
-fazer	tornar algo em, causar	liquefazer, estupefazer
-fero	que contém, ou produz	aurífero, carbonífero
-ficar	acarretar, transformar	beatificar, edificar
-fico	que faz, ou produz	benéfico, frigorífico
-forme	que tem forma de	uniforme, cuneiforme
-fugo	que foge, ou faz fugir	centrífugo, febrífugo
-gero	que contém, ou produz	belígero, armígero
-paro	que produz	ovíparo, multíparo
-pede	pé	velocípede, palmípede
-sono	que soa	uníssono, horríssono
-vomo	que expele	ignívomo, fumívomo
-voro	que come	carnívoro, herbívoro

Observação

Todos os morfemas indicativos de número são considerados radicais para a maioria dos gramáticos, como Celso Cunha. Sobre **uni**, **bi/bis**, **tri**, muitos gramáticos (como Bechara) e dicionaristas os consideram prefixos latinos. Além disso, não há consenso quanto à origem (gregos ou latinos) de alguns morfemas numéricos. Portanto, não ache estranho se o mesmo radical estiver entre os gregos e os latinos e entre os prefixos! Na falta de consenso, busque sempre "a melhor resposta" na hora da prova. Veja uma questão sobre isso:

26. (FAB – EEAr – Sargento – 2007) A palavra que sofreu o mesmo processo de formação de **supra-sumo** é:

 a) manga-rosa

 b) trigêmeo

 c) belas-artes

 d) extra-oficial (gabarito)

Comentário: *Supra* e *extra* são prefixos, indiscutivelmente. Note que "tri" não foi considerado prefixo pela banca, mas sim radical, ficando com a visão do Celso Cunha. Marque sempre *a melhor resposta*! Detalhe: segundo a nova ortografia, "extra-oficial" não se escreve mais com hífen.

Afixos

Os **afixos** são morfemas derivacionais ligados ao radical e capazes de modificar o seu significado, formando palavras novas. Existem dois tipos: os **prefixos** e os **sufixos**.

O **prefixo** vem <u>antes</u> do radical para ampliar sua significação e formar nova palavra. É bom dizer também que o prefixo pode mudar de sentido e de forma (alomorfia), a depender do contexto.

Veja este exemplo: **des** + graça = **des**graça (normalmente o prefixo **des**- indica ideia contrária). Já na palavra **descair**, o prefixo **des**- indica movimento lento de cima para baixo (O Sol descaía no horizonte). Na palavra **despedaçar**, o prefixo **des**- significa partir, quebrar, dividir; em **desinfeliz** e **desinquieto**, o **des**- indica ênfase, intensificação. Percebeu a mudança de sentido? Percebeu também que uma palavra pode ter mais de um prefixo (**des/in**/feliz, **des/in**/quieto)? Interessante, não?

Agora veja alguns casos de alomorfia do prefixo **des**-: **de**compor, **de**cair, **dis**tenso, **dis**simetria, **di**fundir, **di**fícil etc. Alguns gramáticos não encaram como alomorfia, mas prefixos diferentes. Isso, para nós, não importa no dia da prova, pois as bancas estão mais interessadas em saber se você consegue perceber o sentido de um morfema em relação a outros. Mais ainda: normalmente as provas desejam saber qual é o "processo de formação da palavra". Para que isso ocorra, precisamos ter uma boa base em cima do assunto do qual estamos tratando, ok? Continue firme!

"E o sufixo?" Bem... o **sufixo** vem <u>depois</u> do radical para ampliar seu sentido e formar nova palavra. Normalmente o sufixo modifica a classe gramatical da palavra primitiva – **Buda** (substantivo) > bud**ista** (adjetivo). Lembra-se da música *Zé Meningite*, do grupo de pagode *Revelação*? Então, relembre:

> *Zé Meningite já teve bronqu**ite**, leptospirose,*
> *Cancro, sarampo, catapora,*
> *Varíola, caxumba e gastr**ite**.*
> *Tétano e hepat**ite**, febre amarela e conjuntiv**ite**,*
> *Derrame cerebral, coqueluche e celul**ite**.*
> *Faring**ite**, doenças de chagas e labirint**ite**.*
> *(...)*

O sufixo **-ite**, além de formador de palavras relativas à mineralogia (grafite, linhite, estalactite...), hoje é muito usado para indicar uma doença ou inflamação de algo, como bronqu**ite** (brônquio + **ite**; inflamação dos brônquios). Neste caso, o sufixo apenas formou nova palavra, ampliando o sentido da palavra primitiva, mas não houve mudança de classe gramatical: brônquio (substantivo) + **ite** = **bronquite** (substantivo). Ficou claro?

"Quantos prefixos e sufixos existem, Pest?" Vejamos agora.

Prefixos Gregos

Não entre na "pilha" de começar a decorar tudo. Não quero você enlouquecendo e odiando a gramática da língua portuguesa. Aos poucos, você vai se familiarizando com os prefixos gregos e latinos. Os prefixos com asteriscos (*) são bastante trabalhados em provas.

Prefixos	Sentido	Exemplos
* **a-, an-**	privação; negação	ateu, analfabeto, anestesia

Capítulo 6 • Estrutura e Processo de Formação de Palavras — 113

Prefixos	Sentido	Exemplos
ana-	repetição; separação; inversão; para cima	análise, anatomia, anáfora, anagrama
anfi-	duplicidade; ao redor; de ambos os lados	anfíbio, anfiteatro, anfibologia
* anti-	oposição, ação contrária	antibiótico, anti-higiênico, antitérmico, antítese, antípoda, anticristo
apo-	separação; afastamento; longe de	apogeu, apóstolo, apóstata
* arqui-, arc(e)-	posição superior; excesso; primazia	arquitetura, arquipélago, arcebispo, arcanjo
cata-	movimento para baixo; a partir de; de acordo com	catálise, catálogo, cataplasma, cataduppa, catapulta
dia-	através de; ao longo de	diafragma, diagrama, diálogo, diagnóstico
di-	duas vezes	dipolo, dígrafo
* dis-	separação; negação, oposição; intensidade; ordem, arranjo; defeito, dificuldade; falta; dois	dissidência; difícil, discordar; dissimular; distribuir; dislexia, disenteria; dissimetria; dispermo
en-, em-, e-, endo-	posição interna; direção para dentro	encéfalo, emblema, elipse, endotérmico
ex-, ec-, exo-, ecto-	movimento para fora; posição exterior	expatriado, exportar, êxodo, ecdêmico, eclipse, ectoplasma
epi-	posição superior; acima de; posterioridade	epiderme, epílogo
eu-, ev-	excelência; perfeição; verdade	euforia, evangelho
* hemi-	metade	hemisfério
* hiper-	posição superior; intensidade	hipérbole, hipertensão
* hipo-	posição inferior; insuficiência	hipotrofia, hipotensão, hipodérmico
meta-	posteridade; através de; mudança	metamorfose, metabolismo, metáfora, metacarpo
* para-	proximidade; ao lado; oposto a	paradoxo, paralelo, paródia, parasita
peri-	em torno de	pericárdio, período, perímetro
poli-	multiplicidade; pluralidade	polinômio, poliedro
* pro-	posição anterior	prólogo, prognóstico

Prefixos	Sentido	Exemplos
sin-, sim-	simultaneidade; reunião; resumo	sinfonia, simbiose, simpatia, sílaba

> **Observação**
>
> Há uma leve diferença entre **a**moral (prefixo grego) e **i**moral (prefixo latino): a primeira palavra significa, segundo o Aulete, "carência de moral ou de senso de moralidade, seja por desconhecimento, seja por indiferença"; sobre a segunda, o mesmo dicionário diz: "que contraria as regras da moralidade; que não é decente; indecente; vergonhoso". Só de curiosidade: às vezes o prefixo **a-** é usado apenas por uma questão de eufonia, sem nada significar: *amostrar* é o mesmo que *mostrar*, por exemplo.

Prefixos Latinos

Veja agora os prefixos latinos e suas principais acepções com exemplos. Os prefixos com asteriscos (*) são bastante trabalhados em provas.

Prefixos	Sentido	Exemplos
* ab-, abs-, a-	exagero, afastamento; separação	abuso, abster-se, abdicar, amovível
ad-, a-	aproximação; tendência; direção	adjacente, adjunto, admirar, agregar
ambi-	duplicidade	ambivalência, ambidestro
* ante-	posição anterior	antebraço, anteontem, antepor
bene-, bem- , ben-	bem; muito bom	benemérito, benfeitor, bem--vindo, bem-estar
* bis-, bi-	duas vezes	bisavô, biconvexo, bienal, bípede (para Celso Cunha, é radical, não prefixo)
circum(n)-	ao redor; movimento em torno	circunferência, circum-adjacente
cis-	posição aquém	cisandino, cisplatino, cisalpino
* contra-	oposição; ação contrária	contra-ataque, contradizer
com-, con-, co-	companhia; combinação	compartilhar, consoante, contemporâneo, coautor
*de-, des-, dis-	movimento para baixo; afastamento; ação contrária; negação	decair, desacordo, desfazer, discordar, dissociar, decrescer

Capítulo 6 • Estrutura e Processo de Formação de Palavras

Prefixos	Sentido	Exemplos
ex-, es-, e-	movimento para fora; mudança de estado; separação	exonerar, exportar, exumar, espreguiçar, emigrar, emitir, escorrer, estender
extra-	posição exterior; superioridade	extraoficial, extraordinário, extraviar
* in-, im-, i-, em-, en-, intra-, intro-	posição interna; passagem para um estado; movimento para dentro; tendência; direção para um ponto	incisão, inalar, injetar, embelezar, impor, imigrar, enlatar, enterrar, embalsamar, intravenoso, intrometer, intramuscular
* in-, im-, i-	negação; falta	intocável, impermeável, ilegal
infra-	abaixo de, na posição inferior	infraestrutura, infravermelho
inter-, entre-	posição intermediária; reciprocidade	intercâmbio, internacional, entrelaçar, entreabrir
justa-	proximidade	justapor, justalinear
ob-, o-	posição em frente, oposição	ob-reptício, ocorrer, opor
per-	movimento através	percorrer, perfurar
pos-	posição posterior; ulterioridade	pós-escrito, pospor, postônico
* pre-	anterioridade; superioridade; intensidade	prefixo, previsão, pré-história, prefácio
pro-	posição em frente; movimento para frente; em favor de	proclamar, progresso, pronome, prosseguir
* re-	repetição; intensidade; reciprocidade	realçar, rebolar, refrescar, reverter, refluir
retro-	para trás	retroativo, retroceder, retrospectivo
semi-	metade	semicírculo, semiconsoante, semianalfabeto
soto(a)-	posição inferior	soto-mestre, sota-vento
* sub-, sob-, su(s)-, so-	posição abaixo de; inferioridade; insuficiência	subconjunto, subcutâneo, subsolo, sobpor, soterrar, suster, supor
* super-, sobre-, supra-, su-	posição superior; excesso; além de	superpopulação, sobreloja, suprassumo, sobrecarga, superfície, surreal
trans-, tras-, tres-	através de; posição além de; mudança	transbordar, transcrever, traspassar, tresloucado, tresmalhar
ultra-	além de; excesso	ultrapassar, ultrassensível
vice-, vis-, vizo-	posição abaixo de; substituição	vice-reitor, visconde, vice--cônsul, vizo-rei

Seria excelente se as provas trabalhassem "sempre" a análise mórfica de uma palavra sob a visão **sincrônica**, isto é, no estágio atual da língua. "O que você está querendo dizer com isso?" Em outras palavras: normalmente as bancas pedem que se analise uma palavra com um prefixo que já se incorporou ao radical de tal maneira que ninguém mais consegue dissociar o prefixo do radical.

Por exemplo, a palavra **ignorante**. Você vê algum prefixo nela? Todos diremos que a palavra **ignorante** vem do verbo **ignorar**. Ponto-final. Certo? É aí que está... Sincronicamente falando, ou seja, analisando a palavra do modo como ela é vista hoje, diríamos que a palavra **ignorar** recebeu apenas um sufixo [-(a)**nte**], formando a palavra ignor**ante**. Ela não recebeu prefixo nenhum!

O problema é que algumas bancas exigem de você o conhecimento **diacrônico** da palavra, ou seja, a história da palavra, a saber: **i-** (prefixo de negação) + **gno** (radical; de *gnôsis*, conhecimento, em grego) + -(a)**nte** (sufixo que indica ação ou estado). Ou seja, exigem de você um conhecimento que não lhe cabe saber, isto é: o-ri-gi-nal-men-te a palavra **ignorante** tinha prefixo de negação.

"Como proceder na prova?" Marque sempre a melhor opção. Exemplo: a banca pede para você marcar a palavra que tem prefixo e lhe dá estas palavras: a) etnologia, b) fonética, c) hemorragia, d) protótipo, e) ignorante. Qual você marca? Letra E, com certeza! Por quê? Porque não há sequer uma opção com prefixo, exceto a E.

Agora, "na boa", tente retirar o prefixo; a palavra vai ficar: **gnorante**. Existe esta palavra? Seria o **gnorante** aquele que <u>tem</u> conhecimento em comparação ao *i/gnorante*, que <u>não tem</u> conhecimento?!?! Pelo amor de Deus! Hoje em dia, ninguém deveria fazer esta análise diacrônica, ainda mais em prova de concurso.

Isso tudo serve para mostrar que <u>devemos</u> fazer a análise mórfica de acordo com os fatos linguísticos atuais: ignorante vem de ignorar; o antigo prefixo (**i-**) já não é visto como prefixo hoje em dia, pois não é possível dissociá-lo do radical, tanto que o radical é: **ignor-**, que forma ignorar, ignorável, ignorante, ignorância etc.

<u>Maaaaaaas</u>, no dia da prova, fique esperto com as pegadinhas e maldades das bancas! Observe, por exemplo, esta questão:

7. (TJ/RS – Tribunal de Justiça – Juiz Estadual – 2009) O prefixo que ocorre na palavra **desativado** também está presente em:
    a) reativado
    b) ativismo
    c) desastrado
    d) demasiado
    e) **desventura (Gabarito!)**

Comentário: O gabarito foi a letra E, como deveria ser mesmo! <u>Esta banca foi sensata</u>, trabalhou com a noção de **sincronia** e não **diacronia**. Não obstante, se fizéssemos uma análise **diacrônica** (histórica) da palavra, caberia recurso. A palavra **desastrado** também apresenta (originalmente) um prefixo. Saiba mais: a palavra **desastre** vem de **astro**. Houve uma junção do prefixo "**des-, dis-**" (com ideia de oposição) + **astro**. Um **desastre**, então, era lá na origem uma catástrofe, um infortúnio atribuído à posição desfavorável de um planeta, segundo a astrologia. Agora, "na boa", faz sentido dizer que **desastrado** tem prefixo, hoje em dia? **Desastrado** vem de **desastre**, e ponto-final. O prefixo original (des-, dis-) já está incorporado ao radical de modo que **desastr-** é agora o radical! E, "para fechar o caixão", como já dizia o gramático Sacconi, "algumas palavras entram em nossa língua já com o prefixo, é o caso de **repetir**, não existe **petir**"!

Capítulo 6 • Estrutura e Processo de Formação de Palavras   **117**

Veja agora o quadro de **correspondência entre prefixos gregos e latinos**:

Prefixos Gregos	Prefixos Latinos	Sentido	Exemplos
a, an	des, in	privação, negação	anarquia, desigual, inativo
anti	contra	oposição, ação contrária	antibiótico, contraditório
anfi	ambi	duplicidade, no entorno	anfiteatro, ambivalente
apo	ab	afastamento, separação	apogeu, abstrair
di	bi(s)	duplicidade	dissílabo, bicampeão
dia, meta	trans	movimento através	diálogo, transmitir
e(n)(m)	i(n)(m)	movimento para dentro	encéfalo, ingerir, irromper
endo	intra	movimento para dentro, posição interior	endovenoso, intramuscular
e(c)(x)	e(s)(x)	movimento para fora, mudança de estado	êxodo, excêntrico, estender
epi, hiper	super, supra	posição superior, excesso	epílogo, supervisão, hipérbole, supradito
eu	bene	excelência, perfeição, bondade	eufemismo, benéfico
hemi	semi	divisão em duas partes	hemisfério, semicírculo
hipo	sub	posição inferior	hipodérmico, submarino
para	ad	proximidade, adjunção	paralelo, adjacência
peri	circum	em torno de	periferia, circunferência
pro	pre, ante	anterioridade	prólogo, preceder, anteceder
cata	de	movimento para baixo	cata-vento, derrubar
si(n)(m)	cum	simultaneidade, companhia	sinfonia, silogeu, cúmplice

Atualmente muitas palavras são formadas por derivação prefixal por meio de preposições (**sem**: sem-terra, sem-teto, sem-vergonha etc.) e advérbios (**quase, não**: quase contrato, quase delito, quase posse, não alinhado, não essencial, não agressão etc. – sem hífen com o **não**-, de acordo com o novo acordo ortográfico) que passaram a funcionar como prefixos.

Sufixos Greco-Latinos

Como já sabemos, o sufixo vem após o radical. Existem muitos sufixos. Não fique paranoico tentando gravar tudo. Vá aos poucos internalizando.

Existem sufixos nominais (formadores de substantivos e adjetivos), sufixos verbais (formadores de verbo) e sufixo adverbial. Pode haver mais de um sufixo na mesma palavra: lamentar + -**vel** = lamentável + -**mente** = lamenta**velmente**.

Em suma, eles podem ser: 1) aumentativos; 2) diminutivos; 3) sufixos que formam substantivos derivados de outros substantivos; 4) sufixos que formam substantivos abstratos derivados de adjetivos; 5) sufixos que formam substantivos abstratos derivados de outros substantivos e adjetivos; 6) sufixos que formam substantivos e adjetivos derivados de outros substantivos e adjetivos; 7) sufixos que formam substantivos e adjetivos derivados de verbos; 8) sufixos que formam verbos derivados de substantivos e de adjetivos; 9) sufixos que formam adjetivos derivados de substantivos; 10) sufixos que formam adjetivos derivados de verbos; 11) sufixos que indicam o superlativo dos adjetivos e 12) sufixo adverbial.

1) Aumentativos

–**aço(a)**: barcaça, louraça, morenaço
–**alho(a)**: muralha, gentalha, politicalho
–**alhão**: grandalhão, facalhão
–**ama**: poeirama, dinheirama
–**anzil**: corpanzil
–**(z)ão**: lobão, caldeirão, apertão, bofetão, calorão, bonzão, amarelão, azulão...
–**arra**: bocarra, bicarra
–**astro**: poetastro, politicastro
–**arraz**: fatacaz, pratarraz

–**ázio**: copázio, balázio
–**aréu**: fogaréu, povaréu
–**eima**: guloseima, boleima
–**ento**: farturento, corpulento
–**eirão**: vozeirão, chapeirão
–**ola**: beiçola
–**orra(o)**: cabeçorra, gatorro
–**uço(a)**: dentuça, dentuço
–**udo(a)**: pançudo, maçudo
–**zarrão**: homenzarrão, canzarrão

> **Observação**
>
> Vale destacar que os sufixos aumentativos não só têm valor dimensivo, mas também afetivo, expressivo, pejorativo, irônico etc., como você pôde perceber pelos exemplos. Principalmente nos registros coloquial e literário da língua, em que a estilística prevalece, tais sufixos (o -**ão**, precipuamente) podem se fixar a qualquer classe gramatical para indicar determinada ideia: "Ela tem **bundão**, **coxão** e **pernão**." / "É de **mulherão** assim que eu gosto." / "Ele é um **bundão**." / "Você é um **bobão**, chegou **cedão**." / "João tem um **carrão**". / "Eu amo você, meu **paizão**!". Falarei mais sobre isso no capítulo de substantivo.

2) Diminutivos

–**acho(a)**: riacho, fogacho
–**ebre**: casebre

–**eco(a)**: jornaleco, soneca, padreco
–**ela**: viela, rodela

Capítulo 6 • Estrutura e Processo de Formação de Palavras

–(z)elho(a): fedelho, rapazelho
–ejo: lugarejo, vilarejo
–ete: artiguete, boquete, falsete
–eto(a): saleta, boceta, folheto
–ilha: cartilha, esquadrilha
–icho(a): cornicho, barbicha
–(z)ito(a): Manuelito, cãozito, cabrita
–ino(a): pequenina, violino
–im: espadim, flautim
–(z)inho: copinho, computadorzinho, amiguinho, beicinho, gracinha, filminho
–isco: asterisco, chuvisco

–oca: engenhoca, bitoca
–ote(a): filhote, serrote, velhote
–ola: rapazola, fazendola, portinhola
–usco(a): chamusco
–ucho(a): gorducho, papelucho
Estes são **eruditos** (vindos diretamente de alguma língua, normalmente do latim):
–ículo(a): cubículo, gotícula
–ulo(a): glóbulo, grânulo, molécula
–únculo(a): questiúncula, homúnculo
–úsculo(a): corpúsculo, opúsculo

> ### Observação
>
> Vale destacar que os sufixos diminutivos não só têm valor dimensivo, mas também afetivo, expressivo, pejorativo, irônico etc., como você pôde perceber pelos exemplos. Principalmente nos registros coloquial e literário da língua, em que a estilística prevalece, tais sufixos (o **-inho**, precipuamente) podem se fixar a qualquer classe gramatical para indicar determinada ideia: "Esta **mulherzinha** não vale nada." / "Guarde esta **lembrancinha**." / "**Amorzinho**, dá para calar a **boquinha**?" / "Que **gatinha**!" / "Olha, **agorinha** vou te atender!" / "Ela é **branquinha**, né?" / "Que **timinho** de nada!". Falarei mais sobre isso no capítulo de substantivo.

3) Sufixos que formam substantivos derivados de outros substantivos

–ada: ação ou resultado de ação enérgica, coleção, golpe, marca feita com instrumento, produto alimentar, duração, porção: freada, unhada, bolada, papelada, facada, goiabada, laranjada, noitada, temporada, invernada, colherada, pincelada...
–ado, -ato: dignidade, cargo, jurisdição, instituição, corporação, classe: papado, almirantado, doutorado, bispado, califado, proletariado, baronato, cardinalato, condado...
–agem: ação ou resultado de ação, coleção: voragem, imagem, vadiagem, aprendizagem, folhagem, plumagem...
–al: coleção, quantidade, cultura de vegetais: areal, pantanal, pombal, arrozal, bananal...
–alha: coletivo (sentido pejorativo): canalha (de cães), gentalha, parentalha...
–ama, -ame: coleção, quantidade: dinheirama, gentama, courama, mulherame, cordame...

–ana: se junta ao nome de uma pessoa notável para indicar uma coleção dos seus pensamentos ou ditos, ou de várias edições das suas obras: A Biblioteca Nacional tem uma valiosa Camoniana; feminino de alguns nomes: sultana (de sultão), Sebastiana (de Sebastião), Juliana (de Julião), Adriana (de Adrião), Romana (de Romão), Joana (de João).
–aria, -eria: atividade, estabelecimento comercial, ramo de negócio, coleção, ação própria de certos indivíduos: cavalaria, chapelaria, livraria, pedraria, bruxaria, infantaria, patifaria, gritaria, leiteria, infantaria, sorveteria...
–ário, -eiro(a): profissão, ofício, ocupação, lugar onde se guardam coisas, coleção, relação, árvore, arbusto, intensidade, objeto de uso: operário, bancário, vestiário, rimário, anedotário, calcário, barbeiro, copeira, açucareiro, tinteiro, formigueiro, viveiro, abacateiro, laranjeira, coleira, pulseira...

–edo: plantação, lugar onde crescem vegetais, noção coletiva, objeto de grande vulto: arvoredo, vinhedo, passaredo, penedo, rochedo...

–ia: dignidade, profissão, cargo, lugar, afecção, moléstia, coleção: chefia, advocacia, coletoria, delegacia, oftalmia, miopia, confraria, diretoria...

–ite: designativo de doença inflamatória do órgão, tecido etc. a que se refere o radical: apendicite, artrite, amigdalite, bronquite, otite, gastrite...

–ugem: semelhança, porção, quantidade: rabugem, ferrugem, babugem, lanugem, pelugem...

–ume: coleção, ação ou resultado da ação, condição: cardume, negrume, azedume, curtume, queixume...

4) Sufixos que formam substantivos abstratos derivados de adjetivos (podem indicar ação, estado, qualidade, condição, sentimento, capacidade, conjunto, período)

–dade: bondade, criatividade, ruindade, normalidade, orfandade, lealdade, humanidade, mensalidade...

–(i)dão: gratidão, pretidão, mansidão, lassidão, solidão, retidão...

–ez: insensatez, surdez, mudez, altivez, honradez, mesquinhez...

–eza: beleza, avareza, riqueza, safadeza, tristeza, magreza...

–ia: alegria, euforia, acefalia, bulimia, burguesia, chefia, astronomia, procuradoria, anomalia...

–ice: doidice, meninice, velhice, tolice, babaquice, mineirice... Tal sufixo passa uma ideia pejorativa.

–ície: calvície, imundície...

–or: dulçor, negror, alvor, amargor...

–(i)tude: altitude, lassitude, juventude, magnitude...

–ura: alvura, doçura, negrura, formosura, ternura, brancura...

5) Sufixo que forma substantivos abstratos derivados de outros substantivos e adjetivos

–ismo: formador de nomes de doutrinas, princípios, teorias e sistemas filosóficos, religiosos, artísticos, científicos, econômicos e políticos ou de governo: animismo, existencialismo, instrumentalismo, materialismo, platonismo, pragmatismo, anabatismo, ateísmo, druidismo, espiritualismo, estruturalismo, classicismo, acidentalismo, humoralismo, capitalismo, comunismo, liberalismo, mercantilismo, neoliberalismo, absolutismo, anarquismo, fascismo, maquiavelismo, revisionismo, socialismo, cubismo, expressionismo, fovismo, futurismo, impressionismo, modernismo, romantismo, simbolismo, surrealismo, budismo, catolicismo, espiritismo, islamismo, judaísmo, metodismo, umbandismo, autoritarismo, descentralismo, feudalismo, parlamentarismo, pluripartidarismo, presidencialismo, castrismo, chaguismo, fidelismo, franquismo, getulismo, lacerdismo, salazarismo. Outras noções: "caráter ou qualidade de um povo, ou as características ou costumes que lhes são próprios"; "o sentimento de amor desse povo à sua pátria ou região (cidade, estado etc.)"; " o conjunto dos indivíduos dessa nação, região, cidade etc.": americanismo, baianismo, britanismo, espanholismo, mineirismo; "modo de escrever ou falar próprio de uma língua" ou "palavra, expressão ou estrutura característica de dada língua ou de uma variante/variedade linguística": açorianismo, anglicismo, angolanismo, brasileirismo, galicismo, helenismo, latinismo, lusismo, regionalismo, tupinismo; "pronúncia viciosa": lambdacismo, rotacismo; "comportamento, procedimento ou ação de": acacianismo, aristocratismo, arrivista, banditismo, carolismo, chaleirismo, companheirismo, fanatismo, heroísmo, inconformismo, machismo, mau-caratismo, radicalismo, vandalismo, vedetismo; "comportamento, condição, opção ou preferência sexual de": bissexualismo, homossexualismo, lesbianismo; "dada ação ou comportamento que constitui proteção (ou favoritismo)": aciolismo,

Capítulo 6 • Estrutura e Processo de Formação de Palavras

afilhadismo, clientelismo, favoritismo, nepotismo, paternalismo, coronelismo; "ato ou prática de": terrorismo; "esporte, prática ou modalidade esportiva": aeromodelismo, atletismo, ciclismo, iatismo, pugilismo, skatismo; "doença, quadro ou estado mórbidos ou condição patológica": acefalismo, atimismo, favismo, linfatismo, menierismo, parkinsonismo, raquitismo, reumatismo, sonambulismo; "vício ou estado patológico derivante de vício ou intoxicação (ou envenenamento)": absintismo, alcoolismo, barbiturismo, ergotismo, iodismo, morfinismo, plumbismo, tabagismo; "qualidade, estado, característica ou condição de": analfabetismo, automatismo, barbarismo, celibatarismo, irrealismo, laicismo, mutismo; "propriedade": acromatismo, actinismo, antiferromagnetismo, aplanetismo, autotrofismo, ferromagnetismo; "sentimento ou estado de espírito de (indivíduo com dada qualidade)": ceticismo, indiferentismo, macambuzismo, nervosismo, saudosismo; "amor (exacerbado ou não) ou devoção a": chauvinismo, humanitarismo, narcisismo, patriotismo, tradicionalismo. (Fonte: Aulete)

6) Sufixo que forma substantivos e adjetivos derivados de outros substantivos e adjetivos

–ista: partidário ou simpatizante de doutrina, escola, seita, teoria ou princípio artístico, filosófico, político ou religioso; ocupação, ofício; nomes gentílicos: realista, positivista, anarquista, socialista, fascista, budista, batista, moralista, criticista, violinista, tenista, maquinista, dentista, artista, sulista, paulista, nortista, santista, calculista...

7) Sufixos que formam substantivos e adjetivos derivados de verbos

–ança, -ância, -ença, -ência: ação ou resultado da ação, estado: esperança, lembrança, matança, ocorrência, dolência, violência, vingança, ignorância, observância, tolerância, descrença, diferença, presença, ausência, anuência...

–nte: agente: despachante, estudante, navegante, combatente, ouvinte, pedinte, cadeirante (exceção)...

–ão, -ção, -são: ação ou resultado da ação: arranhão, puxão, traição, nomeação, extensão, agressão, visão, prisão...

–or(a), -eira: ofício, profissão, agente, instrumento de ação: armador, trabalhador, regador, espectador, inspetor, leitor, produtor, interruptor, professor, confessor, agressor, ascensor, espectadora, trabalhadora, arrumadeira, passadeira...

–douro, -tório: ação, lugar da ação, instrumento da ação: bebedouro, suadouro, lavatório, laboratório, vomitório, dormitório...

–(d)ura, -(t)ura, -(s)ura: ação, instrumento de ação, resultado de ação: semeadura, ligadura, atadura, tintura, criatura, clausura, mensura, manufatura...

–mento: ação ou resultado da ação: acolhimento, juramento, ferimento, sentimento, sortimento...

8) Sufixos que formam verbos derivados de substantivos e de adjetivos

–ear, -ejar: transformação, repetição, mudança de estado: cabecear, balancear, verdear, folhear, gotejar, verdejar, velejar, pestanejar...

–açar: frequência, ação: envidraçar, esvoaçar, espicaçar...

–ecer, -escer: transformação, mudança de estado: amanhecer, amarelecer, envelhecer, anoitecer, rejuvenescer, florescer...

–entar: qualidade, estado: apoquentar, amolentar, amamentar, afugentar, aformosentar...

–icar, -iscar: diminutivo, repetição: bebericar, adoçicar, mordiscar, chuviscar, lambiscar...

–ilhar, -inhar: diminutivo, repetição: dedilhar, fervilhar, escrevinhar, cuspinhar...

–itar, -izar: diminutivo, repetição, causar mudança de estado: dormitar, saltitar, civilizar, utilizar, organizar, vulgarizar...

> **Observação**
>
> Muitos gramáticos e dicionaristas entendem que a terminação -**ar** de um verbo advindo de uma palavra primitiva é um sufixo verbal: **forma + ar > form<u>ar</u>**, **pele/pelo + ar > pel<u>ar</u>**.

9) Sufixos que formam adjetivos derivados de substantivos

–aco: estado íntimo, natureza, origem: demoníaco, maníaco, austríaco, cardíaco...

–ado: provido de, quem tem caráter ou forma de: barbado, ciliado, desastrado, avermelhado, amarelado, acebolado...

–aico: referência, pertinência: judaico, prosaico, galaico, hebraico, arcaico...

–al, -ar: referência, típico de: genial, conjugal, papal, imortal, constitucional, escolar, familiar...

–ão, -ano: providência, origem, característica, ofício, profissão, relativo a, partidário de, adepto de: alemão, pagão, coimbrão, aldeão, romano, sergipano, darwiniano, byroniano...

–ário, -eiro: relação, posse, ofício, profissão, agente, instrumento de ação, lugar, intensificação, objeto, noção coletiva, origem: partidário, sectário, diário, fracionário, caseiro, mineiro, rueiro, festeiro, noveleiro, fofoqueiro... em alguns casos o sufixo -**eiro** passa uma ideia pejorativa.

–engo: relação, pertinência, posse: avoengo, molengo, mulherengo...

–enho: semelhança, procedência, origem: ferrenho, portenho, panamenho...

–eno: referência, origem: terreno, chileno, nazareno...

–ense, -ês: relação, procedência, origem: piauiense, maranhense, palmeirense, parisiense, fluminense, português, francês, chinês, pedrês, japonês...

–âneo: relativo a, em lugar, em tempo, em condição semelhante a: cutâneo, contemporâneo, litorâneo, instantâneo...

–ento, -(l)ento: provido ou cheio de, que tem o caráter de: barrento, virulento, poeirento, barulhento, ciumento, avarento, purulento, corpulento, peçonhento, melento, grudento... em alguns casos, o sufixo -ento para uma ideia pejorativa.

–eo: relação, semelhança, matéria: róseo, férreo, argênteo, plúmbeo...

–esco, -isco: relação com, referência, qualidade: grotesco, quixotesco, parentesco, gigantesco, dantesco, mourisco, flandrisco...

–ético: relativo, próprio de, que sofre de: frenético, morfético, aidético...

–este, -estre: relação com: agreste, celeste, silvestre, terrestre, pedestre...

–eu: relação, origem, procedência, constituição: jubileu, europeu, judeu, hebreu, saduceu...

–ício: relação, referência: natalício, patrício, alimentício...

–ico: participação, referência, relação, procedência: quimérico, geométrico, melancólico, bíblico, aromático, rústico, asiático, problemático, britânico, ibérico...

–il: referência, relação: senhoril, febril, mulheril, servil...

–ino: semelhança, relação, origem, natureza: diamantino, cristalino, marroquino, londrino, albino...

–ita: origem, pertinência; mineralogia: israelita, jesuíta, saudita, iemenita; bauxita, azurita...

–onho: que causa ou produz, que pratica: medonho, enfadonho, risonho, tristonho...

–oso: provido ou cheio de; que provoca ou produz: medroso, saudoso, venenoso, apetitoso, assombroso, clamoroso, vergonhoso...

–udo: provido ou cheio de: carnudo, barbudo, peludo, pontudo, bicudo, narigudo...

Capítulo 6 • Estrutura e Processo de Formação de Palavras

10) Sufixos que formam adjetivos derivados de verbos

–nte: ação, qualidade, estado: amante, despachante, semelhante, tolerante, resistente, poente, crescente, ouvinte, constituinte, seguinte...
–(á)vel, -(í)vel: digno de, passível de praticar ou sofrer uma ação: durável, amável, palpável, louvável, desejável, perecível, punível, sensível, removível...
–io, -iço, -ício, -ivo: referência, modo de ser, tendência, aproximação: lavradio, erradio, escorregadiço, fugidio, escorregadiço, achadiço, movediço, acomodatício, prestativo, pensativo, lucrativo, fugitivo, afirmativo, negativo...
–doiro, -douro, -tório: pertinência, ação: casadoiro, vindoiro, vindouro, duradouro, morredouro, emigratório, satisfatório, expiatório, preparatório...

11) Sufixos que indicam o superlativo dos adjetivos

–íssimo: este sufixo tem grande vitalidade na língua: **lindo** + **íssimo** = **lindíssimo**; **inteligente** + **íssimo** = **inteligentíssimo**.

> **Observação**
>
> Muitas vezes o adjetivo reassume a forma latina com o acréscimo deste sufixo. Os adjetivos terminados em **-vel**, por exemplo: **notável** (**notabilis**) + **íssimo** = nota**bilíssimo**; os terminados em **-z**: **feliz** (**felicis**) + **íssimo** = feli**císsimo**; os terminados em **-m**: **bom** (**bônus**) + **íssimo** = bo**níssimo**; os terminados em **-ão**: **pagão** (**paganus**) + **íssimo** = pag**aníssimo**. Quando o adjetivo em sua forma normal termina em **-io**, o sufixo **-íssimo** só elimina a última vogal; exemplo: **sério** + **íssimo** = seri**íssimo**. Conheça outros adjetivos acompanhados deste sufixo no capítulo de adjetivos.

–(l)imo: **fácil** + **imo** = **facílimo**; **ágil** + **imo** = **agílimo**; também o sufixo é colocado junto a formas eruditas: **humilde** (**humilis**) + **imo** = **humílimo**.

> **Observação**
>
> Vale a pena dizer que o sufixo mais usado no português é **-íssimo**, portanto podemos colocar tal sufixo ligado a quase todas as palavras; exemplo: agilíssimo, humildíssimo, negríssimo, magríssimo etc. Muitos gramáticos (Bechara, por exemplo) corroboram estas formas vernáculas.

–(r)imo: este sufixo se liga a formas latinas (= eruditas): **negro** (**niger**) + **(r)imo** = **nigérrimo**; **pobre** (**pauper**) + **(r)imo** = **paupérrimo**; **magro** (**macer**) + **(r)imo** = **macérrimo** (a forma **magérrimo** já encontra registro no VOLP, mas a maioria considera **brasileirismo**).

12) Sufixo adverbial (só há um): -mente

Por se tratar de uma forma feminina na sua origem latina, o sufixo **-mente** se junta a adjetivos femininos, a adjetivos uniformes e numerais femininos.

Adjetivos femininos: **bela** + **mente** = *belamente*; **relaxada** + **mente** = **relaxadamente**

Adjetivos uniformes (apresentam apenas uma forma para o masculino e para o feminino): **suave** + **mente** = **suavemente**; **fiel** + **mente** = **fielmente**

Numerais femininos: **primeira** + **mente** = **primeiramente**; **segunda** + **mente** = **segundamente**

> **Observação**
>
> Cegalla, Celso Cunha, Lindley Cintra e outros dizem que **portuguesmente** e **burguesmente** são formas corretas, pois derivam de adjetivos terminados em **-ês**. Estes últimos gramáticos adiantam ainda: "O fato tem explicação histórica: tais adjetivos eram outrora uniformes, uniformidade que alguns deles, como pedrês e montês, ainda hoje conservam. Assim: um galo pedrês, uma galinha pedrês; um cabrito montês, uma cabra montês. A formação adverbial continua a seguir o antigo modelo".

Ufa! Fechamos sufixos!

Ah! Antes que eu me esqueça: a vogal -o ou -a (desinências) que termina os sufixos pode indicar o gênero masculino ou feminino das palavras (lindíssimo, lindíssima). Fique atento a isso! Para quem não tem ideia do que seja **desinência**, continue lendo. Será explicado agora.

Desinências

Desinências são morfemas flexionais colocados **após** os radicais. Apenas indicam, no caso dos nomes, o gênero e o número das palavras; no caso dos verbos, indicam o modo, o tempo, o número e a pessoa. Tais morfemas não formam novas palavras, mas flexionam, variam, mudam levemente a forma da mesma palavra, indicando certos aspectos. Portanto, **não confunda desinência com sufixo!**

Elas podem ser **nominais** ou **verbais**.

Nominais

As desinências -o (masculino) e -a (feminino) indicam o **gênero**: aluno e aluna, gato e gata, lobo e loba, cachorro e cachorra, menino e menina etc.

Tais desinências servem para indicar o sexo do ser (pessoa ou animal). Elas não só aparecem em substantivos, mas também em adjetivos, pronomes e numerais: bonito/bonita, nosso/nossa, primeiro/primeira etc.

> **Observação**
>
> Aviso logo de cara: se você não está interessado em se aprofundar, nem leia esta observação toda, leia apenas o trecho em azul. Se quiser ler tudo, prepare-se! Gramáticos importantes (Mattoso Câmara Jr., Manoel P. Ribeiro, J. C. Azeredo, C. P. Luft, L. A. Sacconi, Rocha Lima etc.) entendem que não existe desinência de gênero masculino; o -o de *menino* seria, para eles, uma vogal temática. Eles argumentam que muitas palavras não terminam em -o e, mesmo assim, marcam o gênero masculino da palavra: mestre (mestra), elefante (elefanta), presidente (presidenta), cantor (cantora), juiz (juíza) etc. Essa análise faz sentido, pois, se não há terminação específica para indicar o gênero, por que encarar o -o como desinência de gênero? Ou, então, será preciso admitir que o -e também é desinência de gênero masculino. Trocando em miúdos, só existe a desinência de gênero feminino (-a). Assim como a palavra no singular não tem desinência para marcar o singular, o mesmo se dá com a palavra no masculino, isto é, sabe-se que uma palavra está no masculino porque há uma correspondência no feminino. Esta discussão é acadêmica, mas é bom ressaltar as duas visões, pois, se alguém da

banca resolver trabalhar maldosamente em cima disso, muitos cairão, menos você, que agora sabe que -**o** pode ser 1) desinência de gênero masculino ou 2) vogal temática. Dependerá da visão do gramático. Além disso, nunca é demais dizer que existem palavras que fogem à "regra" da desinência: atriz, condessa, poetisa, czarina, chinesa (as terminações (sufixos, para alguns linguistas) -**riz, -essa, -isa, -ina, -esa** indicam o gênero feminino); avó (o timbre aberto indica o gênero feminino); cabra, vaca, nora, mulher (outro radical para indicar o gênero feminino; heteronímia). Como se viu, não existem só as desinências de gênero como forma de marcar o gênero da palavra e, consequentemente, o sexo, no caso de ser humano ou animal, é claro.

A desinência -s (plural) indica o **número** (plural): aluno**s** e aluna**s**, gato**s** e gata**s** etc.

Tal desinência serve para indicar a quantidade (mais de um) de seres (pessoas e não pessoas). Ela não só aparece em substantivos, mas também em adjetivos, pronomes e numerais: bonito**s**/ bonita**s**, nosso**s**/nossa**s**, primeiro**s**/primeira**s** etc.

Fique atento, pois as palavras terminadas em -**r** e -**z** e algumas terminadas em -**l**, -**n**, -**s** apresentam -**es** como terminação de plural: hambúrgueres, flores, vezes, gravidezes, males, cônsules, hífenes, glútenes, meses, deuses etc. Alguns estudiosos até se atrevem a dizer que -**es** é desinência de número, **mas a esmagadora maioria está convencida de que apenas** -s **é desinência de número!** Logo, em hambúrgue**r**es, flo**r**es, ve**z**es, gravide**z**es, ma**l**es, cônsu**l**es, hífe**n**es, glúte**n**es, me**s**es, deu**s**es etc., o -**e** é apenas uma vogal temática. "Mas o que é uma vogal temática?" Relaxa! Você vai entender o que é no próximo tópico.

Vale dizer que muitas palavras não variam em gênero: "prato, mata, povo, bolso etc.". Existe prata (feminino de prato?), mato (masculino de mata?), pova (sem comentários!), bolsa (feminino de bolso?)? Isso vale também para a variação em número: "lápis, ônibus, atlas, pires etc.". Tais palavras não variam em número (Ou existem lápises, ônibuses, átlases, píreses?!).

Verbais

Existem as **desinências modo-temporais** (DMTs) e as **desinências número-pessoais** (DNPs).

As DMTs marcam a flexão do verbo para indicar as noções de *certeza, fato* (modo indicativo) e *incerteza, hipótese* (modo subjuntivo), tempo *passado* (pretérito perfeito, imperfeito e mais-que-perfeito), *presente* e *futuro* (do presente e do pretérito).

Como você vai ver na tabela a seguir, além de não haver DMTs em todos os tempos e modos, algumas desinências alomórficas do modo indicativo estão entre parênteses.

Tempo	Modo Indicativo	Modo Subjuntivo	Formas Nominais
Presente (1ª conj.)	---	e	**Infinitivo**
Presente (2ª e 3ª conj.)	---	a	r
Perfeito	---	---	
Imperfeito (1ª conj.)	va (ve)	sse	**Gerúndio**
Imperfeito (2ª e 3ª conj.)	a (e)	sse	ndo

Tempo	Modo Indicativo	Modo Subjuntivo	Formas Nominais
Mais-que-perfeito	ra (re) (átono)	---	
Futuro do presente	ra (re) (tôn.)	---	**Particípio**
Futuro do pretérito	ria (rie)	---	(a/i)do*
Futuro do subjuntivo		r	

As DMTs dos verbos no modo imperativo são iguais às do subjuntivo (**e/a**), aparecendo na 3ª pessoa do singular, na 1ª pessoa do plural e na 3ª pessoa do plural.

* Para muitos gramáticos, o **a** e o **i** do particípio são vogais temáticas; a desinência de particípio (**-do**) pode sofrer alomorfia, dependendo do verbo (exemplo: pôr > pos**to**; imprimir > impre**sso**).

As DNPs marcam a flexão do verbo para indicar as noções de quantidade (número) e emissor (1ª pessoa), receptor (2ª pessoa), referente (3ª pessoa). Vêm após as DMTs. Não há DNPs em todos os tempos e modos. Vejamos:

Tempo	Singular	Plural
Presente indicativo	1ª p.: o / 2ª p.: s	1ª p.: mos / 2ª p.: is / 3ª p.: m
Pretérito perfeito do indicativo	1ª p.: i / 2ª p.: ste 3ª p.: u	1ª p.: mos / 2ª p.: stes / 3ª p.: ram
Futuro do presente do indicativo	1ª p.: i / 2ª p.: s	1ª p.: mos / 2ª p.: is / 3ª p.: o
Futuro do subjuntivo e Infinitivo flexionado	2ª p.: es	1ª p.: mos / 2ª p.: des / 3ª p.: em
Imperativo afirmativo	---	1ª p.: mos / 2ª p.: i, de

> ### Observação
>
> Os tempos que aqui não foram mencionados (pretérito imperfeito, mais-que-perfeito, futuro do pretérito, presente do subjuntivo e pretérito imperfeito do subjuntivo) seguem um modelo (paradigma) de desinências: 2ª pessoa do singular: **-s**, 1ª pessoa do plural: **-mos**, 2ª pessoa do plural: **-is** e 3ª pessoa do plural: **-m**. Um detalhe importante: alguns estudiosos chamam (adequadamente, diga-se de passagem) algumas DNPs do pretérito perfeito do indicativo de "cumulativas" (-ste, -u, -stes), pois elas acumulam a função de marcar não só o número e a pessoa mas também o modo e o tempo, como se fossem DMTs. Eu falei "como se fossem"!

Vogal Temática

A **vogal temática** (VT) vem imediatamente após o radical, ligando-o, em geral, à desinência de número ou aos sufixos. Com ela, a palavra passa a ter um bom som (eufonia). Veja algumas informações importantes sobre VTs (nos nomes e nos verbos):

VTs nominais

O conjunto **radical + vogal temática** recebe o nome de **tema**: beij + o = beijo (tema).

As VTs **-a, -e, -o**, quando átonas finais, como em "cas**a**, lev**e**, pov**o**", são **vogais temáticas nominais**. É a essas VTs que se liga a desinência indicadora de plural ou sufixos: povo-**s**, leve-**s**, casa-**s**; povo-**ado**, leve-**mente**, casa-**mento**.

> 1) O **-a** só será desinência de gênero se opuser masculino a feminino (garoto/garot**a**).
> 2) As VTs **-e** e **-o** podem aparecer como semivogal de um ditongo (pã**o**/pã**e**s).
> 3) Tomando o **-o** como VT, ele pode aparecer num tema simples ou depois de um sufixo: leilã**o** > leilo*eiro*.

Os nomes terminados em consoante ou em vogal tônica são **a**temáticos, ou seja, não formam temas, pois não têm VT: cor, raiz, cajá, Pelé, tupi, cipó, baú...

Breve "*déjà vu*": "Fique atento, pois as palavras terminadas em **-r** e **-z** e algumas terminadas em **-l, -n, -s** apresentam **-es** como terminação de plural: hambúrgueres, flores, vezes, gravidezes, males, cônsules, hífenes, glútenes, meses, deuses etc. Alguns estudiosos até se atrevem a dizer que **-es** é desinência de número, **mas a esmagadora maioria está convencida de que apenas -s é desinência de número!** Logo, em hambúrgueres, flores, vezes, gravidezes, males, cônsules, hífenes, glútenes, meses, deuses, o **-e** é apenas uma vogal temática". Interessante é a palavra **sal**, que, no plural, tem a vogal temática nominal alomórfica (de **e** para **i**): sal > sales > saes > sais...

VTs verbais

É uma vogal que vem após o radical (**a, e, i**), formando o tema e permitindo uma boa pronúncia do verbo. Indica como vai ser o modelo (paradigma) das conjugações (1ª conjugação: **-a** / 2ª conjugação: **-e** / 3ª conjugação: **-i**).

É bom dizer que não há VT na 1ª pessoa do singular do presente do indicativo e em nenhuma flexão do presente do subjuntivo (em "Eu am**o**", o **-o** é DNP; em "Espero que ele volt**e**" ou "Espero que ele beb**a**", o **-e** e o **-a** são DMTs). Reveja o quadro de DMTs e DNPs, por favor.

Vejamos as VTs verbais:

amar: Eu am**ei**, tu am**a**ste, ele am**ou**, nós am**a**mos, vós am**a**stes, eles am**a**ram (pretérito perfeito do indicativo).

> **Observação**
> Como você percebeu, esta VT sofreu alomorfia na 1ª e na 3ª pessoa do singular do pretérito perfeito do indicativo. Em todos os demais tempos, a vogal temática não muda, é sempre **-a**.

comer: Eu com**i**a, tu com**i**as, ele com**i**a, nós com**í**amos, vós com**í**eis, eles com**i**am (pretérito imperfeito do indicativo) / Eu havia com**i**do (particípio).

> **Observação**
>
> Como você percebeu, esta VT sofreu alomorfia em toda a conjugação do pretérito imperfeito do indicativo e no particípio. Em todos os demais tempos, a vogal temática não muda, é sempre **-e**. Há exceções na conjugação de verbos terminados em OER, por exemplo.

partir: Eu part**o**, tu part**e**s, ele part**e**, nós part**i**mos, vós part**i**s, eles part**e**m... (presente do indicativo).

> **Observação**
>
> Como você percebeu, esta VT sofreu alomorfia na 2ª pessoa do singular e na 3ª do singular e do plural do presente do indicativo. Na 1ª p. pl., o **i** é VT. Na 2ª p. pl., o **i** não é vogal temática, e sim desinência número-pessoal. Há exceções na conjugação de verbos terminados em UIR, por exemplo.

O verbo **pôr** e seus derivados são de 2ª conjugação, ou seja, vogal temática -e, uma vez que **pôr** vem do latim **poer** (a vogal temática aparece logo na 2ª pessoa do singular do presente do indicativo: eu ponho, tu p**õe**s, ele p**õe**...).

Letra de Ligação

Não é morfema, pois não carrega sentido algum. Alguns, como Sacconi, chamam de **interfixos**. É apenas uma **letra (vogal ou consoante) de ligação**. O objetivo é só favorecer a **eufonia** (o bom som, a boa pronúncia), ligando radicais a prefixos, radicais a radicais, radicais a sufixos (mais frequentemente): in**e**narrável, pau**l**ada, mundi**v**idência, cha**l**eira, cafe**t**eira, cafe**z**al, frio**r**ento, pe**z**inho, sono**l**ento, pa**d**eiro...

Normalmente, a vogal **o** liga radicais gregos e a vogal **i** liga radicais latinos: gás + **ô** + metro, sarc + **ó** + fago; carn + **í** + voro, frut + **í** + fero.

Processo de Formação de Palavras

Meu Deus, nem eu acredito que terminei de falar sobre **Estrutura das Palavras**! É cansativo, não? Não obstante, meu caro leitor (como já dizia Machadão de Assis), tudo o que você aprendeu é a base daquilo que realmente cai em prova: **Processo de Formação de Palavras.**

Se você é uma pessoa que simplesmente deseja acertar uma questão na prova, nem dando bola para todas as minúcias que apresentei até agora, então é a hora! **Afinal de contas, o que cai em prova mesmo? Processo de Formação de Palavras!**

Existem algumas maneiras para a formação de novos vocábulos na língua; logo, esta parte trata justamente dos diversos modos como as palavras se formam. Os principais processos são estes (dê muito valor aos dois primeiros, hein!): **derivação**, **composição**, **onomatopeia, abreviação (redução), siglonimização, hibridismo, palavra-valise**.

Antes de "chegarmos às vias de fato", entenda alguns conceitos básicos:

— Palavra **primitiva** é aquela que não resulta de outra na língua portuguesa, isto é, que não sofreu processo de derivação: cadáver*, flor, pedra, casa, verde, sol etc.

Capítulo 6 • Estrutura e Processo de Formação de Palavras

> * Segundo o sensacional professor Cláudio Moreno, "**cadáver** vem do latim *cadere* ("tombar, cair para não mais levantar"). No entanto, foi muito difundida no passado a hipótese fantástica de que seria um vocábulo formado pela primeira sílaba das palavras que formam a frase latina "*CAro DAta VERmibus*" ("carne dada aos vermes"). Esquecem que só no séc. XX começaram a surgir vocábulos a partir de siglas e de iniciais, como a famigerada **Gestapo** nazista (*Geheime Staats Polizei* – "Polícia Secreta do Estado"). Ainda há aqueles que acreditam que tal expressão aparecia nos túmulos romanos, mas – Adivinha? – não se encontrou até hoje nenhuma inscrição romana desse gênero. Doideira, não? Resumindo: *cadáver* é palavra primitiva.

– Palavra **derivada** é aquela que resulta de outra na língua portuguesa, isto é, que sofreu processo de derivação: cadavérico, florista, empedrado, descasamento, esverdeado, solar etc.
– Palavra **simples** é aquela que só tem um radical, isto é, que não sofreu processo de composição: flor, pedra, casa, verde, sol etc.
– Palavra **composta** é aquela que tem mais de um radical, isto é, que sofreu processo de composição: flor-amarela, pedra-sabão, casa-comum, verde-água, girassol etc.

Observação

Há ainda aquelas que são compostas, mas que um dos elementos sofreu processo de derivação: **pedreiro-livre**.

Derivação Prefixal, Sufixal, Parassintética (Circunfixação), Regressiva (Regressão) e Imprópria (Conversão)

Derivação é, como bem diz o Aulete, "um processo de multiplicação e reaproveitamento de um vocábulo **pelo acréscimo de sufixos e prefixos**". É por isso que alguns estudiosos defendem a ideia de que a derivação regressiva e a imprópria não são derivações, mas isso, apesar de eu concordar, não cai em prova, então vamos ao que interessa, ou seja, tradicionalmente há cinco tipos de derivação: **prefixal**, **sufixal**, **parassintética**, **regressiva** e **imprópria**.

Semiparafraseando o sensatíssimo professor Cláudio Moreno, na análise mórfica do processo de formação de uma palavra, podemos ter dois critérios de análise: 1) "Que processos de formação estão presentes nesta palavra desde a palavra primitiva?"; ou 2) "Qual foi o processo de formação que fez nascer esta palavra, ou seja, qual(is) foi(ram) o(s) morfema(s) colocado(s) por último?".

Para que você entenda isso melhor (prepare-se para as polêmicas), venha comigo!

Prefixal

A **derivação prefixal** se dá quando um prefixo é 1) colocado junto à palavra primitiva ou 2) colocado como último elemento de uma palavra que já havia sofrido algum processo de formação*. Veja três exemplos de cada caso, respectivamente:

– homem > **super-** + homem > **super**-homem
– duque > **arqui-** + duque > **arqui**duque
– pôr > **com-** + pôr > **com**por
– homem > hum**ano** > **super-** + humano > **super**-humano

- duque > duque**esa** > **arqui-** + duquesa > **arqui**duquesa
- pôr > **com**por > **de-** + compor > **de**compor

> ### Observação
>
> É justamente neste segundo caso (exemplo: super-humano, arquiduquesa etc.) que muitos gramáticos dizem haver **derivação prefixal e sufixal**, como Rocha Lima, Ulisses Infante, Sacconi etc. Eles analisam dessa maneira, pois seguem aquele primeiro critério, a saber: "que processos de formação estão presentes nesta palavra desde a palavra primitiva?". Por exemplo, a palavra **reprodução** segue este passo a passo: produzir > **re**produzir > reprodu**ção**. Sabendo que a palavra *reprodução* é o ato ou o resultado de *reproduzir*, ela vem de *reproduzir*, ok? Percebeu, então, que, para a formação dessa palavra, houve dois processos? Derivação prefixal (reproduzir) e derivação sufixal (reprodução). É por isso que se diz que a palavra sofreu **derivação prefixal** *e* **sufixal**, pois, para a formação dela, houve o acréscimo de prefixo (**re-**) e de sufixo (**-ção**), não simultaneamente. Esta é uma forma de analisar a palavra. E pode cair na prova!
>
> Agora, se fôssemos analisar de acordo com o segundo critério, a saber: "Qual foi o processo de formação que fez nascer esta palavra, ou seja, qual(is) foi(ram) o(s) morfema(s) colocado(s) por último?", aí, meu/minha camarada, encararíamos a palavra **reprodução** como formada por derivação sufixal, uma vez que *reprodução* vem de *reproduzir*, isto é, o último elemento que entrou na palavra foi um sufixo (**-ção**): **reproduzir + ção = reprodução**. Derivação sufixal na cabeça! Esta é também uma maneira de analisar que vem caindo em prova de concurso. Quem abona tal análise é o gramático Evanildo Bechara, quando explica "constituintes imediatos" em sua gramática.
>
> Portanto, há duas formas de analisar a mesma palavra!!! Atenção no dia da prova!!!

Sufixal

Ocorre derivação sufixal quando um sufixo é 1) colocado junto à palavra primitiva ou 2) colocado como último elemento de uma palavra que já havia sofrido algum processo de formação. Veja três exemplos de cada caso, respectivamente:

- pincel > pincel + **-ada** > pincel**ada**
- cabeça > cabeça + **-ear** > cabec**ear**
- sutil > sutil + **-mente** > sutil**mente**
- cobrir > **des**cobrir > descobrir + **-mento** > descobri**mento**[1]
- sexo > sexu**al** > **bis**sexual > bissexual + **-ismo** > bissexual**ismo**[2]
- barco > **em**barcar > embarcar + **-ção** > embarca**ção**[3]

---

[1] Normalmente palavras terminadas em sufixo **-mento** sofreram derivação sufixal a partir de verbos: discernir + **mento** = **discernimento**; adiar + **mento** = **adiamento**.

[2] Na palavra **bissexualismo**, note que houve acréscimo de prefixo (**-bis**) e de sufixos (**-al** e **-ismo**), não simultaneamente. Partindo do princípio do processo de formação chamado **derivação prefixal** e **sufixal**, poderíamos dizer que a palavra sofreu tal processo, ok? Logo, dependendo do gramático, há duas análises: **derivação prefixal** e **sufixal** (Sacconi, por exemplo) ou **derivação sufixal** (Bechara, por exemplo). O Celso Cunha ainda considera **bi(s)-** um radical, logo haveria uma **composição**. Bem-vindo à língua portuguesa!

³ Na palavra **embarcar**, note que houve acréscimo de prefixo e sufixo ao mesmo tempo: **em + barco + ar = embarcar**. Este tipo de derivação é chamado derivação parassintética (veremos a seguir com mais detalhes). Só depois o sufixo foi colocado em *embarcar* para formar a palavra **embarcação: embarcar + ção = embarcação**. Derivação sufixal na cabeça!

Portanto, fique atento(a) às maneiras como se pode analisar uma palavra e como as bancas trabalham isso!

Parassintética (Circunfixação)

A **derivação parassintética** ocorre quando há acréscimo simultâneo de prefixo e de sufixo a uma palavra primitiva (substantivo ou adjetivo). Como diz Margarida Basílio (no excelente texto *Teoria Lexical*), "nem todas as palavras que apresentam prefixo e sufixo em sua formação devem ser consideradas como de formação parassintética".

Normalmente a parassíntese forma **verbos** (1). Há, entretanto, alguns nomes **adjetivos** (2) formados por derivação parassintética. Veja:

1) **envelhecer** (en + velho + ecer), **aterrar** (a + terra + ar), **abençoar** (a + bênção + ar), **amanhecer** (a + manhã + ecer), **apedrejar** (a + pedra + ejar), **esfoliar** (es + fólio + ar), **embarcar** (em + barco + ar), **emagrecer** (e + magro + ecer), **amamentar** (a + mama + entar), **desterrar** (des + terra + ar), **emudecer** (e + mudo + ecer), **apadrinhar** (a + padrinho + ar) etc.

2) **desalmado** (des + alma + ado), **desbocado** (des + boca + ado), **desbundado** (des + bunda + ado), **subterrâneo** (sub + terra + âneo), **conterrâneo** (con + terra + âneo), **ensonado** (em + sono + ado), **descampado** (des + campo + ado), **envernizado** (em + verniz + ado), **acebolado** (a + cebola + ado), **avermelhado** (a + vermelho + ado), **abatatado** (a + batata + ado) etc.

CUIDADO!!!

1) Uma maneira clássica de perceber se a palavra sofreu derivação parassintética é retirar o prefixo ou o sufixo. Se alguma palavra sobrar com a retirada de um dos afixos e fizer sentido, existindo na língua portuguesa, mantendo o sentido do radical, aí não houve derivação parassintética. Caso contrário, derivação parassintética certa! Exemplo: **enegrecer**: enegro (?) / negrecer (?); **descerebrado** (idiota, imbecil): descérebro (?) / cerebrado (?). Percebe que não é possível retirar os afixos dessas palavras, senão elas deixarão de existir? Logo, sofreram derivação parassintética.

2) **Recomendo que só leia isto, se você estiver em um nível avançado.** Temos de tomar muito cuidado com as palavras que sofreram derivação parassintética terminadas em **-ado**, pois este "sufixo" pode ser confundido com uma "desinência" de particípio. E, como já sabemos a esta altura do campeonato, desinência serve à flexão, não à derivação. Em outras palavras, se a palavra terminar em **-ado** e, no contexto, for um particípio, ela não sofreu derivação parassintética; não obstante, se **-ado** for um sufixo formador de adjetivo, a pa-

lavra sofreu derivação parassintética. Uma maneira fácil de perceber se a palavra é tomada como adjetivo no contexto, para que digamos que ela sofreu derivação parassintética, é perceber seu sentido (adjetivo indica estado, característica, qualidade; verbo no particípio indica ação praticada por alguém).

Analise comigo: sobre o verbo **desalmar**, o dicionário Aulete diz: "tornar desalmado; desumanizar, perverter: "A política do heroísmo **desalmou** os seus chefes". (Rui Barbosa, Ruínas de um Governo, p. 6, 175, ed. 1931). Transpondo para a voz passiva tal frase de Rui Barbosa teríamos: "Os seus chefes foram **desalmados** pela política do heroísmo". Percebe que **desalmados** é um verbo no particípio? Portanto não há derivação na palavra, mas sim flexão, pois ela recebeu uma desinência de particípio (**desalmar + ado**). Se a palavra está no particípio, então -**ado** é uma <u>desinência</u>, e não um sufixo! Particípio é <u>flexão</u> do verbo, não derivação. Então, quando **desalmado** será palavra formada por derivação parassintética?

Desalmado só é formado por derivação parassintética como **adjetivo**: "Você é um homem muito **desalmado**!" Pronto. Agora desalmado (des + alma + ado) é um adjetivo. E -**ado** é um <u>sufixo</u> formador de adjetivo, e a palavra sofreu **derivação parassintética** (desalmado é aquele que não tem alma, figurativamente falando (sem compaixão, sem empatia)). Exceto em linguagem bem erudita, como a de Rui Barbosa, tal palavra é usada normalmente como um adjetivo. Sendo assim, os gramáticos dizem que ela sofreu derivação parassintética. Ponto.

3) Sacconi diz que a palavra **submarino** sofreu derivação parassintética. Entretanto, tal análise é passível de discussão séria, pois submarino vem de <u>marino</u> (palavra existente na língua), portanto, houve derivação prefixal. "Mas, Pestana, e se cair uma questão sobre derivação parassintética com a palavra submarino, o que eu faço?" Você analisa todas as opções e marca *a* **melhor resposta**. Afinal, se uma banca tem respaldo gramatical para não anular uma questão, não será pelos seus belos olhos que ela irá fazê-lo. E eu vou dizer mais (pasmem!)... já caiu uma questão sobre isso (que não foi anulada): FEC – LOTERJ/RJ – OPERADOR LOTÉRICO – 2010 – QUESTÃO 5. Por isso, prefiro ser detalhista a deixar meus "clientes" na mão.

4) Outra informação pertinente é que palavras terminadas em -**mento** são erradamente analisadas como parassintéticas por alguns professores (eu, inclusive, em início de carreira) e por algumas bancas de concurso. <u>Nenhuma</u> palavra da língua portuguesa terminada em -**mento** pode ser encarada como parassintética, pois esse sufixo é formador de substantivos a partir de verbos, logo: **alinhar + mento = alinhamento; desmatar + mento = desmatamento**. Erradamente, porém, por duas vezes, a banca da EEAr (Escola de Especialistas de Aeronáutica – CFS (1/2005 – turma B) e CFC (2009), respectivamente) <u>validou</u> estas questões:

12. Assinale a alternativa em que está corretamente indicado o processo de formação da palavra destacada.
    a) O <u>desmatamento</u> das nossas florestas tem sido constante. (derivação parassintética)

13. Assinale a alternativa que indica correta e respectivamente os processos de derivação na formação das palavras em destaque:

    O desmatamento contribui consideravelmente para o aquecimento global. A queima de árvores lança carbono na atmosfera, e esse é o principal fator responsável pelas mudanças no clima da Terra.
    b) parassintética, sufixal, sufixal, regressiva

Na época, eu me lembro de que muitos entraram com recurso para anular a questão 12, mas ela não foi anulada. Incrível, não?

Não só bancas militares fazem bobagem, veja esta (famosinha, inclusive!):

> Consulplan – Assistente Administrativo – 2011
> – Assinale a opção na qual o vocábulo tem o mesmo processo de formação da palavra "endurecimento".
> a) Descarregar.
> b) Dentista.
> c) Pescaria.
> d) Desalmado.
> e) Jogador.

Adivinha qual foi o gabarito (para variar, não anulado)? Letra D. Sem comentários! "Desalmado" realmente sofreu derivação parassintética, mas "endurecimento"? Fala sério! "Endurecer" sofreu derivação parassintética (*en* + *duro* + *ecer*), mas *endurecimento* <u>não</u>, pois vem de *endurecer* + *mento* = *endurecimento*! Derivação sufixal desde criancinha. Por que algumas bancas fazem isso com a gente? Por outro lado, ainda bem que há bancas sensatas e conformes às regras gramaticais, como estas:

> 05. (FADESP – Pref. Pau D'Arco/PA – Agente Técnico Administrativo – 2009) No que respeita à formação das palavras, <u>não é correto</u> afirmar que:
> d) "desmatamento" resulta de derivação parassintética. (gabarito)

> 15. (FEC – Pref. de São Mateus/ES – Biólogo – 2007) No trecho: "(...) para não quebrar o **encantamento**" (11º §), a palavra em negrito foi formada pelo seguinte processo:
> c) derivação sufixal (gabarito)

> 5. (IPDEP – Pref. Duque de Caxias/RJ – Auxiliar de Enfermagem – 2007) Considerando os processos de formação de palavras, todos os itens estão corretos, EXCETO:
> a) desaquecimento – derivação parassintética; (gabarito)

> Palmas para essas bancas, por favor! \o/\o/\o/\o/\o/

5) Por favor, não confunda **derivação prefixal e sufixal** com **derivação parassintética**! Exemplos clássicos de palavras formadas por derivação prefixal e sufixal: infelizmente, deslealdade, desvalorização, descortesia, inutilizar, analfabetização etc. Nessas palavras, não se sabe qual elemento entrou por último, mas se sabe que os afixos **NÃO entraram simultaneamente**, logo não sofreram derivação parassintética.

Para fechar, veja a análise de **reflorestamento**: floresta > florest**ar** > **re**florestar > reflorestar + **mento** > reflorestamento (derivação sufixal para alguns gramáticos e, para outros, derivação prefixal e sufixal); outra análise possível para a mesma palavra: floresta > florest**ar** > floresta**mento** > **re**- + florestamento > reflorestamento (derivação prefixal para alguns gramáticos e, para outros, derivação prefixal e sufixal). Cuidado na hora da prova! E boa sorte!

Regressiva (Regressão)

Ocorre **derivação regressiva** quando um verbo que indica ação serve de base para a formação de um substantivo <u>abstrato</u> que igualmente indica ação ou resultado de uma ação – tal substantivo é chamado de **deverbal**, pois é derivado de verbo. A ideia de regressão (diminuição do vocábulo do ponto de vista estrutural e fonético) ocorre porque o verbo perde sempre sua terminação (vogal temática + desinência de infinitivo: **-ar, -er, -ir**) dando lugar à vogal temática nominal (**-a, -e, -o**). Veja alguns exemplos:

Verbo (ação)	Substantivo (abstrato)
Atrasar	Atraso
Demorar	Demora
Tossir	Tosse
Engasgar	Engasgo
Mergulhar	Mergulho
Escolher	Escolha
Embarcar	Embarque
Dançar	Dança
Pescar	Pesca
Resgatar	Resgate
Combater	Combate
Gargarejar	Gargarejo
Desmontar	Desmonte
Fugir	Fuga

Percebe que nesse tipo de derivação há decréscimo de elementos? Reitero: o verbo perde sempre sua terminação (vogal temática + desinência de infinitivo) dando lugar à vogal temática nominal. Não é por nada que o nome desse processo se chama **regressão**, isto é, há perda de elementos verbais para a formação de **nomes substantivos**. Falando nisso (e indo além), o gramático, doutor pela UFRJ e professor da UERJ, José Carlos de Azeredo diz que "de alguns verbos originam-se **adjetivos** derivados regressivamente: expresso (de expressar), isento (de isentar), eleito (de eleger), corrupto (de corromper), correto (de corrigir), submerso (de submergir)" etc.

Algumas palavras que sofreram regressão podem ser masculinas ou femininas, sendo uma forma mais usual que outra hoje em dia:

Verbo (ação)	Substantivo (abstrato)
Pagar	Pago/Paga
Custar	Custo/Custa
Trocar	Troco/Troca
Ameaçar	Ameaço/Ameaça
Gritar	Grito/Grita

Numa linguagem mais informal, pode ocorrer derivação regressiva também:

Verbo (ação)	Substantivo (abstrato)
Amassar	Amasso
Agitar	Agito

Verbo (ação)	Substantivo (abstrato)
Ferver	Fervo
Sufocar	Sufoco
Apertar	Aperto
Transar	Transa

Tome cuidado para não cair na "pegadinha" de palavras que <u>parecem</u> ter sofrido regressão. Substantivo concreto (indicando objeto ou substância) não é formado de verbo. Neste caso, o processo é contrário. Os verbos são formados de substantivos por sufixação, por meio do sufixo verbal **-ar**:

Substantivo (*não* abstrato)	Verbo (ação)
Azeite	Azeitar
Telefone	Telefonar
Âncora	Ancorar
Martelo	Martelar
Arquivo	Arquivar

Alguns gramáticos, como Rocha Lima, Ismael de Lima Coutinho e Sacconi, falam sobre **regressão nominal** (**sarampo** deriva de **sarampão**, **boteco** de **botequim** etc.). Atualmente, porém, os linguistas e gramáticos (Manoel Pinto Ribeiro, Olmar Guterres da Silveira, Ulisses Infante, José Carlos de Azeredo e outros) encaixam as palavras abaixo entre as que sofreram **abreviação vocabular**, pois, na derivação regressiva, há necessariamente mudança de classe gramatical, o que não ocorre na abreviação, enfim... polêmicas... Veja algumas:

Maracanã	**Maraca**
Cerveja	**Cerva**
Japonês	**Japa**
Português	**Portuga**
Delegado	**Delega**
Militar	**Milico**

Reitero: as palavras em negrito são atualmente analisadas como **abreviadas** (*abreviação*), não regressivas. É importante saber as diferentes visões dos gramáticos, pois a gente nunca sabe o que uma banca pode "aprontar". Falarei mais sobre **abreviação** à frente.

Imprópria (Conversão)

A **derivação imprópria** se dá pela mudança (daí **conversão**) de classificação morfológica de uma palavra, a depender do contexto. A palavra não muda absolutamente nada na forma;

o que muda é sua classificação morfológica e seu sentido. É por isso que ela é chamada de **imprópria**, ou seja, ela não é propriamente uma derivação, pois não se usam morfemas (afixos) para mudar a forma da palavra.

Veja alguns exemplos de como isso ocorre:

Substantivação

A derivação imprópria se forma com muita vitalidade por meio da substantivação. Qualquer morfema, palavra, expressão ou frase pode se tornar um substantivo desde que esteja acompanhada de algum determinante (artigo, pronome, numeral, adjetivo, locução adjetiva) ou tenha valor substantivo (designador) no contexto:

*Você tem aracno**fobia**? (radical)*	*Eu tenho muitas fobias. (substantivo)*
*Sou muito **pró**-ativo. (prefixo)*	*Esta questão só tem um pró. (substantivo)*
*Aquela blusa é **preta**? (adjetivo)*	*Preta, você me ama? (substantivo)*
A casa foi comprada ontem. (artigo)	*Esse a da frase anterior é um artigo. (substantivo)*
*Eu **me** amo, não posso mais viver sem mim. (pronome)*	*O me, o te e o se também funcionam como objetos diretos. (substantivos)*
*Tenho **dois** filhos. (numeral)*	*O dois é um numeral cardinal. (substantivo)*
***Habite-se**! (verbo)*	*O habite-se foi concedido. (substantivo)*
*Eu vou **amar** você e depois vou **partir**. (verbos no infinitivo)*	*O amar e o partir fazem parte da vida. (substantivos)*
*Havia **feito** uma prova dificílima. (verbo no particípio)*	*Mahatma Gandhi realizou um feito inédito na história! (substantivo)*
***Amanhã** te ligo. (advérbio)*	*Espero sempre por um amanhã melhor. (substantivo)*
***Só** ela me faz feliz. (palavra denotativa de exclusão)*	*O só pertence ao grupo de palavras denotativas. (substantivo)*
*Precisamos fazer uma ação **contra** a violência. (preposição)*	*Estes contras que você está expondo não procedem. (substantivo)*
*Estudo muito, **porém** não gosto, **porque** cansa. (conjunções)*	*Só tenho um porém a dizer; deixe o porquê para depois. (substantivos)*
***Ai**! Deixa de ser chato! (interjeição)*	*Nunca se ouviu sequer um ai naquela casa. (substantivo)*
*O rapaz só abre a boca para falar: "**Fala sério!**" (frase)*	*É um fala sério para cá, um fala sério para lá... Que chatice! (locução substantiva)*

Outras conversões

– Substantivo se torna adjetivo: *Ele tem um jeito moleque.*
– Adjetivo se torna advérbio: *Esta cerveja desceu redondo.*
– Adjetivo se torna preposição acidental: *Todos se salvaram, salvo o idoso.*
– Particípio se torna adjetivo: *Vocês são muito fingidos.*

Capítulo 6 • Estrutura e Processo de Formação de Palavras **137**

– Advérbio se torna preposição acidental: *Afora isso, estou de acordo com a decisão.*
– Conjunção se torna preposição acidental: *Tenho-o como amigo.*
– Pronome se torna preposição acidental: *Tenho que tomar uma decisão.*
– Substantivo, adjetivo, pronome, verbo, advérbio se tornam interjeições (obrigado pelos exemplos, Sacconi): *Misericórdia!, Bravo!, Qual!, Viva!, Avante!*
– Substantivo abstrato para concreto: *A **pintura** da parede demorou duas horas. (abstrato)* / *A pintura da parede está descascando. (concreto)*
– Substantivo comum para próprio e vice-versa: *O **planalto** tinha quase nenhuma ondulação. (comum)* / *O Planalto está cercado de corrupção. (próprio)* / ***Judas** traiu a Cristo por 30 moedas de prata. (próprio)* / *Você é um judas safado! (comum)*
– Mudança de gênero/mudança de sentido: *Comemos uma **banana** a cada três horas. (feminino/fruto)* / *Tu não passas de um banana. (masculino/covarde)*

Composição por Justaposição e por Aglutinação

Ocorre **composição** quando uma palavra é constituída por dois ou mais radicais. Há dois tipos de composição: por **justaposição** e por **aglutinação**. Vejamos!

Por Justaposição

Neste tipo de composição, **não há perda** de elementos estruturais e fonéticos nos radicais (normalmente separados por hífen): **pontapé** (ponta + pé), **vaivém** (vai + vem), **passatempo** (passa + tempo), **paraquedas** (para + quedas), **girassol** (gira + sol), **dezoito** (dez + oito), **joão-bobo** (João + bobo), **abelha-rainha** (abelha + rainha), **caixa-d'água** (caixa + água)*, **guarda-chuva** (guarda + chuva), **maria vai com as outras** (maria + vai + outras)*, **leva e traz** (leva + traz)* etc.

> **Observação**
>
> *As preposições e conjunções não são vistas como radicais, logo ignore-as na análise. Algumas palavras compostas não mais recebem hífen segundo o novo acordo ortográfico, como já vimos no capítulo de *Acentuação*! Além disso, peço que dê uma olhada no uso do hífen com os prefixos **bem** (bem-me-quer) e **mal** (malmequer).

Por Aglutinação

Neste tipo de composição, **há perda** de elementos estruturais e fonéticos nos radicais (não são separados por hífen): **boquiaberto** (boca + aberta), **mundividência** (mundo + vidência), **alvinegro** (alvo + negro), **fidalgo** (filho de algo), **embora** (em + boa + hora), **aguardente** (água + ardente), **petróleo** (pedra + óleo), **noroeste** (norte + oeste), **vinagre** (vinho + acre), **lobisomem** (lobo + homem), **planalto** (plano + alto), **pernilongo** (perna + longa) etc.

> **Observação**
>
> Pelo amor de Deus, a palavra **cadáver** é primitiva, pri-mi-ti-va. Está claro? Esse papo de "**car**ne **da**da aos **ver**mes" é conversa fiada.

Recomposição

A **recomposição** é um processo bem curioso, pois se vale de um radical que carrega consigo o sentido global duma palavra já existente (normalmente bem conhecida e usada), com o intuito de formar novas palavras. Por exemplo, na palavra "automóvel", *auto-* é um radical que significa "por si mesmo"; no entanto, ao ser usado em palavras recompostas como "autoestrada", "autopeça", "autódromo", "autoescola", etc., carrega consigo o sentido global da palavra "automóvel". Veja outros exemplos: cineclube (cine, de cinema); eletroeletrônico (eletro, de eletricidade); fotonovela (foto, de fotografia); heteronormatividade (hetero, de heterossexual); ecossustentável (eco, de ecologia); telecurso (tele, de televisão); videopôquer (vídeo, de videojogo); homoafetividade (homo, de homossexual); motobói (moto, de motocicleta); etc. Importante: esse radical especial que participa do processo de recomposição é chamado normalmente de pseudoprefixo ou falso prefixo.

Onomatopeia

Este processo é caracterizado por formar palavras (verbos, substantivos, interjeições) que imitam/reproduzem sons de seres animados ou inanimados: **bangue-bangue**, **zum-zum-zum**, **blá-blá-blá**, **tique-taque**, **pingue-pongue**, **bem-te-vi**, **nhenhenhém**, **nheco-nheco**, **zás-trás**, **zumbir**, **rugir**, **mugir**, **miar**, **cacarejar** etc.

> **Observação**
>
> Vale dizer que alguns gramáticos chamam de **reduplicação/redobro** a repetição de parte de uma palavra ou de toda ela com finalidade expressiva, como em *Lulu*, *babá*, *ioiô*, *reco-reco* e outras acima.

Abreviação (Redução)

Segundo Celso Cunha, a **abreviação** ocorre devido à dinâmica da vida; o ritmo acelerado do dia a dia nos influencia a agilizar a comunicação. Na linguagem virtual... nem se fala! Toda palavra que sofre abreviação é reduzida até certo ponto, de modo que a parte restante substitui o todo, mantendo, é claro, seu sentido original. Muitas palavras abreviadas são próprias do registro coloquial; muitas vezes vêm imbuídas de afetividade, preconceito, desprezo etc. Veja algumas:

Televisão	**Tevê**
Cinematógrafo	**Cinema > Cine**
Militar	**Milico**
Português	**Portuga**
Delegado	**Delega**
Botequim	**Boteco**
Professor	**Fessor**

Fernando	**Nando**
Florianópolis	**Floripa**
São Paulo	**Sampa**
Rio de Janeiro	**Rio**
Otorrinolaringologista	**Otorrino**
Neurose	**Neura**
Futebol de salão	**Futsal**
Analfabeto	**Analfa**
Comunista	**Comuna**
Pneumático	**Pneu**
Pornográfico	**Pornô**
Fotografia	**Foto**
Poliomielite	**Pólio**
Telefone	**Fone**
Metropolitano	**Metrô**
Vice-presidente	**Vice**
Ex-namorada	**Ex**
Flamengo	**Mengo**
Microcomputador	**Micro**
José	**Zé**
Pestana	**Pest**

Nunca é demais dizer que, de uma palavra abreviada, pode haver outro processo. Exemplo: *Zezinho* (*José* > *Zé* + *inho* > *Zezinho*). Percebeu que ocorreu abreviação e depois derivação sufixal? Resumindo: uma palavra pode sofrer mais de um processo de formação.

Observe a palavra que caiu na questão 8 da prova da UFRJ de 2008: **ex-cineclubista**. Gabarito oficial: "o vocábulo **ex-cineclubista** resulta da aplicação de quatro processos de formação de palavras: redução/abreviação vocabular (cine ← cinema), composição (cine + clube), derivação sufixal (cineclube + ista) e derivação prefixal (ex + cineclubista)". Interessante, não?

Siglonimização

Siglonimizar significa transformar uma expressão em sigla, isto é, valer-se das partes iniciais das palavras de uma expressão a fim de formar uma sigla: **MAM** (Museu de Arte Moderna), **ONU** (Organização das Nações Unidas), **UFRJ** (Universidade Federal do Rio de Janeiro), **PIB** (Produto Interno Bruto), **PT** (Partido dos Trabalhadores), **EsPCEx** (Escola Preparatória de Cadetes do Exército), **FCC** (Fundação Carlos Chagas), **ESAF** ou **Esaf** (Escola de Administração Fazendária), **CESPE** ou **Cespe** (Centro de Seleção e de Promoção de Eventos), **PETROBRAS** ou **Petrobras** (Petróleo Brasileiro S/A), **EMBRATEL** ou **Embratel** (Empresa Brasileira de Telecomunicações).

Sobre os quatro últimos exemplos, recomenda-se só a primeira letra em maiúscula – veja abaixo o item 2.

 CUIDADO!!!

Baseando-me no *Manual de Redação do Senado* e em gramáticos consagrados, há algumas regras a serem respeitadas quanto ao uso de siglas... e algumas curiosidades:
1) As siglas de até três letras devem ser escritas com letra maiúscula: PM, TV, CPF, BC, ONU, USP, PUC, PT, PV, PPS, DF, RJ, AC, MG etc.
2) As siglas e os acrônimos com quatro letras ou mais são grafados em maiúscula quando se pronuncia separadamente cada uma de suas letras ou partes, mas recebem apenas a inicial maiúscula no caso de terem a pronúncia de vocábulo: CNBB, CPMF, BNDES, Uerj, Sudene, Comlurb, Detran, Masp, Ciep etc.
3) Algumas siglas podem apresentar maiúsculas e minúsculas em sua formação: UnB, CNPq, EsSA, EEAr etc.
4) Algumas siglas já são dicionarizadas e, por isso, consideradas como **palavras** e não mais como siglas: aids, ibope, jipe, laser, radar, óvni etc.
5) Muitas siglas e palavras que já foram siglas servem como base para derivações sufixais: PFL (pefelista), PMDB (peemedebista), PT (petista), AIDS (aidético) etc.
6) O plural das siglas se faz com o acréscimo de um simples **s** minúsculo: *As UPPs e as UPAs têm sido de grande valia à população.*
7) Todos os manuais de redação que consultei dizem que deve vir a sigla entre travessões ou parênteses, se a intercalação não terminar a frase. Logo esta é a forma correta: "O Fundo Monetário Internacional – FMI – ajuda as nações". Entretanto, a banca Esaf (sabe-se lá por que razão) usa apenas um travessão antes de sigla, no meio da frase: "O Fundo Monetário Internacional – FMI ajuda as nações". Já enviei e-mail para a Esaf perguntando o porquê dessa postura doutrinal e até hoje não me responderam.

Hibridismo

É a formação de palavras com morfemas de línguas diferentes: **socio/logia (latim e grego)**, **auto/móvel** (grego e latim), **tele/visão** (grego e latim), **buro/cracia** (francês e grego), **banan/al** (africano e latim), **sambó/dromo** (africano e grego), **micro-ônibus** (grego + latim), **report/agem** (inglês + latim), **bi/cicleta** (latim + grego), **saga/rana** (alemão + tupi), **ciber/nauta** (inglês + latim) etc.

Combinação (Amálgama ou Palavra-Valise)

A **combinação**, **amálgama** ou **palavra-valise** (há outros nomes para o mesmo processo, esses são os mais conhecidos) é um processo que consiste na criação de uma palavra a partir da junção de partes de duas ou mais palavras, como um cruzamento lexical. Geralmente se usa o início de uma e o final da outra.

O truncamento que há entre as palavras gera outra de caráter normalmente popular, jocoso, próprio do registro coloquial e literário. Muitas **palavras-valise** não estão dicionarizadas. Não

Capítulo 6 • Estrutura e Processo de Formação de Palavras **141**

confunda, portanto, com palavras formadas por composição por aglutinação, uma vez que estas já se encontram dicionarizadas e são encontradas no registro culto da língua – diferentemente das palavras que sofreram amálgama. Veja alguns exemplos:

Português + Espanhol	**Portunhol**
Tomate + Marte	**Tomarte**
Aborrecer + Adolescente	**Aborrecente**
Crédito + Telefone	**Credifone**
Copo + Companheiro	**Copoanheiro**
Brasileiro + Paraguaio	**Brasiguaio**
Grêmio + Internacional	**Grenal**
Show + Comício	**Showmício**
Atlético + Coritiba	**Atletiba**

O grande Millôr Fernandes criou muitas palavras-valise engraçadas no seu *Dicionovário* (dicionário + novo): "abacatimento, anãofabeto, cãodução, cartomente" etc. Muitas palavras--valise, por não serem dicionarizadas, são consideradas **neologismos**.

E o que é neologismo? Continue lendo, sem piscar, hein!

Neologismo

Sabemos que o léxico da nossa língua, ou seja, nosso repertório de palavras, está em constante processo de aumento. O neologismo é uma palavra nova, uma palavra inventada, que pode ou não vir a ser dicionarizada se cair nas graças do povo. Nem toda gíria é um neologismo. Por exemplo, a nova edição escolar do dicionário *Aurélio* traz expressões que estão na boca do povo, como "periguete, ricardão, sex shop, balada" etc. É verdade! Partindo do princípio que as palavras já estão no dicionário, não mais podemos encará-las como neologismos. Ah, as três últimas já constam do dicionário Aulete também!

Além disso, muitos gramáticos entendem que os estrangeirismos são neologismos, uma vez que palavras novas (mesmo que estrangeiras) podem ser incorporadas à nossa língua. Existem dois tipos de neologismo: mórfico e semântico. Vamos ver!

Neologismo Mórfico

Os falantes se valem de vários processos de formação de palavras já existentes para a criação de novas palavras (inventarei algumas e usarei outras já conhecidas); note que algumas palavras até existem no VOLP, como "amasso, agito, aperto, troca-troca", mas, no dia a dia, elas têm muitas vezes sentidos figurados, o que constitui um neologismo semântico, o qual veremos daqui a pouco:

– **derivação prefixal**: superfeliz, antineutralidade, desorgulhoso (esta palavra também poderia ser interpretada como um neologismo formado por derivação prefixal e sufixal).
– **derivação sufixal**: djavanear, viralizar, internetismo, obrigadaço, baba-ovice (de "baba-ovo").
– **derivação parassintética**: agordalhado, afamilhar, encachorrar.

- **derivação regressiva**: amasso, agito, aperto.
- **composição por justaposição**: namoródromo, bioterror, esquerdofobia.
- **composição por aglutinação**: abusufruto, inteligentudo, desafogaréu.
- **onomatopeia** (reduplicação): tchutchuca, troca-troca, pocotó.
- **abreviação**: boa (boa tarde), tarde (boa tarde), apê (apartamento).
- **siglonimização**: CQIP (Centro de Questões Impossíveis do Pestana), ETS (Estudo Total e Sagaz), GDLP (Gramática Definitiva da Língua Portuguesa).
- **combinação** (amálgama/palavra-valise): criloura, adultescente, mesticigenados.

Veja esta questão da EEAR 1/2011 (prova para concurso militar). Trabalhou-se aqui um neologismo por sufixação.

05. Leia:

> O acesso de jovens à internet consagrou uma bem-humorada modalidade de escrita: o miguchês. Acompanhe o transcurso de criação dessa palavra:
>
> amigo > migo > **migucho** > **miguchês**

Considerando-se apenas os elementos em negrito, é correto afirmar que *miguchês* foi formada por

a) aglutinação;

b) justaposição;

c) **derivação sufixal; (Gabarito!)**

d) derivação imprópria.

Gabarito oficial: "Considerando-se apenas os elementos destacados, a palavra *miguchês* foi formada por derivação sufixal, já que deriva da palavra *migucho* – diminutivo da palavra *migo* –, a qual sofreu acréscimo do sufixo -**ês**, que indica procedência, origem. Na internet circula outra variante desta mesma palavra, grafada com **x** (*miguxo*). Entretanto, essa grafia corresponde à forma no *miguchês*. Para a gramática oficial, a grafia correta respeita a forma com -**ch**, pois deriva do sufixo -**ucho** (diminutivo)".

Neologismo Semântico

Quando um vocábulo adquire novo significado, como em palavras metafóricas (sentido conotativo) ou em gírias, dizemos que ela é um **neologismo de sentido**. Por exemplo, gato (ligação elétrica ilegal), mala (pessoa chata), laranja (intermediário em negócios ilícitos), arroz (rapaz que acompanha moças, mas não namora nenhuma), rede (internet), partidão (não é uma partida grande, mas sim um homem digno, bonito e bem-sucedido), zebra (resultado inesperado) etc.

Estrangeirismos

Tais empréstimos vocabulares podem:

1) manter sua autonomia sonora e mórfica, mas também podem
2) se adaptar à ortografia e à morfologia do Português.

Capítulo 6 • Estrutura e Processo de Formação de Palavras

Veja alguns:
1) pizza, byte, show-room, link, haloween, face, shopping center, teen, blog etc.
2) deletar, restaurante, abajur, bife, futebol, xampu, estresse, skatista, blogueiro etc.
"For *relax*", leia este sambinha do Zeca Baleiro:

Samba do *Approach*
Venha provar meu *brunch*
Saiba que eu tenho *approach*
Na hora do *lunch*
Eu ando de *ferryboat*...(2x)
Eu tenho *savoir-faire*
Meu temperamento é *light*
Minha casa é *hi-tech*
Toda hora rola um *insight*
Já fui fã do *Jethro Tull*
Hoje me amarro no *Slash*
Minha vida agora é *cool*
Meu passado é que foi *trash*...
Venha provar meu *brunch*
Saiba que eu tenho *approach*
Na hora do *lunch*
Eu ando de *ferryboat*...(2x)
Fica ligado no *link*
Que eu vou confessar *my Love*
Depois do décimo *drink*
Só um bom e velho engov
Eu tirei o meu *green card*

E fui prá *Miami Beach*
Posso não ser *pop-star*
Mas já sou um *noveau-riche*...
Venha provar meu *brunch*
Saiba que eu tenho *approach*
Na hora do *lunch*
Eu ando de *ferryboat*...(2x)
Eu tenho *sex-appeal*
Saca só meu *background*
Veloz como *Damon Hill*
Tenaz como *Fittipaldi*
Não dispenso um *happy end*
Quero jogar no *dream team*
De dia um *macho man*
E de noite, *drag queen*...
Venha provar meu *brunch*
Saiba que eu tenho *approach*
Na hora do *lunch*
Eu ando de *ferryboat*...(7x)
(*http://letras.terra.com.br/zecabaleiro/43674/*)

 O Que Cai Mais na Prova?

Saber o que cai mais na prova é essencial, concorda? Por isso, recomendo que domine **derivação** e **composição**. Estes dois assuntos são primordiais.

> Concurseiro(a), quer uma dica de irmão? Guarde no seu coração o que vai ler agora: NUNCA DEIXE DE FAZER SEU PRÓPRIO RESUMO DE CADA CAPÍTULO. Esse processo cognitivo é **extremamente** valioso. Eu poderia ser legalzinho e fofinho pondo um quadro-resumo do que vimos no capítulo, mas, se fizesse isso, estaria sabotando você, impedindo-o(a) de ter esse trabalho de internalização imprescindível do conteúdo. **Por favor, não pule essa etapa!!!** Mesmo que seu resumo fique gigantesco (não vá escrever outra gramática... rsrs), nunca deixe de fazê-lo, para o seu próprio bem! Seu cérebro agradece e, quando passar no concurso, sua conta no banco também. Vá fundo na missão! ☝

Questões de Concursos

1. (FGV – PC/RJ – Inspetor – 2008) Em *xenofobia*, há a seguinte combinação de sentidos: estrangeiro + aversão. Assinale a alternativa em que a explicação do sentido do elemento que antecede *-fobia* não tenha sido feita corretamente.
   a) pantofobia (pantera).
   b) estasiofobia (permanecer de pé).
   c) fotofobia (luz).
   d) ictiofobia (peixe).
   e) gamofobia (casamento).

2. (Consulplan – Analista de Informática (SDS-SC) – 2008) A alternativa em que todas as palavras são formadas pelo mesmo processo de formação é:
   a) responsabilidade, musicalidade, defeituoso;
   b) cativeiro, incorruptíveis, desfazer;
   c) deslealdade, colunista, incrível;
   d) anoitecer, festeiro, infeliz;
   e) reeducação, dignidade, enriquecer.

3. (Cespe/UnB – Instituto Rio Branco – Diplomata – 2008) O recurso a processos de formação de palavras derivadas pode ser exemplificado em "habitável porém inabitado".
   ( ) CERTO   ( ) ERRADO

4. (FGV – TCM/PA – Auditor – 2008) (Adaptada) Julgue como correto ou incorreto o item a seguir no que diz respeito a estrutura do texto.
   "A palavra 'financeirização' foi posta entre aspas por se tratar de um neologismo."

5. (FGV – TJ/MS – Juiz de Direito (Substituto de Carreira) – 2008) Utilizou-se corretamente a regra moderna de grafia de siglas em OMC, ONU e FMI. Assinale a alternativa em que isso **não** tenha ocorrido.
   a) AGU.   b) ADI.   c) Emerj.   d) EMATRA.   e) PIS.

6. (Fadems – TJ/MS – Analista de Sistema Computacional – 2009) Assinale a alternativa em que o processo de formação de palavras está **corretamente** indicado:
   a) sociologia = derivação prefixal ou prefixação.
   b) "redondo" (em "Skol, a cerveja que desce redondo") = derivação sufixal ou sufixação.
   c) enlouquecer = parassíntese.
   d) combate (do verbo "combater") = derivação imprópria.
   e) "pobre" (em "O pobre merece ajuda") = derivação regressiva.

7. (Cespe/UnB – Instituto Rio Branco – Diplomata – 2010) Os vocábulos "instabilidade", "imperfeita", "inçados" e "impõe" são formados por prefixo cujo valor semântico denota privação ou negação.
   ( ) CERTO   ( ) ERRADO

8. (Cespe/UnB – Instituto Rio Branco – Diplomata – 2010) O vocábulo "inaturável" é formado por derivação e tem o mesmo radical do vocábulo **desnaturado**.
   ( ) CERTO   ( ) ERRADO

9. O vocábulo "agravada" tem o mesmo radical que os vocábulos **gravidez** e **gravidade**.
   ( ) CERTO   ( ) ERRADO

10. (Instituto Zambini – Pref. Taboão da Serra/SP – Professor III – 2010) Assinale a alternativa em que a palavra não é formada por derivação parassintética.
    a) enriquecer.
    b) entardecer.
    c) avermelhar.
    d) descobrimento.
    e) N.D.A.

11. (Ima – Pref. Boa Hora/PI – Procurador Municipal – 2010) A palavra "**Olhar**" em (meu olhar) é um exemplo de palavra formada por derivação:
    a) parassintética;
    b) prefixal;
    c) sufixal;
    d) imprópria;
    e) regressiva.

12. (Integri – Pref. Carapicuíba/SP – Procurador Municipal – 2010) Mas, em uma era de <u>globalização</u> e de <u>sociedades</u> <u>multiconfessionais</u>, a <u>criação</u> do capital exige não apenas tolerância, mas também o respeito pelas pessoas de outras confissões. As palavras sublinhadas são formadas pelo mesmo processo de derivação, exceto:
    a) globalização;   b) sociedades;   c) criação;   d) multiconfessionais.

Capítulo 6 • Estrutura e Processo de Formação de Palavras **145**

13. (FGV – Codesp – Arquiteto – 2010) Assinale o par de vocábulos em que seus elementos mórficos destacados **NÃO** tenham o mesmo sentido.
    a) metropolitana – metrologia.
    c) telecomunicações – telepatia.
    e) sintonia – sinergia.
    b) economia – ecologia.
    d) petróleo – petrificar.

14. (FGV – SEAD/AP – Auditor da Receita Estadual – 2010) Com relação aos processos de formação de palavras, analise as afirmativas a seguir:
    I. Na palavra *jeitinho*, o sufixo -*inho* significa "diminuição".
    II. Denomina-se composição o processo de formação da palavra *utilitarista*.
    III. A palavra *analfabetismo* forma-se por derivação prefixal e sufixal, a partir do radical *alfabet-*.
    Assinale:
    a) se somente a afirmativa I estiver correta;
    b) se somente a afirmativa II estiver correta;
    c) se somente a afirmativa III estiver correta;
    d) se somente as afirmativas II e III estiverem corretas;
    e) se todas as afirmativas estiverem corretas.

15. (FGV – Caern – Agente Administrativo – 2010) Assinale a palavra que seja formada pelo mesmo processo que *megalópoles*.
    a) internacional.
    c) saneamento.
    e) olímpicos.
    b) sustentabilidade.
    d) obrigatoriedade.

16. (FGV – TRE/PA – Analista Judiciário – 2011) Assinale a palavra em que o prefixo tenha o mesmo valor semântico que o de *dissociação*.
    a) dissolver.
    b) dispor.
    c) discordar.
    d) disenteria.
    e) dissimular.

17. (FCC – DPE/RS – Defensor Público – 2011) Das palavras a seguir, a única formada por derivação prefixal e sufixal é:
    a) destinação;
    c) criminológico;
    e) preventivamente.
    b) desocupação;
    d) carcereiro;

18. (Cespe/UnB – STM – Analista Judiciário – 2011) As palavras "desertor" e "integrantes" são ambas formadas por processo de derivação sufixal em que os respectivos sufixos evidenciam o sentido de agente.
    ( ) CERTO   ( ) ERRADO

19. (Cespe/UnB – ECT – Agente dos Correios – 2011) A palavra "trem-bala" é composta por justaposição, tal qual o vocábulo:
    a) governança;
    c) passatempo;
    e) faturamento.
    b) ilimitado;
    d) superprodução;

20. (Cespe/UnB – ECT – Formação: Letras – 2011) No processo de formação dos vocábulos "integração", "impulsiona", "indefectivelmente" e "imprudências", identifica-se o prefixo in-, que neles expressa a noção de mudança de estado.
    ( ) CERTO   ( ) ERRADO

21. (Funcab – Prefeitura Municipal de Valença – Biólogo – 2012) No processo de formação da palavra "desfavoravel-mente", pode ser identificado o tipo de derivação:
    a) sufixal;
    c) parassintética;
    e) prefixal.
    b) prefixal e sufixal;
    d) regressiva;

22. (Consulplan – TSE – Analista Judiciário – 2012) Assinale a alternativa em que o elemento destacado NÃO tem o mesmo sentido que o de *trans-*, em *transvalorada*.
    a) transbordar.
    b) trasantontem.
    c) tresnoitar.
    d) trastejar.

23. (Instituto Ludus – Pref. Mun. Aroazes – Professor de Português II – 2012) *Doçura* e *interinidade* são substantivos abstratos derivados de adjetivo. Marque o item em que todos os substantivos são abstratos derivados de adjetivo.
    a) Mortalidade, mesquinhez, umidade, escuridão.
    b) Infância, paciência, publicidade, justiça.
    c) Perfeição, baixeza, compensação, dificuldade.
    d) Ambição, amor, mistério, oportunidade.
    e) Alegria, amor, mistério, oportunidade.

24. (Consulplan – Pref. Barra Velha/SC – Agente Administrativo – 2012) Os termos *Ibama* (4º §) e *ararinha* (2º §) são formados, respectivamente, pelos processos de:
a) siglonimização e derivação sufixal;
b) derivação regressiva e onomatopeia;
c) derivação prefixal e abreviação;
d) derivação parassintética e derivação imprópria;
e) composição por justaposição e hibridismo.

25. (Ceperj – Cedae – Operador de Tratamento de Água – 2012) A palavra formada pelo acréscimo de um sufixo é:
a) imprensa;   b) descobrir;   c) reforma;   d) irracional;   e) rigidez.

26. (Ceperj – SEAP – Inspetor de Segurança e Administração Penitenciária – 2012) A palavra "descriminalizar" é formada pelo mesmo tipo de derivação observado na palavra da seguinte alternativa:
a) espetar.   c) tatuar.   e) reanimar.
b) familiarizar.   d) recusar.

27. (Ceperj – Degase – Enfermeiro do Trabalho– 2012) Um exemplo do texto em que a palavra é formada pela adição de sufixo e prefixo é:
a) cotidianamente;   d) infelizmente;
b) oportunidade;   e) sucateados.
c) responsáveis;

28. (Ceperj – SEFAZ – Analista de Controle Interno – 2012) Entre os vocábulos abaixo, aquele que possui uma formação diferente dos demais é:
a) repercussões;   c) favorável;   e) despreocupar.
b) desdobramentos;   d) recentemente;

29. (Funcab – Pref. Magé/RJ – Administrador – 2012) Formam substantivos de adjetivos, exprimindo a noção de "estado ou qualidade de", ambos os sufixos destacados nas seguintes palavras do texto:
a) igual**dade** - sentiment**al**.   d) pob**reza** - hipocris**ia**.
b) liga**mento** - esteriliza**ção**.   e) jornalíst**ico**- adolesc**ente**.
c) sentimental**ismo** – govern**ante**.

30. (Funcab – Pref. Sooretama/ES – Administrador de Empresa – 2012) As palavras destacadas em "Tanto andam agora preocupados em definir o **conto** [...]" / "Uma **ternura** imensa, [...]" se formaram, respectivamente, por:
a) composição por aglutinação e derivação sufixal;
b) derivação regressiva e derivação regressiva;
c) composição por justaposição e derivação imprópria;
d) derivação regressiva e derivação sufixal;
e) composição por justaposição e derivação parassintética.

31. (Funcab – MPE/RO – Analista Administrativo – 2012) Aponte o significado do prefixo da palavra destacada em "(...) praticam o **exorcismo** em Kerala, (...)".
a) mudança.   c) para fora.   e) através de.
b) separação.   d) para trás.

32. (FGV – AL/MT – Editor de Textos – 2013) Há uma série de substantivos no texto que são derivados de verbos. Assinale a alternativa em que a correspondência de substantivo/verbo não é adequada.
a) "... defendem na FALTA de uma ideia melhor" / faltar
b) "... mesmo antes da ENTRADA em vigor das leis..." / entrar
c) "... só possa ser vendida por PRESCRIÇÃO médica" / prescrever
d) "... nos estados americanos existe uma PROVISÃO para avaliar..." / provir
e) "... da venda e do CONSUMO da *Cannabis*..." / consumir.

33. (Funcab – Detran/PB – Agente de Trânsito – 2013) Das palavras extraídas do texto, indique aquela que destoa das demais quanto ao processo de formação pelo qual foi constituída.
a) perigoso.   d) imprudente.
b) motorista.   e) responsabilidade.
c) velocidade.

Capítulo 6 • Estrutura e Processo de Formação de Palavras **147**

34. (IBFC – Amazul – Assistente de Administração – Técnico de Contabilidade – 2014) Sobre a estrutura e formação do vocábulo "biocremação" é correto afirmar que:
    a) é uma palavra primitiva.
    b) apresenta, em sua estrutura, os processos de composição e derivação.
    c) foi formado, exclusivamente, por derivação.
    d) foi formado, exclusivamente, por composição.

35. (AOCP – EBSERH Nacional – Analista Administrativo – Administração Hospitalar – 2015) As palavras "relacionamento", "intelectualmente" e "profundamente" são formadas por:
    a) derivação prefixal e sufixal.
    b) derivação sufixal.
    c) derivação prefixal.
    d) composição por aglutinação.
    e) composição por justaposição.

36. (FGV – Prefeitura de Niterói/RJ – Fiscal de Posturas – 2015) Entre os pares de palavras abaixo, aquelas que são formadas por processos de formação diferentes são:
    a) publicidade / consumidores.
    c) avareza / poupança.
    e) preguiça / passeio.
    b) desejo / inveja.
    d) descalcificar / inúmeros.

37. (FAU – Prefeitura de Piraquara/PR – Assistente Operacional – 2016) As palavras "pontiagudo, gostoso e enobrecer" são formadas, respectivamente, pelos seguintes processos de formação de palavras:
    a) Composição por aglutinação – derivação sufixal – derivação parassintética.
    b) Derivação sufixal – derivação sufixal – derivação prefixal e sufixal.
    c) Composição por justaposição – derivação imprópria – derivação prefixal.
    d) Derivação prefixal e sufixal – derivação sufixal – composição por aglutinação.
    e) Derivação prefixal – composição por aglutinação – derivação imprópria.

38. (FGV – MPE/BA – Analista Técnico (Psicologia) – 2017) A palavra abaixo que apresenta um processo de formação distinto dos demais é:
    a) chineses;
    c) milenar;
    e) imediatismo.
    b) recentemente;
    d) desagregadores;

39. (Instituto AOCP – TRT/1ª R (RJ) – Analista Judiciário – (Oficial de Justiça Avaliador Federal) – 2018) O processo de derivação imprópria de palavras compreende a mudança de classe de uma palavra, estendendo-lhe a significação. Assinale a alternativa cujo excerto apresenta tal processo de derivação na palavra em destaque.
    a) "A cultura é o sedimento da tentativa <u>incessante</u> de tornar possível [...]"
    b) "[...] o <u>lugar</u> que ele ocupa na existência [...]"
    c) "[...] todo tipo de sociedade e toda época histórica têm os seus próprios <u>medos</u> [...]"
    d) "Os medos que o poder <u>transforma</u> em mercadoria política e comercial [...]"
    e) "[...] a necessidade de preencher o abismo que separa o <u>transitório</u> do eterno [...]"

40. (Instituto AOCP – PC/ES – Assistente Social – 2019) Dentre os processos existentes para formar novas palavras, verifica-se que o substantivo "responsa" é formado por:
    a) derivação prefixal.
    b) derivação parassintética.
    c) redução.
    d) hibridismo.
    e) composição por aglutinação.

41. (Fundatec – Prefeitura de Panambi/RS – Contador – 2020) Assinale a alternativa em que há INCORREÇÃO quanto ao que se diz sobre a morfologia de palavras do texto.
    a) enviesadas (há derivação parassintética).
    b) reestabelecesse (há desinência de tempo e modo verbal).
    c) colaterais (há supressão da consoante final para inserção de vogal de ligação e de desinência de número).
    d) documentado (há sufixo formador de adjetivo ou particípio).
    e) insanidade (há prefixo de negação e sufixo formador de adjetivo).

42. (FGV – Câmara de Aracaju/SE – Redator – 2021) A frase abaixo em que o estrangeirismo destacado mostra uma incorporação completa ao nosso idioma é:
a) Após o cinema, fui comer um HAMBURGER;
b) O SHOW foi um sucesso absoluto;
c) O SHOPPING fica aberto até as 22h;
d) Faço ginástica no meu CLUBE;
e) Gosto de jogar VIDEOGAME.

43. (Fundatec – SPGG/RS – Analista de Planejamento, Orçamento e Gestão – 2022 – Adaptada) No que se refere à estrutura e aos processos de formação de palavras, avalie as afirmações que seguem:
I. Os vocábulos "profundamente" e "resolvermos" são formados por sufixação.
II. Em "ilimitado" ocorrem prefixo e sufixo.
III. A palavra "automóveis" é exemplo de hibridismo, nome dado à formação de palavras com elementos de idiomas diferentes.
Quais estão corretas?
a) Apenas I.
b) Apenas II.
c) Apenas III.
d) Apenas I e II.
e) Apenas II e III.

Gabarito

1. A.	12. D.	23. A.	34. B.
2. A.	13. A.	24. A.	35. B.
3. CERTO.	14. C.	25. E.	36. E.
4. CORRETO.	15. A.	26. E.	37. A.
5. D.	16. C.	27. D.	38. D.
6. C.	17. B.	28. E.	39. E.
7. ERRADO.	18. CERTO.	29. D.	40. C.
8. ERRADO.	19. C.	30. D.	41. E.
9. CERTO.	20. ERRADO.	31. C.	42. D.
10. D.	21. B.	32. D.	43. E.
11. D.	22. D.	33. D.	

Os comentários sobre as questões estão no *Material Complementar* do livro.
Para acessá-lo, veja o passo a passo na orelha desta obra.

CAPÍTULO 7
SUBSTANTIVO

Definição

Vou definir todas as classes gramaticais a partir de três critérios: **semântico**, **morfológico** e **sintático**. Então, comecemos pelo substantivo – a classe gramatical mais importante para a construção de frases, junto com o verbo, é claro!

Do ponto de vista semântico, o substantivo é a palavra que **nomeia** tudo o que tem substância, tudo o que existe (céu, homem, mar, peixe, Rio de Janeiro, átomo, eletricidade etc.), tudo o que imaginamos existir (Deus, fada, vampiro, anjo, duende, lobisomem, inferno etc.) ou tudo o que é conceito abstrato (saudade, recreação, lealdade, riqueza etc.). Não é por nada que o substantivo é chamado de "nome, nomeador ou designador".

Imagine-se numa sala de aula agora. Você consegue dar nomes às coisas que estão a sua volta? Carteiras, quadro, gizes, paredes, janelas, chão, ar-condicionado (ou ares-condicionados, se mais de um), alunos, professor etc. Imagine agora que você esteja desatento ao que o professor diz, qual é o nome desse **estado**? "Desatenção". Enfim... você só conhece melhor o mundo a seu redor e a si mesmo se houver **nomeação** (que, por ser o **ato** de nomear, é um substantivo).

É bom dizer que não é só o verbo que indica ação ou fenômeno natural, não é só o adjetivo que indica estado ou qualidade. O substantivo pode indicar **ação** (desenvolvimento, vingança), **estado** (vida, doença), **condição** (pobreza, abastança), **qualidade** (fidelidade, maleabilidade), **sentimento** (amor, ódio), **acontecimento** (evento, sonho), **concepção/doutrina** (fé, naturismo).

Não me custa dizer que os substantivos com os sufixos abaixo são, normalmente, abstratos:

> **Observação**
>
> **-aço**: buzinaço / **-ada**: largada / **-ado**: empresariado / **-ato**: estrelato / **-agem**: ajustagem / **-ia**: burguesia / **-dade**: casualidade / **-dão**: gratidão / **-ez**: altivez / **-eza**: beleza / **-ia**: chefia / **-ice**: doidice / **-ície**: imundície / **-or**: amargor / **-tude**: juventude / **-ura**: brancura / **-ismo**: antropocentrismo / **-nça**: esperança / **-ncia**: constância / **-ção**: correção / **-são**: agressão / **-mento**: casamento

Isso não significa que todos os substantivos abstratos terminam com esses sufixos. Claro que não. Falarei um pouco mais sobre a significação dos substantivos mais à frente.

Do ponto de vista morfológico, o substantivo é uma palavra que varia em gênero, número e grau, normalmente. Por exemplo, a palavra "garoto" varia em gênero (garota), em número (garotos) e em grau (supergaroto, minigaroto, garotão, garotinho). É por isso que se diz que o substantivo é uma palavra variável, porque muda de forma, por meio de desinências e de afixos.

Do ponto de vista sintático, o substantivo normalmente é o núcleo dos termos sintáticos. Se você não lembra quais são os termos sintáticos, refrescarei a sua memória agora: **sujeito,**

objetos direto e indireto, predicativos do sujeito e do objeto, complemento nominal, agente da passiva, adjuntos adnominal e adverbial, aposto e vocativo. O substantivo, comumente, é o núcleo desses termos sintáticos.

Observação

Para entendermos bem todas essas definições de substantivo, vamos analisar esta frase:
O *discurso* **daquele aluno provocou grande alegria no professor.**
Note, por exemplo, que a palavra *discurso*:

1) **designa/nomeia** uma ação praticada por alguém: **discurso é uma manifestação oral, é o ato de discursar**;
2) **pode variar** de forma se a frase toda for pluralizada: *"Os **discursos** daqueles alunos provocaram..."*;
3) é **núcleo** do sujeito: *"O que provocou grande alegria no professor?"* *"O **discurso** daquele aluno"*.

Tudo bem até agora? Espero que sim, pois a partir de então vou abranger mais o assunto, hein... Venha comigo!

Chamamos de **sintagma nominal** o grupo de vocábulos que se ligam a um núcleo substantivo. Logo, "**O discurso daquele aluno**" é um sintagma nominal (uma expressão), pois apresenta termos periféricos (**o** e **daquele aluno**) indissociáveis do substantivo **discurso**. Se alguém pergunta a você "o que provocou grande alegria no professor", você não vai responder simplesmente que foi "o discurso", mas sim "o discurso daquele aluno", cujo núcleo da expressão (sintagma) é o substantivo, certo?

Percebeu? Precisamos ir a fundo na identificação dos substantivos e no conceito de **substantivação** (apesar de já termos visto bastante em derivação imprópria), porque isso cai com certa frequência nas provas! Você vai ver mais à frente que o substantivo tem uma vitalidade tão grande na língua portuguesa, que o encontramos como núcleo das locuções adjetivas (barco à vela ou barco a vela), adverbiais (de manhã), prepositivas (ao encontro de) e conjuntivas (à proporção que).

Inclusive, para variar, já vi questões em que a banca pediu que se marcasse a opção cuja oração destacada tinha valor/função de substantivo. Só que veremos isso com mais detalhes no capítulo de orações subordinadas substantivas. Caso queira dar um "pulão" até lá, fique à vontade, mas não recomendo ainda. Devagar também é pressa – percebeu que "devagar", nesse contexto, é substantivo?

Identificação e Substantivação

Antes de mais nada: qualquer vocábulo ou expressão pode se tornar um substantivo. Se quisermos reconhecer o substantivo dentro da frase – e isso é muito importante! –, precisaremos perceber, precipuamente, se ele vem na posição de núcleo dos termos sintáticos e/ou acompanhado de **determinante** (artigo, pronome, numeral, adjetivo e/ou locução adjetiva). Grave isso!

Identificação do Substantivo

Tive de transcrever um dos poemas mais críticos e pseudoeróticos de que mais gosto para ilustrar algo relativo à gramática. Nada contra as mulheres, hein! Observe que os substantivos (negrito) normalmente vêm acompanhados de determinantes ("azulito"):

O Cão e a Cadela
Bocage

Tinha de *uma* **cadela** *um* **cão fome** *canina*.
Ele *bom* **perdigueiro**, ela de **casta** *fina*.
Mil **foscas** lhe fazia *o terno* **maganão**,
Mas gastava *o seu* **tempo**, *o seu* **carinho** em **vão**.
Dando n*o* **chichisbéu dentada** e *mais* **dentada**,
A **fêmea** parecia *uma* **cadela** *honrada*
E incapaz de ceder *às* **pretensões** *de amor*.
Mas *o* **amante** *infeliz* enfim foi sabedor
De que a mesma*, em que via **ações** tão *desabridas*,
Era co'*um torpe* **cão** fagueira às **escondidas**.
Se és sagaz, *meu* **leitor**, talvez que tenhas visto
Cadelas *de dois pés** que também fazem isto.

É fácil identificar os substantivos acompanhados de determinantes: (uma) **cadela**, (um) **cão**, **fome** (canina), (bom) **perdigueiro**, **casta** (fina), (Mil) **foscas**, (o terno) **maganão**, (o seu) **tempo**, (o seu) **carinho**, (o) **chichisbéu**, (mais) **dentada**, (a) **fêmea**, (uma) **cadela** (honrada), (as) **pretensões** (de amor), (o) **amante** (infeliz), **ações** (desabridas), (um torpe) **cão**, (meu) **leitor**, **Cadelas** (de dois pés).

> **Só de curiosidade**: De novo, o nome dado a essas estruturas em que o substantivo vem acompanhado de determinantes se chama **sintagma nominal**, ou seja, determinante(s) + **substantivo** = **sintagma nominal**; **substantivo** + determinante(s) = **sintagma nominal**; determinante(s) + **substantivo** + determinante(s) = **sintagma nominal**. O "sintagma nominal" é um grupo de vocábulos centrados em um nome (substantivo); é uma expressão cujo núcleo é um nome substantivo.

Só peço que observe agora os substantivos que não estão acompanhados de determinantes: **vão** (em vão), **amor** (de amor), **escondidas** (às escondidas). Note que tais substantivos são os núcleos das expressões ou termos sintáticos: **em vão** (adjunto adverbial), **de amor** (adjunto adnominal), **às escondidas** (adjunto adverbial).

É bom saber um pouquinho de sintaxe até mesmo para identificar um substantivo, percebeu?

> * **a mesma** ("mesma" é um pronome demonstrativo que vem antecedido de artigo, portanto cuidado, pois nem todas as palavras precedidas de artigo são automaticamente substantivos; falarei mais sobre isso no capítulo *Numeral*).
>
> * Em "**cadelas de dois pés**", **de dois pés** é uma locução adjetiva (determinante) que caracteriza o substantivo **cadelas**; só que dentro da locução adjetiva há um substantivo como núcleo (pés), que está determinado pelo numeral (determinante) **dois**. Logo, **pés** é um substantivo, pois está acompanhado de determinante (dois **pés**). Beleza?

Relembre, agora, o que vimos em derivação imprópria (conversão) para fixar a ideia de que as palavras podem se tornar substantivos. Dessa vez, fiz questão de comentar uma por uma. Não pule esta etapa!

Substantivação

A **substantivação** é um tipo de "nominalização", pois ocorre mudança de muitas classes gramaticais, que se tornam substantivos. Qualquer morfema, palavra, expressão ou frase pode se tornar um substantivo desde que esteja acompanhada de algum determinante (artigo, pronome, numeral, adjetivo, locução adjetiva) ou tenha valor substantivo (designador) no contexto:

*Você tem aracno**fobia**?* (radical)	*Eu tenho muitas fobias.* (substantivo)	O pronome indefinido *muitas* atua como determinante
*Sou muito **pró**-ativo.* (prefixo)	*Esta questão só tem um pró.* (substantivo)	O numeral *um* atua como determinante
*Aquela blusa é **preta**?* (adjetivo)	*Preta, você me ama?* (substantivo)	Percebe que a palavra virou um substantivo porque está nomeando alguém por meio de um apelido?
*Estou tão **sem ânimo**...* (locução adjetiva)	*Esse teu sem ânimo me desanimou.* (locução substantiva)	Os determinantes *esse* e *teu* substantivaram a locução adjetiva, transformando-a em locução substantiva.)*
***A** casa foi comprada ontem.* (artigo)	*Esse a da frase anterior é um artigo.* (substantivo)	O pronome demonstrativo *Esse* atua como determinante
*Eu **me** amo, não posso mais viver sem mim.* (pronome)	*O me, o te e o se também funcionam como objetos diretos.* (substantivos)	O artigo definido *o* atua como determinante
*Tenho **dois** filhos.* (numeral)	*O dois é um numeral cardinal.* (substantivo)	O artigo definido *o* atua como determinante
*Eu vou **amar** você e depois vou **partir**.* (verbos no infinitivo)	*O amar e o partir fazem parte da vida.* (substantivos)	O artigo definido *o* atua como determinante
*Havia **feito** uma prova dificílima.* (verbo no particípio)	*Mahatma Gandhi realizou um feito inédito na história!* (substantivo)	O artigo indefinido *um* atua como determinante
***Amanhã** te ligo.* (advérbio)	*Espero sempre por um amanhã melhor.* (substantivo)	O artigo indefinido *um* e o adjetivo *melhor* atuam como determinantes
***Só** ela me faz feliz.* (palavra denotativa de exclusão)	*O só pertence ao grupo de palavras denotativas.* (substantivo)	O artigo definido *o* atua como determinante
*Precisamos fazer uma ação **contra** a violência.* (preposição)	*Estes contras que você está expondo não procedem.* (substantivo)	O pronome demonstrativo *Estes* atua como determinante

Estudo muito, **porém** não gosto, **porque** cansa. (conjunções)	Só tenho um *porém* a dizer; deixe o *porquê* para depois. (substantivos)	O numeral *um* e o artigo *o* atuam como determinantes
Ai! Se eu te pego! (interjeição)	Nunca se ouviu sequer um *ai* naquela casa. (substantivo)	O numeral *um* atua como determinante
O rapaz só abre a boca para falar isto: "**Fala sério!**" (frase verbal)	É um *fala sério* para cá, um *fala sério* para lá... Que chatice! (locução substantiva)	O artigo indefinido *um* atua como determinante, transformando a frase verbal em uma locução substantiva
Estamos chegando, **falta pouco**. (frase verbal)	Estamos chegando, do verbo *falta pouco*. (locução substantiva)	Dessa vez não há artigo substantivando a frase; a própria frase tem valor de substantivo porque nomeia, especificando, o substantivo anterior *verbo*; para quem se lembra disto, trata-se de um *aposto especificativo*

Observação

Veja este exemplo de Celso Cunha & Lindley Cintra: Uma **preta** *velha* vendia laranjas. / Uma **velha** *preta* vendia laranjas. Note que os vocábulos **preta** e **velha** mudaram de classe gramatical com a mudança de posição no sintagma (substantivo + adjetivo / substantivo + adjetivo). Isso é normal. Veremos mais exemplos no próximo capítulo (*Adjetivo*).

* Veja uma questão em que caiu exatamente isso:

(NCE/UFRJ – TRT/9R – Técnico Judiciário – 1998)

Fragmento de texto:

(...) Mais adiante, para não achincalhar a todos, indistintamente, com a pecha infamante de "subdesenvolvido", premiou-se os melhores com **o gentil** "em desenvolvimento". Tais países não eram mais "sub", não estavam mais tão por baixo. Nos últimos anos, substituiu-se **o** "em desenvolvimento" por "emergente", palavra que igualmente se opõe ao "sub". (...)

A expressão "em desenvolvimento" apresenta valor:

    a)   adjetivo;

    b)   substantivo;

    c)   adverbial;

    d)   prepositivo;

    e)   conjuntivo.

Comentário: Note que há determinantes (grifados por mim) <u>substantivando</u> a expressão "em desenvolvimento", por isso o gabarito oficial foi, acertadamente, a opção B. Muito bacana a questão!

Resumo da ópera: as palavras substantivadas variam normalmente, como um substantivo. Por exemplo: "Aqui não há **senões** nem **talvezes**, meu amigo!".

CUIDADO!!!

Só leia isto se você quiser saber mais sobre a língua portuguesa, pois isso não cai em concurso público. Celso Cunha, Bechara e outros grandes nomes nos ensinam o seguinte: um substantivo ou um adjetivo pode ser usado para caracterizar de maneira expressiva outro substantivo que vem depois da preposição "de". Entenda! Observe estas frases:

– O **raio** do garoto só fala bobagens.
– O **bobo** do palhaço fez todos rirem.
– A **idiota** da mulher fez um escândalo no banco.
– A **pobre** da menina está carente.

O substantivo ou o adjetivo substantivado antes da preposição "de" das estruturas formadas por **artigo + substantivo/adjetivo substantivado + preposição de** enfatizam o substantivo que vem a seguir. Logo, em "O raio do garoto", "O bobo do palhaço", "A idiota da mulher", "A pobre da menina", as estruturas "o raio (de)", "o bobo (de)", "a idiota (de)", "a pobre (de)" são expressões que realçam, respectivamente, os substantivos "garoto, palhaço, mulher e menina". Essas construções são carregadas de expressividade!

Nas últimas três frases, a preposição "de" é expletiva, ou seja, serve para realçar, enfatizar a expressão, podendo, assim, ser descartada. Com as devidas alterações, as frases podem ser reconstruídas, com o mesmo sentido, assim: "O bobo palhaço fez todos rirem / A mulher idiota fez um escândalo no banco / A pobre menina está carente".

Cuidado com certas ambiguidades: "A vaca da tua mãe está bem?". Não se sabe se a mãe da pessoa está sendo xingada ou se o animal (vaca) que pertence à mãe está bem. Outro exemplo: "A droga do cliente chegou", *droga* é uma qualificação do cliente ou é uma substância ilícita? Fique ligado... sem trocadilhos!

Recurso de Nominalização

Nominalizar é, normalmente, transformar uma estrutura verbal em uma estrutura nominal, ou seja, substituir um verbo por um substantivo de mesmo radical (às vezes, por um adjetivo), a fim de evitar o exagero no uso de verbos. Isso se dá por meio de derivação sufixal ou de derivação regressiva, normalmente.

Segundo Ulisses Infante, a nominalização "constitui um recurso eficaz no momento de redigir, pois passamos a contar com diferentes possibilidades para estruturar nossas frases". Ele está falando aqui sobre reescritura de frases, sobre a qual falarei mais detalhadamente no capítulo 37. Continua Infante: "O uso de substantivos é mais frequente em textos científicos e analíticos, em que os conceitos são mais utilizados do que as ações. Nos textos narrativos, as ações tendem a ser mais importantes do que os conceitos, o que acarreta predomínio de verbos".

Para você que vai fazer uma prova de redação, um texto dissertativo bem redigido é aquele que não abusa de verbos; um texto com mais nomes valoriza a concisão e a clareza.

Contando, também, com as informações essenciais da Prof.ª Dr.ª Maria Francisca Oliveira Santos, em seu trabalho *As nominalizações em sala de aula como marcas de não comprometimento do sujeito* (Revista do Gelne, Vol. 3, Nº 1, 2001), vejamos como isso ocorre na prática.

Capítulo 7 • Substantivo

Por Derivação Sufixal

–ção/–são: fabricar > fabricação; ligar > ligação; adaptar > adaptação; expressar > expressão, ceder > cessão...

- *Fabricar produtos sustentáveis está na moda.* (Frase com dois verbos.)
- *A fabricação de produtos sustentáveis está na moda.* (Frase com um verbo.)
- *Ceder meus direitos autorais ao artista foi difícil.* (Frase com dois verbos.)
- *A cessão de meus direitos ao artista foi difícil.* (Frase com um verbo.)

> **Observação**
>
> Note que, assim como o verbo exige dois complementos – cede-se <u>algo</u> (1) <u>a alguém</u> (2) –, o nome também exige – cessão de... (1) ao... (2). Falarei mais sobre a relação dos verbos e dos nomes com seus complementos no capítulo de *Regência*. Não se empolgue, fique por aqui, senão vai se enrolar!

–da: sair > saída; chamar > chamada; chegar > chegada...

- *Quando meu filho **chegou**, fiquei emocionada.* (Frase com dois verbos.)
- *A chegada do meu filho me emocionou.* (Frase com um verbo.)

–mento: conhecer > conhecimento; lançar > lançamento; surgir > surgimento...

- ***Surgiram** novos problemas em minha tese que me deixaram preocupado.* (Frase com dois verbos.)
- *O surgimento de novos problemas em minha tese me deixou preocupado.* (Frase com um verbo.)

Os demais sufixos seguem o mesmo paradigma (modelo):

–nça/–ncia: mudar > mudança; tolerar > tolerância; concordar > concordância...
–aria: pescar > pescaria; piratear > pirataria...
–agem: abordar > abordagem; filmar > filmagem; reciclar > reciclagem...
–dor: pescar > pescador; acusar > acusador; dever > devedor...
–nte: participar > participante; fabricar > fabricante...
–(t)ura: ler > leitura; candidatar > candidatura...
–eza: estar certo de > a certeza de...
–dade: ser difícil de > a dificuldade de...

Por Derivação Regressiva

Observe três exemplos em que ocorre nominalização:

- *Quem **canta** os males espanta.* (Frase com dois verbos.)
- *O canto espanta os males.* (Frase com um verbo.)
- *Ele **causou** o estardalhaço porque se revoltou com a postura dos políticos.* (Frase com dois verbos.)
- *A causa do estardalhaço foi sua revolta com a postura dos políticos.* (Frase com um verbo.)
- *Depois de **jantar** com a namorada, percebeu que foi um sucesso.* (Frase com três verbos.)
- *A janta com a namorada foi um sucesso.* (Frase com um verbo.)

Locução Substantiva

A locução é sempre um grupo de vocábulos que equivale a uma palavra só. Dizemos que uma locução é substantiva caso seja formada por um grupo de vocábulos, com valor de substantivo (não ligados por hífen): anjo da guarda, dona de casa, estrada de ferro, ponto de vista, cesta básica, papel almaço, fim de semana, sala de jantar, casa de saúde, Maria das Dores, Vasco da Gama, Cidade Universitária, Belo Horizonte, Nova Iguaçu etc.

> **Observação**
>
> Na nova ortografia, muitos substantivos compostos perderam o hífen, logo é possível dizer que se tornaram locuções substantivas: "pé de moleque, mula sem cabeça, pôr do sol, leva e traz" etc. Afinal, para ser substantivo composto, é preciso, em tese, de hífen. Já os vocábulos que formam as locuções substantivas não são ligados por hífen. De qualquer modo, a regra de plural dos compostos ainda vale!!!

Classificação

Antes de qualquer coisa, é bom dizer que esta parte é 99,99% irrelevante para as bancas de concursos, que não cobram a classificação dos substantivos, por isso não tenho por que me estender. Esta parte só é importante para o conhecimento dos conceitos. Por exemplo, é bom saber identificar que um substantivo é coletivo ou partitivo, pois, no capítulo de *Concordância*, irei falar sobre eles. Portanto, leia esta parte, mas sem "aqueeeeeele" compromisso.

O substantivo pode ser classificado segundo sua **forma** e sua **significação**.

Quanto à forma, os substantivos podem ser **primitivos, derivados, simples** e **compostos.** Vejamos!

Tipo	Definição	Exemplo
Primitivo	Não apresenta afixos.	pedra, Marte, agenda
Derivado	Apresenta afixos.	pedreiro, marciano, extra-agenda
Simples	Apresenta apenas um radical.	samba, enredo, caixa, água
Composto	Apresenta mais de um radical.	samba-enredo, caixa-d'água

Quanto à significação, os substantivos podem ser **comuns, próprios, abstratos, concretos** e **coletivos**. Vejamos!

Tipo	Definição	Exemplo
Comum	Representa todos os seres de uma espécie.	homem, cidade, bairro, instituição, remédio, cão
Próprio	Representa apenas um ser de uma espécie[1].	Pedro, Salvador, Irajá, Aeronáutica, Sonrisal, Totó

Capítulo 7 • Substantivo **157**

Tipo	Definição	Exemplo
Abstrato	Representa ações, estados, qualidades, sentimentos, resultados de ações, propriedades e concepções[2].	amaragem, empunhadura, ódio, tesão, intensidade, beijo, toque, protestantismo, alegria, doença, luto, abstração, entrada, fé, calor, ira
Concreto	<u>Não</u> representa ações, estados, qualidades, sentimentos, resultados de ações, propriedades e concepções.	luz, som, eco, chuva, DVD, relógio, rua, ilha, aldeia, fada, Deus, Diabo, chupa-cabra, capiroto, alma, pizza
Coletivo	Representa um grupo de seres da mesma espécie[3]...	girândola, atlas, cancioneiro*, pinacoteca, réstia, vara, horda, súcia

* Muitos coletivos são formados por sufixação. Veja: boi<u>ada</u>, parent<u>alha</u>, livr<u>alhada</u>, vasilh<u>ame</u>, dinheir<u>ama</u>, caval<u>aria</u>, formigu<u>eiro</u>, aparelh<u>agem</u>, ervilh<u>al</u>, humani<u>dade</u>, mulher<u>io</u>, vinh<u>edo</u>...

[1] São escritos sempre com letra maiúscula. É válido dizer que alguns substantivos próprios passaram a comuns e vice-versa pelo processo de conversão (derivação imprópria). Por exemplo: "Você não é um **don-juan** de verdade; falta-lhe a languidez" (Don Juan – personagem literário / > don-juan – galanteador, mulherengo) / "Um **havana** ao som de um **estradivário** é simplesmente maravilhoso".

(Havana – cidade cubana > havana – charuto cubano; Stradivarius – sobrenome de um músico que inventou um violino > estradivário – a marca dum violino; por extensão, o violino em si)

[2] Leia mais sobre os sufixos formadores de substantivos abstratos na definição de substantivos e perceba que a maioria dos substantivos abstratos derivam de verbos ou de adjetivos. Alguns professores, sabiamente, visando a um aprendizado mais didático, ensinam que os substantivos abstratos não apresentam "formas" de modo que se possa "desenhá-los". Por exemplo, é possível desenhar a "melancolia, o iluminismo, a infidelidade" etc.? No caso de "beijo", é possível desenhar um casal se beijando, mas o beijo, em si, é uma ação-resultado de tocar os lábios em alguém/algo de modo normalmente afetuoso. É por isso que alguns perceptivos gramáticos definem substantivo abstrato como aquele que depende de alguém para existir, pois não tem existência independente, ou seja, para haver "beijo", é preciso alguém que o faça. Para fechar: podemos tornar advérbios e verbos em substantivos abstratos por meio de substantivação: "o bem, o mal, o saber, o despertar" etc.

Outra coisa extremamente importante (!): o substantivo **abstrato** pode se tornar **concreto** quando 1) ele é personificado no contexto (muitas vezes, tomando-o como entidade) ou 2) tem como referente um ser concreto. Veja os exemplos:

– *A **morte** do pai o deixou deprimido.* (abstrato; estado)

– *A **Morte** vai te pegar, hoje, amanhã ou daqui a cinquenta anos.* (concreto; entidade)

– *A **construção** do prédio foi concluída.* (abstrato; ato de construir)

– *A **construção** ficou muito majestosa.* (concreto; a coisa construída, o prédio)

– *A hora da **saída** me deixou ansioso.* (abstrato; ato de sair)

– *Encontrou uma **saída** para escapar do incêndio.* (concreto; lugar por onde se sai)

- *A **plantação** de maconha gera muito lucro para os traficantes.* (abstrato; ato de plantar)
- *A polícia mandou queimar a **plantação** de maconha.* (concreto; maconhal)

Essas mudanças implicam, inclusive, uma análise sintática diferente. Falarei sobre isso em "diferença entre complemento nominal e adjunto adnominal". Fique esperto! Segure a curiosidade.

[3] Os coletivos podem ser **específicos**, **não específicos** (este último é também chamado de coletivo **geral** ou **genérico**) ou **partitivos**. Entenda:

Os coletivos específicos são aqueles que indicam uma só espécie de seres: **esquadrilha** (grupo de aviões de pequeno porte), **cordilheira** (grupo de montanhas), **cáfila** (grupo de camelos), **panapaná** (grupo de borboletas), **mobília** (grupo de móveis), **caravana** (grupo de viajantes), **tripulação** (grupo de marinheiros) etc.

Os coletivos não específicos são aqueles que indicam mais de uma espécie de seres, acompanhados de expressão especificadora para tornar claro o coletivo: **bando** de ladrões, de vagabundos, de aves...; **falange** de heróis, de paramilitares, de espíritos...; **junta** de credores, de médicos, de examinadores...; **rebanho** de bois, de ovelhas, de cavalos...; **molho** de chaves, de cravos, de ossos...; **cacho** de uvas, de bananas, margaridas...; **grupo** de estudantes, de empresas, de golfinhos...

Os coletivos partitivos são aqueles que indicam a parte de um todo (pessoas, animais ou coisas); também vêm especificados por uma expressão "de + alguma coisa": "parte, porção, metade, maioria, minoria". Sobre o coletivo geral e o partitivo é bom dizer que, na frase, se vierem como sujeito, o verbo pode concordar com eles ou com seus especificadores. Exemplo: "Um **grupo** de alunos **reclamou**/reclamaram da nota" / "A **maioria** dos alunos não **reclamou**/reclamaram da nota".

É bom dizer que o mesmo substantivo pode ter mais de uma classificação. Por exemplo, a palavra "árvore" é um substantivo comum, concreto, primitivo e simples. Uma classificação não exclui outra, ok?

Variação em Gênero

Na medida em que sabemos que o substantivo pode variar de forma, vejamos como isso pode ocorrer, de-ta-lha-da-men-te.

Os substantivos só podem ser masculinos ou femininos. Serão reconhecidos pela terminação (alun**o**/alun**a**; gênero biforme) ou pelo determinante (**o** atleta/**a** atleta; gênero uniforme).

Não confunda, porém, gênero com sexo. O conceito de gênero diz respeito a um aspecto da gramática. O conceito de sexo diz respeito a um aspecto fisiológico. Em outras palavras, a palavra **criança** é um substantivo feminino, pois os determinantes que se ligam a ela indicam isso: João é uma criança linda. Por outro lado, essa palavra se refere a um ser do sexo masculino, João, mas poderia se referir a um ser do sexo feminino, se fosse Maria. Não confunda gênero com sexo.

Tipos

Existe o substantivo **uniforme** (não muda de forma para indicar gêneros diferentes) e o **biforme** (muda de forma para indicar gêneros diferentes).

Capítulo 7 • Substantivo **159**

Vejamos primeiro o **gênero biforme**:

Masculino	Troca de Terminação	Feminino
filho, gato, lobo, menino	-o / **-a**	filha, gata, loba, menina
elefante, monge, presidente, gigante	-e / **-a**	elefanta*, monja, presidenta*, giganta
bacharel, oficial, cantor, imperador, freguês, camponês, polonês, juiz, aprendiz; **terminado em** vogal tônica (per<u>u</u>, gur<u>i</u>)	-l, -r, -s, -z, -u, -i / **-a**	bacharela, oficiala, cantora, imperadora (forma pouco usual; a forma usual e considerada a única por alguns estudiosos é "imperatriz"), freguesa, camponesa, polonesa (ou polaca), juíza, aprendiza (não usual); perua, guria
capitão, alemão, leão, dragão, folião, valentão[1]	-ão / **-ã, -oa, -ona**	capitã, alemã, leoa, dragoa, foliona, valentona
ateu, plebeu, europeu, pigmeu, hebreu[2]	-eu / **-eia**	ateia, plebeia, europeia, pigmeia, hebreia
ilhéu, tabaréu (exceção: réu)	-éu / **-oa**	ilhoa, tabaroa (exceção: ré)
diácono, poeta, abade, conde, príncipe, cônsul, embaixador, obstetra, ator, herói, czar	terminações diversas / **-isa**, **-essa, -esa, -triz, -ina** (considerados sufixos)	diaconisa, poetisa, abadessa, condessa, princesa, consulesa, embaixatriz (esposa do embaixador), obstetriz, atriz, heroína, czarina
avô, capiau, dom, galo, marajá, maestro, rapaz, perdigão, jabuti, pardal, diabo, silfo	casos excepcionais	avó, capioa, dona, galinha, marani, maestrina, rapariga, perdiz, jabota, pardoca (ou pardaloca), diaba (ou diabra, ou diáboa), sílfide
homem, cavaleiro, cavalheiro, frei, padrinho, boi, cavalo, zangão, peixe-boi, cupim	heteronímia (a palavra tem outro radical para indicar o sexo)	mulher, amazona, dama, sóror (ou soror), madrinha, vaca, égua, abelha, peixe-mulher, arará

---

* O VOLP registra a forma "elefoa" como feminino de elefante. A forma "aliá" é o feminino de elefante asiático. É bom dizer que nem todos os substantivos masculinos terminados em -e apresentam correspondente feminino. Veremos isso em "gêneros uniformes".

* Há muita discussão desnecessária em cima da palavra presidenta e outras, pois as palavras terminadas em **-nte** (agente, vidente, regente...) são comuns de dois gêneros, mas a verdade é que o órgão oficial responsável por dizer qual grafia é correta na nossa língua é a ABL, mais especificamente o VOLP, o qual registra presidenta, almiranta, generala, marechala, coronela, capitã, sargenta, marinheira, aspiranta, soldada, infanta (mulher de infante), alfaiata, mestra, parenta, hóspeda etc. Já brigadeira, majora, tenenta, comandanta, chefa, (sub)oficiala e caba são formas inexistentes na língua, segundo o VOLP. Alguns gramáticos, como Sacconi e Bechara, e alguns dicionários, como o Aulete e o Michaelis, registram a forma (sub)oficiala. Bechara ainda observa bem que "na hierarquia militar, parece não haver uma regra generalizada para denominar as mulheres da profissão", isto é, arbitrariamente os militares ignoram o VOLP por força da tradição e entendem tais patentes como substantivos uniformes (comum de dois): "A sargento Luísa concedeu uma entrevista ao jornal" ou "O sargento Luís concedeu uma entrevista ao jornal". Veremos mais sobre isso à frente, em "gênero uniforme".

[1] **Exceções**: barão > baronesa; cão > cadela; ladrão > ladra (o VOLP registra ladrona e ladroa); sultão > sultana; aldeão > aldeã ou aldeoa; anfitrião > anfitriã, anfitrioa; varão > varoa, virago, matrona; vilão > vilã, viloa.

[2] **Exceções**: judeu > judia; sandeu > sandia.

➔ Por favor, não erre mais questões em que os substantivos "milhão, bilhão, trilhão" etc. e "milhares"são colocados como femininos. Eles <u>não</u> são femininos! Exemplo: "**Duas milhões** de pessoas assistiram ao filme" (Errado) / **Dois milhões** de pessoas assistiram ao filme. (Certo) O **determinante** ficará no masculino, hein! Falarei mais sobre isso no capítulo de *Concordância*.

"Mudando de pato pra ganso"... voltemos ao que interessa...

Existem substantivos que apresentam apenas uma forma para se referir a ambos os sexos (masculino ou feminino). O substantivo **comum de dois gêneros** só se refere a pessoas e tem seu gênero e sexo indicado por determinantes (masculinos e femininos). O substantivo **sobrecomum** só se refere a pessoas e tem seu gênero indicado por um determinante apenas (ou masculino, ou feminino), que serve para ambos os sexos. O substantivo **epiceno** refere-se a animais e plantas e tem seu gênero indicado por determinantes (masculinos e femininos; o sexo é indicado pelos adjetivos "macho" e "fêmea").

Vejamos agora o **gênero uniforme**:

Comum de dois[1]	Sobrecomum[2]	Epiceno[3]
o Darci / a Darci	o cônjuge	o jacaré macho/fêmea
um dentista / uma dentista	o carrasco	a pulga macho/fêmea
meu gerente / minha gerente	o gênio	o tigre macho/fêmea*
algum cliente / alguma cliente	o algoz	o musgo macho/fêmea
quantos jovens / quantas jovens	a vítima	o mamoeiro macho/fêmea
estes colegas / estas colegas	a criatura	o pinheiro macho/fêmea
dois agentes / duas agentes	a testemunha	a cobra macho/fêmea
diplomata sério / diplomata séria	a pessoa	a barata macho/fêmea

[1] Os substantivos terminados em -**ista** são comuns de dois gêneros. <u>Curiosidade</u>: o/a perso- nagem, o/a modelo, o/a manequim, o/a sósia; tanto faz. **Nas corporações militares**, diz-se *o/a militar, o/a sargento, o/a tenente* etc., mas o cabo e o major (sobrecomuns). No entanto, veja a observação sobre o gênero desses substantivos na página anterior.

[2] Em linguagem popular, ou por razões estilísticas, encontramos a carrasca, a gênia, a chefa... Não são formas da língua culta!
[3] Podemos indicar o sexo também da seguinte maneira: *o macho do* rouxinol / *a fêmea do* rouxinol. Ah! *Tigresa* é a fêmea do *tigre*, segundo o VOLP.
* Um gramático diz que tigresa está mais para adjetivo, e o "comédia" do Sacconi (desculpe revelar, é ele) ainda me diz que tigresa é... a Camila Pitanga. Quando li a primeira vez, não cri, mas ri muito!

Gêneros Confundíveis

Algumas palavras podem gerar confusão, não é? Por exemplo, é **o** champanha ou **a** champanha? É um substantivo masculino. O VOLP diz que o substantivo champanh**e** pode ser masculino ou feminino. Tanto faz. Eu vou me basear no VOLP para alistar os substantivos, pois ele é o veículo oficial responsável por dizer como deve ser a grafia das palavras. Vejamos alguns:

Masculinos

o aneurisma, **o** apêndice, **o** champanha, **o** clã, **o** dó, **o** eclipse, **o** eczema, **o** guaraná, **o** magma, **o** matiz, **o** plasma, **o** gengibre, **o** clarinete, **o** mármore, **o** formicida, **o** herpes, **o** magazine, **o** maracujá, **o** lança-perfume, **o** pernoite, **o** púbis, **o** telefonema, **o** alvará, **o** estratagema, **o** pampa...

> Observação
> Os nomes de letra de alfabeto também são masculinos: **o** a, **o** b, **o** c...

Femininos

a musse, **a** dengue, **a** picape, **a** faringe, **a** cólera (ira), **a** bacanal, **a** grafite, **a** libido, **a** aguardente, **a** alface, **a** couve, **a** cal, **a** comichão, **a** derme, **a** dinamite, **a** ênfase, **a** entorse, **a** gênese, **a** omoplata, **a** sentinela, **a** mascote, **a** apendicite, **a** pane, **a** ferrugem, **a** matinê, **a** echarpe...

Masculinos ou Femininos

o/a diabete(s), **o/a** pijama, **o/a** tapa, **o/a** suéter, **o/a** laringe, **o/a** cólera (doença), **o/a** agravante, **o/a** cataplasma, **o/a** gênesis, **o/a** omelete, **o/a** xérox, **o/a** usucapião, **o/a** ágape, **o/a** componente, **o/a** hélice (usual no fem.), **o/a** ordenança, **o/a** avestruz, **o/a** gambá, **o/a** sabiá, **o/a** amálgama, **o/a** travesti...

> Observação
> Para substantivos epicenos, pode-se dizer também "o sabiá macho/fêmea" ou "a sabiá macho/fêmea".

Nunca é demais dizer que alguns substantivos são ou podem ser considerados de um determinado gênero a partir de uma palavra que vem subentendida entre o artigo e o substantivo. Veja alguns exemplos:

— ***O** (rio) Amazonas é enorme.*
— ***A** saudosa (cidade) Petrópolis me inspira.*

- *Ontem eu peguei **a** (avenida) Brasil engarrafada.*
- ***A** (banca) Cespe/UnB cria provas bem complexas*.*
- *Eu gosto **do** (vinho) champanha e **do** (charuto) havana.*
- ***O** (gato) angorá é um bicho curioso.*
- ***A** (rede) Globo exerce grande influência nas pessoas.*

* O gramático Luiz Antonio Sacconi é rígido no caso das siglas. Diz ele que o determinante deve concordar em gênero com a primeira palavra da sigla, logo, segundo tal lição, deveria ser "O Cespe/UnB cria provas bem complexas", pois o C de Cespe refere-se a Centro.

Mudança de Sentido

Dependendo do gênero do mesmo substantivo, pode haver mudança de sentido.

Feminino	Masculino
a cabeça (parte do corpo)	o cabeça (líder, chefe)
a capital (cidade)	o capital (dinheiro, bens)
a lotação (capacidade)	o lotação (automóvel)
a moral (valor, ética, conclusão)	o moral (ânimo, autoestima)
a rádio (estação)	o rádio (objeto)
a caixa (objeto)	o caixa (funcionário)
a cisma (desconfiança)	o cisma (separação)
a crisma (cerimônia católica)	o crisma (óleo santo)
a águia (animal)	o águia (pessoa esperta)
a cabra (animal)	o cabra (pessoa valente)
a grama (relva)	o grama (unidade de peso)
a banana (fruta)	o banana (pessoa covarde, palerma)

Questões relativas ao gênero dos substantivos são bem raras. Em concurso militar, até se encontram algumas, como esta:

---

35. (FAB – EAGS – Sargento da Aeronáutica – 2010) Observe:

    José,____ testemunha, chegou ao tribunal com ____ sósia como acompanhante e também com ____ champanha embaixo do braço. Resolveu dar ____ telefonema surpreendente, ocasião em que tropeçou, obtendo ____ entorse no joelho.

    Qual alternativa preenche correta e respectivamente as lacunas do texto acima?

    a) o, o, o, um, uma

    b) o, a, a, uma, um

    c) a, o, o, um, uma (gabarito!)

    d) a, a, a, uma, um

Recado final: Preciso dizer que existem mais 380.000 palavras na língua e que, consequentemente, haverá muitas curiosidades envolvendo muitas palavras? Logo, sempre consulte o VOLP e os dicionários consagrados para dirimir suas dúvidas sobre o gênero delas.

Capítulo 7 • Substantivo **163**

Agora vamos conhecer um pouco mais sobre **variação em número.** O plural dos substantivos compostos ainda é cobrado em provas, então fique atento às regras à frente.

Variação em Número

O substantivo varia no plural pelo acréscimo de desinência de número (-s), a fim de indicar quantidade. Carros indica mais de um carro; mistos-quentes indica mais de um misto-quente. **Essa é a regra geral**!

Veja mais exemplos: casa > casas, pele > peles, saci > sacis, cipó > cipós, chapéu > chapéus, troféu > troféus, degrau > degraus etc.

Há, porém, outras maneiras de pluralizar um substantivo. Vejamos agora as regras para os substantivos **simples** (aqueles que têm apenas um radical) e, depois, para os substantivos **compostos** (aqueles que têm mais de um radical).

Regras dos Simples

Singular	Terminação	Plural
chão, vão, mão, grão (exceto cão e pão); órgão, sótão, bênção, acórdão	-ão / -s (monossílabos e paroxítonos)	chãos, vãos, mãos, grãos (cães e pães); órgãos, sótãos, bênçãos, acórdãos
cristão, cidadão, irmão, pagão, demão	-ão / -s (oxítonos)	cristãos, cidadãos, irmãos, pagãos, demãos
alemão, capelão, capitão, escrivão, tabelião, catalão	-ão / -es (oxítonos)	alemães, capelães, capitães, escrivães, tabeliães, catalães
leão, sabão, caixão, canhão, folião, estação, visão, razão, limão, nação	-ão / -ões (oxítonos) – a maioria se faz assim	leões, sabões, caixões, canhões, foliões, estações, visões, razões, limões, nações
anão, ancião, aldeão, artesão, corrimão, cirurgião, charlatão, ermitão, faisão, guardião, refrão, sacristão, verão, vilão, zangão	-ão / -s, -es, -ões (oxítonos) – mais de uma forma de plural	anãos/ões, anciãos/es/ões, aldeãos/es/ões, artesãos/ões*, corrimãos/ões, cirurgiães/ões, charlatães/ões, ermitãos/es/ões, faisães/ões, guardiães/ões, refrães/ões, sacristães/ões, verãos/ões, vilãos/es/ões, zangãos/ões
canal, quintal, anel, carretel, álcool, farol, paul, Raul	-al, -el, -ol, -ul / -is[1]	canais, quintais, anéis, carretéis, álcoois (ou alcoóis), faróis, pauis, Rauis
perfil, funil, barril, fóssil, têxtil, míssil	-il / -s (oxítonos), -eis (paroxítonos)[2]	perfis, funis, barris, fósseis, têxteis, mísseis
bombom, fim, refém, totem, dom	-m / -ns	bombons, fins, reféns, totens (ou tótemes, plural de tótem), dons

Singular	Terminação	Plural
abdômen, hífen, pólen, nêutron	-n / -s, -es[3]	abdomens ou abdômenes, hifens ou hífenes, polens ou pólenes, neutrons ou nêutrones
hambúrguer, *caráter*, par, *sênior, júnior*	-r / -es (em alguns, há deslocação da tônica)	hambúrgueres, *caracteres*, pares, *seniores, juniores*
lilás, mês, revés, obus / (o) pires, atlas (grande), (nosso) ônibus, (excelente) ourives, (um) cais, (um) xis / fezes, núpcias, óculos, víveres, pêsames	-s / -es (monossílabos e oxítonos) / pluralizados pelo determinante / sempre pluralizados (por formação)	lilases (ou os lilás), meses, reveses, obuses / os pires, atlas grandes, nossos ônibus, excelentes ourives, dois cais, dois xis / aquelas fezes, as núpcias, *meus* óculos, aqueles víveres, nossos pêsames
(uma) xérox, (meu) tórax, (a) ônix, (poderosa) fênix; *fax, sax e box**	-x / pluralizados pelo determinante	três xérox, meus tórax, as ônix, poderosas fênix; *faxes, saxes e boxes* (alguns estudiosos abonam!)
gravidez, arroz, giz, raiz, paz	-z / -es	gravidezes, arrozes, gizes, raízes, pazes

* **artesões** só será plural de **artesão** quando for "enfeite de abóbada".

[1] **Exceções**: **aval** (avais, avales), **cal** (cais, cales), **cônsul** (cônsules), **fel** (féis, feles), **gol** (gois, goles, *gols;* esta é mais usual e reconhecida pelo VOLP), **mal** (males), **mel** (méis, meles), **mol** (móis, moles, mols).

[2] Cuidado com **réptil** e **projétil**, pois tais palavras também podem ser oxítonas (**reptil** e **projetil**), logo há dois plurais para cada: **reptis/répteis**; **projetis/projéteis**. O plural de **til** é **tiles** ou **tis**.

[3] O plural de **cânon** é **cânones**, e de **éden**, edens.

* Existem alguns substantivos terminados em -**x** que apresentam formas variantes terminadas em -**ce**; nesses casos, não variamos a forma terminada em -**x**, mas variamos a outra: o cálix ou o cálice > os cálix ou os cálices; o códex ou o códice > os códex ou os códices; o córtex ou o córtice > os córtex ou os córtices; o índex ou o índice > os índex ou os índices; a fênix ou a fênice > as fênix ou as fênices; o clímax ou o clímace > os clímax ou os clímaces etc. Ainda, por força da tradição, se recomenda que tais palavras não variem!

Veja mais!
Plural de substantivos no diminutivo (zinhos/zitos)
Coloca-se a palavra no plural, retira-se o -**s**, junta o sufixo e "voilà"!

– **balão** > balões > balõe + zinhos = **balõezinhos**
– **cão** > cães > cãe + zitos = **cãezitos**
– **flor** > flores > flore + zinhas = **florezinhas**

Capítulo 7 • Substantivo **165**

– **português** > portugueses > portuguese + zinhos = **portuguesezinhos**
– **paz** > pazes > paze + zinhas = **pazezinhas**

Plural de substantivos próprios, de palavras substantivadas, de letras e de siglas
Os **substantivos próprios** variam normalmente:

– Os ***Fernandos*** *e os* ***Joões*** *normalmente chamam a atenção de todos (para o bem ou para o mal): Fernando Collor de Mello, Fernandinho Beira-Mar, Fernando Henrique Cardoso, Fernando Pestana, São João, Dom João VI, Joãozinho Trinta etc.*

🔍 Observação

Segundo o excepcional Carlos Rocha, "em relação aos nomes que referem organizações e instituições de diferente natureza (religiosa, política, desportiva) ou marcas comerciais, a pluralização indicia uma metonímia, em que se transfere a sua aplicação para os membros dessas organizações ou para os itens dessa mesma marca comercial. Assim, os 'Jeovás' é uma designação de tom depreciativo que designa os membros das Testemunhas de Jeová; os 'Nokias' são os celulares da marca Nokia".

As **palavras substantivadas** variam normalmente:

– *Aquela aluna passou na prova dos* ***noves****, com dois* ***oitos*** *consecutivos. Não houve um* ***isso*** *que a reprovássemos.*

🔍 Observação

Os numerais terminados em -**s** (três) e em -**z** (dez) não se pluralizam. Bechara abona "dezes".

As "letras", no plural, se dobram ou se escrevem por extenso:

– *Temos de colocar os pingos nos* ***ii*** *ou nos* ***is****? Tanto faz! Coloca logo esses pingos!*

As siglas se pluralizam com um modesto **s** minúsculo ao fim:

– *Comprei vinte* ***DVDs*** *para presentear meus parentes e amigos.*

Plural do substantivo em núcleo de locução adjetiva
O substantivo é colocado no plural quando a expressão sugerir que há mais de um elemento dentro de um objeto, lugar ou grupo: caixa de **fósforos**, talão de **cheques**, loja de **brinquedos**, cesta de **frutas**, grupo de **alunos**, par de **luvas** etc.

No entanto, se tal ideia não for sugerida, o substantivo de fora da locução ficará no plural para indicar a ideia plural: **discos** de platina, **sócios** da empresa, **canecas** de vinho, **taças** de cristal, **papéis** de embrulho etc.

Plural metafônico
Alguns substantivos no plural têm sua pronúncia modificada, como é o caso de ovo (**ô**vo) > ovos (**ó**vos). Veja alguns que ficam com o timbre aberto no plural: miolo, choro, corvo, despojo, destroço, caroço, poço, posto, forno, corno, fosso, coro, esforço, imposto, jogo, olho,

osso, porco, porto, rogo, socorro, troco...; infelizmente alguns pensam que é aberto o timbre dos substantivos dorsos, bolsos, cachorros, morros, rolos, rostos, sogros... mas não são.

Não se pluralizam certos substantivos

Existem substantivos chamados de **não contáveis**, pois não podem ser enumerados. Normalmente, denotam alguns metais e alguns produtos alimentícios. Os abstratos, entretanto, são a maior parte desses substantivos não pluralizáveis. Vejamos alguns: cobre, prata, ferro, aço, ouro, sumo, vinho, água, açúcar, leite, coragem, eletricidade, saudade, amor, liberdade, fogo, norte, leste, oeste, fé etc.

Em linguagem figurada, podem tais palavras variar. É interessante dizer que "amores" e "liberdades", conotam, respectivamente, "carinho" e "intimidade": "Como estão, meus amores?" e "Eu não te dou essas liberdades, hein!".

Substantivos no singular com sentido plural

Quando certos substantivos são tomados com sentido genérico, a ideia é plural. Veja:

– *Definitivamente, o **homem** (= homens) precisa respeitar a mulher.*
– *O **índio** (= os índios) foi, está e continuará sendo massacrado?*
– *Sem dúvida nenhuma, a **mulher** (= as mulheres) já conquistou seu espaço.*

Plural dos substantivos estrangeiros

Segundo Cegalla, "substantivos <u>ainda não aportuguesados</u> devem ser escritos como na língua original, acrescentando-se-lhes um **s** (exceto quando terminam em **s** ou **z**). Exemplos: os shorts, os dancings, os shows etc.".

Mudança de Sentido

Dependendo do número do mesmo substantivo, pode haver mudança de sentido.

Singular	Plural
ar (substância atmosférica)	ares (condição climática, aparência)
bem (virtude)	bens (propriedades)
costa (litoral)	costas (dorso)
pau (pedaço de madeira)	paus (baralho)
sentimento (sensibilidade)	sentimentos (pêsames)
vencimento (validade)	vencimentos (salário)
vergonha (humilhação)	vergonhas (órgão sexual)
féria (remuneração diária)	férias (descanso)
letra (símbolo gráfico)	letras (literaturas)
fogo (elemento)	fogos (de artifício)

Capítulo 7 • Substantivo **167**

Se não me esqueci de nada importante, vamos à **variação em grau** agora! Ah...! Sabia que estava me esquecendo de alguma coisa... Uma das partes mais relevantes para os concursos: **plural dos substantivos compostos**. Venha comigo!

Regras dos Compostos

Em condições normais de temperatura e pressão, os **substantivos**, os **adjetivos**, os **numerais** e os **pronomes** que fazem parte do substantivo composto variam em número. Veja:

—   *Os **tenentes-coronéis** (subst. + subst.) foram convidados para a reunião.*
—   *Estes **alunos-mestres** (subst. + subst.) desempenham bem o papel de professor.*
—   *Comprei dois **cachorros-quentes** (subst. + adj.) bem saborosos naquela barraca.*
—   *Ah, os **arrozes-doces** (subst. + adj.) da mamãe! Quanta saudade!*
—   *Os **capitães-mores** (subst. + adj.) eram autoridades que comandavam certas milícias.*
—   *Os **baixos-relevos** (adj. + subst.) são bastante utilizados na decoração arquitetônica.*
—   *Todos os **gentis-homens** (adj. + subst.) são sedutores.*
—   *Não tenho tratos com **maus-caracteres** (adj. + subst.), meu nobre!*
—   *Convidaram os **surdos-mudos** (adj. + adj.) para o discurso em LIBRAS.*
—   *Quem não odeia todas as **segundas-feiras** (num. + subst.)?*
—   *Dentre os **primeiros-ministros** (num. + subst.) ingleses, Churchill marcou a história.*
—   *Os **meios-fios** (num. + subst.) estão muito mal conservados.*
—   *Os **seus-vizinhos** (pron. + subst.) ficam entre o dedo médio e o mínimo.*
—   *Fizeram **poucos-casos** (pron. + subst.) dos rapazes.*

> – Se o substantivo composto formado por **subst. + subst.** indicar adição, como se houvesse um **e** entre eles, ambos irão variar: tenente-coronel (tenentes-coronéis), tio-avô (tios-avôs), abelha-mestra (abelhas-mestras), padre-mestre (padres-mestres), traqueia-artéria (traqueias--artérias), comandante-chefe (comandantes-chefes) etc. Consulte o VOLP para ter certeza do plural de substantivos compostos desse tipo.
>
> – Certos pronomes invariáveis mantêm sua invariabilidade: "Vocês são dois **joões-ninguém**" ou "Esquecemos os **cola-tudo** na loja". Mas: "Não me importam os **tudos-nadas** (ou tudo-nadas)".
>
> – Se o substantivo for invariável, também não varia no composto: "Foram comprados cinco **porta-lápis**, depois mais um **porta-lápis**".

Agora, em condições normais de temperatura e pressão, as demais classes gramaticais **não** variam em número (**verbo, advérbio, conjunção, preposição, interjeição**). Veja:

—   *Aquelas **porta-bandeiras** (verbo + subst.) sabem o que é samba.*
—   *Nunca se viram **beija-flores** (verbo + subst.) tão garbosos como esses.*
—   *Vamos lutar para os **abaixo-assinados** (adv. + adj.) serem aceitos.*
—   *Os **alto-falantes** (adv. + adj.) foram desligados*.*
—   *Não confie nestas três **leva e traz** (verbo + conjunção + verbo; sem hífen).*
—   *Seus **cães de guarda** (subst. + prep. + subst.) continuam bem ferozes.*
—   *O padre fez os garotos rezarem mais de dez **ave-marias** (interj. + subst.).*

> * Nesta palavra, **alto** é visto como advérbio pelos gramáticos, por isso não varia.
>
> – Não me custa relembrar que o verbo **parar** perdeu o acento, inclusive nos substantivos compostos: "para-choque, para-brisa, para-lama" etc. Em **paraquedas** e seus derivados, houve perda do hífen. Fique esperto!

Como nem tudo são flores nesta vida, há certas regrinhas especiais para os substantivos compostos. Precisamos falar delas, meu nobre. Cuidado com algumas palavras que perderam o hífen! Vejamos:

1) Os **não separados por hífen** seguem as regras dos substantivos simples:

   – **fidalgos, madressilvas, pontapés, girassóis, mandachuvas, vaivéns, malmequeres** (mas: bem-me-quer > **bem-me-queres**, com hífen)

2) Se o **2º** substantivo **delimitar** o 1o indicando semelhança/finalidade, normalmente, ambos os elementos poderão variar (é normal que só o 1º varie nas provas de concurso):

   – **peixes**-espada(s), **papéis**-moeda(s), **homens**-rã(s), **bananas**-maçã(s), **pombos**-correio(s), **salários**-família(s), **públicos**-alvo(s), **navios**-escola(s), **bombas**-relógio(s), **banhos**-maria(s)...

 Observação

> Na contramão do que dizem 99,99% dos gramáticos, o VOLP diz que o plural de **couve-flor** é duplo: **couves-flor** ou **couves-flores**. Para os 99,99%, o plural é um só: **couves-flores**. Segundo o VOLP, o plural de **lugar-tenente** é **lugares-tenentes**; para Bechara, é **lugar-tenentes**. O plural de **mestre-sala** só é **mestres-salas**, segundo o VOLP e os principais dicionários, como o Aulete, o Houaiss etc. Tomara que essa "bagunça" não caia na prova! Vai dar M.

3) Se o substantivo composto estiver formado por **substantivo + preposição + substantivo**, só o 1º irá variar:

   – **pés** de moleque, **mulas** sem cabeça, **comandantes** em chefe, **pores** do sol, **bolas** ao cesto, **calcanhares** de aquiles, **pais** dos burros, **bichos** de sete cabeças, **rosas** dos ventos, **mestres** de cerimônias etc.

⚠️ **CUIDADO!!!**

– As últimas quatro palavras já apresentam, no singular, o último elemento pluralizado por natureza: pai dos <u>burros</u>, bicho de sete <u>cabeças</u>, rosa dos <u>ventos</u>, mestre de <u>cerimônias</u>. Não obstante, aplica-se a regra: só o 1º elemento varia no plural.

– **Fora da lei** é invariável, pois fora é advérbio; pluraliza-se pelo determinante: "<u>Os</u> **fora da lei** foram presos".

– Em **cavalo-vapor**, só o primeiro elemento varia (**cavalos-vapor**), pois está implícita a preposição **a** (cavalos **a** vapor).

– Mantêm o hífen os compostos relativos a espécies botânicas e zoológicas e certas exceções, no entanto, nada muda quanto à pluralização: **pimentas-do-reino**, **copos-de-leite**, **galinhas-**

Capítulo 7 • Substantivo **169**

-d'angola, **abelhas-da-europa**, **águas-de-colônia**, **arcos-da-velha**, **cores-de-rosa** (quando cor-de-rosa é adjetivo composto, não varia). O substantivo louva-a-deus (inseto) só varia pelo determinante: **os louva-a-deus**, pois louva é verbo e não substantivo.
– A palavra **grão de bico/grão-de-bico** é interessante, pois a primeira grafia é a "pastinha" preparada com a semente; a segunda grafia é a semente (espécie botânica). O plural não muda: **grãos de bico** ou **grãos-de-bico.**

4)   Os elementos abreviados **grã-**, **grão-**, **bel-**, **dom-**, **são-** são invariáveis; o outro elemento varia normalmente:

– **grã**-duquesas, **grã**-cruzes, **grão**-mestres, **grão**-priores, **bel**-prazeres, **bel**-valenses, **dom**--juanescos, **dom**-rodrigos, **são**-beneditenses, **são**-bernardos...

5)   Se o substantivo indicar **origem**, só o 2º irá variar:

– nova-**iorquinos**, afro-**brasileiros**, ítalo-**americanos**, anglo-**americanos**, afro-**asiáticos**...

6)   Em substantivos compostos por **verbos iguais**, ambos podem variar (em prova de concurso, é normal só o 2º variar):

– corre(s)-**corres**, ruge(s)-**ruges**, pega(s)-**pegas**, pisca(s)-**piscas**... mas: lambe-**lambes**.

7)   Em substantivos formados por **onomatopeias**, só o último elemento varia:

– tique-**taques**, pingue-**pongues**, bangue-**bangues**, reco-**recos**, bem-te-**vis**...

8)   Em substantivos compostos formados por **frases substantivadas**, não haverá pluralização de nenhum elemento; só o determinante indicará o plural:
– **as** maria vai com as outras, **os** bumba meu boi, **as** leva e traz, **os** entra e sai, **os** disse me disse, **os** chove não molha, **as** comigo-ninguém-pode (espécie botânica é com hífen).

> **Observação**
> Segundo alguns gramáticos, como Bechara, os substantivos compostos formados por verbos de significação oposta não variam, por isso "leva e traz, perde-ganha, vai--volta, pega-larga" só se pluralizam pelo determinante: os leva e traz, os perde-ganha, os vai-volta, os pega-larga.

9)   Se o substantivo composto estiver formado por **guarda** (verbo) + **substantivo**, só o 2º elemento irá variar; se **guarda** (subst.) + **adjetivo**, ambos variam:

– guarda-**chuvas**, guarda-**roupas**, guarda-**cartuchos**...; **guardas-civis**, **guardas-noturnos**, **guardas-florestais**...

> **Observação**
> Segundo o VOLP, o plural de **guarda-marinha** é triplo: **guardas**-marinha, guarda--marinhas ou **guardas-marinhas**.

10) Alguns casos especiais: os arco-íris, os sem-terra, os sem-teto, os sem-dinheiro, os sem-sal, os sem-vergonha (tais vocábulos não pluralizam, pois são adjetivos compostos substantivados), os mapas-múndi, claros-escuro(s), xeques-mate(s), padre(s)-nossos, salvo(s)-condutos, mal-estares, bem-estares, micos-leão-dourados ou micos-leões-dourados, todo-poderosos (Todo-poderoso – invariável, Deus).

> **Observação**
>
> O substantivo **toda-poderosa** não existe, a forma culta é **todo-poderosa**: "Fulana é a todo-poderosa da empresa". Substantivo composto formado por prefixo, como **vice-campeão**, não deveria se encaixar na regra dos "compostos", pois prefixo forma palavra "derivada", não "composta". Deixando a crítica de lado, saiba que os prefixos não variam nunca, logo **vice-campeões** é o plural correto.

Curiosidade final:
ABL RESPONDE
Pergunta: Bom dia. Parece bobeira o que vou perguntar, mas elucidem de uma vez por todas, como se escreve aquela posição em que o jogador de futebol fica na lateral direita (com hífen ou sem hífen)? Por quê? E a jogadora (termo feminino) que fica nessa posição, como se chama, lateral-direita? Agradeço desde já os esclarecimentos.
Resposta: Prezado, há divergências entre dicionários quanto à grafia desta palavra [o Dicionário Aulete a considera assim: lateral-direito(a), lateral-esquerdo(a)] ou locução [o Dicionário Houaiss a trata assim: lateral direito(a), lateral esquerdo(a)]. O VOLP não considera como termo composto nem como locução, traz apenas a forma lateral. Enquanto não há um consenso, sugerimos obediência ao VOLP, isto é, o substantivo lateral acompanhado do adjetivo conveniente que poderá ser direito ou esquerdo.

Variação em Grau

De acordo com José R. Macambira, "toda palavra variável que aceita os sufixos **-inho** e **-áo**, correspondentes a **pequeno** e **grande**, pertence à classe dos substantivos: casa > casinha > casa pequena; casa > casarão > casa grande.

"Mas, enfim, o que é variação em grau?" O substantivo varia em grau quando exprime sua dimensão aumentada ou diminuída, a depender do uso de adjetivos e sufixos ligados a ele.

Existem dois graus dos substantivos: **aumentativo** (analítico e sintético) e **diminutivo** (analítico e sintético). A forma analítica se dá por meio do uso de adjetivos que aumentam ou diminuem o tamanho (ou intensidade) normal que exprime um substantivo. Já a forma sintética se dá, normalmente, por meio do uso de sufixos. É por isso que não se pode falar em flexão em grau dos substantivos, mas sim derivação, pois na gradação se usam afixos.

Aumentativo

Forma analítica (acréscimo de adjetivos): celular **grande**, computador **enorme**, espaço **imenso**, engarrafamento **monstro**, festa **colossal**, obra **gigantesca**, luta **apoteótica**, sucesso **tremendo**, ritmo **vertiginoso**, previsão **incrível**, atrasos **homéricos** etc.

Forma sintética (acréscimo de sufixos):

–aço(a): barcaça, louraça, morenaço
–alho(a): muralha, gentalha, politicalho
–alhão: grandalhão, facalhão
–ama: poeirama, dinheirama
–anzil: corpanzil
–(z)ão: lobão, caldeirão, apertão, bofetão, calorão, bonzão, amarelão, azulão...
–arra: bocarra, bicarra
–astro: poetrasto, politicastro
–arraz: fatacaz, pratarraz
–ázio: copázio, balázio
–az: lobaz, cabronaz
–aréu: fogaréu, povaréu
–eima: guloseima, boleima
–ento: farturento, corpulento
–eirão: vozeirão, chapeirão
–ola: beiçola
–orra: cabeçorra, cachaporra
–uço(a): dentuça, dentuço
–udo: pançudo, maçudo
–zarrão: homenzarrão, canzarrão

> **Observação**
> Muitos substantivos são formados por prefixação ou composição para indicar o grau aumentativo: maxissaia, maxidesvalorização, supermercado, hiperalimentação, supradivino, ultrassensível, megagrife etc. Consulte: FGV – Prefeitura de Boa Vista – Professor licenciado em Pedagogia – 2018 – Questão 17.

Diminutivo

Forma analítica (acréscimo de adjetivos): televisão **pequena**, cadeira **pequenina**, sala **minúscula**, estoque **ínfimo**, jardim **diminuto**, **apoucado** recurso etc.

Forma sintética (acréscimo de sufixos):

–acho(a): riacho, fogacho
–ebre: casebre
–eco(a): jornaleco, soneca, padreco
–ela: viela, rodela, ruela
–(z)elho(a): fedelho, rapazelho
–ejo: lugarejo, vilarejo
–ete: artiguete, boquete, falsete
–eto(a): saleta, boceta, folheto
–ilha: cartilha, esquadrilha
–icho(a): cornicho, barbicha

–**(z)ito(a)**: Manuelito, cãozito, cabrita
–**ino(a)**: pequenina, violino
–**im**: espadim, flautim
–**(z)inho**: colherzinha (ou colherinha), florzinha (ou florinha),
–**isco**: asterisco, chuvisco
–**oca**: engenhoca, bitoca
–**ote(a)**: filhote, serrote, velhote
–**ola**: rapazola, fazendola, portinhola
–**usco(a)**: chamusco
–**ucho(a)**: gorducho, papelucho

Estes são **eruditos** (normalmente de origem latina):

–**ículo(a)**: cubículo, gotícula
–**ulo(a)**: glóbulo, grânulo, molécula
–**únculo(a)**: questiúncula, homúnculo
–**úsculo(a)**: corpúsculo, opúsculo

> **Observação**
> Muitos substantivos são formados por composição: minissaia, minibiblioteca, minidicionário etc.

Formas Estilísticas

Formas estilísticas de grau dos substantivos são aquelas que fogem à ideia normal de grau, acrescentando sentidos extras a eles. Normalmente encontramos tais formas em registros mais informais e literários.

Os sufixos aumentativos (normalmente -**ão**) e diminutivos (normalmente -**(z)inho**) podem apresentar outras ideias, além de grandeza e pequenez. Carinho, afeto, admiração, ironia, desprezo, depreciação, vergonha e intensidade são valores que vêm embutidos em muitos substantivos, a depender do contexto. Veja:

— *Ok, **sabichão** e **sabichona**, vocês nunca erram.* (ironia)
— *Aquele homem não passa de um **padreco**!* (depreciação)
— *Nossa! Que **carrão**!* (admiração)
— ***Gatinha**, como faço para você fazer ronrom?* (afeto, carinho)
— *Aquele **timinho** só tem **mauricinho**.* (desprezo, deboche)
— *Não dou moral alguma para **gentalha**.* (desprezo)
— *Bebeu demais e fez um **papelão**.* (vergonha)
— *Eu te amo, meu **paizão**!* (carinho, afeto)
— ***Amorzinho**, cala essa tua boquinha agora.* (ironia)
— ***Amorzinho**, que **boquinha** linda você tem.* (afeto, carinho)
— *Não leio **livrecos**; odeio literatura de massa.* (desprezo, depreciação)
— *Incrível! Estou para ver um **golaço** como este.* (admiração)
— *Amanda sempre foi um **mulherão**, mas agora está uma **mulheraça**!* (admiração)

Capítulo 7 • Substantivo **173**

– *Não tomo minha **cervejinha** com esse **frangote**.* (afeto/desprezo)
– *Enfim, comprei um **zerinho**! Que carro!* (intensidade)

Muito interessante isso, não? O que é mais interessante ainda é que tais sufixos, principalmente -**inho** e -**ão**, se fixam a adjetivos, pronomes, numerais, advérbios etc., porque têm enorme vitalidade na língua. Veja:

– *Ela é **lindinha**! Que nada, é **lindona**!* (adjetivo)
– *"Poxa, professor, mostra uma questão para mim..." "**Nenhuminha**!"*(pronome)
– ***Essazinha** não vale o que come...* (pronome)
– *Quero só um beijo, **unzinho** só.* (numeral)
– *Caramba, ele fala **rapidão**!* (advérbio)

Alguns **hipocorísticos** (qualquer palavra de forte valor afetivo, usado no trato familiar, que representa uma simplificação ou modificação do nome) são criados com sufixos: Chiquinho, Nandinho, Xandão etc.

> ### Observação
>
> Preciso dar este exemplo, ou não vou conseguir dormir. Eu (Pestana) tenho um amigo que é muito baixinho, quase do meu tamanho, e se chama Carlos. Por ironia, apelidaram-no de Carlão. Todo mundo passou a chamar o cara de Carlão. Pronto. Depois de um tempo... o sufixo -**ão** passou a fazer parte do radical, perdendo a ideia de grau (e de ironia). Os mais íntimos, sem trocadilhos, só o chamam <u>hoje</u> de Carlão**zinho**, por carinho, afetividade. Note que o sufixo diminutivo se ligou ao agora radical "Carlão". Eis a língua portuguesa... derivação em cima de derivação... Você deve ter um amigo que passou por esse "processo", não?

Outra forma estilística de grau se dá por meio da repetição da palavra ligada pela preposição **de**: "Danton Pedro dos Santos é o **mestre dos mestres**!". Ou como na Bíblia: "Jesus é o **Rei dos reis** e **Senhor dos senhores**!".

É bom dizer que alguns substantivos já perderam a ideia de grau: fogão, sapatão, cartão, cartaz, caixão, portão, caldeirão, colchão, calção, papelão, cartilha, calcinha, corpete, pastilha, folhinha (calendário), lingueta, cavalete, (o) lanterninha, (o) bandeirinha, sombrinha.

Hoje, você, eu e todo mundo dizemos assim: "Não deixe de fechar o **portãozinho** lá fora, por favor". Percebe que o radical da palavra é **portão** (portão + zinho = portãozinho)? É isso aí. O -**ão** não fazia parte do radical, mas, com o passar do tempo, tornou-se parte dele. "Muuuuuito" interessante, não é? Ou só eu que gosto dessas maluquices?

Veja agora uma questão sobre o valor estilístico do sufixo -**inho**:

5. (NCE/UFRJ – UFRJ – Técnico em Farmácia – 2009) "...vive <u>pertinho</u> do céu"; o valor do diminutivo no vocábulo sublinhado se repete em:

   a) A favela é um <u>lugarzinho</u> bonito;

   b) Os <u>barracõezinhos</u> das favelas cariocas são coloridos;

   c) A subida para os morros está coberta de <u>papeizinhos</u>;

> d) **A polícia chegou rapidinho ao morro; (é um advérbio intensificado pelo sufixo) (Gabarito!)**
>
> e) A <u>lourinha</u> ganhou o concurso de beleza.
>
> A opção D é o gabarito, pois o sufixo -**inho**, quando ligado a adjetivos ou advérbios, indica intensidade. Rapidinho e pertinho equivalem a muito rápido e muito perto. Em a), o substantivo lugarzinho parece ter valor afetivo. Em b), idem. Agora, note o processo: barraco > barracão > barracõezinhos. Interessante! Em c), é papel pequeno. Em e), há um valor afetivo no substantivo.

Valor Discursivo (Linguística Textual)

Se você nunca ouviu falar em **valor discursivo** de uma classe gramatical, é a hora!

Quando alguém produz um texto, na fala ou na escrita, ele está <u>discursando</u>. Dependendo da "intencionalidade discursiva", podemos perceber a função, o objetivo, o propósito da escolha das classes gramaticais na construção de um texto.

O substantivo tem o papel de nomear, certo? Mas, na construção do discurso, dependendo da intenção do produtor do texto na sua relação com seu interlocutor, o substantivo pode nomear de modo neutro ou de modo engajado.

Por exemplo, há uma diferença quando dizemos "Havia dois tipos de político naquela época: o ético e o antiético. O **antiético** não merecia nosso voto" para quando dizemos "Havia dois tipos de político naquela época: o ético e o antiético. O **canalha** não merecia nosso voto". Percebe que a escolha do substantivo, em ambos os casos, revela a intenção do locutor do texto? Na primeira frase, usa-se o substantivo de modo neutro, sem engajamento, o que certamente não ocorre na segunda frase.

Portanto, os substantivos têm um papel não só nomeador, mas também revelador (por parte de quem o seleciona). A escolha do substantivo em um texto é realmente importante para indicar a verdadeira intenção de quem o produz.

Agora, mais do que isso, o substantivo tem um papel superimportante na **coesão textual**.

Muitas vezes, evita-se a repetição de um substantivo substituindo-o por outro substantivo (1) sinônimo, (2) homônimo, (3) hiperônimo ou (4) acompanhado de pronome demonstrativo. Tais vocábulos são **referenciadores**, pois fazem referência a um substantivo. Veja este texto:

"Gosto muito do **Flamengo**, mas esse Flamengo (4) de hoje vem me cansando. Saber que o Mengão (1) está em má fase provoca em mim uma revolta muito grande, pois meu grande time (3) é sinônimo de tradição e talento."

Ficou claro que o substantivo Flamengo foi substituído por outros para evitar a repetição e, assim, dar continuidade ao texto de maneira polida e clara?

Alguns **substantivos** podem ser usados com objetivo **resumitivo**. Por exemplo: "A mãe e o pai discutiam com a filha frequentemente por causa do namorado dela. O **imbróglio** se devia ao mau-caráter do rapaz".

O substantivo **imbróglio** resume todo o período anterior. Interessante, não?

Em textos maiores, obviamente, encontramos mais referenciadores. Esta é a <u>função textual</u> de que tanto se fala hoje em dia nas provas, isto é, dentro do texto, qual é a função de uma palavra? No caso dos substantivos, adjetivos, artigos, pronomes, numerais e advérbios, a função é (trocando em miúdos) "fazer referência a palavras, substituir palavras para evitar a repetição".

Fiquemos por aqui! Falarei mais sobre isso no capítulo de *Coesão e Coerência*. Ah, nem doeu, não é? Molezinha!

 O Que Cai Mais na Prova?

Na maioria das vezes, você vai encontrar questões sobre identificação do substantivo, processo de substantivação e (ainda) plural dos compostos.

> *Concurseiro(a), quer uma dica de irmão? Guarde no seu coração o que vai ler agora:* NUNCA DEIXE DE FAZER SEU PRÓPRIO RESUMO DE CADA CAPÍTULO. *Esse processo cognitivo é* **extremamente** *valioso. Eu poderia ser legalzinho e fofinho pondo um quadro-resumo do que vimos no capítulo, mas, se fizesse isso, estaria sabotando você, impedindo-o(a) de ter esse trabalho de internalização imprescindível do conteúdo.* **Por favor, não pule essa etapa!!!** *Mesmo que seu resumo fique gigantesco (não vá escrever outra gramática... rsrs), nunca deixe de fazê-lo, para o seu próprio bem! Seu cérebro agradece e, quando passar no concurso, sua conta no banco também. Vá fundo na missão!* ☺

Questões de Concursos

Mantive a ortografia não atual em questões antigas. Boa resolução!

1. (MPE-RJ (NCE) – Corregedoria Geral da Justiça/RJ – 1998) "Consistem meramente de demarcações..."; o vocábulo demarcação tem seu plural corretamente formado no texto. O item abaixo em que há um vocábulo cuja forma plural é unanimemente considerada como equivocada é:
   a) escrivães – tabeliães – cidadãos;
   b) aldeãos – aldeões – aldeães;
   c) artesãos – camaleões – vulcões;
   d) artesões – corrimãos – verões;
   e) guardiões – guardiães – charlatãos.

2. (FGV – SPTrans – Especialista em Transporte – 2001) Os substantivos "prancheta, lobaz, muralha, nódulo" estão, respectivamente, nos graus:
   a) aumentativo, aumentativo, diminutivo, aumentativo;
   b) diminutivo, diminutivo, aumentativo, aumentativo;
   c) diminutivo, aumentativo, aumentativo, diminutivo;
   d) aumentativo, diminutivo, diminutivo, aumentativo.

3. (MP-RJ – Secretário de Promotoria e Curadoria I – 2002) "...por que passam milhões de crianças brasileiras..."; observe as formas abaixo:
   I. as milhões de crianças brasileiras.
   II. os milhões de crianças brasileiras.
   III. as milhares de crianças brasileiras.
   IV. os milhares de crianças brasileiras.
   As formas corretas são somente:
   a) I – II;
   b) I – III;
   c) II – IV;
   d) III – IV;
   e) I – II – III – IV.

4. (NCE/UFRJ – MPE/RJ – Secretário de Procuradoria – 2002) A frase em que a substituição do verbo pelo substantivo cognato correspondente é feita de forma INCORRETA é:
   a) "Compreender como usar nossa força para superar nossa fraqueza..." – A compreensão de como usar nossa força para a superação de nossa fraqueza.

b) "Estão prontas para crescer quando assegurarmos as condições para diminuir os juros e para simplificar os tributos." – Estão prontas para o crescimento quando assegurarmos as condições para a diminuição dos juros e para a simplicidade dos tributos.

c) "E nossos bancos, entre os mais eficientes do mundo, têm tudo para mudar de ramo, passando a financiar a produção." – E nossos bancos, entre os mais eficientes do mundo, têm tudo para a mudança de ramo, passando ao financiamento da produção.

d) "Nossas instituições ainda não estão organizadas para apoiar esse impulso construtivo." – Nossas instituições ainda não estão organizadas para o apoiamento desse impulso construtivo.

e) "...dá sinais de optar por ideal pequeno-burguês." – dá sinais de opção por ideal pequeno-burguês.

5. (FCC – TRT (20R) – Técnico Judiciário – 2002) Assinale a frase em que o plural do substantivo composto está INCORRETO:

a) Os brasileiros não são cucas-frescas, como se pensa.

b) Esses são pontos-chave para evitar o nervosismo.

c) São coletes salvam-vidas contra os fatores de stress.

d) Os chefes são geralmente todo-poderosos no serviço.

e) As causas de sofrimento não são simples lugares-comuns.

6. (FCC – TRT (5R) – Auxiliar Judiciário – 2003) Na época em que alguns trabalhadores recebiam suas ...... não existiam os ....

a) meia-tigelas – vale-refeições;

b) meia-tigelas – valem-refeição;

c) meias-tigelas – vales-refeições;

d) meias-tigelas – valem-refeições;

e) meias-tigela – vales-refeição.

7. (Cesgranrio – MPE/RO – Analista de Sistemas – 2005) Dentre os plurais dos nomes compostos, o único flexionado de modo adequado é:

a) guarda-chuvas;

b) olhos azuis-turquezas;

c) escolas-modelos;

d) surdo-mudos;

e) pores-dos-sóis.

8. (FCC – TRT/MS (24R) – Auxiliar Judiciário – 2006) O município de Bonito é exemplo de preservação de suas belezas naturais, com ...... de visão magnífica, verdadeiros ....

a) quedas d'água – cartões-postal;

b) quedas d'água – cartões-postais;

c) queda d'águas – cartões-postais;

d) quedas d'água – cartão-postais;

e) queda d'águas – cartão-postais.

9. (Esaf – CGU – Analista de Finanças – 2006) *O **ser** humano não pode ser definido em relação a ele mesmo, porque não é um sujeito isolado, vive em relação com as coisas, com os outros e com o mundo, mesmo antes de **pensar** e de falar. Esta presença não é somente observável como também um fato vivido, isto é, quer dizer que o ser humano se manifesta no **ser** a cada instante. Nessa responsabilidade, inclui, às vezes, o eu e, às vezes, o outro, num equilíbrio que se faz de uma parte entre poder **cuidar** de si mesmo e, de outra, poder cuidar dos demais. Através dessa construção coletiva, os homens fazem e criam sua história e, nessa construção-criação, o cuidado torna-se um processo, não apenas um ato. Ato este que envolve o **cuidar** de si e do outro, mais o cuidado como possibilidade de continuidade da espécie, gozar a vida com qualidade e com liberdade.* Assinale o termo sublinhado do texto que apresenta ambivalência, ou seja, para conferir coerência ao texto, tanto pode receber a interpretação de substantivação do verbo quanto a interpretação de substantivo concreto.

a) "ser". b) "pensar". c) "ser". d) "cuidar". e) "cuidar".

10. (NCE/UFRJ – Eletrobras – Letras (Espanhol) – 2007) O vocábulo *telefonema* pertence ao gênero masculino, como mostra o texto. A alternativa abaixo que mostra um substantivo do gênero feminino é:

a) champanha / clã;

b) mármore / guaraná;

c) apetite / suéter;

d) pijama / saca-rolhas;

e) milhar / cal.

11. (Instituto Ludus – CRO – Auxiliar de Serviços Gerais – 2008) Quantos substantivos há no período "Um anjo de asas azuis, todo vestido de luz, sussurrou-lhe num segredo os mistérios de outra vida"?

a) seis. b) cinco. c) quatro. d) sete. e) três.

Capítulo 7 • Substantivo **177**

12. (Cespe – Instituto Rio Branco – Diplomata – 2008) Fragmento de texto: *O soldado e o marinheiro permutaram bofetadas, mais ou menos teóricas, numa esquina de minha rua por causa da namorada comum, que devia chamar-se Marlene. O **duelo** durou vinte minutos, e cinquenta pessoas assistiram. (...)* Acerca dos sentidos e dos elementos de coesão e de referenciação presentes no texto, julgue (C ou E) os itens subsequentes.
    – O substantivo "duelo" resume, com certa dose de ironia, o episódio narrado no primeiro período do texto.
    ( ) CERTO   ( ) ERRADO

13. (Cesgranrio – Casa da Moeda – Advogado – 2009) Há três substantivos em:
    a) "... com sérias dificuldades financeiras";
    b) "... não conseguiu prever nem a crise econômica atual";
    c) "... vai tornar inúteis arquivos e bibliotecas)";
    d) "... precisa da confirmação e do endosso do 'impresso'";
    e) "Muitos dos *blogs* e *sites* mais influentes...".

14. (FCC – TRE/RS – Técnico Judiciário – 2010) Considerada a flexão, a frase que está em total concordância com o padrão culto escrito é:
    a) Os tabeliões reúnem-se sempre às quinta-feiras.
    b) Nos últimos botas-foras, houve grande confusão, pois a agência de turismo não reteu os que não possuíam ingresso.
    c) Na delegacia, não tinha ainda reavido os documentos que perdera, quando entrou o rapaz considerado a testemunha mais importante de famoso crime.
    d) Se não se conterem roubos de obras-primas, gerações futuras serão privadas de grandes realizações do espírito humano.
    e) Os lusos-africanos ostentavam no braço fitinhas verde-amarela.

15. (Consulplan – Advogado – 2010) *"Que emigrado da roça não sentiu uma indefinível estranheza e talvez um secreto **mal-estar** a primeira vez...".*
    Assinale a alternativa que faz o plural da mesma forma que a palavra sublinhada anteriormente:
    a) guarda-civil;
    b) amor-perfeito;
    c) guarda-roupa;
    d) obra-prima;
    e) pombo-correio.

16. (MP-SP – Analista de Promotoria I (Assistente Social) – 2011) Leia o poema de Paulo Leminski
    "via sem saída
    via bem

    via aqui
    via além
    não via o trem

    via sem saída
    via tudo
    não via a vida

    via tudo que havia
    não via a vida
    a vida havia"

    Considere as afirmações que seguem.
    I.   A palavra via aparece no poema tanto como substantivo quanto como verbo.
    II. O verbo via encontra-se no pretérito imperfeito do indicativo.
    Está correto o que se afirma em:
    a) somente I;
    b) somente II;
    c) I e II;
    d) nenhuma.

17. (Consulplan – Carreira Univ. (Analista Administrativo) – 2011) *"[...] que foi moldada, durante anos, pela ação dos ventos e da água."* Se pluralizarmos o vocábulo em destaque obteremos a forma "ações". A alternativa que contém um vocábulo que admite duas formas de plural é:
    a) construção;   b) verão;   c) cidadão;   d) especulação;   e) região.

18. (MP/PE – Penum (Estágo Nível Universitário) – 2011) O plural de cidadão, pastelzinho e paul é:
    a) cidadóes, pasteisinhos, pauls;
    b) cidadãos, pasteisinhos, pauis;
    c) cidadãos, pasteizinhos, pauis;
    d) cidadãos, pasteizinhos, pauls;
    e) cidadãos, pasteisinhos, pauis.

19. (MP/PE – Penum (Estágo Nível Universitário) – 2011) Os compostos estão corretamente pluralizados em:
    a) pés-de-moleques, guarda-roupas, ex-diretores;
    b) grão-duques, bananas-maçã, piscas-piscas;
    c) pés-de-moleque, bananas-maçã, canetas-tinteiro;
    d) pés-de-moleques, canetas tinteiros, tique-taques;
    e) pés-de-cabras, pores do sol, porta-bandeiras.

20. (FCC – TRE/AP – Técnico Judiciário – 2011) A palavra destacada que está empregada corretamente é:
    a) Diante de tantos abaixos-assinados, teve de acatar a solicitação.
    b) Considerando os incontestáveis contra-argumento, reconheceu a falha do projeto.
    c) Ele é um dos mais antigos tabeliões deste cartório.
    d) Os guardas-costas do artista foram agressivos com os jornalistas.
    e) Os funcionários da manutenção já instalaram os corrimãos.

21. (Cesgranrio – Petrobras – Técnico de Adm. e Controle Jr. – 2011) A flexão de número dos substantivos está correta em:
    a) florezinhas – troféis;
    b) salário-famílias – coraçãozinhos;
    c) os vaivéns – anães;
    d) paisezinhos – beija-flores;
    e) limãos – abdômenes.

22. (Cesgranrio – FINEP – Analista Jurídica – 2011) A formação do plural da palavra **cartão-postal** é a mesma que ocorre em:
    a) abaixo-assinado;   c) porta-voz;   e) guarda-civil.
    b) alto-falante;   d) cavalo-vapor;

23. (Cesgranrio – SEEC/RN – Professor de Língua Portuguesa – 2011) Quanto à formação do plural de substantivos compostos, algumas normas devem ser observadas. O grupo de palavras compostas que seguem a mesma regra de flexão de número de **lugares-comuns** é:
    a) obra-prima, navio-petroleiro, água-marinha;
    b) amor-próprio, vice-presidente, beija-flor;
    c) salário-mínimo, cartão-postal, sempre-viva;
    d) segunda-feira, bate-boca, tenente-coronel;
    e) vitória-régia, amor-perfeito, abaixo-assinado.

24. (BIORIO – Pref. Mesquita/RJ – Agente Administrativo – 2012) Dado o período "A verdade é **que nunca fui muito bom de memória**", a oração destacada exerce a mesma função de um:
    a) adjetivo;
    b) advérbio de lugar;
    c) advérbio de modo;
    d) substantivo;
    e) advérbio de intensidade.

25. (CEPERJ – Degase – Técnico de Suporte e Comunicação – 2012) O plural dos nomes terminados em ão pode se fazer de maneiras diferentes. Das palavras abaixo, retiradas do texto, a única que não possui, no plural, a mesma terminação que "prestações" é:
    a) televisão;   b) mão;   c) produção;   d) organização;   e) conclusão.

Capítulo 7 • Substantivo **179**

26. (Funcab – Pref. Búzios/RJ – Administrador – 2012) O uso das formas sintéticas do diminutivo em "A NEGRINHA, contida na sua expectativa, olha a garrafa de Coca-Cola e o PRATINHO que o garçom deixou à sua frente", no contexto, tem conotação:
   a) afetiva;   b) depreciativa;   c) pejorativa;   d) objetiva;   e) negativa.

27. (Fundação Sousândrade – Pref. Estreito/MA – Supervisor Escolar – 2012) "O menino Joaquim Barbosa nunca se acomodou àquilo que o destino parecia lhe reservar. Filho de um pedreiro, cresceu ouvindo dos adultos que nas festas de aniversário de famílias mais abastadas deveria ficar sempre no fundo do salão. (...)". Sobre as relações coesivas que estabeleçam no texto, o termo "O menino Joaquim Barbosa", do primeiro período, é retomado no segundo por um(a):
   a) expressão sinonímica;
   b) pronome relativo;
   c) expressão nominal;
   d) pronome oblíquo;
   e) advérbio intensificador.

28. (FAB – EEAr – Controlador de Tráfego Aéreo – 2012) Complete as lacunas com **o** ou **a** e, a seguir, assinale a alternativa com a sequência de substantivos masculino, feminino, masculino.
   a) __ eclipse, __ dinamite, __ derme;
   b) __ magma, __libido, __ pernoite;
   c) __ aneurisma, __fonema, __ clã;
   d) __ pane, __ ênfase, __ dó.

29. (FAB – EAGS – Sargento – 2012) Em qual alternativa não é possível identificar se o ser ao qual o substantivo em destaque se refere é masculino ou feminino?
   a) A **agente** de turismo me garantiu que o hotel é excelente.
   b) A **cliente** reclamou do péssimo atendimento ao gerente do banco.
   c) O público aplaudiu muito a **intérprete** quando o espetáculo terminou.
   d) Depois de várias ameaças anônimas, a **testemunha** passou a receber proteção policial.

30. (Funcab – PC/ES – Escrivão de Polícia – 2013) No que respeita ao gênero, comportam-se como "comandante" todos os substantivos relacionados em:
   a) vítima – artista – atendente.
   b) camarada – testemunha – dentista.
   c) pianista – cliente – colegial.
   d) estudante – colega – indivíduo.
   e) cônjuge – criança – pessoa.

31. (Vunesp – TJ/SP – Escrevente Técnico Judiciário – 2014) Fragmento de texto:
   Anteontem aconteceu o que era inevitável, mas que nos encantou como se fosse inesperado: meu pé de milho pendoou. Há muitas flores belas no mundo, e a flor do meu pé de milho não será a mais linda. Mas aquele pendão firme, vertical, beijado pelo vento do mar, veio enriquecer nosso canteirinho vulgar com uma força e uma alegria que fazem bem.
   Na passagem do terceiro parágrafo – "... veio enriquecer nosso **canteirinho** vulgar..." –, o substantivo, empregado no diminutivo, contribui para expressar a ideia de:
   a) exatidão.
   b) desprezo.
   c) simplicidade.
   d) soberba.
   e) abundância.

32. (Cesgranrio – Petrobras – Nível Médio – 2014) O fragmento do texto em que o vocábulo em destaque foi substantivado é:
   a) "sua **imagem** foi literalmente apagada de fotografias dos líderes da revolução".
   b) "A técnica usada para eliminar o **Trotsky**".
   c) "Existe até uma **técnica** para retocar a imagem em movimento".
   d) "Se a prova fotográfica não vale mais nada nestes novos tempos inconfiáveis, a **assinatura** muito menos".
   e) "E se eu estiver fazendo a barba e escovando os dentes de um impostor, de um **eu** apócrifo?".

33. (FGV – TJ/PI – Analista Judiciário (Escrivão Judicial) – 2015) Quando o autor de um texto emprega um substantivo coletivo que não é específico, necessita especificá-lo, que é o que ocorre em "frota de veículos"; o mesmo ocorre no seguinte caso:
    a) uso de equipamentos.
    b) equipes de técnicos.
    c) parceria das universidades.
    d) procedimentos de emergência.
    e) circulação de veículos.

34. (IBFC – EBSERH – Advogado – 2016) O vocábulo destacado em "E o AMARRAR do sapato pode ser mais tranquilo" deve ser classificado morfologicamente como:
    a) verbo.   b) adjetivo.   c) substantivo.   d) advérbio.   e) pronome.

35. (CESPE – TRF 1ª R – Técnico Judiciário (Taquigrafia) – 2017) Haveria prejuízo gramatical para o texto caso a palavra "procedimentos-padrão" fosse alterada para **procedimentos-padrões**.
    ( ) CERTO   ( ) ERRADO

36. (FGV – MPE/AL – Analista do Ministério Público – Administrador de Rede – 2018) Em muitos casos, os infinitivos podem ser substituídos por substantivos cognatos. Assinale a opção que apresenta, em função do contexto, a substituição inadequada.
    a) "... interessados em se beneficiar do barateamento do combustível" / interessados no benefício do barateamento do combustível.
    b) "... para desgastar governantes" / para o desgaste dos governantes.
    c) "... com o objetivo de obter apoio a candidatos" / com o objetivo de obtenção de apoio a candidatos.
    d) "... para se aproveitar da crise" / para o proveito da crise.
    e) "... e reforçar seus projetos de poder" / e reforço de seus projetos de poder.

37. (Fundatec – Prefeitura de Campo Bom/RS – Técnico em Contabilidade – 2019) A qual classe gramatical pertence a palavra "bastante", em "Os nossos tempos estão carentes de pessoas corajosas o bastante para abraçar alguém"?
    a) Substantivo.   c) Pronome.   e) Conjunção.
    b) Adjetivo.   d) Advérbio.

38. (FGV – TJ-RS – Oficial de Justiça – 2020) Observe a frase a seguir: É importante aprender muitas coisas / É importante o aprendizado de muitas coisas.
    O mesmo processo de substituição de um verbo por um substantivo correspondente foi feito de forma adequada em:
    a) É impossível ocultar a desonestidade / É impossível o ocultismo da desonestidade;
    b) Morrer é o ato final da existência humana / A mortandade é o ato final da existência humana;
    c) Enfrentar as dificuldades é o caminho da felicidade / O enfrentamento das dificuldades é o caminho da felicidade;
    d) Oferecer amizade é atitude rara / O ofertório de amizade é atitude rara;
    e) O mais difícil é viver / O mais difícil é a vivacidade.

39. (Vunesp – Semae de Piracicaba/SP – Almoxarife – 2021)

(Bob Thaves, "Frank & Ernest".
https://cultura.estadao.com.br/quadrinhos, 13.03.2020)

Considerando-se as classes gramaticais, o efeito de humor da tira decorre do emprego do termo
a) "palmas", substantivo na primeira ocorrência; e adjetivo, na segunda.
b) "lendo", verbo na primeira ocorrência; e adjetivo, na segunda.
c) "palmas", adjetivo nas duas ocorrências, com o mesmo sentido.
d) "lendo", verbo nas duas ocorrências, com o mesmo sentido.
e) "palmas", substantivo nas duas ocorrências, com sentidos diferentes.

40. (Fundatec – Ceasa-RS – Analista (Administrador) – 2022) (Adaptada) Em "Teoricamente, racismo ambiental é qualquer política, prática ou direção que afeta ou prejudica diferentemente (intencionalmente ou não) indivíduos, grupos ou comunidades, com base em sua raça e/ou sua cor", há dez substantivos comuns.

( ) CERTO   ( ) ERRADO

Gabarito

1. E.	11. A.	21. D.	31. C.
2. C.	12. CERTO.	22. E.	32. E.
3. C.	13. D.	23. A.	33. B.
4. B.	14. C.	24. D.	34. C.
5. C.	15. C.	25. B.	35. ERRADO.
6. C.	16. C.	26. A.	36. D.
7. A.	17. B.	27. C.	37. A.
8. B.	18. C.	28. B.	38. C.
9. C.	19. C.	29. D.	39. E.
10. E.	20. E.	30. C.	40. CERTO.

Os comentários sobre as questões estão no *Material Complementar* do livro.
Para acessá-lo, veja o passo a passo na orelha desta obra.

CAPÍTULO 8
ADJETIVO

Definição

Do ponto de vista semântico, o adjetivo é um caracterizador, um modificador de sentido.

A vida sem adjetivo é impossível, pois, quando queremos descrever ou expor um ponto de vista sobre algo, usamos nada mais, nada menos que ad-je-ti-vos. Por exemplo, se alguém pede que você descreva a bandeira do Brasil, o que você irá dizer? "Ah, ela é **verde**, **amarela** e **azul**, basicamente". Beleza. Agora, se alguém pergunta a sua opinião sobre o estilo dela, o que você irá dizer? "Bem, eu acho a bandeira muito **bonita**, com simbolismos bem **sugestivos**". Percebeu os adjetivos que você usou? Os três primeiros foram adjetivos de caráter objetivo; os dois últimos, de caráter subjetivo. De qualquer modo, adjetivos precisam ser usados para entendermos melhor ainda o mundo à nossa volta, certo?

Do ponto de vista morfológico, normalmente o adjetivo varia em gênero, número e grau. Como você pôde perceber, os adjetivos destacados mudaram de gênero, número e/ou grau: **amarela**, (muito) **bonita**, (bem) **sugestivos**. Ele varia em grau normalmente pelo uso de advérbios de intensidade. Veremos melhor isso à frente. Ah! Vale também perceber os sufixos formadores de adjetivos no capítulo de estrutura de palavras, pois, quanto mais soubermos sobre eles, com mais facilidade identificaremos esta classe.

Do ponto de vista sintático, o adjetivo só exerce duas funções sintáticas na frase: **adjunto adnominal** ou **predicativo (do sujeito ou do objeto)**.

O adjetivo e a locução adjetiva têm função sintática de adjunto adnominal quando vêm dentro do sintagma nominal (se necessário, reveja este conceito na parte de definição do substantivo), mas, quando têm função de predicativo, vêm fora do sintagma nominal. Exemplificando para você entender logo: em "Aquela casa amarela é suntuosa", **amarela** funciona como adjunto adnominal, pois faz parte do sintagma nominal "Aquela casa amarela"; já **suntuosa** funciona como predicativo, pois está fora do sintagma.

> Falando a língua do concurseiro menos experiente, aqui vai um *bizu*: se você puder retirar o adjetivo da frase sem mudança substancial de sentido, normalmente ele terá função de adjunto adnominal. Veja estas duas frases: "Nós achamos a língua portuguesa **difícil**" e "Preciso estudar esta matéria **difícil**". Qual **difícil** pode sair da jogada? Claro que é o segundo, logo o adjetivo tem função de adjunto.

Agora grave isto: as classes gramaticais modificadas por um ***adjetivo*** são o substantivo (normalmente), o pronome, o numeral, qualquer palavra de valor substantivo (verbo no infinitivo, por exemplo) e até uma oração substantiva. Veja um exemplo de cada caso:

- *Rocha Lima* e *Celso Cunha* eram **excelentes**.
- *Eles* eram **excelentes**.
- Os *dois* eram **excelentes**. [1]
- *Viver* é **excelente**.
- Acho **excelente** resolver exercícios de Português. [2]

 CUIDADO!!!

[1] Apesar de não ser aula de substantivo nem de numeral, preciso explicar um detalhe: qualquer numeral só fica substantivado pelo artigo ou outro determinante quando está implícita a palavra "numeral" antes dele: "O **dois** indica quantidade correspondente a uma unidade mais uma". Agora, sim, é um substantivo.

[2] Substitua a oração "resolver exercícios de Português" por um substantivo (ou pelo pronome demonstrativo **isto**) e perceba mais facilmente o adjetivo: "Acho ***excelente*** a resolução de exercícios de Português". O que eu acho ***excelente***? Resposta: "a resolução de exercícios de Português". Ou: "Acho ***excelente*** isto (ou seja, 'resolver exercícios de Português')". Está claro que o adjetivo modifica a oração substantiva.
Inclusive, isso apareceu em questão de prova elaborada pela banca Consulplan (TSE/Técnico Judiciário/2012). Nela, o adjetivo ***bobagem*** modifica uma oração. Veja: "... ofereça ao presenteado algo de que ele goste, mas acha ***bobagem*** comprar...". O presenteado acha isto/a compra **bobagem**. Percebeu? Muito boa a questão! Falarei mais sobre isso no capítulo 19, em *Predicativo do Objeto*.

Para entendermos bem todas essas definições de adjetivo, vamos analisar por último esta frase: **Meus alunos conseguiram conquistar as vagas *concorridíssimas* no ano passado.**
Note, por exemplo, que a palavra *concorridíssimas*:

1) **caracteriza/modifica** uma palavra: *concorridíssimas* caracteriza *vagas*;
2) **variou** de forma (feminino, plural, superlativo): "... *as vagas **concorridíssimas***";
3) é **núcleo** do adjunto adnominal; note que o adjetivo, como determinante que é, vem dentro do sintagma nominal "as vagas *concorridíssimas*".

Tudo bem até agora, não é? Beleza...

Para fechar: Certamente você já ouviu falar em orações subordinadas adjetivas, não é? Então, elas são chamadas assim porque têm valor de adjetivo. Note que tanto o adjetivo quanto a oração adjetiva caracterizam um substantivo (indivíduos):

- Os indivíduos praianos são felizes. / Os indivíduos que residem na praia são felizes.
  Isso já foi questão de prova, meu nobre!

Veremos isso com mais detalhes só no capítulo 23, de *Orações Subordinadas Adjetivas*, ok? Coloque sua curiosidade na coleira!

Capítulo 8 • Adjetivo

Identificação e Adjetivação

Algumas questões exigem do candidato o conhecimento básico de identificação de adjetivos. Mas como diferenciá-los das demais classes gramaticais, como substantivos ou advérbios?

Identificação

O adjetivo é uma palavra caracterizadora que modifica normalmente um substantivo, por isso, diante de uma frase, você deve notar qual palavra está atribuindo uma característica ao substantivo; muito possivelmente ela será um adjetivo. Há outros determinantes, é claro, como os artigos, os pronomes e os numerais (que não podem ser confundidos com um adjetivo, convenhamos!). Veja os adjetivos no texto *Paratodos*, de Chico Buarque:

> O meu pai era ***paulista***
> Meu avô, ***pernambucano***
> O meu bisavô, ***mineiro***
> Meu tataravô, ***baiano***
> Meu maestro ***soberano***
> Foi Antonio Brasileiro
> (...)
>
> Vou na estrada há muitos anos
> Sou um artista ***brasileiro***

Perceba que os adjetivos modificam, respectivamente, os substantivos "pai, avô, bisavô, tataravô, maestro e artista".

"Pestana, e Brasileiro? Não é adjetivo? Está modificando o substantivo Antonio, ora!" Meu nobre, note que "Brasileiro" está escrito com letra maiúscula, faz parte do nome do cara, é um sobre**nome**, logo é um **nome**ador, um... subs-tan-ti-vo. O segundo "brasileiro" (com letra minúscula), este, sim, está modificando, como um caracterizador, como um adjetivo de verdade, o substantivo "artista". Ok? Ah! A essa altura do campeonato, não é novidade para ninguém que o adjetivo pode virar substantivo, certo? Tudo depende do contexto... Fique esperto!

Note também que somente os dois últimos adjetivos exercem função sintática de adjunto adnominal, pois fazem parte dos seguintes sintagmas nominais: "Meu maestro **soberano**" e "um artista **brasileiro**". Os demais adjetivos estão **fora** do sintagma (ou separados pelo verbo **ser** ou por **vírgula**), por isso são adjetivos com função de predicativo. Não se desespere com essas funções sintáticas. Preciso mencioná-las agora para que você, digamos assim, comece a pegar intimidade...

Observação

Meus dedos coçam para escrever o que vou escrever agora: "Pelo amor de Deus, grave isto: o adjetivo pode caracterizar uma oração inteira!". Eu sei que já falei isso, mas eu preciso reiterar. Em frases formadas por "ser + adjetivo + oração substantiva", o adjetivo que caracteriza a oração substantiva nunca varia de forma. Veja: "É ***válido*** *que as pessoas estudem muito*". Note que o adjetivo "válido" caracteriza a oração "que as pessoas estudem muito" (= *Isto* é ***válido***). Agora posso dormir tranquilo. Essa você não erra mais no dia da prova!

Ainda acho que vale a pena comentar que alguns adjetivos não são físicos ou materiais. Muitos adjetivos descritivos podem apresentar um viés psicológico. Por exemplo, na primeira estrofe do poema *Retrato*, de Cecília Meireles, os adjetivos nele presentes descrevem as características **físicas** (magro) e **psicológicas** (calmo, triste, vazios, amargo...) do rosto, dos olhos e do lábio relacionadas ao envelhecimento percebido pelo eu-lírico:

> *Eu não tinha este rosto de hoje,*
> *assim **calmo**, assim **triste**, assim **magro**,*
> *nem estes olhos tão **vazios**, nem o lábio **amargo**.*

Interessante, não?

Adjetivação

Há dois conceitos de adjetivação: 1) presença de muitos adjetivos em um texto ou 2) transformação de um substantivo em adjetivo.

Por exemplo, no texto do Chico, ocorre adjetivação, ou seja, uso excessivo de adjetivos por razões estilísticas. Quando, por exemplo, dizemos assim: "Acho a minha namorada **linda**, **sedosa, cheirosa, gostosa, voluptuosa, quente**...", o propósito do excesso de adjetivos é o realce, a ênfase! Não confunda esse tipo de adjetivação com estruturas do tipo **adjetivo + adjetivo + substantivo** (***novos** falsos picassos)*, ou **adjetivo + substantivo + adjetivo** (*pobre menina **rica**)*, ou **substantivo + adjetivo + adjetivo** (*físico nuclear **brasileiro**)*, ou **adjetivo + substantivo + adjetivo + adjetivo** (***atual** indústria naval **japonesa**)*. Nessas estruturas, há um adjetivo (negritado) modificando um substantivo que já havia sido modificado por um adjetivo ou mais (sublinhado).

Observação

Há estruturas em que um **substantivo** é caracterizado por um **adjetivo** (1), por uma **locução adjetiva** (2) e por uma **oração adjetiva** (3) ao mesmo tempo. Veja:

"O **inusitado** (1) **pouso** que se espera suave (3) da economia norte-americana (2) continua sendo pontuado por turbulências e temores."

Fique atento no uso de adjetivos, pois, segundo o *Manual de Redação e Estilo*, por Eduardo Martins, "O texto noticioso (notícia, texto jornalístico) deve limitar-se aos adjetivos que definam um fato (*noticioso, pessoal, vizinho, próximo, sulino* etc.), evitando aqueles que envolvam avaliação ou encerrem carga elevada de subjetividade (*evidente, imponderável, belo, bom, ótimo, inteligente, infinito* etc.). Mesmo nas matérias opinativas, em que o autor tem maior necessidade de recorrer aos adjetivos, a parcimônia é boa conselheira. O jornalista pode sempre **mostrar** que um temporal foi *devastador* e um incêndio foi *violento*. Ou que uma peça constitui *retumbante* fracasso. Tudo isso sem poluir seu texto com dezenas de qualificativos".

Interessante, não?

O que mais nos deve interessar para a prova, porém, é a transformação de um substantivo em adjetivo. Note estas frases:

— *Seu jeito **moleque** atrai as mulheres mais novas.*
— *Esta blusa **laranja** lembra a da seleção de futebol da Holanda.*
— *É preferível ter um cachorro **amigo** a um amigo **cachorro**.*

Capítulo 8 • Adjetivo **187**

– *É muito **verdade** o que ele nos disse.*
– *David é muito **homem**!*

Em condições normais, os termos destacados não são caracterizadores (adjetivos) mas nomeadores (substantivos). No entanto... nessas frases em itálico... o papel deles é caracterizar, por isso se tornam **adjetivos**. Isso também é "adjetivação". Perceba que, nos dois últimos exemplos, os nomes verdade e homem estão sendo modificados por um advérbio (muito), logo se tornaram adjetivos. Está claro?

Observação

Não confunda **mudança de classe gramatical** com **homônimos perfeitos**. Na questão a seguir, a palavra "exemplares" tem o mesmo som, a mesma grafia, mas tem classes gramaticais e sentidos diferentes, por isso são homônimas perfeitas. Neste caso, não podemos falar em mudança de classe gramatical motivada pelo contexto.

23. (FAB – EEAR – Sargento – 1/2003 a) Leia com atenção:

I. Os alunos homenageados tiveram comportamentos exemplares.

II. O autor terá diferentes exemplares de sua obra analisados pela editora.

III. As pedras eram realmente lindas! Jamais tais exemplares haviam sido vistos por alguém.

Nas frases acima, temos adjetivo em:

a) I e II.

c) III apenas.

b) I, II e III.

d) I apenas. (gabarito!)

Recurso de Nominalização

No caso dos adjetivos, a nominalização se dá pela transformação de orações subordinadas adjetivas em meros adjetivos. Veja alguns exemplos:

– *O aluno **que é inteligente** passou na prova.*

– *O aluno **inteligente** passou na prova.*

– *Comprei para a minha frota dois carros **que estavam novíssimos**.*

– *Comprei para a minha frota dois carros muito **novos**.*

Note nesses exemplos que houve uma redução no número de verbos, tornando a leitura mais concisa. Simples assim.

Classificação

Existem tipos de adjetivo que precisam ser estudados. Vejamos!

Tipo	Definição	Exemplo
Simples	Apresenta apenas um radical.	visão **social**, visão **econômica**
Composto	Apresenta mais de um radical.	visão **socioeconômica**

Tipo	Definição	Exemplo
Primitivo	Não apresenta afixos.	sorriso **amarelo**
Derivado	Apresenta afixos.	sorriso **amarelado**
Restritivo[1]	Acrescenta um sentido não inerente ao ser.	carro **azul**, homem **feliz**, leite **quente**
Explicativo[2]	Apresenta um sentido inerente, próprio do ser.	carro **motorizado**, homem **mortal**, leite **branco**
Pátrio/Gentílico[3]	Refere-se a continentes, países, cidades, regiões (pátrio), raças e povos (gentílico), indicando a origem.	polaco, americano, afegão, mineiro, fluminense, panamenho, inglês, londrino, santista, vietnamita, espanhol, indígena, negro, branco...
Relacional	Um adjetivo de relação (ou relacional) é aquele que é derivado de um substantivo por derivação sufixal, tem valor semântico objetivo, vem normalmente depois de um substantivo e não varia em grau.	"O vinho **chileno** (do **Chile**) é ótimo"; "A plataforma **petrolífera** (de **petróleo**) foi fechada". **Observação** Consulte: FGV – SMF – PREF. NITÉRÓI/RJ – CONTADOR – 2015 – QUESTÃO 3. Agora, uma informação MUUUUUITO IMPORTANTE: vá AGORA até a questão 40 e leia todo o gabarito comentado dela, que está dentro do material complementar. Nele, eu abordo o que a banca FGV vem trabalhando, desde 2013, sobre VALOR DO ADJETIVO: relação, qualidade, característica e estado. Leia! Vá por mim!

 CUIDADO!!!

[1] Tome cuidado com os adjetivos **restritivos**, pois a presença ou a ausência de algum sinal de pontuação (vírgula, travessão ou parênteses) pode mudar seu sentido:

– O homem **feliz** entrou no bar e anunciou a todos seu casamento.
– O homem, **feliz**, entrou no bar e anunciou a todos seu casamento.

Na primeira frase, não estamos falando de qualquer homem, mas do homem que é feliz por natureza, isto é, a felicidade é sua característica natural; na segunda, ele estava momentaneamente tomado de felicidade quando entrou no bar.

Reitero que, dependendo do uso da pontuação, principalmente das vírgulas, o sentido pode mudar: "O atleta **ansioso** não conseguiu concluir seu trabalho" / "O atleta, **ansioso**, não conseguiu concluir seu trabalho" / "**Ansioso**, o atleta não conseguiu concluir seu trabalho". Percebeu a diferença? Na primeira frase, o atleta é inerentemente ansioso. Na segunda e na terceira, o atleta estava temporariamente ansioso.

² O adjetivo **explicativo** é sempre separado por pontuação (vírgula, travessão ou parênteses), pois informa sempre uma característica inerente e própria do ser, de modo que tal ser não pode ter seu sentido restringido. Em outras palavras, não faz sentido dizer "O homem **mortal** age muitas vezes como imortal", pois, sem estar separado por sinal de pontuação, o adjetivo dá a entender que existe algum homem não mortal. Isso não tem cabimento, uma vez que todo homem é mortal. Logo, a frase deve ser redigida assim: "O homem, mortal, age muitas vezes como imortal". Outro exemplo: "A gasolina inflamável é poluente". Meu Deus, que gasolina no mundo não é inflamável?! Logo, a frase deve ser reescrita assim: "A gasolina, inflamável, é poluente".

³ A junção de dois ou mais adjetivos pátrios é feita pela união do menor adjetivo (com forma latina) ao maior: mulher **latino-americana**, arte **euro-americana**, língua **indo-europeia** etc. Se os adjetivos tiverem o mesmo número de sílabas, orienta-se seguir a ordem alfabética: acordo **anglo-francês**. Não vou me ocupar de expor uma lista sobre isso, pois os concursos não mais querem saber do adjetivo correspondente a quem mora em Jerusalém, por exemplo. Ficou na curiosidade? Beleza... quem mora em Jerusalém é hierosolimita ou hierosolimitano. Bizarro, mas verdade verdadeira!

Não perca o tópico *Valor Discursivo e Estilístico*, mais à frente. Estou ansioso... por você! É porque, de tudo o que vem caindo ultimamente em prova sobre adjetivos, isso tem sido "a menina dos olhos" das bancas. Calma, daqui a pouco a gente chega lá.

Locução Adjetiva

A **locução adjetiva** é um grupo de vocábulos com valor de adjetivo formado por **preposição/locução prepositiva + substantivo/advérbio/pronome/verbo/numeral**.

Tal expressão **frequentemente** se liga a um substantivo. Nos exemplos abaixo, a locução adjetiva está em negrito:

briguinha **à toa**, *pizza* **a lenha** *(ou à lenha), TV* **em cores**, *casa* **sobre rodas**, *homem* **sem coragem**, *vida* **com limites**, *caso* **entre políticos**, *coisa* **sem pé nem cabeça**, *viagem* **ao redor do mundo**, *chuva* **em torno da casa**, *mulher* **em frente a mim**, *jornal* **de anteontem**, *programa* **de sempre**, *notícia* **de hoje**, *curso* **daqui**, *casa* **dela**, *máquina* **de lavar**, *mulher* **para casar**, *dinheiro* **das duas**...

Mas pode também se ligar a um pronome (ou locução pronominal) ou a um numeral:

as (= aquelas) **da sala 1**, *os (= aqueles)* **do Brasil**, *todo o mundo* **do bairro**, *os dois* **sem graça**... *Eles são* **sem caráter**, *O copo era* **de cristal**, *O menino ficou* **com fome** *este tempo todo?*

Como se viu **nos três últimos exemplos**, a locução adjetiva nem sempre vem dentro do sintagma nominal, pode vir fora também, junto ao verbo; neste caso, terá função de predicativo.

CUIDADO!!!

1) A maioria das locuções adjetivas podem ser substituídas por adjetivos correspondentes. Lembre-se: a maioria!

   Ex.: homem **sem coragem** (medroso); amor **com limites** (limitado); povo **do Brasil** (brasileiro); mas: muro **de concreto** (concretal?), livro **do Pestana** (pestaneiro?), pessoa **sem graça** (desgraçada?).

2) Algumas locuções adjetivas são substituídas por adjetivos eruditos (de origem latina); nesse caso, estarão subentendidas expressões, como: "referente a", "relativo a", "semelhante a", "próprio de".

   Ex.: cor **ígnea** (referente ao fogo), parte **setentrional** (relativo ao norte), nariz **aquilino** (semelhante ao bico da águia), comportamento **pueril/infantil** (próprio de criança). <u>Outros adjetivos eruditos</u>: ebúrneo (de marfim), argênteo (de prata), discente (relativo a aluno), docente (relativo a professor), pluvial (relativo a chuva), fluvial (relativo a rio), estival (de verão).

3) Não confunda **locução adjetiva** com locução adverbial.
   - *Vi uma menina em Minas Gerais.* (lugar onde se viu; locução adverbial)
   - *Vi uma menina de Minas Gerais.* (origem, procedência – mineira; locução adjetiva)

4) Não confunda **locução adjetiva** com **pseudolocução adjetiva**, que nada mais é que uma **preposição + um substantivo**. A locução adjetiva normalmente tem valor possessivo e/ou agente, mas a falsa locução (**prep. + subst.**) tem valor passivo ou especificador. Este *bizuzinho* tem a ver com a diferença entre estas funções sintáticas: complemento nominal, aposto e adjunto adnominal.
   - *Em criança, via a minha prima trocar de roupa pela pequena abertura **da porta**.* (ideia de posse; locução adjetiva)
   - *Aquela abertura **de conta** no banco vai me ajudar bastante.* (a conta foi aberta; valor passivo; prep. + subst.)
   - *O mês **de maio** é o mês **das mães**.* (especificando o mês – maio –, logo prep. + subst.; mês materno, ideia de posse, locução adjetiva)

5) Ainda na "vibe" da 4, cuidado com estruturas ambíguas, como "A reforma **da universidade** custou caro", em que não se sabe se a universidade praticou a ação de reformar (agente; locução adjetiva) ou se a universidade sofreu a ação de ser reformada (paciente; prep. + subst.).

6) Pode uma locução adjetiva modificar uma **oração inteira**.
   - *Vocês julgam **sem importância** estudar por meio de videoaulas?* (A locução "sem importância" está ligada à oração "estudar por meio de videoaulas")

Variação em Gênero

Existe o adjetivo **uniforme** (não muda de forma para indicar gêneros diferentes) e o **biforme** (muda de forma para indicar gêneros diferentes).

Vejamos primeiro o **gênero biforme**:

Masculino	Troca de Terminação	Feminino
lindo, saboroso, macio...	-o / **-a**	linda, saborosa (timbre aberto), macia...
ateu, europeu, galileu, saduceu, pigmeu, cananeu... *judeu, sandeu* (exceção)	-eu / **-eia**	ateia, europeia, galileia, saduceia, pigmeia, cananeia... *judia, sandia*
ilhéu, tabaréu...	-éu / **-oa**	ilhoa, tabaroa
mau, nu, francês, espanhol, jogador, *motor, trabalhador* (exceção)...[1]	-u, ês, -ol, -or / **-a**	má, nua, francesa, espanhola, jogadora... *motriz/motora, trabalhadora/trabalhadeira...*
vão, chorão... *ladrão* (exceção)	-ão / **-á, -ona**	vã, chorona... ladra, ladroa, ladrona

[1] **São invariáveis**: hindu, anterior, posterior, inferior, superior*, interior, multicor, incolor, sensabor, melhor, pior, maior, menor etc.; é polêmico o plural de cortês, montês e pedrês, pois, para Celso Cunha, são invariáveis; para os dicionaristas, como Aulete, não. Polêmicas... sempre elas... ainda bem que isso é muito raro em prova.

* Superiora: substantivo que significa "freira que coordena as atividades de um convento"; chamada de priora, prioresa ou abadessa também. Pode-se usar como adjetivo: "madre **superiora**".

Os adjetivos de **gênero uniforme** são os terminados em **-a, -e, -l** (exceto **-ol**), **-m, -r, -s, -z**: agrícola, excelente, cruel, útil, ruim (exceção: bom > boa), exemplar, simples, capaz (exceção: andaluz > andaluza)...

Nos **adjetivos compostos**, só o **último elemento** varia: atividade lúdico-instrutiva, bandeira verde-amarela, literatura anglo-americana. Exceção: surdo-mudo > surda-muda e claro-escuro > clara-escura.

Variação em Número

O adjetivo varia de acordo com o substantivo ou qualquer outra daquelas classes.

Regra dos Simples

O adjetivo simples varia com o termo a que se refere (normalmente substantivo).

— *Herdei casas **extraordinárias** e carros **luxuosos**.*
— *Comi maçãs pela manhã e pela tarde. Elas são realmente **saborosas**.*
— *Gostei dos tons **lilases** usados na sala, ficou bem suave.*

Observação

Qualquer substantivo usado como adjetivo fica **invariável**: reuniões **relâmpago**, homens **monstro**, moleques **piranha**, vestidos **laranja**, ternos **cinza**, blusas **creme**, calças

rosa, tintas **salmão**, escovas **chocolate**, paredes **gelo,** tons **pastel**... exceto nos três primeiros, note que a expressão "cor de" está implícita. "Lilás" é o único substantivo usado como adjetivo que pode variar: **lilases**. Existe a forma variante "lilá" (você sabia?), cujo plural é "lilás". Nunca se sabe quando precisaremos dessa informação...

O que vou falar agora é trabalhado muito em questão de concordância, por isso vale a pena reiterar que, quando o adjetivo modificar uma oração substantiva, ficará no masculino singular. Veja:

— *Naquela ocasião, considerou-se muito **digno** que a documentação fosse assinada.* (O adjetivo *digno* modifica a oração substantiva "que a documentação fosse assinada".)

Regra dos Compostos

O **adjetivo composto** apresenta algumas regrinhas.

1) **A regra geral é a seguinte: varia-se apenas o último elemento do adjetivo composto, concordando com o termo de valor substantivo ao qual se refere, em gênero e número:**

   – *As intervenções médico-**cirúrgicas** foram um sucesso!*
   – *Aquelas canecas **vermelho-claras** e **vermelho-escuras** já foram vendidas.*
   – *Foram feitos acordos **afro-brasilo-lusitanos**.*

2) **Se algum elemento do adjetivo composto for um substantivo, todo o adjetivo composto ficará invariável:**

   – *Eram blusas **verde-garrafa** que ele queria.*
   – *Estes cordões **amarelo-ouro** vão chamar atenção, ainda mais sobre os camisões **marrom--café**...*
   – *Prefira ternos **cinza-escuro**... mais sóbrios.*
   – *Nossas fantasias **verde e rosa** fizeram sucesso.*

3) Os adjetivos compostos ***surdo(a/s)-mudo(a/s), puro(s)-sangue(s), pele(s)-vermelha(s)* e *claro(a/s)-escuro(a/s)*** são exceções. Variam ambos os elementos.

4) **São invariáveis sempre:** azul-marinho, azul-celeste, ultravioleta, sem-sal, sem-terra, verde--musgo, cor-de-rosa, zero-quilômetro etc.; a maioria dos gramáticos, como Napoleão M. de Almeida e Luiz A. Sacconi, diz que "infravermelho" varia.

Variação em Grau

Dizer que um adjetivo varia em grau significa dizer que, em algumas construções, ele terá seu **valor intensificado** – normalmente por um advérbio ou por um sufixo. Existem duas situações em que o adjetivo pode variar em grau: em uma estrutura de **comparação** ou em uma de **superlativação**.

Grau Comparativo

Compara-se uma qualidade, ou qualificação, entre dois seres ou duas qualidades de um mesmo ser. Há três tipos, com *construções peculiares* a elas:

- de **igualdade** (tão... quanto/como): Português é *tão **divertido** quanto* (ou como) Matemática.

- de **superioridade** (mais... (do) que): Português é *mais divertido* (do) *que* Matemática.
- de **inferioridade** (menos... (do) que): Português é *menos divertido* (do) *que* Matemática.

Ignorando a piada do *divertido*, perceba que o adjetivo destacado está sendo intensificado pelos advérbios *tão*, *mais* e *menos*. Já a ideia de comparação é marcada pelas conjunções *quanto* (ou *como*) e *que* (ou *do que* – o elemento *do* é facultativo).

Não me custa alertar que, quando se diz: "João é mais estudioso que Maria", deve-se entender que Maria é estudiosa também, mas não tanto quanto João. Tudo bem?

Mera curiosidade: Se negarmos as frases acima, o sentido mudará, mas a classificação não: "Português não é tão divertido quanto Matemática" (Matemática é mais divertido que Português), "Português não é mais divertido que Matemática" (Matemática é mais divertido que Português) etc. Tais construções não são analisadas pelos gramáticos tradicionais, logo a chance de isso cair em prova é 0,000000000000000000000000001%!!!

 CUIDADO!!!

1) Os adjetivos **bom, mau/ruim, grande, pequeno** só têm formas sintéticas (**melhor, pior, maior, menor**) no grau comparativo de superioridade; veja:

   – *Português é **mais bom** que Matemática.* (Errado!)
   – *Português é **melhor** que Matemática.* (Ah, agora sim!)

   Porém, em comparações feitas entre duas qualidades de um mesmo ser, devem-se usar as formas analíticas "mais bom, mais mau, mais grande e mais pequeno". Por exemplo:

   – *Edmundo foi condenado de novo, mas ele é **mais boa** pessoa do que **má**.*
   – *Minha casa é **mais grande** que **confortável**.*

   Celso Cunha admite, porém, que "mais pequeno" é forma culta, mesmo se comparando dois seres: "João é *mais pequeno* que Maria". Tal forma é comum em Portugal.

2) Determinados substantivos **podem** ser tomados como adjetivos em construções de grau comparativo: "Sou mais **irmão** do diretor (do) que você". Já em estruturas semelhantes à que segue, não há gradação, tampouco qualificação, mas tão somente ideia de quantidade indefinida: "Comprei mais **computadores** (do) que televisores". O substantivo continua sendo substantivo, e o "mais" é um pronome indefinido.

Grau Superlativo

Ocorre um engrandecimento, uma intensificação da qualidade de um ser (singular ou plural); são dois os tipos de superlativo de um adjetivo (absoluto e relativo):

Absoluto
- **Analítico:** o adjetivo é modificado por um advérbio de intensidade.
  Ex.: *João é muito **inteligente** e bastante **humilde** mas extremamente **pobre**.*
- **Sintético:** quando há o acréscimo de um sufixo (-**íssimo**, -**(r)imo**, -**(l)imo**).
  Ex.: *João é **inteligentíssimo**, mas é **paupérrimo** e **humílimo**.*

CUIDADO!!!

1) Os adjetivos **bom, mau/ruim, grande** e **pequeno** apresentam as seguintes formas no grau superlativo absoluto sintético, respectivamente: **ótimo/boníssimo, péssimo/malíssimo, máximo/grandíssimo, mínimo/pequeníssimo.**

2) Na gradação sintética, os adjetivos mudam de forma:
   - os terminados em **-a, -e, -o** perdem tais vogais e acrescenta-se o **-íssimo**: secretíssima, quentíssimo, belíssimo...
   - os terminados em **-io** perdem a última vogal e acrescenta-se o **-íssimo**: seríssimo, precariíssimo, necessariíssimo, friíssimo... Alguns gramáticos, como Bechara e Celso Cunha, dizem que algumas formas atuais, como seríssimo, precaríssimo e necessaríssimo são populares.
   - os terminados em **-eio** perdem as duas últimas vogais e acrescenta-se o **-íssimo**: cheíssimo, alheíssimo... exceção: feíssimo/feiíssimo. Bechara aceita cheiíssimo.
   - os terminados em **-vel** mudam para **-bil** e acrescenta-se o **-íssimo**: notabilíssimo, amabilíssimo, mobilíssimo...
   - os terminados em **-z** mudam para **-c** e acrescenta-se o **-íssimo**: ferocíssimo, felicíssimo, voracíssimo...
   - os terminados em **-m** e **-ão** passam a terminar em **-níssimo**: comuníssimo, vaníssimo, paganíssimo...
   - alguns terminados em **-co** e **-go** podem terminar em **-quíssimo** e **-guíssimo** por acomodação fonética: fraquíssimo, riquíssimo, amarguíssimo, antiquíssimo... Consulte um bom dicionário!
   - comumente os terminados em **-il** recebem **-imo**: agílimo, dificílimo, fragílimo, imbecílimo, verossimílimo...
   - os terminados em **-ro** e **-re** mudam para a antiga forma latina e recebem **-rimo**: aspérrimo (áspero), misérrimo (mísero), prospérrimo (próspero), celebérrimo (célebre), libérrimo (livre)...

3) Veja a forma superlativa absoluta sintética de alguns adjetivos. A primeira forma é erudita/latina (antiga) e a segunda é vernacular (atual), sempre terminada em **-íssimo**.
   - **alto** > supremo/sumo ou altíssimo
   - **ágil** > agílimo ou agilíssimo
   - **amargo** > amaríssimo ou amarguíssimo
   - **baixo** > ínfimo ou baixíssimo
   - **doce** > dulcíssimo ou docíssimo
   - **frágil** > fragílimo ou fragilíssimo
   - **frio** > frigidíssimo ou friíssimo
   - **humilde** > humílimo ou humildíssimo
   - **magro** > macérrimo ou magríssimo (magérrimo é forma coloquial, segundo a maioria dos gramáticos)
   - **manso** > mansuetíssimo ou mansíssimo
   - **miúdo** > minutíssimo ou miudíssimo
   - **negro** > nigérrimo ou negríssimo

- **nobre** > nobilíssimo ou nobríssimo
- **pio** > pientíssimo ou piíssimo
- **pobre** > paupérrimo ou pobríssimo
- **recente** > nupérrimo ou recentíssimo
- **sábio** > sapientíssimo
- **sagrado** > sacratíssimo
- **semelhante** > simílimo ou semelhantíssimo
- **soberbo** > superbíssimo ou soberbíssimo

4) Nunca os adjetivos são terminados em -**ésimo** ou -**ssíssimo**, como a gente escuta por aí: homem elegantésimo, terno carésimo, mulher gostosésima, pessoa chiquésima, grandessíssimo idiota...

5) Certos adjetivos não mudam de grau, ou seja, mantêm seu grau normal devido a sua significação: imenso, enorme, fabuloso, intenso, grandioso, baita, puta... Os dois últimos adjetivos são invariáveis, inclusive em gênero e número, e usados em situações bem coloquiais: "Ele recebeu um **baita/puta** salário".

Relativo
- de **superioridade**: enaltecimento da qualidade de um ser dentre outros seres, por meio da construção **o/a mais + adjetivo + de/dentre**.
  Ex.: *João é o mais **inteligente** dentre todos da sala.*
- de **inferioridade**: desvalorização/minimização da qualidade de um ser dentre outros seres, por meio da construção **o/a menos + adjetivo + de/dentre**.
  Ex.: *Maria é a aluna menos **inteligente** do grupo.*

 CUIDADO!!!

1) Os adjetivos **bom, mau/ruim, grande** e **pequeno** apresentam as seguintes formas no grau superlativo relativo de superioridade: **o/a melhor, o/a pior, o/a maior** e **o/a menor.**
2) Prefere-se "O mais **poderoso** dos homens morreu" a "O **poderosíssimo** dos homens morreu", segundo Rocha Lima. É interessante dizer que o adjetivo **poderoso**, substantivado pelo artigo, ainda pode ser modificado pelo advérbio **mais** nesse tipo de estrutura. É como em "Os **muito magros** não são felizes". O termo **magros**, substantivado pelo artigo, ainda continua sendo intensificado pelo advérbio **muito**.
3) O superlativo relativo pode apresentar ideia de "limite de possibilidade" em estruturas assim: "Eles são modelos **o mais** belos **possível**", "Todos eram **os mais** honestos **que se podia**".

Formas Estilísticas

Há inúmeras outras maneiras de conseguir o superlativo absoluto dos adjetivos:
- empregando-se prefixos que dão ideia de aumento: ***superlindo, ultralinda*** etc.
- repetindo-se o adjetivo: *Ela é linda, **linda, linda**.*

- mediante comparação curta (símile): *Ela é linda **como uma princesa***.
- empregando-se certas expressões populares (idiomáticas): *Ela é linda **de morrer***.
- usando-se o adjetivo com o sufixo aumentativo ou diminutivo: *rapi**dinho**, rapi**dão**, rapi**daço**, rapi**dona*** etc.
- por meio da expressão *um(a) senhor(a)*: *Roberto é **um senhor** jogador*.

> **Observação**
>
> Na linguagem da internet, percebemos que isso é feito por meio da repetição de um fonema ou caixa alta: "A cerveja estava **gelaaaaaaaaada**" ou "A cerveja estava **GELADA**!".

Valor Discursivo (Linguística Textual)

Chegou a hora! Tudo o que falarei tem caído muito em prova, por favor, preste atenção!

O adjetivo exerce um papel fundamental dentro do discurso. Seu objetivo não é apenas caracterizar, qualificar, descrever um termo. Mais do que isso!

> 1) Dependendo da posição do adjetivo, pode haver mudança de sentido e até de classe gramatical.
> 2) Dependendo da escolha do adjetivo, contextualmente a intenção do produtor do texto pode ser revelada. Chamamos isso de **modalização discursiva**.
> 3) Respeitando a relação de concordância em gênero e número com o substantivo, o adjetivo pode retomar termos, dando coesão ao texto.

Enfim, vejamos isso melhormente agora!

1) A mudança de posição do adjetivo pode implicar mudança de sentido ou de classe gramatical.

*Ele é um **pobre** homem.* (coitado; adjetivo)	*Ele é um homem **pobre.*** (sem recursos; adjetivo)
*Ele é um **alto** funcionário.* (posição; adjetivo)	*Ele é um funcionário **alto**.* (comprimento; adjetivo)
*Um **belo** dia fui visitá-la.* (indeterminado; adjetivo)	*Ontem foi um dia **belo**.* (bonito; adjetivo)
*Francisca é uma **nobre** pessoa.* (digna; adjetivo)	*Francisca é uma pessoa **nobre**.* (aristocrata; adjetivo)
*O **bravo** capitão venceu muitas batalhas.* (corajoso; adjetivo)	*O capitão **bravo** vai nos treinar de novo.* (sisudo/irritadiço; adjetivo)
*Esta é uma **simples** questão.* (sem importância; adjetivo)	*Esta é uma questão **simples**.* (fácil; adjetivo)
*Sempre foste um **grande** homem.* (digno; adjetivo)	*Sempre foste um homem **grande**.* (dimensão; adjetivo)
*Elisa é uma **nova** mulher depois da cirurgia.* (renovada; adjetivo)	*Elisa é uma mulher **nova**.* (jovem; adjetivo)
*Um **velho** amigo não é o mesmo que um amigo **velho**.* (antigo/gasto, idoso; adjetivo)	
*O **único** sabor que senti no sorvete foi de açúcar.* (um só; adjetivo)	*Este é um sabor **único** na história dos sorvetes.* (singular; adjetivo)
*Aquele garoto não passa de um **falso** aluno.* (impostor; adjetivo)	*Aquele garoto não passa de um aluno **falso**.* (fingido, desleal; adjetivo)

Capítulo 8 • Adjetivo   **197**

Veja agora mais exemplos:

Um amigo **médico** *me disse para vir aqui.* (substantivo + adjetivo)	*Já conheceu algum* **médico** *amigo?* (substantivo + adjetivo)
O italiano **fumante** *perdeu a vida.* (substantivo + adjetivo)	*O* **fumante** *italiano perdeu a vida.* (substantivo + adjetivo)
O inventor **brasileiro** *criou o avião.* (substantivo + adjetivo)	*O* **brasileiro** *inventor criou o avião.* (substantivo + adjetivo)
"Não sou propriamente um autor **defunto***, mas um* **defunto** *autor".* (substantivo + adjetivo)	
Ele era um preso **político***, hoje é um* **político** *preso.* (substantivo + adjetivo)	

Bechara e Celso Cunha dizem que a interpretação mais natural é encarar as estruturas em que se confundem substantivos com adjetivos assim: **substantivo + adjetivo**. Tais estruturas ainda permitem esta reescritura (pegarei a primeira frase como exemplo): "Um amigo *que é médico* me disse para vir aqui. / Já conheceu algum médico *que é amigo*?". Se conseguir fazer isso, maravilha! Descobrirá a pólvora... ou melhor... o adjetivo.

No entanto, há alguns casos polêmicos... o que não é nenhuma novidade. Em "sábio indiano", não sabemos se se trata de um sábio (subst.) que é um indiano (adj.) ou um indiano (subst.) que é sábio (adj.). Há outros exemplos, como "velho careca, jovem repórter, pobre cego" etc. Nesses casos, reitero o que nos dizem Bechara e Celso: analise como **substantivo + adjetivo**, a não ser que o contexto exija interpretação diferente. Ok?

◉ Observação

Vale dizer ainda que a maioria dos adjetivos antepostos ao substantivo, senão todos, como pudemos ver nos exemplos acima, têm valor subjetivo, normalmente modalizadores. Podemos dizer que eles têm um valor que beira muitas vezes a conotação. Os que vêm pospostos têm normalmente valor objetivo, denotativo; são frequentemente descritivos.

2) O adjetivo pode expressar um ponto de vista, um juízo de valor*, uma avaliação por parte do locutor do texto. Isso é **modalização**. Nesse sentido, note que, se o adjetivo é modalizador, exprime uma opinião, logo pode ser refutado. Por exemplo, se eu digo: "Este programa é **ótimo**", o adjetivo **ótimo** exprime meu julgamento; não se trata de uma verdade absoluta, logo você poderia contra-argumentar: "Ah, eu não concordo, acho **horrível**!". Neste caso, **horrível** também seria um adjetivo modalizador. Perceba que estamos no plano da argumentação, logo os adjetivos usados serão fatalmente modalizadores. Leia este texto e note os adjetivos modalizadores:

Como se não bastasse a teatralização **manipuladora** *das novelas globais – exibidas de segunda a sábado –, a população brasileira passou a conviver, a partir do início de 2002, com uma nova forma de* **nocivo** *controle que vai ao ar de segunda a segunda durante alguns meses, com um curto intervalo entre um programa e outro: o "Big Brother Brasil". A consequência* **óbvia** *de assistir a este câncer é a imbecilidade mental, é* **claro***. É muito* **possível** *que as pessoas continuem dando audiência a "isso", por mais que pessoas inteligentes compartilhem da tese de que é* **necessário** *parar de ver, caso contrário continuaremos sendo titereados.* **Lamentável***,* **asfixiante***,* **surpreendente** *é dar valor ao mundo da TV e seus* **abjetos** *e* **desprezíveis** *programas.*

> * Não confunda juízo de valor com juízo de fato. O primeiro trata de opinião individual, por isso tem valor subjetivo, e o segundo trata de atestação, por isso tem valor objetivo.
>
> Veja uma questão sobre termos modalizadores:
>
> 25. (ITA – Vestibular – 2011/2012) No texto, o segmento que NÃO expressa uma avaliação do autor é:
>
> a) [...] à parte o gosto exacerbado dos paulistanos por levantar muros [...]
> b) [...] a avenida ficou menos tétrica, quase bonita.
> c) [...] a imagem do engarrafamento e da bagunça vira um desastre de relações públicas.
> d) **Em Istambul, monotrilhos foram instalados no nível da rua, como os "trams" das cidades alemãs e suíças. (Gabarito!)**
> e) Se forem como os antigos bondes, ótimo.
>
> **Comentário:** O gabarito é a letra D, pois traz um trecho sem vocábulos modalizadores. Todas as demais alternativas contêm expressões que revelam a avaliação do autor. A: "... *gosto exacerbado*...". B: "... *quase bonita*". C: "... *bagunça... desastre*...". E: "... *ótimo*". Notou, em especial, os adjetivos das opções A e E?

3) Os adjetivos podem ser usados como instrumentos ou recursos coesivos dentro do texto. Em outras palavras, fazem referência a vocábulos dentro do texto para evitar a repetição e manter o sentido dele. Veja este breve texto:

O homem e a mulher irromperam numa discussão ferrenha sobre quem era mais relevante no curso histórico. **Derrotado** *após o embate, chegamos à conclusão de que a mulher ainda é a base de tudo!*

Note que o adjetivo **derrotado** (no masculino e no singular) só pode se referir ao **homem** (masculino e singular). Logo, a palavra *homem* não precisou ser repetida; coube ao adjetivo a função de retomada. Isso é coesão. As partes do texto estão "costuradas" mantendo uma harmonia de sentido.

 O Que Cai Mais na Prova?

Definitivamente, você precisa 1) identificar os adjetivos e 2) dominar seu valor discursivo. Sabendo isso, é só alegria!

> *Concurseiro(a), quer uma dica de irmão? Guarde no seu coração o que vai ler agora: NUNCA DEIXE DE FAZER SEU PRÓPRIO RESUMO DE CADA CAPÍTULO. Esse processo cognitivo é* **extremamente** *valioso. Eu poderia ser legalzinho e fofinho pondo um quadro-resumo do que vimos no capítulo, mas, se fizesse isso, estaria sabotando você, impedindo-o(a) de ter esse trabalho de internalização imprescindível do conteúdo.* **Por favor, não pule essa etapa!!!** *Mesmo que seu resumo fique gigantesco (não vá escrever outra gramática... rsrs), nunca deixe de fazê-lo, para o seu próprio bem! Seu cérebro agradece e, quando passar no concurso, sua conta no banco também. Vá fundo na missão!* ☼

Capítulo 8 • Adjetivo **199**

Questões de Concursos

1. (MPE-RJ (NCE) – Corregedoria Geral da Justiça/RJ – 1998) "Para as finalidades empresariais, as fronteiras que separam uma nação da outra são tão reais como o equador. Consistem meramente de demarcações convenientes de entidades étnicas, linguísticas e culturais. Não definem necessidades empresariais nem tendência de consumidores. Uma vez que a administração compreenda e aceite essa economia mundial, a sua maneira de encarar a praça do mercado – e de planejá-la – necessariamente se expande." (Jacques Maisonrouge) No segundo período do texto, o termo que modaliza o conteúdo expresso é:
    a) meramente;
    b) convenientes;
    c) étnicas;
    d) linguísticas;
    e) culturais.

2. (MPE-RJ (NCE) – Auxiliar Superior Administrativo – 2001) O adjetivo abaixo de valor nitidamente subjetivo é:
    a) imprensa brasileira;
    b) proposta milionária;
    c) incitamento racista;
    d) jovem negro;
    e) brilhante futuro.

3. (Esaf – MPU – Analista Processual – 2004) *"Sei que grande parte da magistratura **sem assento nos tribunais superiores** discorda dos que defendem a adoção da súmula vinculante, sob o fundamento de que o instituto pretendido engessaria os demais juízes, sobretudo os **de primeira instância**, no canteiro da qual começa a manifestar-se o espírito **da jurisprudência**. Penso **de outra forma**. Não vejo engessamento da ação do magistrado de instância inicial no resultado dessa medida **que se advoga como instrumento de agilização da Justiça"**.*

    Assinale a expressão que, no texto, não tem valor de adjetivo por não denotar um atributo do nome a que se refere.
    a) "sem assento nos tribunais superiores".
    b) "de primeira instância".
    c) "da jurisprudência".
    d) "de outra forma".
    e) "que se advoga como instrumento de agilização da Justiça".

4. (NCE/UFRJ – Sespa – Contador – 2006) A alternativa em que ocorre a presença de um só adjetivo que se refere a um só substantivo é:
    a) "hierarquias, estruturas nem códigos canônicos";
    b) "lutas sociais e políticas";
    c) "disciplina mental e espiritual";
    d) "diferentes tradições religiosas";
    e) "vaidades e ambições desmedidas".

5. (Funiversa – Analista Júnior – Jurídica – 2006) "Seu corpo como que se marca ainda na **velha** poltrona **da sala.**" Sobre os termos destacados, é correto afirmar:
    a) Os dois possuem valor de adjetivo.
    b) Os dois possuem valor de advérbio.
    c) Possuem valor de adjetivo e advérbio respectivamente.
    d) Possuem valor de advérbio e adjetivo respectivamente.
    e) Os dois possuem valor pronominal.

6. (FCC – TRF (2ª R) – Analista Judiciário – 2007) (Adaptada) A afirmação abaixo está correta ou incorreta?
    – Em *Durante boa parte do século XIX*, o adjetivo exprime juízo de valor atribuído aos anos em que ocorreram os fatos mais significativos para a história do pensamento.

7. (NCE/UFRJ – CRA/RJ – Fiscal I – 2007) O autor do texto coloca suas opiniões no texto, entre outros processos, por meio de adjetivos; os adjetivos abaixo que expressam opinião são:
    a) "extraordinária beleza" / "esforço heroico";
    b) "esforço heroico" / planos vélicos";
    c) "planos vélicos" / avanços técnicos";
    d) "avanços técnicos" / descobrimentos marítimos";
    e) "descobrimentos marítimos" / "extraordinária beleza".

8. (MP/RJ – Técnico Administrativo – 2007) *Para fazer as pesquisas com o registro das aves, serpentes, répteis e batráquios, as equipes teriam o "curto prazo de dois dias".* A locução adjetiva usada aqui em "o registro das aves" tem como sinônimo erudito:
   a) ornitológico;
   b) ofiológico;
   c) entomológico;
   d) ictiológico;
   e) saurológico.

9. (FAB – EAGS/SAD – Sargento da Aeronáutica – 2008) Leia:
   "Direitos humanos para os humanos direitos."
   I.   Em "direitos humanos", "direitos" é adjetivo; "humanos" é substantivo.
   II. "Direitos humanos" e "humanos direitos" são substantivos compostos.
   III. Em "humanos direitos", "humanos" é substantivo; "direitos" é adjetivo.
   IV. Em "direitos humanos", "humanos" é adjetivo; "direitos" é substantivo.
   Estão corretas as afirmações:
   a) I e II.
   b) I e III.
   c) II e IV.
   d) III e IV.

10. (FAB – EAGS/SAD – Sargento da Aeronáutica – 2008) Leia as afirmações:
    Quem nasce em:
    I. Belém (Pará) é belenense.
    II. São Luís é são-luisense.
    III. Manaus é manauano.
    Está(ão) correta(s) a(s) afirmação(ões):
    a) I apenas.
    b) II apenas.
    c) I e III.
    d) I e II.

11. (Consulplan – Técnico de Gestão Municipal – 2009) No trecho "os passarinhos estão mais lentos que a rotação da eternidade", tem-se:
    a) um superlativo analítico de lento;
    b) um comparativo de superioridade;
    c) um superlativo absoluto;
    d) um comparativo de igualdade;
    e) um superlativo relativo de superioridade.

12. (Consulplan – Agente de Pesquisas e Mapeamento – 2009) Todos os termos destacados têm natureza adjetiva, EXCETO:
    a) "algumas generosas";
    b) "Meus ensaios têm colimado assuntos candentes e controvertidos";
    c) "seria de implantação inverossímil";
    d) "Sua imaginação criativa";
    e) "sobre a aborrecida lógica do texto".

13. (Cespe/UnB – MPU – Analista de Informática – 2010) Fragmento de texto
    (...) É necessário investir em pesquisa...

    Na linha 19, o emprego do adjetivo "necessário", no masculino, estabelece a concordância com a oração que a ele se segue;
    (   ) CERTO   (   ) ERRADO

14. (Consulplan – Advogado – 2010) Assinale a alternativa em que o termo destacado NÃO pertence à mesma classe gramatical dos demais:
    a) "camadas iletradas".
    b) "direitos políticos".
    c) "perpétuo exercício".
    d) "ofício mecânico".
    e) "precária condição".

15. (FGV – SEAD/AP – Delegado de Polícia – 2010) Assinale a alternativa em que o termo sublinhado tenha função adjetiva.
    a) Característica da nação.
    b) Ameaça de colapso.
    c) Deterioração de valores.
    d) Instituição da escravidão.
    e) Uso de violência.

Capítulo 8 • Adjetivo **201**

16. (Cesgranrio – Finep – Técnico – 2011) A terminação -**íssimo** costuma ser adicionada a adjetivos. No caso do texto I, em que ela é adicionada a um advérbio – "muitíssimo" –, traz a noção de:
    a) ênfase;
    b) qualidade;
    c) autoridade;
    d) formalismo;
    e) estranhamento.

17. (Funcab – Pref. Várzea Grande/MT – Auditor-Municipal – 2011) Todas as afirmativas a respeito dos elementos da frase "Sou um ignorante, um pobre homem da cidade" estão corretas, EXCETO:
    a) POBRE, nesse contexto, anteposto ao substantivo, significa "digno de pena, insignificante".
    b) Se o adjetivo da frase estivesse posposto ao substantivo, adquiriria o sentido de "desprovido de recursos financeiros".
    c) O gênero do substantivo IGNORANTE é marcado pela anteposição do artigo indefinido UM.
    d) A expressão DA CIDADE é uma locução adjetiva e o seu adjetivo correspondente é CITADINO.
    e) O deslocamento do adjetivo POBRE para depois do substantivo provocaria alteração em sua classificação sintática.

18. (Cesgranrio – Citepe – Supervisor de Produção Têxtil – 2011) O adjetivo destacado em "...**fino** manto...", se deslocado para depois do substantivo "manto", sofre alteração de sentido, o que **NÃO** ocorre em:
    a) Passamos por negras situações naquela época.
    b) Aquele profissional é um pobre homem.
    c) Ela era uma simples pessoa.
    d) Recebi uma única oferta de trabalho.
    e) Tornou-se, quando adulto, um grande homem.

19. (MP/RS – Assessor – Bacharel em Ciências Jurídicas e Sociais – 2011) Considere as seguintes propostas de substituição de segmentos do texto.
    1. *regra de direito* por *regra jurídica*.
    2. *movimento pendular* por *movimento do pêndulo*.
    3. *jugo do tirano* por *jugo tirânico*.
    Quais propostas estão corretas e são contextualmente adequadas?
    a) Apenas 1 e 3.
    b) Apenas 2 e 3.
    c) Apenas 1.
    d) Apenas 2.
    e) 1, 2 e 3.

20. (NCE/UFRJ – Técnico em Contabilidade – 2011) O item abaixo em que a mudança de posição do adjetivo em relação ao substantivo NÃO provoca qualquer alteração no sentido original do segmento é:
    a) famílias pobres;
    b) inocente cidadão;
    c) qualquer artista;
    d) jornais velhos;
    e) golpe novo.

21. (Funcab – MPE/RO – Técnico em Contabilidade – 2012) Observe o uso do diminutivo nas frases:
    1. "(...) E então pensou na traíra, sua TRAIRINHA, deslizando silenciosamente no tanque da pia, na casa escura. (...)"
    2. "(...) – Uai, essa que você pegou estava VIVINHA na hora que eu cheguei, e você ainda esqueceu o tanque cheio d'água (...)"
    A respeito da flexão sofrida pelas palavras em destaque, analise os itens a seguir:
    I. O uso da forma sintética do diminutivo, na frase 1, atribui ao substantivo flexionado um sentido conotativo, contribuindo para a manifestação da afetividade do protagonista em relação ao peixe.
    II. Na frase 2, o diminutivo intensifica a ideia de vivo. Vivinho = muito vivo, bem vivo, saudável.
    III. Em ambas as frases os termos flexionados têm valor denotativo, pois o sufixo diminutivo atribui a eles sua significação normal, apesar de diminuída sua intensidade.
    Assinale a alternativa que aponta o(s) item(ns) correto(s).
    a) Somente o I está correto.
    b) Somente o II está correto.
    c) Somente I e II estão corretos.
    d) Somente I e III estão corretos.
    e) Somente II e III estão corretos.

22. (Consulplan – TSE – Técnico Judiciário – 2012) Assinale a alternativa em que a alteração da ordem das duas palavras implique mudança semântica.
a) diversas origens – origens diversas.
b) bom vinho – vinho bom.
c) restaurante chique – chique restaurante.
d) caríssimo jantar – jantar caríssimo.

23. (FEC – PC/RJ – Inspetor de Polícia – 2012) Todos os adjetivos em destaque estão empregados no texto para fazer a avaliação ou valoração pessoal de um fato, EXCETO o que se lê em:
a) "sua beleza SINGULAR";
b) "formas de integração SOCIAL com as favelas pacificadas";
c) "GRANDE contingente de pessoas";
d) "variedade EXTRAORDINÁRIA de manifestações";
e) "o MELHOR caminho para a adequação espacial dessas comunidades".

24. (Consulplan – Pref. Porto Velho/RO – Professor II (Letras) – 2012) "Pintores e fotógrafos (...) aquilo que lhes parece não só o mais estático dos seus aspectos, mas também o mais comunicável, o mais rico de sugestões...". Em "... o mais estático, ... o mais comunicável, ... o mais rico..." tem-se um:
a) comparativo de inferioridade;
b) comparativo de superioridade;
c) superlativo absoluto sintético;
d) superlativo relativo de superioridade;
e) superlativo absoluto analítico.

25. (Ceperj – Procon/RJ – Advogado – 2012) O emprego de adjetivos pode expressar um julgamento que o autor do texto possui sobre determinado fato, ideia, pessoa etc.
O adjetivo está assinalando claramente uma opinião ou juízo do autor no seguinte exemplo:
a) "são estimulados a consumir de modo inconsequente";
b) "De pais e educadores a agentes do mercado global";
c) "é chamado a participar do universo adulto";
d) "os investimentos publicitários destinados à categoria de produtos infantis";
e) "algo relacionado à esfera familiar".

26. (Funcab – Guarda Municipal/ES – Ag. Comunitário de Segurança – 2012) A oração destacada no trecho abaixo exerce função própria de:
"[...] e circulam de bicicleta entre os milhares de veículos QUE DIARIAMENTE CONGESTIONAM AS RUAS."
a) adjetivo;
b) advérbio;
c) verbo;
d) pronome;
e) substantivo.

27. (Fundação Sousândrade – Pref. Estreito/MA – Supervisor Escolar – 2012) A discutida ideia de que jornalistas não são observadores neutros ou passivos, mas sujeitos ativos na construção da realidade pode ser comprovada pelo juízo de valor expresso, mediante uso de adjetivo, no trecho:
a) "um dos mais marcantes capítulos";
b) "o ministro Joaquim Barbosa, 58 anos";
c) "o destino parecia lhe reservar";
d) "Barbosa domina quatro idiomas";
e) "Não alterou em nada a essência".

28. (FAB – EEAr – Controlador de Tráfego Aéreo – 2012) Marque a alternativa em que se destacam locução adjetiva e adjetivo nas frases.
a) "Certa hora **da tarde** era mais **perigosa**."
b) "Desceu a **íngreme** escada, apegando-se **às cordas**."
c) "Um dia, ao pino **do sol**, ela repousava em um **claro** da floresta."
d) "Houve um momento **de silêncio**: todos os **rostos** empalideceram (...)"

29. (FAB – EAGS – Sargento – 2012) Leia:
O verde da bandeira brasileira representa nossas matas, nossa vegetação. O brasileiro não tem noção da importância dessa riqueza natural, por isso não defende nosso território.
De acordo com o contexto, qual das palavras em destaque classifica-se como adjetivo?
a) verde.
b) riqueza.
c) brasileiro.
d) brasileira.

Capítulo 8 • Adjetivo 203

30. (FBC – Pref. Guapimirim/RJ – Fiscal Cadastrador – 2012) Assinale entre as alternativas abaixo aquela em que o termo destacado não exerce função de adjetivo.
    a) Um *cego* se aproximou e pediu uma ajuda.
    b) Um homem *cego* pedia esmolas pelas ruas.
    c) Ela é *cega* de nascença.
    d) A menina *cega* chorava a falta do pai.
    e) Ficou cego após um acidente e não podia mais ver as flores *vermelhas*.

31. (ESPP – MPE/PR – Auxiliar – 2013) Em "Um estrangeiro despreparado pode levar alguns sustos antes de se acostumar com a nossa selvageria amorosa", as palavras "estrangeiro" e "despreparado" são, na ordem em que aparecem:
    a) substantivo e pronome.
    b) adjetivo e pronome.
    c) substantivo e verbo.
    d) adjetivo e substantivo.
    e) substantivo e adjetivo.

32. (FGV – Procempa – Analista em TI e Comunicação – 2014) Da mesma forma que temos o adjetivo composto "judaico-cristã", poderíamos ter outro adjetivo composto formado com os adjetivos "técnica e científica" (... recorreram à sapiência técnica e científica...), no segundo parágrafo.
    Nesse caso, assinale a opção que indica a forma correta desse adjetivo.
    a) Técnico-científica.
    b) Científica-técnica.
    c) Científica-técnico.
    d) Técnica-científica.
    e) Técnico-cientifico.

33. (Cesgranrio – CEFET/RJ – Revisor de Textos – 2014) Em qual dos períodos abaixo, a troca de posição entre a palavra sublinhada e o substantivo a que se refere mantém o sentido?
    a) **Algum** autor desejava a minha opinião sobre o seu trabalho.
    b) O **mesmo** porteiro me entregou o pacote na recepção do hotel.
    c) Meu pai procurou uma **certa** pessoa para me entregar o embrulho.
    d) Contar histórias é uma **prazerosa** forma de aproximar os indivíduos.
    e) **Grandes** poemas épicos servem para perpetuar a cultura de um povo.

34. (FGV – DPE/RO – Analista da Defensoria Pública (Analista em Redação) – 2015) Os adjetivos, em língua escrita, podem representar: qualificações, características, estados e relações. A frase abaixo em que o adjetivo destacado expressa uma relação é:
    a) Dinheiro compra tudo. Até amor VERDADEIRO. (Nelson Rodrigues)
    b) A ambição UNIVERSAL dos homens é viver colhendo o que nunca plantaram. (Adam Smith)
    c) Com a idade, as certezas vão ficando DUVIDOSAS. (J. Cabral de Melo Neto)
    d) Envelhecer não é tão CATASTRÓFICO se considerarmos a alternativa. (Maurice Chevalier)
    e) O casamento é a MAIOR causa do divórcio. (Groucho Marx)

35. (FGV – Prefeitura de Paulínia/SP – Engenheiro Agrônomo – 2016) "O povo, ingênuo e sem fé das verdades, quer ao menos crer na fábula, e pouco apreço dá às demonstrações científicas." (Machado de Assis)

    No fragmento acima, os dois adjetivos destacados possuem, respectivamente, os valores de
    a) qualidade e estado.
    b) estado e relação.
    c) relação e característica.
    d) característica e qualidade.
    e) qualidade e relação.

36. (Vunesp – TCE/SP – Agente de Fiscalização – 2017) Assinale a alternativa em que estão destacados, respectivamente, um adjetivo e uma locução adjetiva.
    a) Você assustou ele falando **alto**... /... teria impedido a fuga **do pássaro**.
    b) Miguel era o mais **velho**... /... a viagem se fazia **a cavalo**.
    c) E pensávamos com ânsia no seu regresso... /... o tapa no rosto **de Tito**.
    d) ... para aprender nomes **feios**... /... o risinho malévolo **dos Guimarães**.
    e) ... os socos que ele nos dera, o **miserável**. /... **de certo modo** participava dele.

37. (FGV – Banestes – Analista Econômico Financeiro (Gestão Contábil) – 2018) Na escrita, pode-se optar frequentemente entre uma construção de substantivo + locução adjetiva ou substantivo + adjetivo (esportes da água = esportes aquáticos).

O termo abaixo sublinhado que NÃO pode ser substituído por um adjetivo é:
a) A indústria causou a poluição do rio;
b) As águas do rio ficaram poluídas;
c) As margens do rio estão cheias de lama;
d) Os turistas se encantam com a imagem do rio;
e) Os peixes do rio são bem saborosos.

38. (Vunesp – Prefeitura de Barretos – SP – Médico Clínico Geral – 2019) Assinale a alternativa em que o adjetivo destacado expressa a ideia de intensidade.
a) os focos são colocados em tamanho PERCEPTÍVEL.
b) evidentemente não COMPATÍVEL com o da vida real.
c) não esperar respostas FÁCEIS.
d) A Amazônia está pegando fogo INTEIRINHA.
e) não é um gatinho ADORÁVEL.

39. (FGV – TJ-RS – Oficial de Justiça – 2020) A frase em que a substituição do termo sublinhado foi feita de forma adequada ao sentido original é:
a) Remédio sem efeito / Remédio ineficiente;
b) Poço sem água / Poço árido;
c) Livro sem autor / Livro desautorizado;
d) Carro sem direção / Carro indireto;
e) Flor sem perfume / Flor fedorenta.

40. (FGV – Câmara de Aracaju – SE – Redator – 2021) Tratando-se de um texto descritivo, é natural que o autor empregue muitos adjetivos, que podem representar características, estados, qualidades e relações.

O adjetivo abaixo que pertence ao grupo dos adjetivos de relação é:
a) "pequeno manguezal";   c) "serras altas";   e) "grande construção".
b) "braço mais largo";   d) "aldeia indígena";

41. (FGV – PC-RJ – Técnico Policial de Necropsia – 2022) A frase abaixo que contém o maior número de vocábulos classificados como adjetivos é:
a) Devem-se considerações aos vivos; aos mortos deve-se apenas a verdade;
b) Um cadáver é o produto final; nós somos apenas a matéria-prima;
c) A vida é agradável e a morte é tranquila. O problema é a transição;
d) A morte é uma vida vivida. A vida é uma morte que chega;
e) A morte não é o fim. Sempre resta a briga interminável pelo espólio.

Gabarito

1. B.	12. E.	23. B.	34. B.
2. E.	13. CERTO.	24. D.	35. E.
3. D.	14. B.	25. A.	36. D.
4. A.	15. A.	26. A.	37. A.
5. A.	16. A.	27. A.	38. D.
6. INCORRETA.	17. E.	28. A.	39. A.
7. A.	18. A.	29. D.	40. D.
8. A.	19. A.	30. A.	41. C.
9. D.	20. B.	31. E.	
10. D.	21. C.	32. A.	
11. B.	22. A.	33. D.	

Os comentários sobre as questões estão no *Material Complementar* do livro.
Para acessá-lo, veja o passo a passo na orelha desta obra.

CAPÍTULO 9
ARTIGO

Definição

Eis uma classe gramatical desprezada por muitas gramáticas... nem vou citar nomes... Tire suas conclusões, ao término deste capítulo, sobre se podemos desprezá-la... Agora, vamos à luta!

Do ponto de vista semântico, o artigo não tem valores embutidos em si, mas, quando se liga a um substantivo num determinado contexto, passa a desempenhar inúmeros papéis discursivos: **individualizar ou generalizar, indicar conhecimento ou desconhecimento, apreciação ou depreciação, determinação ou indeterminação, intimidade, aproximação numérica, intensificação, proximidade, diferenciar o gênero com implicações semânticas (o capital, a capital) etc.** Reitero: tudo irá depender do contexto. Veremos melhor tais matizes em "emprego dos artigos" e em "valor discursivo".

Do ponto de vista morfológico, o artigo é uma classe variável em gênero e número (**o, a, os, as; um, uns, uma, umas**). É um determinante que antecede o substantivo dentro do sintagma nominal (exemplo: *o aluno estudioso*). Desde já, vale a pena dizer que, **em 99% dos casos**, qualquer palavra que suceda o artigo se torna um substantivo.

Do ponto de vista sintático, o artigo é um termo que funciona sempre como adjunto adnominal.

Para entendermos bem todas as definições de artigo, vamos analisar por último esta frase:

*Os **leitores desta Gramática sabem que ela não é** uma **gramática... é** A **Gramática.***

Note que

1)   o primeiro vocábulo **individualiza** o substantivo *leitores*, o segundo **apresenta tom depreciativo** sobre o substantivo *gramática*, o terceiro **determina, com tom apreciativo e qualificador** o substantivo *Gramática*;

2)   **variaram** de forma, em gênero e número: *"Os leitores... uma gramática... A Gramática"*;

3)   são **adjuntos adnominais** dentro dos respectivos sintagmas nominais *"Os leitores... uma gramática... A Gramática"*.

E aí, consegue identificar um artigo? É isso que veremos um pouquinho mais à frente!

Classificação

Há dois tipos de artigo: **definidos** (o, a, os, as) e **indefinidos** (um, uns, uma, umas).

Os **definidos** se antepõem ao substantivo para indicar, normalmente, que se trata de um ser já conhecido pelo falante e pelo ouvinte, individualizando-o (a escola). Os **indefinidos** se antepõem ao substantivo para indicar, normalmente, que se trata de um ser desconhecido, indeterminando-o ou generalizando-o (uma escola).

Vale dizer também que os artigos se combinam ou se contraem com certas preposições: **a**, **de**, **em** e **por**, resultando em:

> **ao/aos**, **à/às***, **do/dos** (de + o/os), **da/das** (de + a/as), **dum/duns** (de + um/uns), **duma/dumas** (de + uma/umas), **no/nos** (em+o/os), **na/nas** (em + a/as), **num/nuns** (em + um/uns), **numa/numas** (em + uma/umas), **pelo/pelos** (por + o/os), **pela/pelas** (por + a/as).

A contração de preposição com artigo indefinido não é uma incorreção, como se diz. Pode-se dizer corretamente "Morou em um lugar perigoso" ou "Morou num lugar perigoso". A prova disso é esta questão: ESAF - SET/RN – AUDITOR-FISCAL DO TESOURO ESTADUAL – 2005 – QUESTÃO 3. Mais do que isso, às vezes a não contração torna o texto incorreto: "Andou por as ruas do bairro". Acertado seria tão somente "Andou pelas ruas do bairro". Cuidado!

> * A fusão da preposição **a** com o artigo **a(s)**, resultando em **à(s)**, se chama **crase**. **Crase** e **artigo** são assuntos contíguos. Por isso, ao estudar o capítulo *Crase*, é bom ter estudado antes este capítulo aqui.

Sobre a contração, vale dizer, desde já, duas "cositas":

1) **Por via de regra, não se contrai preposição com qualquer artigo que faça parte do título de alguma obra (jornal, revista, livro etc.):**
   – *Ontem eu li em **O Globo** um texto excelente do Zuenir Ventura.*
   – *Preferia **Os Lusíadas** a Memórias do Cárcere.*

2) **Não se contrai preposição com qualquer artigo antes de sujeito de verbo no infinitivo:**
   – *Em alguns programas televisivos, já se falou muito **do** <u>futebol</u> um dia <u>ser</u> suplantado pelo MMA.* (inadequado)
   – *Em alguns programas televisivos, já se falou muito **de o** <u>futebol</u> um dia <u>ser</u> suplantado pelo MMA.* (adequado)

Observação

Tal afirmação, porém, é vista de modo *flexível* por nomes de peso, como Evanildo Bechara, Domingos Paschoal Cegalla, Sílvio Elia, Souza da Silveira e outros. Esses gramáticos encaram ambas as construções frasais como certas. Se cair alguma questão assim na prova, cuidado! A quase esmagadora maioria dos gramáticos e das bancas só vê a segunda construção como certa; e é assim que costuma cair em prova. A Esaf considera ambas as formas corretas (com ou sem contração).

Identificação

Identificar um artigo é tarefa aparentemente boba, o problema é que ele pode ser confundido com 1) pronome oblíquo átono, 2) pronome demonstrativo, 3) preposição e 4) numeral. E aí? Moleza agora?

Capítulo 9 • Artigo **207**

Bem, vejamos como identificar um artigo. Mais do que isso, vamos agora **desmitificar** o ensino de que toda e qualquer palavra que vem após um artigo se torna obrigatoriamente um substantivo. Depois falaremos sobre como diferençar as classes que podem gerar confusão.

Uma coisa é certa: o artigo vem antes do substantivo. Ponto pacífico! No entanto, isso significa que ele vem i-me-di-a-ta-men-te antes do <u>substantivo</u>? Claro que não! Veja:

— *As grandes e frequentes crises econômicas vêm atrapalhando certos países.*

Primeiro, note o sintagma nominal em que o artigo (As) se encontra: "As grandes e frequentes crises econômicas". Ok? Pergunto eu a você: "*Grandes* e *frequentes* se tornaram substantivos só porque o artigo veio antes?" Claro que não, pois *grandes* e *frequentes* são adjetivos que caracterizam o substantivo *crises*. É isso aí! Ou seja, o artigo vem antes do substantivo, mas não imediatamente antes, pois pode haver outros **determinantes** depois do **artigo** modificando um <u>substantivo</u>, como em: "**Os** (artigo) *nossos* (pronome) *dois* (numeral) *lindos* (adjetivo) <u>filhos</u> (substantivo) nasceram!".

Continuando a linha de raciocínio... você me pergunta: "Bem... se um artigo vem antes de um substantivo... então, independentemente da distância, SEMPRE haverá um substantivo após o artigo, certo?". Errado, meu nobre!

Há alguns casos em que o artigo vem antes de **1 – advérbio seguido de adjetivo** (grau superlativo relativo), antes de **2 – numeral** (substituindo substantivo), antes de **3 – forma de tratamento** (senhor(a), senhorita), antes de **4 – pronome possessivo** (substituindo substantivo), antes de **5 – pronome interrogativo** (que), antes de **6 – pronome indefinido** (outro, demais), antes de **7 – pronome relativo** (na locução pronominal relativa "o(a) qual") e antes de **8 – conjunção comparativa** (d<u>o</u> que; esta contração (do) é expletiva). Se não me falha a memória, é isso aí! Veja:

1. *Ele é* **o** *mais* <u>*divertido*</u> *do programa.*
2. *Pai, mãe e filha ceavam.* **Os** <u>*três*</u> *eram bastante humildes.*
3. **A** <u>*senhora*</u> *se tornará muito rica com tal ideia.*
4. *Não direi nada a teu pai, mas a***o** <u>*meu*</u>*.*
5. **O** <u>*que*</u> *você tem a ver com isso?* (O artigo é expletivo, serve só de realce.)*
6. *Referi-me a esta mulher, não* **à** *(a +* **a***)* <u>*outra*</u>*. Sobre* **as** <u>*demais*</u>*, ignore.*
7. *As mulheres* **as** <u>*quais*</u> *namorei eram burrinhas de dar dó.*
8. *Xuxa tem mais personalidade d***o** <u>*que*</u> *Angélica?*

> * Alguns autores, como Napoleão Mendes de Almeida, veem "o que" como uma forma só, de modo que inferimos que o "o" da expressão pode não ser analisado isoladamente, isto é, analisa-se "o que" como uma locução pronominal interrogativa, segundo palavras da saudosa professora da Faculdade de Letras de Lisboa Teresa Álvares.

Note que todas as classes gramaticais mantêm seu caráter peculiar, isto é, elas não se tornam um substantivo só pelo fato de o artigo as preceder. O adjetivo continua a indicar característica, o numeral continua a indicar quantidade, o pronome de tratamento continua a indicar formalidade, respeito... e por aí vai. Logo, o artigo nem sempre vem antes de um substantivo.

"Ah, mas eu aprendi a vida inteira que, se uma palavra vier depois de um artigo, será um substantivo!" É verdade, eu também aprendi assim; até que eu resolvi estudar e me dei conta de que "o buraco é mais embaixo".

Bem... **normalmente** o artigo vem antes do substantivo e **normalmente** torna qualquer classe gramatical um substantivo. Isso foi visto, em parte, no capítulo de substantivos, mais precisamente em *substantivação*. Dê uma olhada lá de novo! Se bater uma preguiça, veja aqui mesmo alguns exemplos:

– ***O*** *brasileiro é, antes de tudo, um forte!* (O adjetivo foi substantivado.)
– *Estou entre* ***o*** *sim e* ***o*** *não.* (Os advérbios foram substantivados.)
– *O professor perguntou ao aluno: "Na frase 'A língua é coisa muito complexa',* ***o*** *a da frase é um artigo?"* (O artigo foi substantivado.)
– ***O*** *Aí eu vou pra galeeeeeera! é um bordão inesquecível.* (A frase foi substantivada.)

Tranquilo?

> Bem, **chegou a hora de ver algo que cai muito em prova!**
> Não confunda artigo com **1) pronome oblíquo átono, 2) pronome demonstrativo, 3) preposição, 4) numeral** ou **5) pronome indefinido**.

1) Artigo *versus* Pronome Oblíquo Átono

Os pronomes oblíquos átonos **o**, **a**, **os**, **as** atuam como complemento de verbo, logo acompanham um verbo, e não um substantivo.

> – *Não via meus amigos há muitos anos; minha esposa também não via as amigas dela há muito tempo. Decidimos ligar para eles. Eu* ***os*** *convidei para um almoço, e depois ela* ***as*** *convidou para um jantar. Foi ótimo!*

O verbo *convidar* exige um complemento. O pronome **os** substitui *amigos* e **as** substitui *amigas*. Não há a mínima chance de ser artigo, pois o artigo vem antes de substantivo, determinando-o, e não junto ao verbo.

2) Artigo *versus* Pronome Demonstrativo

Os pronomes demonstrativos *o, a, os, as* aparecem em alguns casos: antes de pronome relativo **que**, antes da preposição **de** e quando substitui um termo ou uma frase inteira (só o demonstrativo **o** atua nesse terceiro caso, vindo normalmente acompanhado dos verbos **ser** ou **fazer**). Tais pronomes podem ser substituídos por **aquele(a/s)** ou **aquilo**.

> – ***As*** *(= aquelas) que ficam na frente da sala são normalmente discriminadas, já* ***os*** *(= aqueles) do "fundão" são os carismáticos, sendo meninos ou meninas. A verdade é que uma turma só é boa se seus componentes também* ***o*** *(isso = bons) forem.*

Observação

De todos os gramáticos que pesquisei, só Bechara e Luft dizem que **o, a, os, as** (antes de substantivo **elíptico**) são artigos. Veja uma questão bem polêmica sobre isso (Esaf – ATRFB – 2012 – QUESTÃO 5 – GABARITO 4). A Esaf fica com a opinião desses dois gramáticos, ignorando o que todos os demais afirmam. Incrível, não?! No entanto, a visão de 99% das bancas é encarar tais vocábulos como pronomes demonstrativos: CEPUERJ – DEFENSORIA PÚBLICA – TÉCNICO – 2010 – QUESTÃO 10 (D).

Capítulo 9 • Artigo **209**

3) Artigo *versus* Preposição

A preposição **a** vem iniciando locução adjetiva (barco **a** vela), locução adverbial (**a** olhos vistos), locução prepositiva (**a** despeito de), ligando verbos e nomes a seus complementos (Viso **a** um bom cargo/Sou fiel **a** vós), ligando verbo a verbo (Voltei **a** estudar), iniciando orações (**A** persistirem os sintomas...) etc. e tal.

Bem fácil distinguir, portanto, uma classe de outra.

4) Artigo *versus* Numeral

O numeral **um** ou **uma** indica quantidade correspondente à unidade e admite o acompanhamento das palavras "só, somente ou apenas".

— *Acabei gastando **um** litro de gasolina para chegar aqui.* (... só/somente/apenas **um**...)

Em "Entrei na livraria para comprar **um** livro anteontem", sem maior contexto, temos de entender tal vocábulo como artigo indefinido. "Ah, mas é possível colocar *só, somente ou apenas* antes de *um*!" É verdade. No entanto, só com tais palavras a ideia de número fica clara; sem essas palavras para ajudar e sem um contexto maior, teremos de encarar tal vocábulo como artigo indefinido. Observe agora este texto:

— ***Um** aluno do curso passou no concurso mais concorrido do Brasil, dentre mais de 8.000 alunos da rede.*

Pelo contexto, **um** só pode ser numeral, pois indica quantidade. Observe o contexto sempre!

5) Artigo *versus* Pronome Indefinido

Os pronomes indefinidos **um**, **uns**, **uma**, **umas** normalmente não vêm acompanhando um substantivo, e sim **substituindo-o**. Normalmente, na mesma frase, aparece o pronome **outro**.

— *Várias pessoas foram convidadas para a formatura. **Umas** apareceram, **outras** não. Ele, por exemplo, é **um** que nem foi convidado.*

Agora, sim, você está mais do que preparado para acertar qualquer questão relativa à identificação do artigo.

Emprego dos Artigos Definidos

Não entre na paranoia de querer gravar tudo, hein! Não se assuste. Vou pontuar exatamente aquilo de que você precisa para a prova, colocando um * ao lado de cada regra. Você vai perceber que junto ao emprego dos artigos, muitas vezes falarei sobre seus valores semânticos. Vejamos:

1) O artigo antecipa um substantivo, individualizando-o:
— *Encontrei **o** homem.*

2) O artigo pode ter valor de pronome demonstrativo (este, esse, aquele) para indicar que algo está próximo do falante e/ou algo é conhecido do ouvinte:
— *Finalmente o prefeito prometeu investir **na** (= nesta, = naquela) região.*

3) O artigo pode ter valor de pronome possessivo (meu, teu, seu, nosso, vosso), normalmente quando se liga a substantivos que indicam partes do corpo, vestuário, objetos pessoais, faculdades do espírito e relações de parentesco:
— *Quando atuava como palhaço, eu tinha **o** (= meu) rosto coberto de maquiagem.*

– *Ela descosturou todo **o** (= seu) vestido para depois fazer uma saia.*
– *Por que jogou fora **a** (= minha) escova de dentes se ela estava nova?*
– *Vem cá, tu perdeste **o** (= teu) senso, rapaz?*
– *Nossa vida era uma felicidade só; **o** (= nosso) pai era um grande homem.*

*4) **O artigo vem obrigatoriamente antes de pronome possessivo que *substitui* um substantivo, mas é facultativo antes de um pronome possessivo que *acompanha* um substantivo:**

– *Fizeram alusão a (ou aos) meus ideais, não aos seus.*
                        [*pronome possessivo que*   [*pronome possessivo que*
                        acompanha um substantivo: *substitui um substantivo:*
                        uso do artigo é facultativo] *uso do artigo é obrigatório]*

> Omite-se o artigo definido antes dos possessivos em duas situações: 1) antes de pronomes ou formas de tratamento (Vossa Excelência, Sua Majestade, Nossa Senhora etc.); 2) em vocativos (Meu amor, eu te amo). No entanto, quando o pronome vier posposto ao substantivo, o artigo é obrigatório: "Quando a luz d**os** olhos meus e a luz d**os** olhos teus resolvem se encontrar...".

5) **O artigo indica a totalidade de uma espécie:**

– ***O** homem é um ser muito volúvel.* (todos os seres humanos)

*6) **O artigo é dispensado quando atribui um sentido genérico ao substantivo, mesmo quando este é especificado:**

– *Certos membros religiosos não vão a festas.* (qualquer tipo de festa; o **a** é só uma preposição)
– *A pesquisa não se refere a mulher casada, a homem casado, mas tão somente a solteiros.* (qualquer mulher casada, qualquer homem casado; o **a** é só uma preposição)

Observação

> O Cespe/UnB adora esse tipo de questão sobre crase! Veremos melhor isso em *Crase*.

7) **O artigo é normalmente dispensado antes dos substantivos em provérbios:**

– *Água mole em pedra dura tanto bate até que fura.*

8) **O artigo é dispensado antes de nomes de meses, a menos que estejam especificados:**

– *É em setembro que eu faço aniversário, mas nunca me esquecerei **do** setembro de 2000, pois foi meu primeiro beijo.*

9) **O artigo é dispensado antes das datas do mês:**

– *Milhares de pessoas desapareceram incrivelmente em 30 de março de 1549.*

Observação

> Se a data estiver especificada, o artigo será obrigatório: "Milhares de pessoas desapareceram incrivelmente n**o** fatídico 30 de março de 1549". Caso se trate de uma locução

substantiva (datas célebres), o artigo será obrigatório: "Odeio **o** 7 de Setembro." Segundo Celso Cunha, "antes de datas mencionadas no curso de uma narração", usa-se o artigo: "A primeira missa se realizou **aos** 26 de abril de 1500 no país que viria a se chamar Brasil."

10) O artigo é usado antes de dias da semana:

– *Aos domingos, os católicos vão à igreja.*

> **Observação**
>
> Não raro, porém, o artigo é dispensado junto com a preposição: "Vou descansar **segunda-feira**". Como já dizia a música, "**sábado** à noite, tudo pode mudar" ou "**De segunda a sexta**, esporro do patrão; **sábado e domingo**, vou curtir com a Furacão." Este último exemplo é em homenagem ao *funk* carioca (está na veia do flamenguista aqui).

*11) O artigo é usado antes de horas, em expressões adverbiais de tempo:

– *Os pescadores não devem pescar a**o** meio-dia, por causa do sol; a melhor pesca começa a partir d**as** seis horas da manhã.*

> **Observação**
>
> Se a expressão de horas não tem valor adverbial, o artigo é dispensado: "Já é meio--dia e meia".

12) O artigo é usado antes das quatro estações do ano:

– *A primavera, **o** verão, **o** outono e **o** inverno marcam as estações do ano.*

> **Observação**
>
> O artigo é dispensado antes da preposição **de** que inicia locuções adjetivas: "Nada como uma noite **de verão**!". No entanto, se vier especificado, o artigo é obrigatório: "Tenho boas lembranças das noites *do verão passado*".

13) O artigo é usado antes de nomes que indicam datas festivas:

– *O Carnaval, **o** Natal, **a** Páscoa e **a** Quaresma fazem parte de nossa cultura.*

> **Observação**
>
> O artigo é dispensado antes da preposição **de** que inicia locuções adjetivas: "O primeiro dia *de Carnaval* é glorioso". No entanto, se vier especificado, o artigo é obrigatório: "A véspera *do Natal* deste ano terá surpresas".

14) O artigo é usado em expressões de pesos e medidas:

– *Pagou-se R$100 **o** metro de tecido.*

*15) O artigo só é usado antes da palavra "casa" quando ela vem especificada.

– *Enfim conseguimos visitar **a** <u>linda</u> casa <u>do bairro da qual todos falaram</u>.*
– *Eles finalmente arrumaram o restaurante. **A** casa ficou linda e será um sucesso.*

Observação

Se a palavra **casa** indicar o lar do enunciador da frase ou tiver sentido vago, genérico, o artigo é dispensado: "Chegamos **a** casa eu e ela por volta das sete horas da noite" (o **a** é só uma preposição exigida pelo verbo chegar); "Costumo morar em casa alugada"; "Sempre me chamam para ir **a** casas noturnas, mas sou um pai de família, ora!" (o **a** é só uma preposição exigida pelo verbo ir). Só de curiosidade: a presença do artigo na expressão "dona de casa" torna o sentido e a classificação morfológica diferente: a **dona de casa** (profissão/locução substantiva), a **dona da casa** (proprietária/subst. + loc. adj.). Um mero "artiguinho" faz toda a diferença no "status" social, não é?

*16) **O artigo só vem antes da palavra "terra" se ela não estiver em oposição a bordo, se vier especificada ou se referir ao planeta:**

– *Da terra vieste, à (a + a) terra voltarás.* (A palavra terra não está em oposição a bordo.)
– *Depois que os navegantes retornaram a terra, cada um foi para **a** terra natal matar a saudade de todos os parentes.* (O primeiro **a** é só uma preposição exigida pelo verbo retornar; o segundo **a** é um artigo, pois a palavra terra vem especificada pelo adjetivo natal.)
– *Os astronautas chegaram **à** (a+a) Terra hoje de manhã.*

17) **O artigo vem antes de estruturas superlativas, mas sua posição na frase pode variar:**

– *Vou fazer **as** perguntas mais difíceis a ele.*
– *Vou fazer **as** mais difíceis perguntas a ele.*
– *Vou fazer perguntas **as** mais difíceis a ele.*

Observação

No entanto, usar dois artigos é um erro: "Vou fazer **as** perguntas **as** mais difíceis a ele".

*18) **Diante de nome de pessoas, só se usa artigo para indicar afetividade, familiaridade, intimidade:**

– *Mandei uma carta a Fernando Henrique, na época em que ele era presidente.*
– ***Os** Portinaris tornam minha casa ainda mais chique.*
– ***O** João é uma ótima pessoa.*

Observação

Em vocativos e antes de nomes de pessoas célebres da história (santos ou não), o artigo é dispensado: "**Fabiana**, por favor, venha aqui"; "A tese se reportou a **Carlota Joaquina** com desrespeito" (o **a** é só uma preposição exigida pelo verbo reportar-se); "Agradeço todos os dias a **Santa Clara** e a **São Cosme e Damião**" (os **as** são só uma preposição exigida pelo verbo agradecer). Diante de **Virgem Maria**, o artigo é obrigatório: "Já fiz muitos pedidos **à** (a + a) Virgem Maria". Diante de nomes próprios femininos não célebres na história, o artigo é facultativo: "Os filhos costumam obedecer **à** (a + a) Joana (ou a Joana)".

Capítulo 9 • Artigo **213**

*19) O artigo é usado antes de alguns topônimos (nomes de lugares: países, regiões, continentes, montanhas, vulcões, desertos, constelações, rios, lagos, oceanos, mares e grupos de ilhas), mas não é usado antes de outros. Como existem milhões de topônimos, não é possível colocá-los todos aqui. Por isso, vai aqui uma dica para identificar quando se usa ou não o artigo antes de algum topônimo: crie uma frase como esta: *Gosto muito de* _____. Faça um teste. Coloque os topônimos na lacuna. I) Se puder ser usado artigo antes do topônimo, maravilha! II) Não se esqueça de um detalhe: se o topônimo vier especificado, o artigo antes dele é obrigatório. III) Vale dizer que o artigo é facultativo antes destes topônimos: *África, Ásia, Europa, Espanha, França, Holanda, Inglaterra, Escócia, Recife, Alagoas.*

*I: Gosto muito d**o** Cairo, d**o** Rio de Janeiro, d**a** Bahia, d**o** Porto, d**o** Brasil, de Portugal, de Paris, de São Paulo, de Copacabana, enfim... sou muito viajado.*

*II: Minha esposa só retornou a**o** Portugal dos avós dela depois de 20 anos.*

*III: (**O**) Recife é um lugar extremamente aconchegante e caloroso.*

> **Observação**
>
> Não se usa artigo antes de nomes de planetas e estrelas: Urano, Plutão, Sírius, Canópus, Mercúrio etc. **Exceções: a** Terra e **o** Sol. Não se usa o artigo definido, em geral, com os nomes de cidades, de localidades e da maioria das ilhas: São Paulo, Visconde de Mauá, Malta, Cuba. **Exceção**: nomes de cidades que se formaram de substantivos comuns conservam o artigo: o Rio de Janeiro, o Porto, o Havre, o Cairo. Algumas ilhas também mantêm o artigo: a Córsega, a Sicília, a Sardenha, a Madeira, a Groenlândia.

20) O artigo vem antes dos pontos cardeais e colaterais, exceto quando indicam apenas direção:

— *Ah, os ventos! Os d**o** sul sempre são intrigantes.*
— *A comissão se dirigia para **o** norte.*
— *Está soprando **o** noroeste, brother!*
— *Segundo Graciliano Ramos, **o** nordeste não sopra.*
— *Fizeram caminhadas de norte a sul, de leste a oeste.*

21) O artigo vem antes dos pronomes indefinidos *outro* e *demais* só quando têm sentido determinado:

— *Chamei pel**os** outros, mas não vieram. Sobre **os** demais, nada tenho a dizer.*

22) Usa-se o artigo entre o numeral *ambos* e o elemento posterior, normalmente:

— *Ambos **os** atletas são capazes de conquistar o título.*

*23) O artigo é usado depois do pronome indefinido *todos* seguido de substantivo expresso; omitindo-se o substantivo, não se usa o artigo:

— *Todos **os** quatro filhos acompanharam o pai.*
— *O pai veio e saiu com todos quatro.*

> **Observação**
>
> Na frase "Todos os homens merecem uma segunda chance", há uma ideia de generalização da espécie em "Todos os homens", por isso poderíamos reescrever esse trecho assim: "Todo homem merece uma segunda chance", com o indefinido no singular, equivalendo a "qualquer", sem artigo do lado. Estruturas diferentes, mesmo sentido.

*24) Quando o artigo é usado depois do pronome indefinido *todo*, este indicará inteireza/completude; a omissão do artigo fará *todo* indicar "qualquer":

- *Esta carteira é válida em todo o território nacional.* (no território inteiro)
- *Esta carteira é válida em todo território nacional.* (esta carteira seria ótima, nem precisaríamos de passaporte, porque ela vale em qualquer território)

> **Observação**
>
> Segundo Domingos Paschoal Cegalla, equivalendo a "todas as pessoas, toda a gente", a expressão **todo mundo** ou **todo o mundo** é válida, mas a segunda é preferencial. Ele diz ainda que o uso do artigo é obrigatório quando **mundo** se usa no sentido de **Terra** (O jogo será transmitido para *todo o mundo*). Não se usa artigo antes de **todo** quando vem acompanhando um substantivo: *A toda pessoa chegou (???). Não confunda com o título "todo-poderoso", grafado assim mesmo: "Ele é **o** *todo-poderoso*".

*25) O artigo nunca aparece acompanhando o pronome relativo *cujo*:

- *O homem cuja **a** persistência é grande logra êxito.* (inadequado!)
- *O homem cuja persistência é grande logra êxito.* (adequado!)

26) O artigo é usado antes de uma enumeração se o primeiro elemento dela vier precedido de artigo, inclusive numa série de superlativos relativos:

- *Como já dizia mais ou menos o Rei, "nem mesmo **o** céu, nem **as** estrelas, nem mesmo **o** mar e **o** infinito...".*
- ***O** mais sábio, **o** mais destemido, **o** mais puro dos homens foi Jesus Cristo.*

> **Observação**
>
> Não se repete, porém, quando dois ou mais adjetivos caracterizam o mesmo ser, a não ser que os adjetivos sejam antônimos ou se queira enfatizar o substantivo: "**O mestre, amigo e futuro cunhado** Pestana veio me ajudar" / "**As breves mas intensas** palavras do professor me motivaram" / "Visitamos **a** moderna e **a** antiquada Lisboa" (O artigo sempre vem antes de palavras antônimas!) / "**O** lindo, **o** inteligente, **o** rico e **o** mentiroso apresentador de TV foi demitido depois de um escândalo".
>
> Numa enumeração de substantivos referindo-se ao mesmo ser ou representando um todo contextualmente unido, o artigo fica geralmente omitido a partir do segundo elemento: "O **amigo** e (o) **mestre** Danton Pedro dos Santos deixou saudade", "Todas as **pessoas**, (os) **animais**, (as) **plantas** e (as) **coisas** da Terra são divinas".

Capítulo 9 • Artigo **215**

27) **O artigo pode ser usado para superlativar, intensificar o valor de um ser:**

– *Confia em mim, o Dr. Jorge é **o** médico!*

28) **O artigo é usado antes de nomes de idiomas, exceto quando vêm acompanhados de verbos relativos ao aprendizado:**

– *Patrícia domina **o** português, **o** inglês e **o** espanhol.*
– *Precisa aprender agora francês e alemão.*

29) **O artigo é comumente usado antes de substantivos abstratos, personificados ou não:**

– *Amo **a** Justiça e **a** Compaixão; **as** virtudes precisam ser cultivadas.*

30) **O artigo é dispensado antes do substantivo quando se quer dar uma ideia de acumulação e/ou rapidez ao discurso:**

– *Chovem denúncias, corrupções, mentiras, negócios espúrios, sujeiras no Plenário.*

*31) **O artigo é obrigatório depois da locução prepositiva "até a", só que às vezes a preposição "a" é dispensada da expressão, ficando só a preposição "até", por isso pode não haver crase:**

– *Fui até **à** (a + **a**) praia ou Fui até a praia.*

> **Observação**
>
> Se "até a" tiver a significação de "até mesmo", deixa de ser locução prepositiva e o artigo passa a ser obrigatório: "Além das línguas germânicas, estudava até **as** línguas neolatinas"; "Eu estava muito feliz com a classificação, agradeci a bênção até **às** (a + **as**) faxineiras do curso". Só de curiosidade: na frase "Eu fui até a (à) casa do João", pode ou não haver crase, pois "casa" está especificada, mas... em "Eu fui até a casa pegar um documento", a dispensa da preposição **a** gera uma construção no mínimo estranha: "Eu fui até casa". Logo, antes de "casa" (sem especificador), usa-se a locução prepositiva "até a" para evitar a estranheza.

Emprego dos Artigos Indefinidos

Só para relembrar, os artigos indefinidos são **um**, **uns**, **uma**, **umas**.

1) **Serve para indicar desconhecimento ou generalização, basicamente:**

– ***Uma** paciente sua passou aqui hoje de manhã, doutora.*

2) **Por sua força generalizadora e indeterminadora, esse tipo de artigo é usado antes de um substantivo para indicar que se trata de uma espécie inteira:**

– ***Um** homem não pode fraquejar diante de acusações contrárias a seus princípios.* (qualquer homem)

*3) **Revela quantidade aproximada, ênfase, depreciação:**

– *Engordei **uns** dez quilos.*
– *Estou com **uma** fome!*
– *Ele é o homem, eu sou só **uma** mulher.*

4) **Usado antes de nome próprio para realçar a qualidade de alguém:**

– *Ela era **uma** Afrodite e **uma** Diana ao mesmo tempo.*

5) **Usado para indicar que alguém pertence a uma família:**

– *Dom Pedro I era um Bragança.*

6) **Usado para designar obras de um artista:**

– *Paguei bem caro por **um** Picasso.*

7) **Usado antes de topônimos especificados:**

– *Depois de 40 anos como taxista, Pedro chegou a conhecer **uma** Copacabana modesta mas charmosa.*

8) **Não é usado antes de pronomes demonstrativos e indefinidos, mas pode ser usado antes de *semelhante* e *certo*, quando pospostos ao substantivo, pois viram adjetivos:**

– *Pai e filho tinham **um** jeito semelhante de falar.*
– *Fiz **um** negócio certo.*

> * Na expressão "um(a) tal de", **tal** continua sendo pronome demonstrativo, segundo se entende do que diz o gramático Napoleão Mendes de Almeida a respeito dela.

9) **Segundo a maioria dos gramáticos, omite-se, normalmente, o artigo indefinido em apostos explicativos:**

– *Guimarães Rosa, **(um)** grande escritor brasileiro, mereceu todos os louros.*

10) **Para precisar ou explicar melhor um ser anteriormente determinado por artigo definido:**

– *Chegou a noite, **uma** noite límpida e sensual, mas tive de ficar em casa, infelizmente.*

Valor Discursivo (Linguística Textual)

Provas bem elaboradas vêm trabalhando muito o valor discursivo dos artigos. Por isso, vamos entender melhor qual é o papel do artigo **dentro do texto**. Leia este diálogo entre dois interioranos:

> *Fofoqueiro 1: – Aí, **o** João foi a**o** cinema d**o** bairro com **a** namorada, de novo!*
> *Fofoqueiro 2: – Ih! Isso não vai dar certo. Da última vez que **um** cara daqui da cidade se atreveu a levar **uma** menina para o cinema, os pais d**a** garota ameaçaram **o** cara de morte.*
> *Fofoqueiro 3: – Foi o que eu disse para ele... mas **o** homem não escuta ninguém.*

Antes de qualquer coisa, é preciso que você entenda que o artigo **definido** exerce duas funções discursivas: 1) indica que o ser do qual o falante está falando é também conhecido do ouvinte, logo ambos compartilham de um conhecimento prévio sobre o objeto da conversa ou da exposição e 2) serve para retomar ou relembrar termos anteriores, por inferência.

Igualmente, é preciso que você entenda que o artigo **indefinido** exerce uma função discursiva, basicamente: sempre que uma nova informação é apresentada, o artigo indefinido ajuda o interlocutor (ouvinte/leitor) a ficar atento no ser introduzido na cena, pois o prepara a fim de mais à frente ser tornado conhecido pelo artigo definido. Nas palavras de Celso Cunha, "O artigo indefinido serve para a apresentação de um ser ainda não conhecido do interlocutor. Uma vez apresentado o ser, não há mais razão para o emprego do artigo indefinido, e o locutor (escritor/falante/emissor) deverá usar daí por diante o artigo definido".

Se você não entendeu muito bem o que eu quis dizer, relaxe, você vai entender melhor agora. Vejamos como analisar os artigos da cena (reprise comentada):

Fofoqueiro 1 – Aí, **o** *João foi a***o** *cinema d***o** *bairro com* **a** *namorada, de novo!*

Quando F1 diz "**o** João", é porque ele sabe que F2 o conhece. Ambos conhecem o tal João. Quando F1 diz a F2 "a**o** cinema d**o** bairro", é porque só há um cinema no bairro onde eles moram e conhecem. Quando F1 diz a F2 "com **a** namorada", ambos sabem quem é a dita cuja... e que só é uma. Percebe que há conhecimento compartilhado e prévio nesta parte do diálogo entre os interlocutores?

Fofoqueiro 2 – Ih! Isso não vai dar certo. Da última vez que **um** *cara daqui da cidade se atreveu a levar* **uma** *menina para o cinema, os pais d***a** *garota ameaçaram* **o** *cara de morte.*

Olha aí o que disse o Celso! Usam-se inicialmente indefinidos para depois os definidos retomarem, por inferência, os termos anteriores (**um** cara – **o** cara; **uma** menina – (d)**a** garota). Os indefinidos são ótimos para apresentar seres e os definidos são ótimos para retomá-los visando à clareza.

Fofoqueiro 3 – Foi o que eu disse para ele... mas **o** *homem não escuta ninguém.*

Este artigo definido (**o** homem) faz referência ao João, lá do início.

Mais interessante que tudo isso é perceber que, se fossem usados artigos indefinidos no lugar de alguns definidos da primeira frase, haveria sensível mudança de sentido, não é? Veja só:

Fofoqueiro 1 – Aí, **o** *João foi a* **um** *cinema d***um** *bairro com* **uma** *namorada, de novo!*

Agora nem F1 nem F2 sabem qual é o cinema, qual é o bairro, qual é a namorada (João tem mais de uma; isso a gente sabe). Ok?

Bem, é isso aí. Muito interessante, não? Chega de papo. Exercício na veia!

O Que Cai Mais na Prova?

E aí? Você ainda acha que podemos desprezar esta classe gramatical? Pode ser exatamente uma questão sobre artigo a "pedra no seu sapato". E ainda há gramáticas no mercado trabalhando artigo "megassuperficialmente"... sem comentários... Recomendo que você estude a **identificação** do artigo, uma vez que ele pode ser confundido com vocábulos de outras classes gramaticais, e também que estude seu **valor discursivo**. Não ignoremos os **empregos mais importantes** também. Pense na sua vaga! Faça a sua parte!

*Concurseiro(a), quer uma dica de irmão? Guarde no seu coração o que vai ler agora: NUNCA DEIXE DE FAZER SEU PRÓPRIO RESUMO DE CADA CAPÍTULO. Esse processo cognitivo é **extremamente** valioso. Eu poderia ser legalzinho e fofinho pondo um quadro-resumo do que vimos no capítulo, mas, se fizesse isso, estaria sabotando você, impedindo-o(a) de ter esse trabalho de internalização imprescindível do conteúdo. **Por favor, não pule essa etapa!!!** Mesmo que seu resumo fique gigantesco (não vá escrever outra gramática... rsrs), nunca deixe de fazê-lo, para o seu próprio bem! Seu cérebro agradece e, quando passar no concurso, sua conta no banco também. Vá fundo na missão!* ☝

Questões de Concursos

Conforme você já percebeu, mas não me custa reiterar, algumas questões só apresentam uma ou duas opções, e não todas. Isso ocorre, porque muitas bancas trabalham assuntos diversos em suas opções. Apeguei-me apenas às opções relativas ao assunto do capítulo, isto é: artigo. Isso vai ocorrer ao longo de todo o livro.

1. (Esaf – INSS – Auditor-Fiscal da Previdência Social – 2002) Em relação às lacunas do texto, assinale a opção correta. A questão da Previdência Social deve ser recolocada na sucessão presidencial. Não é possível que uma questão dessa magnitude – o pacto entre gerações, que interessa às passadas, presentes e futuras – continue, como sempre aconteceu, fora da pauta da sucessão presidencial. Uma questão que **diz respeito** _____ 20 milhões de beneficiários – aposentados e pensionistas; _____ 26,7 milhões de contribuintes ativos, só no Sistema Geral de Previdência Social – o INSS; ____ 60,0 milhões de brasileiros que estão na População Economicamente Ativa – PEA, mas excluídos do INSS, entre os quais os 40 milhões da economia informal; ____ 4 milhões da Previdência Complementar aberta; _____ 6,6 milhões da Previdência Complementar fechada – 1,7 milhões de participantes ativos, 4,4 milhões de participantes dependentes e 558 mil participantes assistidos; _____ 10 milhões de servidores públicos civis e militares, da União (1,8 milhão), de estados (4,0 milhões, em 97) e municípios (4,0 milhões, em 97), aproximadamente.
   a) Como são informações de natureza numérica, o artigo masculino é obrigatório.
   b) Já que todas as informações têm a mesma função sintática, basta preencher as lacunas com o artigo feminino singular.
   c) Devido à regência da forma verbal "diz" todas as lacunas devem ser preenchidas com a preposição **de**.
   d) A regência da palavra "respeito" exige que as duas primeiras lacunas sejam preenchidas com **em** e as seguintes com **de**.
   e) Todas as lacunas podem ser preenchidas com preposição e artigo masculino plural: **aos**.

2. (Cespe/UnB – SEFAZ – Técnico – 2002) Os três sinais indicativos de crase nas linhas 7 e 8 (Cumpre permitir à sociedade o acesso às informações relativas à boa ou má utilização das verbas públicas) podem ser suprimidos, sem que a coerência textual fique prejudicada, pois são três casos em que o artigo definido pode ser omitido.
   ( ) CERTO   ( ) ERRADO

3. (FGV – BESC – Assistente Administrativo – 2004) "... por outro lado, *a* taxa Selic continuará *a* ser reduzida *a* partir do patamar de 16,5% *a* que chegou no fim do ano passado...".
   Os termos grifados no trecho acima classificam-se, respectivamente, como:
   a) artigo – artigo – preposição – preposição;
   b) preposição – artigo – preposição – artigo;
   c) artigo – preposição – preposição – artigo;
   d) artigo – preposição – preposição – preposição;
   e) preposição – preposição – artigo – artigo.

4. (FGV – BESC – Advogado – 2004) Assinale a alternativa em que o termo grifado seja artigo definido.
   a) "... o que *os* empurra a dar crédito para o setor privado e para as pessoas físicas."
   b) "*O* que se faz?"
   c) "*O* que está ocorrendo é que os interesses que prevaleceram..."
   d) "... agora, o que se está fazendo é buscar "acalmar" *os* que temem perder lucros na fase de transição."
   e) "Ou seja, há uma possibilidade, não desprezível, de *o* país perder, mais uma vez, uma janela de oportunidade."

Capítulo 9 • Artigo **219**

5. (Cespe/UnB – Instituto Rio Branco – Diplomata – 2004) Os vocábulos "dos" e "da" *(... valores que diferem nitidamente dos da Idade Média...)* provêm ambos da contração da preposição *de* com outro vocábulo: em "dos", com um pronome demonstrativo e, em "da", com um artigo definido.
( ) CERTO   ( ) ERRADO

6. (Cespe – MPE – Analista Ministerial – 2006) Preservando-se o sentido do texto III, **uma** opção gramaticalmente correta para a frase "poderá importar em um perigoso *recuo do Estado*" é: poderá importar num perigoso *recuo do Estado*.
( ) CERTO   ( ) ERRADO

7. (Esaf – Aneel – Ténico Administrativo – 2006) Verifique quantas alterações propostas para o texto preservam sua coerência e correção gramatical.
   "*Não é a **violência** nem as **turbulências** da economia e muito menos a **saúde**. A maior preocupação do brasileiro é o trabalho. A conclusão é **resultado** de uma consulta realizada com 23,5 mil pessoas de 42 países. **Num** suposto ranking mundial de pessimismo em relação às **oportunidades** de trabalho, o brasileiro apareceria nas primeiras posições. Na média global, o emprego seguro é citado por 21% dos entrevistados, ficando em segundo lugar **entre** as preocupações de curto prazo, depois da economia*".
   I. Retirar os artigos antes de "violência", "turbulências" e "saúde".
   II. Substituir o sinal de ponto pelo de dois-pontos depois de "saúde", grafando a palavra seguinte com letra inicial minúscula.
   III. Inserir a preposição *com* antes de "resultado".
   IV. Substituir "Num" por *Em um*.
   V. Retirar o artigo definido antes de "oportunidades", escrevendo apenas *à*.
   VI. Substituir a preposição "entre" pela preposição *em*, o que resulta na contração *nas*.
   A quantidade de itens corretos é:
   a) 1;   c) 3;   e) 5.
   b) 2;   d) 4;

8. (Upenet/Iaupe – Pref. Olinda/PE – Assistente Social – 2006) Partindo-se do princípio de que CRASE é o fenômeno resultante da fusão da preposição "a" e do artigo "a", assinale a alternativa cujo termo sublinhado se classifica apenas como artigo, daí justificar a inexistência desse fenômeno.
   a) "Todos os estudos feitos nos anos 1990 (...) continuam a mostrar..."
   b) "... enquanto que 70 a 80 por cento das mulheres afirmam..."
   c) "A exemplo de seu ancestral, ele quer ficar sentado em uma pedra..."
   d) "... afirmam que a família é prioridade absoluta."

9. (ESPP – MGS – Analista de Sistemas – 2006) Considere o período: *Os dois passaram a discutir a questão da verba disponível*. Os termos destacados são, respectivamente:
   a) preposição; artigo definido;
   b) artigo definido; preposição;
   c) pronome; artigo definido;
   d) preposição; pronome.

10. (EsPCEx – Exército Brasileiro – Cadetes do Exército – 2007) Considere a frase: "Ele fez críticas a algumas pessoas". Assinale a alternativa em que o "a" possui a mesma classificação morfológica apresentada na frase acima.
    a) Não a vi da janela.
    b) Depois da chuva, voltei a casa.
    c) A tardinha está deliciosa.
    d) A noite é sempre assim: linda!
    e) Voltamos com a sombra das nuvens.

11. (Moura Melo – Pref. São Bernardo Campo/SP – Técnico – 2007) Assinale a alternativa cujo contexto possui o uso incorreto do artigo:
    a) Nunca penetrei na alma ressequida do meu tio.
    b) A ilha a mais paradisíaca pede regulamentação.
    c) A ilha deve ser selvagem o quanto possível.
    d) NDA.

12. (FGV – FNDE – Técnico – 2007) "A primeira é tecnológica: a internet começou, há vários anos, a erodir a receita da indústria cultural."
No trecho acima, é correto afirmar que estão presentes:
a) três artigos definidos e duas preposições;
b) três artigos definidos e três preposições;
c) cinco artigos definidos e uma preposição;
d) três artigos definidos e uma preposição;
e) quatro artigos definidos e duas preposições.

13. (Cespe/UnB – Pref. São Luís/TO – Técnico Municipal – 2008) Na expressão "A expectativa de vida vem crescendo em todo o mundo", mantém-se a coerência e a correção gramatical, bem como o sentido do texto, se for retirado o artigo "o".
( ) CERTO   ( ) ERRADO

14. (Cespe/UnB – Pref. São Luís/TO – Técnico Municipal – 2008) Mantém-se o sentido original do texto se o trecho "aos medicamentos" (... ampliar o acesso da população aos medicamentos considerados essenciais...) for substituído por **a medicamentos**.
( ) CERTO   ( ) ERRADO

15. (Cespe/UnB – TJ – Analista Judiciário – 2008) Assinale a opção em que a partícula "o" sublinhada aparece com o mesmo emprego que se apresenta no seguinte trecho do texto: "A primeira é o que queremos dizer".
a) Eles devem realizar logo o projeto do grupo.
b) Responda-me: o que você tem com isso?
c) Seu sucesso depende de o livro ser aceito.
d) É preciso conhecer a rotina do laboratório.
e) Este livro foi o que você indicou.

16. (Consulplan – Analista de Informática (SDS-SC) – 2008) Observe as frases:
1. "Já com avião **a** catástrofe é cinematográfica..."
2. "... para não ser mais uma colunista **a** apontar os defeitos alheios..."
3. Os agentes **a** encontraram desacordada.
Os termos grifados são, respectivamente:
a) artigo, pronome, pronome;
b) artigo, preposição, pronome;
c) artigo, pronome, preposição;
d) pronome, preposição, artigo;
e) preposição, artigo, pronome.

17. (Cespe/UnB – PM – SOLDADO – 2009) Em "acesso a" (O acesso a revólver, pistola...), "a" funciona como artigo feminino singular.
( ) CERTO   ( ) ERRADO

18. (Esaf – ANA – Analista Administrativo – 2009) (Adaptada) A afirmação abaixo está correta ou incorreta?
"O tratamento de esgotos é fundamental para qualquer programa de despoluição das águas. Em grande parte das situações, a viabilidade econômica das estações de tratamento de esgotos (ETE) é reconhecidamente reduzida, em razão dos altos investimentos iniciais necessários à sua construção e, em alguns casos, dos altos custos operacionais. (...)".
– O emprego do sinal indicativo de crase em "à sua construção" é opcional porque é opcional a presença de **artigo definido** singular feminino antes de "sua".

19. (Movens – MDIC – Grupo I – 2010) Quanto ao emprego dos artigos no texto, julgue os itens abaixo como Verdadeiros (V) ou Falsos (F) e, em seguida, assinale a opção correta.
I. No trecho "Estamos a um passo dessa convergência", há dois artigos.
II. Em "O sol brilha em todo o mundo", a retirada do artigo que antecede a palavra "mundo" não acarretaria erro gramatical, mas mudaria o sentido do texto.
III. Na linha 11, em "O vento sopra pela Terra todo dia", há contração da preposição **por** com o artigo **a**.
A sequência correta é:
a) V, F, F;   c) F, V, F;
b) V, F, V;   d) F, V, V.

Capítulo 9 • Artigo **221**

20. (Consulplan – Auxiliar Administrativo – 2010) Assinale a alternativa que apresenta ERRO quanto ao uso do artigo:
    a) Avisei a ela que não haveria a reunião.
    b) Feliz o pai cujos filhos são ajuizados.
    c) Li a notícia no "Estado de Sergipe".
    d) Ambos os casos merecem consideração.
    e) Discutia os assuntos mais profundos.

21. (Consulplan – Educador de nível médio – 2010) Há ERRO quanto ao emprego do artigo na seguinte afirmativa:
    a) O Brasil é um país maravilhoso.
    b) O juiz solicitou a presença de ambos os cônjuges.
    c) Esta é a mulher cujo o amigo desapareceu.
    d) Faltaram uns dez alunos.
    e) O menino fugiu.

22. (Adaptada) (...) A palavra paraíso é de origem persa – *pairidaeza*, que quer dizer "jardim murado"; **e sua representação, seu símbolo, é um jardim**, o lugar onde se deu a criação, o país originário de Adão e Eva, enfim o centro do cosmos, que remete a um estado de perfeição. (...)

    A reescritura abaixo, no lugar do trecho destacado, estará correta ou incorreta?
    – "... e a sua representação, o seu símbolo, é um jardim..."

23. (Consulplan – Técnico em Processamento de Dados – 2011) *"Receio que **a** gente esteja cometendo **um triste engano**."*
    As palavras destacadas no trecho anterior são, respectivamente:
    a) pronome, artigo indefinido, advérbio, substantivo;
    b) artigo indefinido, adjetivo, pronome, substantivo;
    c) artigo definido, artigo indefinido, adjetivo, substantivo;
    d) pronome, artigo definido, adjetivo, substantivo;
    e) artigo definido, adjetivo, advérbio, substantivo.

24. (Consulplan – Codificador Censitário – 2011) Está correta a afirmativa referente aos segmentos:
    "Igual a como" / "Como a alegria"
    a) O "a" pertence à mesma classe de palavras nos dois registros.
    b) O primeiro "a" é classificado como artigo definido.
    c) O vocábulo "como", nas duas ocorrências, pertence à classe de palavras dos adjetivos.
    d) Na segunda ocorrência, o "a" é classificado como artigo definido, o que não ocorre para o primeiro registro.
    e) A palavra "igual" não pode substituir "como" em "como a alegria".

25. (FDC – Pref. Itaboraí/RJ – Fiscal de Tributos – 2012) **Um** homem entrou n**um** bar e pediu três doses de uísque. Bebeu depressa, uma depois da outra. Quando terminou a última, pediu mais três. **O** funcionário **do** bar disse:
    – Isso não lhe faz bem, sabe?
    – Eu sei – respondeu **o** homem – especialmente com o que eu tenho.
    – O que é que o senhor tem? – perguntou **o** garçom.
    – Só um real.
    (Andy Rooney, "Tribune Media Services")
    A afirmativa correta sobre o emprego dos artigos negritados no texto acima é:
    a) Nos termos "o funcionário" e "o homem", o emprego do artigo definido é justificado pela mesma razão.
    b) Nos termos "o funcionário" e "o bar", os artigos definidos mostram que os termos determinados por eles já foram enunciados antes.
    c) Termos como "um homem" e "um bar" nunca podem aparecer textualmente como termos que se referem a outros termos anteriores.
    d) No termo "o funcionário", o emprego do artigo definido se justifica pelo fato de o termo determinado ter sido enunciado pela primeira vez.
    e) Nos termos "um homem" e "um bar", o emprego do artigo indefinido indica, além do conhecimento dos seres determinados, a sua quantidade.

26. (FDC – Pref. Itaboraí/RJ – Fiscal de Tributos – 2012) O emprego do artigo negritado é optativo na seguinte frase:
    a) "A descoberta do clarinete por Mozart foi uma contribuição maior do que toda **a** África nos deu até hoje." (Paulo Francis)
    b) "Nunca minta para **o** seu médico, para **o** seu confessor ou para **o** seu advogado." (George Herbert)
    c) "Não confio num banco que me empresta dinheiro sem **a** menor garantia." (Robert Benchley)
    d) "O Brasil é **a** melhor piada que já foi contada por um português." (Fernando Pedreira)
    e) "De dez em dez anos toda **a** burocracia precisa ser fuzilada e trocada." (Stalin)

222 A Gramática para Concursos Públicos • Fernando Pestana

27. (IBFC – PC/RJ – Oficial de Cartório – 2013) Assinale a alternativa em que o vocábulo "a", destacado nas opções abaixo, seja exclusivamente um artigo.
a) "conta A um jornal sua conversa com um índio jivaro"
b) "desses que sabem reduzir A cabeça de um morto"
c) "Queria assistir A uma dessas operações"
d) "ele tinha contas A acertar com um inimigo"
e) "uma viagem de exploração À América do Sul"

28. (AOCP – UFS – Técnico em Segurança do Trabalho – 2014) Todas as expressões destacadas a seguir funcionam como artigo definido, EXCETO:
a) "... sendo **os** humanos do jeito que são..."
b) "... confrontarmos **os** desafios da vida..."
c) "... são **os** que tiveram que trabalhar..."
d) "... ensinar **os** menos habilidosos..."
e) "... são **os** ídolos de todos..."

29. (Cesgranrio – Finep – Nível Superior – 2014) (Adaptada) O artigo definido em destaque tem papel de estabelecer retomada de expressão:
a) "'Num país em que **a** Justiça é caolha, não dá para liberar geral'"
b) "'O desprezo e **o** desrespeito pelos direitos humanos resultaram em atos bárbaros'"
c) "Naquela ocasião, percebi claramente que **os** fantasmas dos traumas"
d) "Segundo **a** declaração, são consideradas intoleráveis as interferências"
e) "**O** presidente do Supremo Tribunal Federal, Joaquim Barbosa, sugeriu"

30. (Instituto AOCP – EBSERH – Advogado (HDT-UFT) – 2015) Assinale a alternativa cujo termo destacado NÃO exerce função de artigo.
a) "Os livros de colorir para adultos"
b) "Os livros de colorir para adultos se tornaram um fenômeno de vendas"
c) "... lápis de cor, canetinhas, tintas e o que mais a criatividade permitir".
d) "... evitando o consumismo exacerbado".
e) "Os temas dos desenhos tendem a despertar a vontade de pesquisar."

31. (FGV – SEE/PE – Professor de Matemática – 2016) Assinale a opção que apresenta o segmento do texto em que o emprego do artigo definido é optativo.
a) "O único consolo"
b) "ao pensar"
c) "inevitabilidade da minha morte"
d) "quando o barco está em perigo"
e) "todos na mesma situação"

32. (Consulplan – CFESS – Assistente Técnico Administrativo – 2017) "O que leva a crer no desaparecimento do bem-te-vi são as mudanças...". A partícula grifada no excerto anterior, classifica-se como
a) artigo definido.
b) pronome pessoal.
c) pronome demonstrativo.
d) pronome de tratamento.

33. (Cespe – Instituto Rio Branco – Diplomata – 2018) No trecho "toda uma camada quer os bens da vida", o artigo indefinido foi empregado como item de realce, razão por que sua eliminação não prejudicaria a correção gramatical nem o sentido original do texto.
( ) CERTO   ( ) ERRADO

34. (Idecan – IF-AM – Professor de Biologia – 2019) "Joseph, um quarentão que trabalha num banco de investimentos, começou a frequentar o consultório após um ataque de ansiedade."
No trecho acima, há
a) quatro artigos e cinco preposições.
b) um artigo e três preposições.
c) dois artigos e quatro preposições.
d) dois artigos e três preposições.
e) quatro artigos e três preposições.

35. (Fundatec – Câmara de Imbé – RS – Assistente Administrativo – 2020) Assinale a alternativa que indica o número correto de artigos presentes no trecho a seguir: "Só assim a pandemia deixará uma herança valiosa para a educação".
a) 0.   b) 1.   c) 2.   d) 3.   e) 4.

Capítulo 9 • Artigo

36. (FGV – Imbel – Engenheiro de Materiais – 2021) "O valor de todo conhecimento está no seu vínculo com as nossas necessidades, as nossas aspirações e ações; de modo diferente, o conhecimento torna-se um simples lastro de memória."

Nesse pensamento foi utilizada corretamente o indefinido todo, sem artigo após ele; assinale a opção em que o emprego desse indefinido também está correto.

a) "Não, senhor meu amigo; algum dia, sim, é possível que componha um abreviado do que ali vi e vivi, das pessoas que tratei, dos costumes, de todo resto."

b) "Assim devia ser, mas um fluido particular que me correu todo corpo desviou de mim a conclusão que deixo escrita."

c) "Outrossim, ria largo, se era preciso, de um grande riso sem vontade, mas comunicativo, a tal ponto as bo-chechas, os dentes, os olhos, toda a cara, toda a pessoa, todo mundo pareciam rir nele."

d) "Novamente me recomendou que não me desse por achado, e recapitulou todo mal que pensava de José Dias, e não era pouco, um intrigante, um bajulador, um especulador, e, apesar da casca de polidez, um grosseirão."

e) "Esta fórmula era melhor, e tinha a vantagem de me fortalecer o coração contra a investidura eclesiástica. Juramos pela segunda fórmula, e ficamos tão felizes que todo receio de perigo desapareceu."

37. (Vunesp – Prefeitura de Jundiaí – SP – Farmacêutico – 2022) Considere as frases do 1º parágrafo:
- ... "**o** algoritmo não ficou feliz com esse post".
- ... sei muito bem o que é **um** algoritmo.
- ... nunca esperei que **algum** deles ficasse feliz...

Os termos destacados nas frases referem-se, respectivamente, a algoritmos:

a) determinado; indeterminado; indefinido.

b) determinado; indeterminado; definido.

c) determinado; determinado; definido.

d) indeterminado; determinado; definido.

e) indeterminado; indeterminado; indefinido.

Gabarito

1. E.	11. B.	21. C.	31. C.
2. ERRADO.	12. E.	22. CORRETA.	32. C.
3. D.	13. ERRADO.	23. C.	33. ERRADO.
4. E.	14. CERTO.	24. D.	34. E.
5. CERTO.	15. E.	25. C.	35. D.
6. CERTO.	16. B.	26. B.	36. E.
7. D.	17. ERRADO.	27. B.	37. A.
8. D.	18. CORRETA.	28. C.	
9. A.	19. D.	29. D.	
10. B.	20. C.	30. C.	

Os comentários sobre as questões estão no *Material Complementar* do livro.
Para acessá-lo, veja o passo a passo na orelha desta obra.

CAPÍTULO 10
NUMERAL

Definição

Esta classe gramatical é pouquíssimo cobrada em concursos de bancas famosas, mas não custa passar os olhos, certo? Vai que...

Do ponto de vista semântico, o numeral indica, essencialmente, quantidade absoluta (cardinal), quantidade fracionária (fracionário), quantidade multiplicativa (multiplicativo) e ordem, sequência, posição (ordinal), de coisas ou pessoas.

Do ponto de vista morfológico e discursivo, o numeral é uma classe normalmente variável em gênero e número. É um determinante que acompanha o substantivo (neste caso, é chamado de numeral adjetivo, pois tem valor de adjetivo) ou o substitui (neste caso, é chamado de numeral substantivo, pois tem valor de substantivo).

"Ter valor de" não significa "ser". Logo, nestas frases: "**Dois** *estudantes* vieram me abraçar em agradecimento pela classificação. Reinaldo e Leandro eram seus nomes. Os *dois* eram merecedores!". Note que o último **dois** substitui "Reinaldo e Leandro", logo é um **numeral substantivo**. O primeiro **dois**, por sua vez, é um **numeral adjetivo,** pois está ligado a um substantivo (estudantes).

> **Sobre a variação em gênero e número**, dê uma olhada básica:
>
> – Os **numerais cardinais** que variam em gênero são "um (uma), dois (duas)" e as centenas a partir de duzentos: "Só **um** aluno e **uma** aluna da turma passaram na prova". Cardinais como milhão, bilhão (ou bilião), trilhão (trilião) etc. variam em número: milhões, bilhões (ou biliões), trilhões (triliões) etc. Os demais cardinais são invariáveis.
>
> – Os **numerais ordinais** variam em gênero e número: primeiro, primeira, primeiros, primeiras...
>
> – Os **numerais multiplicativos** variam em gênero e em número quando acompanham substantivos: "Os saltos e piruetas **triplas** daquela ginasta deixaram-nos de queixo caído".
>
> – Os **numerais fracionários** variam em gênero e número: um **quarto**, dois **quartos**, duas **quartas**, **trinta e quatro avos**...
>
> – **Ambos/ambas** são considerados **numerais duais**; muito empregados para retomar elementos citados anteriormente, por isso o gramático Bechara diz que eles podem ser vistos como pronomes: "Mateus e João foram apóstolos de Jesus Cristo. **Ambos** deixaram seus nomes na história". As expressões pleonásticas "ambos os dois" e "ambos de dois" são abonadas por uns (Sacconi, por exemplo) e desabonadas por outros (Cegalla, por exemplo).

Do ponto de vista sintático, o numeral é um termo que funciona como adjunto adnominal quando acompanha um substantivo; quando substitui o substantivo, tem função substantiva (ou seja, funciona como núcleo do sujeito, predicativo do sujeito, objeto direto, indireto, complemento nominal, agente da passiva, adjunto adverbial e aposto).

Para entendermos bem todas as definições de numeral, vamos analisar por último esta frase:

Uma cerveja é pouco, duas é bom, três é... bom demais!

Note que os vocábulos *Uma*, *duas* e *três*

1) **indicam quantidade absoluta, logo são cardinais**;
2) **variaram** (os dois primeiros) de forma: "*Uma* cerveja... *duas* é bom..."; o primeiro numeral é adjetivo, pois acompanha um substantivo e os demais são numerais substantivos, pois substituem um substantivo (cerveja);
3) funcionam como **adjunto adnominal** (o primeiro) e como **sujeitos** (o segundo e o terceiro).

Identificação

Identificar o numeral não é difícil, desde que você conheça os tipos (cardinal, ordinal, multiplicativo, fracionário e coletivo). Veja esta questão:

---

23. (EsSA – Exército Brasileiro – Sargento – 2006) No trecho "Os <u>três</u> atravessam o salão, <u>cuidadosa</u> mas resolutamente...", os vocábulos grifados são classificados, quanto à morfologia, respectivamente, em:
   a) <u>numeral</u> e advérbio; (Este foi o gabarito oficial!)
   b) advérbio e aposto;
   c) substantivo e adjetivo; (Você marcaria esta... e erraria!)
   d) vocativo e substantivo;
   e) adjetivo e numeral.

Comentário: Note que *três* está substituindo substantivos não mencionados no trecho, mas que subentendemos que sejam três (*amigos, rapazes, irmãos etc.*). Além disso, *três* continua indicando quantidade, o que constitui um numeral. Não confunda numeral (!) com substantivo! Sobre isso, veja o exemplo do Bechara, na página 205, de sua *Moderna Gramática Portuguesa*.

Só peço que tome cuidado com os numerais que se tornam verdadeiros substantivos (processo de derivação imprópria). Isso se dá quando se denominam os números, de modo que eles não indicam quantidade ou ordem no contexto:

– *O número **sete** é ímpar.*
– *O numeral **primeiro** e o numeral **segundo** são ordinais.*
– *O **vinte e quatro** no jogo do bicho é veado, sendo associado pejorativamente, por isso, a homossexuais.*
– *A professora escreveu dois **oitos** no quadro, no entanto deveria escrever três **oitos**.*

Capítulo 10 • Numeral   **227**

 CUIDADO!!!

Agora, há certo numeral que pode gerar confusão: **um(a)**. Podemos confundir tal numeral com artigo indefinido ou com pronome indefinido. Ou melhor, podíamos. Veja agora a diferença entre eles, segundo o conceituado gramático José Rebouças Macambira:

1. **Artigo indefinido**: a forma **um** deve ser artigo indefinido:
   - Se for omissível: "Morreu um grande poeta araçatubense", que, omitido o artigo, se reduz a: "Morreu grande poeta araçatubense".
   - Se alternar com o artigo definido: "Um homem prevenido vale por dez" equivale a "O homem prevenido vale por dez".

2. **Pronome Indefinido**: a forma **um** será pronome indefinido:
   - Se ocorrer em paralelo com pronome indefinido: "Um filho estuda Direito, o outro Medicina".

3. **Numeral**: a forma **um** será numeral:
   - Se ocorrer em paralelo com outro numeral: "Escapou um preso, e dois foram mortos".
   - Se responder à pergunta "quanto": "Quantos filhos você tem?" "Um filho".
   - Se vier articulado com "somente, apenas, só" ou "sequer": "Tenho somente um amigo", "Nunca perdeu sequer uma discussão".
   - Quando **um** puder ser expandido por **somente** ou qualquer outro sinônimo. "Existe um Deus no céu" = "Existe somente um Deus no céu".
   - Se posposto a um substantivo, tiver o valor de ordinal: "Abra o livro na página um" (isto é, na primeira página). Nesse caso, fica invariável; não se deve dizer na página uma ou vinte e uma.
   - (Adendo meu) Nas expressões "um(a) dos(as) que", **um(a)** é numeral.

Classificação

Nossos numerais são de origem árabe, por isso são algarismos **arábicos**. Há também os algarismos **romanos**. Veja alguns correspondentes:

Arábicos: 1, 2, 3, 4, 5, 6, 7, 8, 9, 10, 11, 12, 13, 14, 15, 16, 17, 18, 19, 20, 30, 40, 50, 60, 70, 80, 90, 100, 200, 300, 400, 500, 600, 700, 800, 900, 1000.

Romanos: I, II, III, IV, V, VI, VII, VIII, IX, X, XI, XII, XIII, XIV, XV, XVI, XVII, XVIII, XIX, XX, XXX, XL, L, LX, LXX, LXXX, XC, C, CC, CCC, CD, D, DC, DCC, DCCC, CM, M.

Vamos ao que interessa:

Cardinais	Ordinais	Multiplicativos	Fracionários
zero	–	–	–
um*	primeiro³	–	–
dois	segundo	dobro, duplo, dúplice	meio¹, metade
três	terceiro	triplo, tríplice	terço

Cardinais	Ordinais	Multiplicativos	Fracionários
quatro	quarto	quádruplo	quarto
cinco	quinto	quíntuplo	quinto
seis	sexto	sêxtuplo	sexto
sete	sétimo	sétuplo	sétimo
oito	oitavo	óctuplo	oitavo
nove	nono	nônuplo	nono
dez	décimo	décuplo	décimo
onze	décimo primeiro	–	onze avos
doze	décimo segundo	–	doze avos
treze	décimo terceiro	–	treze avos
quatorze/catorze	décimo quarto	–	catorze avos
quinze	décimo quinto	–	quinze avos
dezesseis	décimo sexto	–	dezesseis avos
dezessete	décimo sétimo	–	dezessete avos
dezoito	décimo oitavo	–	dezoito avos
dezenove	décimo nono	–	dezenove avos
vinte	vigésimo	–	vinte avos
trinta	trigésimo	–	trinta avos
quarenta	quadragésimo	–	quarenta avos
cinquenta	quinquagésimo	–	cinquenta avos
sessenta	sexagésimo	–	sessenta avos
setenta	septuagésimo	–	setenta avos
oitenta	octogésimo	–	oitenta avos
noventa	nonagésimo	–	noventa avos
cem	centésimo	cêntuplo	centésimo
duzentos	ducentésimo	–	ducentésimo
trezentos	trecentésimo	–	trecentésimo
quatrocentos	quadringentésimo	–	quadringentésimo
quinhentos	quingentésimo	–	quingentésimo
seiscentos	sexcentésimo	–	sexcentésimo
setecentos	septingentésimo	–	septingentésimo
oitocentos	octingentésimo	–	octingentésimo
novecentos	non(in)gentésimo	–	nongentésimo
mil	milésimo	–	milésimo
milhão[2]	milionésimo	–	milionésimo

Cardinais	Ordinais	Multiplicativos	Fracionários
bilhão[2]	bilionésimo	–	bilionésimo
etc.			

Existem também os **numerais coletivos**, os quais indicam o número exato de seres ou objetos de um conjunto, flexionando em número, quando necessário: dúzia, cento, milhar, par, milheiro, dezena, centena, novena, grosa, lustro, década... Normalmente vêm especificados por uma locução adjetiva iniciada pela preposição de: "Comeram uma **dúzia** de bananas".

---

* Recomenda Cegalla: evite usar "um mil" ou "hum mil"; use "mil" apenas.

[1] O numeral fracionário **meio** (= metade) concorda em gênero com o substantivo a que se refere e pode ser numeral adjetivo ou numeral substantivo: "Comprou **meio** quilo de feijão"; "Cortou **meia** laranja-pera para comer"; "Finalizou a luta em um minuto e **meio** (minuto)"; "Terminou a disputa depois de duas horas e **meia** (hora)"; "Enfim, já é **meio**-dia e **meia** (hora)". O numeral fracionário é também percentual quando seguido por este símbolo: "%". Meio óbvio isso... Bem... vale ressaltar que esse vocábulo também pode ser um substantivo quando acompanhado de determinante(s): "Estamos n<u>o</u> *meio* <u>do verão</u>". Pode ser um advérbio de intensidade quando modifica um adjetivo ou outro advérbio: "Ela está **meio** <u>chateada</u>, porque já está **meio** <u>tarde</u>". "<u>Meia</u> chateada" não existe porque advérbio não varia.

[2] Segundo muitos gramáticos e o VOLP, "milhão, bilhão, trilhão, quatrilhão, quintilhão" etc. são considerados numerais ou substantivos. Então, não se assuste se determinada banca marcar como correta a classificação de um desses vocábulos como numeral ou como substantivo. Mais importante que isso é saber o seguinte: tais vocábulos são masculinos e, por isso mesmo, levam outros determinantes dentro do sintagma nominal ao masculino: "<u>Os dois</u> **milhões** de mulheres de nosso país estavam *entusiasmados* (ou *entusiasmadas*)". A mesma regra se aplica a "bilhão, trilhão, milhar(es)". Aproveitando o ensejo, o verbo pode concordar com *milhão* (no singular) ou com seu especificador (no plural): "Um **milhão** de <u>reais</u> **foi** (<u>foram</u>) **gasto** (<u>gastos</u>) na construção da casa".

[3] Os vocábulos "último, penúltimo, antepenúltimo, derradeiro, posterior, anterior" etc. não são considerados numerais, e sim meros adjetivos. Segundo Celso Cunha, certos ordinais se tornam verdadeiros adjetivos, por conversão (derivação imprópria), em construções como estas: "Este é um artigo de **primeira/primeiríssima** qualidade"; "Teu clube é de **segunda** categoria"; "Um material de **terceira** ordem como esse não me interessa".

Emprego dos Numerais

Vejamos algumas regrinhas sobre os numerais:

1) Como bem nos instrui José Maria da Costa, em seu *Manual de Redação Profissional*, "Há diversas regras importantes e interessantes para a leitura dos numerais e para sua escrita por extenso, como, por exemplo, a que determina a interposição da conjunção *e* entre as centenas e as dezenas e entre estas e as unidades. Em decorrência dela é que o número *2.662.385* é lido e escrito por extenso do seguinte modo: *dois milhões seiscentos e sessenta e dois mil trezentos e*

oitenta e cinco. No caso das consultas, o mais lógico é pensar, por primeiro, na existência de um modo mais conceitual e apurado de dizer e escrever: a) *83,47%: oitenta e três inteiros e quarenta e sete centésimos por cento*; b) *0,3%: três décimos por cento*. A par desse modo mais clássico, também se posta outro mais simples, direto e igualmente correto: a) *oitenta e três vírgula quarenta e sete por cento*; b) *zero vírgula três por cento*".

> Adendo meu: não se emprega a conjunção "e" entre os milhares e as centenas, exceto quando o número terminar em uma centena com dois zeros: "O ano 1500 (mil e quinhentos) foi decisivo".

Ainda nos ajudando, Thaís Nicoleti diz: "A leitura dos ordinais não oferece dificuldade até que se chegue aos números com três, quatro ou mais algarismos. Como ler o ordinal 887º, por exemplo? *Octingentésimo octogésimo sétimo*. Se, entretanto, o número em questão ultrapassar 2.000, o primeiro algarismo será lido como cardinal. *Dois milésimo trecentésimo quadragésimo quinto* é a leitura correta de 2.345º, conforme a tradição do idioma. Quando o número é redondo, costumamos empregar somente o ordinal (2.000º lê-se como *segundo milésimo*)".

O gramático Cegalla não recomenda o uso das vírgulas para separar os numerais escritos por extenso tampouco os principais manuais de redação. Já Celso Cunha nada diz a respeito, mas grafa com vírgulas a separação.

2) Na designação de **soberanos (reis, príncipes, imperadores), papas, séculos, livros e partes de uma obra (capítulo, parágrafo, tomo etc.)**, quando o numeral é posposto ao substantivo, usam-se os numerais ordinais até décimo. Daí em diante, devem-se empregar os cardinais. Se estiver anteposto, o ordinal é obrigatório.

   – *Ao papa Paulo VI (**sexto**) sucedeu João Paulo II (**segundo**). Tempos depois chegou o papa Bento XVI (**dezesseis**).*
   – *No século XIX (**dezenove**), a Revolução Industrial revolucionou o mundo.*
   – *Este é o livro 10o (**décimo**) da minha coleção.*
   – *O rei Luís XV (**quinze**) e o rei Henrique IV (**quarto**) marcaram seus séculos.*
   – *No capítulo III (**terceiro**) do livro de Lucas, há uma passagem interessante.*
   – *Após o parágrafo IX (**nono**), há o parágrafo X (**décimo**)?*
   – *O V (**quinto**) rei da dinastia suméria foi Hamurabi.*

3) Em textos legais, ou seja, na linguagem jurídica, os **artigos, incisos, decretos, portarias, regulamentos e parágrafos** numerados até nove são lidos como ordinais; do número dez em diante, são lidos como cardinais. Além disso, flexiona-se o numeral em gênero para a identificação de páginas e folhas, preferencialmente. Se estiver anteposto, o ordinal é obrigatório.

   – *Antes do artigo 10 (**dez**) vem o artigo 9º (**nono**) da Constituição.*
   – *Encontrei a explicação nas páginas vinte e **duas**.*
   – *O 22º (**vigésimo segundo**) decreto foi revogado.*

4) Na identificação de **casas, apartamentos, páginas, dias**, que não em meio jurídico, empregam-se os cardinais. Se anteposto, usa-se ordinal.
   – *Moro na casa **seis** da vila.*

Capítulo 10 • Numeral

- *Leia, por favor, na página **três**, a sinopse.*
- *Dia **quatro** de setembro é meu aniversário.*
- *Moro no 23º (**vigésimo terceiro**) apartamento do prédio.*

5) Em relação ao **primeiro dia do mês**, deve-se usar o ordinal:

- *Rio de Janeiro, 1º de dezembro de 2012.*

> * O gramático Evanildo Bechara defende tanto o uso do ordinal como do cardinal no caso do primeiro dia do mês.

6) Com relação às **datas**, podemos ou não usar **aos**, **a** ou **em**:

- *A presidenta tomou posse 2 de janeiro de 2011.*
- *A presidenta tomou posse a 2 de janeiro de 2011.*
- *A presidenta tomou posse em 2 de janeiro de 2011.*
- *A presidenta tomou posse aos 2 de janeiro de 2011.*
- *A presidenta tomou posse no dia 2 de janeiro de 2011.*

7) Não se usa o ponto entre os numerais quando estes designam datas. Nos demais casos, o ponto deve ser colocado entre as centenas e milhares.

- *Escrevi isto no dia 13 de junho de 2012.*
- *A Gramática tem mais de 1.500 questões comentadas! Incrível!*

Valor Discursivo (Linguística Textual)

O numeral pode ser usado para atender a demandas estilísticas e a demandas meramente textuais. Em outras palavras, o autor de um texto, ao fazer uso de um numeral pode indicar outros valores que rompem a ideia de um simples numeral.

Por exemplo, muitas vezes o numeral é usado para enfatizar determinada ideia:

- *Já bati nessa tecla **mil** vezes.* (Na fala, dizemos "enevezes" ou "trocentas"; é o famoso numeral com valor hiperbólico – exagero na afirmação.)
- *Deus é **dez**.* (Neste caso, *dez* é um verdadeiro adjetivo.)
- *Vem cá, vamos trocar **duas** palavrinhas.* (Na verdade, é mais de uma.)
- *Vocês merecem **dez** pela educação.* (O numeral tem o valor de aprovação.)

Apesar de a gramática normativa não registrar a flexão de grau dos numerais, na linguagem coloquial (e em vários textos literários), os numerais são frequentemente flexionados em grau com acentuada expressividade (com tom afetivo ou irônico).

- *Paguei **cinquinho** por esta blusa.*
- *Quer me emprestar **milão**? Só um **milãozinho**...*
- *Pega leve, ele já é um **cinquentão**!*
- *Só vou tomar mais **umazinha**...*
- *O meu time foi para a **segundona** novamente.*

Mais importante que isso, porém, é a função textual dos numerais. Eles têm a função de retomar referentes substantivos, evitando a repetição no discurso. Às vezes também são usados para fazer referência a termos posteriores no texto. Veja:

– Pelé, Zico, Romário, Ronaldo e, agora, Neymar são verdadeiros craques do futebol mundial. No entanto, apenas o **primeiro** e o **terceiro** já conseguiram marcar mais de 1.000 gols e só **um** desse grupo já foi campeão mundial pelo Mengão: o sensacional Zico!

Perceba que *primeiro* e *terceiro* se referem a Pelé e Romário, substantivos resgatados pelos numerais dentro do texto. Não obstante, *um* se refere a um substantivo posterior: Zico. Sendo assim, os numerais são ótimos referenciadores para que evitemos desnecessárias repetições.

O Que Cai Mais na Prova?

Numeral é um assunto que tem 0,00000000000001% de chance de cair em provas realizadas por bancas de prestígio! Então, "na boa"... faça só o seu papel de concurseiro profissional e resolva as questões, sem "aqueeeele" compromisso. Quando alguém se atreve a fazer uma questão de numeral, é em cima de emprego de numeral cardinal e ordinal. Do mais, é só identificação e diferenciação com artigo, como já vimos no capítulo anterior. Numeral (coitado!) está de lado nos concursos importantes há muito tempo...

> *Concurseiro(a), quer uma dica de irmão? Guarde no seu coração o que vai ler agora: NUNCA DEIXE DE FAZER SEU PRÓPRIO RESUMO DE CADA CAPÍTULO. Esse processo cognitivo é **extremamente** valioso. Eu poderia ser legalzinho e fofinho pondo um quadro-resumo do que vimos no capítulo, mas, se fizesse isso, estaria sabotando você, impedindo-o(a) de ter esse trabalho de internalização imprescindível do conteúdo. **Por favor, não pule essa etapa!!!** Mesmo que seu resumo fique gigantesco (não vá escrever outra gramática... rsrs), nunca deixe de fazê-lo, para o seu próprio bem! Seu cérebro agradece e, quando passar no concurso, sua conta no banco também. Vá fundo na missão!* ☺

Questões de Concursos

Cá entre nós... sofri para encontrar questões recentes de numerais... Por consideração à minha pessoa, entretanto, não deixe de fazê-las!

1. (FGV – SPTRANS – Especialista em Transporte – 2001) O emprego do numeral está errado em:
    a) vá comprar duzentas gramas de mortadela;
    b) veja o exercício da página vinte e um;
    c) consulte o artigo segundo desse código;
    d) a cidade floresceu no século quinto.

2. (FAEPOL – SSP – Auxiliar de Necropsia – 2002) Na expressão "século XIX", lê-se o numeral em romanos como cardinal (= dezenove); o item abaixo que deve ser lido como ordinal é:
    a) livro XXIII;   c) livro XI;   e) livro C.
    b) livro X;   d) livro XL;

Capítulo 10 • Numeral **233**

3. (NCE/UFRJ – CGJ – Comissário de Justiça da Infância e da Juventude – 2002) "Mas estamos em pleno século XX..."; o item abaixo em que devemos ler o algarismo romano como ordinal é:
   a) no século XI antes de Cristo;
   b) o papa recebeu o nome de João XXIII;
   c) no século XII da nossa era;
   d) Inocêncio X foi papa;
   e) Luís XVI foi rei da França.

4. (Uniaraxá – Vestibular – 2003) Em "... **às** dez horas", "**sob** as olaias" e "**Ambos se** abanavam", as palavras grifadas são, respectivamente:
   a) artigo – preposição – pronome – numeral – pronome;
   b) artigo – preposição – pronome – numeral – conjunção;
   c) preposição – artigo – preposição – numeral – pronome;
   d) preposição – pronome – preposição – substantivo – conjunção;
   e) preposição – pronome – conjunção – substantivo – pronome.

5. (NCE/UFRJ – PC/DF – Policial Civil (Agente) – 2004) "Em oito anos, o número de turistas no Rio de Janeiro dobrou, enquanto os assaltos a turistas foram multiplicados por três, alcançando hoje a média de dez casos por dia. Considerando a importância que o turismo tem para a cidade – que anualmente recebe 5,7 milhões de visitantes de outros estados e do estrangeiro, destes, aliás, quase 40% dos que chegam ao Brasil têm como destino o Rio – é alarmante esse grau crescente de insegurança"; quanto às referências numéricas presentes nesse primeiro parágrafo do texto pode-se dizer que representam numerais de dois tipos:
   a) cardinais e ordinais;
   b) cardinais e multiplicativos;
   c) multiplicativos e fracionários;
   d) cardinais e fracionários;
   e) ordinais e multiplicativos.

6. (NCE/UFRJ – Infraero – Advogado – 2004) O algarismo romano XIX é lido como numeral cardinal; o item em que o algarismo romano deve ser lido como ordinal é:
   a) Luís XVI;   d) século XXI;
   b) João XXIII;   e) casa II.
   c) Pio X;

7. (ACCESS – Pref. Teresópolis/RJ – Dinamizador de Educação Infantil – 2005) Fragmento de texto (adaptado):
   *"A Linguagem Brasileira de Sinais (Libras) passará a ter formação específica nos cursos de Pedagogia e de formação de professores e será uma das especializações dos cursos de Letras, como **uma segunda** língua.*
   *A determinação está no decreto apresentado nesta terça-feira pelo ministro da Educação, Fernando Haddad, e é parte da regulamentação da lei de **2002** que tornou a Libras uma forma nacional de comunicação.*
   *As universidades terão **dez** anos para oferecerem o ensino de Libras em todos os seus cursos de formação de professores, mas nos próximos três anos já terão que ter a disciplina em pelo menos 20% dos cursos. Em **cinco** anos, 60% dos cursos precisarão ter a disciplina".*

   Assinale a alternativa em que a palavra não seja numeral.
   a) Uma.   b) Segunda.   c) 2002.   d) Dez.   e) Cinco.

8. (NCE/UFRJ – CEPEL – Auxiliar de Segurança Patrimonial – 2006) "e no monopólio em 1953"; o numeral relativo ao ano (1953) deve ser lido da seguinte forma:
   a) mil e novecentos e cinquenta e três;
   b) mil, novecentos e cinquenta e três;
   c) mil, novecentos e cinquenta três;
   d) um mil, novecentos e cinquenta três;
   e) mil e novecentos, cinquenta três.

9. (NCE/UFRJ – Eletronorte – Assistente Técnico de Engenharia – 2006) A expressão "mais de cem vezes" apresenta uma quantificação imprecisa; a alternativa que mostra uma forma mais precisa de quantificar é:
   a) cerca de 100 vezes;   c) inúmeras vezes;   e) incontáveis vezes.
   b) ambas as vezes;   d) uma meia dúzia de vezes;

10. (NCE/UFRJ – Assembleia Legislativa – Taquígrafo Parlamentar – 2006) No texto há uma série de numerais de diferentes tipos; a frase abaixo que apresenta um numeral ordinal é:
a) O investidor Warren Buffett tem 75 anos bem vividos.
b) Warren decidiu doar 85% de seus bens.
c) Para os americanos, fazer filantropia é prioridade *a*.
d) Gates é dono de várias obras-primas.
e) Cerca de três quartos da fortuna foram doados.

11. (FUNRIO – Pref. Maricá/RJ – Guarda-Vidas – 2007) No trecho "E já no seu **primeiro** jogo depois do pacto com o Diabo, Tinho assombrou. Fez **cinco** gols, **dois** com cada perna e o **quinto** com uma cabeceada perfeita", os vocábulos em destaque são, respectivamente, numerais:
a) ordinal, cardinal, cardinal e ordinal;
b) cardinal, cardinal, ordinal e ordinal;
c) cardinal, ordinal, ordinal e cardinal;
d) cardinal, cardinal, cardinal e cardinal;
e) ordinal, ordinal, ordinal e ordinal.

12. (NCE/UFRJ – Pref. Santana – Professor Educação Básica – 2007) O algarismo romano em "D. João VI" é lido como numeral ordinal; a alternativa abaixo em que o algarismo romano é lido como cardinal é:
a) Pedro I;
b) Henrique VIII;
c) João Paulo II;
d) Luís XVI;
e) Nicolau III.

13. (FCC – TRF (2R) – Analista Judiciário – 2007) É correto afirmar:
século XIX, de acordo com a norma padrão, deve ser escrito por extenso por meio do numeral cardinal – "dezenove" –, assim como deve ocorrer com "século VIII".

14. (Cespe/UnB – SERPRO – Analista – 2008) O desenvolvimento das ideias do texto permite que se substitua "uma dezena de" pela expressão **cerca de dez**, sem prejuízo para a correção gramatical e a coerência entre os argumentos.
( ) CERTO   ( ) ERRADO

15. (FEC – CLIN – Operador de Copiadora – 2008) Em "**Ambas** estão sendo empurradas...", a palavra grifada pertence à seguinte classe gramatical:
a) advérbio;   b) numeral;   c) pronome;   d) conjunção;   e) preposição.

16. (UFRR – Pref. Boa Vista/RR – Professor de Educação Básica – 2008) Uma onça suçuarana de <u>quinze</u> quilos foi morta ontem por três crianças, depois de atacar a menor delas, em Castelo do Piauí. As crianças estavam sozinhas em casa e a onça, atacou em <u>primeiro</u> lugar Basílio de seis anos. (Jornal da Tarde – adaptado para fins didáticos.) As palavras grifadas no texto são numerais e podemos classificá-los, respectivamente, como:
a) cardinal e ordinal;
b) fracionário e cardinal;
c) ordinal e multiplicativo;
d) fracionário e multiplicativo;
e) fracionário e ordinal.

17. (FGV – Senado Federal – Policial Legislativo Federal – 2008) A palavra *centenário* corresponde a cem anos. Assinale a alternativa em que **não** tenha havido correta associação da noção temporal à palavra indicada.
a) 400 anos – quadringentenário.
b) 400 anos – quadricentenário.
c) 600 anos – sesquicentenário.
d) 150 anos – tricinquentenário.
e) 7 anos – septenário.

Corações a Mil
(Gilberto Gil)
Minhas ambições são <u>dez</u>.
Dez corações de uma vez
pra eu poder me apaixonar
dez vezes a cada dia,
setenta a cada semana,
trezentas a cada mês.

Capítulo 10 • Numeral **235**

18. (FIP – Câmara-SJC – Programador – 2009) Na primeira frase do texto, a palavra "dez", sublinhada, tem duplo sentido. São eles:
    a) o sentido de serem dez ambições (no caso, "dez" seria um numeral) e o sentido de os corações serem apaixonados (no caso, "dez" seria um adjetivo);
    b) o sentido de serem dez ambições e o sentido de serem dez corações (nos dois casos, "dez" seria um numeral);
    c) o sentido de serem dez corações e o sentido de serem dez vezes a cada dia (nos dois casos, "dez" seria um numeral);
    d) o sentido de serem dez ambições (no caso, "dez" seria um numeral) e o sentido de as ambições serem de extrema qualidade (no caso, "dez" seria um adjetivo);
    e) o sentido de serem dez vontades boas (no caso, "dez" seria um substantivo) e o sentido de totalizarem dez as paixões ambiciosas (no caso, "dez" seria um adjetivo).

19. (FIP – Câmara-SJC – Programador – 2009) Pelos sentidos das frases "setenta a cada semana" e "trezentas a cada mês", no contexto da letra da canção, pode-se concluir que:
    a) se cada semana tem setenta paixões, o mês deveria ter duzentas e oitenta e não trezentas;
    b) a semana tem sete dias e o mês indicado, exatos trinta dias;
    c) "setenta" e "trezentas" é só um recurso pleonástico, e o sentido numeral é irrelevante no caso;
    d) cada dia do mês em questão tem dez horas, denotando o sentido ilusório da paixão;
    e) há evidente comparação com a velocidade das paixões, semelhante a 70 km/h e 300 Km/h.

20. (Funcab – SESAU/RO – Técnico de Radiologia – 2009) Assinale a opção que apresenta, correta e respectivamente, a classe gramatical a que pertencem as palavras grifadas no trecho abaixo.
    "O brasileiro foi um dos primeiros no mundo a reconhecer a tese de que o mosquito era o causador da epidemia."
    a) substantivo – numeral – preposição – artigo – artigo – substantivo.
    b) adjetivo – artigo – artigo – pronome – pronome – adjetivo.
    c) adjetivo – numeral – preposição – artigo – artigo – substantivo.
    d) substantivo – artigo – artigo – artigo – artigo – substantivo.
    e) substantivo – numeral – preposição – preposição – pronome – adjetivo.

21. (UFAL – Vestibular – 2009) Na oração "Andou dois quilômetros e meio a pé!", os termos destacados pertencem à classe gramatical:
    a) dos substantivos;
    b) dos pronomes;
    c) dos numerais;
    d) dos advérbios;
    e) dos adjetivos.

22. (ZAMBINI – Pref. Campinas/SP – Motorista Especializado – 2009) Em: "Collor apresentou sete coletâneas de artigos, discursos e planos de governo", as palavras grifadas são respectivamente:
    a) numeral, substantivo e conjunção;
    b) numeral, artigo e preposição;
    c) substantivo, artigo e conjunção;
    d) pronome, artigo e preposição;
    e) numeral, substantivo e preposição.

23. (UNIT – EAD – Vestibular – 2010) "Três perguntas costumam acompanhar a discussão em torno do aquecimento global." As palavras grifadas possuem, respectivamente, as seguintes classes gramaticais:
    a) numeral – adjetivo – artigo;
    b) substantivo – artigo – substantivo;
    c) numeral – artigo – substantivo;
    d) artigo – substantivo – numeral;
    e) numeral – preposição – adjetivo.

24. (ADVISE – Pref. ST. Amaro das Brotas/SE – Carpinteiro – 2010) Na oração: "Uma criança engana **vinte e cinco** adultos." O termo sublinhado é um numeral:
    a) ordinal;
    b) cardinal;
    c) fracionário;
    d) multiplicativo;
    e) coletivo.

25. (Consulplan – TSE – Técnico Judiciário – 2012) Assinale a palavra que, no texto, exerça papel adjetivo.
   a) dois ("Sempre que misturamos os dois registros...").
   b) mais ("... ou um perfume um pouco mais caro").
   c) bem ("... você ficará bem se levar...").
   d) regido ("Enquanto o primeiro é regido por valores...").

26. (Vunesp – UNESP – Advogado – 2012) O emprego da palavra **meio**, como no trecho – ... em linhos de um meio-dia. –, repete-se, com o mesmo sentido, em:
   a) ele encontrou na aspirina um meio de se livrar da dor de cabeça.
   b) o poeta tomou apenas meio comprimido de aspirina e sentiu-se aliviado.
   c) a indústria farmacêutica anda meio apurada com tanta demanda de remédios.
   d) em meio à acirrada discussão, saiu do encontro com dor de cabeça.
   e) as pessoas ficam meio dependentes dos efeitos químicos da medicação.

27. (Vunesp – UNESP – Vestibular – 2012) Assinale a alternativa cuja frase contém um numeral cardinal empregado como substantivo.
   a) Há muitos anos que a política em Portugal apresenta...
   b) Doze ou quinze homens, sempre os mesmos, alternadamente possuem o Poder...
   c) ... os cinco que estão no Poder fazem tudo o que podem para continuar...
   d) ... são tirados deste grupo de doze ou quinze indivíduos...
   e) ... aos quatro cantos de uma sala...

28. (SOLER – Pref. Piraju/SP – Monitor de Projetos Sociais – 2012) A palavra <u>um</u> dos períodos abaixo constitui, respectivamente:
   "Ele não gastava sequer <u>um</u> centavo de seu salário em luxos desnecessários."
   "<u>Um</u> aceno era apenas o que ela esperava."
   "Precisou somente de comprar <u>um</u> selo para a correspondência ser postada."
   a) artigo, numeral e pronome;
   b) numeral, numeral e numeral;
   c) numeral, artigo e numeral;
   d) artigo, pronome e numeral.

29. (MS Concursos – Pref. Santa Maria/RS – Auxiliar de Operações I – 2012) Leia as frases:
   I. Paulo, Karen e <u>eu</u> organizamos a festa.
   II. Nossa equipe foi a <u>terceira</u> colocada no torneio.
   III. Ana ficou <u>contente</u> com a proposta de emprego.
   IV. Este novo <u>emprego</u> me cansa muito.
   Com relação à classe gramatical, as palavras grifadas são, respectivamente, classificadas como:
   a) substantivo, pronome, adjetivo e numeral;
   b) substantivo, numeral, pronome e substantivo;
   c) pronome, numeral, adjetivo e substantivo;
   d) pronome, numeral, adjetivo e verbo;
   e) pronome, substantivo, adjetivo e substantivo.

30. Leia o texto e responda a questão a seguir.
   Problemas
   Ana Carolina

   Qualquer distância entre nós
   Virou abismo sem fim
   Quando estranhei sua voz
   Eu te procurei em mim
   Ninguém vai resolver
   Problemas de nós dois.
   Se tá tão difícil agora
   Se um minuto a mais demora
   Nem olhando assim mais perto
   Consigo ver por que tá tudo tão incerto
   Será que foi alguma coisa que eu falei?

Ou algo que fiz que te roubou de mim?
Sempre que eu encontro uma saída
Você muda de sonho e mexe na minha vida (...)

As palavras "mim", "dois" e "sonho", retiradas do trecho da música acima, são morfológica e respectivamente classificadas como:
a) substantivo, numeral e verbo;
b) pronome, substantivo e substantivo;
c) pronome, substantivo e verbo;
d) pronome, numeral e substantivo;
e) substantivo, numeral e substantivo.

31. (FGV – Funarte – Contador – 2014) (Adaptada) Há, abaixo, elementos que expressam quantidade. A alternativa em que o termo destacado NÃO tem esse valor é:
a) "Há em nosso povo **duas** constantes que nos induzem a sustentar que o Brasil é o único país brasileiro de todo o mundo";
b) "Adiamos tudo: o bem e o mal, o bom e o mau, que não se confundem, mas **tantas** vezes se desemparelham";
c) "Só a morte e a promissória são **mais ou menos** pontuais entre nós";
d) "encontrei no fim do volume **algumas** informações essenciais sobre nós e sobre a nossa terra";
e) "Entre **poucos** endereços de embaixadas e consulados, estatísticas, indicações culinárias, o autor intercalou".

32. (FUNRIO – INSS – Analista (Letras) – 2014) A canção composta por Cazuza diz: "Ideologia, eu quero uma pra viver!".
A frase é encabeçada pelo substantivo "ideologia", mas devemos observar que o verbo "querer" está acompanhado de seu complemento direto. Se considerarmos que "uma" é um numeral cardinal e não um pronome indefinido, estaremos levando em conta um contexto segundo o qual o enunciador quer "uma ideologia" e não:
a) outra ideologia.
b) uma filosofia.
c) algumas ideologias.
d) a morte.
e) duas ou três.

33. (Fundatec – Prefeitura de Capão da Canoa – RS – Assistente Social II – 2019) Do ponto de vista morfológico, o termo "ambos", em "Ambos os aconselhamentos convergem", é classificado como sendo um:
a) Advérbio.
b) Adjetivo.
c) Numeral.
d) Substantivo.
e) Conjunção.

34. (Instituto Consulplan – Câmara de Amparo – SP – Técnico Administrativo – 2020) Nos trechos "Com 14 anos, Emerson, já um peconheiro experiente, repete pela quinta vez a terceira série" (5º §) e "(...) cresce no máximo até três metros (...)" (6º §), os numerais destacados são classificados, respectivamente, como:
a) Ordinal, cardinal e ordinal.
b) Cardinal, ordinal e ordinal.
c) Ordinal, cardinal e cardinal.
d) Cardinal, ordinal e cardinal.

Gabarito

1. A.	10. C.	19. B.	28. B.
2. B.	11. A.	20. A.	29. C.
3. D.	12. D.	21. C.	30. D.
4. C.	13. ERRADO.	22. E.	31. C.
5. D.	14. ERRADO.	23. C.	32. E.
6. C.	15. B.	24. B.	33. C.
7. A.	16. A.	25. A.	34. D.
8. B.	17. C.	26. B.	
9. B.	18. D.	27. C.	

Os comentários sobre as questões estão no *Material Complementar* do livro.
Para acessá-lo, veja o passo a passo na orelha desta obra.

CAPÍTULO 11
PRONOME

Definição

Simplesmente uma das classes gramaticais mais recorrentes em questões de concursos públicos. Precisa estar no sangue, sobretudo *emprego e colocação de pronomes pessoais oblíquos átonos, pronomes demonstrativos* e *pronomes relativos*, pois são os que mais caem! Por isso, o capítulo tem mais de 50 questões de concursos para você se divertir!

Do ponto de vista semântico, o pronome pode apresentar inúmeros sentidos, a depender do contexto: posse, indefinição, generalização, questionamento, apontamento, aproximação, afetividade, ironia, depreciação etc. Isso será visto em detalhes ao longo deste capítulo.

Do ponto de vista morfológico e discursivo, o pronome é uma classe de palavras normalmente variável em gênero e número e que se refere a elementos dentro e fora do discurso. É um determinante quando **acompanha** o substantivo (neste caso, é chamado de **prono-me adjetivo**, pois tem valor de adjetivo). Quando **substitui** o substantivo, é chamado de **pronome substantivo**, pois tem valor de substantivo. Isso será melhor abordado em *Identificação*.

Muito importante é dizer que o pronome serve para indicar as pessoas do discurso*: 1ª (falante), 2ª (ouvinte) e 3ª (assunto). Exemplo: "Eu não te falei que ele era boa gente?"

> *O **discurso** é um processo comunicativo, logo depende de um emissor (1ª pessoa do discurso), de um receptor (2ª pessoa do discurso) e de um referente (3ª pessoa do discurso, que pode ou não ser um indivíduo). No exemplo acima, quem fala é a 1ª pessoa (Eu), quem ouve é a 2ª pessoa (te) e sobre quem se fala é a 3ª pessoa (ele) do discurso. **Os pronomes servem, portanto, para marcar as pessoas do discurso.**

Do ponto de vista sintático, o pronome é um termo que funciona como adjunto adnominal quando **acompanha** um substantivo; quando o **substitui**, tem função substantiva (ou seja, funciona como núcleo do sujeito, predicativo do sujeito, objeto direto, indireto, complemento nominal, agente da passiva, adjunto adverbial, aposto e vocativo). Falarei muito sobre isso mais à frente, nos capítulos de sintaxe, principalmente no 21º capítulo, debaixo do subtópico *Funções Sintáticas dos Pronomes Pessoais Oblíquos Átonos*. Caso queira dar um pulinho até lá, fique à vontade...

Antecipo-lhe que será impossível deixar de falar de alguns aspectos sintáticos neste capítulo, pois morfologia e sintaxe (morfossintaxe) andam lado a lado quando o assunto é **pronome**. Fique atento!

Pois bem... para entendermos todas as definições de pronome, vamos analisar esta frase:

Tu não sabias quem era aquela mulher a qual minha mãe certa vez xingou?

Note que os vocábulos *Tu*, *quem*, *aquela*, *a qual*, *minha* e *certa*

1) **indicam** uma **ideia de pessoa** (Tu), uma **ideia de pessoa indefinida** (quem), uma **ideia de referência a alguém** (aquela e a qual), uma **ideia de posse** (minha) e uma **ideia indefinida** (certa);

2) **variaram** (só os quatro últimos pronomes) de forma: **aquela** (mulher), **a qual**, **minha** (mãe), **certa** (vez). Tu (2ª pessoa; pronome substantivo), quem (3ª pessoa; pronome substantivo), aquela (3ª pessoa; pronome adjetivo), a qual (3ª pessoa; pronome substantivo), minha (1ª pessoa; pronome adjetivo), certa (3ª pessoa; pronome adjetivo);

3) **funcionam** como **adjunto adnominal** (o terceiro, o quinto e o sexto), como **sujeito** (o primeiro e o segundo) e como **objeto direto** (o quarto).

Resumindo: **pronome** é o vocábulo que substitui ou acompanha o substantivo, relacionando-se a uma das três pessoas do discurso.

Identificação

Como vimos, há dois tipos de pronomes: **pronomes substantivos** e **pronomes adjetivos**.

O **pronome substantivo** substitui um substantivo. Segundo Celso Cunha, Napoleão Mendes de Almeida e a vasta maioria dos gramáticos tradicionais, para que um pronome seja considerado **pronome substantivo**, basta que ele não esteja acompanhando substantivo algum. Isso significará que ele <u>substitui</u> um substantivo, e **não** que se refere a ele, <u>acompanhando</u>-o.

Para que você identifique um **pronome substantivo**, basta perceber que ele tem o papel de <u>substituir</u> um substantivo (e não de acompanhá-lo) dentro do discurso. Ficou claro? Então, veja:

— *Mandaram lembranças a todos os **nossos**.*

Note que "nossos" ocupa a posição dum substantivo: "Mandaram lembranças a todos os amigos". Por isso, é um **pronome substantivo**.

Já o **pronome adjetivo** tem o papel de <u>acompanhar</u> um substantivo, determinando-o, como se fosse um adjetivo.

— *Os **vossos** amores não mais vivem para vós.*

Note agora que o pronome *vossos* se refere ao substantivo *amores*, <u>acompanhando</u>-o, por isso é um **pronome adjetivo**.

É claro que, para você identificar um pronome, não basta saber que ele tem valor de substantivo ou de adjetivo, é preciso que você os conheça pelo que verdadeiramente são, isto é, eles podem ter seis (6) classificações: **pessoais**, **possessivos**, **indefinidos**, **interrogativos**, **demonstrativos** e **relativos**.

Vamos nessa!

Classificação, Emprego e Colocação do Pronome Pessoal

Os **pronomes pessoais** são aqueles que designam as três pessoas do discurso, no singular e no plural.

São sempre **pronomes substantivos** e se dividem em dois tipos. São chamados de **retos** porque exercem, normalmente, função de sujeito, e **oblíquos** porque exercem, normalmente, função de complemento verbal ou nominal.

Ainda há os **de tratamento**, que são considerados pessoais por fazerem alusão às pessoas do discurso de maneira cerimoniosa, normalmente.

Igual ao Jack... vamos por partes:

Pronomes Retos

> 1ª pessoa: **eu** (singular), **nós** (plural).
> 2ª pessoa: **tu** (singular), **vós** (plural).
> 3ª pessoa: **ele/ela** (singular), **eles/elas** (plural).

Esses pronomes normalmente conjugam verbos, por isso comumente exercem função de sujeito, mas também podem exercer função de predicativo do sujeito, vocativo, aposto e, raramente, objeto direto.

Palavra de cautela: por via de regra, o pronome reto <u>não</u> pode ocupar a posição de complemento do verbo, ou seja, <u>não</u> pode exercer função de objeto direto. O pronome que se ocupa disso é o oblíquo.

Vamos ver um por um e suas peculiaridades "right now"!

Eu
- Raul Seixas já dizia: "*Eu sou a mosca que pousou em tua sopa*". (sujeito)
- *Que rei sou eu?* (sujeito)
- *Eu sou mais eu.* (predicativo do sujeito)
- *O Fernando Pestana, eu mesmo, é uma pessoa muito inquieta.* (aposto)

 CUIDADO!!!

1) Lembra-se da música "Beija eu, beija eu, beija eu, me beija..."? O pronome reto **eu** não ocupa posição de objeto dentro do registro culto da língua, logo ele não pode servir de complemento do verbo beijar. A frase deveria ser "Beija-me...", mas a sonoridade não ia ficar bacana, concorda? A Marisa Monte tem licença poética para transgredir a norma culta, você não, hein!

2) Não só o **eu**, mas todos os pronomes retos, que normalmente têm função de sujeito, podem ser realçados pelos pronomes demonstrativos **mesmo** e **próprio**, pela partícula expletiva (ou de realce) **que** ou pela expressão expletiva formada pelo verbo **ser + que** (normalmente **é que**): "Ela **própria/mesma** me fez sofrer"; "**Tu que** me fizeste sofrer"; "**Eu é que** te faço sofrer agora".

3) Por uma questão não só de estilo como de polidez e modéstia no discurso, evita-se o uso do pronome **eu**, pois seu emprego imoderado deixa escapar uma impressão negativa de falta de modéstia. A repetição do **eu** no discurso indica normalmente intensa subjetividade,

pessoalidade. Pode até dar a impressão de petulância, arrogância e sentimentos afins: "Eu sou, eu faço, eu penso...". O uso de **nós** no lugar de **eu** evita tudo isso.

4) Os pronomes retos não podem vir preposicionados: "Entre **eu** e **tu** nunca vai haver nada" (construção equivocada). É por isso que se usa a forma oblíqua tônica neste tipo de construção: "Entre **mim** e **ti** nunca vai haver nada". Só podem vir precedidos de preposição se continuarem exercendo função de sujeito: "Entre **eu** sair e **tu** saíres, saio eu". Leia a obs. 4 do pronome reto **ele**.

5) Em exemplo semelhante a este: "A banca examinadora, depois de intensa discussão, finalmente escolheu: **eu**, o Fábio e a Bruna", Evanildo Bechara (não encontrei outro gramático que diga isso) entende que está correto o emprego do pronome reto com função de objeto direto, após dois-pontos.

Tu

– *Viva Pixinguinha! "**Tu** és divina e graciosa, estátua majestosa..."* (sujeito)
– *Teu filho se tornou **tu**, da cabeça aos pés.* (predicativo do sujeito)
– *Tu nunca serás eu, e eu nunca serei **tu**.* (predicativo do sujeito)
– *Ó **tu**, Campeão dos campeões, ganhe a Libertadores para nós este ano!* (vocativo)

 Observação

No registro coloquial, esse pronome é muito usado atualmente, inclusive na parte sul do país, junto de verbos na 3ª pessoa, no entanto isso é um equívoco do ponto de vista da norma culta: "**Tu vai** aonde amanhã?". Deveria ser: "**Tu vais** aonde amanhã?".

Ele / Ela / Eles / Elas

– ***Eles** e **elas** continuam se digladiando.* (sujeito)
– *À noite ele vira **ela**.* (predicativo do sujeito)
– *Minha mãe, apenas **ela**, é a melhor mãe do mundo.* (aposto)

⚠ CUIDADO!!!

1) Como os pronomes retos não exercem função de objeto direto, a frase "Pega **ele**, pega **ele**, é um ladrão!" constitui construção equivocada, devendo ser reescrita assim: "Pega-o, pega-o, é um ladrão!". No entanto, se os pronomes retos estiverem acompanhados de **todo(a/s)**, **só** (adjetivo), **apenas** ou **numeral**, permite-se que sejam postos em posição de objeto direto, segundo muitos gramáticos, como: Celso Cunha, Bechara, Faraco & Moura e Sacconi. O gramático Cegalla diz que as construções abaixo constituem "linguagem coloquial informal". Na hora da prova, se cair uma destas frases, analise a melhor opção dentre as alternativas, levando em conta o pedido do enunciado:

– *O que vi da vida até agora? Vi **toda ela** esvaindo-se diante dos meus olhos.* (objeto direto)
– *Ajudei **todos eles** e ajudá-los-ia de novo, se fosse preciso.* (objeto direto)
– *Encontramos **ele só** na praia, pois a namorada o abandonara.* (objeto direto)
– *Finalmente os juízes classificaram **eles dois** para a última etapa do campeonato.* (objeto direto)

Tais construções valem para os demais pronomes retos, exceto **eu** e **tu**.

Capítulo 11 • Pronome **243**

2) É comum e indicado que se usem pronomes de 3ª pessoa em requerimentos por deferência à pessoa a quem nos dirigimos, de modo que nosso discurso fique em tom cortês:

– **Fernando Pestana**, *autor de* A Gramática, **requer** *a V. S.a se digne de conceder-lhe...*

Por outro lado, em situações normais, soa como pedantismo ou falsa modéstia falarmos de nós mesmos na 3ª pessoa, como faz Pelé e outras personalidades... O nome dele é Edson, mas quando ele se refere a si como Pelé, usa a 3ª pessoa. Edson fica **desprezado**, e Pelé fica **prezado** nesse modo de tratamento. Tal tratamento, porém, não soa pedante quando se trata de Deus falando de si mesmo na 3ª pessoa (afinal, Deus é Deus, é o Alfa e o Ômega): "Todo este povo, no meio do qual estás, verá a obra de *Jeová*, porque coisa temível é o que vou fazer contigo" (Êxodo 34:10).

3) O mau uso deste pronome pode causar ambiguidade: "João e Pedro eram apóstolos. **Ele** teve um livro que leva seu nome na Bíblia" (???).

4) A maioria dos gramáticos não tolera a contração da preposição ou locução prepositiva com o artigo ou com o pronome (reto ou não) quando exerce função de sujeito de um verbo no infinitivo:

– *Em virtude **dela** viajar, tive de reprogramar minha vida.* (errado)
– *Em virtude **de ela** viajar, tive de reprogramar minha vida.* (certo)

No entanto, alguns gramáticos, como Evanildo Bechara, Domingos P. Cegalla, Adriano G. Kury, Sílvio Elia, Sousa da Silveira e Silveira Bueno, não invalidam a forma contraída da preposição com o pronome reto antes de verbo no infinitivo, de modo que ambas as construções acima estão acertadas. Há duas questões que caíram na Esaf trabalhando este tema polêmico. Só vi essa banca fazendo tal coisa até hoje. Veja:

07. (Esaf – Pref. Fortaleza/CE – Auditor de Tributos Municipais – 1998) Marque o item em que um dos dois períodos está gramaticalmente incorreto.
d) No caso da Telebrás, se houverem processos judiciais contra uma das 13 empresas à venda, o leilão fica em suspenso. / No caso da Telebrás, se houver processo judicial contra uma das 13 empresas à venda, o leilão fica suspenso. (GABARITO)
e) No caso da Banda B da telefonia celular, a venda sequencial possibilitou que envelopes de algumas áreas fossem abertos antes **da disputa** pelo interior de São Paulo **parar** nos tribunais. / No caso da Banda B da telefonia celular, a venda sequencial possibilitou que envelopes de algumas áreas fossem abertos antes **de a disputa** pelo interior de São Paulo **parar** nos tribunais.

Comentário: Recortei a parte que nos interessa aqui. Segundo o enunciado, a letra E traz as duas construções como corretas: com contração (*... da disputa... parar...*) e sem contração (*... de a disputa... parar...*) da preposição com o artigo antes do sujeito do verbo no infinitivo (*parar*). Veja agora uma questão mais recente:

"Durante muito tempo, a tributação foi vista apenas como um instrumento de receita do Estado. **Apesar desta missão ser**, por si só, relevante, (...)"

7. (Esaf – SMF – Pref. RJ – Fiscal de Rendas – 2010) **Preservam**-se a coerência textual e a **correção gramatical** ao substituir
a) exerça (l.5) por **exercesse**;
b) **desta (l.3)** **por de esta; GABARITO!**
c) se pode (l.11) por **pode-se**;
d) ser ressaltado (l.14) por **ser ressaltada**;
e) em instrumento (l.15) por **de instrumento**.

Comentário: Os grifos e o recorte da questão foram meus. Está claro que, se o enunciado diz "preservam-se", isso significa que a banca entende que tanto a contração (Apesar **desta** missão ser...) quanto a não contração (Apesar **de esta** missão ser...) respeitam a correção gramatical, isto é, estão adequadas à norma culta. Isso prova que a Esaf adora o Bechara!

Última palavra de cautela: **99% das bancas entendem que a contração é um erro**, portanto analise com calma todas as opções antes de marcar sua resposta. Dá vontade de matar um, não dá? Viva a polêmica!

Nós
- *Nós queremos paz!* (sujeito)
- *Vocês nunca serão **nós**, pois somos dos que não esmorecem.* (predicativo do sujeito)
- *Os brasileiros, **nós** próprios, toleram amiúde a corrupção.* (aposto)

 CUIDADO!!!

1) É comum o uso da 1ª pessoa do plural (nós, nos, nosso...) para evitar o tom impositivo, arrogante ou muito pessoal dentro do discurso. No lugar de **eu**, emprega-se **nós** a fim de imprimir um tom de modéstia ao discurso. Por isso, tal uso é chamado de **plural de modéstia**:

   – *Desde março de 2012, **(nós)** procuramos tornar A Gramática um livro que realmente ajudasse os que sempre ansiaram por uma publicação que atendesse à necessidade tanto dos alunos (pelo número grandioso de questões comentadas), como dos professores (pela quantidade de referências bibliográficas ao longo do texto). Por isso, **(nós)** acreditamos que muitos derivarão prazer desta obra tão bem pensada por **nós**, enchendo-**nos** de satisfação.*

Veja como ficaria meio "besta", meio soberbo, meio altivo ou pessoalizado demais este discurso:

   – *Desde março de 2012, **(eu)** procurei tornar A Gramática um livro que realmente ajudasse os que sempre ansiaram por uma publicação que atendesse à necessidade tanto dos alunos (pelo número grandioso de questões comentadas), como dos professores (pela quantidade de referências bibliográficas ao longo do texto). Por isso, **(eu)** acredito que muitos derivarão prazer desta obra tão bem pensada por **mim**, enchendo-**me** de satisfação.*

Já vi algumas questões tratando disso em prova de concurso público (bancas FCC e Ceperj, por exemplo), hein! Fique esperto!

2) Antigamente, nobres usavam **nós** no lugar de **eu** para simbolizar glória ou poder; é o chamado plural de majestade: "**Nós**, o Imperador, decidimos o que é certo e o que é errado para o povo".

3) O uso da expressão **a gente**, equivalendo a "nós", não faz parte do registro culto da língua, mas sim do coloquial. Ouvimos muito por aí: "A gente vamos à praia amanhã?" (construção totalmente equivocada). O verbo deve ficar na 3ª pessoa do singular: "A gente vai à praia amanhã?".

4) Dentro do texto, os pronomes de 1ª pessoa do plural (nós, nos, nosso) muitas vezes estabelecem uma proximidade, uma intimidade entre o narrador/locutor e o leitor/interlocutor, fazendo-o compartilhar fatos, questões e opiniões:

Capítulo 11 • Pronome

> — *Até quando* **nós** *iremos* **nos** *abster de uma postura política que visa a uma mudança radical em nosso cenário governamental? Tomara que a* **nossa** *complacência não seja pior que o nível moral de nossos líderes.*

Veja mais sobre isso em **nos** (pronome oblíquo átono).

Vós

- *"**Vós** sois o sal da terra", disse o hebreu.* (sujeito)
- *Nós não somos **vós**, homens intolerantes.* (predicativo do sujeito)
- ***Vós**, que atendeis por professores, vede quantos alunos carentes!* (vocativo)

> **Observação**
>
> No estágio atual da língua, este pronome caiu em desuso, tanto na fala como na escrita. Só encontramos em registro muito formal ou literário. Hoje usamos **vocês** no lugar de **vós**. Se você já ouviu falar em **plural de cerimônia**, saiba que é o nome que se dá ao uso da 2ª pessoa do plural para indicar um tratamento cerimonioso, respeitoso, dirigido a um grupo de pessoas ou a uma pessoa só, como na Oração do Pai Nosso: "Pai Nosso, que (**vós**) **estais** no céu, santificado seja o **vosso** nome...".

Pronomes Oblíquos Átonos

> 1ª pessoa: **me** (singular), **nos** (plural).
> 2ª pessoa: **te** (singular), **vos** (plural).
> 3ª pessoa: **se** (singular ou plural), **lhe**, **lhes**, **o**, **a**, **os**, **as**.

Os pronomes oblíquos **me**, **te**, **se**, **nos**, **vos** podem exercer função de sujeito (raramente), objeto direto (normalmente), objeto indireto (normalmente), complemento nominal (raramente) e adjunto adnominal (raramente). Já **lhe(s)** pode exercer função de objeto indireto (normalmente), sujeito (raramente), complemento nominal (raramente) e adjunto adnominal (raramente). Por sua vez, os pronomes átonos **o**, **a**, **os**, **as** só exercem função de objeto direto (normalmente) ou sujeito (raramente).

Para saber mais detalhes a respeito da função sintática destes pronomes, leia *Funções Sintáticas dos Pronomes Pessoais Oblíquos Átonos*, **no capítulo 21.**

Vejamos o emprego dos pronomes que nos interessam neste momento!

Te

Há um princípio da língua culta que se chama **uniformidade de tratamento**. Falarei mais sobre ele no capítulo de verbos. Trocando em miúdos, você não pode usar formas de 3ª pessoa com formas de 2ª pessoa na mesma frase, ou se usa tudo na 2ª pessoa ou se usa tudo na 3ª pessoa. Exemplo:

- ***Você** nunca **fez** (3ª pessoa) mal a ninguém, por isso eu **te** (2ª pessoa) admiro.* (inadequado)
- ***Tu** nunca **fizeste** (2ª pessoa) mal a ninguém, por isso eu **te** (2ª pessoa) admiro.* (adequado)

Nos

Dentro do discurso, o **nos** (além das demais formas de 1ª pessoa do plural) pode cumprir os seguintes papéis:

– Designar um sujeito coletivo que se responsabiliza pelo que foi dito: *Nós já **nos** demos conta de nossos erros e corrigi-los-emos tão logo.*

– Incluir enunciador e leitor, para aproximá-los: *O Brasil ainda pode deixar de ser conhecido como um país corrupto se **nos** unirmos e usarmos bem nossa arma democrática mais preciosa: o voto.*

– Evitar a 1ª pessoa do singular como estratégia de polidez ou modéstia: *Nós só conseguimos realizar tal feito, pois **nos** empenhamos com muito vigor nesse projeto.*

– Marcar um sujeito "institucional" (representado por alguma instituição): *Nós, o BNDES, **nos** colocamos à disposição daqueles que querem investir em soluções realmente eficazes.*

– Indicar um enunciador coletivo (de modo vago): *Não é verdade que sempre **nos** tacharam de coniventes com a postura política de nosso país?*

Lhe / Lhes

O pronome oblíquo **lhe** normalmente pode ser substituído por "a ele(a/s), para ele(a/s), nele(a/s)", ou por qualquer pronome de tratamento após as preposições "a, para, em".

– *Agradecemos-**lhes** a ajuda sincera.* (Agradecemos **a eles**...)
– *A mãe **lhe** comprou uma boneca?* (... comprou uma boneca **para você**?)
– *Deus criou o homem e infundiu-**lhe** um espírito imortal.* (... infundiu **no homem**...)

O, a, os, as

Os pronomes oblíquos átonos de 3ª pessoa **o(s)**, **a(s)**, se estiverem ligados a verbos terminados em **-r, -s e -z**, viram **-lo(s)**, **-la(s)**. Se estiverem ligados a verbos terminados em ditongo nasal (**-am, -em, -ão, -õe**...), viram **-no(s)**, **-na(s)**:

– *Vou resolver uma questão.* = *Vou resolvê-**la**.*
– *Apagaram nossos arquivos.* = *Apagaram-**nos**.*
– *Você compõe músicas lindas.* = *Você compõe-**nas**.*
– *Tu compões músicas lindas.* = *Tu compõe-**las**.*

> **Observação**
>
> Não confunda o **nos** (1ª pessoa do plural) e o **nos** (3ª pessoa do plural), pois o mau uso deles pode provocar ambiguidade.
>
> – *Os jornais chamaram-**nos** de extorsores.* (Chamaram a eles ou a nós?)
>
> Para desfazer a ambiguidade, basta colocar o pronome oblíquo átono antes do verbo: "Os jornais **nos** chamaram de extorsores. (1ª p. pl.) / Os jornais **os** chamaram de extorsores. (3ª p. pl.)". Já vi isso em prova: FAB – EAGS – SARGENTO – 2008 – QUESTÃO 6.

Construções arcaicas, mas ainda figurando nas gramáticas e em registros superformais, são aquelas em que o pronome átono se contrai com outro átono. Além disso, os pronomes oblíquos átonos podem vir ligados ao vocábulo "Eis" (Eis os homens = Ei-los) ou separado por hífen no caso de "nos" e "vos" (Ela nos dará a chance = Ela no-la dará)". O mais bizarro é que isso já caiu em prova específica de uma banca: CESPE/UnB – MS – TÉCNICO DE NÍVEL SUPERIOR – 2008 – QUESTÃO 56. Veja que contrações "bisonhas":

Capítulo 11 • Pronome **247**

– *Basta de discussão sobre a roupa! Ele dar-**ma**-á de presente e pronto. = Ele dará a roupa (= a) para mim (= me)... (**me** + **a** = **ma**)*
– *Ele viu o carro e instou com o dono para que **lho** vendesse. = ... para que vendesse o carro (= o) a ele (= lhe)... (**lhe** + **o** = **lho**)*
– *Deram-**ta**! = Deram-te uma bela lição (= a)!... (**te** + **a** = **ta**)*

MUITA ATENÇÃO! É assustador o volume de questões, sobretudo na FCC, que trabalham o emprego dos pronomes oblíquos átonos "lhe(s)" e "o, a, os, as" (e suas variações). Por exemplo, veja esta frase: "Deus lhe abençoe!". A frase está certa ou errada? De acordo com a regência culta, quem abençoa... abençoa alguém, e não A alguém. Logo, não se pode usar o LHE. Deveria ser "Deus o abençoe!" ou "Deus te abençoe!". Para entender mais a respeito desse ponto de extrema frequência em provas de concursos, leia o tópico *Funções sintáticas dos pronomes oblíquos átonos*, no capítulo 21.

Colocação Pronominal

Também chamada de **Topologia** ou **Sínclise Pronominal**, é o nome que se dá à parte da Gramática que trata, basicamente, da adequada **posição dos pronomes oblíquos átonos** (POA) junto aos verbos: **próclise** (POA antes do verbo), **ênclise** (POA depois do verbo) e **mesóclise** (POA no meio do verbo).

Saiba que este assunto é extremamente recorrente em provas! E gerador de polêmicas às vezes... Infelizmente, por força da tradição, muitas regras de colocação pronominal ainda seguem a norma lusitana, alheia à realidade linguística do português brasileiro...

Relembrando os pronomes oblíquos átonos (POAs):

- **O, a, os, as** (que viram **-lo, -la, -los, -las** diante de verbos terminados em **-r, -s** e **-z** ou viram **-no, -na, -nos, -nas** diante de verbos terminados em ditongo nasal (exceto os verbos no futuro do indicativo).
  Ex.: *Comprei uma casa. (Comprei-a) / Vou comprar uma casa (Vou comprá-la) / Eles compraram uma casa. (Eles compraram-na) / Eles comprarão a casa. (Eles comprarão-na. – INADEQUADO).*

Você vai entender daqui a pouco por que está INADEQUADA esta última forma! Além desses, há: me, te, se, nos, vos, lhe(s).
Relembrados os POAs, vamos às regras?

Próclise

É o nome que se dá à colocação pronominal **antes** do verbo. É usada nestes casos:
1) **Palavra de sentido negativo antes do verbo***

    – ***Não*** *se esqueça de mim.*
    * *não, nunca, nada, ninguém, nem, jamais, tampouco, sequer etc.*

> **Observação**
> Após pausa (vírgula, ponto e vírgula... entre qualquer palavra atrativa e o verbo), usa-se ênclise: *Não; esqueça-se de mim!*

2) **Advérbio ou palavra denotativa antes do verbo***

— ***Agora*** *se negam a depor.*

* *já, talvez, só, somente, apenas, ainda, sempre, também, até, inclusive, mesmo, exclusive, aqui, hoje, provavelmente, por que, onde, como, quando etc.*

> **Observação**
> Se houver pausa (vírgula, ponto e vírgula...) após o advérbio, usa-se a ênclise: "Agora**,** negam-**se** a depor". Segundo o gramático Rocha Lima, se houver repetição de pronomes átonos após pausas, em estrutura de coordenação, **pode-se** usar a próclise (ou a ênclise): "Ele **se** ajeitou, **se** concentrou, **se** arrumou e **se** despediu". Quando o pronome tem funções sintáticas diferentes ou quando se quer dar ênfase, a repetição é obrigatória: "Eu **o** examinei e **lhe** receitei um remédio".

3) **Conjunções e locuções subordinativas antes do verbo***

— *Soube **que** me negariam.*
* *que, se, como, quando, assim que, para que, à medida que, já que, embora, consoante etc.*

> **CUIDADO!!!**
>
> 1) Ainda que a conjunção esteja oculta, haverá próclise: "Como não o achei, pedi-lhe (que) me procurasse".
> 2) Informação que cabe para qualquer caso de próclise: ignora-se a expressão intercalada, colocando o POA antes do verbo, pois seu antecedente ainda é uma palavra atrativa: "Mesmo **quem**, diante de situações precárias, **se** encontra calmo, padece". Sobre isso, ainda cabe a ênclise (ou a mesóclise, caso o verbo estivesse no futuro), segundo ensino da Academia Brasileira de Letras:

ABL RESPONDE
Pergunta: Oi. Após vírgula, pode o pronome ficar antes ou depois do verbo quando há distanciamento do termo atrativo ou do termo que permite o facultar da posição do clítico? Exemplos: "Os homens, a quem muito amei, me eram (eram-me) leais" ou "Nunca, mesmo depois da separação, me comuniquei (comuniquei-me) com ela". Ambas as posições (próclise ou ênclise) estão certas? Obrigado!
Resposta: Prezado, ambos corretos, pode empregar a próclise ou a ênclise nos seus exemplos. De nada, disponha.
3) A próclise é recomendada por Bechara em orações subordinadas (substantivas, adjetivas ou adverbiais) cujo verbo está flexionado (sem vírgula separando a "palavra atrativa" do pronome átono): "Sabemos **que** a verdade **te** apetece. / A mulher **cujo** marido **nos** em-

Capítulo 11 • Pronome **249**

pregou é muito simpática. / <u>Embora</u> o programa **lhe** desse informações confiáveis, foi surpreendido um dia desses".

Polêmica!!! Porém, não é assim que pensa José Maria da Costa em seu *Manual de Redação Profissional*; além dele, os gramáticos Napoleão Mendes de Almeida e Domingos P. Cegalla também entendem que, por razões enfáticas ou de eufonia, pode o pronome vir depois do verbo em frases em que haja um sujeito entre o conectivo que encabeça a oração subordinada e o verbo: "Ainda se acredita *que os homens amam-se* uns aos outros". Encontrei somente uma questão sobre isso até então: VUNESP – Prefeitura de Morro Agudo/SP – Médico Cardiologista – 2020 – QUESTÃO 7 (LETRA B).

Corroborando a visão do Bechara, veja esta questão:

6. (FCC – TRF (1ª R) – Técnico Judiciário – 2011) É **correto** afirmar:
    c) o pronome *lhe* (linha 27), em *cuja forma lhe sugeria*, poderia ser deslocado para depois do verbo, sem comprometer a correção.

Comentário: A letra c) foi considerada errada pela banca. Inferimos disso que o pronome **lhe**, em **cuja forma lhe sugeria**, **NÃO** poderia ser deslocado para depois do verbo, pois iria, SIM, comprometer a correção gramatical, desrespeitando a norma culta.

Veja outra, na mesma linha do Bechara:

(Cespe/UnB – TJ/ES – Cargos de Nível Superior – 2011)

No trecho "enquanto os protestos se espalhavam pelas ruas da capital egípcia", a próclise do pronome "se" justifica-se pela natureza subordinada da oração, explicitada pela conjunção temporal "enquanto".

(X) **CERTO**   ( ) ERRADO

Ainda na linha do Bechara, consulte: FUNCAB – IFAM – TÉCNICO ADMINISTRATIVO EM EDUCAÇÃO – 2015 – QUESTÃO 13; e FGV – SEFAZ/RJ – AUDITOR FISCAL DA RECEITA ESTADUAL – 2011 – QUESTÃO 17 (PROVA 1, LETRA "C") e FGV – SENADO FEDERAL – TÉCNICO LEGISLATIVO – 2012 – QUESTÃO 6 (VER LETRA A).

4) **Pronomes relativos antes do verbo***

– *Identificaram-se duas pessoas* **que** *se encontravam desaparecidas.*
* *que, o qual (e variações), cujo, quem, quanto (e variações), onde, como, quando.*

🔍 Observação

Em linguagem literária, encontramos uma colocação raríssima (inexistente nos registros formais no estágio atual da língua) chamada de **apossínclise**, em que o POA vem antes da palavra negativa, normalmente: "Convidei duas pessoas que *se* não falavam há tempos."

5) **Pronomes substantivos indefinidos antes do verbo***

– **Poucos** *te* deram a oportunidade.
* *alguns, todos, tudo, alguém, qualquer, outro, outrem etc.*

> **Observação**
>
> Se for usado como pronome adjetivo, a colocação pronominal passa a ser facultativa. Ex.: "**Poucos** homens <u>te</u> ajudaram (ou ajudaram-<u>te</u>)!".

6)   Pronomes interrogativos antes do verbo*

– *Quem <u>te</u> fez a encomenda?*
– *Quais pessoas <u>te</u> incomodaram?*
* *que, quem, qual, quanto.*

7)   Entre a preposição *em* e o verbo no gerúndio

– *Em <u>se</u> **plantando** tudo dá.*

> **Observação**
>
> O POA virá antes do gerúndio também se estiver modificado por um advérbio: "João não era ligado a dinheiro, **pouco** <u>se</u> importando com o conforto advindo dele." Consulte: CESPE/UnB – TRT/ES – TÉCNICO JUDICIÁRIO – 2013 – QUESTÃO 6.

8)   Com certas conjunções coordenativas aditivas e certas alternativas antes do verbo*

– *Ora <u>me</u> ajuda, **ora** não <u>me</u> ajuda.*
– *Não foi **nem** <u>se</u> lembrou de ir.*
* *nem, não só/apenas/somente... mas/como/senão (também/ainda)..., tanto... quanto/como..., que, ou... ou, ora...ora, quer... quer..., já... já...*

9)   Orações exclamativas e optativas (exprimem desejo)

– *Quanto <u>se</u> ofendem por nada, rapazes!*
– *Deus <u>te</u> proteja, meu filho, e que bons ventos <u>o</u> tragam logo.*

10)   Com o infinitivo *flexionado* precedido de preposição

– *Foram ajudados **por** <u>nos</u> **trazerem** até aqui.*

> **Observação**
>
> Para o gramático Rocha Lima, a ênclise nesse caso não constitui erro. Por sinal, já caiu uma questão sobre isso. Consulte: FCC – TCE/AP – ACE (MEIO AMBIENTE) – 2012 – QUESTÃO 19 (LETRA B).

11)   Com o numeral *ambos*

– *Ambos <u>te</u> abraçaram com cuidado.*

> **Observação**
>
> Celso Cunha defende tal doutrina de próclise. Outros gramáticos, porém, não a defendem, como Eduardo Carlos Pereira, logo podemos tratar tal caso como **facultativo**, como já caiu em uma prova do Cespe/UnB (Diplomata – Instituto Rio Branco – 2007). Confira a questão!

12) **Com a partícula expletiva** *que*

— *Ela* **que** *me ajudou; não foi ele* **que** *me ajudou.*

IMPORTANTE: Muitos gramáticos chamam de **palavras atrativas** os termos que antecedem um verbo, implicando a realização da próclise.

Ênclise

É o nome que se dá à colocação pronominal depois do verbo; ela é basicamente usada quando não há fator de próclise; veja:

1) **Verbo no início da oração sem palavra atrativa**

— ***Vou****-**me** embora daqui!*

Com palavra atrativa: "**Já** **me** vou embora daqui!" Nunca há ênclise com verbo no futuro do presente ou do pretérito, logo, as frases "Mandarei-a para casa" ou "Mandaria--nos para casa" estão erradas. Nesses casos, impõe-se a mesóclise, obrigatoriamente.

2) **Pausa antes do verbo sem palavra atrativa**

— *Se eu ganho na loteria,* ***mudo****-**me** hoje mesmo.*

Com palavra atrativa: "Se eu ganho na loteria, tão **logo** **me** mudo".

3) **Verbo no imperativo afirmativo sem palavra atrativa**

— *Quando eu der o sinal,* ***silenciem****-**se** todos.*

Observação

Com palavra atrativa: "Enquanto eu não avisar, **jamais** **vos** silenciem".

4) **Verbo no infinitivo não flexionado sem palavra atrativa**

— ***Machucar****-**te** não era minha intenção.*

Observação

Os POAs "-lo, -la, -los, -las" virão sempre enclíticos aos infinitivos não flexionados antecedidos da preposição **a**: "Estou inclinado a **ajudá**-lo. / Apesar de tudo, continuo disposto a **ajudá**-la." Com palavra atrativa: ver *Casos Facultativos*, mais abaixo.

5) **Verbo no gerúndio sem palavra atrativa**

— *Recusou a proposta* ***fazendo****-**se** de desentendida.*

Com palavra atrativa: "Recusou a proposta **não** **se** fazendo de desentendida".

MUITO IMPORTANTE! A ênclise é obrigatória sempre que um verbo (sobretudo no infinitivo e no gerúndio) inicia outra oração. Compare: "É impossível se arrumar aqui" (errado); "É impossível arrumar-se aqui" (certo). Note que há duas orações: "É impossível / **arrumar**-se aqui".

Mesóclise

É o nome que se dá à colocação pronominal no meio do verbo (extremamente formal); ela é usada nos seguintes casos:

1) **Verbo no futuro do presente do indicativo sem palavra atrativa**

– ***Realizar*-*se*-*á***, *na próxima semana, um grande evento em prol da paz no mundo.*

> **Observação**
>
> O POA sempre ficará entre o **r** do verbo e a terminação do verbo: "**Daremos** um beijo no teu rosto. = **Dar**-te-**emos** um beijo no rosto". Com palavra atrativa, a próclise é obrigatória: "**Talvez** se realizará, na próxima semana, um grande evento".

2) **Verbo no futuro do pretérito do indicativo sem palavra atrativa**

– *Não fosse o meu compromisso,* ***acompanhá-la*-*ia*** *nesta viagem.*

> **Observação**
>
> Com palavra atrativa: "Mesmo não havendo compromisso, **nunca** te acompanharia nesta viagem".

Casos Facultativos

1) **Pronomes demonstrativos antes do verbo sem palavra atrativa.***

– ***Aquilo*** *me deixou triste /* ***Aquilo*** *deixou-me triste.*
* *este (e variações), isto; esse (e variações), isso; aquele (e variações), aquilo.*

> **Observação**
>
> Acho que nem preciso dizer que a construção "Aquilo **me** deixou-**me** triste" é algo IMPOSSÍVEL! Seu Creysson...son, son, son, son...
>
> **ABL RESPONDE**
> **Pergunta:** Olá, meus nobres! Sempre recorro a vocês em ajuda urgente. Então, vamos lá. Afinal de contas, o pronome demonstrativo exige próclise, ênclise ou é facultativo? Ou seja: "Aquilo me deixa triste", "Aquilo deixa-me triste" ou tanto faz? Grande abraço a todos que prestam serviço tão maravilhoso!
> **Resposta:** No seu exemplo, não há palavra que exija a próclise nem há impedimento para empregar a ênclise. O pronome demonstrativo não é fator de próclise, ao contrário do pronome relativo. No Brasil, a preferência é pela próclise. No seu exemplo, por eufonia, recomendamos a próclise, mas ambas estão adequadas. Abraços para você também, Fernando.
>
> Consulte um exemplo de questão: IADES – APEX Brasil – Assistente – 2018 – Questão 2 (letra A).

Capítulo 11 • Pronome **253**

Para você sentir que a "pressão" é grande, saiba que os gramáticos bem modernos (Mauro Ferreira, Roberto Melo Mesquita e Marcelo M. Caetano) dizem que os pronomes demonstrativos são palavras atrativas, ou seja, constituem um fator de próclise. Polêmicas... Consulte três questões com essa visão "moderna": UPENET/IAUPE – PREF. TAMANDARÉ/PE – FARMACÊUTICO – 2003/2004 – QUESTÃO 3; e AOCP – SER-COMTEL – ANALISTA – 2016 – QUESTÃO 5; VUNESP – IPSM – ASSISTENTE DE GESTÃO MUNICIPAL – 2018 – QUESTÃO 14 (LETRA B).

2) **Conjunções coordenativas (exceto aquelas mencionadas nos casos de próclise) antes do verbo sem palavra atrativa.**

– *Ele chegou **e** dirigiu-se a mim. / Ele chegou **e** se dirigiu a mim.*
– *Corri atrás da bola, **mas** me escapou. / Corri atrás da bola, **mas** escapou-me.*

3) **Sujeito explícito com núcleo pronominal (pronome pessoal reto e de tratamento) antes do verbo sem palavra atrativa.**

– ***Ele** se retirou. / **Ele** retirou-se.*
– ***Eu** te considerarei. / **Eu** considerar-te-ei.*
– ***Sua Excelência** se queixou de você. / **Sua Excelência** queixou-se de você.*

Observação

Com verbos monossilábicos, a eufonia ordena que se use a próclise, segundo bem nos lembra Manoel Pinto Ribeiro: "Eu **a** vi ontem", e não "Eu vi-**a** ontem". Vale dizer que há gramáticos que recomendam a ênclise nesses exemplos anteriores, por não haver palavra atrativa antes do verbo. Detalhe: isso vale para o número 4 a seguir, e o pior: já caiu em prova (consulte: IBFC – SAEB/BA – ANALISTA DE REGISTRO DE CO-MÉRCIO – 2015 – QUESTÃO 5). No entanto, esse é um **ponto fora da curva**, pois a **esmagadora maioria** dos gramáticos e das bancas veem como um **caso facultativo**; veja uma prova disso: CESPE/UnB – ICMBio – TODOS OS CARGOS (MÉDIO) – 2014 – QUESTÃO 8.

4) **Sujeito explícito com núcleo substantivo, numeral ou oracional antes do verbo sem palavra atrativa.**

– ***Camila** te ama ou **Camila** ama-te. / Os **três** se amam ou Os **três** amam-se.*
– ***Namorar a Maria** me deixa feliz demais. / **Namorar a Maria** deixa-me feliz demais.*

5) **Infinitivo não flexionado precedido de "palavras atrativas" ou das preposições "para, em, por, sem, de, até, a".**

– *Meu desejo era **não** o incomodar. / Meu desejo era **não** incomodá-lo.*
– *Calei-me para **não** contrariá-lo. / Calei-me para **não** o contrariar.*
– *Corri **para** o defender. / Corri **para** defendê-lo.*
– *Acabou **de** se quebrar o painel. / Acabou **de** quebrar-se o painel.*

254 A Gramática para Concursos Públicos • Fernando Pestana

– **Sem** <u>lhe</u> dar de comer, ele passará mal. / **Sem** dar-<u>lhe</u> de comer, ele passará mal.
– **Até** <u>se</u> formar, vai demorar muito. / **Até** formar-<u>se</u>, vai demorar muito.
– Erro agora **em** <u>lhe</u> permitir sair? / Erro agora **em** permitir-<u>lhe</u> sair?
– **Por** <u>se</u> fazer de bobo, enganou a muitos. / **Por** fazer-<u>se</u> de bobo, enganou a muitos.
– Estou pronto **a** <u>te</u> acompanhar. / Estou pronto **a** acompanhar-<u>te</u>.

Consulte: FUNCAB – PREF MAGÉ/RJ – ADMINISTRADOR – 2012 – QUESTÃO 13 (LETRA A).

6)   Após uma intercalação por vírgulas.

– O Jorge, dono da loja, <u>se</u> aposentou. / O Jorge, dono da loja, aposentou-<u>se</u>.

Consulte: CESPE/UnB – TRT/RJ – ANALISTA JUDICIÁRIO – 2008 – QUESTÃO 8 (LETRA C); FCC – TRE/RS – ANALISTA JUDICIÁRIO – 2010 – QUESTÃO 15 (LETRA E); Funcefet – Pref. Vila Velha/ES – Especialista em Controladoria Pública – 2014 – Questão 5 (LETRA C). Vale dizer que algumas bancas **não** admitem essa possibilidade de próclise depois de vírgula (consulte: AOCP – HU/UFMS – ASSISTENTE ADMINISTRATIVO – 2014 – QUESTÃO 6 [LETRA D]).

Nas Locuções Verbais

Palavra de cautela: apesar de alguns gramáticos de visão mais ortodoxa se oporem à colocação do pronome oblíquo átono proclítico ao verbo principal (*Eles haviam <u>nos</u> convidado, Vou <u>te</u> ajudar, Teria <u>me</u> xingado, Ela estava <u>se</u> maquiando etc.*), considerando como um coloquialismo ou um registro menos formal, as bancas em geral vêm considerando correta tal colocação, sem qualquer tipo de ressalva; portanto vou basear minhas explicações a seguir tão somente no que realmente vem caindo em concurso. No entanto, todo cuidado é pouco no dia da prova, pois nunca sabemos o que as bancas podem aprontar. Enfim, vamos ao que interessa!

1)   Quando a locução verbal for constituída de "ter/haver + particípio" e <u>não</u> vier antecedida de palavra atrativa, o pronome poderá ficar antes do auxiliar, depois do auxiliar ou antes do principal. <u>Nunca há ênclise com verbo no particípio</u>!

– Eles <u>me</u> haviam convidado para a festa.
– Eles haviam-<u>me</u> convidado para a festa.
– Eles haviam <u>me</u> convidado para a festa.
– Eles haviam convidado-<u>me</u> para a festa (INADEQUADO)

> **Observação**
>
> Em locução verbal com particípio em construção de voz passiva analítica, a regra é a mesma: "Um presente <u>me</u> foi dado ontem; Um presente foi-<u>me</u> dado ontem; Um presente foi <u>me</u> dado ontem; Um presente foi dado-<u>me</u> ontem (inadequado)".

2)   Quando a locução verbal for constituída de "ter/haver + particípio" e vier antecedida de palavra atrativa, o pronome poderá ficar antes do auxiliar ou antes do principal.

– **Não** <u>nos</u> tinham convidado para a festa.
– **Não** tinham <u>nos</u> convidado para a festa.

Capítulo 11 • Pronome **255**

> **Observação**
>
> Se houver fator de próclise e depois uma intercalação, o pronome pode ficar antes ou depois do verbo auxiliar. Veja uma questão sobre isso:
>
> 26. (FUNDEP – MP/MG – Oficial – 2012) "Alega a vítima que Fulano de tal, o agressor, seu ex-amásio, <u>a tem perseguido</u> de forma constrangedora em via pública [...]" (linhas 16-17) O trecho sublinhado pode ser corretamente substituído por:
>   a) tem perseguido-a
>   b) lhe tem perseguido
>   c) tem perseguido ela
>   d) **tem-na perseguido (gabarito!)**

3) **Se o verbo auxiliar estiver no futuro do presente ou no futuro do pretérito, ocorrerá a mesóclise, e não a ênclise ao verbo auxiliar; afinal, nunca ocorre ênclise com verbo no futuro. As regras 1 e 2 também se aplicam aqui.**

   – *Eles <u>me</u> haveriam convidado para a festa?*
   – *Eles haver-<u>me</u>-iam convidado para a festa?*
   – *Eles haveriam <u>me</u> convidado para a festa?*
   – *Eles não <u>me</u> haveriam convidado para a festa?*
   – *Eles não haveriam <u>me</u> convidado para a festa?*

4) **Quando a locução verbal for constituída de "verbo auxiliar + infinitivo ou gerúndio" e <u>não</u> vier antecedida de palavra atrativa, o pronome poderá ficar antes do auxiliar, depois do auxiliar, antes do principal ou depois do principal.**

   – *João <u>lhe</u> deve esclarecer o ocorrido. / – Elas <u>te</u> estavam chamando pelo rádio?*
   – *João deve-<u>lhe</u> esclarecer o ocorrido. / – Elas estavam-<u>te</u> chamando pelo rádio?*
   – *João deve <u>lhe</u> esclarecer o ocorrido. / – Elas estavam <u>te</u> chamando pelo rádio?*
   – *João deve esclarecer-<u>lhe</u> o ocorrido. / – Elas estavam chamando-<u>te</u> pelo rádio?*

5) **Quando a locução verbal for constituída de "verbo auxiliar + infinitivo ou gerúndio" e vier antecedida de palavra atrativa, o pronome poderá ficar antes do auxiliar, antes do principal ou depois do principal.**

   – *Não <u>lhe</u> posso esclarecer mais nada. / – Não <u>me</u> estavam chamando.*
   – *Não posso <u>lhe</u> esclarecer mais nada. / – Não estavam <u>me</u> chamando.*
   – *Não posso esclarecer-<u>lhe</u> mais nada. / – Não estavam chamando-<u>me</u>.*

6) **Cuidado com a colocação pronominal em falsas locuções verbais, principalmente as formadas pelos verbos causativos (mandar, deixar, fazer e sinônimos) e sensitivos (ver, ouvir, sentir e sinônimos) seguidos de infinitivo ou gerúndio. As regras aqui são as mesmas de próclise, ênclise ou mesóclise, pois estamos diante de falsas locuções verbais, ou seja, o que parece uma locução verbal é, na verdade, uma construção com dois verbos independentes. A depender da colocação do pronome oblíquo átono, veja que o sentido mudará:**

   – *Eu te mandei estudar mais. (Equivale a "Eu mandei que tu estudasses mais".)*
   – *Eu mandei estudar-te mais. (Equivale a "Eu mandei que te estudassem mais".)*
   – *Não te mandei estudar mais. (Equivale a "Não mandei que tu estudasses mais". Note que a próclise é obrigatória, por causa da palavra atrativa.)*
   – *Mandar-te-ei estudar mais. (Equivale a "Mandarei que tu estudes mais".)*

– *Se você acha que convém ajudar-**nos**, então nos ajude. (Ênclise obrigatória, pois não há locução verbal.)*
– *Ela despertou sentindo-**se** bem. (Ênclise obrigatória, pois não há locução verbal.)*

Se você pensa que isso não cai em prova, pasme e consulte: CESPE/UnB – TCE/TO – ANALISTA DE CONTROLE EXTERNO – 2008 – QUESTÃO 4 (LETRA "A").

IMPORTANTE: Por motivo de eufonia, a tradição gramatical diz que se elimina o **s** final dos verbos na 1ª pessoa do plural seguidos do pronome *nos*:
– *Inscrevemos + nos no curso = Inscrevemo-nos no curso.*
– *Conservamos + nos jovens = Conservamo-nos jovens.*

Observação

De encontro à maioria dos gramáticos (sempre existe um engraçadinho...), Napoleão Mendes de Almeida, porém, diz que a supressão do **s** pode se dar com qualquer oblíquo que venha depois do verbo; por exemplo: "Enviamo-lhes convites". Até onde sei, nesse caso, a opinião dele não é levada em conta. Veja como cai em prova: CESPE/UNB – DPF – AGENTE DA POLÍCIA FEDERAL – 2009 – QUESTÃO 15.

Pronomes Oblíquos Tônicos

1ª pessoa: **mim**, **comigo** (singular); **nós**, **conosco** (plural).

2ª pessoa: **ti**, **contigo** (singular); **vós**, **convosco** (plural).

3ª pessoa: **si**, **consigo** (singular ou plural); **ele(a/s)** (singular ou plural).

São sempre precedidos de preposição! Podem exercer função sintática de objeto direto, objeto indireto, complemento nominal, agente da passiva, adjunto adnominal, adjunto adverbial, dativo de opinião*.

– *Convidou-me e **a ela** também.* (objeto direto – preposicionado)
– *Ela não só aludiu **a mim** como **a vós** também.* (objeto indireto)
– *Estamos preocupados **contigo**.* (complemento nominal)
– *É muito bom quando a Argentina é derrotada **por nós**.* (agente da passiva)
– *A casa **deles** é enorme.* (adjunto adnominal)
– *Ontem eu saí **convosco** por causa dela.* (adjunto adverbial)
– ***Para mim**, ele não presta.* (dativo de opinião)

* Segundo Sacconi, tal expressão se configura num dativo de opinião, pois trata-se de um termo preposicionado que indica o ponto de vista do enunciador sobre um fato. O mesmo gramático chama de **objeto indireto por extensão**. De modo semelhante, Bechara trata do assunto. Foi questão recente de prova. Nunca vi isso a não ser nesta prova. Muita maldade da tal da banca AOCP.

Capítulo 11 • Pronome **257**

4. (AOCP – BRDE – Assistente Administrativo – 2012) Em "Ora, <u>para mim</u> isso configura um crime", a expressão destacada funciona como
    a) introdutor de conformidade;
    b) objeto indireto;
    c) adjunto adnominal;
    d) complemento nominal;
    e) **dativo de opinião. (GABARITO!)**

E olha que foi nível médio! Os caras da banca pesaram a mão em um assunto que era, até então, ignorado pelas bancas! Como a questão foi polêmica demais, adivinha? Para a alegria dos candidatos, a **questão foi anulada**! Mas poderia não ter sido...

Vejamos as particularidades dos oblíquos tônicos:

Mim

— *Nunca houve nada entre **mim** e ti.*

Está adequado à norma culta ou não este uso do pronome? Adequadíssimo! Não estaria se estivesse assim: "Nunca houve nada entre eu e você", como já vimos. O **eu** só poderia vir após a preposição se fosse sujeito de um verbo: "Entre eu sair e tu saíres, saio eu!". Agora está ótimo. Certo é que, nessa estrutura de reciprocidade, com a preposição **entre**, podemos usar **mim**, **ti**, **nós**, **vós**, **ele(a/s)** e quaisquer pronomes de tratamento.

E nesta frase abaixo, há incorreção gramatical?
— *Sempre foi muito complicado **para mim** entender português.*
Deu vontade de dizer "sim"? Que pena! A frase acima está perfeita. O **mim** pode ficar diante de verbo no infinitivo, sim! Cuidado com essa construção, meu amigo, pois ela pode sabotar você. O que não pode ocorrer é o **mim** ocupar posição de sujeito, ok? Veja:
— *Comprei vários livros **para mim** aprender finalmente português.*
Observe que neste caso o **mim** é sujeito do verbo aprender.

"Ah, Pestana, como eu vou saber isso?" Simples, observe a primeira frase (adequada) de novo:

*Sempre foi muito complicado **para mim** entender português.*

O que você deve perceber é: 1) se for possível apagar ou 2) deslocar a expressão **para mim**, isso é sinal de que o **mim** não funciona como sujeito do verbo no infinitivo. Logo, nestas condições, a expressão pode vir sem problemas diante do verbo. Veja como ficaria:

1) Sempre foi muito complicado (   ) entender português.

ou

2) Para mim sempre foi muito complicado entender português.

Agora tente aplicar esses macetes à frase "Comprei vários livros para mim aprender finalmente Português". Não conseguiu, não é? Sabe por quê? Porque nessa frase o **mim** conjuga verbo e tem função de sujeito. Agora, como sabemos que ele está inadequado, consertemos:

*Comprei vários livros **para EU** aprender finalmente português.*

Essa lição também vale para outros pronomes oblíquos tônicos, ok?

Para fechar, vale dizer que se usam as formas retas **eu** e **tu**, só quando antes delas houver preposições acidentais ou palavras denotativas:

— *Ela chegou <u>até</u> <u>eu</u>.* (Inadequado; deveria ser "até mim", pois o *até* é uma preposição essencial.)
— <u>*Fora*</u> *tu, todos são maltratados por ela.* (Adequado; o *fora* é uma preposição acidental.)
— <u>*Até*</u> *eu fui abandonado.* (Adequado; o *até* indica "inclusive", logo não é uma preposição, mas sim uma palavra denotativa de inclusão.)

Si / Consigo

São pronomes reflexivos (ou reflexivos recíprocos), isto é, referem-se ao próprio sujeito do verbo, na 3ª pessoa.

— *Elisabete só fala de <u>si</u> mesma, levando <u>consigo</u> todo o crédito*

> **Observação**
>
> Cuidado com frases deste tipo: "Eu não te disse que não trouxesses <u>consigo</u> essa garota?". Note que o **consigo** se refere à 2ª pessoa do discurso, o que incorre em desvio gramatical, pois tal pronome oblíquo tônico só se refere à 3ª pessoa do discurso. Assim, para que se mantenha a correção gramatical, deve-se redigir a frase desta forma: "Eu não te disse que não trouxesses <u>contigo</u> essa garota?".

Usa-se **entre si** sempre que for possível a posposição do pronome *mesmos*, lembrando-se que o sujeito tem de ser da 3ª pessoa do plural; do contrário, usa-se **entre eles**.

— *Os irmãos discutiam <u>entre si</u> (mesmos).*
— *Nunca houve briga <u>entre eles</u>.*

> **Observação**
>
> Quando o pronome se refere ao sujeito do verbo, não se usa **ele(a/s) mesmo(a/s)/próprio(a/s)**, segundo a tradição gramatical, mas sim o oblíquo tônico **si**, acompanhado ou não de **próprio/mesmo**: *Ele fez propaganda **dele mesmo**. (inadequado) / Ele fez propaganda **de si próprio/mesmo**. (adequado)*

Nós / Vós

Usam-se **com nós** e **com vós** quando estes são seguidos de "ambos, todos, outros, mesmos, próprios, um numeral, um aposto explicativo ou uma oração adjetiva"; caso contrário, usa-se **conosco** e **convosco**.

— *Viajou **com nós** ambos.*
— *Saiu **com vós** todos.*
— *Estava **com nós** outros.*
— ***Com nós** mesmos/próprios, vocês poderão contar.*
— ***Com vós** dois é que não quero jantar.*
— ***Com nós**, os brasileiros, sempre acontecem coisas inesperadas.*
— *Resistimos à tempestade **com vós**, que sois bravos, e com eles, que também são corajosos.*

—   *As crianças irão* **conosco** *e não* **convosco***.*

Ele (a/s)

Pode haver contração das preposições com **ele(a/s)**: de + ele(a/s) = dele(a/s); em + ele (a/s) = nele(a/s): *Além* **dele***, ninguém mais me viu.*

Para não dizer que não falei das flores, veja esta questãozinha abordando algumas dessas particularidades:

FAB – EAGS – Sargento da Aeronáutica – 2010

Com relação ao emprego correto dos pronomes em destaque, marque **C** para certo, **E** para errado e, em seguida, assinale a alternativa com a sequência correta.

(   ) Meu pai trouxe chocolates para **mim** comer.
(   ) A professora ficou aborrecida com **nós** todos.
(   ) É melhor que não pairem dúvidas entre **ti** e ele.
(   ) Esse dinheiro é para **ti** pagares tua faculdade.
a)   C-E-E-C
b)   E-C-C-E (Gabarito!)
c)   C-E-C-E
d)   E-E-C-C

Pronomes de Tratamento

São pronomes muito usados no tratamento cortês e cerimonioso.

Sobre as palavras "senhor, senhora, senhorita, dom, dona, madame" (e outros termos que servem de títulos ou que são meramente respeitosos), é importante dizer que há uma polêmica muito grande a respeito do "encaixe" de tais palavras na nomenclatura **formas de tratamento** ou **pronomes de tratamento**. Alguns gramáticos dizem que são **formas de tratamento**, outros dizem que são **pronomes de tratamento**, ainda há outros que dizem que são meros **títulos**. A maneira que encontrei de resolver isso foi perguntando a opinião do órgão máximo relativo à língua portuguesa (a ABL) sobre a classificação de tais palavras, que é a seguinte: elas podem ser meros substantivos (*Ela é* **dona** *de si*) ou **formas de tratamento** (e não <u>pronomes</u> de tratamento): **Dona** *Carlota Joaquina era polêmica*!

Por isso, neste último exemplo, **Dona** tem valor de substantivo e não de pronome, o que corrobora a análise da ABL, a saber: tais palavras têm valor **discursivo** de pronome de tratamento (são dirigidas a pessoas de prestígio na sociedade em situações formais) e valor **morfológico** de substantivo (pertence a essa classe gramatical). Palavra de ressalva: independentemente da polêmica, no dia da prova, marque a melhor opção.

Sobre **você**, os dicionários (inclusive o vocabulário VOLP) e as gramáticas o colocam na lista dos **pronomes de tratamento**. Pertencem a essa classe gramatical mesmo! No entanto, tal pronome tem um valor discursivo um pouco diferente, pois é usado em contextos **informais**.

<u>Detalhe interessante</u>: quando se quer dar um tom irônico ao discurso (como quando a sua mãe pede para você limpar o quintal, a louça, o carro, tudo no mesmo dia), diz-se com certa entonação debochada: "*Vossa Alteza* quer mais alguma coisa?". Tudo depende do contexto!

Vamos ao que interessa a respeito dos verdadeiros **pronomes de tratamento**. Olhe o quadro a seguir:

Pronomes	Abreviatura Singular	Abreviatura Plural	Usados para
Vossa Senhoria	V. S.ª	V. S.ªs	Pessoas com um grau de prestígio maior. Usualmente, os empregamos em textos escritos, como: correspondências, ofícios, requerimentos etc.
Vossa Excelência	V. Ex.ª	V. Ex.ªs	Pessoas com alta autoridade, militares e políticos, como: Presidente da República, Senadores, Deputados, Embaixadores, Oficiais de Patente Superior à de Coronel, juízes de Direito etc.
Vossa Excelência Reverendíssima	V. Ex.ª Rev.mª	V. Ex.ªs Rev.mªs	Bispos e arcebispos.
Vossa Eminência	V. Em.ª	V. Em.ªs	Cardeais.
Vossa Alteza	V. A.	VV. AA.	Príncipes, duques e arquiduques.
Vossa Santidade	V.S.	–	Papa.
Vossa Reverendíssima	V. Rev.mª	V. Rev.mªs	Sacerdotes em geral.
Vossa Paternidade	V. P.	VV. PP.	Abades, superiores de conventos.
Vossa Magnificência	V. Mag.ª	V. Mag.ªs	Reitores de universidades.
Vossa Majestade	V. M.	VV. MM.	Reis, rainhas e imperadores.

O que você precisa saber sobre esses pronomes é o seguinte:

1) **Usa-se *Vossa* quando se fala com a pessoa; *Sua*, quando se fala sobre a pessoa.**

No quarto da rainha:
– ___*Vossa* **Majestade**___ *precisa de algo?*
– *Sim. Um suco.*
Na cozinha:
– ___*Sua* **Majestade**___ *é cheia de mimos, não?*
– *Ela sempre foi assim.*

Observação

Segundo Bechara e manuais de redação consagrados, como o da PUC/RS, com as **formas ou pronomes de tratamento** – apesar de femininas em sua formação –, faz-se a concordância com o sexo das pessoas a que se referem: *Vossa Senhoria está convida**do** (homem) a assistir ao Seminário.*

Ainda: em "**Seu** bobo, para de palhaçada!", este **Seu** equivale ao "Seu" da frase: "**Seu** Manoel chegou", ou seja, é a redução da forma de tratamento **Senhor**. Isso é marca de coloquialismo, ok?

Capítulo 11 • Pronome **261**

2) **Qualquer pronome de tratamento, apesar de se referir à 2ª pessoa do discurso, exige que verbos e pronomes estejam na forma de 3ª pessoa. Isso cai em prova, hein!**

– _Sua Alteza_ **estuda** _tanto para poder um dia governar_ **sua** _nação._

3) **O pronome** _você_ **não pode ser "misturado" com verbos ou pronomes de 2ª pessoa no mesmo contexto; é preciso haver uniformidade de tratamento; no entanto, o que mais ocorre é a "desuniformidade" de tratamento, note:**

– _Entre por essa porta agora e diga que me adora,_ **você** _tem meia hora pra mudar a minha vida,_ _vem_, _vambora... (Adriana Calcanhoto)_

A forma verbal **vem** está na 2ª pessoa do singular (vem tu); deveria ser: **venha** (venha você).

Observação

Segundo o ótimo professor Cláudio Moreno, com pequenas interferências minhas, "não cabe um *Vossa Meritíssima (como alguns gramáticos andam ensinando por aí), assim como não cabe um *Vossa Excelentíssima (como alguns parlamentares andam usando por aí), pois se criaria uma exótica e inaceitável **sequência** [Vossa + adjetivo], que o nosso idioma desconhece. No mundo jurídico, é muito comum (e adequado) usar-se **Meritíssimo** como **adjetivo** de tratamento para magistrados. Ao nos dirigirmos diretamente a um juiz, podemos simplesmente utilizar **Meritíssimo** – ou **Meritíssima**, caso se trate de uma juíza. Nesse caso, tais vocábulos, com função vocativa, se tornarão substantivos. Quanto à abreviatura, usa-se MM".

Classificação e Emprego do Pronome Possessivo

Os **pronomes possessivos** estabelecem relação de posse (normalmente) entre seres e conceitos e as pessoas do discurso. Você vai entender o porquê do "normalmente" no tópico 7, mais à frente.

> 1ª pessoa: **meu**(s), **minha**(s) / **nosso**(a/s).
>
> 2ª pessoa: **teu**(s), **tua**(s) / **vosso**(a/s).
>
> 3ª pessoa: **seu**(s), **sua**(s).
>
> * _"Dele(a/s)"_ **não** _é pronome possessivo._

Eles variam (concordam) em gênero e número com o substantivo a que se ligam (João deixou uma herança vultosa para **suas** _mulheres._) ou a que se referem (_Filhos?_ Sempre estou atento aos **meus**.). Variar (concordar) é uma coisa. Referir-se a algo/alguém é outra. Note que o pronome possessivo, como todo pronome, faz referência às pessoas do discurso: o pronome adjetivo possessivo **suas** se refere à 3ª pessoa do discurso (João), mas concorda em gênero e número com mulheres; o pronome substantivo possessivo **meus** refere-se à 1ª pessoa do discurso (o falante), mas concorda em gênero e número com seu referente: Filhos. Divida isso na sua cabeça!

Vejamos o emprego de tais pronomes agora (nunca é demais repetir determinados ensinos):

1) **Os pronomes de tratamento exigem os possessivos na 3ª pessoa:**

– _Vossa Senhoria_ _deve encaminhar_ **suas** _reivindicações ao diretor._

2) **Em algumas construções, os pronomes pessoais oblíquos assumem valor de possessivos:**

— *Vou seguir-lhe os passos. (Vou seguir os **seus** passos.)*
— *Apertou-me as coxas. (Apertou as **minhas** coxas.)*

> **Observação**
>
> Muitos gramáticos entendem que os pronomes oblíquos átonos (com valor possessivo) exercem função sintática de adjunto adnominal. E é assim que vem caindo em prova. Outros gramáticos veem como objeto indireto com valor possessivo. Falarei mais sobre isso no capítulo 21.

3) **Mudança de posição pode gerar mudança de sentido**

— *Envio **tuas** fotos ainda hoje. (Fotos tiradas por mim.)*
— *Envio fotos **tuas** ainda hoje. (Fotos em que estou presente.)*
— ***Minha** mulher não anda com roupas indecentes. (Só tem uma mulher.)*
— *Mulher **minha** não anda com roupas indecentes. (Qualquer mulher dele.)*

4) **O pronome possessivo "seu"** (e variações) **pode causar ambiguidade.**

— *O PM prendeu o bandido em **sua** casa. (Na casa de quem?)*
— *João, Maria e **seu** filho saíram. (Filho de quem?)*
— *José contou-me que Rute perdeu **seus** documentos e ficou desesperada. (Documentos de quem?)*
— *A professora disse-lhe que acreditava em **sua** nomeação. (Nomeação de quem?)*

Para desfazer a ambiguidade e/ou tornar o valor possessivo mais forte, podem-se usar **vírgulas, próprio(a/s), (seu) dele(a/s), oração subordinada adjetiva.**

— *O PM**, em sua **própria** casa,** prendeu o bandido.*
— *João, Maria e o filho **dela** saíram.*
— *A professora disse-lhe que acreditava em **sua** nomeação **dele**. (Forma estranha, mas culta.)*
— *José contou-me que Rute**, cujos documentos perdera,** ficou desesperada.*

> **Observação**
>
> É muito usado o pronome possessivo *seu*, de 3ª pessoa, para se referir à 2ª pessoa do discurso: "Você não deve deixar de considerar **suas** virtudes".

5) **O artigo definido é facultativo antes dos pronomes adjetivos possessivos, mas dos pronomes substantivos possessivos, o artigo é obrigatório.**

— *Gosto de **meu** trabalho. / Gosto do **meu** trabalho. / Gosto de meu trabalho, mas não do **teu**.*

6) **Como vimos, em plural de modéstia e plural de cerimônia, os pronomes "nosso(a/s)" (1ª pessoa do plural no lugar da 1ª pessoa do singular) e "vosso(a/s)" (2ª pessoa do plural no lugar da 2ª pessoa do singular) também participam desse contexto. Veja:**

— *Não cabe a **nosso** intelecto desvendar todos os mistérios da gramática.*
— *Pai nosso que estais no céu, santificado seja o **vosso** nome.*

Capítulo 11 • Pronome 263

7) **Os matizes de sentido, respectivamente, que podem ter os possessivos são: parentesco, estimativa, indefinição, ironia, cortesia/respeito, hábito, intimidade, simpatia, permanência, realce...**

– *Como vão os **seus**, João?**
– *Roberto tem **seus** vinte e quatro anos.*
– *Eu sei que tu passas lá **teus** apertos.*
– ***Minha** querida, cala a boca!*
– *Deixe-me ajudar, **minha** boa senhora.*
– *No **seu** passo de tartaruga, devagar ia o homem.*
– ***Meu** filhinho, quero-lhe bem!*
– *O **meu** Mengão me dá muito orgulho ainda.*
– *Já falei para você ficar na **sua**.*
– *Mulher de amigo **meu** é homem.*

> * Celso Cunha considera, nesta acepção e contexto, que o pronome possessivo foi substantivado. Antecedido da preposição **de**, idem: "Ela não tinha um marido para chamar **de seu**".

Classificação e Emprego do Pronome Indefinido

Os **pronomes indefinidos** referem-se à 3ª pessoa do discurso de forma vaga, imprecisa ou genérica. Entenda melhor:

Na escola

Na escola de treinamento para homem-bomba, <u>todos</u> os alunos estão reunidos, muito concentrados na aula, quando o professor explica:
– Olha aqui, vocês prestem muita atenção, porque eu só vou fazer uma vez!

Percebe que *todos* carrega consigo uma ideia de indefinição ou quantidade indefinida? Logo, é um pronome indefinido. Eles podem ser variáveis ou invariáveis.

Variáveis	Invariáveis
algum, alguma, alguns, algumas	algo
nenhum(ns), nenhuma(s)	tudo
todo, toda, todos, todas	nada
outro, outra, outros, outras	mais/menos[2]
muito, muita, muitos, muitas	quem
bastante, bastantes	alguém
pouco, pouca, poucos, poucas	ninguém
certo, certa, certos, certas	outrem
vário, vária, vários, várias[1]	(os) demais*
quanto, quanta, quantos, quantas	cada (é sempre pronome adjetivo)#
tanto, tanta, tantos, tantas	que
qualquer, quaisquer	

Variáveis	Invariáveis
qual, quais	
um, uma, uns, umas	
tal, tais (= um: Ele diz as coisas de tal jeito...)	

[1] Este pronome e também seu sinônimo, **diverso(a/s)**, são considerados adjetivos pelo VOLP e pelo dicionário Aulete.

[2] Segundo Bechara, **mais** e **menos** podem se substantivar em expressões assim: o (as) mais das vezes, o menos.

> **Observação**
>
> As palavras **fulano**, **sicrano** e **beltrano** não são pronomes indefinidos, mas substantivos, segundo o VOLP e todos os dicionários que consultei. Não obstante, Cegalla já diz que são indefinidos. Polêmicas...

* Não é substantivo, apesar de o artigo antecedê-lo.
# A frase "Custará R$10 **cada**" está inadequada à norma culta, pois este pronome é sempre adjetivo. Logo, o adequado é "Custará R$10 **cada uma**".

Locuções Pronominais Indefinidas

Grupos de vocábulos com valor de **pronome substantivo** indefinido.

Cada qual, cada um, quem quer que, seja quem for, seja qual for, tudo o mais, todo (o) mundo, um ou outro, nem um nem outro, qualquer um, fosse quem fosse...

– **Cada um** *é diferente.*
– **Seja quem for** *que me incomode pagará caro.*
– **Todo o mundo** *me respeita.*

> **Observação**
>
> Cuidado com as locuções pronominais "quem quer que, seja quem for, seja qual for, fosse quem fosse", pois tais locuções equivalem a um pronome indefinido, logo os supostos verbos que fazem parte da locução <u>não</u> são contados como orações. Vale dizer que "tudo isto, tudo isso, tudo aquilo" não constituem locuções pronominais indefinidas, mas sim **pronome indefinido (tudo) + pronome demonstrativo (isto, isso, aquilo)**.

O que você precisa saber sobre esses pronomes é o seguinte:

1) **A mudança de posição de alguns indefinidos poderá mudar ora sua classe, ora seu sentido.**

Qualquer mulher merece respeito. (sentido generalizador, pronome indefinido)[1]	*Ela não é uma mulher **qualquer.*** (sentido pejorativo, pronome indefinido)

Algum amigo te traiu? (sentido genérico, impreciso, pronome indefinido)	Amigo ***algum*** me traiu. (sentido negativo, equivale a nenhum, pronome indefinido)²
Com essa dedicação, tem obtido ***algum*** elogio da crítica especializada. (= pouco, pronome indefinido)	Você tem ***algum***? (dinheiro, substantivo)
Certo homem veio atrás de você. (sentido genérico, pronome indefinido)	Ele é o homem ***certo***. (sentido qualificativo, adjetivo, vem sempre à direita do substantivo)
Certo perdeste o juízo. (afirmação, advérbio)	Ele falou ***certo***. (modo, advérbio)
Outra mulher chegou. (sentido indefinido, pronome indefinido)	Agora ela é uma ***outra*** mulher. (renovada, adjetivo)

 CUIDADO!!!

¹ A banca CONSUPLAN (TSE/Analista Judiciário/2012) elaborou uma questão equivocada – que, para variar, **não** foi anulada! – sobre o vocábulo **qualquer**. Dizia-se que este pronome não exercia papel pronominal neste trecho: "Se a conduta de praxe seria não apenas aceitar, mas exigir dinheiro em troca de uma ação **qualquer** na contramão do dever...". Aí eu pergunto: "Pode isso?". Em nenhuma gramática de autor respeitado e estudado nas Faculdades de Letras do Brasil, diz-se que o pronome **qualquer**, independentemente de sua posição na frase, deixa de ter valor pronominal. "Muito pelo contrário", como já dizia minha vó!

Celso Cunha classifica tal construção na categoria dos PRONOMES (Veja a *Nova Gramática do Português Contemporâneo*, está lá):

Qualquer

*Tem por vezes sentido pejorativo, particularmente quando precedido de artigo indefinido (...). A tonalidade depreciativa torna-se mais forte se o **indefinido** vem posposto a um nome de pessoa: '... Hoje é isto que o senhor vê: **um Pestana qualquer**...' (grifo meu)*

Este exemplo é do Celso mesmo, não é sacanagem. Que coincidência o cara falar Pestana! Pois bem... o que importa é que o gramático classifica como PRO-NO-ME o vocábulo **qualquer**, por mais que venha depois do substantivo, com valor depreciativo!

Não satisfeito, enviei uma pergunta à ABL, baseando-me em um exemplo da única fonte consagrada que encontrei, a qual diz ser **qualquer** um **adjetivo**: o consagrado dicionário *Houaiss*. Só ele diz isso, até onde foi minha pesquisa. É **um** contra **mil**. Aí a banca me cria uma questão dessas?! Só pode ser brincadeira, não?! Vamos ao que disse a ABL:

ABL RESPONDE
Pergunta: O vocábulo "qualquer" é classificado morfologicamente como ADJETIVO ou como PRONOME INDEFINIDO nesta frase: "Este feijão não é um feijão qualquer"? Grato!
Resposta: É um **pronome** adjetivo **indefinido**. (grifo meu)

Esta é, portanto, a função morfológica de **qualquer: pronome indefinido**. Não é um adjetivo! E quem diz isso não sou eu. É um fato comprovado por quem mais entende de Português: a Academia Brasileira de Letras! Ponto-final.

² Semiparafraseando Celso Cunha, "De regra, o indefinido **algum** adquire valor negativo em frases onde aparecem expressões negativas (não, nem, sem...): 'A sua crítica não obedecia a sistema **algum**.'". Esta dupla negação serve para realçar a ideia negativa; não é como na Matemática, em que – com – dá +. É bom dizer que, quando se invertem os termos da oração, o <u>não</u> sai da jogada, perdendo-se a dupla negação, mas ainda assim se conserva a ideia de negação: "A sistema **algum** (= nenhum) obedecia sua crítica".

2) **Todo**, **no singular e junto de artigo ou pronome demonstrativo, significa "inteiro"; sem artigo, significa "qualquer". No plural, sempre indica totalidade.**

   – **Toda** *mulher é bonita.* (qualquer mulher)
   – *A/Essa mulher* **toda** *é bonita.* (a mulher inteira)
   – **Todos** *os prédios desta cidade têm cinco andares.*
   – *Esta carteira é válida em* **todo** *território nacional.*
   – *Esta carteira é válida em* **todo o** *território nacional.*

Sobre os dois últimos exemplos, qual carteira é melhor? A primeira ou a segunda? Certamente a primeira, pois **todo** significa **qualquer**. Ou seja, em qualquer território, desde que seja uma nação, a carteira é válida. Diferente da segunda frase, em que **todo o** significa inteiro. Ou seja, a carteira só é válida no inteiro território nacional. Só aqui no Brasil, por exemplo. Entendeu? Uma pena que a nossa carteira de identidade apresenta **todo o...** acho que vou apagar o **o** da minha...

> **Observação**
>
> Mesmo sem estar acompanhado de artigo ou pronome demonstrativo, o pronome **todo** pode indicar totalidade de maneira enfática, concordando com o ser ao qual se refere, como se houvesse uma intensificação: "Sandrinha era **toda** sorriso e simpatia". Bechara acrescenta que tal pronome <u>pode</u> ficar no feminino ao virar um advérbio modificador de adjetivo, quando o referente é um substantivo feminino: "Ela está **todo/toda** preocupada".
>
> Algumas bancas já trabalharam essa variação do advérbio; veja um caso: FGV – ALERJ – ESPECIALISTA LEGISLATIVO – 2017.
>
> O pronome "todos" vem obrigatoriamente seguido de artigo quando a ele se segue um substantivo (Todos os amigos ajudaram). Se vier um numeral, não se usa artigo (Todos cinco ajudaram). Se vier um numeral entre eles, usa-se o artigo (Todos os cinco amigos ajudaram).

3) **Nenhum varia normalmente quando anteposto ao substantivo.**

   – *Não havia* **nenhumas** *frutas na cesta.*

4) **O pronome indefinido outro junto de artigo pode mudar de sentido.**

   – **Outro** *dia fui visitá-lo.* (tempo passado)
   – *Fui visitá-lo n<u>o</u>* **outro** *dia.* (tempo futuro; = no dia seguinte)

5) **O pronome cada pode ter valor discriminativo ou intensivo.**

   – *Em* **cada** *lugar, há diversidade de beleza.*
   – *Tu tens* **cada** *mania!*

6) **O vocábulo um pode ser artigo indefinido, numeral ou pronome substantivo indefinido (alternando com "outro", normalmente).**

– *Nunca deixou de ser **um** bom homem.* (artigo indefinido)
– *Ele é só **um**, deixe-o em paz, covarde!* (numeral)
– ***Um** chegou cedo; o **outro**, atrasado.* (pronome indefinido)

 CUIDADO!!!

Muitos pronomes indefinidos, dependendo do contexto, podem virar advérbios, desde que modifiquem verbos, adjetivos ou outros advérbios. É preciso perceber a relação entre as palavras para definirmos a classificação morfológica delas.

– *Tenha **mais** amor e **menos** desconfiança.* (pronomes indefinidos)
– *Aja **mais** e fale **menos**.* (advérbios modificando verbos)
– *Não quero **nada** de você.* (nenhuma coisa, pronome indefinido)
– *João não é **nada** bobo.* (nem um pouco, advérbio)
– ***Algo** me diz que ela está chegando.* (alguma coisa, pronome indefinido)
– *O paciente está **algo** doente.* (um pouco, advérbio)
– ***Bastantes** parentes vieram me visitar no hospital.* (muitos, pronome indefinido)
– *Sinto **bastante** por sua perda.* (muito, advérbio)
– ***Que** mulher!* (ênfase, pronome indefinido)*
– ***Que** linda!* (intensidade, advérbio)

O mesmo ocorre com os pronomes indefinidos "muito, pouco e tanto".

* Celso Cunha e outros gramáticos entendem que este "que" é pronome interrogativo com valor exclamativo. Há ainda o outro lado da moeda, como Manoel Pinto Ribeiro, que entende este pronome, neste contexto, como um mero pronome indefinido. É dessa última maneira que veem as bancas. Polêmicas...

Agora veja esta questão bonitinha sobre pronome indefinido da EAGS – SARGENTO DA AERONÁUTICA – 2011, para fechar este assunto com chave de ouro:

10. Assinale a alternativa em que o valor característico do pronome indefinido destacado está **incorreto**.

   a) **Algo** de especial está para acontecer. (ausência de pessoa)
   b) O garoto era **todo** gentilezas com a menina que lhe sorria. (totalidade, intensidade)
   c) Estava madura. Apesar disso, havia ainda o seu jeito uma *certa* graça de quando moça. (ausência de particularização) **(Gabarito!)**
   d) Andava a conversar aqui e acolá, buscando arranjar **alguma** coisa com que pagar o aluguel de seu quartinho. (significação afirmativa, positiva.)

Comentário: *Algo* se refere a coisas, e não a pessoas, logo indica ausência de pessoa. *Todo* indica totalidade, intensidade neste contexto. *Certa* indica quantidade indefinida, e não ausência de particularização. *Alguma* à esquerda do substantivo tem valor positivo, à direita do substantivo, negativo. Gabarito: C.

Classificação e Emprego do Pronome Interrogativo

Os **pronomes interrogativos** exprimem questionamento direto (com ponto de interrogação) ou indireto (sem ponto de interrogação) em um contexto que sugere desconhecimento ou vontade de saber.

Que	**Quem**	**Qual** (Quais)	**Quanto**(a/s)

– ***Que** é isso?* (pergunta direta)
– *Quero saber **que** é isso.* (pergunta indireta: *Que é isso?*)
– ***Quem** é esse rapaz?* (pergunta direta)
– *Não sabemos **quem** é esse rapaz.* (pergunta indireta: *Quem é esse rapaz?*)
– *De **qual** pintura você está falando?* (pergunta direta)
– *Pergunta-se **qual** é a altura dela.* (pergunta indireta: *Qual é a altura dela?*)
– *Por **quanto** você vende esta garrafa?* (pergunta direta)
– *Verificaram **quanto** custava o conserto.* (pergunta indireta: *Quanto custava o conserto?*)

1) **Não confunda pronome interrogativo (que) com conjunção integrante (que). Se der para fazer uma pergunta a partir do "que", este será interrogativo, e não conjunção integrante.**

    – *Não saberia jamais **que** horas são.* (***Que** horas são?* – Pergunta possível, pronome interrogativo.)
    – *Não saberia jamais **que** ela é flamenguista.* (***Que** ela é flamenguista?* – Pergunta impossível, conjunção integrante.)

> **Observação**
>
> Não confunda o "que" interrogativo com o "que" indefinido: "Não sei **que** pessoa esteve aqui" (interrogativo); "Já sei **que** pessoa esteve aqui". (indefinido). No primeiro, o verbo indica desconhecimento, logo é um verbo que introduz uma oração interrogativa indireta. No segundo, o verbo indica conhecimento, logo não introduz uma oração interrogativa indireta. Cuidado!

2) **Nas frases interrogativas indiretas, os pronomes interrogativos vêm, normalmente, após os verbos "querer/desejar saber, não saber, perguntar, indagar, ignorar, verificar, ver, responder"...**

    – *Quero saber (o) **que** devo fazer.* (*Que devo fazer?* – O artigo *o* antes de *que* é considerado expletivo. Alguns gramáticos entendem que faz parte da locução interrogativa "o que", tendo valor enfático ou de realce.)
    – *Ignoro **quem** fez isso.* (*Quem fez isso?*)

> **Observação**
>
> A expressão expletiva "é que" pode realçar também o interrogativo *que*: "***Que** <u>é que</u> ela quer com você?*" ou "*<u>O que <u>é que</u> ela quer com você?*".

Capítulo 11 • Pronome **269**

3) **A forma reduzida da expressão "que é (feito) de" é "cadê" (ou "quede", ou "quedê"), muito popular, mas não contemplada entre os gramáticos normativos como culta.**

– *Cadê as pessoas que estavam aqui?*

4) **"Qual" seguido da preposição *de* indica seleção.**

– *Qual das duas você prefere?*

Classificação e Emprego do Pronome Demonstrativo

Os **pronomes demonstrativos** marcam a posição temporal ou espacial de um ser em relação a uma das três pessoas do discurso, fora do texto (exófora/dêixis) ou dentro do texto (endófora – anáfora ou catáfora).

Não fique pasmo com esses nomes bonitinhos (exófora, dêixis, endófora, anáfora, catáfora), pois os conceitos deles são de facílima digestão.

Diferentemente dos demais pronomes, falarei do valor discursivo dos demonstrativos neste tópico mesmo.

Então, vamos lá!

Eis os principais demonstrativos:

> 1ª pessoa: **este(a/s)**, **isto**.
>
> 2ª pessoa: **esse(a/s)**, **isso**.
>
> 3ª pessoa: **aquele(a/s)**, **aquilo**.

Além desses, há outras palavras que são classificadas como pronomes demonstrativos:

1) **Mesmo(a/s), próprio(a/s) com valor reforçativo ou junto de artigo, com o sentido de "igual, exato, idêntico, em pessoa".**

– *Ela **própria** costura seus vestidos.* (= em pessoa)
– *A **mesma** mulher tem talento de sobra.* (= exata)

Observação

Cuidado com a seguinte construção: "Aviso aos passageiros: antes de entrar no elevador, verifique se **o mesmo** encontra-se parado neste andar" (Lei 9502/97). Neste caso, o uso de **o mesmo** retomando um termo substantivo, como um típico demonstrativo, não está adequado à norma culta, segundo 99,99% dos gramáticos e manuais de redação. Só Bechara diz o contrário.

Só se usa **o mesmo** quando equivale a "a mesma coisa" ou quando equivale a "a mesma pessoa": "Ele não sabe nada de Direito Administrativo. O mesmo se dá com ela"; "João não muda, é sempre o mesmo". Ainda sobre o vocábulo **mesmo**, peço que tome cuidado com ele, pois apresenta outras classificações morfológicas, a depender do contexto. Exemplos: "Eu falo na cara mesmo" (= de fato, advérbio de afirmação) / "Mesmo a família negou-lhe ajuda" (= inclusive, palavra denotativa de inclusão) / Mesmo faminto, tive de me controlar (preposição acidental com valor concessivo). Alguns dicionaristas classificam **mesmo**, acompanhando substantivo, como mero **adjetivo**, mas não é assim que veem os gramáticos.

2) Tal(s), semelhante(s), quando aparecem no lugar de este(a/s), isto, aquilo, aquele(a/s)...

— *Tal absurdo eu não cometeria.*
— *Você precisa de teoria com bastantes questões. A solução para **tal** está em A Gramática.*
— *Nunca vi **semelhante** explicação, meu Deus!*

> **Observação**
>
> Tome cuidado, que **semelhante** pode ser adjetivo em outro contexto, como: "O filho é **semelhante** ao pai".

3) **Pode haver contração entre os demonstrativos e as preposições "a, de, em":** a + aquilo = àquilo; de + este = deste; em + essa = nessa etc.

4) o(s), a(s), **quando substituíveis por "aquele(a/s), aquilo, isso". É importante dizer que tal situação ocorre em três casos, normalmente: antes de pronome relativo (normalmente, o *que*), antes de preposição (normalmente, a *de*) e junto ao verbo *ser* ou *fazer*, normalmente. Este último caso só se dá com** o (= isso).

— *Somos **o** que somos. (Somos aquilo que somos)*
— ***As** que chegaram atrasadas perderam a explicação. (Aquelas que chegaram atrasadas...)*
— *Estou fora de mim, alheio a**o** que pensem de mim. (... alheio àquilo que...)*
— *Ganhei duas vezes na loteria, **o** que me rendeu dois sequestros. (isso que me rendeu...)**
— *Ontem, convidei só **os** da Barra da Tijuca para o jogo, pois os demais amigos estavam sem dinheiro. (Convidei só **aqueles** da Barra...)**
— *A da esquerda está olhando para você, mas a menina da direita, para mim. (**Aquela** da esquerda...)**
— *Ela estudava, mas não **o** fazia com vontade. (Ela estudava, mas não fazia **isso** com vontade)*
— *Fora evangélico durante sua juventude; já não **o** é agora. (já não é **isso**)*

Atenção! Só leia isto se fizer algum concurso de nível superior das bancas Esaf ou Cespe

> **Observação**
>
> **1ª:** * Quando o **o**, antes da oração iniciada pelo pronome relativo **que**, puder ser substituído por **fato**, Bechara entende que se trata de um artigo substantivando a oração inteira. Até onde sei, só ele diz isso. Nunca vi em prova tal visão. Continuando com a polêmica, o homem apresenta exemplos em que tal vocábulo, ainda tomado como <u>artigo definido</u>, é posto antes da preposição *de* mesmo sem substantivo explícito, como na 5ª e na 6ª frase. Não só ele, como Celso P. Luft vão de encontro ao que diz a maioria dos gramáticos brasileiros, senão todos, a saber: os vocábulos "o, a, os, as" são pronomes demonstrativos em todos os exemplos anteriores. **Reitero que**, de todos os gramáticos que pesquisei (mais de 40), só Bechara e Luft dizem que "o, a, os, as" (antes de substantivo **elíptico**, segundo eles) são <u>artigos definidos</u>. Portanto, para eles, **os** e **A** são artigos. Veja a seguinte questão da banca Cespe comprovando essa visão do Bechara e do Luft: CESPE – TRE-TO – TÉCNICO JUDICIÁRIO – 2017 – QUESTÃO 7 (LETRA D).

2ª: Cegalla diz que o pronome demonstrativo **o** pode representar um termo da frase ou a frase toda, e é assim que as bancas cobram: "A obra era difícil, ele próprio **o** sabia" (o = que a obra era difícil); "Se existiu ali uma fonte, pouca coisa **o** indica" (o = isso = que ali existiu uma fonte); "Quando publicou sua obra, fê-**lo** em francês" (lo = isso = publicar sua obra); "Não sei se sou feliz nem se desejo sê-**lo**" (lo = isso = feliz); "Você continua estudioso, mas ele nunca **o** foi" (o = isso = estudioso).

3ª: Segundo Bechara, "por meio do pronome invariável **o** (= isso) repetimos pleonasticamente a oração objetiva que se antecipa de sua posição normal, ou, em sentido inverso, antecipa a oração objetiva do texto: 'Que todos iam sair cedo, eu **o** disse ontem.' / 'Eu **o** disse ontem que todos iam sair cedo.'". Aí você me pergunta: "Pest, por que você é tão minucioso? A chance de isso cair na prova é zero!". Será? Veja agora uma questãozinha sobre isso:

Cespe/UnB – IRBr – Diplomata – 2012

– No período "Que Demócrito não risse, eu o provo", o verbo **provar** complementa-se com uma estrutura em forma de objeto direto pleonástico, com uma oração servindo de referente para um pronome.

(X) CERTO   (   ) ERRADO

Emprego dos Demonstrativos (Valor Discursivo)

Chegou a hora de entendermos que significa **exófora**, **dêixis**, **endófora**, **anáfora**, **catáfora**. Beleza?

Exófora ou **dêixis**: conceitos que, linguisticamente, tratam do uso de vocábulos que se referem a elementos extratextuais ou extradiscursivos, ou seja, que se referem a elementos **fora** do texto, numa perspectiva espacial ou temporal.

Endófora (**anáfora** e **catáfora**): conceitos que, linguisticamente, tratam do uso de vocábulos que se referem a elementos intratextuais ou intradiscursivos, ou seja, que se referem a elementos **dentro** do texto; a **anáfora** trata da retomada de termos ou ideias, e a **catáfora** trata da antecipação de termos ou ideias.

Falarei melhor sobre isso agora!

1) **Numa perspectiva exofórica ou dêitica, ou seja, referindo-se a elementos extradiscursivos (fora do texto/discurso) dentro do espaço ou do tempo, procede-se assim:**

Função espacial

Os advérbios **aqui/cá** (proximidade à 1ª p.), **aí** (proximidade à 2ª p.), **ali/lá/acolá** (distância da 1ª p. e da 2ª p.), chamados de advérbios pronominais por terem valor díctico (ou dêitico), costumam reforçar a função discursiva dos pronomes demonstrativos.

Este (a/s), isto: refere-se a um ser que está próximo do falante ou que o falante toma como tal ou em referência à correspondência que enviamos. Ainda se usa quando o autor dum texto aponta para o próprio texto como um todo, dizendo algo semelhante a isto: É por isso que **este** texto vai de encontro à opinião vigente.

– **Esta** camisa aqui do Flamengo é minha.
– **Este** documento segue anexo aos demais.

Esse(a/s), isso: refere-se a um ser que está próximo do ouvinte ou que o falante toma como tal
– **Essa** camisa aí é tua?
– Saia do meio **dessa** rua, garoto!

  Observação

> Às vezes, pode haver dois demonstrativos para especificar melhor um substantivo: **Essa** (ou **Esta**) moça é **aquela** de que falei agora há pouco.

Aquele(a/s), aquilo: refere-se a um ser que está distante do ouvinte e do falante ou de algo que se encontra na pessoa de quem se fala.

– **Aquela** camisa lá é dele.
– **Aquele** país onde ele mora não presta.
– **Aquele** temperamento do Mano fez o Brasil perder a Copa.

Observação

> Os vocábulos **mesmo** e **próprio** também ajudam no reforço: "É este aqui mesmo o ladrão!". Fique ligado, que pode haver contração de preposição com pronome demonstrativo e com advérbio pronominal (aí, aqui, lá etc.): "Saí **daquele** país **naquele** avião há dias, **daí** minha vida mudou".
>
> Vale dizer ainda que o pronome demonstrativo **aquilo** pode ser usado numa referência a algo vago, pouco definido, como em *Nunca deixe para amanhã* **aquilo** *que você pode fazer hoje*. Veja uma questão sobre o valor dêitico (exofórico) do pronome "aquele":
> IDECAN – AGU – TÉCNICO-ADMINISTRATIVO – 2018 – QUESTÃO 6.

Função temporal

Este(a/s): presente, passado ou futuro (dentro de um espaço de tempo).
– **Esta** é a hora da verdade.
– **Esta** noite foi sensacional.
– **Este** fim de semana será perfeito, pena que ainda é segunda.

Esse(a/s): passado recente ou futuro.
– Ninguém se esquecerá **desse** carnaval.
– Depois da reunião, sei que **esses** dias serão diferentes.

Aquele(a/s): passado ou tempo distante (vago).
– Foi em 1500, **naquele** ano, o Brasil surgiu.
– **Naquele** dia, no Seu dia, Deus fará justiça.

Capítulo 11 • Pronome

2) **Numa perspectiva endofórica (anafórica ou catafórica), ou seja, referindo-se a elementos intradiscursivos (dentro do texto), procede-se assim:**

Função distributiva

Este, referindo-se ao mais próximo ou citado por último. **Aquele**, referindo-se ao mais afastado ou citado em 1º lugar. Ambos são anafóricos, pois substituem termos anteriores.

– *Todos nós conhecemos João e Maria. A imagem d**esta** tem como reflexo **aquele**.*

> 🔍 **Observação**
>
> Não encontrei respaldo gramatical algum, entre todos os gramáticos normativos consagrados, sobre a possibilidade de retomada de três referentes com os pronomes "este, esse e aquele". Portanto, ou se usa **este** e **aquele**, ou se usam numerais para retomada. Enfim, por falta de respaldo, **não está adequada** esta estrutura: "Todos nós conhecemos João, José e Maria. A imagem d**esta** tem como reflexo **aquele**, e não **esse**".

Confira esta questão, cujo gabarito é a letra C:

> **FGV – TCE (PI) – Assistente de Administração – 2021**
>
> "Antes que comecem os mimimis, um aviso: não tenho absolutamente nada contra *aqueles* que fumam."
>
> – Nesse primeiro segmento do texto 2, o autor usa adequadamente o demonstrativo *aqueles*, referindo-se a pessoas indeterminadas; a frase abaixo em que o emprego dos demonstrativos se mostra adequado é:
>
> a) João e Pedro são fumantes; este, de cigarros; esse, de charutos;
>
> b) João, Pedro e Fernando são fumantes; este, de cigarros; esse, de cachimbo e aquele, de charutos;
>
> c) João e Maria são fumantes; esta, de cigarros; aquele, de charutos;
>
> d) Maria e Fernando são fumantes; este, de charutos; aquele, de cigarros;
>
> e) João, Pedro e Maria são fumantes; esta, de cigarros; esse, de charutos e aquele, de cachimbo.

Função referencial

Este(a/s), isto referem-se normalmente a algo que será dito ou apresentado (valor catafórico). Pode também retomar um termo ou ideia antecedente (valor anafórico), segundo ensinam Evanildo Bechara, Celso Cunha, Maria Helena de Moura Neves, Said Ali, Cláudio Brandão, Rocha Lima e Mattoso Câmara Jr. Consulte: COPEVE/UFAL – MPE/AL – ANALISTA DO MP (GESTÃO PÚBLICA) – 2012 – QUESTÃO 29 (LETRA B).

As bancas FGV e Covest, em 2015 e 2016, também já cobraram, mais de uma vez, essa visão não unânime sobre o emprego dos demonstrativos *este(a/s), isto* com valor anafórico. Fique atento a essas idiossincrasias.

– ***Esta*** *sentença é verdadeira: "A vida é efêmera". E **nisto** todos confiam.*

> 🔍 **Observação**
>
> Usa-se ***nisto*** também quando equivale a "então" ou "nesse momento": "Saí de casa cedo. **Nisto**, minha mulher me ligou".

Esse(a/s), isso referem-se sempre a algo já dito ou apresentado (valor anafórico).
– **Isso** que você disse não está certo, amigo. É por **essas** e outras que nada funciona neste país.

Observação

Pode ser usado após o substantivo para reiterar uma ideia: "Li bons romances nas minhas viagens de avião, romances **esses** que me fazem falta".

Só de curiosidade: há certas expressões cristalizadas na língua com pronomes demonstrativos: por isso, isto é, além disso, isto de, ora essa.

Valores Estilísticos dos Demonstrativos

Os **pronomes demonstrativos** podem apresentar determinados matizes de sentido consoante o contexto; normalmente isso ocorre no registro coloquial.

– *Aqueles, sim, eram homens honrados.* (admiração)
– *Isso não! Isso não! Que absurdo!* (indignação)
– *Não sou dessas, não!* (desprezo)
– *Essa mulher... Ih...! Nem te conto...* (ironia)
– *Isso não passa de um idiota.* (repulsa, depreciação)
– *Essa, não!* (surpresa)
– *Você só pensa naquilo...* (malícia)
– *Não consigo acreditar que ela tenha virado aquilo.* (pena, comiseração)
– *Ufa! Esta foi uma questão daquelas...* (intensificação)
– *Isso mesmo, vai fundo!* (incentivo)

Classificação e Emprego do Pronome Relativo

Preste mais do que a costumeira atenção, meu caro leitor! Este é o campeão de aparições nas provas, portanto aproveite minha minuciosa abordagem acerca dele!

O **pronome relativo** é um elemento conector de caráter anafórico, isto é, refere-se a um termo antecedente explícito (substantivo (normalmente!), pronome substantivo, numeral substantivo, advérbio, verbo no infinitivo ou oração reduzida de infinitivo), substituindo-o. Sintaticamente falando, todo pronome relativo (sempre!) refere-se a um termo de outra oração ao introduzir oração subordinada adjetiva (restritiva ou explicativa).

– *O homem (apesar de certos contratempos) **que** veio aqui era o Presidente.*
– *Ninguém **que** esteve no Brasil desapontou-se.*
– *Apenas um, **que** compareceu à festa, estava bem trajado.*
– *Ali, **onde** você mora, não é o melhor lugar do mundo.*
– *Estudar **que** é bom ninguém acha legal.*
– *Procurar aprender Língua Portuguesa, **que** é importante, você não quer.*

CUIDADO!!!

1) Visto que o seu objetivo é substituir um vocábulo para que este não se torne repetitivo, o pronome relativo nos permite reunir duas orações numa só.

   – *O livro é espetacular + Estou lendo um livro = Estou lendo um livro **que** é espetacular (ou O livro **que** estou lendo é espetacular). Visitei um amigo + Eu tenho grande admiração por ele = Visitei um amigo **por quem** tenho grande admiração.*

2) Na linguagem coloquial, observa-se o uso pleonástico por um pronome oblíquo átono ou tônico após o relativo. **Não** está adequado à norma culta, pois o pronome relativo já retoma um termo.

   – *Este é o livro que pretendemos comprá-**lo**. (Este é o livro que pretendemos comprar)*
   – *A prova é o meio de resolução de conflito, da qual o juiz irá extrair certos juízos **dela**. (A prova é o meio de resolução de conflito, da qual o juiz irá extrair certos juízos)*

3) É importante dizer que, se um verbo ou um nome da oração subordinada adjetiva exigir a presença de uma preposição, esta ficará <u>obrigatoriamente</u> antes do pronome relativo. Preste atenção! Isso é questão de prova todo ano!

   – *O filho, **pelo qual** a mãe tinha amor, era bom. (Quem tem amor, tem amor **por**)*

Na linguagem coloquial, a ausência da preposição antes do relativo é comum. Cuidado!

   – *Este é o carro que precisamos.* (INADEQUADO)
   – *Este é o carro de que precisamos.* (ADEQUADO)

Às vezes, ocorre migração da preposição com o pronome demonstrativo *o*. A frase "O de que mais gosto é ver filme" soa artificial, afetada e não reflete a realidade linguística atual, apesar de correta, por isso é comum ocorrer o deslocamento da preposição para antes do referente: "<u>D</u>o que mais gosto é ver filme".

Bechara diz algo muito importante: "... <u>omite-se</u> a preposição que pertence a rigor ao relativo, em virtude de já ter o seu antecedente a mesma preposição: 'Você só gosta das coisas que não deve (gostar)' por: das coisas <u>de</u> que não deve (gostar)".

4) É notório hoje em dia o uso não atento às normas gramaticais do pronome relativo. Por isso, faz-se necessário aos que se preocupam com as normas o conhecimento do registro formal.

   – *Este é o livro **que** o autor é excelente.* (LINGUAGEM COLOQUIAL)
   – *Este é o livro **cujo** autor é excelente.* (LINGUAGEM CULTA)

Pelamordedeus! Não se substitui **cujo** por **que**! Isso já foi questão de prova algumas vezes.

Veja a prova disso:

11. (FEC – LOTERJ/RJ – Auditor – 2010) Quando se emprega o relativo "cujo", como fez o autor em "como naqueles comerciais de um refrigerante cujo nome me recuso a declinar" (§ 5), deve-se obedecer à orientação observada em todas as alternativas a seguir, EXCETO aquela em que se diz que o referido pronome:

    a) admite, na língua escrita culta, substituição pelo pronome "que". (GABARITO)

5) A expressão *queísmo* já se popularizou. Trata-se de uma repetição viciosa do vocábulo *que*, principalmente do pronome relativo, ou do seu uso desnecessário: "O carro **que** eu comprei na concessionária **que** eu encontrei meu amigo **que** trabalhava lá era bom" / "O aluno **que** foi aprovado ficou satisfeito". Veja como ficariam mais concisas e claras tais frases: "Comprei um bom carro em cuja concessionária meu amigo trabalhava" / "O aluno aprovado ficou satisfeito".

Segundo a redação do competente site *www.portugueshoje.net*, há algumas maneiras de evitar determinadas construções com o vicioso pronome relativo *que*.

a)   Substituição da oração adjetiva por substantivos seguidos de complemento.

  – *O jornalista, **que redigiu** a matéria sobre as eleições presidenciais, foi bastante tendencioso.*

  – *O jornalista, **autor** da matéria sobre as eleições presidenciais, foi bastante tendencioso.*

b)   Substituição por adjetivo.

  – *A política no Brasil é constituída por políticos **que não são honestos**.*

  – *A política no Brasil é constituída por políticos **desonestos**.*

c)   Substituição da oração desenvolvida por uma oração reduzida de gerúndio.

  – *Publicou-se um relatório **que denuncia** a corrupção no governo.*

  – *Publicou-se um relatório **denunciando** a corrupção no governo.*

d)   Substituição da oração desenvolvida por uma oração reduzida de particípio.

  – *Soube-se da corrupção no governo através de uma reportagem **que foi publicada** pelo jornal.*

  – *Soube-se da corrupção no governo através de uma reportagem **publicada** pelo jornal.*

Interessante, não?

Emprego dos Pronomes Relativos

QUE (substituível pelo variável *o qual*)

- • É invariável.
- • Refere-se a pessoas ou coisas.
- • É chamado de *relativo universal*, pois pode – geralmente – ser utilizado em substituição de todos os outros relativos.

  – *As mulheres, **que** (=as quais) são geniosas por natureza, permanecem ótimas.*

  – *Para rimar, o Mengão, **que** (= o qual) sempre será meu time de coração, é pentacampeão.*

  – *Minha sogra, **a que** (= à qual) tenho grande aversão, está viva ainda.*

  – *O Flamengo é o (= aquilo) **que** preocupa os vascaínos.*

  – *Os dois, **que** (= os quais) você ajudou, já estão recuperados.*

  – *Há uma boa variedade de atividades **de que** (= das quais) o professor também é um observador.*

CUIDADO!!!

1) Numa série de orações adjetivas coordenadas, o *que* pode estar elíptico.
   – *A sala estava cheia de alunos **que** conversavam, (!) riam, (!) dormiam.*

2) O relativo **que** só deve ser antecedido de preposição monossilábica ("a, com, de, em, por; exceto sem e sob"). Do contrário, usam-se os variáveis "o qual, os quais, a qual, as quais" (sem restrição quanto ao uso das preposições ou locuções prepositivas).
   – *Este é o ponto **com que** concordo, mas foi este **sobre o qual** você falou?*
   – *A pessoa **ao encontro da qual** deveria dirigir-me virou o rosto.*

Até onde sei, apenas o gramático Domingos P. Cegalla abona, antes do pronome relativo **que**, o uso de algumas preposições não monossilábicas (a saber: *contra, para* e *sobre*). O pior é que essa visão peculiar já foi trabalhada em concurso por duas bancas (NCE/UFRJ – SES/PA – ADMINISTRADOR HOSPITALAR – 2006 – QUESTÃO 12; FGV – PREF. NITERÓI/RJ – FISCAL DE TRIBUTOS – 2016 – QUESTÃO 2).

3) Evite a ambiguidade usando o substituto do relativo **que**: *o qual*.
   – *Conheci o pai da garota de **que** falei ontem. (De quem se falou ontem?)*
   – *Conheci o pai da garota d**o qual** (ou **da qual**) falei ontem. (sem ambiguidade)*

Evite usar o *que* também quando seu referente estiver distante, pelo bem da clareza: *A bebida em excesso, apesar de provocar doenças no homem, **que** destrói vidas, deve ser evitada.* (construção ruim) / *A bebida em excesso, apesar de provocar doenças no homem, **a qual** destrói vidas, deve ser evitada.* (construção recomendada)

4) Cuidado para não confundir o relativo **que** (= o qual) com a conjunção integrante **que**, ou com o pronome interrogativo **que**, ou com a partícula expletiva **que** (que faz parte da expressão formada por *ser + que*).
   – *Encontrei o homem **que** estava devendo o curso.* (pronome relativo)
   – *Eu disse ao homem **que** se afastasse dela.* (conjunção integrante)
   – *Eu não soube pelo homem **que** era para fazer.* (pronome interrogativo/indefinido)
   – *Foi este homem **que** nos agrediu, policial!* (partícula expletiva)

5) Observe esta estrutura única do relativo **o qual**, com valor partitivo, normalmente usado após numerais e certos pronomes indefinidos.
   – *Ele escreveu mais de dez romances, **três dos quais** já foram traduzidos em vários idiomas.* (*os quais* retoma *romances*).
   – *Há bons imóveis aqui, **muitos dos quais** estão valorizando cada vez mais.* (*os quais* retoma *imóveis*)

6) O pronome relativo **o qual** só vem I) em orações adjetivas explicativas ou II) em restritivas quando antecedido de preposição:
   – *Os alunos **os quais** passaram na prova estudaram muito (errado);*
   – *Os alunos, **os quais** passaram na prova, estudaram muito (certo);*
   – *Os alunos **dos quais** falamos hoje passaram na prova (certo).*

QUEM

- É invariável.
- Refere-se a pessoas ou a algo personificado.
- A preposição *a* precederá o relativo *quem* normalmente, exceto se o verbo ou um nome da oração subordinada adjetiva exigir outra preposição. De qualquer forma, vem sempre preposicionado.

  – *A Justiça,* **a quem** *devo obediência, é meu guia.*
  – *Eis o homem* **a quem** *mais admiro.*
  – *Conheci uma musa,* **por quem** *me apaixonei.*
  – *Deus,* **perante quem** *me ajoelho, é importantíssimo.*

 CUIDADO!!!

1) Por motivo eufônico, evita-se o uso da preposição **sem** antes de **quem**; prefere-se **sem o qual** em vez de **sem quem**:
   – *Esperávamos Maria,* **sem a qual** *não sairíamos.*

2) É denominado **relativo indefinido** (ou **pronome relativo sem antecedente**), ou ainda, **pronome indefinido ou interrogativo**, quando aparece sem antecedente e sem preposição. Alguns gramáticos (como Adriano da Gama Kury, Bechara, Said Ali e Ulisses Infante) consideram o **quem** (nos casos abaixo) como um mero pronome indefinido ou interrogativo e a oração iniciada por ele como substantiva; outros consideram que o **quem** equivale a **aquele que**, sendo um relativo sem antecedente (como Rocha Lima e Celso Cunha) e a oração iniciada por ele como adjetiva. Encontrei uma questão que ficou com a visão do Rocha Lima; consulte a seguinte prova: ADVISE – PREF. DE SÃO JOÃO/PE – ASSISTENTE ADMINISTRATIVO EDUCACIONAL – 2016. Para mim, é um pronome indefinido ou interrogativo, mas, ao preparar um recurso, minha opinião não serve de nada, mas sim a dos gramáticos que constantemente cito.

   Segundo alguns gramáticos, além do pronome relativo indefinido **quem**, há outros pronomes relativos que podem aparecer sem antecedente, como **onde** (<u>Onde</u> moro é bom = <u>O lugar em que</u> moro é bom). Sim, as bancas cada vez mais trabalham, infelizmente, em cima das polêmicas gramaticais...

   – ***Quem*** *lê sabe mais.*
   – ***Quem*** *despreza a razão odeia a si mesmo.*
   – *A vingança era* ***quem*** *o impelia.*

3) É importante dizer que o **quem** pode ser também pronome interrogativo em outro contexto: "*Quem é você?*".

4) Não existe absolutamente nenhuma restrição gramatical quanto ao uso de preposição com uma ou mais sílabas antes do pronome relativo **quem**. Logo, estão corretas as frases a seguir: *A professora* **de quem** *falei era competente; A professora* **sobre quem** *falei era competente.* Consulte esta questão para comprovar: FCC – SEGEP/MA – Técnico de Fiscalização Agropecuário – 2018 – Questão 15 (letra A).

Capítulo 11 • Pronome

CUJO

- É um pronome adjetivo que vem, geralmente, entre dois nomes substantivos explícitos, entre o ser possuidor (antecedente) e o ser possuído (consequente).
- É variável, logo concorda em gênero e número com o nome consequente, o qual geralmente difere do antecedente.
- Nunca vem precedido ou seguido de artigo, é por isso que não há crase antes dele.
- Geralmente exprime valor semântico de posse.
- Equivale à preposição *de* + *antecedente*, se invertida a ordem dos termos.

  - *O Flamengo,* **cujo** *passado é glorioso, continua alegrando.* (O passado do Flamengo...)
  - *Esta é uma doença* **contra cujos** *males os médicos lutam.* (... contra os males da doença)
  - *Vi o filme* **a cujas** *cenas você se referiu.* (... às cenas do filme)
  - *O telefone,* **cuja** *invenção ajudou a sociedade, é útil.* (A invenção do telefone...)*
  - *O registro formal, em que o grau de prudência é máximo, e* **cujo** *conteúdo é mais elaborado e complexo é o preferido dos professores de língua portuguesa.* (... o conteúdo do registro formal...)

Observação

* Aqui não há relação de posse, mas sim valor passivo. Os gramáticos que corroboram esta análise são estes: Maria Helena de Moura Neves e Ulisses Infante. Por isso, neste caso, ele é analisado sintaticamente como complemento nominal. Falo mais sobre isso no capítulo 23.

QUANTO

- É variável.
- Aparece sempre após os pronomes "tudo, todo (e variações) e tanto (e variações)" seguidos ou não de substantivo ou pronome. Segundo o conceituado professor Carlos Rocha, não vem preposicionado, pois exerce função de sujeito e objeto direto apenas.

  - *Ele encontrou tudo* **quanto** *procurava.*
  - *Bebia toda a cerveja* **quanta** *lhe ofereciam.*
  - *Todas* **quantas** *colaborarem serão beneficiadas.*
  - *Aqui há tantos movimentos* **quantos** *se podem esperar.*
  - *Explico tantas vezes* **quantas** *sejam necessárias.*

Observação

É importante dizer que o **quanto** pode ser conjunção, pronome interrogativo ou indefinido em outros contextos. Nunca vi uma questão de prova sobre este pronome relativo!

ONDE

- É invariável.
- Aparece com antecedente locativo real ou virtual.

- Substituível por *em que, no qual* (variações).
- Pode ser antecedido, principalmente, pelas preposições *a, de, por* e *para*. Aglutina-se com a preposição *a*, tornando-se *aonde*, e com a preposição *de*, tornando-se *donde*.

  – *A cidade **onde** (= em que/na qual) moro é linda.*
  – *Meu coração, **onde** tu habitas, é teu e de mais ninguém.*
  – *O sítio **para onde** voltei evocava várias lembranças.*
  – *As praias **aonde** fui eram simplesmente fantásticas.*
  – *O lugar **donde** retornei não era tão bom quanto aqui.*
  – *A casa **por onde** passamos ontem era minha.*
  – *O adversário invadiu sua mente – **onde** ninguém antes havia entrado.*

 CUIDADO!!!

1) Há um uso indiscriminado do relativo **onde** na linguagem coloquial, retomando ideias não locativas. Isso costuma ser trabalhado em prova, a Esaf adora (ESAF – MRE – ASSISTENTE DE CHANCELARIA – 2004 – QUESTÃO 9 / ESAF – SMF/RJ – FISCAL DE RENDAS – 2010 – QUESTÃO 10 / ESAF – MI-CENAD – NÍVEL SUPERIOR – 2012 – QUESTÃO 14). Seguem exemplos abaixo:

   – *Ontem, fomos recepcionados pela Camila **onde** nos acolheu com muito afeto.*
   – *Esta instrução é excelente **onde** permite que a criança aproveite o máximo.*
   – *A sala é bem espaçosa **onde** tornou possível as brincadeiras em grupo.*
   – *Há uma boa variedade de atividades **onde** o professor também é um observador.*

No português padrão, os **"ondes"** acima devem ser substituídos, respectivamente, por *a qual, pois, o que, das quais,* porque **onde** equivale a "**lugar em que**" ou simplesmente a "**em que**", quando se refere a um termo antecedente indicativo de lugar; seu uso não cabe, portanto, nas frases apresentadas acima.

COMO

- É invariável.
- Precedido pelas palavras *modo, maneira, forma* e *jeito*.
- Equivale a "pelo qual", normalmente.

  – *Acertei o jeito **como** fazer as coisas.*
  – *Encontraram o modo **como** resolver a questão.*
  – *A maneira **como** você se comportou é elogiável.*
  – *Gosto da forma **como** aqueles atores contracenam.*

Observação

É digno de nota que o vocábulo **como** pode ser classificado de diferentes formas a depender do contexto. Falarei sobre isso minuciosamente no capítulo 31.

Capítulo 11 • Pronome

QUANDO
- É invariável.
- Retoma antecedente que exprime valor temporal.
- Equivale a "em que".

  - *Ele era do tempo* **quando** *se amarrava cachorro pelo rabo.*
  - *É chegada a hora* **quando** *(= em que) todos devem se destacar.*

> **Observação**
>
> Alguns gramáticos, como Bechara, o chamam de **advérbio relativo** (*onde* e *como* entram nessa classificação). Lembre-se de que este vocábulo (quando) pode ser uma conjunção temporal ou um advérbio interrogativo, em outro contexto.

Valor Discursivo (Linguística Textual)

Começo esta parte do capítulo de maneira diferente.

2. (FGV – Potigás – Contador Jr. – 2006) *A diplomacia é exatamente* isto*: a arte de usar sinais e palavras para manifestar agrados e desagrados, defender interesses e estabelecer limites, construir respeito recíproco e negociar parcerias.* (L.37-40)

O pronome destacado no trecho acima exerce função:
a) anafórica.
b) dêitica.
c) epanafórica.
d) catafórica (Gabarito!).
e) díctica.

Esta questão ilustra bem o que pode cair na prova, pois é o "resumo da ópera" sobre a função textual dos pronomes (ou seu valor discursivo). Ah! Não custa dizer que a FGV adora questões com esses "nomezinhos". O gabarito é a letra D, pois o pronome *isto* antecipa uma ideia ou se reporta a uma ideia pos-te-ri-or.

Apesar de já termos visto isso diluído ao longo de *A Gramática*, principalmente em pronomes demonstrativos, vamos sistematizar o assunto agora falando sobre os demais pronomes! Como já sabemos o que é *exófora/dêixis* e *endófora (anáfora e catáfora)* – conceitos vistos em pronomes demonstrativos (recapitule!) –, não percamos tempo.

Ah! O que é função **epanafórica**? Não é nada! "Ahn? Como assim, Pestana?" Simples. Para criar uma certa dificuldade (= confusão) na questão, o "homem da banca" trabalhou uma figura de linguagem chamada **epanáfora** no meio de recursos discursivos de coesão (ah, existe uma figura de linguagem chamada **anáfora**, mas não tem nada a ver com a anáfora de que falamos em pronomes demonstrativos, hein! Bem... deixa isso para lá... vou deixar para falar disso em *Figuras de Linguagem*). Voltando... a **epanáfora** diz respeito à repetição de vocábulos no início de versos ou frases. Isso não cai em prova, a FGV foi maldosa, colocou esse nome só para assustar os desavisados.

Vamos aos valores discursivos dos tipos de pronomes:

Pronomes Pessoais

Os pessoais retos, oblíquos e de tratamento colaboram para a boa compreensão da leitura de um texto, isto é, seu valor discursivo é ótimo para fazer referência a termos ou trechos inteiros **dentro do texto** (função endofórica – anafórica [refere-se a algo anterior] e catafórica [refere-se a algo posterior]) ou para fazer referência a termos ou trechos inteiros **fora do texto** (função exofórica, dêitica ou díctica – é tudo a mesma coisa, são só nomes bonitinhos para dar medo).

Função endofórica

– *Aquele aluno passou na prova? Mas **ele** nem estudou...* (valor anafórico)
– ***Ela**... sempre **ela**... Como Clarice Lispector escrevia difícil!* (valor catafórico)
– *Nosso país tem um quê de alegria, por isso todos **o** amam.* (valor anafórico)
– *Chamá-**lo** de burro foi demais. João era um jumento!* (valor catafórico)
– *O Deputado depôs de novo, mas nada tenho contra **Sua Excelência**.* (valor anafórico)
– ***Sua Excelência** tem bons precedentes, logo Maria será reeleita.* (valor catafórico)

Função exofórica (dêitica ou díctica)

– ***Nós** costumamos ajudá-lo, **Vossa Excelência**, mas agora foi a gota d'água.*

> ◉ Observação
>
> Em **discurso relatado** (reprodução de falas de outras pessoas), é possível haver referenciação dentro do texto (função endofórica) por meio dos pronomes de 1ª pessoa e de 2ª pessoa, que normalmente se usam com função dêitica. Veja:
> *(...) Por essa razão, **Assenoff** disse a Meire-Anne:*
> *– **Eu** não posso mais trabalhar em Niterói, por mais que tu me implores.*
> Note que *Eu* e *tu* retomam anaforicamente seus respectivos referentes: "Assenoff" e "Meire-Anne".

Pronomes Possessivos

Função endofórica

– *Em **suas** viagens, o professor sempre comprava lembrancinhas para **sua** esposa.* (valor catafórico e anafórico, respectivamente)

Pronomes Indefinidos

Função endofórica

– *Será gasto muito dinheiro na Copa, e **mais** nas Olimpíadas.* (valor anafórico)
– ***Ninguém** foi liberto da prisão: nem Beira-Mar nem Marcinho VP.* (valor catafórico)

Pronomes Interrogativos

Função endofórica

– *Ela e ele se classificaram, mas **qual** ficou realmente feliz?*
– ***Quem** é mais famoso: Rodrigo Santoro ou Wagner Moura?*

> **Observação**
> Não falarei aqui da função textual (ou valor discursivo) dos demonstrativos, pois já falei na parte do emprego deles. Não falarei sobre o valor discursivo dos relativos, pois todos nós já sabemos que eles sempre têm valor anafórico. Ok?

Estude bem este capítulo, pois há muitas questões de coesão nele. O exercício delas te ajudará a chegar ao capítulo de *Coesão* com segurança e sem medinho.

O Que Cai Mais na Prova?

Esta é simplesmente a classe gramatical mais exigida em concursos, junto com verbo e conjunção. Simplesmente isso! Para ser mais específico: estude **pronome pessoal oblíquo átono (principalmente "colocação pronominal"), pronome demonstrativo e pronome relativo.** Estude tudo sobre **valor discursivo**! Tudo! Se fizer isso, a vaga é sua!

> *Concurseiro(a), quer uma dica de irmão? Guarde no seu coração o que vai ler agora: NUNCA DEIXE DE FAZER SEU PRÓPRIO RESUMO DE CADA CAPÍTULO. Esse processo cognitivo é **extremamente** valioso. Eu poderia ser legalzinho e fofinho pondo um quadro-resumo do que vimos no capítulo, mas, se fizesse isso, estaria sabotando você, impedindo-o(a) de ter esse trabalho de internalização imprescindível do conteúdo. **Por favor, não pule essa etapa!!!** Mesmo que seu resumo fique gigantesco (não vá escrever outra gramática... rsrs), nunca deixe de fazê-lo, para o seu próprio bem! Seu cérebro agradece e, quando passar no concurso, sua conta no banco também. Vá fundo na missão!* ☝

Neste capítulo, precisei exagerar no número de questões, ok? Ah, concurseiro que é concurseiro nem liga para isso...

1. (Esaf – SRF – Auditor-Fiscal da Receita Federal – 2009) (Adaptada) Qual afirmação abaixo está incorreta?
   "Estamos entrando no terço final de 2009 com uma visão mais clara sobre os fatores que levaram à crise financeira que nos atingiu a partir do colapso do banco Lehman Brothers. Um dos pontos centrais na **sua construção** foi, certamente, a questão da regulação e controle das instituições financeiras. Mesmo não sendo a origem propriamente dita da crise, a regulação falha permitiu que os elementos de fragilidade no sistema assumissem enormes proporções. Depois de termos vivido um longo período **em que** prevaleceu a ilusão da racionalidade intrínseca aos mercados financeiros, hoje há novamente o reconhecimento das fragilidades e dos riscos sistêmicos associados a **seu funcionamento**".
   I.   A substituição de "em que" por **no qual** mantém a correção gramatical e as informações originais do período.
   II. A expressão "sua construção" refere-se ao antecedente "banco Lehman Brothers".
   III. A expressão "seu funcionamento" refere-se ao antecedente "mercados financeiros".

2. (Esaf – CVM – Agente Executivo – 2010) Em relação aos elementos coesivos do texto, assinale a opção correta.

*"Hoje não há mais dúvida a respeito do aquecimento global e de outros problemas gerados pelo consumo de energia e pela industrialização. Não se pode deter o desenvolvimento e não se pode **mantê-lo** sem aumento do consumo global de energia. A principal fonte de energia hoje são os combustíveis fósseis e o maior vilão **dessa história** é a emissão de CO_2 na atmosfera (embora não seja o único). Parece irreversível a tendência à **sua redução** pela adoção de novas e mais eficientes tecnologias e fontes de energia.*

*Acabar drasticamente e de imediato com as emissões de CO_2 e com a utilização de combustíveis fósseis não é possível. Por outro lado, adotar novas tecnologias que aumentem ou estimulem ainda mais o **seu consumo**, nem pensar.*

*O século XX viu a consolidação da Era do Petróleo, motor do desenvolvimento mundial desde o final do século XIX até hoje, no começo do século XXI. **Esse ciclo** de predominância do petróleo deve ser aos poucos substituído por um predomínio do gás natural, (...)".*

a) Em "mantê-lo", o pronome "-lo" retoma o antecedente "consumo".

b) A expressão "dessa história" retoma o antecedente "consumo global de energia".

c) Em "seu consumo", "seu" refere-se a "combustíveis fósseis".

d) Em "sua redução", "sua" refere-se a "industrialização".

e) A expressão "Esse ciclo" retoma o antecedente "começo do século XXI".

3. (Cespe/UnB – MPU – Técnico Administrativo – 2010) O deslocamento do pronome "se" para imediatamente após a forma verbal "concretizar" – **não deverá concretizar-se** – não prejudicaria a correção gramatical do texto.

( ) CERTO ( ) ERRADO

4. (Cespe/UnB – EBC – Gestor de Atividade Jornalística – 2011)

Texto 1

São Paulo, 18 novembro 1925.

Carlos,

Dá-se isto: ontem me apareceu um dos redatores da Noite do Rio aqui em casa e além de me pedir uma entrevista pra tal propôs o seguinte: a Noite organiza um Mês Modernista. Durante um mês todos os dias o jornal publicará um artiguete de meia coluna assinado por um modernista qualquer. O artiguete poderá ser crítica, fantasia, versos, o que a gente quiser. Pagam 50$ por artigo. Os escolhidos são: Manuel Bandeira e Prudente de Morais no Rio, eu e Sérgio Milliet em São Paulo, você e o Martins de Almeida em Minas. Me mande com absoluta urgência uma linha sobre isto falando que aceitam, pra eu dispor as coisas logo. Estou esperando. Ciao.

Mário

Texto 2

Belo Horizonte, 20 novembro 1925.

Mário,

Salve. Recebi hoje tua expressa fazendo o amável – e gostoso – convite para escrever umas besteiras na Noite. Aceito. O Martins de Almeida, avisado, também aceitou. Diga para quando é a joça, que estamos prontos. E desde já te agradeço o reclame e os cobres, pois estou certo que foi você que se lembrou do meu nome. Depois escreverei mais longamente.

Um abraço forte do

Carlos

Os dois textos diferem quanto à colocação dos pronomes átonos: no texto 1, a colocação é livre, alternando-se usos prescritos e não prescritos pela norma culta; no texto 2, a posição dos pronomes átonos está de acordo com a norma culta.

( ) CERTO ( ) ERRADO

5. (Cespe/UnB – Correios – Analista de Correios (Letras) – 2011) A colocação pronominal em "caracteriza-se" (Essa revolução caracteriza-se simultaneamente por uma série...) indica a escolha dos autores por um registro mais formal de linguagem; o emprego desse pronome antes da forma verbal, além de caracterizar desrespeito às regras gramaticais do registro padrão da linguagem, representaria, no contexto, uso inadequado da linguagem, dado o caráter institucional do texto.

( ) CERTO ( ) ERRADO

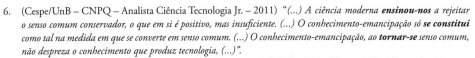

6. (Cespe/UnB – CNPQ – Analista Ciência Tecnologia Jr. – 2011) *"(...) A ciência moderna ensinou-nos a rejeitar o senso comum conservador, o que em si é positivo, mas insuficiente. (...) O conhecimento-emancipação só se constitui como tal na medida em que se converte em senso comum. (...) O conhecimento-emancipação, ao tornar-se senso comum, não despreza o conhecimento que produz tecnologia, (...)".*
Devido à estrutura sintática em que ocorrem, o emprego dos pronomes após o verbo em "ensinou-nos" e em "tornar-se" é obrigatório; por isso, a correção gramatical do texto seria prejudicada se esses pronomes fossem utilizados como em "se constitui".
( ) CERTO ( ) ERRADO

7. (Cespe/UnB – Instituto Rio Branco – Diplomata – 2011) *"(...) Oscar não acredita em Papai do Céu, nem que estará um dia construindo brasílias angélicas nas verdes pastagens do Paraíso. Põe ele, como um verdadeiro homem, a felicidade do seu semelhante no aproveitamento das pastagens verdes da Terra; no exemplo do trabalho para o bem comum e na criação de condições urbanas e rurais, em estreita intercorrência, que estimulem e desenvolvam este nobre fim: fazer o homem feliz dentro do curto prazo que lhe foi dado para viver. (...)".*
A elipse em "nem que estará" e o emprego do pronome anafórico "ele" são mecanismos de coesão utilizados para referenciar o substantivo "Oscar".
( ) CERTO ( ) ERRADO

8. (Cespe/UnB – Instituto Rio Branco – Diplomata – 2011) Dada a propriedade que assume o pronome "este" nos mecanismos coesivos empregados no trecho "que estimulem e desenvolvam este nobre fim", não é facultada a seguinte reescrita: *que estimulem este nobre fim e o desenvolvam.*
( ) CERTO ( ) ERRADO

9. (Cespe/UnB – TJ/ES – Analista Judiciário (Letras) – 2011) *"O fato de que o homem vê o mundo por meio de sua cultura tem como consequência a propensão do homem a considerar o seu modo de vida como o mais correto e o mais natural. Tal tendência, denominada etnocentrismo, é responsável, em seus casos extremos, pela ocorrência de numerosos conflitos sociais. O etnocentrismo, de fato, é um fenômeno universal. É comum a crença de que sua própria sociedade é o centro da humanidade, ou mesmo a sua única expressão. (...) Comportamentos etnocêntricos resultam também em apreciações negativas dos padrões culturais de povos diferentes. Práticas de outros sistemas culturais são catalogadas como absurdas, deprimentes e imorais".*
Na organização textual, o pronome "sua" em ambas as ocorrências, retoma "etnocentrismo".
( ) CERTO ( ) ERRADO

10. (Cespe/UnB – TJ/ES – Analista Judiciário (Letras) – 2011) Fragmento de texto:
"Cultura de paz, para mim, não é um objeto profissional, é um meio de vida. Aprendi muito cedo em casa, com a família, que a paz é a coisa mais importante do mundo. Sua cultura tem base em tolerância e solidariedade. Ela respeita os direitos individuais, assegura e sustenta a liberdade de opinião e se empenha em prevenir conflitos...".
No desenvolvimento do texto, o pronome **"Ela"** remete a **"Sua cultura"**, que, por sua vez, refere-se à cultura de paz.

11. (FCC – TRT/MS (24R) – Técnico Judiciário – 2011) O emprego dos pronomes de tratamento está inteiramente correto na frase:
a) A Vossa Excelência, como Membro deste Tribunal, será encaminhado o processo em que devereis anexar vosso Parecer.
b) Esperamos que V. Sa, aceiteis o convite que ora lhe fazemos, e que nos honrará com vossa presença nesse evento.
c) V. Excia., Senhor Conselheiro deste Tribunal, deverá emitir a orientação a ser seguida por sua equipe de auxiliares.
d) Solicitamos a vós todos, nobres senhores Deputados, que vos unis a nós em defesa dos direitos estabelecidos pela Constituição.
e) É para vós, Vossa Senhoria, que dirigimos nossa solicitação, no sentido de nossa equipe ser recebida em vosso escritório.

12. (FCC – Infraero – Administrador – 2011) Está correto o emprego do elemento sublinhado em:
a) O Príncipe é um símbolo reincidente, a cujo nome pessoal talvez nem mesmo a Branca de Neve tenha conhecimento.
b) A necessidade de bajular o poder é um vício de que muita gente da imprensa não consegue se esquivar.
c) A trama com a qual o personagem anônimo participa jamais seria a mesma sem o seu concurso.

286 A Gramática para Concursos Públicos • Fernando Pestana

d) Em dois segundos o lenhador tomou uma decisão <u>na qual</u> decorreria toda a trama já conhecida de Branca de Neve.

e) Os figurantes anônimos muitas vezes são responsáveis por uma ação <u>em que</u> irão depender todas as demais.

13. (FCC – TRE/PE – Técnico Judiciário – 2011) ... nem por isso deixa de cultuar <u>Delacroix</u> ...
Cézanne admira <u>a maestria plástica de Rubens</u> ...
... já encontramos <u>a chave do enigma cézanneano</u>.
A substituição dos elementos grifados nas frases acima pelos pronomes correspondentes, com os necessários ajustes, terá como resultado, respectivamente:
a) nem por isso deixa de cultuar-lhe / Cézanne a admira / já a encontramos;
b) nem por isso deixa de cultuá-lo / Cézanne lhe admira / já lhe encontramos;
c) nem por isso deixa de lhe cultuar / Cézanne a admira / já encontramos-na;
d) nem por isso deixa de a cultuar / Cézanne lhe admira / já lhe encontramos;
e) nem por isso deixa de cultuá-lo / Cézanne a admira / já a encontramos.

14. (FCC – TRT/SE (20R) – Analista Judiciário – 2011) Está correto o emprego do elemento sublinhado na frase:
a) Não deu certo o tal do método prático <u>em cuja</u> eficiência Paulo Honório chegou a acreditar.
b) Para o jornalista, a criação da língua literária requer uma técnica sofisticada <u>em que</u> nenhum escritor pode abdicar.
c) Quando Paulo Honório leu os dois capítulos datilografados, sentiu neles um artificialismo verbal <u>de que</u> jamais toleraria.
d) Se literatura fosse um arranjo de palavras difíceis, os dicionaristas fariam poemas <u>de cujo</u> brilho ninguém superaria.
e) A linguagem <u>com que</u> Paulo Honório de fato aspirava era simples, direta, e não uma coleção de figuras retóricas.

15. (FCC – TRT/SE (20R) – Técnico Judiciário – 2011) "o cérebro é uma orquestra sinfônica **em que** os instrumentos vão se modificando à medida que são tocados".
A expressão pronominal *em que*, grifada acima, preenche corretamente a lacuna da frase:
a) As questões ...... se preocupam os cientistas dizem respeito às alterações cerebrais devidas ao uso indiscriminado da internet.
b) É incalculável o número de informações, sobre os mais diversos temas, ... o cérebro humano é capaz de processar.
c) As hipóteses aventadas, ... se baseiam os especialistas, devem ainda ser comprovadas por exames acurados.
d) As implicações causadas pela onipresença da internet, ... está sujeito o cérebro humano, são objeto de pre-ocupação de cientistas.
e) As informações ...... dispõem os usuários da comunicação eletrônica são múltiplas, embora sejam superficiais.

16. (FCC – Infraero – Auditor – 2011) A substituição do elemento grifado pelo pronome correspondente, com os necessários ajustes, foi realizada de modo INCORRETO em:
a) O tratamento que é dado <u>aos temas</u> = O tratamento que lhes é dado;
b) que circunscreve <u>seus míticos personagens</u> = que os circunscreve;
c) para começar a entender <u>Guimarães Rosa</u> = para começar a entendê-lo;
d) sua obra criou <u>um âmbito próprio</u> = sua obra criou-o;
e) Guimarães Rosa mantém <u>seu estilo próprio</u> = Guimarães Rosa lhe mantém.

17. (FCC – TRE/AP – Analista Judiciário – 2011) Considere as afirmações que seguem.
I. A sequência na política, na religião, na ciência, na arte, na imprensa, na literatura, na filosofia, até na cozinha constitui elenco de profissões que tiveram de se associar ao domínio da cultura para atingir a economia do estrelato.
II. Em "*A própria literatura consagra escritores no mercado internacional, os quais negociam seus direitos por intermédio de agentes, segundo o sistema que prevalece nas indústrias do espetáculo*", a expressão em destaque foi obrigatoriamente empregada para evitar a ambiguidade que ocorreria se, em seu lugar, fosse usado o pronome "que".
III. Em "A própria literatura consagra escritores no mercado internacional, os quais negociam seus direitos por intermédio de agentes, segundo o sistema **que prevalece** nas indústrias do espetáculo", o segmento destacado poderia ser substituído por "prevalecente", sem prejuízo do sentido e da correção originais.
O texto legitima:

a) I, somente;
b) II, somente;
c) III, somente;
d) I e III, somente;
e) I, II e III.

Capítulo 11 • Pronome **287**

18. (FCC – TRE/RN – Técnico Judiciário – 2011) A reconstrução de um segmento do texto, com um diferente emprego pronominal, que mantém a correção e o sentido originais é:
    a) o corvo, então, tentou virá-lo = O corvo, então, lhe tentou virar;
    b) pegando-as uma a uma = pegando-lhes uma a uma;
    c) não havia meio de alcançá-la = não havia como alcançar-lhe;
    d) o jarro era pesado demais para ele = o jarro lhe era por demais pesado;
    e) atirando-as dentro do jarro = atirando-lhes para dentro do jarro.

19. (FCC – Nossa Caixa Desenvolvimento – Contador – 2011) Está adequado o emprego de ambos os elementos sublinhados na frase:
    a) A obsolescência e o anacronismo, atributos <u>nos quais</u> os americanos manifestam todo seu desprezo, passaram a se enfeixar <u>com a</u> expressão dez de setembro.
    b) O estado de psicose, <u>ao qual</u> imergiram tantos americanos, levou à adoção de medidas de segurança <u>em cuja</u> radicalidade muitos recriminam.
    c) A sensação de que o 11/9 foi um prólogo de algo <u>ao qual</u> ninguém se arrisca a pronunciar é um indício do pasmo <u>no qual</u> foram tomados tantos americanos.
    d) Não é à descrença, sentimento <u>com que</u> nos sentimos invadidos depois de uma tragédia, é <u>na</u> esperança que queremos nos apegar.
    e) Fatos como os de 11/9, <u>com que</u> ninguém espera se deparar, são também lições terríveis, <u>de cujo</u> significado não se deve esquecer.

20. (Cesgranrio – Petrobras – Administrador Júnior – 2011) A colocação do pronome átono destacado está **INCOR-RETA** em:
    a) Quando **se** tem dúvida, é necessário refletir mais a respeito.
    b) Tudo **se** disse e nada ficou acordado.
    c) Disse que, por vezes, temos equivocado-**nos** nesse assunto.
    d) Alguém **nos** informará o valor do prêmio.
    e) Não devemos preocupar-**nos** tanto com ela.

21. (FDC – CREMERJ – Administrador – 2011) "As drogas medicinais ou 'drogas da virtude', prescritas pelos físicos, odontólogos e médicos homeopatas ou alopatas eram manipuladas por boticários, que importavam remédios europeus e usavam produtos nativos em sua formulação."
    No texto há um conjunto de elementos que se prendem a termos anteriores a fim de produzir coesão (ligações formais e semânticas) entre esses elementos. A indicação **INCORRETA** de um desses termos é:
    a) o pronome possessivo *sua* tem como referente "remédios europeus";
    b) o particípio *prescritas* refere-se às duas espécies de drogas mencionadas antes;
    c) o conectivo *por* une a forma verbal *eram manipuladas* a seu agente;
    d) a forma verbal *usavam* repete o mesmo sujeito de *importavam*;
    e) o pronome relativo *que* refere-se a boticários.

22. (Funiversa – SES/DF – Enfermeiro – 2011) Assinale a alternativa que apresenta reescrita correta de passagem do texto.
    a) "Trata-se do único relato dessa natureza em toda biologia." (Trata-se do único relato dessa natureza em toda a biologia);
    b) "na sua cadeia genética" (em sua cadeia genética);
    c) "por que ele iria suportar" (como ele iria suportar);
    d) "mais população é resultado de mais consumo, o que significa mais devastação e mais lixo" (mais população, mais consumo, ou seja, mais devastação, mais lixo);
    e) "suportar a dor das perdas prematuras a qual" (suportar a dor das perdas prematuras que).

23. (Cesgranrio – Petrobras – Analista de Sistemas Júnior – 2012) Aos trechos abaixo, retirados do texto, foram propostas alterações na colocação do pronome. Tal alteração está de acordo com a norma-padrão em:
    a) "foram se fechando" – *foram fechando-se;*
    b) "Pensa-se logo num palhaço" – *Se pensa logo num palhaço;*
    c) "ninguém lhe esquece a tristeza" – *ninguém esquece-lhe a tristeza;*
    d) "Trata-se na verdade" – *Se trata na verdade;*
    e) "que quase se limita a olhar" – *que quase limita-se a olhar.*

288 A Gramática para Concursos Públicos • Fernando Pestana

24. (FCC – TRE/SP – Analista Judiciário – 2012) Está correto o emprego de ambos os elementos sublinhados na frase:
   a) A argumentação na qual se valeu o ministro baseava-se numa analogia em cuja pretendia confundir função técnica com função política.
   b) As funções para cujo desempenho exige-se alta habilitação jamais caberão a quem se promova apenas pela aclamação do voto.
   c) Para muitos, seria preferível uma escolha baseada no consenso do voto do que a promoção pelo mérito onde nem todos confiam.
   d) A má reputação de que se imputa ao "assembleísmo" é análoga àquela em que se reveste a "meritocracia".
   e) A convicção de cuja não se afasta o autor do texto é a de que a adoção de um ou outro critério se faça segundo à natureza do caso.

25. (FCC – TCE/SP – Agente de Fiscalização Financeira – 2012) *"Isso talvez nos explique por que os gregos, estes que teriam inventado a democracia ocidental com seus valores, na verdade, legaram-nos apenas um valor fundamental: a suspeita de si".*
   Considerada a frase anterior, em seu contexto, o ÚNICO comentário que o texto NÃO legitima é o seguinte:
   a) *Isso* remete ao que se expõe anteriormente na frase iniciada por *isso*.
   b) A forma verbal *explique* é exigida por estar presente no enunciado uma ideia de possibilidade, não de certeza.
   c) Na construção adotada no enunciado, o emprego da próclise pronominal – "nos legaram" – é legítimo.
   d) A forma verbal *teriam inventado* exprime um fato suposto.
   e) Está em conformidade com o padrão culto escrito esta redação alternativa à do segmento destacado: "o motivo dos gregos legarem-nos apenas um valor fundamental".

26. (Cespe/UnB – Instituto Rio Branco – Diplomata – 2012) A inadequação no emprego do pronome de tratamento em "Morro de medo de comparecer diante de um Juiz. Emeretíssimo, dá licença de eu fumar?" é sanada pela escritora no período "Obrigada, Vossa Eminência", o que evidencia o deliberado desrespeito a padrões normativos da língua portuguesa.
   ( ) CERTO   ( ) ERRADO

27. (Cespe/UnB – TC/DF – Auditor de Controle Externo – 2012) O pronome "o" (... o poder do rei passou a ser um tanto limitado pelos nobres, que o obrigaram a...) retoma, por coesão, a expressão "o poder do rei".
   ( ) CERTO   ( ) ERRADO

   *"(...) Da governalidade aos atos cotidianos, o mundo da vida no qual ética e moral se cindiram há **muito** tempo transformou--se na sempre saqueável terra de ninguém. (...) A mesma polícia que combate o narcotráfico nas favelas das grandes cidades poderia ocupar o Congresso e **outros** espaços do governo **onde** a corrupção é a regra. (...) Se a conduta de praxe seria não apenas aceitar, mas exigir dinheiro em troca de uma ação **qualquer** na contramão do dever, é porque no sistema da corrupção o valor da honestidade, que garantiria ao sujeito a sua autonomia, foi substituído pela vantagem do dinheiro".*

28. (Consulplan – TSE – Analista Judiciário – 2012) Assinale a palavra que, no texto, NÃO exerça papel pronominal.
   a) onde.   b) muito.   c) qualquer.   d) outros.

29. (Vunesp – Pref. São José dos Campos/SP – Analista em Gestão Municipal – 2012) Na frase – Os suspeitos são **os** de sempre... – a palavra em destaque tem o mesmo emprego que se verifica na palavra destacada em:
   a) Os carros estavam em alta velocidade, quando policiais **os** interceptaram.
   b) **Quem** poderia fazer o favor de me encomendar o novo dicionário?
   c) Alguns funcionários perguntaram se **os** salários atrasariam naquele mês.
   d) Todos os alunos fizeram a prova, mas só **alguns** assinaram a presença.
   e) **Aqueles** que precisavam de mais informações foram auxiliados.

30. (Esaf – MDIC – Analista de Comércio Exterior – 2012) Para preservar a coerência e a correção gramatical do texto, assinale a opção que corresponde ao termo a que se refere o elemento coesivo constituído pelo pronome "-la".
   A **reciprocidade** de tratamento é tradicional princípio da **liturgia** diplomática. Esse pressuposto consagrado na relação entre as nações – econômicas e migratórias, entre outras – é determinante para estimular o equilíbrio e afastar a **tensão** na **convivência** entre os países, colaborando para mantê-**la** em desejável harmonia. É **hipocrisia**, por exemplo, cobrar de uma parceria obediência a normas de bom trato (ou de acolhimento) se o outro lado da fronteira não é contemplado com o respeito ao protocolo da civilidade.
   a) "convivência".   c) "reciprocidade".   e) "hipocrisia".
   b) "liturgia".   d) "tensão".

Capítulo 11 • Pronome **289**

31. (Esaf – MI-CENAD – Engenheiro de Telecomunicações – 2012) Fragmento de texto:
(...) A igualdade e a dignidade humana que uma sociedade pode produzir referem-se à possibilidade de **o cidadão** ter condições materiais e subjetivas à **sua** disposição, para que, atendidas **suas** necessidades básicas e diárias de bem-estar, **ele se** ocupe com questões outras que a sobrevivência. (...)
No entanto, a Finlândia tornou-se uma **sociedade tão igualitária** quanto apática. Pouco criativa, reproduz o mundo com extrema facilidade, mas **tem limitada capacidade transformadora.** A maioria de seus educados cidadãos são **seres** pouquíssimo críticos: questionam pouco a vida **que** levam e são fisicamente contidos. E **isso** não parece ter forte relação com o frio. É um acomodamento social, um respeito quase inexorável pelas regras. **Esse resultado** não foi causado, é evidente, pelo formato social igualitário. Em outros termos, não foi a igualdade que deixou o país apático. Ademais, sociedades desiguais podem ser tão ou mais acríticas e reprodutoras. O ponto que nos intriga é que a igualdade, o respeito e a dignidade dados a **todos** não levaram à autonomia, ao pensamento criativo e crítico, e a processos transformadores.
Na organização das relações de coesão e coerência do texto,
a) O pronome "todos" retoma e sintetiza os termos da enumeração "a igualdade, o respeito e a dignidade".
b) a expressão "tem limitada capacidade transformadora" retoma, com outras palavras, a ideia de "reproduz o mundo com extrema facilidade".
c) o substantivo "seres" e o pronome "que" retomam a expressão "seus educados cidadãos".
d) a expressão "Esse resultado" retoma a ideia de "sociedade tão igualitária", já sintetizada em "isso".
e) os pronomes "sua", "suas", "ele" e "se" referem-se a "o cidadão".

32. (Ceperj – Iterj/RJ – Analista de Gestão Organizacional – 2012) "Antes de analisarmos as disposições da legislação brasileira sobre esse assunto, impõe-se, inicialmente, uma breve análise das diferentes questões sociopolíticas relativas à legalização do solo."
No fragmento acima reproduzido, o emprego da 1ª pessoa do plural tem o papel de:
a) designar um sujeito coletivo que se responsabiliza pelo que foi dito.
b) incluir enunciador e leitor, para aproximá-los.
c) evitar a 1ª pessoa do singular como estratégia de polidez.
d) marcar um sujeito institucional, representado pela universidade.
e) indicar um enunciador coletivo, mas difuso e amplificado.

33. (FCC – TRE/PR – Técnico Judiciário – 2012) *"Um conjunto recente de pesquisas na área da neurociência sugere uma reflexão acerca dos efeitos devastadores do computador sobre a tradição da escrita em papel. Por meio da observação do cérebro de crianças e adultos, verificou-se de forma bastante clara que a escrita de próprio punho provoca, na região dedicada ao processamento das informações armazenadas na memória, uma atividade significativamente mais intensa do que a da digitação, o que tem conexão direta com a elaboração e a expressão de ideias. (...)".*

*... **o** que tem conexão direta com a elaboração e a expressão de ideias.*
No contexto, o pronome grifado acima substitui, especificamente:
a) um conjunto recente de pesquisas na área da neurociência;
b) uma reflexão acerca dos efeitos devastadores do computador;
c) a tradição da escrita em papel;
d) a observação do cérebro de crianças e adultos;
e) a escrita de próprio punho provoca (...) uma atividade significativamente mais intensa do que a da digitação.

34. (AOCP – BRDE – Analista de Sistemas – 2012) Nos fragmentos abaixo, extraídos do texto, a colocação pronominal foi alterada. Assinale a única alternativa correta.
a) Ou que voltaram-se todos para o passado...
b) Maior do que esperaria-se...
c) Tradição é o que cultua-se por todos os lados...
d) E seguiu-se a manifestações antiformalistas...
e) Não trata-se de um tradicionalismo conservador...

35. (Fumarc – TJ/MG – Oficial Judiciário – 2012) Assinale a CORRETA correspondência entre o termo em negrito e o substantivo a que ele se refere:
a) "(...) tamanhos avanços tecnológicos provocam o distanciamento dos jovens em vez de aproximá-**los**..." § 6 (jovens).
b) "nos colégios e clubes, mesmo após meses de convívio, **eles** têm dificuldade de se aproximar dos colegas". § 6 (pais).
c) "(...) **são** incapazes de descobrir a viagem mágica no mergulho da boa leitura..." § 7 (colegas).
d) "Aí, certamente, haverá prazer de ler Machado de Assis, Ignácio de Loyola Brandão, Marina Colasanti, Adélia Prado, Nélida Piñon e muitos **outros**". § 9 (contos).

36. (Fumarc – TJ/MG – Técnico Judiciário – 2012) O elemento de ligação MAIS adequado para reunir, na mesma sequência, os pensamentos, é:
   I. O nome da cidade é Nadópolis.
   II. A população da cidade a respeita muito.
   a) onde;   b) que;   c) cuja;   d) quanto.

37. (AOCP – BRDE – Assistente Administrativo – 2012) Com base no texto, julgue os itens a seguir.
   I. O fragmento "minhas duas filhas estão se preparando" pode ser substituído por "estão preparando-se".
   II. O fragmento "que se tratava de transposições" pode ser substituído por "se tratavam".
   III. O fragmento "Não vou me deter" pode ser substituído por "Não deter-me-ei".
   IV. A próclise, em "Aí tudo se torna" e "Já me deparei", ocorre devido à presença de expressões indefinidas.
   Está(ão) correta(s):
   a) apenas I;   c) apenas I e II;   e) apenas II, III e IV.
   b) apenas III;   d) apenas II e IV;

   "(...) Só duas loiras, parecidas entre si, estão por lá. São grandes as chances de o rapaz se interessar por uma das loiras, porque é mais fácil para o cérebro compará-las do que comparar dezenas de morenas (...)".

38. (PaqTcPB – UEPB – Técnico em Informática – 2012) Em "porque é mais fácil para o cérebro compará-**las**", o termo **las** refere-se a:
   a) uma das loiras;   d) dezenas de morenas;
   b) uma loira e uma morena;   e) uma das morenas.
   c) duas loiras;

39. (Ceperj – Procon/RJ – Técnico em Contabilidade – 2012) "a sua fiel e querida boneca, que você não vê há três meses" No exemplo acima, o vocábulo "que" substitui um termo antecedente ("boneca") e é classificado, por isso, como pronome relativo.
   Outro exemplo no qual o vocábulo "que" funciona como pronome relativo está em:
   a) "Sei que você sente muitas saudades";
   b) "Aposto que você nem sabia";
   c) "eletrodomésticos que não funcionavam";
   d) "ninguém mais fraco do que nós";
   e) "Não deveríamos aguardar resignadamente que decidissem".

40. (Ceperj – Procon/RJ – Técnico em Contabilidade – 2012) A substituição da expressão grifada por um pronome pessoal está corretamente realizada em:
   a) assina esta coluna – assina-lhe;
   b) formamos um grande grupo – formamo-nos;
   c) vamos tomar o poder – vamos tomá-lo;
   d) mudar o mundo – mudar-se;
   e) preparando a revolução – preparando-na.

41. (FCC – TJ/RJ – Comissário da Infância e da Juventude – 2012) O restaurante Reis, ... o poeta era assíduo frequentador, ficava no velho centro do Rio.
   Preenche corretamente a lacuna da frase acima:
   a) o qual;   b) no qual;   c) de que;   d) de cujo;   e) em que.

42. (Cespe – CPRM – Técnico de Geociências – 2013) Feitas as necessárias alterações na grafia das palavras, o deslocamento do vocábulo "certa" ("Apesar de certa retenção em 2012...") para logo após o substantivo a que se refere manteria a correção gramatical e o sentido original do texto.
   ( ) CERTO   ( ) ERRADO

43. (Vunesp – SAP/SP – Agente de Escolta e Vigilância Sanitária – 2015) Assinale a alternativa correta quanto à colocação pronominal.
   a) Ainda têm-se notícias de pessoas afetadas pelas diversas formas contemporâneas de escravidão.
   b) A sociedade não conscientizou-se plenamente ainda da importância do combate à escravidão.
   c) Se encontram no mundo contemporâneo muitas pessoas afetadas pelas diversas formas de escravidão.
   d) A sociedade contemporânea agora se vê com o grande desafio de combater a escravidão.
   e) O mundo atual tem caracterizado-se por uma série de ações de combate a todas as formas de escravidão.

Capítulo 11 • Pronome **291**

44. (Copeve-Ufal – Uncisal – Nível Superior – 2015) Os pronomes demonstrativos estabelecem referências espaciais e temporais em relação às pessoas do discurso. Qual alternativa apresenta o uso correto desses pronomes?
    a) Nesse ano estou estudando mais.
    b) Sombra e água fresca; é disto que preciso.
    c) Essa cicatriz no meu braço eu ganhei na infância.
    d) Estas são as frutas de que gosto: banana, maçã e melancia.
    e) Gosto muito de teatro e música: este porque encanta; aquela porque instrui.

45. (FGV – Codeba – Analista Portuário (Economista) – 2016) As virtudes e os perfumes são da natureza; _____ duram pouco e _____ perduram por longo tempo, mas ambos perdem a essência quando expostos.
    As formas dos demonstrativos que preenchem corretamente as lacunas são:
    a) estes / aqueles.
    b) aqueles / estes.
    c) esses / aqueles.
    d) estes / aquelas.
    e) esses / aquelas.

46. (Cespe – Instituto Rio Branco – Diplomata – 2017) Fragmento de texto: É hostil, como conjunto, ao ócio dos homens de renda e ao prestígio do estamento político, que maneja o poder do alto e de cima, sem consultar-lhe as preferências nem lhe pedir orientação e conselho.
    Tendo o pronome oblíquo sentido possessivo em "sem consultar-lhe as preferências", tal trecho poderia ser substituído por "sem consultar as suas preferências", mantendo-se, com isso, a correção gramatical e o sentido do texto.
    ( ) CERTO   ( ) ERRADO

47. (Cespe – ABIN – Oficial Técnico de Inteligência – 2018) A próclise observada em "se multiplicam" (... crescem e se multiplicam as agências...) e "se desenvolve" (Essa modalidade de guerra se desenvolve...) é opcional, de modo que o emprego da ênclise nesses dois casos também seria correto – multiplicam-se e desenvolve-se, respectivamente.
    ( ) CERTO   ( ) ERRADO

48. (Vunesp – Seduc/SP – Oficial Administrativo – 2019) Considere as frases do texto:
    – Tenho amigos que não leem e não frequentam <u>livrarias</u>.
    – Lá dentro, ninguém nos obriga a comprar <u>um livro</u>.
    Assinale a alternativa em que os pronomes que substituem as expressões destacadas estão empregados em conformidade com a norma-padrão da língua.
    a) não as frequentam / comprá-lo.
    b) não as frequentam / comprar-lhe.
    c) não lhes frequentam / comprá-lo.
    d) não frequentam elas / comprar-lhe.
    e) não lhes frequentam / comprar ele.

49. (Advise – Prefeitura de Coremas – PB – Advogado – 2021) "Juntos há 47 anos, eles não podem se encontrar pessoalmente..." (linhas 4 e 5). Sobre a colocação pronominal, analise o trecho acima retirado do Texto e, em seguida, assinale a alternativa CORRETA.
    a) Há um caso obrigatório de próclise.
    b) Em geral, toda ênclise a um verbo no infinitivo é correta, ainda que exista um fator de próclise.
    c) Poderia ser corretamente substituído por "encontrar-se-iam".
    d) Há erro de colocação pronominal no trecho em questão.
    e) Não é permitido próclise a um verbo no infinitivo.

50. (Instituto Consulplan – Prefeitura de Formiga – MG – Agente Social – 2020) Nas orações "ALGUMAS pessoas têm a falsa impressão de que todos os resíduos plásticos são recicláveis, (...)" (2º§) e "VÁRIOS países já estão adotando medidas que proíbem a utilização de produtos plásticos descartáveis." (3º§), as palavras destacadas são pronomes indefinidos. Em qual das orações a palavra destacada NÃO se trata de pronome indefinido?
    a) Tem ALGO para fazer?
    b) QUALQUER atitude sua é desprezível.
    c) As pessoas CERTAS sempre têm razão.
    d) CADA pessoa deverá seguir a sua intuição.

51. (FGV – TCE/PI – Assistente de Administração – 2021) "Antes que comecem os mimimis, um aviso: não tenho absolutamente nada contra aqueles que fumam."

Nesse primeiro segmento do texto 2, o autor usa adequadamente o demonstrativo aqueles, referindo-se a pessoas indeterminadas; a frase abaixo em que o emprego dos demonstrativos se mostra adequado é:
a) João e Pedro são fumantes; este, de cigarros; esse, de charutos;
b) João, Pedro e Fernando são fumantes; este, de cigarros; esse, de cachimbo e aquele, de charutos;
c) João e Maria são fumantes; esta, de cigarros; aquele, de charutos;
d) Maria e Fernando são fumantes; este, de charutos; aquele, de cigarros;
e) João, Pedro e Maria são fumantes; esta, de cigarros; esse, de charutos e aquele, de cachimbo.

52. (Vunesp – Prefeitura de Jundiaí/SP – Farmacêutico – 2022) Assinale a alternativa em que, com a alteração da posição do pronome oblíquo, conforme indicado nos parênteses, a redação permanece em conformidade com a norma-padrão.
a) Ainda me lembro de meu pai. (Ainda lembro-me)
b) ... meu pai não se importava. (não importava-se)
c) Sentava-se numa cadeira ou passeava... (Se sentava)
d) Eu o amava porque o que eu queria fazer ele consentia... (Eu amava-o)
e) E o abraço doloroso que me deu nessa ocasião! (que deu-me)

Gabarito

1. II.	14. A.	27. ERRADO.	40. C.
2. C.	15. C.	28. C.	41. C.
3. CERTO.	16. E.	29. E.	42. ERRADO.
4. CERTO.	17. C.	30. A.	43. D
5. ERRADO.	18. D.	31. E.	44. D.
6. ERRADO.	19. E.	32. C.	45. D.
7. CERTO.	20. C.	33. E.	46. CERTO.
8. CERTO.	21. B.	34. D.	47. CERTO.
9. ERRADO.	22. B.	35. A.	48. A.
10. CERTO.	23. A.	36. C.	49. B.
11. C.	24. B.	37. A.	50. C.
12. B.	25. E.	38. C.	51. C.
13. E.	26. ERRADO.	39. C.	52. D.

Os comentários sobre as questões estão no *Material Complementar* do livro.
Para acessá-lo, veja o passo a passo na orelha desta obra.

CAPÍTULO 12
VERBO

Definição

Chegou a hora da verdade! Este capítulo me deu um trabalho danado... e tenho certeza de que você terá um trabalho maior ainda para internalizar as informações sobre este assunto. No entanto, *relax!* Antes das mais de 70 questões de verbos (!!!), eu digo para você o que realmente vale a pena saber para o dia da prova, beleza? Só estude *tudão*, a fundo, se dispuser de tempo, senão **caia dentro dos assuntos que mais aparecem nas provas** (veja isto no tópico "O que cai mais na prova?", ao fim deste capítulo).

Do ponto de vista semântico, o verbo normalmente indica uma ação ou um processo, mas pode indicar estado, mudança de estado ou fenômeno natural – *sempre* dentro de uma perspectiva temporal. Pode indicar também a noção de existência, volição (desejo), necessidade, etc. Veja alguns exemplos:

– *O aluno* **estudou** *muito.* (ação/passado)
– *A aluna* **está** *feliz.* (estado/presente)
– *A aluna* **virou** *professora.* (mudança de estado/passado)
– *Amanhã* **choverá** *muito na cidade do Rio de Janeiro.* (fenômeno natural/futuro)
– **Há** *dois amores na minha vida.* (existência/presente)
– **Queria** *o Pestana ao meu lado no dia da prova.* (volição/passado)
– **Precisarei** *de sua ajuda no próximo capítulo.* (necessidade/futuro)

> **Observação**
>
> Frisei acima a "perspectiva temporal", porque substantivos (e adjetivos) podem indicar ação, estado, fenômeno natural etc.: *plantação* (ato de plantar), *morte* (estado), *chuva* (fenômeno natural), *satisfeito* (estado). Essas palavras não podem ser verbos, pois **não indicam tempo em si mesmas**, tampouco podem ser conjugadas, é claro, ok?

Do ponto de vista morfológico, o verbo varia em **modo, tempo, número e pessoa**, segundo a gramática tradicional; normalmente, **voz** e **aspecto** são conceitos analisados em separado. As quatro primeiras flexões combinadas formam o que chamamos de **conjugação verbal**, ou seja, para atender às necessidades dos falantes, o verbo muda de forma à medida que variamos a ideia de **modo, tempo, número e pessoa**.

Sabemos que um verbo varia quando ele "sai" de sua forma nominal infinitiva (terminada em **-ar** (amar), **-er** (vender), **-ir** (partir)). Falarei minuciosamente de cada tópico da variação verbal daqui a pouco.

Do ponto de vista sintático, o verbo tem um papel importantíssimo dentro da frase; sem ele (explícito ou implícito) não há orações na língua portuguesa, pois o verbo é o núcleo do predicado – percebeu que eu usei vários verbos para dizer o que eu acabei de dizer? O único caso em que o verbo não é o núcleo do predicado, segundo a gramática tradicional, é quando há predicado nominal, mas mesmo assim ele está presente. Fique tranquilo, pois falarei bem disso.

Pois bem... para entendermos todas as definições de verbo, vamos analisar esta frase:

Toda vez que eu penso em você, sinto uma coisa diferente.

Note que os vocábulos *penso* e *sinto*

1) **indicam** uma ideia de **ação** e **percepção (sensação ou experimentação)**;
2) **variaram** em modo, tempo, número, pessoa "saindo" de sua forma nominal (*pensar* e *sentir*); ambos os verbos estão na primeira **pessoa** do **singular** do **presente** do **indicativo**.
3) **funcionam** como **núcleo** do predicado verbal, como núcleo das orações.

> **Observação**
>
> Note que, sem os verbos, nada faz sentido, porque a estrutura sintática fica comprometida, não refletindo o uso adequado da língua: *Toda vez que eu (   ) em você, (   ) uma coisa diferente. (???)*

Existem mais de 11.000 verbos na língua, segundo nos informa o gramático Cegalla. Mas antes que você se desespere pensando que vai ter de saber tudo sobre eles, saiba que, em conjugação verbal, só alguns verbos são re-al-men-te importantes na sua vida de concurseiro. *Ufa!*

Não reclama, não! São estes os frequentes em concursos: *ser, ir, vir (e derivados), ver (e derivados), pôr (e derivados), ter (e derivados), caber, valer, adequar, haver, reaver, precaver--se, requerer, prover, viger, preterir, eleger, impugnar, trazer, os terminados em -ear, -iar* (**Lembra-se do MARIO?**), *-uar etc*. Fique em paz mental! Mas não deixe de conjugá-los todo santo dia, pois caem em prova direto!

Identificação

O **verbo** é uma palavra que termina em **-ar** (levantar), **-er** (beber), **-ir** (cair) e que pode ser conjugada, normalmente por meio de pronomes pessoais retos (*eu levanto, tu levantas, ele levanta, nós levantamos, vós levantais, eles levantam... eu bebi, tu bebeste, ele bebeu, nós bebemos, vós bebestes, eles beberam... eu cairei, tu cairás, ele cairá, nós cairemos, vós caireis, eles cairão...*).

> **Observação**
>
> Pela forma, é possível identificar um verbo numa frase, desde que você conheça as terminações verbais, ou desinências verbais – já vistas no capítulo de *Estrutura das Palavras*. Lembra? Veja:
>
> – *Nós insistiremos nessa questão, porque cremos em nosso ponto de vista.* (**re**: desinência modo-temporal; **mos**: desinência número-pessoal; ambos na voz ativa)

Insistir e **crer** são identificados como verbos, pois, formalmente falando, podem ser conjugados. Lembre-se de que conjugação é a flexão do verbo em modo, tempo, número, pessoa (e, para alguns gramáticos, voz).

Podemos identificar tais palavras como verbos, pois, como já se disse, não existe oração sem verbo. O verbo é o núcleo de uma oração. Sem ele, não há oração. Sem ele, a frase não tem sentido: *Nós nessa questão, porque em nosso ponto de vista (????!!!)*. Percebeu que o verbo é essencial para a construção do sentido?

Pois bem... vale a pena dizer também que o verbo é uma palavra que exprime um fato dentro do tempo, logo notamos a ideia de futuro e de presente, respectivamente, nos verbos do exemplo.

> **Observação**
> A única forma verbal que não apresenta noção temporal é a forma nominal infinitiva (falar, crer, insistir). Por exemplo: *Ser, estar e ficar são comumente verbos de ligação*. Note que as palavras *ser, estar* e *ficar* servem para nomear um verbo, logo não indicam tempo, pois são verdadeiros substantivos nesse contexto. Se houver algum determinante antes de tais formas, novamente serão substantivos: *O Ser, o estar e o ficar são comumente verbos de ligação*. Não confunda verbo com substantivo, pois o infinitivo pode realmente ser um verbo no contexto: *Estudo para passar na prova*. Note que *passar* indica ação, mas a noção de tempo é atemporal. Falarei melhor disso em *Formas Nominais do Verbo*, ainda neste capítulo. Relaxe!

E se você acha que identificar um verbo é *mole*, não subestime a conjugação de alguns verbos, assunto que cai muito em prova (na FCC, então, nem se fala!).

Em sala de aula, eu sempre digo aos meus alunos assim: "Vem cá! Quer dizer que *geral* aqui é *safo* em verbo, não é? Então, *beleza*. Já que você é bom, qual frase a seguir apresenta conjugação correta?".

Aí os alunos *piram*, porque já sabem que lá vem história... Coloco no quadro as seguintes frases, normalmente:

1) As crianças *se entreteram* durante bom tempo no parque.
2) Depois que o assessor *interviu*, os políticos ficaram tranquilos.
3) Quando nós *propormos* uma sugestão, aceite-a.
4) Sempre *se precavenha* de maus negócios.

Depois de cada um *chutar* uma conjugação, eu digo: "Ih... estão por fora! Sabe qual é a única conjugação correta? Ne-nhu-ma!". A gargalhada corre solta...

"É isso mesmo! Quer saber a conjugação correta destes verbos? Veja!"

1) As crianças *se entretiveram* durante bom tempo no parque.
2) Depois que o assessor *interveio*, os políticos ficaram tranquilos.
3) Quando nós *propusermos* uma sugestão, aceite-a.
4) Sempre *se resguarde* de maus negócios.

> **Observação**
> Sobre 1: O verbo *entreter* é derivado do verbo *ter*, logo se conjuga como o verbo *ter*.
> Sobre 2: O verbo *intervir* é derivado do verbo *vir*, logo se conjuga como o verbo *vir*.

> Sobre 3: O verbo **propor** é derivado do verbo **pôr**, logo se conjuga como o verbo **pôr**.
> Sobre 4: O verbo **precaver** não se conjuga no presente do subjuntivo, logo usei um sinônimo.

"É, meu camarada, o buraco é mais embaixo!" A partir disso, todos *baixam a bola* e começamos a aprender mais sobre verbos, com a devida seriedade.

Conjugação verbal é algo muito cobrado em prova de concurso! Muito! Não vacile!

Flexões dos Verbos

Em *Emprego de Tempos e Modos Verbais* e *Voz Verbal*, pretendo esmiuçar ainda mais o que significa **modo, tempo, número e pessoa**, mas neste primeiro momento preciso que você entenda *de leve* tais conceitos. Esta abordagem inicial, não tão profunda, vai fazer você entender mais sobre as variações (ou flexões) verbais, de modo que os conhecimentos seguintes servirão de complemento ao que já foi visto paulatinamente por você. Resultado: você não vai perder o fio de raciocínio, não vai ficar "viajando na maionese". Relaxe, que vai dar tudo certo. Vamos lá, então...

Modo

É a maneira, a forma como o verbo se apresenta na frase para indicar uma atitude da pessoa que o usou.

Por exemplo, se você come um hambúrguer e gosta, você exclama: "Nossa! Como isso aqui *está* gostoso!". Percebe que o verbo *estar* se encontra em uma determinada forma, indicando **certeza, afirmação, convicção, constatação**? Então, dizemos que este "modo" como o verbo se apresenta indica que o falante põe certeza, verdade no que diz, certo? Este é o famoso modo **INDICATIVO**, o modo da certeza, do fato, da verdade!

Agora, em uma cena parecida, você vê uma pessoa comendo com vontade e diz: "Espero que *esteja* gostoso mesmo". Percebe que a forma, o modo, a maneira como o verbo se apresenta mudou em relação ao do indicativo? Por que mudou? Para expressar outra ideia que o falante quer passar, a saber: **dúvida, suposição, incerteza, possibilidade**. Este é o igualmente famoso modo **SUBJUNTIVO**, o modo da subjetividade, da incerteza, da dúvida, da hipótese!

"*Coma* este hambúrguer, você não vai querer outro" Note que, nessa frase, o verbo pode indicar **sugestão, ordem, pedido,...** dependendo do tom como ele é pronunciado. Um simples "Passe o sal" pode ser dito em tom de pedido, se o casal estiver no início do relacionamento, mas... se estiver casado há muitos anos... ih... a **ordem** é o expediente... Estou brincando, afinal, eu sou casado, e minha mulher me ama de paixão. Voltando à realidade... Dizemos que tal verbo se encontra no modo **IMPERATIVO**, o modo da **ordem, do pedido, da sugestão, da exortação, da advertência, da súplica**... tudo dependerá do tom! Falarei mais sobre a formação do imperativo à frente.

Tempo

O tempo indica o momento em que se dá o fato **expresso pelo verbo**.

Os seres humanos, em geral, entendem o tempo físico numa linha corrente, e é a partir disso que formulam suas frases, situando no tempo seu discurso. Nós – que estamos sempre no tempo presente da **linha do tempo REAL** – podemos, pela **linha do tempo do DISCURSO**, voltar ao passado ou viajar ao futuro. "Como fazemos isso, Pestana?" Por meio dos verbos, ora bolas! Isso é fantástico... podemos planejar o futuro, transportando-nos para ele pela imaginação e pelos verbos, se quisermos verbalizar nossos pensamentos: "Amanhã *farei* isso, daqui a 30 anos *estarei* assim, assado...". Podemos voltar ao passado: "Meu Deus, como eu *era* bonita na década de 70!".

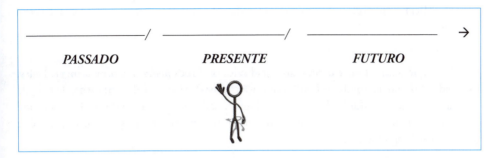

Entendendo melhor...

Você está lendo agora este texto, certo? Aí, chega alguém até você e começa a atrapalhar sua leitura, daí você diz: "Você não viu que eu *estava* lendo?", como quem diz: "Volte para lá, seu chato!". Percebeu que o verbo usado por você ficou no passado? Por quê? Pois você, no **presente real**, retornou, **por meio do discurso**, ao passado, ou seja, àquilo que você estava fazendo antes de o idiota interromper seu estudo.

Logo, as noções de passado, presente e futuro norteiam nossa vida, não só no tempo cronológico, real, físico, mas também no **tempo do discurso**. Isso é muito importante! Você entenderá isso melhor mais à frente! Percebeu que eu usei o verbo no futuro (*entenderá*)?

Como já dito, existem três tempos no modo indicativo (presente, passado e futuro), mas só o passado e o futuro apresentam subdivisões: **passado** (pretérito perfeito, imperfeito e mais-que-perfeito), **futuro** (do presente e do pretérito). No subjuntivo, são três: **presente**, **pretérito imperfeito** e **futuro**. Explanarei em detalhes tudo isso mais à frente, em *Emprego de Tempos e Modos Verbais*. Segure aí...

Número

Este é fácil: singular e plural. *Eu amo*, mas *nós ama**mos**; *tu amas*, mas *vós ama**is**; *ele ama*, mas *eles amam*. Molezinha!

Pessoa

Fácil também: **1ª** pessoa (***eu*** *amei*, ***nós*** *amamos*); **2ª** pessoa (***tu*** *amaste*, ***vós*** *amastes*); **3ª** pessoa (***ele*** *amou*, ***eles*** *amaram*).

Estrutura Verbal

Esta explanação é um *déjà vu* importante de *Estrutura das Palavras*.

Na conjugação de um verbo, normalmente ocorre a combinação de alguns elementos, conhecidos como: **radical, vogal temática (VT), tema, desinência modo-temporal (DMT) e desinência número-pessoal (DNP).**

É importante dizer que esses elementos verbais podem sofrer algumas mudanças na forma, chamadas tecnicamente de "alomorfias"; lembra? Fique ligado nisso quando eu apresentar os exemplos a seguir.

Radical

O **radical** é a base do verbo, cujo sentido está nele embutido. Sem este morfema, o verbo não existe.

— *Não poss**o** deix**ar** que isso ocorr**a**.*

Note que **poss-**, **deix-** e **ocorr-** são os radicais dos verbos **poder**, **deixar** e **ocorrer**. Deles, só o radical de poder (**pod-**) sofreu modificação (**poss-**), chamada de **alomorfia**. Isso se dá por uma questão de **eufonia** (bom som da língua). Saiba que a maioria dos verbos não sofre alomorfia no radical, mas, como são muitos, há os que sofrem (os irregulares). Falarei sobre isso à frente. Respire fundo...

>
>
> Importante saber sobre **radical**:
>
> **Formas rizotônicas**: sílaba tônica do verbo se localiza **dentro** do radical: *Eu amo muito minha esposa.*
>
> **Formas arrizotônicas**: a sílaba tônica do verbo se localiza **fora** do radical: *Eu amava muito minha esposa.*

Vogal Temática

A **vogal temática** vem imediatamente após o radical por motivo eufônico (boa pronúncia) e/ou para ligá-lo às desinências, formando o **tema**. Veja agora algumas informações importantes sobre VTs verbais.

É uma vogal que vem após o radical, formando o tema e permitindo uma boa pronúncia do verbo; indica como vai ser o modelo (paradigma) das conjugações (1ª conjugação: **-a** / 2ª conjugação: **-e** / 3ª conjugação: **-i**).

É bom dizer que não há VT na 1ª pessoa do singular do presente do indicativo e em nenhuma flexão do presente do subjuntivo (em "Eu am**o**.", o **-o** é DNP; em "Espero que ele volt**e**." ou "Espero que ele beb**a**.", o **-e** e o **-a** são DMTs). Reveja o quadro de DMTs e DNPs.

Vejamos as VTs verbais:

AMAR: Eu am**ei**, tu am**a**ste, ele am**ou**, nós am**a**mos, vós am**a**stes, eles am**a**ram. (pretérito perfeito do indicativo)

> Observação
>
> Como você percebeu, esta VT sofreu alomorfia na 1ª e na 3ª pessoa do singular do pretérito perfeito do indicativo. Em todos os demais tempos, a vogal temática não muda, é sempre **-a**.

COMER: Eu com**i**a, tu com**i**as, ele com**i**a, nós com**í**amos, vós com**í**eis, eles com**i**am (pretérito imperfeito do indicativo) / Eu havia com**i**do. (particípio)

Capítulo 12 • Verbo **299**

> **Observação**
>
> Como você percebeu, esta VT sofreu alomorfia em toda a conjugação do pretérito imperfeito do indicativo e no particípio. Em todos os demais tempos, a vogal temática não muda, é sempre **-e**.

PARTIR: Eu part**o**, tu part**e**s, ele part**e**, nós part**i**mos, vós part**i**s, eles part**e**m. (presente do indicativo)

> **Observação**
>
> Como você percebeu, esta VT sofreu alomorfia na 2ª pessoa do singular e na 3ª do singular e do plural do presente do indicativo. Em todos os demais tempos, a vogal temática não muda, é sempre **-i**.

O verbo **pôr** e seus derivados são de 2ª conjugação, ou seja, vogal temática -e, uma vez que *pôr* vem do latim *po**e**r* (a vogal temática aparece logo na 2ª pessoa do singular do presente do indicativo: eu ponho, tu pó**e**s, ele pô**e**...).

Desinências Verbais

Existem as **desinências modo-temporais** (DMTs) e as **desinências número-pessoais** (DNPs).

As DMTs marcam a flexão do verbo para indicar as noções de **certeza, fato** (modo indicativo) e **incerteza, hipótese** (modo subjuntivo), tempo **passado** (pretérito perfeito, imperfeito e mais-que-perfeito), **presente** e **futuro** (do presente e do pretérito).

Como você vai ver na tabela a seguir, além de não haver DMTs em todos os tempos e modos, algumas desinências alomórficas do modo indicativo estão entre parênteses.

Tempo	Modo Indicativo	Modo Subjuntivo	Formas Nominais
presente (1ª conj.)	---	**e**	**infinitivo**
presente (2ª e 3ª conj.)	---	**a**	**r²**
perfeito	---	---	
imperfeito (1ª conj.)	**va** (ve)	**sse**	**gerúndio**
imperfeito (2ª e 3ª conj.)	**a** (e)	**sse**	**ndo**
mais-que-perfeito	**ra** (re) (átono)	---	
futuro do presente	**ra** (re) (tônico)	---	**particípio**
futuro do pretérito	**ria** (rie)	---	**(a/i)do[1]**
futuro do subjuntivo			**r²**

*As DMTs dos verbos no modo imperativo são iguais às do subjuntivo (**e/a**), aparecendo na 3ª pessoa do singular, na 1ª pessoa do plural e na 3ª pessoa do plural.*

300 A Gramática para Concursos Públicos • Fernando Pestana

> **Observação**
>
> **1)** Para muitos gramáticos, o **a** e o **i** do particípio são vogais temáticas; a desinência de particípio (-**do**) pode sofrer alomorfia, dependendo do verbo (exemplo: pôr > pos**to**; imprimir > impre**sso**).
>
> **2)** Não confunda verbo no infinitivo com futuro do subjuntivo, só porque a terminação é igual: Para eu **vencer**, preciso de você. / Enquanto eu **vencer**, precisarei de você. O verbo no futuro do subjuntivo vem antecedido de conjunção, normalmente, e o verbo no infinitivo vem antecedido de preposição, normalmente. Esse é o termômetro para a distinção.

As DNPs marcam a flexão do verbo para indicar as noções de quantidade (número) e emissor (1ª pessoa), receptor (2ª pessoa), referente (3ª pessoa). Vêm após as DMTs. Não há DNPs em todos os tempos e modos. Vejamos:

Tempo	Singular	Plural
presente do indicativo	1ª p.: **o** / 2ª p.: **s**	1ª p.: **mos** / 2ª p.: **is** / 3ª p.: **m**
pretérito perfeito do indicativo	1ª p.: **i** / 2ª p.: **ste** / 3ª p.: **u**	1ª p.: **mos** / 2ª p.: **stes** / 3ª p.: **ram**
futuro do presente do indicativo	1ª p.: **i** / 2ª p.: **s**	1ª p.: **mos** / 2ª p.: **is** / 3ª p.: **o**
futuro do subjuntivo e infinitivo flexionado	2ª p.: **es**	1ª p.: **mos** / 2ª p.: **des** / 3ª p.: **em**
imperativo afirmativo	---	1ª p.: **mos** / 2ª p.: **i, de**

> **Observação**
>
> Os tempos que aqui não foram mencionados (pretérito imperfeito, mais-que--perfeito, futuro do pretérito, presente do subjuntivo e pretérito imperfeito do subjuntivo) seguem um modelo (paradigma) de desinências, que é: 2ª pessoa do singular: -**s**, 1ª pessoa do plural: -**mos**, 2ª pessoa do plural: -**is** e 3ª pessoa do plural: -**m**. Um detalhe importante: alguns estudiosos chamam (adequadamente, diga-se de passagem!) as DNPs do pretérito perfeito do indicativo de "cumulativas", pois elas acumulam a função de marcar não só o número e a pessoa mas também o modo e o tempo, como se fossem DMTs. Eu falei "como se fossem".
>
> Se você dominar esse conhecimento da estrutura dos verbos, conjugação verbal deixará de ser problema para você. Veja você mesmo:
>
> FCC – TRE/CE – Analista Judiciário – 2012
>
> *... e ele <u>pretendia</u> fazer o terceiro filme seguido lá...*
>
> O verbo flexionado nos mesmos tempo e modo que o grifado acima está em:
>
> a) *Houve um tempo em que eu...*

b) ... *o sucesso crítico e financeiro de Match Point deu origem a outras possibilidades.*

c) ... *mas você gostaria de fazer alguma observação?*

d) ... *estava ligado em comédia...*

e) *Mas não sinto mais a mesma coisa.*

Comentário: O gabarito é a letra d) porque *pretendia* e *estava* estão no pretérito imperfeito do indicativo. Isso fica visível com as DMTs "**a**" (em *pretendia*) e "**va**" (em *estava*). Sobre as demais: a) não há DNP na 1ª pessoa do verbo haver (bem-vindo às exceções), está no pretérito perfeito do indicativo; b) pretérito perfeito do indicativo, fica claro pela DNP "**u**"; c) "**ria**" é a DMT do futuro do pretérito do indicativo; e) "**o**" é DNP de 1ª p. s. do presente do indicativo.

Fica a dica, hein!

Locução Verbal

Também chamada de *perífrase verbal*, a **locução verbal** é um grupo de verbos que geralmente tem uma só unidade de sentido, como se fosse um só verbo (por isso, toda legítima locução verbal é contada como uma só oração na análise sintática). Ela é formada por **verbo(s) auxiliar(es) + verbo principal** (o principal é sempre o último da locução, aparecendo nas formas de infinitivo, gerúndio ou particípio). Exemplos:

– **Vou assistir** a um jogo agora.

– Sorria! Você **está sendo filmado**.

– A dívida **deve começar a ser paga** antes que sejas preso.

"Pest, mas por que *auxiliar* e *principal*?"

Um verbo é chamado de *auxiliar* por um motivo óbvio: ele colabora (auxilia/ajuda) com a formação de uma locução verbal, concordando em número e pessoa com o sujeito. Só ele varia com o sujeito, o *principal* nunca varia! É interessante dizer que os verbos *auxiliares carregam aspectos ou durações diversas no processo verbal, ampliando o sentido do verbo principal* e, reitero: sempre se flexionam com o sujeito, concordando em número e pessoa com ele. Já o verbo *principal* é aquele que carrega consigo o significado principal da locução e a noção de predicação verbal (verbo de ligação, intransitivo, transitivo direto, transitivo indireto, transitivo direto e indireto).

O número de verbos auxiliares é finito, graças a Deus! No entanto, por falta de consenso entre os estudiosos, alguns verbos são considerados incontestavelmente auxiliares e outros não. Depois de muito pesquisar e refletir, julgo que a lista a seguir é a mais próxima da definitiva, pois apresenta verbos que realmente se enquadram entre os autênticos auxiliares, conforme os principais critérios de definição abordados no quadro "Cuidado!!!" mais à frente.

Conheça agora os verbos *auxiliares*, que formam locuções verbais:

Auxiliares de voz: formam a voz passiva (*ser, estar, ficar, viver, andar, ir, vir* + **particípio**). Muito importante saber isso!

– **_Fomos_ vistos** por ela.

– **_Estive_ vencido** pelo cansaço, mas agora é diferente.

– O mestre **_ficou_ rodeado** de alunos.

– Josete e Albertina **_vivem_ cercadas** de estudantes.

– Toda a vizinhança **_anda_ aterrorizada** pelos assaltantes.

–   *O preso **ia escoltado** pelos guardas.*
–   *O carro **vinha pilotado** por um profissional.*

> **Observação**
>
> Sobre os verbos "viver, andar, ir e vir", há muita polêmica se são, de fato, verbos auxiliares de voz passiva. Eu preferi elencar no meu livro, pois sempre há uma banca doida querendo fazer graça. Consulte: IADES – PG/DF – Técnico Jurídico (Apoio Administrativo) – 2011 – Questão 10 (ver letra B). São raras as locuções verbais que se iniciam por outros verbos (que não o *ser*) para indicar a voz passiva. Quase sempre, portanto, uma locução verbal de voz passiva vem construída assim: ***ser* + particípio** (*O problema **será resolvido** logo*). É bom dizer que, nesse tipo de locução, o verbo principal no particípio varia, concordando em gênero e número com o sujeito. Atente para isso!

Auxiliares de tempo composto: formam o tempo composto dos verbos (***ter/haver* + particípio**; locução muito exigida em provas de concurso público!). Falarei melhor disso à frente.

–   *Espero que **tenha/haja começado** o jogo.*
–   *Se nós **tivéssemos/houvéssemos vibrado** mais, talvez conquistaríamos a Copa.*

> **Observação**
>
> Às vezes, esta construção vem com o verbo *ser* no particípio indicando passividade, entre o primeiro auxiliar e o principal. Isso mesmo, é possível haver mais de dois verbos na locução verbal, em que só o último será analisado como **principal**. Veremos isso melhor depois, mas vá lá, observe este exemplo: "*O cidadão **tinha sido advertido** pelo guarda duas vezes*". Toda a estrutura em negrito é uma locução verbal, em que *tinha sido* são dois verbos auxiliares e *advertido*, o verbo principal. Esta construção é típica de voz passiva... falarei sobre isso à frente, em *voz verbal*... aguarde.

Auxiliares de aspecto (acurativos): precisam o momento em que a ação verbal se realiza.

–   ***Começou/Rompeu/Principiou/Passou/Pegou/Abriu/Deitou/Deu/Desandou/Desatou/ Desfechou/Abancou-se/Lançou-se/Pôs-se** a estudar.* (início)
–   ***Estou** para (por) estudar.* (iminência)
–   ***Fiquei/Ando/Estou** a escrever/escrevendo. **Venho/Vou** escrevendo.* (continuidade)
–   ***Tornamos/Voltamos/Recomeçamos** a estudar. **Vivemos** a estudar/estudando. **Costumamos** estudar.* (repetição/frequência)
–   ***Acabaram/Deixaram/Cessaram/Pararam/Terminaram** de estudar. **Acabaram** por estudar/estudando.* (cessação/término)
–   ***Continuo** a estudar/estudando. **Permaneço** estudando.* (permansivo)

> **Observação**
>
> *Estar **a** escrever* é construção própria do português de Portugal, análoga a *estar escrevendo*, própria do português brasileiro. E... como se vê... o verbo auxiliar pode se ligar ao principal por meio de preposição.

Capítulo 12 • Verbo **303**

Auxiliares de modo (modais): a modalidade é a forma de exprimir atitudes e opiniões dos falantes sobre o conteúdo do enunciado que produzem, indicando níveis de obrigação, necessidade, possibilidade, permissão, capacidade, vontade etc.

- *Tinha/Havia de estudar. Preciso (de) estudar.* (obrigação, necessidade, dever)
- *Posso estudar.* (possibilidade, capacidade, permissão)
- *Você pode começar a pagar a dívida, senão vai preso!* (obrigação/imposição)
- *Não pode estudar aqui.* (imposição)
- *Quero/Desejo estudar. Hei de passar! Há que ter fé em si mesmo!* (vontade, volição, intenção, confiança)
- *Devo estudar.* (probabilidade, obrigação, necessidade, dever)
- *Ele parece estudar.* (aparência, dúvida)
- *Vou estudar.* (intenção, movimento futuro)
- *Chegaram a maltratar o cão.* (extensão, alcance, limite)
- *Ficaram de/por resolver o problema.* (comprometimento)
- *Veio a estudar depois de velho.* (resultado, consecução)

Esta lista se baseia na pesquisa que fiz em vários livros especializados no assunto, como os dicionários de regência verbal de Francisco Fernandes e Celso Pedro Luft, e na *Gramática do Português* (da Fundação Calouste Gulbenkian). Pesquisei também nas principais gramáticas normativas consagradas, mas muitos verbos das listas delas não passaram pelos principais crivos adotados para identificar se estamos diante dum verbo auxiliar dentro duma legítima locução verbal. Durante a pesquisa, tive sérios problemas com certos "pseudoauxiliares", como *querer, desejar, conseguir, pretender, tentar* e alguns de seus sinônimos – ora tomados como auxiliares, ora não. Caso isso caia em alguma questão de concurso, avalie com muita atenção todas as possibilidades antes de tomar uma decisão. Obviamente seria sensacional se as bancas evitassem tais polêmicas, né?! No entanto, como ainda não estamos num mar de rosas, preciso ser (não por minha culpa) mais detalhista.

 CUIDADO!!!

1) Como identificar uma legítima locução verbal?
Bom seria se você decorasse todos os verbos auxiliares mencionados nas páginas anteriores... facilitaria muito... hehe... Mas vou lhe ajudar! Há cerca de oito critérios para fazermos o "teste" a fim de identificar uma legítima locução verbal, no entanto dois deles são suficientes para fazer você entender 99% dos casos. Detalhe: na esmagadora maioria das vezes, a dúvida reside em locução verbal com verbo no infinitivo. Enfim, vejamos os dois critérios:

I) Se a frase estiver na voz ativa e o verbo for transitivo (direto ou transitivo direto e indireto), passe para a passiva analítica (e vice-versa); se for possível fazer essa passagem *sem alteração do sentido original e/ou sem prejuízo da coerência da frase*, haverá locução verbal. Veja:

- ***Vou ajudar*** *um amigo = Um amigo **vai ser ajudado** por mim. (Eis uma legítima locução verbal!)*
- ***Tentei comprar*** *um carro = Um carro **tentou ser comprado** por mim. (Percebe que foi possível passar para a voz passiva, mas a frase resultante ficou semanticamente absurda? Ao*

dizer que um carro tentou ser comprado, dá-se a entender que ele praticou uma ação, o que é surreal obviamente. Logo, não há locução verbal.)

– Os professores já **pretendem entregar** *as provas = As provas já **pretendem ser entregues** pelos professores. (Não há locução verbal pela mesma lógica da frase anterior.)*

II) Quando o verbo principal da locução verbal puder ser transformado em uma oração desenvolvida, <u>não haverá locução verbal</u>. Veja:

– **Podem começar** *o jogo. (Podem que comecem o jogo [???]. Logo, eis uma legítima locução verbal!)*
– *Já te **mandei ficar** quieto. (Já mandei que tu ficasses quieto. Logo, não há locução verbal.)*
– **Vejo-a passando** *todos os dias por aqui. (Vejo que ela passa todos os dias por aqui. Logo, não há locução verbal.)*
– *Não nos **compete realizar** tarefas desagradáveis. (Não nos compete que realizemos tarefas desagradáveis. Logo, não há locução verbal.)*
– *Reinaldo **decidiu cantar** fora do país. (Reinaldo decidiu que cantaria fora do país. Logo, não há locução verbal.)*
– *Sempre **falta explicar** um assunto. (Sempre falta que se explique um assunto. Logo, não há locução verbal.)*
– *Elas **gostam de ser** o centro das atenções. (Elas gostam de que sejam o centro das atenções. Logo, não há locução verbal.)*
– *Maria **pensa gostar** de Pedro. (Maria pensa que gosta de Pedro. Logo, não há locução verbal.)*
– **Lamentaram expulsar** *os rapazes de lá. (Lamentaram que os rapazes tenham sido expulsos de lá. Logo, não há locução verbal.)*

2) Cuidado com os verbos "querer" e "parecer"!

Apesar de já haver pesquisas profundas tratando esses verbos como não auxiliares, a tradição gramatical ainda os vê como auxiliares. Com isso em mente, leia o que segue.

Parafraseando Bechara, nem sempre a aproximação de dois ou mais verbos constitui uma locução verbal; a intenção da pessoa que fala ou escreve é que determinará a existência da locução. "Por exemplo, na frase: *queríamos colher rosas*, os verbos *queríamos colher* constituirão expressão verbal se pretendo dizer que queríamos colher rosas e não outra flor, sendo rosas o objeto da declaração. Se, porém, pretendo dizer que o que nós queríamos era colher rosas e não fazer outra cousa, o objeto da declaração é colher rosas e a declaração principal se contém incompletamente em *queríamos*" (José Oiticica, em Manual de Análise, 202-203). Cuidado, portanto, com o verbo **querer**. Com ele, pode-se interpretar que há a formação de uma locução verbal ou que há dois verbos, em que o segundo é o complemento do primeiro. <u>Exemplo</u>: Quero beber (locução verbal, uma oração) água. / Quero (um verbo, uma oração) + beber (outro verbo, outra oração, complementando a primeira) água. Duas possíveis análises. Consulte essas duas visões aqui: IBFC – Técnico (HMDCC) Administração – 2015 – Questão 9; FGV – TJ/AL – Analista Judiciário (Área Judiciária) – 2018 – Questão 15.

Sobre o verbo **parecer**, veja estas duas construções gramaticalmente corretas: "Os alunos *parecem estudar* com vontade"; "Os alunos *parece estudarem* com vontade". Na primeira, "parecem estudar" é considerada uma locução verbal, pois "parecem" concorda com o sujeito "os alunos". Na segunda (estranha, *né?*), não há locução verbal: note que o verbo "parecer" não concorda com "os alunos". O que ocorre aí é o seguinte: segundo os gramáticos, o termo "os alunos" é sujeito (deslocado) de "estudarem"; a frase é entendida assim: "Os alunos parece estudarem com vontade" é igual a "Parece que os alunos estudam com vontade". Curioso, não? Aí você me pergunta: "Pest, e se a frase estiver assim: 'O aluno *parece estudar* com vontade'?". Bem, nesse caso, ambas as análises são possíveis: locução verbal... ou dois verbos (duas orações).

3) Cuidado com os verbos "poder", "dever" e "costumar"!
Quando acompanhados de partícula apassivadora ("se"), podem constituir uma locução verbal ou não. Logo, em "Pode/Deve/Costuma-se fazer isso", podemos encarar "Pode/Deve/Costuma-se fazer" como uma locução verbal ou como dois verbos formando duas orações, em que o verbo no infinitivo é sempre o sujeito dos verbos auxiliares *poder, dever e costumar*. Veja:

– *Quando se pretende avaliar os efeitos de uma decisão, <u>devem-se avaliar</u> primeiramente os motivos dessa decisão.*

Note que o verbo **dever** está no plural para concordar com o sujeito "os motivos dessa decisão" (= os motivos dessa decisão devem ser avaliados). Neste caso, há locução verbal, pois o verbo auxiliar sempre concorda com o sujeito em número e pessoa. Se o verbo estivesse no singular (... deve-se avaliar...), inferiríamos que o sujeito é oracional, isto é, o sujeito é o verbo no infinitivo: "... *avaliar* primeiramente os motivos dessa decisão deve-se". Neste caso, não há locução verbal. Logo, cuidado com esses verbos, nessa construção com partícula apassivadora!

4) Apesar de a locução "ter de + infinitivo" ("Tenho de estudar") ser irmã gêmea da locução "ter que + infinitivo" ("Tenho que estudar"), há uma sutil diferença entre "ter de" e "ter que". Ambas as construções são modais (também chamadas de modalizadoras), pois indicam imposição ou necessidade – detalhe: o "que" é uma preposição acidental. Segundo a minoria dos gramáticos, como Manoel P. Ribeiro e Napoleão M. de Almeida, a forma culta é somente "Você *tem **de** estudar*". No entanto, a maioria dos gramáticos e (até onde vai meu conhecimento) todas as bancas discordam disso.

5) As locuções verbais formadas por IR + IR (vou ir, vai indo...), ou VIR + VIR (venho vindo, vem vindo...), ou TER + TER (tenho tido), ou HAVER + HAVER (há de haver) são legítimas no português. Não há razão alguma para condená-las!

6) O fato de haver pronome oblíquo átono ligado à locução verbal não a impede de ser analisada como tal: "*Vou-me arrumar* para a festa" ou "*Vou me arrumar* para a festa" ou "*Vou arrumar-me* para a festa". Todas as expressões em itálico são locuções verbais. Vale dizer ainda que os verbos da locução verbal podem vir separados por expressões interferentes: "Hoje, **estou**, mais do que nunca, **estudando** muito para a minha prova".

Pois bem... Depois de todos os pontos acima, veja esta questão:

INSTITUTO AOCP – UFMT – EBSERH (Enfermeiro Assistencial) – 2014
– A expressão destacada que NÃO constitui locução verbal se encontra em
(A) "Philae **terá que usar** uma combinação..."

(B) "...uma sonda criada por nós **pode pousar**..."
(C) "...e seu material **começa a sublimar**."
(D) "**Imagine pilotar** um robô a essa distância..."
(E) "...enquanto ele **vai se aproximando** do Sol."

Gabarito: D. Note que todas as opções apresentam verbos auxiliares [A: ter (modal); B: poder (modal); C: começar (acurativo); E: ir (acurativo)], exceto a letra D. Veja que o critério de desenvolver o infinitivo comprova que não há locução verbal: "Imagine que um robô seja pilotado a essa distância". Logo, o verbo imaginar não é auxiliar, e o verbo pilotar não é principal. Enfim, não há locução verbal!

7) Ah! Para fechar... Cuidado com o *gerundismo*! Não sabe o que é isso?! Nem mesmo o outrora Ministro da Saúde José Serra escapou deste vício de linguagem, quando disse: "... outra vacina que *vamos estar aplicando* amanhã". O grande professor Sírio Possenti (UNICAMP) e outros(as) linguistas não veem problema algum nessa locução verbal, mas isso já foi questão de prova — em que o gerundismo foi condenado! Falo sobre isso no tópico *Formas Nominais do Verbo (Gerúndio)* mais à frente. Dê uma olhada lá para matar a curiosidade.

Aspecto Verbal

Alguns verbos têm peculiaridades semânticas dentro da perspectiva temporal, ou seja, dependendo da forma e do contexto em que se encontram, podem indicar processos de duração verbal diferenciados ou sentidos bem peculiares. Por exemplo: "Eu *comia* hambúrgueres na minha adolescência" (o verbo indica que este hábito era costumeiro nessa fase da vida). Agora: "Eu *comia* um hambúrguer, quando ela me interrompeu" (o verbo indica que a ação verbal já havia iniciado, prosseguiu até um momento, mas não foi finalizada).

Veja só alguns aspectos, os mais comuns em prova de concurso, abaixo para você ter uma ideia (baseado nos exemplos do dicionário Caldas Aulete):

Aspecto durativo/cursivo: indica um processo continuado, uma ação que se prolonga por determinado tempo (p. ex.: Ele estuda durante o verão).

Aspecto habitual/iterativo: indica que uma ação ou uma situação se repete habitualmente (p. ex.: Eles lancham todos os dias).

Aspecto pontual: que indica que um evento é momentâneo, não dura além de um momento (p. ex.: Ela espirrou).

O **aspecto verbal** tem a ver com o tempo gasto na duração do processo verbal (início, meio e/ou fim). Conseguimos perceber o aspecto verbal pela semântica do verbo e pelo contexto, normalmente. **Poderia falar muito sobre este tópico, mas vou me ater apenas ao que é praxe, ao que interessa para sua prova, beleza?** A saber: formas simples e compostas dos verbos (locução verbal). Então, venha comigo!

1) **Aspecto pontual ou momentâneo**: não é apresentada a duração, pois o fato é *instantâneo*; o fato ocorre no momento da declaração.

Capítulo 12 • Verbo **307**

– Eu **estou vendo** TV agora, depois a gente se fala.
– O cachorro **pegou** o osso no ar.

2) **Aspecto inceptivo, incoativo**: o processo verbal indica que algo está sendo apresentado em seu **início**.

– Meu filho **começou a andar**... **passou a falar**... daqui a pouco só vai fazer arte.
– **Amanhece** em Copacabana um sol lindo, vivo.

3) **Aspecto cursivo, durativo**: o processo verbal já teve um início e **continuou** ou **continua**, sem conclusão, num **movimento progressivo**.

– Eu **estava falando** ao telefone, e me interromperam.
– **Temos exercitado** muito a Língua Portuguesa.

> **Observação**
>
> O **pretérito imperfeito (incompleto) do indicativo** se encaixa normalmente neste aspecto, pois o processo não tem limites claros e seu prolongamento é impreciso.

4) **Aspecto cessativo, conclusivo**: o processo verbal é apresentado em sua totalidade, com começo, meio e fim; apresenta a **conclusão** de um fato.

– **Conseguimos ler** o texto todo.
– **Malhei** durante duas horas ontem.

> **Observação**
>
> O **pretérito perfeito (completo) do indicativo** se encaixa normalmente neste aspecto, pois o processo está concluso, finalizado.

5) **Aspecto iterativo, frequentativo, reiterativo**: o processo verbal indica uma ideia de **repetição**, de **hábito**, de **costume**, de **frequência**.

– Ele me **beija** três vezes ao me ver.
– Você **tem falado** muito sobre passar na prova.

6) **Aspecto permansivo (permanência)**: o processo verbal já se concluiu, mas os efeitos **permanecem**.

– Só **aprendi** português no Ensino Médio.
– Só **fiquei sabendo** Matemática mesmo na faculdade, porque antes...

7) **Aspecto genérico, universal, atemporal**: este processo de duração verbal trabalha com verdades absolutas ou tomadas como tal, científica, religiosa ou culturalmente.

– Todo número par **será** divisível por dois.
– Mulher **é** bicho difícil de entender.
– Deus **existe**!
– Quem **cala** consente.

8) **Aspecto iminencial**: este processo indica que algo está prestes a ocorrer.

– Ele **está para viajar**.
– Nós **vamos cair**!

Observação

Dependendo do gramático, a nomenclatura usada para os aspectos verbais pode variar, mas o que as bancas querem saber é se você consegue perceber o valor semântico temporal do verbo no contexto em que se encontra.

Este assunto vem caindo em prova, junto com os conceitos de tempo e modo verbais. Por isso, imploro que leia com detida atenção o tópico ***Emprego de Tempos e Modos Verbais***. Você vai perceber que esse conhecimento de aspecto verbal está diretamente atrelado a tempo e modo verbais. Antes, porém, para fechar com chave de ouro, veja esta questão bonitinha:

(Funrio – Sebrae/PA – Analista Técnico (Contabilidade) – 2010)

É comum a sensação de que o estudo dos verbos não dá conta de tudo aquilo de que precisamos para a expressão exata das ações em seus modos e configurações particulares. O português não tem uma flexão própria para indicar o aspecto, possível razão de a gramática tradicional não propor o seu estudo sistemático, mas é fato que, mesmo de maneira intuitiva, todos fazemos uso dessa categoria. O aspecto indica a duração de um processo verbal ou o modo da ação, que em português, expressa-se geralmente por meio de construções perifrásticas (ou locuções verbais), mas está presente também em alguns morfemas verbais, sufixos e prefixos.

(Fonte: Thais Nicoleti de Camargo. Folha de S.Paulo, 13/12/2001.)

Por exemplo, as frases "Ele tornou a dizer isso", "Ele pretendia dizer isso" e "Ele começou a dizer isso" mostram o uso de verbos auxiliares para representar, respectivamente, os seguintes valores aspectuais:

a)   conativo, cessativo e perfectivo;

b)   iterativo, desiderativo e incoativo; (Gabarito.)

c)   habitual, durativo e progressivo;

d)   imperfectivo, pontual e comunicativo;

e)   cooperativo, optativo e imperativo.

Comentário: Note que a questão em si é uma breve aula de aspecto verbal, mostrando que é possível perceber o aspecto de um verbo pela sua forma, simples, composta (locução verbal) e, até mesmo, por meio de prefixos e sufixos. Mas parou por aí, criando uma questão em cima das locuções verbais. Estude de novo a seção de locução verbal e verbos auxiliares. Vai por mim! Pois bem... o gabarito é a letra B, pois *iterativo* é o mesmo que habitual, recorrente, repetitivo, reiterativo (tornou a dizer), *desiderativo*, apesar de não ser alistado como um aspecto verbal por alguns gramáticos, trata do verbo que indica desejo, vontade, volição (pretendia dizer) e *incoativo* é um aspecto que indica início de ação (começou a dizer). Boa a questão, não é?

Formas Nominais dos Verbos

As **formas nominais do verbo** são verbos que se comportam como nomes em certos contextos, no sentido de exercerem funções sintáticas próprias dos nomes substantivo, adjetivo ou advérbio. Exemplo:

—   ***Pisar** a grama é expressamente proibido.* (Assim como o substantivo exerce função de sujeito, o infinitivo equivale a ele, pois exerce aqui função de sujeito.)

—   *O garoto veio em minha direção **correndo**.* (Assim como o advérbio exerce função de adjunto adverbial de modo, o gerúndio equivale a ele, pois exerce aqui função de adjunto adverbial de modo.)

– *Alberto é um homem* **marcado** *pela sorte.* (Assim como o adjetivo exerce função sintática de adjunto adnominal, o particípio equivale a ele, pois exerce aqui função de adjunto adnominal.)

Há apenas três tipos de verbos que se encaixam entre as formas nominais: **infinitivo**, **gerúndio** e **particípio**. Vejamos cada um e suas peculiaridades.

O Infinitivo

É a forma verbal que nomeia um verbo. Por exemplo, quando alguém anda na sua frente e lhe pergunta o **nome** que se dá a essa ação, você diz: "andar". Às vezes, o infinitivo se comporta como um mero substantivo (nos casos de não flexão), daí ser chamado de forma nominal.

O infinitivo pode ser **pessoal** e **impessoal**.

É **impessoal** quando não admite variação de pessoa: *amar, vender, partir* (terminando sempre em -**ar**, -**er** ou -**ir**). É **pessoal**, quando tem como sujeito uma das pessoas gramaticais. Nesse caso, pode ser denominado **flexionado** e **não flexionado**. Falo mais sobre isso no capítulo de *Concordância*.

Se houver uma pessoa que o faz receber desinências, como se vê abaixo, flexiona-se normalmente:

Era para eu cantar.
*Era para tu canta***res***.*
Era para ele cantar.
*Era para nós cantar***mos***.*
*Era para vós cantar***des***.*
*Era para eles cantar***em***.*

Observação

Infinitivo x Futuro do Subjuntivo

O futuro do subjuntivo participa de orações iniciadas por conjunções, como *se* ou *quando*, indicando hipótese condicional ou temporal ou de orações iniciadas pelo pronome interrogativo "quem". Já o infinitivo normalmente vem depois de preposições (a, de, para, por...), indicando significado declarativo.

– *Quando eu* **chegar***, quererei festa.* (futuro do subjuntivo)

– *Ao* **chegar***, quererei festa.* (infinitivo)

– *A* **persistirem** *os sintomas, o médico deverá ser consultado.* (infinitivo)

– *Se* **persistirem** *os sintomas, o médico deverá ser consultado.* (futuro do subjuntivo)

Note que as formas são iguais, mas a classificação é diferente. Nunca use o infinitivo no lugar do futuro do subjuntivo, hein! Olha o que muita gente boa faz e pensa que está tudo certo: "Assim que eles **proporem** um acordo, começaremos a pensar". Está certo isso? Primeiro: cuidado com o verbo *propor*, derivado do verbo *pôr* (conjugue o verbo *pôr* e seus derivados!). Segundo: repare que antes do verbo vem uma locução conjuntiva (assim que), e não uma preposição, logo o verbo **não** pode ficar na forma infinitiva, mas sim no futuro do subjuntivo. Por isso, a frase deve ser reescrita para que esteja de acordo com o registro culto da língua: "Assim que eles **propuserem** um acordo, começaremos a pensar". Fique esperto! Consulte: FGV – DPE/MT – ASSISTENTE ADMINISTRATIVO – 2015 – QUESTÃO 16.

– Pestana, nunca sei quando usar ESTÁ e ESTAR, DÁ ou DAR, e por aí vai... Pode me ajudar?

– Posso! A diferença básica é que as formas infinitivas ESTAR e DAR são usadas em três situações: depois de preposição (Para estar feliz, é preciso saúde), em locução verbal (Vou dar um presente a ela) e em oração reduzida de infinitivo (Estar triste é um estado de espírito). Nas demais situações, use ESTÁ e DÁ, que são formas verbais de 3ª pessoa do singular do presente do indicativo (Ela dá dinheiro aos pobres e está satisfeita com isso). Abs!

    As provas de hoje exigem que você domine conjugação verbal, portanto comece a conjugar aqueles verbos que sempre caem. É um trabalho braçal, mas vale a pena. Relembrando os verbos a serem conjugados: *ser, ir, vir* (e derivados), *ver* (e derivados), *pôr* (e derivados), *ter* (e derivados), *caber, valer, adequar, haver, reaver, precaver-se, requerer, prover, viger, preterir, eleger, impugnar, trazer, os terminados em* -ear, -iar (Lembra-se do MARIO?) *e* -uar.

Importante: Sobre os casos de flexão do infinitivo e outros detalhes a respeito desta forma nominal, vá ao capítulo de *Concordância* (em *Casos Especiais*).

O Gerúndio

    Além de atuar como verbo nas locuções verbais, em tempos compostos e nas orações reduzidas, o **gerúndio** (verbo terminado em *-ndo*) pode desempenhar as funções de advérbio e de adjetivo.

    Como verbo, indica normalmente um processo incompleto, prolongado, durativo:

–   *Estava **lendo** o livro que você me emprestou.* (locução verbal)
–   *Ando **lutando** para mudar minha vida financeira.* (locução verbal)
–   ***Tendo feito** várias reclamações por escrito que não foram atendidas, resolvi vir pessoalmente aqui.* (locução verbal de tempo composto)
–   ***Obtendo** a nota exigida na prova, resignou-se.* (oração reduzida)

Conheça Alguns Empregos do Gerúndio

1)   **Esta forma nominal pode e deve ser usada para expressar a) uma ação em curso, b) uma ação anterior, c) posterior ou d) simultânea a outra. Veja os respectivos exemplos:**

    – *Agora ele está **estudando**.*
    – ***Deixando** a namorada em casa, voltou para a boemia. / Em se **plantando**, tudo dá.*
    – *O balão subiu rapidamente, **desaparecendo** no ar.*
    – *O jogador pulou **cabeceando** a bola.*

Veja uma questão que deveria ter sido anulada pela banca FGV, mas absurdamente não foi.

FGV – IBGE – Coordenador Censitário – 2020
A frase em que o emprego do gerúndio mostra adequação é:
(A)   Entrou na sala, sentando-se na primeira fila;
(B)   Nasceu em Curitiba, sendo filho de imigrantes;

(C) Repreendeu a torcida, condenando as ofensas;
(D) Desceu as escadas, chegando rapidamente ao térreo;
(E) Saiu da festa, pegando um táxi na porta.
Gabarito: C. Não há inadequação nas opções A, D e E, pois o gerúndio nessas alternativas está bem empregado, indicando **posterioridade**. Veja:
(A) Entrou na sala **e sentou-se na primeira fila**.
(D) Desceu as escadas **e chegou rapidamente ao térreo**.
(E) Saiu da festa **e pegou um táxi na porta**.

2) **Combinado com os auxiliares** *estar*, *andar*, *ir*, *vir*, **o gerúndio marca uma ação durativa, com aspectos diferenciados:**

O verbo **estar** seguido de gerúndio indica uma ação durativa num momento rigoroso: *O mundo **está mudando**.*

O verbo **andar** seguido de gerúndio indica uma ação durativa em que predomina a ideia de movimento reiterado: ***Andei buscando** uma pessoa melhor para mim.*

O verbo **ir** seguido de gerúndio expressa uma ação durativa que se realiza progressivamente ou por etapas sucessivas: *O sol **vai raiando**, **vai subindo**, potente como ele só.*

O verbo **vir**, seguido de gerúndio expressa uma ação durativa que se desenvolve gradualmente em direção à época ou ao lugar em que nos encontramos: "Não se explica como tal expressão **vem sendo usada** no Brasil".

 CUIDADO!!!

1) Sua natureza adverbial indicando modo pode ser percebida em frases como esta, em que o gerúndio indica movimento simultâneo à ação do outro verbo.
   - ***Chorando**, o menino se despediu do pai.*
   - *Ele toma sopa **fazendo ruído**.*

2) O uso do gerúndio em função adjetiva é menos usual:
   - *Tire essa água **fervendo** daqui!*

3) O gerúndio pode ter valor imperativo também:
   - ***Circulando**, **circulando**!*

4) Conheça os valores semânticos circunstanciais (adverbiais) do gerúndio (oração reduzida):
   - ***Varrendo** o quarto, não encontrou nada.* (tempo)
   - *Mesmo **sendo** esperto, não conseguiu enganar a todos.* (concessão)
   - *Você, **querendo**, chegará lá.* (condição)
   - ***Tendo perdido** o trem, não cheguei na hora certa.* (causa)
   - *As alunas entraram na sala **rindo**.* (modo)

Em algumas frases, a circunstância do gerúndio pode ficar ambígua:
   - *A vela, **iluminando**, clareia tudo.* (causa, tempo, condição, proporção...)

Falarei mais sobre isso no capítulo de *Orações Reduzidas*.

5) O uso exagerado do gerúndio em redações não é bem visto pelas bancas corretoras, portanto evite o exagero. Quanto ao gerundismo, então, nem se fala... Saiba mais sobre o famigerado **gerundismo**!

> – *Você **pode estar enviando** os seus dados?*
> – *Eu **vou estar confirmando** os seus pedidos agora.*
> – O valor ***vai estar sendo*** debitado em conta-corrente.

Esta maneira de falar e de escrever parece vir do inglês, segundo alguns pesquisadores. Incorporou-se ao português brasileiro de tal modo que pessoas cultas a usam frequentemente. De acordo com a norma culta, porém, é correto dizer simplesmente:

> – *Você **pode enviar** os seus dados?*
> – *Eu **vou confirmar** os seus pedidos agora.*
> – O valor ***vai ser*** debitado em conta-corrente.

Aí você me pergunta: "É um equívoco pleno usarmos: *verbo (indicando futuro) + estar + gerúndio* ou *estar (indicando futuro) + gerúndio?*".

Dizer que o uso do **gerúndio** é errado só é verdade se ele for utilizado sem seu sentido de continuidade do tempo. Na frase "Eu estarei ligando para você hoje", *ligar* não demanda tempo continuado, *ligar* exprime uma ação única, instantânea, não dá para você *ficar ligando* para uma pessoa, pois parece que você vai encher o saco dela, ininterruptamente, ligando sem parar, como um *taradão* do telefone. Logo, evite "Eu *vou estar ligando*". Este é um mau uso do **gerúndio**, o que incorre em **gerundismo**. Basta dizer: "Eu *vou ligar* para você hoje". Bem mais *clean*!

Porém, se a frase contiver tal ideia de continuidade, o uso do **gerúndio** é totalmente adequado: "Passa lá em casa à tarde, pois *vou estar/estarei estudando*". Aqui se tem o fato de que estudar denota tempo contínuo, ou seja, estudar é um verbo que não indica instantaneidade, mas sim continuidade; portanto, o **gerúndio** é utilizado.

Em suma: não se pode misturar o gerúndio com outro verbo que indique movimento único, instantaneidade. Portanto, operadores e operadoras de *telemarketing*, vocês "vão estar enviando" ou vocês "vão enviar" o cartão de crédito para a minha casa? Espero que seja a segunda opção, senão meu nome vai para o SPC (Ou seria SERASA?).

5. (Vunesp –TJ/SP – Escrevente – 2004) O uso indiscriminado do gerúndio tem-se constituído num problema para a expressão culta da língua. Indique a única alternativa em que ele está empregado conforme o padrão culto.

   a) **Após aquele treinamento, a corretora está falando muito bem. (Gabarito!)**

   b) Nós vamos estar analisando seus dados cadastrais ainda hoje.

   c) Não haverá demora, o senhor pode estar aguardando na linha.

   d) No próximo sábado, procuraremos estar liberando o seu carro.

   e) Breve, queremos estar entregando as chaves de sua nova casa.

Comentário: Exceto em A, as demais opções apresentam construções próprias do gerundismo: *vamos estar analisando, pode estar aguardando, procuraremos estar liberando, queremos estar entregando*.

Veja aqui mais uma questãozinha sobre o uso do gerúndio:

14. (Funcab – Pref. Anápolis/GO – Auditor-Fiscal de Tributos Municipais – 2012) Considere o uso do gerúndio nas frases abaixo e analise os itens.

   1. "Estou falando isso para mostrar o tamanho do desafio para um jovem dos trópicos..."

Capítulo 12 • Verbo **313**

2. "... floresta morrendo de falta de inteligência humana e boate fechando por falta de energia elétrica..."

I. Na frase 1, tem-se uma locução verbal construída com dois verbos auxiliares, o primeiro flexionado, e o segundo, no gerúndio.

II. Na frase 2, os dois verbos empregados no gerúndio têm valor adjetivo: "floresta morrendo" (= floresta morta) e "boate fechando" (= boate fechada).

III. Em ambas as frases, há a ocorrência de gerundismo nas três locuções verbais, o que corresponde ao uso de forma composta, preterindo, assim, a forma simples do verbo.

Assinale a alternativa que aponta os itens corretos:

a) Somente II e III estão corretos.

b) Somente I e III estão corretos.

c) Somente I e II estão corretos.

d) Somente I está correto.

e) **Somente II está correto. (Gabarito!)**

Comentário: A afirmação I é equivocada, pois só há um verbo auxiliar (Estou) na locução verbal "Estou falando". O comentário autoexplicativo de II está perfeito. Não há construção de gerundismo, logo a afirmação III não procede. **GABARITO: E.**

O Particípio

O **particípio** (verbo terminado em **-do**, normalmente) é considerado forma nominal do verbo porque por vezes se assemelha a um adjetivo, variando em gênero e número com o substantivo a que se refere. Sua natureza <u>verbal</u>, que normalmente indica passado, manifesta-se **sempre** nas locuções verbais de voz passiva, de tempos compostos e em orações reduzidas. Veja:

— *Não há nada que possa ser **feito**.* (locução verbal de voz passiva)

— *Se me tivesses **ajudado, teríamos conseguido**.* (locução verbal de tempo composto)

— ***Terminadas** as obrigações, precisaremos sair depressa.* (oração reduzida)

> **Observação**
>
> É bom dizer que o particípio na voz passiva analítica varia em gênero e número com o termo a que se refere: *Ela <u>foi</u> **despejada**.* O particípio de tempo composto da voz ativa **<u>não</u>** varia em gênero e número com o termo a que se refere: *Ela <u>tem</u> **cantado** muito*. Mas, se o tempo composto estiver na voz passiva (ser + particípio), irá variar em gênero e número com o termo a que se refere: *Ela <u>tem sido</u> **elogiada**.*

Falemos agora sobre algumas particularidades do particípio:

1) **É visto como mero adjetivo, quando atua como caracterizador de substantivo. Por outro lado, se puder ser desenvolvido em oração, podemos encarar também como verbo no particípio. Dupla análise. Vai depender do contexto.**

— *Pessoas **atormentadas** podem ser curadas.* (Caso seja sinônimo de *aflito* ou *angustiado* [meros <u>qualificadores</u>], será interpretado como adjetivo. Se o contexto de onde saiu essa frase, entretanto, der a entender "pessoas *que são atormentadas/perseguidas por alguém*", em que se deduz a <u>ação</u> de X atormentar Y, aí a análise vai ser como particípio)

— *As meninas chegaram totalmente **molhadas** por causa da chuva.* (adjetivo)

– *Aquelas crianças só são **esfomeadas** pela má educação dada a elas.* (adjetivo)

Nestes dois últimos casos, note que as formas parecem particípios, mas, na verdade, são meros adjetivos. Uma prova disso é que não se pode desenvolver *molhadas* e *esfomeadas*. Ou seja, não é possível dizer: *As meninas chegaram totalmente **que foram molhadas** por causa da chuva.* (???)

 CUIDADO!!!

1) Quando aparece um agente da passiva explícito, só podemos encarar tais palavras como particípios:

   – *Teve papel **destacado** pela mídia naquele filme.* (que foi destacado, particípio)
   – *Pessoas **atormentadas** por espíritos podem ser curadas.* (que são perturbadas, particípio)

2) Segundo os melhores gramáticos, a locução *haja vista*, em que *vista* é o particípio do verbo *ver*, é invariável. Alguns, como Faraco & Moura, toleram a variação do auxiliar da locução, (Hoje terminarei mais tarde a leitura *haja(m) vista* as observações que ainda tenho de fazer). Falarei mais sobre esta expressão no capítulo de *Concordância*. Ah! Hoje em dia, o seu valor semântico (causa) equivale ao das locuções prepositivas *devido a*, *por conta de*, *por causa de*. Falo sobre isso no capítulo de *Conjunção*.

2) **Não confunda adjetivo com particípio dentro de uma estrutura parecida com uma locução verbal, porque o particípio indica uma ação praticada por alguém e o adjetivo indica mera qualidade do substantivo.**

   – *O aluno foi **reprovado** no exame.* (Reprovaram o aluno. – locução verbal/ é particípio)
   – *O aluno foi **resfriado** para a escola.* (Resfriaram o aluno? – é adjetivo)

Pelo que se viu, determinadas formas participiais deixam de ser classificadas como verbos quando não indicam ação, e passam a ser reais adjetivos quando indicam mera característica de um nome. Tudo bem até agora, não é?

Falarei sobre *duplo particípio* em verbos abundantes no tópico mais à frente: *Classificação dos Verbos*.

3) **Conheça os valores semânticos circunstanciais (adverbiais) do particípio:**

   – ***Concluída** a obra, as vendas começaram.* (tempo)
   – ***Cercado** de inimigos, não esmoreceu, mantendo sua fé.* (concessão)
   – ***Pressionadas** pelo chefe, ficariam fazendo hora extra.* (condição)
   – ***Surpreendido** pela tempestade, não pude sair de casa.* (causa)

Falarei mais sobre isso no capítulo de *Orações Reduzidas*.

Voz Verbal

Voz verbal é a <u>forma</u> como o verbo se encontra para indicar sua relação com o sujeito. Logo, não faz nenhum sentido dizer que há voz verbal em orações sem sujeito, diga-se de passagem.

Capítulo 12 • Verbo **315**

Consoante sua forma, o verbo pode indicar uma ação praticada pelo sujeito (voz ativa), uma ação sofrida pelo sujeito (voz passiva) ou uma ação praticada e sofrida pelo sujeito (voz reflexiva). Vejamos uma por uma agora.

Voz Ativa

Segundo a gramática tradicional, ocorre **voz ativa** quando o verbo (ou locução verbal) indica uma **ação praticada pelo sujeito**. Veja:

— 	*João **pulou** da cama atrasado e **resolveu pegar** um táxi, mas não tinha dinheiro na carteira. Ele levou um susto e imediatamente ficou furioso. Precisava de dinheiro também para o almoço. **Teve de ir** a um banco ainda. **Chegou**, enfim, ao trabalho. Depois que o homem **resolveu** todas as pendências do dia, **informaram**-no "daquela" hora extra. Coitado. Adoeceu mais vinte anos.*

Observação

Para você que quer aprofundar-se no assunto ou vai fazer concurso para diplomata, por exemplo, leia o que segue, senão pule essa etapa. Note que as formas verbais *tinha, ficou, precisava* e *adoeceu* não indicam, semanticamente, uma **ação** praticada pelo sujeito, mas sim *posse, estado, necessidade* e *mudança de estado*, respectivamente. Além disso, note que o sentido do verbo *levar* indica que o sujeito não praticou uma ação, mas a sofreu espontaneamente. Seria coerente com a gramática tradicional e com a NGB (Nomenclatura Gramatical Brasileira) dizer, portanto, que não há voz verbal ativa nesses verbos, afinal, não indicam ação praticada pelo sujeito. Esta interpretação, inclusive, não é nova, pois o gramático Luiz A. Sacconi confirma isso. Ele diz: "Com os verbos neutros (nascer, viver, morrer, dormir, acordar, sonhar etc.), não se pode ver voz ativa, passiva nem reflexiva, porque o sujeito não pode ser visto como agente, paciente ou agente-paciente. Em 'Ele levou uma surra.' temos um verbo de sentido passivo, mas a voz não é passiva. Os verbos de sentido passivo também não podem ter voz ativa, passiva nem reflexiva". Reforçando o time, Domingos P. Cegalla e Adriano G. Kury indicam que os verbos de ligação (*Sou* feliz) e impessoais (*Chove* muito) não constituem voz alguma. Resumindo a visão dos *caras*: **não** há voz ativa com verbos que indicam passividade, nem com verbos cujo sujeito não indica ação, nem com verbos de ligação, nem com verbos impessoais (verbos de oração sem sujeito).

Bechara, por outro lado, diz que a voz é considerada ativa, sim, com verbos de sentido passivo, como *levar, ganhar, receber, tomar, aguentar, sofrer* etc., pois, segundo ele, o que importa é a **forma** do verbo, e não propriamente o sentido dele, por isso não confunda **voz ativa com verbo de sentido passivo** (Bechara chama isso de **passividade**) com **voz passiva**. Logo, só podemos distinguir com toda a propriedade do mundo quando há voz ativa, passiva ou reflexiva, segundo Bechara, pela **forma** em que o verbo se apresenta. Podemos inferir que, para o velho Becha, *é* a ausência de marcas de voz passiva e reflexiva que indica que o verbo está na voz ativa. (Consulte: NCE/UFRJ – ASSISTENTE EM ADMINISTRAÇÃO – 2010 – QUESTÃO 7 (LETRA C)). Ok? Em toda a minha vida de professor, só vi esta grande polêmica sendo trabalhada em uma prova de concurso público cujo gramático apontado como referência bibliográfica era... adivinha?... Bechara. A chance de cair uma questão em concurso segundo esta visão é bem pequena. Por isso, voz verbal, nas provas de concursos, é um assunto normalmente fácil. Basta você saber o óbvio sobre cada tipo de voz.

Para você, que quer saber muito mais de língua portuguesa, veja a questão à la Bechara:

(FAB – EAGS – Sargento – 2001)

– Leia com atenção.

I.   Lúcia apaixonou-se por João. – *voz passiva sintética. Lúcia sofre a ação de apaixonar-se por alguém; uso do pronome apassivador "se".*

II. Os criminosos devem receber castigo por seus atos. – *voz ativa com verbo de sentido passivo.*

III. Isso foi sabido de todos. – *voz ativa; embora haja na oração locução verbal, não há agente da passiva.*

Não está(ão) correto(s) o(s) comentário(s) de

a) I e III. **(Gabarito!)**   c)   I apenas.

b) II e III.   d)   I, II e III.

Palavra de cautela: Tome cuidado com a locução verbal de tempo composto (ter/haver + particípio), que pode aparecer na voz ativa:

— *Eu **havia escalado** a montanha.* (voz ativa)
— *Nós **tínhamos comprado** uma casa.* (voz ativa)

Voz Passiva

Segundo a gramática tradicional, ocorre **voz passiva** quando o verbo indica uma **ação sofrida** ou **desfrutada pelo sujeito**. Veja:

— *Nosso amigo João já **está derrotado** pelo cansaço da rotina, mas (como todo brasileiro) ele não desiste fácil. Enfim conseguiu cumprir seu compromisso. Todavia surge a pergunta: **será recompensado** por seu patrão? Precisamos crer até o fim que **se recompensam** os esforçados.*

Note que, nos primeiro e segundo casos, há uma locução verbal passiva (normalmente formada pelo verbo **ser/estar/ficar ı particípio**: *"está derrotado", "será recompensado"*). É importante dizer que o verbo auxiliar deve concordar em número e pessoa com o sujeito, e o particípio deve concordar em gênero e número com o sujeito. Esta locução verbal é a **marca principal** da **voz passiva analítica**.

Há como **traço** de passiva analítica também o **agente da passiva**: *pelo cansaço da rotina* e *por seu patrão*, normalmente iniciado pela preposição *por* e, mais raramente, pela preposição *de*, como em *"Estava acompanhado de alguns amigos"*. Veja mais sobre isso no capítulo de sintaxe *Termos Integrantes da Oração (Agente da Passiva)*.

No terceiro caso do exemplo do João, ocorre a chamada **voz passiva sintética**, cuja **marca principal** é a presença do pronome apassivador *se*; não há agente da passiva explícito nessa voz, em 99,99% dos casos! A melhor maneira de descobrir se o *se* é apassivador é pela reescritura para a voz passiva analítica:

— *Precisamos crer até o fim que **se recompensam** os esforçados.* (voz passiva sintética)
— *Precisamos crer até o fim que os esforçados **são recompensados**.* (voz passiva analítica)

Se essa passagem for possível, você nunca mais errará a identificação do *se* apassivador.

> **Observação**
>
> Ah! Por favor, não confunda partícula apassivadora (PA) com partícula de indeterminação do sujeito (PIS), hein! Note sempre se o verbo é transitivo direto.
> - *Ainda **se vive** num mundo de incertezas.* (PIS: Num mundo de incertezas é vivido?)
> - *Ainda **se alimenta** a esperança.* (PA: A esperança ainda **é alimentada.**)

Percebeu que a reescritura para a voz passiva analítica na primeira frase ficou esdrúxula (para não dizer *escrota*)? "Ah, Pestana, mas eu já vi verbo transitivo direto ligado ao *se*, mas não era apassivador!" É verdade, mas esse VTD + *se* (PIS) vem sempre seguido de preposição, segundo a tradição gramatical:

- ***Louva-se** a Jesus aqui, irmãos! (PIS: A Jesus é louvado?)*

Percebeu que a reescritura, de novo, para a voz passiva analítica ficou escr... quer dizer... esdrúxula? É isso aí... prossigamos...

Resumo da ópera: há dois tipos de voz passiva.

1) **Voz Passiva Analítica:** sua marca principal é, normalmente, a locução verbal formada por ***ser/estar/ficar* + particípio**; dica: as questões de concursos exploram quase sempre a construção ***ser* + particípio**.

- *Os resultados da pesquisa **foram apresentados** pela Instituição.*

> **Observação**
>
> **1**: Há certas construções de voz passiva analítica com sentido ativo: "**É chegada** (= Chegou) a hora".
>
> **2**: Segundo Celso Cunha, não há voz passiva com verbo no imperativo. Já Domingos Paschoal Cegalla e Renira Lisboa de Moura Lima não concordam com o Celso, registrando voz passiva no imperativo, sendo o sujeito paciente um humano: *Não seja guiado por outros!* O mais importante: ainda não vi questão alguma sobre essa "polêmica".
>
> **3**: Só tome cuidado com a locução verbal de tempo composto (ter/haver + particípio), pois, na voz passiva analítica, ela será construída assim: *ter/haver + sido + particípio*: *João **tinha sido baleado** por bandidos num assalto.*

2) **Voz Passiva Sintética (ou Pronominal)**: sua marca principal é o **verbo transitivo direto (VTD)** ou **transitivo direto e indireto (VTDI) acompanhado do pronome apassivador** *se;* o sujeito sempre vem explícito, e o verbo concorda com ele em número e pessoa.

- ***Apresentaram-se** os resultados da pesquisa.*
- ***Apresentaram-se** os resultados da pesquisa aos clientes.*

Por exemplo, se eu dissesse "Apresentou-se os resultados da pesquisa", tal construção **não estaria de acordo com o registro culto da língua**, pois o sujeito está no plural (os resultados da pesquisa)... Logo, o verbo tem de figurar <u>no plural</u>!

Só o Bechara discorda disso, entre os gramáticos tradicionais. Veja o capítulo 19 (*em sujeito indeterminado*).

Os verbos *chamar-se, batizar-se, operar-se* (no sentido cirúrgico), *vacinar-se* são geralmente considerados passivos pronominais (voz passiva pronominal). O pronome apassivador, nesses casos excepcionais, assume formas de 1ª e 2ª pessoas: Batizei-me aqui. (Fui batizado aqui) / Chamas-te Maria? (É chamada de Maria?). Alguns gramáticos veem esses pronomes oblíquos como reflexivos.

Há ainda algo bem interessante a dizer sobre a voz passiva que vem sendo explorado em algumas provas de concursos: normalmente o agente da passiva está omisso na voz passiva analítica e, sobretudo, na voz passiva sintética (*João foi roubado ontem; A prova será realizada ainda hoje; Já não se resolvem os problemas como antes; etc.*), pois *o foco duma frase na voz passiva é o sujeito paciente, e não o agente da passiva*, pelo fato de este ser desconhecido, óbvio ou irrelevante na frase. A voz passiva se torna uma estratégia interessante para dar foco ao sujeito da frase e para, muitas vezes, se omitir o agente da ação verbal com o intuito de deliberadamente ocultar a sua identidade, visando a um discurso mais genérico, impessoal ou distanciado. Em contrapartida, obviamente que a explicitação do agente da passiva na frase o torna mais evidente, focalizado. Veja duas questões sobre isso: IDECAN – IF/PB – ASSISTENTE ADMINISTRATIVO – 2019 – QUESTÃO 15 (LETRA B); FGV – DPE/RJ – TÉCNICO SUPERIOR JURÍDICO – 2019 – QUESTÃO 3.

Palavra final: Alguns gramáticos, como Hildebrando André, dizem haver um 3º tipo de voz passiva, com a construção *adjetivo + de + **verbo** no infinitivo*: "Isso é fácil de entender (= de ser entendido)", ou em frases como esta: "Ela vai dar a mão a beijar (= para ser beijada)". Cândido Jucá Filho, por sua vez, diz que o verbo no infinitivo constitui voz ativa, devendo ser interpretada a construção da seguinte maneira: "Isso é fácil de (alguém) entender" e também "Ela vai dar a mão para (alguém) beijar". Não me odeie pelas polêmicas... a culpa não é minha.

Transposição de Vozes

A mudança/transposição **de voz ativa para passiva** (e vice-versa) depende de alguns procedimentos.

Observação

Antes de qualquer coisa, costuma-se dizer que **voz ativa e voz passiva** são nada mais, nada menos que duas maneiras sintaticamente diversas de dizer a mesma coisa. Há casos, porém, em que a voz passiva é **semanticamente** distinta da voz ativa, contrariando a ideia de que a transformação de uma em outra também não altera o sentido. Pode ser que altere, sim!

Uma frase como "Todo o Brasil viu Ayrton Senna morto" tem sentido diferente do da sua correspondente passiva: "Ayrton Senna foi visto morto por todo o Brasil", uma vez que "por todo o Brasil" passa a ter sentido ambíguo, ou até ridículo, pois uma interpretação possível é que o piloto virou um fantasma e vive andando pelo Brasil.

Segundo o professor José Augusto Carvalho, a frase "'Eu tirei esta foto' pode ser interpretada assim: 'Posei para esta fotografia' ou 'Eu fui o fotógrafo responsável por esta fotografia'. Mas a voz passiva correspondente – *Esta foto foi tirada por mim* – só tem uma interpretação possível: a de que eu fui o responsável pela foto, isto é, a de que fui o fotógrafo. A frase 'Um só aluno não fez o dever' não diz o mesmo que 'O dever não foi feito por um só aluno'". Cuidado com essas mudanças de sentido na passagem de voz verbal, principalmente em questões de reescritura de frases, em que o enunciado pede a manutenção do sentido.

No entanto, para as provas, mais importante que isso tudo é a parte estrutural! A partir de agora, saiba o que é realmente importante para as questões sobre o assunto.

Passagem de Voz Ativa para Passiva Analítica

Primeiro de tudo: para haver passagem de voz ativa para passiva e vice-versa é preciso que o verbo seja transitivo direto (verbo que exige complemento sem preposição) ou transitivo direto e indireto (verbo que exige um complemento sem preposição e um com preposição), está claro? Com verbos de ligação, transitivos indiretos (99,99%) ou intransitivos, não há passagem! Veja:

– *O homem **acompanhou** todas as pendências do dia.* (voz ativa)
  (sujeito)   (verbo)   (objeto direto)

Passando para a voz passiva analítica: o objeto direto vira sujeito, o sujeito vira agente da passiva e o **verbo** vira uma locução verbal (normalmente, *ser + particípio*), *mantendo-se o tempo e o modo verbal*. A manutenção do tempo e modo verbal é muito importante, senão você erra! Note também que o particípio concorda em gênero e número com o sujeito. Veja:

– *Todas as pendências do dia **foram acompanhadas** pelo homem.* (voz passiva analítica)
      (sujeito)   (locução verbal) (agente da passiva)

Se o verbo for transitivo direto e indireto, o objeto direto vira sujeito e o objeto indireto continua com função sintática de objeto indireto na voz passiva analítica. Veja:

– *O patrão sempre **delegará** responsabilidades ao empregado.* (voz ativa)
– *Responsabilidades sempre **serão delegadas** pelo patrão ao empregado.* (voz passiva analítica)

Simples, não?

CUIDADO!!!

1) Preste atenção em como vai ficar a passagem de voz ativa para a passiva analítica quando houver locuções verbais com infinitivo e gerúndio e locuções verbais de tempos compostos. Note a seguir a conservação do tempo e modo verbal do verbo auxiliar e a estrutura de voz passiva *ser* + particípio (no infinitivo) e *sendo* + particípio (no gerúndio); note também como vai ficar o tempo composto na voz passiva: *ter/haver* + *sido* + particípio do verbo principal.

– **Vou comprar** *uma casa.* (voz ativa) **/** *Uma casa* **vai ser comprada** *por mim.* (voz passiva analítica)

– **Estou comprando** *uma casa.* (voz ativa) **/** *Uma casa* **está sendo comprada** *por mim.* (voz passiva analítica)

– *Espero que* **tenham resolvido** *as pendências.* (voz ativa) **/** *Espero que as pendências* **tenham sido resolvidas**. (voz passiva analítica)

Questãozinha esperta sobre passagem de voz verbal com locução verbal de tempo composto:

(Cespe/UnB – TRE/ES – Técnico Judiciário – 2011)

– Empregando-se a voz ativa e mantendo-se os tempos verbais empregados, o trecho "O local das reuniões era a antiga cadeia pública, que, em 1808, havia sido remodelada pelo vice-rei conde dos Arcos" (l.24-25) seria, corretamente, reescrito da seguinte forma: ***O local das reuniões era a antiga cadeia pública, que, em 1808, o vice-rei conde dos Arcos remodelou.***

( ) CERTO   (X) ERRADO (Gabarito!)

Comentário: Note que na primeira frase aparece a construção na voz passiva analítica "havia sido remodelada". Para passar para a voz ativa, precisamos apenas retirar o verbo ser no particípio (sido). Veja como deveria ficar a reescritura: *O local das reuniões era a antiga cadeia pública, que, em 1808, o vice-rei conde dos Arcos **havia remodelado**.*

2) Em alguns casos, em que o sentido básico é preservado, não há erro na passagem de voz ativa para passiva quando o objeto direto na ativa é preposicionado (se a preposição for expletiva): *Eu **cumpri** com o dever.* (voz ativa) > *O dever **foi cumprido** por mim.* (voz passiva analítica)

3) Mesmo sendo transitivos diretos, **não** ocorre passagem de voz verbal em alguns verbos de sentido passivo, como *levar, ganhar, receber, tomar, aguentar, significar, sofrer*, e outros, como *pesar (de peso), ter (e conter)*, que indicam posse, e *haver*, no sentido de existir, constituindo oração sem sujeito. Em todos esses casos, o sujeito não pratica a ação verbal ou não existe: *Maria pesa 50 quilos. / Houve briga.* Não é possível passar para a voz passiva, veja: *50 quilos são pesados por Maria. (???) / Briga foi havida (???).* Está claro?

4) **Atenção! Polêmica à vista!** Há certos verbos transitivos indiretos, como *apelar, assistir* (= *ver*), *pagar/perdoar* (com complemento de pessoa), *responder* etc. em que há "concessões" para o uso da forma passiva, como diz Bechara. Luiz A. Sacconi vai além, defendendo o uso na voz passiva de *assistir* (= *ver*). Veja:

Voz Ativa	Voz Passiva
Não apelaram da sentença.	A sentença não **foi apelada**.
Muitas pessoas assistiram à missa.	A missa **foi assistida** por muitas pessoas.
Pagamos às empregadas.	As empregadas **foram pagas** por nós.
Todos lhe perdoaram.	Ele **foi perdoado** por todos.
Responderão às dúvidas.	As dúvidas **serão respondidas**.
João abusou de Maria.	Maria **foi abusada** por João.

Os verbos *obedecer* e *desobedecer*, apesar de hoje serem transitivos indiretos, eram considerados transitivos diretos antigamente. Por esse motivo, muitos gramáticos registram que tais verbos podem figurar na voz passiva: *A ordem da mãe **foi obedecida** / **Obedeceu-se** a ordem.*

Outra informação importante é que os verbos *assistir* (= *ajudar*) e *pagar/perdoar (com complemento de coisa)* podem ser passados para a voz passiva analítica normalmente, pois, nesses casos, eles são transitivos diretos:

— *O professor **continua assistindo** os alunos. / Os alunos **continuam sendo assistidos** pelo professor.*

— *Tomara que **tenham perdoado** toda a dívida. / Tomara que toda a dívida **tenha sido perdoada**.*

Mas a grande verdade é que a tradição da língua culta **NÃO** tolera que verbos transitivos indiretos sejam passados para a voz passiva. E é assim que 99,99% das bancas veem tal fato.

 Para resolver, portanto, uma questão de voz verbal, veja qual opção traz um verbo transitivo direto (ou transitivo direto e indireto). Este é o *bizu*! Veja:

Capítulo 12 • Verbo **321**

14. (Cesgranrio – BNDES – Profissional Básico (Analista de Sist. e Sup.) – 2010) A passagem que NÃO admite, segundo o registro culto e formal da língua, a transposição para a voz passiva é:

a) "'Este ano vou arranjar um bom trabalho.'"

b) ...que para fazer uma vida nova..."

c) **"Ela responde aos porquês." (Gabarito!)**

d) "Fazemos isso o tempo todo com os outros,"

e) "descobrimos coisas..."

Comentário: O verbo *responder* é transitivo indireto, logo não pode ser passado da voz ativa para a voz passiva analítica. Os demais são transitivos diretos, logo admitem passagem.

18. (Esaf – MPU – Analista – 2004) Com relação aos aspectos gramaticais e textuais do trecho abaixo, assinale a opção correta.

Fragmento de texto

(...) A tragédia de Édipo é um procedimento de pesquisa da verdade que obedece exatamente às práticas judiciárias gregas daquela época.

e) Seria mantida a correção do período caso a última oração estivesse assim expressa na voz passiva: **que são obedecidas exatamente as práticas judiciárias gregas daquela época.**

Comentário: A letra E não foi o gabarito, logo fica a lição da Esaf: o verbo *obedecer* não pode ser passado para a voz passiva.

Mais do que isso, <u>não</u> há passagem de voz ativa para passiva analítica se o verbo for intransitivo ou de ligação. Sobre isso, veja uma questão da FCC – TRE/PB – Analista Judiciário – 2007:

7. A construção que NÃO admite transposição para a voz passiva é:

a) Os astrônomos antigos colocaram-na no centro do universo.

b) A mensagem chegou com o título de "A Bela Azul". **(Gabarito! / Verbo intransitivo.)**

c) O coração coloca as razões do amor no centro do universo.

d) Anunciam os cientistas a agonia de nossa Bela Azul.

e) A presença da natureza por vezes nos desvia da leitura de um livro.

Para *fechar o caixão* sobre isso, veja: FCC – TRE/AM – Analista Judiciário – 2010:

8. A frase que admite transposição para a voz passiva é:

a) Perto da Igreja, todos os poderosos do mundo parecem diletantes.

b) A Concordata poderá incluir o retorno do ensino religioso.

c) Há estatísticas controvertidas sobre esse poder eclesiástico.

d) Não são incomuns atos religiosos com finalidade política.

e) O Brasil é um país estratégico para a Igreja Católica.

Comentário: a) *Parecem* é verbo de ligação. Não se pode passar para a voz passiva. b) **Eis o gabarito**, pois o verbo é transitivo direto: *O retorno do ensino religioso poderá ser incluso na Concordata.* c) Verbo *haver* (= *existir*), apesar de VTD, não sofre transposição. d) Verbo de ligação não sofre passagem de voz. e) Verbo de ligação não sofre passagem de voz.

Passagem de Voz Ativa para Passiva Sintética

Ocorre passagem de voz ativa para passiva sintética **somente** quando o sujeito da ativa é indeterminado, como em *Quebraram o carro > Quebrou-se o carro*.

Veja:

– **Resolveram** *todas as pendências da empresa.* (voz ativa)
– **Resolveram-se** *todas as pendências da empresa.* (voz passiva sintética)

– *Para* **resolver** *as pendências, será preciso coragem.* (voz ativa)
– *Para* **se resolverem** *as pendências, será preciso coragem.* (voz passiva sintética)

> ### Observação
>
> Na passiva analítica, o agente da passiva ficará igualmente indeterminado em ambas as frases dos pares acima: "Todas as pendências da empresa foram resolvidas", "Para as pendências serem resolvidas, será preciso coragem". A título de ilustração, isso caiu na seguinte prova: FCC – TCE/CE – ANALISTA DE CONTROLE EXTERNO – 2015.
>
> Nenhum gramático admite transposição de voz ativa com sujeito determinado para a voz passiva sintética. Logo, se houver sujeito determinado (explícito ou implícito) na voz ativa, não se poderá passar para a passiva sintética. Apesar de, em registros arcaicos, ocorrer agente da passiva explícito na voz passiva sintética, o gramático Domingos P. Cegalla, ensina que, no estágio atual da língua, é um erro explicitá-lo, isto é: *O macaco comeu a banana* > *Comeu-se a banana pelo macaco (errado).*

Passagem de Voz Passiva Analítica para Voz Passiva Sintética

Veja o passo a passo:

– *Todas as pendências da empresa* **<u>foram resolvidas</u>**. *(voz passiva analítica)*

1º: Elimina-se o verbo SER da locução verbal e passa-se o verbo principal para o mesmo modo, tempo e pessoa em que estava o verbo SER: **Resolveram**.

2º: Junta-se o pronome SE apassivador ao verbo, observando-se as regras de colocação dos pronomes: **Resolveram-se**.

3º: O sujeito fica, normalmente, posposto ao verbo que com ele concorda: **Resolveram-se todas as pendências da empresa.**

Importante: Apesar de eu já haver explicado isso anteriormente, suponha que a banca peça que você passe da voz passiva analítica (<u>com</u> agente da passiva explícito) para a voz passiva sintética. Como você já sabe, "apesar de, em registros arcaicos, ocorrer agente da passiva explícito na voz passiva sintética, o gramático Domingos P. Cegalla, ensina que, no estágio atual da língua, é um erro explicitá-lo, isto é: *A banana foi comida pelo macaco* > *Comeu-se a banana pelo macaco (errado)* > *Comeu-se a banana (certo)*". Vale ressaltar o seguinte: o que normalmente cai em prova é a transposição de voz passiva analítica (<u>sem</u> agente da passiva explícito) para a passiva sintética.

Veja uma questão bacana sobre esse tipo de transposição:

19. (Fund. Dom cintra (FDC) – Mapa – Analista de Sistemas – 2010) Abaixo foram transcritos trechos do texto 2 com orações na voz passiva e, ao lado de cada uma delas, foi feita a transposição para a voz ativa. Houve falha nessa transposição, pois foi mantida a voz passiva, na oração:

    (A) "Os testes foram realizados no Tribunal Superior Eleitoral, em Brasília" (1º parágrafo) / Realizaram-se os testes no Tribunal Superior Eleitoral, em Brasília. **(gabarito!)**

Comentário: Não houve passagem da voz passiva para a ativa como exigia o enunciado, pois foi mantida a voz passiva, de analítica (*foram realizados*) para sintética (*Realizaram-se*). Fácil!

Voz Reflexiva

Segundo a gramática tradicional, ocorre **voz reflexiva** (também chamada de **média** ou **medial**, pois se situa como forma intermediária entre a ativa e a passiva) quando o verbo indica uma **ação praticada e sofrida pelo próprio sujeito**, ou seja, o sujeito é o **agente** e o **alvo** da ação, ao mesmo tempo – a ação que ele pratica reflete em si mesmo. Como os verbos são sempre VTDs ou VTDIs, o pronome reflexivo terá função de objeto direto ou indireto.

Dica: Os verbos indicativos de atos que podem ser executados em outra pessoa ou na própria pessoa que os pratica constituem voz reflexiva – se acompanhados de pronome reflexivo. Veja:

- Eu **me barbeei** com esmero, mas acabei **me ferindo**. (é possível barbear alguém e feri-lo)
- Tu **te maquiaste** muito bem. (é possível maquiar alguém)
- Depois de muito sofrer, João **se deu** o direito de tirar umas férias. (é possível dar algo a alguém)
- Nunca mais **se atribua** o título de Presidente. (é possível atribuir algo a alguém)
- Ela **se arrogou** o poder de decisão. (é possível arrogar algo a alguém)
- Infelizmente, às vezes, **colocamo-nos** em situação de risco. (é possível colocar alguém em situação de risco)
- Vós **vos impusestes** uma condição de humildade muito louvável. (é possível impor algo a alguém)

 CUIDADO!!!

1) Não confunda **reflexividade** com **voz reflexiva**. Na **voz reflexiva**, o verbo é transitivo direto (ou direto e indireto) e tem como objeto um dos pronomes oblíquos átonos (pronomes reflexivos) *me, te, se, nos, vos*. Ou seja, é preciso um pronome reflexivo ligado ao verbo para que batamos o martelo: "Voz reflexiva!". Para sabermos se é reflexivo, vai um *bizuzex*: basta acrescentar *a mim mesmo, a ti mesmo, a si mesmo, a nós mesmos, a vós mesmos*, respectivamente. A **reflexividade** aparece em estruturas diferentes, <u>sem</u> pronome oblíquo átono: "Deixaram atrás *de si* o passado sombrio". Essa frase está na voz ativa.

2) Com o prefixo **auto-**, a voz é sempre reflexiva: "*Ele se automutilou*".

3) Sobre o exemplo "*O preso suicidou-se*", o gramático Cegalla diz que há voz reflexiva. A <u>semântica</u> do verbo já é reflexiva por natureza, pois sua etimologia latina (*sui + cida*) é reflexiva, mas alguns linguistas, como Claudio C. Henriques, pensam que <u>sintaticamente</u> é impossível que a voz seja reflexiva, pois o *se* não exerce função de objeto. Fico com o Claudio. Mas cuidado com as provas... nunca se sabe! Agora, em "*Ele matou-se*", há voz reflexiva certamente, pois ele matou alguém: a si mesmo.

4) **Este tópico só deve interessar a quem pretende se aprofundar no assunto; do contrário, ignore-o.** No ensino de grandes estudiosos, como A. G. Kury e E. Bechara, a voz reflexiva é só um subtipo de voz medial. Há outros tipos de voz medial, que não a reflexiva. Nela, há verbos que denotam atos espontâneos ou sentimentos, sem agente ou causa aparente.

Os verbos vêm acompanhados ora de parte integrante do verbo (em verbos pronominais), ora de pronome expletivo, nunca de pronomes reflexivos. Veja:

- *O dinheiro **se foi**.*
- *O sol **se pôs**.*
- *Nós **nos queixamos** muito da vida.*
- *Nunca **me arrependi** daquilo.*
- *Nunca mais **se atreva** a expor minha mulher ao ridículo.*
- *Não **me venha** com bobagens!*
- *João **se levantou**.*

Há outro tipo de voz reflexiva, segundo a tradição gramatical, que se chama **voz reflexiva recíproca**. Ocorre quando o verbo se encontra no plural (normalmente) e há pelo menos dois seres praticando a mesma ação verbal, um no outro. O verbo sempre vem acompanhado dos pronomes oblíquos átonos com **valor reflexivo recíproco** (*se, nos, vos*), que podem ter ao lado expressões reforçativas, como *um ao outro, uns aos outros, reciprocamente, mutuamente*. Há também muitos verbos cuja reciprocidade é visível pelo prefixo **entre-**.

- *Eles não **se cumprimentaram** nem **se falaram** mais.*
- *Nós **nos beijamos** efusiva e languidamente.*
- *Espero que vós **vos abraceis** em cena.*
- *Por que as pessoas não acreditam que a gente **se ama**?*
- *Foi péssimo quando o casal **se xingou** na frente de todos.*
- *Eles **se entreolharam**.*
  Bônus: CESPE/UNB – TRT/RJ (1ª R) – ANALISTA JUDICIÁRIO – 2008 – QUESTÃO 3 B).

 CUIDADO!!!

Com determinadas construções, devido ao contexto, é possível haver ambiguidade no pronome *se* de modo que a classificação das vozes verbais seja passiva sintética, reflexiva ou reflexiva recíproca. Veja:

- ***Julgou-se o homem mais inteligente do mundo**.* (voz passiva = *O homem mais inteligente do mundo foi julgado.* / voz reflexiva = *Ele julgou a si mesmo o homem mais inteligente do mundo*)
- ***Vestiram-se o ator e a atriz**.* (voz passiva = *O ator e a atriz foram vestidos*. / voz reflexiva = *O ator vestiu a si mesmo e a atriz vestiu a si mesma.* / voz reflexiva recíproca = *O ator vestiu a atriz e a atriz vestiu o ator*)

Para que o verbo possa ser considerado **reflexivo recíproco**, sem ambiguidades, temos às vezes que acrescentar alguma expressão de reciprocidade: *O ator e a atriz vestiram-se reciprocamente/um ao outro/a si próprios etc.*

Sensatamente, um dos primeiros gramáticos brasileiros, Júlio Ribeiro, ensina o seguinte: só há ambiguidade entre voz passiva e reflexiva se o sujeito puder exercer a ação verbal. Em "*Consertam-se relógios*", por exemplo, não há ambiguidade; a voz é passiva, pois *relógios* não podem praticar ação alguma.

Capítulo 12 • Verbo **325**

Fechando o caixão sobre tudo o que se disse até agora

Segundo o grande mestre José Carlos de Azeredo: "O paradigma da chamada **voz ativa** é comum à ampla classe dos verbos, **sejam eles transitivos ou intransitivos** (grifo meu), já as formas **passiva e reflexiva** são típicas apenas dos verbos **transitivos** (grifo meu)".

Logo:

- **Voz Ativa** – *Ele fugiu ontem à noite. / Ele lavou o rosto. / Ele respondeu às perguntas. / Ele forneceu ajuda aos necessitados.*
- **Voz Passiva** – *Ele foi eliminado do programa. / Reprovou-se o aluno.*
- **Voz Reflexiva** – *Ele embelezou-se.*
- **Voz Reflexiva Recíproca** – *Eles ofenderam-se mutuamente.*

E mais uma questãozinha – comentada pela própria banca do concurso (com pequeno acréscimo meu).

19. (FAB – EAGS – Sargento – 1/2010) Quanto à voz verbal, coloque (P) voz passiva, (A) voz ativa e (R) voz reflexiva para as frases abaixo. A seguir, assinale a alternativa com a sequência correta.

( ) O petróleo é formado da decomposição de matérias orgânicas, como animais e plantas soterrados.

( ) Com a descoberta do petróleo, criaram-se máquinas movidas a óleo, gasolina e querosene.

( ) Vários países neste século têm se esforçado na busca de alternativas para a escassez de petróleo.

( ) Devido ao crescente consumo mundial de petróleo, os países superpopulosos já se veem à margem do desenvolvimento.

a) A – R – P – R.
b) P – A – R – P.
c) A – R – R – A.
d) **P – P – A – R. (Gabarito!)**

RESOLUÇÃO

Resposta: D

Na voz ativa, o sujeito se diz agente, porque é praticante da ação verbal. Esse tipo de voz está presente em *"Vários países neste século têm se esforçado na busca de alternativas para a escassez de petróleo"*. O verbo *esforçam-se* indica ação do sujeito *Vários países*, e o pronome *se* não tem classificação sintática, uma vez que faz parte intrínseca do verbo *esforçar-se*.

Na voz passiva, o sujeito se diz paciente, porque é recebedor da ação verbal. A voz passiva pode ser de dois tipos: *analítica*, formada com o verbo *ser* seguido de particípio, como ocorre em *"O petróleo é formado da decomposição de matérias orgânicas, como animais e plantas soterrados*; e *sintética*, formada com verbo transitivo direto acompanhado do pronome apassivador *se*, como ocorre em *"Com a descoberta do petróleo, **criaram-se** máquinas movidas a óleo, gasolina e querosene"*. Note que em *"é formado **da decomposição de matérias orgânicas**"* o agente da passiva começa pela preposição *de*, o que é raro, mas acontece.

A voz reflexiva é aquela em que o sujeito se diz agente e paciente, pois é, ao mesmo tempo, praticante e recebedor da ação verbal. Esse tipo de voz está presente em *"Devido ao crescente consumo mundial de petróleo, os países superpopulosos já se veem à margem do desenvolvimento"*. Aqui, o *se* é pronome reflexivo: *os países veem* (praticam a ação de) *a si mesmos / se* (recebem a ação de).

Agora, sim, fechamos bonito voz verbal! Graças a Deus!

Formação dos Tempos Primitivos e Derivados

Os tempos verbais são formados a partir de outros. Logo, podemos dividi-los em tempos primitivos e tempos derivados, sendo estes formados a partir daqueles. É um raciocínio lógico, certo?

Pois bem... os chamados **tempos primitivos** são: **presente do indicativo**, **pretérito perfeito do indicativo** e **infinitivo impessoal**. Vejamos, nas tabelas abaixo, como isso acontece.

Tempos Derivados do Presente do Indicativo

Conheça antes as conjugações dos verbos **amar** (1ª conjugação), **vender** (2ª conjugação) e **partir** (3ª conjugação) no presente do indicativo:

Amar: *amo, amas, ama, amamos, amais, amam.*
Vender: *vendo, vendes, vende, vendemos, vendeis, vendem.*
Partir: *parto, partes, parte, partimos, partis, partem.*

1) Presente do subjuntivo: forma-se a partir do radical da 1ª pessoa do singular do presente do indicativo, acrescentando-se uma desinência de modo e tempo, que será **e** para a 1ª conjugação e **a** para as 2ª e 3ª conjugações; depois acrescentam-se as desinências número-pessoais normalmente.

AMar	**VENDer**	**PARTir**
Ame	Venda	Parta
Ames	Vendas	Partas
Ame	Venda	Parta
Amemos	Vendamos	Partamos
Ameis	Vendais	Partais
Amem	Vendam	Partam

> **Observação**
>
> Tais verbos não obedecem à regra anterior: *haver, ser, estar, dar, ir, querer* e *saber,* que fazem no presente do subjuntivo: *haja, seja, esteja, dê, vá, queira* e *saiba.* Não custa dizer o óbvio: alguns verbos que não se conjugam na 1ª pessoa do singular do presente do indicativo também não se conjugam no presente do subjuntivo.

2) Imperativo afirmativo: faço questão de falar sobre a formação do imperativo à parte, mais à frente.

Tempos Derivados do Pretérito Perfeito do Indicativo

Conheça antes as conjugações dos verbos **amar** (1ª conjugação), **vender** (2ª conjugação) e **partir** (3ª conjugação) no pretérito perfeito do indicativo:

Amar: *amei, amaste, amou, amamos, amastes, amaram.*
Vender: *vendi, vendeste, vendeu, vendemos, vendestes, venderam.*
Partir: *parti, partiste, partiu, partimos, partistes, partiram.*

Capítulo 12 • Verbo **327**

1) <u>Pretérito mais-que-perfeito do indicativo</u>: forma-se a partir da terceira pessoa do plural do pretérito perfeito do indicativo até **ra**: *amaram, venderam, partiram*... depois acrescentam-se as desinências número-pessoais normalmente; detalhe importante: na 2ª pessoa do plural, **ra** vira **re***.

AMARAm	VENDERAm	PARTIRAm
Ama**ra**	Vende**ra**	Parti**ra**
Ama**ras**	Vende**ras**	Parti**ras**
Ama**ra**	Vende**ra**	Parti**ra**
Amá**ramos**	Vendê**ramos**	Partí**ramos**
*Amá**reis**	*Vendê**reis**	*Partí**reis**
Ama**ram**	Vende**ram**	Parti**ram**

2) <u>Pretérito imperfeito do subjuntivo</u>: forma-se a partir do tema (radical + vogal temática) da 2ª pessoa do singular seguido da desinência modo-temporal **sse**; depois acrescentam-se as desinências número-pessoais normalmente.

AMAste	VENDEste	PARTIste
Ama**sse**	Vende**sse**	Parti**sse**
Ama**sses**	Vende**sses**	Parti**sses**
Ama**sse**	Vende**sse**	Parti**sse**
Amá**ssemos**	Vendê**ssemos**	Partí**ssemos**
Amá**sseis**	Vendê**sseis**	Partí**sseis**
Ama**ssem**	Vende**ssem**	Parti**ssem**

3) <u>Futuro do subjuntivo</u>: forma-se a partir do tema (radical + vogal temática) da 2ª pessoa do singular seguido da desinência modo-temporal **r**; depois acrescentam-se as desinências número-pessoais normalmente.

AMAste	VENDEste	PARTIste
Ama**r**	Vende**r**	Parti**r**
Ama**res**	Vende**res**	Parti**res**
Ama**r**	Vende**r**	Parti**r**
Ama**rmos**	Vende**rmos**	Parti**rmos**
Ama**rdes**	Vende**rdes**	Parti**rdes**
Ama**rem**	Vende**rem**	Parti**rem**

Tempos Derivados do Infinitivo Impessoal

1) <u>Futuro do presente do indicativo</u>: forma-se a partir do tema seguido das desinências modo-temporais **re** e **ra**; depois acrescentam-se as desinências número-pessoais normalmente.

AMAr	VENDEr	PARTIr
Amar**ei**	Vend**erei**	Part**irei**
Amar**ás**	Vend**erás**	Part**irás**
Amar**á**	Vend**erá**	Part**irá**
Amar**emos**	Vend**eremos**	Part**iremos**
Amar**eis**	Vend**ereis**	Part**ireis**
Amar**ão**	Vend**erão**	Part**irão**

2) <u>Futuro do pretérito do indicativo</u>: forma-se a partir do tema seguido das desinências modo-temporais **ria** e **rie*** (na 2ª pessoa do plural); depois acrescentam-se as desinências número-pessoais normalmente.

AMAr	VENDEr	PARTIr
Ama**ria**	Vende**ria**	Parti**ria**
Ama**rias**	Vende**rias**	Parti**rias**
Ama**ria**	Vende**ria**	Parti**ria**
Ama**ríamos**	Vende**ríamos**	Parti**ríamos**
*Ama**ríeis**	*Vende**ríeis**	*Parti**ríeis**
Ama**riam**	Vende**riam**	Parti**riam**

🔍 Observação

Não seguem esta regra os verbos *dizer, fazer* e *trazer*, cujas formas do futuro do presente e do pretérito são, respectivamente: *direi, diria; farei, faria; trarei, traria*.

3) <u>Pretérito imperfeito do indicativo</u>: forma-se a partir do tema seguido das desinências modo-temporais **va** e **ve*** (na 2ª pessoa do plural) nos verbos de 1ª conjugação; e de **a** e **e*** (na 2ª pessoa do plural) nos verbos de 2ª e de 3ª conjugação; depois acrescentam-se as desinências número-pessoais normalmente.

AMAr	VENDEr	PARTIr
Ama**va**	Vend**ia**	Part**ia**
Ama**vas**	Vend**ias**	Part**ias**
Ama**va**	Vend**ia**	Part**ia**
Amá**vamos**	Vend**íamos**	Part**íamos**
*Amá**veis**	*Vend**íeis**	*Part**íeis**
Ama**vam**	Vend**iam**	Part**iam**

🔍 Observação

Nos verbos de 2ª conjugação, a vogal temática **e** vira **i**, por causa da eufonia. Fique atento aos verbos, *ser, ter, vir* e *pôr*, que fazem no imperfeito *era, tinha, vinha* e *punha*, respectivamente.

4) Infinitivo pessoal: forma-se a partir do infinitivo impessoal seguido das desinências número-pessoais **-es** (2ª pessoa do singular), **-mos** (1ª pessoa do plural), **-des** (2ª pessoa do plural), **-em** (3ª pessoa do plural).

AMAR	VENDER	PARTIR
Amar	Vender	Partir
Amar**es**	Vender**es**	Partir**es**
Amar	Vender	Partir
Amar**mos**	Vender**mos**	Partir**mos**
Amar**des**	Vender**des**	Partir**des**
Amar**em**	Vender**em**	Partir**em**

 CUIDADO!!!

Normalmente, a conjugação do infinitivo pessoal é igual à do futuro do subjuntivo. Eu falei "normalmente" porque verbos como *fazer, dizer, pôr, ter, ver, vir* etc. não são iguais. Cuidado com tais verbos! É preciso saber a conjugação deles, pois caem muito em prova!

Não confunda um com outro!

O infinitivo pessoal vem normalmente antecedido de preposição ou locução prepositiva, mas o futuro do subjuntivo vem normalmente antecedido do pronome interrogativo *quem* (equivalendo a "aquele que") ou de conjunção ou locução conjuntiva. Observe:

– *A vida vai mudar para quem* **obter** *boa nota no concurso.* (construção errada/infinitivo)

– *A vida vai mudar para quem* **obtiver** *boa nota no concurso.* (construção certa/futuro do subjuntivo)

O verbo *obter* é derivado do verbo *ter*, por isso deve seguir a mesma conjugação: *quem tiver = quem obtiver*. No futuro do subjuntivo! E agora?

– *A aluna comprou o meu material para* **obter** *boa nota no concurso* (construção certa/infinitivo)

Esdrúxulo seria dizer: *A aluna comprou o meu material para obtiver boa nota no concurso.* Note agora:

– *Perderá pontos se não* **rever** *seu texto.* (construção inadequada/infinitivo)

– *Perderá pontos se não* **revir** *seu texto.* (construção adequada/futuro do subjuntivo)

O verbo *rever*, por ser derivado de *ver*, deve seguir a mesma conjugação. O futuro do subjuntivo do verbo *ver* é: (se) eu vir, (se) tu vires, (se) ele vir, (se) nós virmos, (se) vós virdes, (se) eles virem. **Assim sendo, os verbos derivados (rever, prever, antever...) devem seguir a mesma conjugação.**

Não podemos confundir *vir* com *vier*. A forma *vir* pode ser:

1) Infinitivo do verbo *vir* (*Ela foi convidada para **vir** a Recife*)
2) Futuro do subjuntivo do verbo *ver* (*Ele só comprará o material se **vir** a aula demonstrativa*).

A forma *vier* é futuro do subjuntivo do verbo *vir*: "*Ele só ficará satisfeito se você **vier** ao Rio de Janeiro*".

Parece bobagem dizer essas coisas, mas quem é *concurseiro-ratão*, sabe o que estou dizendo! Isso cai direto em prova. DI-RE-TO! Consulte: FCC – TRE/AP – TÉCNICO JUDICIÁRIO – QUESTÃO 14.

Observe que, mesmo depois de conjunções, o infinitivo pode aparecer, constituindo uma oração subordinada substantiva. Exemplo: "Se ***fazer** exercícios* é essencial para a saúde, passarei a fazer todos os dias". Estaria errado assim "Se ***fizer** exercícios* é essencial para...". Cuidado com essa pegadinha, pois as bancas estão cada vez mais maldosas!

Formação do Imperativo e Uniformidade de Tratamento

O **imperativo afirmativo** se forma a partir da 2ª pessoa do singular e do plural do presente do indicativo sem o **s**, da 3ª pessoa do singular e das 1ª e 3ª pessoas do plural do presente do subjuntivo.

Já o **imperativo negativo** é a cópia do presente do subjuntivo: *Ctrl + C + Ctrl + V*. As formas do imperativo negativo sempre vêm antecedidas de termos negativos (*não, nem, tampouco, nunca...*).

Não existe a primeira pessoa do singular, pois não é possível, em tese, dar uma ordem para si mesmo.

Presente do Indicativo	Imperativo Afirmativo	Presente do Subjuntivo	Imperativo Negativo
Eu amo	–	(Que) Eu ame	–
Tu ama̱s	→ ama (tu)	Tu ames	→ *não* ames
Ele ama	ame (você) ←	Ele ame	→ *não* ame
Nós amamos	amemos (nós) ←	Nós amemos	→ *não* amemos
Vós amai̱s	→ amai (vós)	Vós ameis	→ *não* ameis
Eles amam	amem (vocês) ←	Eles amem	→ *não* amem

> **Observação**
>
> O verbo *ser* não se adapta perfeitamente a essa formação: no imperativo afirmativo, ele fica assim: *sê* (tu), *sede* (vós).

Existe algo extremamente importante a falar sobre o imperativo. Você já ouviu falar de **uniformidade de tratamento**? Não? Então, é a hora de saber, visto que muitos concursos vêm apelando para esse tipo de questão a fim de testar seu conhecimento do registro culto da língua.

Capítulo 12 • Verbo **331**

> ### Observação
> Como o próprio nome sugere, o tratamento ou a pessoa do verbo deve ficar uniforme, ou seja, não pode mudar de forma numa frase. Caso se inicie uma frase em que alguém se refere ao interlocutor usando formas de 2ª pessoa, deve ele mantê-la. Caso se inicie uma frase em que alguém se refere ao interlocutor usando formas de 3ª pessoa, deve ele mantê-la. Sacou? Não pode haver mistura de formas, como **você** e **tu** na mesma frase. Cuidado com isso!

Quem não se lembra, por exemplo, do slogan da Caixa Econômica Federal? "Vem pra Caixa você também... Vem!" O *moço* que fez a propaganda (só chamando assim...) não se deu conta (acho eu) de que estava infringindo um princípio da língua culta, a saber: a **uniformidade de tratamento.**

Se ele diz "Vem", este verbo está na 2ª pessoa do singular do imperativo afirmativo – encaixe o verbo *vir* lá na tabelinha para ver se ele não vacilou... é... como diz a música: "Vacilou, cachimbo cai!". O camarada publicitário "garoteou", fez uma **DESuniformidade de tratamento**.

Era preciso que a frase ficasse assim para manter **harmonia/uniformidade de tratamento**: "Vem pra Caixa tu também... Vem!". Hummmm... estranho, não? Será que é por isso que ele misturou o verbo de 2ª pessoa com o pronome *você* (3ª pessoa gramatical)? Pode ser...

O fato é que você não pode vacilar na prova. Adriana Calcanhoto também não fez uniformidade, mas ela tem licença poética... Veja:

(Ela começa com a terceira pessoa...)

Rasgue (você) as minhas cartas
E não me procure (você) mais
Assim será melhor
Meu bem!

(Estava bom demais para ser verdade... daí ela muda para a 2ª pessoa)

O retrato que eu te (!) dei
Se ainda tens (!)
Não sei!

(Como num passe de mágica ela retorna à 3ª pessoa... coisa linda!)

Mas se tiver
Devolva-me!

> Meu amigo, se um discurso começar com a 3ª pessoa, mantenha-o ATÉ O FIM! Se começar com a 2ª pessoa, IDEM! Combinado? Maravilha!
>
> Veja uma questão sobre isso:
>
> 20. (Esaf – CGU – Técnico em Finanças e Controle – 2008) Abaixo estão recomendações para evitar o estresse. Assinale a opção na qual os verbos estão conjugados, corretamente, na terceira pessoa do singular.
>
> a) Saboreie a vida, dai mais valor a suas experiências.
>
> b) Aprende a dizer não. Peça ajuda sempre que necessário.

c) Pára e medite. Põe uma uva passa na boca. Note textura, cheiro e sabor.

d) Fique atenta à respiração. Inspira e expira lentamente.

e) Invista em prazeres: ouça música, leia, dê-se o direito de não fazer nada.

(Cristina Nabuco, "Para desacelerar", Cláudia, junho 2007, p. 227.)

E aí? Qual é o gabarito? Vamos ver se você está safo no assunto, comentando opção por opção (observe que todos os verbos estão no **imperativo**):

a) Saboreie (3ª pessoa do singular) a vida, dai (2ª pessoa do plural) mais valor a suas experiências.

b) Aprende (2ª pessoa do singular) a dizer não. Peça (3ª pessoa do singular) ajuda sempre que necessário.

c) Pára (2ª pessoa do singular) e medite (3ª pessoa do singular). Põe (2ª pessoa do singular) uma uva passa na boca. Note (3ª pessoa do singular) textura, cheiro e sabor.

d) Fique (3ª pessoa do singular) atenta à respiração. Inspira (2ª pessoa do singular) e expira (2ª pessoa do singular) lentamente.

e) **Invista (3ª pessoa do singular) em prazeres: ouça (3ª pessoa do singular) música, leia (3ª pessoa do singular), dê-se (3ª pessoa do singular) o direito de não fazer nada. (Gabarito!)**

Consulte esta: FGV – SEFAZ/RJ – AUDITOR-FISCAL DA RECEITA – 2011 – QUESTÃO 16.

Palavra Final: Existem alguns verbos que, por seu sentido próprio, não admitem uso no imperativo, como ***caber***, ***querer*** (segundo Celso Cunha) e ***poder***, por exemplo.

Formação dos Tempos Compostos

Os tempos compostos da voz ativa são formados pelos verbos *ter/haver* + particípio, para indicar, normalmente, um fato acabado, repetido ou contínuo.

No modo indicativo:

- Pretérito perfeito composto: *Eu **tenho/hei decorado** a tabela.*
- Pretérito mais-que-perfeito composto: *Tu **tinhas/havias decorado** a tabela.*
- Futuro do presente composto: *Ele **terá/haverá decorado** a tabela.*
- Futuro do pretérito composto: *Nós **teríamos/haveríamos decorado** a tabela.*

> **Observação**
>
> Como se nota, não há locução verbal de tempo composto no presente do indicativo nem no pretérito imperfeito do indicativo. Note também que o **pretérito perfeito composto** é formado por **presente do indicativo + particípio** e o **pretérito mais-que-perfeito composto** é formado por **pretérito imperfeito do indicativo + particípio**. Os dois tempos compostos que mais caem em provas são esses dois.

No modo subjuntivo:

- Pretérito perfeito composto: *Espera-se que vós **tenhais/hajais decorado** a tabela.*

- Pretérito mais-que-perfeito composto: *Se eles **tivessem/houvessem decorado** a tabela, não estariam chorando agora.*
- Futuro do subjuntivo composto: *Quando vocês **tiverem/houverem decorado** a tabela, verão sua importância.*

Nas formas nominais:

- Infinitivo: *Para nós **termos/havermos decorado** a tabela, precisou de tempo.*
- Gerúndio: ***Tendo/havendo decorado** a tabela, tudo ficará bem.*

Os *tempos compostos da voz passiva* são formados pelos verbos *ter/haver* + *sido* + particípio.

No modo indicativo:

- Pretérito perfeito composto: *A tabela **tem/há sido decorada** por mim.*
- Pretérito mais-que-perfeito composto: *A tabela **tinha/havia sido decorada** por ti.*
- Futuro do presente composto: *A tabela **terá/haverá sido decorada** por ele.*
- Futuro do pretérito composto: *A tabela **teria/haveria sido decorada** por nós.*

No modo subjuntivo:

- Pretérito perfeito composto: *Espera-se que a tabela **tenha/haja sido decorada** por vós.*
- Pretérito mais-que-perfeito composto: *Se a tabela **tivesse/houvesse sido decorada** por eles, não estariam chorando agora.*
- Futuro do subjuntivo composto: *Quando a tabela **tiver/houver sido decorada** por vocês, verão sua importância.*

Nas formas nominais:

- Infinitivo: *Para a tabela **ter/haver sido decorada** por nós, precisamos de tempo.*
- Gerúndio: ***Tendo/havendo sido decorada** a tabela, tudo ficará bem.*

CUIDADO!!!

Observe uma **falsa** locução verbal de tempo composto:

– *O falastrão número um do UFC e rei das provocações gratuitas **tem pendurado** na parede de casa um diploma de graduação em Sociologia, pela Universidade de Oregon.*

Na verdade, há dois verbos e duas orações:

– *O falastrão número um do UFC e rei das provocações gratuitas **tem** um diploma de graduação em Sociologia, pela Universidade de Oregon, **pendurado** na parede de casa.*

Note que o particípio *pendurado*, que pode ser desenvolvido, se refere ao diploma: "... diploma... que está pendurado na parede de casa".

Emprego dos Tempos e Modos Verbais

Antes de qualquer coisa, saiba que todo ano este assunto cai nas bancas de mais prestígio atualmente: FCC, Esaf e Cespe/UnB. Estude!

Os diferentes **tempos verbais** atendem a necessidades distintas dos falantes. Eles indicam o momento em que o falante quer situar os fatos. Os **modos verbais** vão exprimir, normalmente, certeza (indicativo), incerteza (subjuntivo) e ordem (imperativo).

Vejamos primeiramente os tempos do modo indicativo, depois os do subjuntivo e, em seguida, falaremos do modo imperativo.

Observação

Por favor, fique ligado nos tempos compostos correspondentes aos tempos simples! Tal correspondência é abordada em questão de prova. Preste atenção!

O Modo Indicativo

Os verbos no modo indicativo aparecem em orações coordenadas e orações principais, normalmente, mas podem figurar nas orações subordinadas também. Caso queira entender melhor o conceito de oração (e seus tipos), recorra ao capítulo de sintaxe.

Presente

1) **Indica um fato que ocorre no momento em que se fala.**
   – **Ouço** vozes estranhas que **vêm** lá de fora...
   – **Estou ouvindo** música, e você?
   – O Brasil **está jogando** contra a Argentina agora.

2) **Indica um fato habitual, corriqueiro, frequente.**
   – Aos domingos, **vou** à missa.
   – O galo sempre **canta** às 5 horas aqui perto.
   – Você sabia que Pedro **fuma**?

3) **Indica um fato atemporal, uma verdade absoluta ou tomada como tal** (aparece muito em ditados, máximas, leis etc.).
   – **Morre** todos os dias uma pessoa a cada 5 segundos.
   – Água mole em pedra dura tanto **bate** até que fura.
   – Deus **é** fiel!

4) **Indica um fato que já se iniciou e dura até o presente momento da declaração.**
   – Os cientistas **estudam** a cura da AIDS ainda.
   – A homofobia **vem proliferando** nas grandes cidades.
   – Por que você, desde a madrugada, **assiste** a tantos programas de celebridades?

⚠️ **CUIDADO!!!**

1) **O presente do indicativo pode ser usado no lugar do pretérito perfeito do indicativo**. Neste caso, ele é chamado de **presente histórico**, pois torna recente um fato passado, como se o estivesse atualizando a fim de torná-lo mais vivo. A ideia é

aproximar, portanto, um fato passado à realidade imediata do interlocutor. Isso ocorre muito nas manchetes de jornais, nos livros didáticos de história e, principalmente, nas narrações, quando o narrador quer imprimir maior realidade à história, como se estivesse presenciando um fato.

– *Flamengo **vence** (= venceu) o Vasco por 3x2 no Maracanã, em jogo disputadíssimo.*

– *Em 1500, os portugueses **chegam** (= chegaram) ao nosso futuro Brasil e **começam** (= começaram) a explorar o local.*

– *É (= Foi) nesse momento que o governo **começa** (= começou) a oprimir o povo.*

Veja uma questão sobre isso:

19. (FGV – PC/RJ – Piloto Policial – 2011) *"Fevereiro de 1876. O falido rei d. Luís I vasculha os cofres portugueses à procura de joias e outras peças de valor que possam ser vendidas para pagar dívidas. Na busca, ele encontra uma pepita de ouro de pouco mais de 20 quilos, do tamanho de um melão. Esquecida por décadas nos Tesouros Reais, a pedra retirada de solo brasileiro é o último remanescente de uma época de riqueza incalculável para o velho império lusitano."*

No fragmento acima, retirado do livro **Boa ventura – a corrida de ouro no Brasil (1697-1810)**, de Lucas Figueiredo, há uma parte inicial do <u>modo de organização narrativa</u>. Sobre esse segmento narrativo pode-se dizer que:

a)   há um erro na escolha dos tempos verbais, pois, após localizar o fato narrado em 1876, o narrador emprega o presente do indicativo em *vasculha, encontra*. (Aqui a banca tenta te enrolar!)

c)   a indicação de localização espacial e temporal dos fatos narrados procura dar mais verossimilhança ao que é relatado. **(Gabarito!)**

2)   Além disso, **o presente pode ser usado no lugar do futuro do presente** para tornar o futuro mais próximo da realidade do falante, como se demonstrasse maior convicção de que o fato futuro vai se realizar, ou, como diz Celso Cunha, "empresta a certeza da atualidade a um fato por ocorrer".

– ***Viajo** (= Viajarei) amanhã para SP, mas fiquem calmos, que eu **volto** (= voltarei) logo.*

3)   **O presente pode substituir o futuro do subjuntivo** para impor mais certeza à declaração.

– *Se alguém **precisa** (= precisar) de ajuda, posso ajudar.*

– *Se não **existe** (= existir) esforço, não **existe** (= existirá) progresso.*

Note que, no segundo exemplo, o presente do indicativo substitui o futuro do subjuntivo e o futuro do presente do indicativo, uma vez que há correlação correta entre tais tempos futuros.

4)   Às vezes, **o presente substitui a forma imperativa** para demonstrar mais polidez ou suavização de um pedido.

– *João, você me **serve** (= sirva-me) um cafezinho? Obrigado.*

– ***Quer** sentar-se?*

Vale dizer ainda que este tempo verbal é o tempo da certeza, da convicção, do fato, por isso mesmo muito usado nas dissertações argumentativas, em que se defende uma tese com uma tônica de verdade. Falarei mais sobre isso no tópico *Valor Discursivo*.

Essa substituição de um tempo verbal por outro se chama **enálage** (é uma figura de linguagem).

Pretérito Perfeito

1) **Indica um fato ocorrido e concluído antes do momento em que se fala.**
    - *O Rock'n Rio* **foi** *um sucesso.*
    - **Comi** *uma pizza deliciosa na zona sul.*
    - *Nossa seleção* **conquistou** *mais um título mundial.*

2) **Indica um fato já ocorrido cujos efeitos perduram até o presente.**
    - *A televisão me* **deixou** *confuso com tanta notícia conflitante.*
    - *Foi na Igreja que eu* **aprendi** *a diferença entre o sim e o não.*
    - *Naquele instante eu* **soube** *que você era a mulher da minha vida.*

3) **Indica um fato atemporal, habitual** (normalmente em máximas e ditados)
    - *Quem* **comeu** *a carne, que roa os ossos.*
    - *Aquele que* **nasceu** *para a forca não morre afogado.*
    - *Quem* **pariu** *Mateus que o balance.*

 CUIDADO!!!

1) **Frequentemente se usa o pretérito perfeito no lugar do pretérito mais-que-perfeito sem que isso implique mudança de sentido. Isso ocorre em orações temporais, segundo Bechara e Sacconi.**
    - *Depois que* **viu** (= vira) *a discussão dos pais, decidiu sair de casa.*

2) **O pretérito perfeito pode substituir o presente para indicar ligeireza**; normalmente isso acontece em linguagem informal, na internet, por exemplo.
    - *"Você já está indo?" "***Fui!***"*

3) **O pretérito perfeito pode substituir o imperativo para estimular o interlocutor**; muito usado em propagandas.
    - *"Achou, ganhou!"*

4) **Pretérito perfeito composto do indicativo**

Formado pelo verbo auxiliar *ter* ou *haver* no **presente do indicativo + particípio**, indicando fato que se inicia no passado e vem ocorrendo até o momento da declaração.
    - *Eu* **tenho estudado** *muito.*
    - *Nós* **temos feito** *todos os exercícios propostos.*

Não equivale à forma de pretérito perfeito simples, ou seja, ninguém diria que "Eu tenho estudado muito" equivale a "Eu estudei muito", pois *estudei* indica que o fato já cessou, muito diferente de *tenho estudado*, que indica uma duração de um fato. Na verdade, a forma composta (por exemplo, *tenho estudado*) pode ser equiparada ao presente do indicativo do tempo simples (estudo ou estou estudando).

Bem interessante é o que diz Luiz Antonio Sacconi: "A forma composta é usada ainda para confirmar-se uma ordem, ou ao concluir-se um discurso. Ex.: **Tenho lido**. **Tenho concluído**. **Tenho dito** (acréscimo meu)".

Veja uma questão da banca Cespe sobre isso:

- A correção gramatical, a coerência e o sentido seriam mantidos caso a forma verbal "tem ajudado" em "Esta tem sido uma prática que tem ajudado na construção de uma democracia participativa" fosse substituída por "vem ajudando".
( ) CERTO ( ) ERRADO

Comentário: Anote em seu coração e em sua mente o que você vai ler agora: o tempo composto formado por "presente do indicativo + particípio" (tem ajudado) sempre pode ser substituído por "vir (no presente do indicativo) + gerúndio". Por isso, a troca de "tem ajudado" por "vem ajudando" é o mesmo que trocar seis por meia dúzia. Gabarito: certo.

Pretérito Imperfeito

Na lição de Celso Cunha, "Por expressar, normalmente, um fato inacabado, impreciso, em contínua realização na linha do passado para o presente, o imperfeito é o tempo que melhor se presta a descrições e narrações". Às vezes, no discurso indireto livre, de que falarei a alguns capítulos, pode levar à confusão, propositadamente, o leitor: "João vira uma linda mulher passando por ele. **Queria**-a de verdade! Precisou abaixar a cabeça de vergonha". Quem *queria*, o personagem ou o narrador? Interessante, não é?

Mais interessante ainda é você nunca confundir o pretérito perfeito (passado concluído) com o imperfeito (passado contínuo, progressivo). Bem... vamos ao que interessa.

1) Indica um fato passado que então era presente, mas não concluído, incompleto, ou que apresenta certa duração.
   - Betinho **lutava** pela erradicação da fome.
   - **Estávamos conversando** animadamente, mas fomos interrompidos.
   - Ao passo que **subia** o morro, **ia admirando** a paisagem.

2) Indica um fato passado em curso que indica simultaneidade, concomitância a outro fato.
   - A velhinha foi atropelada quando eu **atravessava** a rua.
   - À medida que as sombras **cobriam** o dia, eu **largava** o trabalho.
   - Enquanto eu **estudava**, ela me **atrapalhava**.

3) Indica um fato habitual, iterativo, repetitivo, uma ação contínua.
   - Impressionante! Eu **chegava**, ela **saía**.
   - Eu **fazia** musculação todo santo dia.
   - Em toda despedida, **era** uma choradeira.

Observação

Veja uma questão sobre isso:

17. (FCC – TRE/PR – Técnico Judiciário – 2012)... baleias, que <u>forneciam</u> o óleo dos lampiões e lamparinas, <u>caiu</u> drasticamente. (1º parágrafo)

O emprego das formas verbais grifadas acima indica, respectivamente,

a) ação contínua no passado e fato consumado. (Gabarito!)

4) Normalmente usado em narrações para marcar descrições ou ideias temporais passadas.

– *Era 2008, quando encontrei minha esposa. Ela **estava** linda! **Vestia** um lindo vestido florido.*

5) Indica um fato passado de maneira vaga, fantasiosa, própria do universo das crianças, do mundo das lendas, dos contos infantis.

– *Era uma vez um rei e uma rainha...*

 CUIDADO!!!

1) O pretérito imperfeito pode indicar polidez, gentileza, cortesia ao ser usado no lugar do presente do indicativo:

– *Você **podia** (= pode) me ajudar?*
– *Mãe, eu **precisava** (= preciso) muito falar contigo.*

2) **Pode ser usado no lugar do futuro do pretérito,** exprimindo um fato categórico ou a segurança do narrador em relação aos acontecimentos futuros.

– *Meu irmão João era um homem muito bom, pois ia levar seu sobrinho para os EUA. Lá meu filho **entrava** (= entraria) para uma boa escola, **formava**-se (formar-se-ia), e depois **virava** (= viraria) doutor, dando-me muito orgulho. No entanto, João faleceu antes disso tudo ocorrer.*

Exceto quando em correlação com o pretérito imperfeito do subjuntivo (este caso constitui registro coloquial).

– *Se ele me atendesse bem, eu **comprava** o produto dele.* (errado)
– *Se ele me atendesse bem, eu **compraria** o produto dele.* (certo)

Esta correlação cai muito em prova!

Pretérito Mais-Que-Perfeito
1) Indica um fato passado anterior a outro fato também passado.

– *Depois que ela me **pedira** um favor, tive de sair de casa.*
– *Todos já **almoçaram** quando chegamos.*
– *Mal **entráramos**, todos fizeram aquela cara de espanto.*

2) Indica um fato passado vago.

– *O aluno **obtivera** nota dez na prova, mas **pensáramos** que isso era impossível.*

3) Indica desejo, vontade, em frases optativas.

– *Quem me **dera** passar na prova!*
– ***Quisera** eu conquistar aquela vaga!*

CUIDADO!!!

1) **O pretérito mais-que-perfeito pode ser usado no lugar do futuro do pretérito e do pretérito imperfeito do subjuntivo (normalmente em registro literário).**

– *Que **fora** (= seria) a vida, se nela não **houvera** (= houvesse) lágrimas? (Alexandre Herculano)*

2) **Na língua falada se usa o pretérito perfeito do indicativo no lugar do pretérito mais-que-perfeito do indicativo.**

– *Ele contribuiu (= contribuíra) para o sucesso da empresa antes da chegada do novo gerente.*

3) **O pretérito mais-que-perfeito composto do indicativo**

A forma composta é preferência nacional! É muito raro usarmos as formas simples desse pretérito. Pois bem, a forma composta é formada de verbo auxiliar *ter* ou *haver* no **pretérito imperfeito do indicativo + particípio**, exprimindo o mesmo que o pretérito mais-que-perfeito do indicativo simples.

– *Eu já **havia estudado** (= estudara) em PDFs, quando conheci o seu livro.*
– ***Havíamos pensado** (= Pensáramos) que ela não voltaria.*

Veja aqui uma questão sobre pretérito mais-que-perfeito composto:

8. (FCC – TRE/PR – Analista Judiciário – 2012) **Ela queria fazer justiça a Mankiewicz, que caíra em esquecimento, enquanto Welles entrara para a história com a reputação de gênio maldito, frequentemente reivindicando para si as principais qualidades de "Kane" e a coautoria do roteiro –** <u>embora Pauline jurasse que Welles não escrevera nem sequer uma linha do script</u>**.**

Outra redação para o trecho destacado, que preserva o sentido e a correção originais, é:

a) a despeito de Pauline jurar que Welles não **tinha escrito** nem ao menos uma linha do script. **(gabarito!)**

Comentário: Pode-se substituir tranquilamente a forma composta pela forma simples e vice-versa: *escrevera < > tinha escrito*.

Futuro do Presente

1) **Indica um fato posterior ao momento da fala, mas certo de ocorrer**

– ***Passarei** na prova. Fato!*
– *Tu te **classificarás** tão logo, meu nobre.*
– ***Serei** um homem mais sério ao seu lado, mulher.*

2) **Indica um fato futuro incerto, hipotético** (em perguntas, normalmente).

– ***Serão** pessoas felizes as que moram na periferia?*
– ***Suportará** Maria toda a traição de João? Não perca no próximo capítulo.*
– *Ela **terá** seus quarenta anos, no máximo.*

Observação

Falando em perguntas, não se esqueça das perguntas retóricas, em que o verbo no futuro do presente provoca uma reflexão: "E se a ingratidão ressuscita o aborrecimento até nos mortos, como **achará** amor nos vivos?" (Padre Antônio Vieira).

CUIDADO!!!

1) **Pode substituir o imperativo (em leis)**, denotando mais força na lei de modo que ela seja entendida e atendida atemporalmente.

 – Não **matarás**, não **cobiçarás**...

2) É preferência nacional o uso da locução verbal formada pelo verbo auxiliar *ir* (no presente do indicativo) + **infinitivo** a fim de substituir o futuro do presente simples:

 – *"Eu vou estudar muito amanhã"* no lugar de *"Eu estudarei muito amanhã"*.

> **Observação**
>
> Como já visto em locução verbal, a construção *haver + de* + infinitivo carrega uma ideia de futuro e intenção/desejo: "Eu hei de vencer (= vencerei)!". Caiu uma questão sobre isso:
>
> 6. (FCC – Pref./SP – Auditor-Fiscal do Município – 2012) O texto legitima o seguinte comentário:
>
>   e) (linha 4) Em **hão de alimentar**, a forma verbal exprime, além da ideia de futuro, a de que o evento é desejado. **(Gabarito!)**

3) **O futuro do presente pode ser substituído pelo presente do indicativo**, num registro menos formal. Note abaixo que o futuro do subjuntivo mantém correlação com o presente do indicativo. Tal construção cai muito em prova. Lembre-se, porém, de que o registro formal exige o verbo no futuro do presente.

 – *Quando o inverno chegar, eu **quero** (= quererei) estar junto a ti.*
 – *Se os políticos brasileiros pararem de roubar, **passo** (= passarei) a votar neles.*

4) **O futuro do presente pode ser usado no lugar do futuro do pretérito**. Esse uso é extremamente semelhante ao "presente histórico", ou seja, ao uso do presente no lugar do pretérito perfeito (veja isso algumas páginas atrás). Exemplo:

 – *Começou a treinar jiu-jítsu aos 8 anos de idade, por isso não **demorará** (demoraria) muito a dar aulas.*

 Esse uso caiu nesta prova (por favor, consulte): FCC – TRT 11ªR – ANALISTA JUDICIÁRIO – 2017 – QUESTÃO 3 (LETRA B).

5) **Futuro do presente composto do indicativo**

 Formado pelo verbo auxiliar *ter* ou *haver* no **futuro do presente simples do indicativo + particípio**, exprimindo 1) um fato futuro anterior a outro fato futuro, 2) fato futuro já iniciado no presente (para exprimir a certeza duma ação futura) ou 3) fato incerto/provável sobre eventos passados (em perguntas, normalmente).

 – *Quando você chegar, eu já **terei partido**.*
 – *Daqui a dois meses, **terei absorvido** informações valiosas.*
 – *Terá Maria **sabido** a verdade sobre João?*

Futuro do Pretérito

1) **Indica um fato posterior (normalmente hipotético) a um fato no passado**

 – *Disseram (fato passado) que ela **chegaria** (fato futuro) logo.*

– *Você me prometeu que **passaria** de ano.*
– *Jamais **trairíamos** nossos amigos, mesmo depois da falha deles.*

Observação
Veja duas questões sobre isso:

10. (FCC – TJ/RJ – Comissário da Infância e da Juventude – 2012) ***A voz nova e solitária em seguida iria encontrar obstáculos na publicação de seus outros livros.***
    O tempo verbal empregado pelo autor na frase acima indica
    a) ação posterior a outra, ambas localizadas no passado. **(Gabarito!)**

4. (FCC – TRE/SP – Técnico Judiciário – 2012) ***Muitos anos depois, ele morreria num acidente de helicóptero, em Angra dos Reis, no Rio, e seu corpo desapareceria no mar para sempre.***
   Com relação aos verbos grifados acima, é correto dizer que o emprego do tempo e modo em que estão conjugados indica:
   a) Ação posterior à época de que se fala. **(Gabarito!)**
   b) Incerteza sobre fato passado.
   c) Ação ocorrida antes de outra passada.
   d) Fato que depende de certa condição.
   e) Forma polida de abordar um fato trágico.

2) **Indica uma consequência hipotética, atrelada a uma condição, que não chegou a realizar-se.**

   – *Eu **levaria** uma bronca se não fizesse os exercícios.*
   – ***Faríamos** os exercícios caso não fôssemos interrompidos.*
   – *Se encomendassem os nossos produtos, não **estariam** reclamando.*

Observação
Interessante é dizer que a frase "Contanto que ela estudasse (condição), **passaria** fácil" pode significar que ela não estudou, por isso não passou ou que, se ela estudasse, no futuro, a vaga estaria garantida.

3) **Indica incerteza sobre fatos passados ou futuros** (normalmente em perguntas).
   – ***Seria** o sol o causador destas queimaduras?*
   – *O homem **aguentaria** mais esta decepção causada pelo filho?*
   – ***Haveria** dez bandidos envolvidos no assalto.*

4) **Existe um caso interessante chamado pelo gramático Evanildo Bechara de "condicional de rumor"**. Diz ele: "É pura imitação do francês o chamado 'condicional de rumor', galicismo que a nossa imprensa vai usando por ignorar as formas vernáculas que exprimem suposição (parece, consta, é provável etc.)":
   – *O jogador **teria** sido comprado.* (por: Consta que o jogador foi comprado.)
   – *Os espiões **teriam** o vírus da varíola.* (por: Era provável que os espiões tivessem o vírus da varíola.)

 CUIDADO!!!

1) **O futuro do pretérito pode substituir o presente do indicativo, indicando polidez:**
   – ***Pediria** (= Peço) que todos saíssem. Grato.*

342 A Gramática para Concursos Públicos • Fernando Pestana

2) Pode indicar **impossibilidade** diante de um juízo de valor:

— *Eu lá **beijaria** aquela boca!*

3) Futuro do pretérito composto do indicativo

Formado pelo verbo auxiliar *ter* ou *haver no* **futuro do pretérito simples do indicativo + particípio**, exprimindo os mesmos valores que o futuro do pretérito simples.

— ***Teria feito*** *(= Faria) diferente se tivesse tempo.*

O Modo Subjuntivo

Lembra a *Tia Teteca*, lá na escolinha onde você estudava, quando começou a ter aula de conjugação verbal? Ela falava assim:

— Alunos, para conjugar o presente do subjuntivo, coloquem o *que* antes da conjugação. Assim, olha o verbo amar: "Que eu ame, que tu ames, que ele a...".

— "Me"!

— Isso aí, muito bem, que ele "A-ME", que nós A-ME-MOS etc.!

— Agora o pretérito imperfeito do subjuntivo. Coloquem o *se* antes da conjugação. Assim, olha o verbo vender: "Se eu vendesse, se tu vendesses, se ele vendesse, se nós vendêssemos, se vós...".

— "VENDÊSSEIS"!

— Muito bem, alunos! E olha que a 2ª pessoa do plural não é mole, hein!

— Vai. Para fechar... o futuro do subjuntivo. Coloquem o *quando* antes da conjugação. Assim, olha o verbo partir: "Quando eu partir, quando tu partires, quando ele partir, quando nós partirmos, quando vós partirdes, quando eles parti...".

— "REM"!

— Que lindo! Estou emocionada...

Direto... do túnel... do tempo...

Agora, na boa, falando sério... baseando-me no conceituado gramático Adriano da Gama Kury, vejamos os tempos do modo subjuntivo, os quais normalmente aparecem em orações subordinadas ou em orações optativas, raramente em orações principais. Caso queira entender melhor o conceito de oração (e seus tipos), recorra ao capítulo de sintaxe.

Presente

Geralmente utilizado quando desejamos expressar **desejos, possibilidades, suposições, conselho, oposição,** cuja concretização pode depender da realização de um outro acontecimento.

— *Deus te **guie**.*
— *Nada de cerimônias: **pensem** que estão em sua casa.*
— *Talvez a realidade **seja** mais forte que a ficção.*
— *Receio que **aconteça** o pior.*
— *É provável que **surja** outra oportunidade.*
— *É preciso que **estudemos** suficientemente.*
— *Quer **chova**, quer **faça** sol, sairei daqui.*
— *De todas as informações, **destaque**-se que a última é determinante.*

CUIDADO!!!

1) É de observar que, na fala das pessoas incultas, aparece o indicativo em lugar do subjuntivo. É comum ouvir "O senhor quer que eu **faço**?", por "O senhor quer que eu **faça**?" (forma acertada).

2) Segundo Bechara, acertadamente, sempre que se trate de uma possibilidade, de uma eventualidade, e não de uma certeza, usa-se o subjuntivo. Compare-se:
   – *O cidadão que **ama** sua pátria engrandece-a.* (realidade)
   – *O cidadão que **ame** sua pátria engrandece-a.* (conjectura)

No entanto, não há problema, por via de regra, em orações subordinadas adjetivas, usar o indicativo pelo subjuntivo, logo ambas as frases acima apresentam construção correta.

3) **Pretérito perfeito composto do subjuntivo**

Formado pelo verbo auxiliar *ter* ou *haver* no **presente do subjuntivo + particípio**, indicando normalmente desejo de que algo já tenha ocorrido ou um fato futuro já terminado em relação a outro.
   – *Espero que você **tenha estudado** essas classes gramaticais.*
   – *Quando chegarmos, é provável que a palestra já **tenha acabado**.*

> **Observação**
> É de observar a presença da palavra **que** antes de quase todas as formas do subjuntivo dos exemplos, o que nos leva a usá-la na conjugação desse tempo verbal: *que eu faça*, *que tu faças* etc.

Pretérito Imperfeito

Este tempo, que expressa normalmente uma hipótese (no passado, presente ou futuro), se usa nas orações subordinadas. Expressa uma condição não realizável quando vem junto a uma ideia condicional:
   – *Como **fizesse** (= fazia) parte da família há muito tempo, cometia certos abusos*.*
   – *Ainda que **cobrisse** todas as despesas da casa, a mulher reclamava.*
   – *Não admitia que se **fizesse** greve.*
   – *Qualquer pessoa que **refletisse** votaria em outro candidato.*
   – *Era provável que **surgisse** outra oportunidade.*
   – *Proibiu que **revelassem** o acordo.*
   – *Para que tudo **saísse** de acordo com o combinado, fizemos um contrato.*
   – *Se **tivesses** paciência, obterias o que pretendes. (... mas não teve, logo nada obteve).*

* Nas orações que exprimem causa, o pretérito imperfeito do subjuntivo pode ficar no lugar do pretérito imperfeito do indicativo.

CUIDADO!!!

1) É digna de nota a seguinte observação: em provas de concursos, o pretérito imperfeito do subjuntivo se correlaciona com o futuro do pretérito e não com o pretérito imperfeito do indicativo; as bancas encaram como errada a correlação "futuro do pretérito + pretérito imperfeito do indicativo":

– *Desde que eu **completasse** as 300 horas de estágio, conseguiria pegar o diploma (e não consegui).*

2) Pretérito mais-que-perfeito composto do subjuntivo

Formado pelo verbo auxiliar *ter* ou *haver* no **pretérito imperfeito do subjuntivo + particípio**, exprimindo, normalmente, o mesmo valor que o pretérito imperfeito do subjuntivo simples.

– *Teríamos ficado aqui, se você não **tivesse arrumado** problemas.*

Observação

Nunca é demais falar o óbvio: perceba que a frase anterior, por causa do tempo composto, remete a ação obrigatoriamente para o passado. Note que a frase "Se eu tivesse dinheiro, **faria** um curso" é completamente diferente de "Se eu tivesse dinheiro, eu **teria feito** um curso". Na primeira frase, há a possibilidade de transportarmos a hipótese para o futuro, o que não acontece na segunda frase, que só tem ideia de passado hipotético.

Futuro

Exprime uma ocorrência futura possível, eventual, normalmente. É um tempo verbal que ocorre sobretudo com orações iniciadas com conjunção temporal ou condicional, mas pode aparecer nas orações adverbiais que exprimem conformidade ou proporcionalidade (simultaneidade):

– *Quando **puderes**, vem visitar-nos.*
– *Assim que ele se **desocupar**, virá atendê-lo.*
– *Se (ou caso) ele **puder**, trará o livro.*
– *Escrevam como **quiserem**.*
– *Quanto maior **for** o tamanho do bicho, maior será sua queda.*

⚠ CUIDADO!!!

1) Futuro composto do subjuntivo

Verbo auxiliar *ter* ou *haver* no **futuro do subjuntivo simples + particípio**, exprimindo o mesmo valor que o futuro do subjuntivo simples.

– *Assim que você **tiver terminado** sua leitura, descanse um pouco.*

2) Nas orações subordinadas adverbiais temporais introduzidas por *antes que, assim que, até que, enquanto, depois que, logo que*, quando ocorrem nas indicações de possibilidade (e não de realidade, caso em que ocorre o indicativo), usa-se o subjuntivo:

– *Cuide dessa gripe, antes que ela se **transforme** em pneumonia.*
– *Amar-te-ei até que a morte nos **separe**.*
– *Enquanto o mundo **for** mundo, não te esquecerei.*
– *Só sairei depois que ele **chegar**.*
– *Logo que **termine** esta carta, vou atendê-lo.*

Compare:

– *Assim que **terminou** a carta, foi atendê-lo.*
– *Amaram-se até que a morte os **separou**.*
– *Nosso amor foi grande enquanto **durou**.*

(Nessas três frases, não se trata de uma eventualidade, mas de um fato real, acontecido, por isso o verbo está no indicativo)

O Modo Imperativo

O uso do imperativo depende muito do tom de voz. O que pode parecer às vezes polido, como "**Faz** o favor de chegares aqui", pode, dependendo da entonação, implicar deboche ou outro aspecto.

Nunca é demais dizer que a triste realidade de muitos casais está no uso do imperativo ao longo do relacionamento. Começa-se com um "***Passe*** o sal, por favor, amor", depois "***Passe*** o sal, por favor", depois "***Passe*** o sal!", depois "***Passe*** a droga do sal, seu imbecil!". E por aí vai...

Vamos ao que interessa...

1) **Usado para expressar ordens, conselhos, exortações, pedidos, súplicas etc. Muito presente no gênero textual propaganda.**

   – ***Faça*** *já o dever de casa!*
   – *"Que é que estava lendo?" "Não **diga**, já sei, é o romance dos Mosqueteiros." (Machado de Assis)*
   – ***Estude*** *mais, isso fará seu futuro melhor.*
   – ***Perdoai*** *as nossas ofensas, assim como...*
   – *Por favor, **venha** comigo!*

   Exemplo inesquecível de verbo no imperativo é aquele da propaganda do chocolate *Baton*: "COMPRE BATON, COMPRE BATON, COMPRE BATON, SEU FILHO MERECE BATON!"

2) **O imperativo é normalmente usado com valor condicional em frases do tipo:** *"**Trabalhe**, e será bem-sucedido" e "**Siga**-me, e terá o reino dos céus".*

3) **A locução verbal formada pelos auxiliares *ir/vir* no imperativo negativo + infinitivo realça a ideia de ordem, inclusive com tom ameaçador.**

   – *Nem **venha** me **dizer** que estava estudando, seu falso!*

4) **Como bem nos ensina Celso Cunha, a língua nos oferece outros meios, digamos assim, para substituir o imperativo ou apresentar um tom imperativo (ordem, pedido etc.):**

   – ***Fogo! Avante! Silêncio! Mãos ao alto!*** *(frases nominais)*
   – *Você **fica** no meu time. (presente)*
   – ***Podia*** *chegar cedo amanhã? (imperfeito do indicativo, para atenuar o pedido)**
   – *Vocês **ficarão** aqui! (futuro do presente)*
   – *Que tal se você **calasse** a boca e **fizesse** a questão? (imperfeito do subjuntivo)*
   – *Favor não **sobrecarregar** o elevador. (infinitivo)*
   – ***Circulando***, *vagabundo, **circulando**! (gerúndio)*

A Gramática para Concursos Públicos • Fernando Pestana

* Para atenuar a ordem contida no uso do imperativo, os falantes da língua costumam usar certas expressões de cortesia ou polidez acompanhando os verbos: *por favor, por gentileza, tenha a bondade de, digne-se de...*

> **Observação**
>
> O imperativo é tão interessante que pode indicar hipótese, a depender do contexto. Veja uma questão sobre isso: FAPERP – CAESB – Analista de Sistemas – 2012 – QUESTÃO 5.

Correlação Verbal

A **correlação entre tempos e modos verbais**, ou **uniformidade modo-temporal**, se dá por meio da ligação semântica entre os verbos de um período composto por subordinação de modo que haja uma harmonia de sentido na frase em que os verbos se encontram.

Imagine a seguinte frase: "Caso eu *tivesse* dinheiro, *faço* um curso".

O que você diria dela? Há uma boa relação de sentido entre os verbos dessa frase? O verbo *ter* está no pretérito imperfeito do subjuntivo (*tivesse*), indicando hipótese, certo? O outro verbo, *fazer*, está no presente do indicativo, indicando certeza e ação atual, certo? Podemos misturar hipótese e certeza na mesma frase? Faz sentido? NENHUM!

Bem, acho que você já começou a entender. É preciso que determinados tempos e modos verbais se complementem na frase para que ela tenha um sentido harmônico, e isso se deve muito à **correlação entre tempos e modos verbais**. Veja como a frase acima deveria ficar, para haver harmonia de sentido:

— *Caso eu tivesse dinheiro, faria um curso.*

"Tivesse: hipótese. Faria: hipótese. Ah...! Agora sim...! Entendi, Pestana!"

É isso aí, meu nobre! Para haver harmonia, é preciso que haja "dobradinhas" harmônicas entre os tempos verbais e os modos verbais.

Existem três modos verbais: **indicativo** (certeza, fato), **subjuntivo** (incerteza, hipótese) e **imperativo** (ordem, pedido). Existem três noções temporais: **passado** (pretérito perfeito/imperfeito/mais-que-perfeito), **presente** e **futuro** (presente/pretérito).

> **Observação**
>
> Vamos ao que interessa? Além de dois verbos de mesmo tempo e mesmo modo poderem se "combinar", há outras "combinações" possíveis. Ah! Não é para ficar que nem um louco devorador de tabelas; perceba a relação de sentido entre os verbos.

Antes de qualquer coisa, saiba que este assunto é bem frequente em provas! Abordarei os principais casos de correlação verbal, ok?

Conheça algumas possibilidades de "dobradinhas" verbais para que você não erre mais questões desse tipo:

Iniciando, na oração principal, com o tempo presente.

"Dobradinhas"	Exemplos
presente do indicativo + presente do indicativo	Hoje eu **sei** que **tenho** chances com aquela mulher.

Capítulo 12 • Verbo **347**

"Dobradinhas"	Exemplos
presente do indicativo + pretérito perfeito do indicativo	*Hoje eu **sei** que **tive** chances com aquela mulher.*
presente do indicativo + pretérito perfeito composto do indicativo	*Hoje ela **sabe** que **tenho lutado** por nosso amor.*
presente do indicativo + pretérito imperfeito do indicativo	*Hoje **vejo** que naquela época eu **tinha** chances com ela.*
presente do indicativo + pretérito mais-que--perfeito do indicativo	*Só hoje eu **percebo** que ela **tivera** dó de mim.*
presente do indicativo + pretérito mais-que--perfeito composto do indicativo	*Só hoje eu **percebo** que ela **havia demonstrado** pena de mim.*
presente do indicativo + futuro do presente do indicativo	***Sei** que você me **apresentará** àquela mulher.*
presente do indicativo + futuro do pretérito do indicativo	***Sei** que você me **apresentaria** a ela, se não fosse o acaso a atrapalhar.*

Iniciando, normalmente* na oração principal, com o tempo **pretérito.**

"Dobradinhas"	Exemplos
pretérito perfeito do indicativo + pretérito imperfeito do indicativo	***Notei** que você **ia** me apresentar àquela mulher.*
pretérito perfeito do indicativo + pretérito mais-que-perfeito do indicativo	***Notei** que você o **apresentara** àquela mulher.*
pretérito perfeito do indicativo + pretérito mais-que-perfeito composto do indicativo	***Notei** que você o **havia apresentado** àquela mulher.*
pretérito perfeito do indicativo + futuro do pretérito do indicativo	***Disseram** que ela **seria apresentada** a mim.*
pretérito imperfeito do indicativo + pretérito mais-que-perfeito composto do subjuntivo	***Queria** que ela **tivesse sido apresentada** a mim.*
pretérito mais-que-perfeito do indicativo + pretérito imperfeito do subjuntivo	***Apelara** que você me **apresentasse** àquela mulher.*
pretérito imperfeito do subjuntivo + futuro do pretérito do indicativo	**Se eu **passasse** por ela, **apresentaria** a você.*
pretérito imperfeito do subjuntivo + futuro do pretérito composto do indicativo	**Se eu **passasse** por ela, **teria apresentado** a você.*
pretérito mais-que-perfeito composto do subjuntivo + futuro do pretérito composto do indicativo	**Se eu **tivesse passado** por ela, **teria apresentado** a você.*

Observação

A grande verdade é que o verbo da subordinada substantiva pode estar em todos os tempos verbais do indicativo quando o verbo da principal estiver nos tempos pretéritos do indicativo. São muitas as possibilidades de correlação: "Ele **soube/sabia/soubera** que a escola **defende/defendeu/defendia/defendera/defenderá/defenderia** os alunos".

Iniciando, na oração principal, com o tempo **futuro.**

"Dobradinhas"	*Exemplos*
futuro do pretérito + pretérito imperfeito do subjuntivo	*Desejaria que me apresentasse aquela mulher.*
futuro do pretérito do indicativo + pretérito mais-que-perfeito composto do subjuntivo	*Gostaria que você tivesse visto aquela mulher.*
futuro do presente do indicativo + pretérito perfeito do indicativo	*Nós obteremos aquilo que nos propuseram.*
futuro do subjuntivo + futuro do presente indicativo/presente do indicativo	*Quando eu passar por ela, apresentarei/apresento a você.*
futuro do subjuntivo + futuro do presente composto do indicativo	*Quando chegarmos até ela, já terá ido embora.*

Mais alguns detalhes importantíssimos...

1) Como não dá para abordar todas as correlações aqui, saiba o seguinte: quando o verbo da oração principal estiver no presente do indicativo, no futuro do presente e no imperativo, o verbo da oração subordinada poderá estar em qualquer tempo do indicativo (simples ou composto). Veja:

– *Será verdade que o professor explica/explicou/explicava/explicara/explicará/explicaria tudo certo?*

2) Quando o primeiro verbo da correlação, normalmente na oração principal, indicar desejo, vontade, pedido ou permissão e estiver no presente do indicativo, futuro do presente ou imperativo, o segundo verbo da correlação estará no presente do subjuntivo. Isso vale para os tempos simples e compostos. Caso se encontre em um dos pretéritos do indicativo ou futuro do pretérito, o segundo verbo da correlação estará no pretérito imperfeito do subjuntivo. Isso vale para os tempos simples e compostos.

– *Espero que ele tenha te apresentado àquela mulher.*
– *Eu permitirei que você conheça minha filha.*
– *Faça que ele venha logo.*
– *Ele queria que ela viesse agora.*
– *Nós ordenamos que não o deixassem ficar.*
– *Vós tínheis aconselhado que o homem não viesse.*
– *Eles iriam pedir que você não fosse embora.*

3) As correlações mais abordadas em provas de concursos públicos são estas (olho vivo!):
– **presente do indicativo + presente do subjuntivo**

Ex.: *Não é certo que você assedie as pessoas assim.*

– **pretérito perfeito do indicativo + pretérito imperfeito do subjuntivo**

Ex.: *Esperei durante horas que você me ligasse.*

– **futuro do subjuntivo + futuro do presente do indicativo**

Ex.: *Quando os governantes resolverem ser honestos, serei o primeiro a elevá-los.*

– pretérito imperfeito do subjuntivo + futuro do pretérito do indicativo

Ex.:   Se *fôssemos* pessoas perfeitas, *cometeríamos* atos falhos?

> **Observação**
> Devem ser levados em conta os tempos simples e compostos em tais correlações, hein, por isso estude a correspondência entre os tempos simples e compostos!

4) O verbo *haver* também está sujeito à consecução dos tempos, a não ser em casos em que se deseja deixar claro determinado fato:
   – *Ele **está** casado **há** dois meses.*
   – *Ele **estava** casado **havia** dois meses.*
   – *"**Há** dezessete anos, o progresso material **desconhecia** a precisão dos cafés."* (Camilo)

Agora, sim! E aí, curtiu? Tenha certeza de que este material, apesar de extenso, vai ajudar você em qualquer concurso.

Classificação dos Verbos

A classificação dos verbos depende de suas características morfossintáticas. Entenda melhor:

Regulares

Segue um paradigma (modelo) em que o radical e as desinências permanecem inalterados. A maioria dos mais de 11.000 verbos são regulares.

Ex.:   Eu *am*o, tu *am*as, ele *am*a, nós *am*amos, vós *am*ais, eles *am*am.

Irregulares

Não segue um paradigma (modelo) regular. Percebe-se a irregularidade *normalmente* na 1ª pessoa do singular do presente do indicativo, pois o radical ou as desinências são alterados.

Ex.:   Eu *caib*o (radical alomórfico), *tu **cab**es, ele **cab**e, nós **cab**emos, vós **cab**eis, eles **cab**em.*
Eu *est*ou (desinência número-pessoal alomórfica), *tu está*s*, ele está, nós estamos, vós estais, eles estão* (desinência número-pessoal alomórfica).
Eu *quis*, tu *quis*este, ele *quis*, nós *quis*emos, vós *quis*estes, eles *quis*eram.

CUIDADO!!!

1) Alguns irregulares *famosinhos*, dos quais você precisa conhecer a conjugação: *requerer, polir, sortir, estar, fazer, dar, vir, pedir, poder, ter, pôr, caber, ferir** (*Eu firo, tu feres, ele fere, nós ferimos, vós feris, eles ferem).*

* Conjugam-se como ferir: *aderir, advertir, competir, convergir, divergir, despir, digerir, expelir, gerir, impelir, mentir, perseguir, repelir, sugerir, transferir, vestir.*

O verbo *polir* é interessante, porque a 1ª pessoa do singular do presente do indicativo é igual à do verbo regular ***pular***: *pulo*. Dependendo do contexto, pode haver até ambiguidade: "Eu pulo esse carro". Ou seja, o cara *vai polir* o carro ou *vai pular* o carro? Como não é possível conjugar todos os verbos nesta gramática, recomendo que consulte um bom dicionário para saber mais.

2) Certos verbos sofrem alterações no radical para que seja mantida a regularidade sonora: *corrigir (corrijo), fingir (finjo), embarcar (que eu embarque), tocar (que eu toque)*...; tais alterações não tornam o verbo irregular, logo **são regulares**.

3) É bom dizer também que um verbo pode apresentar irregularidade em algumas partes da conjugação e, em outras, regularidade. Por exemplo, o verbo ***poder***, no presente do indicativo, apresenta irregularidade na 1a pessoa do singular (Eu posso); nas demais pessoas, regularidade (Tu podes, Ele pode, Nós podemos, Vós podeis, Eles podem). Isso não significa que ele deixa de ser irregular.

Anômalos

Apresenta mais de um radical diferente; existem dois apenas: ***ser*** e ***ir***. O verbo *ser* tem origem nos verbos latinos *esse* e *sedere*, e, por isso, apresenta radicais diferentes. Já o verbo *ir* provém de outros verbos latinos, como *ire* e *vadere*. Os iniciados com **f-** sofreram alomorfia.

Ex.: Eu ***sou***, tu ***és***... eu ***fui***... eu ***era***... (que) eu ***seja***... (se) eu ***fosse***... (quando) eu ***for***...

 CUIDADO!!!

1) Esses dois verbos são idênticos na conjugação dos seguintes tempos: pretérito perfeito do indicativo (*fui, foste*...), pretérito mais-que-perfeito do indicativo (*fora, foras*...), pretérito imperfeito do subjuntivo (*fosse, fosses*...) e futuro do subjuntivo (*for, fores*...). Só conseguimos identificar um ou outro pelo contexto.

Ex: ***Fui*** sargento durante cinco anos. (ser) / ***Fui*** à praia pela manhã. (ir)

2) Alguns gramáticos consideram também que os verbos ***ser*** e ***ir*** são ***irregulares*** e que outros verbos (pôr, vir, estar, haver) são anômalos, mas isso não tem relevância em concurso.

Defectivos

São aqueles que não apresentam conjugação completa. Tal "defeito" ocorre no presente do indicativo e do subjuntivo e no imperativo. Por isso, mesmo defectivo, o verbo poderá ser conjugado **inteiramente** nos outros tempos e modos verbais. Os defectivos são estes (destaco os que mais aparecem em prova, até porque isso é uma gramática, não um dicionário):

- Verbos que só não possuem a 1ª pessoa do singular do presente do indicativo e, consequentemente, nenhuma das pessoas do presente do subjuntivo nem as formas do imperativo negativo, nem a 3ª pessoa do singular, 1ª pessoa do plural e 3ª pessoa do plural do imperativo afirmativo:

abolir*, aturdir,* ***soer****, banir, colorir (colorar não é defectivo), delinquir, demolir,* ***emergir/ imergir*** *(polêmico; veja a conjugação dele mais à frente em Verbos Notáveis), explodir, feder (polêmica: o dicionário Aulete entende que é regular), haurir, puir, ruir, exaurir, retorquir, extorquir, ungir,* ***viger****...*

- Verbos que, no presente do indicativo, só se conjugam nas 1ª e 2ª pessoas do plural, não possuindo forma alguma no presente do subjuntivo nem no imperativo negativo; só há a 2ª pessoa do plural do imperativo afirmativo:

precaver-se*, **reaver**, **adequar*** (polêmica: segundo o dicionário Houaiss, tem conjugação completa: adéquo, adéquas, adéqua... ou adequo, adequas, adequa. – com o* **u** *tônico), aguerrir, combalir,* ***falir****, florir,* ***remir****, ressarcir...*

* Consulte: CESPE – CÂMARA DOS DEPUTADOS – ANALISTA – 2012 – QUESTÃO 4.

- Os que só aparecem na 3a pessoa do singular (chamados de ***unipessoais***):
  - todos os **impessoais**, só nas orações sem sujeito (veremos mais sobre eles no capítulo de Termos Essenciais da Oração): haver, ter, fazer, ser, ir + para, bastar/chegar + de, estar e os que indicam fenômenos naturais (sentido denotativo);
  - normalmente os verbos da oração principal de uma oração subordinada substantiva subjetiva (falarei mais sobre isso em *Orações Subordinadas Substantivas*, em *Sintaxe*): *cumprir, importar, convir, doer, prazer (aprazer* e *comprazer* têm conjugação completa), *parecer, saber, surtir* etc.;
  - os verbos **onomatopaicos** e outros podem aparecer também na 3ª pessoa do plural: *cacarejar, coaxar, zunir, miar, rugir, latir, surtir* etc.

Dever de casa: procure a conjugação desses verbos em bons dicionários!

- Apesar de o dicionário Houaiss e o gramático Bechara dizerem que *computar* é regular, alguns dos gramáticos que consultei dizem que ele é defectivo por causa da sonoridade (digamos assim... "erótica"), não apresentando as 1ª, 2ª e 3ª pessoas do singular, respectivamente: *eu computo, tu computas, ele computa*. Espero que ninguém me critique por dizer a verdade, nada mais que a verdade... Ah! Nem vou dizer como se conjuga *sacudir*, que estranhamente é considerado regular, por mais que a 1ª p. s. do presente do indicativo também tenha uma sonoridade peculiar. Coisas da língua portuguesa...

Não são defectivos: ***caber****,* ***valer****,* ***redimir****,* ***polir****,* ***sortir****, rir, escapulir, entupir, sacudir.*

Abundantes

Possuem duas ou mais formas na mesma parte da conjugação. Geralmente isso ocorre no particípio.

Ex.: *havemos* ou *hemos, haveis* ou *heis (haver); construis* ou *constróis (construir); destruis* ou *destróis (destruir); comprazi* ou *comprouve (comprazer-se)* etc.

> **Observação**
>
> **Obstruir** não é abundante como *construir* e *destruir*. Não existe *obstrói*! Como já dizia o cômico Sacconi, "Se o zagueiro '**obstrói**' a passagem do atacante, é falta".

Celso Cunha diz que os verbos *dizer, fazer* e *trazer*, na 2.ª pessoa do singular, apresentam no imperativo afirmativo duas formas: *dize* ou *diz, faze* ou *faz, traze* ou *traz*. O verbo *requerer* também entra nesse time.

Sobre os particípios duplos:

As formas regulares (particípio terminado em **-ado** ou **-ido**) são empregadas na voz ativa com os verbos auxiliares *ter* ou *haver*:

> *Eu havia **pagado** ao banco.*
>
> *O banco havia **aceitado** o cheque.*
>
> *Já havíamos **limpado** a casa.*
>
> *Tenho **aceitado** trabalhos demais este ano.*
>
> *Ainda não tínheis **acendido** a vela.*
>
> *Ele tinha me **salvado** uma vez.*
>
> *Ela tinha **pegado** pena perpétua.*
>
> *O padre havia **benzido** o lugar.*
>
> *Você podia ter **imprimido** o material antes.*
>
> *Tínheis **entregado** vossa dignidade a outrem?*

As formas irregulares (particípio **não** terminado em **-ado** ou **-ido**) são usadas na voz passiva com os auxiliares *ser, estar* ou *ficar*, normalmente, ou com a locução de tempo composto na voz passiva (*ter/haver + sido + particípio irregular*); podem variar em gênero e número:

> *Eu sou **pago** pelo banco.*
>
> *O cheque foi **aceito** pelo banco.*
>
> *A casa ficou **limpa** pela empregada.*
>
> *Meus trabalhos foram **aceitos** pela agência.*
>
> *A vela será **acesa** pelo coroinha.*
>
> *O homem estava **salvo** por ele.*
>
> *O ladrão foi **pego** em flagrante.*
>
> *O fiel era **bento** pelo padre.*
>
> *Aquele documento enfim ficou **impresso**.*
>
> *Vossa dignidade tinha sido **entregue** por vós a outrem?*

Capítulo 12 • Verbo **353**

Informações Importantes

1)   Os verbos *comprar, trazer, chegar, abrir, cobrir* e *escrever* não são abundantes. Logo, as únicas formas cultas no particípio são, respectivamente: *comprado, trazido, chegado, aberto, coberto, escrito* (e não *compro, trago, chego, abrido, cobrido, escrevido*). Pelo amor de Deus! As formas *trago* e *chego* não são admitidas no registro culto da língua.
   - *Ele tinha* **chegado** *tarde*. E não: *Ele tinha* **chego** *tarde*.
   - *O pacote foi* **trazido** *na hora certa*. E não: *O pacote foi* **trago** *na hora*.

> ⊘ Observação
>
> *Chego* e *trago* são formas de 1ª pessoa do singular do presente do indicativo dos verbos *chegar* e *trazer* (ou *tragar*, cujo único particípio é *tragado*).

2)   O verbo *vir* tem como particípio *vindo*, a mesma forma que seu gerúndio, assim como seus derivados: *advindo, intervindo, provindo, sobrevindo*.

3)   Não são poucos os estudiosos a dizer que os verbos *pagar, ganhar* e *gastar* podem ficar na forma regular ou irregular depois de *ter* ou *haver*:
   - *Eu tinha* **pagado/pago**.
   - *Eu tinha* **ganhado/ganho**.
   - *Eu tinha* **gastado/gasto**.

> ⊘ Observação
>
> Consulte as provas destes concursos: FCC – MPE/SE – ANALISTA – 2009 – QUESTÃO 20 e CONSULPLAN – TRF 2ªR – ANALISTA JUDICIÁRIO – 2017 – QUESTÃO 5.

4)   Muitos verbos no particípio irregular se transformaram em verdadeiros adjetivos ou substantivos: *café* **expresso**, *o* **expresso**, *vinho* **tinto**, *um* **tinto**, *homem* **cego**, *o* **cego**, *roupa* **seca**, *a* **seca**...

5)   O uso de "imprimido" com o sentido de "conferir alguma coisa a algo" ou de "transmitir movimento/força a" é bem comum no registro culto escrito e é usado sempre assim, por mais que não venha antecedido de "ter/haver": "Foi **imprimida** bastante velocidade ao carro".

Pronominais

Um **verbo pronominal** é aquele que está sempre acompanhado de um pronome, o qual pode apresentar valor reflexivo, valor recíproco ou ser mera "parte integrante do verbo". Já vimos sobre pronome **reflexivo** e **reflexivo recíproco** em voz verbal. Agora conheça os verbos **essencialmente pronominais**.

Os **essencialmente pronominais** são verbos que não podem ser conjugados sem a presença do pronome oblíquo átono (com função de **parte integrante do verbo**). É como se este pronome fizesse parte do radical. Por exemplo, segundo a norma culta, ninguém diz: "Ele queixou do patrão", mas sim "Ele queixou-**se** do patrão" (ou "se queixou"). Percebeu? **Não é possível conjugar um verbo pronominal sem sua parte integrante!!!**

Fiz questão de pesquisar um por um (quase 400 verbos!) no *Dicionário de Verbos e Regimes*, de Francisco Fernandes, e no *Dicionário Prático de Regência Verbal*, de Celso P. Luft. Alisto aqui apenas alguns recorrentes em provas, os quais, normalmente, indicam sentimento e mudança de estado: *arrepender-se, atrever-se, candidatar-se, dignar-se, engalfinhar-se, esforçar-se, persignar-se, queixar-se, refugiar-se, suicidar-se* etc.

>
>
> Veja uma questão sobre isso:
>
> (Cesgranrio – Petrobras – todos os cargos (Superior) – 2010)
>
> Em "... de que você possa arrepender-**se**" (título), o pronome destacado é parte integrante do verbo. Em qual das frases a seguir o "se" também é parte integrante do verbo?
>
> a) Ninguém se queixou de problemas maiores. **(Gabarito!)**

Pense se estas frases refletem o uso da língua: *"Eu apaixonei pelo professor", "Nós queixamos do professor", "Ela suicidou do prédio"*.

Se sua resposta foi "não", parabéns! Está faltando o quê? O pronome oblíquo átono, pois o verbo é **pronominal**, ora... as frases adequadas ficam assim, portanto: *"Eu apaixonei-**me** pelo professor"; "Nós **nos** queixamos do professor", "Ela suicidou-**se** do prédio". Simples assim.*

> Observação
>
> Por outro lado, cuidado com os verbos *esquecer* e *lembrar*, pois, dentre outros, eles podem ser **acidentalmente pronominais**. Ou seja, quando são transitivos indiretos, normalmente, passam a ser conjugados com a presença da parte integrante do verbo. Ok? Veja o que quero dizer com isso: *"Ela esqueceu a informação* (VTD)*"* ou *"Ela esqueceu-se da informação* (VTI)*"*. Quando esses dois verbos (*lembrar* e *esquecer*) forem pronominais, exigirão um complemento preposicionado; percebe?

Importante: os pronomes desses verbos, por serem parte integrante do verbo, não exercem função sintática alguma.

Enfim, dizemos que tais verbos são **acidentalmente pronominais**, pois podem ser conjugados ora com a presença do pronome, ora sem ele. Veja alguns: *apoderar-se, alegrar-se, concentrar-se, tratar-se, sentar-se, levantar-se, ajoelhar-se, enganar-se, comportar-se, indignar-se, orgulhar-se, precaver-se* etc.

Os reflexivos também são **acidentalmente pronominais**, só que com "sutis" diferenças. Veja em seguida.

Reflexivos

Os verbos reflexivos são um subtipo de verbos pronominais, porque são conjugados com um pronome oblíquo átono também. No entanto, como são transitivos diretos ou transitivos diretos e indiretos, sempre acompanhados de pronomes reflexivos, os quais exercem obrigatoriamente função sintática de objeto direto ou indireto, são postos à parte, como verbos reflexivos.

Segundo Bechara, o verbo reflexivo "faz refletir sobre o sujeito a ação que ele mesmo praticou": "Ela sempre *se anula*" (anula a si mesmo). Diz-se que o pronome reflexivo, que acompanha tal verbo, é também recíproco quando há mais de um ser no sujeito e o verbo se encontra no plural: "Eles *se falam* por e-mail". Mas já falei sobre isso em voz reflexiva e no capítulo de pronomes (sobre o *se*), lembra? Confira o capítulo 31, por favor, para ver mais detalhes!

Vicários

Verbos vicários são aqueles que substituem outros verbos, evitando a repetição. Normalmente são vicários os verbos *ser* e *fazer*. Normalmente vêm acompanhados de um pronome demonstrativo *o*. Entenda:

– *João vinha muito aqui, mas há anos que não o **faz.** (o faz = vem aqui)*
– *Se você não luta **é** porque tem medo. (é = não luta)*

Observação

O verbo *ser* é especial, pois pode ser expletivo, ou seja, pode servir apenas para realçar um termo ou uma expressão. Assim sendo, pode ser retirado da frase sem prejuízo sintático ou semântico. Veja: "Ele falou **é** de Português, não de Matemática". Note que o verbo ser pode ser retirado sem problema algum da frase: "Ele falou de Português, não de Matemática". É importante dizer que tal verbo pode vir numa expressão junto com a também palavra expletiva *que*: "Ele **é que** falou de Português, não de Matemática" / "**Foi** ele **que** falou de Português, não de Matemática". / "**Foram** os portugueses, os índios, os africanos e outros povos **que** tornaram o Brasil tão culturalmente plural". O verbo *ser* expletivo não constitui oração, portanto, em todos esses exemplos anteriores, só há uma oração!

Paradigmas (Modelos) de Conjugação Verbal

É muito comum (!) as provas de concurso cobrarem o conhecimento da conjugação (tempos, modos, números e pessoas) de alguns verbos. Como a maioria deles é regular, sempre seguem um paradigma (modelo) na conjugação. Antes de tudo, porém, é bom antecipar alguns detalhes para você.

Na conjugação dos verbos, normalmente há esta estrutura: **radical + vogal temática + desinência modo-temporal + desinência número-pessoal**. Não obstante, alguns desses elementos não aparecem em toda a conjugação. Recomendo, por isso, que você releia a parte de estrutura verbal. Ok? Digo isso porque muita gente pensa que, por exemplo, a forma *cante*, em "Espero que você *cante* melhor", apresenta vogal temática **e**, quando, na verdade, este **e** se trata de uma desinência modo-temporal. Parece bobagem, mas isso faz você identificar que o verbo está no presente do subjuntivo, e não em outro tempo verbal.

Caro leitor, aqui entre nós, baseie a conjugação de todo e qualquer verbo regular pelos verbos *amar* (1ª conjugação), *vender* (2ª conjugação) e *partir* (3ª conjugação). Beleza?

Veja o paradigma (modelo):

VERBO AMAR
Indicativo

Pessoas	Radical	Presente	Pretérito Perfeito	Pretérito Imperfeito	Pretérito Mais-Que--Perfeito	Futuro do Presente	Futuro do Pretérito
EU	Am	o	ei	ava	ara	arei	aria
TU	Am	as	aste	avas	aras	arás	arias
ELE	Am	a	ou	ava	ara	ará	aria
NÓS	Am	amos	amos	ávamos	áramos	aremos	aríamos
VÓS	Am	ais	astes	áveis	áreis	areis	aríeis
ELES	Am	am	aram	avam	aram	arão	ariam

VERBO AMAR
Subjuntivo

Pessoas	Radical	Presente	Pretérito	Futuro
EU	Am	e	asse	ar
TU	Am	es	asses	ares
ELE	Am	e	asse	ar
NÓS	Am	emos	ássemos	armos
VÓS	Am	eis	ásseis	ardes
ELES	Am	em	assem	arem

Formas Nominais

Radical	Infinitivo	Gerúndio	Particípio
Am	ar	ando	ado

VENDER
Indicativo

Pessoas	Radical	Presente	Pretérito Perfeito	Pretérito Imperfeito	Pretérito Mais-Que--Perfeito	Futuro do Presente	Futuro do Pretérito
EU	Vend	o	i	ia	era	erei	eria
TU	Vend	es	este	ias	eras	erás	erias
ELE	Vend	e	eu	ia	era	erá	eria
NÓS	Vend	emos	emos	íamos	êramos	eremos	eríamos
VÓS	Vend	eis	estes	íeis	êreis	ereis	eríeis
ELES	Vend	em	eram	iam	eram	erão	eriam

VENDER
Subjuntivo

Pessoas	Radical	Presente	Pretérito	Futuro
EU	Vend	a	esse	er
TU	Vend	as	esses	eres
ELE	Vend	a	esse	er
NÓS	Vend	amos	êssemos	ermos
VÓS	Vend	ais	êsseis	erdes
ELES	Vend	am	essem	erem

Formas Nominais

Radical	Infinitivo	Gerúndio	Particípio
Vend	er	endo	ido

PARTIR
Indicativo

Pessoas	Radical	Presente	Pretérito Perfeito	Pretérito Imperfeito	Pretérito Mais-Que-Perfeito	Futuro do Presente	Futuro do Pretérito
EU	Part	o	i	ia	ira	irei	iria
TU	Part	es	iste	ias	iras	irás	irias
ELE	Part	e	iu	ia	ira	irá	iria
NÓS	Part	imos	imos	íamos	íramos	iremos	iríamos
VÓS	Part	is	istes	íeis	íreis	ireis	iríeis
ELES	Part	em	iram	iam	iram	irão	iriam

PARTIR
Subjuntivo

Pessoas	Radical	Presente	Pretérito	Futuro
EU	Part	a	isse	ir
TU	Part	as	isses	ires
ELE	Part	a	isse	ir
NÓS	Part	amos	íssemos	irmos
VÓS	Part	ais	ísseis	irdes
ELES	Part	am	issem	irem

Formas Nominais			
Radical	**Infinitivo**	**Gerúndio**	**Particípio**
Part	ir	indo	ido

Você deve estar perguntando agora: "Ué, mas cadê o imperativo?". Esses verbos se encaixam naquela tabela que já vimos no tópico *Formação do Imperativo*. Dê uma olhada lá!

Faço questão agora de apresentar a **formação do verbo** *pôr*, afinal ele e seus derivados são figurinhas repetidas nas questões de concursos. Como você já sabe, o verbo *pôr* e seus derivados (*apor, repor, compor, propor, pospor, antepor, sobrepor, impor, depor* etc.) pertencem à **segunda conjugação** porque *pôr* é verbo de 2ª conjugação, pois origina-se da forma latina *ponere > poer* (cuja vogal temática é **e**).

Veja agora a conjugação do verbo *supor* (mais um derivado deste importante verbo):

SUPOR							
Indicativo							
Pessoas	**Radical**	**Presente**	**Pretérito Perfeito**	**Pretérito Imperfeito**	**Pretérito Mais-Que-Perfeito**	**Futuro do Presente**	**Futuro do Pretérito**
EU	Sup	onho	us	unha	usera	orei	oria
TU	Sup	ões	useste	unhas	useras	orás	orias
ELE	Sup	õe	ôs	unha	usera	orá	oria
NÓS	Sup	omos	usemos	únhamos	uséramos	oremos	oríamos
VÓS	Sup	ondes	usestes	únheis	uséreis	oreis	oríeis
ELES	Sup	õem	useram	unham	useram	orão	oriam

SUPOR				
Subjuntivo				
Pessoas	**Radical**	**Presente**	**Pretérito**	**Futuro**
EU	Sup	onha	usesse	user
TU	Sup	onhas	usesses	useres
ELE	Sup	onha	usesse	user
NÓS	Sup	onhamos	uséssemos	usermos
VÓS	Sup	onhais	usésseis	userdes
ELES	Sup	onham	usessem	userem

Formas Nominais			
Radical	**Infinitivo**	**Gerúndio**	**Particípio**
Supo	r	ndo	sto

Capítulo 12 • Verbo   **359**

> **MUITO CUIDADO!**
>
> Algumas bancas, como a FCC, gostam muito de trabalhar a identificação de tempos e modos verbais. Por isso, a melhor maneira de identificar se um verbo tem o mesmo tempo e modo de outro verbo, é preciso saber bem as terminações verbais, o modelo de cada tempo e modo. De todos esses, os que mais caem são o *pretérito imperfeito do indicativo* (com as clássicas terminações "va" e "ia"; só tome cuidado com os verbos *ser, pôr, vir e ter* – veja os números 10, 11 e 16 do tópico seguinte [*Verbos Notáveis*]) e presente do subjuntivo. Veja duas questões sobre isso:
>
> **FCC – ALESE – TÉCNICO LEGISLATIVO – 2018**
> *... uma tendência que já coroava as edições anteriores do prêmio.*
> O verbo flexionado nos mesmos tempo e modo do que se encontra acima está sublinhado em:
>   (A) por meio do qual definia uma suposta obra de arte
>   (B) o novo prêmio atenderia ao mercado
>   (C) ou o que o contraria
>   (D) o leitor elegerá títulos apenas entre os finalistas
>   (E) ele contempla os títulos com mais chances
>
> **Comentário:** O gabarito é a letra A, pois a forma verbal "coroava" tem uma desinência de pretérito imperfeito do indicativo (-va), assim como "definia" também tem (-ia). (B) futuro do pretérito; (C) presente do indicativo; (D) futuro do presente; (E) presente do indicativo.
>
> **FCC – SABESP – TÉCNICO EM SISTEMAS DE SANEAMENTO - 2018**
> *... que reflita sobre o sentido de seu comportamento.*
> O verbo flexionado nos mesmos tempo e modo do sublinhado acima está na frase:
>   (A) ... que o retira do mundo.
>   (B) ... venha a ser mais tolerante às opiniões alheias...
>   (C) ... como se fossem meras opiniões, isoladas de seus pressupostos...
>   (D) ... que inverte o sentido original de suas práticas...
>   (E) A palavra grega filosofia significa "amigo da sabedoria"...
>
> **Comentário:** O gabarito é a letra B, pois a forma verbal "reflita" está no presente do subjuntivo, assim como "venha" está. (A) presente do indicativo; (C) pretérito imperfeito do subjuntivo; (D) presente do indicativo; (E) presente do indicativo.

Verbos Notáveis

Existem muitos verbos que são a pedra no sapato de qualquer concurseiro... ou melhor ERAM a pedra no sapato... Deixaram de ser neste exato momento! Aproveite! Vou conjugar a partir de agora alguns verbos *ultraimportantes*! Conjugarei só as formas simples, beleza? Mas saiba que as formas compostas (*ter/haver* + particípio) também existem, é lógico. Dê uma olhada depois em tempos compostos e conjugue os verbos abaixo nesses tempos. Afinal, não sou só eu que tenho de trabalhar nessa "bagaça", não! Brincadeira... é só para "forçá-lo" a conjugar. É muito importante. Confie em mim!

Aposto todas as minhas fichas nestes verbos (dos mais de 11.000, você só precisa dominar uns 30), com margem de segurança de mais de 90% (e não é retórica barata!):

360 A Gramática para Concursos Públicos • Fernando Pestana

> *Abolir, soer, emergir/imergir, viger, ser, estar, pedir/medir* (e derivados), *ir, vir* (e derivados), *ver* (e derivados), *pôr (e derivados), ter* (e derivados), *caber, valer, adequar, haver, reaver, precaver-se, querer, requerer, prover, viger, preterir, eleger, impugnar, trazer,* os terminados em *-ear, -iar* (Lembra-se do MARIO?), *-oar* e *-uar.* Não necessariamente nesta ordem...

1) Verbos terminados em -uar

São verbos regulares da 1ª conjugação. Como *apaziguar*, por exemplo, conjugam-se *averiguar, aguar, enxaguar, obliquar* etc. De acordo com o novo acordo ortográfico, não há mais trema nem acento agudo nos grupos *gue, gui, que, qui*. As formas rizotônicas são pronunciadas *apazigu-e, apazigu-es...* ou pronunciadas e escritas *apazígue, apazígues...*

Presente do indicativo: apaziguo, apaziguas, apazigua, apaziguamos, apaziguais, apaziguam.

Pretérito perfeito do indicativo: apaziguei, apaziguaste, apaziguou, apaziguamos, apaziguastes, apaziguaram.

Pretérito imperfeito do indicativo: apaziguava, apaziguavas, apaziguava, apaziguávamos, apaziguáveis, apaziguavam.

Pretérito mais-que-perfeito do indicativo: apaziguara, apaziguaras, apaziguara, apaziguáramos, apaziguáreis, apaziguaram.

Futuro do presente do indicativo: apaziguarei, apaziguarás, apaziguará, apaziguaremos, apaziguareis, apaziguarão.

Futuro do pretérito do indicativo: apaziguaria, apaziguarias, apaziguaria, apaziguaríamos, apaziguaríeis, apaziguariam.

Presente do subjuntivo: apazigue/apazígue, apazigues/apazígues, apazigue/apazígue, apaziguemos, apazigueis, apaziguem/apazíguem

Pretérito imperfeito do subjuntivo: apaziguasse, apaziguasses, apaziguasse, apaziguássemos, apaziguásseis, apaziguassem.

Futuro do subjuntivo: apaziguar, apaziguares, apaziguar, apaziguarmos, apaziguardes, apaziguarem.

Imperativo afirmativo: apazigua, apazigue/apazígue, apaziguemos, apaziguai, apaziguem/apazíguem

Imperativo negativo: não apazigues/apazígues, não apazigue/apazígue, não apaziguemos, não apazigueis, não apaziguem/apazíguem.

Infinitivo pessoal: apaziguar, apaziguares, apaziguar, apaziguarmos, apaziguardes, apaziguarem.

Gerúndio: apaziguando.

Particípio: apaziguado.

> **Observação**
>
> *Aguar, enxaguar* e *desaguar* recebem acento agudo no primeiro **a** das formas rizotônicas.
>
> Presente do indicativo: *águo, águas, água, aguamos, aguais, águam.*
>
> Presente do subjuntivo: *águe, águes, águe, aguemos, agueis, águem.*

Consulte o tópico 6 da página 31.

2) Verbos terminados em -ear

No presente do indicativo, do subjuntivo e no imperativo, recebem a letra **i** nas formas rizotônicas (sílaba tônica no radical). Trocando em miúdos, o **i** vem após o **e**, exceto na 1ª e 2ª pessoas do plural. *Pentear* é um exemplo:

Presente do indicativo: penteio, penteias, penteia, *penteamos, penteais*, penteiam.
Pretérito perfeito do indicativo: penteei, penteaste, penteou, penteamos, penteastes, pentearam.
Pretérito imperfeito do indicativo: penteava, penteavas, penteava, penteávamos, penteáveis, penteavam.
Pretérito mais-que-perfeito do indicativo: penteara, pentearas, penteara, penteáramos, penteáreis, pentearam.
Futuro do presente do indicativo: pentearei, pentearás, penteará, pentearemos, penteareis, pentearão.
Futuro do pretérito do indicativo: pentearia, pentearias, pentearia, pentearíamos, pentearíeis, penteariam.
Presente do subjuntivo: penteie, penteies, penteie, *penteemos, penteeis*, penteiem.
Pretérito imperfeito do subjuntivo: penteasse, penteasses, penteasse, penteássemos, penteásseis, penteassem.
Futuro do subjuntivo: pentear, penteares, pentear, pentearmos, penteardes, pentearem.
Imperativo afirmativo: penteia, penteie, *penteemos, penteai*, penteiem.
Imperativo negativo: não penteies, não penteie, não *penteemos*, não *penteeis*, não penteiem.
Infinitivo pessoal: pentear, penteares, pentear, pentearmos, penteardes, pentearem.
Gerúndio: penteando.
Particípio: penteado.

3) Verbos terminados em -iar

Os verbos dessa terminação **são regulares**, ou seja, seguem a conjugação de *amar*. Um exemplo é o verbo *variar* (radical **vari-**): *eu vario, tu varias, varia, variamos, variais, variam*. Nada de "Eu vareio, tu vareias, ele vareia...". Assim você mata o papai...

Mas... como nem tudo são flores... há pelo menos **seis verbos** terminados em -iar que recebem a letra **e** antes do **i** nas formas rizotônicas (formas em que a sílaba tônica recai no radical), do presente do indicativo e presente do subjuntivo, exceto na 1ª e 2ª pessoas do plural. Suas iniciais formam o anagrama **M-A-R-I-O** (Conhece? Piada inevitável...): ***M**ediar, **A**nsiar, **R**emediar, **I**ntermediar/**I**ncendiar* e ***O**diar*.

Vejamos a conjugação de um deles, o mais *cabuloso*, que serve, não obstante, de modelo para os demais:

Presente do indicativo: intermedeio, intermedeias, intermedeia, *intermediamos, intermediais*, intermedeiam.
Pretérito perfeito do indicativo: intermediei, intermediaste, intermediou, intermediamos, intermediastes, intermediaram.
Pretérito imperfeito do indicativo: intermediava, intermediavas, intermediava, intermediávamos, intermediáveis, intermediavam.
Pretérito mais-que-perfeito do indicativo: intermediara, intermediaras, intermediara, intermediáramos, intermediáreis, intermediaram.

Futuro do presente do indicativo: intermediarei, intermediarás, intermediará, intermediaremos, intermediareis, intermediarão.

Futuro do pretérito do indicativo: intermediaria, intermediarias, intermediaria, intermediaríamos, intermediaríeis, intermediariam.

Presente do subjuntivo: intermedeie, intermedeies, intermedeie, *intermediemos, intermedieis*, intermedeiem.

Pretérito imperfeito do subjuntivo: intermediasse, intermediasses, intermediasse, intermediássemos, intermediásseis, intermediassem.

Futuro do subjuntivo: intermediar, intermediares, intermediar, intermediarmos, intermediardes, intermediarem.

Imperativo afirmativo: intermedeia, intermedeie, *intermediemos, intermediai*, intermedeiem.

Imperativo negativo: não intermedeies, não intermedeie, não *intermediemos*, não *intermedieis*, não intermedeiem.

Infinitivo pessoal: intermediar, intermediares, intermediar, intermediarmos, intermediardes, intermediarem.

Gerúndio: intermediando.

Particípio: intermediado.

> **Observação**
>
> Na boa... para agilizar sua vida, lembre-se da conjugação do verbo ***odiar***, o mais usado de todos no dia a dia. Também, ao falar de verbo durante várias páginas, quem não odeia? EU não odeio, gosto muito, e você tem de gostar também. Deixa a preguiça de lado. Vamos memorizar! Exercício ajuda!
>
> Ah... como eu poderia me esquecer disso! O verbo ***mobiliar*** recebe acento agudo na sílaba **bi** em algumas formas do presente do indicativo (*mobílio, mobílias, mobília, mobíliam*), em algumas do presente do subjuntivo (*mobílie, mobílies, mobílie, mobíliem*) e dos imperativos afirmativo e negativo (*mobília, mobílie, mobíliem / não mobílies, não mobílie, não mobíliem*). Agora sim.

4)   Verbos terminados em -oar

Saiba que agora o acento circunflexo de **ôo**, *abençôo*, não mais existe, pelo novo acordo ortográfico vigente. Conheça o modelo dos verbos terminados em **-oar** pela conjugação de ***abençoar***:

Presente do indicativo: abençoo, abençoas, abençoa, abençoamos, abençoais, abençoam.

Pretérito perfeito do indicativo: abençoei, abençoaste, abençoou, abençoamos, abençoastes, abençoaram.

Pretérito imperfeito do indicativo: abençoava, abençoavas, abençoava, abençoávamos, abençoáveis, abençoavam.

Pretérito mais-que-perfeito do indicativo: abençoara, abençoaras, abençoara, abençoáramos, abençoáreis, abençoaram.

Futuro do presente do indicativo: abençoarei, abençoarás, abençoará, abençoaremos, abençoareis, abençoarão.

Futuro do pretérito do indicativo: abençoaria, abençoarias, abençoaria, abençoaríamos, abençoaríeis, abençoariam.

Presente do subjuntivo: abençoe, abençoes, abençoe, abençoemos, abençoeis, abençoem.
Pretérito imperfeito do subjuntivo: abençoasse, abençoasses, abençoasse, abençoássemos, abençoásseis, abençoassem.
Futuro do subjuntivo: abençoar, abençoares, abençoar, abençoarmos, abençoardes, abençoarem.
Imperativo afirmativo: abençoa, abençoe, abençoemos, abençoai, abençoem.
Imperativo negativo: não abençoes, não abençoe, não abençoemos, não abençoeis, não abençoem.
Infinitivo pessoal: abençoar, abençoares, abençoar, abençoarmos, abençoardes, abençoarem.
Gerúndio: abençoando.
Particípio: abençoado.

5) Verbos querer e requerer

Apesar de parecido, não é derivado do verbo *querer*, principalmente no presente do indicativo e no presente do subjuntivo. Os demais tempos seguem o modelo regular de *vender*. Veja a conjugação de *querer* e *requerer*, respectivamente:

Presente do indicativo: quero, queres, quer, queremos, quereis, querem.
Pretérito perfeito do indicativo: quis, quiseste, quis, quisemos, quisestes, quiseram.
Pretérito imperfeito do indicativo: queria, querias, queria, queríamos, queríeis, queriam.
Pretérito mais-que-perfeito do indicativo: quisera, quiseras, quisera, quiséramos, quiséreis, quiseram.
Futuro do presente do indicativo: quererei, quererás, quererá, quereremos, querereis, quererão. (Feião, não é?)
Futuro do pretérito do indicativo: quereria, quererias, quereria, quereríamos, quereríeis, quereriam. (Feião, idem.)
Presente do subjuntivo: queira, queiras, queira, queiramos, queirais, queiram. (Radical diferente do presente do indicativo.)
Pretérito imperfeito do subjuntivo: quisesse, quisesses, quisesse, quiséssemos, quisésseis, quisessem.
Futuro do subjuntivo: quiser, quiseres, quiser, quisermos, quiserdes, quiserem.
Imperativo afirmativo: quer(e), queira, queiramos, querei, queiram.
Imperativo negativo: não queiras, não queira, não queiramos, não queirais, não queiram.
Infinitivo pessoal: querer, quereres, querer, querermos, quererdes, quererem.
Gerúndio: querendo.
Particípio: querido.

> **Observação**
> Dado o seu significado, é raro seu uso no imperativo. Note que o infinitivo pessoal desse verbo é diferente do futuro do subjuntivo. Não confunda *querido* (verbo no particípio) com adjetivo. Além disso, os verbos *bem-querer* (ou *benquerer*) e *malquerer* têm os seguintes particípios: *benquisto* e *malquisto*.

Presente do indicativo: requeiro, requeres, requer, requeremos, requereis, requerem.
Pretérito perfeito do indicativo: requeri, requereste, requereu, requeremos, requerestes, requereram.

Pretérito imperfeito do indicativo: requeria, requerias, requeria, requeríamos, requeríeis, requeriam.

Pretérito mais-que-perfeito do indicativo: requerera, requereras, requerera, requerêramos, requerêreis, requereram.

Futuro do presente do indicativo: requererei, requererás, requererá, requereremos, requerereis, requererão.

Futuro do pretérito do indicativo: requereria, requererias, requereria, requereríamos, requereríeis, requereriam.

Presente do subjuntivo: requeira, requeiras, requeira, requeiramos, requeirais, requeiram.

Pretérito imperfeito do subjuntivo: requeresse, requeresses, requeresse, requerêssemos, requerêsseis, requeressem.

Futuro do subjuntivo: requerer, requereres, requerer, requerermos, requererdes, requererem.

Imperativo afirmativo: requer(e), requeira, requeiramos, requerei, requeiram.

Imperativo negativo: não requeiras, não requeira, não requeiramos, não requeirais, não requeiram.

Infinitivo pessoal: requerer, requereres, requerer, requerermos, requererdes, requererem.

Gerúndio: requerendo.

Particípio: requerido.

6) Verbo precaver(-se)

Não é derivado do verbo *ver* nem do verbo *vir*. É defectivo, logo, no presente do indicativo, só se conjuga nas 1ª e 2ª pessoas do plural: **nós nos precavemos, vós vos precaveis**. Não há o presente do subjuntivo, pois não há a 1ª pessoa do singular do presente do indicativo, donde deriva o presente do subjuntivo, logo não há o imperativo negativo. No imperativo afirmativo, só há a 2ª pessoa do plural. Os demais tempos seguem o modelo de conjugação de *vender*.

Este verbo é normalmente pronominal, de modo que podemos conjugá-lo com o pronome oblíquo átono ou não. Para facilitar, vou conjugar sem o pronome.

Presente do indicativo: precavemos, precaveis.

Pretérito perfeito do indicativo: precavi, precaveste, precaveu, precavemos, precavestes, precaveram.

Pretérito imperfeito do indicativo: precavia, precavias, precavia, precavíamos, precavíeis, precaviam.

Pretérito mais-que-perfeito do indicativo: precavera, precaveras, precavera, precavêramos, precavêreis, precaveram.

Futuro do presente do indicativo: precaverei, precaverás, precaverá, precaveremos, precavereis, precaverão.

Futuro do pretérito do indicativo: precaveria, precaverias, precaveria, precaveríamos, precaveríeis, precaveriam.

Presente do subjuntivo: –

Pretérito imperfeito do subjuntivo: precavesse, precavesses, precavesse, precavêssemos, precavêsseis, precavessem.

Futuro do subjuntivo: precaver, precaveres, precaver, precavermos, precaverdes, precaverem.

Capítulo 12 • Verbo **365**

Imperativo afirmativo: precavei.
Imperativo negativo: –
Infinitivo pessoal: precaver, precaveres, precaver, precavermos, precaverdes, precaverem.
Gerúndio: precavendo.
Particípio: precavido.

7) **Verbos haver e reaver**

Reaver é derivado do verbo *haver*, quando em sua conjugação houver a letra **v**. Logo você tem de saber a conjugação de um verbo para saber a do outro. No presente do indicativo, só existem as formas da 1ª e 2ª pessoas do plural: ***reavemos, reaveis***. Consequentemente, não há o presente do subjuntivo nem o imperativo negativo. No imperativo afirmativo, só há a 2ª pessoa do plural, que vem do presente do indicativo. Os demais tempos seguem a conjugação de *haver*. Vejamos ambos os verbos, respectivamente:

Presente do indicativo: hei, hás, há, havemos/hemos, haveis/heis, hão (hemos e heis são formas antigas).
Pretérito perfeito do indicativo: houve, houveste, houve, houvemos, houvestes, houveram.
Pretérito imperfeito do indicativo: havia, havias, havia, havíamos, havíeis, haviam.
Pretérito mais-que-perfeito do indicativo: houvera, houveras, houvera, houvéramos, houvéreis, houveram,
Futuro do presente do indicativo: haverei, haverás, haverá, haveremos, havereis, haverão.
Futuro do pretérito do indicativo: haveria, haverias, haveria, haveríamos, haveríeis, haveriam.
Presente do subjuntivo: haja, hajas, haja, hajamos, hajais, hajam.
Pretérito imperfeito do subjuntivo: houvesse, houvesses, houvesse, houvéssemos, houvésseis, houvessem.
Futuro do subjuntivo: houver, houveres, houver, houvermos, houverdes, houverem.
***Imperativo afirmativo**: haja, hajamos, havei, hajam.
Imperativo negativo: não hajas, não haja, não hajamos, não hajais, não hajam.
Infinitivo pessoal: haver, haveres, haver, havermos, haverdes, haverem.
Gerúndio: havendo.
Particípio: havido.

* Segundo Celso Cunha, a 2ª pessoa do singular (há) é desusada. Sacconi a registra.

Presente do indicativo: reavemos, reaveis.
Pretérito perfeito do indicativo: reouve, reouveste, reouve, reouvemos, reouvestes, reouveram.
Pretérito imperfeito do indicativo: reavia, reavias, reavia, reavíamos, reavíeis, reaviam.
Pretérito mais-que-perfeito do indicativo: reouvera, reouveras, reouvera, reouvéramos, reouvéreis, reouveram.
Futuro do presente do indicativo: reaverei, reaverás, reaverá, reaveremos, reavereis, reaverão.
Futuro do pretérito do indicativo: reaveria, reaverias, reaveria, reaveríamos, reaveríeis, reaveriam.
Presente do subjuntivo: –
Pretérito imperfeito do subjuntivo: reouvesse, reouvesses, reouvesse, reouvéssemos, reouvésseis, reouvessem.

Futuro do subjuntivo: reouver, reouveres, reouver, reouvermos, reouverdes, reouverem.
Imperativo afirmativo: reavei.
Imperativo negativo: –
Infinitivo pessoal: reaver, reaveres, reaver, reavermos, reaverdes, reaverem.
Gerúndio: reavendo.
Particípio: reavido.

8)   Verbos ver e prover

Prover não é derivado de *ver*, apesar de coincidir a conjugação no presente, no pretérito imperfeito, no futuro do presente, no futuro do pretérito do indicativo e no presente do subjuntivo. O resto da conjugação de *prover* é igual a *vender*. "**Pelamordedeus**"*: grave a conjugação do futuro do subjuntivo do verbo* ver*. Vá por mim!* Vejamos as respectivas conjugações:

Presente do indicativo: vejo, vês, vê, vemos, vedes, veem*.
Pretérito perfeito do indicativo: vi, viste, viu, vimos, vistes, viram.
Pretérito imperfeito do indicativo: via, vias, via, víamos, víeis, viam.
Pretérito mais-que-perfeito do indicativo: vira, viras, vira, víramos, víreis, viram.
Futuro do presente do indicativo: verei, verás, verá, veremos, vereis, verão.
Futuro do pretérito do indicativo: veria, verias, veria, veríamos, veríeis, veriam.
Presente do subjuntivo: veja, vejas, veja, vejamos, vejais, vejam.
Pretérito imperfeito do subjuntivo: visse, visses, visse, víssemos, vísseis, vissem.
Futuro do subjuntivo: vir, vires, vir, virmos, virdes, virem. (Cai muito em prova!)
Imperativo afirmativo: vê, veja, vejamos, vede, vejam.
Imperativo negativo: não vejas, não veja, não vejamos, não vejais, não vejam.
Infinitivo pessoal: ver, veres, ver, vermos, verdes, verem.
Gerúndio: vendo.
Particípio: visto.

*Agora sem acento no hiato *ee*! O mesmo vale para os verbos *crer, dar* e *ler* (e derivados). Ah! Última dica: fique ligado nos verbos derivados de *ver: prever, antever, rever...*

Presente do indicativo: provejo, provês, provê, provemos, provedes, proveem.
Pretérito perfeito do indicativo: provi, proveste, proveu, provemos, provestes, proveram.
Pretérito imperfeito do indicativo: provia, provias, provia, províamos, províeis, proviam.
Pretérito mais-que-perfeito do indicativo: provera, proveras, provera, provêramos, provêreis, proveram.
Futuro do presente do indicativo: proverei, proverás, proverá, proveremos, provereis, proverão.
Futuro do pretérito do indicativo: proveria, proverias, proveria, proveríamos, proveríeis, proveriam.
Presente do subjuntivo: proveja, provejas, proveja, provejamos, provejais, provejam.
Pretérito imperfeito do subjuntivo: provesse, provesses, provesse, provêssemos, provêsseis, provessem.
Futuro do subjuntivo: prover, proveres, prover, provermos, proverdes, proverem.
Imperativo afirmativo: provê, proveja, provejamos, provede, provejam.
Imperativo negativo: não provejas, não proveja, não provejamos, não provejais, não provejam.
Infinitivo pessoal: prover, proveres, prover, provermos, proverdes, proverem.

Capítulo 12 • Verbo **367**

Gerúndio: provendo.
Particípio: provido.

9)   Verbo viger
      É defectivo. Não possui, portanto, no presente do indicativo, a 1ª pessoa do singular. Logo, não há presente do subjuntivo, tampouco algumas formas do imperativo afirmativo. O mais... conjuga-se como *vender*.

Presente do indicativo: viges, vige, vigemos, vigeis, vigem.
Pretérito perfeito do indicativo: vigi, vigeste, vigeu, vigemos, vigestes, vigeram.
Pretérito imperfeito do indicativo: vigia, vigias, vigia, vigíamos, vigíeis, vigiam.
Pretérito mais-que-perfeito do indicativo: vigera, vigeras, vigera, vigêramos, vigêreis, vigeram.
Futuro do presente do indicativo: vigerei, vigerás, vigerá, vigeremos, vigereis, vigerão.
Futuro do pretérito do indicativo: vigeria, vigerias, vigeria, vigeríamos, vigeríeis, vigeriam.
Presente do subjuntivo: –
Pretérito imperfeito do subjuntivo: vigesse, vigesses, vigesse, vigêssemos, vigêsseis, vigessem.
Futuro do subjuntivo: viger, vigeres, viger, vigermos, vigerdes, vigerem.
Imperativo afirmativo: *vige, vigei.*
Imperativo negativo: –
Infinitivo pessoal: viger, vigeres, viger, vigermos, vigerdes, vigerem.
Gerúndio: vigendo.
Particípio: vigido.

> **Observação**
> Se você quiser redigir este verbo numa redação e se esquecer de sua conjugação, conjugue *vigorar*, que é muito mais fácil, e corra para o abraço! Só um detalhe: *vigir* não existe na língua portuguesa, quanto mais *vigindo* ou qualquer *bicho* parecido com esse.

10)   Verbo pôr
      Este verbo, junto de *ter* e *vir*, é um dos que mais caem em provas de concurso público. Principalmente seus derivados: *apor, antepor, compor, depor, dispor, entrepor, expor, impor, interpor, justapor, pospor, propor, repor, sobpor, sobrepor, sotopor, subpor, superpor...* DE-CO-RE!

Presente do indicativo: ponho, pões, põe, pomos, pondes, põem.
Pretérito perfeito do indicativo: pus, puseste, pôs, pusemos, pusestes, puseram.
Pretérito imperfeito do indicativo: punha, punhas, punha, púnhamos, púnheis, punham.
Pretérito mais-que-perfeito do indicativo: pusera, puseras, pusera, puséramos, puséreis, puseram.
Futuro do presente do indicativo: porei, porás, porá, poremos, poreis, porão.
Futuro do pretérito do indicativo: poria, porias, poria, poríamos, poríeis, poriam.
Presente do subjuntivo: ponha, ponhas, ponha, ponhamos, ponhais, ponham.
Pretérito imperfeito do subjuntivo: pusesse, pusesses, pusesse, puséssemos, pusésseis, pusessem.
Futuro do subjuntivo: puser, puseres, puser, pusermos, puserdes, puserem.
Imperativo afirmativo: põe, ponha, ponhamos, ponde, ponham.

Imperativo negativo: não ponhas, não ponha, não ponhamos, não ponhais, não ponham.
Infinitivo pessoal: pôr, pores, pôr, pormos, pordes, porem.
Gerúndio: pondo.
Particípio: posto.

11) Verbos vir e ter

Os verbos *vir* e *ter* (e derivados) caem muuuuuuuuuuuuuito em provas diversas, em questões de acentuação gráfica, conjugação verbal e concordância verbal. Principalmente na 1ª pessoa do plural e na 3ª pessoa do plural do presente do indicativo, na 3ª pessoa do singular do pretérito perfeito do indicativo e em todo o pretérito imperfeito do subjuntivo. Se eu fosse você, eu decoraria essas conjugações. Fica a dica!

Fique ligado também na conjugação de seus derivados: *avir-se, advir, convir, intervir, provir, sobrevir...; abster-se, ater-se, conter, deter, entreter, manter, obter, reter...*

Presente do indicativo: venho, vens, vem, vimos, vindes, vêm.
Pretérito perfeito do indicativo: vim, vieste, veio, viemos, viestes, vieram.
Pretérito imperfeito do indicativo: vinha, vinhas, vinha, vínhamos, vínheis, vinham.
Pretérito mais-que-perfeito do indicativo: viera, vieras, viera, viéramos, viéreis, vieram.
Futuro do presente do indicativo: virei, virás, virá, viremos, vireis, virão.
Futuro do pretérito do indicativo: viria, virias, viria, viríamos, viríeis, viriam.
Presente do subjuntivo: venha, venhas, venha, venhamos, venhais, venham.
Pretérito imperfeito do subjuntivo: viesse, viesses, viesse, viéssemos, viésseis, viessem.
Futuro do subjuntivo: vier, vieres, vier, viermos, vierdes, vierem.
Imperativo afirmativo: vem, venha, venhamos, vinde, venham.
Imperativo negativo: não venhas, não venha, não venhamos, não venhais, não venham.
Infinitivo pessoal: vir, vires, vir, virmos, virdes, virem.
Gerúndio: vindo.
Particípio: vindo (é isso mesmo, o gerúndio e o particípio são iguais).

Presente do indicativo: tenho, tens, tem, temos, tendes, têm.
Pretérito perfeito do indicativo: tive, tiveste, teve, tivemos, tivestes, tiveram.
Pretérito imperfeito do indicativo: tinha, tinhas, tinha, tínhamos, tínheis, tinham.
Pretérito mais-que-perfeito do indicativo: tivera, tiveras, tivera, tivéramos, tivéreis, tiveram.
Futuro do presente do indicativo: terei, terás, terá, teremos, tereis, terão.
Futuro do pretérito do indicativo: teria, terias, teria, teríamos, teríeis, teriam.
Presente do subjuntivo: tenha, tenhas, tenha, tenhamos, tenhais, tenham.
Pretérito imperfeito do subjuntivo: tivesse, tivesses, tivesse, tivéssemos, tivésseis, tivessem.
Futuro do subjuntivo: tiver, tiveres, tiver, tivermos, tiverdes, tiverem.
Imperativo afirmativo: tem, tenha, tenhamos, tende, tenham.
Imperativo negativo: não tenhas, não tenha, não tenhamos, não tenhais, não tenham.
Infinitivo pessoal: ter, teres, ter, termos, terdes, terem.
Gerúndio: tendo.
Particípio: tido.

Capítulo 12 • Verbo **369**

> **Observação**
>
> *Abater* não é derivado do verbo *ter*, cuidado!!! Veja: FCC – SEFAZ/SP – AGENTE FISCAL DE RENDAS – 2013 – QUESTÃO 11

12) **Cuidado com** advertir, aderir, aferir, competir, concernir, digerir, despir, divergir, discernir, expelir, ferir, gerir, interferir, inserir, ingerir, impelir, preterir, repelir!

Tais verbos se conjugam igualmente, mudando o **e** do infinitivo para **i** na primeira pessoa do singular do presente do indicativo e em todas as do presente do subjuntivo.

Presente do indicativo: adiro, aderes, adere, aderimos, aderis, aderem.
Pretérito perfeito do indicativo: aderi, aderiste, aderiu, aderimos, aderistes, aderiram.
Pretérito imperfeito do indicativo: aderia, aderias, aderia, aderíamos, aderíeis, aderiam.
Pretérito mais-que-perfeito do indicativo: aderira, aderiras, aderira, aderíramos, aderíreis, aderiram.
Futuro do presente do indicativo: aderirei, aderirás, aderirá, aderiremos, aderireis, aderirão.
Futuro do pretérito do indicativo: aderiria, aderirias, aderiria, aderiríamos, aderiríeis, adeririam .
Presente do subjuntivo: adira, adiras, adira, adiramos, adirais, adiram.
Pretérito imperfeito do subjuntivo: aderisse, aderisses, aderisse, aderíssemos, aderísseis, aderissem.
Futuro do subjuntivo: aderir, aderires, aderir, aderirmos, aderirdes, aderirem.
Imperativo afirmativo: adere, adira, adiramos, aderi, adiram.
Imperativo negativo: não adiras, não adira, não adiramos, não adirais, não adiram.
Infinitivo pessoal: aderir, aderires, aderir, aderirmos, aderirdes, aderirem.
Gerúndio: aderindo.
Particípio: aderido.

13) **Verbos** emergir **e** imergir

Nem Sacconi, nem Bechara, nem o dicionário Houaiss consideram tais verbos como defectivos, dizendo que se conjugam normalmente por *submergir/aspergir* (*eu submerjo/emerjo/imerjo, tu submerges/emerges/imerges, ele submerge/emerge/imerge, nós submergimos/emergimos/imergimos, vós submergis/emergis/imergis, eles submergem/emergem/imergem*). Celso Cunha e o dicionário Aulete consideram defectivos *emergir* e *imergir*, não havendo a 1ª pessoa do singular do presente do indicativo. Este mesmo gramático diz que *submergir* (e *aspergir*) se conjuga diferente, havendo todas as formas. Como a polêmica não para, os dicionários de Portugal registram o seguinte: "a primeira pessoa do singular é *emirjo*, tal como acontece com verbos como *convergir* ou *divergir*". Ufa! Bem-vindo à Língua Portuguesa!

Como disse sensatamente o estudioso Nuno Carvalho, do Ciberdúvidas: "Com tal variedade de preceitos acerca da conjugação da primeira pessoa do singular do verbo *emergir* no presente do indicativo (e, consequentemente, das formas do presente do subjuntivo e de algumas formas do imperativo), podemos dizer que qualquer das escolhas apresentadas é justificável, contanto que em cada texto se use a forma escolhida com coerência".

"Há um parâmetro, Pestana?" Sim. Pelo menos a Esaf ficou com a opinião do Celso Cunha (mega-autoridade consagradíssima!). Veja:

> 21. (Esaf – SFC – Analista de Finança e Controle – 2002) Assinale a proposição correta a respeito da estrutura morfossintática do texto abaixo.

b) **Emergir** é verbo defectivo, ao qual faltam as formas em que ao radical se seguiria **o** ou **a**.

Comentário: Tal afirmação procede, pois **não** há a 1ª pessoa do singular do presente do indicativo (emerjo) nem, consequentemente, todo o presente do subjuntivo (emerja, emerjas, emerja, emerjamos, emerjais, emerjam).

Conheça agora a conjugação completa de *emergir* (e, por tabela, *imergir*):

Presente do indicativo: emerges, emerge, emergimos, emergis, emergem.
Pretérito perfeito do indicativo: emergi, emergiste, emergiu, emergimos, emergistes, emergiram.
Pretérito imperfeito do indicativo: emergia, emergias, emergia, emergíamos, emergíeis, emergiam.
Pretérito mais-que-perfeito do indicativo: emergira, emergiras, emergira, emergíramos, emergíreis, emergiram.
Futuro do presente do indicativo: emergirei, emergirás, emergirá, emergiremos, emergireis, emergirão.
Futuro do pretérito do indicativo: emergiria, emergirias, emergiria, emergiríamos, emergiríeis, emergiriam.
Presente do subjuntivo: –
Pretérito imperfeito do subjuntivo: emergisse, emergisses, emergisse, emergíssemos, emergísseis, emergissem.
Futuro do subjuntivo: emergir, emergires, emergir, emergirmos, emergirdes, emergirem.
Imperativo afirmativo: *emerge, emergi.*
Imperativo negativo: –
Infinitivo pessoal: emergir, emergires, emergir, emergirmos, emergirdes, emergirem.
Gerúndio: emergindo.
Particípio: emergido/emerso.

> **Observação**
>
> Outros verbos, não defectivos, terminados em **-gir** tem o **g** substituído por **j** antes de **o** e de **a**, na 1ª pessoa do singular do presente do indicativo, em todo o presente do subjuntivo e, consequentemente, no imperativo afirmativo e negativo: *fugir, agir, infringir, tingir...*

14) Verbo abolir

Como defectivo, não é conjugado na 1ª pessoa do singular do presente do indicativo, portanto não há o presente do subjuntivo nem o imperativo negativo. O imperativo afirmativo passa a não ter todas as formas também.

Presente do indicativo: aboles, abole, abolimos, abolis, abolem.
Pretérito perfeito do indicativo: aboli, aboliste, aboliu, abolimos, abolistes, aboliram.
Pretérito imperfeito do indicativo: abolia, abolias, abolia, abolíamos, abolíeis, aboliam.
Pretérito mais-que-perfeito do indicativo: abolira, aboliras, abolira, abolíramos, abolíreis, aboliram.
Futuro do presente do indicativo: abolirei, abolirás, abolirá, aboliremos, abolireis, abolirão.

Futuro do pretérito do indicativo: aboliria, abolirias, aboliria, aboliríamos, aboliríeis, aboliriam.
Presente do subjuntivo: –
Pretérito imperfeito do subjuntivo: abolisse, abolisses, abolisse, abolíssemos, abolísseis, abolissem.
Futuro do subjuntivo: abolir, abolires, abolir, abolirmos, abolirdes, abolirem.
Imperativo afirmativo: *abole, aboli.*
Imperativo negativo: –
Infinitivo pessoal: abolir, abolires, abolir, abolirmos, abolirdes, abolirem.
Gerúndio: abolindo.
Particípio: abolido.

> ⊘ Observação
>
> Fique ligado também nos verbos *demolir, extorquir* e *explodir*, cuja conjugação segue o modelo de *abolir*. Tais verbos defectivos dão uma dor de cabeça, não é? Jesus!

15) Verbo soer

Como defectivo, não é conjugado na 1ª pessoa do singular do presente do indicativo, portanto não há o presente do subjuntivo nem o imperativo negativo. O imperativo afirmativo passa a não ter todas as formas também. Este verbo, usado em linguagem extremamente formal, significa "ter por hábito, ou ser costumeiro; costumar".

Presente do indicativo: sóis, sói, soemos, soeis, soem.
Pretérito perfeito do indicativo: soí, soeste, soeu, soemos, soestes, soeram.
Pretérito imperfeito do indicativo: soía, soías, soía, soíamos, soíeis, soíam.
Pretérito mais-que-perfeito do indicativo: soera, soeras, soera, soêramos, soêreis, soeram.
Futuro do presente do indicativo: soerei, soerás, soerá, soeremos, soereis, soerão.
Futuro do pretérito do indicativo: soeria, soerias, soeria, soeríamos, soeríeis, soeriam.
Presente do subjuntivo: –
Pretérito imperfeito do subjuntivo: soesse, soesses, soesse, soêssemos, soêsseis, soessem.
Futuro do subjuntivo: soer, soeres, soer, soermos, soerdes, soerem.
Imperativo afirmativo: *sói, soei.*
Imperativo negativo: –
Infinitivo pessoal: soer, soeres, soer, soermos, soerdes, soerem.
Gerúndio: soendo.
Particípio: soído.

16) Verbo ser

Um dos verbos mais polêmicos da língua portuguesa. Não poderia deixar de lado... Eis sua conjugação anômala (cuidado com algumas igualdades de conjugação com o verbo *ir* e observe as segundas pessoas do imperativo afirmativo):

Presente do indicativo: sou, és, é, somos, sois, são.
Pretérito perfeito do indicativo: fui, foste, foi, fomos, fostes, foram.
Pretérito imperfeito do indicativo: era, eras, era, éramos, éreis, eram.
Pretérito mais-que-perfeito do indicativo: fora, foras, fora, fôramos, fôreis, foram.
Futuro do presente do indicativo: serei, serás, será, seremos, sereis, serão.

Futuro do pretérito do indicativo: seria, serias, seria, seríamos, seríeis, seriam.
Presente do subjuntivo: seja, sejas, seja, sejamos, sejais, sejam.
Pretérito imperfeito do subjuntivo: fosse, fosses, fosse, fôssemos, fôsseis, fossem.
Futuro do subjuntivo: for, fores, for, formos, fordes, forem.
Imperativo afirmativo: sê, seja, sejamos, sede, sejam.
Imperativo negativo: não sejas, não seja, não sejamos, não sejais, não sejam.
Infinitivo pessoal: ser, seres, ser, sermos, serdes, serem.
Gerúndio: sendo.
Particípio: sido.

Observação
Muitas pessoas falam "seje", no presente do subjuntivo. É registro coloquial, não culto.

17) **Verbo ir**
Este verbo anômalo é tão importante quanto o *ser*. Conheça sua conjugação:

Presente do indicativo: vou, vais, vai, vamos, ides, vão.
Pretérito perfeito do indicativo: fui, foste, foi, fomos, fostes, foram.
Pretérito imperfeito do indicativo: ia, ias, ia, íamos, íeis, iam.
Pretérito mais-que-perfeito do indicativo: fora, foras, fora, fôramos, fôreis, foram.
Futuro do presente do indicativo: irei, irás, irá, iremos, ireis, irão.
Futuro do pretérito do indicativo: iria, irias, iria, iríamos, iríeis, iriam.
Presente do subjuntivo: vá, vás, vá, vamos, vades, vão.
Pretérito imperfeito do subjuntivo: fosse, fosses, fosse, fôssemos, fôsseis, fossem.
Futuro do subjuntivo: for, fores, for, formos, fordes, forem.
Imperativo afirmativo: vai, vá, vamos, ide, vão.
Imperativo negativo: não vás, não vá, não vamos, não vades, não vão.
Infinitivo pessoal: ir, ires, ir, irmos, irdes, irem.
Gerúndio: indo.
Particípio: ido.

18) **Verbo estar**
Não há mistérios na conjugação deste verbo irregular, mas não o menospreze, pois muitos pensam estar certa a forma de presente do subjuntivo "esteje". Não caia nessa! Outra vacilação que alguns cometem é esta: "Se eu *tivesse* lá em Nova York, teria comprado um monte de coisas, mas eu não *tô* lá". Na fala do dia a dia, às vezes a gente suprime pedaços da conjugação do verbo *estar* e de outros verbos. Cuidado! Essa frase deveria estar assim, para atender à norma culta: "Se eu *estivesse* lá em Nova York, teria comprado um monte de coisas, mas eu não *estou* lá". Veja a conjugação culta agora:

Presente do indicativo: estou, estás, está, estamos, estais, estão.
Pretérito perfeito do indicativo: estive, estiveste, esteve, estivemos, estivestes, estiveram.
Pretérito imperfeito do indicativo: estava, estavas, estava, estávamos, estáveis, estavam.
Pretérito mais-que-perfeito do indicativo: estivera, estiveras, estivera, estivéramos, estivéreis, estiveram.

Capítulo 12 • Verbo **373**

Futuro do presente do indicativo: estarei, estarás, estará, estaremos, estareis, estarão.
Futuro do pretérito do indicativo: estaria, estarias, estaria, estaríamos, estaríeis, estariam.
Presente do subjuntivo: esteja, estejas, esteja, estejamos, estejais, estejam.
Pretérito imperfeito do subjuntivo: estivesse, estivesses, estivesse, estivéssemos, estivésseis, estivessem.
Futuro do subjuntivo: estiver, estiveres, estiver, estivermos, estiverdes, estiverem.
Imperativo afirmativo: está, esteja, estejamos, estai, estejam.
Imperativo negativo: não estejas, não esteja, não estejamos, não estejais, não estejam.
Infinitivo pessoal: estar, estares, estar, estarmos, estardes, estarem.
Gerúndio: estando.
Particípio: estado.

19) **Verbos pedir e medir (e semelhantes)**
     Por *medir* conjuga-se *desmedir*. Conjugam-se por *pedir*, embora dele não sejam derivados, os verbos *despedir*, *expedir* e *impedir*, bem como os que destes se formam: *desimpedir*, *reexpedir* etc. Observe principalmente como é a conjugação de tais verbos na 1ª pessoa do singular do presente do indicativo, de onde deriva o presente do subjuntivo e partes do imperativo, pois o **d** vira **ç** antes de **o** e de **a**. Vou conjugar o *medir*, mas o *pedir* segue o mesmo paradigma.

Presente do indicativo: meço, medes, mede, medimos, medis, medem.
Pretérito perfeito do indicativo: medi, mediste, mediu, medimos, medistes, mediram.
Pretérito imperfeito do indicativo: media, medias, media, medíamos, medíeis, mediam.
Pretérito mais-que-perfeito do indicativo: medira, mediras, medira, medíramos, medíreis, mediram.
Futuro do presente do indicativo: medirei, medirás, medirá, mediremos, medireis, medirão.
Futuro do pretérito do indicativo: mediria, medirias, mediria, mediríamos, mediríeis, mediriam.
Presente do subjuntivo: meça, meças, meça, meçamos, meçais, meçam.
Pretérito imperfeito do subjuntivo: medisse, medisses, medisse, medíssemos, medísseis, medissem.
Futuro do subjuntivo: medir, medires, medir, medirmos, medirdes, medirem.
Imperativo afirmativo: mede, meça, meçamos, medi, meçam.
Imperativo negativo: não meças, não meça, não meçamos, não meçais, não meçam.
Infinitivo pessoal: medir, medires, medir, medirmos, medirdes, medirem.
Gerúndio: medindo.
Particípio: medido.

20) **Verbo caber**
     Considere a conjugação com calma, pois há certas peculiaridades. Por exemplo, segundo Celso Cunha e outros, não há o imperativo deste verbo devido a seu sentido. Por outro lado, certos dicionários, como o Aulete, admitem a conjugação no imperativo. Fico com a posição do Celso, mas, se cair na prova o verbo *caber* no imperativo, saiba que existe mais de uma opinião.

Presente do indicativo: caibo, cabes, cabe, cabemos, cabeis, cabem.
Pretérito perfeito do indicativo: coube, coubeste, coube, coubemos, coubestes, couberam.
Pretérito imperfeito do indicativo: cabia, cabias, cabia, cabíamos, cabíeis, cabiam.

Pretérito mais-que-perfeito do indicativo: coubera, couberas, coubera, coubéramos, coubéreis, couberam.

Futuro do presente do indicativo: caberei, caberás, caberá, caberemos, cabereis, caberão.

Futuro do pretérito do indicativo: caberia, caberias, caberia, caberíamos, caberíeis, caberiam.

Presente do subjuntivo: caiba, caibas, caiba, caibamos, caibais, caibam.

Pretérito imperfeito do subjuntivo: coubesse, coubesses, coubesse, coubéssemos, coubésseis, coubessem.

Futuro do subjuntivo: couber, couberes, couber, coubermos, couberdes, couberem.

Imperativo afirmativo: –

Imperativo negativo: –

Infinitivo pessoal: caber, caberes, caber, cabermos, caberdes, caberem.

Gerúndio: cabendo.

Particípio: cabido.

21) Verbo valer

Preste atenção na 1ª pessoa do singular do presente do indicativo, no presente do subjuntivo e no imperativo. Note que o **l** vira **lh** antes de **o** e de **a**.

Presente do indicativo: valho, vales, vale, valemos, valeis, valem.

Pretérito perfeito do indicativo: vali, valeste, valeu, valemos, valestes, valeram.

Pretérito imperfeito do indicativo: valia, valias, valia, valíamos, valíeis, valiam.

Pretérito mais-que-perfeito do indicativo: valera, valeras, valera, valêramos, valêreis, valeram.

Futuro do presente do indicativo: valerei, valerás, valerá, valeremos, valereis, valerão.

Futuro do pretérito do indicativo: valeria, valerias, valeria, valeríamos, valeríeis, valeriam.

Presente do subjuntivo: valha, valhas, valha, valhamos, valhais, valham.

Pretérito imperfeito do subjuntivo: valesse, valesses, valesse, valêssemos, valêsseis, valessem.

Futuro do subjuntivo: valer, valeres, valer, valermos, valerdes, valerem.

Imperativo afirmativo: vale, valha, valhamos, valei, valham.

Imperativo negativo: não valhas, valha, valhamos, valhais, valham.

Infinitivo pessoal: valer, valeres, valer, valermos, valerdes, valerem.

Gerúndio: valendo.

Particípio: valido.

22) Verbo adequar

O verbo *adequar* é extremamente polêmico. Uns dizem que ele não é defectivo, sendo conjugado em todas pessoas do presente do indicativo e do subjuntivo. Outros dizem que é defectivo, sim, desde criancinha... e a polêmica continua. Sei que já falei muito sobre isso na parte de classificação dos verbos defectivos, mais atrás. No entanto, vou ficar com a visão tradicional, a saber: para a maioria dos nossos gramáticos, o verbo *adequar* é defectivo.

> **Observação**
>
> Na dúvida, use uma locução verbal ou um sinônimo: em vez de "É importante que nossa escola *se adéque (adeque)*...", use "É importante que nossa escola *se adapte ou fique adequada*...".

Pois bem... no presente do indicativo, só tem a primeira pessoa do plural (= *adequamos*) e a segunda pessoa do plural (= *adequais*); no presente do subjuntivo, não há pessoa alguma, logo o imperativo fica "defasado".

Presente do indicativo: adequamos, adequais.
Pretérito perfeito do indicativo: adequei, adequaste, adequou, adequamos, adequastes, adequaram.
Pretérito imperfeito do indicativo: adequava, adequavas, adequava, adequávamos, adequáveis, adequavam.
Pretérito mais-que-perfeito do indicativo: adequara, adequaras, adequara, adequáramos, adequáreis, adequaram.
Futuro do presente do indicativo: adequarei, adequarás, adequará, adequaremos, adequareis, adequarão.
Futuro do pretérito do indicativo: adequaria, adequarias, adequaria, adequaríamos, adequaríeis, adequariam.
Presente do subjuntivo: –
Pretérito imperfeito do subjuntivo: adequasse, adequasses, adequasse, adequássemos, adequásseis, adequassem.
Futuro do subjuntivo: adequar, adequares, adequar, adequarmos, adequardes, adequarem.
Imperativo afirmativo: *adequai*.
Imperativo negativo: –
Infinitivo pessoal: adequar, adequares, adequar, adequarmos, adequardes, adequarem.
Gerúndio: adequando.
Particípio: adequado.

Quando falei de verbos defectivos, mostrei uma questão do Cespe sobre isso. Não perca!

23) **Verbo eleger**
Na conjugação, o **g** vira **j** seguido de **a** ou de **o**. Isso ocorre na 1ª pessoa do singular do presente do indicativo e no presente do subjuntivo ("respingando" no imperativo). Isso vale para outros verbos com **g** no radical.

Presente do indicativo: elejo, eleges, elege, elegemos, elegeis, elegem.
Pretérito perfeito do indicativo: elegi, elegeste, elegeu, elegemos, elegestes, elegeram.
Pretérito imperfeito do indicativo: elegia, elegias, elegia, elegíamos, elegíeis, elegiam.
Pretérito mais-que-perfeito do indicativo: elegera, elegeras, elegera, elegêramos, elegêreis, elegeram.
Futuro do presente do indicativo: elegerei, elegerás, elegerá, elegeremos, elegereis, elegerão.
Futuro do pretérito do indicativo: elegeria, elegerias, elegeria, elegeríamos, elegeríeis, elegeriam.
Presente do subjuntivo: eleja, elejas, eleja, elejamos, elejais, elejam.
Pretérito imperfeito do subjuntivo: elegesse, elegesses, elegesse, elegêssemos, elegêsseis, elegessem.
Futuro do subjuntivo: eleger, elegeres, eleger, elegermos, elegerdes, elegerem.

Imperativo afirmativo: elege, eleja, elejamos, elegei, elejam.
Imperativo negativo: não elejas, eleja, elejamos, elejais, elejam.
Infinitivo pessoal: eleger, elegeres, eleger, elegermos, elegerdes, elegerem.
Gerúndio: elegendo.
Particípio: elegido/eleito.

24) Verbo impugnar e outros terminados em "gnar"

As vogais antes da letra **g** são sempre tônicas nas formas rizotônicas. Conheça alguns: *designar, consignar, estagnar, indignar, resignar* e *repugnar*. Vale dizer que tais verbos sempre se conjugam sem acento gráfico.

Presente do indicativo: im**pug**no, im**pug**nas, im**pug**na, impugnamos, impugnais, im**pug**nam.
Pretérito perfeito do indicativo: impugnei, impugnaste, impugnou, impugnamos, impugnastes, impugnaram.
Pretérito imperfeito do indicativo: impugnava, impugnavas, impugnava, impugnávamos, impugnáveis, impugnavam.
Pretérito mais-que-perfeito do indicativo: impugnara, impugnaras, impugnara, impugnáramos, impugnáreis, impugnaram.
Futuro do presente do indicativo: impugnarei, impugnarás, impugnará, impugnaremos, impugnareis, impugnarão.
Futuro do pretérito do indicativo: impugnaria, impugnarias, impugnaria, impugnaríamos, impugnaríeis, impugnariam.
Presente do subjuntivo: im**pug**ne, im**pug**nes, im**pug**ne, impugnemos, impugneis, im**pug**nem.
Pretérito imperfeito do subjuntivo: impugnasse, impugnasses, impugnasse, impugnássemos, impugnásseis, impugnassem.
Futuro do subjuntivo: impugnar, impugnares, impugnar, impugnarmos, impugnardes, impugnarem.
Imperativo afirmativo: im**pug**na, im**pug**ne, impugnemos, impugnai, im**pug**nem.
Imperativo negativo: não im**pug**nes, não im**pug**ne, não impugnemos, não impugneis, não im**pug**nem.
Infinitivo pessoal: impugnar, impugnares, impugnar, impugnarmos, impugnardes, impugnarem.
Gerúndio: impugnando.
Particípio: impugnado.

25) Verbo trazer

Não confunda a primeira pessoa do singular do presente do indicativo deste verbo com o verbo *tragar*. Observe o contexto, pois ambos se conjugam assim: "Eu trago". Olho vivo! Não descuide também da irregularidade do radical deste verbo.

Presente do indicativo: trago, trazes, traz, trazemos, trazeis, trazem.
Pretérito perfeito do indicativo: trouxe, trouxeste, trouxe, trouxemos, trouxestes, trouxeram.
Pretérito imperfeito do indicativo: trazia, trazias, trazia, trazíamos, trazíeis, traziam.
Pretérito mais-que-perfeito do indicativo: trouxera, trouxeras, trouxera, trouxéramos, trouxéreis, trouxeram.
Futuro do presente do indicativo: trarei, trarás, trará, traremos, trareis, trarão.

Futuro do pretérito do indicativo: traria, trarias, traria, traríamos, traríeis, trariam.

Presente do subjuntivo: traga, tragas, traga, tragamos, tragais, tragam.

Pretérito imperfeito do subjuntivo: trouxesse, trouxesses, trouxesse, trouxéssemos, trouxésseis, trouxessem.

Futuro do subjuntivo: trouxer, trouxeres, trouxer, trouxermos, trouxerdes, trouxerem.

Imperativo afirmativo: traz(e), traga, tragamos, trazei, tragam.

Imperativo negativo: não tragas, não traga, não tragamos, não tragais, não tragam.

Infinitivo pessoal: trazer, trazeres, trazer, trazermos, trazerdes, trazerem.

Gerúndio: trazendo.

Particípio: trazido. (*trago* não existe na língua culta!)

26) Verbo dizer

Este verbo e seus derivados (*bendizer, condizer, contradizer, desdizer, maldizer, predizer*) mudam o **z** para **g** antes de **o** e de **a**. Só peço que você observe as mudanças que ocorrem no radical deste verbo.

Presente do indicativo: digo, dizes, diz, dizemos, dizeis, dizem.

Pretérito perfeito do indicativo: disse, disseste, disse, dissemos, dissestes, disseram.

Pretérito imperfeito do indicativo: dizia, dizias, dizia, dizíamos, dizíeis, diziam.

Pretérito mais-que-perfeito do indicativo: dissera, disseras, dissera, disséramos, disséreis, disseram.

Futuro do presente do indicativo: direi, dirás, dirá, diremos, direis, dirão.

Futuro do pretérito do indicativo: diria, dirias, diria, diríamos, diríeis, diriam.

Presente do subjuntivo: diga, digas, diga, digamos, digais, digam.

Pretérito imperfeito do subjuntivo: dissesse, dissesses, dissesse, disséssemos, dissésseis, dissessem.

Futuro do subjuntivo: disser, disseres, disser, dissermos, disserdes, disserem.

Imperativo afirmativo: diz(e), diga, digamos, dizei, digam.

Imperativo negativo: não digas, não diga, não digamos, não digais, não digam.

Infinitivo pessoal: dizer, dizeres, dizer, dizermos, dizerdes, dizerem.

Gerúndio: dizendo.

Particípio: dito (só existe a forma irregular).

Observação

Segundo o Manual de Redação da PUC/PR, os verbos terminados em **-zer** e **-zir** <u>podem</u> ainda perder, na segunda pessoa do singular do imperativo, o **e** final, quando o **z** não é precedido de consoante: *faze* (ou *faz*) tu, *dize* (ou *diz*) tu, *traduze* (ou *traduz*) tu; **mas** *cirze* tu. Logo, "***Dize***-me com quem andas, e eu te direi quem és" ou "***Diz***-me com quem andas, e eu te direi quem és". Tanto faz. O que não pode ocorrer é a mistura de tratamentos, pois precisamos obedecer ao conceito de uniformidade de tratamento, lembra? Portanto, a frase a seguir se encontra equivocada: "Dizei-me com quem andas, e eu te direi quem és", dado que *Dizei* é forma de 2ª pessoa do plural e as demais formas são de 2ª pessoa do singular. Para que tal frase estivesse correta, todas as formas deveriam estar na 2ª pessoa do plural, afinal, o discurso se refere à 2ª pessoa do plural: "Dizei-me com quem andais, e eu vos direi quem sois". Bonito isso, não?

27) Verbos arguir e redarguir

Antes de qualquer coisa, apesar de terminar em **-uir**, há particularidades em sua conjugação. Vamos lá...

Não se usa mais o trema nos grupos *gue*, *gui*, *que*, *qui*. Não se usa mais o acento gráfico agudo no **u** tônico das formas *(tu) arguis, (ele) argui, (eles) arguem*, do presente do indicativo dos verbos *arguir* e *redarguir*, mas o acento prosódico nas vogais continua, a saber: *eu argUo, tu argUis, ele argUi, nós arguÍmos, vós arguÍs, eles argUem*.

Preciso me estender, apesar de já haver falado muito sobre isso em acentuação gráfica. Seguindo a lição de Douglas Tufano, sobre a nova ortografia, precisamos saber o seguinte:

> *"Há uma variação na pronúncia dos verbos terminados em **guar**, **quar** e **quir**, como aguar, averiguar, apaziguar, desaguar, enxaguar, obliquar, delinquir etc. Esses verbos admitem duas pronúncias em algumas formas do presente do indicativo, do presente do subjuntivo e também do imperativo. Veja:*
>
> *a) se forem pronunciadas com **a** ou **i** tônicos, essas formas devem ser acentuadas. Exemplos:*
>
> *verbo enxaguar: enxáguo, enxáguas, enxágua, enxáguam; enxágue, enxágues, enxáguem. verbo delinquir: delínquo, delínques, delínque, delínquem; delínqua, delínquas, delínquam.*
>
> *b) se forem pronunciadas com **u** tônico, essas formas deixam de ser acentuadas. Exemplos (a vogal sublinhada é tônica, isto é, deve ser pronunciada mais fortemente que as outras):*
>
> *verbo enxaguar: enxaguo, enxaguas, enxagua, enxaguam; enxague, enxagues, enxaguem. verbo delinquir: delinquo, delinques, delinque, delinquem; delinqua, delinquas, delinquam.*
>
> ***Atenção***: *no Brasil, a pronúncia mais corrente é a primeira, aquela com **a** e **i** tônicos."*

Segundo a Academia Brasileira de Letras, baseada no Novo Acordo Ortográfico, a conjugação do verbo ***arguir*** segue a do verbo ***influir***:

Presente do Indicativo: arguo, arguis, argui, arguímos, arguís, arguem.
Pretérito Perfeito do Indicativo: arguí, arguíste, arguiu, arguímos, arguístes, arguíram.
Pretérito Imperfeito do Indicativo: arguía, arguías, arguía, arguíamos, arguíeis, arguíam.
Pretérito Mais-Que-Perfeito do Indicativo: arguíra, arguíras, arguíra, arguíramos, arguíreis, arguíram.
Futuro do Presente do Indicativo: arguirei, arguirás, arguirá, arguiremos, arguireis, arguirão.
Futuro do Pretérito do Indicativo: arguiria, arguirias, arguiria, arguiríamos, arguiríeis, arguiriam.
Presente do Subjuntivo: argua, arguas, argua, arguamos, arguais, arguam.
Pretérito Imperfeito do Subjuntivo: arguísse, arguísses, arguísse, arguíssemos, arguísseis, arguíssem.
Futuro do Subjuntivo: arguir, arguires, arguir, arguirmos, arguirdes, arguírem.
Imperativo Afirmativo: argui, argua, arguamos, arguí, arguam.
Imperativo Negativo: não arguas, não argua, não arguamos, não arguais, não arguam.

Infinitivo Pessoal: arguir, arguires, arguir, arguirmos, arguirdes, arguírem.
Gerúndio: arguindo.
Particípio: arguido.

Como é impossível que todos os verbos interessantes sejam conjugados aqui, como *crer* (*descrer*), *ler* (*reler, tresler*), *fazer* (*afazer, contrafazer, desfazer, liquefazer, perfazer, refazer, satisfazer*), *comprazer* e outros defectivos, peço que você os conjugue com um dicionário ao lado. Fica aí mais um dever de casa do tio Pest!

Particularidades Gráficas e Fonéticas

Apesar de já haver falado muito sobre tais particularidades ao longo do tópico anterior, na conjugação de **Verbos Notáveis**, outros verbos sofrem mudanças gráficas e fonéticas ao longo de sua conjugação. Além dos verbos que já vimos no tópico anterior, vejamos mais alguns relevantes.

1) Os verbos terminados em -**car** mudam o **c** para **qu** antes da letra **e**. Isso ocorre na 1ª pessoa do singular do pretérito perfeito do indicativo, nas formas do presente do subjuntivo e, consequentemente, no imperativo afirmativo e negativo. Peguemos o exemplo de *dedicar*.

Pretérito perfeito do indicativo: *dediquei*, dedicaste, dedicou, dedicamos, dedicastes, dedicaram.
Presente do subjuntivo: *dedique, dediques, dedique, dediquemos, dediqueis, dediquem.*
Imperativo afirmativo: dedica, *dedique, dediquemos*, dedicai, *dediquem.*
Imperativo negativo: *não dediques, não dedique, não dediquemos, não dediqueis, não dediquem.*

2) Os verbos terminados em -**çar** perdem a cedilha antes da letra **e**. Isso ocorre na 1ª pessoa do singular do pretérito perfeito do indicativo, nas formas do presente do subjuntivo, e, consequentemente, no imperativo afirmativo e negativo. Peguemos o exemplo de *caçar*.

Pretérito perfeito do indicativo: *cacei*, caçaste, caçou, caçamos, caçastes, caçaram.
Presente do subjuntivo: *cace, caces, cace, cacemos, caceis, cacem.*
Imperativo afirmativo: caça, *cace, cacemos*, caçai, *cacem.*
Imperativo negativo: não *caces*, não *cace*, não *cacemos*, não *caceis*, não *cacem.*

3) Os verbos terminados em -**gar** ganham a letra **u** antes da letra **e**. Isso ocorre na 1ª pessoa do singular do pretérito perfeito do indicativo, nas formas do presente do subjuntivo, e, consequentemente, no imperativo afirmativo e negativo. Peguemos o exemplo de *advogar*.

Pretérito perfeito do indicativo: *advoguei*, advogaste, advogou, advogamos, advogastes, advogaram.
Presente do subjuntivo: *advogue, advogues, advogue, advoguemos, advogueis, advoguem.*
Imperativo afirmativo: advoga, *advogue, advoguemos*, advogai, *advoguem.*
Imperativo negativo: não *advogues*, não *advogue*, não *advoguemos*, não *advogueis*, não *advoguem.*

Papéis Temáticos

Você deve estar se perguntando assim: "Papéis temáticos? Nunca ouvi isso na minha vida, Pestana!". Relaxa! Não é nada misterioso. Trata-se apenas da relação entre o **verbo** e outros termos dentro da frase.

O conhecimento disso nos ajuda muito a identificar quais são os papéis semânticos que os termos desempenham dentro da frase, o que acaba por nos ajudar a analisar melhor sintaticamente.

Segundo Rodolfo Ilari, os **papéis temáticos** mais comuns são:

1) O **agente** (o indivíduo que tem a iniciativa da ação, que tem controle sobre a realização da ação).
2) O **alvo** (o indivíduo ou objeto diretamente afetado pela ação).
3) O **instrumento** (o objeto de que o agente se serve para praticar a ação).
4) O **beneficiário** (o indivíduo a quem a ação traz proveito ou prejuízo);
5) O **experienciador** (o indivíduo que passa pelo estado psicológico descrito pelo verbo).

Para que você entenda melhor, analise comigo estas três frases:

– *O professor* (agente) ***apagou*** *o quadro* (o alvo) *com o apagador* (o instrumento).
– *O aluno* (o beneficiário) ***levou*** *nota dez.*
– *A aluna* (o experienciador) ***se surpreendeu*** *com a classificação.*

É claro que há outros papéis temáticos e muito a dizer sobre o assunto, mas, como <u>isso a-in-da não cai em prova</u> diretamente, fico por aqui...

Caso queira saber mais sobre tal assunto, recomendo a leitura da *Gramática do Português Brasileiro*, de Mário Perini.

Valor Discursivo (Linguística Textual)

O verbo é extremamente importante para exprimir a **intenção** (grave essa palavra!) do autor de um texto. Logo não podemos deixar de falar sobre seu **valor discursivo**.

Pois bem... há basicamente quatro tipos de texto (ou modos/modalidades de organização discursiva): a **dissertação**, a **narração**, a **descrição** e a **injunção**. Você perceberá nesses tipos de textos que alguns tempos verbais são comuns. E isso não é gratuito. Entendamos o porquê analisando, respectivamente, as modalidades de organização discursiva abaixo e suas considerações em seguida.

*A maioria dos problemas existentes em um país em desenvolvimento, como o nosso, **podem ser resolvidos** com uma eficiente administração política, porque a força governamental certamente **se sobrepõe** a poderes paralelos, os quais – por negligência de nossos representantes – **vêm aterrorizando** as grandes metrópoles. Isso **fica** claro no confronto entre a força militar do RJ e os traficantes, o que **comprova** uma verdade simples: se uma mudança radical visando o bem-estar da população **for** o desejo dos políticos, isso **será** plenamente possível. **É** importante salientar que nunca **deveremos ficar** de mãos atadas à espera de uma atitude do governo esperando o caos se estabelecer; o povo **tem de colaborar** com uma cobrança efetiva.*

Note que a **dissertação** é um estilo de texto com posicionamentos pessoais e exposição de ideias, apresentada de forma lógica, com razoável grau de objetividade e total coerência a fim de defender um ponto de vista e convencer o interlocutor. Para tal, os verbos se encontram normalmente no presente do indicativo e no futuro do presente. Mais do que isso: tais verbos são modalizadores, normalmente. "E o que é isso?" Simples: são verbos que exprimem um engajamento por parte do locutor: *poder, dever, ter de* são os mais comuns. Falei sobre isso em *verbos auxiliares*; por favor, reveja.

Importantes verbos modalizadores, segundo Faraco & Moura & Maruxo Jr.:
"1. A constatação: Eu **vejo** que a literatura brasileira contemporânea é indefinível.
2. O saber: Eu **sei** que a literatura brasileira contemporânea é indefinível.
3. A certeza:
    a) Forte certeza: **Tenho certeza de** que a literatura brasileira contemporânea é indefinível.
    b) Média certeza: **Creio** que a literatura brasileira contemporânea é indefinível.
    c) Fraca certeza: **Não estou muito certo de** que a literatura brasileira contemporânea é indefinível.
    d) Pressentimento/suposição: Eu **desconfio** que a literatura brasileira contemporânea é indefinível.
4. A apreciação: Eu **acho** que a literatura brasileira contemporânea é indefinível.
5. A obrigação: A literatura brasileira contemporânea **tem de ser** definida.
6. A possibilidade: **É possível** que a literatura brasileira contemporânea seja indefinível.
7. O desejo: Eu **gostaria** que a literatura brasileira contemporânea fosse indefinível.
8. A exigência: Eu **exijo** que a literatura brasileira contemporânea seja indefinível.
9. A declaração: Eu **declaro** que a literatura brasileira contemporânea é indefinível.
10. A confirmação: Eu **garanto** que a literatura brasileira contemporânea é indefinível.
Observe como as expressões de modalização destacadas modificam completamente o sentido da afirmação "a literatura brasileira contemporânea é indefinível". Em todas essas formas, é possível deixar o enunciado menos carregado de subjetividade, apagando as marcas do eu, ou seja, de quem expressa a opinião. Assim, em vez de dizer "Eu **constato** que a literatura brasileira contemporânea é indefinível", pode-se dizer "**Constata-se** que a literatura brasileira contemporânea é indefinível". Note como, no segundo caso, a expressão da opinião assume tom mais generalizado, não recaindo exclusivamente sobre o eu. É o que chamamos de **neutralizar a expressão subjetiva**. Em um texto argumentativo, você pode optar entre modalizações mais subjetivas ou objetivas, de acordo com o tipo de argumentação que pretende construir (apelando mais para a razão ou para a emoção)."
Friso que é mais elegante e menos impositivo um texto dissertativo na 3ª pessoa, sem marcas de pessoalidade (marcas de 1ª pessoa).
Ah! Leve em conta que tais verbos modalizadores apresentam sinônimos, logo não são fixos.

A dissertação apresenta verbos predominantemente no presente, pois tal tempo marca uma ideia de verdade. É chamado por alguns estudiosos de **tempo do mundo comentado**, pois normalmente os comentários e as opiniões das pessoas são apresentados como verdade (ou tomados como tal). Daí o uso do presente do indicativo.

382 A Gramática para Concursos Públicos • Fernando Pestana

Veja agora outro tipo de texto:

*Numa noite chuvosa do mês de Agosto, Paulo e o irmão **caminhavam** pela rua mal-iluminada que **conduzia** à sua residência. **Tinham feito** uma longa caminhada, porque a rua **era** grande. Subitamente **foram abordados** por um homem estranho. **Pararam**, atemorizados, e **tentaram saber** o que o homem **queria**, receosos de que se tratasse de um assalto. Jamais **tremeriam** de medo, senão naquela circunstância inusitada. **Era**, entretanto, somente um bêbado que **tentava encontrar**, com dificuldade, o caminho de sua casa.*

Note que a **narração** é um estilo de texto que visa contar um fato, com narrador, personagens, noção espaço/tempo, enredo etc. Para tal, os verbos se encontram normalmente nos tempos pretéritos do indicativo, pois as narrações normalmente remetem a fatos que já ocorreram.

Não raramente, encontramos trechos de textos narrativos cujo tempo verbal está no presente do indicativo. Isso pode indicar duas coisas: **o narrador parou de narrar para tecer um comentário** ou **o narrador decide contar a história dando vivacidade a ela, como se ela estivesse ocorrendo no momento em que ele a narra**. Inclusive, esta segunda ideia é própria de jogos de futebol, em que os eventos sucedem à medida que o locutor narra.

> Veja este texto que serviu de base para uma questão da Universidade Estadual do Rio de Janeiro, em 2002:
>
> *(...) Sinha Vitória **tinha amanhecido** nos seus azeites. **Fora** de propósito, **dissera** ao marido umas inconveniências a respeito da cama de varas. Fabiano, que não **esperava** semelhante desatino, apenas **grunhira**: – "Hum! hum!" E **amunhecara**, porque realmente mulher **é** bicho difícil de entender, **deitara**-se na rede e **pegara** no sono. (...)*
>
> *(RAMOS, Graciliano. Vidas secas. Rio de Janeiro: José Olympio, 1947.)*
>
> QUESTÃO 04
>
> a) "realmente mulher é bicho difícil de entender," (l. 6 – 7)
>
> Nesta passagem, o emprego do verbo no presente do indicativo contrasta com o restante das formas verbais, todas flexionadas no tempo passado.
>
> Justifique esse emprego do presente do indicativo.
>
> <u>Gabarito da banca</u>: Trata-se da reprodução de uma frase tomada como verdade absoluta (ou como fato do conhecimento de todos ou como realidade imutável).

Agora, indo além do que a banca disse sobre o emprego do presente do indicativo, podemos dizer, sem problemas, que os verbos estão predominantemente nos tempos pretéritos, o que constitui uma narração. Só há um trechinho em todo o texto (que não transcrevi aqui por falta de espaço) que apresenta o verbo no presente do indicativo, destoando. Por que o presente do indicativo? Porque neste momento o narrador sai do **mundo narrado** e tece um comentário, indo para o **mundo comentado**. Percebe que os tempos verbais dentro de um texto são primordiais para que você o entenda? Simples assim.

Acompanhe agora o uso dos tempos verbais no texto abaixo.

Era uma casa muito engraçada
*Não **tinha** teto, não **tinha** nada*
Ninguém podia entrar nela, não
*Porque na casa não **tinha** chão*

Ninguém podia dormir na rede
*Porque na casa não **tinha** parede*
Ninguém podia fazer pipi
*Porque penico não **tinha** ali*
*Mas **era feita** com muito esmero*
Na rua dos bobos, número zero
(Vinícius de Moraes)

Percebe que se trata de uma **descrição**? Os tempos verbais mais frequentes são o presente do indicativo no comentário e o pretérito imperfeito do indicativo no relato, como é o caso do exemplo. Segundo Othon M. Garcia, "Descrição é a representação verbal de um objeto sensível (ser, coisa, paisagem), através da indicação dos seus aspectos mais característicos, dos pormenores que o individualizam, que o distinguem". Fácil, não?

Para fechar, veja estes textos:

__Impedidos do Alistamento Eleitoral (art. 5º do Código Eleitoral)__ – Não __podem alistar-se__ eleitores: os que não saibam exprimir-se na língua nacional, e os que estejam privados, temporária ou definitivamente dos direitos políticos. Os militares são alistáveis, desde que oficiais, aspirantes a oficiais, guardas-marinha, subtenentes ou suboficiais, sargentos ou alunos das escolas militares de ensino superior para formação de oficiais.

__Seção IV – Da Contingência na Votação – Art. 58.__ Na hipótese de falha na urna, em qualquer momento da votação, o presidente da mesa receptora de votos, à vista dos fiscais presentes, __deverá desligar__ e __religar__ a urna, __digitando__ o código de reinício da votação.

O texto injuntivo, ou **injunção**, apresenta verbos no imperativo e verbos com tom imperativo (presente do indicativo, futuro do presente e infinitivo impessoal, por exemplo), pois esse tipo de texto indica como realizar uma ação, aconselha, impõe, instrui o interlocutor; chamado também de **instrucional**, é utilizado para predizer acontecimentos e comportamentos, nas leis jurídicas.

Fique atento aos tempos verbais. Falo mais sobre os tipos de texto e seus detalhes no capítulo 34. Fique tranquilo! Ou dê um pulo até lá. Você decide!

 ## O Que Cai Mais na Prova?

Na boa mesmo... CAI TUDO! Mas, se eu fosse você, ficaria ligado em *Emprego e Reconhecimento de Tempos e Modos Verbais, Correlação Verbal, Transposição de Voz Verbal e Conjugação Verbal*. Sabendo isso, você tem... sei lá... mais de 90% de chance de acertar uma questão de verbo. A vaga é sua!

> *Concurseiro(a), quer uma dica de irmão? Guarde no seu coração o que vai ler agora: NUNCA DEIXE DE FAZER SEU PRÓPRIO RESUMO DE CADA CAPÍTULO. Esse processo cognitivo é **extremamente** valioso. Eu poderia ser legalzinho e fofinho pondo um quadro-resumo do que vimos no capítulo, mas, se fizesse isso, estaria sabotando você, impedindo-o(a) de ter esse trabalho de internalização imprescindível do conteúdo. **Por favor, não pule essa etapa!!!** Mesmo que seu resumo fique gigantesco (não vá escrever outra gramática... rsrs), nunca deixe de fazê-lo, para o seu próprio bem! Seu cérebro agradece e, quando passar no concurso, sua conta no banco também. Vá fundo na missão!* ☝

384 A Gramática para Concursos Públicos • Fernando Pestana

Questões de Concursos

1. (Esaf – SRF – Auditor-Fiscal da Receita Federal – 2009) (Adaptada) A afirmação abaixo está correta ou incorreta?
(...) Para piorar, as fontes de energia se tornaram mais "sujas", com o aumento de 122% do CO2 lançado na atmosfera, percentual muito acima dos 71% da ampliação da geração no período. (...)
   – Em "se tornaram" o pronome "se" indica voz passiva.

2. (Esaf – SRF – Auditor-Fiscal da Receita Federal – 2009) (Adaptada) A afirmação abaixo está correta ou incorreta?
(...) Esses números tornam a internet o segundo meio de comunicação mais abrangente do Brasil, atrás apenas da televisão. Chegou-se a dizer que esse é um meio elitizado, utilizado apenas pelas classes A e B. Mas uma pesquisa mostra que as classes C e D utilizam amplamente a internet. (...)
   – Em "Chegou-se", o "-se" indica voz passiva.

3. (Esaf – SRF – Auditor-Fiscal da Receita Federal – 2009) Em relação aos elementos do texto, qual afirmação é a correta?
(...) No entanto, dado o ritmo de crescimento projetado para o ano que vem, o mais provável é que a demanda por importações aumente e a pressão em favor do real diminua. (...) Qualquer invencionice só estimularia operações especulativas no câmbio, que acabariam provocando uma valorização ainda mais indesejável da moeda nacional.
   – O emprego do subjuntivo em "aumente" e em "diminua" justifica-se por se tratar de fatos de realização garantida.
   – O emprego do futuro do pretérito em "estimularia" indica um acontecimento futuro em relação a um ato passado que se configura no fato relacionado aos termos "Qualquer invencionice".

4. (Esaf – MTE – Auditor-Fiscal do Trabalho – 2009) Assinale a opção que, ao substituir elemento destacado no texto, acarreta <u>erro</u> gramatical.
Entre as diversas providências que o Conselho Nacional de Justiça (CNJ) <u>vem tomando</u> com o objetivo de tornar mais transparente e eficiente a administração do Poder Judiciário, uma das mais simples começará a ser adotada brevemente. Trata-se da divulgação, pela internet, de todas as despesas de custeio e de investimento da Justiça Federal, da Justiça do Trabalho, das Justiças estaduais, da Justiça Eleitoral e da Justiça Militar. Até hoje, só alguns tribunais <u>vinham divulgando</u> suas contas. A medida, juntamente com os indicadores de desempenho funcional e as inspeções da Corregedoria Nacional de Justiça, <u>permitirá identificar</u> os casos de má gestão financeira, de arbitrariedades, de malversação de recursos públicos e de gastos perdulários. Por gastar excessivamente com a manutenção dos gabinetes de seus dirigentes, por exemplo, alguns Tribunais de Justiça estaduais não dispunham de recursos suficientes para manter as varas judiciais, <u>prejudicando com isso</u> o atendimento à população. <u>Contribuindo</u> para racionalizar a gestão dos recursos financeiros dos tribunais, as novas regras do CNJ ajudarão o Judiciário a melhorar sua imagem perante a opinião pública. Há dois meses, a pesquisa Índice Latino-americano de Transparência Orçamentária, realizada em 12 países, apontou o Judiciário como o mais "opaco" dos Três Poderes. Quanto mais transparente for a Justiça, maior será sua credibilidade.
   a) "vem tomando" > tem tomado
   b) "vinham divulgando" > tem divulgado
   c) "permitirá identificar" > vai permitir que se identifiquem
   d) "prejudicando com isso" > o que tem prejudicado
   e) "Contribuindo" > Ao contribuir

5. (Esaf – MTE – Auditor-Fiscal do Trabalho – 2009) (Adaptada) Em relação às estruturas do texto abaixo, julgue se a afirmativa é correta ou incorreta.
Para que a cobertura mínima oferecida pelos planos de saúde aos seus segurados inclua as tecnologias, os tratamentos e os equipamentos que entraram em uso recentemente, a Agência Nacional de Saúde Suplementar (ANS) acrescentou 73 novos procedimentos à lista de exames, consultas, cirurgias e outros serviços que as operadoras são obrigadas a oferecer. (...)
   O emprego do modo subjuntivo em "inclua" justifica-se por se tratar de uma oração subordinada que apresenta um fato hipotético ou provável.

6. (Esaf – MTE – Auditor-Fiscal do Trabalho – 2009) (Adaptada) Em relação aos elementos do texto, julgue se a afirmativa é correta ou incorreta.
(...) Isso se traduziu como forte pressão sobre as finanças públicas, que estão acusando déficits muito elevados.
   A substituição de "se traduziu" por **foi traduzido** prejudica a correção gramatical do período.

Capítulo 12 • Verbo **385**

7. (FDC – Mapa – Administrador – 2010) Observe a flexão do verbo MAPEAR no trecho "sendo o alicerce para que as empresas MAPEIEM seu roteiro futuro" (1º parágrafo). Em português, os verbos terminados no infinitivo em *-ear* e alguns terminados em *-iar* apresentam ditongação em determinadas formas. Nesse sentido, pode-se afirmar que está INCORRETA a seguinte frase imperativa:
a) Não odeies teus inimigos.
b) Refreia os teus impulsos.
c) Não negoceies sem considerar teus princípios éticos.
d) Desnorteia quem te persegue.
e) Principia a frase com a letra de teu nome.

8. (FDC – Funasa – Administrador – 2010) Com a forma verbal grifada em "Os estudos **serão apresentados** ao Ministério da Saúde...", o autor do texto pretende dizer ao leitor que os estudos referidos:
a) devem ser publicados e discutidos em congressos futuramente.
b) serão apresentados futuramente, ainda que sem data certa.
c) em futuro bem próximo, os estudos serão apresentados.
d) serão obrigatoriamente apresentados às autoridades.
e) serão apresentados em um ato oficial.

9. (FDC – Funasa – Administrador – 2010) A frase "Os estudos serão apresentados ao Ministério da Saúde" equivale semanticamente a:
a) O Ministério da Saúde apresentará os estudos.
b) Apresentar-se-ão os estudos ao Ministério da Saúde.
c) Ao Ministério da Saúde cabe apresentar os estudos.
d) Por meio dos estudos, o Ministério da Saúde será informado.
e) O Ministério da Saúde será o encarregado de apresentar os estudos.

10. (FDC – Câmara Municipal de Petrópolis – Arquivista – 2010) Suponha que, quando os policiais chegaram ao local do incidente, flagraram uma pessoa a retirar pertence de Dario, dando ao larápio voz de prisão nos seguintes termos: "Levanta suas mãos para o alto. Afaste-se da vítima e não mexa em seus pertences. Passa teus documentos e considere-se preso". Para que a voz de prisão esteja rigorosamente de acordo com a norma culta da língua e em tratamento formal, os termos terão de ser expressos da seguinte forma:
a) Levanta suas mãos para o alto. Afasta-te da vítima e não mexa em teus pertences. Passa teus documentos e considere-se preso.
b) Levante tuas mãos para o alto. Afaste-se da vítima e não mexas em seus pertences. Passai teus documentos e considere-te preso.
c) Levante suas mãos para o alto. Afastai-vos da vítima e não mexais em seus pertences. Passe teus documentos e considere-se preso.
d) Levanta tuas mãos para o alto. Afasta-te da vítima e não mexas em seus pertences. Passa teus documentos e considera-te preso.
e) Levantai tuas mãos para o alto. Afaste-se da vítima e não mexe em teus pertences. Passe seus documentos e considera-te preso.

11. (Esaf – SUSEP – Analista Técnico – 2010) (Adaptada) *Nos países em geral, economistas, políticos e o noticiário gostam é de índices sobre macroeconomia, (...) A internet, por exemplo, apareceu em grande escala em 1992, e o mundo se deu conta da revolução que ela fizera nos negócios, na cultura e na vida das pessoas 10 anos depois.* No texto acima, provoca-se <u>erro</u> gramatical ou incoerência na argumentação do texto ao I- retirar "é" e II- substituir "fizera" por **havia feito**?

12. (Cespe/UnB – Instituto Rio Branco – Diplomata – 2011) Seriam mantidos o sentido e a correção gramatical do texto se os infinitivos flexionados fossem substituídos pelas respectivas formas do infinitivo não flexionado no segmento "Ficamos a olhar o verde do jardim, *as gotas a evaporarem, as lesmas a prepararem os corpos para novas caminhadas*".
( ) CERTO ( ) ERRADO

13. (Cespe/UnB – TJ/ES – Analista Judiciário (Letras) – 2011) Na linha 11 (*A indispensabilidade da teoria política viria dessa necessidade de autoconhecimento dos indivíduos*), o uso do futuro do pretérito em "viria" sugere a intenção do autor em manter distanciamento em relação à ideia da "necessidade de autoconhecimento dos indivíduos".
( ) CERTO ( ) ERRADO

386 A Gramática para Concursos Públicos • Fernando Pestana

14. (Cespe/UnB – TJ/ES – Analista Judiciário (Letras) – 2011) *"A questão da desigualdade, finalmente, está produzindo estudos focados em entender como os abismos sociais afetam a realidade das pessoas – estejam elas no topo ou na base" (...)*
A obrigatoriedade do emprego da forma verbal **"estejam"**, no modo subjuntivo, decorre da relação sintática entre essa forma verbal e o trecho **"como os abismos sociais afetam a realidade das pessoas"**.
( ) CERTO ( ) ERRADO

15. (Cespe/UnB – TJ/ES – Analista Judiciário (Letras) – 2011) *"A escola da era da globalização, tecnologia e informação deve preparar o educando para intervir criticamente na realidade e transformá-la, e não apenas para integrá-lo ao mercado de trabalho. Esse aluno deverá ter o perfil do cidadão engajado na luta pela justiça social" (...)*
Do ponto de vista argumentativo, o uso reiterado do verbo auxiliar <u>dever</u>, como em "deve preparar" e "deverá ter", indica grande probabilidade de os objetivos associados a essas formas verbais se tornarem realidade.
( ) CERTO ( ) ERRADO

16. (Cespe/UnB – TJ/ES – Analista Judiciário (Letras) – 2011) (...) Ela é o nosso radar para o perigo. Se nós, ou nossos ancestrais, fôssemos aguardar que a mente racional tomasse uma decisão, teríamos, provavelmente, não só cometido erros, mas também desaparecido como espécie.
O emprego das formas verbais no subjuntivo "fôssemos" e "tomasse" deve-se à presença do elemento gramatical "Se".
( ) CERTO ( ) ERRADO

17. (Cespe/UnB – STM – Analista Judiciário – 2011) (...) Quando a polícia reage, os vândalos voltam a se misturar à massa de gente que protesta pacificamente, na esperança de, com isso, provocar um tumulto e incitar outros manifestantes a entrar no confronto. (...)
As formas verbais infinitivas "misturar" e "provocar" poderiam ser corretamente substituídas por suas formas flexionadas, **misturarem** e **provocarem.**
( ) CERTO ( ) ERRADO

18. (...) O debate voltou à tona após policiais da Delegacia Antipirataria apreenderem, no mês passado, mais de duzentas pastas com textos para serem reproduzidos em uma universidade do Rio de Janeiro, sob a alegação de crime de direitos autorais. (...)
A forma verbal "apreenderem" poderia ser corretamente substituída pela forma verbal composta **terem apreendido.**
( ) CERTO ( ) ERRADO

Texto para as questões 19 e 20:

Da memória e da reminiscência
A fenomenologia da memória aqui proposta estrutura-se em torno de duas perguntas: De que há lembrança? De quem é a memória?

> Essas duas perguntas **são formuladas** dentro do espírito da fenomenologia husserliana. **Privilegiou-se**, nessa herança, a indagação colocada sob o adágio bem conhecido segundo o qual toda consciência é consciência de alguma coisa. (...) **Se** nos apressarmos a dizer que o sujeito da memória é o eu, na primeira pessoa do singular, a noção de memória coletiva poderá apenas desempenhar o papel analógico, ou até mesmo de corpo estranho na fenomenologia da memória. (...)

19. (Cespe/UnB – Correios – Analista (Letras) – 2011) Estaria mantida a correção gramatical se as formas verbais "são formuladas" e "Privilegiou-se" fossem substituídas, respectivamente, por **formulam-se** e **foi privilegiada.**
( ) CERTO ( ) ERRADO

20. (Cespe/UnB – Correios – Analista (Letras) – 2011) Ainda com relação a esse texto, julgue os itens a seguir.
Se a conjunção "Se" fosse substituída por **Caso**, deveria ser alterado o tempo e mantido o modo verbal empregado na oração condicional.
( ) CERTO ( ) ERRADO

21. (Cespe/UnB – Correios – Analista (Letras) – 2011) *(...) "A nova sociedade de redes favorecerá o advento de um mundo menos marcado pelos desequilíbrios sociais ou reforçará as desigualdades planetárias, criando excluídos da modernidade digital? (...)*
Ao empregar o futuro do presente do indicativo em "favorecerá" e "reforçará", o autor faz uma previsão de duas características que distinguirão da sociedade atual a "nova sociedade".
( ) CERTO ( ) ERRADO

Capítulo 12 • Verbo **387**

22. (Cespe/UnB – Correios – Analista (Letras) – 2011) A locução verbal "havia imprimido" pode ser substituída por **imprimira**, sem prejuízo para a correção gramatical e para o sentido do texto.
( ) CERTO   ( ) ERRADO

23. (Cespe/UnB – Correios – Analista (Letras) – 2011) *"Nós vivemos na era da informação e as nações que quiserem realmente estar nesse tempo devem colocar cada vez mais informações na rede."*
O emprego do modo subjuntivo em "quiserem" revela que, na construção da textualidade, a intenção do autor do argumento é sugerir que há nações que resistem a "estar nesse tempo".
( ) CERTO   ( ) ERRADO

24. (Cespe/UnB – FUB – Médico – 2011) Na oração "que tenha sido completamente formada na era da Internet", a forma verbal "tenha" poderia ser substituída por **haja**, sem alteração do sentido ou da correção gramatical do texto.
( ) CERTO   ( ) ERRADO

25. (Funiversa – Seplag/DF – Auditor Fiscal de Atividades Urbanas – 2011)

2º § No entanto, sem escala de valor está a vida de milhares de pessoas que faleceram e virão a sucumbir, vítimas das enchentes. Segundo dados da ONU (2005), em 1988 mais de 15 mil pessoas foram mortas em consequência de enchentes; em 1999, o número de vítimas subiu para quase 35 mil. Esse quadro é configurado como o mais dramático e triste do problema das inundações urbanas, pois a maioria dessas mortes, de alguma forma, poderiam ter sido evitadas.
6º § A quantidade de material suspenso na drenagem pluvial apresenta uma carga muito alta, considerando a vazão envolvida. Esse volume é mais significativo no início das enchentes. Os primeiros 25 mm de escoamento superficial geralmente transportam grande parte da carga poluente de origem pluvial.
Assinale a alternativa correta acerca de fatos gramaticais e semânticos presentes no texto I.
a) Nas linhas 1 e 2 (2º §), os verbos falecer e vir a sucumbir expressam, respectivamente, uma ação concluída, observada no seu término, no seu resultado, e uma ação a ocorrer após o momento em que se enuncia o fato.
b) Na última linha do 2º §, a locução verbal 'poderiam ter sido evitadas' ficaria bem ajustada às normas gramaticais com o uso do verbo "ter" no plural, em concordância com o substantivo "mortes", que faz parte do sujeito da frase.
e) No 6º §, o termo "suspenso" pode ser trocado por **suspendido**, pois ambas as formas pertencem ao verbo **suspender** e são permutáveis sem reservas em contextos frasais que exijam o emprego do particípio.

26. (Funiversa – Seplag/DF – Auditor Fiscal de Atividades Urbanas – 2011) (Adaptada) Fragmento de texto:
Por outro lado, para o cientista, não existe dúvida de que o aspecto mais notável da memória é o esquecimento. Afinal, se uma pessoa se lembrasse de tudo, em todos os pormenores, não conseguiria pensar de forma genérica. Se as mulheres conseguissem reproduzir por completo os momentos da dor do parto, nenhuma teria mais de um filho.

A afirmação abaixo está correta ou incorreta?
– A troca de "lembrasse" por **lembrar** altera o sentido da frase e exige mudança em outro termo do enunciado.

27. (Cespe/UnB – TJ/ES – Analista (Direito) – 2011) No trecho "Se Mubarak caísse, o que viria em seu lugar", estaria mantida a correção gramatical do texto caso se substituíssem as formas verbais "caísse" e "viria" por **cair** e **virá**, respectivamente.
( ) CERTO   ( ) ERRADO

28. (FCC – TRE/PE – Analista Judiciário – 2011) Estão plenamente adequadas a flexão e a correlação entre tempos e modos dos verbos na frase:
a) As ponderações de Kucinski seriam úteis se acatadas por todos os que estivessem envolvidos no campo de atuação que ele analisou.
b) Todo louvor aos que se disporem a assumir valores éticos, sem que se importassem com os sacrifícios que isso representaria.
c) Teria sido o mercado, e não a fraqueza moral de cada um, o fator que levará os jovens a uma competição cada vez mais violenta.
d) Os jovens jornalistas agem hoje como se nunca houvera necessidade de sobreviver ao tempo em que trabalhassem os veteranos.
e) Caso ninguém venha a se preocupar com a ética no trabalho, seria inútil que os velhos profissionais venham a nos lembrar o nome de Pulitzer.

388 A Gramática para Concursos Públicos • Fernando Pestana

29. (FCC – TRT/SE (20R) – Analista Judiciário – 2011) *Paulo Honório (querer) contar a própria vida, mas, julgando que não o (conseguir), (pedir) ao jornalista Gondim que o (fazer).*
Os verbos indicados entre parênteses estarão adequadamente correlacionados na frase acima caso se flexionem nas seguintes formas:
a) quisera – conseguirá – pedisse – faria;
b) queria – conseguiria – pediu – fizesse;
c) queria – conseguisse – pedia – faça;
d) quis – consegue – pede – fizesse;
e) quis – conseguiu – pediu – faça.

30. A transposição para a voz ativa da frase *Foi assim que sempre se fez a literatura* tem como resultado:
a) Sempre foi assim que a literatura fez.
b) Assim é que sempre foi feita a literatura.
c) Terá sido feito sempre assim, a literatura.
d) Foi sempre assim que a literatura tem feito.
e) Foi assim que sempre fizeram a literatura.

31. (FCC – TRT/SE (20R) – Técnico Judiciário – 2011) *... a leitura em profundidade foi substituída pela massa de informações, em sua maioria superficiais...*
Com a transposição da frase acima para a voz ativa, o verbo passará a ser:
a) substituíram;
b) substituiu;
c) substituíra;
d) tinham substituído;
e) substituiriam.

32. (FCC – TRT/SE (20R) – Técnico Judiciário – 2011) *O ex-ministro da Agricultura, Roberto Rodrigues, afirma que os ganhos da produtividade na pecuária poderiam liberar terras suficientes para dobrar a área plantada com alimentos.*
O emprego da forma verbal grifada acima indica, considerando-se o contexto:
a) certeza que consolida a afirmativa feita;
b) ação habitual e repetitiva, em relação à pecuária;
c) fato histórico, constante no tempo;
d) realidade a ser confirmada num futuro imediato;
e) hipótese, a partir de certa condição implícita.

33. (FCC – TRT/SE (20R) – Técnico Judiciário – 2011) *A expectativa é de que o Brasil tenha de arcar com 40% desse aumento.*
O verbo flexionado nos mesmos tempo e modo em que se encontra o grifado acima está também grifado na frase:
a) Embora domine as técnicas mais modernas, na média, a produtividade da agropecuária brasileira ainda está distante de alcançar seu pleno potencial.
b) Grosso modo, as pastagens brasileiras possuem uma unidade animal por hectare.
c) Para isso, terá dois caminhos ...
d) ... esse investimento muitas vezes não se justifica do ponto de vista estritamente econômico.
e) "Além disso, o Brasil ainda pode aumentar muito a produtividade de grãos, como o milho, o trigo e o feijão", afirma.

34. (FCC – TRT/AL (19R) – Técnico Judiciário – 2011) *... que pouco conhecia sobre ciência.*
O verbo flexionado nos mesmos tempo e modo que o da frase acima está em:
a) ... embora uma corrente de autores continuem...
b) ... escritores do século XIX elogiaram as realizações de Leonardo...
c) Os relatos do século XIX sobre Leonardo enfatizavam o fato...
d) Pelo contrário, se ele não realizou coisa alguma...
e) O poderoso mito de Leonardo alcança esse patamar...

35. (FCC – TRE/RN – Técnico Judiciário – 2011) *... viu pedrinhas ali perto.*
A passagem para a voz passiva da frase acima resulta na seguinte forma verbal:
a) viu-se;   b) é visto;   c) são vistas;   d) tinha visto;   e) foram vistas.

36. (FCC – TRE/RN – Técnico Judiciário – 2011) É comum que, durante suas brincadeiras, as crianças se ...... para um universo mágico e ...... a identidade de uma personagem admirada, ... um super-herói ou uma figura da realeza.
Preenche corretamente as lacunas da frase acima, na ordem dada, o que está em:
a) transportam – assumem – seja;
b) transportem – assumem – seria;
c) transportem – assumam – seja;
d) transportam – assumiriam – sendo;
e) transportariam – assumiriam – seria.

Capítulo 12 • Verbo **389**

37. (FCC – TRE/RN – Técnico Judiciário – 2011) Observe o texto:

João e Maria
Agora eu era o herói
E o meu cavalo só falava inglês
A noiva do cowboy
Era você
Além das outras três
Eu enfrentava os batalhões
Os alemães e seus canhões
Guardava o meu bodoque
E ensaiava um rock
Para as matinês
(...)
Não, não fuja não
Finja que agora eu era o seu brinquedo
Eu era o seu pião
O seu bicho preferido
Sim, me dê a mão
A gente agora já não tinha medo
No tempo da maldade
Acho que a gente nem tinha nascido
Chico Buarque e Sivuca

I. Nos versos *Agora eu era o herói* e *A gente agora já não tinha medo*, o uso do advérbio agora mostra-se inadequado, pois os verbos conjugados no pretérito imperfeito designam fatos transcorridos no tempo passado.

II. Em *Finja que agora eu era o seu brinquedo e Sim, me dê a mão*, os verbos grifados estão flexionados no mesmo modo.

III. Substituindo-se a expressão *a gente* pelo pronome *nós* nos versos *A gente agora já não tinha medo* e *Acho que a gente nem tinha nascido*, a forma verbal resultante, sem alterar o contexto, será *teríamos*.

Está correto o que se afirma em:

a) I, apenas.   b) II, apenas.   c) III, apenas.   d) I e II, apenas.   e) I, II e III.

38. (FCC – TRE/AP – Técnico Judiciário – 2011) Está corretamente empregada a palavra destacada na frase

a) <u>Constitue</u> uma grande tarefa transportar todo aquele material.

b) As pessoas mais conscientes <u>requereram</u> anulação daquele privilégio.

c) Os fiscais <u>reteram</u> o material dos artistas.

d) Quando ele <u>vir</u> até aqui, trataremos do assunto.

e) Se eles <u>porem</u> as pastas na caixa ainda hoje, pode despachá-la imediatamente.

39. (FCC – TRT/MT (23R) – Analista Judiciário – 2011) ***Tanto as fontes quanto a própria historiografia falavam a linguagem do poder...***

Transpondo-se a frase acima para a voz passiva, a forma verbal resultante será:

a) eram faladas;   c) se falaram;   e) tinha-se falado.

b) foi falada;   d) era falada;

40. (FCC – TRT/MT (23R) – Analista Judiciário – 2011) O verbo corretamente empregado e flexionado está grifado em:

a) É de se imaginar que, se os viajantes setecentistas <u>antevessem</u> as dificuldades que iriam deparar, muitos deles desistiriam da aventura antes mesmo de embarcar.

b) O que quer que os <u>compelisse</u>, cabe admirar a coragem desses homens que partiam para o desconhecido sem saber o que os aguardava a cada volta do rio.

c) Caso não se <u>surtisse</u> com os mantimentos necessários para o longo percurso, o viajante corria o risco de literalmente morrer de fome antes de chegar ao destino.

d) Se não maldiziam os santos, é bastante provável que muitos dos viajantes <u>maldizessem</u> ao menos o destino diante das terríveis tribulações que deviam enfrentar.

e) Na história da humanidade, desbravadores foram não raro aqueles que <u>sobreporam</u> o desejo de enriquecer à relativa segurança de uma vida sedentária.

41. (FCC – DPE/RS – Defensor Público – 2011) Em *há verbos supostamente ativos que não expressam ação realizada*, alterando a flexão dos verbos *haver* e *expressar* para o pretérito perfeito do indicativo, tem-se:
    a) havia verbos supostamente ativos que não expressavam ação realizada;
    b) houve verbos supostamente ativos que não expressaram ação realizada;
    c) houveram verbos supostamente ativos que não expressavam ação realizada;
    d) haviam verbos supostamente ativos que não expressavam ação realizada;
    e) houve verbos supostamente ativos que não expressavam ação realizada.

42. (FCC – BB – Escriturário – 2011) *É irrelevante que <u>entrem</u> na faculdade, que <u>ganhem</u> muito ou pouco dinheiro, que <u>sejam</u> bem-sucedidos na profissão.* (3ª parágrafo)
    O emprego das formas verbais grifadas acima denota:
    a) hipótese passível de realização;
    b) fato real e definido no tempo;
    c) condição de realização de um fato;
    d) finalidade das ações apontadas no segmento;
    e) temporalidade que situa as ações no passado.

43. (FCC – TRE/TO – Analista Judiciário – 2011) *Minha outra mulher teve uma educação rigorosa, mas mesmo assim mamãe nunca entendeu por que eu <u>escolhera</u> justamente aquela, entre tantas meninas de uma família distinta.*
    O verbo grifado na frase acima pode ser substituído, sem que se altere o sentido e a correção originais, e o modo verbal, por:
    a) escolheria;
    b) havia escolhido;
    c) houvera escolhido;
    d) escolhesse;
    e) teria escolhido.

44. (Cesgranrio – Petrobras – Administrador Júnior – 2011) Leia:
    Sob Medida
    Chico Buarque
    Se você **crê** em Deus
    Erga as mãos para os céus e **agradeça**
    Quando me **cobiçou**
    Sem querer **acertou** na cabeça
    No fragmento acima, passando as formas verbais destacadas para a segunda pessoa do singular, a sequência correta é:
    a) crês, ergues, agradecei, cobiçais, acertai;
    b) crês, ergue, agradece, cobiçaste, acertaste;
    c) credes, ergueis, agradeceis, cobiçaste, acertaste;
    d) credes, ergas, agradeças, cobiçais, acertais;
    e) creis, ergues, agradeces, cobiçaste, acertaste.

45. (Cesgranrio – Transpetro – Administrador Júnior – 2011) O trecho em que se encontra voz passiva pronominal é:
    a) "feito *hamsters* que se alimentam de sua própria agitação.";
    b) "Recolher-se em casa,";
    c) "sinal de que não se arrumou ninguém";
    d) "Mas, se a gente aprende a gostar (...)";
    e) "nela a gente se refaz (...)".

46. (Cesgranrio – Transpetro – Administrador Júnior – 2011) A sentença em que o verbo entre parênteses está corretamente flexionado é:
    a) O coordenador reveu as necessidades dos grupos. (rever)
    b) A impaciência deteu as pessoas. (deter)
    c) Eu reavejo minhas convicções diariamente. (reaver)
    d) Quando você se opor à minha solidão, ficarei aborrecido. (opor)
    e) Nós apreciamos os bons alunos. (apreciar)

Capítulo 12 • Verbo **391**

47. (FCC – TRT/RS (4R) – Analista Judiciário – 2011) *A conciliação, antes de tudo, tem proporcionado às partes o efetivo acesso à Justiça, pois elas participam diretamente no resultado apaziguador do conflito.*
Transpondo o segmento destacado na frase acima para a voz passiva, a forma verbal resultante é:
a) têm proporcionado;
b) tem sido proporcionado;
c) tinham proporcionado;
d) era proporcionado;
e) foi proporcionado.

48. (FCC – TRT/RS (4R) – Analista Judiciário – 2011) Observe o texto:
Esta é uma história da Bossa Nova e dos dois rapazes e moças que a fizeram, quando eles tinham entre quinze e trinta anos. É também um livro que se pretende o mais factual e objetivo possível. Evidente que, tendo sido escrito por alguém que vem ouvindo Bossa Nova desde que ela ganhou este nome (e que nunca se conformou quando o Brasil começou a trocá-la por exotismos), uma certa dose de paixão acabou se intrometendo na receita – sem interferir, espero, pró ou contra, na descrição da trajetória de qualquer personagem. Os seres humanos, assim como os LPs, têm lados A e B, e houve um esforço máximo para que ambos fossem mostrados.
(...)
O segmento que expressa uma ação durativa que se prolonga do passado até ao momento da fala do autor é:
a) *tendo sido escrito;*
b) *vem ouvindo;*
c) *começou a trocá-la;*
d) *acabou se intrometendo;*
e) *têm.*

49. (FCC – TRE/SP – Analista Judiciário – 2012) Está **inadequada** a correlação entre tempos e modos verbais no seguinte caso:
a) Muitos se lembrariam da alegria voraz com que eram disputadas as toneladas da vítima.
b) Foi salva graças à religião ecológica que andava na moda e que por um momento estabelecera uma trégua entre todos.
c) Um malvado sugere que se dê por perdida a batalha e comecemos logo a repartir os bifes.
d) Depois de se haver debatido por três dias na areia da praia a jubarte acabara sendo salva por uma traineira que vinha socorrê-la.
e) Já informado do salvamento da baleia, o cronista teve um sonho em que o animal lhe surgiu com a força de um símbolo.

50. (FCC – TRE/SP – Técnico Judiciário – 2012) *... em que as melhores cadências do samba e da canção se aliaram com naturalidade às deformações normais de português brasileiro...*
O verbo flexionado nos mesmos tempo e modo que o grifado acima está em:
a) *São Paulo muda muito...*
b) *... para nos porem no Alto da Mooca...*
c) *Talvez João Rubinato não exista...*
d) *... Adoniran não a deixará acabar...*
e) *Mas a cidade que nossa geração conheceu...*

51. (FCC – TRF/2R – Analista Judiciário (ADM) – 2012) O emprego, a grafia e a flexão dos verbos estão corretos em:
a) A revalorização e a nova proeminência de Paraty não prescindiram e não requeraram mais do que o esquecimento e a passagem do tempo.
b) Quando se imaginou que Paraty havia sido para sempre renegada a um segundo plano, eis que ela imerge do esquecimento, em 1974.
c) A cada novo ciclo econômico retificava-se a importância estratégica de Paraty, até que, a partir de 1855, sobreviram longos anos de esquecimento.
d) A Casa Azul envidará todos os esforços, refreando as ações predatórias, para que a cidade não sucumba aos atropelos do turismo selvagem.
e) Paraty imbuiu da sorte e do destino os meios para que obtesse, agora em definitivo, o prestígio de um polo turístico de inegável valor histórico.

52. (FCC – TCE/SP – Auxiliar de Fiscalização Financeira – 2012) ... *deve cuidar para que os impactos ambientais sejam mitigados e compensados*.

O verbo flexionado nos mesmos tempo e modo em que se encontra o grifado acima está em:

a) *Quando se tem em conta ...*

b) *... ainda que nem todo o potencial lá existente venha a ser desenvolvido.*

c) *As questões que se contrapõem ...*

d) *... não podemos abrir mão de nenhum dos dois objetivos.*

e) *... que podem ser feitos na direção de ...*

Fragmento de texto:

A discussão sobre "centro" e "periferia" no pensamento brasileiro vincula-se a elaborações que se dão num âmbito mais amplo, latino-americano.

(...)

No entanto, a elaboração anterior à CEPAL preocupava-se principalmente com os países capitalistas avançados, interessando-se pelos países "atrasados" na medida em que desenvolvimentos ocorridos neles repercutissem para além deles.

(...)

Assim, o marxismo, a teoria da modernização e a economia neoclássica tendiam a considerar que os mesmos caminhos seguidos pelas sociedades em que foram formulados teriam que ser trilhados pelo resto do mundo, "atrasado".

53. (FCC – TRE/PR – Analista Judiciário – 2012) A única afirmação INCORRETA sobre a forma transcrita do texto é:

a) *vincula-se* / O tempo e o modo verbais indicam que a ideia é tomada como verdadeira.

b) *preocupava-se* / A forma verbal designa que o fato é concebido como contínuo.

c) *interessando-se* / Esse gerúndio, colocado depois do verbo principal – *preocupava-se* –, indica uma ação simultânea ou posterior, e pode ser legitimamente considerado equivalente a "e interessava-se".

d) *repercutissem* / Essa forma subjuntiva enuncia a ação do verbo como eventual.

e) *teriam* / Constitui forma polida de presente, atenuando a ideia de obrigação ou dever.

54. (FCC – Prefeitura Municipal/SP – Auditor-Fiscal Tributário Municipal I (Gestão Tributária) – 2012) Fragmento de texto:

"Precisamos levar sempre em conta os traços culturais que nos caracterizam, que hão de alimentar a busca de soluções endógenas, que nem sempre têm por que coincidir com as do mundo altamente industrializado".

(...)

O que há de extraordinário nessa citação? Nada, exceto a data. Ela não foi redigida no princípio do século XIX e sim no dia 29 de maio de 1993, exatamente um mês antes da redação deste artigo. Trata-se de um documento aprovado por vários intelectuais ibero-americanos, na Guatemala, como parte da preparação da III Conferência de Cúpula da região, a realizar-se em Salvador, na Bahia.

(...)

Ao que parece, nada envelheceu nessas palavras. Quase todos os brasileiros se orgulhariam de repeti-las, como se elas fossem novas e matinais, como se fôssemos contemporâneos do grito do Ipiranga.

(...)

Só uma coisa não mudou: o nacionalismo cultural. Continuamos repetindo, ritualmente, que a cultura brasileira (ou latino-americana) deve desfazer-se dos modelos importados e voltar-se para sua própria tradição cultural.

O texto legitima o seguinte <u>comentário</u>:

a) Em *Continuamos repetindo*, a ideia de ação em processo é decorrência exclusiva da forma *Continuamos*.

b) A forma verbal *foi redigida* exprime fato passado considerado contínuo.

c) A forma *a realizar-se em Salvador* exprime fato futuro em relação à data de redação do documento, mas passado em relação à data do artigo.

d) Em *se orgulhariam de repeti-las*, tem-se a expressão de um fato possível, mas considerado de pouca probabilidade.

e) Em *hão de alimentar*, a forma verbal exprime, além da ideia de futuro, a de que o evento é desejado.

Capítulo 12 • Verbo **393**

55. (FDC – Prefeitura Itaboraí/RJ – Fiscal de Tributos – 2012) A frase que se encontra integralmente na voz ativa é:
    a) "Talvez o Brasil já tenha acabado e a gente não perceba isso". *(Paulo Francis)*
    b) "De dez em dez anos toda a burocracia precisa ser fuzilada e trocada". *(Stalin)*
    c) "O Brasil é a melhor piada que já foi contada por um português". *(Fernando Pedreira)*
    d) "Advogados são as únicas pessoas cuja ignorância da lei não é punida com cadeia". *(Jeremy Bentham)*
    e) "O Brasil é um país perigosamente gasoso. Os problemas são detectados, mas ninguém sabe resolvê-los.". *(Arnaldo Jabor)*

56. "Honrarás pai e mãe!" Esse é um mandamento da Igreja Católica, que poderia ser ampliado a todas as igrejas. Nesse caso, o emprego do futuro do presente do indicativo tem valor de:
    a) incentivo;   d) alerta;
    b) conselho;   e) ordem.
    c) pedido;

57. (Ceperj – Procon/RJ – Técnico em Contabilidade – 2012) Dentre os verbos irregulares há aqueles que apresentam alguma variação no radical, ou seja, na "base" da palavra.
    Um exemplo de verbo irregular encontra-se no seguinte exemplo do texto:
    a) "quem lhe escreve";   d) "Éramos centenas ali";
    b) "vivi uma tremenda aventura";   e) "sempre falava nisso".
    c) "quanto tempo isso levaria";

58. (Cespe/UnB – PF – Agente – 2012) Fragmento do poema:
    Ó grandes oportunistas... que calculais...(...)/Ó personagens solenes (...)/Ó soberbos titulares

    No poema, que apresenta uma denúncia de atos de abuso de poder, foram utilizados os seguintes recursos que permitem que a poeta se dirija diretamente a um interlocutor: emprego de vocativo nos versos 1, 9 e 33 e de verbos na segunda pessoa do plural, todos no imperativo afirmativo.
    ( ) CERTO   ( ) ERRADO

59. (Cespe/UnB – MPE/PI – Analista Ministerial – 2012) Fragmento de texto:
    Vestidos de palhaço, eles aproveitam o tempo dos carros parados no semáforo para cumprir essa missão. Com cartazes educativos, ocupam a faixa de pedestres, fazem performances e brincam com os motoristas.

    Sem prejuízo semântico para o texto, as formas verbais "fazem" e "brincam" poderiam ser substituídas pelas formas *fazendo* e *brincando*, respectivamente.
    ( ) CERTO   ( ) ERRADO

60. (AOCP – BRDE – Analista de Sistemas – 2012) Assinale a alternativa cuja sequência verbal destacada constitui um exemplo de tempo composto.
    a) "Não <u>estou afirmando</u> que os poetas atuais são tradicionalistas"
    b) "...um arquivo atemporal, ao qual recorre a produção poética para <u>continuar proliferando</u>"
    c) "as formas poéticas <u>deixaram de ser</u> valores que cobram adesão à experiência histórica"
    d) "<u>Pode parecer</u> um paradoxo que a poesia desse período, a mesma que tem continuidade"
    e) "... <u>tenha passado a fazer</u> um uso relutantemente crítico, ou acrítico, da tradição"

61. (Funcab – MPE/RO – Técnico em Contabilidade – 2012) Em "(...) A empregada já HAVIA CHEGADO e estava no portão, olhando o **movimento**.(...)", o tempo verbal mostra uma ação:
    a) iniciada no passado, continuada no presente;
    b) realizada em futuro próximo;
    c) subordinada a uma ação futura;
    d) repetida, independente da ação passada;
    e) já terminada.

62. (Funcab – MPE/RO – Analista – 2012) Assinale a alternativa em que o verbo em destaque foi corretamente conjugado.
    a) Se você INTERPOR um recurso, talvez consiga reverter a situação.
    b) Ele INTERVIU assim que a situação piorou.
    c) Se você VER que a situação piorou, volte para cá.
    d) Quando você VIM para cá, traga a pasta da diretoria.
    e) Você só será respeitado se se IMPUSER.

394 A Gramática para Concursos Públicos • Fernando Pestana

63. (FCC – TJ/PE – Técnico Judiciário – 2012) "No meu tempo, já existiam velhos, mas poucos". A frase de Machado de Assis nos leva a supor que havia mais velhos quando ele próprio se tornou um velho. E hoje, muito mais ainda, embora os manuais de redação recomendem que não se fale mais em "velhos", mas em "idosos".
(Carlos Heitor Cony, "Prazo de validade". Folha de S. Paulo, A2 opinião, 27/10/2011)
No fragmento acima, as formas verbais havia e se tornou foram empregadas para:
a) indicar, respectivamente, uma ação provável e uma ação efetivamente realizada no passado;
b) indicar, entre ações simultâneas passadas, uma que estava se processando quando sobreveio a outra;
c) denotar que ambas as ações tiveram a mesma duração momentânea;
d) substituir, ambas, o futuro do pretérito;
e) denotar fatos que foram um (o segundo) a consequência do outro (o primeiro).

64. (Ceperj – Procon/RJ – Advogado – 2012) *"todos que são impactados pelas mídias de massa"*
O fragmento transcrito acima apresenta uma construção na voz passiva do verbo.
Outro exemplo de voz passiva encontra-se em:
a) "As crianças brasileiras influenciam 80% das decisões de compra de uma família"
b) "A publicidade na TV é a principal ferramenta do mercado para a persuasão do público infantil"
c) "evidenciaram outros fatores que influenciam as crianças brasileiras nas práticas de consumo."
d) "Elas são assediadas pelo mercado"
e) "valores distorcidos são de fato um problema de ordem ética"

65. (MPE/SC – MPE/SC – Promotor de Justiça – 2012) O verbo, quando usado no modo imperativo, torna o texto mais vigoroso e com forte teor de persuasão, porém precisa ser usado corretamente, de acordo com o sujeito a que se refere. Identifique, pois, a(s) alternativa(s) em que o sujeito apresentado correspondente à flexão do verbo:
I. Chora, grita, esperneia, mas demonstra alguma reação. (sujeito: você)
II. Confira detalhadamente toda a documentação anexa ao processo. (sujeito: você)
III. Não demonstres qualquer reação durante o depoimento das testemunhas. (sujeito: tu)
IV. Compreende que a decisão tomada pelo juiz foi bastante coerente. (sujeito: tu)
V. Sê cuidadoso com tudo o que é dito ou escrito. (sujeito: tu)
a) Apenas as assertivas I e II estão corretas.
b) Apenas as assertivas III, IV e V estão corretas.
c) Apenas as assertivas II, III, IV e V estão corretas.
d) Apenas as assertivas I, II, e IV estão corretas.
e) Todas as assertivas estão corretas.

66. (Esaf – MI-CENAD – Estatístico – 2012) Assinale a opção que, na sequência, preenche corretamente as lacunas do texto, de modo a manter o correto uso dos modos e tempos verbais e a coerência entre as ideias.
Assim que o governo divulgou o crescimento zero do produto interno bruto brasileiro no terceiro semestre, não faltaram prognósticos negativos a respeito da economia do país e houve até quem _____(1)_____ em risco de recessão no futuro próximo. Basta um olhar mais atento aos números de 2011 para _____(2)_____ que o pessimismo não se justifica. Entre os empresários não são poucas as vozes que_____(3)_____dos alarmistas. Não faltam motivos para supor que, em 2011, os números da economia brasileira____(4)_____vir ainda mais fortes. Além dos juros menores, conforme_____(5)_____ a maioria dos economistas, do crédito em expansão, e dos incentivos fiscais, está previsto para janeiro um reajuste no salário mínimo, o que _____(6)_____ impactos significativos à renda dos trabalhadores e aposentados. Nesse ciclo, o mercado interno seguirá aquecido.
a) fale / percebermos / discordassem / possam / prevera / trará
b) falasse / perceberem / discordassem / pudessem / prevê / trouxera
c) falasse / perceber / discordam / possam / prevê / trará
d) falou / percebermos / discordaram / podem / prevera / traria
e) falou / perceberem / discordaram / podem / previssem / trouxera

[...]
Não sei se V. Exa. Revma. é como eu. Eu gosto de contemplar o passado, de viver a vida que foi, de pensar nos homens que antes de nós, ou honraram a cadeira que V. Exa. Revma. ocupa, ou espreitaram, como eu, as vidas alheias. Outras vezes estendo o olhar pelo futuro adiante, e vejo o que há de ser esta boa cidade de S. Sebastião, um século mais tarde, quando o bonde for um veículo tão desacreditado como a gôndola, e o atual chapéu masculino uma simples reminiscência histórica.

Podia contar-lhe em duas ou três colunas o que vejo no futuro e o que revejo no passado; mas, além de que não quisera tomar o precioso tempo de V. Exa. Reverendíssima, tenho pressa de chegar ao ponto principal desta carta, com que abro a minha crônica.

E vou já a ele.

67. (FCC – TCE/SP – Agente de Fiscalização Financeira – 2012) Sobre a forma verbal indicada, é INCORRETO afirmar:
   a) *honraram* / Exprime ação completamente concluída.
   b) *for* / Indica um fato possível, considerado altamente provável.
   c) *estendo* / Enuncia um fato que ocorre exclusivamente no momento em que o missivista se expressa.
   d) *vou* / Marca um fato futuro, mas bastante próximo, como o confirma o emprego de já.
   e) *podia* / Está empregado com valor de futuro do pretérito.

68. (Cesgranrio – BNDES – Técnico Administrativo – 2013) Que forma verbal está empregada no mesmo tempo e modo que **pudemos**?
   a) Forem
   b) Cresceu
   c) Será
   d) Deixem
   e) Indicam

69. (FCC – Câmara Municipal de São Paulo – Consultor Técnico Legislativo – 2014) A seguinte frase NÃO admite transposição para a voz passiva:
   a) Ele alcançou sucesso exclusivamente por sua competência.
   b) O poeta Ferreira Gullar acabou de contar um caso exemplar para a nossa tese sobre a fama vazia.
   c) A mídia cria inúmeros deuses, todos incapazes de qualquer grandeza efetiva.
   d) Muitas revistas sobrevivem graças ao culto irrefreável das celebridades.
   e) A celebração pela mídia atrai tanto as pessoas ingênuas como as mais maliciosas.

70. (FGV – SSP/AM – Técnico de Nível Superior – 2015) O segmento que exemplifica voz ativa e não passiva é:
   a) "a televisão não pode ser melhorada".
   b) "este instrumento de massas deveria ser eliminado".
   c) "nunca antes dele tinham sido relacionados".
   d) "todas as tecnologias são "neutras".
   e) "é assim abertamente posta em causa nesta obra".

71. (IBFC – EBSERH – Assistente Administrativo (HUPEST-UFSC) – 2016) Em "Entre a fuga do vento Nordeste e o primeiro sopro frio do Sudoeste, há um instante vazio e ansioso: as cigarras calam, se eriçam as águas da lagoa e as casuarinas, que se balançavam indolentes, imobilizam-se na rigidez morta e reta dos ciprestes. Os urubus debandam das palmeiras, os pescadores recolhem as velas, e daqui da varanda vejo os lagartos procurarem medrosos os seus esconderijos. 'É o sudoeste', penso, e logo ele chega carpindo penas e desgraças que não são suas", o emprego recorrente do presente do indicativo sugere:
   a) uma ação do momento da enunciação.
   b) uma ideia que ainda ocorrerá.
   c) uma ação que se limita ao passado.
   d) um caráter atemporal.
   e) um sentido de possibilidade.

72. (Idecan – INCA – Analista em Ciência e Tecnologia Júnior – 2017) Considerando a ocorrência de uma relação semântica entre agente, paciente e instrumento da ação verbal, temos a construção do predicado relacionada com distinções de voz. Deste modo, assinale, a seguir o trecho selecionado cuja reescrita na voz passiva é possível:
   a) "Nisso ele errou, [...]"
   b) "Já alguns países têm avançado nessa direção."
   c) "[...] se sem o trabalhador não se produz riqueza [...]"
   d) "[...] Karl Marx foi uma personalidade excepcional, [...]"

73. (Cespe – BNB – Especialista Técnico (Analista de Sistema) – 2018) Nas locuções "tinha botado" e "tinha posto", a substituição da forma verbal "tinha" por "havia" não prejudicaria a correção gramatical e o sentido original do texto.
   ( ) CERTO   ( ) ERRADO

396 A Gramática para Concursos Públicos • Fernando Pestana

74. (FCC – AFAP – Assistente Administrativo de Fomento – 2019)
Fragmento de texto: *"A agência da ONU para informação e comunicação, a UIT, indicou que, até o final de 2018, 51,2% da população mundial estará usando a internet. 'Até o final de 2018, teremos ultrapassado a marca de 50% do uso da internet', afirmou o diretor da UIT, Houlin Zhou, em um comunicado".*
O futuro do indicativo em "estará usando" e "teremos ultrapassado" serve ao propósito discursivo de
a) constatar fatos ocorridos.
b) retificar propósitos.
c) sinalizar prognósticos.
d) apresentar sugestões.
e) evocar experiências.

75. (Cespe – MPE/CE – Analista Ministerial (Administração) – 2020) Fragmento de texto: "... a ciência e os especialistas caminham para o entendimento de que o preconceito seja um conceito aprendido."
– A substituição da forma verbal "seja" por "é" manteria a coerência e a correção gramatical do texto.
( ) CERTO   ( ) ERRADO

76. (Instituto AOCP – Funpresp-JUD – Analista em Gestão de Pessoas – 2021) "(...) Pode até ser que o homem, através de seus desenhos estivesse desenvolvendo uma teoria filosófica sobre a incomunicabilidade dos seres humanos. (...) Avançando nessa teoria, chegaríamos à conclusão de que tudo o que é coletivo resvala no pessoal (...)"
– Na frase "Avançando nessa teoria, chegaríamos à conclusão [...]", tanto o verbo no gerúndio quanto o verbo no futuro do pretérito prestam-se à criação do sentido hipotético expresso pelo enunciado.
( ) CERTO   ( ) ERRADO

77. (Cespe – DPE-RS – Defensor Público – 2022) Fragmento de texto: "O consumismo é uma economia do logro, do excesso e do lixo, pois faz que o ser humano trabalhe duro para adquirir mais coisas, mas traz a sensação de insatisfação porque sempre há alguma coisa melhor, maior e mais rápida do que no presente. Ao mesmo tempo, as coisas que se possuem e se consomem enchem não apenas os armários, as garagens, as casas e as vidas, mas também as mentes das pessoas."
Sem prejuízo da correção gramatical e da coerência do texto, a oração "que se possuem e se consomem" poderia ser reescrita da seguinte maneira: que são possuídas e consumidas.
( ) CERTO   ( ) ERRADO

Gabarito

1. INCORRETA.	20. CERTO.	40. B.	60. E.
2. INCORRETA.	21. ERRADO.	41. B.	61. E.
3. INCORRETA/	22. CERTO.	42. A.	62. E.
CORRETA.	23. ERRADO.	43. B.	63. B.
4. B.	24. CERTO.	44. B.	64. D.
5. CORRETA.	25. A.	45. C.	65. C.
6. INCORRETA.	26. CORRETA.	46. E.	66. C.
7. C.	27. CERTO.	47. B.	67. C.
8. B.	28. A.	48. B.	68. B.
9. B.	29. B.	49. D.	69. D.
10. D.	30. E.	50. E.	70. D.
11. NENHUM.	31. B.	51. D.	71. D.
12. CERTO.	32. E.	52. B.	72. C.
13. CERTO.	33. A.	53. E.	73. CERTO.
14. ERRADO.	34. C.	54. E.	74. C.
15. ERRADO.	35. E.	55. A.	75. CERTO.
16. CERTO.	36. C.	56. E.	76. CERTO.
17. ERRADO.	37. B.	57. D.	77. CERTO.
18. CERTO.	38. B.	58. ERRADO.	
19. CERTO.	39. D.	59. CERTO.	

Os comentários sobre as questões estão no *Material Complementar* do livro.
Para acessá-lo, veja o passo a passo na orelha desta obra.

CAPÍTULO 13
ADVÉRBIO

Definição

Do ponto de vista semântico, o advérbio é um modificador ou ampliador de sentido de certos vocábulos ou estruturas e, nessa relação, pode indicar algumas circunstâncias (ou valores semânticos), como **afirmação, acréscimo, negação, modo, lugar, tempo, dúvida, intensidade, causa, concessão, conformidade, finalidade, condição, meio, instrumento, assunto, companhia, preço, ordem** etc.

Muitas vezes, porém, o advérbio não exprime circunstância alguma, mas meramente expressa um caráter subjetivo ao enunciado, expressando uma opinião do emissor. Falarei melhor sobre isso mais à frente, em *Valor Discursivo*.

Vale a pena dizer, desde já, que muitos advérbios, pelo contexto, mudam seu valor semântico. Por exemplo, a palavra *bem* é normalmente um advérbio de modo (*Ele fala **bem***), certo? Veja esta frase, então: *"Ele estava **bem** feliz."*. Agora, é um advérbio de intensidade. Ok? Ainda neste capítulo, veremos isso melhor em *Classificação*.

Do ponto de vista morfológico, o advérbio não se flexiona em gênero nem em número, por isso é chamado de palavra invariável. Só varia em grau por meio de derivação. No entanto, o que mais vemos no dia a dia são as pessoas falando e escrevendo:

— *A menina está **meia** chateada.*
— *A filha sempre foi **menas** paciente que a mãe.*
— *Ela está **toda** preocupada.*
— *Os policiais devem se manter **alertas** o tempo todo.*

No penúltimo exemplo ("todo"), certos gramáticos, como Bechara, e dicionaristas, como Aulete, já abonam a variação do advérbio, devido à natureza pronominal deste vocábulo. No último exemplo ("alerta"), Bechara não abona a variação, mas alguns dicionaristas, como Aurélio, e certos gramáticos, como Napoleão Mendes de Almeida, abonam, encarando tal palavra como adjetivo. Temos aí uma polêmica, não é? Cuidado com as provas em geral! Atenção com a banca FUNCAB, pois, em suas últimas provas, ela admitiu a variação dessas palavras. Consulte: FUNCAB – MPE/RO – TÉCNICO EM CONTABILIDADE – 2012; FUNCAB – PRF – AGENTE ADMINISTRATIVO – 2014.

Baseando-nos na visão ortodoxa, que é a que mais tem adeptos, o advérbio está sempre invariável, logo as frases acima deveriam ser construídas assim:

— *A menina está **meio** chateada.*
— *A filha sempre foi **menos** paciente que a mãe.*
— *Ela está **todo** preocupada.*

- *Os policiais devem se manter **alerta** o tempo todo.*

As duas últimas soam estranho, não é? *Deixa quieto...*

Do ponto de vista sintático, tradicionalmente falando, o advérbio se refere a um **verbo**, a um **adjetivo** (ou locução adjetiva), a outro **advérbio** (ou locução adverbial) ou a uma **oração inteira**, exercendo apenas uma função sintática na frase: adjunto adverbial.

- *Sempre <u>acordou</u> **cedo**.* (modifica o verbo)
- *Continuo **bastante** <u>disposto</u>.* (modifica o adjetivo)
- *Arrematou-se num leilão um carro **muito** <u>fora de moda</u>.* (modifica a locução adjetiva)
- *Dormiram **mais** <u>tarde</u>, porque não treinariam amanhã.* (modifica o advérbio)
- *Ninguém esperava que ele surgisse **tão** <u>de repente</u>.* (modifica a locução adverbial)
- ***Semestralmente** <u>fazemos concursos</u>.* (modifica a oração inteira; normalmente os advérbios terminados em **-mente**, <u>iniciando</u> uma oração, incidem sobre toda ela)*

29. (ITA – Vestibular – 2007/2008) Qual dos advérbios terminados em **-mente** incide sobre o conteúdo de toda a frase?
    a) fantasticamente (... aumenta fantasticamente...)
    b) abertamente (... evito aderir abertamente...)
    c) independentemente (... treino os jogadores, traço o esquema de jogo, armo jogadas, mas, independentemente disso, existem forças...)
    d) psicologicamente (... psicologicamente preparado...)
    e) imediatamente (... volte para o campo imediatamente...)

Comentário: O gabarito é C, pois o advérbio se relaciona com *(d)isso*, que se reporta ao conteúdo frasal anterior, a saber: "treino os jogadores, traço o esquema de jogo, armo jogadas". A: Modifica o verbo. B: Modifica o verbo. D: Modifica um adjetivo. E: Modifica o verbo.

> **Duas informações só para quem quer aprofundar-se em advérbio** (se não for seu caso, nem leia!):
> I – Certos gramáticos antigos, como José Marques da Cruz, e alguns modernos, como Maria Helena de Moura Neves, dizem que o advérbio pode modificar outras classes gramaticais, como substantivo, pronome, numeral, conjunção: *<u>Férias</u> **assim** são um sonho de consumo! / Vocês beberam **muito** <u>pouca</u> água. / De todos os alunos, **quase** <u>cem</u> foram aprovados. / **Muito** embora eu pudesse entrar, não o fiz.*
> II – Além de adjunto adverbial, Evanildo Bechara diz que o advérbio pode também exercer função de sujeito ou predicativo do sujeito. Claudio Cezar Henriques diz que ele pode exercer função de predicativo do sujeito, sujeito e, até, objeto indireto: "<u>Ali</u> é bom." (suj.), "A vida é <u>assim.</u> (pred. suj.)", "Gosto <u>daqui.</u> (obj. ind.)".

Tradicionalmente falando, os gramáticos dizem que advérbios que modificam adjetivos ou outros advérbios são sempre de **intensidade**. E é assim que costuma cair em prova!

- *Sou **razoavelmente** <u>discreto</u>.*
- *Continuas **muito** <u>arisca</u>, menina!*

No entanto, estudos modernos dizem que isso não procede:

- *Tenho cabelos **quimicamente** <u>tratados</u>.* (modo)
- ***Não** <u>raramente</u> estudo Português.* (negação)
- *Ainda existem muitas doenças **sexualmente** <u>transmissíveis</u>.* (meio)

Para entendermos bem todas estas definições de advérbio, vamos analisar por último esta frase:

Os amigos das horas certas sempre **ajudam os amigos das horas incertas**.

Note que a palavra *sempre*

1) apresenta uma **circunstância** (valor semântico) de <u>tempo</u>;
2) é **invariável**: não existe sempres ou sempra, por exemplo;
3) funciona como **adjunto adverbial** do verbo <u>ajudar</u>.

Certamente você já ouviu falar em orações subordinadas <u>adverbiais</u>, não é? Então, elas são chamadas assim porque têm valor de advérbio. Há muitas questões de prova sobre orações adverbiais. Veremos isso no capítulo de *Conjunção* e, principalmente, no de *Orações Subordinadas Adverbiais*, beleza?

Identificação e Particularidades

Identificamos que um advérbio é um advérbio basicamente pela sua relação com outros vocábulos, como **verbos, adjetivos** ou **advérbios**, normalmente. Por exemplo, jamais diríamos que o vocábulo *que* é um pronome ou uma conjunção na frase abaixo:

— **Que** *tolo você é por ter acreditado nas palavras de uma pessoa nitidamente volúvel.*

Percebe que o vocábulo *que* está ligado ao adjetivo *tolo*? Aí eu pergunto: Que palavra modifica um adjetivo? Só conheço uma: ad-vér-bio. Logo, esse *que* é um advérbio de intensidade, equivalendo a "quão".

Por exemplo, você diria que nas frases a seguir os vocábulos destacados são **adjetivos**?

— *Por favor, falem* **baixo**!
— *Esta cerveja desceu* **redondo**.
— *Ela o olhou* **sério**.
— *Não transcreva* **errado** *o texto.*
— **Fácil** *se vê que ela não demonstra honestidade alguma.*
— *Dessa vez você cortou* **rente** *o cabelo.*

É claro que não! Afinal, alguns adjetivos podem se tornar **advérbios de modo**, quando modificam verbos. É o que acontece nessas seis frases. Inclusive, podemos usar o sufixo -**mente** depois de alguns desses advérbios (*redondamente, seriamente, erradamente, facilmente*) para facilitar a visão de que se trata realmente de **advérbios**.

O numeral *primeiro* pode se tornar advérbio, segundo alguns gramáticos, como Sacconi:

— *Cheguei* **primeiro**.

Para a nossa alegria, veja uma questãozinha sobre adjetivos adverbializados, ou seja, adjetivos que se tornaram advérbio, por derivação imprópria:

71. (FAB – AFA – Oficial – 2011) No contexto do seguinte trecho, extraído do 7º parágrafo do texto, analise a classe gramatical a que pertencem os termos grifados:

"... para saber quem grita gol mais <u>alto</u> e <u>prolongado</u>."

Assinale a alternativa em que o termo sublinhado pertence àquela mesma classe.

a) "Não suporto mais ver <u>tantas</u> tragédias, crimes, violências..."
b) "Fala-se <u>muito</u>, mesmo com a bola rodando."

c) "Outra discussão <u>chata</u>, durante e após partidas..."

d) "Muitas parecem <u>iguais</u>, mas não são."

Comentário: O gabarito é a B. Note que *alto* e *prolongado* se referem ao verbo *gritar*, logo são <u>advérbios</u> assim como *muito*, que também modifica um verbo. **Não confunda adjetivo com advérbio e vice-versa!**

Sobre Advérbios Terminados em -MENTE

É bom dizer que os advérbios terminados em -**mente** são derivados de adjetivos (normalmente femininos), cujos acentos gráficos "caem" nesse processo, pois as sílabas tônicas mudam de posição com o acréscimo do sufixo. Por isso, não dê uma *garoteada* de escrever assim: "Ela está *econômicamente* bem"!

Outra coisa: nem todos os advérbios terminados em -**mente** são de **modo**, como ensinam alguns professores:

– *Primeiramente*, *pretendo falar de advérbio.* (ordem, sequência, segundo Celso Cunha)
– *Faço provas bimestralmente.* (tempo)
– *Ele provavelmente não retornará.* (dúvida)
– *Tomei uma cerveja estupidamente gelada.* (intensidade)
– *Certamente o Brasil será um país desenvolvido.* (afirmação)

Veja duas questõezinhas sobre isso:

16. (NCE/UFRJ – Arquivo Nacional – Agente Administrativo – 2006) Em todos os advérbios terminados em -**mente**, retirados do texto, vê-se claramente a sua formação a partir da forma feminina do adjetivo, EXCETO em:

    a) **predominantemente; (vem de *predominante*, adjetivo uniforme) (Gabarito!)**
    b) basicamente;
    c) negativamente;
    d) diariamente;
    e) humanamente.

10. (NCE/UFRJ – Pref. Santana – Professor (Educação Básica) – 2007) A frase abaixo em que o advérbio terminado com o sufixo -**mente** NÃO é advérbio de modo, mas sim de **tempo**, é:

    a) Ela chegou rapidamente ao estacionamento;
    b) Os veículos estavam erradamente estacionados;
    c) Os funcionários trabalham conscientemente;
    d) O automóvel funcionava eficientemente;
    e) **Os veículos estavam <u>temporariamente</u> parados. (temporária + mente) (Gabarito!)**

O advérbio *absolutamente* pode ser de intensidade, de afirmação ou de negação, segundo Napoleão M. de Almeida. Estes dois últimos podem ser reforçados pelos advérbios "sim" e "não":

– *Estou absolutamente melancólico hoje.* (intensidade)
– *"Vai à praia hoje?" "Absolutamente (não)! Odeio mar, areia..."* (negação)
– *"Vai à praia hoje?" "Absolutamente (sim)! Amo mar, areia..."* (afirmação)

Aparecendo vários advérbios na frase terminados em **-mente**, prefere-se, por concisão, que só o último receba o sufixo, no entanto, quando se quer dar ênfase à sentença, a repetição do sufixo não gera incorreção gramatical nem mudança do sentido:

– *O Brasil cresceu* **econômica, política** *e* **administrativa**<u>mente</u>.

– *O Brasil cresceu* **economica**<u>mente</u>, **politica**<u>mente</u> *e* **administrativa**<u>mente</u>.

Note que, apesar de os advérbios "econômica" e "política" aparentarem forma feminina (semelhante a adjetivos), não há variação em gênero – o sufixo está implícito. Lembre-se de que o sufixo **-mente** forma advérbios derivados de adjetivos, normalmente femininos. Ok?

> ### 🔍 Observação
> Por via de regra, o advérbio terminado em sufixo "mente" se liga a adjetivo feminino, uniforme ou terminado em "ês": graciosamente (graciosa + mente), favoravelmente (favorável + mente), burguesmente (burguês + mente). Logo, "burguesamente" não existe. Consulte uma questão sobre isso na prova da FGV – SUSAM/AM – AGENTE ADMINISTRATIVO – 2014.

Mais Algumas Particularidades...

Quando, como, onde *e* ***por que*** são, respectivamente, advérbios interrogativos de **tempo, modo, lugar** e **causa**. Os três primeiros são chamados de **advérbios relativos** quando exercem papel de verdadeiros pronomes relativos. Veja isso no capítulo de pronomes relativos.

Podem aparecer nas orações interrogativas diretas ou indiretas:

– ***Quando*** *voltaremos?*

– *Ninguém soube me responder* ***como*** *voltaríamos.* [1]

– ***Aonde*** *você quer chegar com esse discurso polido?* [2]

– *Nunca entendi* ***por que*** *ela se veste assim.*

---

[1] O vocábulo ***como*** pode também ser um advérbio de intensidade em frases exclamativas: ***Como*** *ela é linda!*

[2] A preposição ***a***, exigida pelo verbo *chegar*, se une ao advérbio ***onde*** para formar ***aonde***.

Os gramáticos Faraco & Moura e J. C. Azeredo dizem que há, além da locução adverbial interrogativa de causa (*por que*), a locução adverbial interrogativa de finalidade (***Para que*** ela estuda tanto?). Não satisfeitos, dizem haver também advérbio interrogativo de preço (***Quanto*** custa a blusa?). Penso eu que existam diversas outras construções adverbiais interrogativas, mas minha opinião não interessa numa interposição de recurso de prova. Por isso, explicito em toda *A Gramática* as opiniões dos grandes mestres de renome.

<u>Só de curiosidade</u>: Caso queira conhecer expressões adverbiais (e não adverbiais) latinas, *jogue* este endereço no Google: *www.dicionariodelatim.com.br.*

Classificação dos Advérbios e das Locuções Adverbiais

Os **advérbios** e as **locuções adverbiais** são classificados segundo suas circunstâncias.

Para quem não sabe o que são **locuções adverbiais**, relaxe. É mole. Trata-se do conjunto de duas ou mais palavras com valor de advérbio – normalmente iniciadas por preposição (dê uma olhadinha básica no capítulo de *Preposição*, se for o caso): *às vezes, às duas, de repente, em princípio, por acaso, sem pressa, de modo nenhum, de maneira alguma, de uma vez por todas, aos trancos e barrancos, de quando em quando... algumas vezes, muitas vezes, certa vez, um dia, dentro em pouco, via de regra, dia a dia, pouco a pouco, frente a frente...* (as não iniciadas por preposição são de modo ou tempo). Note que o núcleo da locução pode variar, por ser normalmente formado por um substantivo.

Vejamos agora as circunstâncias abarcadas pelos gramáticos ortodoxos e não ortodoxos. Saiba que há muitas observações e *detalhezinhos* abaixo que vale a pena serem consultados. Peço que fique atento aos advérbios mais "estranhos" ou menos usuais, beleza? **Eles estão sublinhados.**

Ah! Não é para sair decorando, ok? É só para ter uma boa ideia. Cá entre nós, a mais pura verdade é que **só o contexto determinará o valor semântico da maioria dos advérbios. Mais do que isso: só o contexto determinará se eles são, de fato, advérbios**. Depois não diga que não avisei.

Vamos lá!

Antes de mais nada, a NGB apresenta apenas sete circunstâncias adverbiais: **afirmação, negação, modo, tempo, lugar, dúvida e intensidade**. No entanto, todos nós sabemos que existem (algumas) outras circunstâncias, como **causa, concessão, conformidade, finalidade, condição, meio, instrumento, assunto, companhia, preço, quantidade, referência, ordem, medida, peso, matéria, proporção, reciprocidade, substituição, favor, exclusão, inclusão, consequência/conclusão**. Estas circunstâncias são expressas, geralmente, por locuções adverbiais.

Vejamos uma por uma:

Afirmação

Advérbios: *sim, decerto, certo, mesmo, deveras...*

Locuções adverbiais: *com efeito, sem dúvida (alguma), com certeza, na realidade, de fato, por certo...*

Terminados em -*mente*: *certamente, positivamente, fatalmente, indubitavelmente, efetivamente, incontestavelmente, indiscutivelmente, verdadeiramente, realmente, seguramente...*

> **Observação**
>
> A conjunção *e* seguida do advérbio *sim* muitas vezes abre uma correção do que foi dito, em tom claramente opositivo: *A mulher não quer sexo em primeiro lugar, e sim amor.*

Negação

Advérbios: *não, tampouco (= também não;* carrega uma ideia de inclusão + negação*), nem, sequer...*

Locuções adverbiais: *de modo algum, de maneira alguma, de forma alguma, de modo nenhum, por nada, de nada, em hipótese alguma...*

Terminados em -*mente*: *absolutamente.*

CUIDADO!!!

1) Veja esta questãozinha que esclarece a circunstância do vocábulo *sequer*.

02. (Esaf – SUSEP – Agente Executivo – 2006) Assinale a opção <u>incorreta</u> a respeito do emprego das estruturas linguísticas do texto.
   e) O advérbio "sequer" (No seu isolamento, sequer uma atitude estoica de convívio com a dor lhe é permitida) assume no texto a função de negar a ação verbal da oração, função que os vocábulos **nem** ou **nem sequer** poderiam também assumir.

Comentário: Esta afirmação foi considerada correta, por isso a letra E não é o gabarito. Coloquei esta questão para mostrar a você que *sequer* é não só um advérbio, como é de negação, pois assume a função de <u>negar</u> a ação verbal (é permitida).

2) O vocábulo **não** é superinteressante! Vejamos algumas particularidades dele:
   – Sempre vem antes do verbo; quando isso não ocorre, a linguagem é popular: *Não vou. Não quero. Não posso. Minha mulher não deixa. / Vou,* **não**. *Quero,* **não**. *Posso,* **não**. *Minha mulher não deixa,* **não**. (Esta dupla negação é própria do coloquialismo)
   – Tem seu sentido esvaziado, servindo apenas como realce de uma oração normalmente exclamativa ou interrogativa. Isto é, a presença ou ausência do *não* numa frase não nega seu conteúdo: *Quantas vezes eu* **não** *te avisei que estudasse? (= Quantas vezes eu te avisei que estudasse?) / Perdi as contas de quantos homens ela já* **não** *fez sofrer! (= Perdi as contas de quantos homens ela já fez sofrer!).*

3) O advérbio **nem**, além de negar, pode exprimir uma ideia de adição; quando indica adição, equivalendo a "e não", muda de classe gramatical, tornando-se uma conjunção aditiva: *É incrível que ele* **nem** *(= não) tenha feito a prova* **nem** *(= e que não) tenha estudado.*

4) O advérbio de lugar *lá* pode indicar um tom de realce e de negação ao mesmo tempo: *Eu sei* **lá** *se ela vai voltar aqui.*

Modo

Advérbios: *assim, bem, mal, tal, como, depressa, devagar, adrede* (de propósito, intencionalmente), *debalde* (inutilmente, em vão), *outrossim* (*do mesmo modo, igualmente*; dá ideia de acréscimo ou inclusão, equivalendo a "também"), *melhor, pior, alerta, máxime* (especialmente, principalmente)...

Locuções adverbiais: *com acinte, de propósito, à toa* (também pode ser locução adjetiva), *à vontade, ao contrário, com amor, de cor, em vão, gota a gota, por acaso, alto e bom som, grosso modo, a torto e a direito, aos trancos e barrancos, a olhos vistos, a esmo, à francesa, pouco a pouco, a pé, a cavalo...* (há uma infinidade delas)

Terminados em -mente: *talqualmente*, deliberadamente, bondosamente, generosamente, cuidadosamente, paulatinamente, gradualmente, igualmente, especialmente* e muitos outros terminados em -mente...

* Segundo o dicionário Aulete, *talqualmente* pode ser uma conjunção conformativa. Recentemente a Esaf (sempre ela) formulou uma questão com tal palavra: SRF – AUDITOR-FISCAL DA RECEITA FEDERAL – 2012 – QUESTÃO 47.

CUIDADO!!!

1) Em certas frases, o advérbio de modo *mal* carrega uma ideia de quase negação consigo: *Ele mal consegue andar depois do esforço.*
2) O advérbio *assim*, além de indicar modo, pode indicar conclusão, equivalendo a "portanto", "por isso", "desse modo"...; nesse caso, modernamente, ele é visto como conjunção conclusiva. Estude mais no capítulo 15, de conjunção. Falarei sobre ele ainda neste capítulo em *Valor Discursivo*.
3) Veja esta questãozinha maliciosa:

15. (NCE/UFRJ – Eletrobras – Bacharel em Letras – 2002) "Os organismos geneticamente modificados..."; o item abaixo em que o advérbio sublinhado tem idêntico desempenho sintático ao da frase acima é:
    a) O Brasil pretende produzir rapidamente soja transgênica;
    b) Vários governos condenam veementemente os transgênicos;
    c) Atualmente são muitas as pesquisas sobre transgênicos;
    d) Os transgênicos são muito bem aceitos em vários países;
    e) O Brasil deve pesquisar muito para usar os transgênicos.

Comentário: Deu uma vontade grande de marcar a letra A, não foi? Você deve ter pensado assim: "Bem... algo *geneticamente* modificado é o modo como algo foi modificado... então... bate com o advérbio *rapidamente* (= *de modo rápido*)". Cuidado com os enunciados, meu nobre! Observe de novo: "... o advérbio sublinhado tem *idêntico desempenho sintático*...", isto é, o cara quer saber qual advérbio está relacionado a um adjetivo, assim como *geneticamente* está ligado à forma adjetiva *modificados*. A questão não era sobre a semântica do advérbio, mas sobre a sintaxe. A única opção correta, portanto, é a D, pois *bem* está relacionado à forma adjetiva *aceitos*. Todos os demais advérbios se referem aos verbos: *produzir rapidamente, condenam veementemente, atualmente* (refere-se à oração inteira), *pesquisar muito*.

4) Agora veja uma questão *old style* da Esaf sobre o fato de locuções adverbiais poderem virar advérbios terminados em **-mente**. Essa correlação de construções é comum entre locuções adjetivas e adjetivos (*de graça > grátis*), lembra? O mesmo se dá entre locuções adverbiais em advérbios em **-mente** (*com delicadeza > delicadamente*).

8. (Esaf – MRE – Assistente de Chancelaria – 2004) Relacione as ações (1), (2), (3) e (4) com o advérbio semanticamente adequado, conforme mostra o modelo, e assinale, a seguir, a sequência correta.
   Modelo: Falar **com orgulho e insolência.** / Falar **arrogantemente.**
   (1) Exprimir-se com muitas palavras, com palavras em excesso. ( ) sutilmente
   (2) Agir como criança. ( ) puerilmente
   (3) Insinuar com perspicácia e delicadeza. ( ) prolixamente
   (4) Eliminar sem se render a logros. ( ) inexoravelmente
   A sequência correta é:
   a) 4 3 2 1;
   b) 1 2 3 4;
   c) 3 4 1 2;
   d) 4 2 1 3;
   e) **3 2 1 4 (gabarito).**

Tempo

Advérbios: *afinal, agora, amanhã, amiúde* (frequentemente), *antes, ontem, cedo, depois, enfim, entrementes* (enquanto isso), *hoje, jamais, nunca, sempre, outrora* (em tempos passados), *tarde, já, mais, doravante* (de agora em diante), *logo, embora, quando, anteontem, breve, então...*

Locuções adverbiais: *ao vivo, à noite, à tarde, de dia, de manhã, pela madrugada, em breve, de tempos em tempos, de vez em quando, um dia, certa vez, esta semana, no entretanto...*

Terminados em -mente: *atualmente, constantemente, imediatamente, provisoriamente, sucessivamente, eventualmente, concomitantemente, esporadicamente, oportunamente, terminantemente* (= *de vez*), *normalmente/geralmente* (frequência)*, temporariamente, provisoriamente, transitoriamente, semestralmente, bimestralmente, semanalmente, finalmente...*

 CUIDADO!!!

1) Sacconi informa que *já* pode substituir *mais*, ambos advérbios de tempo, em frases negativas: *Não estudo **mais** há tempos.* / ***Já** não estudo há tempos.* Diz também que na língua cotidiana (registro coloquial) se veem os dois na mesma frase: ***Já** não estudo **mais** há tempos.* Corroborando isso, veja esta questão: Cespe/UnB – IPEA – Técnico de Desenvolvimento e Administração – 2008

   No segmento "já não seja mais", verifica-se redundância no **emprego** concomitante dos advérbios *já* e *mais*, o que permitiria a supressão de qualquer um deles, sem prejuízo para a correção gramatical do trecho.
   (X) CERTO   (   ) ERRADO

   Comentário: Perfeita a afirmação da banca, certíssima.

   Se eu fosse você, consultaria o que diz o dicionário Aulete ou o Houaiss sobre o advérbio *já*. Ele cai muito em prova. Aos 45 do segundo tempo, vale dizer que *já* pode indicar contraposição, equivalendo a "por outro lado": *Ele estuda muito. Já ela não estuda nada.*

2) **Polêmica!** *Jamais* e *nunca* são considerados por alguns gramáticos (como Júlio Ribeiro, Maximino Maciel, Eduardo Carlos Pereira, Maria Helena de Moura Neves, Faraco & Moura e Samira Youssef Campedelli) como, além de advérbios de tempo, **advérbios de negação**; alguns, como Faraco & Moura, indicam o acúmulo desses dois valores semânticos no mesmo advérbio. Isso já caiu em prova, falando nisso:

   24. (Vunesp – Câmara Municipal de Guarulhos – Taquígrafo – 2002) Assinale a alternativa em que o advérbio grifado expressa ideia de negação.
       a) Quando vem aqui, ele sempre nos visita.
       b) Ele sempre agiu diferentemente dos outros empregados.
       c) **Eu acredito que jamais ele nos daria apoio. (Gabarito!)**
       d) Casualmente encontramos a lei que você queria.
       e) Ele talvez tenha mudado de opinião.

   Veja agora um exemplo melhor ainda:

   7. (MH Consultoria – Pref. Gararu – Auxiliar de Enfermagem Ambulatorial – 2011) Assinale a alternativa que contém uma frase em que o advérbio expressa simultaneamente ideias de tempo e negação.
       a) Falei ontem com os embaixadores.
       b) Não me pergunte as razões da minha atitude.
       c) Eles sempre chegam atrasados.
       d) **Jamais acreditei que você viesse. (Gabarito!)**
       e) Agora seremos felizes.

3) *Afinal, enfim* e *finalmente* são advérbios (também chamados de operadores argumentativos) que indicam tempo, mas inegavelmente apresentam um matiz de conclusão, pois normalmente são usados para um desfecho de uma ideia. Posso provar com duas questõezinhas? Lá vão:

12. (Vunesp – Sptrans – Agente de Informação – 2007) Leia o texto.

Finalmente, a Lei de Uso e Ocupação do Solo privilegia uma ocupação mais horizontal da cidade, o que aumenta a necessidade de investimento por parte do poder público na construção de uma infraestrutura que atenda satisfatoriamente a toda a região metropolitana.

Os advérbios *Finalmente, mais e satisfatoriamente* expressam, respectivamente, ideia de:
a) finalidade, modo, intensidade;
b) **tempo, intensidade, modo; (Gabarito!)**
c) finalidade, lugar, modo;
d) tempo, proporção, tempo;
e) consequência, intensidade, tempo.

5. (Cesgranrio – Petrobras – Cargos de Nível Superior – 2010) Em "afinal, sou humano..." (l. 14), o elemento destacado é um operador argumentativo de:
a) condição;
b) consequência;
c) **conclusão; (Gabarito!)**
d) conformidade;
e) concessão.

Lugar

Advérbios: *aqui, cá, ali, aí, lá, acolá, abaixo, acima, adentro, adiante, avante, afora, além, aquém, algures* (em algum lugar), *alhures* (em outro lugar), *nenhures* (em nenhum lugar), *atrás, fora, dentro, embaixo, longe, perto, detrás, defronte...*

Locuções Adverbiais: *em domicílio* (com verbos ou nomes estáticos), *a domicílio* (com verbos ou nomes dinâmicos), *de longe, de perto, por detrás, por perto, à direita, à esquerda, ao lado, de dentro, à distância, entre a cruz e a espada...*

Terminados em -mente: *externamente, internamente, interiormente, proximamente, lateralmente...*

 CUIDADO!!!

1) A ideia de lugar corresponde à pergunta com o advérbio interrogativo **onde**: "Essas promessas vêm **de onde**?" "Vêm **de Deus**." / "Você não consegue tirá-la **de onde**?" "Eu não consigo tirá-la **do meu pensamento**." No último caso, percebe-se claramente a ideia de lugar **virtual ou figurado**.

2) Apesar de haver inúmeras referências no registro culto da língua sobre o uso do acento grave na locução adverbial "à distância", como atestam os gramáticos Cegalla, Celso Cunha, Lindley Cintra, Gama Kury, Hildebrando André e os dicionaristas Aulete, Houaiss e Aurélio, o acento indicativo de crase na locução adverbial "à distância" é proibido, ficando, assim: "a distância". Em *Crase*, abordo melhormente o tema.

3) Dos advérbios pronominais, *aqui, cá,* (relacionados à 1ª pessoa do discurso) *aí,* (relacionado à 2ª pessoa do discurso), *ali, lá, acolá* (relacionados à 3ª pessoa do discurso), **aqui** e **aí** podem indicar tempo também. Veja duas questões que exploraram isso:

11. (FUMARC – UEMG – Auxiliar Administrativo – 2002) Assinale a alternativa em que o termo destacado é usado como um marcador de tempo:
    d) "Daí que o futuro da sociedade [...] será definido pelas escolhas que fizermos daqui para a frente."

Capítulo 13 • Advérbio **407**

Comentário: Perceba que *daqui* marca um espaço (ou um ponto) dentro da linha do <u>tempo</u>, equivalendo a "<u>deste momento</u>... para o futuro".

6. (NCE/UFRJ – IPJB – Assistente Administrativo – 2002) O item em que o valor do elemento sublinhado NÃO é indicado de forma correta é:
   a) "Elas acumulam essas forças; <u>daí</u> as duas propriedades..." – lugar;

Comentário: O gabarito é a letra A, logo o advérbio *daí*, que normalmente indicaria lugar, nesse caso indica tempo: *daí = a partir desse momento* (tempo).

Dúvida

Advérbios: *acaso, porventura, talvez, quiçá...*
Locuções adverbiais: *por ventura, por acaso (Celso Cunha coloca 'por acaso' entre as de modo)...*
Terminados em -mente: *possivelmente, provavelmente, supostamente...*

> **Observação**
>
> Não custa dizer que o advérbio ***talvez*** exige o verbo no subjuntivo quando vem anteposto. Veja uma questão sobre isso, do CESPE/UNB – TRT (6R) – ANALISTA JUDICIÁRIO – 2002:
>
> O advérbio "Talvez" (v.15) admite que a forma verbal "Consinta" (v.16) seja alterada <u>**para**</u> **Consente**, no modo indicativo.
>
> ( ) CERTO   (X) **ERRADO (Gabarito!)**
>
> Quando vem posposto, usa-se o indicativo, indicando uma dúvida branda: *<u>Parto</u> hoje talvez.*
>
> No entanto, segundo os gramáticos Pasquale Cipro Neto e Maria Helena de Moura Neves, e os dicionários Aurélio e Houaiss, o uso de *talvez* seguido de verbo no modo **indicativo** é possível, mesmo anteposto. Passo a palavra ao gramático Pasquale:
>
> "Para encerrar, vejamos o que fez Machado neste passo de "Memórias Póstumas" (do capítulo 11, "O Menino é Pai do Homem"): "Cresci; e nisso é que a família não interveio; cresci naturalmente, como crescem as magnólias e os gatos. Talvez os gatos são menos matreiros, e, com certeza, as magnólias são menos inquietas do que eu era na minha infância". Percebeu? Machado empregou o indicativo em 'talvez os gatos são', o que confirma o que o (con)texto prenuncia: quem cresce sem a intervenção da família e como crescem as magnólias e os gatos é mesmo mais matreiro que os bichanos. É isso."

Intensidade

Advérbios: *assaz, bastante, demais, mais, meio, todo, menos, nada, muito, tão, tanto, quanto, quão, quase, algo, pouco, sobremodo, sobremaneira, que, como...*
Locuções adverbiais: *de todo, de muito, de pouco, em excesso, por completo...*
Terminados em -mente: *demasiadamente, completamente, totalmente, extremamente, altamente, obviamente, absolutamente* (a maioria dos advérbios modificadores de outros advérbios e adjetivos são de intensidade).

CUIDADO!!!

1) **Não confunda advérbio de intensidade com pronome indefinido**.

13. (FJPF – CONAB – Técnico Administrativo – 2006) A alternativa em que a palavra **muito** está sintaticamente empregada como em "parece **muito** mais fácil que o físico" é a seguinte:
    a) Muitos dos que se dizem cidadãos não respeitam sequer as leis do trânsito.
    b) Há muito ainda por realizar no Brasil.
    c) **É muito importante este aspecto da questão. (Gabarito!)**
    d) Ao evento compareceram muitos congressistas.
    e) Muita saúva e pouca saúde os males do Brasil são.

Comentário: Note que o enunciado pede o emprego sintático do advérbio *muito*, que, além de ser **invariável**, tem função de adjunto adverbial, modificando o adjetivo fácil. A única opção correta é a C, pois *muito*, como um adjunto adverbial, modifica também um adjetivo (*importante*). a) Pronome indefinido. b) Há muito (= muita coisa/pronome indefinido) ainda por realizar no Brasil. d) Pronome indefinido. e) Pronome indefinido. Cuidado para não confundir. Veja a importância de identificar o advérbio a despeito de outras classes gramaticais, como o pronome indefinido!

2) Cuidado com os vocábulos *meio, mais, muito, pouco, bastante, nada, que* e outros que podem pertencer a outras classes gramaticais. Recomendo que estude este assunto no capítulo de *Pronomes Indefinidos* deste livro. Por exemplo, quando se diz "*Ele não correu nada*, o **nada** é um advérbio de intensidade, pois modifica o verbo. Já na frase "*Nada lhe dei*, trata-se de um pronome indefinido, pois é complemento direto do verbo *dar*, e não modificador do verbo. Veja agora a pluralidade de classificação do vocábulo *mais*, só para sentir a pressão:

Substantivo: O *mais* é um vocábulo interessante.

Pronome indefinido: Hoje eu ganhei *mais* presentes.

Advérbio de intensidade: Fale *mais*. / Sou *mais* inteligente que ele. / Chegue *mais* cedo.

Advérbio de tempo: Eu não volto *mais* aqui.

Conjunção aditiva (coloquial): João *mais* Maria foram ao bosque.

Causa

— *De tanto amor aos homens*, Jesus deu sua vida.
— *Ele estuda **por necessidade***.
— *O homem suava **com aquele calor carioca***.
— ***Graças ao sotaque nordestino***, pude reconhecê-lo.

> **Observação**
> Algumas locuções adverbiais causais são iniciadas pelas locuções prepositivas "em decorrência de" e "em consequência de": *Dados do Ministério da Saúde indicam que 54 mil brasileiros morreram em 2010 **em decorrência do diabetes***.

Concessão

- *Ele sempre chega,* **apesar do trânsito**.
- **A despeito dos problemas**, *tivemos êxito.*
- **Não obstante seu hercúleo esforço**, *o fim foi trágico.*
- **Mesmo moribundo**, *teve seu último desejo realizado.*

> Observação
> Note que a **concessão** expressa um fato em oposição a outro sem anulá-lo.

Conformidade

- **Segundo a moda atual**, *devemos nos vestir livremente.*
- *Faça tudo* **conforme os regulamentos**.
- **Consoante a dica do professor**, *devemos decorar apenas a matéria da prova.*
- **Em conformidade com o dito**, *nada mais tenho a acrescentar.*

Finalidade

- *Ele viajou* **a negócios**.
- *Só estudo* **por uma boa nota**.
- **Para a alegria da nação rubro-negra**, *o camisa dez decidiu ficar.*
- *Esta menina só estuda* **a fim do primeiro lugar**.

Condição

- **Na dúvida**, *não ultrapasse.*
- **Sem educação**, *não há progresso.*
- *Só entrará* **com autorização**. *(Bechara)*

Meio

- *Já viajei muito* **de trem** *quando eu trabalhava em Nova Iguaçu.*
- **Por meio da pesquisa**, *novos resultados foram alcançados.*
- *Prefiro ir* **de ônibus** *a pegar avião.*
- **Com o sangue de Jesus**, *os cristãos têm acesso ao reino dos céus.*

> Observação
> Às vezes a classificação de uma locução adverbial é tão polêmica que gera inúmeras análises. Veja o último exemplo de novo: poderíamos interpretar como **causa** ou **condição**, concorda?

CUIDADO!!!

Veja uma questão sobre esta circunstância adverbial.

1. (NCE/UFRJ – IPJB – Biólogo – 2002) A expressão sublinhada no segmento "Os americanos, através do radar...", indica:
   a) lugar;
   b) instrumento;
   c) **meio; (Gabarito!)**
   d) causa;
   e) condição.

Comentário: As locuções prepositivas que iniciam as locuções adverbiais de *meio* são, normalmente, "por meio de" e "através de", as quais são encaradas como sinônimas, modernamente, apesar de a segunda denotar a ideia de "atravessar". Num sentido conotativo (a ideia de conotação vem perdendo a força no registro culto contemporâneo), "através de" nunca introduz uma estrutura que expressa o valor semântico de **instrumento**. Por isso você não deveria marcar a letra B.

Instrumento

- *Cortei o pão* **com a faca**.
- *Escrevi quinhentas páginas* **a caneta**.
- *Machucou-se* **com o martelo**.
- *Fomos expulsos* **a pedrada**.

Observação

A diferença entre *meio* e *instrumento* é muito sutil. Pelas minhas pesquisas, percebi que há um padrão nos exemplos dados sobre o valor semântico "instrumento". Todos os exemplos sugerem o uso de um objeto ou algo concreto para a realização de um fim. No caso do advérbio de *meio*, houve alguns exemplos tênues. No entanto, percebi duas asserções sobre *meio*: quando não se trata de meio de transporte, trata-se de um processo cujo recurso utilizado permite que se vá de um ponto a outro, num espaço-tempo real ou figurado. Sobre o uso ou não do acento grave em locuções adverbiais de meio ou instrumento, falarei no capítulo de *Crase*.

Assunto

- *Ele só fala* **sobre política**.
- **A respeito dos problemas educacionais do país**, *nada tendo a dizer*.
- *Todos os brasileiros se arvoram na posição máxima de falar* **de futebol**.
- *Nada disse* **acerca de seus planos**.

Companhia

- *Passeei à noite* **com minha namorada** *pelo parque*.
- *O Presidente terá de viajar* **sem seus ministros**.
- **Com ou sem você**, *preciso prosseguir em minha jornada*.

Preço

– Só vendo minha honra **por novecentos octilhões de dólares**.
– Meu carro não custou **caro**.
– Paguei **barato** por aquele relógio.
– Aqui você compra três **por um real**.

> **Observação**
>
> Com verbo de ligação, *barato* e *caro* são adjetivos: *Os carros estão baratos, mas as motos estão caras.*

Quantidade

– Meu time nunca perdeu **por três a zero**.
– Foi reduzida **a quatro por cento** a taxa sobre o valor dos prédios.
– O salário deve aumentar **entre dois e cinco reais**.
– Foram desafiados **triplamente** pelos americanos, mas não cederam.

Referência

– **Comigo** as broncas são sempre intensas.
– **Com sua esposa**, aconteceu tudo diferente?
– Nunca fui bom aluno **em Matemática**.
– **Quanto a meu projeto**, vai indo muito bem.

Ordem

– Meu aluno se classificou **em segundo lugar**.
– **Primeiro**, queremos dizer a todos que vamos viajar.
– **Em terceiro lugar**, o esporte é igualmente importante para a socialização.
– **Por último**, só tenho a desejar o melhor a todos vocês.

Medida

– O homem mede **dois metros**.
– Nossa empresa cava poços **até vinte metros**.
– O atleta percorreu **dez quilômetros**.
– Aqui você come **por quilo**.

Peso

– O homem pesa **cem quilos**.
– A criança pesa **cerca de vinte quilos**.
– Sobrecarregamos **em trinta quilos** o elevador.
– Um avião comercial, que deve pesar **em torno de uma tonelada**, voa com facilidade.

Matéria

- *Uma espécie de vinho foi feito **com maçã**.*
- *Fabricamos **com plástico** esses copos.*
- *Esta mesa é feita **de mármore**.*
- *Casas litorâneas vêm sendo construídas, por incrível que pareça, **de bambus**.*

Veja uma questão sobre isso.

9. (FGV – Senado Federal – Administração – 2012) ***É questionável ainda a ideia de embalar comida <u>com comida</u>. (l. 31-32)***

Assinale a alternativa em que o termo sublinhado tenha classificação idêntica à do adjunto adverbial sublinhado no período acima.

a) Saíram mais cedo **<u>com os amigos</u>**.
b) Encheram a garrafa **<u>com funil</u>**.
c) Fizeram os ovos **<u>com manteiga</u>**.
d) Massageou os pés **<u>com maciez</u>**.
e) Construíram o muro **<u>com pedras</u>**.

<u>Gabarito</u>: E. O contexto de onde foi retirado o fragmento diz que sacolas de plástico estavam sendo substituídas por sacolas *feitas de milho*, o que poderia gerar paradoxalmente problemas na indústria alimentícia, em prol da sustentabilidade. Por isso se disse que "era questionável ainda a ideia de embalar comida <u>com comida</u>". Ou seja, o milho (comida) servia de *matéria* para a feitura das sacolas. A única opção que também apresenta um **adjunto adverbial de matéria** é a E: *Construíram o muro <u>com pedras</u>*. Isto é, utilizaram-se pedras como matéria para a feitura do muro. A: Companhia. B: Meio. C: Modo. D: Modo.

Proporção

- *A novela está **para o Brasil** assim como o cinema está **para os Estados Unidos**.*

Reciprocidade

- *Elas sempre discutiam **entre si**.*

Substituição

- *Tive de assinar o recibo **pelo chefe**, porque ele não estava presente.*
- *João compareceu à solenidade **em lugar de Maria**.*
- *Abandonou suas convicções **por privilégios**.*
- *Não compre gato **por lebre**.*

Favor

- ***Por obséquio**, saia daqui!*
- *Agora o advogado vai falar **pelo réu**.*
- *Sempre trabalhamos **em favor do povo**.*
- *Acordo cedo todos os dias **em prol do meu ideal**.*

Exclusão

- Todos os alunos saíram para o intervalo, **exceto Mário**.
- Dedica-se **exclusivamente** à música.
- **Afora essa questão**, concordamos em tudo.
- **Só** responderemos a uma pergunta.

 CUIDADO!!!

1) São advérbios de exclusão *só, apenas, somente* e *unicamente* quando modificam verbos, adjetivos, outros advérbios ou orações. Outras locuções adverbiais de exclusão podem ser iniciadas pelas preposições acidentais ou locuções prepositivas: *menos, salvo, fora, exclusive, à exceção de, com exceção de*. Cuidado com o vocábulo *só*, pois pode ser adjetivo quando equivale a *"sozinho"*: *Estou muito só nesta casa.*

2) Atenção! Agora observe estas frases e as explicações de Mário Perini sobre as implicações da mudança de posição do advérbio de exclusão (caso [2]) ou palavra denotativa, em [1, 3 e 4]*.

   [1] **Somente** *a professora passou a palavra ao visitante.*

   [2] A professora **somente** *passou a palavra ao visitante.*

   [3] A professora passou **somente** *a palavra ao visitante.*

   [4] A professora passou a palavra **somente** *ao visitante.*

Diz o gramático: "Essas quatro frases não significam a mesma coisa; as diferenças têm a ver com a porção da frase que *somente* modifica. [1] significa que a professora, e ninguém mais, passou a palavra ao visitante. [2] significa que a professora passou a palavra ao visitante, mas não fez nada mais. [3] significa que ela passou apenas a palavra, e nada mais, ao visitante. E [4] significa que ela passou a palavra ao visitante e a ninguém mais. (...) considerando as quatro frases acima, podemos dizer que *somente* vale para o constituinte que o segue *imediatamente*".

* Falarei de **palavras denotativas** mais à frente. Saiba de antemão que elas só podem ser consideradas advérbios se modificarem verbos, adjetivos, outros advérbios ou orações.

Inclusão

- *Tu, que és pai, és amigo* **também**.
- *Preencha todos os seus dados,* **inclusive** *telefone.*
- *Ela não gosta de estudar,* **de mais a mais** *não é afeita ao trabalho.*

> **Observação**
> Outros advérbios e locuções adverbiais de inclusão: *ademais, mesmo, além disso, além do mais.*

Veja uma questão sobre isso.

6. (IESES – TJ – Técnico Judiciário – 2009) Assinale alternativa INCORRETA.

b) A palavra mesmo (Mas, mesmo quando aparecem supervírus, a fatalidade deles tem sido relativamente baixa) é advérbio e equivale a *até*.

O gabarito é outro, logo a afirmação contida em b) é verdadeira, isto é, *mesmo* (= *até*), indicando *inclusão*, é considerado pela banca como advérbio, e não palavra denotativa, pois modifica a oração "quando aparecem supervírus". Por essa banca, isso é uma prova do fim da polêmica que cerca as **palavras denotativas** e os **advérbios**. Na minha opinião, nenhuma banca deveria expor quaisquer polêmicas, mas minha opinião vale tanto quanto a sua, meu comum leitor.

Só de curiosidade, veja a palavra *mesmo* e seus quatro valores semânticos e morfológicos:

1) Concessão: Mesmo chovendo, viajamos. (preposição acidental)

2) Afirmação: A natureza está mesmo doente. (advérbio)

3) Inclusão: Mesmo quem não comprou o convite, poderá ir à festa. (advérbio)

4) Precisão/Realce: Ela me beijou neste lugar mesmo. (palavra denotativa)

5) Inclusão: Mesmo ela me traiu. (palavra denotativa) / Mesmo de noite, ele sai para pescar. (advérbio)

Reitero: Saiba que as palavras denotativas só podem ser classificadas como advérbios, se modificarem verbos, adjetivos, outros advérbios ou orações.

Consequência/Conclusão

– *O consumo aumentou e, **consequentemente/conseguintemente**, a produção e as vendas subiram.*

> **Observação**
>
> Conheça algumas locuções adverbiais elencadas por Othon Moacyr Garcia que atuam como conectivos indicando conclusão: *dessa forma, dessa maneira, desse modo.* Certos advérbios arcaicos, que podem funcionar como conectivos, têm valor conclusivo, como *dessarte* e *destarte.*

Sempre que encontrar um advérbio que gere dificuldade de compreensão, consulte um bom dicionário. Fica a dica.

Palavras e Locuções Denotativas

Apesar de se parecerem com advérbios, é tradição gramatical, desde José Oiticica, tomar as **palavras denotativas** como diferentes dos **advérbios**. No entanto, há uma divergência absurda entre os gramáticos sobre onde "encaixar" (entre os advérbios ou entre as palavras denotativas?) tais palavras que já veremos abaixo. Ah, importante: desde já, saiba que essas palavras e locuções denotativas nunca exercem função sintática de nada.

Capítulo 13 • Advérbio **415**

> **Observação**
>
> De uma coisa não podemos discordar: tradicionalmente, o advérbio modifica o verbo, o adjetivo, outro advérbio ou uma oração inteira, logo não se pode considerar sensato encarar sempre a palavra *só*, por exemplo, como advérbio. Entenda:
>
> – *Só ele explicou a matéria.* (Note que *só* modifica *ele*, logo não pode ser advérbio, mas sim uma palavra denotativa)
>
> – *Ele só explicou a matéria.* (Note que *só* modifica o verbo, logo tem de ser um advérbio.)

Abro aqui um adendo para dar voz ao mestre Bechara: "A Nomenclatura Gramatical Brasileira (NGB) põe os denotadores de inclusão, exclusão, situação, retificação, designação, realce etc. à parte, sem nome especial". Ampliando o assunto, Celso Cunha, baseando-se em José Oiticica, diz que tais palavras não se encaixam em nenhuma classe gramatical, por isso os vocábulos abaixo são chamados de **palavras denotativas**, o que explica o "à parte" usado por Bechara.

Os estudos modernos e algumas bancas de provas que vêm acompanhando tais estudos trabalham esse assunto do ponto de vista discursivo, ou seja, quando usamos palavras denotativas em nosso texto, em nosso discurso, isso tem um propósito. Sendo assim, muitas perguntas "camufladas" de interpretação de texto são, na verdade, sobre palavras denotativas e seus valores argumentativos. Por exemplo, quando dizemos "A menina **que** jogou água no garoto, pai!", a **palavra denotativa expletiva** (ou de realce) *que* tem o papel argumentativo de realçar o termo anterior. Se disséssemos "A menina jogou água no garoto", o sentido não mudaria, mas a ênfase dada à menina na frase com a palavra de realce *que* se perderia.

Conheça as palavras e locuções denotativas, enfim. Há sete tipos: designação, exclusão, inclusão, explicação, realce, retificação e situação.

- **Designação**: serve para apresentar um ser ou um fato de modo repentino, inesperado ou entusiástico: *eis*.
  Ex.: *Eis-me aqui, envia-me!*

- **Exclusão**: exclui-se uma ideia, realçando outra: *apenas, salvo, só, somente, exceto, exclusive, afora, senão, menos, sequer, nem mesmo...*
  Ex.: *Tudo tem limite, exceto o meu amor por você.*

> **Observação**
>
> A maioria dos gramáticos consideram *salvo, exceto, exclusive, afora, senão* e *menos* como preposições acidentais, quando introduzem locuções adverbiais: "*Salvo aquela canção*, todo o repertório do DVD ao vivo chamou a atenção do grande público".

- **Inclusão**: dá uma ideia de adição, introduzindo no discurso o julgamento do enunciador: *até, inclusive, mesmo, também, ademais...*
  Ex.: *Até o chefe da seção notou minha inquietude.*

> **Observação**
>
> **1:** Para que classifiquemos um vocábulo ou para que entendamos o seu sentido, você já sabe que tudo depende do contexto, certo? Por exemplo, o *até* do exemplo anterior

difere, quanto ao sentido, deste: "*O chefe da seção notou até minha inquietude*". Perceba que o sentido não é definitivamente o mesmo. No exemplo fora desta "obs.", o sentido é que mais de uma pessoa notou a inquietude. Nesta frase, com o *até* deslocado, o chefe notou, além de outros sentimentos, a inquietude.

2: Não confunda *até*, palavra denotativa de inclusão (ou advérbio de inclusão, dependendo do contexto), com preposição. Veremos isso melhor no capítulo de *Preposição*. Veja uma questão sobre isso: FCC – BACEN – PROCURADOR – 2006 – QUESTÃO 8.

- **Explicação**: apresenta um esclarecimento para que não haja dúvidas: *isto é, ou melhor, por exemplo, a saber, ou seja, qual(is) seja(m)...*

   Ex.:   *Este é um fato comum, a saber: todo professor é humano.*

- **Realce** (expletiva): serve para realçar/enfatizar determinados seres ou ideias: *cá, lá, é que, que, ora, sobretudo...*

   Ex.:   *Eu é que sou mais eu. / Veja lá o que vai fazer!*

Observação

   Alguns advérbios podem vir acompanhados da palavra denotativa de realce *que*. Como o próprio nome sugere, tal partícula serve para tão somente enfatizar o termo ou a expressão adverbial: ***Certamente que ela*** *vai passar. /* ***Com certeza que*** *ela vai passar. /* ***Decerto que*** *ela vai passar. /* ***Provavelmente que*** *ela vai passar. /* ***Talvez que*** *com esforço ela vá passar em primeiro lugar. /* ***Quase que*** *ela não passa.* E, como toda boa palavra expletiva, o *que* pode ser retirado da frase sem prejuízo sintático ou semântico.

   Sobre o vocábulo *ainda*, note que a banca Esaf não o considerou uma partícula expletiva, mas sim um advérbio, pois indica tempo (= até este momento, até agora).

2. (Esaf – MRE – Assistente de Chancelaria – 2004) Assinale a afirmativa errada a respeito do texto a seguir:

   A administração pública brasileira é ainda um monstro disforme, em que convivem setores modernos, utilizando tecnologias avançadas e desenvolvendo a cultura de um Estado não executor, e setores montados sobre paradigmas antigos, desenvolvendo trabalhos desnecessários ou redundantes.

   c)   O advérbio "ainda" é, no contexto em que se encontra, partícula expletiva, podendo ser eliminado do trecho sem que se altere o sentido original. **(Gabarito!)**

- **Retificação**: expressa normalmente correção para introduzir determinado argumento inclusivo: *aliás, ou melhor, ou antes, isto é, digo, perdão...*

   Ex.:   *Faça silêncio, ou melhor, fale mais baixo.*

Capítulo 13 • Advérbio **417**

A palavra *aliás* é bem interessante, pois introduz argumentos. Veja o que diz o Aulete sobre ela:

adv.

1 Ou melhor; quer dizer; digo. (Os pecados capitais são oito; aliás, sete)

2 A propósito; na verdade. ("... nunca mais ousei repetir essas experiências, aliás inúteis") (Mário de Sá Carneiro, A confissão de Lúcio)

3 De outra forma. (Ganhou na loteria; aliás, não teria enriquecido sem esse pequeno detalhe) [Us. tanto para retificar ou averiguar uma informação, como para confirmá-la ou aperfeiçoá-la.]

4 Além do mais. (Casou tarde; aliás, com uma mulher muito mais nova)

5 No entretanto, não obstante, contudo. (Escrever poemas para ele é simples; aliás deve-se lembrar que começou há pouco)

Veja uma questão bacana (UFSJ – PROGP – TÉCNICO LABORATORIAL – 2009):

Fragmento de texto

"(...) Além das intervenções em saúde, segundo Waleska Caiaffa, professora da Faculdade de Medicina da UFMG e uma das coordenadoras do Observatório de Saúde Urbana de Belo Horizonte (Osubh), há que se pensar em intervenções urbanas não necessariamente relacionadas à saúde, mas que exercem sobre ela impacto positivo.

A busca de soluções para que as populações usufruam de mais qualidade de vida na cidade, aliás, é uma das premissas do trabalho desenvolvido pelo Observatório. (...)".

7. A palavra "aliás", presente no terceiro parágrafo, pode ser analisada como:

a) um elemento de coesão ligando duas orações de sentidos opostos;

b) **um elemento de valor argumentativo que valoriza o trabalho do Osubh; (Gabarito!)**

c) uma circunstância para que sejam buscadas soluções para o usufruto da qualidade de vida;

d) uma interjeição que traz o sentimento da autora com relação à importância da qualidade de vida.

• **Situação**: usada normalmente na linguagem oral para abrir, normalmente, uma inter-rogação, iniciar um discurso: *afinal, agora, então*, mas...*

Ex.: *Afinal, o que querem? / Agora, trabalhar, que é bom, ninguém quer. / Então... acho que hoje não conseguiremos sair, amorzinho. / Mas ela não é aquela garotinha da foto?*

* Houve uma questão (32) do vestibular do ITA (2011/2012) que apresentava na letra E esse "então", próprio da linguagem informal. Confira depois!

Variação em Grau

O advérbio é intensificado (grau) por outro advérbio ou por um afixo. São dois tipos: o comparativo e o superlativo.

O **comparativo** pode ser de:

• Igualdade: *Aquela menina escreve tão **depressa** quanto/como eu.*

• Superioridade: *Aquela menina escreve mais **depressa** (do) que eu.*

• Inferioridade: *Aquela menina escreve menos **depressa** (do) que eu.*

> **Observação**
> Os advérbios *bem* e *mal*, no grau comparativo de superioridade, ficam *melhor* e *pior*. Aquela menina escreve **melhor/pior** do que eu.

O grau **superlativo** pode ser apenas absoluto (sintético ou analítico):
- Sintético (uso de sufixo -**íssimo** ou -**issimamente**):
  Ex.:   Ele estava **muitíssimo** bêbado. / Ele acordou **apressadissimamente**.
- Analítico (uso de advérbio de intensidade modificando outro advérbio, sem sufixo):
  Ex.:   Eu corri <u>muito</u> bem naquela prova. / Ela corre <u>bem</u> mal.

> **CUIDADO!!!**
>
> 1) Os advérbios *bem* e *mal*, no grau superlativo absoluto sintético, viram *ótimo* e *péssimo*: Eu corri **ótimo/otimamente** naquela prova. / Ela corre **péssimo/pessimamente**.
>
> 2) Existe também o **grau superlativo intensivo**, que expressa os limites da possibilidade, cuja estrutura fixa é: *o mais/o menos* ou *o melhor/o pior* + *advérbio* + expressão de possibilidade.
>   – Chegaremos **o mais rapidamente possível** (ou *o mais rapidamente que pudermos*).
>
> 3) Antes de particípios ou adjetivos, *mais bem* (ou *melhor*) e *mais mal* (ou *pior*) são formas que podem ser usadas, de acordo com Bechara, Cegalla, Sousa e Silva, Celso P. Luft, Maria H. M. Neves, Vasco Botelho de Amaral, João Ribeiro, etc.: Esta casa é **mais bem/melhor mobiliada** que a outra. / Estes alunos são **mais mal/pior educados** que aqueles.
>
> No entanto, a vastíssima maioria dos gramáticos e das bancas repudiam a visão, dizendo que a forma culta é tão somente esta: "só se usa *mais bem* ou *mais mal* antes de particípios ou adjetivos": Esta casa é **mais bem mobiliada** que a outra. / Estes alunos são **mais mal educados** que aqueles.
>
> Note como essas bancas trataram do assunto em suas questões – privilegiando a forma analítica (*mais bem/mais mal*): CESPE/UNB – TRE/PA – ANALISTA JUDICIÁRIO – 2005 – QUESTÃO 6 C) / FCC – MPU – ANALISTA DE SAÚDE – 2007 – QUESTÃO 5 E) / CESPE/UNB – TCU – TÉCNICO DE CONTROLE EXTERNO – 2009 QUESTÃO 2 / FCC – TRE/RS – ANALISTA JUDICIÁRIO – 2010 – QUESTÃO 15 E). / ESAF – CGU – TÉCNICO DE FINANÇAS E CONTROLE – 2008 – QUESTÃO 4 (Gabarito preliminar: A. Gabarito oficial: Anulada, pois poderia ser a opção E, segundo os gramáticos supracitados).
>
> 4) Se não forem seguidos de particípio ou adjetivo, usa-se *melhor* ou *pior* apenas: Ninguém me conhece **melhor** que minha mãe. / "Ninguém me conhece **mais bem** que minha mãe." (**Inadequadíssimo!**)

Formas Estilísticas de Grau dos Advérbios

Existem certas formas criativas, próprias do coloquialismo, que fazem a gradação (grau) dos advérbios. Veja:
- A repetição da forma adverbial gera a forma superlativa.
  Ex.:   Volto **já, já**. / Chegaremos **logo, logo**.

Capítulo 13 • Advérbio **419**

- O prefixo (*super* e outros) ou o sufixo (aumentativo ou diminutivo) fazem a forma superlativa.
  Ex.: *Ele fez* **super-rápido** *a prova.* / *Ele fez* **rapidão/rapidinho** *a prova.* / *Já está* **de manhãzinha**; *preciso trabalhar.*

- Expressões metafóricas.
  Ex.: *Esta garota fala* **pelos cotovelos**. / *Anderson Silva luta* **pra cara#@$%**!

Valor Discursivo (Linguística Textual)

O advérbio tem muitas funções discursivas, ou textuais. Vejamos:

Valores Anafórico, Catafórico ou Dêitico

Um termo de valor anafórico é aquele que faz referência a algo anterior dentro do texto; já o catafórico é aquele que faz referência a algo posterior dentro do texto; por fim, o dêitico é aquele que faz referência a algo fora do texto.

Alguns advérbios de lugar:

Alguns advérbios de lugar	
Aí *deve estar fazendo calor, mas* **aqui** *está um frio de doer*	valor dêitico
Tanto no Rio como em São Paulo há tráfico de drogas. Enquanto **aqui** *as UPPs vêm melhorando o cenário carioca,* **lá** *há outras intervenções.*	valor anafórico
Apenas **lá** *é o lugar onde eu quero viver o fim da vida: Campos do Jordão.*	valor catafórico
Alguns advérbios de tempo	
Ontem, *muito sol;* **hoje**, *só chuva;* **amanhã** *será o quê?*	valor dêitico
Reinaldo chegou às duas da manhã bêbado. Foi acordar às duas da tarde do dia seguinte; só **aí/então** *se deu conta que tinha de ligar para sua mãe.*	valor anafórico
Advérbio de modo: assim	
As mulheres sempre foram **assim**: *leais e vingativas.*	valor catafórico
As meninas levavam os salgados, os rapazes levavam as bebidas e era **assim** *que a gente fazia as festinhas.*	valor anafórico

Percebemos com esses exemplos que os advérbios têm um papel coesivo muito importante dentro da construção do texto.

Advérbios e Construção de Sentido

Além do uso das palavras denotativas e de alguns advérbios, que podem mudar de sentido com a mudança de posição, fique de olho em dois: os advérbios *já* e *ainda*. Dentro de um contexto, podem mudar de sentido. Veja o que diz o Aulete sobre eles:

Já

adv.
1   Neste momento, agora. (*Já estamos a meio caminho de lá*)
2   Em algum momento ou período no passado; anteriormente, antes. (*Já li muito suspense./ Encontrei a panela já aberta*)

3   Imediatamente, agora mesmo. *(Desligue já essa televisão!)*
4   Logo, dentro em pouco. *(Diga que já o atendo)*
5   Mais. *(Ele foi tão grosseiro, que ela já não queria vê-lo)*
6   Em parte, até. *(Se ele aceitar o cargo, já é um progresso)*
7   De antemão, com antecedência. *(Como terei visitas à noite, já deixei a casa arrumada)*
8   Mas, entretanto. *(Ele malha muito, já ela não gosta nem um pouco)*

> Sobre a 8, consulte: FUNRIO – PRF – POLICIAL RODOVIÁRIO FEDERAL – 2009 – QUESTÃO 12.

De já hoje
1   Há muito, há muito tempo; desde muito.
2   Hoje; ainda hoje.

Desde já
1   A partir de agora, deste momento em diante; doravante.
2   Já neste momento (e antecipadamente em relação a algo). *(Agradeço desde já qualquer ajuda que possam conceder)*

Já, já
1   Logo, imediatamente, sem demora.

Já que
1   Us. antes de se mencionar a causa de algo, aquilo que é motivo para se fazer ou querer alguma coisa, ou a razão para se pensar de determinado modo. *(Já que todos estão de acordo, podemos encerrar o debate)*

Ainda
adv.
1   Até este momento; até agora. *(A conferência ainda não começou. / Ainda hoje uso aquele colar)*
2   Até certo tempo no passado já mencionado; até então; até aquele momento. *(Quando voltei do exterior, eles ainda não tinham se casado)*
3   Até certo tempo (antes mencionado) no futuro. *(Quando você voltar, ainda estarei no início de minha viagem)*
4   Em algum momento no futuro. *(Ela ainda chegará)*
5   Realça a exiguidade de tempo decorrido. *(Ainda há cinco minutos falávamos de você)*
6   Ao menos. *(Está sempre atrasado; se ainda fosse eficiente...)*
7   Também; além disso; inclusive. *(Ele canta e ainda dança)*
8   Mais; além disso. *(Muito aplaudido ao final do show, cantou ainda uma canção)*
9   Exatamente, precisamente. *(Saiu ainda agora)*
10   Mesmo assim; não obstante. *(Ele já te devia um dinheirão e você ainda lhe emprestou mais!)*
11   Por fim; afinal. *(Depois de tantos anos, restou-lhe ainda uma lembrança)*
12   Expressa reforço, aumento, incremento. *(Nosso medo ficou ainda maior)*
13   Expressa continuidade de algo (mesmo em condições adversas). *("Sorris da minha dor, mas eu te quero ainda")*

Ainda agora (intensifica o tempo)

1   Agorinha.

Ainda assim

1   Apesar disso. *(Não é minha atribuição; ainda assim, pretendo colaborar)*

Ainda bem (que)

1   Felizmente.

Ainda por cima

1   Além de tudo isso; para culminar.

Ainda que

1   Mesmo que: *"Liberdade, ainda que tardia." (lema da Conjuração Mineira: "Libertas quae sera tamen")*

2   Apesar de que; embora. *(Vou respeitar a decisão, ainda que não concorde)*

Advérbios Modalizadores

Por força da tradição gramatical, os advérbios modalizadores são chamados de advérbios de afirmação, dúvida, modo ou intensidade. No entanto, estudos linguísticos avançados informam que muitos advérbios, em geral terminados em **-mente**, vão além dessas meras ideias, para exprimir determinados matizes de sentido dentro do discurso. E isso vem caindo em prova de concurso. Por isso, atenção!

Alguns advérbios são chamados de **modalizadores**, pois, basicamente, exprimem estado emocional ou ponto de vista: ***Infelizmente**, todos morreram. / **Lamentavelmente** a seleção brasileira de futebol não ganhará a Copa de 2014.*

O fato é que todo discurso está repleto de intencionalidades. O estudo dos modalizadores terminados em **-mente** é apenas uma pequena parte de todo um estudo do que se convencionou chamar "análise do discurso", matéria vista em Faculdades de Letras. Como estamos no capítulo de advérbios, trate de aprender sobre a modalização do discurso por meio dos advérbios.

Segundo os estudos de Castilho & Castilho, Maria Helena de Moura Neves e Christiana Lourenço Leal, vejamos as classes de advérbios modalizadores – modalidade epistêmica, deôntica, persuasiva e afetiva/atitudinal (os julgamentos de valor):

Classes de advérbios modalizadores		
1) Modalização epistêmica:	Expressa uma avaliação sobre o valor de verdade do que se diz. Compreende três subclasses:	
	Advérbios asseverativos: normalmente conhecidos como advérbios de afirmação pela gramática tradicional, indicam que o falante considera verdadeiro o conteúdo do que se diz, numa afirmação ou numa negação.	*realmente, evidentemente, naturalmente, efetivamente, fatalmente, certamente, absolutamente*, claro, certo, lógico, sem dúvida, mesmo, indubitavelmente* etc.; *de jeito nenhum, de forma alguma, de modo algum, absolutamente** etc.

Classes de advérbios modalizadores	
1) Modalização epistêmica:	Expressa uma avaliação sobre o valor de verdade do que se diz. Compreende três subclasses:

	Advérbios quase asseverativos: normalmente conhecidos como advérbios de dúvida, pela gramática tradicional, indicam que o falante considera quase certo (relativiza) o conteúdo do que se diz; muitas vezes a intenção é "camuflar" um ponto de vista, abrandando o verdadeiro intento do enunciador	*talvez, assim, possivelmente, provavelmente, (não) propriamente, eventualmente, supostamente* etc.
	Advérbios delimitadores: normalmente conhecidos como advérbios de modo, estabelecem os limites dos quais se deve encarar o conteúdo do que se diz.	*quase, geograficamente, biologicamente, basicamente, humanamente, linguisticamente, praticamente, principalmente, sobretudo* etc. Quando se referem a uma ciência ou a um ser são parafraseáveis por "*do ponto de vista* + adjetivo": *do ponto de vista geográfico/biológico/humano*. Neste último caso, constitui estratégia do autor para orientar o interlocutor no processo de leitura do que será dito.
2) Modalização deôntica	Normalmente conhecidos como advérbios de modo pela gramática tradicional, indicam que o falante considera obrigatório ou necessário o conteúdo do que diz	*obrigatoriamente, necessariamente, indispensavelmente, forçosamente* etc.
3) Modalização persuasiva	Normalmente conhecidos como advérbios de intensidade pela gramática tradicional, realçam algo que já é de conhecimento geral de modo a convencer o interlocutor da veracidade do que está sendo dito	*completamente, totalmente, extremamente, altamente, obviamente, absolutamente* etc.
4) Modalização afetiva	Normalmente conhecidos como advérbios de modo pela gramática tradicional, expressam tão somente a opinião emotiva do falante em face do que ele diz	*felizmente, infelizmente, curiosamente, surpreendentemente, espantosamente, agradavelmente, sinceramente, francamente, lamentavelmente, estranhamente, principalmente/sobretudo* (indica uma hierarquia subjetiva de valores: "Tudo isso graças, **principalmente**, aos nossos políticos demagogos.").

Capítulo 13 • Advérbio **423**

Existem alguns advérbios, chamados de **focalizadores**, que ainda não foram sistematicamente contemplados pela gramática tradicional. Não obstante, eles existem e servem para focalizar, realçar uma expressão dentro da frase: *especialmente, especificamente, propriamente, principalmente, exatamente, justamente, unicamente, meramente, sobretudo* etc.

 CUIDADO!!!

1) **Os modalizadores afetivos são os que eu mais vi cair em prova de concurso**. Os demais são vistos como advérbios de afirmação (asseverativo), dúvida (quase asseverativo), modo (delimitador e deôntico) e intensidade (persuasivo).

2) Veja três questões sobre modalização!

21. (FAB – EEAR – Sargento – 2002) A maioria dos advérbios terminados em *-mente* são classificados como advérbios de modo. Quando aplicados ao texto, pode-se descobrir mais da relação que estabelecem com os termos da oração. Desse modo, relacione a coluna A com a coluna B, de acordo com o que se pede.

A
I. advérbio caracterizando finalidade descritiva
II. advérbio caracterizando juízo de valor
III. advérbio caracterizando avaliação de quem fala
IV. advérbio caracterizando um critério

B
(   ) Lamentavelmente, não teremos como concluir os preparativos da festa no prazo previsto.
(   ) "A noite obscenamente acesa/Sobre meu país dividido em classes." (Ferreira Gullar)
(   ) Em primeiro lugar observemos o avô. Igualmente, lancemos um olhar para a avó.
(   ) Sofregamente, o homem vertia na boca a água que lhe escorria pelo pescoço, pelo corpo, como a matar também a sede da alma.

A sequência correta será:

a) IV – II – III – I;
b) III – I – II – IV;
c) II – IV – I – III;
d) III – II – IV – I.

Comentário: A letra D é o gabarito. Segundo Pasquale Cipro Neto, "a caracterização dos advérbios pode ter finalidade descritiva, procurando representar objetivamente os dados da realidade. Quando se diz, por exemplo, que todos estavam 'dormindo profundamente', descreve-se a maneira intensa como todos dormiam. A caracterização adverbial pode, no entanto, indicar a subjetividade de quem analisa um evento: o advérbio deixa de ter papel descritivo e passa a traduzir sentimentos e julgamentos de valor de quem escreve ou fala". Há finalidade descritiva em "Em primeiro lugar observemos o avô. Igualmente, lancemos um olhar para a avó" e "Sofregamente, o homem vertia na boca a água que lhe escorria pelo pescoço, pelo corpo, como a matar também a sede da alma". Há tradução de sentimentos e julgamentos de valor de quem escreve ou fala em "Lamentavelmente, não teremos como concluir os preparativos da festa no prazo previsto" e "A noite obscenamente acesa/Sobre meu país dividido em classes" (Ferreira Gullar).

3. (UERJ – 1º Exame de Qualificação – Vestibular – 2004) "Já se sentiu vítima de algum tipo de marginalização e/ou discriminação dentro de sua universidade?" "Infelizmente, devo dizer que sim."

O advérbio **infelizmente**, na resposta do entrevistado, exprime um ponto de vista ou julgamento a respeito dos fatos relatados. A alternativa cujo elemento sublinhado desempenha essa mesma função é:

(a) "Já se sentiu vítima de algum tipo de marginalização (...)?"
(b) "que pertencem ao mesmo partido político etc. e que se apoiam mutuamente."
(c) "Mas, verdade seja dita, trata-se de uma hostilidade."
(d) "e continua apoiando as reformas que instituí em minha gestão."

Comentário: O gabarito é a letra C, pois assim como *infelizmente* expressa uma emoção ou ponto de vista sobre um fato, a expressão *verdade seja dita* representa o ponto de vista do enunciador com relação à discriminação (= hostilidade). As demais não expressam nenhuma opinião ou sentimento.

28. (NCE/UFRJ – Eletronorte – Assistente Administrativo – 2006) De todos os advérbios em -*mente* abaixo sublinhados, o que apresenta valor semântico distinto dos demais é:

a) "**extremamente** promissoras"; (Gabarito!)
b) "eticamente inaceitável";
c) "igualmente descartada";
d) 'o saldo final é, modestamente, bem positivo";
e) "levar os parlamentares a recuar rapidamente".

Comentário: Além de já ter sido falado que nem todo advérbio modificador de adjetivo é de intensidade, note mais detalhes nessa questão: A: Intensidade. B: Modo (pela visão tradicional da gramática normativa) / modalizador epistêmico (delimitador). C: Modo. D: Modo (pela visão tradicional da gramática normativa) / modalizador afetivo. E: Modo. Pelo menos a banca foi contra a visão tradicional de que advérbio ligado a adjetivo é só de intensidade.

 O Que Cai Mais na Prova?

Apesar de não ser recorrente em prova, como pronome, verbo e conjunção, tudo pode cair sobre advérbio. Portanto, o *bizu* é estudar *tudão* – preocupe-se mais atentamente com a **identificação, seus valores circunstanciais e discursivos**, ok? Ah! As bancas de grande expressão não tratam muito de advérbio e, quando o fazem, é dentro de concordância nominal. Fique atento!

Concurseiro(a), quer uma dica de irmão? Guarde no seu coração o que vai ler agora: NUNCA DEIXE DE FAZER SEU PRÓPRIO RESUMO DE CADA CAPÍTULO. Esse processo cognitivo é **extremamente** *valioso. Eu poderia ser legalzinho e fofinho pondo um quadro-resumo do que vimos no capítulo, mas, se fizesse isso, estaria sabotando você, impedindo-o(a) de ter esse trabalho de internalização imprescindível do conteúdo.* **Por favor, não pule essa etapa!!!** *Mesmo que seu resumo fique gigantesco (não vá escrever outra gramática... rsrs), nunca deixe de fazê-lo, para o seu próprio bem! Seu cérebro agradece e, quando passar no concurso, sua conta no banco também. Vá fundo na missão!* ☺

Capítulo 13 • Advérbio **425**

Questões de Concursos

1. (Funiversa – APEX – Analista Sênior – 2006) "A **tão** difícil arte de amar bonito" / "Talvez seja **tão** simples, tolo e natural". A respeito das palavras destacadas, assinale a alternativa correta.
    a) As duas são advérbios e modificam adjetivo.
    b) As duas são advérbios e modificam verbo.
    c) As duas são advérbios e modificam outro advérbio.
    d) As duas são adjetivos.
    e) As duas são pronomes de intensidade.

2. (FGV – SERC/MS – Fiscal de Rendas – 2006) *"Tal como está organizada, a sociedade gira em torno do mercado, de acordo com um sistema que alguns chamam de 'economia de mercado', e outros, de 'capitalismo'".*
    A palavra **Tal** classifica-se como:
    a) adjetivo;
    c) conjunção;
    e) pronome relativo.
    b) advérbio;
    d) pronome demonstrativo;

3. (MP-RJ – Técnico Administrativo – 2007) Fragmento de texto:
    "Para muita gente, esta é a semana mais difícil do ano. Você volta das férias, tenta se adaptar de novo à rotina e já pressente as surpresas que vai ter ao receber a conta do cartão de crédito. Quando se dá conta, é mais uma vítima da depressão pós-viagem. Eu só conheço uma maneira de sair dessa: começar a pensar já na próxima. Não, não é cedo demais. (...)".
    "Não, não é cedo demais". O uso duplo da palavra negativa nesse trecho tem a finalidade de:
    a) responder de modo peremptório a uma pergunta anteriormente expressa;
    b) contradizer um argumento levantado pelo próprio autor;
    c) reforçar o tom de diálogo com o leitor, já introduzido no texto;
    d) negar uma opinião contrária expressa na frase anterior;
    e) chamar a atenção do leitor para o caráter ambíguo do que é dito.

4. (MP-RJ – Técnico Administrativo – 2007) Fragmento de texto:
    "(...) Ao contornar a ilha principal em busca do Ninhal das Fragatas, nosso ponto de ancoragem, demos de cara com a exuberância da fauna, uma espécie de "Galápagos" do litoral paulista. (...)".
    No segundo parágrafo, o autor emprega a expressão "demos de cara", forma popular que transmite a ideia de que a ação descrita ocorreu:
    a) subitamente;
    b) furtivamente;
    c) favoravelmente;
    d) efemeramente;
    e) mormente.

5. (MP/RJ – Técnico Superior Administrativo – 2007) "Dos três irmãos, dois fazem parte de um grupo cada vez mais comum na família brasileira contemporânea."
    Assinale a única opção em que a palavra "mais" está empregada com o mesmo valor gramatical da frase acima:
    a) Eu espero por você o tempo que for; nós vamos estar juntos mais uma vez.
    b) Não tenho mais dinheiro, atraso o aluguel, não compro alimento.
    c) Estou tão cansado, mas não pra dizer que não acredito mais em você.
    d) Espero que aquela jura não tenha ido para mais ninguém.
    e) E quando o inverno tristonho chegar, mais amor eu vou ter pra lhe dar.

6. (FGV – Senado Federal – Analista de Informática Legislativa – 2008) Fragmentos de texto
    *"A crise do sistema financeiro internacional, que ameaça lançar o mundo numa **profunda** recessão, revela a importância do papel do governo no funcionamento da economia em diferentes dimensões, sobretudo na promoção de uma **melhor** operação dos mercados, da estabilidade e do crescimento econômico. Entretanto, após algumas décadas de excessivo crescimento dos gastos governamentais e da crise financeira que se abateu sobre inúmeros governos... (...) Em primeiro lugar, não estão em xeque as inegáveis e insubstituíveis virtudes que os mercados possuem quando funcionam de maneira mais **livre**, sem interferências externas, na alocação dos recursos. (...) Certamente essas frases devem nos deixar **algo** perplexos...".*
    Assinale a alternativa em que a palavra indicada, no texto, se classifique como advérbio.
    a) livre.
    b) profunda.
    c) melhor.
    d) algo.
    e) após.

426 A Gramática para Concursos Públicos • Fernando Pestana

7. (FCC – MRE – Oficial de Chancelaria – 2009) (Adaptada) A afirmação abaixo está correta ou incorreta?
   – O enunciado "aquilo que o texto nos diz já não constitui o objeto preferido de nossa atenção" contém pressuposto introduzido pelo advérbio *já*.

8. (FCC – MRE – Oficial de Chancelaria – 2009) Fragmentos de texto:
   "*(...) A fascinação de sua pessoa e 'oeuvre' **só** deixou a alternativa... (...) Nenhuma das intuições desse pensador inesgotável apresentava-se como mera intuição. O sujeito, a quem pessoalmente cabiam todas as experiências fundantes que a filosofia oficial contemporânea apenas discute de modo formal, parecia ao mesmo tempo não ter nenhuma participação nelas, **mesmo porque** a sua maneira, sobretudo a arte da formulação instantânea – definitiva –, também se despojou do que, no sentido tradicional – é espontâneo e esfuziante (...)*".
   Considerado o contexto, qual afirmação abaixo está correta?
   I.   O emprego de *só* traz implícita uma ideia de exclusão.
   II. O advérbio **mesmo**, em **mesmo porque**, introduz retificação acerca do afirmado anteriormente.

9. (Ieses – TJ – Analista Judiciário – 2009) Assinale a alternativa INCORRETA, em relação ao vocábulo mesmo / mesma.
   a) A norma culta da língua rejeita o mencionado vocábulo na substituição de pronomes pessoais, como em *O grupo formado por índios, portugueses e africanos influenciou a culinária maranhense e somos agradecidos ao mesmo.*
   b) Em *As cerâmicas maranhenses chegam mesmo a ser vendidas no exterior* o vocábulo é advérbio e equivale a *até*.
   c) Em *um aluno sem a mesma base precoce* o vocábulo acompanha o substantivo; é adjetivo e equivale a *idêntica*.
   d) Está correta a frase: *O Bumba Meu Boi é manifestação folclórica diferente das demais do país; a mesma é mais espetacular.*

10. (Cespe/UnB – Detran/DF – Auxiliar de Trânsito – 2009) Fragmentos de texto:
    "*... **nos dias de folia carnavalesca, onde a ingestão de bebidas alcoólicas se eleva...***"
    "*... **solicito... a presença... na praça do DI, reduto dos foliões mais intempestivos, onde se verificam muitas ocorrências...***"
    Considerando-se as duas ocorrências do advérbio 'onde', primeiro e terceiro parágrafos do documento, apenas na primeira se respeitam as normas do padrão escrito formal da língua portuguesa para o emprego desse advérbio.
    ( ) CERTO   ( ) ERRADO

11. (Cespe/UnB – Detran/DF – Analista de Trânsito – 2009) "*(...) **Aproveito o ensejo para manifestar-lhe também, outrossim, a intenção de retomar...***".
    No segundo parágrafo, o advérbio "outrossim", frequente em expedientes oficiais, está empregado de forma redundante por estar antecedido do advérbio "também".
    ( ) CERTO   ( ) ERRADO

12. (Cespe/UnB – Inmetro – Todos os Cargos – 2009) Fragmento de texto:
    "*Consultado por um discípulo sobre as forças dominantes dos destinos dos homens, o grande sábio Pitágoras respondeu: 'Os números governam o mundo!'. Realmente. O pensamento mais simples não pode ser formulado sem nele se envolver, sob múltiplos aspectos, o conceito fundamental do número. (...)*".

    Por meio do advérbio "Realmente", o autor do texto exprime concordância com o enunciado de Pitágoras citado no primeiro parágrafo.
    ( ) CERTO   ( ) ERRADO

13. (Cespe/UnB – Antaq – Técnico em Regulação – 2009) Fragmento de texto:
    "*Quando as caravelas atracaram nas límpidas águas e areias do litoral brasileiro, que em pequena distância parecia infinito, algo impressionou ainda mais aqueles inegáveis exploradores: uma enorme **muralha verde** parecia proteger aquelas terras. **Densas árvores, rica fauna**... Algo jamais visto, algo jamais imaginado. Aos poucos, os portugueses perceberam que **ali** estava a **verdadeira riqueza daquela terra** recém-conquistada. (...)*".
    O advérbio "ali" situa na "muralha verde", constituída de "Densas árvores" e de "rica fauna", a "verdadeira riqueza daquela terra".
    ( ) CERTO   ( ) ERRADO

14. (FCC – DPE/SP – Agente de Defensoria – 2010) (Adaptada) Fragmento de texto:
    "***Até umas três gerações atrás, boa parte da sustentação emocional e material das pessoas vinha dos familiares. Hoje convivemos muito mais com amigos e desconhecidos...***".

Capítulo 13 • Advérbio **427**

A afirmação abaixo está correta ou incorreta?

– O emprego da preposição *Até* indica um limite de tempo, que se opõe à afirmativa introduzida pelo advérbio *Hoje*.

15. (Funiversa – MTUR – Agente Administrativo – 2010) O termo "mais", usado em "O *mais* renegado dos sete pecados capitais e uma emoção inerente à condição humana, por mais difícil que seja confessá-la", tem o mesmo valor semântico e morfológico na frase.

a) Não aguentava mais tanto barulho.

b) E que tudo o mais vá pro inferno!

c) Cinco mais dois são sete.

d) Sem mais nem menos, ela sumiu.

e) Com a chegada do irmão, ela ficou mais nervosa.

16. (Funiversa – Seplag-DF – Analista (ADM.) – 2010) (Adaptada) Fragmentos de texto:

"(...)

– Enfermeiro, eu preciso voltar urgente para o meu escritório, porque tenho um meeting importantíssimo. Aliás, acho que fui trazida para cá por engano, porque meu convênio médico é classe A, e isto aqui está me parecendo mais um pronto-socorro. Onde é que nós estamos?

(...)

... dali a uma semana, ela iria receber o bônus anual, além de estar fortemente cotada para assumir a posição de presidente do conselho de administração da empresa. E foi aí que o interlocutor sugeriu:

– Talvez seja melhor você conversar com Pedro, o síndico.

– É? E como é que eu marco uma audiência? Ele tem secretária?

– Não, não. Basta estalar os dedos, e ele aparece.

– Assim (...)?

– Pois não?

(...)

Logo, com seu brilhante currículo tecnocrático, a executiva poderia rapidamente assumir uma posição hierárquica, por assim dizer, celestial ali na organização...".

As afirmações abaixo estão corretas ou incorretas?

I.   O advérbio indica lugar em todas as seguintes passagens: "fui trazida para cá"; "e isto aqui está me parecendo"; "E foi aí que o interlocutor sugeriu"; "ali na organização".

II. O "não" (Pois não?) é um advérbio com valor semântico de negação, assim como o **não** repetido (Não, não...).

17. (Funiversa – Seplag-DF – Analista (ADM.) – 2010) (Adaptada) A afirmação abaixo está correta ou incorreta?

– O advérbio na construção "reagiu rapidinho" foi usado de acordo com a norma padrão da língua portuguesa, com flexão de diminutivo.

Texto para as questões 18 e 19:

Era uma menina morena que chorava muito, ainda com o cordão umbilical, embrulhada em uma sacola de papel.

18. (Funiversa – Sejus/DFT – Ciências Contábeis – 2010) (Adaptada) A afirmação abaixo está correta ou incorreta?

– A substituição de "ainda" por **ainda que** modifica o sentido da frase em que se insere, porque, no original, o vocábulo "ainda" tem valor de tempo e, na reescrita, passa a estabelecer uma relação de oposição, de concessão.

19. (Funiversa – Sejus/DFT – Ciências Contábeis – 2010) A palavra "ainda" em "A entidade também relata as condições das prisões já divulgadas por meio dos mutirões do CNJ e o crescente número de prisões de pessoas acusadas de delitos menores e inocentes. É considerado grave **ainda** o fato de as detenções gerarem facções criminosas" está empregada com o mesmo sentido na frase:

a) Estou preocupado com Jairo: ele **ainda** não voltou.

b) Você **ainda** vai ser feliz, tenho certeza.

c) Ninguém acreditou, mas o pássaro **ainda** voava até aquela hora.

d) A jovem recebeu acusações injustas e, **ainda**, foi impedida de se explicar.

e) Não tinha muito tempo; **ainda** assim foi visitar a mãe doente.

428 A Gramática para Concursos Públicos • Fernando Pestana

20. (Cesgranrio – Petrobras – Administrador Júnior – 2010) O termo destacado expressa uma circunstância de causa em:
    a) "entretanto, **pelas inseguranças, medos e raivas,**"
    b) "...que impactam **pelo resto da vida,**"
    c) "**No direito e na medicina** isso é mais complexo,"
    d) "pode ser perfeitamente aplicável **daqui a um tempo**."
    e) "...e, **com absoluta certeza,**"

21. (Fundep – Pref. Nova Lima – Assistente Social – 2010) "Não ficamos nas preposições, <u>fomos igualmente aos advérbios</u>". Assinale a alternativa em **que** se flexionou indevidamente, segundo o texto, um advérbio:
    a) "[...] a língua é viva e muda o tempo todo." / [...] a língua é viva e muda toda hora;
    b) "[...] a qualquer pretexto [...]" / [...] sob quaisquer pretextos;
    c) "Afinal, bastante gente fala assim." / Afinal, bastantes pessoas falam assim;
    d) "[...] o fato está todo escancarado para qualquer um ver." / [...] a coisa está toda escancarada para qualquer um ver.

22. (AOCP – Pref. Camaçari – Procurado Municipal – 2010) Em "<u>Além disso</u>, foram eliminados órgãos equivalentes às diretorias regionais de ensino", a expressão destacada:
    a) introduz uma explicação;
    b) reitera um argumento citado;
    c) aponta para uma conclusão;
    d) adiciona um argumento;
    e) aponta para uma causa.

23. (Vunesp – Fundação Casa – Agente Administrativo – 2010) Em – No Brasil, *talvez* mais que em outros países,... – o advérbio em destaque expressa sentido de:
    a) causa;
    b) afirmação;
    c) negação;
    d) modo;
    e) dúvida.

24. (Fadesp – Sespa/PA – Médico – 2010) Fragmentos de texto:
    "*(...) Nem todas as palavras representam 'coisas' do mundo exterior à linguagem: palavras puramente gramaticais como preposições, conjunções e artigos são o cimento que une os tijolos da comunicação, como substantivos, adjetivos, verbos e advérbios. Estes são chamados de palavras lexicais, cheias ou exteroceptivas porque nos remetem ao 'mundo', a vivências físicas ou mentais que abstraímos e guardamos na mente sob a forma de conceitos. Já as palavras gramaticais são chamadas de vazias ou interoceptivas porque não representam conceitos, só exercem funções na própria língua, como conectar ou substituir palavras cheias. (...) Trata-se de constatar que não podemos conhecer o mundo em que vivemos sem a mediação dos signos. Alguns filósofos chegaram mesmo a supor que a própria realidade é uma ilusão criada pela linguagem e, **portanto**, o conhecimento em si é simplesmente impossível. Aliás, as únicas formas de conhecimento a priori, que independem da experiência, são a lógica e a matemática, justamente dois exemplos de linguagem formal. Ou seja, podemos lidar com a linguagem sem a realidade, mas não podemos lidar com a realidade sem a linguagem*".
    Quanto às relações coesivas, é **incorreto** afirmar que o(a):
    a) conjunção "portanto" sinaliza uma conclusão;
    b) expressão "ou seja" retifica a informação anterior;
    c) advérbio "aliás" introduz um elemento importante ao raciocínio do autor;
    d) vocábulo "já" introduz, na explanação do autor, um elemento novo que se opõe ao anterior.

25. (FEC – MPA – Agente Administrativo – 2010) O advérbio em *-mente* que traduz uma atitude ou estado psicológico do autor diante do fato por ele enunciado encontra-se na alternativa:
    a) Atualmente, tenho ido pescar na região de Ubatuba, em São Paulo.
    b) Seguramente, tiveram tempo para embarcar ao menos duas ou três dezenas de peixes.
    c) Felizmente, sabemos que a enchova é uma espécie que não corre risco de extinção.
    d) Aparentemente, só trinta exemplares.
    e) Principalmente quando se sabe que, no que depender da "colheita" feita por você nesse dia, ainda haverá bastante peixe para a próxima pescaria.

Capítulo 13 • Advérbio **429**

26. (MOVENS – MDIC – Tecnologia da Informação – 2010) Fragmento de textos:
"(...) As operações de importação e exportação sofreram um impacto positivo muito grande...
(...) A informatização no segmento de comércio exterior é inevitável, crescente e, principalmente, abrangente. Integridade, agilidade e confiabilidade das informações, controle dos processos e acompanhamento detalhado das etapas de importação e exportação são benefícios da utilização dos softwares, que refletem diretamente em redução de custos, eliminação de erros, e consequentes multas...".
A palavra "praticamente" está empregada no texto com valor adverbial, assim como o vocábulo:
a) "crescente";   b) "abrangente";   c) "consequentes";   d) "muito".

27. (Uerj – 1º Exame de Qualificação – Vestibular – 2011) As palavras classificadas como advérbios agregam noções diversas aos termos a que se ligam na frase, demarcando posições, relativizando ou reforçando sentidos, por exemplo. O advérbio destacado é empregado para relativizar o sentido da palavra a que se refere em:
a) *utilizá-las em história presumivelmente verdadeira?*
b) *Certamente me irão fazer falta,*
c) *Afirmarei que sejam absolutamente exatas?*
d) *desenterrarmos pacientemente as condições que a determinaram.*

28. (MP-RS – Assessor – Bacharel em Ciências Jurídicas e Sociais – 2011) Fragmentos de texto:
"(...) Muitas vezes, emprega-se a palavra direito em sentido axiológico como sinônimo de justiça. (...)
(...) De fato, as normas jurídicas representam as limitações impostas (...) Assim sendo, a saúde, definida como direito, deve inevitavelmente conter aspectos sociais e individuais. (...) Essa é a razão das normas jurídicas que obrigam à vacinação, ao tratamento, e mesmo ao isolamento de certas doenças".
Assinale com **V** (verdadeiro) ou **F** (falso) as afirmações abaixo, relativas ao sentido contextual de palavras e expressões do texto.
( ) A expressão *Muitas vezes* poderia ser substituída, sem alteração de sentido, por **Não raro**.
( ) A expressão *De fato* poderia ser substituída, sem alteração de sentido, por **Com efeito**.
( ) A expressão *Assim sendo* poderia ser substituída, sem alteração de sentido, por **De todo modo**.
( ) A palavra *mesmo* poderia ser substituída, sem alteração de sentido, por **igualmente**.
A sequência correta de preenchimento dos parênteses, de cima para baixo, é:
a) F – V – F – V;
b) V – V – F – F;
c) V – F – F – V;
d) F – F – V – V;
e) V – V – V – F.

29. (FGV – SEFAZ/RJ – Auditor – 2011) Fragmentos de texto:
"... é certo que a adoção, na prática, dessa possibilidade vem se dando de forma bastante tímida, muito em razão das inúmeras...
...discussões sobre a ampliação legal do rol das possibilidades desse tipo de responsabilização penal ganhem cada vez mais espaço no Brasil.
...ciclos de debates acerca dos instrumentos de controle da administração empresarial, promovidos por empresas que pretendem implementar, o quanto antes, práticas administrativas voltadas à prevenção de qualquer tipo de responsabilidade penal. Dessa realidade legal e da tendência político-criminal que dela se pode inferir, ganham importância, no espectro de preocupação não só das empresas estrangeiras situadas no Brasil...
... sob pena de serem responsabilizadas penal e administrativamente. (...)".
Assinale a palavra que, no texto, **NÃO** tenha valor adverbial.
a) mais.   b) bastante.   c) penal.   d) só.   e) antes.

30. (Funiversa – Seplag/DF – Auditor Fiscal – 2011) (Adaptada) Fragmento de texto:
"Um dia, um grupo de marketing e finanças foi visitar uma de nossas fábricas. No meio da estrada, a van da empresa pifou. Como isso foi antes do advento do milagre do celular, o jeito era confiar no especialista, o Cleto, motorista da van. E aí todos descobriram que o Cleto falava inglês, tinha noções de informática e possuía energia e criatividade. Sem mencionar que estava fazendo pós-graduação. Só que não sabia nem abrir o capô".
As afirmações abaixo estão corretas ou incorretas?
I. A palavra "aí", de acordo com seu emprego, vale por **naquele lugar**.
II. A palavra "Só" pode ser corretamente permutada por **Somente**.

430 A Gramática para Concursos Públicos • Fernando Pestana

31. (Funiversa – SEPLAG/DF – Auditor Fiscal (Transp.) – 2011) (Adaptada) Sobre o trecho *A leitura, disparado, é a melhor forma de exercitar a memória,* a afirmação abaixo está correta ou incorreta?
    – A construção do texto não seria aceita sob a ótica gramatical ou semântica caso fosse substituído o termo "disparado" por **em alta velocidade**.

32. (Cesgranrio – BNDES – Engenheiro – 2011) "...e **às vezes** lhe passava um recado ou uma correspondência." / "isso existe **às pampas**."
    Quais as locuções destacadas que encerram, respectivamente, as mesmas circunstâncias das destacadas nos trechos transcritos acima?
    a) **Aos poucos,** ele ia percebendo que não precisava mais dela. / Nada **em volta** causava mais surpresa.
    b) Saiu **às pressas** porque tinha um compromisso. / **De vez em quando,** é preciso repensar as estratégias.
    c) Vá **em frente** que você encontrará o que procura. / **De modo algum** aceitarei a proposta feita pelo meu superior.
    d) **Em breve,** estarei terminando de escrever minha biografia. / Trabalhou **em excesso** para apresentar seu projeto final.
    e) A notícia chegou **de súbito** causando, assim, um grande impacto. / **Hoje em dia,** as pessoas pensam mais nelas próprias.

33. (Cesgranrio – Citepe – Supervisor de Produção Têxtil – 2011) Em "Diz **ainda** a lenda que a imperatriz fez um fino manto de seda para o imperador", o elemento destacado é um conector de:
    a) inclusão;
    b) oposição;
    c) comparação;
    d) explicação;
    e) retificação.

34. (Vunesp – Pref. Sorocaba/SP – Procurador – 2012) Fragmento de texto:
    (...) O menor problema do Brasil é se sua economia passará a do Reino Unido, como a mídia britânica noticiou. Um defeito grave por aqui continua sendo a falta de valores civilizatórios – e nenhum sinal de melhora desse cenário no médio prazo. (...)
    Analise as afirmações.
    I. Na oração – ... parei **ontem** em frente à rodoviária de Brasília. – (1.º parágrafo), o advérbio em destaque é indicativo de tempo passado.
    II. Na oração – ... o Brasil termina este ano como a 6.ª maior economia **do mundo**. – (1.º parágrafo), a expressão em destaque está empregada com valor adverbial, indicativa de lugar.
    III. Na oração – Um defeito grave por **aqui** continua sendo a falta de valores civilizatórios... – (2.º parágrafo), o advérbio em destaque refere-se à cidade de Brasília.
    Está correto o que se afirma em:
    a) I, apenas;   c) I e III, apenas;   e) I, II e III.
    b) II, apenas;   d) II e III, apenas;

35. (Vunesp – Unesp – Advogado – 2012) O emprego da palavra **meio**, como no trecho – ... em linhos de um meio-dia. –, repete-se, com o mesmo sentido, em:
    a) Ele encontrou na aspirina um meio de se livrar da dor de cabeça.
    b) O poeta tomou apenas meio comprimido de aspirina e sentiu-se aliviado.
    c) A indústria farmacêutica anda meio apurada com tanta demanda de remédios.
    d) Em meio à acirrada discussão, saiu do encontro com dor de cabeça.
    e) As pessoas ficam meio dependentes dos efeitos químicos da medicação.

36. (FAB – EAGS – Sargento – 2012) Leia:
    *"Viramundo **estranhamente** se recusava a comer. Afastara-se e contemplava **em silêncio** a paisagem. Havia nela algo **vagamente** familiar".*
    Os advérbios destacados acima indicam, respectivamente, as circunstâncias de:
    a) modo, intensidade, finalidade;
    b) negação, lugar, intensidade;
    c) modo, modo, intensidade;
    d) negação, modo, negação;

Capítulo 13 • Advérbio **431**

37. (Cespe – Instituto Rio Branco – Diplomata – 2013) Fragmento de texto:
Existe um elo secreto estabelecendo entre esses dois acontecimentos e numerosos outros uma revolução lenta, mas segura e concertada, a única que, rigorosamente, temos experimentado em toda a nossa vida nacional. Processa-se, É CERTO, sem o grande alarde de algumas convulsões de superfície, que os historiadores exageram frequentemente em seu zelo.
Sem prejuízo da correção gramatical e do sentido do texto, a expressão "é certo" poderia ser substituída por "corretamente".
( ) CERTO   ( ) ERRADO

38. (Fundep – Pref. de Bela Vista de MG – Técnico de Enfermagem – 2014) Assinale a alternativa em que a palavra destacada é um advérbio.
a) "Essa definição aparece por último, como informal e **recente**".
b) "**Nada** podia ser igual ao que a realeza usava".
c) "Não foi possível manter esse controle por **muito** tempo".
d) "As classes **mais** pobres passavam a ter acesso a cópias dos acessórios reais".

39. (Vunesp – PC/CE – Escrivão – 2015) Considere as frases do texto.
• As pessoas são **tão** egocêntricas.
• O mundo seria **bem** melhor se elas parassem de pensar nelas mesmas...
É correto afirmar que os advérbios destacados nas frases expressam circunstância de:
a) dúvida.   d) modo.
b) negação.   e) afirmação.
c) intensidade.

40. (FGV – Compesa – Assistente de Saneamento e Gestão – 2016) A frase em que a palavra MAIS tem sentido diferente do das outras frases é:
a) "A MAIS estranha coisa sobre o futuro é que alguém evocará nossa época como os bons e velhos tempos".
b) "O futuro não é MAIS o que costumava ser".
c) "Muito poucos são os que vivem no presente, a maioria se prepara para viver MAIS tarde".
d) "Devemos procurar MAIS sermos pais de nosso futuro do que filhos de nosso passado".
e) "Há ladrões que não castigamos, mas que nos roubam o que é MAIS precioso: o tempo".

41. (Cespe – SEDF – Professor de Educação Básica (Língua Portuguesa) – 2017) Como modificadora das palavras "prazer" (... me deu muito prazer) e "engraçadinha" (... está muito engraçadinha), a palavra "muito" que as acompanha é, do ponto de vista morfossintático, um advérbio.
( ) CERTO   ( ) ERRADO

42. (Vunesp – PC/SP – Investigador de Polícia – 2018) *Muitos adjetivos, permanecendo imóveis na sua flexão de gênero e número, podem passar a funcionar como advérbio. O critério formal de diferenciação das duas classes de modificador é a variabilidade do primeiro e a invariabilidade do segundo. (Evanildo Bechara, Moderna Gramática Portuguesa. Adaptado)*

A análise do autor, citando o contexto em que um adjetivo pode funcionar como advérbio, está exemplificada com o termo destacado na seguinte passagem:
a) ... mais do que o rigor ou o tamanho da pena, é o **principal** fator de dissuasão.
b) ... levou o país a abrigar a terceira **maior** população carcerária do mundo...
c) Deve-se caminhar, **ainda**, no sentido da integração com a criação de bases de dados...
d) Tudo isso depende, **claro**, da superação da crise orçamentária...
e) Parte **considerável** das prisões resulta de casos de flagrante...

43. (Vunesp – TJ/SP – Médico Judiciário – 2019) No trecho do último parágrafo – quem controla o robô **ainda** é o ser humano –, o termo destacado apresenta circunstância adverbial de
a) afirmação, como em: "tende a recuperar **cada vez mais** sua importância".
b) tempo, como em: "pode discutir, **remotamente**, diversos casos".
c) tempo, como em: "**Hoje** médicos pedem muitos exames".
d) afirmação, com em: "progressão tecnológica, **claro**, mas mais importante".
e) intensidade, como em: "tornando-a **mais** esperta".

44. (FGV – TJ/RS – OFICIAL DE JUSTIÇA – 2020) A frase abaixo em que a substituição do segmento sublinhado por um advérbio foi feita de forma adequada é:
a) Sem que se entendesse o motivo, o convidado aborreceu-se na festa / irresponsavelmente;
b) Ia à academia poucas vezes / habitualmente;
c) Dirigia com toda a atenção / atenciosamente;
d) Mesmo sem estudo realizou a tarefa a contento / intuitivamente;
e) Enfrentou as dificuldades com coragem / ferozmente.

45. (FGV – TCE/PI – Assistente de Administração – 2021) (Adaptada) Em todas as frases abaixo, há a presença do vocábulo *mais*.
A frase em que esse vocábulo mostra valor diferente dos demais é:
a) "...doenças pulmonares mais obstrutivas...";
b) "...o emprego de papel mais poroso...";
c) "...filtros com mais perfurações...";
d) "...mais profundas e prolongadas as inalações...";
e) "...falta de instrução das populações mais pobres...".

46. (FGV – PC/RJ – Perito Legista – 2021) Como é sabido, os adjetivos e advérbios podem receber graus comparativo ou superlativo; a frase abaixo em que ocorre a gradação de um advérbio é:
a) Ela canta bem alto quando toma banho;
b) Ele agora está muito forte;
c) Que extraordinariamente amável é sua secretária;
d) Caminhou bastante tempo até a fábrica;
e) Não saiu daqui muito convencido.

47. (Cespe – DPE-RS – Defensor Público – 2022) Fragmento de texto: "Nessa sociedade líquido-moderna de hiperconsumidores, o desejo satisfeito pelo consumo gera a sensação de algo ultrapassado; o fim de um consumo significa a vontade de iniciar qualquer outro. Nessa vida de hiperconsumo e para o hiperconsumo, a pessoa natural fica tentada com a gratificação própria imediata, mas, ao mesmo tempo, os cérebros não conseguem compreender o impacto cumulativo em um nível coletivo. Assim, um desejo satisfeito torna-se quase tão prazeroso e excitante quanto uma flor murcha ou uma garrafa de plástico vazia."
No último período do quarto parágrafo, o vocábulo "Assim" é um advérbio que se refere ao modo como um desejo satisfeito torna-se prazeroso e excitante.
( ) CERTO   ( ) ERRADO

Gabarito

1. A.	14. CORRETA.	26. D.	38. D.
2. B.	15. E.	27. A.	39. C.
3. C.	16. I. INCORRETA.	28. B.	40. B.
4. A.	II. INCORRETA.	29. A.	41. ERRADO.
5. C.	17. INCORRETA.	30. I. INCORRETA.	42. D.
6. D.	18. CORRETA.	II. INCORRETA.	43. C.
7. CORRETA.	19. D.	31. CORRETA.	44. D.
8. I.	20. A.	32. D.	45. C.
9. D.	21. D.	33. A.	46. A.
10. ERRADO.	22. D.	34. A.	47. ERRADO.
11. CERTO.	23. E.	35. B.	
12. CERTO.	24. D.	36. C.	
13. CERTO.	25. C.	37. ERRADO.	

Os comentários sobre as questões estão no *Material Complementar* do livro.
Para acessá-lo, veja o passo a passo na orelha desta obra.

CAPÍTULO 14
PREPOSIÇÃO

Definição

Do ponto de vista semântico, a preposição estabelece determinadas relações de sentido, mas tudo dependerá do contexto, pois, em tese, elas são vazias de sentido fora de contexto. Note como o sentido da frase vai mudar com o uso diverso de preposição:

— *Falou **a** Lucas.*
— *Falou **ante** Lucas.*
— *Falou **após** Lucas.*
— *Falou **com** Lucas.*
— *Falou **contra** Lucas.*
— *Falou **de** Lucas.*
— *Falou **em** Lucas.*
— *Falou **para** Lucas.*
— *Falou **perante** Lucas.*
— *Falou **por** Lucas.*
— *Falou **sem** Lucas.*
— *Falou **sobre** Lucas.*

> **Observação**
>
> Não é em todo contexto que a preposição pode apresentar sentido. Às vezes, a preposição não tem sentido algum, servindo como mero elemento conector.

Do ponto de vista morfológico, a preposição é uma palavra invariável que tem o papel de conector (ou conectivo), isto é, cumpre a função de ligar palavras entre si, palavras a orações ou orações entre si.

— ***Até** amanhã, vou ficar **em** Paris.* *
— *Sairemos **com** você hoje.*
— *Ai **de** mim!*
— *Quem **de** nós dois...*
— *Estudo muito Português **para** passar logo!*

* Às vezes, a preposição não fica exatamente entre duas palavras ou orações, podendo iniciar uma frase. Na ordem direta, seria: "Vou ficar **até** amanhã em Paris". Nota-se, portanto, que o deslocamento da preposição só se deu porque o adjunto adverbial *até amanhã* pode ficar deslocado na frase. Muitas expressões iniciadas por preposição podem ficar deslocadas na frase, ok? Isso é comum!

Do ponto de vista sintático, a preposição nunca exerce função sintática, mas participa no sistema de transitividade, introduzindo complementos (verbais ou nominais), ou na construção de adjuntos (adnominais ou adverbiais). Muitos verbos, substantivos, adjetivos e advérbios exigem complemento preposicionado, por isso ela é um conectivo subordinativo:

– *Não concordo **com** atitudes precipitadas.*
– *Tenho admiração **por** quem é solidário.*
– *Bebida alcoólica é imprópria **para** menores.*
– *Paralelamente **às** apresentações, o cantor se destacou.*

> **Observação**
>
> O papel da preposição é subordinar um termo a outro. Logo, o primeiro termo (anterior à preposição) é o subordinante, e o segundo termo (posterior à preposição) é o subordinado.

Pois bem... para entendermos todas as definições de preposição, vamos analisar esta frase: *Desde o ano passado, decidi estudar por videoaulas, pois simpatizei com o método.* Note que os vocábulos *Desde*, *por* e *com*

1) **indicam** uma ideia de **tempo** (desde) e **meio** (por), respectivamente; *com* nada significa, no contexto;
2) **não variam**;
3) **participam** na construção dos adjuntos adverbiais de tempo (*Desde o ano passado*) e de meio (*por videoaulas*); no sistema de transitividade do verbo simpatizar, exige objeto indireto iniciado pela preposição *com* (*com o método*).

Identificação

Identificar uma preposição é fácil. Basta, primeiro, decorar as preposições – que são poucas! – e, segundo, perceber em que contextos elas aparecem.

O fato é que as preposições ligam palavras entre si, palavras a orações ou orações entre si, podendo estar entre elas ou deslocadas:

– *Devemos visar **a** cargos públicos que pagam bem.*
– ***Para** saber a verdade **sobre** esta questão, é preciso muito estudo.*

Na primeira frase, liga-se o verbo *visar* ao substantivo *cargos* pela preposição *a*. Na segunda frase, note que a preposição *para* inicia o período. Se colocássemos na ordem direta, a frase

Capítulo 14 • Preposição **435**

ficaria assim: "Muito estudo é <u>preciso</u> **para** <u>saber a verdade sobre esta questão</u>", em que *para* liga o nome *preciso* à oração "saber a verdade...".

Classificação

As preposições podem ser **essenciais** ou **acidentais**.

O primeiro grupo diz respeito às preposições propriamente ditas. O segundo diz respeito a palavras que são classificadas como preposições num determinado contexto, mas que pertencem a outras classes gramaticais. Normalmente iniciam adjuntos adverbiais.

Essenciais: *a, ante, após, até, com, contra, de, desde, em, entre, para, per, perante, por, sem, sob, sobre, trás.*

Exemplos*:*

— *Cheguei **a** comentar contigo **sobre** a festa?*
— *Ali estava, **ante** seus olhos, toda a prova **de** que a acusação era caluniosa.*
— ***Após** todos esses anos, como você pôde me enganar **até** este ponto?*
— *Quem não está **com** ele só pode estar **contra** ele.*
— *Vieste assim **desde** o bairro **de** teus avós?*
— ***Em** se tratando **de** polêmicas **entre** políticos, o Brasil é o grande centro.*
— ***Para** mim, o réu deve comparecer **perante** o juiz tão logo.*
— ***Por** tudo quanto é mais sagrado, não saia **sem** proteção.*
— ***Sob** a água ou **sobre** ela, o anfíbio é muito veloz.*

Acidentais: *como, conforme* (ou *segundo*, ou *consoante*), *durante, mediante, menos, salvo* (ou *salvante* – não usual), *exceto, afora* (ou *fora*), *tirante, senão, exclusive* (sentido exclusivo ou exceptivo), *inclusive, visto, malgrado, mesmo, que.*

Exemplos:

— *Nós temos **como** lema Ordem, Amor e Progresso.* (= na qualidade de / = por)
— ***Conforme** o lucro auferido, a taxa será cobrada.* (ideia de conformidade)
— ***Durante** a explicação, o aluno dormia.* (ideia de tempo)
— *Só seria solto o bandido **mediante** fiança.* (ideia de meio)
— *Todos chegaram a tempo, **menos** os retardatários.* (ideia de exclusão)
— ***Salvo** aquela música, todo o disco é bom.* (ideia de exclusão)
— ***Exceto** as meninas, os meninos participaram da gincana.* (ideia de exclusão)
— ***Afora** seus familiares, todos o abandonaram.* (ideia de exclusão)
— *O filho era igual ao pai, **tirante** a cor dos olhos.* (ideia de exclusão; não se usa "tirando", pois é coloquialismo)
— *Do terraço, nada sentiam, **senão** uma brisa gostosa.* (ideia de exclusão)
— *Chame a todos, **exclusive** aqueles dois ali.* (ideia de exclusão)
— *Chame a todos, **inclusive** aqueles dois ali.* (ideia de inclusão)
— ***Visto** não ter se preparado, errou toda a sua apresentação.* (ideia de causa)
— ***Malgrado** a proibição do médico, o paciente comeu do bolo.* (ideia de concessão)
— ***Mesmo** feliz, separou-se dela.* (ideia de concessão)
— *Tenho **que** estudar mais!* (= de; sempre entre *ter* + infinitivo)

CUIDADO!!!

1) As preposições *per* e *trás* ficaram de fora nos exemplos, pois elas caíram em desuso no estágio atual da língua. Para não dizer que deixaram de existir, ainda usamos tais vocábulos nas expressões *per si* ou *de per si* e nas expressões *por trás, para trás, por trás de*. Os linguistas dizem que as contrações *pelo, pela, pelos, pelas* são formadas pela preposição *per* + artigo *o, a, os, as*. No entanto, como *per* é arcaísmo, pode-se dizer, sem incorreção, que tais contrações são formadas pela preposição *por* + artigo *o, a, os, as*.
2) Segundo Cegalla, a preposição *após* pode ser advérbio, acidentalmente: "Terminou a festa à meia-noite e as visitas saíram logo *após*. (= *atrás, depois*)".
3) A forma sincopada *pra* (de *para*) é própria da língua coloquial: "Estamos aqui *pra* ganhar!".
4) Não confunda *até* (preposição) com *até* (palavra denotativa – ou advérbio – de inclusão): "Ninguém chegará *até* mim" / "Resolver este problema *até* eu consigo".

 Observação

5) É um fato da língua culta que, enquanto as preposições essenciais precedem os pronomes oblíquos tônicos, as acidentais precedem os pronomes pessoais do caso reto. É por isso que **não** se diz com correção gramatical "Há sinceridade **entre** eu e você", mas sim "Há sinceridade **entre** mim e você". Quando se diz "Todos concordam, **menos** ti", temos aí um equívoco gramatical. O adequado seria: "Todos concordam, **menos** tu".

6) Não me custa dizer que as preposições acidentais *conforme, segundo* e *consoante* são conjunções conformativas quando iniciam oração subordinada adverbial conformativa: "**Consoante** me disseram, ela está grávida".

Combinações e Contrações

A **combinação** ocorre sem perda fonética, unindo-se a preposição **a** com o artigo definido *o(s)* ou com o advérbio *onde*.

– Não resisti **aos** parques da cidade.
– Vou **aonde** estão as pessoas.

A **contração** de uma preposição ocorre quando esta se junta com um artigo, pronome demonstrativo, pronome oblíquo tônico, advérbio de lugar. Há perda fonética.

– Eu cursei o 2º grau **no** (em+o) ano 2000.
– **Deste** (de+este) ano não passa.
– Vote **nele** (em+ele) **pela** (per+a)* melhora da saúde!
– **Daqui** (de+aqui) ninguém me tira.

* Como a preposição *per* é arcaica, admite-se dizer que *pelo, pela, pelos, pelas* sejam as contrações da preposição *por* com os artigos *o, a, os, as*. Veja uma questão sobre isso em CESPE/UNB – IRBR – DIPLOMATA – 2008 – QUESTÃO 54.

A **crase**, que é uma espécie de contração, ocorre quando a preposição *a* se liga a um artigo feminino ou um pronome demonstrativo iniciado por **a**.

– Eu fui **à** (a+a) praia de Copacabana.
– Vamos **àquele** (a+aquele) lugar sempre.

Capítulo 14 • Preposição   **437**

 CUIDADO!!!

Nunca é demais dizer que certas contrações não são consideradas cultas pela vasta maioria dos gramáticos:

– *Apesar **de o** progresso ter chegado à cidade, muita violência adveio disso.* (Segundo a maioria dos gramáticos, <u>não</u> se contrai preposição com artigo (ou pronome) antes de verbo no infinitivo. Portanto, na visão da maioria, seria incorreto dizer: "Apesar *do* progresso ter...", mesmo soando melhor.)

– *Já chamaram o lutador **de o** esportista do ano.* (Em *títulos* – o esportista do ano –, não se faz contração, por isso é que em jornais, revistas, livros, não se recomenda a contração da preposição com o artigo.)

Locução Prepositiva e Valores Semânticos

A **locução prepositiva** é o conjunto de palavras, com valor de preposição, terminado em preposição essencial. Como de costume, uma locução pode, dependendo do contexto, mudar de valor semântico, portanto não saia simplesmente decorando. Pense!

É formada normalmente por **advérbio + preposição** (*longe de, perto de, além de* etc.) ou **preposição + substantivo/advérbio + preposição** (*a par de, por detrás de, em frente a* etc.). Frequentemente iniciam adjuntos adverbiais ou orações adverbiais.

Sempre observe que há correspondência de sentido entre algumas preposições e algumas locuções prepositivas, pois **isso cai muito em prova:**

*Os livros estão **embaixo** **da** estante.*	*Os livros estão **sob** a estante.*
*A mulher faz dieta **a fim de** emagrecer.*	*A mulher faz dieta **para** emagrecer.*
*Seu filho está **dentro de** casa?*	*Seu filho está **em** casa?*
*Ela está indo **de encontro a** meu interesse.*	*Ela está indo **contra** meu interesse.*
*Não discutimos **acerca de** futebol e política.*	*Não discutimos **sobre** futebol e política.*
***Devido a**o barulho, não dormi nada.*	***Com** o barulho, não dormi nada.*

Vejamos algumas locuções prepositivas e seus valores semânticos

Lugar	*perto de, acima de, longe de, fora de, além de, dentro de, abaixo de, atrás de, por trás de, por detrás de, através de, debaixo de, embaixo de, em cima de, defronte de, em frente de/a, à frente de, ao/em redor de, em torno de, até a, ao lado de, a par de, diante de, adiante de, em face de* (e não **face a**; no entanto o gramático Celso P. Luft e a banca Esaf abonam tal construção, assim como ***frente a***), *ao lado de, junto de/a/com, por baixo de, por cima de, ao nível de* (é equivocada a forma *a nível de*).

Tempo	*perto de, dentro de, antes de, depois de, ao longo de, a partir de* (indica ponto de partida, podendo indicar quantidade), *por volta de, a cerca de* (valor aproximado), *a ponto de* (pode indicar consequência; ***ao ponto de*** é construção incorreta), *prestes a, na iminência de, em via de* (e não ***em vias de***; Bechara e Houaiss abonam o plural).
Companhia	*junto de/a/com, ao encontro de.*
Direção	*em busca de, em direção a, ao encontro de.*
Escusa	*a/sob pretexto de.*
Adição	*além de, ademais de.*
Modo	*à guisa de, à maneira de, à custa de* (Cegalla e Bechara liberam ***às custas de***).
Ciência/Conhecimento	*a par de*
Favor/Benefício	*em prol de, em benefício de, em/a favor de.*
Concessão	*apesar de, a despeito de, sem embargo de, não obstante* (única locução não terminada em preposição).
Finalidade	*a fim de, de forma a, de maneira a, com o fim de, com o intuito de, com o fito de, com o intento de, com o escopo de, com a intenção de, com a finalidade de, com o propósito de.*
Sujeição	*sob pena de, à mercê de*
Oposição	*em oposição a, de encontro a, ao invés de.*
Causa	*devido a, em virtude de, em vista de, graças a, em razão de, por causa de, em consequência de, em face de, em atenção a, por consideração a, em função de, por motivo de, por razões de, por conta de, mercê de, diante de.*
Envolvimento	*às voltas com.*
Atribuição	*na qualidade de, na função de, a título de.*
Assunto/Referência	*acerca de, a respeito de, com/em relação a, para com, quanto a, no campo de, na esfera de.*
Exclusão	*à exceção de, com exceção de.*
Substituição	*em lugar de, em vez de.*
Compensação	*a troco de, em troca de.*
Meio	*através de* (muito usado atualmente, mas tem sentido conotativo), *por meio de, por intermédio de.* (Nem todas as bancas admitem o uso de *através de* como sinônimo de *por meio de*. Consulte: IADES – HEMOCENTRO/DF – TECNOLOGIA DA INFORMAÇÃO – 2017 – QUESTÃO 7.)
Dependência	*em função de.*
Conformidade	*de acordo com, em conformidade com, em obediência a.*

Capítulo 14 • Preposição   **439**

CUIDADO!!!

1) Não confunda locução prepositiva com **acúmulo de preposições**. O Prof. Evanildo Bechara afirma que "não raro duas preposições se juntam para dar maior efeito expressivo às ideias, guardando cada uma seu sentido primitivo": *em até, de até, de sobre, de sob, por sobre, por sob, para sobre, para sob, por entre, por até, com até, até por...* O mesmo Bechara diz que *para com* é uma locução prepositiva. Cegalla vai além e diz que pode haver o conjunto **preposição + locução prepositiva**. Exemplos:

– *Passei com dificuldades **por entre** a multidão.*
– *Crianças **de até** sete anos podem brincar aqui.*
– *O atacante chutou a bola **por sobre** o gol.*
– *A lua cai **por sob** o morro.*
– *Desde a noite **até pel**a manhã, ele me procura.*
– *Costumamos trabalhar **até perto d**a meia-noite.*
– *Vá **para longe de** mim, desafeto!*

2) Há divergência gramatical nas locuções prepositivas formadas por **advérbio + preposição**, como "dentro de, perto de, longe de, diante de", pois Ulisses Infante, Pasquale Cipro Neto, Sacconi e Celso P. Luft entendem que tais expressões, na verdade, são advérbios seguidos de preposição, e não locuções prepositivas. Do ponto de vista da vastíssima maioria dos gramáticos, porém, tais expressões são, de fato, locuções prepositivas. Na parte de complemento nominal, o gramático Manoel Pinto Ribeiro é mais taxativo ainda: "Em 'Estou perto de casa', não ocorre complemento nominal do advérbio 'perto', pois 'perto de' é locução prepositiva que introduz um adjunto adverbial de lugar". Entenda mais na parte de *Complemento Nominal*, no capítulo de sintaxe.

Observação

3) A locução prepositiva concessiva *não obstante* (= *apesar de*) pode ser também uma locução conjuntiva adversativa (= *porém*):
Não obstante o esforço, não se classificou. (= *apesar de*)
Não obstante ser o melhor da turma, nunca se gabou disso. (= *apesar de*)
*A Língua Portuguesa é muito complexa, **não obstante** ela pode se tornar fácil com treino duro.* (= *porém*).

A gramática Maria Helena de Moura Neves diz que pode ser uma locução conjuntiva concessiva (= *embora*) se vier seguida de verbo no subjuntivo: **Não obstante** *fosse aleijado, nunca dependeu de ninguém.* Todas essas classificações caem em provas!

4) São condenadas pelos gramáticos as locuções prepositivas *frente a* ou *face a*. O único gramático (conhecido por mim) que acha ser "inócua" tal doutrina gramatical é o Cegalla. Além disso, Celso P. Luft (em *Dicionário de Regência Nominal*) e Maria Helena de Moura Neves (em *Gramática de Usos*) não parecem se opor à tal construção. Veja a visão da Esaf sobre essa locução prepositiva (Auditor-Fiscal da Receita Federal/2009):

A queda das exportações brasileiras se deveu basicamente a dois fatores: queda na demanda externa de commodities e, mais ainda, na de produtos manufaturados, situação que foi agravada pela evolução da taxa cambial, pois a valorização do real ante o dólar encareceu os bens brasileiros para os estrangeiros. (...)

Em relação ao texto, assinale a(s) opção(ões) **correta(s)**:

e) Mantém-se a correção gramatical do período e suas informações originais ao se substituir a expressão "ante o" (L.3) por qualquer uma das seguintes: **em relação ao, diante do, frente ao.**

O gabarito foi a letra E. Logo *frente a(o)* foi considerada expressão que **mantém a correção gramatical**, ou seja, **correta**! O que é mais incrível é o que o *Manual de Redação Oficial da Presidência da República*, recomendado pela Esaf, diz sobre esta expressão: "Sempre que a expressão *em face de* equivaler a *diante de*, é preferível a regência com a preposição *de*; <u>evite</u>, portanto, *face a, frente a*". Caso caia de novo uma questão como esta, fique esperto com a "melhor resposta"! Ai... a Esaf...

Valor Relacional e Nocional

As preposições com **valor relacional** são aquelas exigidas por verbos ou nomes (substantivo, adjetivo ou advérbio). Já as preposições com **valor nocional** não são exigidas por verbos ou nomes, marcam apenas relações semânticas diversas.

> **Observação**
>
> Naquela velha e famigerada diferença entre complemento nominal e adjunto adnominal, precisamos perceber se a preposição é relacional ou nocional. Se for relacional, CN; se for nocional, ADN: "Sou fiel **a** Deus" (quem é fiel, é fiel **a** alguém) – relacional / "O carro <u>do</u> João quebrou" (valor de posse) – nocional. Falarei melhor sobre isso em *Adjunto Adnominal* X *Complemento Nominal* (Cap. 21).

Valor Relacional

Há três tipos de relação: **necessária**, **fixa** ou **livre**.

Relação necessária	É aquela em que preposição exigida por verbos/nomes relaciona-os a seus complementos (ou adjuntos adverbiais de lugar, no caso de verbos de movimento ou de moradia).	– *Assistia **a** vários filmes.* (preposição exigida pelo verbo assistir) – *Voltei **de** Parati há pouco tempo.* (preposição exigida pelo verbo voltar) – *Morei **em** lugares exóticos.* (preposição exigida pelo verbo morar) – *Demonstre gratidão **por** isso.* (preposição exigida pelo substantivo gratidão) – *Ficou desgostoso **com** sua equipe.* (preposição exigida pelo adjetivo desgostoso) – *Diferentemente **de** mim, ela estuda.* (preposição exigida pelo advérbio diferentemente)

Relação fixa	É aquela em que a preposição não é exigida por termo algum, mas aparece cristalizada em estruturas fixas da língua culta.	– ***De** tempos **em** tempos, estudo para concursos importantes.* – *Você é velho, **por** acaso?* – *Tenho **de** passar na prova. Hei **de** conseguir!* – *Ao sair de casa, de manhãzinha, deu **com** o ex-namorado na esquina.* – *Gregório **de** Matos satirizou a sociedade baiana*
Relação livre	É aquela em que a preposição é usada não por motivação sintática (ou seja, ela não é exigida por termo algum) mas sim por razões estilísticas; foram chamadas de "posvérbios" por Antenor Nascentes e Bechara, que diz sobre tal preposição ligada a verbos transitivos diretos: "mais serve para lhes <u>acrescentar um novo matiz de sentido</u> do que reger o complemento desses mesmos verbos".	– *Procuramos **por** uma pessoa desaparecida. (Procuramos uma pessoa desaparecida)* – *Todos nós amamos **a** nossos filhos. (Todos nós amamos nossos filhos)* – *Trata o filho barbado como **a** uma criança. (Trata o filho barbado como uma criança)* – *Comeram **do** pão e beberam **do** vinho. (Comeram o pão e beberam o vinho)* – *Usar a internet faz **com** que viajemos. (Usar a internet faz que viajemos)*

Observação

Outros exemplos citados por Bechara são "cumprir *com* o dever", construção em que a preposição "acentua a ideia de zelo ou boa vontade para executar algo", e "arrancar *da* espada", com o *de* enfatizando "a ideia de uso do objeto". Falo mais sobre isso em *objeto direto preposicionado*.

Valor Nocional

A maioria das preposições essenciais podem indicar três conceitos: **tempo, espaço/lugar** e **noção** (causa, matéria, modo, meio, instrumento, preço, assunto etc.). Tais preposições normalmente iniciam adjuntos adverbiais ou adjuntos adnominais. Por isso, para saber qual é o valor semântico da preposição, **um *bizu* que ajuda é saber qual é o valor semântico do adjunto adverbial**. Por exemplo, em "De tarde, quero descansar", *De tarde* é um adjunto adverbial de tempo, logo a preposição *de* tem valor semântico temporal. Safo? Vamos nessa!

A

Tempo: *Daqui **a** cinquenta anos, quero estar com muita saúde.*

Lugar: *Saí do Japão para chegar **a** seu coração, meu amor.*

Noção: *As crianças africanas morrem **à** fome.* (causa) / *Só desenhava **a** lápis.* (instrumento) / *Oferecemos produtos **a** granel.* (modo) / *Comi um bife **à** milanesa.* (modo/conformidade) / *Pouco **a** pouco, fui me aproximando dela.* (modo, e não tempo) / *A margem de erro varia de 1% **a** 3%.* (limite = *até*) / *Comprei **a** cem reais aquele terno.* (preço) / *Depois do susto, ele correu **a** ajudar os alunos.* (finalidade, antes de infinitivo) / *Curto muito barco **à** vela.* (tipo) / *Percorri quinhentos quilômetros **a** cavalo.* (meio) / *Nada como um quadro **a** óleo.* (matéria) / *Estou **a** 200 m do curso.* (distância) / *Nada como uma comidinha **a** quilo.* (medida)

> **Observação**
>
> Há diferença entre *Ir **a*** e *Ir **para***. Quem vai **a**, vai e volta (Fui ao estádio de futebol). Quem vai **para**, vai e fica (Fui para o Exército). Outro detalhe: na linguagem jurídica e na linguagem de cartório, usa-se muito a preposição *a* no lugar de *em* com verbos e nomes que indicam endereços: *A residência fica **à** Rua Danton Pedro, 1.000.* Segundo a gramática tradicional, usa-se a preposição *em* quando a ideia é de moradia, endereço: *A residência fica **na** Rua Danton Pedro, 1.000.*

Ante

Lugar: *Refrescou-se **ante** o ar-condicionado.*

Noção: ***Ante** a falta de dinheiro, teve de voltar a trabalhar.* (causa)

> **Observação**
>
> Está errada a locução prepositiva "ante a", por ser inexistente na língua culta, por isso não há crase no segundo exemplo acima, pois o "a" é só um artigo, e não uma preposição.

Após

Tempo: ***Após** aquele pesadelo, decidiu ficar acordada.*

Lugar: *Há um riacho **após** a cidade.*

> **Observação**
>
> ***Após** é considerado advérbio, apesar de pouco usual: *O trem passou, deixando um rastro **após**.*

Até

Tempo: *Eu sei que vou te amar **até** o último suspiro.*

Lugar: *O terreno vai **até** aquela cerca.*

Noção: *Já escalaram montanhas de **até** 4.000 m.* (limite)

> **Observação**
>
> Esta é a única preposição que pode, eu falei "pode", anteceder a preposição *a*, formando a locução preposição *até a*. Não confunda *até* (preposição) com *até* (palavra denotativa – ou advérbio de inclusão): *"Fomos **até** vós para instruir-vos."* / *"**Até** tu, Brutus?".*

Com

Tempo: *Com* mais alguns minutos, a carne estará assada.
Lugar: Há um pote de ouro nas mãos de um gnomo *com* o fim do arco-íris.
Noção: Todo o gado sofreu *com* a seca. (causa) / Vá *com* Deus! (companhia) / *Com* 90 anos, ainda quer fazer mais uma faculdade. (concessão) / Eu abri a porta *com* a chave-mestra. (instrumento) / Só *com* carro se sai daqui. (meio) / Este vinho foi feito *com* a uva certa. (matéria) / Ninguém a trata *com* carinho. (modo) / Só entrará *com* autorização. (condição) / *Com* sua família, tudo é diferente. (referência) / Comprei uma bola *com* diâmetro aproximado de 20 cm. (medida) / Papai Noel trouxe um saco *com* vários presentes dentro. (conteúdo) / Preciso de um fuzil *com* alavanca. (tipo) / Nada melhor que uma mulher *com* caráter. (qualidade) / Registraram-se *com* abundância homônimos e parônimos. (intensidade) / Crianças *com* 8 anos deverão ser vacinadas. (posse)

Contra

Lugar: Levei a mão *contra* o rosto.
Noção: Fui *contra* a corrente e me cansei. (direção) / Nada tenho a dizer *contra* isso. (oposição/objeção) / Sou *contra* a pena de morte. (oposição) / Apostou dez *contra* um. (proporção/escala) / O candidato da esquerda teve mil votos *contra* dois mil do adversário da direita. (comparação) / Tenho seguros *contra* incêndios. (tipo)

Observação

Pode ser advérbio: *Naquela sessão, todos votaram **contra**. (= contrariamente)*

De

Tempo: *De* pequenino é que se torce o pepino.
Lugar: Venho *de* Cipó, lá em Maranhão.
Noção: Não mais se falou *de* futebol no recinto. (assunto) / Você falou aquilo *de* propósito! (modo) / Só batia *de* chicote. (instrumento) / Viajei *de* trem pela Europa. (meio) / Ficaste comovido *de* me ver? (= por; causa) / Era tanto assédio *de* meter medo (consequência) / A porcentagem varia *de* 30% a 60%. (limite) / Comi um prato *de* nhoque. (conteúdo) / Sou uma pessoa *de* coragem. (tipo) / Esta corrente *de* ouro é cara. (matéria) / *De* fato, ela é uma excelente atriz. (constatação) / Ela tinha olhos *de* gata. (semelhança) / Vendi uma TV *de* segunda. (qualidade) / Comprei um caderno *de* um real. (preço) / O amor *dela* é intenso. (posse) / Tenho um carro *de* passeio e um *de* trabalho. (finalidade) / Comi um queijo *de* Minas delicioso. (origem/lugar) / Subi em uma torre *de* 20 m. (dimensão) / Ele está queimado *do* sol. (agente – agente da passiva) / Provaste *do* meu macarrão? (partição)

CUIDADO!!!

1) Há basicamente quatro casos de preposição expletiva/realce *de*: 1) antes de conjunção comparativa *que* numa estrutura de comparativo de superioridade/inferioridade, 2) iniciando alguns apostos especificativos, 3) antes de algumas orações subordinadas predicativas e 4) em algumas estruturas do tipo **artigo + adjetivo substantivado + de + substantivo**. Veja alguns exemplos: 1) *Ele é mais feliz (do) que você.* / 2) *O bairro (de) Copacabana é charmoso.* / 3) *A impressão é (de) que nada havia mudado.* / 4) *O pobre (do) homem sofre tanto.* Em tais casos, a preposição pode ser retirada da frase sem alteração sintática ou semântica.

Veja uma questão sobre isso:

> (Esaf – MPOG – Analista de Planejamento e Orçamento – 2010) Assinale a opção <u>incorreta</u> a respeito do uso das estruturas linguísticas no texto.
>
> ***O efeito da supervalorização cambial sobre a indústria atinge muito mais fortemente os níveis da produção e do emprego que os demais setores. Essa é uma situação que precisa ser repensada. É claro que não se trata de um problema simples, que se resolva com providências rápidas, pois exige medidas que às vezes podem ser classificadas como heterodoxas.***
>
> a) Por se estabelecer, na estrutura sintática, uma relação de comparação, seriam preservadas a correção gramatical e a coerência do texto ao inserir *do* antes de "que os demais setores".

Comentário: A preposição *de* é facultativa antes de conjunção comparativa *que*, numa construção de comparação por superioridade ou inferioridade.

2) Outra informação importante: para quem curte saber a diferença entre complemento nominal (CN) e adjunto adnominal (ADN), reitero: se a preposição *de* tiver valor nocional, adjunto adnominal na cabeça! Por isso em todos esses casos, o termo sublinhado é um adjunto adnominal: *Comi um prato **de** <u>nhoque</u>.* (conteúdo) / *Sou uma pessoa **de** <u>coragem</u>.* (tipo) / *Esta corrente **de** <u>ouro</u> é cara.* (matéria) / *Ela tinha olhos **de** <u>gata</u>.* (semelhança) / *Vendi uma TV **de** <u>segunda</u>.* (qualidade) / *Comprei um caderno **de** <u>um real</u>.* (preço) / *O amor **dela** é intenso.* (posse) / *Tenho um carro **de** <u>passeio</u> e um **de** <u>trabalho</u>.* (finalidade) / *Comi um queijo **de** <u>Minas</u> delicioso.* (origem/lugar)

Desde

Tempo: *Brahma, fabricada **desde** o século 19.*
Lugar: *Seguiram o fugitivo **desde** a Inglaterra até o Chile.*
Noção: ***Desde** o mais alto ao mais baixo puderam entrar no evento.* (gradação) / *Fazia-se de tudo naquele lugar: **desde** faxina até lavagem de roupa.* (enumeração)

Observação

Desde de é uma expressão <u>inculta</u>: ***Desde de** 1982 não se vê mudança radical em meu país.*

Em

Tempo: *E o mundo não acabou **em** 2012.*
Lugar (real ou virtual): *Brincavam **nas** árvores quando crianças, hoje brincam **nos** corações alheios.*
Noção: *Comprei uma TV **em** cores.* (tipo/qualidade) / *Eu a pedi **em** casamento.* (finalidade) / *Fechou as mãos **em** conchas.* (semelhança) / *Nunca fui bom aluno **em** Matemática.* (assunto/referência) / *Só se paga **em** cheque aqui.* (meio) / *O preço da casa foi estimado **em** 200 mil reais.* (preço) / *Tirou **na** guitarra um som originalíssimo.* (instrumento) / *De grão **em** grão a galinha enche o papo.* (sucessão) / *A mudança da água **em** vinho foi o 1o milagre de Cristo.* (alteração) / *A peça é **em** três atos.* (distribuição) / *Fique **em** paz* (estado).

Capítulo 14 • Preposição **445**

> **Observação**
>
> **1**: Não se usa a preposição em "Somos em dez", "Estamos em cinco", "Fomos em quatro" (errados); a preposição *em* entre os verbos ser, estar ou *ir* + numeral não é usada. Logo: "Somos dez em casa", "Estamos cinco no carro".

> **Observação**
>
> **2**: Outra "cosita": segundo Cegalla, "não se usa *em*, mas *de*, para especificar a matéria de que alguma coisa é feita: estátua *de* bronze (e não *em* bronze)". Além disso, o gramático continua: "Não tem lugar a preposição *em* antes de números que indicam porcentagens, em frases como: *O trânsito melhorou em 50%.* (Errado) Em o verbo sendo transitivo, admite-se a preposição para realçar o adjunto adverbial de quantidade: *O governo reduziu o imposto em 50%.* (Certo) Sobre isso, consulte: ESAF – CGU – ANALISTA DE FINANÇAS E CONTROLE – 2012 – QUESTÃO 6.

> **Observação**
>
> **3**: Para fechar: a preposição *em* seguida de *gerúndio* pode dar à oração a ideia de tempo, condição ou causa: ***Em** se tratando de casos graves, o hospital atende prontamente.*

Entre

Tempo: *Entre 1982 e 2012, havia evoluído como homem.*

Lugar (real ou virtual): *Estou **entre** os arbustos. / Estou **entre** os aprovados.*

Noção: *Entre o louro e o moreno, ela escolheu o segundo.* (alternativa) / *Discutiram a relação entre si.* (reciprocidade) / *Ele tecla **entre** cem e cento e quinze letras por minuto.* (quantidade) / *Viva **entre** os índios* (lugar/companhia)

> **Observação**
>
> Usa-se pronome oblíquo tônico depois dessa preposição, e não reto: *Isso deve ficar **entre** mim e você.* (e não entre eu e você) É bom dizer que essa preposição delimita um intervalo entre dois pontos definidos, por isso são ligados por *e*, e não *ou*. Sendo assim, é um erro construir frases como esta: "Sempre fico tenso ao ter de escolher **entre** a casa de praia **ou** a casa de campo". A construção adequada é: "... escolher **entre** a casa de praia **e** a casa de campo".

Para

Tempo: *Vou deixar **para** a outra semana a explicação, ok?*

Lugar (direção): *Vá **para** o inferno!* (indica estada permanente)

Noção: *Estou muito satisfeito com meu plano **para** mudar novamente.* (= a ponto de; consequência) / *Nasci **para** trabalhar.* (finalidade) / *Estou **para** o Português assim como vocês estão **para** a Enfermagem.* (proporção) / *Para mim, ela está mentindo.* (opinião) / *Para estudantes interessados como os nossos, precisaremos trocar de professor.* (delimitação) / *Dá **para** calar a boca?* (possibilidade) / *Gosto de música **para** dançar.* (adequação/tipo) / *A coleta **para** os pobres valeu.* (destino/favor/proveito) / *Cada um daqueles fatores constitui, **para** as Nações Unidas, os desafios iminentes que exigem respostas da humanidade.* (conformidade)

446 A Gramática para Concursos Públicos • Fernando Pestana

> **Observação**
>
> Cuidado com construções em que a preposição *para* parece (só parece!) ter valor nocional de finalidade, mas na verdade tem valor relacional, sendo exigida por um adjetivo: *As Forças Armadas são <u>insuficientes</u> **para** combater a desordem.*

Perante

Lugar (real ou virtual): *Só sossega **perante** a mulher. / **Perante** a lei, todos são iguais.*

> **Observação**
>
> Não se usa preposição *a* depois de *perante*: *Estou **perante** **a**o juiz.* (inadequado). Não confunda com *perante a* (preposição + artigo). Veja uma questão sobre isso:
>
> (Cespe/UnB – PC/CE – Inspetor – 2012)
> – Na linha 2, pode-se substituir "diante das" por **perante as**, sem prejuízo para a correção gramatical ou para o sentido original do texto.
> **(X) CERTO   ( ) ERRADO**
>
> **Comentário:** Está certa a afirmação da banca, pois *diante das* e *perante as* indicam lugar. É interessante ressaltar que, nas duas expressões, o artigo *as* foi mantido após a locução prepositiva *diante de* e da preposição *perante*, de modo que **não** houve prejuízo para a correção gramatical.

Por

Tempo: *Você ficou desacordado **por** alguns minutos.*
Lugar: *Arrastaram-no **pelo** campo.*
Noção: *Envio **por** e-mail ainda hoje meus dados.* (meio) / *Como Jack, o Estripador, vamos **por** partes.* (modo) / *Falei aquilo **por** brincadeira.* (finalidade) / *Fui preso **por** vadiagem.* (causa) / *Fiz a cópia **pelo** original.* (conformidade) / *Nunca morrerei **pela** pátria.* (= a favor de; favor) / *Comemos **por** quilo ontem.* (medida) / *Vendi o livro **por** dois reais.* (preço) / *O Flu perdeu **por** 5 a 1 do Fla.* (quantidade) / *Não compre gato **por** lebre.* (substituição) / *Olho **por** olho, dente **por** dente.* (compensação) / ***Por** ela, ninguém precisaria estudar.* (opinião) / *Sagarana foi escrito **por** Guimarães Rosa.* (agente; agente da passiva) / *Dez **por** dois é igual a vinte.* (relação aritmética).

> **Observação**
>
> Apesar de já ter comentado sobre ela, não alistei aqui a preposição *per*, uma vez que é arcaica. Outra coisa: por mais sonoramente bizarro que seja, <u>não</u> se contrai preposição com artigo antes de verbo no infinitivo, segundo a maioria dos gramáticos. Sendo assim, a frase a seguir está correta: *Estou ansioso **por o** aluno conquistar sua vaga.* Em 99% das vezes, as bancas apoiam essa doutrina. Fazer o quê... A Esaf admite a contração, pois alguns gramáticos (como Bechara) não se opõem a ela, logo estaria certa a contração de ***por + o: pelo***.

Sem

Noção: *Como consegue viver **sem** dinheiro, mesmo trabalhando?* (ausência, privação) / ***Sem** dinheiro, entrei no clube.* (concessão) / ***Sem** dinheiro, não entra no clube.* (condição) / *Chegou **sem** avisar.* (modo) / ***Sem** condições financeiras, teve de voltar para a casa dos pais.* (causa)

Capítulo 14 • Preposição **447**

Sob

Tempo: *Sob o reinado de Luís XV, tudo era diferente.*

Lugar (real ou virtual): *O homem foi encontrado **sob** os escombros.* / *Ficávamos quietos **sob** o olhar atento do professor.*

Noção: *Saiu do palco **sob** vaias.* (modo) / *Confessaram **sob** tortura.* (meio/modo) / *Todo metal se dilata **sob** a ação do calor.* (causa) / *Havia muitos soldados **sob** seu comando.* (sujeição) / *Está inscrito **sob** o número 10.* (designação/modo)

Sobre

Tempo: *Sobre um período de oito meses, a gramática ficou pronta.*

Lugar (real ou virtual): *Viajava **sobre** as nuvens sempre que podia.* / *Amo a Deus **sobre** todas as coisas.*

Noção: *O lugar **sobre** o qual ele discorria era apaixonante.* (assunto) / *A lealdade é o mais importante **sobre** todos os demais sentimentos.* (comparação) / *Fomos multados em 30% **sobre** nossos salários.* (referência) / *Cobrava-se imposto **sobre** serviço.* (causa) / *Eles fazem asneiras **sobre** asneiras.* (sucessão/acumulação) / *Ele veio **sobre** nós com ódio.* (oposição/direção)

> ### Observação
>
> Parece irrelevante dizer isto, mas é necessário, sim! Algumas bancas cobram a diferença entre SOB e SOBRE. Portanto, guarde esta informação baseada nas lições do gramático Domingos P. Cegalla: "**sob**: significa 'debaixo de', dá ideia de posição inferior ou equivalente a 'em estado de' ou 'sujeito/submetido a': ficou *sob a mesa*, ficou *sob choque*, ficou *sob nova direção*. Usa-se em expressões como *sob o aspecto, sob condição de, sob pena de, sob o domínio de, sob a direção de, sob o governo de, sob forma de, sob o pretexto de, sob medida*; **sobre**: exprime a ideia geral de 'em cima de': estar *sobre a mesa*; voar *sobre o mar*; deitar-se *sobre um colchão*. Tem ainda outros significados: a *respeito de* (falar sobre política, discorrer sobre um tema), *acima de* (amar a Deus sobre todas as coisas), *de encontro a, contra* (vir sobre nós, marchar sobre a cidade), *além de* (sobre serem pobres, eram doentes), *mediante, com a garantia de* (emprestar dinheiro sobre hipoteca), *dentre, entre* (sobre cem, salvaram-se dois)".

Trás

Segundo os gramáticos, tal preposição é arcaica, só sendo usada nas locuções adverbiais *para trás*, *por trás* e na locução prepositiva *por trás de*: *Ele ficou **para trás**, chegou **por trás** e ficou **por trás de** todos.* Segundo Celso Cunha, "o sentido originário desta preposição era 'além de', que subsiste nos compostos *Trás-os-Montes* e *trasanteontem*".

Certas Particularidades

Omissão e Repetição

1) Depois de algumas preposições acidentais (*exceto, salvo, inclusive*, de sentido exceptivo ou inclusivo), pode haver a omissão ou presença de uma preposição essencial em razão da sua exigência por algum nome ou verbo. É preciso sempre tomar cuidado com o sentido que se passa quando ocorre a omissão.

   – *Eu discordo **de** todos, exceto **d**ela (ou ela).*

2) A repetição só será obrigatória quando for importante para o sentido.

- *Ela falou **com** o professor e diretor da escola.* (sem repetição: significa que ela falou com uma pessoa que ocupa dois cargos)
- *Ela falou **com** o professor e **com** o diretor da escola.* (com repetição: significa que ela falou com duas pessoas)

3) Em qualquer sequência de termos ou orações coordenadas, é facultativa a repetição das preposições ou locuções prepositivas, mas, quando forem explicitadas tais preposições, devem elas aparecer antes de todos os termos ou orações. Reitero: a repetição só será obrigatória quando for importante para a clareza.

- *Lutamos **pela** música, (pela) literatura e (pelas) artes em geral.*
- *Fizemos menção **a** políticos, (a) jogadores e (a) religiosos.*
- ***Sobre** os bons professores e (sobre) os diretores, só tenho a dizer maravilhas.*
- *O medo **de** errar, (de) titubear e (de) ser um desastre completo me deixa ansioso.*

Observação

Quando a preposição (ou locução prepositiva) se combina com o artigo, deve ser repetida, se o artigo estiver repetido: *Ele foi leal **ao**s amigos e **ao**s familiares.* Mas está certo também sem a repetição da preposição e do artigo: *Ele foi leal aos amigos e familiares.* Estaria errado assim: *Ele foi leal aos amigos e os familiares.* Veja o tópico 5 de Casos Especiais, no capítulo 30 (Crase). Nas locuções prepositivas, há três possibilidades de construção: ***Apesar de** sucessos e **apesar de** insucessos, vencemos. / **Apesar de** sucessos e **de** insucessos, vencemos. / **Apesar de** sucessos e insucessos, vencemos.*

Vamos ver uma questão sobre isso?

(Cespe/UnB – TJ/DF – Técnico Administrativo – 2008)

A retirada da preposição em "de transformar" (... nossa capacidade de trabalhar, de transformar o mundo...) violaria as regras de gramática da língua portuguesa, já que essa expressão complementa "capacidade".

( ) CERTO **(X) ERRADO**

Comentário: Note que as expressões *de trabalhar* e *de transformar* estão coordenadas entre si, como numa enumeração, sendo assim é possível omitir a preposição, sem problemas.

---

4) É extremamente comum, sobretudo nas provas da FCC, as bancas trabalharem "preposição + pronome relativo" ou "preposição + conjunção integrante". Eu falo sobre isso, direta ou indiretamente, no capítulo 11 (pronome relativo), no capítulo 23 (em orações subordinadas substantivas e adjetivas) e nas páginas iniciais do capítulo 29. Portanto, leve a sério essas partes específicas dentro desses capítulos; estude firme para não garotear no dia da prova! Veja estes exemplos:

- *O filme **de que** gostamos é O Poderoso Chefão. (preposição + pronome relativo; o verbo exige a preposição: gostamos de...)*
- *Estou convicto **de que** vou passar no concurso! (preposição + conjunção integrante; o adjetivo convicto exige a preposição: convicto de...)*

Capítulo 14 • Preposição

Outras considerações válidas:

I. Os verbos *chegar, ir, voltar, levar* e *dar* não são usados com a preposição *em*, quando indicam lugar, mas sim com *a*: *chegar à casa dele; ir ao supermercado; voltar à escola; levar à praia* etc.

II. "Nos domingos vou à missa" (errado), pois é o **_a_** que indica repetição de um fato. "Aos domingos vou à missa" (certo)

III. Verbo **_ter/haver_ + _de/que_ + infinitivo**: *Eu tenho de/que viajar amanhã.* Privilegia-se a 1ª forma, com *de*.

IV. Usa-se indiferentemente *à/na página*: *O clímax começa à/na página 415.* Usa-se ainda *a páginas*: *O clímax começa a páginas 415.* O mesmo vale para datas: *Em/A catorze de julho*, vou à Bahia.

V. Normalmente, as preposições *por/para/a/sem/ao* + verbo no infinitivo indicam, respectivamente, **causa/finalidade/condição/concessão ou condição/tempo**: *Por ser exato, o amor não cabe em si. / Para passar, precisa estudar. / A persistirem os sintomas, o médico deverá ser consultado. / Sem estudar, não passará./ Sem estudar, passei. / Ao fazer os exercícios, preocupei-me em acertar os mais fáceis.* Veremos questões sobre isso no capítulo de *Orações Reduzidas.*

Valor Discursivo (Linguística Textual)

A **preposição** e as **locuções prepositivas** têm a função textual de conectar partes do texto: palavras a palavras, palavras a orações, orações a orações etc. Veja o texto a seguir e note como elas desempenham um papel coesivo importantíssimo para a união das ideias de um texto. Leve em conta também seu valor semântico a cada relação estabelecida:

> "(...) Nessa quinta-feira (30/8/2012) faz exatos dez anos a estreia do filme de Fernando Meirelles e Katia Lund. E se a antológica 'fuga da galinha' ainda persiste no imaginário nacional, não é somente essa cena que faz *Cidade de Deus* uma produção memorável. Em poucas semanas depois de seu lançamento, cerca de três milhões de espectadores foram levados às salas de cinema brasileiras. A temática do filme e a técnica utilizada pelos diretores agradaram crítica e público, fazendo dele uma referência cultural, social e política no País. (...)"
>
> (http://www.cartacapital.com.br/cultura/cidade-de-deus-dez-anos-depois) (texto adaptado)

Analisemos cada preposição e seus valores:

> "(...) Nessa quinta-feira (30/8/2012) [valor nocional: tempo] faz exatos dez anos a estreia do filme [valor nocional: especificação/posse] de Fernando Meirelles e Katia Lund [valor nocional: posse]. E se a antológica 'fuga da galinha' [valor relacional: o nome *fuga* exige a preposição *de*] ainda persiste no imaginário nacional [valor nocional: tempo], não é somente essa cena que faz *Cidade de Deus* [valor relacional fixo] uma produção memorável. **Em** poucas semanas [valor nocional: tempo] **depois de** seu lançamento [valor nocional: tempo], **cerca de** três milhões [valor nocional: quantidade aproximada] **de** espectadores [valor nocional: especificação] foram levados às salas [valor relacional: o particípio adjetivo *levado* exige a preposição *a* + as (artigo) = *às* (crase)] **de** cinema brasileiras [valor nocional: especificação/posse]. A temática **d**o filme [valor nocional: posse] e a técnica utilizada **pel**os diretores

[valor nocional: agente] agradaram crítica e público, fazendo d**e**le [valor relacional] uma referência cultural, social e política **n**o País [valor nocional: lugar]. (...)"

Lindo isso, não?

O Que Cai Mais na Prova?

A maior parte das questões sobre preposição diz respeito ao conhecimento básico de valor **relacional** (regência verbal e nominal, principalmente crase) e **nocional** (valor semântico). Fique ligado no padrão das questões!

> *Concurseiro(a), quer uma dica de irmão? Guarde no seu coração o que vai ler agora: NUNCA DEIXE DE FAZER SEU PRÓPRIO RESUMO DE CADA CAPÍTULO. Esse processo cognitivo é **extremamente** valioso. Eu poderia ser legalzinho e fofinho pondo um quadro-resumo do que vimos no capítulo, mas, se fizesse isso, estaria sabotando você, impedindo-o(a) de ter esse trabalho de internalização imprescindível do conteúdo. **Por favor, não pule essa etapa!!!** Mesmo que seu resumo fique gigantesco (não vá escrever outra gramática... rsrs), nunca deixe de fazê-lo, para o seu próprio bem! Seu cérebro agradece e, quando passar no concurso, sua conta no banco também. Vá fundo na missão!* ☝

Questões de Concursos

1. (Ceperj – Pref. Angra dos Reis/RJ – Professor – 2008) No título do poema "Canção do exílio", a preposição tem o mesmo valor semântico que a destacada na frase:
   a) Nem sempre o seu silêncio é <u>de</u> ouro.
   b) Ele se nutre <u>de</u> saudades.
   c) O poeta morria <u>de</u> amores pela pátria.
   d) <u>De</u> noite, seu sofrimento aumentava.
   e) O poeta admirava <u>de</u> longe os primores nacionais.

2. (FGV – MEC – Administrador de Banco de Dados – 2009) "<u>Com</u> o real, os brasileiros redescobriram o valor do dinheiro e das coisas"; a frase a seguir em que a preposição **com** tem o mesmo valor semântico da ocorrência sublinhada é:
   a) Com a chuva, todas as ruas ficaram alagadas.
   b) Os turistas encontraram-se com os amigos no aeroporto.
   c) Todos saímos com os amigos recém-chegados.
   d) Com quem eles viajaram nós não vimos.
   e) Brigaram com os adversários durante horas.

3. (FEC/UFF – MPA – Engenheiro – 2010) Cometeria grande equívoco quem fizesse, no texto, a substituição da preposição pela locução prepositiva, ou vice-versa, proposta em:
   a) sobre (Quem se mantém informado sobre os imensos problemas...) / acerca de.
   b) com exceção de (Tudo parece conspirar para que o consumo de peixe seja uma prática muito pouco sustentável – com exceção dos peixes que são criados em um parque na Espanha.) / salvo.
   c) para (Esta é uma receita para o futuro da boa alimentação...) / a fim de.
   d) diante de (E diante da usual pergunta sobre se este tipo de sistema poderia...) / ante.
   e) em direção a (... podemos avançar em direção a um futuro...) / para.

Capítulo 14 • Preposição **451**

4. (Cespe/UnB – TCU – Auditor-Federal de Controle Externo – 2010) O uso da preposição **De** em lugar de "Sob" (Sob uma forma paradigmática, a língua encarna esse tipo de dados sociais...) alteraria as relações de significação entre os termos da oração e, por isso, prejudicaria a coerência entre os argumentos do texto.
( ) CERTO ( ) ERRADO

5. (FCC – TRF (1R) – Analista Judiciário – 2011) (Adaptada) *Em Chicago, melhor do que em qualquer outro ponto, pode-se acompanhar o processo sumário que usais para conseguir, de plantas alienígenas, ao fim de curto estágio de aclimação, frutos genuinamente americanos.*
– Na frase acima, a preposição **de**, em *de plantas alienígenas*, expressa ideia de procedência?

6. (Cespe/UnB – PC/ES – Cargos de Nível Superior – 2011) No trecho "estão convencidos de que as desigualdades são, em sua maior parte, sociais ou históricas", a omissão da preposição "de" prejudicaria a correção gramatical do período.
( ) CERTO ( ) ERRADO

7. (Cespe/UnB – FUB – Cargos de Nível Médio – 2011) Em "importar dos Estados Unidos da América", a preposição **de**, contida em "dos", expressa ideia de procedência.
( ) CERTO ( ) ERRADO

8. (Cespe/UnB – FUB – Analista de TI – 2011) Com relação ao vocabulário e à estrutura do texto, julgue os itens que se seguem.
A retirada da preposição "de" em "A indicação inicial é a de que, sim, a rede (...)" não implicaria alteração do texto, quer do ponto de vista semântico, quer sintático.
( ) CERTO ( ) ERRADO

9. (Cespe/UnB – IFB – Cargos de Nível Médio – 2011) No primeiro parágrafo do texto, contrapõem-se duas reali-dades diferentes; tal raciocínio é evidenciado pelo emprego da locução "Apesar de" (Apesar de estarmos em pleno século XXI, a aldeia deles ainda vive a realidade do subdesenvolvimento...).
( ) CERTO ( ) ERRADO

10. (Cespe/UnB – TJ/ES – Analista Judiciário – 2011) A substituição da locução "a fim de" (... agachar-se sob o túmulo a fim de escapar dos golpes...) por **para** manteria a correção gramatical e o sentido original do texto.
( ) CERTO ( ) ERRADO

11. (Vunesp – SAP/SP – Oficial Administrativo – 2011) Considere a frase:
– *Não se sabe ao certo quem foram os responsáveis pela agressão a moças obesas em uma festa de estudantes.*
Assinale a alternativa em que a preposição *a* está corretamente substituída.
a) até.
b) contra.
c) entre.
d) por.
e) sobre.

12. (Vunesp – SAP/SP – Oficial Administrativo – 2011) Leia o texto.
Uma resolução da Organização das Nações Unidas (ONU) pede o fim do apedrejamento no Irã. A resolução ainda condena Teerã _____ silenciar opositores. O Brasil optou _____ não se ma-nifestar sobre o assunto.
A mesma preposição que preenche, corretamente, ambas as lacunas é:
a) com;
b) para;
c) por;
d) sob;
e) sobre.

13. (Cespe/UnB – Correios – Analista de Correios (Letras) – 2011) Fragmento de texto:
"(...) Entretanto, insistimos em colocar a pergunta "o quê?" antes da pergunta "quem?", a despeito da tradição filosófica, cuja tendência foi fazer... (...)".
Em "a despeito da tradição filosófica", o emprego da preposição "a" deve-se à relação sintática que o substantivo "despeito" estabelece com o verbo "colocar".
( ) CERTO ( ) ERRADO

452 A Gramática para Concursos Públicos • Fernando Pestana

14. (Cespe/UnB – Correios – Cargos de Nível Superior – 2011) Seria mantida a correção gramatical do texto, se a preposição "de", em sua primeira ocorrência, no trecho "de 17 de dezembro de 1663 a 28 de setembro de 1665", fosse substituída por **entre**.
( ) CERTO   ( ) ERRADO

15. (Cespe/UnB – CNPQ – Analista em Ciência e Tecnologia Júnior – 2011) Fragmento de texto:
"Na ciência moderna, a ruptura epistemológica simboliza o salto qualitativo do conhecimento do senso comum para o conhecimento científico (...)".
A primeira preposição em "do conhecimento do senso comum" exprime noção de origem do movimento expresso por "salto", e a preposição empregada no trecho "para o conhecimento científico" exprime noção de fim desse movimento.
( ) CERTO   ( ) ERRADO

16. (Cespe/UnB – STM – Técnico Judiciário – 2011) Fragmento de texto:
"... o cérebro faz uma espécie de faxina na memória de curto prazo **para** facilitar o armazenamento de novas informações. "Medidas como essa não só melhoram a capacidade cognitiva como são extremamente importantes **para** compensar a restrição ao sono...".
A preposição **para**, em ambas as ocorrências, nas linhas 10 e 13, estabelece uma relação de consequência entre a oração de que faz parte e a oração que a antecede.
( ) CERTO   ( ) ERRADO

17. (FCC – DPE/RS – Defensor Público – 2011) A passagem "..., *em contraposição a tentações apressadas de recorrer à censura*" contém o elemento gramatical *a*, que:
a) define quais são as tentações, porque é um artigo;
b) não define quais são as tentações, porque é artigo;
c) define quais são as tentações, porque é uma preposição;
d) não define quais são as tentações, porque é artigo indefinido;
e) não define quais são as tentações, porque é preposição.

18. (FCC – DPE/RS – Defensor Público – 2011) A palavra *para* (... meios para convencer o Irã...) é uma:
a) preposição derivada da regência verbal da palavra *meios*;
b) conjunção que liga uma oração coordenada a uma subordinada;
c) preposição que liga *meios* a um verbo intransitivo;
d) preposição derivada da regência nominal da palavra *meios;*
e) preposição que liga *meios* a um verbo.

19. (Cespe/UnB – Correios – Agente de Correios – 2011) (Adaptada) A afirmação abaixo está correta ou incorreta?
–   A substituição da preposição "por" (... um patrimônio cultural de 246 km de areias pontilhado por monta-nhas...) por **de** prejudica a correção gramatical e a coerência do período.

20. (FGV – TRE/PA – Técnico Judiciário – 2011) *Aliás, o melhor para a democracia seria separar os fundos par-tidários dos destinados às campanhas eleitorais.*
A respeito do período acima, analise as afirmativas a seguir:
I.   Há três preposições.
II. Há quatro artigos.
III. Há um pronome demonstrativo.
Assinale
a) se todas as afirmativas estiverem corretas.
b) se apenas as afirmativas II e III estiverem corretas.
c) se nenhuma afirmativa estiver correta.
d) se apenas as afirmativas I e II estiverem corretas.
e) se apenas as afirmativas I e III estiverem corretas.

21. (FGV – PC/RJ – Guarda Municipal – 2011) Marque a alternativa em que o vocábulo "para" introduz ideia de finalidade.
a) "... a meu ver, um dos documentos mais inspiradores para a presente crise."
b) "Dois valores, entre outros, considero axiais para esse novo começo..."
c) "... o cuidado é uma arte, um paradigma novo de relacionamento para com a natureza, para com a terra..."
d) "... se transforme em tragédia e para conferir eficácia..."

Capítulo 14 • Preposição **453**

22. (FGV – PC/RJ – Perito Legista (Odontologia) – 2011) "*Por* precaução, a maioria dos médicos recomenda evitar a combinação de bebida e remédios".
A preposição "*por*", no fragmento acima, tem valor de:
a) meio;
b) modo;
c) condição;
d) consequência;
e) causa.

23. (Vunesp – Pref. São José dos Campos/SP – Agente Educador – 2012) Assinale a alternativa cujas preposições completam, correta e respectivamente, o texto a seguir.
São um grande erro as gratificações ___ que alguns pais se servem para agradar, constantemente e por qualquer motivo, a seus filhos, pois essas crianças se tornam aquelas ___ quem cumprir um dever ou agir corretamente não são obrigações, mas sim atitudes excepcionais.
a) de ... por.
b) de ... para.
c) em ... a.
d) com ... para.
e) com ... por.

24. (Consulplan – Pref. São Domingos do Prata/Mg – Arquivista – 2012) Relacione os vocábulos sublinhados com suas respectivas classes gramaticais.
1. "... filhos com <u>até</u> dois anos de idade..."
2. "... Os pais <u>que</u> acreditam..."
3. "... são <u>muito</u> importantes..."
4. "... <u>algum</u> tipo de conteúdo..."
5. "... pais disseram <u>que</u> seus filhos..."
( ) Pronome relativo.
( ) Advérbio.
( ) Pronome indefinido.
( ) Conjunção integrante.
( ) Preposição.
A sequência está correta em:
a) 5, 3, 4, 1, 2;
b) 4, 3, 1, 5, 2;
c) 2, 3, 4, 5, 1;
d) 2, 4, 3, 5, 1;
e) 3, 1, 2, 5, 4.

25. (FEC/UFF – Pref. Angra dos Reis/RJ – Administrador – 2012) Em "Os mumificadores, ao abrirem os corpos dos faraós <u>para</u> retirar as entranhas..." (parágrafo 1), a preposição PARA indica relação de:
a) lugar;
b) tempo;
c) fim;
d) proporção;
e) consequência.

26. (FEC/UFF – Pref. Angra dos Reis/RJ – Agente Administrativo – 2012) Na frase "O povo está muito satisfeito com as maquininhas PARA preocupar-se com o sumiço das letras", a preposição em destaque indica relação de:
a) finalidade;
b) lugar;
c) tempo;
d) proporção;
e) consequência.

27. (FEC/UFF – PC/RJ – Inspetor de Polícia Civil – 2012) (Adaptada) A afirmação abaixo está correta ou incorreta?
– APESAR DE introduz argumento orientado para a conclusão do texto.

28. (Dom Cintra – Pref. BH/MG – Administrador – 2012) (Adaptada) As substituições propostas para as expressões destacadas estão corretas ou incorretas?
I. "...ocorre <u>devido a</u> ações administrativas..." / em razão de.
II. "<u>Segundo</u> técnicos da Receita,..." / conforme.

454 A Gramática para Concursos Públicos • Fernando Pestana

29. (FEC/UFF – Câmara Municipal de Duque de Caxias/RJ – Agente de Processamento de Dados – 2012) No trecho "E apontava com o queixo, ATÉ curvando a boca com certo desdém", a palavra destacada tem o valor semântico de:
   a) explanação;
   b) retificação;
   c) situação;
   d) exclusão;
   e) inclusão.

30. (FEC/UFF – Câmara Municipal de Duque de Caxias/RJ – Agente de Processamento de Dados – 2012) No período "A esposa começou a chorar assim que a juíza a interrogou" há quatro ocorrências da palavra A, que se classifica, respectivamente, como:
   a) artigo, pronome, preposição, pronome;
   b) artigo, preposição, artigo, pronome;
   c) pronome, artigo, pronome, artigo;
   d) artigo, pronome, preposição, artigo;
   e) artigo, preposição, pronome, artigo.

31. (FEC/UFF – Câmara Municipal de Duque de Caxias/RJ – Agente de Processamento de Dados – 2012) Para o correto preenchimento das lacunas na frase "O controle das faltas do funcionário _____ o patrão se referia era o mais eficiente recurso _____ os empregadores dispunham para procederem ao desconto no final do mês", têm de ser usadas, respectivamente, as formas:
   a) a que – de que;
   b) a que – com que;
   c) que – a que;
   d) de que – que;
   e) de que – com que.

32. (Esaf – CGU – Analista de Finanças e Controle – 2012) Assinale o conectivo que provoca <u>erro</u> gramatical e/ou incoerência textual ao preencher a lacuna do fragmento abaixo:
   A dívida pública mobiliária tem algumas características específicas. No que diz respeito à participação dos indexadores da dívida, continua crescendo a participação dos títulos atrelados à Selic (64,6% do total), _____ sua alta rentabilidade, segurança e liquidez; enquanto os títulos prefixados mantêm uma posição em torno de 35,5%. Quanto ao prazo, os títulos emitidos pelo BCB e pelo Tesouro Nacional têm prazo médio de 40,19 meses.
   a) ademais de;
   b) em face de;
   c) devido à;
   d) em função de;
   e) haja vista.

33. (AOCP – BRDE – Analista de Projetos (Agronomia) – 2012) "<u>Por um desses quiproquós da vida cultural</u>, a tradicionalização, ou a referência à tradição, tornou-se um tema dos mais presentes na poesia contemporânea brasileira, quer dizer, a que vem sendo escrita desde meados dos anos 80".
   O fragmento em que o elemento **por** (ou pelo/pela) estabelece a mesma relação semântica do elemento **por** do fragmento acima é:
   a) "Nessa visada, o passado é continuamente refeito pelo novo".
   b) "sustentavam o tradicionalismo, tradição é o que se cultua por todos os lados".
   c) "Eles recombinam formas, amparados por modelos anteriores".
   d) "recriado pela contribuição do poeta moderno consciente de seus processos artísticos".
   e) "por prazer de inventar, queria mudar o passado a partir da atualidade viva".

34. (Cespe – SEE/AL – Professor de Língua Portuguesa – 2013) No trecho "pelos corredores da Escola Estadual Padre Afonso Paschotte, em Mauá, na Grande São Paulo", os elementos "pelos", "em" e "na" introduzem circunstâncias locativas.
   ( ) CERTO   ( ) ERRADO

Capítulo 14 • Preposição **455**

35. (FGV – TJ/RJ – Analista Judiciário – 2014) O segmento em que a preposição destacada faz parte de um adjunto e NÃO é solicitada obrigatoriamente por nenhum termo anterior é:
a) "Estamos no trânsito **de** São Paulo".
b) "salvo **de** acidentes".
c) "em sincronia **com** os demais veículos lá fora".
d) "assistindo **a**o seu seriado preferido".
e) "basta informar **a**o computador".

36. (Instituto AOCP – EBSERH – Enfermeiro (HDT-UFT) – 2015) Assinale a alternativa cujo "para" em destaque NÃO tem função de introduzir uma ideia de finalidade.
a) "a indústria farmacêutica gasta um grande valor <u>para</u> obter informações sobre a venda de remédios".
b) "obter informações sobre a venda de remédios <u>para</u> poder definir estratégias de marketing e a atuação dos representantes de laboratórios...".
c) "é proposto que cada membro da cadeia tenha seu próprio banco de dados (...) <u>para</u> que o governo federal construa seu próprio banco de dados".
d) "Porém, há uma disputa em jogo que pode levar o prazo de adequação <u>para</u> só depois de 2025".
e) "que o governo federal construa seu próprio banco de dados <u>para</u> armazenar e consultar todas as movimentações dos medicamentos".

37. (FGV – Compesa – Analista de Gestão (Administrador de Banco de Dados) – 2016) Assinale a frase em que houve troca indevida entre sob/sobre.
a) "Infância é vida sob uma ditadura".
b) "Falar sobre música é como dançar sobre arquitetura".
c) "O verso é uma vitória sobre os limites da linguagem".
d) "A interpretação é a vingança do intelecto sob a arte".
e) "Se tudo está sob controle é porque não se está indo suficientemente rápido".

38. (Vunesp – Câmara de Barretos/SP – Advogado – 2017) O termo destacado na frase "Ninguém deixa de falar comigo POR falta de telefone" forma uma expressão com sentido de
a) finalidade.   c) modo.   e) causa.
b) origem.   d) meio.

39. (Vunesp – Prefeitura de Garça/SP – Professor de Educação Básica I – 2018) Nas passagens do primeiro e do último quadrinho – "Você precisa de estudar <u>para</u> se preparar para o mercado" e "Vou de olhos fechados <u>pro</u> [para o] corredor de chocotone" –, os termos destacados expressam, respectivamente, relações de sentido de
a) direção e direção   c) finalidade e finalidade.   e) direção e causa.
b) finalidade e causa.   d) finalidade e direção.

40. (FGV – DPE-RJ – Técnico Médio de Defensoria Pública – 2019) "Perseguido PELO branco, o negro no Brasil escondeu as suas crenças NOS terreiros das macumbas e dos candomblés. O folclore foi a válvula pela qual ele se comunicou COM a civilização branca, impregnando-a de maneira definitiva. As suas primitivas festas cíclicas – de religião e magia, de amor, de guerra, de caça e de pesca... – entremostraram-se assim disfarçadas E irreconhecíveis. O negro aproveitou as instituições aqui encontradas e POR elas canalizou o seu inconsciente ancestral..."
Os termos destacados no texto são conectores; o sentido INADEQUADO de um desses conectores é:
a) pelo / agente de ação;   c) com / companhia;   e) por / meio.
b) nos / lugar;   d) e / adição;

41. (Instituto Consulplan – Prefeitura de Formiga/MG – Agente Social – 2020) A expressão "cerca de" em "Anualmente, são geradas cerca de 300 milhões de toneladas de lixo plástico no mundo" é classificada, morfologicamente, como:
a) Advérbio.
b) Substantivo.
c) Locução conjuntiva.
d) Locução prepositiva.

42. (Vunesp – Prefeitura de Jundiaí – SP – Agente de Trânsito – 2021) Considere os trechos do texto.
• ... para aguentar perto de quinze dias na casa do tio, onde ficaria ATÉ conseguir emprego. (2º parágrafo)
• Adulto só encostava em criança PARA dar cascudo. (2º parágrafo)
• Andou sozinho até a rodoviária, SEM ninguém junto para encurtar a partida. (3º parágrafo)

As preposições destacadas passam, respectivamente, a noção de
a) limite; conformidade; oposição.
b) limite; finalidade; privação.
c) limite; direção; tempo.
d) distância; finalidade; oposição.
e) distância; conformidade; privação.

43. (Fundatec – IPE Saúde – Analista de Gestão em Saúde (Administração) – 2022) Assinale a alternativa que indica o número correto de preposições presentes no trecho a seguir, incluindo as que possam aparecer contraídas com outras palavras. "Essa lógica de estruturação e financiamento das atividades de atenção e assistência à saúde, além das evidentes discriminações dela decorrentes."
a) 3.   b) 4.   c) 5.   d) 6.   e) 7.

Gabarito

1. E.	12. C.	23. B.	34. CERTO.
2. A.	13. ERRADO.	24. C.	35. A.
3. C.	14. ERRADO.	25. C.	36. D.
4. ERRADO.	15. CERTO.	26. E.	37. D.
5. CORRETA.	16. ERRADO.	27. INCORRETA.	38. E.
6. CERTO.	17. E.	28. I e II CORRETAS.	39. D.
7. CERTO.	18. D.	29. E.	40. C.
8. ERRADO.	19. INCORRETA.	30. B.	41. D.
9. CERTO.	20. A.	31. A.	42. B.
10. CERTO.	21. D.	32. A.	43. D.
11. B.	22. E.	33. E.	

Os comentários sobre as questões estão no *Material Complementar* do livro.
Para acessá-lo, veja o passo a passo na orelha desta obra.

CAPÍTULO 15
CONJUNÇÃO

Definição

Fi-nal-men-te!
Conjunção é a "menina dos meus olhos"!
— *Ficou meio estranho isso, hein, Pestana!*
Esta classe gramatical é a MAIS IMPORTANTE de todas em provas de concursos, pois, sabendo conjunções, você consegue acertar até questões de semântica, colocação pronominal, pontuação, orações coordenadas e subordinadas, coesão e coerência, interpretação etc. Portanto, coma com farinha este capítulo! E baixe meu aplicativo *Decore as Conjunções* agora!

Você não tem ideia da quantidade de questões que caem em provas todo ano! Saber conjunção é matar mais de uma questão numa prova feita por uma banca de prestígio, como Cespe, Esaf, FCC, FGV, Cesgranrio etc.

Por isso, vai ser um prazer ajudá-lo. Você vai sair desse capítulo *na ponta dos cascos*, caro(a) leitor(a)! Vamos começar a brincadeira!

Do ponto de vista semântico, a conjunção é uma palavra que traz embutida um sentido (ou mais de um). Só a conjunção **integrante** não carrega consigo um sentido.

Do ponto de vista morfológico, a conjunção é uma palavra que não muda de forma, portanto é invariável.

Do ponto de vista sintático, a conjunção não exerce função sintática alguma, mas participa de construções coordenadas e subordinadas, ligando normalmente termos de mesma função sintática, orações, períodos e parágrafos, numa relação lógica.

Pois bem... para entendermos todas as definições de conjunção, vamos analisar este texto:

A mulher e o homem se complementam, mas essa relação é (não raro) cercada de desavenças. Por isso ocorrem muitas separações, resultando em dificuldades emocionais, financeiras e até físicas.
Não obstante, o quadro não é só pessimista; muitos casais conseguem viver em harmonia e com amor durante toda a sua vida.

Note que os termos *e*, *mas*, *Por isso*, *Não obstante*, *e*

1) apresentam, respectivamente, **valores semânticos** de adição, oposição, conclusão, oposição e adição; observe a relação lógica e semântica entre as partes do texto;
2) **não variam** de forma;
3) **ligam** termos de mesma função sintática coordenados, orações coordenadas, períodos, parágrafos e termos de mesma função sintática coordenados. Falarei melhor sobre coordenação e subordinação em *Sintaxe*, mais à frente. *Relax*!

458 A Gramática para Concursos Públicos • Fernando Pestana

> **Observação**
>
> A conjunção, assim como a preposição, tem o papel fundamental de conectar partes do texto, por isso é também chamada de **conector, conectivo, elemento coesivo, síndeto e operador argumentativo.**

Identificação

Identificar uma conjunção é fácil. Basta decorar todas elas! Parece brincadeira, mas é verdade... Eu mesmo decorei as conjunções como um mantra. Escrevi todas elas em uma cartolina e colei na parede do meu quarto. Depois de muito ler e reler, com exercícios, decorei. Hoje não erro nenhuma questão sobre esse assunto. Fique tranquilo, pois você também ficará *craque* em conjunções! Faça a sua parte!

> **Observação**
>
> Tecnicamente falando, identifica-se uma conjunção por saber qual é a função dela na língua. Seu objetivo é conectar partes do texto: **vocábulos, orações, períodos...**

Veja alguns exemplos:

– *Farei exames pré e pós-operatórios.* (liga prefixos)
– *Paradoxalmente, Vítor está contra e a favor do novo acordo ortográfico.* (liga preposição a locução prepositiva)
– *Uma luz bruxuleante* **mas** *teimosa continuava a brilhar nos seus olhos.* (liga vocábulos, termos de mesma função sintática)
– *Nós esperamos* **que** *você estude mais.* (liga orações)
– *Fale com ela* **assim que** *chegar de viagem.* (liga orações)
– *Desejo que venha comigo.* **E** *desejo ainda mais que se deixe seduzir.* (liga períodos)

É bom dizer desde já que muitas conjunções podem mudar de posição na frase. Em tese, se ela liga, deveria vir no meio dos termos ou das orações, certo? Errado! Veja alguns exemplos de **inversões** das conjunções:

– *Podem sair; voltem às onze,* **porém**.
– **Enquanto** *as coisas não se resolverem por aqui, jamais te deixarei só.*
– *Tudo concluído enfim; podemos,* **pois**, *comemorar até o dia seguinte!*

Também não me custa nada dizer que algumas conjunções coordenativas são **correlatas**, isto é, aparecem **em dupla** formando uma unidade de sentido. É o que a gente chama de "correlação". Entenda:

– **Ora** *atrapalha o professor,* **ora** *atrapalha a classe.*
– **Não só** *mudamos a perspectiva de enxergar o mundo* **mas também** *o mudamos.*
– **Tanto** *me empenho no trabalho* **quanto** *nos estudos.*

O conceito de "**correlação**" se estende também às conjunções subordinativas (em negrito), mas nesse caso o termo que vem sublinhado tem sua própria classificação gramatical. Veja alguns exemplos das gramáticas tradicionais:

– *Era mais corajoso* **que** *muito lutador profissional.*
– *Falou tanta bobagem,* **que** *a todos incomodou.*
– **Quanto mais** *conhecimento religioso adquiria, mais conflitantes os dogmas lhe pareciam.*

Capítulo 15 • Conjunção **459**

> **Observação**
> Os termos sublinhados se classificam, respectivamente, como: advérbio de intensidade, pronome indefinido e advérbio de intensidade.

Locução Conjuntiva

A **locução conjuntiva** é formada por um grupo de vocábulos (muitas vezes terminados em *que*) desempenhando o mesmo papel das conjunções.

Eis algumas *locuções conjuntivas*: não obstante, no entanto, só que, por conseguinte, em vista disso, por isso, sendo assim, assim como, com isso, pois que, visto que, já que, ao passo que, para que, logo que, assim que, a menos que, a fim de que, à medida que...

Trabalha-se muito a substituição e a equivalência entre conjunções e locuções conjuntivas nas provas, todo ano. Por isso, dessa vez, insisto na **decoreba das conjunções**. Vai por mim!

Classificação

Existem dois tipos de conjunção: **coordenativas** (em princípio, ligam orações ou termos sintaticamente independentes) e **subordinativas** (em princípio, ligam orações sintaticamente dependentes).

Para você entender isso melhor, observe estas frases com **conjunções coordenativas**:

— *Em grandes livrarias, são vendidos livros, CDs **e** DVDs.*
— *Um temporal está chegando, **portanto** fique atento!*

Note que as duas conjunções (*e* e *portanto*) têm o papel apenas de ligar, podendo ser retiradas das frases, pois elas ligam partes independentes entre si.

Veja como ficaria possível a reescritura delas:

— *Em grandes livrarias, são vendidos livros, CDs, DVDs.*
— *Um temporal está chegando – fique atento!*

Observe agora duas frases com **conjunções subordinativas**:

— *Não sei **se** tudo mudará depois das eleições.*
— *Nunca desista da vida, **embora** ela esteja difícil.*

Note que as duas conjunções (*se* e *embora*) têm a função de ligar as duas orações seja completando, seja determinando. Logo, não podem ser retiradas das frases, pois elas ligam partes dependentes entre si.

Veja como ficaria "estranha" (ou, tecnicamente falando, "agramatical") a reescritura delas:

— *Não sei tudo mudará depois das eleições. (?!)*
— *Nunca desista da vida, ela esteja difícil. (?!)*

Falarei muito mais sobre coordenação e subordinação em *Sintaxe*. Isso foi só uma *palinha*.

Coordenativas

Fiquem atentos às conjunções sublinhadas! Como não são usuais, as bancas exploram-nas para dificultar sua vida.

Aditivas: exprimem ideia de soma, acréscimo, adição; o *e* exprime outros valores.

460 A Gramática para Concursos Públicos • Fernando Pestana

e	*não só... como (também)...*
nem... (= e não)	*não só... como (ainda)*
nem... nem	<u>*não só... senão (também)*</u>
<u>*tampouco*</u>	<u>*não só... senão (ainda)*</u>
não só... mas (também)	*tanto... quanto*
não só... mas (ainda)	*tanto... como*
não só... (bem) como	***mais*** (em linguagem matemática ou coloquial)
bem como / assim como	

* Os parênteses indicam que tais palavras podem ou não aparecer. No lugar de *não só*, pode aparecer *não somente* ou *não apenas*, nas conjunções correlativas aditivas.

— *Estudo **e** trabalho.*
— *Não estudo **nem** trabalho.*
— ***Nem** eu **nem** você estudamos.*
— *Não estudo, **tampouco** trabalho.*
— ***Não só** estudo **mas também** trabalho.*
— ***Não apenas** estudo **bem como** trabalho.*
— ***Não somente** estudo **senão ainda** trabalho.*
— ***Tanto** estudo **quanto** trabalho.*
— *Dois **mais** dois são quatro. Por isso, nós **mais** vocês formamos um quarteto.*
— *O urso **bem como/assim como** a foca se alimentam de peixes.*

> ⚠️ **CUIDADO!!!**
>
> 1) **Sobre o *e*:** Além de apresentar a ideia de **adição**, também pode ter outros valores semânticos, como **adversidade** (*mas, porém*) ou **conclusão/consequência** (*portanto, por isso, então*). É bom dizer que, para alguns gramáticos, como Sacconi e Cegalla, a conjunção aditiva **e** com valor semântico adversativo inicia oração coordenada sindética adversativa. Destes dois, Sacconi é o único a dizer que a conjunção **e**, de fato, é uma conjunção adversativa, e não aditiva. Já todos os demais gramáticos consagrados (como Bechara e Celso Cunha, por exemplo) dizem que a conjunção aditiva **e** pode apresentar diferentes valores semânticos a depender do contexto, mas a classificação da oração continuará sendo coordenada sindética aditiva. Em concursos públicos, nunca vi essa polêmica sendo trabalhada, mas, nunca se sabe...
>
> — *Choveu intensamente, **e** a cidade ficou inundada.* (*portanto, por isso* – conclusão/consequência)
> — *Cumpra suas obrigações **e** será recompensado.* (*de modo que* – conclusão/consequência)
> — *Nós acordamos cedo, **e** chegamos, infelizmente, atrasados.* (*mas, porém* – adversidade/oposição)
> — *Fazemos muitas dietas, **e** não conseguimos emagrecer.* (*mas, porém* – adversidade/oposição)
> — *Depois de ontem, vou chamá-lo **e** dar-lhe uma bronca.* (= *para* – finalidade)

Capítulo 15 • Conjunção **461**

A conjunção e, além desses valores, pode indicar sequenciação temporal; isso ocorre quando o papel dele é apenas ligar dois eventos sucessivos: *Depois da ferrenha discussão, Maria fechou o rosto e João foi para o quarto em seguida.* Sobre isso, veja esta questão: CESPE – SEDF – Professor de Educação Básica (Língua Portuguesa) – 2017 – Questão 73 (gabarito certo).

Veja uma questão sobre seu valor semântico:

Cespe/UnB – ABIN – Oficial de Inteligência – 2008

– A relação que a oração iniciada por "e as respostas" (... o mundo tornou-se intensamente complexo e as respostas não são diretas nem estáveis) mantém com a anterior mostra que a função da conjunção "e" corresponde à função de **por isso.**

(X) **CERTO**   ( ) ERRADO

Veja outra:

37. (FAB – EAGS – Sargento – 2008) Marque a alternativa em que a conjunção coordenativa "e" estabelece somente relação de adição entre as orações.

a) Ia telefonar-lhe e desejar-lhe parabéns.

b) Ninguém me disse nada, e entendi de imediato.

c) **"O sol ardia sobre o pasto maltratado e secava os lameirões da estrada torta." (Gabarito!)**

d) A chuva caiu pela manhã, e a festa de aniversário ao ar livre não foi cancelada.

Comentário: A única alternativa em que a conjunção coordenativa *e* estabelece somente relação de adição entre as orações é a C. Nas alternativas B e D, admite-se a relação de adversidade entre as orações. Veja: B – Ninguém me disse nada, *mas* entendi de imediato. D – A chuva caiu pela manhã, *mas* a festa de aniversário ao ar livre não foi cancelada. Na alternativa A, a relação entre as orações é de finalidade: Ia telefonar-lhe *para* desejar-lhe parabéns.

Observações importantes:

– Pode ser usada a conjunção *e* logo após um ponto (**.**) para imprimir ênfase ao conteúdo da oração que a segue: *Você é muito importante para mim. E será sempre.*

– A ênfase pode ser conseguida também quando vem após a vírgula: *Concordo com ele, e muito! Ela é casada, e muito bem casada.* (O gramático Celso Cunha classifica a conjunção nesses casos de ênfase como *e* introdutor de "explicação enfática".)

– O *e*, no fim de uma enumeração, pode ser dispensado, colocando-se vírgula em seu lugar: *Comprei maçã, uva, figo e banana.* > *Comprei maçã, uva, figo, banana.*

– O *e* repetido (polissíndeto) dá ideia de acúmulo: *Eles são abusados, e desbocados, e impertinentes, e aproveitadores, e muito mais!*

– Usa-se a construção *e nem* quando o *nem* equivale a *não* (neste caso, o *e* é uma conjunção aditiva e o *nem* é um advérbio de negação, apesar de que alguns gramáticos, como Cegalla, repudiam tal construção; Bechara pede para evitá-la a não ser que se use por motivo de ênfase: *Não estuda e nem (= e não) trabalha.*

– Sobre este último ponto ainda, podemos enfaticamente usar *e nem (= mas não), e nem sequer, e nem assim, e nem por isso* etc.: *Assistiu à ótima peça e nem (= mas não) aplaudiu. / A moça não o cumprimentou e nem sequer olhou para ele.*

2)   Sobre o *nem*: Pode ser conjunção **aditiva** (reforçada por alguns termos), **alternativa** (raro!) e advérbio de negação; aparece em outras construções também, todavia veremos isso mais à frente.

- *O homem não come **nem tampouco** bebe.* (ou *nem ao menos, nem sequer, nem mesmo*)
- *Não sei **nem** se fico, **nem** se parto.* (alternativa = *Não sei se fico **ou** se parto*)
- ***Nem** sempre colabora com obras humanitárias.* (advérbio = *não*)
- ***Nem** estudo **nem** trabalho.* (só o segundo *nem* é uma conjunção aditiva, = *e não*, o primeiro é um advérbio de negação, = *não*)

3) Apesar de não haver encontrado gramático ou dicionarista (exceto o professor Sérgio Nogueira) que classificasse ***tampouco*** como conjunção aditiva (= *nem*), já vi algumas questões sobre isso (FMZ – SEAD/AP – Agente Penitenciário – 2010 – Questão 14 / FCC – TRT/AL (19ª R) – Analista Judiciário – 2008 – Questão 5 / FCC – Sergipe GÁS S.A. – Contador – 2010 – Questão 5 / Cespe/UnB – IRBr – Diplomata – 2009 – Questão 9). Sobre a expressão *nem tampouco*, Ernani Terra condena, dizendo que se trata de redundância, já Maria H. de Moura Neves não se opõe a ela. Polêmicas...

4) Em "João *mais* Maria se apaixonaram", o *mais* é uma conjunção aditiva coloquial (regionalismo).

5) As correlações aditivas equivalem ao *e*, isto é, dizer "***Não só*** estudo ***mas*** trabalho" equivale a dizer "Eu estudo *e* trabalho". Nas correlações aditivas (ou **séries aditivas enfáticas**), só as orações iniciadas por *mas, como, senão* e *quanto* são consideradas aditivas, o que indica que, *stricto sensu*, os conectivos aditivos, de fato, são o *mas*, o *como*, o *senão* e o *quanto*.

Sobre *bem como*, veja uma questão:

Cespe/UnB – CBM/ES – Oficial Bombeiro Militar – 2011

A expressão ***bem como*** (Os condutores de veículos passantes eram obrigados a prestar os serviços que deles fossem exigidos, bem como entregar seus animais) pode ser substituída pela conjunção *e*, com a devida alteração de pontuação, sem prejuízo para o sentido do texto.

(X) CERTO ( ) ERRADO

6) Às vezes, o início da correlação vem implícito, caso em que o ***mas*** tem valor aditivo: *Não nos deixeis cair em tentação, **mas** livrai-nos do mal.* = ***Não só*** *não nos deixeis cair em tentação, **mas** livrai-nos do mal.* E, às vezes, os termos da correlação vêm afastados dentro da frase: *A conjunção **não** liga **só** orações, **mas** liga termos **também**.*

7) Se a correlação *tanto... quanto* vier em períodos diferentes, o sentido pode mudar e a análise de tais vocábulos idem: ***Tanto*** *estudo!* ***Quanto*** *trabalho!* Note que agora são advérbios de intensidade.

8) O vocábulo ***que*** pode ser uma conjunção aditiva. Consulte o capítulo 31.

Adversativas: indicam essencialmente uma ideia de adversidade, oposição, contraste; também ressalva, quebra de expectativa, compensação, restrição; **elas realçam o conteúdo da oração que introduzem (veja o comentário 6 no "box")**.

mas	*não obstante*
porém	*só que*
contudo	*senão* (= *mas sim*)
todavia	*agora*
entretanto	*antes*
no entanto	*ainda assim*

- *Não para de comer, **mas** nunca fica satisfeito.*
- *Fuja daqui, **porém** tome cuidado!*
- *O filme agradou ao público, **contudo** não foi louvado pelos críticos.*
- *Perdi todos os meus bens, **todavia** me alegrei com a separação.*
- *Paixão não me faz bem, **entretanto** não vivo sem ela.*
- *Ele está cansado, **no entanto** terá de trabalhar amanhã cedo.*
- *Sorria sem pudor, **não obstante** se aquietava diante do pai.*
- *Atendeu a todas as exigências, **só que** não foi convocado no fim do processo.*
- *Não se dizia um professor, **senão** um reprodutor de informações.*
- *Falar de mim é fácil, **agora** ser como eu é difícil.*
- *O rapaz não estudava, **antes** devorava os livros.*
- *O livro é ruim, **ainda assim** preciso lê-lo até o fim.*

 CUIDADO!!!

1) O *mas* pode apresentar matizes de sentido:

    - *Os fariseus oprimiam o povo, **mas** Jesus exercia seu amor a eles.* (contraste/contraposição)
    - *Amor, eu sei que eu te traí, **mas** saiba que eu te amo.* (compensação)
    - *Casou-se, **mas** não com a primeira namorada.* (restrição)
    - *Foi em direção ao beijo, **mas** desistiu por timidez.* (quebra de expectativa)
    - *Outra pessoa, **mas** não eu, deverá cobrir a reportagem.* (ressalva)
    - *Entre, **mas** sem fazer barulho.* (realce/ressalva)
    - *Era bela **mas** principalmente rara.* (adição, segundo Celso Cunha)
    - *Não tinha a ver com paixão, **mas** com razão.* (retificação)

    A maioria dos gramáticos considera redundante as construções em que ao *mas* se juntam outras conjunções adversativas, que eram outrora consideradas advérbios: *mas porém, mas contudo, mas no entanto, mas entretanto* etc. Atualmente, tais construções são consideradas *expressivas*, em que a segunda conjunção realça a primeira. Curiosidade: a pronúncia de *mas* não é "más", e sim "más".

2) Diferentemente do ***mas***, que não pode ser deslocado na frase, as conjunções *porém, contudo, todavia, entretanto, no entanto, não obstante* podem: *Não pude sair hoje; fiquei assistindo a um filme com minha esposa, **porém**. / Não pude sair hoje; fiquei, **contudo**, assistindo a um filme com minha esposa. / Não pude sair hoje; fiquei assistindo, **entretanto**, a um filme com minha esposa.* (etc.)

3) ***Não obstante*** pode ser uma locução conjuntiva adversativa (seguida de verbo no indicativo), uma locução conjuntiva concessiva (seguida de verbo no subjuntivo) ou uma locução prepositiva (não seguida de verbo ou seguida de verbo no infinitivo). Veja os respectivos exemplos: *Gasta-se muito aqui, não obstante há compensações. / Não obstante haja compensações, não vale a pena tanto gasto. / Não obstante a doença, mantinha-se firme. / Não obstante ter acordado, voltou a dormir.* Os estudiosos da língua, como José de Sá Nunes e Geraldo Amaral Arruda, afirmam que *nada obstante* é expressão sinônima a *não obstante*. Consulte: FCC – TCE/GO – ANALISTA DE CONTROLE EXTERNO – 2014 – QUESTÃO 20.

4) Segundo os linguistas Ataliba T. de Castilho e Sanderleia Roberta Longhin-Thomazi e os dicionários Aulete e Houaiss – para citar alguns –, modernamente a expressão *só que* vem sendo considerada uma **locução conjuntiva adversativa**, "que promove uma quebra de expectativa e introduz a informação mais importante no enunciado". Já vi questões com tal expressão. Consulte: AOCP – EBSERH/HC-UFMG – ASSISTENTE ADMINISTRATIVO – 2014 – QUESTÃO 5.

5) Sobre *agora*, *antes* e *ainda assim*, que comumente são encaixados na classe dos advérbios, é bom dizer que alguns gramáticos, como Sacconi, Cegalla e Napoleão M. de Almeida, já alistam como termos de valor adversativo. Eles não estão sós nessa análise, pois os dicionários Houaiss e Aulete também veem assim. Discussões à parte, já vi questões com tais vocábulos. Sobre *ainda assim*, uma prova (FEPESE – UDESC – Advogado – 2010) considerou correta a seguinte assertiva, o que corrobora tal análise: "2. O conectivo 'Ainda assim', que introduz o terceiro parágrafo, pode ser substituído por 'No entanto' sem que o sentido do texto se altere". A partir dessa afirmação, pense: se *no entanto* é uma locução conjuntiva adversativa e substitui *ainda assim*, infere-se que *ainda assim* é adversativa.

6) Na definição das adversativas, eu disse que **elas realçam o conteúdo da oração que introduzem**. Vou dar dois exemplos para isso ficar claro. Imagine uma vizinha chegando até você (mulher) e dizendo assim sobre seu marido:

– *Maria, eu sei que João é carinhoso,* **mas** *ele é alcoólatra.* (Percebe que a vizinha está querendo "jogar areia" na relação de vocês dois?)

Agora, outra vizinha:

– *Maria, eu sei que João é alcoólatra,* **mas** *ele é carinhoso.* (Percebe que a vizinha está querendo dar uma "moral" ao seu relacionamento?)

Por que deduzimos isso? Muito simples: a conjunção adversativa dá relevância ao conteúdo da oração que a segue, de modo que chegamos a conclusões diferentes na fala das duas vizinhas, certo? Veja de novo, com a conclusão/desfecho, o que se subentende na fala delas:

– *Maria, eu sei que João é carinhoso,* **mas** *ele é alcoólatra,* **então** *larga ele!*

– *Maria, eu sei que João é alcoólatra,* **mas** *ele é carinhoso,* **então** *dá uma chance a ele!*

Hoje, em algumas provas para cargos bem difíceis, como Diplomata e Auditor-Fiscal, a FCC, o Cespe e a Esaf vêm trabalhando conjunções de uma maneira diferenciada, buscando o valor argumentativo delas, por isso selecionei uma questão que, apesar de não ser dessas bancas, reflete bem tal enfoque:

Questão 5 (UFRJ – Vestibular – 2006/2007)

A conjunção adversativa *mas*, utilizada no penúltimo verso do texto II (Perdi o dia, mas ganhei o mundo), além de implicar contraste, desempenha papel argumentativo específico. Explique esse papel.

<u>Gabarito Oficial</u>: A conjunção *mas* desempenha o papel de realçar o conteúdo da segunda oração, que constitui o elemento central na argumentação.

7) Em frases em que o *mas* serve apenas como realce do que vem a seguir – por exemplo, dentro das frases *Ela é feia,* **mas** *muito feia mesmo!* e *Ué,* **mas** *não eram elas as meninas?* –, não é considerado uma conjunção adversativa, e sim uma palavra denotativa de situação (indicando realce ou reforço).

Alternativas: exprimem ideia de exclusão, alternativa (opção/escolha), alternância (ação ou resultado de alternar), inclusão, retificação etc.

ou	*seja...seja*
ou...ou	*já... já*
ora...ora	*umas vezes... outras vezes*
quer...quer	*talvez... talvez*

- *Você quer suco **ou** deseja tomar refrigerante?* (alternativa/exclusão)
- ***Ou** faço a festa **ou** pago a viagem.* (sempre exclusão)
- ***Ora** assiste à TV, **ora** cuida dos filhos.* (sempre alternância)
- ***Quer** estude, **quer** trabalhe, é bem-sucedido.* (alternância)
- ***Seja** neste mês, **seja** no próximo, iremos saldar as dívidas.* (exclusão)
- ***Já** sobe nas árvores, **já** brinca com o cão, você nunca para?* (alternância)
- *O dinheiro **umas vezes** traz felicidade, **outras vezes** traz desgraça.* (alternância)
- ***Talvez** chore, **talvez** ria, não saberemos.* (exclusão/alternância)

 CUIDADO!!!

1) A conjunção *ou* pode ter matizes de sentido:
    - ***Ou** sobe, **ou** desce.* (exclusão)
    - *O Flamengo **ou** o Vasco continuam sendo bons times.* (inclusão/adição; = *e*)
    - *O Brasil tem 25 estados, **ou** 26.* (retificação; = *ou melhor*)
    - *A parte da frente do navio, **ou** proa, está avariada.* (precisão/sinonímia)
    - *Abram a porta **ou** todos serão repreendidos severamente!* (exclusão-condição/exclusão-consequência; = *senão* – muitos dicionários dizem que "senão" é conjunção alternativa neste caso)

    Veja uma questão sobre isso:

    Cespe/UnB – IRBr – Diplomata – 2009

    Fragmento de texto

    As relações sociais institucionalizadas pela participação do homem nas diversas comunidades da contemporaneidade não degradam ou deformam a consciência individual... (...)
    - Por fazer parte de uma estrutura sintática negativa, a conjunção *ou*, em ***não degradam ou deformam***, equivale semanticamente a "nem".

    (X) CERTO   ( ) ERRADO

2) Registram como conjunções alternativas ***umas vezes... outras vezes...*** e ***talvez... talvez...***, o gramático Sacconi e o dicionário Houaiss. É bom dizer que, excetuando *ou*, todas as demais conjunções alternativas são correlatas.

3) Os gramáticos Sousa e Silva e A. Gama Kury ensinam que **não** pode haver combinação de correlatas diferentes, isto é: ***Seja** homem **ou** mulher, todos gostam de música.* (errado) / ***Seja** homem **seja** mulher, todos gostam de música.* (certo). Ainda sobre "seja", a maioria dos gramáticos não toleram sua flexão, afinal, conjunção é uma palavra invariável: ***Sejam** dias frios, **sejam** dias quentes, sempre toma banho gelado.* (inadequado) / ***Seja** dias frios, **seja** dias quentes, sempre toma banho gelado.* (adequado). Bechara não se opõe a nenhuma das duas construções.

4) Além de indicar exclusão, a correlação "quer... quer" pode apresentar um matiz de concessão: *Quer queiram, **quer** não, eu sou um grande profissional!* = *Embora queiram ou não, sou um grande profissional!*

Conclusivas: exprimem ideia de conclusão ou consequência.

logo	*pois*
portanto	*por conseguinte*
por isso	*então*
assim	*em vista disso*

– *Preciso sair depressa, **logo** me ligue mais tarde.*
– *A adoção nunca deixará de ser um gesto nobre. **Portanto**, abracemos a causa!*
– *Ele não passou no concurso dessa vez, **por isso** terá de conciliar o estudo com o trabalho.*
– *Você não pode engordar, **assim** evite comer de uma em uma hora.*
– *Você cumpriu sua palavra; terá, **pois**, sua recompensa.* (= portanto; vem separada por vírgula(s), depois do verbo ou no fim da frase: *Ele te protege; sê-lhe grato, **pois**. (José Oiticica)*)
– *Ele não fez boa redação, **por conseguinte** foi desclassificado.*
– *Foi pega roubando, **então** teve de ser despedida.*
– *O mal é irremediável, **em vista disso** tente se conformar.*

⚠ CUIDADO!!!

1) Sobre o *pois* conclusivo, confira: Cesgranrio – BNDES – Profissional Básico (ADM) – 2009 – QUESTÃO 20 e FAB – EEAR – SARGENTO – 1/2002 b) – QUESTÃO 29.

2) Algumas conjunções conclusivas podem vir separadas por vírgula quando deslocadas, falo sobre isso melhor em *Pontuação*: *Ela se casou com um homem rico; não passará necessidades, **portanto**.* (ou *Ela se casou com um homem rico; não passará, **portanto**, necessidades*).

3) Não confunda os advérbios de tempo *logo* e *então* com conjunções conclusivas: *Ela volta logo; vamos preparar-lhe uma surpresa.* (advérbio de tempo) / *Ela volta hoje, **logo** vamos preparar-lhe uma surpresa.* (conjunção conclusiva) / *Como é bom relembrar o passado; namorava-se **então** no portão de casa.* (advérbio de tempo) / *O mestrando perdeu totalmente o fio do discurso, **então** a banca de professores o reprovou.* (conjunção conclusiva). Sobre isso, consulte: FGV – Senado Federal – Administração – 2012 – Questão 16. Também não confunda o advérbio de modo *assim* com conjunção conclusiva (consulte estas questões interessantíssimas: CESPE – PF – AGENTE – 2018 – QUESTÃO 6; FCC – TRT 23ªR – TÉCNICO JUDICIÁRIO – 2007 – QUESTÃO 11). Falando nisso, *sendo assim* e *assim sendo* são construções registradas pelo dicionário Aulete, equivalendo a *logo, portanto* e *assim*. Logo, trata-se de locuções conjuntivas conclusivas.

4) Alguns gramáticos, como Gama Kury, Sacconi e Infante, dizem que *de modo que, de maneira que, de forma que* e *de sorte que* podem ser locuções conjuntivas coordenativas conclusivas. Algumas bancas corroboram isso. (Confira: FIP – CÂMARA/SJC – PROGRAMADOR – 2010 – QUESTÃO 17.)

Capítulo 15 • Conjunção **467**

5) As expressões *desse modo, dessa maneira* e *dessa forma* são inegáveis conectivos de valor conclusivo dentro do discurso, como alista o sábio Othon Moacyr Garcia.

6) As formas *destarte* e dessarte (originariamente advérbios) são consideradas conjunções conclusivas por alguns estudiosos; inclusive isso já caiu em prova: CESPE/UnB – ANATEL – TECNOLOGIA DA INFORMAÇÃO – 2009 – QUESTÃO 19.

Explicativas: exprimem ideia de explicação, justificativa; normalmente vêm após verbos no imperativo.

porque
que
porquanto
pois (antes do verbo)

– *Os funcionários já chegaram, **porque** as luzes estão acesas.*
– *Estude, **que** valerá a pena.*
– *Ela devia estar com frio, **porquanto** tremia.*
– *Come a sopa toda, **pois** está muito boa.*

⚠ CUIDADO!!!

1) O ***pois*** explicativo equivale a *porque*, logo, por mais que venha separado por vírgulas, nunca será conclusivo: *Gratidão a Deus todos devem, **pois**, além de tudo, Ele entregou Seu filho por nós.* Veja a diferença, agora como conclusivo: *Gratidão a Deus todos devem. Devemos, **pois**, levar em conta que Ele entregou Seu filho por nós.* Nesse caso, equivale a *portanto*, por isso é considerada uma conjunção conclusiva.

2) As conjunções explicativas também podem ser causais. Veremos a diferença entre causa e explicação na parte de *Orações Subordinadas Adverbiais*.

3) Pelo amor de Deus, jamais confunda *portanto* (conclusiva) com *porquanto* (explicativa).

4) Em textos que fogem à norma-padrão, vem sendo usado o ***pois*** com valor semântico adversativo, indicando oposição, como se fosse um ***porém***. Por exemplo, veja essa frase: *Eles disseram que a explicação não tinha sustentação. **Pois** estavam errados, desde o princípio!*

Subordinativas

Fiquem atentos às conjunções sublinhadas, pois elas não são usuais! Por isso mesmo o "homem da banca" vai querer usá-las ardilosamente.

Integrantes: introduzem orações subordinadas substantivas; conectam uma oração incompleta a uma oração que, por sua vez, vai completá-la; um antigo e válido *bizu* nos diz que, se conseguirmos substituir uma oração iniciada por uma das integrantes (*que* ou *se*) por *isto/isso*, tais conectivos serão conjunções subordinativas integrantes.

– *Não sei **se** devo estudar mais.* ("Não sei" o quê? Isto: "**se** devo estudar mais".)
– *Verifiquei **se** faltava água aqui.* ("Verifiquei" o quê? Isto: "**se** faltava água aqui".)

- *Eu o informei de **que** a prova será amanhã.* ("Eu o informei" de quê? <u>Disto</u>: "de **que** a prova será amanhã".)
- *Percebe-se **que** ela é uma boa aluna.* (O que "se percebe"? <u>Isto</u>: "**que** ela é uma boa aluna".)

> **Observação**
>
> É isso mesmo. Só há duas conjunções integrantes, e elas são as únicas que, tradicionalmente, <u>não</u> carregam um sentido embutido, apesar de haver uma sutil mudança de sentido nestas orações introduzidas por *que* e por *se*: "Ela não sabe *se ele virá*" (dúvida) e "Ela não sabe *que ele virá*" (certeza). <u>Detalhe importante</u>: o "*bizu* do isso" mencionado acima funciona 99% das vezes, mas cuidado para não confundir com pronome interrogativo (eu falo disso no capítulo 11, na parte de pronome interrogativo; sugiro que reveja... só por descargo de consciência).

A partir de agora, vejamos as conjunções subordinativas adverbiais. São chamadas assim porque introduzem orações subordinadas adverbiais.

Causais: exprimem a causa, a razão de um efeito.

porque	<u>*dado que*</u>
que	*visto que*
<u>*porquanto*</u>	*visto como*
pois	*já que*
como (= *visto que*; só no início da oração)	*uma vez que*
<u>*pois que*</u> (uso mais literário)	*na medida em que*
	sendo que

- *Nós brigamos não apenas **porque** temos personalidades diferentes mas também **porque** não nos amamos mais.*
- *Se não nos amamos mais, é **porque** nunca abrimos concessões.*
- *Não é **porque** eu não te amo que eu vou me separar de você.*
- ***Porque** eu te amo intensamente, muitas pessoas sentem ciúmes de nós.*
- *Nunca mataria ninguém, **que** não é de sua índole.*
- *Não almoçou **porquanto** não tinha fome.*
- *A menina não comprou o vestido, **pois** era muito caro.*
- ***Como** estudamos/estudássemos dia e noite, alcançamos o êxito.* (o verbo após o *como* causal pode ficar no indicativo ou, menos usualmente, no pretérito imperfeito do subjuntivo)
- *Preciso amar-te, **pois que** sem ti nada sou.*
- ***Dado que** a metade da população vive na pobreza, precisamos ajudar.*
- *Não participarei da aula, **visto que** não gosto deste professor.*
- ***Visto como** não podia entrar na prefeitura, fez um protesto.*
- ***Já que** lhe ficou proibida a participação, teve de se resignar.*
- *Ele deixou de estudar **uma vez que** teve de começar a trabalhar.*
- ***Na medida em que** não conseguiu resolver a prova, ficou bem nervoso.*
- ***Sendo que** a classe política perde credibilidade a cada dia, aumenta a tendência do voto nulo nas eleições deste ano.*

CUIDADO!!!

1) Não confunda *porque, que, porquanto* e *pois* causais com explicativas. Sempre que vier um verbo no imperativo antes – não respire! –, tais conjunções serão sempre explicativas: "Vem, **que** eu te espero!" (explicativa). Falarei mais sobre elas em *Orações Subordinadas Adverbiais Causais*.

2) *Por causa que* e *por causa de que* são coloquialismos. Evite!

3) Não confunda o *como* causal com o aditivo, comparativo e conformativo: **Como** *fizesse frio, pus um casaco.* (causa) / *Tanto nado* **como** *pedalo.* (adição) / **Como** *age o pai, age o filho.* (comparação) / **Como** *já dissemos, acalmem-se!* (conformidade)

4) *Desde que* (= *uma vez que*; causal) é ignorado por alguns estudiosos e abonado por outros: **Desde que** *conseguimos entrar na Faculdade, precisamos agora conquistar nosso diploma.* O fato é que tal construção não é nada usual atualmente.

5) Segundo Bechara, "a construção 'sendo que' aparece repetida e condenada em consultórios gramaticais, dicionários de dúvidas de linguagem e manuais de redação, quando a sequência é usada como equivalente à conjunção aditiva 'e' ou à adversativa 'mas' (...) Não conhecemos a fonte de onde se originou essa lição condenatória que não tem o respaldo de quem conhece profundamente a história que se reflete no uso de seus melhores escritores. No emprego de 'sendo que' não temos erro de língua, tampouco, uma sintaxe agramatical. Por questão pessoal de estilo ou por possível necessidade de clareza do contexto, pode-se substituir 'sendo que' pelas alternativas propostas. Estará mesmo certo dizer que um exemplo como 'Os autores concordam com essa teoria e os nacionais são ainda mais enfáticos.' é mais claro e traz mais ênfase ao estilo que 'Os autores concordam com essa teoria, sendo que os nacionais são ainda mais enfáticos.'? Para nós, é infundada a correção gramatical e estilística pretendida, conforme se vê no testemunho de nossos melhores escritores (...)". Em outras palavras, pelo que pesquisei, o gramático, só ele, considera **culta** tal locução conjuntiva **como aditiva (ou adversativa)**, os demais a consideram **coloquial**, nessas acepções.

6) *Dado que* e *Posto que* são normalmente locuções conjuntivas concessivas (normalmente com verbo no subjuntivo): **Dado que/Posto que** *tenha deixado de estudar, nunca esqueci as explicações do mestre*. Não obstante no *Soneto de Fidelidade*, de Vinícius de Moraes, ele se valeu de sua licença poética para usar *posto que* como causal: *Que não seja eterno* **posto que** (= *porque*) *é chama mas que seja infinito enquanto dure*. A norma culta não acolhe a classificação de locução conjuntiva causal para *posto que*. Para Cegalla e para o dicionarista Houaiss, *dado que* pode ter valor condicional.

7) Não confunda *na medida em que* (locução causal) com *à medida que* (locução proporcional). É bom dizer também que *na medida que* é uma locução inexistente na língua culta. Consulte: FGV – SENADO FEDERAL – Técnico LEGISLATIVO – 2008 – QUESTÃO 10. Veja outra:

(FAB – EEAR – Sargento – 2002)
– Observe o período: *"Eu desejava mais uma blusa: quem viaja está sempre pensando em alegrias que, de volta, pode dar aos amigos".*
Substituindo-se os dois pontos por uma conjunção ou locução conjuntiva, a relação entre as orações estará correta em:
a) Eu desejava mais uma blusa, assim quem viaja está sempre pensando...

b) **Eu desejava mais uma blusa, <u>na medida em que</u> quem viaja está sempre pensando... (a relação entre as orações separadas por dois-pontos é de causa e consequência) (Gabarito!)**
c) Eu desejava mais uma blusa, desde que quem viaja está sempre pensando...
d) Eu desejava mais uma blusa, à medida que quem viaja está sempre pensando...

Segundo o gramático Domingos Paschoal Cegalla, atento às mudanças que sofrem as expressões, encontramos em seu *Dicionário de dificuldades da língua portuguesa* sobre a expressão "na medida em que": "É uma adulteração moderna da locução vernácula "à medida que" (= à proporção que)... ora exprimindo proporcionalidade, ora causa, ora condição...: "Afirmou o ministro que as taxas de juros irão baixar *na medida em que (à medida que)* os preços também caírem"; "Do ponto de vista político, o ato é desastrado, *na medida em que (uma vez que)* exprime um conflito entre o Estado e a Igreja"; "A convivência entre os grupos étnicos rivais só será possível *na medida em que (se)* todos eles renunciarem ao uso da força e à violência". Como as bancas não têm pai nem mãe, veja a letra D da questão abaixo (muitos entraram com recurso; mas adivinha o resultado?):

(FUMARC – CEMIG/MG – ADVOGADO JR. – 2018)
– Atente para a semântica introduzida pelos conectivos (palavras ou locuções) destacados e assinale a afirmação INCORRETA:

(A) "O mundo está sem ordem e valores, <u>como</u> disse Dostoievski: 'Se Deus não existe, tudo é permitido'". → Ideia de comparação. (gabarito)
(B) "... as luzes da razão poderiam colocar o homem como gerador de sua história. <u>Mas</u> tudo não passou de um sonho, um sonho de verão (parodiando Shakespeare)." → ideia de adversidade.
(C) "Restou-nos o refúgio nos grandes espetáculos, como os do Coliseu antigo: o pão e o circo, <u>para</u> preencher o vazio da vida." → Ideia de finalidade.
(D) "Harvey põe o dedo na ferida ao dizer que o projeto do Iluminismo já era, na origem, uma "patranha", <u>na medida em que</u> disparava um discurso redentor para o homem com as luzes da razão, em troca da lenta e gradual perda de sua liberdade." → Ideia de proporcionalidade.

8) Há muitas questões que trabalham relação de causa e consequência e reescritura de frases ao mesmo tempo. A banca que privilegia tal assunto é a FCC. Vou dar um exemplo: *Como Berenice não gostava de ir ao cinema* (causa)*, seu pai a levava à força.* = *Berenice não gostava de ir ao cinema de modo que seu pai a levava à força.* (conclusão/consequência) / *Os irmãos viviam brigando porque sentiam ciúmes terríveis um do outro.* (causa) = *Os irmãos sentiam ciúmes terríveis um do outro, por isso viviam brigando.* (conclusão/consequência). Note que há duas maneiras de dizer a mesma coisa porque há uma correspondência na construção com conjunção causal e com conjunção conclusiva/consecutiva. Note também que é possível dizer que há ideia de causa e **consequência** mesmo com o uso de uma locução conjuntiva conclusiva (por isso).

9) Não confunda *por quanto* (preposição + pronome; indica quantidade) com *porquanto* (conjunção causal ou explicativa).

10) Venho acompanhando o progresso da expressão *haja vista que* (= *pois, porque, visto que, já que* etc.) como locução conjuntiva causal. E não é que caiu uma questão sobre isso? Cespe/UnB – CÂMARA DOS DEPUTADOS – Analista LEGISLATIVO – 2012 – QUESTÃO 85.

Capítulo 15 • Conjunção **471**

Comparativas: exprimem comparação, analogia, tanto qualitativamente como quantitativamente.

tal qual	*(tão)... como/quanto*
tal e qual	*tanto... como/quanto*
qual	*como*
tal como	*assim como*
	como se

* *(mais, menos, maior, menor, melhor, pior)... (do) que*

* As conjunções comparativas em si são as que não estão entre parênteses; os termos entre parênteses só participam da correlação. Outra coisa: lembre-se de que *do* é facultativo antes do *que*.

– *Os homens, **tal qual** as mulheres, são sentimentais.* (comparativo de igualdade)
– *Gosto de cinema **tal e qual** teatro.* (comparativo de igualdade)
– *Corria **qual** um touro.* (comparativo de igualdade)
– *É excelente esportista, **tal como** o irmão.* (comparativo de igualdade)
– *Viva o dia de hoje **como se** fosse o último.* (comparativo de igualdade)
– *Casa é **mais** confortável do **que** apartamento.* (comparativo de superioridade)
– *Apartamento é **menos** confortável **que** casa.* (comparativo de inferioridade)
– *Este apartamento é **maior que** aquela casa.* (comparativo de superioridade)
– *Esta casa é **menor do que** aquele apartamento.* (comparativo de superioridade)
– *Tu sempre serás **melhor que** minha ex-esposa.* (comparativo de superioridade)
– *Ela sempre será **pior** pessoa **que** você.* (comparativo de superioridade)
– *A programação da TV aberta é **tão** interessante **como/quanto** a da TV a cabo.* (comparativo de igualdade)
– *Nenhum atleta treinou **tanto** ao longo da vida **como/quanto** o Ricardo.* (comparativo de igualdade)
– *Acho-o submisso **como** um cão.* (comparativo de igualdade)
– ***Assim como** chegou, partiu: em silêncio.* (comparativo de igualdade)

⚠ CUIDADO!!!

1) *Que nem* e *feito* são vistos como conectivos coloquiais, mas Cegalla os alista entre as comparativas sem fazer ressalva alguma, portanto cuidado com a abordagem das bancas: *Ela recendia perfumes **que nem** um galho de manacá silvestre. / Por que ficou me olhando assim **feito** boba?* (C. Drummond de Andrade)

2) A expressão *tal qual*, quando varia, concorda com os termos anterior e posterior, respectivamente: *Os filhos agem **tais** qual o pai. / O filho age tal **quais** os pais. / Os filhos agem **tais quais** os pais.* O *tal*, de *tal como*, também varia: "As crianças, **tais** como os idosos, merecem cuidados".

3) É normalíssimo que os verbos das orações iniciadas pelas conjunções estejam elípticos (implícitos): "O governo daqui é tão corrupto **quanto** os de lá (... quanto <u>são</u> os governos de lá)". Dentro de um contexto, pode haver elipse total de uma oração e, ainda assim, haver duas orações: *João Rosa e Pedro Orósio estão disputando o segundo turno. Os dois candidatos não param de discutir sempre que têm uma chance. No entanto, na última vez que se viram,*

Pedro parecia mais calmo. (ou seja, *Pedro parecia mais calmo do que parecia João.*) A oração sublinhada apresenta, portanto, duas orações, só que uma delas está em elipse total.
4) Não confunda a construção "tanto... quanto" comparativa com aditiva: *Ela **tanto** ri **quanto** chora*. (adição) / *Ela chora **tanto quanto** ri*. (comparação)
5) A ideia de superioridade pode representar uma preferência com a construção "antes... (do) que": *O apelo das cidades seria **antes** social **que** econômico*.
6) Lembre que "maior, menor, melhor, pior... que" é construção própria de comparativo de superioridade. Reveja o grau dos adjetivos!

Concessivas: exprimem contrariedade, ressalva, *oposição a uma ideia sem invalidá-la*.

Embora
malgrado
conquanto
ainda que/quando
mesmo que
*em que (pese)*¹

se bem que
posto que
nem que
apesar de que
dado que
quando mesmo
sem que (= embora não)

por (mais, menos, melhor, pior, maior, menor, muito) que (indica grau)

– **Embora** viaje o mundo inteiro, nunca conhecerá sua terra profundamente.
– **Malgrado** haja problemas em casa, não os leve para o trabalho.
– **Conquanto** eu trabalhe, nunca paro de estudar.
– **Ainda que/quando** ela faça tudo por você, não se cansa em rejeitá-la, não é?
– Conseguiu chegar ao cume do morro, **mesmo que** se sentisse fraco.
– Nunca iremos esmorecer, **em que** pese a falta de incentivo deles.
– O comportamento da turma é satisfatório, **se bem que** alguns alunos continuem a perturbar as aulas.
– A taça foi para outros, **posto que** se achassem capazes para ganhar o campeonato.
– Iremos ao jogo, **nem que** caia um temporal!
– Tornou-se um ótimo professor, **apesar de que** seu carisma não fosse grande.
– **Por mais que** o tempo mude, não mudarão seus planos para hoje.
– Não desista, **por pior que** esteja sua vida!
– **Por muito que** chamasse sua atenção, não era possível ser notado.

 CUIDADO!!!

1) Construção cristalizada na língua. A locução conjuntiva é *em que* (= *ainda que*) seguida do verbo *pesar* (= provocar determinado sentimento). Este verbo pode ser VI – "*Em que pesem os esforços do governo, nada muda em nosso país*" (*os esforços do governo* é o sujeito do verbo pesar) – ou VTI (neste caso, exige a preposição *a*: "*Em que pese aos adeptos do progresso a qualquer preço, continuaremos defendendo a natureza*" (*aos adeptos do progresso a qualquer preço* é o objeto indireto do verbo pesar).

Capítulo 15 • Conjunção   **473**

2) É quase unânime a opinião de que as locuções conjuntivas concessivas terminadas em *que* (*ainda que, mesmo que, posto que, apesar de que...*) sempre vêm seguidas de verbo no modo subjuntivo. Disse "quase", pois Maria H. de M. Neves, Laudelino Freire, Assis Cintra e Cegalla registram a possibilidade de tais conectivos virem seguidos de verbo no modo indicativo também: *Posto que **era/fosse** esperto e malicioso, acabou sendo enganado.* Maldosamente, criaram uma questão baseada nesse pequenino detalhe (confira: FCC – MPE/AP – Técnico MINISTERIAL – 2012 – QUESTÃO 12). Por que as bancas fazem isso conosco?!

3) Atenção! *Não obstante* é locução conjuntiva concessiva quando seguida de verbo no subjuntivo: ***Não obstante** possuísse muitas posses, era humilde.*

4) *Mesmo se* não é locução conjuntiva concessiva, tampouco construção culta, portanto evite! No lugar de "*Mesmo se* arrumasse um emprego fixo, não conseguiria manter-se", use simplesmente "***Mesmo que** arrumasse um emprego, não conseguiria manter-se*".

5) Semanticamente, as conjunções adversativas são muito próximas às concessivas. Há duas maneiras básicas de diferenciarmos uma da outra:

   I – Memorize o grupo de ambas, pois as conjunções adversativas nunca são iguais às concessivas, exceto *não obstante* – mas o modo verbal que se seguirá a esta expressão irá diferenciá-las: indicativo (adversativa), subjuntivo (concessiva).

   II – Perceba que a oração a seguir introduzida pela conjunção adversativa tem peso argumentativo, dando realce à oração que introduz; já a oração a seguir introduzida pela conjunção concessiva não tem peso argumentativo.

   *Maria tem boa reputação, **mas não parece ter**.* (adversativa; maior peso argumentativo em relação à oração anterior) / ***Embora não pareça*** (concessiva, menor peso argumentativo em relação à oração posterior)*, Maria tem boa reputação.*

6) *Posto, suposto* (ou *suposto que*) são conectivos concessivos não usuais. Encontra-se em Machado e em Carlos Drummond: ***Suposto** o uso vulgar seja começar pelo nascimento, duas considerações me levaram a adotar diferente método: (...) (Machado) / Certamente, falta-lhes não sei que atributo essencial, **posto** se apresentem nobres e graves, por vezes. (Drummond)*

7) Não confunda *com quanto* (preposição + pronome; indica quantidade) com *conquanto*. Também <u>não</u> confunda *conquanto* (concessão) com *porquanto* (explicação ou causa). Não vacile na prova!

8) ***Ainda que*** e ***Mesmo que*** são locuções conjuntivas concessivas que evidenciam normalmente uma ação verbal <u>hipotética</u> no contexto frasal. O uso de ***Embora*** no lugar dessas locuções conjuntivas é gramaticalmente correto, mas implica sutil alteração de sentido em certas frases, pois *embora* indica que a ação verbal é <u>factual</u>. Exemplos: "***Ainda que*** eu tenha dinheiro, não vou ajudá-lo" (mesmo na hipótese de eu ter dinheiro, não vou ajudá-lo); "***Embora*** eu tenha dinheiro, não vou ajudá-lo" (eu tenho dinheiro, mas não vou ajudá-lo).

<u>Condicionais</u>: exprimem condição, hipótese.

se	***desde que*** (seguido de subjuntivo)
caso	<u>***a menos que***</u>
contanto que	***a não ser que***
<u>*exceto se*</u>	***sem que*** (= *se não*)
<u>*salvo se*</u>	***uma vez que*** (seguido de subjuntivo)
no caso de que	

- *Se tu parares de estudar, precisarás trabalhar.*
- *Caso eu fizesse suas vontades, certamente mudaria seu jeito comigo.*
- *O mundo mudará* **contanto que** *as pessoas mudem.*
- *Os produtos daqui não poderão ser exportados,* **exceto se** *houver prévio acordo.*
- *Salvo se meu livro for publicado por uma grande editora, publicá-lo-ei independentemente.*
- *Só iria à festa,* **no caso de que** *ela me convidasse.*
- *Desde que você estude, obterá êxito.*
- *Ele chegará até nós,* **a menos que** *você o impeça!*
- *Estude,* **a não ser que** *pretenda trabalhar.*
- *Sem que se aproxime do diretor, não conseguirá ascender na empresa.*
- *Uma vez que você aceite a proposta, assinaremos o documento.*

 CUIDADO!!!

1) A locução conjuntiva *sem que* pode indicar uma relação de **modo, concessão, condição** ou **consequência**, segundo Bechara, Cegalla e outros gramáticos.
   - *Saiu* **sem que** *se despediu.* (modo)
   - **Sem que** *estudasse, passou.* (concessão)
   - **Sem que** *estude, dificilmente passará.* (condição)
   - *Não sai* **sem que** *leve um casaco.* (consequência)

No entanto, segundo Sacconi, "orações iniciadas por *sem que* se classificam melhor entre as concessivas ou entre as condicionais. (...)". Essa é a visão oficial, e não pretendemos dela nos afastar. No dito pelo não dito, levemos as duas verdades para a prova. Falando em prova... veja duas questões sobre *sem que* nas provas: CEPERJ – PREF. DE ANGRA DOS REIS/RJ – PROFESSOR – 2008 e Cespe/UnB – TJ/ES – Cargos de nível superior – 2011. Encontrei outra questão que aborda todos os casos, mas é *antiguinha* (não reclama!)...

16. (FAB – EEAR – Sargento – 2000) Assinalar a alternativa em que a conjunção estabelece a mesma relação que se verifica em "Bandeira livre e bandeira oficial foram comuns, posto que em graus diversos, a todo o Brasil".
    a) **Fez tudo direito sem que eu lhe ensinasse. (Gabarito!)**
    b) Não sairás daqui sem que antes me confesses tudo.
    c) Não podem ver um brinquedo sem que o queiram comprar.
    d) Sairás sem que te vejam.

Comentário: A: *Fez tudo direito embora/posto que eu não lhe ensinasse.* (concessão) / B: *Não sairás daqui se não me confessares tudo antes.* (condição) / *Não podem ver um brinquedo de modo que não o queiram comprar.* (consequência) / *Sairás sem que te vejam.* (modo)

2) Sobre a conjunção condicional *se*, Bechara e Maria H. de M. Neves dizem que pode apresentar sentidos <u>subjacentes</u> à condição, quais sejam: **causa (com verbo no indicativo), concessão, proporcionalidade, tempo e factualidade**; por exemplo:
   - *Se os homens são por natureza imperfeitos, as sociedades humanas não podem ser perfeitas.* (= *já que*; causa)
   - *Se você tem disposição, por que não corre a maratona?* (= *já que*; causa)
   - "*Se o via derrubado, rosto no pó, nem por isso o respeitava menos.*" (Ondina Ferreira) (= *embora*; concessão)

Capítulo 15 • Conjunção   **475**

- *Se ela não ganhou a partida, conseguiu ao menos o 3º lugar.* (= *embora*; concessão)
- *Se Maria vem aqui em casa, todos se alegram.* (= *quando*; tempo)
- *Se fala, irrita a todos; se não fala, idem.* (= *quando*; tempo)
- *Se para os pobres há a consolação de pedirem ajuda aos céus, para os ricos há as honras, as condecorações, os benefícios até o fim da vida.* (= *ao passo que*; proporcionalidade)
- *Se eu não gosto de "funk", é porque há muita agressão verbal à mulher.* (= *Se é um fato que eu não gosto de funk, eu não gosto porque há muita agressão verbal a mulher*; factualidade)

Já outros gramáticos, como Cegalla e Sacconi, são mais "radicais" ao dizerem que o *se* **é** uma conjunção causal ou concessiva. O Sacconi vai além dos valores do *se*, mas não nos cabe aqui dizer tudo o que é verdade para tal gramático. O fato é que o *se* já foi considerado **conjunção causal** em questão de prova (EsPCEx – OFICIAL DO EXÉRCITO – 2010 – QUESTÃO 24) e **concessiva** (Cespe/UnB – TST – Analista Judiciário – 2008 – QUESTÃO 2 / Cespe/UnB – PC/ES – Cargos de nível superior – 2011 – QUESTÃO 24). Veja uma questão em que o "se" foi considerado temporal: ESMP – MP/MA – ESTAGIÁRIO – 2016 – QUESTÃO 8. Agora veja o "se" com valor proporcional equivalente a *ao passo que, enquanto*: FGV – PROCEMPA – Analista Administrativo (Advogado) – 2014 – Questão 3 (gabarito: B).

3) O valor de condição necessária e suficiente da construção *se e somente se* está nas locuções *desde que* e *contanto que*: *Um <u>argumento</u> é uma certeza absoluta **se e somente se** (desde que/ contanto que) a <u>hipótese</u> de todas as <u>infinitas</u> premissas do argumento, mesmo aquelas ocultas, se tornasse uma <u>verdade</u>, depois da conclusão provada.*

4) Pode haver elipse do verbo auxiliar da locução verbal ou elipse da própria conjunção *se*: *Se (for) reeleito, transformará a saúde carioca. / (Se) Tivesse eu os votos do povo, mudaria sua vida.*

5) É bom dizer que a concretização de uma condição ou hipótese implica uma consequência certa, portanto cuidado com questões que trabalhem a noção de causa e consequência, mas não utilizem conjunções causais, conclusivas ou consecutivas, mas sim condicionais! É isso mesmo! Exemplo: *Se eu estudar, certamente passarei.* Perceba que a consequência (*passar*) depende da concretização do fato contido na condição/hipótese (*estudar*).

6) É redundância, portanto totalmente desaconselhada a construção *se caso*: "*Se caso* você for, avise-me" (inadequado) / "*Se* (ou *Caso*) você for, avise-me" (adequado). Já a construção *se acaso* (= *se* – conjunção condicional + *porventura* – advérbio de dúvida) é correta: "*Se acaso* me quiseres, sou dessas mulheres que só dizem sim" (Chico Buarque).

7) A conjunção "se" não admite verbo no presente do subjuntivo; apesar de haver certa polêmica entre os gramáticos, tradicionalmente a conjunção "caso" não admite verbo no futuro do subjuntivo: "Se ela possa vir, avise-me" (errado), "Se ela puder vir, avise-me" (certo); "Caso ela puder vir, avise-me" (errado); "Caso ela possa vir, avise-me" (certo).

Conformativas: exprimem acordo, maneira, conformidade.

conforme

<u>*consoante*</u> (não usual)

segundo

como (= *conforme*)

- *Você enfim agiu **conforme** nós acordamos.*
- ***Consoante** falamos, dedique-se ao estudo.*
- ***Segundo** havíamos combinado, você inicia o curso amanhã.*
- ***Como** se pode ver, é impossível tirar o cinturão deste lutador.*

CUIDADO!!!

1) Não confunda *como* conformativo com comparativo. Na comparação é preciso haver pelo menos dois seres sendo comparados, o que já não ocorre na conformidade. É por isso que, em "O lutador luta *como* o mestre", o *como* é necessariamente comparativo.

2) A conjunção *conforme* também pode ser proporcional, segundo o dicionário Houaiss e Maria H. de M. Neves, equivalendo a "à medida que/ao passo que": **Conforme** os convidados iam chegando, iam acomodando-se nas cadeiras.

Consecutivas: exprimem resultado, efeito, consequência.

tão... que   tanto assim... que
tanto... que   de sorte que*
tamanho... que   de modo que
tal... que   de maneira que
de tal modo/maneira... que   de forma que
a tal ponto... que   sem que
cada... que

* As locuções *de sorte que, de modo que, de maneira que, de forma que* são sinônimas.

— Meu filho é **tão** inteligente **que** passou em 1º lugar no ITA.
— Estudei **tanto** o famigerado Português **que** acabei tendo uma estafa.
— **Tamanha** foi a sua coragem **que** pulou no mar em ressaca.
— **Tal** foi sua postura antes da prova **que** conseguiu um bom resultado.
— Sua apresentação aconteceu **de tal modo que** todos não paravam de rir.
— Ambos ligaram-se **a tal ponto** ao longo da amizade **que** pareciam o mesmo ser.
— Disse **cada** besteira **que** a namorada precisou gritar com ele.
— Eles não se prepararam para a competição, **tanto assim que** ficaram em último lugar.
— Não gostava de estudar, mas queria se estabilizar na vida, **de sorte que** começou a investir nos livros.
— Não podem ver um exemplo errado **sem que** o corrijam.

 CUIDADO!!!

1) Saiba que, nas correlações, só o *que* é a conjunção consecutiva! As expressões que formam a correlação com a conjunção *que* podem vir implícitas: *Essa mulher bebe (tanto) que acaba xingando todo mundo*. Normalmente, nas correlações, *tão* é advérbio de intensidade, *tanto* é advérbio de intensidade ou pronome indefinido e *tamanho* e *tal* são pronomes indefinidos.

2) Na linguagem coloquial, a correlação de *cada + que* é comum: *Falou **cada** coisa de minha mãe **que** merecia uma surra.*

Finais: exprimem finalidade, objetivo, intuito, propósito, fim.
para que
a fim de que

Capítulo 15 • Conjunção **477**

porque (= *para que*; não usual)
de modo/maneira/forma/sorte que (= *para que*; não usual)

- Estou estudando **para que** eu melhore a vida.
- **A fim de que** as pessoas se amem de verdade, é preciso incluir Deus na vida.
- Ore **porque** não caia em tentação.
- Viaja sempre à janela do ônibus **de maneira que** pegue uma brisa.

> **Observação**
> Não confunda *para que* (preposição exigida por algum nome + conjunção integrante) com *para que* (locução conjuntiva final): *A preservação da Floresta Amazônica é importante* **para que** *se mantenha o equilíbrio ecológico mundial.* (o nome *importante* exige a preposição *para*, que vem seguida da conjunção integrante *que*) / *Temos de preservar a Floresta Amazônica* **para que** *se mantenha o equilíbrio ecológico mundial.* (locução conjuntiva final)

Proporcionais: exprimem proporcionalidade, simultaneidade, concomitância.
à proporção que
à medida que
ao passo que
quanto mais/menos/menor/maior/melhor/pior...* *(tanto) mais/menos/ menor/maior/ melhor/pior*

* As locuções conjuntivas iniciadas por *quanto* (*quanto mais, quanto menos...*) estão em correlação com as expressões que as seguem (*tanto mais, tanto menos...*).

- A temperatura sobe **à proporção que** o verão se aproxima.
- O meio ambiente sofre **à medida que** a população ignora os impactos do progresso.
- **Ao passo que** estudava o assunto, mais dúvidas lhe apareciam.
- **Quanto mais** conheço os homens, mais estimo meus cachorros.
- **Quanto mais** estudo Matemática, **menos** a entendo. (inversamente proporcional)
- **Quanto menos** esforço fizer, **tanto melhor** será.
- **Quanto maior** é o tamanho, **pior** é a queda.
- **Quanto melhor** for seu tempo, **mais** chance terá de se classificar.

 CUIDADO!!!

1) *Enquanto*, além de temporal, segundo o gramático Celso Cunha e Maria H. de M. Neves e os dicionários Aulete e Houaiss, é também conjunção proporcional, indicando simultaneidade: *Desliguei a TV,* **enquanto** *ela me beijava*. Equivale a "ao passo que". Veja uma questão sobre isso: Consulplan – TSE – Técnico Judiciário – 2012 – QUESTÃO 11. Ainda sobre esta conjunção, o gramático Domingos P. Cegalla diz que ela equivale a "ao passo que, mas" (conjunção adversativa, segundo ele) quando indica contrariedade, oposição: "Uns trabalham enquanto (= ao passo que, mas) outros se divertem". Veja esta questão interessante: Cespe/UnB – TELEBRÁS – Técnico Administrativo – 2013 – QUESTÃO 16.

2) Preciso dizer pela milésima vez que *na medida que* e *à medida em que* não existem na língua culta? Cuidado! Só existe *à medida que* (proporcional) e *na medida em que* (normalmente causal)! Não erre na prova!

Temporais: exprimem tempo.

Quando	*assim que*
enquanto	*agora que*
mal (= *logo que*)	*todas as vezes que*
apenas (= *logo que*; não usual)	*cada vez que*
depois que	*ao mesmo tempo que*
antes que	*primeiro que* (= *antes que*; não usual)
sempre que	*até que*
logo que	*desde que* (verbo no indicativo)

– **Quando** respeitamos nossos pais, isso nos identifica como pessoas de honra.
– No início do século passado, as mulheres ficavam em casa, **enquanto** os homens ficavam na rua.
– **Mal** entrei em sala, começaram os aplausos!
– Ela me reconheceu **apenas** apertei sua mão.
– **Depois que** a sala de cinema ficou lotada, ninguém quis sair de lá.
– **Antes que** o mundo acabe, quero marcar meu nome na história.
– Ficas excitada **sempre que** Augusto te olhas?
– **Logo que** os índios viram os portugueses, assustaram-se.
– **Assim que** você acordar, peço que me ligue, urgentemente.
– **Agora que** vocês chegaram, podemos ir.
– **Todas as vezes que** dançam bolero, os velhinhos sentem-se realizados.
– **Cada vez que** a Lua completa uma volta no céu, o Sol muda de signo.
– Come **ao mesmo tempo que** lê.
– **Primeiro que** falecesse, deixou um legado.
– **Até que** se cumpram suas palavras, continuarei confiando em ti.
– **Desde que** essas explicações chegaram à minha vida, nunca mais fui o mesmo estudante.

 CUIDADO!!!

1) A conjunção **quando** pode indicar matiz concessivo/adversativo ou condicional: *Vive saindo, **quando** deveria estar estudando.* (valor concessivo/adversativo); *João só fica bem **quando** está conosco.* (valor condicional)

(FGV – TRE/PA – Técnico Judiciário – 2011)
Ficam hibernando à espera do momento eleitoral quando deveriam estar em praça pública em busca de militantes e se expondo ao debate.
A conjunção **quando**, no período acima, tem valor:
a) proporcional;
b) comparativo;
c) consecutivo;
d) temporal;
e) **concessivo. (Gabarito!)**

Capítulo 15 • Conjunção **479**

(FGV – SEAD/AP – Fiscal da Receita Estadual – 2010)
Deve-se isso ao fato de as instituições brasileiras terem sido concebidas de forma coercitiva e unilateral, não havendo diálogo entre governantes e governados, mas apenas a imposição de uma lei e de uma ordem consideradas artificiais, <u>quando</u> não inconvenientes aos interesses das elites políticas e econômicas de então.
A respeito do uso do vocábulo *quando* no fragmento acima, pode-se afirmar que se trata de uma conjunção:
a) **Subordinativa com valor semântico de condição. (Gabarito!)**
b) Coordenativa com valor semântico de tempo.
c) Coordenativa com valor semântico de finalidade.
d) Subordinativa com valor semântico de concessão.
e) Coordenativa com valor semântico de explicação.

A conjunção *quando* tem uma forma variante menos usual (*aquando*): **Aquando** *era frio, ninguém saía de casa.* No entanto, na maioria das vezes, essa conjunção de base adverbial vem seguida da preposição "de" formando uma locução prepositiva (*aquando de*), sinônima de *por ocasião de: Tive de retornar ao Brasil* **aquando do** *falecimento da minha avó.*

2) Não me custa dizer que **mal** e **apenas** são advérbios, normalmente. Também não me custa dizer para você tomar cuidado com **desde que** condicional (seguido de verbo no subjuntivo, pois indica hipótese: "**Desde que** se alimentasse bem, poderia desenvolver-se") e **desde que** temporal (seguido de verbo no indicativo, que não indica hipótese, mas fato: "**Desde que** se alimentou, pôde desenvolver-se"). Para fechar: a maioria dos gramáticos, como Cegalla, repudiam o uso da preposição na expressão **ao mesmo tempo _em_ que**.

3) Sobre a locução conjuntiva temporal **no que (= assim que)**, é coloquial, por não haver registro na língua culta: "**No que** ele saiu, começou a chover".

4) As expressões **todas as vezes em que, todas as vezes nas quais, ao mesmo tempo em que, ao mesmo tempo no qual** são equivocadas, segundo a língua culta. Os gramáticos Cegalla e Bechara, por exemplo, abonam essa afirmação. As locuções conjuntivas temporais adequadas são sem preposição.

Recado Final

Preste muita atenção ao que vou dizer agora!

Existem cerca de 120 conjunções. Dessas, cerca de 20 podem ter seu sentido e/ou classificação alterados pelo contexto. Veja:

1) A conjunção "e" é sempre classificada no grupo das "conjunções coordenativas aditivas", por mais que possa ter outros sentidos, como oposição, conclusão/consequência ou finalidade.

2) A conjunção "ou" é sempre classificada no grupo das "conjunções coordenativas alternativas", por mais que possa ter outros sentidos, como adição/inclusão, exclusão, retificação, precisão/sinonímia.

3) A conjunção "se", segundo a maior parte dos gramáticos, é classificada sempre no grupo das "conjunções subordinativas condicionais"; a minoria deles a encaixa também no grupo das "conjunções subordinativas causais" e no grupo das "conjunções subordinativas concessivas". Curiosidade: nenhum GRAMÁTICO normativo (até onde vai meu conhecimento) a encaixa no grupo das "conjunções subordinativas temporais", apesar de certos dicionaristas registrarem essa possibilidade. Veja mais no capítulo 31.

4) A conjunção "quando" é sempre classificada no grupo das "conjunções subordinativas temporais", por mais que possa ter outros matizes de sentido, como condição ou concessão.

5) A conjunção "como" é classificada no grupo das "conjunções coordenativas aditivas (correlativas)", no grupo das "conjunções subordinativas causais", no grupo das "conjunções subordinativas conformativas" e no grupo das "conjunções subordinativas comparativas".

6) A conjunção "quanto" é classificada no grupo das "conjunções coordenativas aditivas (correlativas)" e no grupo das "conjunções subordinativas comparativas".

7) A conjunção "mas" é classificada no grupo das "conjunções coordenativas adversativas" ou no grupo das "conjunções coordenativas aditivas (correlativas)". A depender do contexto, apresenta diferentes matizes de sentido. Veja o capítulo 15 da minha gramática.

8) A conjunção "pois" é classificada no grupo das "conjunções coordenativas explicativas", no grupo das "conjunções coordenativas conclusivas" e no grupo das "conjunções subordinativas causais".

9) A conjunção "porque" é classificada no grupo das "conjunções coordenativas explicativas", no grupo das "conjunções subordinativas causais" e no grupo das "conjunções subordinativas finais".

10) A conjunção "que" é classificada no grupo das "conjunções coordenativas aditivas", no grupo das "conjunções coordenativas adversativas", no grupo das "conjunções coordenativas alternativas", no grupo das "conjunções coordenativas explicativas", no grupo das "conjunções subordinativas integrantes", no grupo das "conjunções subordinativas causais", no grupo das "conjunções subordinativas consecutivas", no grupo das "conjunções subordinativas comparativas", no grupo das "conjunções subordinativas concessivas", no grupo das "conjunções subordinativas finais" e no grupo das "conjunções subordinativas temporais". Veja mais no capítulo 31.

11) A conjunção "porquanto" é classificada no grupo das "conjunções coordenativas explicativas" e no grupo das "conjunções subordinativas causais".

12) A locução conjuntiva "uma vez que" é classificada no grupo das "conjunções subordinativas causais" e no grupo das "conjunções subordinativas condicionais".

13) A locução conjuntiva "dado que" é classificada no grupo das "conjunções subordinativas causais" e no grupo das "conjunções subordinativas concessivas".

14) A locução conjuntiva "desde que" é classificada no grupo das "conjunções subordinativas temporais" e no grupo das "conjunções subordinativas condicionais". Raros estudiosos a encaixam no grupo das causais, pois caiu em desuso.

15) A locução conjuntiva "sem que" é classificada no grupo das "conjunções subordinativas condicionais", no grupo das "conjunções subordinativas concessivas", no grupo das "conjunções subordinativas modais" (poucos gramáticos reconhecem essa circunstância adverbial) e no grupo das "conjunções subordinativas consecutivas".

16) A locução conjuntiva "posto que" é classificada no grupo das "conjunções subordinativas concessivas". Poucos estudiosos modernos a encaixam também no grupo das "conjunções subordinativas causais".

17) A locução conjuntiva "ao passo que" é, majoritariamente, classificada no grupo das "conjunções subordinativas proporcionais"; só o Cegalla (até onde vai meu conhecimento) a encaixa no grupo das "conjunções coordenativas adversativas".

18) A conjunção "enquanto" é, majoritariamente, classificada no grupo das "conjunções subordinativas temporais"; minoritariamente, no grupo das "conjunções subordinativas proporcionais"; pode ser usada para estabelecer relação semântica de oposição, semelhante a "ao passo que".

19) A conjunção "conforme" é, majoritariamente, classificada no grupo das "conjunções subordinativas conformativas"; minoritariamente, no grupo das "conjunções subordinativas proporcionais".

20) A locução conjuntiva "na medida em que" é classificada no grupo das "conjunções subordinativas causais", mas pode ter outros matizes de sentido, como proporção ou condição.

É isso. TODAS AS DEMAIS cerca de 100 conjunções têm SEMPRE o MESMO sentido e a MESMA classificação. Depois disso tudo, você ainda acha que não vale a pena DECORAR AS CONJUNÇÕES? A decisão é sua.

Valor Discursivo (Linguística Textual)

A função das conjunções é tornar explícitos diversos nexos semânticos entre as partes do texto, dando coesão a ele. Em outras palavras: as conjunções sinalizam as relações entre os termos e as frases, não para que o texto fique bonitinho, mas para que o interlocutor perceba que as partes do texto são compostas de ideias conectadas e tornadas claras pelas conjunções.

Entenda, de uma vez por todas, que as relações entre os termos e as orações normalmente existem sem que haja uma conjunção explicitando tal relação, mas ao colocarmos o conector, a relação fica mais clara, explícita. Veja um exemplo:

Ano passado estudei demais: consegui a valiosa classificação.

Note que, no lugar dos dois-pontos, poderíamos colocar um conectivo que clarificasse a ideia de causa/efeito (ou fato/conclusão), certo? Veja se não ficaria assim:

Ano passado estudei demais, logo consegui a valiosa classificação.

É bom dizer que algumas conjunções que comumente têm apenas um valor semântico podem explicitar determinadas relações de sentido entre as ideias do texto.

Veja uma questão sobre isso:

(ENEM – Vestibular – 2001)

O mundo é grande

O mundo é grande e cabe
Nesta janela sobre o mar.
O mar é grande e cabe
Na cama e no colchão de amar.
O amor é grande e cabe
No breve espaço de beijar.

ANDRADE, Carlos Drummond de. Poesia e prosa. Rio de Janeiro, Nova Aguilar, 1983.

Nesse poema, o poeta realizou uma opção estilística: a reiteração de determinadas construções e expressões linguísticas, como o uso da mesma conjunção para estabelecer a relação entre as frases. Essa conjunção estabelece, entre as ideias relacionadas, um sentido de:

a) **oposição; (Gabarito!)**
b) comparação;
c) conclusão;
d) alternância;
e) finalidade.

Comentário: A conjunção *e* tem sentido adversativo (= *mas*). No poema, contrapõe-se a ideia de grandeza do mundo à pequenez da janela, a grandeza do mar à pequenez da cama e do colchão, a grandeza do amor ao "breve espaço de beijar".

Sobre a <u>função textual</u> da conjunção, veja mais questões:

(UERJ – Vestibular – 2000)
  "Só não se inventou uma máquina de fazer versos – já havia o poeta parnasiano." (linha 9)
  Nesse trecho a opção pelo emprego do travessão evita a utilização explícita de um conectivo entre as duas orações. Mantidos o sentido original e a coerência textual, o autor poderia ter optado pelo uso da seguinte conjunção:
  a) **pois; (Gabarito!)**
  b) quando;
  c) entretanto;
  d) se bem que.

(ACCESS – Pref. Teresópolis/RJ – Professor II – 2005)
  – Observe a relação semântica existente entre as orações:
  I. Sofreu tanto. Ficou doente.
  II. Estou gostando de outro. Já disse.
  III. A paixão é própria do ser humano. Todos podem senti-la.
  IV. Nunca mais se apaixonou. Se separou.
  Para dar sentido a cada item, a sequência correta das conjunções é:
  a) ou... ou – porque – quando – em que;
  b) que – porque – enquanto – quando;
  c) **que – como – por isso – desde que (consequência-conformidade-conclusão-tempo; gabarito!);**
  d) conforme – mas – mas – se;
  e) que – por isso – porque – embora.

(UEG – Núcleo – PC/GO – Delegado de Polícia – 2008)
  No trecho, "ela [a fortuna] é sempre amiga dos jovens: estes são menos judiciosos, mais aguerridos e mais audazes ao comandá-la", os dois pontos podem ser substituídos sem prejuízo de sentido por:
  a) **'já que'; (Gabarito!)**
  b) 'portanto';
  c) 'contudo';
  d) 'ainda que';

Ficou claro como as conjunções colaboram com a coesão? É isso... Vamos às questões agora!

 ## O Que Cai Mais na Prova?

Todas as conjunções podem cair na sua prova, portanto não se esquive! Estude! Decore! Memorize! Depois que estiver "tudão entubado no sangue", nunca mais você irá errar!

E coloque uma coisa em sua cabeça: quem domina conjunção mata qualquer questão de coesão e coerência, de reescritura de frases, de correção gramatical, de orações coordenadas e subordinadas, de pontuação etc. É um coringa!

Você vai ver que, quando eu começar a falar de orações coordenadas e subordinadas, o domínio de conjunção será pri-mor-di-al. Fique esperto no padrão das questões!

*Concurseiro(a), quer uma dica de irmão? Guarde no seu coração o que vai ler agora: NUNCA DEIXE DE FAZER SEU PRÓPRIO RESUMO DE CADA CAPÍTULO. Esse processo cognitivo é **extremamente** valioso. Eu poderia ser legalzinho e fofinho pondo um quadro-resumo do que vimos no capítulo, mas, se fizesse isso, estaria sabotando você, impedindo-o(a) de ter esse trabalho*

Capítulo 15 • Conjunção   **483**

*de internalização imprescindível do conteúdo. **Por favor, não pule essa etapa!!!** Mesmo que seu resumo fique gigantesco (não vá escrever outra gramática... rsrs), nunca deixe de fazê-lo, para o seu próprio bem! Seu cérebro agradece e, quando passar no concurso, sua conta no banco também. Vá fundo na missão!* ♻

Questões de Concursos

Divirta-se!

1. (Esaf – Auxiliar Judiciário – 2002) *Já foram registradas na floresta amazônica brasileira 2.500 espécies de árvores. Em apenas um hectare são encontradas trezentas espécies de vegetais diferentes. _____, o consumo e a miséria são faces da mesma moeda. Alguns recursos naturais, renováveis ou não, são explorados de forma inescrupulosa e consumidos em ritmo superior à capacidade de renovação da natureza.*
Para unir as duas partes do texto de forma coerente, assinale a expressão correta.
   a) na medida em que.
   b) assim que.
   c) por muito que.
   d) à medida que.
   e) no entanto.

2. (FAB – EEAR – Sargento – 2003) Observe os períodos abaixo:
   I. <u>Mal o leão se afastou</u>, o rato não teve a menor dúvida.
   II. "Os animais devem ser adestrados, <u>ao passo que os seres humanos devem ser educados</u>."
   III. <u>Não obstante haja concluído um curso superior</u>, é incapaz de redigir uma carta.
   IV. Pode criticar, <u>desde que fundamente sua crítica em argumentos</u>.
   As orações sublinhadas exprimem, respectivamente, circunstância de:
   a) tempo, proporção, concessão e condição;
   b) causa, conformidade, condição e concessão;
   c) tempo, proporção, condição e concessão;
   d) condição, concessão, tempo e consequência.

3. (FAB – EEAR – Sargento – 2003) Assinale a alternativa que apresenta a sequência correta quanto às conjunções coordenativas que preenchem adequadamente o texto abaixo, dando-lhe coerência.
   Yes, nós temos cinema!
   Todo mundo fala de um renascimento do cinema brasileiro _____ ele parece incontestável. _____ ainda falta vencer um obstáculo fundamental: o preconceito do espectador brasileiro que continua relutante em sair de casa para assistir a um filme nacional. _____ os filmes têm dificuldade de conseguir muitas salas _____ não conseguem o sucesso que mereciam.
   (Rubens Ewald Filho)
   a) e – assim – contudo – por isso;
   b) logo – pois – portanto – todavia;
   c) e – mas – por isso – e;
   d) pois – contudo – entretanto – mas.

4. (FAB – EEAR – Sargento – 2003) A um secretário de escola foi dada a ordem de redigir um ofício para o prefeito da cidade com o seguinte conteúdo:
   I. Finalidade: pedido de conserto da parte hidráulica do prédio.
   II. Concessão: impedimento da regularidade das aulas.
   III. Tempo: o mais rápido possível.
   IV. Acordo: o previsto em reunião anterior.
   Utilizando as conjunções e locuções conjuntivas subordinativas, o corpo do texto corretamente produzido deverá ser:
   a) Conforme o combinado em assembleia de junho/2000, solicitamos de V.Ex.ª a gentileza de enviar funcionário a esta escola, em caráter de urgência, para que seja feito o conserto da parte hidráulica do prédio. Embora os reparos impeçam o andamento das aulas, não podemos mais adiar a solução desse problema e, por isso, pedimos sua colaboração.

b) Mesmo que não seja possível, solicitamos de V. Ex.ª a gentileza de enviar funcionário a esta escola a fim de que seja feito o conserto da parte hidráulica do prédio. Contanto que os reparos impeçam o andamento das aulas, não podemos mais adiar a solução desse problema e, por isso, pedimos sua colaboração já que foi combinado em assembleia de junho/2000.

c) Se for possível, solicitamos de V. Ex.ª a gentileza de enviar funcionário a esta escola à medida que a parte hidráulica do prédio seja consertada. Para que os reparos impeçam o andamento das aulas, não podemos mais adiar a solução desse problema e, por isso, pedimos sua colaboração, apesar do que foi combinado em assembleia de junho/2000.

d) Visto que é possível, solicitamos de V. Ex.ª a gentileza de enviar funcionário a esta escola, posto que seja feito o conserto da parte hidráulica do prédio. Conforme os reparos impeçam o andamento das aulas, não podemos mais adiar a solução desse problema e, por isso, pedimos sua colaboração, porquanto tenha sido combinado em assembleia de junho/2000.

5. (Esaf – Técnico Administrativo – 2004) Em relação ao texto, assinale a opção correta.

"(...) Aliás, a sua perda na atmosfera colabora para o efeito estufa, **pois** seu contato com o oxigênio do ar produz uma queima incompleta, (...)".

d) Não haveria alteração na relação sintática com a substituição de "pois" por qualquer um desses conectivos: *já que, porque, visto que, uma vez que, porquanto.*

6. (FAB – EEAR – Sargento da Aeronáutica – 2/2005) Observe as orações coordenadas sindéticas destacadas:

1. Ela sempre acende um cigarro, **e não fuma**.
2. Dormirei com dois cobertores, **pois a temperatura diminuirá ainda mais esta noite**.

A seguir, assinale a alternativa correta quanto a sua classificação, respectivamente.

a) adversativa – conclusiva.
b) aditiva – conclusiva.
c) aditiva – explicativa.
d) adversativa – explicativa.

7. (ITA – Vestibular – 2006) Considere as duas frases finais do texto, abaixo reproduzidas:

(1) Mas talvez os shoppings, mesmo os mais sofisticados, como o Iguatemi, tenham se tornado democráticos demais para o gosto da classe alta paulista.

(2) A cada pequeno entusiasmo econômico, logo a alvoroçada classe média da cidade resolve se intrometer aos bandos nas searas exclusivas dos muito ricos.

Nota-se que a frase (2) apresenta uma relação de sentido com a frase (1). Essa relação ficaria explicitada se a frase (2) iniciasse por:

a) apesar de que;
b) tanto assim que;
c) além disso;
d) por isso;
e) já que.

8. (Esaf – TCU – Analista de Controle Externo – 2006) (Adaptada) A afirmação abaixo está correta ou incorreta?

– A conjunção "e" (Eles tentaram se libertar do pesadelo derivado de um dado histórico inequívoco: a voragem exterminista e genocida do capital e do capital financeiro em primeiríssimo lugar. E fracassaram.) pode ser substituída, sem prejuízo para a correção gramatical do período e para o sentido do texto, por **mas**.

9. (FAB – EEAR – Sargento – 2007) *"Conjunções (...) São vocábulos que existem para preencher as lacunas de pensamento de quem lê."* Assinale a alternativa que traz a correta sequência de conjunções que podem preencher os parênteses nos textos abaixo.

1. *"O átomo é um monumento à sabedoria humana.* (*) *Um dia poderá ser a lápide de sua insensatez."* (Henry Adams)
2. *"O que Deus fez em seis dias/ Eu desfaço em um/* (*) *Eu sou o lobo homem/ Devoro-me a mim mesmo."* (Aridjis)
3. *"A literatura deve ser vida.* (*) *O escritor deve ser o que escreve."* (Guimarães Rosa)

a) e – porque – por isso.
b) porque – portanto – e.
c) mas – como – porquanto.
d) por conseguinte – visto que – pois.

Capítulo 15 • Conjunção **485**

10. (ITA – Vestibular – 2008) Fragmento de texto:

"(...) que dizer de técnicos de futebol que vivem de terço na mão e medalhas de santos sob a camisa e que, em face de cada lance decisivo, as puxam para fora, as beijam e murmuram orações? Isso para não falar nos que consultam pais-de- -santo e pagam promessas a Iemanjá. É como se dissessem: treino os jogadores, traço o esquema de jogo, armo jogadas, mas, independentemente disso, existem forças imponderáveis que só obedecem aos santos e pais-de-santo; são as forças do acaso.

Mas *não se pode descartar o fator psicológico que, como se sabe, atua sobre os jogadores de qualquer esporte; (...)".*

No penúltimo parágrafo, a conjunção **mas** estabelece com os demais argumentos do texto uma relação de:

a) restrição;   b) adversidade;   c) atenuação;   d) adição;   e) retificação.

11. (FAB – EAGS – Sargento – 2008) Leia:

"Vem contemplar comigo o mar de minha saudade, ***que em murmurantes ondas canta o amor perdido***".

Tomando a oração destacada e substituindo **em** por **as** e **canta** por **cantam**, a oração resultante deverá ser classificada sintaticamente como:

a) subordinada adjetiva explicativa;

b) subordinada adjetiva restritiva;

c) coordenada conclusiva;

d) coordenada explicativa.

12. (Esaf – MPOG – Especialista em Políticas Públicas e Gestão Governamental – 2008) (Adaptada) A afirmação abaixo está correta ou incorreta?

"(...) Até a pouco tempo atrás, havia sérias dúvidas sobre a capacidade de arregimentação dessas empresas pelo governo chinês. A imagem predominante era a de que elas realizavam incursões esporádicas e oportunistas em vários mercados, sem objetivos comuns. A compra de parte do capital acionário da Rio Tinto, ***entretanto****, passa a mostrar um alinhamento entre os interesses do Estado e os das estatais enquanto empresas, para assegurar o suprimento de commodities que sustente a rápida expansão econômica. (...)".*

– O termo "entretanto" pode, sem prejuízo para a informação original do período, ser substituído por qualquer um dos seguintes: ***porém, contudo, todavia, conquanto, porquanto***.

13. (Cesgranrio – PROMINP – Administrador de PDMS – 2010) Considere o texto para verificar em que situações a substituição do **se** por **mesmo que** garante a equivalência de sentido entre os enunciados em destaque.

I. Ficaria fácil escorrer os grãos **se a bacia para lavar o arroz tivesse furinhos**. (**mesmo que a bacia para lavar o arroz tivesse furinhos**).

II. A explosão só acontece **se há acúmulo de gás dentro da cozinha**. (**mesmo que haja acúmulo de gás na cozinha**).

III. **Se o gás vazasse**, saía para o ambiente externo. (**mesmo que o gás vazasse**).

Há equivalência **APENAS** no apresentado em:

a) I;   b) II;   c) III;   d) I e II;   e) II e III.

14. (Esaf – CVM – Agente Executivo – 2010) (Adaptada) As afirmações abaixo estão corretas ou incorretas?

"Onde as sociedades são mais justas, equilibradas, honestas e onde as necessidades sociais são mais satisfeitas, há menor risco para a atividade jornalística. Com esse cenário, os governos são mais honestos e o Estado é mais transparente; as empresas privadas menos corruptas e corruptoras e os cidadãos mais íntegros. Com isso, a atividade jornalística é mais segura e não necessita ir a fundo e substituir as tarefas delegadas ao Judiciário, à política e à polícia. Nem cobrar do Estado, por meio de estratégias investigativas que, para chegar à denúncia, envolvem o risco físico dos repórteres e jornalistas em geral. ***Assim****, onde há mais corrupção em vários níveis do Estado e onde os negócios públicos são mais obscuros, envolvendo setores privados, todo bom jornalista corre mais risco,* ***porque*** *ele é o último recurso da voz pública, do cidadão, da esperança".*

I. O termo "Assim" confere ao período a noção de conclusão.

II. O termo "porque" confere ao período a noção de condição.

15. (Esaf – MPOG – Analista de Planejamento e Orçamento – 2010) (Adaptada) A afirmação abaixo está correta ou incorreta?

– Provoca-se <u>erro</u> gramatical ou <u>incoerência</u> ao ligar os dois últimos períodos sintáticos (A evolução da renda ***per capita*** dependia das taxas de natalidade e mortalidade. A renda ***per capita*** da Inglaterra começou a crescer descolada da demografia...), pela conjunção **porquanto**, escrevendo o artigo em "A renda" com letra minúscula.

16. (Cesgranrio – Petrobras – Administrador Júnior – 2010) Em "Não minta para você, essa é a forma mais rápida de se perder", relacionando a 2ª oração com a 1ª, o conectivo que **NÃO** poderia introduzir a 2ª oração, por provocar alteração do sentido inicial, é:

a) porquanto;   b) que;   c) pois;   d) logo;   e) porque.

17. (Esaf – MTE – Auditor-Fiscal do Trabalho – 2010) (Adaptada) A afirmação abaixo está correta ou incorreta?
"*(...) A advertência vale para o Brasil, **embora** as causas do nosso déficit sejam diferentes das da União Europeia. (...)*".

– Mantém-se a correção gramatical do período e as informações originais ao se substituir "embora" por qualquer um dos seguintes termos: *conquanto, se bem que, apesar de que, contanto que, consoante.*

18. (Esaf – SUSEP – Analista Técnico – 2010) Assinale a opção que ao substituir a oração sublinhada, no texto abaixo, provoca <u>erro</u> gramatical e/ou <u>incoerência</u> textual.
Sem vitória ou derrota, na comparação entre o pré e o pós-crise, a turbulência financeira que abalou o mundo trouxe perdas ao Brasil, mas no decorrer de 2009 os prejuízos foram recuperados e, <u>se o país não cresceu,</u> conseguiu ao menos fazer com que importantes indicadores econômicos e sociais empatassem com os que eram registrados em 2008 – ano do pico de desenvolvimento brasileiro.

a) caso o país não cresceu.
b) apesar de o país não crescer.
c) mesmo o país não crescendo.
d) embora o país não crescesse.
e) ainda que o país não tenha crescido.

19. (Cesgranrio – BNDES – Engenheiro – 2011) "O diabo é **que, de tanto ver, a gente banaliza o olhar.**" (L. 10-11)
Na linha argumentativa do texto, a oração "que a gente banaliza o olhar" em relação à oração "de tanto ver" encerra uma:

a) causa;   c) conformidade;   e) concessão.
b) consequência;   d) condição;

20. (Cesgranrio – BNDES – Engenheiro – 2011) A conjunção/locução conjuntiva entre parênteses que **NÃO** expressa a mesma relação de sentido da conjunção/locução conjuntiva destacada é:

a) "**assim como** não estamos aqui," (l. 5-6) – (bem como)
b) "...**quando** procuramos estar com alguém," (l. 8) – (sempre que)
c) "...**porque** gostamos," (l. 9-10) – (ao passo que)
d) "...**para que** elas venham até você." (l. 25) – (a fim de que)
e) "**mas** quem estava procurando por você!" (l. 27-28) – (porém)

21. (FGV – SEFAZ/RJ – Auditor-Fiscal da Receita Estadual – 2011) *"É certo **que** a mudança do enfoque sobre o tema, no âmbito das empresas – principalmente, as transnacionais –, decorrerá também de ajustamentos de postura administrativa decorrentes da adoção de critérios de responsabilização penal da pessoa jurídica em seus países de origem. Tais mudanças, inevitavelmente, terão **que** abranger as práticas administrativas de suas congêneres espalhadas pelo mundo, a fim de evitar respingos de responsabilização em sua matriz".* (l. 21-30)
No trecho acima, as ocorrências da palavra QUE classificam- se, respectivamente, como:

a) pronome relativo e preposição;
b) conjunção integrante e preposição;
c) conjunção integrante e conjunção integrante;
d) pronome relativo e conjunção integrante;
e) preposição e pronome relativo.

22. (Cesgranrio – SEEC/RN – Professor de Língua Portuguesa – 2011) A articulação lógica entre as ideias expressada pelo emprego de conectivos em um texto é um fator de coerência. No trecho do Texto II "No trabalho, em que a comunicação pode custar dinheiro **ou** mesmo o sucesso profissional, um *e-mail* deve ser redigido com toda a atenção para não dar margem a mal-entendidos" (l. 14-17), o termo em destaque introduz, em relação à parte inicial, a ideia de:

a) alternância;
b) comparação;
c) conclusão;
d) contraste;
e) proporção.

Capítulo 15 • Conjunção **487**

23. (Cesgranrio – SEEC/RN – Professor de Língua Portuguesa – 2011) Um dos aspectos responsáveis por garantir a coerência textual é a relação lógica que se estabelece entre as ideias. Essa relação pode ser explicitada por conectores ou estar implícita na sequência textual. No trecho a seguir, estabelece-se uma relação lógica implícita entre os dois períodos.

Na prática, não há garantia de que aprender uma dada quantidade de técnicas de escrita nos faça escrever melhor. Escrever, como ler, só será efetivamente um hábito qualificado se feito com prazer.

Essa relação lógica entre os dois períodos pode ser expressa por:

a) embora;
b) por conseguinte;
c) à medida que;
d) a fim de que;
e) sempre que.

24. (Cesgranrio – SEEC/RN – Professor de Língua Portuguesa – 2011) A relação lógica estabelecida entre as ideias do Texto IV, por meio da palavra ou da expressão destacada, está exemplificada corretamente em:

a) conclusão: "[...] algo que a humanidade vem fazendo há milhares de anos, **desde que** precisou sobreviver e viver melhor em ambientes diversos [...]" (l. 4-6)
b) temporalidade: "A Era do Virtual é um caminho para essa perspectiva múltipla, e a mobilidade é um meio **para** o alcance da liberdade de expressão [...]" (l. 16-19)
c) comparação: "Tal comportamento independe do que pensamos estar certo ou errado, **pois** este binômio não é mais aplicável com uma solução razoável." (l. 27-29)
d) causalidade: "[...] ampliando o espectro de conhecimentos dos alunos – **uma vez que** as instituições físicas, apenas mundo real, não serão mais capazes de fazer." (l. 33-36)
e) condição: "[...] os conteúdos não são mais simplesmente empacotados do professor para os alunos; **mas** são conteúdos que permitem a produção de parcelas enormes de contribuições pelo estudante." (l. 46-49)

25. (FCC – TRE/RN – Analista Judiciário – 2011) *Mal sugeria imagem de vida (Embora a figura chorasse).*

É correto afirmar que a frase entre parênteses tem sentido:

a) adversativo;
b) concessivo;
c) conclusivo;
d) condicional;
e) temporal.

26. (FAB – EPCAR – 2011/2012) (Adaptada) A afirmação abaixo está correta ou incorreta?
– "Inimaginável responder de forma mal educada aos mais velhos, professores <u>ou</u> autoridades..." (O conectivo sublinhado estabelece uma relação de inclusão entre os termos.)

27. (Esaf – MI-CENAD – Analista de Sistemas – 2012) Considere o texto abaixo.

"A teoria econômica evoluiu muito desde 1776, quando Adam Smith, em célebre obra investigou as causas das riquezas das nações. A teoria mostrou como funcionam os mercados, o papel da produtividade, as formas de aumentá-la e a função das instituições. Contribuiu, assim, para a formulação das políticas que trouxeram mais desenvolvimento e bem-estar. No Brasil, os economistas também contribuem para o desenvolvimento. Acontece que, se defenderem reformas em favor das maiorias, que causam perdas a minorias, os economistas serão rotulados de socialmente insensíveis. Quando um médico prescreve um tratamento, o objetivo é o bem-estar do paciente. Ninguém dirá que ele planeja o sofrimento. Mas, se os economistas sugerem medidas de austeridade para resolver desequilíbrios e restabelecer o crescimento sustentável, diz-se que eles propugnam ações para promover a recessão, o desemprego e a destruição de conquistas sociais. O receituário do médico incorpora esperança e simpatia, pois se sabe que o objetivo dele é a cura da doença. Sua ação é mais percebida por todos. A expectativa maior é de êxito. O diagnóstico é mais preciso, especialmente com os avanços da tecnologia. O economista não tem essas vantagens. No tratamento de crises, lida com incertezas, complexidades e situações inéditas. Os economistas tendem a errar mais que os médicos, mas seu foco jamais será a recessão pela recessão ou a austeridade sem propósito".

Preserva-se a coerência entre os argumentos do texto, bem como sua correção gramatical, ao:

a) empregar um conectivo de valor condicional, como **Se**, em lugar de "Quando";
b) substituir a conjunção condicional "se" pelo conectivo **caso**;
c) explicitar o valor explicativo da oração, inserindo a conjunção **pois** para ligar a oração iniciada por "Sua ação" com a anterior, mudando para minúscula a letra inicial de "Sua";
d) ligar as orações iniciadas por "O economista..." e "No tratamento", em um mesmo período sintático, retirando o ponto-final e mudando para minúscula a letra inicial maiúscula de "No";
e) inserir a conjunção **Embora** no início do último período sintático do texto, mudando para minúscula a letra inicial de "Os".

28. (Esaf – CGU – Analista de Finanças e Controle – 2012) Assinale a opção em que o preenchimento da lacuna com o conectivo abaixo resulta em erro gramatical ou incoerência textual no seguinte fragmento.

A dívida pública brasileira é uma velha herança. ____a)____ aumentou consideravelmente nos anos 80, ____b)____ os juros internacionais subiram muito. Mais de 40 países foram arrastados pela crise da dívida, a partir de 1982. ____c)____ seus governos foram capazes de reorganizar as contas públicas e de reduzir o peso da dívida. ____d)____ o Brasil continuou prisioneiro do endividamento inflado naquele período e, além disso, permitiu o aumento de seu peso nos anos seguintes. ____e)____, a carga tributária brasileira é maior que a de todos ou quase todos os países emergentes e até mais pesada que a de algumas economias avançadas, como os EUA e o Japão.

  a) Portanto;   b) quando;   c) Porém;   d) Mas;   e) No entanto.

29. (FCC – Pref./SP – Auditor-Fiscal do Município – 2012) *O desenvolvimento **corresponde a uma matriz endógena, gerada em nossas próprias sociedades**, e [que] portanto **não** é possível importar.*

Propõe-se outra redação para a frase acima, a ser iniciada com "Não é possível importar o desenvolvimento...". Para que o sentido e a correção originais sejam mantidos, a conexão desse início com o segmento destacado deve ser feita mediante o uso de:

  a) contudo;   b) dado que;   c) se bem que;   d) no caso de;   e) onde.

30. (FCC – TRF (2ª R) – Técnico Judiciário – 2012) *Os resultados preocupam. É indiscutível que a prática de esportes, associada a uma alimentação regrada, está diretamente ligada a uma vida mais saudável.*

Transformando as duas afirmativas acima em um só período, com as alterações necessárias, a conjunção que deverá uni-las está grifada em:

a) Os resultados preocupam, <u>pois</u> é indiscutível ...
b) Os resultados preocupam, <u>contanto que</u> seja indiscutível ...
c) Os resultados preocupam, <u>caso</u> seja indiscutível ...
d) Os resultados preocupam, <u>porém</u> é indiscutível ...
e) Os resultados preocupam, <u>para que</u> seja indiscutível ...

31. (FCC – TRE/SP – Técnico Judiciário – 2012) Com o tempo se desenvolveram dentro da modalidade dois tipos de mamulengos. O rural é o mais tradicional, que conserva figuras alegóricas bíblicas, como a alma e o diabo, e cujo universo social reproduz os hábitos cotidianos, os valores culturais, os conflitos entre os humildes e as autoridades nas fazendas e povoados. *Já o mamulengo urbano adota novas personagens e circunstâncias relacionadas à dinâmica das cidades e do tempo e mantém um enredo, **embora** não abra mão do improviso.* (último parágrafo)

As palavras grifadas acima denotam, considerando-se o contexto em que se apresentam, respectivamente, noção de:

a) consequência da afirmativa anterior e conformidade com o fato expresso no mesmo segmento;
b) comparação com a declaração anterior e conclusão coerente para o que está sendo afirmado;
c) causa que justifica a declaração anterior e sua consequência imediata;
d) temporalidade e oposição ao que vem sendo expresso no parágrafo;
e) oposição ao que foi expresso na afirmativa anterior e ressalva que não invalida a declaração feita.

32. (FCC – TRF (2ª R) – Analista Judiciário – 2012) *Victor fracassou **porque** cedeu a uma predisposição da natureza humana...*

O elemento grifado na frase acima tem o mesmo sentido de:

  a) ainda que;   b) conquanto;   c) enquanto;   d) embora;   e) uma vez que.

33. (FCC – TRF (2ª R) – Analista Judiciário – 2012) Atente para estas frases, do 5º parágrafo do texto:

I. *Não podemos contar com a sorte.*
II. *Daqui para frente, preservar é suor.*

Para articulá-las de modo a preservar o sentido do contexto, será adequado uni-las por intermédio deste elemento:

a) no entanto;
b) ainda assim;
c) haja vista que;
d) muito embora;
e) por conseguinte.

Capítulo 15 • Conjunção **489**

34. (FCC – INSS – Perito Médico Previdenciário – 2012) *Com o avançar da idade, eles precisam de mais cálcio e vitaminas...*
Iniciando o período por **Eles precisam de mais cálcio e vitaminas**, o segmento grifado poderá passar corretamente a:
a) à medida que a idade vai avançando:
b) conquanto a idade avance;
c) se a idade for avançando;
d) ainda que a idade vá avançando;
e) em comparação à idade que avança.

35. (FCC – TCE/AP – Técnico de Controle Externo – 2012) *Preços mais altos proporcionam aos agricultores incentivos para produzir mais, o que torna mais fácil a tarefa de alimentar o mundo. Mas eles também impõem custos aos consumidores, aumentando a pobreza e o descontentamento.* (início do 2º parágrafo)
A 2ª afirmativa introduz, em relação à 1ª , noção de:
a) condição;
b) temporalidade;
c) consequência;
d) finalidade;
e) restrição.

36. (Cesgranrio – CMB – Assistente Técnico – 2012) Em um texto, as frases relacionam-se umas com as outras, estabelecendo entre si relações que contribuem para a construção do sentido do texto. Essas relações podem **não** ser explicitadas por meio do uso de um conectivo, como é o caso das duas frases do fragmento abaixo.
"Fui logo dizendo que não tinha, certa de que ele estava pedindo dinheiro. Não estava." (l. 2-4)
A relação construída entre essas duas frases pode ser expressa, sem alteração de sentido, pelo seguinte conectivo:
a) onde;   b) como;   c) contudo;   d) portanto;   e) conforme.

37. (Cespe/UnB – MPE/PI – Analista Ministerial – 2012) No quarto período do primeiro parágrafo, a conjunção "Enquanto" introduz oração de valor consecutivo.
( ) CERTO   ( ) ERRADO

38. (Cespe/UnB – PEFOCE/CE – Auxiliar de Perícia de 1ª Classe – 2012) No segundo parágrafo, destaca-se o início de períodos com ideias de natureza adversativa, por meio das expressões "No entanto", "Porém" e "Entretanto".
( ) CERTO   ( ) ERRADO

39. (Cespe/UnB – IRBr – Diplomata – 2012) Fragmento de texto
Escrevi para ele dizendo que não conhecia Joyce nem Virginia Woolf nem Proust quando fiz o livro, porque o diabo do homem só faltou me chamar de representante comercial deles.
No terceiro período do texto, a oração iniciada pelo conector "quando" e a iniciada pelo conector "porque" indicam, respectivamente, as circunstâncias de tempo e causa relacionadas ao fato expresso na oração "que não conhecia Joyce nem Virginia Woolf nem Proust".
( ) CERTO   ( ) ERRADO

Texto para as questões 40 e 41.
"O cientista político Phillippe Schmitter argumentou que, *embora* a situação europeia seja singular, seu progresso para além do Estado nacional tem uma pertinência mais genérica, *pois* 'o contexto contemporâneo favorece sistematicamente a transformação dos Estados em confederatii, condominii ou federatii, *numa variedade de contextos*'".

40. (Cespe/UnB – PC/CE – Inspetor – 2012) O conector "embora" introduz um conteúdo que, mesmo sendo contrário à proposição contida no trecho "seu progresso para além do Estado nacional tem uma pertinência mais genérica", não a invalida.
( ) CERTO   ( ) ERRADO

41. (Cespe/UnB – PC/CE – Inspetor – 2012) O conector "pois" introduz ideia de consequência no trecho em que ocorre.
( ) CERTO   ( ) ERRADO

490 A Gramática para Concursos Públicos • Fernando Pestana

42. (Cesgranrio – Petrobras – Analista de Sistemas Júnior – 2012) As seguintes orações "Não ri nem sequer sorri." (l. 43-44) e "Não faz uma pirueta." (l. 44) podem ser reescritas em um único período, sem alteração de sentido em:
a) Não ri nem sequer sorri, mas não faz uma pirueta.
b) Embora não ria nem sequer sorria, não faz uma pirueta.
c) Não ri nem sequer sorri, e não faz uma pirueta.
d) Caso não ria nem sequer sorria, não faz uma pirueta.
e) Não ri nem sequer sorri, porém não faz uma pirueta.

43. (Cespe/UnB – TJ/RR – Cargos de Nível Médio – 2012) Mantêm-se a correção gramatical e as informações originais do período ao se substituir o conectivo "pois" por **já que, uma vez que, porquanto, visto que** ou **porque**.
( ) CERTO ( ) ERRADO

44. (CEPERJ – Degase – Psicólogo – 2012) Fragmento de texto:
Título: EXCLUSÃO SOCIAL E VIOLÊNCIA
O acentuado crescimento da violência no Brasil, todos sabemos, tem como causa uma série de determinantes institucionais e fatores sociais... (...) A injustiça social, portanto, tem contribuído para o atual quadro de violência e de desumanidade, ao tempo em que tem transformado a liberdade de ir e vir numa utopia para os excluídos da sociedade.

No título, emprega-se a conjunção aditiva "e" para ligar "exclusão" à "violência".
A leitura global do texto, entretanto, revela que não se trata de uma adição. A relação que o autor estabelece entre exclusão e violência, na verdade, é de:
a) causalidade;
b) proporcionalidade;
c) temporalidade;
d) adversidade;
e) finalidade.

45. (Vunesp – CREFITO/SP – Secretário da Presidência – 2012) Leia as frases.
I. As novas regras integram um pacote de medidas que o governo estuda *para melhorar* o acesso a serviços de diagnóstico.
II. O governo também quer incentivar cursos de capacitação de técnicos – que, *segundo* o ministro, são parte importante na qualidade do resultado do exame.
As expressões em destaque estabelecem, correta e respectivamente, relação de:
a) finalidade e conformidade;
b) causa e condição;
c) finalidade e consequência;
d) adversidade e adição;
e) temporalidade e conformidade.

46. (FDC – Câmara Mun. Duque de Caxias/RJ – Técnico Legislativo – 2012) Altera-se o sentido fundamental de: "Mas, por importante que seja, essa informação pontual não é tudo" (§ 2) reescrevendo-se a oração entre vírgulas como:
a) importante que seja;
b) conquanto muito importante;
c) sendo embora muito importante;
d) por mais que importante;
e) por ser muito importante.

47. (FDC – Câmara Mun. Duque de Caxias/RJ – Técnico Legislativo – 2012) Fragmento de texto:
"(...) A quantidade de livros ruins é uma grandeza, e são famosos os casos de clássicos ou de best-sellers que foram recusados por editora após editora até, finalmente, chamarem a atenção de alguém mais antenado. Ainda assim, um mundo sem editoras seria um caos para nós, leitores, que passaríamos mais tempo peneirando erros do que encontrando acertos. (...)"
Na linha de argumentação desenvolvida no texto, a locução destacada em: "AINDA ASSIM, um mundo sem editoras seria um caos para nós, leitores" pode ser substituída, sem que o sentido do enunciado se altere, por:
a) Sem dúvida;
b) Outrossim;
c) Por isso mesmo;
d) Não obstante;
e) Haja vista.

Capítulo 15 • Conjunção **491**

48. (FIOCRUZ – EPSJV – Técnico (Ensino Médio) – 2011/2012) "(...) Faz parte da nossa cultura gostar do local onde nascemos e vivemos, as pessoas são apegadas as suas cidades e querem que haja eventos nela. Só que esse sentimento saudável se transforma numa armadilha contra a própria população. (...)". No trecho "Só que esse sentimento saudável se transforma numa armadilha contra a própria população", a expressão sublinhada liga ideias. Para que mantenha o sentido apresentado no texto, ela pode ser substituída por:
    a) mas; b) embora; c) apesar de; d) e também; e) pois.

49. (CEPERJ – SEFAZ – Analista de Controle Interno – 2013) "Suas sugestões, *no entanto*, não encontraram respaldo para serem postas em prática". Dois conectivos que podem substituir adequadamente o destacado, sem alterar a ordem do segmento, mantendo-se o sentido, são:
    a) mas / porém.
    b) logo / pois.
    c) entretanto / contudo.
    d) mesmo que / ainda que.
    e) todavia / visto que.

50. (FCC – TRF 3ª – Analista Judiciário – 2014) *Reunir-se para ouvir alguém ler tornou-se uma prática necessária e comum no mundo laico da Idade Média. Até a invenção da imprensa, a alfabetização era rara e os livros, propriedade dos ricos, privilégio de um pequeno punhado de leitores.*
    Embora alguns desses senhores afortunados ocasionalmente emprestassem seus livros, eles o faziam para um número limitado de pessoas da própria classe ou família.
    (Adaptado de: MANGUEL, Alberto, op. cit.)
    Mantêm-se a correção e as relações de sentido estabelecidas no texto, substituindo-se *Embora* (2º parágrafo) por:
    a) Contudo.
    b) Desde que.
    c) Porquanto.
    d) Uma vez que.
    e) Conquanto.

51. FGV – Prefeitura de Niterói/RJ – Fiscal de Tributos – 2015) "Nunca possuímos tantas coisas como hoje, mesmo que as utilizemos cada vez menos".
    A forma de reescrever esse período que indica incorreção ou modificação de seu sentido original é:
    a) Nunca possuímos tantas coisas como hoje, conquanto as utilizemos cada vez menos.
    b) Nunca possuímos tantas coisas como hoje, apesar de as utilizarmos cada vez menos.
    c) Nunca possuímos tantas coisas como hoje, não obstante utilizarmo-las cada vez menos.
    d) Nunca possuímos tantas coisas como hoje, malgrado as utilizemos cada vez menos.
    e) Nunca possuímos tantas coisas como hoje, no entretanto as utilizamos cada vez menos.

52. (FCC – SEGEP/MA – Técnico da Receita Estadual (TI) – 2016) AINDA ASSIM, atravessou aquele 27 de julho em relativa normalidade. PORÉM, não houve resultado.
    Sem prejuízo da correção e do sentido, os elementos destacados acima podem ser substituídos, respectivamente, por:
    a) Desse modo – Conquanto
    b) Com isso – No entanto
    c) Não obstante – Contudo
    d) Portanto – Embora
    e) Todavia – Porquanto

53. (IBFC – EBSERH – Médico – 2017) A oração "Depois que arrumei ocupação à noite, ..." é introduzida por uma locução conjuntiva que apresenta o mesmo valor semântico da seguinte conjunção:
    a) porquanto.
    b) conforme.
    c) embora.
    d) quando.
    e) pois.

54. (Fundep – Codemig – Auditor – 2018) Releia o trecho a seguir: "Não se trata simplesmente de subverter o poder, **MAS** de pensar de outra maneira [...]".
    A palavra destacada confere ao trecho uma ideia de:
    a) retificação.
    b) oposição.
    c) contraste.
    d) compensação.

55. (VUNESP – TJ/SP – Médico Judiciário – 2019) A alternativa em que a expressão destacada estabelece relação de causa entre as ideias é:
    a) No difícil processo de reintegração, a literatura pode ser um meio eficaz **visto que** devolve à sociedade uma pessoa disposta a reescrever sua história.
    b) No difícil processo de reintegração, a literatura pode ser, **portanto**, um meio eficaz de devolver à sociedade uma pessoa disposta a reescrever sua história.

c) **Caso** haja um difícil processo de reintegração, a literatura pode ser um meio eficaz de devolver à sociedade uma pessoa disposta a reescrever sua história.

d) **À medida que** ocorra um difícil processo de reintegração, a literatura pode ser um meio eficaz de devolver à sociedade uma pessoa disposta a reescrever sua história.

e) A literatura pode ser, no difícil processo de reintegração, um meio eficaz **para que** se devolva à sociedade uma pessoa disposta a reescrever sua história.

56. (CESPE – MPE-CE – Técnico Ministerial – 2020) A substituição da conjunção "porque", em "essa afirmação pode ser inesperada para muitos, porque tendemos a negar tanto a existência quanto a importância dos rituais na nossa vida cotidiana", pela locução "de modo que" preservaria os sentidos originais do texto.

( ) CERTO ( ) ERRADO

57. (FGV – PC/RJ – PERITO LEGISTA – 2021) O valor básico da conjunção E é o de adição e, por isso, os termos unidos por ela, nesse caso, podem ser trocados de posição na frase, sem que se altere o sentido.

A frase abaixo que mostra modificação no sentido, em caso de troca da posição dos termos, é:

a) Comprei cravos vermelhos e rosas amarelas.

b) Vesti a camisa e pus a gravata.

c) Comprei canetas esferográficas e folhas pautadas.

d) Comprei móveis novos e aluguei um carro.

e) Pus os óculos e levantei da cadeira.

58. (AOCP – Prefeitura de Novo Hamburgo/RS – Procurador – 2022) Assinale a alternativa em que o termo em destaque é uma conjunção integrante.

a) "[...] apreensivas com as condições QUE serão deixadas a seus filhos [...]".

b) "Isso só é possível SE defendermos a tese [...]".

c) "[...] não SE deve entender trabalho apenas como trabalho assalariado [...]".

d) "[...] a questão de saber SE é possível compreender [...]".

e) "[...] aqueles homens e mulheres que foram demitidos ou QUE se encontram privados de qualquer possibilidade [...]".

Gabarito

1. E.	15. CORRETA.	30. A.	45. A.
2. A.	16. D.	31. E.	46. E.
3. C.	17. INCORRETA.	32. E.	47. D.
4. A.	18. A.	33. E.	48. A.
5. D.	19. B.	34. A.	49. C.
6. D.	20. C.	35. E.	50. E.
7. E.	21. B.	36. C.	51. E.
8. CORRETA.	22. A.	37. ERRADO.	52. C.
9. A.	23. B.	38. CERTO.	53. D.
10. D.	24. D.	39. ERRADO.	54. A.
11. D.	25. B.	40. CERTO.	55. A.
12. INCORRETA.	26. CORRETA.	41. ERRADO.	56. ERRADO.
13. C.	27. A.	42. C.	57. D.
14. I – CORRETO.	28. A.	43. CERTO.	58. D.
II – INCORRETA.	29. B.	44. A.	

Os comentários sobre as questões estão no *Material Complementar* do livro.
Para acessá-lo, veja o passo a passo na orelha desta obra.

CAPÍTULO 16
INTERJEIÇÃO

Definição

Do ponto de vista semântico, a interjeição pode apresentar muitos valores. Basicamente a interjeição exprime determinados estados emocionais altissonantes, sensações ou estados de espírito do falante. Como as conjunções, as interjeições podem ser classificadas de acordo com a expressividade ou o sentimento que traduzem.

Do ponto de vista morfológico, a interjeição é uma palavra que não muda de forma, portanto é invariável.

Do ponto de vista sintático, a interjeição não exerce função sintática alguma.

Pois bem... para entendermos todas as definições de interjeição, vamos analisar este poema:

INTERJEIÇÃO

Ah! Lá vem ela bela
Oh! Ri meu coração de satisfação
Olá! Dizem meus lábios a ela
Olé! Diz a presença a solidão.

Avante! Avante! Coragem! Coragem!
Cala meu medo, fala meu coração
Viva! Que maravilha de paisagem
Psiu! É ela chamando minha atenção.
Chi! Tomou-me paixão
Pudera! Estava diante de meu desejo
Silêncio! Era demais a emoção
Bis! Acabara de receber um beijo.

Te amo, disse sua boca
Não resisti à vontade louca
Gritei alto: ooooooooooooooba!
(Karl Marx Valentim Santos)

Note que os vocábulos em azul são interjeições, pois

1) apresentam, respectivamente, **valores semânticos** de admiração/alegria, admiração/desejo, saudação/chamamento, satisfação, encorajamento (todas as palavras do 5º verso), alegria, chamamento, espanto/surpresa, expectativa, ordem, pedido, alegria/excitação;

2) **não variam** de forma (*oba* variou de forma por razões estilísticas, uma vez que se trata de um poema);

3) **não exercem função sintática** alguma, exceto "oooooooooooooooba!", que, por servir de complemento do verbo *gritar*, se torna um substantivo.

Identificação

A **interjeição** é facilmente identificada porque é uma palavra seguida de ponto de exclamação (!). E, ainda que isso não ocorra, a entonação sempre indicará um sentimento expresso por ela.

— ***Meu Deus!*** *é um anjo aquela menina!**
— ***Ah***, *mulheres fúteis, quando ireis mudar vossa postura?*
— ***Ih***... *elas não vão sequer te cumprimentar.*

> **Observação**
>
> Depois de interjeição seguida de exclamação numa frase igualmente exclamativa, usa-se letra minúscula após o ponto.

Qualquer palavra proferida em tom exclamativo, como substantivo, adjetivo, pronome, verbo e advérbio, pode-se tornar uma interjeição:

— *Cuidado!, Atenção!, Silêncio!, Rua!, Céus!, Misericórdia! etc.*
— *Boa!, Bravo!, Coitado!, Ótimo!, Grato! etc.*
— *Nossa!, Isso!, Qual! etc.*
— *Tomara!, Morra!, Pudera!, Viva!, Passa! etc.*
— *Devagar!, Fora!, Francamente!, Alerta! etc.*

Locução Interjetiva

Assim como todas as locuções, a **locução interjetiva** é uma expressão que vale por uma interjeição. Veja algumas:

Meu Deus!, Meu Deus do céu!, Santo Deus!, Jesus Cristo!, Nossa Senhora!, Valha-me Deus!, Pelo amor de Deus!, Virgem Maria!, Nossa mãe!, Graças a Deus!, Eita-ferro!, Ora bolas!, Bom dia!, Vapt-vupt!, Vuco-vuco!, Macacos me mordam!, Pelas barbas do profeta!, Raios te partam!, Cruz--credo!, Puxa-vida!, Muito bem!, Alto lá!, Ai de mim!, Ó de casa!, Ô de casa!, Muito obrigado!, Que bom!, Pobre de mim!, Que droga!, Que horror!, Credo em cruz!, Com todos os diabos!, Que diabos!, Quem dera! etc.

Classificação

A classificação de uma interjeição se dá por seu valor semântico no contexto. Na fala, a entonação "diz tudo".

- **Aplauso, louvação:** *bis!, bem!, bravo!, viva!, fiufiu!, hup!, hurra!, isso!, muito bem!, parabéns!*
- **Afugentamento**: *arreda!, fora!, passa!, sai!, roda!, rua!, toca!, xô!, xô pra lá!*

- **Advertência**: *alerta!, cuidado!, alto lá!, calma!, olha!, fogo!*
- **Alegria**: *oba!, eba!, viva!, oh!, ah!, uhu!, eh!, gol!, que bom!, iupi!, irra!*
- **Apelo, invocação**: *alô!, olá!, ó!*
- **Alívio**: *ufa!, uh!, ah!, ainda bem!, arre!*
- **Animação, estímulo**: *coragem!, avante!, firme!, vamos!, eia!*
- **Aprovação**: *bravo!, bis!, viva!, muito bem!*
- **Admiração**: *ah!, chi!, xi!, ih!, oh!, uh!, uf!, ué!, puxa!, uau!, caramba!, caraca!, putz!, gente!, céus!, uai!, horra!, nossa!*
- **Agradecimento**: *graças a Deus!, obrigado!, obrigada!, agradecido!*
- **Aprovação, concordância**: *ok!*
- **Chamamento, invocação**: *alô!, hei!, olá!, psiu!, pst!, socorro!, oi!, ei!, eh!, ô!*
- **Desculpa**: *perdão!*
- **Desejo**: *oh!, tomara!, pudera!, queira Deus!, quem me dera!, oxalá!*
- **Despedida**: *adeus!, até logo!, bai-bai!, tchau!*
- **Dor** ou **prazer**: *ai!, ui!, au!*
- **Dúvida**: *hum?, hein?, hem?, hã?*
- **Desapontamento, desprezo**: *puxa!, aff!*
- **Espanto**: *uai!, hi!, ali!, ué!, ih!, oh!, poxa!, quê!, caramba!, nossa!, opa!, Virgem!, xi!, vixi!, terremoto!, barbaridade!, meu Deus!, menino Jesus!, Jesus!*
- **Estímulo**: *ânimo!, adiante!, avante!, eia!, coragem!, firme!, força!, upa!*
- **Impaciência**: *hum!, hem!, raios!, diabo!, puxa!, pô!*
- **Medo**: *credo!, cruzes! uh!, ui!, socorro!*
- **Ordem**: *silêncio!, alto!, basta!, chega!, quietos!, rua!*
- **Saudação**: *ave!, olá!, ora viva!, salve!, viva!, adeus!, alô!, oi!*
- **Saudade**: *ah!, oh!*
- **Silêncio, ordem**: *psiu!, silêncio!, calada!, psiu! (bem demorado), psit!*
- **Surpresa**: *puxa!, nossa!, ué!, putz!, ai!, ui!, meu Jesus!, meu Deus!, caramba!, pô!, cacete!, uau!*
- **Suspensão**: *alto!, alto lá!*
- **Terror**: *credo!, cruzes!, Jesus!, que medo!, uh!, ui!, fogo!, barbaridade!*

 CUIDADO!!!

1) A interjeição é considerada **palavra-frase**, caracterizando-se como uma estrutura à parte. Não desempenha função sintática. Ex.: *Perdão! = Desculpe-me!*

2) Ah, é importante dizer também que muitas onomatopeias são interjeições: *Bum!, Pou!, Pluft!, Tibum!, Atchim!, Buá!, Pum!...*

3) Os palavrões (palavras de baixo calão) são interjeições! Preciso mencionar alguns?

4) Usa-se a interjeição *ó* como apelo, chamamento, em vocativos: "Ó Deus, olhe por mim!". Usa-se *oh* para exprimir admiração, alegria, tristeza etc.: "Oh, Deus, que bom!".

5) As interjeições *tomara* e *oxalá* levam o verbo ao subjuntivo: "*Oxalá/Tomara* ele me deixe em paz!".

Valor Discursivo (Linguística Textual)

As interjeições são usadas com muita frequência na língua falada informal. Mas, quando empregadas na língua escrita, costumam "contaminar" o texto com marcas de coloquialidade.

Além do mais, elas podem muitas vezes indicar traços pessoais do locutor ou do interlocutor intratextual, indicando a escassez de vocabulário, o temperamento, a origem geográfica, o nível social etc.

Normalmente nos diálogos de textos narrativos, as interjeições têm o objetivo de caracterizar personagens e, muitas vezes, tornar o discurso mais dinâmico. Isso ocorre muito hoje em dia no "internetês" por causa de sua natureza sintética e por causa de seu conteúdo mais emocional do que racional.

Dois gêneros textuais que abusam flagrantemente das interjeições são os textos publicitários e os quadrinhos, pois se associam imagens às exclamações expressas por essa classe gramatical.

Como a fala é muito criativa, já vemos as interjeições sofrendo variação em grau: *oizinho!, bravíssimo! até loguinho!.*

 ### O Que Cai Mais na Prova?

Você só precisa saber o conceito de interjeição, identificá-la e perceber seu valor semântico. Nada mais que o básico. Questões sobre interjeição são quase impossíveis de encontrar. No entanto, juro que me esforcei e encontrei algumas perdidas no *limbo*.

> *Concurseiro(a), quer uma dica de irmão? Guarde no seu coração o que vai ler agora:* NUNCA DEIXE DE FAZER SEU PRÓPRIO RESUMO DE CADA CAPÍTULO. *Esse processo cognitivo é* **extremamente** *valioso. Eu poderia ser legalzinho e fofinho pondo um quadro-resumo do que vimos no capítulo, mas, se fizesse isso, estaria sabotando você, impedindo-o(a) de ter esse trabalho de internalização imprescindível do conteúdo.* **Por favor, não pule essa etapa!!!** *Mesmo que seu resumo fique gigantesco (não vá escrever outra gramática... rsrs), nunca deixe de fazê-lo, para o seu próprio bem! Seu cérebro agradece e, quando passar no concurso, sua conta no banco também. Vá fundo na missão!* ☝

Questões de Concursos

1. (Mackenzie – Vestibular – 2006) Considere a seguinte afirmação acerca dos sentidos em que são empregadas algumas palavras e expressões no texto.
   I. *Oi* (... o meu coração a pulsar. Oi, a pulsar.) é interjeição que apresenta significado equivalente ao de "Olá".

2. (Vunesp – Pref. Louveira/SP – Inspetor de Alunos – 2007)

(Estado de S.Paulo, 15.06.2007)

Na sequência dos quadrinhos, o personagem Cebolinha, por intermédio de expressões faciais, comunica ao leitor reações de:
a) sossego e felicidade;
b) alegria e espanto;
c) raiva e tranquilidade;
d) indiferença e irritação;
e) susto e alívio.

3. (UFMT – Pref. Cuiabá/MT – Procurador Municipal – 2007) (Adaptada) A afirmação abaixo está correta ou incorreta?
Não entendo nada de mulher, claro. (...) As que têm cintura – a-há! – têm mais saúde. (...)
O uso de interjeições como *a-há!* e *claro* caracteriza o registro formal adotado para o texto.

4. (Funcab – Sesau/RO – Técnico em Informática – 2009) Fragmento de texto:
(...) Passado o teste, fui encaminhada para a cadeira astronáutica do banco de sangue. Passaram o garrote no meu braço, e o olho da enfermeira faiscou ao ver a veia saltar. – Hummmm... Calibrosa! – disse ela, já chamando a colega do lado para dar uma olhada. As duas trocaram sorrisos interessados. (...) prometi voltar para doar plaquetas. Voltei. Doar plaquetas é outro capítulo. (...) Foi lá que recebi outro cumprimento esdrúxulo: – Hummmmm... Plaquetuda!
A interjeição usada pela enfermeira denota:
a) preocupação;
b) cautela;
c) admiração;
d) temor;
e) inexperiência.

5. (ULBRA – Vestibular – 2011)

No primeiro quadrinho, a palavra "Puxa" contribui para o efeito de sentido de toda a tirinha. Assinale a alternativa que explica a função gramatical dessa palavra.
a) Trata-se de aposto, porque "Puxa" está separado por vírgula.
b) Trata-se de uma gíria que introduz apenas situações de alegria.
c) Trata-se de uma interjeição que exprime surpresa.
d) Trata-se de um vocativo.
e) Trata-se de uma onomatopeia.

6. (UNIUV – Câm. Gen. Carneiro/PR – Auxiliar de Serviços Gerais – 2011) As interjeições exprimem emoções ou estados de espírito. Indique a interjeição que não condiz com a emoção apresentada:
a) Oxalá – desejo;
b) Ora! – reprovação;
c) Arre! – alívio;
d) Ué! – afugentamento;
e) Ave! – saudação.

7. (FGV – SEFAZ/RJ – Analista de Controle Interno – 2011) Em relação à expressão *Putz!*, enunciada pelo menino, analise as afirmativas a seguir:
I. Constitui exemplo de palavra formada por onomatopeia.
II. Classifica-se como interjeição.
III. É exemplo de estrangeirismo.

Assinale:
a) Se apenas a afirmativa III estiver correta.
b) Se apenas a afirmativa I estiver correta.
c) Se todas as afirmativas estiverem corretas.
d) Se apenas a afirmativa II estiver correta.
e) Se nenhuma afirmativa estiver correta.

8. (RCV Concursos – Pref. Coronel Vivida/PR – Auxiliar de Odontólogo – 2012) *"**Ufa! Até que enfim terminei a prova!**".* A palavra sublinhada pertence à classe gramatical:
a) das conjunções;
b) das onomatopeias;
c) dos verbos;
d) dos advérbios;
e) das interjeições.

Gabarito

1. INCORRETA.
2. E.
3. INCORRETA.
4. C.
5. C.
6. D.
7. D.
8. E.

Os comentários sobre as questões estão no *Material Complementar* do livro.
Para acessá-lo, veja o passo a passo na orelha desta obra.

CAPÍTULO 17
SINTAXE

Sintaxe é a parte da gramática que trata da **ordem**, da **relação** e da **função** das palavras e/ou grupos de palavras que, ao se **combinarem** harmonicamente, formam a **frase**. Observe:

> Pestana alunos os do próximo classificarão o se concurso para ano neste.

Ahn? Estranha, não? Adivinha por quê? "Ah, Pestana, deve ter alguma coisa a ver com a sintaxe". Não tenha dúvidas, nobre leitor(a). Leia de novo acima a definição de sintaxe. Percebeu?
A definição acima diz: "... trata da **ordem**...", e **ordem** é sinônimo de ***organização***. Logo, você já chegou à conclusão desejada por mim: as palavras estão fora de... **ordem, ou sequência** – mais do que isso, elas estão tão embaralhadas que nem chegam a refletir a estrutura sintática da nossa língua. Ou seja, uma frase não é um mero ajuntamento de palavras. Ninguém fala "Bebi ela Coca-Cola uma com", mas sim "Eu bebi uma Coca-Cola com ela". Até aí, tudo bem, certo?
Colocando-as na **ordem** (usual, comum, normal) sintática da língua portuguesa, veja se não ficaria assim:

> Os alunos do Pestana se classificarão para o próximo concurso neste ano.

Perfeito! Em outras palavras, os falantes da língua organizam as palavras mentalmente antes de formar frases; **normalmente** segue-se esta ordem: sujeito, verbo, complemento e adjunto (S V C A), chamada de **ordem direta**. Foi o que fiz.
Bem, o primeiro passo já foi cumprido: fazer você entender que a sintaxe da língua envolve a disposição, a sequência, a organização das palavras dentro da frase. Foi? Maravilha! Vamos para o segundo passo.
Percebeu que determinadas palavras ficaram juntas de outras, formando uma espécie de grupo/conjunto de palavras? Note o primeiro grupo (ou sintagma):

Os alunos do Pestana se classificarão para o próximo concurso neste ano.
Note agora o segundo grupo:
Os alunos do Pestana se classificarão para o próximo concurso neste ano.
Note o terceiro:
Os alunos do Pestana se classificarão para o próximo concurso neste ano.
Por fim, o quarto:
Os alunos do Pestana se classificarão para o próximo concurso neste ano.
Bem, a pergunta que não quer calar: "Tá, e aí, Pestana?"

Por que as palavras foram divididas em grupos (ou sintagmas)? Simples! Algumas inexoravelmente mantêm **relações** com outras, logo não podem vir desvinculadas. Vou explicar melhor. Se alguém perguntasse para você assim: "Aluno(a), quem 'se classificará para o próximo concurso neste ano'?". O que você responderia? "Os", ou "alunos", ou "do", ou "Pestana", ou "Os alunos do Pestana"?

Certamente seria esta sua resposta: "Os alunos do Pestana". Adivinha por quê? A resposta é que as palavras mantêm uma **relação** entre si de modo que formam pequenos grupos (ou sintagmas). Ok? Está acompanhando? Então, continue.

Por fim, a **função** das palavras na frase, ou seja, a famosa função ou classificação sintática dos termos da oração. Para os concursos, você tem de saber os nomes que são dados para classificar as funções que as palavras (ou os grupos de palavras) exercem na frase.

Você já teve aula disso alguma vez em sua vida, por isso, voltando para a frase exemplar, observe que o S é o sujeito, o V é o verbo, o C é o complemento e o A é o adjunto adverbial. Veja:

> **Os alunos do Pestana (S) se classificarão (V) para o próximo concurso (C) neste ano (A).**

Acabamos de fazer uma breve análise sintática dos termos dessa frase. Percebeu? É importante dizer também que os grupos de palavras (sintagmas) podem estar invertidos na frase:

Para o próximo concurso (C) neste ano (A) os alunos do Pestana (S) se classificarão (V).

ou

Neste ano (A) os alunos do Pestana (S) se classificarão (V) para o próximo concurso (C).

ou

Para o próximo concurso (C), neste ano (A), classificar-se-ão (V) os alunos do Pestana (S).

ou

Os alunos do Pestana (S), neste ano (A), se classificarão (V) para o próximo concurso (C).

(...)

Veja uma questão sobre isso:

16. (Vunesp – TJ/SP – Escrevente Técnico Judiciário – 2010) Assinale a alternativa em que a oração se estrutura, sequencialmente, com as mesmas funções sintáticas dos termos da oração: *As artes nunca desperdiçam nosso tempo*.

   c) **Os intelectuais sempre criticam os esportes. (Gabarito!)**

Comentário: A opção C é a única que tem esta ordem sintática: *As artes (S) nunca (A) desperdiçam (V) nosso tempo (C) = Os intelectuais (S) sempre (A) criticam (V) os esportes (C).*

Tal inversão respeita a **relação** das palavras na frase, os sintagmas continuam juntos. Percebeu? O que mudou apenas foi a ordem dos termos, por isso chamamos de **ordem indireta/inversa**. Essa ordem é prevista na Língua Portuguesa, pois reflete a estrutura sintática da nossa língua. A ordem **direta** obviamente é:

> **Os alunos do Pestana se classificarão para o próximo concurso neste ano.**

Não pense que todas as frases terão S V C A. Algumas frases podem figurar sem sujeito e/ou sem complemento e/ou sem adjunto. Veja algumas:

– *Classificaram-se para o concurso do fim deste ano.* (S não está expresso)
– *Classificaram-se este ano.* (S e C não estão expressos)
– *Classificaram-se.* (S, C e A não estão expressos)

Veja uma questão sobre isso:

2. (NCE/UFRJ – BNDES – Análise de Sistemas – 2005) O segmento inicial de nosso Hino Nacional diz o seguinte:
Ouviram do Ipiranga as margens plácidas
De um povo heroico o brado retumbante
Se colocados na ordem direta, os termos desses dois versos estariam assim dispostos:
   a) **As margens plácidas do Ipiranga ouviram / O brado retumbante de um povo heroico; (Gabarito!)**
   b) As margens plácidas ouviram do Ipiranga / O heroico brado retumbante de um povo;
   c) As margens plácidas do Ipiranga ouviram / O heroico brado retumbante de um povo;
   d) Do Ipiranga as margens plácidas ouviram / O brado retumbante de um povo heroico;
   e) Ouviram as margens plácidas do Ipiranga / De um povo o heroico brado retumbante.

Comentário: O gabarito é a letra A. Lembre: a ordem direta é S V C A, logo "As margens plácidas do Ipiranga (S) ouviram (V) o brado retumbante de um povo heroico (C)".

É bom dizer que as inversões sintáticas muitas vezes não são gratuitas; servem para realçar uma ideia, tornando-a mais expressiva.

– *As mulheres da minha vida nunca deixarei de amar.* (Note que a inversão do complemento do verbo amar (as mulheres da minha vida) a enfatiza, focalizando-a.)
   Veja uma questão sobre isso:

(Cespe/UnB – IRBr – Diplomata – 2006)

A inversão sintática observada em "O que principalmente sou?" (l.1) condiz com a estrutura gramatical interrogativa e apresenta-se como legítimo recurso de ênfase.

(X) CERTO   (   ) ERRADO

Comentário: A ordem direta é "Sou o quê principalmente?". Quando houve a inversão, os termos invertidos foram realçados porque "saíram" de sua posição original, de sua ordem direta.

O Que é Morfossintaxe?

Caso você se depare com a palavra "morfossintaxe" no enunciado de uma questão, não se assuste, tudo bem? Ela é nada mais, nada menos que a junção de morfologia e sintaxe. Em outras palavras, **quando a banca pede que você analise um termo ou uma expressão morfossintaticamente, significa que ela quer saber se você tem a habilidade de apontar a classe gramatical e a função sintática do que estiver destacado por ela**. Exemplo: "Maria comeu o bolo". Qual é a classe gramatical de "Maria"? Substantivo. Qual é a função sintática de "Maria" dentro da frase? Sujeito.

Pronto! Simples assim! Você acabou de fazer uma análise morfossintática de um termo da frase, ou seja, você apontou a classe gramatical e a função sintática. Isso é morfossintaxe. Safo?!

Ah! Antes que eu me esqueça de um detalhe: a banca pode perguntar também se a frase está correta quanto à morfossintaxe. Traduzindo: ela quer saber se a frase está gramaticalmente correta, ou seja, sem erro algum. Entendeu?

Veja uma questão sobre isso:

MPE/SC – MPE/SC – PROMOTOR DE JUSTIÇA – 2013

– Em "A sentença, já **a** escrevi várias vezes, mas ainda sinto-**me** confuso", os termos destacados, na morfossintaxe, são pronomes oblíquos e objeto direto.

(X) CERTO   ( ) ERRADO

"SINTAGMA" – Ainda Não Sabe o Que é Isso?

Se você estuda Português, e ainda não sabe o que é SINTAGMA, então precisa "acordar para a vida"!

Sabe por quê?

Simples! De alguns anos para cá, já apareceram mais de 100 questões sobre isso nas bancas INSTITUTO AOCP, FUMARC, QUADRIX, IBADE, CESPE, FUNIVERSA, FUNRIO etc. Pode pesquisar em qualquer *site* de questões de concursos para comprovar.

Dito isso, anote aí no seu caderninho o que é SINTAGMA.

"Dentro da oração, o sintagma é um conjunto de vocábulos (ou um vocábulo só) que mantêm relação direta com um núcleo, formando um grupo que constitui um termo sintático: sujeito, predicado, predicativo, objeto, complemento nominal, agente da passiva, adjunto adnominal, adjunto adverbial, aposto, vocativo".

Existem cinco tipos de SINTAGMA, sendo o primeiro tipo o mais comum em concursos. Vejamos!

1) NOMINAL: o núcleo é sempre um termo de valor substantivo (substantivo, pronome, numeral, verbo substantivado...) e os termos ao redor do núcleo podem ser artigo, pronome, numeral, adjetivo, locuções ou orações adjetivas; esse sintagma exerce função sintática de sujeito, predicativo, objeto, aposto e vocativo. Veja os exemplos:
    – "CONJUNÇÃO" é o assunto mais importante de todos!
    – "Os ALUNOS do Pestana" estão preparados para fazer "todas as PROVAS".
    – Português e Matemática são "as duas MATÉRIAS que mais me causam dificuldade".

2) ADJETIVAL: o núcleo é sempre um adjetivo e os termos ao redor do núcleo podem ser um advérbio de intensidade ou um complemento nominal exigido pelo núcleo; muitas vezes esse tipo de sintagma vem dentro dum sintagma nominal e exerce função sintática de predicativo ou adjunto adnominal. Veja o exemplo:
    – Certos alunos "pouco INTELIGENTES" são "CAPAZES de surpreender-nos".

Capítulo 17 • Sintaxe **503**

3) VERBAL: o núcleo é sempre um verbo (ou locução verbal) e os termos ao redor (quando há) fazem parte do predicado; sempre constitui o predicado. Veja os exemplos:
   – "CHOVEU demais em SP".
   – João "ESTÁ meio chateado".
   – Os candidatos "HAVIAM ENTREGADO a prova ao fiscal".

4) ADVERBIAL: o núcleo é sempre um advérbio, que pode ser modificado por outro advérbio; exerce função sintática de adjunto adverbial. Veja o exemplo:
   – "ONTEM", ela chegou "muito CEDO".

5) PREPOSICIONAL: o núcleo é sempre uma preposição ou uma locução prepositiva; introduz termos que exercem as seguintes funções sintáticas: predicativo, objeto indireto, complemento nominal, agente da passiva, adjunto adnominal, adjunto adverbial, aposto. Veja os exemplos:
   – Gosto "DE pessoas inteligentes".
   – A casa foi incendiada "POR vândalos".
   – Recusaram "COM delicadeza" o convite.

É isso...
Você percebeu que um tipo de sintagma pode vir dentro de outro sintagma? Se não percebeu, leia novamente.

Enfim... a noção de sintaxe não é mais um mistério. Enquanto o objeto de estudo da Fonologia é o som das palavras, enquanto o objeto de estudo da Morfologia é a forma das palavras, o objeto de estudo da Sintaxe é a frase e as palavras dentro dela, dentro da oração, dentro do período. E é isso que veremos... nas cenas do próximo capítulo...

CAPÍTULO 18
FRASE, ORAÇÃO E PERÍODO

Vamos entender mais os mecanismos da sintaxe, como **frase**, **oração** e **período**.

> **Observação**
> Frase é qualquer enunciado (curto ou longo) que estabelece comunicação. Toda frase deve ser inteligível. Tradicionalmente, ela pode ser **nominal** ou **verbal**.

Imagine a seguinte situação: o Flamengo perde do Vasco (meio difícil, mas...) e um torcedor flamenguista se lamenta com outro: "E agora, com o Vasco na frente da tabela?".

Percebeu que não há sequer um verbo na frase dele? Logo a frase é **nominal**. Agora, se ele dissesse assim (ainda lamentando): "Agora, com o Vasco na frente da tabela, com certeza vou ser zoado!", a frase seria **verbal**, pois nela há uma forma verbal (que pode ser um verbo ou uma locução verbal, "vou ser zoado"). Simples assim.

Vale dizer que no fim dessas duas frases há sinais de pontuação diferentes, percebeu? "E isso significa alguma coisa, Pestana?" Certamente.

Existem cinco tipos de frase, segundo a gramática tradicional:

1) **Declarativa**: o enunciado é **afirmativo** ou **negativo**; termina em ponto (.) ou reticências (...).
   - *Eu sou você amanhã.*
   - *Você nunca será como eu.*
   - *Venda de antiguidades aqui.*

> **Observação**
> É praxe encontrar palavras de sentido negativo em frases declarativas negativas: *não, nunca, jamais, nada, nenhum...*

2) **Interrogativa**: o enunciado apresenta um questionamento direto ou indireto; termina em ponto de interrogação (?) se a indagação for direta; em ponto, se for indireta.
   - *Aonde você pretende chegar?*
   - *Não sei onde ela pode estar.*

> **Observação**
> Para perceber uma interrogativa indireta, ignore o "Não sei" e se dará conta de que é possível fazer uma pergunta direta com o restante da frase: "onde ela pode estar (?)".

3) **Exclamativa**: o enunciado exprime um sentimento e uma altissonância; termina em ponto de exclamação (!).

— *Que pena!* (lamento)
— *Deus ouviu as minhas preces!* (alegria)

> **Observação**
>
> O que realmente determina uma frase exclamativa é a expressão de uma emoção, por isso o contexto é determinante.

4) **Imperativa**: o enunciado apresenta um tom de ordem, pedido, súplica, exortação, advertência etc.; verbos no imperativo (afirmativo ou negativo) marcam tal tipo de frase; termina em ponto, ponto de exclamação ou reticências.

— *Volte!*
— *Seja mais razoável.*
— *Não faça isso...*

5) **Optativa**: o enunciado exprime um desejo; termina em ponto ou ponto de exclamação, normalmente.

— *Bons ventos o tragam.*
— *Deus te ouça, meu filho!*
— *Boa sorte!*

> **Observação**
>
> Alguns gramáticos consideram a optativa (com tom de maldição, praga) como frase **imprecativa**: *Vá para o inferno, e que o Diabo o carregue!*

Para ilustrar os tipos de frase, veja este diálogo:

— *Você vai à festa hoje?* (frase interrogativa)
— *Sim! E não deixe de ir.* (frase declarativa afirmativa/frase imperativa)
— *Espero que a Ju esteja lá.* (frase optativa)
— *A Ju nunca falta.* (frase declarativa negativa)
— *Que bom!* (frase exclamativa)

Agora você, nobre leitor(a), precisa entender o que é a oração.

> **Observação**
>
> Uma **oração** não é nada mais que uma frase verbal ou um segmento verbal em relação a outro segmento verbal; seu núcleo é um verbo (ou uma locução verbal).

Portanto, todas essas frases do diálogo são orações, exceto a segunda (Sim!) e a última. Diz-se que uma *oração* é *absoluta* quando apresenta só um **verbo (ou locução verbal)**. Há duas orações absolutas a seguir:

Capítulo 18 • Frase, Oração e Período **507**

Todos os alunos do Pestana *preparam-se* para concursos. Eu *sou* um deles.

Veja uma questão sobre isso:

4. (FGV – Senado Federal – Analista de Sistemas – 2008) "É com uma ação eficiente do governo e do setor privado que certamente poderemos promover o desenvolvimento dos países." (l. 86-88)

   Ao fazermos a seguinte alteração no período acima: *É com uma ação eficiente do governo e do setor privado que certamente promoveremos o desenvolvimento dos países*, é correto afirmar que:

   a) tem duas orações;
   b) é composto por subordinação somente;
   c) é composto por coordenação e subordinação;
   d) é simples; (Gabarito!)
   e) é composto por coordenação somente.

Comentário: O período é simples, pois apresenta uma expressão expletiva formada pelo verbo *ser* + *que*, a qual não é contada como oração. Veja com atenção: *É com uma ação eficiente do governo e do setor privado **que** certamente promoveremos o desenvolvimento dos países*. Retirando: *Com uma ação eficiente do governo e do setor privado certamente <u>promoveremos</u> o desenvolvimento dos países*. Viu? Há um verbo só, logo é uma oração absoluta... oração absoluta = período simples.

Cuidado com construções com a expressão expletiva formada pelo verbo *ser* + *que*, pois tal verbo **não** é contado como oração, pois serve apenas para realçar a frase; tanto é assim que pode ser retirado da frase sem implicações sintáticas:

— *Além da escola, **foram** meus pais **que** me deram muita educação.*

Veja que é possível retirar essa expressão enfática sem prejuízo sintático e semântico algum: "Além da escola, meus pais me *deram* muita educação". Essa oração, portanto, é absoluta, pois só há um verbo na verdade.

Consulte: FUNCAB – PC/ES – ESCRIVÃO – 2013.

Há outras orações. As coordenadas, as principais (é o caso de "Espero", na terceira parte do diálogo), as subordinadas (justapostas, desenvolvidas e reduzidas) e as interferentes (ou intercaladas) são designadas assim quando fazem parte de um período composto. Fique tranquilo(a)! Tratarei disso com mais detalhes do capítulo 22 em diante. Por isso, precisamos entender o que é um **período**.

🔍 **Observação**

Período é uma frase que possui uma ou mais orações; começa com letra maiúscula, apresenta um verbo (ou locução verbal) e termina em ponto, ponto de interrogação, ponto de exclamação ou reticências.

Há dois tipos:

• **Simples**: constituído de uma oração, logo todo período simples é uma oração absoluta.

  — *Estudo hoje com apenas uma gramática.*
  — *Muitos professores do curso **continuam escrevendo** artigos para seus alunos!*
  — *Seria esta a resposta certa?*

• **Composto**: constituído de mais de uma oração; pode ser formado por coordenação, subordinação ou coordenação e subordinação (período misto); as conjunções, os pronomes relativos e certas preposições normalmente aparecem para ligar as orações deste tipo de período.

– *Os resultados* **foram** *ótimos,* <u>*por isso*</u> **ficamos** *satisfeitos.* (duas orações/coordenação)
– **Pedi** <u>*que*</u> *todos* **viessem** *preparados.* (duas orações/subordinação)
– <u>*Para*</u> **salvar** *a economia,* **é** *preciso planejamento.* (duas orações/subordinação)
– *A mão* <u>*que*</u> **balança** *o berço é a mão* <u>*que*</u> **mata.** (três orações/subordinação)
– **Sei** <u>*que*</u> *eles* **passaram** <u>*e*</u> <u>*que*</u> *se* **estabeleceram** *na profissão.* (três orações/coordenação e subordinação)

> **Observação**
>
> Algumas orações do período composto podem vir implícitas, mas o período não deixa de ser composto por isso, ok? Por exemplo: em "Sou mais inteligente que ela", há duas orações, formando um período composto. "Pestana, mas eu só vejo um verbo, logo só há uma oração" Negativo! Há duas orações, sendo que o segundo verbo está implícito. Veja de novo: "Sou mais inteligente que ela (é)". Percebeu? Fique atento!

Ah, em um primeiro momento, não se preocupe com o que venha a ser coordenação ou subordinação, ok? Falarei sobre isso cautelosamente em capítulos à frente. Antes de falarmos de período composto, porém, é preciso entender bem a sintaxe do **período simples**. Você vai aprender sobre todos os termos sintáticos da oração nos próximos capítulos: *termos* **essenciais,** **integrantes** *e* **acessórios.**

Pois bem... para fechar o caixão e eu ficar com a consciência tranquila, entendeu mesmo os conceitos de **frase, oração** e **período?** Espero que sim. Espero que tenha ficado claro em sua mente que nem toda frase é uma oração. Safo? Veja duas questões sobre tais conceitos:

---

15) (CONSULPLAN – Pref. Mimoso do Sul/ES – Professor de Língua Portuguesa – 2007) Assinale a alternativa que é frase, mas NÃO é oração:

a) "às quatro em ponto me casarei contigo no mais alto beiral – disse o pombo".
b) "Como a brisa é triste".
c) "... porque as andorinhas mais velhas enfileiravam-se nas cornijas...".
d) "Irônica, perguntou a pomba".
e) **"Que tarde azul!". (Gabarito!)**

Comentário: É uma frase nominal, por isso não tem verbo, logo não é uma oração.

(Questão 04 FUNRIO – CEITEC – Administração – 2012)

O primeiro parágrafo da crônica "O Verão e as Mulheres", de Rubem Braga, diz: "Talvez tenha acabado o verão. Há um grande vento frio cavalgando as ondas, mas o céu está limpo e o sol é muito claro. Duas aves dançam sobre as espumas assanhadas. As cigarras não cantam mais. Talvez tenha acabado o verão."

Observando-se as orações e períodos existentes no parágrafo anterior, pode-se reconhecer que o cronista escreveu:

a) três períodos simples e dois períodos compostos;
b) quatro períodos simples e dois períodos compostos;
c) quatro períodos e nove orações;
d) cinco períodos e sete orações;
e) **cinco períodos e oito orações. (Gabarito!)**

Comentário: Se há cinco pontos, há cinco períodos. As oito orações: tenha acabado, Há, cavalgando, está, é, dançam, cantam, tenha acabado.

CAPÍTULO 19
TERMOS ESSENCIAIS DA ORAÇÃO

Definição

Como você já sabe, as frases verbais ou orações são formadas por termos sintáticos, certo? Por isso iremos falar justamente sobre tais termos sintáticos que constituem a oração. Neste capítulo, você aprenderá tudo sobre os **termos essenciais da oração**, a saber: o **sujeito** e o **predicado**.

"Pestana, por que *essenciais*?" Simples. O **sujeito** e o **predicado** são chamados de termos essenciais da oração porque normalmente as orações são formadas por esses termos.

"Afinal, o que é o **sujeito** e o que é o **predicado**?"

Vamos ver!

Sujeito

Sujeito é não só o termo que representa o ser ou o fato sobre o qual se declara alguma coisa, mas também o termo que faz o verbo ser conjugado. É por isso que o verbo/locução verbal concorda em número e pessoa com o sujeito. Cada sujeito está ligado a um (1) verbo, por isso fique de olho na relação entre o verbo e o seu sujeito.

— As <u>**casas**</u> *da vila* estavam à venda.
— <u>**Nós**</u> ficamos casados por sete anos.
— <u>**Sua Majestade**</u> foi flagrada às escondidas com o amante.
— <u>**Ninguém**</u> deveria apoiar campanhas a favor das drogas.
— <u>**Quem**</u> nunca pecou nesta vida?
— <u>**Quem**</u> são aquelas ali?
— Morreu este mês <u>**o homem**</u> <u>**o qual**</u> revolucionou o mundo moderno. (*o homem*: sujeito de *morreu*; *o qual*: sujeito de *revolucionou*)
— <u>**Dois dos meus amigos**</u> passaram na prova da EsPCEx.
— <u>**Ler**</u> nunca deixou de ser uma prática das pessoas inquietas.
— <u>**Quem não tem cão**</u> caça com gato.
— Está um pouco amarelado <u>**o branco**</u> *dos olhos dela*.

> **Observação**
>
> Note que o **núcleo** do sujeito pode ser, tradicionalmente, um **substantivo** (normalmente), **um pronome, um numeral, um verbo no infinitivo, uma oração substantiva** ou **uma palavra substantivada**. É muito importante notar que o verbo concorda em número e pessoa com o núcleo do sujeito. E... **só para os que desejam aumentar seu conhecimento**... saibam que alguns linguistas mais ousados dizem que o advérbio pode funcionar como sujeito, como Claudio Cezar Henriques, Eneida Bonfim e Evanildo Bechara: "Moro no Rio de Janeiro com muito orgulho. <u>Aqui</u> é um bom lugar para viver". Note que esse advérbio é de base pronominal e refere-se a Rio de Janeiro.

Percebeu que eu coloquei em negrito e sublinhado os núcleos dos sujeitos? "Mas o que é realmente o núcleo?" O **núcleo**, do sujeito ou de qualquer outro termo sintático, é a palavra mais importante desse termo. Normalmente os **determinantes** – artigos, pronomes, numerais, adjetivos e locuções adjetivas – vêm ao redor do núcleo, formando um sintagma (grupo de palavras relacionadas). Às vezes, um termo sintático pode ter mais de um núcleo; nesse caso, dizemos que o termo é *composto de* dois, três, ou mais núcleos. Vamos entender melhor estudando **sujeito**.

Bizu do achamento do sujeito: Uma boa maneira de identificarmos o sujeito de uma oração é fazer a pergunta **"o que...?"** ou **"quem...?"** <u>antes do verbo</u>. Observe os exemplos anteriores (um por um):

As <u>casas</u> da vila estavam à venda.	*O que estava à venda?*	Resposta: *as casas da vila*.
<u>Nós</u> ficamos casados por sete anos.	*Quem ficou casado por sete anos?*	Resposta: *nós*.
<u>Sua Majestade</u> foi flagrada às escondidas com o amante.	*Quem foi flagrado às escondidas com o amante?*	Resposta: *Sua Majestade*.
<u>Ninguém</u> deveria apoiar campanhas a favor das drogas.	*Quem deveria apoiar campanhas a favor das drogas?*	Resposta: *ninguém*.
<u>Quem</u> nunca pecou nesta vida?	*Quem nunca pecou nesta vida?*	Resposta: *quem*. (No caso de pronome interrogativo funcionando como sujeito, substitua-o por um nome qualquer, e ficará fácil identificá-lo como sujeito. Veja: *João (= quem) nunca pecou nesta vida. Quem nunca pecou nesta vida?* Resposta: *João (= quem)*)
<u>Quem</u> são aquelas ali?	*<u>Quem</u> são aquelas ali?*	Resposta: *quem*. (Quando os pronomes interrogativos substantivos "que" ou "quem" vêm ligados pelo verbo "ser" ao seu predicativo do sujeito, tais pronomes exercem função de sujeito da frase)

Morreu este mês **o homem o qual** revolucionou o mundo moderno. (*o homem*: sujeito de *morreu*; *o qual*: sujeito de *revolucionou*)	**Quem** morreu este mês?	Resposta: **o homem**. **Quem** revolucionou o mundo? Resposta: **o qual**. (Lembrando que o pronome relativo retoma o termo antecedente, o homem)
Dois dos meus amigos passaram na prova da EsPCEx.	**Quem** passou na prova da EsPCEx?	Resposta: **Dois dos meus amigos**.
Ler nunca deixou de ser uma prática das pessoas inquietas.	**O que** nunca deixou de ser uma prática das pessoas inquietas?	Resposta: **ler**.
Quem não tem cão caça com gato.	**Quem** caça com gato?	Resposta: **quem não tem cão**. (Este *quem* de *quem não tem cão* é sujeito do verbo *ter*; lembre: cada verbo com seu sujeito)
Está um pouco amarelado **o branco dos olhos dela**.	**O que** está um pouco amarelado?	Resposta: **o branco dos olhos dela**.

 CUIDADO!!!

1) Fique esperto em algo que cai DIRETO em prova: **inversão do sujeito**.

– Agradou-me, desde ontem pela manhã, quando ele me havia ligado, **o fato de ter uma pessoa amiga ao meu lado em situações difíceis**.

 Bizu do achamento: *O que* me agradou desde ontem pela manhã, quando ele me havia ligado? Resposta: *o fato de ter uma pessoa amiga ao meu lado em situações difíceis*.

Dica de irmão: as bancas adoram trabalhar questão com **sujeito deslocado**. Por isso, coloque na ordem direta: "*O fato de ter uma pessoa amiga ao meu lado em situações difíceis agradou-me...*". **Não confunda sujeito deslocado com objeto direto. Falarei sobre isso mais à frente.**

2) Segundo a tradição gramatical, **o sujeito não pode vir regido de preposição**, ou seja, nenhum verbo ou nome pode exigir uma preposição que inicie o sujeito, portanto nunca confunda com sujeito o termo preposicionado que vier antes do verbo. Normalmente a frase se encontra na ordem indireta, para dificultar a identificação do sujeito.

– A Cleópatra era feita por cada subordinado **uma mesura** em suas aparições públicas. (Na ordem direta, fica mais fácil identificar o sujeito: *Uma mesura era feita por cada subordinado a Cleópatra (objeto indireto) em suas aparições públicas.*)

– Nunca nos custou, por mais que todos se opusessem a nossa parceria, **manter nossa amizade**. (Na ordem direta: *Manter nossa amizade nunca nos custou, por mais que todos se opusessem a nossa parceria.*)

Apesar de Bechara e outros gramáticos não desaprovarem a contração antes de sujeito de verbo no infinitivo, a maioria dos gramáticos, respaldados pela doutrina de que "o sujeito não pode vir regido de preposição", dizem que isso é uma incorreção gramatical. Veja:

– Em virtude **da regra gramatical impedir** qualquer construção com sujeito preposicionado, devemos evitar qualquer contração antes de infinitivo. (construção não privilegiada)

- *Em virtude de a regra gramatical impedir qualquer construção com sujeito preposicionado, devemos evitar qualquer contração antes de infinitivo.* (construção privilegiada)
- *A fim dela, a opinião minoritária, não nos fazer **errar** uma questão na prova, optemos pela visão tradicional, a saber: não se deve contrair preposição com artigo ou pronome antes de verbo no infinitivo.* (construção não privilegiada)
- *A fim de ela, a opinião minoritária, não nos fazer **errar** uma questão na prova, optemos pela visão tradicional, a saber: não se deve contrair preposição com artigo ou pronome antes de verbo no infinitivo.* (construção privilegiada)

A justificativa de Bechara e a de outros, que aprovam as quatro construções anteriores, é a de que a preposição rege a oração, e não o sujeito, por isso não haveria problema algum na contração, a qual, inclusive, torna a frase mais eufônica e natural. Já falei sobre isso em *Pronome Pessoal* e *Preposição*! O mais doido é que, apesar de a esmagadora maioria das bancas (sobretudo as mais famosas) ficar com a visão tradicional (ou seja, *não pode haver contração antes de sujeito de verbo no infinitivo*), veja a questão a seguir, que ficou com a visão de Bechara & Cia.: UFS – UFS/COPESE – ASSISTENTE EM ADMINISTRAÇÃO – 2012 – QUESTÃO 5 – GABARITO: C.

O que eu vou falar agora não cai em prova nenhuma, mas, cá entre nós, o sujeito pode estar preposicionado sem estar regido de preposição: "Meus alunos estudaram muito para a prova. **Entre** dez e vinte passaram".

Classificação do Sujeito

Já que sabemos o que é um sujeito e como identificá-lo, vamos ver os tipos de sujeito.

Simples

Apresenta somente um núcleo explícito.

- ***Alguém** escondeu a minha bolsa.*
- *As **despesas** das casas de praia e de campo ficaram por minha conta.*

 CUIDADO!!!

1) Há determinadas construções de **sujeitos simples** tão grandes que dentro delas há outros termos exercendo outras funções sintáticas (como adjuntos adnominais), inclusive outras orações dentro do próprio sujeito (como orações adjetivas), mas não se preocupe. É o chamado sujeito "complexo" para certos gramáticos, como Eduardo Carlos Pereira. Você deve observar o **núcleo** do sujeito e a relação dele com o **verbo** da oração. Veja dois exemplos:
   - *O novo desentendimento público entre os ministros Joaquim Barbosa (relator) e Ricardo Lewandowski (revisor) expôs a ponta de uma questão que pode se tornar a mais grave deformação no julgamento da Ação Penal 470, chamada de mensalão.*

   Só há um núcleo do sujeito: *desentendimento*. Por isso, o verbo está no singular: *expôs*.
   - *O simples fato de exercer o jornalismo honesto sem detrimento das opiniões ditadas pelo nosso espírito crítico e pela nossa visão da vida e do mundo nos distingue brutalmente dos arautos do pensamento único, representantes e intérpretes da casa-grande. (Mino Carta)*

Capítulo 19 • Termos Essenciais da Oração **513**

Só há um núcleo do sujeito: *fato*. Por isso, o verbo está no singular: *distingue*.

– **A** *mulher* **que foi espancada pelo marido** resolveu denunciá-lo.

Só há um núcleo do sujeito: *mulher*. Por isso, o verbo está no singular: *resolveu denunciar*.

Os gramáticos Gladstone Chaves de Melo e Celso Pedro Luft corroboram tais análises desses sujeitos enormes (*sujeito complexo*).

2) Ainda há sujeito simples em frases nas quais dois ou mais termos são ligados pela conjunção *e*, mas equivalem a uma ideia só, formando uma expressão (note que o verbo fica no singular):

– **"Ordem e Progresso"** *faz parte de nossa bandeira*. (Sem aspas, pode gerar ambiguidade)

– **Casseta e Planeta** *vai fundo!*

– **Plástica & Beleza** *vem se consolidando no mercado como uma das revistas mais lidas sobre estética.*

3) **Revisite voz verbal!** E fique esperto quando o verbo vier acompanhado de partícula apassivadora, na voz passiva sintética. Estou dizendo isso, pois muita gente confunde o sujeito simples com o indeterminado. Uma maneira fatal de resolver esse problema é passar a frase para a voz passiva analítica. Se conseguir, o sujeito não é indeterminado. Teste:

– *Comemora-se ainda hoje* **um** **aninho** **de vida de meu filho**. (voz passiva sintética; sujeito simples)

– **Um** **aninho** **de vida de meu filho** *é comemorado ainda hoje*. (voz passiva analítica; sujeito simples)

– *É preciso que se incuta nos partidos políticos brasileiros, tachados de corruptos,* **o valor da honestidade**. (voz passiva sintética; sujeito simples)

– *É preciso que* **o** **valor** **da honestidade** *seja incutido nos partidos políticos brasileiros, tachados de corruptos.* (voz passiva analítica; sujeito simples)

* Na voz passiva, o **sujeito** é chamado de **paciente**. Na ativa, de **sujeito agente**.

4) Por motivo de ênfase ou de expressividade, o sujeito pode ser pleonástico. Isso ocorre principalmente no registro coloquial: *Esses alunos,* **eles** *me dão muito orgulho.*

Oculto

Apresenta um núcleo implícito, elíptico, mas facilmente identificável pelo contexto ou pela desinência do verbo. Por isso, este tipo de sujeito é chamado de **oculto, implícito, elíptico, desinencial** etc.

– *Não consigo deixar as responsabilidades de lado.* (*Quem não consegue? Eu.* Percebe-se isso pela desinência do verbo)

– *Todo procedimento médico deve ser bem programado; só será bem-sucedido se houver acompanhamento e manutenção.* (*O que será bem-sucedido? O procedimento médico*)

– *Escondeste minha bolsa onde?* (Fica fácil perceber que o sujeito oculto é o **tu**, pois a desinência/terminação do verbo é de 2ª pessoa do singular, ou seja, *"Tu escondeste a minha bolsa onde?"*)

CUIDADO!!!

1) Se o verbo vier no imperativo, o sujeito normalmente virá implícito: "*Nunca mais esconda (você) a minha bolsa!*".

2) Em contextos maiores, o sujeito oculto é um ótimo recurso de coesão para evitar a repetição de uma palavra já mencionada. No entanto, devemos ficar atentos ao contexto (principalmente aos verbos) para percebermos isso:

   – *O Papa Bento XVI enalteceu neste sábado a "coragem" dos jovens sírios diante da violência em seu país – que já causou a morte de mais de 27.000 pessoas –, em discurso na sede do patriarcado maronita de Bkerké, no norte de Beirute. "Entre nós há jovens provenientes da Síria e quero dizer o quanto admiro sua coragem", destacou em seu discurso em um encontro com milhares de jovens cristãos, ao qual também assistiram representantes de outras religiões.*

Note que o sujeito da forma verbal *destacou* é oculto, tendo como referente "O Papa".

3) O sujeito oculto pode ser hipotético (representado pelo pronome demonstrativo anafórico: *isso*) em determinados contextos, como:

   – Saia daqui, menino, porque é conversa de adulto. (... *isso* é conversa de adulto)
   – Seria trágico se não fosse cômico. (*Isso* seria trágico se *isso* não fosse cômico)
   – Eu lhe implorei que não saísse naquela noite, pois era perigoso. (... *isso* (sair naquela noite) era perigoso)

4) Caiu certa vez uma questão muito interessante no concurso da EAGS, em 2008. Tratava-se de tipos de sujeito. Observe o comentário oficial da banca sobre a frase "Os dois apenas sentimos o desejo de mudar o mundo": "o sujeito *Os dois* classifica-se como simples e não como implícito na desinência verbal. O que ocorre é uma concordância ideológica, em que há silepse de pessoa, pois o verbo *sentimos*, na 1ª pessoa do plural, permite que consideremos que o locutor do enunciado se inclua ideologicamente no sujeito *Os dois*, que está na 3ª pessoa do plural". Falarei melhor sobre isso em *Silepse*, no capítulo de *Concordância*.

Composto

Apresenta mais de um núcleo explícito.

– **Minha <u>chave</u>, minha <u>bolsa</u>, minha <u>moto</u>** foram roubadas.
– Indignados ficaram **os <u>moradores</u> da zona oeste e <u>os</u> da zona sul** com o descaso.
– **Tanto a <u>felicidade</u> como a <u>tristeza</u>** são estados de espírito.

 CUIDADO!!!

1) Há alguns casos em que o sujeito composto não leva o verbo ao plural. Vou citar apenas três agora, porquanto tratarei melhor do assunto mais à frente, em *Concordância*.

   I. Se o sujeito composto vier depois do verbo, este <u>pode</u> concordar com o termo mais próximo, ficando no singular: *Foi escondida **minha bolsa e minha chave**.*

Capítulo 19 • Termos Essenciais da Oração 515

II. Quando há uma enumeração de núcleos do sujeito composto e no fim há um termo resumitivo, como em *"Velhos, crianças, mulheres e homens, ninguém sobreviveu ao desastre"*, o verbo concorda com o termo resumitivo.

III. Quando os núcleos do sujeito designam a mesma pessoa ou coisa: *Morre o mais famoso escritor, cantor e compositor brasileiro aos 70 anos.*

2) Na frase "<u>Pedro e Bino</u>, dancem com elas", o termo destacado não pode ser o sujeito composto do verbo dançar, pois há uma vírgula entre eles. Analisa-se o termo destacado como vocativo, e o sujeito está oculto (Pedro e Bino, dancem (vocês) com elas).

Indeterminado

Este tipo de sujeito é interessante, pois se assemelha ao oculto. Só que, apesar de o verbo indicar que houve uma ação praticada por alguém, a **identidade** do sujeito é indeterminada. Indetermina-se o sujeito normalmente por três motivos: 1) por não se saber sua identidade, 2) por querer torná-lo desconhecido ou 3) por generalização. Existem três construções com sujeito indeterminado na língua culta.

1) Verbo na 3ª pessoa do plural sem sujeito explícito.

– *Criticaram-nos na reunião de ontem.* (Alguém criticou, mas quem?)
– *Normalmente falam pelas costas por ser mais conveniente.* (Alguém fala, mas quem?)
– *Esconderam minha bolsa.* (Alguém escondeu, mas quem?)

Observação

Em "Meus filhos João e Pedro vivem aprontando. Outra vez *esconderam* minha bolsa", o verbo *esconder* não apresenta sujeito explícito e está na 3ª pessoa do plural, no entanto não há indeterminação do sujeito, pois o contexto indica quem são os que praticaram a ação de esconder. Logo, o sujeito do verbo *esconder* é <u>oculto</u>, e não indeterminado. Fique esperto!

Ah! Uma parada interessante: segundo o gramático Evanildo Bechara, formas verbais usadas na 3ª pessoa do singular com valor de 3ª pessoa do plural indicam indeterminação do sujeito, como se vê em "Diz que vai chover amanhã" (diz = dizem). Detalhe: isso caiu em prova de concurso. Veja:

FUNDEP – DMAE/MG – Motorista – 2020
"DIZ que era um sujeito tão boateiro, que chegava a arrepiar."
O verbo destacado mantém relação de concordância com

a) "boateiro"

b) um referente indeterminado

c) "sujeito"

d) um referente oculto

Gabarito: B. Essas bancas estão sempre nos supreendendo!

2) Verbo (de ligação, intransitivo, transitivo indireto, transitivo direto <u>seguido de preposição</u>) na 3ª pessoa do singular + partícula de indeterminação do sujeito *se*,

indicando uma ideia de generalização/indefinição. (Recomendo dar uma conferida em predicação verbal, um pouco mais à frente, ainda neste capítulo)

- Só **se** é feliz neste lugar por causa de vocês. (Quem é feliz? Todos que são de lá)
- **Vive-se** bem quando há paz e segurança. (Quem vive bem? Todos)
- **Tratava-se** de doenças gravíssimas naquela clínica. (Quem tratava? Alguém.)
- **Ama-se a** Deus nesta Igreja. (Quem ama a Deus? Todos que a frequentam.)

CUIDADO!!!

1) Observe a excelente abordagem da pesquisadora Christiana Lourenço Leal sobre indeterminação do sujeito, em seu estudo *A transitividade, as vozes verbais e o ensino da gramática*:

– *O problema de critérios semânticos na definição das funções sintáticas*:

"(11) <u>Come-se</u> bem aqui nesta cidade. / (12) <u>Come-se</u> bem aqui nesta cidade <u>uma bela feijoada</u>. No exemplo (11) temos um caso de sujeito indeterminado. Mas isso só acontece porque não há termo na oração que possa funcionar como sujeito, visto que todos são adjuntos adverbiais. Logo, 'alguém come', mas não se pode precisar quem. Já no exemplo (12) há um sujeito simples: 'uma bela feijoada'. É equivalente a "Uma bela feijoada é comida'. Como se pode observar, foi só aparecer um termo que pudesse se adequar à função de sujeito que se transformou uma oração de sujeito indeterminado em uma oração caracterizada por verbo em voz passiva".

Por isso, não confunda a partícula *se* (indeterminadora) com *se* (apassivadora). A partícula apassivadora aparece com verbo transitivo direto **sem estar seguido de termo preposicionado** e pode-se desdobrar a oração que a contém em passiva analítica; isso já não ocorre com o verbo acompanhado da partícula de indeterminação do sujeito.

- *Vendeu-se tudo da loja. (Tudo da loja foi vendido)*
- *Duvida-se de tudo hoje em dia. (De tudo é duvidado hoje em dia?* – construção inexistente)

Note que o verbo concorda com o sujeito. Segundo a gramática tradicional, a construção "Vendeu-se todos os produtos da loja" estaria incorreta, devendo ser "Venderam-se todos os produtos da loja" (= Todos os produtos da loja foram vendidos).

No entanto... na prova de Analista Judiciário (STF) de 2008, elaborada pela banca Cespe/UnB, veja a questão 2 (deveria ter sido anulada, mas não foi):

"Preservando-se a correção gramatical do texto, bem como sua coerência argumentativa, a forma verbal 'mudam-se' (Na economia, por exemplo, mudam-se os valores de uso concreto e qualitativo para os valores de troca geral e quantitativa) poderia ser empregada também no singular".

Ela foi considerada **correta**. Incrível, não? "Mas por quê, Pest? O verbo não precisa concordar com o sujeito paciente?" Resposta: também acho, mas... alguns linguistas e gramáticos, como os senhores Evanildo Bechara, Said Ali, João Andrade Peres, Telmo Moía e José Carlos de Azeredo, entendem que o verbo transitivo direto pode vir seguido de índice de indeterminação do sujeito, mesmo quando <u>não</u> há objeto direto preposicionado depois. Segundo Bechara, em "Vende-se casas / Vendem-se casas", **ambas as sintaxes são corretas**, e a primeira não é absolutamente modificação da segunda. São apenas dois estágios diferentes de evolução". Interessante é que, no capítulo de concordância da gramática do homem, ele diz que o verbo tem de ficar no plural nesse mesmo caso, o que significa que o *se* é apassivador, logo o certo seria apenas "Vendem-se casas. = Casas são vendidas". Sim, ele se contradiz, e a banca Cespe vacilou! Muita polêmica nessa questão, mas precisamos ficar atentos às próximas questões do Cespe, que, nessa situação, estabeleceu um padrão. O fato é que 99,99% dos gramáticos normativos não concordam com essa doutrina, ok? Recurso neles! Para a explicação ficar completa, a tal minoria que aceita "Vende-se casas" analisa o "se" como índice de indeterminação do sujeito e "casas" como objeto direto. O mais incrível é que mais de uma banca já trabalhou esta visão ultrapolêmica: FGV – PC/RJ – INSPETOR – 2008 – QUESTÃO 21 (letra c). IDECAN – Prefeitura de Damianópolis/GO – Auxiliar Administrativo – 2016 – QUESTÃO 5 (letra c).

2) Não confunda **sujeito oculto** com **sujeito indeterminado** em casos assim: I) *Antigamente se queixava menos de problemas* e II) *Antigamente se necessitava mais de dinheiro*. Aparentemente, há sujeito indeterminado nos dois casos. Aparentemente... O fato é que o aluno vê os verbos na 3ª pessoa do singular acompanhados da partícula SE e já pensa logo que é uma partícula de indeterminação do sujeito, indicando o sujeito como indeterminado. MAAAAS... Cuidado! O pronome SE não pode ser cumulativamente partícula de indeterminação do sujeito (*necessitar-SE*) e parte integrante do verbo (*queixar-SE*). Vou explicar: em I, o SE é uma parte integrante do verbo, pois faz parte da constituição do verbo (não existe o verbo *queixar*, e sim *queixar-se*); por mais que semanticamente o sujeito desse verbo sugira indeterminação, na verdade é oculto. *Por quê, Pest?* Simples: é possível preencher o espaço vazio do sujeito com um sujeito explícito, de modo que a frase exista na nossa língua. Veja: *Antigamente as pessoas se queixavam menos de problemas*. Isso prova que o SE dessa frase é uma parte integrante do verbo, e não uma partícula de indeterminação do sujeito. O mesmo já não acontece com a frase II. Não é possível preencher o espaço vazio do sujeito quando há uma legítima e real partícula de indeterminação do sujeito ligada ao verbo. Quer ver? Veja, então:
Antigamente as pessoas se necessitavam mais de dinheiro. Consegue perceber que a frase fica completamente fora da realidade linguística, completamente esdrúxula? Então, é isto: em I, o sujeito é oculto; em II, o sujeito é indeterminado. Fique atento(a)! Imagine isso caindo assim na sua prova...

3) **Verbo no infinitivo impessoal.**
   – *Para **conquistar** sua confiança, é necessário **trabalhar** arduamente.* (= Para (alguém) conquistar sua confiança, é necessário (esse alguém) trabalhar arduamente)

Já na frase "Nós estamos destinados a **passar** na prova", apesar de o verbo não estar flexionado, ele tem pessoa, ele tem sujeito, o sujeito oculto de *passar* tem como referente o sujeito de *estar*, isto é: **nós**. Consulte: IBFC – PC/RJ – PERITO – 2013 – QUESTÃO 13.

 CUIDADO!!!

1) Existem certos casos de sujeito indeterminado próprios do registro coloquial, quando usamos as expressões *você, a gente, muita gente, todo o mundo, geral* etc. como sujeito.

Veja uma questão sobre isso.

Fragmento de texto

"(...) Foi pensando nisso que me ocorreu o seguinte: se alguém está com o coração dilacerado nos dois sentidos, biológico e emocional, e por ordens médicas precisa de um novo, o paciente irá se curar da dor de amor ao receber o órgão transplantado? Façamos de conta que sim. **Você** *entrou no hospital com o coração em frangalhos, literalmente. Além de apaixonado por alguém que não lhe dá a mínima,* **você** *está com as artérias obstruídas e os batimentos devagar quase parando. A vida se esvai, mas localizaram um doador compatível: já para a mesa de cirurgia. Horas depois,* **você** *acorda. Coração novo. Tum-tum, tum-tum, tum-tum. Um espetáculo. O médico lhe dá uma sobrevida de cem anos. Nada mal. Visitas entram e saem do quarto. (...)".*

10. (Funiversa – Terracap – Administrador – 2010) Com relação ao texto, assinale a alternativa **incorreta**.

   d) O pronome "Você" é empregado na frase como forma de indeterminar o agente da ação, traço característico da oralidade brasileira. Assim, "Você entrou no hospital" corresponde a **Entrou-se no hospital.**

Comentário: Esta opção não foi o gabarito, logo a afirmação da d) está adequada. Sobre a ideia de generalização, indeterminação, é interessante dizer que algumas gramáticas mais atentas aos fenômenos linguísticos, principalmente as descritivas, nos informam que, no registro coloquial, o pronome *você* pode ser usado para indeterminar o sujeito, com um viés de generalização. *Imagine que você esteja conversando com alguém sobre viajar de avião, mas nem você nem a pessoa viajaram de avião. Aí você diz a ela: "Viajar de avião deve ser muito ruim, porque quando* **você** *pega um avião,* **você** *sente um mal-estar, fora o risco de* **você** *morrer, não é?".* Este *você* se refere a quem? Ao falante, ao ouvinte ou a todos os que pegam avião? Percebe a ideia de generalização? Essa é uma forma, coloquial, de indeterminar o sujeito. Interessante, não?

2) Sempre acho muito importante dizer que, quando o núcleo é um pronome indefinido ou interrogativo, **não** há indeterminação do sujeito, ou seja, há sujeito simples nestas frases: "**Quem** me ligou?" "**Alguém** ligou, pai".

Oração Sem Sujeito (Sujeito Inexistente)

As orações sem sujeito sempre apresentam verbos impessoais, os quais, por sua semântica, não apresentam um sujeito promovendo a ação verbal. Tais verbos são usados na 3ª pessoa do singular (exceto o engraçadinho do *ser*).

De todos os verbos impessoais, muita atenção ao verbo *haver*. **Todo ano cai uma questão sobre ele, seja em oração sem sujeito, seja em concordância. É incrível a** *tara* **que as bancas têm com esse verbo.**

1) **Haver** com sentido de existência, ocorrência ou tempo decorrido.

   – **Havia** poucas pessoas aqui. (Existiam poucas...)
   – **Houve** duas confusões ali. (Ocorreram duas...)
   – Abandonei o cigarro **há** três meses. (... faz três meses...)

 CUIDADO!!!

1) O verbo *ter* pode ter sentido existencial (Mas é coloquial neste sentido, ok?): "Terá reuniões aqui", "Tinha uma pedra no meio do caminho" (C. Drummond).

2) Lembrando que o verbo *haver* pode ser pessoal, ou seja, ter sujeito, se fizer parte de uma locução verbal como auxiliar ou se tiver outros sentidos (não tão usuais): "**Ele** *haveria de fazer* isso", "Enfim (eu/ele) *havia entendido* o mistério", "**Os rivais** se *houveram* no ringue", "**Eu** me *haverei* bem diante dos convidados", "**Os criminosos** *se houveram* com a justiça".

3) Os verbos *existir* e *ocorrer* são pessoais, logo <u>sempre</u> têm sujeito, normalmente aparecendo <u>depois</u> do verbo, por isso muitos confundem com objeto direto: *Existem* **pessoas merecedoras da morte**. (sujeito simples) / *Ocorrem* às vezes **certos contratempos** aqui. (sujeito simples)

4) Todos os verbos impessoais, quando acompanhados de auxiliares, transmitem a estes sua impessoalidade, ficando no **singular**.

   – *Há* lanches sobre a mesa.
   – **Deve haver** lanches sobre a mesa. (e não *"Devem haver..."*)

5) O verbo *haver* é transitivo direto quando impessoal, logo em "Houve cem acidentes na Avenida Brasil em apenas dois meses", *cem acidentes* é objeto direto. Se fosse "Ocorreram cem acidentes...", *cem acidentes* seria sujeito. Cuidado com a maldade no coração de alguns "homens da banca", pois eles podem pegar o objeto direto e colocar antes do verbo para que você confunda com um sujeito; exemplo: "Apenas um acidente houve na Avenida Brasil". Como o verbo *haver* tem sentido de *ocorrer*, ainda é impessoal, logo continua exigindo <u>objeto direto</u>, a saber: <u>apenas um acidente</u>. Não confunda sujeito com objeto!

2) **Fazer, parecer, ficar, estar** indicando tempo ou aspectos naturais.

   – Não a vejo **faz** dez meses.
   – Aqui **fez** invernos rigorosos ano passado.
   – **Parecia** tarde da noite.
   – **Ficou** escuro do nada.
   – **Estava** frio naquele dia.

 CUIDADO!!!

1) Os verbos *fazer, parecer, ficar, estar* podem ser pessoais, ou seja, ter sujeito (em negrito): "*Fazem* dez anos de casamento ainda hoje **os meus amigos**", "**Todos** *pareciam* abobalhados", "**Alguém** *ficou* sem o convite?, "**Vocês** *estão* bem?".

2) Todos os verbos impessoais, quando acompanhados de auxiliares, transmitem a estes sua impessoalidade, ficando no **singular**.

   – **Fará** dias quentes em dezembro.
   – **Vai fazer** dias quentes em dezembro. (e não *"Vão fazer..."*)

3) O verbo *faltar* não é impessoal, mesmo quando indica tempo, portanto em "*Faltam* **dois anos** para a Copa", *dois anos* é o sujeito. Equivoca-se quem diz: "*Falta* dois anos para a Copa".

3) **Ir + para/em** indicando tempo decorrido.
   - ***Vai para*** *dois anos que ela está na França.*
   - ***Vai em*** *cinco anos desde a última vez que nos falamos.*

> **Observação**
> O verbo *ir* pode ser pessoal: "Já se *foram* **duas horas de aula**...", "**Ele** *foi* à festa".

4) **Passar + de** indicando tempo.
   - *Já* ***passava d****as duas horas da manhã!*

> **Observação**
> Verbo *passar* pessoal: "*Passou*-se **meia hora de aula**", "**Ele** *passou* há dez minutos aqui".

5) **Bastar/Chegar + de** no imperativo, indicando suficiência.
   - ***Basta de*** *tolices!* ***Chega de*** *problemas!*

> **Observação**
> Os verbos *bastar* e *chegar* podem ser pessoais: "**Quatro fatias** não *chegam* para tua satisfação?", "Não *basta* **ser amigo**, ok?".

6) **Tratar-se + de** indicando um assunto.
   - *Paro de falar aqui, pois não* ***se trata de*** *quem tem ou não razão.*

> **Observação**
> Tanto Bechara quanto Kury aceitam esta análise (oração sem sujeito), mas a demolidora maioria diz que o **sujeito** é **indeterminado** – sendo a partícula *se* indeterminadora do sujeito. O verbo *tratar*, nesse caso, nunca se pluraliza! Sobre a visão da maioria (a única que já vi aparecer em prova), consulte: FGV – SEFAZ/RJ – AUDITOR-FISCAL DA RECEITA ESTADUAL – 2011 – QUESTÃO 8. / Cespe/UnB – TRT/MA (16ª R) – AUXILIAR Judiciário – 2005 – QUESTÃO 9. / IBFC – PGE/SP – OFICIAL ADMINISTRATIVO – 2011 – QUESTÃO 10.

7) **Ser** indicando tempo vago, hora, data, distância e aspectos naturais.
   - ***Era*** *uma vez um lugarzinho no meio do nada...*
   - ***São*** *três horas da madrugada.*
   - *Hoje* ***são*** *dezoito de outubro.*
   - ***São*** *dois quilômetros daqui a sua casa.*
   - *Já* ***era*** *manhã de primavera quando acordei.*

> **Observação**
> O verbo *ser* é o único impessoal que fica no plural, como você pôde ver! Verbo *ser* pessoal: "**Ele** *é* gente boa", "**O presidente** *será* reeleito?".

Capítulo 19 • Termos Essenciais da Oração **521**

8) Certos verbos que indicam sensações, como *doer, coçar, cheirar* etc.

– *Meu filho, onde lhe **dói**?*
– ***Coça** muito aqui atrás, doutor.*
– *Realmente **cheira** mal atrás de suas costas.*

9) Verbos que indicam **fenômenos naturais** (*chover, ventar, nevar, gear, trovejar, amanhecer, escurecer*).

– ***Ventou, trovejou, choveu** e depois **nevou** no Sul do país.*

> **Observação**
>
> Em **sentido figurado**, todos esses verbos são pessoais: "**O patrão** *escureceu* de raiva", "Assim que **o dia** *amanheceu* lá no mar alto da paixão..." (Djavan), "Todos os dias *chovem* **notícias tristes** nos jornais". Esses verbos são normalmente intransitivos, mas, em frases como a que segue, o verbo vira transitivo direto: "Chovia uma chuva fininha", em que *uma chuva fininha* é o objeto direto, e a oração não tem sujeito, pois o sentido <u>não</u> é figurado. Falarei melhor sobre isso em *Objeto Direto Interno*.

Oracional

O sujeito é oracional quando vem em forma de oração. O verbo do sujeito oracional fica sempre na 3ª pessoa do singular.

– ***Quem semeia vento** <u>colhe</u> tempestade.*
– *Não é saudável, embora seja delicioso, **comer frituras** todos os dias.*
– *<u>Viu-se</u> **que ela tem grande potencial na música**.*

> **Observação**
>
> Falo melhor sobre isso em *Orações Subordinadas Substantivas* e em *Orações Reduzidas*.
>
> Veja uma questão bacaninha:

---

48. (Cespe/UnB – Câmara dos Deputados – Analista Legislativo – 2012) A flexão de singular na forma verbal "importava" (... regido por leis físicas e matemáticas, que importava descobrir e estudar) justifica-se por ser o sujeito da oração indeterminado, de interpretação genérica.

( ) CERTO (X) ERRADO

Comentário: Errado. O verbo *importar* está no singular porque concorda com o sujeito oracional *descobrir e estudar*, ou seja, "... descobrir e estudar **importava**...". Logo, se há sujeito na frase, mesmo sendo oracional, não podemos dizer que ele é indeterminado.

Predicado

O **predicado** é a soma de todos os termos da oração, exceto o sujeito e o vocativo. É tudo o que se declara na oração referindo-se ao sujeito (quando há sujeito). Sempre apresenta um verbo.

– *A língua portuguesa **sofreu** uma reforma ortográfica polêmica em 2009*.

Lembre que as bancas são maliciosas, logo "pedaços" que compõem o predicado poderão estar "espalhados" pela frase. Veja:

– ***Em 2009**, **sofreu** a língua portuguesa **uma reforma ortográfica polêmica***.
Nas orações sem sujeito, **tudo é predicado**, por um motivo muito óbvio: não há sujeito.

– ***Pode haver até duzentos alunos em sala de aula em um aulão de véspera***. (só há predicado)

Às vezes, o verbo do predicado aparece implícito. Note que há dois predicados na frase abaixo:

– *Meu irmão **comeu três maçãs**; e eu, duas. (Meu irmão **comeu três maçãs**, e eu **comi duas**)*

Para o reconhecimento dos tipos de predicado, precisamos entender o conceito de **predicação verbal** ou **transitividade verbal**, afinal, **não existe predicado sem verbo**. O verbo tem um papel muito importante, pois mantém relações com os outros termos da frase. Portanto, estude bem esta parte, ok? Vamos lá...

Predicação Verbal / Transitividade Verbal

Predicação verbal (ou **transitividade verbal**) é a relação entre o verbo e outros termos da oração, principalmente dentro do predicado. E, quanto à predicação, diz-se que os verbos podem ser **de ligação, intransitivo, transitivo direto, transitivo indireto** e **transitivo direto e indireto**.

Existem dois grupos de verbos: os **nocionais** (intransitivos e transitivos) e os **relacionais** (de ligação, normalmente: *ser, estar, ficar, permanecer, continuar, parecer, tornar-se, encontrar-se, transformar-se, converter-se...*).

> **Observação**
>
> É bom dizer que, em locuções verbais, o verbo principal é o que "carrega" o valor **nocional** ou **relacional**: "Você *precisa ficar* bom" (verbo relacional) / "Você *precisa estudar* mais" (verbo nocional).

Verbo de Ligação

Também chamado de copulativo, o **verbo de ligação** relaciona o sujeito ao seu **predicativo** (atributo que indica estado, qualidade ou condição do sujeito). Os verbos de ligação não indicam ação alguma por parte do sujeito, por isso são tradicionalmente "vazios" de significado, indicando apenas estado, e por isso o núcleo do predicado, somente neste caso, não é o verbo, mas, sim, o **predicativo**.

– *João é alegre.* (estado permanente)

– *João **está** alegre.* (estado transitório)
– *João **ficou** alegre.* (estado mutatório)
– *João **permanece** alegre.* (estado continuativo)
– *João **parece** alegre.* (estado aparente)
– *João **bancou** o alegre.* (estado simulado)
– *João **mostrou-se** alegre. (estado revelador)**

* Veja uma questão sobre isto: Colégio Pedro II – Assistente de Alunos – 2017 – Questão 14.

 CUIDADO!!!

1) Não confunda **verbo relacional,** que indica **estado**, com **verbo nocional**, que, normalmente, indica **ação**.

77. (FAB – AFA – Oficial – 2011/2012) De acordo com a análise morfossintática dos termos sublinhados abaixo, pode-se concluir que está **INCORRETA** a afirmativa:
   b) em "A fonte da felicidade pública se transforma no para-raios do rancor público", a expressão grifada é predicativo do sujeito.

Comentário: O gabarito é outro, mas vamos nos ater à letra B. Pode ser que você confunda o verbo de ligação *transformar-se* com um verbo transitivo indireto, uma vez que, aparentemente, tal verbo exige um complemento preposicionado (*no* para-raios do rancor público). No entanto, note que o verbo *transformar-se* indica uma mudança de estado entre o sujeito e o predicativo, a saber: *a fonte da felicidade pública* se torna *o para-raios do rancor público*. Portanto, *transformar-se (em)* é um verbo de ligação, sinônimo de *converter-se (em)*, como nos ensina Bechara.

2) **A predicação do verbo depende do seu valor no contexto frasal**. Logo, o verbo de ligação pode deixar de ser de ligação para ter outra predicação. E verbos que não são de ligação podem passar a ser de ligação, como *viver, andar, cair, virar, dar* etc. Entenda:

– *Se ele não **fosse** gentil comigo, eu estaria morto.* (verbo de ligação)

– *Se não **fosse** ele na minha vida, eu estaria morto.* (verbo intransitivo)

– *O aluno **fica** contente com boas explicações.* (verbo de ligação)

– *O aluno **deve ficar** em sala de aula até segunda ordem.* (verbo intransitivo, pois vem seguido de adjunto adverbial)*

– *Eu **estou** sempre satisfeito.* (verbo de ligação)

– *"Eu **estarei** sempre com vocês, até o fim dos tempos."* (Mateus 28:20; verbo intransitivo seguido de adjunto adverbial de companhia)

– *As pessoas **continuam** apáticas.* (verbo de ligação)

– *As pessoas **continuam** em frente à sacada.* (verbo intransitivo seguido de adjunto adverbial de lugar)

– *Ele **parece** bem esforçado.* (verbo de ligação)

– *__Parece__ que vai chover.* (= *aparenta*; verbo intransitivo)

– *Eu **vivo** bem.* (verbo intransitivo)

– *Nós **estamos vivendo** o momento.* (verbo transitivo direto)

– *Que mulher complicada! Ela **vive** de má vontade.* (verbo de ligação)

– *Ainda **vou andar** rapidamente.* (verbo intransitivo)

– *Melina **anda** feliz esses dias.* (verbo de ligação)

– *O rapaz **virou** o móvel para limpar a sujeira.* (verbo transitivo direto)

– *O rapaz **virou** drag queen.* (verbo de ligação)

– *Segundo noticiado, assassino **segue** suas vítimas à noite.* (verbo transitivo direto)

*– Segundo noticiado, assassino **segue** preso.* (verbo de ligação)

*– José **deu** um excelente professor de português.* (verbo de ligação)

*– José lhe **deu** a melhor explicação possível.* (verbo transitivo direto e indireto)

*– O homem **caiu** da cama.* (verbo intransitivo)

*– O homem **caiu** de cama.* (verbo de ligação)

* Normalmente os verbos de ligação que se tornam intransitivos vêm seguidos de adjunto adverbial (de lugar, principalmente).

Veja uma questão sobre isso:

19. (Exército – EsSA – Sargento – 2006) A oração cujo predicado tem a mesma classificação que em "João Teodoro caiu em meditação profunda" é:
    a) "E sumiu."
    b) "Chamava-se João Teodoro, só."
    c) "Um dia aconteceu a grande novidade..."
    d) "Mas, como? Agora que você está delegado?" (Gabarito!)
    e) "Já teve três médicos bem bons..."

Comentário: Tanto o verbo *estar* como o verbo *cair* indicam estado (transitório e mutatório, respectivamente). Ambos são verbos de ligação, por isso estamos diante de um predicado nominal.

3) Alguns verbos (conhecidos como incoativos, segundo o grande mestre Celso Cunha), apesar de indicarem estado (mutatório), não são de ligação, mas **intransitivos**: *adoecer, emagrecer, empobrecer, melhorar*, que equivalem a "ficar doente, ficar magro, ficar pobre, ficar melhor." Sobre isso, veja uma questão extremamente polêmica, que deveria ter sido anulada, mas não foi, por associarem equivocadamente verbo intransitivo à ideia de ação:

19. (Exército – EsPCEx – Oficial – 2011) No trecho, "Ele chegava e saía curvado, sob a garra do reumatismo que nem melhorava nem matava." (linha 29), os verbos sublinhados indicam, respectivamente:
    a) ação – ação – ação – ação; (Gabarito!)
    b) ação – estado – ação – estado;
    c) estado – ação – estado – ação;
    d) estado – ação – ação – ação;
    e) ação – ação – estado – ação.

Comentário: A resposta deveria ter sido a letra e), pois *melhorar* indica estado mutatório. Fica a lição: nem todo verbo intransitivo indica ação.

Intransitivo

O **verbo intransitivo** é aquele que contextualmente não exige complemento, por ter sentido completo.

Segundo a visão tradicional, consideram-se verbos intransitivos também aqueles que, indicando **deslocamento** ou **moradia**, normalmente vêm acompanhados de uma expressão adverbial (de lugar, principalmente).

– *No dia 5 de outubro de 2011, **morre** o famoso inventor Steve Jobs.*

– *Depois do resgate, eles certamente **sobreviverão**.*

– *Todos **chegaram** ao teatro à noite.*

CUIDADO!!!

1) Cuidado com os verbos *ir, chegar, voltar, regressar, partir, retornar, morar, residir, habitar* e sinônimos, pois eles **aparentemente** exigem um objeto indireto, mas na verdade são apenas especificados por um adjunto adverbial indicando **lugar**. Esta é a visão tradicional. Alguns estudiosos, como Celso P. Luft, em seu *Dicionário de Regência Verbal*, entendem que os verbos que indicam **deslocamento** podem ser analisados como transitivos indiretos. Voltando à visão tradicional... Tais verbos são acompanhados de adjunto adverbial de lugar, pois, caso contrário, o interlocutor não entenderia plenamente uma frase como esta: "Você sabia que ele foi?" (Pergunta óbvia: Ele foi **aonde**?). Esses verbos precisam de um **especificador** de lugar, e não de um **complemento**. Há muita polêmica em torno disso. Rocha Lima, por exemplo, fala em "complemento circunstancial". Não obstante, pela gramática tradicional, reitero: tais verbos são considerados **intransitivos** e são seguidos de adjuntos adverbiais de lugar! Algumas bancas, como a FCC e a Consulplan (até onde vai meu conhecimento atual), seguem a visão do Luft, portanto cuidado! Consulte: CONSULPLAN – Câmara de Belo Horizonte/MG – Técnico de Segurança do Trabalho – 2018 – Questão 12; e FCC – TRT – 19ª Região (AL) – Analista Judiciário – Área Administrativa – 2014 – Questão 5.
2) Certos intransitivos podem ser transitivos diretos ou indiretos, contextualmente.

   – *Vou **dormir** cedo.* (verbo intransitivo)
   – *Vou **dormir** um sono profundo.* (verbo transitivo direto)
   – *Sua ajuda financeira não **basta**, meu amigo!* (verbo intransitivo)
   – *Sua ajuda financeira não **basta** para mim, meu amigo!* (verbo transitivo indireto)

Transitivo Direto

O **verbo transitivo direto** é aquele que contextualmente exige um complemento sem preposição obrigatória (objeto direto). Uma maneira de saber se o verbo é transitivo direto se dá por meio da passagem de voz ativa para passiva. Se isso ocorrer, o verbo é de fato transitivo direto (99,99% das vezes).

– *Por que os homens **destroem** assim a natureza?* (Destrói-se algo/alguém)
– ***Sabemos** que o mercado imobiliário está em ascensão.* (Sabe-se algo)
– ***Consideramo-las** pessoas realmente idôneas.* (Considera-se alguém/algo)

 CUIDADO!!!

1) Não raro, o complemento deste tipo de verbo vem em forma de pronome átono (o, a, os, as (lo, la, los, las/no, na, nos, nas)).
2) Às vezes, os verbos transitivos diretos vêm acompanhados de termo preposicionado em certas expressões idiomáticas, como "Puxar *da espada*", "Cumprir *com o dever*", "Beber *da água*", "Comer *da comida*" etc. Falo melhor sobre isso em *objeto direto preposicionado*, mais à frente.

3) Muitas vezes, pelo contexto, o verbo transitivo direto pode se tornar intransitivo:

- *O marido **passou a odiar** a mulher.* (verbo transitivo direto)
- *Quem **odeia** se envenena aos poucos.* (verbo intransitivo)
- ***Ouço** dez gêneros musicais por dia.* (verbo transitivo direto)
- *Enfim eles **estão ouvindo** perfeitamente.* (verbo intransitivo)

4) Lembre-se: todo verbo na voz passiva, em que o objeto direto da ativa se tornou sujeito, é transitivo direto (ou transitivo direto e indireto). Portanto, em "Vende-se casa" e "Fui aplaudido", os verbos *vender* e *aplaudir* são transitivos diretos. Reitero: o VTD na forma passiva não tem OD porque este virou sujeito. Mas ele continua VTD. Se não, não haveria voz passiva.

5) Alguns estudiosos, como Celso P. Luft, entendem que existe um outro tipo de VTD, chamado de "transitivo predicativo" ou transobjetivo. Este se diferencia do VTD tradicional por exigir um objeto seguido de um predicativo do objeto (eu cito alguns exemplos mais à frente em "predicativo do objeto direto"). Detalhe: a banca FCC adora o Luft, por isso criou uma questão sobre isso. Consulte: FCC – TRT/RS – ANALISTA JUDICIÁRIO – 2015 – QUESTÃO 7.

Transitivo Indireto

O **verbo transitivo indireto** é aquele que contextualmente exige um complemento <u>com</u> preposição obrigatória (objeto indireto).

- ***Concordo** com você, realmente **tenho de acreditar** em Deus, pois aqueles que lhe **desobedecem** sofrem graves consequências. (Concorda-se com algo/alguém/Acredita-se em algo/alguém/ Desobedece-se a alguém/algo)*

> ### 🔍 Observação
>
> Muitos transitivos indiretos aceitam o *lhe* como complemento, mas outros não, como *aludir, anuir, assistir (=ver), atentar, investir, recorrer* etc. Falo melhor sobre isso no capítulo *Termos Acessórios da Oração*, em *Funções Sintáticas dos Pronomes Oblíquos Átonos* (veja o *lhe*).
>
> Já ouviu falar em verbo **birrelativo**? Então... Esse verbo é um transitivo indireto que exige dois objetos indiretos. Sim, isso existe! Exemplos: "Ela contribuiu <u>com dinheiro para a instituição</u>"; "O aluno queixou-se <u>do professor ao diretor</u>". "Pestana, você viaja! Isso não cai em concurso!" Sério?! Então tá... Consulte: Consulplan – TJMG – Oficial de Apoio Judicial – 2017 – Questão 7 (observe a letra A). Vai que vira moda... ☺

Transitivo Direto e Indireto

Também chamado de **bitransitivo**, o **verbo transitivo direto e indireto** exige dois complementos, um <u>sem</u> preposição (objeto direto) e outro <u>com</u> preposição (objeto indireto).

- *A comissão parlamentar **comunicou** o problema a todos. (Comunica-se algo a alguém)*
- ***Comprei** uma blusa para mim. (Compra-se algo para alguém)*
- *Minha mãe só conseguiu me **dar** à luz depois de muito esforço. (me é objeto direto e à luz, objeto indireto)*

Observação

Lembre-se sempre: só o contexto determinará a classificação do verbo.

- *Ela **escreve** bem. (VI)*
- *Ela **escreveu** dois poemas. (VTD)*
- *Ela ainda não me **escreveu**. (VTI)*
- *Ela não me **escreveu** nada. (VTDI)*

Predicativo do Sujeito e do Objeto

Vamos entender agora o que é o **predicativo**, porque este conhecimento servirá para entendermos os tipos de predicado melhormente.

Predicativo é o termo sintático que expressa estado, qualidade ou condição do ser ao qual se refere, ou seja, é um atributo. Normalmente aparece ligado ao sujeito por um verbo de ligação, mas não pense que só há predicativo do sujeito com verbo de ligação. Esse termo sintático pode ocorrer em orações com verbos intransitivos e transitivos.

Seu núcleo é representado por um adjetivo (normalmente), um substantivo, um numeral, um pronome, uma palavra substantivada, um advérbio (segundo Bechara e Sacconi) ou uma oração.

Existem dois tipos, segundo os gramáticos tradicionais, mas muitos também se referem a um terceiro tipo, por isso vejamos:

1) **Predicativo do sujeito**: refere-se ao sujeito, caracterizando-o; não necessariamente aparece só com verbo de ligação.

 - *(Nós) Estamos **felizes**.*
 - *O ônibus da seleção chegou **atrasado** para o jogo.*
 - *Ele foi nomeado **supervisor** pelo gerente.*
 - *Definiu-se o caso **como impossível**.*
 - *O caso foi definido **como impossível**.*
 - *Eles assistiram **nervosos** à partida.*
 - *Eles deram, **muito ansiosos**, um presente ao irmão.*
 - *Meu filho se tornou **um grande médico**.*
 - *Nós somos **dez** lá em casa.*
 - *Eu serei **você** amanhã.*
 - *Meu Brasil é **o verde das matas** e **o amarelo do ouro**.*
 - *A vida é **assim**, às vezes as pessoas ficam **bem** depois de uma separação.**

*Muitas bancas, principalmente militares, insistem em analisar tais predicativos como adjuntos adverbiais de modo.

CUIDADO!!!

1) O predicativo do sujeito pode vir preposicionado: *A taça é **de cristal**. / Estou **sem medo**. / Continuamos **com sono**. / A distância é **de vinte quilômetros**?*
2) O predicativo do sujeito pode modificar um sujeito oracional: *É **primordial** que <u>aprendamos gramática</u>.*

3) Em orações sem sujeito com o verbo *ser*, existe predicativo **do sujeito**! Isso é estranho demais, no entanto, é assim que manda a tradição gramatical, e a gente, que não é bobo nem nada, lhe obedece. Consoante o que diz a NGB, o gramático Luiz Antonio Sacconi reitera: "Nas orações *Era primavera* e *Estava frio*, o predicado é nominal, já que nelas existem verbos de ligação, cujos predicativos são *primavera* e *frio*". Fiz uma pergunta à ABL sobre isso e foi-me dito o mesmo. Logo, é isso aí.

4) O predicativo do sujeito pode ser representado por um pronome demonstrativo *o*: *Ele não é feliz, mas ela **o** é. (... ela é feliz)*.

5) Existe predicativo do sujeito pleonástico, ou seja, um predicativo do sujeito que retoma um predicativo do sujeito já existente na oração. Veja: "***Orgulhoso***, ele sempre ***o*** foi". O *o* (demonstrativo) é um predicativo do sujeito pleonástico, pois já existe um predicativo do sujeito, a saber: *orgulhoso*.

6) Como diferenciar o sujeito do predicativo do sujeito com o verbo ser em frases assim: *O Mário é o marceneiro* e *O João é ele*? No caso de haver pronome na frase, como ocorre na segunda frase, o pronome pessoal reto é sempre o sujeito. No caso de haver dois substantivos, como ocorre na primeira frase, tudo vai depender do contexto. Se a frase foi retirada de um contexto que tinha como ponto de partida o ***Mário***, ele será o sujeito (exemplo: *Mário conquistou seu espaço no mundo da marcenaria por causa de suas habilidades singulares, por isso **o Mário é o marceneiro** mais badalado da atualidade*). Sem contexto, há uma tendência de considerar o sujeito o termo que vem antes do verbo *ser*, pois na língua é normal colocarmos o ser de que estamos falando em evidência, o que na prática significa colocá-lo antes do verbo ser.

7) Pelo mesmo princípio de tipos de sujeitos, por inferência, notamos que há predicativo simples, composto, implícito (só contextualmente) e oracional. Basta ficarmos de olho no(s) núcleo(s). Essas nomenclaturas não caem em prova, meu objetivo é apenas ilustrar um fato linguístico.

- *Sou **estudioso**.* (simples: um núcleo)
- *Sou **rico** e **bonito**.* (composto: mais de um núcleo)
- *"Você é feliz?" "Sou."* (oculto: = *Sou (feliz)*)
- *O fato é **que o assunto me intriga**.* (o predicativo do sujeito é oracional, pois apresenta um verbo em sua constituição)

2) **Predicativo do objeto direto**: normalmente é uma característica dada pelo sujeito ao objeto direto; enfim, é um termo sintático que modifica o objeto direto.

É bom dizer que há predicativo do objeto direto normalmente com os verbos **transobjetivos** (*julgar, chamar, nomear, eleger, proclamar, designar, considerar, declarar, adotar, tornar, encontrar, deixar, achar...*), os quais indicam opinião ou designação e normalmente exigem um objeto seguido de um predicativo do objeto.

Note que predicativo do objeto é uma característica **atribuída**, e não inerente ao ser.

- *O povo elegeu-o **presidente** pela segunda vez.*
- *Elas o acharam **cansado**.*
- *O fraco rei faz **fraca** a forte gente.* (Camões)
- *Faço as suas palavras **as minhas**.*

- *Deixei-a **preocupadíssima**.*
- ***Irritadíssima**, largou-a o namorado no meio da rua.*

 CUIDADO!!!

1) Na passagem de voz ativa para passiva, o predicativo do objeto vira predicativo do sujeito: *Todos consideramos a prova **difícil**.* (voz ativa) / *A prova foi considerada **difícil** por todos.* (voz passiva)

2) Pode haver predicativo do objeto referente a uma oração objetiva direta (objeto direto oracional): *Eu considero **válido** que você arrume um emprego.* O que é considerado válido pelo sujeito? **Isto**: "que você arrume um emprego", complemento (objeto direto) do verbo *considerar*. Veja outro exemplo: *Essa agilidade teve **como objetivo exclusivo** (predicativo do objeto direto oracional) permitir-nos decidir o que merecia a nossa atenção (= **Isto**; objeto direto oracional).* Ou seja: *"Essa agilidade teve **isto** como objetivo exclusivo".* O *como* é uma preposição acidental.

Veja uma questão sobre o *como*, preposição acidental, iniciando um predicativo do objeto e um predicativo do objeto modificando uma oração:

Fragmentos de texto
L. 9: ... e comprar um item mais caro...
L. 17: ... levar um bom vinho para o almoço...
L. 26-27: ... o primeiro é regido por valores como amor e lealdade, o segundo tem como marca indexadores monetários e contratos.
L. 32: ... acha bobagem comprar...

04. (CONSULPLAN – TSE – Técnico Judiciário – 2012) Assinale a palavra que, no texto, desempenhe função sintática idêntica à de *marca* (l. 27).

a) amor (l. 26).
b) vinho (l. 17).
c) **bobagem (l. 32). (Gabarito!)**
d) caro (l. 9).

Comentário: O substantivo *marca*, iniciado pela preposição acidental *como*, tem função de predicativo deste objeto direto: "indexadores monetários e contratos". O substantivo *bobagem* também tem função de predicativo do objeto, mas seu objeto vem em forma de oração: *comprar*. Note que tal predicativo é "fruto" da exigência de um verbo transobjetivo, *achar*. A resposta correta é, então, a alternativa C.

3) O predicativo do objeto direto pode vir preposicionado: *Ele se fez **de bobo** para conquistá-la.* (O pronome reflexivo "se" tem função de objeto direto.) / *Os próprios doutores da faculdade tinham aquele professor **por um sábio**.* / *Infelizmente encontrei, **sem esperanças e com a vida por um fio**, meu amigo no hospital.*

4) Pode haver predicativo do objeto de um objeto direto preposicionado: *Estamos no mundo para fazer **dele** um mundo melhor*.

5) Por inferência, notamos que há predicativo do objeto simples, composto, implícito (só contextualmente). Basta ficarmos de olho no(s) núcleo(s). Essas nomenclaturas não caem em prova, meu objetivo é apenas ilustrar um fato linguístico.

- *Por causa do prêmio Nobel de Literatura, encontrei o escritor **orgulhoso**.* (simples: um núcleo)
- *Por causa do prêmio Nobel de Literatura, encontrei o escritor **orgulhoso e sorridente**.* (composto: mais de um núcleo)
- *"Você o encontrou orgulhoso por ter ganhado o prêmio?" "Encontrei-o."* (oculto: = Encontrei-o (orgulhoso))

3) **Predicativo do objeto indireto**: refere-se ao objeto indireto, caracterizando-o.
   - *Gosto de vocês **quietinhos**.*
   - *Eu preciso do meu marido **consciente**, doutor!*
   - *No início do século XX, as filhas obedeciam aos pais – **sempre austeros**.*
   - *As muralhas não resistiram aos ataques (**extremamente ferozes**).*

 CUIDADO!!!

1) O verbo transobjetivo *chamar* no sentido de *nomear, apelidar, cognominar, classificar* pode ser verbo transitivo direto (VTD) ou indireto (VTI) acompanhado de predicativo do objeto direto (POD) ou indireto (POI). A preposição *de* é facultativa.
   - *Chamei ao rapaz (de) **vigarista**.* (VTI / POI) – *Chamei-lhe (de) **vigarista**.* (VTI / POI)
   - *Chamei o rapaz (de) **vigarista**.* (VTD / POD) – *Chamei-o (de) **vigarista**.* (VTD / POD)

2) Por inferência, notamos que há predicativo do objeto indireto simples, composto, implícito (só contextualmente). Basta ficarmos de olho no(s) núcleo(s). Essas nomenclaturas não caem em prova, meu objetivo é apenas ilustrar um fato linguístico.
   - *Eu me lembro delas ainda **moças**.* (simples: um núcleo)
   - *Eu me lembro delas ainda **moças e dispostas**.* (composto: mais de um núcleo)
   - *"Você chamou-lhe de infeliz?" "Chamei-lhe, sim!"* (oculto: = Chamei-lhe (de infeliz, sim!))

Obs. final: Apesar de isso não cair em prova alguma, o importante linguista Claudio Cezar Henriques ensina que o predicativo não se restringe ao sujeito ou aos objetos, mas pode modificar outros termos sintáticos. Vou dar só um exemplo para matar sua curiosidade: *O rapaz nunca sai com a namorada **desarrumada**.* (predicativo do adjunto adverbial de companhia, levando em conta que ele só tem uma namorada)

Classificação do Predicado

São três tipos de predicado: nominal, verbal e verbo-nominal.

1) **Nominal**: o nome, o predicativo do sujeito, é a parte mais significativa do predicado; é constituído sempre de verbo de ligação + predicativo do sujeito.
   - *Os alunos **parecem** bem <u>interessados</u> ultimamente.*
   - *Esses moradores **continuam** <u>sem moradia</u>!*

Capítulo 19 • Termos Essenciais da Oração · **531**

– *É de chorar esse programa de comédia.*
– *A verdade é que ela voltará.*
– *Já são vinte e duas horas?* (tudo é predicado nominal, pois não há sujeito)

2) **Verbal**: expressa ideia de ação/movimento e tem como núcleo um verbo; constituído de qualquer verbo, exceto o de ligação; <u>não</u> há predicativo algum.

– *Meus alunos **não estão em sala de aula**.* (verbo intransitivo)
– *Devido ao frio, tivemos de nos agasalhar até o conserto do aquecedor.*[1] (verbo transitivo direto)

---

[1] Tudo é o predicado; o sujeito está oculto (nós).

– *Houve esquema de compra de votos segundo o relator da CPI.*[2] (verbo transitivo direto)
– *Todos nós **visamos a uma carreira estável**.* (verbo transitivo indireto)
– *O rapaz **informou sua classificação ao mestre**.* (verbo transitivo direto e indireto)

---

[2] Oração sem sujeito: tudo é o predicado.

3) **Verbo-nominal**: é a mistura dos dois anteriores; composto de um verbo qualquer que não seja de ligação + um predicativo (do sujeito ou do objeto).

– *A relação do casal, **inicialmente caótica, amadureceu**.*
– *O povo **reelegerá Maria presidenta daqui a poucos anos?***
– *Nós **nos aliamos a ele desconfiados**.*
– *Emocionados, convidaram o professor para a despedida.*[3]
– *Como professor, tive de fornecer um vultoso material aos alunos.*[4]

---

[3] Tudo é o predicado; o sujeito está indeterminado.
[4] Tudo é o predicado; o sujeito está oculto (eu).

Observação

A ordem do predicativo do sujeito pode mudar a predicação verbal: *O entrevistado ficou **calado** na sala de espera.* (verbo de ligação) / *O entrevistado ficou na sala de espera **calado**.* (verbo intransitivo)

Último adendo (só para eu poder dormir tranquilo): Dentro da classificação de *termos essenciais, integrantes* e *acessórios da oração*, saiba que o predicativo do sujeito, quando faz parte do predicado nominal, é considerado um **termo essencial** (quando faz parte dum predicado verbo-nominal, é um *termo acessório*); já o predicativo do objeto é, em tese, **termo integrante**.

O Que Cai Mais na Prova?

Você vai ver que a maioria das questões de bancas diversas estão relacionadas à identificação do sujeito (normalmente afastado do verbo) e ao tipo de sujeito. No entanto, saiba que a FCC adora cobrar questão de transitividade verbal. Observe o padrão das questões!

532 A Gramática para Concursos Públicos • Fernando Pestana

Concurseiro(a), quer uma dica de irmão? Guarde no seu coração o que vai ler agora: NUNCA DEIXE DE FAZER SEU PRÓPRIO RESUMO DE CADA CAPÍTULO. Esse processo cognitivo é **extremamente** *valioso. Eu poderia ser legalzinho e fofinho pondo um quadro-resumo do que vimos no capítulo, mas, se fizesse isso, estaria sabotando você, impedindo-o(a) de ter esse trabalho de internalização imprescindível do conteúdo.* **Por favor, não pule essa etapa!!!** *Mesmo que seu resumo fique gigantesco (não vá escrever outra gramática... rsrs), nunca deixe de fazê-lo, para o seu próprio bem! Seu cérebro agradece e, quando passar no concurso, sua conta no banco também. Vá fundo na missão!* ☝

Questões de Concursos

1. (Esaf – SERPRO – Técnico de Operação de Rede – 2001) Assinale a opção em que o termo sublinhado no texto exerce a função de sujeito sintático da oração.
   Em meio à <u>profusão</u> a) de novidades no mundo dos computadores, não há <u>carteira</u> b) que resista ao apelo consumista de vendedores interessados em empurrar-lhe um equivalente a <u>um modelo de Fórmula 1</u> c), quando <u>você</u> d) precisa na verdade é de <u>um carro confortável</u> e) para ir de casa para o trabalho ou escapar para o sítio no fim de semana.
   a) A. b) B. c) C. d) D. e) E.

2. (ACEP – BNB – Assistente Administrativo – 2004) Em "A dedicação ao trabalho *te* enche de glória e *te* faz *vencedor*", as palavras em itálico são respectivamente:
   a) objeto direto, objeto indireto, objeto direto;
   b) objeto indireto, objeto indireto, predicativo do sujeito;
   c) adjunto adnominal, adjunto adnominal, objeto direto;
   d) objeto direto, objeto direto, predicativo do objeto;
   e) predicativo do sujeito, predicativo do sujeito, objeto direto.

3. (Esaf – Advogado – 2004) Assinale a frase do texto que constitui uma oração sem sujeito.
   O direito nada pode sem a ética, e não pode haver paz sem justiça. Toda regra de Justiça envolve amor, que resume, em seu mais amplo sentido, a verdadeira ideia da convivência entre os homens.
   a) O direito nada pode sem a ética.
   b) [...] não pode haver paz sem justiça.
   c) Toda regra de Justiça envolve amor.
   d) que resume [...] a verdadeira ideia da convivência entre os homens.
   e) [...] em seu mais amplo sentido [...]

4. (IBFC – ABDI – Assistente Jurídico – 2008) Assinale a alternativa em que o predicado é verbo-nominal:
   a) O garoto tímido fez o discurso.
   b) Não encontraram o suspeito.
   c) A garota saiu chateada da escola.
   d) O garoto continua internado.

5. (Cespe – IRBr – Diplomata – 2008) Na linha 17 (O único perigo é que o porão faça da criança, no futuro, um romancista introvertido...), o termo 'um romancista introvertido' exerce função sintática de predicativo do objeto 'da criança'.
   ( ) CERTO   ( ) ERRADO

6. (Cesgranrio – SEC. ADM./TO – Administrador Hospitalar – 2009) O verbo destacado é impessoal na frase:
   a) "(e isso, você sabe, não **implica** nenhum tipo de propensão ao crime)." (l. 3-4);
   b) "E, ah, quando não **há** ninguém por perto,..." (l. 5);
   c) "E tudo agora **é** para valer." (l. 10);
   d) "**Vira** mais uma atividade produtiva a cumprir..." (l. 17);
   e) "quem **brinca** não quer chegar a lugar nenhum –" (l. 20-21).

Capítulo 19 • Termos Essenciais da Oração **533**

7. (FCC – TRT/MG (3R) – Analista Judiciário – 2009) ... que prevalece no conhecimento do torcedor comum sobre os dados históricos. (3º parágrafo)
A frase cujo verbo exige o mesmo tipo de complemento que o grifado acima é:
a) ... que homogeneíza todos os indivíduos.
b) ... o sentimento tribal é muito forte ...
c) ... acompanha o indivíduo por toda vida ...
d) ... que (...) participam no rito das danças guerreiras.
e) ... e estão espalhados por vários locais.

8. (FCC – TRT/MA (16R) – Analista Judiciário – 2009) Na frase *Mas aqui surge outro* **problema**, o termo em destaque exerce a mesma função sintática que o termo sublinhado em:
a) Não, não sou um conservador reacionário.
b) Tivemos tempo suficiente para ver quanto podia durar um disco de vinil (...)
c) (...) as fitas de vídeo perdem as cores e a definição com facilidade.
d) Um congresso recente, em Veneza, dedicou-se à questão da efemeridade dos suportes de informação (...)
e) Sabemos que todos os suportes mecânicos, elétricos ou eletrônicos, são rapidamente perecíveis (...)

9. (FUNRIO – MPOG – Agente Administrativo – 2009) "Dizem que, quando recebeu o Robespierre caído em desgraça...". Assinale a opção que apresenta corretamente a classificação do sujeito de "Dizem" e uma respectiva explicação para tal emprego.
a) Sujeito inexistente – inexiste um termo a que o verbo possa se referir.
b) Sujeito indeterminado – não se pode ou não se deseja especificar o sintagma que exerce a função de sujeito.
c) Sujeito oculto – é identificável na forma verbal.
d) Sujeito simples – seu núcleo é Robespierre.
e) Sujeito composto – apresenta dois núcleos, Robespierre e Carrasco.

10. (FCC – TRT/CE (7R) – Analista Judiciário – 2009) *Mas enquanto o sonho de Darcy não se torna realidade, o debate continua.*
Os termos sublinhados exercem na frase acima a mesma função sintática do termo sublinhado em:
a) Ainda temos muito a caminhar.
b) Para ele, trabalho não era opção para as crianças.
c) Caberiam aos pais as providências (....)
d) Ainda que a escola não venha a suprir a necessidade (...)
e) A tragédia dos menores abandonados é de tal ordem (...)

11. (FUNDEP – TJ/MG – Assistente Social – 2010) "Anda tudo **muito desorganizado**, e, como deves notar, trago comigo um resto de verão [...]."
O termo destacado no trecho acima, quanto à função sintática, classifica-se em:
a) adjunto adverbial;
b) aposto;
c) predicativo do sujeito;
d) adjunto adnominal.

12. (Cespe/UnB – Caixa – Advogado – 2010) (Adaptada) A afirmação abaixo está correta ou incorreta?
– Na oração "Vale a pena deixá-los sem futuro?", o sujeito é inexistente.

13. (CONSULPLAN – Técnico Administrativo – 2010) Assinale a seguir uma oração sem sujeito:
a) Come-se bem naquele restaurante.
b) Vai haver um campeonato.
c) Vive-se feliz no Brasil.
d) Paulo faz vinte anos amanhã.
e) Eles haviam feito a pesquisa.

14. (FCC – TRT/SE (20R) – Técnico Judiciário – 2010) *Uma pesquisa recente de um grupo de arqueólogos alemães confirma a antiguidade da família nuclear entre humanos.*
A frase cujo verbo exige o mesmo tipo de complemento que o grifado acima é:
a) Várias hipóteses apontam nesse sentido.
b) ... geravam mais descendentes que os aventureiros ...
c) ... em que os animais andam em bandos ...
d) ... que datam de 4.600 anos atrás ...
e) ... de que a família nuclear era uma instituição apenas cultural.

15. (CONSULPLAN – Pre. Santa Maria Madalena – Enfermeiro – 2010) Em "...saibamos ensinar aos alunos o mais elementar,...", o verbo destacado é:
a) Transitivo direto.
b) Transitivo indireto.
c) Intransitivo.
d) De ligação.
e) Transitivo direto e indireto.

16. (Cespe/UnB – Instituto Rio Branco – Diplomata – 2010) *"(...) Quão competente é, porém, **o crítico competente**? Suponhamos que uma obra de arte profundamente original surja diante de seus olhos. Como a julga ele? Comparando--a com as obras de arte do passado. **Se for original**, afastar-se-á em alguma coisa – e, quanto mais original, mais se afastará – das obras de arte do passado. (...)".*

Pelo desenvolvimento das ideias do texto, verifica-se que a referência do sujeito elíptico de todas as orações do período iniciado por "Se for original" corresponde à expressão "o crítico competente".
( ) CERTO   ( ) ERRADO

17. (Cespe/UnB – Instituto Rio Branco – Diplomata – 2010)

Pernambucano em Málaga
A cana doce de Málaga
dá domada, em cão ou gata:
deixam-na perto, sem medo,
quase vai dentro das casas.
(...)
A cana doce de Málaga
não é mar, embora em praias,
dá sempre em pequenas poças,
restos de uma onda recuada.
(...)
A cana doce de Málaga
dá dócil, disciplinada:
dá em fundos de quintal
e podia dar em jarras.
(...)
João Cabral de Melo Neto

A forma "dá" é empregada no poema ora como verbo intransitivo, nos versos 19 e 27, por exemplo, ora como transitivo, nos versos 2 e 26.
( ) CERTO   ( ) ERRADO

18. (Esaf – Analista Técnico da SUSEP – 2010) (Adaptada) As afirmações abaixo estão corretas ou incorretas?
*"(...) O fenômeno já se fazia sentir com força, no final de 2009, na procura por engenheiros. Agora se vê que a carência de profissionais **se espraia** para vários níveis de formação – sobram vagas para farmacêuticos, mas também para eletricistas e torneiros. Trata-se de um problema grave, para o qual não há solução simples nem imediata. A rede educacional do país, com suas falhas e **distorções distribuídas do ensino fundamental à universidade**, **mostra-se** incapaz de oferecer ao mercado de trabalho mão de obra competente".*
I.   Em "se espraia" o termo "se" funciona como indicador de sujeito indeterminado.
II. A forma verbal "mostra-se" tem como sujeito "distorções distribuídas do ensino fundamental à universidade".

19. (Cespe/UnB – EBC – Cargos de Nível Superior – 2011) As orações "São tantos os espaços para a dita participação popular" e "não há espaços de visibilidade claros" são exemplos de oração sem sujeito.
( ) CERTO   ( ) ERRADO

20. (Cespe/UnB – BRB – Escriturário – 2011) O emprego da partícula "se" em "se estabeleceram" (No entanto, foi somente no século XVII que os bancos se estabeleceram...) indica que o sujeito da oração é indeterminado.
( ) CERTO   ( ) ERRADO

Capítulo 19 • Termos Essenciais da Oração **535**

21. (Cespe/UnB – BRB – Escriturário – 2011) A expressão "moedas mexicanas e peruanas" (No extremo norte, por exemplo, continuavam sendo usadas no comércio moedas mexicanas e peruanas...) exerce, na oração em que ocorre, a função sintática de sujeito.

( ) CERTO   ( ) ERRADO

22. (Cespe/UnB – IFB – Cargos de Nível Médio – 2011) Considerando-se apenas o trecho "Viver em ambiente sem gravidade faz coisas curiosas com o corpo", não se pode determinar, do ponto de vista sintático, o sujeito da forma verbal "faz".

( ) CERTO   ( ) ERRADO

23. (Cespe/UnB – Correios – Analista (Letras) – 2011) Em "Quando o carteiro chegou e meu nome gritou", os sujeitos gramaticais "o carteiro" e "meu nome" estão antepostos a seus respectivos predicados verbais.

( ) CERTO   ( ) ERRADO

24. (Cespe/UnB – Correios – Analista (Letras) – 2011) Fragmento de texto:

No palácio da Cachoeira,
com pena bem aparada,
começa Joaquim Silvério
a redigir sua carta.
Cecília Meireles

Se os versos do fragmento fossem reescritos na ordem sujeito–verbo–complemento verbal–adjunto adverbial, a versão correta seria: *No palácio da Cachoeira/Joaquim Silvério começa/ a redigir sua carta/ com pena bem aparada.*

( ) CERTO   ( ) ERRADO

25. (Cespe/UnB – Correios – Analista (Letras) – 2011) Constituem exemplos de orações que não seguem a ordem sujeito–verbo–objeto: "como nos inclina a pensar a prevalência da forma pronominal" e "uma vez que foi necessário levar em conta a noção de memória coletiva".

( ) CERTO   ( ) ERRADO

26. (Cespe/UnB – CBM/ES – Oficial Bombeiro – 2011) (...) Em pleno sertão do Cariri, no sul do Ceará, um meio de transporte causa estranheza na paisagem árida. Cobrindo os 14 quilômetros que separam Crato e Juazeiro do Norte, um misto de metrô e ônibus transporta passageiros. Trata-se do primeiro veículo leve sobre trilho (VLT) do Brasil, um tipo de transporte coletivo capaz de melhorar o trânsito nas cidades sem acarretar tantos malefícios ao ambiente. Além de custar menos que o metrô, **transporta muito mais passageiros** que o ônibus e é até 93% menos poluente que este. (...)

O sujeito da oração "transporta muito mais passageiros" está elíptico.

( ) CERTO   ( ) ERRADO

27. (Cesgranrio – Petrobras – Administrador Júnior – 2011) O verbo destacado **NÃO** é impessoal em:
    a) **Fazia** dias que aguardava a sua transferência para o setor de finanças.
    b) Espero que não **haja** empecilhos à minha promoção.
    c) **Fez** muito frio no dia da inauguração da nova filial.
    d) Já **passava** das quatro horas quando ela chegou.
    e) Embora **houvesse** acertado a hora, ele chegou atrasado.

28. (FGV – SEFAZ/RJ – Auditor-Fiscal da Receita Estadual – 2011) A palavra *sujeitas* (... as matrizes das empresas transnacionais que aqui operam sujeitas às normas...) exerce, no texto, função sintática de:
    a) complemento nominal;
    b) objeto direto;
    c) predicativo do objeto;
    d) predicativo do sujeito;
    e) adjunto adverbial de modo.

29. (FGV – TRE/PA – Técnico Judiciário – 2011)

(www.ivancabral.com)

De acordo com o contexto da fala do aluno, o uso do verbo no plural indica sujeito:
a) desinencial;
b) indeterminado;
c) inexistente;
d) composto;
e) elíptico.

30. (FCC – TRE/PE – Analista Judiciário – 2011) (Adaptada) O termo sublinhado em **Sabe-se quão barbaramente os ingleses subjugaram os hindus** exerce a função de ......, a mesma função sintática que é exercida por ...... na frase: **Cometeram-se incontáveis violências contra os hindus**.
Qual item preenche corretamente as lacunas do enunciado acima, respectivamente?
I. objeto direto – os hindus;
II. sujeito – os hindus;
III. sujeito – violências.

31. (FCC – Nossa Caixa Desenvolvimento – Contador – 2011) Na frase *No caso dos donos do mundo, não se devem esperar exames de consciência mais profundos*, é correto afirmar que:
a) a construção verbal é um exemplo de voz ativa;
b) a partícula *se* tem a mesma função que em "*E se ela não vier?*";
c) a forma plural *devem* concorda com *exames*;
d) ocorre um exemplo de indeterminação do sujeito;
e) a expressão *donos do mundo* leva o verbo ao plural.

32. (FCC – TRT/MT (23R) – Analista Judiciário – 2011) Destes proviriam as pistas que indicariam o caminho ...
O verbo empregado no texto que exige o mesmo tipo de complemento que o grifado acima está também grifado em:
a) ... a principal tarefa do historiador consistia em estudar possibilidades de mudança social.
b) Os caminhos institucionalizados escondiam os figurantes mudos e sua fala.
c) Enfatizava o provisório, a diversidade, a fim de documentar novos sujeitos ...
d) ... sociabilidades, experiências de vida, que por sua vez traduzissem necessidades sociais.
e) Era engajado o seu modo de escrever história.

33. (FCC – DPE/RS – Defensor Público – 2011) O conetivo *e* (*Gates afirmou ser importante usar outros meios para convencer o Irã a não procurar ter armas nucleares e repetiu as suas preocupações de que ações militares somente iriam retardar...*) está ligando:
a) dois verbos intransitivos;
b) dois verbos transitivos indiretos;
c) um verbo transitivo direto e outro indireto;
d) dois verbos transitivos;
e) dois verbos circunstanciais.

Capítulo 19 • Termos Essenciais da Oração **537**

34. (Cespe/UnB – FUB – Cargos de Nível Médio – 2011) Em "Pela estreita peneira do programa só passam os realmente capazes", o sujeito da oração está indeterminado.
( ) CERTO   ( ) ERRADO

35. (Cespe/UnB – FUB – Cargos de Nível Médio – 2011) O termo "gente" (Há gente no Brasil interessada em...) exerce a função de sujeito da oração em que se insere.
( ) CERTO   ( ) ERRADO

36. (Cespe/UnB – STM – Técnico Judiciário – 2011) *"(...) Não era preciso ser médium para, mesmo antes do desastre com avião na Amazônia no final de 2006, **perceber** que a leniência das autoridades federais... (...)"*.
A forma verbal "perceber" possui sujeito oracional.
( ) CERTO   ( ) ERRADO

37. (Cespe/UnB – PC/CE – Inspetor – 2012) No trecho "É verdade que a CE vem desenvolvendo novas formas políticas", o emprego da forma verbal singular "É" justifica-se pelo fato de essa forma verbal não ter sujeito explícito.
( ) CERTO   ( ) ERRADO

38. (Cespe/UnB – IRBr – Diplomata – 2012) Na linha 5 do fragmento I, destaca-se, por meio da partícula expletiva "é que", o sujeito simples da oração absoluta "Essa criança é que chamaram de Macunaíma".
( ) CERTO   ( ) ERRADO

39. (Cespe/UnB – IRBr – Diplomata – 2012) Admite-se como forma alternativa de reescrita da expressão coloquial "o diabo do homem só faltou me chamar de" a estrutura **só faltou o diabo do homem me chamar de**, na qual o verbo **faltar** é empregado como impessoal e, portanto, integra uma oração sem sujeito.
( ) CERTO   ( ) ERRADO

40. (FCC – INSS – Perito Médico Previdenciário – 2012) ... elas ainda <u>**sofrem de imensas deficiências de nutrientes**</u>
...
A relação entre verbo e complemento, grifada acima, se reproduz em:
a) ... embora a maioria das pessoas consuma calorias suficientes ...
b) ... e têm pontuação mais baixa nos testes de habilidade cognitiva.
c) ... a epidemia de obesidade nos países ricos representa exatamente o problema oposto.
d) ... e muitos não obtêm esses nutrientes.
e) ... menos da metade daqueles que mais precisam deles ...

41. (FCC – TCE/SP – Auxiliar de Fiscalização Financeira – 2012) ... *para que ela não <u>**interfira**</u> de forma excessiva em seus projetos.*
O verbo que exige o mesmo tipo de complemento que o grifado acima está em:
a) ... contra forças desconhecidas que anulam tudo aquilo ...
b) ... com as quais procuramos lidar com a realidade ...
c) ... deixando-nos desarmados e atônitos ...
d) ... de algo que está além de nossa compreensão ...
e) ... ele o convoca constantemente.

42. (Cesgranrio – Petrobras Distr. – Direito Júnior – 2012) O trecho "Pensa-se logo num palhaço" pode ser reescrito, respeitando a transitividade do verbo e mantendo o sentido, assim:
a) O palhaço pode ser logo pensado.
b) Pensam logo num palhaço.
c) Pode-se pensar num palhaço.
d) Pensam-se logo num palhaço.
e) O palhaço é logo pensado.

43. (FUMARC – TJ/MG – Técnico Judiciário – 2012) Leia o trecho transcrito: "O povo **respira** aliviado". A predicação do verbo negritado na frase se repete em:
a) Mesmo com os meus conselhos, ele continua ansioso.
b) O presidente nomeou Catarina primeira secretária.
c) Só ficarão acesas as lâmpadas da sala e do corredor.
d) O filho dependia da mãe para as atividades diárias.

44. (FCC – TRE/SP – Técnico Judiciário – 2012) *Este conceito é relativo, pois em arte não há originalidade absoluta.*
... a sua contribuição maior foi a liberdade de criação e expressão.
Ambos os elementos acima grifados exercem nas respectivas frases a função de:
a) adjunto adverbial;
b) objeto direto;
c) complemento nominal;
d) predicativo;
e) objeto indireto.

45. (FGV – Senado Federal – Administração (Técnico) – 2012)

(Fernando Gonsales. www.uol.com.br)

Em relação aos verbos da tirinha e sua natureza sintática, analise as alternativas a seguir:
I. Só há um verbo de ligação na tirinha, em uma única ocorrência.
II. Só há um verbo transitivo direto na tirinha, em uma única ocorrência.
III. Todos os verbos possuem sujeito simples.
a) Se apenas as afirmativas I e II estiverem corretas.
b) Se nenhuma afirmativa estiver correta.
c) Se apenas as afirmativas II e III estiverem corretas.
d) Se todas as afirmativas estiverem corretas.
e) Se apenas as afirmativas I e III estiverem corretas.

46. (CESPE/UnB – TCE/RO – AUDITOR DE CONTROLE EXTERNO – 2013) Nas expressões "Respeitam-se" (Respeitam-se, decerto, as características particulares da administração pública...) e "alinhando-se" (... o governo necessita de que as escolas assumam um papel de "escola corporativa de gestão", alinhando-se às políticas e diretrizes de governo no sentido da melhoria da gestão pública), o pronome "se" foi empregado para indicar a indeterminação do sujeito das respectivas formas verbais.

47. (CONSULPLAN – CBTU/RJ – ASSISTENTE DE MANUTENÇÃO – 2014) Sobre a estruturação sintática do período, "Regimes de exceção perpetuam privilégios, disseminam a injustiça, atrasam o desenvolvimento, comprometem as perspectivas de emancipação [...]", é correto afirmar que:
a) é composto por quatro formas verbais, logo, quatro orações.
b) o sujeito dos verbos não foi explicitado em nenhuma das orações.
c) os verbos são intransitivos, por isso não exigem complemento verbal.
d) os verbos não exigem complemento verbal, já que são transitivos diretos.

48. (Instituto Pró-Município – ISGH – Médico Pediatra – 2015) Dê a função sintática dos termos destacados:
"O REAJUSTE FISCAL, que é uma tentativa de se salvar as finanças públicas, foi NECESSÁRIO".
a) Objeto direto – adjunto adverbial.
b) Sujeito – predicativo do sujeito.
c) Sujeito – predicativo do objeto.
d) Predicativo do sujeito – predicativo do objeto.

49. (Serctam – Prefeitura de Quixadá/CE – Agente de Combate às Endemias – 2016) Na oração: "Este homem PARECE UMA CRIANÇA", o termo destacado é um:
a) sujeito.
b) predicado verbal.
c) predicativo do objeto.
d) predicado nominal.
e) predicado verbo-nominal.

Capítulo 19 • Termos Essenciais da Oração **539**

50. (INSTITUTO AOCP – UFBA – Técnico em Segurança do Trabalho – 2017) Em "[...] Quantas vezes subiu o seguro do seu carro? [...]", o termo em destaque é o núcleo do sujeito da oração.
( ) CERTO ( ) ERRADO

51. (CESPE – Instituto Rio Branco – Diplomata – 2018) No período "Sobe uma classe e dentro dela elevam-se muitos aspirantes a essa camada", os termos "uma classe" e "muitos aspirantes a essa camada" exercem função de sujeito nas orações em que se inserem.
( ) CERTO ( ) ERRADO

52. (VUNESP – SEDUC/SP – Oficial Administrativo – 2019) Assinale a alternativa em que o termo ou a expressão em destaque identifica corretamente o sujeito da oração.
a) **A internet** tem mostrado, cada vez mais claramente, para que nasceu...
b) Todo mundo conhece **alguém** que está sempre conectado.
c) Os viciados em smartphones são **uma legião**.
d) Nas raras vezes em que desgruda da tela, recorre a outro vício: **a televisão**.
e) ... o autor passa os dias em frente ao computador curtindo **o fracasso**.

53. (CESPE – Ministério da Economia – Técnico de Complexidade Intelectual – Arquivologia – 2020) Em "Acontece que eu, acostumado a conversar com a gente das Minas Gerais, falei em 'varreção' – do verbo 'varrer'", o sujeito da oração iniciada com "Acontece" é indeterminado.
( ) CERTO ( ) ERRADO

54. (CESPE – MPE-AP – Analista Ministerial – 2021) Em "À área da linguística que se ocupa em contribuir para a solução de problemas judiciais e que auxilia também na compreensão de discursos e interações produzidos em ambiente jurídico chamamos de linguística forense", o sujeito da oração principal
a) está indeterminado, haja vista o emprego do vocábulo "se".
b) é o termo "área da linguística".
c) é o termo "linguística forense".
d) está elíptico e corresponde à primeira pessoa do plural.
e) é composto.

55. (FEPESE – Prefeitura de Guatambú/SC – Professor de Educação Infantil – 2022) (Adaptada) Na frase "Caminhou decididamente até o Castelo", temos um verbo transitivo direto, quanto à sua predicação.
( ) CERTO ( ) ERRADO

Gabarito

1. D.	15. E.	28. D.	42. B.
2. D.	16. ERRADO.	29. B.	43. B.
3. B.	17. ERRADO.	30. III.	44. D.
4. C.	18. I – INCORRETA.	31. C.	45. D.
5. CERTO.	II – INCORRETA.	32. A.	46. ERRADO.
6. B.	19. ERRADO.	33. D.	47. A.
7. D.	20. ERRADO.	34. ERRADO.	48. B.
8. C.	21. CERTO.	35. ERRADO.	49. D.
9. B.	22. ERRADO.	36. ERRADO.	50. CERTO.
10. E.	23. ERRADO.	37. ERRADO.	51. CERTO.
11. C.	24. ERRADO.	38. ERRADO.	52. A.
12. INCORRETA.	25. CERTO.	39. ERRADO.	53. ERRADO.
13. B.	26. CERTO.	40. E.	54. D.
14. B.	27. E.	41. B.	55. ERRADO.

Os comentários sobre as questões estão no *Material Complementar* do livro. Para acessá-lo, veja o passo a passo na orelha desta obra.

CAPÍTULO 20
TERMOS INTEGRANTES DA ORAÇÃO

Definição

Os **termos integrantes da oração** servem para completar o sentido de certos verbos e certos nomes para que a oração fique plena, por isso são chamados de **complementos verbais** (**objeto direto** e **objeto indireto**), **complemento nominal** e **agente da passiva**.

Objeto Direto

O **objeto direto** é um termo que estabelece uma relação sintática com um verbo transitivo direto ou transitivo direto e indireto, complementando seu sentido. Normalmente o objeto direto é o alvo da ação verbal e não vem preposicionado.

– *De um modo completo mas didático, ensinei **gramática** aos alunos.*
– *Gostaria de vê-**lo** no topo do mundo, meu filho.*
– ***Quem** vocês conhecem deste lugar?*
– *Libertaram **os demais**, pois não haviam feito nada de ilícito.*
– ***Aqueles** eu tolero, mas **estes** jamais irei tolerar.*
– *O técnico convocou somente **os do Brasil**. (os = aqueles)*
– *Comprei **três daqueles videogames**, mas ainda não chegaram.*
– *Nos últimos dias, Deus começará **o despertar de um novo mundo**.*
– *Deixamos **o nosso filho** perceber as dificuldades da vida sozinho.*

Como se vê, seu núcleo pode ser representado por substantivo, pronome, numeral, palavra substantivada ou oração.

 CUIDADO!!!

1) Por inferência, notamos que há objeto direto simples, composto, oculto (só contextualmente) e oracional. Basta ficarmos de olho no(s) núcleo(s). Essas nomenclaturas não caem em prova. Meu objetivo é apenas ilustrar um fato linguístico.

– *Estou quase entendendo **Português**.* (simples: um núcleo)
– ***A Língua Portuguesa e todas as suas regrinhas**, só mesmo o professor domina.* (composto: mais de um núcleo)

– *"Você comprou aquele livro?" "Comprei."* (oculto: = Comprei (aquele livro))

– *Hoje sabemos* **que ela não se apresentou por timidez.** (o objeto direto é oracional, pois apresenta um verbo em sua constituição)

É bom dizer que, quando o objeto (ou qualquer outro complemento ou adjunto) vier ligado por *e* ou *nem* (conjunções coordenativas aditivas), ou separado por vírgula numa enumeração, não haverá verbo implícito. Por exemplo: "Fomos comprar *uma televisão, uma geladeira, um fogão e um sofá*". Todos esses termos são núcleos do objeto coordenados, <u>não</u> é para entender que há orações implícitas, ou seja, fazer a seguinte análise *errada*: "Fomos comprar *uma televisão, (comprar) uma geladeira, (comprar) um fogão e (comprar) um sofá*". Só há uma (1) oração, sinalizada pela locução verbal *fomos comprar*, ok?

2) Assim como o sujeito simples pode ser "complexo", ou seja, ser constituído de adjuntos adnominais ou de orações adjetivas, o **objeto direto** também: "*Os candidatos aplicados sempre resolvem* **muitas** provas **anteriores que fazem parte das bancas de maior prestígio no universo dos concursos**". A palavra em azul é só o núcleo, mas tudo em negrito é o objeto, ou seja, o complemento do verbo *resolver*.

3) Além dos pronomes oblíquos *o(s) e a(s)*, e suas variações *lo(a/s), no(a/s)*, quase sempre exercerem a função de **OD**, os pronomes oblíquos *me, te, se, nos, vos* também podem exercer a função de **OD**. O *lhe(s)* nunca exerce função de OD.

– *Convidaram-**na** para palestrar sobre Sintaxe.*

– *Levou-**me** à sabedoria esta aula.*

– *Admira-**te** que eu tenha voltado?*

– *Sujou-**se** com graxa para compor o personagem.*

– *Depois de terem **nos** expulsado do colégio, convidaram-**nos** novamente.*

– *Nunca **vos** tomeis como grandes personalidades!*

4) Os pronomes demonstrativos *o, a, os, as* podem ser objetos diretos. Normalmente vêm antes do pronome relativo *que*:

– *Escuta **o** que eu tenho a te dizer. (Escuta (VTD) **o** (= aquilo; objeto direto) que eu tenho a te dizer)*

5) Existem outros tipos de objeto direto que muito raramente caem em prova. Vamos conhecer.

Objeto Direto Preposicionado

Lembre-se sempre de que <u>não</u> é o verbo que exige a preposição! Ela é posta antes do objeto direto normalmente por motivo de ênfase ou clareza. Nos oito primeiros casos, a preposição é obrigatória; nos demais casos, facultativa.

a) OD é pronome **oblíquo tônico**.

– *Não entendo nem **a ele** nem **a ti***.

b) OD é de um VTD + SE (PIS).

– *Antigamente, respeitava-se **aos mais velhos***.

c) OD é preposicionado para evitar a **ambiguidade**.

Capítulo 20 • Termos Integrantes da Oração **543**

- *À mulher venceu o homem*. (Sem a preposição *a + a = à*, *A mulher* poderia ser interpretado como sujeito ou objeto; assim, sabemos que *o homem* é o sujeito)

d) OD é o pronome relativo **quem**.

- *Ele tinha um avô a quem idolatrava*.

e) OD é uma expressão de **reciprocidade** – *um(a/s) a(o/s) outro(a/s)*.

- *Os lutadores agrediram uns aos outros*.

f) OD é um **substantivo coordenado com um oblíquo**.

- *Redação do art. 229, inc. III, do Novo Código Civil:*
    "Ninguém pode ser obrigado a depor sobre fato:
    (...)
    III – que o exponha, ou às pessoas referidas no inciso antecedente"

- *Mulher, amo-te e aos meus pais também*.

g) OD é um **infinitivo** (regido pela preposição *a*) dos verbos *ensinar* e *aprender*.

- *Sua professora lhe ensinou a ler Machado de Assis?*
- *Não aprendi a somar nem a dividir*.

h) OD é um **substantivo numa construção comparativa** para evitar falta de clareza.

- *"Olho Gabriela como a uma criança, e não mulher feita."* (Ciro dos Anjos)

*Se não houvesse a preposição, o sentido seria outro: *"Olho Gabriela como uma criança (olha)..."*, em que *uma criança* passaria a ser o sujeito do verbo implícito, e não o objeto direto. Com a preposição, a leitura é esta: *"Olho Gabriela como olho uma criança...".*

i) OD é um **nome próprio ou comum**, referente a seres personativos, principalmente com verbos que indicam sentimento.

- *Nós amamos a Deus, a Jesus e aos anjos*.
- *O dinheiro, esse maldito!, atrai a homens e a mulheres*.

Observação

Para alguns estudiosos, como Cláudio C. Henriques, Amini B. Hauy e Rocha Lima, a preposição "a" é obrigatória antes da palavra "Deus", constituindo o objeto direto preposicionado.

j) OD é **pronome de tratamento, indefinido, interrogativo** ou **demonstrativo**.

- *Não admito que coloquem a Sua Excelência num pedestal!*
- *O amor fere a uns, mas a outros não*.
- *Meu Deus, a quem eu devo ajudar?*
- *De todos esses filmes, eu odeio mais a estes do que àqueles*.

k) OD **iniciando a oração**, por motivo de ênfase.

- *Ao povo ninguém engana*.

– **Às artimanhas de Satanás**, *as quais visam destruir nossa relação com Deus, devemos sempre evitá-las.*

l) OD é o numeral **ambos**.

– *Se deixassem, ele matava **a ambos**.*

m) OD é constituído por **expressões idiomáticas enfáticas** (as preposições aqui são chamadas de **posvérbios**, termo cunhado por Antenor Nascentes para indicar que tais preposições não mudam a transitividade do verbo, mas atribuem um matiz de sentido ao contexto, tornando a frase mais expressiva).

– *fazer **com que ele estude***, puxar **da faca**, arrancar **da espada**, sacar **do revólver**, pedir **por socorro**, pegar **pelo braço**, cumprir **com o dever**... beber **da água**, comer **do pão**, dar **do leite*** (essas preposições indicam parte de um todo).

* Confira uma questão (nº 19) sobre essa estrutura: FCC – TRF (2a R) – Analista Judiciário (EXECUÇÃO DE MANDADOS) – 2007.

– É possível haver um **predicativo do objeto direto preposicionado**: "O homem *a quem* (ODP) considerava *amigo* (PODP) me traiu."

Objeto Direto Pleonástico

Usa-se normalmente o **pronome oblíquo átono** para retomar enfaticamente um objeto direto que já existe e que vem no início da oração (facultativamente separado por vírgula).

– *Este carro, comprei-**o** hoje.*

– *A mim ele nunca **me** chama para sair.*

– *Todos aqueles ditos e não ditos quem não **os** ouviu?*

Objeto Direto Interno (Intrínseco ou Cognato)

O núcleo possui radical normalmente semelhante ao do verbo da oração ou com sentido dentro do mesmo campo semântico; sempre há um **modificador** do núcleo. Note que, em outros contextos, tais verbos são normalmente intransitivos.

– *Ele vive **uma vida de rei**.*

– *Dormi **um sono gostoso** como se estivesse protegido dos males do mundo.*

– *"E rir **meu riso** e derramar meu pranto."* (Vinícius de Moraes)

Veja questões do século XXI (raríssimas, deveras) sobre objeto direto preposicionado (FAB – EEAR – SARGENTO – 2003 – QUESTÃO 20), objeto direto pleonástico (FAB – EEAR – SARGENTO – 2010 – QUESTÃO 24) e objeto direto interno (CONCSEL – PREF. SÍTIO NOVO/RN – CARGOS ENSINO FUNDAMENTAL – 2009 – QUESTÃO 13).

Objeto Direto x Sujeito

Normalmente a distinção se torna *complicadinha* porque as provas trabalham o sujeito depois do verbo, para dar a impressão de que se trata de um objeto e vice-versa.

> **Observação**
>
> Para fazer a distinção entre objeto direto e sujeito, saiba que o objeto direto pode ser passado para a voz passiva (analítica), tornando-se sujeito. Entenda melhor:
> – *Já começaram **os jogos da seleção**.* (sujeito)
> – *Ignoraram **os jogos da seleção**.* (objeto direto)
>
> Note que é totalmente possível passar a segunda frase para a voz passiva analítica (*Os jogos da seleção foram ignorados*), em que o objeto direto *os jogos da seleção* vira sujeito. Esta é a "prova dos noves" para saber se é um objeto direto.

Lembre-se: na voz passiva não há objeto direto, pois este virou sujeito na passagem de ativa para passiva. Portanto, na frase "Foram levados os computadores para o conserto", *os computadores* é o sujeito. Na frase "Doou-se muita roupa velha", como está na voz passiva, não há objeto direto, por isso *muita roupa velha* é o sujeito. Ficou claro?

Algumas bancas, "maldosamente", criam questões de concordância com objeto direto antecipado como se fosse o sujeito, mas, como sabemos, o verbo concorda com o sujeito, e não com o objeto. Veja uma frase "maldosinha":

– *As opiniões muito polêmicas sobre a gramática apresentaram os dois professores.*

Logicamente não podemos dizer que a ação de *apresentar* foi praticada por *As opiniões muito polêmicas sobre a gramática*, afinal, quem pode *apresentar* são *os dois professores*. Assim, o sujeito é *os dois professores*, e o objeto direto é *As opiniões muito polêmicas sobre a gramática*. Fique atento a essa diferença!

Objeto Indireto

O **objeto indireto** é um termo que estabelece uma relação sintática com um verbo transitivo indireto ou transitivo direto e indireto, complementando seu sentido. Normalmente o objeto indireto é um complemento que representa o ser beneficiado ou o alvo de uma ação e vem sempre preposicionado, a não ser que venha em forma de pronome oblíquo átono (*me, te, se, nos, vos, lhe(s)*). Os objetos indiretos são iniciados pelas preposições *a, com, contra, de, em, para, por, sobre*.

– *Sempre dou graças **a Deus** por minhas realizações.*
– *Gosto **de ti**, meu nobre.*
– *Só depende **dos dois** resolver essa pendência.*
– *Não troque o certo **pelo duvidoso**.*
– *Vamos insistir **em promover o novo romance de ficção**.*

Como se vê, seu núcleo pode ser representado por substantivo, pronome, numeral, palavra substantivada ou oração.

CUIDADO!!!

1) Por inferência, notamos que há objeto indireto simples, composto, oculto (só contextualmente) e oracional. Basta ficarmos de olho no(s) núcleo(s). Essas nomenclaturas não caem em prova. Meu objetivo é apenas ilustrar um fato linguístico.

   – *Isto não convém **a ninguém**.* (simples: um núcleo)

546 A Gramática para Concursos Públicos • Fernando Pestana

– *Assistimos **ao filme e à peça de teatro** no mesmo dia.* (composto: mais de um núcleo)
– *"Você competiu com aquele rapaz?" "Competi."* (oculto: = Competi (com aquele rapaz))
– *Avisei-o **de que haveria mudança no quadro de funcionários**.* (o objeto indireto é oracional, pois apresenta um verbo em sua constituição)*

* Segundo Cegalla e outros gramáticos, a preposição pode ficar implícita neste caso, sem incorreção gramatical, mas não é assim que pensa a <u>maioria</u> dos gramáticos tampouco a <u>maioria</u> das bancas. Prova disso: FUNIVERSA – MTur – Administrador – 2010 – QUESTÃO 10 – C). Falarei mais sobre isso em *Orações Subordinadas Substantivas.*

2) Além de o pronome oblíquo *lhe(s)* quase sempre exercer a função de **OI**, os pronomes oblíquos *me, te, se, nos, vos* também podem exercer a função de **OI**.

– *Peço-**lhe** desculpas.*
– *Obedeça-**me**, e ele será liberto.*
– *Nada disto **te** pertence?*
– *Deram-**se** as mãos e prosseguiram.* (pronome com valor reflexivo recíproco)
– *Não **nos** pediram licença para ficar.*
– *Só **vos** peço isto: amai uns aos outros.*

Certos VTIs, por bem da eufonia, não admitem pronomes oblíquos átonos como seus complementos: *depender, discordar, prescindir, equivaler* etc. Tipo: "depende-lhe, discordei-lhe".

3) Jamais confunda **objeto indireto** com **objeto direto preposicionado**.

– *É preciso que não cedamos **à tentação**.* (objeto indireto, pois *ceder* é VTI)
– *A Espanha derrotou **à Holanda**, tornando-se campeã mundial.* (objeto direto preposicionado, pois *derrotar* é VTD)

4) Diferentemente do objeto direto, há objeto indireto tanto na voz ativa como na voz passiva.

– *No decorrer das investigações, os suspeitos denunciaram as ações do grupo **à polícia**.* (voz ativa)
– *No decorrer das investigações, as ações do grupo foram denunciadas **à polícia** pelos suspeitos.* (voz passiva)

5) Certos VTIs podem apresentar dois objetos indiretos: *queixar-se, falar, faltar, contribuir, desculpar-se, instar, resultar* etc.: "Nunca me queixei **das broncas de meu pai** (OI) **à minha mãe** (OI)". Esses verbos *especiais* são classificados como "birrelativos". Além de termos visto isso no capítulo 19, em verbo transitivo indireto, veja mais uma questão sobre essa parada: Ibade – Câmara Municipal de Porto Velho – Técnico Legislativo – 2018 – Questão 7 (ver a opção com o verbo *falar*).

6) Os pronomes **demonstrativos** *o, a, os, as* podem ser objetos indiretos. Normalmente vêm antes do pronome relativo *que*:

– *Gostei **da** que está vestida de vermelho. (Gostei (VTI) **da** (= daquela; objeto indireto) que está vestida de vermelho)*

7) Existem outros tipos de objeto indireto que muito raramente caem em prova. Vamos conhecer.

Capítulo 20 • Termos Integrantes da Oração **547**

Objeto Indireto Pleonástico

O **objeto indireto pleonástico** é representado por um pronome oblíquo átono para enfatizar um objeto indireto que já existe na frase.

– *De que **lhe** vale ao homem ganhar o mundo?*
– *A mim não **me** agrada esse cantor.*
– *Ao ingrato, nada **lhe** daremos.*

Objeto Indireto por Extensão (ou Dativos)

O **objeto indireto por extensão** é um objeto indireto de verbo não transitivo indireto. Pode parecer estranho (e é!), mas não se preocupe, pois a chance de cair isso em prova é pequena como um átomo.

As construções que veremos abaixo são, na verdade, resquícios do latim. Alguns estudiosos, como Bechara, chamam tais complementos de **dativos de opinião, de interesse e de posse**. Sacconi também fala sobre isso. As razões para tais nomes são óbvias, veja:

– *A política brasileira sempre será corrupta **para mim**.* (opinião)

– *Não **me** perca estas anotações, hein!* (interesse; alguns gramáticos dizem que o *me* é apenas uma palavra expletiva, sem função sintática alguma)

– *Quase **lhe** quebraram a perna no jogo.* (posse; alguns gramáticos consideram este *lhe* como um adjunto adnominal)

Veja uma questão raríssima sobre isso! Faço questão de colocá-la na íntegra:

12) (CONCSEL – Pref. Sítio Novo/RN – Cargos Ensino Fundamental – 2009) Na frase: ***Não me ponha os pés no sofá nem me saia mais à rua hoje!*** Os termos destacados exercem função de:
a) objeto direto preposicionado;
b) objeto direto intrínseco;
c) objeto indireto pleonástico;
d) **objeto indireto por extensão. (Gabarito! Receio que essa questão seja baseada no Sacconi.)**

* Cuidado, porém, com a construção: *Correr 2 km é difícil/fácil **para mim***. O gramático Celso P. Luft, em seu dicionário de regência nominal, diz que tais adjetivos exigem a preposição *para*, logo *para mim* é um complemento nominal, mesmo indicando opinião. Depois dizem que matemática é complexo...

Complemento Nominal

Assim como os verbos, os nomes também podem ser "transitivos", uma vez que exigem complementos. Na boa... o que seria um complemento no-mi-nal senão um com-ple-men-to de um no-me? O próprio nome dado a esse termo sintático diz o que ele é, ora.

Observação

O complemento nominal é um termo que estabelece uma relação sintática com um nome (substantivo, adjetivo ou advérbio de base adjetiva, terminado em -**mente**), complementando seu sentido. Normalmente, o complemento nominal é um termo de valor semântico passivo e vem sempre preposicionado.

- *Temos certeza **da vitória**.* (substantivo exigindo CN)
- ***Contra fatos**, não há argumentos.* (substantivo exigindo CN)
- *Esta sala vive cheia **de verde**.* (adjetivo exigindo CN)
- *O júri votou favoravelmente **ao réu**.* (advérbio exigindo CN)
- *Foi feito um investimento **de capital em tecnologia**.* (um substantivo exigindo dois CNs)
- *Independentemente **disso**, volte para mim.* (advérbio exigindo CN)
- *A Bíblia é útil **a nós**.* (adjetivo exigindo CN)
- *A lembrança **dos três** ocorreu de repente.* (substantivo exigindo CN)
- *Sigo com medo **de que a prova venha em um nível difícil**.* (substantivo exigindo CN)

Como se vê, seu núcleo pode ser representado por substantivo, pronome, numeral, palavra substantivada ou oração.

 CUIDADO!!!

1) Por inferência, notamos que há complemento nominal simples, composto, oculto (só contextualmente), pleonástico e oracional. Basta ficarmos de olho no(s) núcleo(s). Essas nomenclaturas não caem em prova. Meu objetivo é apenas ilustrar um fato linguístico.

   - *Sou fiel **a ela**.* (simples: um núcleo)
   - *Sou fiel **a ele** e **a ela**.* (composto: mais de um núcleo)
   - *"Você é fiel **a ela**?" "Certamente sou fiel."* (oculto: = *Certamente sou fiel (a ela)*)
   - *À Juliana, sempre fui fiel **a ela**.* (pleonástico)
   - *Estou convicto **de que ela me ama**.* (o complemento nominal é oracional, pois apresenta um verbo em sua constituição)*

* Segundo Cegalla e outros gramáticos, a preposição pode ficar implícita neste caso, sem incorreção gramatical, mas não é assim que pensa a maioria dos gramáticos tampouco a maioria das bancas. Prova disso: Cespe/UnB – PC/ES – ESCRIVÃO – 2010 – QUESTÃO 23. Falarei mais sobre isso em *Orações Subordinadas Substantivas*.

2) Não são todos os gramáticos que aceitam pronomes oblíquos átonos funcionando como complemento nominal. No entanto, no próximo capítulo, falarei sobre isso amplamente em *Funções Sintáticas dos Pronomes Pessoais Oblíquos Átonos*.

3) Alguns gramáticos dizem que, em "Sua casa é longe da escola", *da escola* é um complemento nominal do advérbio *longe*. No entanto, há divergência gramatical nas expressões *dentro de, perto de, longe de, diante de*.... Enquanto Ulisses Infante, Pasquale Cipro Neto, Luiz A. Sacconi e Celso P. Luft entendem que tais expressões são advérbios seguidos de preposições (exigidas por tais advérbios), do ponto de vista da vastíssima maioria dos gramáticos, porém, elas são, na verdade, locuções prepositivas. Na parte de complemento nominal de sua gramática, Manoel Pinto Ribeiro é mais taxativo ainda: "Em 'Perto de casa', não ocorre complemento nominal do advérbio 'perto', pois 'perto de' é locução prepositiva que introduz um adjunto adverbial de lugar, ou seja, 'perto de casa' em 'Estou **perto de casa**' é um adjunto adverbial de lugar. Resumo da ópera: há polêmica nessa seara. No entanto, como acho que a opinião da Academia Brasileira de Letras deve ser levada em conta para *bater o martelo*... veja:

Capítulo 20 • Termos Integrantes da Oração **549**

ABL RESPONDE

Pergunta: Olá. Quando *dentro, perto, longe* estiverem seguidos da preposição *de*, formando *dentro de, longe de, perto de*, são locuções prepositivas ou são advérbios/adjetivos que exigem, pela regência, a preposição *de*? Por exemplo, em "Estou longe da estrada", *da estrada* é complemento nominal de *longe* ou *longe da estrada* é um adjunto adverbial iniciado pela locução prepositiva *longe de*? Grato.

Resposta: 1) São locuções prepositivas; 2) *longe da estrada* é um adjunto adverbial de lugar.

Martelo batido! Mas... na hora da prova... como você não sabe o que o "homem da banca" vai aprontar, leia com calma as opções, buscando a "melhor resposta".

4) Não confunda **complemento nominal oracional** com **predicativo do sujeito oracional**. Digo isso, pois o predicativo do sujeito oracional pode vir preposicionado por uma preposição exigida por um nome do sujeito: *A sensação é **de que tudo se move depressa***. (predicativo do sujeito oracional iniciado pela preposição exigida pelo nome *sensação*.) Interessante essa construção.

5) **Mera curiosidade:** Na frase *Interessa-nos o combate ao que é nocivo*, onde está o CN? Note que o nome *combate* exige a preposição *a*, que se combina com o demonstrativo *o* (= aquilo), formando *ao*. É como se disséssemos *Interessa-nos o combate **àquilo** que é nocivo*. Logo o *ao* é CN.

6) Pode haver complemento nominal pleonástico. Veja: *Do estudo, temos necessidade **dele***. Note que ***do estudo*** é complemento nominal do substantivo ***necessidade***, por isso o termo pleonástico é o pronome pessoal oblíquo tônico ***dele***.

Complemento Nominal x Objeto Indireto

O complemento nominal se diferencia do objeto indireto por uma razão muito simples: enquanto o CN é exigido por um nome, o OI é exigido por um VTI ou VTDI. Veja como é fácil:

– *Crer **em Deus** é importante*. (OI)
– *A crença **em Deus** é importante*. (CN)
– *O povo necessita **de atenção***. (OI)
– *O povo tem necessidade **de atenção***. (CN)

Se você não notou, é superválido dizer que os nomes antes dos CNs normalmente são derivados dos verbos; normalmente o CN está ligado a um substantivo deverbal, ou seja, derivado de verbo (*crer > crença; necessitar > necessidade* etc.).

Tome cuidado com a voz passiva. Veja estas frases:

– *Comida e bebida sempre são fornecidas **aos trabalhadores** pela empresa.*

A banca pode enganar você, dizendo que *aos trabalhadores* é complemento nominal do suposto adjetivo *fornecidas*. No entanto, para que você nunca se confunda, passe a frase para a voz ativa, e verá que *aos trabalhadores* é um objeto indireto:

– *A empresa sempre fornece comida e bebida **aos trabalhadores**.*

> **Observação**
>
> No entanto, como Português não é Matemática e existem casos de dupla interpretação sintática, veja o exemplo abaixo:
>
> – *Tudo ficou reduzido **a cinzas**.*
>
> O termo destacado pode ser interpretado como objeto indireto, pois "reduzir" é um verbo transitivo direto e indireto (na voz ativa: "Reduziram tudo a cinzas"), ou como complemento nominal, pois se pode interpretar que "ficou reduzido" não é uma locução verbal de voz passiva, e sim um verbo de ligação (ficar) seguido de um adjetivo (reduzido), que exige um complemento iniciado pela preposição "a".

Detalhe: por incrível que pareça, isso já foi trabalhado em prova, mas a banca ficou com a visão do complemento nominal: CONRIO – PREFEITURA DE NHANDEARA/SP – DENTISTA – 2014 – QUESTÃO 15.

Agente da Passiva

O **agente da passiva** é o complemento de um verbo na voz passiva analítica; sempre precedido da preposição ***por*** (ou ***de***, mais raramente).

> **Observação**
>
> Lembre-se de que o nome dado ao termo diz muita coisa, portanto um **agente da passiva** é um termo que **age**, ou seja, é um termo que pratica uma ação, só que **na voz passiva**. Tanto isso é verdade que, quando se passa o **agente** da passiva para a voz ativa, ele vira um sujeito **agente**. Safo?

Lembrando que a voz passiva se forma essencialmente por estes verbos auxiliares: *ser* (nas passivas de ação); *estar, viver* e *andar* (nas passivas de estado); *ficar* (nas passivas de mudança de estado). Veja só:

– *O gramático ficou rodeado **de admiradores**.*
– *Os governantes serão repreendidos **pelo povo**.*
– *O livro vai ser cuidadosamente revisado **por quem?***
– *Era conhecida **dos dois professores**.*
– *Tínhamos sido surpreendidos **pelo brilhante azul do mar**.*
– *Eles estavam dominados **por quem os coordenava**.*

Como se vê, seu núcleo pode ser representado por substantivo, pronome, numeral, palavra substantivada ou oração.

 CUIDADO!!!

1) Por inferência, notamos que há agente da passiva simples, composto, oculto (só contextualmente) e oracional. Basta ficarmos de olho no(s) núcleo(s). Essas nomenclaturas não caem em prova. Meu objetivo é apenas ilustrar um fato linguístico.

– *Fui mordido **pelo cão**.* (simples: um núcleo)

– *Fui assediado **pela editora X e pela editora Y.*** (composto: mais de um núcleo)

– *"Você foi convidado **pelo patrão**?" "Sim. Fui convidado."* (oculto: = *Fui convidado (pelo patrão)*)

– *O prédio foi construído **por quem entendia de engenharia civil**.* (o agente da passiva é oracional, pois apresenta um verbo em sua constituição)

2) Apesar de não ser comum, o agente da passiva pode estar deslocado: "*Pelo público* o cantor foi vaiado." / "O cantor foi *pelo público* vaiado."

3) Às vezes, o agente da passiva vem ligado a só um verbo no particípio (oração reduzida de particípio): "A barricada *feita pelo soldado* surtiu efeito" = "A barricada *que foi feita pelo soldado* surtiu efeito".

4) Não custa relembrar que o agente da passiva corresponde ao sujeito da ativa.

– ***Os fãs** rodearam o cantor. = O cantor ficou rodeado **por/de fãs**.*

Sobre o fato de ser rara a preposição *de* iniciar agente da passiva, veja esta questão: IBFC – CRA/SP – Analista DE TI – 2011 – QUESTÃO 6.

5) O agente da passiva pode estar indeterminado se o sujeito da ativa for indeterminado.

– *(?) Atacaram nossas lojas ontem. = Nossas lojas foram atacadas (?) ontem.*

6) É **muito raro**, hoje em dia, que o agente da passiva venha junto de um verbo na voz passiva **sintética**, porque esta é uma construção antiga e não recomendada. No entanto... para a nossa surpresa... veja esta questão:

12. (FGV – POTIGÁS – Administrador Júnior – 2006) ***Não, a política externa não pode se guiar por convicções e preferências partidárias***. (l. 89-90)

O termo grifado acima desempenha função sintática de:
a) complemento nominal;
b) objeto indireto;
c) adjunto adverbial;
d) agente da passiva;
e) adjunto adnominal.

Comentário: O gabarito é a D! Como toda voz passiva sintética pode ser transformada em voz passiva analítica, faça a tal transformação e comprove: "Não, a política externa não pode se guiar ***por convicções e preferências partidárias***" (voz passiva sintética) / "Não, a política externa não pode ser guiada ***por convicções e preferências partidárias***" (voz passiva analítica). Agora, para fechar o caixão, passe para a voz ativa e veja se o termo destacado não se torna o sujeito da ativa (afinal, o agente da passiva é sempre o sujeito da ativa): "Não, ***convicções e preferências partidárias*** não podem guiar a política externa".

Moral da história: A essa altura do campeonato, depois de tantas referências a provas, gramáticos, polêmicas, chegamos a uma conclusão: nunca se sabe o que as bancas podem aprontar. Por isso, sangue nos olhos, meu/minha nobre, para dizer à banca no dia do concurso: "Nunca serão! Jamais serão!".

Agente da Passiva x Complemento Nominal

A diferença é bem simples: se você conseguir passar a frase da passiva para a ativa, mantendo o significado, achará a resposta a sua dúvida.

– *Ele era assediado **por sua companhia**.* (AGP) = *Sua companhia o assediava.*
– *Ele era agradecido **por nossa ajuda**.* (CN) = *Nossa ajuda lhe agradecia???*

Em "As ruas ficaram cobertas **de lama**", o que você diria? CN ou AGP? AGP ou CN? Passe para a voz ativa. É possível? Sim. "Lama cobriu as ruas" Logo... AGP. *Voilà!*

O Que Cai Mais na Prova?

Basta saber reconhecer os termos integrantes da oração. São pouquíssimas questões que tratam desse assunto de maneira mais profunda como faço na teoria. Por isso, eu sempre aviso: por mais que eu seja muito detalhista, sempre mantenha seu foco naquilo que cai em prova! Ninguém aqui pretende ser o próximo Bechara, certo? **Foco no que é recorrente!**

> *Concurseiro(a), quer uma dica de irmão? Guarde no seu coração o que vai ler agora:* NUNCA DEIXE DE FAZER SEU PRÓPRIO RESUMO DE CADA CAPÍTULO. *Esse processo cognitivo é* **extremamente** *valioso. Eu poderia ser legalzinho e fofinho pondo um quadro-resumo do que vimos no capítulo, mas, se fizesse isso, estaria sabotando você, impedindo-o(a) de ter esse trabalho de internalização imprescindível do conteúdo.* **Por favor, não pule essa etapa!!!** *Mesmo que seu resumo fique gigantesco (não vá escrever outra gramática... rsrs), nunca deixe de fazê-lo, para o seu próprio bem! Seu cérebro agradece e, quando passar no concurso, sua conta no banco também. Vá fundo na missão!* 👍

Questões de Concursos

1. (AEDB – Pref. Itatiaia/RJ – Professor – 2007) Em qual das alternativas abaixo ocorre objeto indireto pleonástico?
   a) A Rafael chamaram-lhe covarde.
   b) O moço correspondeu na hora à gentileza.
   c) Tu não dependes do teu pai para nada, meu caro.
   d) Não obedeço a ninguém, só ao meu próprio juízo.
   e) O seu filho só precisa mesmo de compreensão.

2. (FCC – MPE/RS – Secretário de Diligências – 2008) O velho gaúcho foi ajudar, no posto mais próximo do hotel em que se hospedara, o serviço de assistência <u>aos desabrigados</u> pelo temporal.
   A função sintática do termo grifado acima é a mesma do termo, também grifado, da frase:
   a) ... quando um mais afobado desanda a correr <u>pelo pátio</u> ...
   b) Como tem prática de campo e prática de cidade ... de repressão <u>a contrabando</u> ...
   c) ... propõe, <u>de saída</u>, a divisão dos serviços em setores bem caracterizados ...
   d) ... mas tudo se resolve <u>com bom humor</u>.
   e) Nomeia o rapazinho <u>seu ajudante-de-ordens</u> ...

3. (FCC – MRE – Oficial de Chancelaria – 2009) (Adaptada) *[...] O que antes eu via como o inimigo e, com grande otimismo, como o inimigo que haveria de ser derrotado, acabou na verdade por nos vencer. [...] Ou se, como temo, estaremos caindo numa sociedade do homem e da mulher medíocres onipresentes, governados por altas mediocridades. [...]*
   A afirmação abaixo está correta ou incorreta?
   Os fragmentos ***por nos vencer*** e ***por altas mediocridades*** exercem idêntica função sintática.

Capítulo 20 • Termos Integrantes da Oração **553**

4. (CONSULPLAN – Pref. Guaxupé – Assistente Social – 2010) A expressão destacada está corretamente analisada em:
   a) *"Entram em cena dois gigantes"* (4º §) (objeto direto)
   b) *"Desponta uma circunstância imprevista"* (5º §) (objeto direto)
   c) *"Democratizar o acesso"* (5º §) (objeto direto)
   d) *"Muda a lógica da distribuição."* (6º §) (objeto direto)
   e) *"E ficam os dedos?"* (6º §) (objeto direto)

5. (FCC – TRF (4R) – Analista Judiciário – 2010) (Adaptada) A afirmação abaixo está correta ou incorreta?
   – Em "O narrador desse romance é um escritor ultraconsciente de seu ofício", o termo destacado é **complemento** de ultraconsciente.

6. (Esaf – Auditor-Fiscal do Trabalho – 2010) (Adaptada) A afirmação abaixo está correta ou incorreta?
   "(...) Ela tem de assegurar aos que buscam a proteção dos planos de saúde a cobertura mais completa possível, o que inclui as novas tecnologias na área de medicina. (...)"
   – A expressão "aos que buscam a proteção dos planos de saúde" tem, no período, a função de objeto direto.

7. (Cespe/UnB – TJ – Analista Judiciário – 2011) A expressão "essa minha angústia" (... não sei quanto tempo durou essa minha angústia...) constitui o complemento da forma verbal "durou".
   ( ) CERTO   ( ) ERRADO

8. (Cespe/UnB – EBC – Cargos de Nível Superior – 2011) Em "que ele chama **metafísica dos costumes**" (Kant inicia a exposição da ética, que ele chama **metafísica dos costumes**...), o trecho em itálico, que exerce, na oração, a função de complemento verbal, deveria estar precedido da preposição **de**.
   ( ) CERTO   ( ) ERRADO

9. (Cespe/UnB – IFB – Cargos de Nível Médio – 2011) O complemento da forma verbal "considera" (Dondonim considera que o assistencialismo oficial prejudicou os índios.) consiste em uma oração.
   ( ) CERTO   ( ) ERRADO

10. (Cespe/UnB – TRE/ES – Técnico – 2011) Em "emitir-lhes" (... devendo o Estado emitir-lhes os títulos respectivos...), o pronome exerce a função de objeto direto.
    ( ) CERTO   ( ) ERRADO

11. (Cespe/UnB – PC/ES – Cargos de nível superior – 2011) *"(...) A retomada de uma área tão populosa, que até pouco tempo era dominada por criminosos que andavam livremente pelas ruas com fuzis e metralhadoras, animou até mesmo quem faz oposição ao governo. (...)"*.
    O complemento verbal "por criminosos que andavam livremente pelas ruas com fuzis e metralhadoras" designa o ser que pratica a ação verbal.
    ( ) CERTO   ( ) ERRADO

12. (FCC – DPE/RS – Defensor Público – 2011) Das expressões em negrito, SOMENTE uma exerce a função de complemento.
    a) ... caso de assassinato que **o** havia atormentado ...
    b) ... 20 anos após **o** crime, o julgamento ...
    c) Foi assim que **o** Departamento de Justiça Criminal ...
    d) ... esperança de ver **os** assassinos de...
    e) ... comprometimento em prender **os** homens...

13. (FCC – DPE/RS – Defensor Público – 2011) A palavra **pronunciamento** (**Em pronunciamento ao conselho diretor do Wall Street Journal...**) é transitiva e exige:
    a) complemento nominal;   c) objeto direto;   e) predicativo do sujeito.
    b) objeto indireto;   d) adjetivo;

14. (FCC – DPE/RS – Defensor Público – 2011) O fragmento frasal **de que ações militares somente iriam retardar** (**... repetiu as suas preocupações de que ações militares somente iriam retardar**) é ...... do substantivo **preocupações**.
    Assinale a alternativa que preenche corretamente a lacuna do texto acima.
    a) complemento verbal.   d) adjunto nominal.
    b) complemento nominal oracional.   e) complemento prepositivo-verbal.
    c) adjunto verbal.

15. (Instituto Cidades – TCM/GO – Auditor de Controle Externo – 2012) Assinale a análise correta do termo da oração destacado: *O filme "O Artista" ultrapassou os limites do público segmentado.*
    a) Objeto direto.
    b) Objeto indireto.
    c) Sujeito.
    d) Predicativo do sujeito.
    e) Agente da passiva.

16. (Cespe/UnB – IRBr – Diplomata – 2012) (adaptada) A afirmação abaixo está correta ou incorreta?
    – Os termos "o endereço" e "a literatura desta missiva", no trecho "Não pouco vos surpreenderá, por certo, o endereço e a literatura desta missiva", são complementos do verbo **surpreender**, assim como "vos", que exerce a função de objeto indireto desse verbo.

17. No período "Que Demócrito não risse, eu o provo", o verbo **provar** complementa-se com uma estrutura em forma de objeto direto pleonástico, com uma oração servindo de referente para um pronome.
    ( ) CERTO   ( ) ERRADO

18. (FCC – TJ/RJ – Comissário da Infância e da Juventude – 2012) A frase em que **ambos** os elementos sublinhados são complementos verbais é:
    a) Assim <u>vos</u> confesso que entendo <u>de arquitetura</u>, apesar das muitas opiniões em contrário.
    b) <u>Ninguém</u> se impressiona <u>tanto</u> com um velho porão como este velho cronista, leitor amigo.
    c) O porão deverá jazer <u>sob os pés da família</u> como jazem <u>os cadáveres</u> num cemitério.
    d) Que atração exercem sobre o cronista as <u>gravatas manchadas</u>, quando desce <u>a um porão</u>...
    e) Já não se fazem <u>porões</u>, hoje em dia, já não há qualquer mistério ou evocação mágica <u>numa casa moderna</u>.

19. (Cespe/UnB – PC/CE – Inspetor – 2012) Na linha 3 (... sua soberania foi ultrapassada pelas redes transnacionais de poder...), a expressão "pelas redes transnacionais de poder" indica o agente da ação verbal de **ultrapassar.**
    ( ) CERTO   ( ) ERRADO

20. (FCC – INSS – Técnico do Seguro Social – 2012) Na frase *O compositor dedicava inteiramente à criação musical os meses de verão*, o termo sublinhado exerce a mesma função sintática que o termo em destaque na frase:
    a) A visão de mundo de uma geração mais jovem teve <u>influência central</u> aqui.
    b) <u>Intérpretes conhecidos e pesquisadores</u> descobriram o compositor.
    c) <u>Em vida</u>, Mahler foi alvo de intensas polêmicas.
    d) Mahler empreendia longas caminhadas que lhe proporcionaram inspiração <u>para grandiosas sinfonias</u>.
    e) <u>Essas casinhas</u> das alturas alpinas hoje se transformaram em memoriais.

21. (FUNCAB – MPE/RO – Analista – 2012) O termo destacado em: "(...) termos gasto tanto dinheiro na construção DE HOSPITAIS (...)" exerce função sintática de:
    a) complemento nominal;
    b) adjunto adverbial;
    c) objeto indireto;
    d) objeto direto;
    e) predicativo.

22. (FCC – INSS – Perito Médico Previdenciário – 2012) ... *elas ainda sofrem de imensas deficiências de nutrientes* ...
    A relação entre verbo e complemento, grifada acima, se reproduz em:
    a) ... *embora a maioria das pessoas consuma calorias suficientes* ...
    b) ... *e têm pontuação mais baixa nos testes de habilidade cognitiva.*
    c) ... *a epidemia de obesidade nos países ricos representa exatamente o problema oposto.*
    d) ... *e muitos não obtêm esses nutrientes.*
    e) ... *menos da metade daqueles que mais precisam deles* ...

23. (FCC – TCE/SP – Auxiliar de Fiscalização Financeira – 2012)... *para que ela não interfira de forma excessiva em seus projetos.*
    O verbo que exige o mesmo tipo de complemento que o grifado acima está em:
    a) ... *contra forças desconhecidas que anulam tudo aquilo* ...
    b) ... *com as quais procuramos lidar com a realidade* ...
    c) ... *deixando-nos desarmados e atônitos* ...
    d) ... *de algo que está além de nossa compreensão* ...
    e) ... *ele o convoca constantemente.*

Capítulo 20 • Termos Integrantes da Oração **555**

24. (FAB – EEAR – Controlador de Tráfego Aéreo – 2012) Coloque, nos parênteses que seguem os termos em destaque no trecho abaixo, CN para complemento nominal e OI para objeto indireto e assinale a alternativa com a sequência correta. "Creio **no mundo** ( ) como num malmequer, / Porque o vejo. Mas não penso nele ( ) / Porque pensar é não compreender ... / O Mundo não se fez para pensarmos **nele** / (pensar é estar doente **dos olhos**)" ( )
    a) CN, CN, OI.
    b) OI, CN, CN.
    c) OI, OI, CN.
    d) CN, OI, OI.

25. (FAB – EAGS – Sargento – 2012) Em qual alternativa o termo destacado é um agente da passiva?
    a) Para tratar o problema da insônia, muitos optam **pela medicação.**
    b) Hoje em dia, a ansiedade tem sido muito combatida **pelos médicos.**
    c) Assim como a insônia, a apneia do sono incomoda muitas pessoas **por muitos anos.**
    d) A opção **pela cirurgia**, em casos de graves de apneia, é exclusivamente do paciente.

26. (FUNRIO – CIETEC – Administração – 2012) Cecília Meireles escreveu: "Há momentos na vida em que sentimos tanto a falta de alguém... que o que mais queremos é tirar esta pessoa de nossos sonhos e abraçá-la." O único termo que não desempenha a função de objeto direto no trecho acima é:
    a) momentos;
    b) a falta de alguém;
    c) esta pessoa;
    d) nossos sonhos;
    e) la.

27. (CONSULPLAN – Pref. Nova Iguaçu/RJ – Professor I – 2012) A expressão que exerce função sintática diferente das demais se encontra na alternativa
    a) Falava o representante da Associação dos Magistrados Brasileiros. (2º §)
    b) Os dois cavalheiros apresentavam reações características do Homo connectus. (4º §)
    c) De vez em quando, um deles guardava o telefoninho no bolso. (4º §)
    d) E se chega uma mensagem? Uma notícia? (4º §)
    e) Às vezes o smartphone exigia mais que um simples olhar. (5º §)

28. (IBFC – Pref. Campinas/SP – Agente de Ação Cultural (Geral) – 2012) Considere os termos destacados nas orações abaixo e assinale a alternativa correta.
    I. Ele gosta **de futebol.**
    II. Ele chorou **de emoção.**
    a) Os dois termos exercem a mesma função sintática.
    b) Em II, o termo destacado exerce a função de objeto indireto.
    c) Em I, o termo destacado exerce a função de objeto direto.
    d) Em II, o termo destacado exerce a função de adjunto adverbial.

29. (CEV-URCA – Vestibular – 2012)
    "E deixo pra Zé Patife,
    Que anda cagando goma,
    Uma **bainha** pros chifre
    E as cueca de Zé Maromba" (linhas 32 a 35)
    Sintaticamente, o termo em destaque é núcleo de:
    a) complemento nominal;
    b) objeto direto;
    c) adjunto adverbial;
    d) adjunto adnominal;
    e) objeto indireto.

30. (FUNDEP – Pref. BH/MG – Técnico Administrativo – 2012) "[...] da morte do velho nasce a vida e a transformação." A expressão sublinhada exerce, nessa frase, a função sintática de;
    a) objeto direto;
    b) objeto indireto;
    c) predicativo;
    d) sujeito.

31. (FUNDEP – Pref. Patrocínio/MG – Agente Administrativo – 2012) "Nos estudos citados pelos autores, vários deles mostram que as pessoas com menos força de vontade são aquelas mais suscetíveis a problemas como alcoolismo, obesidade e vícios em drogas". A expressão sublinhada nessa frase pode ser analisada, *sintaticamente*, como:
    a) adjunto adnominal;
    b) adjunto adverbial;
    c) agente da voz passiva;
    d) predicativo.

32. (FBC – Câmara de Nova Iguaçu/RJ – Agente Administrativo – 2012) Não há complemento nominal em:
    a) Marta envolveu-se numa batalha pela chave do quarto.
    b) A fé na democracia nos anima.
    c) O amor pelo dinheiro pode render muitas frustrações.
    d) Samuel batalhou pelo controle remoto da TV.
    e) É um crime a falsificação de documentos.

33. (IOBV – PM/SC – SOLDADO DA POLÍCIA MILITAR – 2013) Assinale a frase em que o termo destacado é um Objeto Direto Pleonástico:
    a) Aos muito ricos, não OS invejo.
    b) A ele nada LHE devo, contudo ele insiste em me cobrar.
    c) Tudo depende DE VOCÊ.
    d) A mim, Berenice causou-ME muita pena.

34. (CONSULPLAN – MAPA – ADMINISTRADOR – 2014) Considerando as funções estabelecidas sintaticamente pelas palavras em determinada oração, identifique o termo ou expressão destacado(a) cuja função sintática DIFERE dos demais.
    a) "[...] ouvindo as deles e construindo a verdade [...]"
    b) "[...] sociedade em que existem castas sociais inamovíveis."
    c) "Por isso o hábito filosófico de raciocinar nasce na Grécia [...]"
    d) "'Conversar' não é o mesmo que ouvir sermões ou atender a vozes de comando."

35. (CESPE – TJDFT – Técnico Judiciário – 2015) Fragmento de texto:
    A natureza é capaz de produzir materiais preciosos, como o ouro e o cobre – condutor de energia elétrica.
    A oração "de produzir materiais preciosos" e o termo "de energia elétrica" desempenham a mesma função sintática no período.
    ( ) CERTO   ( ) ERRADO

36. (IBFC – EBSERH – Médico – Urologia (HUAP-UFF) – 2016) Em "Não ME falou em amor", o pronome destacado participa da estrutura da oração exercendo a função sintática de:
    a) sujeito.   d) objeto indireto.
    b) objeto direto.   e) adjunto adnominal.
    c) complemento nominal.

37. (CESPE – TRF 1ª R – Analista Judiciário (Taquigrafia) – 2017) Fragmento de texto: "Isso é exemplificado pela luta dos pescadores artesanais da Associação Homens do Mar em defesa do caráter público da Baía da Guanabara e pelas manifestações maciças de ciclistas pelo direito ao espaço público nas cidades".
    No segundo período do terceiro parágrafo, os termos "pela luta", "pelas manifestações" e "pelo direito" funcionam como agentes da passiva.
    ( ) CERTO   ( ) ERRADO

38. (CESPE – MPU – Analista do MPU (Direito) – 2018) Fragmento de texto: *Os mecanismos que reproduzem as desigualdades devem ser revelados de forma que se possibilite seu enfrentamento pela sociedade civil por meio da cidadania ativa, buscando-se o aprofundamento da democracia e a garantia da justiça de gênero, da igualdade racial e dos direitos humanos.*
    Os termos "de gênero", "da igualdade racial" e "dos direitos humanos" complementam a palavra "justiça".
    ( ) CERTO   ( ) ERRADO

39. (FUNDATEC – Prefeitura de Formosa do Sul/SC – Psicólogo – 2019) Em relação ao período a seguir, retirado do texto: "Há COMENTÁRIOS (1) e (2) pontos DE VISTA (3) que podem NOS (4) parecer PROBLEMÁTICOS (5)", assinale o número correspondente ao termo que exerce a função de um objeto direto na construção frasal.
    a) 1.   b) 2.   c) 3.   d) 4.   e) 5.

40. (FUNDATEC – Prefeitura de Santo Augusto/RS – Professor I – 2020) Na oração "Harari conta bastante em seus livros sobre a evolução tecnológica e o desenvolvimento DA INTELIGÊNCIA ARTIFICIAL", o item destacado cumpre, sintaticamente, a função de:
    a) Objeto direto.   d) Complemento nominal.
    b) Objeto indireto.   e) Agente da passiva.
    c) Predicativo do sujeito.

Capítulo 20 • Termos Integrantes da Oração

41. (INSTITUTO AOCP – Prefeitura de João Pessoa/PB – Engenheiro – 2021) Sobre o período "O hábito de cultivar plantas em jardins dentro e fora de casa cresceu durante os meses de pandemia", assinale a alternativa correta.
    a) A expressão "de cultivar plantas" é um objeto indireto.
    b) A expressão "O hábito" é um objeto direto.
    c) O verbo "cultivar" é intransitivo.
    d) O verbo "cresceu" é intransitivo.
    e) A expressão "em jardins" é objeto indireto.

42. (FUNDATEC – Prefeitura de Porto Alegre/RS – Técnico em Enfermagem – 2022) (Adaptada) Em relação ao segmento "para lhes dar uma má notícia", afirma-se que "lhes" é um pronome que funciona como complemento verbal.
    ( ) CERTO   ( ) ERRADO

Gabarito

1. A.
2. B.
3. INCORRETA.
4. C.
5. CORRETA.
6. INCORRETA.
7. ERRADO.
8. ERRADO.
9. CERTO.
10. ERRADO.
11. CERTO.

12. A.
13. A.
14. B.
15. A.
16. INCORRETA.
17. CERTO.
18. A.
19. CERTO.
20. A.
21. A.
22. E.

23. B.
24. C.
25. B.
26. D.
27. C.
28. D.
29. B.
30. D.
31. C.
32. D.
33. A.

34. A.
35. CERTO.
36. D.
37. ERRADO.
38. ERRADO.
39. A.
40. D.
41. D.
42. CERTO.

> Os comentários sobre as questões estão no *Material Complementar* do livro.
> Para acessá-lo, veja o passo a passo na orelha desta obra.

CAPÍTULO 21
TERMOS ACESSÓRIOS DA ORAÇÃO

Definição

O **adjunto adnominal**, **o adjunto adverbial** e o **aposto** formam o conjunto de termos acessórios. São chamados assim, pois (em tese) são dispensáveis à construção de uma oração. O *vocativo* não é um termo acessório, nem integrante, nem essencial, porque não se liga ao verbo nem ao nome, também não faz parte do sujeito nem do predicado, mas, por razões didáticas, é tradicionalmente colocado neste capítulo.

Adjunto Adnominal

O **adjunto adnominal** é um termo sintático que determina, restringe o sentido de um substantivo, caracterizando-o. O próprio sentido da expressão "**ad/junto ad**nominal" indica que é um termo que vem **ao lado, junto do nome**.

As classes gramaticais que podem funcionar como ADN são:

Pronome
Locução adjetiva
Adjetivo
Numeral
Artigo

— *O homem **de negócios** comprou só **um** imóvel: **aquela bela** casa.*
— *Já se encontraram **ambos os** meninos em **certas** vielas **escuras** com pedras **de crack**.*
— *O **primeiro** dia **de aula** cativou **alguns** alunos **estudiosos**.*

 CUIDADO!!!

1) Por inferência, notamos que há adjunto adnominal simples, composto e oracional. Basta ficarmos de olho no(s) núcleo(s). Essas nomenclaturas não caem em prova. Meu objetivo é apenas ilustrar um fato linguístico.

— *A mãe **do Pedro** é muito simpática.* (simples: um núcleo)
— *A mãe **do Pedro e do Paulo** é muito agradável.* (composto: mais de um núcleo)
— *A mulher **que é simpática** conquista as pessoas.* (o adjunto adnominal é oracional, pois apresenta um verbo em sua constituição)

2) Por via de regra, o adjunto adnominal <u>não</u> vem separado por pontuação (vírgula, travessão, parênteses...). Se houver uma enumeração de adjuntos adnominais, aí sim as vírgulas deverão ser usadas: "O livro *maravilhoso, impactante, revelador* e *de grande sucesso* é, até hoje, a Bíblia Sagrada".

3) Breve *déjà vu* da aula de *Substantivo*. Bechara, em sua *Moderna Gramática Portuguesa*, nos ensina que são **adjuntos adnominais** os termos preposicionados sublinhados introduzidos pela preposição expletiva *de* nas construções enfáticas abaixo:

– O **bobo** <u>*do palhaço*</u> *fez todos rirem.*

– A **idiota** <u>*da mulher*</u> *fez um escândalo no banco.*

– A **pobre** <u>*da menina*</u> *está carente.*

– O **infeliz** <u>*do rapaz*</u> *continuava estudando.*

4) Normalmente os adjuntos adnominais, em forma de locução adjetiva, são iniciados por preposições com valor semântico de posse ou de ação (agente). Podem também indicar qualidade, origem, matéria ou outra especificação. Este é mais um dos argumentos para a diferenciação de adjunto adnominal x complemento nominal.

– As mãos **dele** congelaram com o frio. (posse)

– A banda **do César** não emplacou. (posse)

– A divulgação do livro **pela editora** está bem. (agente)

– O aviso **do presidente** foi ouvido por todos. (agente)

– Homens **sem escrúpulos** devem ser disciplinados. (qualidade)

– Só bebo água **da fonte** lá no sítio. (origem)

– Um fio **de aço** suporta esta carga. (matéria)

– A luta **do século** não aconteceu. (restrição)

5) O adjunto adnominal em forma de locução adjetiva pode modificar: um pronome, um numeral ou uma palavra substantivada: *Todos* **da cidadezinha** *assistiram ao show gratuito. / Apenas 60%* **dos atletas** *mantêm-se em forma depois da aposentadoria. / O rebolar* **dela** *é sensual.*

6) Em frases do tipo: "A capacidade *de adaptação* e *de empatia* é do ser humano", não *viaje na maionese* pensando que o *e* liga núcleos do sujeito (um explícito e outro implícito), como se fosse "A capacidade *de adaptação* e (a capacidade) *de empatia* é própria do ser humano". Só o Bechara enxerga esta possibilidade de análise, mas não é assim que vejo cair em prova tampouco assim ensinam 99% dos gramáticos, por isso ignore o ensino dele.

Na verdade, o *e* liga os termos *de adaptação* e *de empatia* ao núcleo do sujeito simples, *capacidade*, por isso o verbo fica no singular. Neste caso, seria um <u>erro</u> se o verbo ficasse no plural, concordando com os núcleos dos termos, isto é, "A capacidade de adaptação e de empatia *são* do ser humano", pois o verbo concorda com o núcleo do sujeito: "A <u>capacidade</u> de adaptação e de empatia <u>é</u> do ser humano". Lembre-se: a conjunção não liga só orações, mas liga termos também.

7) Tanto o advérbio adjetivado quanto o substantivo adjetivado funcionam como adjunto adnominal. Veja os respectivos exemplos: *A um filho **assim**, todos o desejam* e *Os professores **estrela** perderam o emprego.*

Adjunto Adnominal x Agente da Passiva

Nem todo termo iniciado pela preposição *por* é um agente da passiva, portanto não confunda adjunto adnominal com agente da passiva. Veja:

– *Derrotada **pelo Flamengo**, a equipe do Vasco arrumou confusão.* (agente da passiva)
– *A derrota do Vasco **pelo Flamengo** desnorteou os vascaínos.* (adjunto adnominal)

Observação
Note que ambos os termos têm valor agente, mas o agente da passiva vem ligado a um verbo no particípio, já o adjunto adnominal modifica um substantivo. Fácil, não?

Adjunto Adnominal x Complemento Nominal

Chegou a hora tão aguardada dos concurseiros de plantão!
Antes de qualquer coisa, saiba que, normalmente, há dificuldade em reconhecer o CN ou o ADN quando o termo preposicionado pela preposição *de* estiver ligado a um substantivo abstrato. Portanto, preste atenção à diferenciação e siga os critérios para não errar mais!

1ª Dica: Será **sempre ADN** se a expressão preposicionada estiver ligada a substantivo concreto.
– *Comprei o material **de um site famoso**.*

2ª Dica: Normalmente o **ADN** mantém uma relação de posse com o substantivo; a preposição tem valor nocional.
– *A atitude **do professor** foi justa.* (A atitude pertence ao professor, é dele)

3ª Dica: O **CN** tem valor paciente (**normalmente** o seu núcleo não é um ser animado nem personificado, mas o alvo de uma ação) e encontra respaldo na reescritura de voz passiva analítica. Já o **ADN** tem valor agente (**normalmente** o seu núcleo é um ser animado ou personificado, que pratica uma ação) e encontra respaldo na reescritura de voz ativa.
– *A resolução **da questão** foi ótima.* (CN/A questão foi resolvida/valor paciente)
– *A resolução **do professor** foi ótima.* (ADN/O professor resolveu/valor agente)

CUIDADO!!!

1) Nos dois exemplos abaixo, há de se observar se o substantivo antes do CN ou do ADN é abstrato ou concreto, para encontrar a diferença. Mas note que isso é feito pelas noções de agente e paciente, que resolvem 90% dos casos.

– *A invenção **do controle remoto** mudou o século XX.* (CN/O controle remoto foi inventado)
– *A invenção **da empresa norte-americana** mudou o século XX.* (ADN/A empresa norte-americana inventou)

É bom dizer também que, em certos casos, por falta de um contexto maior, pode haver ambiguidade na análise sintática:

– *A matança **dos policiais** precisa acabar!* (Não se sabe se os policiais estão matando – ADN – ou se eles estão sendo mortos – CN).

Depois dessa explicação, dá para errar alguma questão na prova? Duvido! Internalize aos poucos essa diferença, por ler e reler as informações... e praticar, é claro!

A banca FGV adora esse tipo de distinção!

Adjunto Adnominal x Predicativo do Sujeito e do Objeto

Enquanto o **adjunto adnominal** é uma característica ou um estado inerente/permanente de um ser, o **predicativo** é uma característica atribuída a um ser, indicando um estado transitório. Mais especificamente, o predicativo **do objeto** é normalmente uma opinião do sujeito sobre o objeto.

Observação

Outra dica bacana é a seguinte: o **adjunto adnominal** não vem separado por vírgula (travessões ou parênteses) nem distante do nome a que se liga; já o **predicativo pode** vir separado por vírgula (travessões ou parênteses) ou distante do nome a que se refere.

Vejamos alguns exemplos (note as vírgulas):

– *O exame deixou o aluno **preocupado**.* (O aluno não é permanentemente preocupado, logo é um predicativo do objeto.)
– *O aluno **preocupado** negou o erro.* (O aluno é permanentemente preocupado, logo é um adjunto adnominal.)
– *O aluno, **preocupado**, negou o erro.* (O aluno está transitoriamente preocupado, logo é um predicativo do sujeito.)
– *O jurado considerou a cantora **bela e talentosa**.* (O objeto – a cantora – recebeu atributos do sujeito – o jurado –, logo é um predicativo do objeto.)
– *Encontrei a cantora **bela e talentosa** conversando com uma produtora.* (Ser bela e talentosa é uma característica inerente da cantora, logo é um adjunto adnominal.)
– ***Bela e talentosa**, a cantora tinha um grande futuro.* (Neste caso, é a vírgula que determina que se trata de um predicativo do sujeito e não de um adjunto adnominal.)

⚠️ **CUIDADO!!!**

1) Não há dificuldade em diferenciar o **adjunto adnominal** do **predicativo do objeto**.

Passe a frase para a voz passiva analítica; se o adjetivo ficar ao lado do nome, será adjunto adnominal. Moleza!

- *Resolvi uma questão **difícil**. > Uma questão **difícil** foi resolvida por mim.* (ADN nos dois casos, pois o adjetivo ficou "ao lado do nome".)
- *Considerei a questão **difícil**. > A questão foi considerada **difícil** por mim.* (POD no primeiro caso porque, na passagem de voz ativa para passiva, o adjetivo *difícil* não ficou ao lado do nome, o que prova que não é um ADN. Note também que o POD da voz ativa vira PS na voz passiva.)

2) Às vezes, pode existir ambiguidade em uma frase, o que dificultará a análise; portanto, fique atento ao contexto!
- *Achei o homem **perdido**.* (Não se sabe se o sujeito considerou o homem perdido, conotativamente – predicativo do objeto –, ou se o sujeito estava em busca de um homem literalmente perdido e o encontrou – adjunto adnominal.)

Funções Sintáticas dos Pronomes Pessoais Oblíquos Átonos

Depois de termos visto quase todas as funções sintáticas, veja agora as funções que os pronomes oblíquos átonos podem exercer. Preste bastante atenção, que a parada é séria e cai muito em prova!

Me
- *Eu **me** amo, por isso não posso viver sem mim...* (objeto direto)
- *Lascaram-**me** um beijo daqueles!* (objeto indireto)
- *Meu computador sempre **me** foi útil.* (complemento nominal)
- *Roubaram-**me** o carro.* (adjunto adnominal)
- *Deixe-**me** entrar na casa, por favor.* (sujeito)
- *Não **me** tire isso daí, por favor!* (partícula expletiva; não tem função sintática, mas estilística)

 CUIDADO!!!

1) Sobre o terceiro exemplo, vale a pena dizer que Claudio Cezar Henriques, Ulisses Infante & Pasquale Cipro Neto, Faraco & Moura, Celso Pedro Luft dizem que os pronomes oblíquos átonos (exceto *o, a, os, as*) podem exercer função sintática de complemento nominal (Ele sempre foi útil *a mim*). Sacconi diz que são **objetos indiretos por extensão**. Veja uma questão sobre isso, com o pronome *lhe* (vale para os pronomes oblíquos átonos *me, te, se, nos, vos*) exercendo função de complemento nominal:
   Consulte isto: CESPE/UnB – TRE/MS – ANALISTA – 2013 – QUESTÃO 1

   30. (FAB – EEAR – Sargento – 2002) Assinale a alternativa cujo termo destacado classifica-se como complemento nominal.
   a) Arrancaram-lhe as roupas. (= *Arrancaram as suas roupas.* / adjunto adnominal)
   b) Ela nunca lhe desobedece. (= *Ela nunca desobedece a ele.* / objeto indireto)
   c) A sentença foi-lhe favorável. (= ***A sentença foi favorável a ele.*** / complemento nominal)
   d) Júlio devolveu-lhe o livro emprestado. (= *Júlio devolveu a ele o livro emprestado.*/ objeto indireto)

2) Sobre o quarto exemplo, "Roubaram-*me* o carro" equivale a "Roubaram o *meu* carro", o pronome oblíquo tem **valor possessivo**, logo muitos mestres (Ulisses Infante, Pasquale

Cipro Neto, Alfredo Gomes, Claudio Cezar Henriques, Hildebrando André, José Oiticica, João D. Maia, Leila L. Sarmento) analisam-no como **adjunto adnominal**; já outros (Celso Cunha, Evanildo Bechara, Said Ali, Adriano G. Kury, Napoleão M. de Almeida, Gladstone Chaves de Melo, Vilela & Koch) analisam-no como **objeto indireto com valor possessivo**. Bechara também o chama de **dativo de posse**. Sem querer polemizar, nas provas de concurso público, fique com a primeira opinião (adjunto adnominal), pois é assim que vem caindo. Isso também vale para os pronomes oblíquos átonos *te, se, nos, vos, lhe(s)*.

3) **Apesar de entrarmos em um assunto polêmico a partir de agora, ainda assim sugiro que leia (com calma) o que segue.**

Sobre o quinto exemplo (*Deixe-me entrar na casa, por favor*), saiba que a construção formada por verbos causativos *mandar, deixar, fazer, permitir* (e sinônimos) ou sensitivos *ver, ouvir, olhar, sentir* (e sinônimos) seguidos de pronomes oblíquos átonos + verbos no infinitivo ou no gerúndio faz com que os oblíquos tenham função de <u>sujeito</u> do verbo no infinitivo ou no gerúndio. É o chamado *sujeito acusativo*, sempre representado por um pronome oblíquo átono, e não por um pronome reto. Veja:

Mandaram-me entrar. (**E não**: *Mandaram eu entrar*) / *Deixe-as dormir.* (**E não**: *Deixe elas dormirem*) / *Faça-nos cantar.* (**E não**: *Faça nós cantarmos*). As construções com pronomes retos são coloquiais, fora da norma-padrão. Ficou claro? Veja mais: *Viram-me sair.* / *Ouvi-o bater à porta.* / *Nós sentimo-los abraçar-nos.* / *Eu a vi chorando copiosamente.* / *Eles te viram traindo teu marido* / *Ela deixou-se tatuar.*

Tais construções equivalem a *"Mandaram que eu entrasse", "Deixe que elas durmam", "Faça que nós cantemos", "Viram que eu saí", "Ouvi que ele batia à porta", "Nós sentimos que eles nos abraçaram", "Eu vi que ela chorava copiosamente", "Eles viram que tu traías teu marido", "Ela deixou que fosse tatuada".*

<u>Esta é a visão da maioria dos estudiosos</u>: Celso Cunha, Cegalla, Sacconi, Napoleão M. de Almeida, José Oiticica, Cândido de Oliveira, A. Gama Kury, Celso P. Luft, Sílvio Elia e a maioria dos gramáticos modernos, como Faraco & Moura, Pasquale C. Neto & U. Infante, Claudio Cezar Henriques, Maria H. M. Neves, Cláudio Brandão etc. apoiam as construções acima.

Já, <u>no segundo pelotão</u>, Rocha Lima, Said Ali e Eduardo Carlos Pereira dizem que o pronome (nesses casos com verbo causativo/sensitivo + infinitivo) é objeto direto do causativo e sujeito do infinitivo ao mesmo tempo.

Por fim, <u>Evanildo Bechara (atualmente) e J. C. de Azeredo</u>, baseando-se nos estudos de Henrique Maurer Jr., têm opinião bem particular sobre os verbos causativos e sensitivos (dizem que o pronome é objeto e que o verbo no infinitivo constitui uma oração com função de predicativo do objeto).

Ah! Em tempo: Cegalla (que cita exemplo de Celso P. Luft) e Francisco Fernandes nos informam que a construção com o *lhe* (como sujeito) só é aceita se o verbo no infinitivo exigir um complemento direto (objeto direto): "O professor mandou-*lhe* calar a boca" (ou seja, "O professor mandou que *ele* calasse a boca"). Aparentemente isso não cairia em prova, certo? Errado! Consulte: CETRO – ANVISA – ANALISTA ADMINISTRATIVO – 2013 – QUESTÃO 9.

Veja uma questão sobre essa polêmica toda. Note que a banca fica com a opinião da maioria, a saber, o pronome oblíquo tem função de sujeito do infinitivo:

49. (FAB – AFA – Oficial – 2009) Sobre o 3º fragmento do texto acima, é correto afirmar que o:
   a) pronome em destaque no sintagma "deixai-<u>me</u> levar" (l. 22) exerce a função sintática de sujeito da ação verbal "levar". (**Gabarito!**)

Capítulo 21 • Termos Acessórios da Oração **565**

Comentário: Em "deixai-me levar", o *me* é sujeito do infinitivo *levar*, e o sujeito de *deixai* é *vós* (oculto), equivalendo a "... deixai vós que eu leve...".

No entanto, veja esta questão que fica com a visão do segundo grupo:

11. (Cesgranrio – DECEA – Técnico de Defesa e Controle de Tráfego Aéreo – 2009)

" ... e **a** fazem funcionar dentro de padrões éticos." (l. 4-5)

O termo que apresenta função sintática idêntica à do exemplo em destaque é:
   a) "... face à chaga histórica **que** extenua os pobres." (l. 13-14)
   b) "... inibe a audácia **que** os problemas sociais exigem." (l. 27-28)
   c) "Ela equilibra **a** audácia." (l. 32-33)
   d) "O excesso de audácia é **a insensatez**." (l. 40-41)
   e) "Em condições **normais** significa a justa medida," (l. 48-49)

Comentário: A banca deu como gabarito a letra B, em que o pronome relativo *que* exerce função de objeto direto (sobre a função sintática dos pronomes relativos, veja *Orações Subordinadas Adjetivas*), o que indica, consequentemente, que o pronome oblíquo *a* foi visto pela banca como objeto direto do verbo causativo *fazer*. Não obstante a questão deveria ser anulada, pois, segundo a maioria dos gramáticos, o pronome oblíquo exerce função de sujeito do infinitivo; daí que o gabarito deveria ser a letra A, em que o pronome relativo *que* exerce função de sujeito. Polêmicas! Elas não deveriam figurar em prova de concurso, mas as bancas não estão nem aí... Por isso sou detalhista. Nunca se sabe...

Observação

Vale dizer, para deixar você tranquilo, que a maioria das bancas analisa o pronome oblíquo átono como sujeito nesse tipo de construção. Para confirmar isso, consulte: COPE-VE-UFAL – ALGÁS – Assistente de Processos Organizacionais – 2014 – Questão 11 (letra C); FUMARC – CEMIG/MG – Analista de Gestão Administrativa JR – 2018 – Questão 49 (ver letra D). Dica: em construções polêmicas como a que acabamos de estudar, analise bem cada alternativa e marque sempre a *melhor resposta*.

4) Recomenda-se que se use um pronome oblíquo átono para cada verbo (com transitividade diferente) numa estrutura de coordenação: *Os professores **me** encontraram e deram-**me** um conselho*. Note que o verbo *encontrar* é VTD e o verbo *dar* é VTDI. O primeiro tem função de objeto direto, e o segundo, indireto. É possível encontrar isso na gramática do Celso Cunha. Ele diz mais: "um pronome oblíquo átono pode ser complemento de verbos de regências iguais": *Eu **lhe** dei comida e emprestei dinheiro*.

Te

– *"Eu sei que vou **te** amar, por toda a minha vida".* (Tom Jobim) (objeto direto)
– *Nunca mais **te** dirigiram a palavra.* (objeto indireto)
– *Fica tranquila, meu amor, eu sempre **te** serei leal.* (complemento nominal)
– *Beijei-**te** o rosto no passado e beijar-**te**-ei a boca agora.* (adjunto adnominal)
– *Fizeram-**te** realizar o exame duas vezes?* (sujeito)

Se
- *Não saía de casa sem **se** olhar no espelho.* (objeto direto)
- *A menina **se** impôs uma dieta rigorosa.* (objeto indireto)
- *Narciso tinha-**se** grande paixão.* (complemento nominal)
- *O cego costuma deixar-**se** levar pelo guia.* (sujeito)

 CUIDADO!!!

Este pronome oblíquo átono tem cinco classificações: **reflexivo (recíproco)**, **integrante do verbo**, **expletivo**, **indeterminador do sujeito e apassivador**. Nas explicações abaixo, precisarei contar com sua ajuda: seu conhecimento básico sobre transitividade verbal e um pouquinho de voz verbal.

Reflexivo (Recíproco)

Sempre acompanhado de verbo transitivo direto e/ou indireto (VTD/VTI/VTDI). Segundo Bechara, ele "faz refletir sobre o sujeito a ação que ele mesmo praticou". Diz-se que o pronome reflexivo é chamado de **recíproco** quando há mais de um ser no sujeito e o verbo se encontra normalmente no plural.

Ex.: *A menina **se** cortou. / Se está doente, trate-**se**. / A modelo **se** impôs uma dieta muito severa. / Ele **se** achou culpado por ter perdido a luta. / O Brasil já **se** deixou explorar por muito tempo. / O cego costuma deixar-**se** levar pelo guia. / Os namorados **se** deram as mãos.* (recíproco) / *A avó e a neta **se** queriam muito.* (recíproco) / *O casal **se** beijou com vontade.* (recíproco)

 Observação

Em "Dar-**se** ao trabalho..." ou "Dar-**se** o trabalho...", o *se* é pronome reflexivo. No primeiro caso tem função de objeto direto; no segundo, objeto indireto. O fato é que ambas as formas são corretas. Além disso, saiba que outros pronomes oblíquos também podem indicar reflexividade (*me, te*) e reciprocidade (*nos, vos*).

Integrante do Verbo

Pode acompanhar verbo intransitivo (VI), verbo transitivo indireto (VTI) ou verbo de ligação (VL). Baseando-me no Bechara, posso dizer que tais verbos, chamados de pronominais, pois não se conjugam sem a presença do pronome oblíquo, indicam sentimento (*indignar-se, ufanar-se, atrever-se, alegrar-se, admirar-se, lembrar-se, esquecer-se, orgulhar-se, arrepender-se, queixar-se* etc.) ou movimento/atitudes da pessoa em relação ao seu próprio corpo (*sentar-se, suicidar-se, concentrar-se, converter-se, afastar-se, precaver-se* etc.). Por favor, não confunda com pronome reflexivo.

Ex.: *Ele **se** precaveu das pragas. / Ela, infelizmente, suicidou-**se**. / Nunca você deve queixar-**se** da sua vida. / Álvaro tornou-**se** professor.*

Observação

Outros pronomes oblíquos também podem ser integrantes do verbo: *me, te, nos, vos*.

Expletivo

Acompanhado de verbos intransitivos (VI), normalmente. Pode ser retirado da oração sem prejuízo sintático e semântico, pois seu valor é apenas estilístico (ênfase, expressividade), por isso é chamado de partícula de realce.

Capítulo 21 • Termos Acessórios da Oração **567**

Ex.: *Vão-se os anéis, ficam-se os dedos. = Vão os anéis, ficam os dedos. / Ela se tremia de medo do escuro. = Ela tremia de medo do escuro. / Passaram-se anos, e ele não retornou ainda. = Passaram anos, e ele não retornou ainda.*

Indeterminador do Sujeito (Cai muito em prova!)

Sempre acompanha verbos na 3ª pessoa do singular de quaisquer transitividades (verbo de ligação – VL –, VI, VTI, VTD), sem sujeito explícito. No caso do VTD, precisará haver objeto direto preposicionado para que o *se* indetermine o sujeito – note o último exemplo. Tal indeterminação implica um sujeito de valor genérico (generalizador), impreciso.

Ex.: *Lá se era mais feliz.* (VL) / *Aqui se vive em paz.* (VI) / *Lamentavelmente, não se confia mais nos governantes.* (VTI) / *Já não mais se ama a Deus nesta Igreja.* (VTD)

De leve, veja uma questãozinha sobre isso:

2. (Esaf – AFRFB – 2009) Em relação ao texto, assinale a opção correta.

> "Há alguma esperança de que a diminuição do desmatamento no Brasil **possa se manter** e não seja apenas, e mais uma vez, o reflexo da redução das atividades econômicas causada pela crise global. Mas as notícias ruins agora vêm de outras frentes. As emissões de gases **que provocam o efeito estufa pela indústria** cresceram 77% entre 1994 e 2007, segundo estimativas do Ministério do Meio Ambiente a partir de dados do IBGE e da Empresa de Pesquisa Energética. Para piorar, as fontes de energia **se tornaram** mais "sujas", com o aumento de 122% do CO_2 lançado na atmosfera, percentual muito acima dos 71% da ampliação da geração no período. Assim, enquanto as emissões por desmatamento tendem a se reduzir para algo entre 55% e 60% do total, as da indústria e do uso de combustíveis fósseis ganham mais força".

a) Em "possa se manter" o pronome "se" indica sujeito indeterminado.

b) O termo "causada" está no singular e no feminino porque concorda com "esperança".

c) O termo "enquanto" confere ao período uma relação de consequência.

d) Em "se tornaram" o pronome "se" indica voz passiva.

e) O segmento "que provocam o efeito estufa pela indústria" consttitui oração subordinada adjetiva restritiva.

Gabarito: E. Na letra A, a palavra *se* indica voz passiva por se tratar de uma partícula apassivadora (possa se manter = possa ser mantida). Na letra D, a palavra *se* é parte integrante do verbo, pois ele é um verbo pronominal: ***tornar-se***.

Apassivador (Cai muito em prova!)

Sempre acompanha VTD ou VTDI para indicar que o sujeito explícito da frase tem valor paciente, ou seja, sofre a ação verbal. Sempre é possível reescrever a frase passando para a voz passiva analítica, ou seja, transformando o verbo em locução verbal (***ser + particípio***).

Ex.: *Alugavam-se apartamentos aqui. = Apartamentos eram alugados aqui. / Sabe-se que as línguas evoluem. = É sabido que as línguas evoluem. / Jabuticaba se chupa no pé. = Jabuticaba é chupada no pé. / Guerra se faz com armas. = Guerra é feita com armas. / Fez-se-lhe uma homenagem. = Uma homenagem foi feita a ele. / Amores não se compram = Amores não são comprados.*

🔍 **Observação**

Há casos que podem causar certa confusão, dependendo da posição dos termos, mas vale o bom senso: *As duas mulheres não se beijaram naquela festa.* As duas mulheres não foram beijadas ou uma não beijou a outra? Pronome reflexivo recíproco ou partícula apassivadora? Creio que a primeira impressão seja de reciprocidade, logo o *se* é um reflexivo recíproco. Na inversão, muda-se a análise, pois normalmente o *se* apassivador vem seguido de seu sujeito: *Não se beijaram as duas mulheres naquela festa.* Fique esperto!

Nos
- *Você só **nos** ajuda por interesse.* (objeto direto)
- *Ofereceram-**nos** sociedade na empresa ontem.* (objeto indireto)
- *Os três **nos** eram bem próximos.* (complemento nominal)
- *Nosso time **nos** tirou a paciência há muito tempo.* (adjunto adnominal)
- *Não é de hoje que **nos** sentimos formar um ótimo casal.* (sujeito)

Vos
- *Vós ainda **vos** amais?* (objeto direto)
- *Resta-**vos** agora mudar certos traços nocivos de personalidade.* (objeto indireto)
- *Eles **vos** têm muito respeito.* (complemento nominal)
- *Vossos namorados **vos** roubaram a pureza?* (adjunto adnominal)
- *Deixo-**vos** mantendo meu legado, meus filhos!* (sujeito)

Lhe / Lhes (Cai muito em prova!)
- *Procure o senhorio e pague-**lhe** o aluguel.* (objeto indireto)
- *Uma ideia **lhe** veio à mente.* (= veio à sua mente; adjunto adnominal (posse))*
- *Incrivelmente, o cigarro nunca **lhe** foi prejudicial.* (complemento nominal)
- *Fiz-**lhes** repensar o motivo de estar ali.* (sujeito do infinitivo)

 CUIDADO!!!

* Os gramáticos dizem que, neste contexto, o *lhe* é também excelente recurso de estilo. Falando nisso, para calar a boca daqueles que dizem não haver questão sobre pronome oblíquo átono com valor possessivo e com função de adjunto adnominal, eis aí umazinha:

30. (EAGS – Aeronáutica – Sargento – 2010) Leia:
    O pardalzinho nasceu
    Livre. Quebraram-**lhe** a asa.
    Sacha **lhe** deu uma casa,
    Água, comida e carinhos.

    Os termos destacados, no texto acima, classificam-se respectivamente em:
    a) objeto indireto e objeto indireto;
    b) **adjunto adnominal e objeto indireto; (Gabarito!)**
    c) objeto indireto e adjunto adnominal;
    d) adjunto adnominal e adjunto adnominal;

    Outra questão sobre isso é encontrada em:

29. (Cesgranrio – FUNASA – Administrador – 2009) Na passagem "Eugênio examinava-lhe as mudanças do rosto com comovida atenção.", o pronome oblíquo **lhe** exerce função sintática idêntica ao termo destacado em:
    a) "Olívia se aproximou **de Eugênio**..."
    b) "A enfermeira juntava **os ferros**."
    c) "A respiração voltava **lentamente**,"
    d) "Vencera! Salvara a vida **de uma criança**!"
    e) "Sentia-se **leve e aéreo**."

Capítulo 21 • Termos Acessórios da Oração   **569**

Gabarito: D. Tanto o *lhe* como *de uma criança* apresentam valor possessivo e ambos os termos exercem função sintática de adjunto adnominal.

\# Cegalla e Luft indicam que o *lhe* exerce função sintática de sujeito dentro de estrutura com verbos causativos e sensitivos se o verbo seguinte no infinitivo exigir um complemento direto (objeto direto): "O professor mandou-**lhe** calar a boca" (ou seja, "O professor mandou que **ele** calasse a boca"). Bechara, em seus livros antigos de sintaxe, apoiava tal tese. Só encontrei uma questãozinha sobre isso... antiiiiiiga:

30. (MPE/RJ – CGJ/RJ – Corregedor – 1998) Assinale a frase em que há erro no emprego de **o** ou **lhe**:
    a) Mandei-o visitar os pais em Petrópolis;
    b) Mandei-lhe visitar os pais em Petrópolis;
    c) Eu lhe felicitarei pela vitória; (**Gabarito!**)
    d) Não lhe assiste o direito de protestar;
    e) A verdade é que eu lhe quero muito bem.

Gabarito: C. O verbo felicitar é VTD, por isso exige complemento direto (objeto direto), função nunca exercida por *lhe*. **Mas note a letra B!** Note o *lhe* com função de sujeito do infinitivo: *Mandei-lhe visitar os pais em Petrópolis. = Mandei que ele visitasse os pais em Petrópolis.*

1)   Lembra-se da música do Moraes Moreira "Eu ia *lhe* chamar enquanto corria a barca..."? O que acha do uso do *lhe* neste caso? I-na-de-qua-do à norma culta!

O verbo chamar é transitivo direto (VTD), logo o *lhe* não pode ser complemento de um VTD, pois ele nunca exerce função de objeto direto. Normalmente sua função é de objeto indireto – nunca objeto direto, ok?

Deveria ser, então: "Eu ia *te* chamar..." ou "Eu ia chamá-*lo*..." etc., sem *lhe*.

2)   Agora veja este exemplo: "Vi o filme que me recomendou, apesar de não ter querido assistir-*lhe*".

Nossa! Assistir-**lhe**? Não "rola", não é? "Por que, Pestana, se o *lhe* exerce função de OI, e o verbo assistir é VTI? O *lhe* não pode ser substituído por *a ele(a/s)*? Eu me lembro dessa explicação!"

É verdade, mas calma! A força da gramática tradicional ainda diz que o *lhe* não substitui complemento de certos verbos, como *assistir, aspirar, referir-se, aludir, recorrer* etc. Está claro? É regra. Portanto, a frase acima deveria ser assim: "Vi o filme que você me recomendou, apesar de não ter querido assistir *a ele*".

Entenda melhor (por trás da regra): O *lhe* não é usado como complemento de alguns verbos, como *aludir, anuir, aceder, aspirar (almejar), assistir (ver), escarnecer, proceder, presidir, recorrer, referir (aludir), visar (almejar)*, pois ele é um complemento que representa o ser beneficiado ou o alvo de uma ação: "Eu atribuí a notícia ao jornal (ser beneficiado/alvo)". Portanto, ele não pode substituir complemento desses verbos, uma vez que o sentido deles não contempla tal possibilidade, isto é: não se assiste a alguém, não se aspira a alguém, não se visa a alguém, como se este "alguém" estivesse sendo beneficiado por outra pessoa ou coisa. Aí, você me pergunta: "Qual é o equívoco gramatical em dizer 'Eu assisti à peça.' ou 'Eu assisti-lhe.'?" Resposta: "O equívoco está em o verbo não indicar que algum ser é o beneficiário da ação expressa pelo verbo", isto é, 'a peça' não se está beneficiando de nada, quando eu assisto a ela. É por isso que, nesses casos, não usamos o pronome oblíquo átono *lhe(s)* como complemento, mas sim o pronome oblíquo tônico 'a ele(a/s)'".

3) Alguns gramáticos modernos, como Pasquale Cipro Neto e Ulisses Infante, dizem que o **lhe** só substitui **pessoa**. Veja, porém, que isso não é verdade, pois o gramático Rocha Lima, Bechara e a Academia Brasileira de Letras pensam diferente (e, para *sacramentar*, as questões da FCC corroboram o que dizem tais fontes). Leia o ensino da ABL:

ABL RESPONDE
Pergunta: Consultei uma gramática tradicional que afirma que o pronome oblíquo átono *lhe* só substitui pessoas. Mas, em "Paguei-lhe (ao banco) a dívida" e "Dei-lhe (no cachorro) um trato", o *lhe* está usado erradamente? Não entendo! Por favor, ajudem! Grato!
Resposta: "O objeto indireto é o complemento que representa a pessoa ou coisa a que se destina a ação, ou em cujo proveito ou prejuízo ela se realiza".
Ex.: <u>Aos</u> meus <u>escritos</u>, não <u>lhes</u> dava importância nenhuma. *Lhes* é objeto indireto em relação a escritos, portanto, coisa. "Fiquei só com oito ou dez <u>cartas</u> para reler algum dia e dar-<u>lhes</u> o mesmo fim." (Machado de Assis, *Memorial de Aires*).
Falou, tá falado! Logo, esse papo de *lhe só* substituir **pessoa** é furado. Você verá as questões da FCC à frente... aguarde.

O, a, os, as
– *Levei-**o**, levei-**a**, levei-**os** e levei-**as** ao Forte de Copacabana.* (objeto direto)
– *Nunca **os** vi namorar com volúpia, eram discretos.* (sujeito do infinitivo)

> **Observação**
> Vale muito a pena dizer que estes pronomes oblíquos átonos de 3ª pessoa exercem 99% das vezes função de objeto direto! "Por que você fez este adendo, Pestana?" Simples, meu nobre. Já vi muita gente boa cometendo deslizes do tipo: "Eu vou informá-**lo** a verdade". O problema é que quem informa informa algo **a alguém** (objeto indireto). A frase, de acordo com a norma culta, deveria ser: "Eu vou informar-**lhe** a verdade". O *lhe*, sim, exerce função de objeto indireto. No entanto, o verbo informar tem dupla regência, e também pode manter relação com seus complementos da seguinte maneira: quem informa informa **alguém** de algo, de modo que também poderíamos escrever assim: "Eu vou informá-**lo** da verdade". **Estude *Regência Verbal*!**

Adjunto Adverbial

Se você sabe identificar um advérbio e uma locução adverbial numa frase, sensacional! Normalmente, todo advérbio ou locução adverbial exercem função sintática de **adjunto adverbial**. Releia o capítulo de advérbio, se necessário.

Além do advérbio e da locução adverbial, o adjetivo adverbializado, o pronome relativo e o pronome pessoal também podem exercer função sintática de adjunto adverbial. Vejamos os respectivos exemplos:
– ***Ontem**, votei.* (adjunto adverbial de tempo)
– ***Pela manhã**, decidi caminhar.* (adjunto adverbial de tempo)

Capítulo 21 • Termos Acessórios da Oração **571**

– *Falaram **sério** sobre nossa postura.* (adjunto adverbial de modo)
– *A sobreloja, **onde** ele também morava, estava em estado calamitoso.* (adjunto adverbial de lugar)
– *Os rapazes saíram **conosco**, pois iríamos apresentar-lhes as moças.* (adjunto adverbial de companhia)

Vejamos alguns adjuntos adverbiais mais cobrados (e outros nem tanto):

Afirmação: ***Certamente** passarei na prova.*
Negação: ***Não** vou desistir de meus sonhos.*
Modo: *Agiu **de coração**, mas foi sabotado.*
Tempo: ***Anteontem** foi o melhor dia da minha vida.*

> **Observação**
>
> Certos adjuntos adverbiais de tempo vêm em forma de locução adverbial não preposicionada: "Ela reinou ***largo tempo*** no Egito".

Lugar: *Cheguei **à sala** na hora certa, mas entrei atrasado **no assunto***.

> **Observação**
>
> Segundo Carlos Góis, quando o adjunto adverbial de lugar for uma pessoa ou um lugar imaginário, será analisado como **adjunto adverbial de lugar virtual**. Sacconi corrobora isso. Segundo Bechara, certos termos podem indicar lugar e/ou tempo, como em "Encontrei minha namorada ***numa festa***". Sendo assim, *numa festa* poderia ser classificado como adjunto adverbial de lugar ou de tempo.

Dúvida: *A velhice **talvez** tenha cura.*
Intensidade: *Ficou **absolutamente** realizado.*
Causa: *O homem suava **com aquele calor carioca**.*
Concessão: ***A despeito dos problemas**, tivemos êxito.*
Conformidade: *Faça tudo **conforme os regulamentos**.*
Finalidade: *Ele viajou **para negociar**.*

> **Observação**
>
> Neste caso, estamos diante de um adjunto adverbial oracional, ou seja, um adjunto adverbial em forma de oração, pois tal expressão é constituída de verbo. Há muitas orações com função de adjunto adverbial. Veremos todas elas em *Orações Subordinadas Adverbiais*.

Condição: ***Sem educação**, não há progresso.*
Meio: *Prefiro ir **de ônibus** a pegar avião.*
Instrumento: *Escrevi quinhentas páginas **a caneta**.*
Assunto: *Ele só fala **de política**.*

Observação

Certos dicionários de regência, como o de Francisco Fernandes e do Celso P. Luft, entendem que *de política* é um objeto indireto, pois veem o verbo falar como VTI. No entanto, Bechara é bem taxativo em dizer que se trata de um adjunto adverbial de assunto (ou **matéria tratada**), logo falar seria intransitivo... polêmicas... No capítulo de *Regência* voltarei a falar sobre isso.

Companhia: *Com ou sem você, preciso prosseguir em minha jornada.*
Preço: *Meu carro não custou **caro**.*
Matéria: *Fabricamos **com plástico** esses copos.*
Reciprocidade: ***Entre mim e ti** sempre houve amor.*

Observação

Por inferência, notamos que há adjunto adverbial simples, composto, pleonástico e oracional. Basta ficarmos de olho no(s) núcleo(s). Essas nomenclaturas não caem em prova. Meu objetivo é apenas ilustrar um fato linguístico.

– ***De noite**, fui estudar.* (simples: um núcleo)
– ***Dia e noite**, fico estudando.* (composto: mais de um núcleo)
– *Ao fim do mundo, sou capaz de ir com você **até lá**.* (pleonástico)
– ***Quando estudo**, fico calmo.* (o adjunto adverbial – indicando tempo – é oracional, pois apresenta um verbo em sua constituição)

Adjunto Adverbial x Adjunto Adnominal

Lembre-se sempre do básico: tradicionalmente, o **adjunto adverbial** modifica um verbo, um adjetivo ou outro advérbio; já o **adjunto adnominal** modifica um substantivo. Assim, por mais que o adjunto adnominal tenha valor semântico de lugar, por exemplo, perceba a relação sin-tá-ti-ca, isto é, adjunto adnominal se liga a substantivo e adjunto adverbial se liga a verbo, adjetivo ou outro advérbio, ok? Veja:

– *Nada como uma casa **em cima de uma montanha**!* (adjunto adnominal, pois modifica *casa*)
– *Já morei muitos anos **em cima de uma montanha**!* (adjunto adverbial de lugar, pois modifica *morar*)
– *O homem **com a maleta** entrou no avião.* (adjunto adnominal, pois modifica *homem*)
– *O homem entrou **com a maleta** no avião.* (adjunto adverbial, pois modifica *entrar*)
– *Preciso de **muito** pensamento positivo.* (adjunto adnominal, pois modifica *pensamento*)
– *As pessoas vêm trabalhando **muito**.* (adjunto adverbial de intensidade, pois modifica *trabalhar*)

Observação

Há certos momentos, por falta de contexto maior, que a análise dos termos sintáticos pode ser dupla. Veja uma questão sobre isso:

14. (FAB – EAGS – Sargento – 2010) Assinale a alternativa em que um termo da frase pode ser classificado tanto como adjunto adverbial quanto como adjunto adnominal.
   a) Vagarosamente, ele partiu alinhavando, em meu coração, uma imensa saudade.
   b) Atônitos, os moradores saíram à rua para verificar o estrondo.
   c) **A professora de Português observava os alunos da classe. (Gabarito!)**
   d) Com ternura, os pais acariciavam o filho doente.

Comentário: Não se sabe se ela estava dentro da classe observando os alunos (adjunto adverbial de lugar) ou se ela estava observando os alunos que pertencem à classe (adjunto adnominal).

Adjunto Adverbial x Objeto Indireto

O fato de muitos adjuntos adverbiais virem introduzidos por preposição não deve gerar confusão com o objeto indireto (termo sempre preposicionado).

O **adjunto adverbial** modifica o sentido de um verbo, expressando uma circunstância (lugar, meio, companhia...), já o objeto indireto apenas complementa o sentido do verbo transitivo indireto. Veja:

— *Viajei* **de trem**. (adjunto adverbial de meio)
— *Não gosto* **de trem**. (objeto indireto)
— *Não saia* **de casa**. (adjunto adverbial de lugar)
— *Não duvide* **de mim**. (objeto indireto)
— **Com Pedro** *você pode caminhar*. (adjunto adverbial de companhia)
— *Concordo* **com você**. (objeto indireto)

Déjà vu: Cuidado com os verbos *ir, chegar, voltar, regressar, partir, retornar, morar, residir, habitar* e sinônimos, pois eles "aparentemente" exigem um objeto indireto, mas na verdade são apenas especificados por um adjunto adverbial indicando **lugar**. Tais verbos são acompanhados de adjunto adverbial de lugar, pois, caso contrário, o interlocutor não entenderia plenamente uma frase como esta: "Você sabia que ele foi?" (Pergunta óbvia: Ele foi **aonde**?). Estes verbos precisam de um **circunstancial** de lugar, e não de um **complemento**. Há muita polêmica em torno disso. Rocha Lima, por exemplo, fala em "complemento circunstancial". Celso P. Luft considera a possibilidade de tais verbos serem transitivos indiretos.

Adjunto Adverbial x Predicativo do Sujeito

Lembre-se de que o **adjunto adverbial** (advérbio) modifica verbo, adjetivo ou outro advérbio; já os **predicativos** (adjetivo, normalmente) modificam um termo de valor substantivo.

— *O aluno falou* **sério** *com o professor*. (adjunto adverbial de modo)
— *O aluno continua* **sério**. (predicativo do sujeito)

Observação
Tratei bem deste assunto no capítulo de *Advérbio*. Revisite!

Adjunto Adverbial x Agente da Passiva

Nem todo termo introduzido pela preposição *por (pelo(a/s))* é um agente da passiva. Principalmente se o núcleo não for um ser animado ou personificado. Por isso, não confunda adjunto adverbial de causa (como nos exemplos abaixo) com agente da passiva.

– *O aluno foi premiado **por sua apresentação**.*

– *A corrupção foi novamente discutida **pelos constantes casos de lavagem de dinheiro**.*

Note que *foi premiado* e *foi discutida* são locuções verbais de voz passiva analítica, ou seja, existe, sim, um agente da passiva nas frases acima, mas ele está *apagado*, indeterminado. É como se houvesse na frase um agente da passiva seguido de um adjunto adverbial de causa. Veja as reescrituras para ficar mais claro:

– *O aluno foi premiado **por alguém*** (agente da passiva) ***por causa de sua apresentação*** (adjunto adverbial de causa).

– *A corrupção foi novamente discutida **por alguém*** (agente da passiva) ***por causa dos constantes casos de lavagem de dinheiro*** (adjunto adverbial de causa).

> **Observação**
> Consulte: FUNDEP – PREF. BH/MG – TÉCNICO (NÍVEL SUPERIOR) – 2012 – QUESTÃO 11; FGV – CODEBA – ECONOMISTA – 2016 – QUESTÃO 1.

Aposto

O **aposto** é um termo sempre de valor substantivo (nunca adjetivo!) que explica, esclarece, desenvolve, resume outro termo sintático antecedente.

– *Nós voltamos a estudar, **minha namorada e eu**, depois de dois anos.* (aposto do sujeito)

– *Ela era a famosa Regina Duarte – **grande atriz da televisão brasileira**.* (aposto do predicativo do sujeito)

– *Considerei-o como o novo Chacrinha: **grande apresentador do século XX**.* (aposto do predicativo do objeto)

– *Duas propostas tenho de lhe fazer: **uma positiva e outra negativa**.* (aposto do objeto direto)

– *Disse aos meus filhos **Pedro e João** que iria viajar.* (aposto do objeto indireto)

– *A recepção ao autor, **Carlos Drummond de Andrade**, foi esfuziante.* (aposto do complemento nominal)

– *O atual presidente foi muito criticado pelo ex-presidente, **Carlos da Silva**.* (aposto do agente da passiva)

– *O monumento da cidade **do Rio de Janeiro** foi tombado.* (aposto do adjunto adnominal)

– *Peguei o carro lá, **na oficina**, às dezoito horas, **a hora do rush**.* (apostos dos adjuntos adverbiais)

– *O senhor Arnaldo, um grande mestre do jiu-jítsu (**professor faixa preta e vermelha**), treinou com a família Gracie.* (aposto do aposto)

– *Pai, **meu melhor amigo**, estou precisando de dinheiro para sair.* (aposto do vocativo)

Capítulo 21 • Termos Acessórios da Oração   **575**

> **Observação**
>
> Por inferência, notamos que há aposto simples, composto e oracional. Basta ficarmos de olho no(s) núcleo(s). Essas nomenclaturas não caem em prova. Meu objetivo é apenas ilustrar um fato linguístico.
>
> – *Marlene, **minha mãe**, é linda*. (simples: um núcleo)
> – *Elas, **Lúcia e Regina**, são irmãs*. (composto: mais de um núcleo)
> – *Tenho um sonho: **presenciar a justiça de Deus***. (o aposto é oracional, pois apresenta um verbo em sua constituição)
>
> Só de curiosidade: O plural de aposto é apostos (pronuncia-se *aPÓStos*).

Classificação do Aposto

Diz-se que o aposto é um termo de valor substantivo **B** que reitera um termo **A**, numa "fórmula" A = B. Por isso, Celso Cunha diz que o aposto tem o mesmo valor sintático do termo a que se refere, ou seja, o aposto pode substituir o termo referido porque A = B. Isso caiu em prova, inclusive: CESPE/UnB – FUB – NÍVEL MÉDIO – 2015 – QUESTÃO 11.

Trocando em miúdos: o "aposto" é sempre igual ao "anteposto".

– *Carmen Miranda, **a Pequena Notável**, fez sucesso no Brasil e no mundo.*

      A   =   **B**

Há seis tipos de aposto, cujo núcleo pode ser um substantivo, um pronome, um numeral, uma palavra substantivada ou uma oração. Vamos a eles!

1) Explicativo

– *Carolina, **uma ótima pessoa**, e seu amigo, **um idiota**, estavam íntimos demais.*
– *Algo o incomodava frequentemente: **suas brigas com a esposa**.*
– *Deus – **o grande assunto dos embates entre ateus e crentes** – analisa o coração.*
– *Pelé **(o Rei do Futebol)** será um dia superado?*
– *Machado de Assis, **como grande romancista brasileiro**, nunca foi superado.*

> **Observação**
>
> Como se viu, este aposto sempre vem separado por pontuação: vírgula, dois-pontos, travessão ou parênteses. Note também que o aposto pode ser iniciado pela preposição acidental *como*.
>
> Vale dizer que alguns estudiosos abordam um tipo de aposto explicativo chamado *aposto circunstancial*, quando se subentende uma circunstância adverbial como a comparação (daí alguns estudiosos também cunharem "aposto comparativo": ocorre quando há uma comparação entre o aposto e o termo a que se refere). Exemplo: *A inflação, **monstro devorador de salários**, pode arruinar um país.*

2) Especificativo

– *No mês **de novembro**, a presidenta **Dilma** foi eleita e usou a palavra **satisfação** no seu discurso.*
– *Dona **Carlota Joaquina** causou muita polêmica ao vir para o Brasil.*

CUIDADO!!!

1) Note que o aposto especificativo não vem separado por pontuação alguma e é um termo que tem o mesmo valor semântico da palavra especificada anterior, ou seja, em "presidenta Dilma", *Dilma* é o quê? Uma presidenta. Existem vários presidentes, e a palavra especificadora *Dilma* aponta qual presidente é.

2) Interessante: a semântica, a sintaxe e a vírgula (aposto explicativo e aposto especificativo):
   – *Disse aos meus filhos,* **Pedro e João**, *que iria viajar.* (o falante tem dois filhos apenas)
   – *Disse aos meus filhos* **Pedro e João** *que iria viajar.* (existe a possibilidade de o falante ter mais filhos)

3) **Distributivo**
   – *Tenho dois filhos:* **um** *baixinho,* **outro** *altinho.*
   – *Mussolini e Hitler foram dois cruéis ditadores,* **aquele com o sistema fascista e este com o sistema nazista.**

Neste caso, normalmente os apostos vêm retomando dois ou três termos anteriores.

4) **Enumerativo**
   – *Atenderemos a todos:* **homens**, **mulheres**, **velhos** *e* **crianças**.
   – *Apenas três coisas me tiravam do sério, a saber,* **preconceito, antipatia e arrogância**.
   – *Alguns países da Europa não são banhados pelo mar –* **por exemplo, Áustria, Suíça, Vaticano** *etc.*

Observação
Note que os apostos podem ser iniciados por expressões explicativas, como *isto é, ou seja, a saber, por exemplo...*

5) **Resumitivo/Recapitulativo**
   – *Brasil, Costa Rica, México, Uruguai, isto é,* **nenhum** *é um país desenvolvido.*
   – *Irei a Macau, Cabo Verde, Angola e Timor-Leste,* **lugares** *onde se fala português.*

Observação
Normalmente este tipo de aposto é representado pelos pronomes indefinidos *nada, ninguém, nenhum, tudo, todo(a/s)*.

6) **De uma Oração**
   Pode se referir a uma oração inteira por meio das palavras *sinal, coisa, fato, motivo, razão*.

- *As nuvens estão chegando, **o** que pode aborrecer a todos.* (ou seja, *"isso"* – o fato de as nuvens estarem chegando – *pode aborrecer a todos"*; o vocábulo **que** depois do "o" é um pronome relativo)*
- *O noticiário disse que amanhã fará muito calor – **ideia** que muito me agrada.*

* Esse tipo cai muito em prova!

CUIDADO!!!

1) O aposto pode aparecer <u>antes</u> do termo a que se refere, normalmente antes do sujeito, como no exemplo abaixo:

   – ***O maior piloto brasileiro de todos os tempos**, Ayrton Senna marcou uma geração.*

   Consulte uma questão sobre isso: FAB – EAGS – SARGENTO – 2008 – QUESTÃO 33.

2) Segundo Cegalla, quando o aposto se refere a um termo preposicionado, pode ele vir igualmente preposicionado.

   – *"De cobras, (de) morcegos, (de) bichos, **de tudo** ela tinha medo".*

3) **Nunca vi em prova alguma o que direi agora, por isso decida se vai ou não pular esta observação.** Estudiosos modernos, na contramão da classificação de aposto como termo de valor substantivo, apoiam o fato linguístico de que o aposto pode ter núcleo adjetivo ou adverbial, em construções como estas:

   – *Tuas pestanas eram assim: <u>finas e curvas</u>.* (adjetivos; aposto do predicativo do sujeito)
   – *Falou comigo deste modo: <u>calma e maliciosamente</u>.* (advérbios; aposto do adjunto adverbial de modo)

Aposto x Adjunto Adnominal

Apesar da semelhança, é fácil distinguir o aposto especificativo do adjunto adnominal.

> **Observação**
>
> Há correspondência semântica entre o aposto e o termo a que se refere; é possível retirar a preposição que precede o aposto, normalmente. O adjunto não tem correspondência semântica e, se a preposição for retirada, a estrutura ficará esdrúxula.

– *A cidade **(de) Fortaleza** é quente.* (aposto especificativo / Fortaleza é uma cidade)
– *O clima **de Fortaleza** é quente.* (adjunto adnominal / Fortaleza é um clima?)

> **Observação**
>
> Conheça outros apostos especificativos: *a capital **de Belo Horizonte**, a cidade **do Rio de Janeiro**, o estádio **do Maracanã**, o ano **de 2012**, o mês **de setembro**, a festa **de carnaval**, o nome **de Jeová**, os bairros **de Irajá, Vaz Lobo e Madureira**...*

Aposto x Predicativo do Sujeito

Lembre-se de algo básico: o aposto não pode ser um adjetivo nem ter núcleo adjetivo, logo... a diferença é facílima! Veja:

– *Muito desesperado*, *João perdeu o controle.* (predicativo do sujeito; núcleo: desesperado – adjetivo)

– *Homem desesperado*, *João sempre perde o controle.* (aposto; núcleo: homem – substantivo)

Vocativo

O **vocativo** é o termo que põe em evidência algum ser a quem se dirige; indica a invocação de alguém ou algo; vem sempre separado por vírgula; pode se deslocar pela oração. Muito encontrado em textos injuntivos, em que o locutor do texto se dirige diretamente ao interlocutor.

– *Só tem uma garrafa, mãe!*

– *Ó querida*, *não faça isso comigo...* (todo termo será um vocativo se acompanhado de *ó*)

> ### Observação
>
> Por inferência, notamos que há vocativo simples, composto e oracional. Basta ficarmos de olho no(s) núcleo(s). Essas nomenclaturas não caem em prova. Meu objetivo é apenas ilustrar um fato linguístico.
>
> – *Amigo*, *escuta-me.* (simples: um núcleo)
>
> – *Companheiros e companheiras*, *escutem a verdade.* (composto: mais de um núcleo)
>
> – *Quem estiver atento*, *por favor, o diretor quer falar.* (o vocativo é oracional, pois apresenta um verbo em sua constituição)
>
> * Quem corrobora o **vocativo oracional** é o gramático Ulisses Infante. Nunca vi em prova alguma!

Vocativo x Aposto

O vocativo não mantém relação sintática com nenhum termo de uma oração, diferente do aposto.

– *Solte os rapazes, senhor, urgentemente.* (vocativo; não se refere a termo algum da oração)

– *Os rapazes, amigos entre si, são honestos.* (aposto; refere a "os rapazes")

> ### Observação
>
> Pode haver ambiguidade entre vocativo e aposto; só o contexto desfará a ambiguidade: "Aqueles candidatos, **meus alunos**, passaram na prova".
>
> Às vezes, a vírgula faz toda a diferença para diferenciarmos o vocativo do sujeito:
>
> – *Marcos*, *o professor de História chegou.* (vocativo)
>
> – *Marcos*, *o professor de História, chegou.* (sujeito)
>
> *Note também que a segunda vírgula tornou o sujeito da primeira frase em aposto da segunda.*

Capítulo 21 • Termos Acessórios da Oração   **579**

 **O Que Cai Mais na Prova?**

Normalmente a diferença entre complemento nominal e adjunto adnominal é a *menina dos olhos* das bancas. Correndo por fora, vem o aposto. Por isso, neste capítulo, sugiro que domine os conceitos de adjunto adnominal e aposto. Manda ver!

> *Concurseiro(a), quer uma dica de irmão? Guarde no seu coração o que vai ler agora: NUNCA DEIXE DE FAZER SEU PRÓPRIO RESUMO DE CADA CAPÍTULO. Esse processo cognitivo é* **extremamente** *valioso. Eu poderia ser legalzinho e fofinho pondo um quadro-resumo do que vimos no capítulo, mas, se fizesse isso, estaria sabotando você, impedindo-o(a) de ter esse trabalho de internalização imprescindível do conteúdo.* **Por favor, não pule essa etapa!!!** *Mesmo que seu resumo fique gigantesco (não vá escrever outra gramática... rsrs), nunca deixe de fazê-lo, para o seu próprio bem! Seu cérebro agradece e, quando passar no concurso, sua conta no banco também. Vá fundo na missão!* 👍

Questões de Concursos

1. (FAB – EEAR – Sargento – 2003) Assinale a alternativa que classifica, correta e respectivamente, os termos grifados no período "A manutenção <u>das estradas</u> é fundamental <u>para nossa segurança</u>".
    a) complemento nominal – complemento nominal.
    b) complemento nominal – adjunto adnominal.
    c) adjunto adnominal – complemento nominal.
    d) adjunto adnominal – adjunto adnominal.

2. (FAB – EEAR – Cabo – 2008) Em todas as alternativas, o termo **"pelo rio"** classifica-se como adjunto adverbial. Apenas em uma ele também pode ser classificado como agente da passiva. Identifique essa alternativa.
    a) Durante a noite, os caçadores levaram alguns animais pelo rio.
    b) Durante a noite, alguns animais foram levados pelo rio.
    c) Durante a noite, levaram-se alguns animais pelo rio.
    d) Durante a noite, levaram alguns animais pelo rio.

3. (Cesgranrio – FUNASA – Agente Administrativo – 2009) No Texto I, em "e controlar a epidemia crescente **das doenças crônicas**,", o termo destacado está ligado sintaticamente ao substantivo "epidemia".
    O termo que desempenha função sintática idêntica ao destacado acima está no trecho:
    a) "enquanto cerca de 300 milhões de adultos são **obesos**,"
    b) "...que ajude as autoridades **nacionais** a enfrentar os problemas."
    c) "– Para alcançar as Metas do Milênio estabelecidas **pela ONU**,"
    d) "Todos eles estão **mais** expostos..."
    e) "entre outras doenças ligadas **ao excesso de peso**."

4. (Cesgranrio – FUNASA – Administrador – 2009) Na passagem "Eugênio examinava-lhe as mudanças do rosto com comovida atenção", o pronome oblíquo **lhe** exerce função sintática idêntica ao termo destacado em:
    a) "Olívia se aproximou **de Eugênio**..."
    b) "A enfermeira juntava **os ferros**."
    c) "A respiração voltava **lentamente**,"
    d) "Venceral! Salvara a vida **de uma criança**!"
    e) "Sentia-se **leve e aéreo**."

5. (FUNDEP – TJ/MG – Assistente Social – 2010) Assinale a afirmativa em que o(s) termo(s) em destaque **NÃO ESTÁ(ÃO)** corretamente classificado(s) quanto à função sintática.

a) "Em ti, por exemplo, o outono é manifesto e exclusivo." – sujeito.
b) "Não, querido, sou tua árvore-da-guarda e simbolizo teu outono pessoal." – predicativo do sujeito.
c) "Outoniza-te com dignidade, meu velho". – vocativo.
d) "(...) Há alguma coisa de gracioso em tudo isso: parábolas, ritmos, tons suaves..." – aposto.

6. (PUC/PR – COPEL – Profissional de Comunicação Jr. – 2010) Assinale a alternativa **CORRETA**:
a) "Para o empresário e economista Luiz Carlos Mendonça de Barros, ministro das Comunicações no governo de Fernando Henrique Cardoso, insuspeito de simpatias pelo governo Lula (...)"; o trecho sublinhado é um vocativo.
b) Em "Hoje, por causa de distorções como essas, o Estado brasileiro custa caro, funciona mal e trabalha na direção errada", a vírgula colocada após "hoje" pode ser substituída por ponto e vírgula.
c) "Arquiteto e engenheiro da prosperidade do "milagre econômico", o ex-ministro Antonio Delfim Netto está convencido (...)"; o trecho sublinhado é um exemplo de aposto.
d) Em "Mesmo o etanol, que funciona tão bem no Brasil, não é uma saída definitiva no plano mundial" é possível retirar as vírgulas, sem prejuízo do sentido original.
e) A expressão "pelo menos", em "o Brasil tem pela frente uma possibilidade de crescimento seguro, sem risco, por pelo menos uma geração", pode ser retirada sem prejuízo do sentido original.

7. (Cesgranrio – BACEN – Analista – 2010) A circunstância expressa pelos termos em destaque está corretamente indicada em:
a) "algo para ser visto **pela janelinha do carro**," – lugar.
b) "...esparramada **sobre a calçada**," – concessão.
c) "...pingando esmolas **em mãos rotas**." – modo.
d) "**Com o tempo**, a miséria conquistou os tubos de imagem dos aparelhos de TV." – consequência.
e) "**Embora violenta**, a miséria ainda nos excluía." – condição.

8. (Cesgranrio – Eletrobras Eletronuclear – Analista (Meteorologia) – 2010) No Texto I, em "avançaram em segurança e controle **dos resíduos radioativos**", o termo destacado está ligado sintaticamente ao substantivo "controle". O termo que desempenha função sintática idêntica ao destacado acima está no trecho:
a) "As crises mundiais **do petróleo**,"
b) "os preços ficam mais **caros**,"
c) "...captar energia **da natureza."**
d) "...especialistas em energia estão fazendo **perguntas incômodas**..."
e) "...não teria sido uma alternativa menos danosa **ao meio ambiente**..."

9. (FUNCAB – DETRAN/PE – Analista de Trânsito – 2010) Os termos grifados exercem as seguintes funções sintáticas: "...e como eu ia dizendo, é muito mais econômico você andar devagar e ser assaltado por mim do que correr e ser assaltado pelo radar. E eu nem somos pontos em sua habilitação!":
a) objeto direto – objeto indireto – adjunto adverbial;
b) adjunto adnominal – sujeito – adjunto adverbial;
c) predicativo – agente da passiva – adjunto adverbial;
d) objeto direto – objeto direto preposicionado – objeto indireto;
e) aposto – objeto indireto – objeto direto preposicionado.

10. (FGV – CODESP/SP – Advogado – 2010) O ensino técnico profissionalizante de fato precisa hoje correr contra o relógio, pois, se persistir a falta de pessoal qualificado, as oportunidades acabam definitivamente perdidas pela desistência dos potenciais empregadores.
O termo sublinhado no período acima exerce a função sintática de:
a) adjunto adverbial;
b) agente da passiva;
c) complemento nominal;
d) adjunto adnominal;
e) objeto indireto.

11. (Cespe/UnB – Instituto Rio Branco – Diplomata – 2010) No segmento "o gosto que estes revelam pela improvisação", o termo "pela improvisação" exerce função distinta da exercida na seguinte frase: *Revelou, pela improvisação, o quanto se afastara da cultura clássica.*
( ) CERTO   ( ) ERRADO

Capítulo 21 • Termos Acessórios da Oração   **581**

12. (Cesgranrio – BNDES – Engenheiro – 2011) "...e **às vezes** lhe passava um recado ou uma correspondência." "isso existe **às pampas**."
    Quais as locuções destacadas que encerram, respectivamente, as mesmas circunstâncias das destacadas nos trechos transcritos acima?
    a) **Aos poucos,** ele ia percebendo que não precisava mais dela. / Nada **em volta** causava mais surpresa.
    b) Saiu **às pressas** porque tinha um compromisso. / **De vez em quando,** é preciso repensar as estratégias.
    c) Vá **em frente** que você encontrará o que procura. / **De modo algum** aceitarei a proposta feita pelo meu superior.
    d) **Em breve,** estarei terminando de escrever minha biografia. / Trabalhou **em excesso** para apresentar seu projeto final.
    e) A notícia chegou **de súbito** causando, assim, um grande impacto. / **Hoje em dia,** as pessoas pensam mais nelas próprias.

13. (Cespe/UnB – EBC – Cargos de Nível Médio – 2011) A expressão "um dos pioneiros na pesquisa sobre mídia pública no Brasil" (Para o Professor Laurindo Leal Filho, da Universidade de São Paulo, um dos pioneiros sobre mídia pública no Brasil, esse não é um conceito fechado.) exerce, na oração, a função sintática de vocativo, pois se refere a uma pessoa citada anteriormente.
    ( ) CERTO   ( ) ERRADO

14. (Cespe/UnB – TJ/ES – Analista Judiciário – 2011) As expressões "do espírito laico" (... são a mais alta expressão do espírito laico...) e "da fé" (... mais à razão crítica que aos impulsos da fé...) complementam, respectivamente, os vocábulos "expressão" e "impulsos".
    ( ) CERTO   ( ) ERRADO

15. (Cespe/UnB – TRE/ES – Técnico – 2011) O segmento "o mais abundante dos gases-estufa" (Por exemplo, as emissões de CO2, o mais abundante dos gases-estufa,...) está entre vírgulas por constituir aposto explicativo.
    ( ) CERTO   ( ) ERRADO

16. (FCC – BB – Escriturário – 2011) *__Na iminência de um temporal,__ o enorme tronco, que armazena grande quantidade de líquido, dá uma descarga de água para as raízes – resultado da variação atmosférica.*
    O sentido do trecho grifado acima está reproduzido com outras palavras em:
    a) Quando se aproxima uma tempestade ...
    b) Com a força destruidora das águas ...
    c) Para que o temporal venha com força ...
    d) Desde que venha a cair uma forte chuva ...
    e) Depois de uma forte tempestade ...

"O colégio **Hugo Sarmento**, em São Paulo, decidiu levar para a sala de aula **uma ferramenta virtual** que muitos adolescentes já dominam. O limite de 140 caracteres imposto **pelo microblog Twitter** está permitindo que alunos do ensino fundamental exerçam sua veia literária por meio do gênero conhecido como microconto".

17. (COPEVE – UFAL – Assistente de Administração – 2011) As expressões em negrito classificam-se, respectivamente, como:
    a) sujeito – adjunto adverbial – complemento nominal;
    b) aposto – objeto direto – complemento nominal;
    c) núcleo do sujeito – adjunto adnominal – objeto indireto;
    d) aposto – objeto direto – agente da passiva;
    e) sujeito – adjunto adverbial – agente da passiva.

18. FGV – TRE/PA – Técnico Judiciário – 2011 *"Partidos são fundamentais para a consolidação **da democracia** e o permanente desenvolvimento **da cidadania** e devem existir – de verdade – em bases cotidianas".*
    Os termos sublinhados no período acima classificam-se, respectivamente, como:
    a) adjunto adnominal e adjunto adnominal;
    b) complemento nominal e complemento nominal;
    c) adjunto adnominal e complemento nominal;
    d) complemento nominal e adjunto adnominal;
    e) objeto indireto e objeto indireto.

582 A Gramática para Concursos Públicos • Fernando Pestana

19. (FCC – DPE/RS – Defensor Público – 2011) O fragmento frasal *de que ações militares somente iriam retardar* (*... repetiu as suas preocupações de que ações militares somente iriam retardar*) é ...... do substantivo *preocupações.*
Assinale a alternativa que preenche corretamente a lacuna do texto acima.
a) complemento verbal.
b) complemento nominal oracional.
c) adjunto verbal.
d) adjunto nominal.
e) complemento prepositivo-verbal.

20. (FCC – TRE/PE – Analista Judiciário – 2011) Os mais fortes empreendiam a conquista colonial, legitimavam a conquista colonial, atribuindo à conquista colonial o mérito de uma transformação civilizadora que tornava a conquista colonial uma espécie de benemerência.
Evitam-se as viciosas repetições da frase acima substituindo-se os elementos sublinhados, na ordem dada, por:
a) legitimavam-na – atribuindo-lhe – a tornava;
b) a legitimavam – atribuindo-na – tornava-lhe;
c) legitimavam-na – lhe atribuindo – lhe tornava;
d) legitimavam-lhe – a atribuindo – a tornava;
e) legitimavam-a – lhe atribuindo – tornava-a.

21. (FCC – Nossa Caixa Desenvolvimento – Contador – 2011) Em 11 de setembro ocorreu a tragédia que marcou o início deste século, e o mundo acompanhou essa tragédia pela TV. A princípio, ninguém atribuiu a essa tragédia a dimensão que ela acabou ganhando, muitos chegaram a tomar essa tragédia como um grave acidente aéreo.
Evitam-se as viciosas repetições da frase acima substituindo-se os elementos sublinhados, na ordem dada, por:
a) acompanhou-a – a atribuiu – lhe tomar;
b) acompanhou-a – lhe atribuiu – tomá-la;
c) lhe acompanhou – lhe atribuiu – tomar-lhe;
d) acompanhou-a – a atribuiu – tomá-la;
e) lhe acompanhou – atribuiu-lhe – a tomar.

22. (Cesgranrio – Petrobras – Administrador Júnior – 2011) A frase em que o complemento verbal destacado **NÃO** admite a sua substituição pelo pronome pessoal oblíquo átono **lhe** é:
a) Após o acordo, o diretor pagou **aos funcionários** o salário.
b) Ele continuava desolado, pois não assistiu **ao debate**.
c) Alguém informará o valor **ao vencedor** do prêmio.
d) Entregou o parecer **ao gerente** para que fosse reavaliado.
e) Contaria a verdade **ao rapaz**, se pudesse.

23. (Cesgranrio – Transpetro – Administrador Júnior – 2011) Observe as palavras "se" no trecho "**se** não **se** cuidar botam numa jaula: um animal estranho." (l. 16-17)
Afirma-se corretamente que ambas apresentam, respectivamente, as mesmas funções das palavras destacadas em:
a) Tire um tempo livre **se** quiser **se** tratar.
b) Ele **se** considera sabido **se** acerta todas as questões.
c) O consumidor virá queixar-**se**, **se** você não devolver o produto.
d) Formaram-**se** diversos grupos para debater **se** é o melhor momento.
e) **Se** ele desconhecia **se** ia adotar uma nova política, por que tocou no assunto?

24. (Cespe/UnB – PF – Agente – 2012) Os trechos "Por sentenças, por decretos" (Por sentenças, por decretos, pareceríeis divinos) e "Por fictícia autoridade, vãs razões, falsos motivos" (Por fictícia autoridade, vãs razões, falsos motivos, inutilmente matastes) exercem função adverbial nas orações a que pertencem e ambos denotam o meio empregado na ação representada pelo verbo a que se referem.
(   ) CERTO   (   ) ERRADO

25. (FUNCAB – MPE/RO – Técnico em Contabilidade – 2012) A alternativa em que o termo destacado tem a função de adjunto adnominal e não a de predicativo do sujeito é:
a) "(...) ela estava muito mais VIVA(...)"
b) "(...) um peixe SOZINHO num tanque era algo muito solitário. (...)"
c) "(...) a mãe era BOA para dar ideias. (...)"
d) "(...) Mas ele estava SOZINHO. (...)"
e) "(...) Só então notou como estava CANSADO."

Capítulo 21 • Termos Acessórios da Oração **583**

26. (FCC – INSS – Perito Médico Previdenciário – 2012) *... frase com a menção de que são __essenciais à busca da felicidade__.*
A relação de regência exemplificada acima NÃO ocorre APENAS em:
a) *a observância da felicidade coletiva;*
b) *acesso aos básicos serviços públicos;*
c) *crença na contínua evolução da sociedade;*
d) *a pretensão legítima ao seu atendimento;*
e) dos valores de cada pessoa.

27. (CONSULPLAN – Pref. Barra Velha/SC – Professor de Português – 2012) Analise a função dos termos sublinhados e relacione corretamente as colunas a seguir.
1. Objeto direto.
2. Agente da passiva.
3. Objeto indireto.
4. Adjunto adverbial.
( ) A oração foi por mim proferida em São Paulo.
( ) No mês passado estive alguns dias em Belo Horizonte.
( ) Não quero que fiques triste.
( ) A campanha visa doar agasalhos aos pobres.
A sequência está correta em:
a) 4, 2, 3, 1;
b) 2, 4, 3, 1;
c) 2, 4, 1, 3;
d) 4, 3, 2, 1;
e) 4, 3, 1, 2.

28. (Cespe/UnB – STJ – Todos os Cargos (nível médio) – 2012) *"(...) Tratava-se então de uma biblioteca imaginária, cujos livros talvez nunca tivessem existido? Persistiam, contudo, numerosas fontes clássicas que descreviam o lugar em que se encontravam centenas de milhares de rolos. E eis a solução do enigma. (...)".*
A partícula "se", em "Tratava-se" e em "se encontravam", classifica-se como pronome reflexivo e retoma, respectivamente, "uma biblioteca imaginária" e "centenas de milhares de rolos".
( ) CERTO   ( ) ERRADO

29. (FUNDEP – Pref. BH/MG – Administrador – 2012) "O símbolo do movimento é Titã, o cãozinho enterrado vivo pelo dono [...]"
O trecho sublinhado nessa frase pode ser **corretamente** classificado como:
a) aposto;
b) objeto direto;
c) objeto indireto;
d) predicativo.

30. (FUNDEP – GASMIG – Técnico em Administração – 2012) Leia a seguinte frase transcrita do texto.
"[...] e o organismo máximo que as coordena, a Organização das Nações Unidas (ONU), é controlado pelos cinco países [...]".
Considerando os termos sintáticos sublinhados nesse trecho da frase, é **CORRETO** afirmar que exercem, *respectivamente*, a função de:
a) objeto direto, sujeito e adjunto adverbial;
b) objeto direto, aposto e agente da passiva;
c) sujeito, adjunto adverbial e agente da passiva;
d) aposto, objeto direto e adjunto adverbial.

31. (FBC – Câmara Itaboraí/RJ – Agente Administrativo – 2012) Dentre os valores semânticos assumidos pelas circunstâncias num enunciado cita-se o de instrumento, o qual está expresso numa das alternativas abaixo. Selecione-a.
a) As tulipas vieram da Holanda.
b) Meus ganhos vieram do meu próprio esforço.
c) O aluno veio de ônibus para fazer a prova.
d) O candidato redigiu o artigo todo a lápis.
e) O pregador falou da fraternidade entre os homens.

32. (Cespe – Bacen – Analista – 2013) Fragmento de texto:

— *Tu, meu filho, se me não engano, pareces dotado da perfeita inópia mental, conveniente ao uso deste nobre ofício. (...)*

— *Mas um tal obstáculo é invencível.*

— *O único meio é lançar mão de um regime debilitante: ler compêndios de retórica, ouvir certos discursos etc.; para esse fim, deves evitar as livrarias, mas, de quando em quando, elas serão de grande conveniência para falares do boato do dia; de um contrabando, de qualquer coisa: verás que muitos dos leitores, ESTIMÁVEIS CAVALHEIROS, repetir-te-ão as mesmas opiniões, e uma tal monotonia é saudável. (...)*

O segmento "estimáveis cavalheiros" é um aposto explicativo da expressão "muitos dos leitores".

( ) CERTO   ( ) ERRADO

33. (CESPE/UnB – ANTAQ – CONHECIMENTOS BÁSICOS – 2014) No segundo período do texto, as vírgulas isolam segmento – "Sua vocação eminentemente hídrica impõe, ao longo dos séculos, a necessidade do deslocamento..." – com função de aposto explicativo.

( ) CERTO   ( ) ERRADO

34. (FGV – TJ/PI – Analista Judiciário (Escrivão Judicial) – 2015) Entre os termos sublinhados abaixo, aquele que exerce a função de complemento é:

a) áreas da cidade;
b) campanhas de conscientização;
c) cidades de médio porte;
d) cobrança de pedágio;
e) número de vítimas.

35. (Quadrix – CRM/ES – Agente Administrativo – 2016) É muito comum que um adjetivo exerça a função de adjunto adnominal, ligando-se a um nome que ajuda a caracterizar. Assinale, entre as opções, a única em que tal função sintática não é exercida pelo adjetivo destacado.

a) "Um PEQUENO grupo de crianças é capaz de desenvolver uma defesa natural à aids."
b) "Um pequeno grupo de crianças é capaz de desenvolver uma defesa NATURAL à aids."
c) "O sistema IMUNOLÓGICO simplesmente ignorou a presença do vírus no corpo."
d) "Sistema de defesa do corpo HUMANO."
e) "As células de defesa acabam morrendo por inflamação crônica e o sistema fica VULNERÁVEL."

36. (CESPE – SEDF – Conhecimentos Básicos (Cargos 36 e 37) – 2017) Em "É evidente que a interlocução comunicativa permite o entendimento, proporciona o intercâmbio de ideias e nos faz refletir e argumentar com maior propriedade em defesa de nossos direitos e deveres como cidadãos", o pronome "nos" exerce a função de complemento da forma verbal "refletir".

( ) CERTO   ( ) ERRADO

37. (IDECAN – IPC/ES – PROCURADOR PREVIDENCIÁRIO I (SUPERIOR) – 2018) Em "Júnior, hoje jantaremos fora!", a presença da vírgula é obrigatória porque serve para:

a) Isolar o vocativo.   c) Separar orações coordenadas.
b) Isolar o adjunto adverbial deslocado.   d) Intercalar expressões explicativas.

38. (IDECAN – IF/PB – PROFESSOR DE LÍNGUA PORTUGUESA – 2019) Ainda sobre a locução "DOS EPITÁFIOS", no título do texto FILOSOFIA DOS EPITÁFIOS, pode-se afirmar que, sintaticamente, funciona como

a) adjunto adnominal restritivo de "FILOSOFIA".
b) aposto especificativo de "FILOSOFIA".
c) complemento nominal de "FILOSOFIA".
d) adjunto adnominal explicativo de "FILOSOFIA".
e) aposto explicativo de "FILOSOFIA".

39. (FGV – TJ/RS – OFICIAL DE JUSTIÇA – 2020) A frase abaixo em que ocorre ambiguidade é:

a) Ninguém mais os encontrou de novo;
b) O cargo de oficial de justiça é importante;
c) A nomeação do Ministro foi surpreendente;
d) Tudo foi organizado para o julgamento;
e) As folhas do caderno despencaram.

Capítulo 21 • Termos Acessórios da Oração   **585**

40. (FGV – TCE/PI – ASSISTENTE DE ADMINISTRAÇÃO – 2021) Em "O medicamento impede que a nicotina – componente do tabaco que causa dependência – chegue ao cérebro", o segmento "componente do tabaco que causa dependência" tem a função de:
    a) explicar o funcionamento da nicotina no organismo;
    b) indicar o significado do vocábulo "nicotina";
    c) mostrar o perigo do uso da nicotina;
    d) modificar uma informação dada anteriormente;
    e) alertar o leitor para o risco do fumo para a saúde.

41. (FUNDATEC – IPE Saúde – Técnico de Gestão em Saúde – 2022) Assinale a alternativa que indica o número correto de adjuntos adverbiais presentes no trecho a seguir:
    "Aqui é preciso dizer que o sistema de saúde não teria capacidade de atender em situações de aumento significativo dos casos."
    a) 0.   b) 1.   c) 2.   d) 3.   e) 4.

Gabarito

1. A.
2. B.
3. B.
4. D.
5. B.
6. C.
7. A.
8. E.
9. C.
10. A.
11. CERTO.
12. D.
13. ERRADO.
14. ERRADO.
15. CERTO.
16. A.
17. D.
18. B.
19. B.
20. A.
21. B.
22. B.
23. A.
24. ERRADO.
25. B.
26. E.
27. C.
28. ERRADO.
29. A.
30. B.
31. D.
32. CERTO.
33. ERRADO.
34. D.
35. E.
36. ERRADO.
37. A.
38. A.
39. C.
40. B.
41. D.

Os comentários sobre as questões estão no *Material Complementar* do livro.
Para acessá-lo, veja o passo a passo na orelha desta obra.

CAPÍTULO 22
ORAÇÕES COORDENADAS

Conceito de Coordenação

Até agora, analisamos o período simples, em que se estuda apenas a **relação entre as palavras** dentro de uma só oração.

A análise desta vez é *macro*, pois olhamos aqui para a **relação entre as orações**. A partir de agora irei falar sobre as famigeradas orações (coordenadas, subordinadas – justapostas, desenvolvidas e reduzidas – e interferentes). Este tipo de estudo faz parte da análise sintática de uma sentença constituída por mais de uma oração e a relação entre elas.

Vamos começar pelo conceito de coordenação, ok? Acompanhe!

A **coordenação** trata da relação de **independência** entre termos e orações. Fique tranquilo, pois explicarei com bastante cautela este assunto. Fique sabendo que, para os concursos, o que importa de verdade é a coordenação entre as **orações**. Mas vou falar agora brevemente sobre a coordenação entre os termos.

Lembra-se de todos os termos sintáticos que a gente já viu até agora? Sujeito, predicativo, objeto, complemento, adjunto, aposto etc. Então... quando esses termos (ou seus núcleos) vêm enumerados, seja separados por vírgula, seja ligados por alguma conjunção, dizemos que são coordenados. Exemplo: "<u>Maria</u>, <u>João</u> e <u>José</u> disputarão cabo de guerra com <u>Marta</u>, <u>Pedro</u> e <u>Paulo</u>". Note que os termos sublinhados estão coordenados, um ao lado do outro, seja separados por vírgula, seja ligados por uma conjunção (no caso, *e*). O mesmo se dá com as orações.

Por isso, vamos ao que interessa... a coordenação entre as orações.

Observação

Quando você lê uma frase com duas orações (período composto), é certo que elas mantêm algum tipo de relação. No caso da coordenação, percebemos que as **orações** estão simplesmente **uma ao lado da outra** (coordenadas), com uma **estrutura sintática completa**, de modo que **uma oração não depende da outra**.

Falar que uma oração tem estrutura sintática completa significa dizer que ela tem **sujeito** (explícito ou implícito) + **predicado** (explícito ou implícito). Nas orações sem sujeito, só vai haver predicado, é claro. Veja:

Os alunos se encontram muito ansiosos; já as alunas estão tranquilas.

Note que a primeira oração (*Os alunos se encontram muito ansiosos*) tem sujeito e predicado, logo está completa. Perceba também que seria até possível colocar um ponto (.) no fim dela para visualizarmos que ela, de fato, está completa. O mesmo ocorre com a segunda oração (*já as alunas estão tranquilas*). Concluindo: uma oração não depende da outra, porque cada uma tem sua estrutura completa, uma não precisa da outra sintaticamente.

É por isso que se diz que o *período composto por coordenação* apresenta **orações sintaticamente independentes**, isto é, existe uma oração ao lado da outra, mas uma não depende da outra nem exerce função sintática na outra.

Tenho mais a dizer. Vou apresentar mais argumentos para ajudar seu cérebro.

É o seguinte: as orações coordenadas podem ser separadas por **vírgula, ponto e vírgula** (exemplo já visto), **dois-pontos** ou **travessão**. Veja:

Observação

Os alunos se encontram muito ansiosos, já as alunas estão tranquilas.

Os alunos estão se esforçando muito: com certeza serão classificados.

Tirei a ansiedade de um só aluno – não fui bem-sucedido com os outros.

As orações coordenadas não podem ser separadas por ponto (.). No entanto, se tais orações fossem separadas por ponto (**Os alunos se encontram muito ansiosos. Já as alunas estão tranquilas**), teríamos orações absolutas (ou períodos simples). O uso do ponto (.) é apenas um recurso para entendermos como elas são, de fato, sintaticamente independentes, por isso as chamamos de orações **coordenadas**.

Percebeu que as orações separadas por pontuação se encontram c-o-o-r-d-e-n-a-d-a-s, isto é, independentes sintaticamente? Por um motivo muito simples: uma não depende da outra, pois elas têm estrutura sintática completa.

Insisto em que as orações são sin-ta-ti-ca-men-te independentes. Por que insisto? Simples. Muitos professores dizem que as orações coordenadas são também se-man-ti-ca-men-te independentes. Isso é mentira, pois em um período como "Os alunos estão se esforçando muito: *com certeza serão classificados*", a segunda oração depende semanticamente da primeira, pois só sabemos quem será classificado porque na primeira oração há essa informação, a saber: os alunos.

Portanto, a coordenação é uma independência **sintática**, em que uma oração não depende da outra para estar completa (sintaticamente).

Orações Coordenadas Assindéticas e Sindéticas

Falarei agora de dois tipos de orações coordenadas: as **assindéticas** e as **sindéticas**. Não há mistério algum nisso, beleza?

Observação

As **assindéticas** são justapostas (ou seja, postas uma ao lado da outra), não iniciadas por síndeto (= conjunção)! Adivinha quais são as **sindéticas**? Ora, são as iniciadas por síndeto (conjunção).

Vejamos as **assindéticas** e as **sindéticas**:

"*Sou um gigolô das palavras, vivo às suas custas* **e tenho com elas exemplar conduta de um cáften profissional;** *abuso delas... maltrato-as, sem dúvida,* **e jamais me deixo dominar por elas;** *não me meto na sua vida particular, não me interessa seu passado, suas origens, sua família...*" (Luís Fernando Veríssimo).

Percebeu que nenhuma assindética (em azul) é iniciada por conjunção coordenativa? O contrário não é verdadeiro, ou seja, as sindéticas (em preto) são SEMPRE iniciadas por conjunção coordenativa (no caso, a conjunção *e*).

É bom dizer também que **as orações assindéticas normalmente mantêm uma relação semântica entre si**, por isso é que muitas vezes as conjunções são usadas para explicitar o sentido que há entre as orações coordenadas assindéticas. Por exemplo, em "Todos estavam muito atrasados, não deram a mínima para isso", as orações assindéticas mantêm uma relação de oposição. É por isso que podemos explicitar esta relação semântica por meio de um síndeto, uma conjunção, tornando a segunda oração sindética: "Todos estavam muito atrasados, *porém* não deram a mínima para isso".

Vamos ver mais sistematicamente as orações coordenadas sindéticas agora.

Dica de amigo do peito: Procure decorar as conjunções coordenativas, que você já vai ter mais do que meio caminho andado na hora de resolver essas questões. Quando eu, Pestana, quero resolver uma questão de orações coordenadas, vou em busca das conjunções coordenativas, pois elas sinalizam o valor semântico e a relação sintática de coordenação. Saiba também que, atualmente, os concursos mais sofisticados estão menos preocupados com a nomenclatura das orações e mais preocupados com a relação entre as orações (seja de coordenação, seja de subordinação).

Orações Coordenadas Sindéticas Aditivas

Exprimindo ideia de soma, adição, sempre são iniciadas pelas conjunções coordenativas aditivas. Dê uma olhada no capítulo de conjunções coordenativas.

– *Dezenove sem-terra morreram no local;* **e dois, a caminho do hospital**.
– *Eu não tinha estes olhos sem brilho* **nem** *tinha pensamentos amargos*.
– *Tanto leciona* **quanto** *advoga*.
– *Não só os parentes das vítimas ficaram chocados com o massacre,* **como** *o povo externou sua fúria contra os culpados pela chacina*.

CUIDADO!!!

1) Na primeira frase, a segunda vírgula indica a elipse do verbo. A leitura deve ser feita assim: *Dezenove sem-terra morreram no local,* **e dois morreram** *a caminho do hospital*. Ou seja, há uma oração, mas ela está implícita. Isso pode ocorrer com as demais orações (coordenadas ou subordinadas). Fique atento a isso, pois, se o "homem da banca" perguntar quantas orações há num período, você precisa estar *ligado* na elipse do verbo que a constitui. A FGV *se amarra* nisso!

2) Nas orações com **conjunções correlativas** (chamadas também de **séries aditivas enfáticas**, que costumam ser usadas quando se pretende enfatizar o conteúdo da segunda oração), só a segunda parte da correlação constitui **oração coordenada sindética aditiva**. Exemplo: Ele não só canta, **como também toca violão muito bem**.
[conjunção correlativa]

3) Pode ocorrer coordenação entre orações que se subordinam à mesma oração principal. Chamamos isso de período misto. Falo melhor sobre isso mais à frente, porém, para ilustrar, veja o seguinte exemplo: "Lamento que não tenha passado no concurso **e** que não tenha conseguido alcançar seu propósito". As orações "que não tenha passado no concurso" e "que não tenha conseguido alcançar seu propósito" são orações subordinadas em relação à oração principal "Lamento". Não obstante, são coordenadas entre si, pois estão ligadas pela conjunção coordenativa aditiva **e**. Nesses casos, pode-se manter apenas a primeira conjunção integrante (Lamento que não tenha passado no concurso **e** não tenha conseguido alcançar seu propósito). O mesmo vale para ligar orações subordinadas introduzidas por pronomes relativos: "O concurso que fiz **e** em que obtive ótimo resultado foi bem difícil" ou "O concurso que fiz **e** obtive ótimo resultado foi bem difícil".

4) Às vezes o advérbio de inclusão (ou acréscimo) *também* vem ao lado da conjunção *e*, enfatizando a ideia de adição: "Ele estuda, *e também* ela não deixa por menos".

Orações Coordenadas Sindéticas Adversativas

Exprimindo ideia de adversidade, oposição, sempre são iniciadas pelas conjunções coordenativas adversativas. Dê uma olhada no capítulo de conjunções coordenativas.

– Os economistas estão empolgados com o cenário atual, *mas isso durará pouco*.
– A polícia invadiu a comunidade; *o tiroteio, porém, continuava*.
– O conhecimento enfuna, *todavia é uma necessidade*.
– O homem enriqueceu muito; *continuou a defender as classes mais desfavorecidas, não obstante*.

 CUIDADO!!!!

1) Exceto *mas*, todas as conjunções adversativas podem ficar deslocadas na oração coordenada sindética adversativa.

2) Às vezes, a combinação de *mas* com outras conjunções adversativas servem para realçar o valor de adversidade: *Sabe-se muito pouco sobre Deus, **mas**, **entretanto**, muito se fala sobre Ele.*

3) Segundo Sacconi e Cegalla, as orações coordenadas sindéticas iniciadas por *e* com valor adversativo (= *mas*) são classificadas como **adversativas**: *Você prega lealdade, e (= mas) age de modo desleal?*

Orações Coordenadas Sindéticas Alternativas

Exprimindo ideia de alternância, exclusão, sempre são iniciadas pelas conjunções coordenativas alternativas. Dê uma olhada no capítulo de conjunções coordenativas.

- *A mulher __ora__ o agradava, __ora__ o ofendia.*
- *__Quer__ chovesse, __quer__ fizesse sol, tinha de sair.*
- *__Ou__ o prefeito da cidade executa o projeto anunciado, __ou__ os cidadãos do município não mais lhe darão crédito.*
- *Você vai __ou__ não?*

> **Observação**
>
> Note que, nas três primeiras frases, ambas as orações em negrito são coordenadas sindéticas alternativas, pois apresentam síndeto. Na última frase, note que o verbo está elíptico, mas há oração; lê-se assim: *Você vai ou __não vai__?* Por último, observe que, na segunda frase, as orações coordenadas exprimem uma ideia de concessão em relação à última.

Orações Coordenadas Sindéticas Conclusivas

Exprimindo ideia de conclusão, consequência, sempre são iniciadas pelas conjunções coordenativas conclusivas. Dê uma olhada no capítulo de conjunções coordenativas.

- *O povo não consegue alimentar-se bem; é um fato, __pois__, a necessidade de empregos.*
- *Vocês são especiais em minha vida, __por isso__ não vivo sem vocês.*
- *Ele estuda todo dia, __logo__ resolverá facilmente as questões.*
- *Não me sinto preparado ainda, prestarei concurso só no próximo ano, __portanto__.*

> **Observação**
>
> Algumas conjunções conclusivas podem ficar deslocadas dentro das orações coordenadas sindéticas conclusivas. Nesse caso, serão separadas por vírgula.

Orações Coordenadas Sindéticas Explicativas

Exprimindo ideia de explicação, justificativa, sempre são iniciadas pelas conjunções coordenativas explicativas. Dê uma olhada no capítulo de conjunções coordenativas.

- *A necessidade de empregos é um fato, __pois__ o índice aumenta a cada dia.*
- *A criança devia estar doente, __porquanto__ chorava muito.*
- *Amai, __porque__ amor é tudo.*
- *Quisera saber bem o Português, __que__ eu iria passar em todas as provas.*

> **Observação**
>
> Se vier um verbo no imperativo (ou com valor optativo) antes de uma dessas conjunções, como nos dois últimos exemplos, tenha certeza de que a oração iniciada por uma dessas conjunções será coordenada sindética explicativa, sempre!

Paralelismo Sintático

O paralelismo sintático é um conceito que trata de um encadeamento de estruturas sintáticas SEMELHANTES, numa sequência/enumeração. Como esse conceito de estruturas sintáticas paralelas tem tudo a ver com coordenação, pus essa parte neste capítulo, beleza? Agora, vamos entender melhor, porque isso aparece em provas mais "chatinhas"...

Para haver paralelismo adequado, precisa haver <u>simetria de construção</u>, o que significa que

1) um termo deve se coordenar a outro termo, e não a uma oração;
2) uma oração desenvolvida deve se coordenar a outra oração desenvolvida (com o mesmo conectivo), e não a um termo ou a uma oração reduzida;
3) uma oração reduzida deve se coordenar a outra oração reduzida, e não a um termo ou a uma oração desenvolvida; e
4) as estruturas de correlação (como as conjunções correlativas aditivas e as alternativas) devem ser respeitadas.

Percebeu que, para manjar bem de paralelismo sintático, é preciso saber o que é COORDENAÇÃO, o que é um TERMO sintático, o que é uma ORAÇÃO DESENVOLVIDA, o que é uma ORAÇÃO REDUZIDA e o que são ESTRUTURAS DE CORRELAÇÃO?

Se você não domina o assunto e vai encarar concursos difíceis, sugiro que estude bem os capítulos 15, 22, 23 e 24 da minha gramática. Papo reto!

– Ah, Pestana, mas estamos no capítulo 22. Vou ter que parar para estudar esses capítulos todos primeiro para entender paralelismo sintático?

– Depende da sua bagagem. Mas calma... Se você é novato, anote aí no seu caderninho o que vou dizer. Se seu nome é João, escreva assim para si mesmo: "João, estude os capítulos 15, 22, 23 e 24 antes de voltar a esta parte de paralelismo. Mas NÃO se esqueça de voltar a esta parte, viu, João?!".

Enfim, se você tiver bagagem razoável, venha comigo logo!

Veja alguns casos a seguir de paralelismo errado seguidos de sua reescritura correta:

1. **Mande-me tudo que conseguir *sobre as manobras de minha tia* e *se meu tio encontrou os documentos que procurava*. (termo + oração desenvolvida = paralelismo errado)**

   – Mande-me tudo que conseguir *sobre as manobras de minha tia* e *sobre a provável descoberta dos documentos procurados pelo meu tio.* (termo + termo = paralelismo certo)

2. **Os pivetes *descamisados* e *que estavam sem chinelos* invadiram a loja. (termo + oração desenvolvida = paralelismo errado)**

   – Os pivetes *descamisados* e *sem chinelos* invadiram a loja. (termo + termo = paralelismo certo)

3. ***Como tudo estava acertado entre os sócios* e *que haviam fechado um ótimo negócio*, a amizade deles perdurou. (oração desenvolvida + oração desenvolvida = por terem conectivos diferentes, paralelismo errado)**

   – *Como tudo estava acertado entre os sócios* e *como haviam fechado um ótimo negócio*, a amizade deles perdurou. (oração desenvolvida + oração desenvolvida = por terem conectivos iguais, paralelismo certo)

Capítulo 22 • Orações Coordenadas 593

4. **Lívia é uma jovem *de boa aparência* e *que trabalha, inclusive, como modelo*. (termo + oração desenvolvida = paralelismo errado)**

   – Lívia é uma jovem *que tem boa aparência* e (*que*) *trabalha, inclusive, como modelo*. (oração desenvolvida + oração desenvolvida = paralelismo certo)

> **Observação**
>
> Os parênteses isolam o segundo pronome relativo "que" para indicar que ele pode ficar implícito a partir do segundo segmento duma estrutura coordenada, ou seja, duma estrutura sintaticamente paralela. Diga-se de passagem, o mesmo vale para preposições. Veja exemplos de cada caso: "O homem que trabalha, estuda e se dedica à família merece palmas" (... que estuda e que se dedica...); "O aumento de impostos, cobranças e taxas vem incomodando muita gente" (... de cobranças e de taxas...).

5. **Não fui trabalhar *em virtude de estar chovendo* e *porque estava gripado*. (oração reduzida + oração desenvolvida = paralelismo errado)**

   – Não fui trabalhar *em virtude de estar chovendo* e *estar gripado*. (oração reduzida + oração reduzida = paralelismo certo)

6. **Falta-lhe o essencial – *a emoção*, que é própria do homem, *o olhar atento do professor, ver o professor gesticular, a interrupção do aluno*... (termo + termo + oração reduzida + termo = paralelismo errado)**

   – Falta-lhe o essencial – *a emoção*, que é própria do homem, *o olhar atento do professor, a visão da gesticulação do professor, a interrupção do aluno*... (termo + termo + termo + termo = paralelismo certo)

7. **A espera pela valorização dos lotes e *ansiar a venda deles* torna tudo difícil. (termo + oração reduzida = paralelismo errado)**

   – *A espera pela valorização dos lotes* e *o anseio pela venda deles* tornam tudo difícil. (termo + termo = paralelismo certo)

8. **Pelo aviso anterior, foi recomendado *economizar dinheiro* e *que se elaborassem projetos mais sólidos*. (oração reduzida + oração desenvolvida = paralelismo errado)**

   – Pelo aviso anterior, foi recomendado *economizar dinheiro* e *elaborar projetos mais sólidos*. (oração reduzida + oração reduzida = paralelismo certo)

9. **Neste momento, não se devem adotar medidas *precipitadas* e *que comprometam o andamento de todo o programa*. (termo + oração desenvolvida = paralelismo errado)**

   – Neste momento, não se devem adotar medidas *precipitadas* e *comprometedoras do andamento de todo o programa*. (termo + termo = paralelismo certo)

10. **Na última correspondência, ele mostrava *determinação* e *conhecer o assunto*. (termo + oração reduzida = paralelismo errado)**

    – Na última correspondência, ele mostrava *determinação* e *conhecimento do assunto*. (termo + termo = paralelismo certo)

594   A Gramática para Concursos Públicos • Fernando Pestana

11. **Nosso destino depende em parte do *determinismo* e em parte *obedecendo à nossa vontade*. (termo + oração reduzida = paralelismo errado)**

   – Nosso destino depende em parte *do determinismo* e em parte *da obediência à nossa vontade*. (termo + termo = paralelismo certo)

12. **Ele gosta *de conversar fiado* e principalmente *de anedotas*. (oração reduzida + termo = paralelismo errado)**

   – Ele gosta *de conversar fiado* e principalmente *de contar/ouvir anedotas*. (oração reduzida + oração reduzida = paralelismo certo)

13. **É necessário *chegares a tempo* e *que tragas ainda a encomenda*. (oração reduzida + oração desenvolvida = paralelismo errado)**

   – É necessário *chegares a tempo* e *trazeres ainda a encomenda*. (oração reduzida + oração reduzida = paralelismo certo)

14. **Fiquei decepcionado *com a nota da prova* e *quando o professor me disse certas verdades*. (termo + oração desenvolvida = paralelismo errado)**

   – Fiquei decepcionado *quando recebi a nota da prova* e *quando o professor me disse certas verdades*. (oração desenvolvida + oração desenvolvida = paralelismo certo)

15. **Informou-me *sobre as atividades do curso* e *se a data das provas já estava marcada*. (termo + oração desenvolvida = paralelismo errado)**

   – Informou-me *sobre as atividades do curso* e *sobre a provável data das provas*. (termo + termo = paralelismo certo)

16. **O homem *que me ajudou* e *sempre muito amigo* era meu pai. (oração desenvolvida + termo = paralelismo errado)**

   – O homem *que me ajudou* e *que foi sempre muito amigo* era meu pai. (oração desenvolvida + oração desenvolvida = paralelismo certo)

17. **Corri *de manhã* e *quando já era tarde*. (termo + oração desenvolvida = paralelismo errado)**

   – Corri *de manhã* e *de tarde*. (termo + termo = paralelismo certo)

18. **Todos buscam *a espiritualidade*, isto é, *visando seguir um preceito religioso*. (termo + oração reduzida = paralelismo errado)**

   – Todos buscam *a espiritualidade*, isto é, *um preceito religioso*. (termo + termo = paralelismo certo)

🔍 **Observação**

> As expressões "isto é" e "ou seja" devem introduzir segmentos de mesma estrutura sintática, pois atendem ao paralelismo sintático.

19. ***Não só* passei alguns dias junto à minha família e revi velhos amigos de infância. (correlação inadequada = paralelismo errado)**

   – *Não só* passei alguns dias junto à minha família, *mas também* revi velhos amigos de infância. (correlação adequada = paralelismo certo)

> **Observação**
> Veja conjunções correlativas aditivas no capítulo 15.

20. *Tanto* sofre o pai de família *e também* sua família. (correlação inadequada = paralelismo errado)

    – *Tanto* sofre o pai de família *quanto* sua família. (correlação adequada = paralelismo certo)

> **Observação**
> Veja conjunções correlativas aditivas no capítulo 15.

Às vezes existe mais de uma possibilidade de correção visando ao paralelismo adequado. Mas espero que você tenha compreendido bem o que é paralelismo sintático. Há outras formas de paralelismo com preposição, implicando crase (e trato disso no capítulo 30, em casos especiais). Fica a dica!

Existe também o **paralelismo semântico**, de que pouco se fala... Segundo o *Manual de Redação Oficial da Presidência da República*, veja a lição:

"Atentemos, ainda, para o problema inverso, o *falso paralelismo*, que ocorre ao se dar forma *paralela* (equivalente) a ideias de hierarquia diferente ou, ainda, ao se apresentar, de forma paralela, estruturas sintáticas distintas:

Errado: O Presidente visitou Paris, Bonn, Roma *e* o Papa.

Nesta frase, colocou-se em um mesmo nível cidades (*Paris, Bonn, Roma*) e uma pessoa (*o Papa*). Uma possibilidade de correção é transformá-la em duas frases simples, com o cuidado de não repetir o verbo da primeira (*visitar*):

Certo: O Presidente visitou Paris, Bonn e Roma. *Nesta última capital, encontrou-se com o Papa.*

Errado: O projeto tem mais de cem páginas e *muita complexidade*.

Aqui, repete-se a equivalência gramatical indevida: estão em coordenação, no mesmo nível sintático, o número de páginas do projeto (um dado objetivo, quantificável) e uma avaliação sobre ele (subjetiva). Pode-se reescrever a frase de duas formas: ou faz-se nova oração com o acréscimo do verbo *ser*, rompendo, assim, o desajeitado paralelo:

Certo: O projeto tem mais de cem páginas e é muito complexo.

Ou se dá forma paralela harmoniosa transformando a primeira oração também em uma avaliação subjetiva:

Certo: O projeto é muito extenso e complexo".

O Que Cai Mais na Prova?

Tudo o que se viu pode cair na prova. No entanto, hoje em dia, são muito trabalhadas as relações semânticas de coordenação, por, isso dê atenção a elas! Reitero: saber conjunção é mais do que primordial, por isso, a essa altura do campeonato, já era para você ter decorado! Conhecê-las irá facilitar muito sua vida quando tiver de fazer uma questão sobre orações. Vá por mim!

596 A Gramática para Concursos Públicos • Fernando Pestana

Concurseiro(a), quer uma dica de irmão? Guarde no seu coração o que vai ler agora: NUNCA DEIXE DE FAZER SEU PRÓPRIO RESUMO DE CADA CAPÍTULO. Esse processo cognitivo é **extremamente** *valioso. Eu poderia ser legalzinho e fofinho pondo um quadro-resumo do que vimos no capítulo, mas, se fizesse isso, estaria sabotando você, impedindo-o(a) de ter esse trabalho de interna-lização imprescindível do conteúdo.* **Por favor, não pule essa etapa!!!** *Mesmo que seu resumo fique gigantesco (não vá escrever outra gramática... rsrs), nunca deixe de fazê-lo, para o seu próprio bem! Seu cérebro agradece e, quando passar no concurso, sua conta no banco também. Vá fundo na missão!* ✍

Questões de Concursos

(...) Mas leitura, quer do mundo, quer de livros, só se aprende e se vivencia, de forma plena, coletivamente, em troca contínua de experiências com os outros. (...)

1. (Cespe/UnB – TRE/AL – Analista Judiciário – 2004) No segundo período do texto (acima), a relação entre as orações dá-se por coordenação.
( ) CERTO ( ) ERRADO

2. (Cespe/UnB – SEAD/PA – Procurador – 2005) Assinale a opção **incorreta** a respeito das relações sintáticas e semânticas.
   a) O texto permite a reescritura da oração subordinada inicial como uma desenvolvida iniciada por Quando delega.
   b) As expressões "a política" e "as questões sociais" (tanto a política quanto as questões sociais devem ser...) estão em uma relação aditiva.
   c) O período sintático iniciado por "São eles" (L.7) tem a função de justificar ou explicar as idéias do período anterior.
   d) Na linha 10, apesar de iniciado pela conjunção de valor adversativo "Porém" (Não nego que o indivíduo tenha importância no processo histórico. Porém, o indivíduo conta onde a coletividade não conta), o período sintático representa uma causa para as ideias do período anterior.
   e) Seriam preservadas as relações argumentativas do texto se a oração coordenada assindética iniciada por "não" (A tarefa é tornar o jogo verdadeiramente democrático, *não* mera legitimação da impetuosidade arrivista de líderes mais preocupados com o sucesso pessoal que com as causas sociais) fosse transformada em uma aditiva, substituindo-se a vírgula que a precede pela conjunção **e**.

3. (Esaf – ANEEL – Técnico Administrativo – 2006) (Adaptada) (...) Na década de 90, essas facilidades acabaram e a classe média passou a ter mais gastos. É como se ela tivesse viajado sempre de executiva e agora tivesse de andar de econômica. (...) As afirmações abaixo estão corretas ou incorretas?
   I. As duas orações coordenadas que seguem a expressão "Na década de 90", expressam, semanticamente, uma relação que também pode ser escrita em apenas uma oração: com o fim dessas facilidades, a classe média passou a ter mais gastos.
   II. A conjunção "e" (no segundo período) coordena duas orações que, semanticamente, expressam um contraste; por isso equivale a *mas*.

4. (CONSULPLAN – Administrador – 2006) A alternativa em que a oração assinalada expressa adição é:
   a) "... os ramos industriais em ascensão são aqueles *que empregam intensivamente tecnologia...*"
   b) "... posição de destaque entre as indústrias brasileiras, *e são responsáveis por mais da metade do consumo energético industrial.*"
   c) "*Contudo, elaborou um novo modelo para o setor elétrico* destinado a atrair investidores..."
   d) "Coerente com os objetivos *que levaram à sua criação*, a Eletrobras passou décadas vendendo energia ao setor industrial."
   e) "... ajudam a entender o elevado consumo energético do setor *enquanto nos países desenvolvidos os ramos industriais em ascensão* são aqueles..."

Capítulo 22 • Orações Coordenadas **597**

5. (AOCP – Pref. de Catu/BA – Mecânico de Veículos – 2007) Leia a seguinte sentença: *Joana tomou um sonífero e não dormiu.* Assinale a alternativa que classifica corretamente a segunda oração.
   a) Oração coordenada assindética aditiva.
   b) Oração coordenada sindética aditiva.
   c) Oração coordenada sindética adversativa.
   d) Oração coordenada sindética explicativa.
   e) Oração coordenada sindética alternativa.

6. (AOCP – Pref. de Catu/BA – Bibliotecário – 2007) Leia a seguinte sentença: *Não precisaremos voltar ao médico nem fazer exames.* Assinale a alternativa que classifica corretamente as duas orações.
   a) Oração coordenada assindética e oração coordenada adversativa.
   b) Oração principal e oração coordenada sindética aditiva.
   c) Oração coordenada assindética e oração coordenada aditiva.
   d) Oração principal e oração subordinada adverbial consecutiva.
   e) Oração coordenada assindética e oração coordenada adverbial consecutiva.

7. (Cespe/UnB – IRBr – Diplomata – 2008) É exemplo de paralelismo sintático o estilo de construção do trecho "*você e eu, de um e outro lado das palavras. Eu dou as vozes, você dá a escritura*".
   ( ) CERTO   ( ) ERRADO

8. (FCC – TRT/GO (18ª R) – Técnico Judiciário – 2008) (Adaptada) *Assim, a procura de alimentos de origem animal cresceu naqueles países e criou um desafio para os produtores e também para os plantadores de soja e de cereais usados na fabricação de rações.*
   A afirmação abaixo está correta ou incorreta?
   – Trata-se de um período composto por ter três orações coordenadas entre si.

9. (IBFC – ABDI – Assistente Jurídico – 2008) Assinale a alternativa em que o período é composto por coordenação assindética:
   a) Dormi tarde, mas acordei muito cedo.   c) O rapaz trouxe a encomenda e já foi embora.
   b) Dormiu pouco, estava, pois, cansado.   d) O ônibus chegou, despedimo-nos.

10. (FUNDATEC – DETRAN/RS – Técnico de nível superior – 2009) Na linha 04 (... cuidar do asfalto e instalar placas...), o elemento coesivo **e** tem a função de unir:
    a) termos de mesmo valor sintático;
    b) orações coordenadas;
    c) orações subordinadas;
    d) termos de mesmo sentido;
    e) expressões semanticamente semelhantes.

11. (Instituto Cidades – UNIFESP – Analista DE TI – 2009) "*Voa, coração,* **que ele não deve demorar**", a oração destacada é corretamente classificada como:
    a) coordenada concessiva;   c) coordenada explicativa;
    b) subordinada adverbial temporal;   d) subordinada substantiva objetiva direta.

12. (AOCP – CIASC – Analista de Sistemas – 2009) Assinale a alternativa correta. Em "Porém, não podemos festejar a situação presente, pois para o progresso futuro precisamos ser obstinadamente inconformistas", temos, respectivamente:
    a) uma oração coordenada sindética aditiva e uma oração subordinada adverbial causal;
    b) uma oração subordinada adverbial causal e uma oração coordenada sindética explicativa;
    c) uma oração coordenada sindética adversativa e uma oração coordenada sindética explicativa;
    d) uma oração subordinada adverbial concessiva e uma oração subordinada adverbial causal;
    e) uma oração coordenada sindética conclusiva e uma oração subordinada adverbial causal.

13. (FAB – EAGS – Sargento – 2009) Em qual alternativa a oração destacada é coordenada conclusiva?
    a) Roberto Carlos não só canta **mas também compõe**.
    b) Cumprimente-o, **pois hoje é seu aniversário**.
    c) O candidato estava preparado, **entretanto não obteve classificação no concurso**.
    d) Não tinha mais nenhuma chance com o ex-namorado, **portanto desistiu de procurá-lo**.

598 A Gramática para Concursos Públicos • Fernando Pestana

14. (Cespe/UnB – TRT/RN (21ª R) – TÉCNICO Judiciário – 2010) A oração "que pagam impostos quando consomem" (... sabem que pagam impostos quando consomem) mantém relação de coordenação com a anterior.
( ) CERTO ( ) ERRADO

15. (FUNRIO – SEBRAE/PA – Analista Técnico – 2010) (Adaptada) "Eles furtavam, brigavam nas ruas, xingavam nomes, derrubavam negrinhas no areal, por vezes feriam com navalhas ou punhal homens e polícias. **Mas, no entanto**, eram bons, uns eram amigos dos outros".
A afirmação abaixo está correta ou incorreta?
– A combinação de MAS e NO ENTANTO tem valor expressivo de reforço da ideia adversativa.

16. (Cesgranrio – BACEN – Analista – 2010) As duas orações enunciadas estão ligadas por conectivo adequado ao sentido expresso no texto em:
a) Acredito na existência de vida em outros planetas, **mas** tenho três adolescentes em casa.
b) Acredito na existência de vida em outros planetas, **pois** tenho três adolescentes em casa.
c) Acredito na existência de vida em outros planetas, **posto que** tenho três adolescentes em casa.
d) Acredito na existência de vida em outros planetas, **porém** tenho três adolescentes em casa.
e) Acredito na existência de vida em outros planetas, **não obstante** ter três adolescentes em casa.

(...) Não é possível que ele pregue a autonomia, sem ser autônomo; que fale de liberdade, sem experimentar a conquista da independência, que é o saber; que ele queira que seu aluno seja feliz, sem demonstrar afeto. (...)

17. (FUNIVERSA – GDF – Professor de Língua Portuguesa – 2010) (Adaptada) A afirmação abaixo está correta ou incorreta?
– O período contém, na separação de orações subordinadas, dois sinais de ponto e vírgula – indicativos de pausa mediana, equivalentes a um ponto breve ou a uma vírgula alongada. Isso é possível, em virtude do paralelismo sintático existente: trata-se de orações de mesma natureza.

18. (FUNIVERSA – GDF – Professor de Língua Portuguesa – 2010) (Adaptada) A afirmação abaixo está correta ou incorreta?
– O paralelismo sintático está presente na seguinte reescrita: falta o essencial – a emoção, que é própria do homem, o olhar atento do professor, ver o professor gesticular, falar, a interrupção do aluno...

19. (FAB – EEAR – Sargento – 2010) Observe:
I. A curta existência de Álvares de Azevedo, um legítimo representante do Mal do Século, não permitiu que houvesse uma edição de sua obra em vida.
II. A maior parte das histórias de Joaquim Manuel de Macedo é ambientada no Rio de Janeiro, e nelas os heróis e as heroínas enfrentam obstáculos para a realização amorosa.
III. Castro Alves, a voz mais importante da terceira geração romântica, não apenas defendeu os escravos, mas também escreveu versos expressivos.
Constituem períodos compostos por coordenação:
a) I, II e III; b) I e II; c) I e III; d) II e III.

20. (AOCP – Colégio Pedro II – Assistente em Administração – 2010) Em "A quadrilha estava em dois carros e usava armas longas e fuzis", há:
a) duas orações coordenadas, pois uma não depende sintaticamente da outra;
b) duas orações subordinadas, pois a segunda completa sintaticamente a primeira;
c) dois períodos simples, pois há dois verbos e duas orações independentes;
d) um período simples, independente, e uma oração coordenada, independente;
e) um período simples, independente, e uma oração subordinada, dependente.

21. (FGV – SEFAZ/RJ – Auditor-Fiscal da Receita Estadual – 2011) "*Na Espanha, por exemplo, a recentíssima reforma do Código Penal – que atende diretivas da União Europeia sobre o tema – trouxe, no artigo 31 bis, não só a possibilidade de responsabilização penal da pessoa jurídica (por delitos que sejam cometidos no exercício de suas atividades sociais, ou por conta, nome, ou em proveito delas), mas também estabelece regras de como essa responsabilização será aferida nos casos concretos (ela será aplicável [...], em função da inoperância de controles empresariais, sobre atividades desempenhadas pelas pessoas físicas que as dirigem ou que agem em seu nome)*".
A respeito do período acima, analise a afirmativa a seguir:
I. Há uma oração coordenada sindética aditiva e uma oração coordenada sindética alternativa.

Capítulo 22 • Orações Coordenadas **599**

22. (FAB – EAGS – Sargento – 2011) Leia:
"Você não estuda, nem me deixa estudar. Faça silêncio, que quero ouvir a explicação. Você quer que eu participe de suas brincadeiras durante as aulas, e nenhuma influência externa vai me atrapalhar".
Considerando os períodos compostos por coordenação, há no texto:
a) duas orações aditivas e uma oração explicativa;
b) uma oração aditiva, uma oração adversativa, uma oração alternativa;
c) uma oração aditiva, uma oração alternativa, uma oração conclusiva;
d) uma oração aditiva, uma oração explicativa, uma oração adversativa.

23. (FAB – EEAR – Controlador de Tráfego Aéreo – 2012) Assinale a alternativa em que a relação expressa pela oração coordenada em destaque está correta.
a) A vida parou **ou foi o automóvel**? (adversidade)
b) Mude seu pensamento **e você mudará o mundo**. (alternância)
c) Nem sempre as esperanças se realizam, **contudo sempre as cultivo**. (conclusão)
d) Não só era inteligente, **mas também observava tudo com atenção**. (adição)

24. (FAB – EAGS – Sargento – 2012) Observe os períodos abaixo:
I. Venha logo, pois estou ansioso.
II. Ele é o homem da casa, logo deve assumir o papel de chefe da família.
III. Termine logo esse trabalho, pois quero ir embora para casa.
IV. Trabalhei muito, logo mereço aproveitar bastante minhas férias.
Assinale a alternativa **incorreta**.
a) Há, em I, uma oração coordenada sindética explicativa.
b) Há, em II, uma oração coordenada sindética conclusiva.
c) Há, em III, uma oração coordenada sindética conclusiva.
d) Há, em IV, uma oração coordenada sindética conclusiva.

25. (FAB – EEAR – Controlador de Tráfego Aéreo – 2012) Relacione as colunas de acordo com o valor semântico das conjunções coordenativas e, em seguida, assinale a alternativa com a sequência correta.
(   )O político não agiu com lealdade; perdeu, **pois**, na disputa para a reeleição.
(   )Não solte balões, **que** pode causar incêndio.
(   )Choveu vários dias sem parar, **por conseguinte** houve enchente no sul.
(   )Ele foi eleito, **não obstante** suas loucuras não tinham o apoio da população.
(1) ideia de conclusão
(2) ideia de explicação
(3) ideia de adversidade
a) 2, 1, 1, 3.   b) 3, 2, 1, 1.   c) 1, 2, 1, 3.   d) 1, 1, 2, 3.

26. (FAB – EAGS – Sargento – 2012) Considerando-se a relação de sentido estabelecida entre as orações do período composto por coordenação, em qual alternativa **não** se pode utilizar a conjunção **pois**?
a) Invadiram meu quarto, **pois** as minhas roupas desapareceram.
b) Não conte seus segredos para essa mulher, **pois** ela não é uma pessoa confiável.
c) A festa foi planejada durante seis meses; não haverá, **pois**, surpresas desagradáveis.
d) A festa foi planejada durante seis meses, **pois** não haverá surpresas desagradáveis.

27. (CLICK – Pref. Canoinhas – Professor de Português – 2012) Assinale a alternativa que contém uma oração coordenada sindética aditiva:
a) Pedro não veio para aula porque estava doente.
b) Pedro não foi para a escola e nem para o trabalho.
c) Pedro está doente, logo não vai para a aula.
d) Pedro vai para a escola, ou para o trabalho.

28. (SOLER – Pref. Macaubal/SP – Assistente Administrativo de Trânsito – 2012) Em "No outro dia tomei o trem, ferrei no sono e acordei às dez horas na estação central" (Graciliano Ramos), temos:
a) período simples;
b) período composto por subordinação;
c) período composto por coordenação;
d) período composto por coordenação e subordinação.

29. (SOLER – IPREM – Agente Contábil Previdenciário – 2012) É uma oração coordenada assindética aquela expressa na alternativa:
a) "O homem de juízo aproveita, o tolo desaproveita a experiência própria".
b) Não emprestes, não disputes, não maldigas, e não terá do que arrepender-te.
c) A virtude é comunicável, porém o vício, contagioso.
d) As circunstâncias descobrem ou fazem as grandes personalidades.

30. (SOLER – IPREM – Agente Financeiro e RH Previdenciário – 2012) Encontramos um período composto por coordenação na alternativa:
a) Um de seus filhos é muito inteligente.
b) Ele veio visitar-me, mas não me encontrou.
c) Os policiais descobriram como foi feito o assalto da casa ao lado da delegacia.
d) Aqueles que se dedicam ao trabalho vencem na vida.

31. (SOLER – IPREM – Agente Financeiro e RH Previdenciário – 2012) Temos uma oração coordenada assindética em:
a) Em 1960 – no dia de meu aniversário – houve a inauguração da nova Capital.
b) Parece que vai chover, esfriar, gear.
c) É bem verdade que chegamos cedo.
d) Sabe-se que tudo vai bem.

32. (IDECAN – CREFITO (8ªR) – ASSISTENTE ADMINISTRATIVO – 2013) No período "Os Doutores da Alegria despertam o desejo pela vida através do humor e riso, **entretanto eles não conseguem melhorar o caos da saúde no Brasil**", a oração destacada é classificada como oração coordenada sindética:
a) aditiva.
b) conclusiva.
c) explicativa.
d) alternativa.
e) adversativa.

33. (UPENET/IAUPE – SES/PE – Assistente em Saúde – 2014)
I. As lágrimas não pedem perdão, mas o alcançam.
II. Podemos escolher o que semear, mas somos obrigados a colher aquilo que plantamos.
Analisando-se os pensamentos acima, encontram-se conectores que ligam, respectivamente, orações
a) independentes e exprimem adição de pensamentos.
b) independentes e exprimem oposição de pensamentos.
c) independentes e exprimem conclusão de pensamentos.
d) dependentes e exprimem oposição de pensamentos.
e) dependentes e exprimem conclusão de pensamentos.

34. (Quadrix – CRP/MG – Assistente Administrativo – 2015) Em "A maioria prefere chorar E CONTAR MENTI-RAS", a oração destacada, em relação a "chorar", classifica-se como:
a) subordinada substantiva objetiva direta.
b) subordinada adverbial causal.
c) coordenada sindética aditiva.
d) coordenada assindética.
e) coordenada sindética explicativa.

35. (BIO-RIO – Prefeitura de Mangaratiba/RJ – Assistente Social – 2016) O paralelismo sintático foi desobedecido na seguinte frase:
a) "Sucesso é conseguir o que você quer e felicidade é gostar do que você conseguiu". (Dale Carnegie)
b) "Para o otimista todas as portas têm maçanetas e dobradiças, para o pessimista todas as portas têm trincos e fechaduras". (William Arthur Ward)
c) "Se não houver frutos, valeu a beleza das flores; se não houver flores, valeu a sombra das folhas; se não houver folhas, valeu a intenção da semente". (Henfil)
d) "É barato construir castelos no ar e bem cara a sua destruição". (F. Mauriac)
e) "Um acontecimento vivido é finito. Um acontecimento lembrado é ilimitado". (Walter Benjamin)

Capítulo 22 • Orações Coordenadas **601**

36. (IBFC – EMBASA – Engenheiro (Engenharia Civil/Produção Civil) – 2017) Considere o período, analise as afirmativas a seguir e assinale a alternativa correta.
"No dia seguinte, não houve concentração juvenil, mas já na outra tarde, meio cautelosos, eles reapareceram".
I. Trata-se de um período com duas orações, composto por coordenação.
II. "Meio" é adjetivo e modifica a palavra "cautelosos".
a) As afirmativas I e II são corretas.
b) Apenas a afirmativa I é correta.
c) Apenas a afirmativa II é correta.
d) Nenhuma afirmativa é correta.

37. (INSTITUTO AOCP – ADAF/AM – Agente de Fiscalização Agropecuária – 2018) Assinale a alternativa em que só apareçam orações coordenadas assindéticas, ou seja, sem conjunções.
a) "Espere aqui, eu vou te mostrar imediatamente [...]".
b) "Nós vamos procurá-lo e eu vou segurar essa borboleta na minha mão o tempo todo."
c) "Por isso, não importa que tipo de resposta ele dê, sempre será errada."
d) "Que pergunta podemos lhe fazer que ele não será capaz de responder?"
e) "Como ele podia ver o quanto inquietas eram suas filhas, decidiu enviá-las em um feriado para viver com um velho sábio [...]".

38. (IBFC – Prefeitura de Cuiabá/MT – Analista de Tecnologia da Informação – 2019) Leia com atenção o trecho "tanto o vulgo como os homens de cultura superior dizem ser esse fim a felicidade e identificam o bem viver e o bem agir como o ser feliz". É correto afirmar que o enunciado acima possui:
a) orações subordinadas assindéticas substantivas.
b) orações coordenadas sindéticas adverbiais.
c) orações subordinadas sindéticas explicativas.
d) orações coordenadas sindéticas aditivas.

39. (Instituto Consulplan – Prefeitura de Formiga/MG – Fiscal de Obras e Postura – 2020) "Na frase 'O mestre agradeceu a informa-ção, despediu-se e foi embora', tem-se duas orações coordenadas _____ e uma oração coordenada _____." Assinale a alternativa que completa correta e sequencialmente a afirmativa anterior.
a) assindéticas / sindética aditiva
b) sindéticas aditivas / assindética
c) assindéticas / sindética explicativa
d) sindéticas explicativas / assindética

40. (CESPE – SEED-PR – Professor de Língua Portuguesa – 2021) No verso "que esse já não bate nem apanha", em "Socorro, alguém me dê um coração, que esse já não bate nem apanha", o termo "que" introduz uma oração
a) coordenada adversativa.
b) coordenada explicativa.
c) subordinada adverbial condicional.
d) subordinada adjetiva restritiva.
e) subordinada adverbial concessiva.

41. (FEPESE – IGP/SC – Auxiliar Médico-Legal – 2022) (Adaptada) No período "Fabiano tomou a cuia, desceu a ladeira, encaminhou-se ao rio seco, achou no bebedouro dos animais um pouco de lama", há duas orações coordenadas e duas orações subordinadas.
( ) CERTO   ( ) ERRADO

602 A Gramática para Concursos Públicos • Fernando Pestana

Gabarito

1. CERTO.
2. D.
3. I – CORRETA.
   II – CORRETA.
4. B.
5. C.
6. C.
7. CERTO.
8. INCORRETA.
9. D.
10. B.

11. C.
12. C.
13. D.
14. ERRADO.
15. CORRETA.
16. B.
17. CORRETA.
18. INCORRETA.
19. D.
20. A.
21. CORRETA.

22. D.
23. D.
24. C.
25. C.
26. D.
27. B.
28. C.
29. A.
30. B.
31. B.
32. E.

33. B.
34. C.
35. D.
36. B.
37. A.
38. D.
39. A.
40. B.
41. ERRADO.

Os comentários sobre as questões estão no *Material Complementar* do livro.
Para acessá-lo, veja o passo a passo na orelha desta obra.

CAPÍTULO 23
ORAÇÕES SUBORDINADAS

Conceito de Subordinação

A **subordinação** trata da relação de **dependência** entre termos e orações. Não obstante, fique sabendo que, para os concursos, o que importa de verdade é a subordinação entre as **orações**.

Vamos lá... Quando você lê uma frase com duas orações (período composto), é certo que elas mantêm algum tipo de relação. No caso da subordinação, percebemos que uma oração está "presa" à outra, porque uma delas (chamada de **subordinada**) completa a estrutura sintática da outra (chamada de **principal**), ou simplesmente depende da outra (da **principal**) para ampliar a sua estrutura.

Trocando em miúdos, a *oração subordinada* sempre mantém uma relação de dependência com a **oração principal**.

> *Os alunos estavam temerosos de que a prova viesse em um nível difícil.*
> *Os alunos que mantêm constância nos estudos sentem-se confiantes.*
> *Quando eles precisam de ajuda, o professor sempre busca ajudá-los.*

As orações em azul são subordinadas. Vamos analisar uma por uma.

Note que a primeira (*de que a prova viesse em um nível difícil*) completa a estrutura sintática da oração principal (*Os alunos estavam temerosos*). Eu digo que completa, porque "quem está temeroso, está temeroso **de alguma coisa**". Percebe que o adjetivo *temeroso* exige um complemento? Então, o complemento dele vem em forma de oração (*de que a prova viesse em um nível difícil*). Logo, a primeira oração em azul está "presa" à oração principal, porque completa sua estrutura sintática. Imagine... eu chego até você e digo: "Aí, os alunos estão temerosos" Você responde: "Ah, ok"? Claro que não! Você vai me perguntar: "Estão temerosos **de quê**, Pestana?" Aí eu respondo: "Ah, eles estão temerosos *de que a prova venha difícil*".

Percebe, então, que a oração principal **precisa** de um complemento? Por sua vez, a oração subordinada exerce função sintática de **complemento nominal** (um termo **integrante**, lembra?), completando a principal. Essa relação é de dependência, portanto... **subordinação**!

Analisando a segunda oração em azul, notamos que ela é **acessória**, ou seja, pode ser retirada do período sem prejuízo para a estrutura da outra (principal); certo? Vou apagá-la para você perceber quão acessória ela é:

> **Os alunos** *que mantêm constância nos estudos* **sentem-se confiantes.**
>
> **Os alunos (...) sentem-se confiantes.**

Notou que a oração em azul é **acessória**? "Hmmm... acessória... isso me lembra termos acessórios da oração... adjunto adnominal, adjunto adverbial... Ah! Entendi!".

A oração em azul exerce função de **adjunto adnominal**, pois está determinando um substantivo (alunos). Percebeu também que a oração principal não depende dela? Por outro lado... a **subordinada depende da principal**, pois ela é como um termo acessório, isto é, depende da existência da principal para ampliar sua estrutura.

A terceira oração também funciona sintaticamente como um termo **acessório**, mais especificamente como um **adjunto adverbial de tempo**. Perceba que a oração principal (o professor sempre busca assisti-los) não depende dela, mas, sim, o contrário, provando que ela está subordinada:

> *Quando eles precisam de ajuda*, **o professor sempre busca assisti-los.**

Logo, tendo em mente a análise das três orações, concluímos que existem orações subordinadas completando a principal (a primeira, em azul) e existem orações subordinadas **acessórias**, ampliando/determinando a principal (a segunda e a terceira, em azul).

Resumindo: existem três tipos de orações subordinadas: as **substantivas**, as **adjetivas** e as **adverbiais**. Vejamos todas, respectivamente, a partir de agora.

Orações Subordinadas Substantivas

As **orações subordinadas substantivas** são chamadas assim porque exercem função sintática própria de substantivo em relação à oração principal. Isto é, elas exercem função sintática de **sujeito, predicativo, objeto direto, objeto indireto, complemento nominal, aposto** etc. São iniciadas pelas conjunções integrantes **que** ou **se**. Segundo o famoso *bizu*, podem ser substituídas por **isto/isso**.

Quero que você perceba sempre o seguinte: as orações substantivas exercem função típica de substantivo, por isso a correspondência entre uma oração substantiva e um termo substantivo é visível. Veja:

1) Sujeito
   — *Hoje se anunciou* **sua aposentadoria**. = *Hoje se anunciou* *que ele se aposentará.*
2) Predicativo
   — *O anúncio lamentável era* **a aposentadoria dele**. = *O anúncio lamentável era* *que ele se aposentaria.*
3) Objeto direto
   — *Ninguém desejou* **sua aposentadoria**. = *Ninguém desejou* *que se aposentasse.*
4) Objeto indireto
   — *Avisei-o* **de sua aposentadoria**. = *Avisei-o* *de que deveria aposentar-se.*
5) Complemento nominal
   — *Estava receoso* **de sua aposentadoria**. = *Estava receoso* *de que se aposentasse.*

6) Aposto

– *Hoje o atleta só deseja isto:* **sua aposentadoria**. = *Hoje o atleta só deseja isto: que se aposente.*

Portanto, segundo a gramática tradicional, são seis tipos de orações substantivas (**subordinadas**, em azul; **principais**, em preto).

Orações Subordinadas Substantivas Subjetivas

Funcionam como **sujeito** da oração principal, logo não há sujeito na oração principal, pois este é oracional. O verbo da principal sempre estará na 3ª pessoa do singular, porque o sujeito vem em forma de oração! Tal informação é importante, porque há muitas questões feitas pelas bancas FCC, Esaf e Cespe/UnB explorando a concordância com o sujeito em forma de oração.

Há cinco casos ou construções clássicas. Não decore, entenda!

> **1º caso**: **VL** + adjetivo/substantivo/advérbio + *que/se... OSSS*

– *Seria verdade que as pessoas têm o poder de mudar? (O que seria verdade? Isso seria verdade.)*
– *Depois do julgamento pelo STF, está certo se os deputados serão condenados?*
– *Foi assim que o professor ensinou a matéria.*
– *Tornou-se claro para ele que ninguém mais atrapalharia sua felicidade.*

> **2º caso: VTD** (3ª p. s.) **+ se** (partícula apassivadora) + *que/se... OSSS*

– *Está se comentando que ele explica bem a matéria. (O que está se comentando? Isso está se comentando.)*
– *Não se sabe se haverá aula.*
– *Viu-se que o aluno entendeu direito a explicação.*

> **3º caso: loc. verbal** (ser, estar, ficar + particípio) + *que/se... OSSS*

– *Foi dito que todos ficaram satisfeitos com os resultados. (O que foi dito? Isso foi dito.)*
– *Está decidido pelo conselho se o professor vai ministrar aulas este ano?*
– *Ficou provado que ele foi classificado no exame.*

> **4º caso:** parecer, convir, suceder, acontecer, ocorrer, importar, urgir...* + *que/se... OSSS*

– *Convém que todos estudem com frequência. (O que convém? Isso convém.)**
– *Não me importa nem um pouco se o concurso será difícil.*
– *Parece que nós estamos aprendendo Português.*

* Neste último caso, para facilitar a análise, tais verbos podem normalmente ser substituídos por *ser* + adjetivo cognato ao verbo, isto é, "Convém que todos estudem" = "É conveniente que todos estudem".

> **5º caso:** verbos **psicológicos** (interessar, surpreender, agradar...) + *que/se... OSSS*

– Não me interessa *se seus problemas não foram resolvidos*. (O que não me interessa? *Isso* não me interessa.)
– Surpreende-te *que tenha faltado luz no jogo entre Brasil e Argentina, na Argentina*?
– Hoje mais nos alegra *que o presidente seja uma mulher*.

* Esses verbos psicológicos das orações principais exprimem uma reação emotiva diante de um fato contido na subordinada, e normalmente são VTDs ou VTIs tendo como complemento o oblíquo.

> **Observação**
>
> Às vezes, independentemente de sua classificação, as orações subordinadas substantivas vêm iniciando o período. Neste caso, para o gramático Luiz A. Sacconi, a vírgula é obrigatória (os demais gramáticos de renome não se manifestam, e nunca vi ainda em prova alguma, mas vai que...): "*Que o concurso seja difícil*, não me importa nem um pouco" / "*Se ele vem hoje* não é da minha conta"...

Orações Subordinadas Substantivas Predicativas

Funcionam como **predicativo do sujeito** da oração principal, que apresenta o verbo de ligação **ser**, ou, mais raramente, *parecer*.

– O certo é *que todos querem a felicidade*. (O que é o certo? *Isso* é o certo.)
– A questão não é *se eles vão condenar os corruptos*, mas tomara que os condenem.
– Minha impressão era (de) *que ela não desistiria tão fácil*.
– *Que haja um só rebanho e um só pastor*, sempre foi a maior preocupação da Igreja.

 CUIDADO!!!

1) Em "Certo é *que todos querem a felicidade* (= *Isso* é certo)", a oração é **subjetiva**, pois na principal não há artigo ou pronome. Se houver artigo ou pronome no sujeito da principal, a oração subordinada será predicativa. Veja: "**O** certo é *que todos querem a felicidade*".

2) Às vezes, como na terceira frase que usei como exemplo, a preposição *de*, exigida pelo substantivo da oração principal, aparece imediatamente antes da oração subordinada. Neste caso, a preposição é expletiva (mero realce), não constituindo assim uma oração subordinada substantiva completiva nominal. Veja uma questão com estrutura seme-

lhante: ESAF – SET/RN – AUDITOR-FISCAL DO TESOURO ESTADUAL – 2005 – QUESTÃO 3.
3) Não confunda "é que" (verbo de ligação + conjunção integrante; não pode ser suprimido da frase) com "é que" (expressão expletiva; pode ser suprimido da frase). Exemplos: "A verdade é que ela está muito diferente" (A verdade ela está muito diferente???); "A verdade é que incomoda muita gente, não a mentira" (A verdade incomoda muita gente, não a mentira!!!). Consulte uma questão sobre isso: CESPE/UNB – ASSEMBLEIA LEGISLATIVA – ASSISTENTE EM COMUNICAÇÃO SOCIAL I – 2011 – QUESTÃO 7 (LETRA B).

Orações Subordinadas Substantivas Objetivas Diretas

Funcionam como **objeto direto** da oração principal, a qual apresenta um VTD ou um VTDI, obrigatoriamente.

– *Esperamos que você aprenda português.* (Esperamos o quê? Esperamos isso.)
– *Não sabemos se haverá aula.*
– *O repórter do telejornal noticiou aos cidadãos que haverá votação amanhã?*
– *Não me diga que você vai embora...*
– *Que seu filho seja bem-sucedido na vida*, toda mãe deseja.

 CUIDADO!!!

1) Alguns verbos que são transitivos indiretos, quando passam a ter complemento verbal em forma de oração, mudam de transitividade, passando a transitivos diretos. Tais verbos estão ligados ao campo semântico do julgamento, opinião, crença: *acreditar, crer, desconfiar, pensar*.
 – **Creio** em Deus. (VTI – OI) = Creio que Deus existe. (VTD – OSSOD)

Na contramão disso, Sacconi entende que o verbo *crer* (e, por tabela, *acreditar* e *pensar*) em "Creio que tudo está bem agora" continua sendo transitivo indireto, com a preposição *em* implícita antes da conjunção integrante. A banca FCC já trabalhou isso duas vezes (uma como o verbo desconfiar e outra com o verbo crer); confira: FCC – MPU – ANALISTA PROCESSUAL – 2007 – QUESTÃO 20; FCC – SABESP – Analista de Gestão (Administração) – 2018 – QUESTÃO 8.
2) Na construção "Fizeram **com que a religião se redimisse de seus erros**", a preposição *com* é usada como realce, ou seja, é expletiva, por isso pode ser retirada de antes da oração subordinada substantiva objetiva direta.
3) Em "**Pedi** (Disse) para que ela não largasse o emprego", segundo a tradição gramatical, há um erro: o uso da preposição 'para' após o verbo da oração principal (pedir ou dizer). O certo é: "Pedi (Disse) que ela não largasse o emprego". O único caso em que a norma culta abona tal preposição é quando se explicita ou se subentende as palavras "licença", "permissão", "vênia" etc.: "Ela pediu [licença] para que passasse". Neste caso, porém, a oração iniciada pela preposição passa a ser classificada como completiva nominal.
4) Às vezes, a conjunção integrante vem implícita (caso raro!): "Sua Excelência espera (que) *não duvidem dela*".

5) Os vocábulos **eis** e **tomara** – conforme ensina, por exemplo, Adriano da Gama Kury –, quando seguidos da conjunção integrante *que*, fazem o papel de uma oração principal que tem como objeto direto a oração encabeçada pelo *que*. Assim se analisa a frase *Tomara que chova*: período composto por subordinação, no qual a oração principal é *Tomara*, e *que chova* é oração subordinada substantiva objetiva direta. Análise idêntica se fará com construções formadas por *eis*. Veja uma questão sobre isso:

(Inaz do Pará – Prefeitura de Curuçá/PA – Professor de Português – 2015)
No trecho "E eis que se processa a compreensão do abstrato em algo mais próximo", não temos no período:
A. uma oração subordinada substantiva objetiva direta.
B. uma oração subordinada substantiva subjetiva. (Gabarito!)
C. uma conjunção integrante.
D. uma conjunção coordenativa.
E. um pronome apassivador.

Gabarito: B. Achei bacana a questão para quem é concurseiro-professor de Português. Dificilmente isso cairia num concurso comum, mas nunca se sabe o que as bancas podem aprontar.

Orações Subordinadas Substantivas Objetivas Indiretas

Funcionam como **objeto indireto** da oração principal, a qual apresenta um VTI ou um VTDI obrigatoriamente.

– *Não te informaram de que o concurso seria este mês? (Não te informaram de quê? Não me informaram disso.)*
– *O professor insiste em que eu tenho de estudar mais.*
– *Não resisti a que tu me ajudasses.*
– *Anseio por que algumas pessoas estejam na Terra por um propósito.*
– *Jamais se esqueça de que fui eu o mentor do projeto.*
– *De tantas profissões, não se lembrava mais se exercia a profissão de médico.*

CUIDADO!!!

1) O verbo *ansiar* pode ser VTD, segundo Celso P. Luft e Francisco Fernandes. Sendo assim podemos analisar a oração (sem preposição *por*) como objetiva direta: "*Anseio que algumas pessoas estejam na Terra por um propósito*". Sobre *lembrar-se*, seguido da conjunção integrante *se*, a preposição fica implícita.

2) Segundo alguns estudiosos da língua, como Bechara, Celso Cunha, Cegalla, Sacconi, Claudio Cezar Henriques, Celso P. Luft, a preposição exigida pelo verbo da principal pode vir elíptica: "Ela não gosta (de) **que a chamem de senhora**" / Esqueceu-se (de) **que votaria no domingo**. Corroborando isso, a banca da UERJ, em 2000, afirma que, quando o complemento de *lembrar-se* (o mesmo vale para *esquecer-se*) vem em forma

Capítulo 23 • Orações Subordinadas

de oração, a preposição *de* pode ficar implícita. Consulte a questão (e o gabarito) de número 4 acerca do texto "No meio do caminho", de Drummond. Outra questão (mais recente) corrobora a elipse da preposição, não implicando incorreção gramatical. Veja: IBFC – SES/DF – Cirurgião Dentista – 2022 – Questão 4. FCC – TRF (1ª R) – TÉCNICO Judiciário – 2011 – QUESTÃO 15 – OPÇÃO "B". ESAF – SRF – AFRFB (AUDITORIA) – 2003 – QUESTÃO 8 (LETRA E). Agora veja a contradição da banca Cespe (ora encarando a preposição como obrigatória, ora encarando como facultativa): CESPE – DETRAN/DF – NÍVEL SUPERIOR – 2009 – QUESTÃO 40; CESPE – HEMOBRÁS – NÍVEL SUPERIOR – 2008 – QUESTÃO 14. Surreal, não? :/

3) Segundo Claudio Cezar Henriques, "é um solecismo bastante comum empregar a preposição *de* em estruturas subordinadas sem preposição. Tal uso (chamado **dequeísmo**) caracteriza sério erro de regência: "É indispensável *de que todos estejam informados dessa manobra*". Sobre isso, veja uma questão:

Cespe/UnB – MP – Analista DE INFRAESTRUTURA – 2012 – Seria mantida a correção gramatical do período "É fato que os números absolutos impressionam", caso a preposição **de** fosse inserida imediatamente antes da conjunção "que".

( ) CERTO   (X) **ERRADO**

Comentário: Absolutamente nada (nem verbo, nem nome) exige a preposição *de* antes da subordinada substantiva subjetiva. Afinal, não existe oração preposicionada com função de sujeito. Eis o famigerado **dequeísmo**, tão comum na fala diária.

Orações Subordinadas Substantivas Completivas Nominais

Funcionam como **complemento nominal** da oração principal, a qual apresenta um nome (normalmente, substantivo ou adjetivo) exigindo um complemento preposicionado.

– *Elas tinham certeza de que você aceitaria minha sugestão.* (Elas tinham certeza de quê? Elas tinham certeza *disso.*)

– *Não tinha certeza se aceitaria minha sugestão.**

– *O fato de que ela se classificou* me alegrou muito.

– *Fiz menção a que você tinha passado na primeira tentativa.*

– *O alerta para que os banhistas evitassem o local das pedras foi ignorado.*

* Diante da conjunção integrante *se*, a preposição fica implícita.

Observação

Segundo alguns gramáticos, como Bechara, Celso Cunha, Cegalla, José Carlos de Azeredo e Claudio Cezar Henriques, a preposição também pode vir implícita antes da oração completiva nominal: "*Estava ansioso (por)* **que ela voltasse logo**". Sobre isso, encontrei uma questão que toma como errada tal elipse, pois a visão da maioria dos gramáticos diz que a preposição é obrigatória. Por isso que eu digo que cada banca é uma banca; é preciso conhecer o perfil delas. Veja:

> Cespe/UnB – PC/ES – Cargos de nível superior – 2011– No trecho "estão convencidos de que as desigualdades são, em sua maior parte, sociais ou históricas" (l. 8-10), a omissão da preposição "de" prejudicaria a correção gramatical do período.
>
> (X) CERTO ( ) ERRADO
>
> **Comentário:** Foi considerado "certo", pois a visão da maioria dos gramáticos diz que a preposição tem de vir **explícita** antes da conjunção integrante. No entanto, para o nosso desespero, incoerentemente, a mesma banca, seis anos antes, considerou **certa** a **omissão** da **preposição**: CESPE – TJ/BA – ADMINISTRADOR DO FÓRUM – 2005 – QUESTÃO 2.

Orações Subordinadas Substantivas Apositivas

Funcionam como **aposto** da principal; vêm normalmente separadas por dois-pontos, vírgula ou travessão.

– *Quero apenas uma coisa de você: que aprenda português.*
– *Tenho um grande sonho, que você aprenda português!*
– *A minha vontade – que você aprenda português – se realizou.*

> **Observação**
>
> A conjunção integrante da oração apositiva pode vir implícita: "Corre um boato na principal rede de televisão, a saber: (que) *o dono da emissora pretende vendê-la*".

Orações Subordinadas Substantivas Justapostas

Além das tradicionais orações já vistas, todas iniciadas por conjunções integrantes, é bom que você saiba o seguinte: 1) existem muitas orações que simplesmente não são iniciadas por conjunção alguma e 2) existem muitas orações iniciadas por pronomes indefinidos ou interrogativos (*que, quem, qual, quanto*) e advérbios interrogativos (*onde, como, quando, por que*). O nome dado a elas é **orações justapostas**. Veja alguns exemplos:

1) **Oração Subordinada Substantiva Subjetiva Justaposta**

   – *Quem espera sempre alcança.*

> **Observação**
>
> Segundo Sacconi, quando o sujeito vem em forma desse tipo de oração justaposta, a vírgula separando o sujeito do predicado é facultativa, ou seja: *Quem espera, sempre alcança*. No entanto, essa não é a visão tradicional, que insiste em dizer que sujeito não se separa do verbo por vírgula.

2) **Oração Subordinada Substantiva Predicativa Justaposta**

   – *"O amor é quando a gente mora um no outro".* (Mário Quintana)

3) **Oração Subordinada Substantiva Objetiva Direta Justaposta**

   – *Perguntaram-lhe de que professor estavam falando.*

Capítulo 23 • Orações Subordinadas **611**

– *Quero entender por que as guerras e a fome persistem no mundo.*

> **Observação**
>
> O verbo *perguntar* é VTDI: quem pergunta, pergunta **algo** (OD; *de que professor estavam falando*) **a alguém** (OI; *lhe*). Mas você deve estar se perguntando: "O que a preposição *de* está fazendo antes do pronome interrogativo *que*?" Resposta: toda vez que um verbo da oração justaposta (no caso, *falar*) exigir uma preposição (no caso, *de*), esta a encabeçará. Aí eu é que lhe pergunto: "O 'homem da banca' (à la pegadinha do Mallandro) pode criar uma questão dizendo que *de que professor estavam falando* é uma oração objetiva **indireta**, não pode? Afinal, a oração é iniciada por preposição... Abra o olho!!! A oração é objetiva direta, pois complementa o verbo *perguntar*. Ponto.

4) **Oração Subordinada Substantiva Objetiva Indireta Justaposta**

– *Lembra-te de qual pessoa te salvou naquele momento de desespero.*
– *Fui convencido de como deveria viver a partir de então, sem recursos, na miséria.*

5) **Oração Subordinada Substantiva Completiva Nominal Justaposta**

– *Não tenho noção de quantas pessoas já ajudei nesta vida, graças a Deus!*
– *Estou convencido de onde devo morar.*

> **Observação**
>
> Note que *convencido* (4) é diferente de *convencido* (5), pois este é um adjetivo exigindo um complemento nominal e aquele é um verbo no particípio, cuja voz é passiva. Passando para a voz ativa, fica claro que a oração é objetiva indireta de fato: *Fui convencido* **de como** *deveria viver a partir de então, sem recursos, na miséria.* = *Convenceram-me* **de como** *deveria viver a partir de então, sem recursos, na miséria.* Note que o verbo *convencer* é VTDI (quem convence, convence alguém **de alguma coisa**).

6) **Oração Subordinada Substantiva Apositiva Justaposta**

– *"A saudade é como o sol do inverno: ilumina sem aquecer".*

7) **Oração Subordinada Substantiva Agentiva da Passiva Justaposta**

– *O escravo foi surrado até a morte por quem o comprou.*
– *O candidato está rodeado de quem não deseja a sua eleição.* (Sacconi)

> **Observação**
>
> Ulisses Infante diz que existe oração com função de vocativo: "*Quem estiver atento*, por favor, o diretor tem algumas palavras importantes a dizer".

Orações Subordinadas Adjetivas

As **orações subordinadas adjetivas** são chamadas assim porque exercem função sintática própria de adjetivo em relação à oração principal. Isto é, segundo a tradição gramatical, elas exercem tão somente a função de **adjunto adnominal**, pois funcionam como um acessório em relação à oração principal. São iniciadas pelos pronomes relativos *que, o qual, quem, cujo, quanto, onde, como, quando*.

> **Observação**
> Quero que você entenda o seguinte: por mais que algumas orações adjetivas sejam separadas por pontuação (*vírgula, travessão* ou *parênteses*), elas equivalem a um adjetivo que exerce função de adjunto adnominal. Estou frisando isso porque existe um mito de que oração adjetiva separada por vírgula exerce função de aposto explicativo. De acordo com a gramática tradicional brasileira, repito: *qualquer oração adjetiva exerce sempre função sintática de adjunto adnominal*. Inclusive, é assim que cai em prova. Consulte: FCC – TRT 15ª R – Técnico Judiciário (área administrativa) – 2018 – Questão 7 (opção E).

É fácil perceber a correspondência entre uma oração adjetiva e um termo adjetivo. Veja:

– *O advogado,* **ambicioso por novos clientes**, *trabalha mais de 12 horas por dia.*
– *O advogado,* **que ambiciona novos clientes**, *trabalha mais de 12 horas por dia.*

Perceba que *ambicioso por novos clientes* tem o mesmo valor que a oração adjetiva *que ambiciona novos clientes*, isto é, modifica um substantivo (*advogado*). Outro exemplo:

– *Vinha relutando há muito tempo para pintar aquela parede* **sem cor**.
– *Vinha relutando há muito tempo para pintar aquela parede* **que estava sem cor**.

Perceba, novamente, que a locução adjetiva *sem cor* tem o mesmo valor que a oração adjetiva *que estava sem cor*, isto é, modifica um substantivo (parede).

> **BIZU** Dica de irmão: leia e releia a parte de *pronomes relativos*, para que você domine o assunto!

Há dois tipos de orações subordinadas adjetivas: as restritivas e as explicativas.

Orações Subordinadas Adjetivas Restritivas

As *orações* **subordinadas adjetivas restritivas** têm o papel de limitar a parte de um conjunto, restringindo o sentido do termo antecedente. Por via de regra, não vêm separadas por pontuação.

Vou dar três exemplos cujas orações são introduzidas pelo pronome relativo *que*, pois é definitivamente o mais cobrado em provas de concurso público. Veja:

Exemplo 1

– *Os candidatos* <u>*que participaram das aulas extras*</u> *não encontraram dificuldade na prova.*
Entenda: do "conjunto" *candidatos*, foram *todos* que não encontraram dificuldade na prova? Claro que não! **Apenas** alguns, ou seja, só aqueles que participaram das aulas extras não encontraram dificuldade na prova, ok? E os que não participaram... devem ter saído chorando da prova.

Exemplo 2

— *Domingo, ela saiu com o namorado que mora em Ipanema.*
Entenda: do "conjunto" *namorado*, ela saiu com qual? Com o que mora em Ipanema, certo? "Ué, Pestana, essa frase quer dizer que ela tem mais de um namorado?" Exatamente! Ela é uma garota *sapequinha*. Ela tem mais de um namorado, mas no domingo saiu com um deles: o que mora em Ipanema. Segunda-feira ela vai sair com o que mora no Leblon, terça-feira ela vai sair com o que mora em Copacabana etc.

Exemplo 3

— *Os homens tornam a vida difícil ou impossível para os animais que deles dependem para sobreviver.*
Entenda: do "conjunto" *animais*, está-se falando que *todos* dependem deles (dos homens) para sobreviver? Claro que não! Está-se falando **apenas** dos animais que dependem dos homens para sobreviver. Logo... nem todos os animais dependem dos homens para sobreviver.

CUIDADO!!!

1) Não confunda **oração adjetiva restritiva** com **oração substantiva completiva nominal**.
   — *A recomendação de que saíssem tão logo daquelas terras não afugentou os grileiros.*
   — *A recomendação de que lhe falei ontem à noite deve ser levada a sério, rapaz!*

 Para resolver essa situação é perceber qual *que* é um pronome relativo ou uma conjunção integrante. Perceba que o segundo *que* equivale a outro pronome relativo, "a qual", e exerce função sintática: "A recomendação *da qual* **lhe falei ontem à noite** deve ser levada a sério, rapaz!". Por isso, a segunda oração é a subordinada adjetiva restritiva.

2) É impossível construir certas frases com oração restritiva, pois o sentido não permite. Quer ver?
   — *O gramático Evanildo Bechara que escreveu a Moderna Gramática Portuguesa é um mito.*

Percebeu que não é possível restringir "o gramático Evanildo Bechara"? Isso porque ele é um ser único. Não se pode restringir, limitar o sentido de um ser que já é único. Está claro? É justamente neste momento que a pontuação desempenha um papel importantíssimo. Se não se pode restringir, pode-se explicar. Daí que a única forma acertada de escrever esta frase seria com vírgulas, travessões ou parênteses:
   — *O gramático Evanildo Bechara, que escreveu a Moderna Gramática Portuguesa, é um mito.*
   — *O gramático Evanildo Bechara – que escreveu a Moderna Gramática Portuguesa – é um mito.*
   — *O gramático Evanildo Bechara (que escreveu a Moderna Gramática Portuguesa) é um mito.*

Outro exemplo:

– *Os Estados Unidos da América, **que emergiram da Segunda Guerra Mundial como o primeiro país com armas nucleares**, mantêm sua soberania.*

Aí eu lhe pergunto: "Poderíamos colocar esta oração adjetiva sem vírgulas, como uma oração restritiva? Podemos restringir 'Os Estados Unidos da América'? Existe outro 'Estados Unidos da América' para que possamos restringi-lo?" Claro que não! Acho que agora ficou claro como água.

Só se pode restringir um "ser único", como *o gramático Evanildo Bechara* e *Os Estados Unidos da América*, se houver uma informação contrastante sobre o mesmo referente. Por exemplo:

– *O gramático Evanildo Bechara **que foi considerado um mito** não é mais o mesmo Bechara dos tempos de Faculdade.*

– *Aqueles Estados Unidos da América **que tínhamos como o melhor país do mundo** estão bem diferentes dos Estados Unidos que meus netos conhecem.*

Orações Subordinadas Adjetivas Explicativas

As **orações subordinadas adjetivas explicativas** têm o papel de modificar um termo, generalizando-o ou simplesmente tecendo um comentário extra sobre ele. Vêm sempre separadas por pontuação (vírgulas, travessões ou parênteses).

Vou dar os mesmos três exemplos, só que, dessa vez, as orações serão separadas por pontuação para se tornarem explicativas. Veja:

– *Os candidatos, **que participaram das aulas extras**, não encontraram dificuldade na prova.*

Entenda: agora fica claro que **todos** os candidatos participaram das aulas extras **e**, por isso, não encontraram dificuldade na prova.

– *Domingo, ela saiu com o namorado – **que mora em Ipanema**.*

Entenda: agora fica claro que ela saiu com o namorado **e** que o cara mora em Ipanema. Essa menina não é a mesma... agora ela tem só um namorado! Tomou juízo.

– *Os homens tornam a vida difícil ou impossível para os animais (**que deles dependem**) para sobreviver.*

Entenda: está claro agora que **todos** os animais, para sobreviver, dependem dos homens.

 Dica quente: Em questões de pontuação, a distinção semântica entre restritiva e explicativa é frequente! Fique esperto no capítulo de *pontuação*, principalmente em Vírgula, pois as bancas adoram trabalhar retirada ou colocação de vírgula e perguntar se o sentido da oração adjetiva mudou.

Valores Circunstanciais das Orações Adjetivas

Como diz o eminente gramático José Carlos de Azeredo: "As orações adjetivas podem apresentar cumulativamente um conteúdo circunstancial de causa, concessão, condição, finalidade etc.". "Cumulativamente" significa que, além das noções de restrição e explicação, existem valores adverbiais contidos na oração subordinada adjetiva em relação à oração principal.

– *Minha filha, **que amava tanto a vida**, decidiu achar a cura da morte.* (causa)
   *Ou seja: Minha filha decidiu achar a cura da morte **porque amava tanto a vida**.*
– *Minha filha, **que amava tanto a vida**, começou a se drogar.* (concessão)
   *Ou seja: Minha filha começou a se drogar, **embora amasse tanto a vida**.*
– *Estava em busca de uma gramática **que ampliasse meus conhecimentos**.* (finalidade)
   *Ou seja: Estava em busca de uma gramática **para ampliar meus conhecimentos**.*
– *O jornal fez algumas declarações **que comprometeram os vereadores**.* (consequência)
   *Ou seja: O jornal fez algumas declarações **que, consequentemente, comprometeram os vereadores**.*

> Só encontrei uma questão sobre isso, até hoje. Veja:
>
> 5. (UERJ – Vestibular (2ª fase (discursiva)) – 2007) ***A vela que ilumina é uma vela alegre. (l. 4)***
>   O conectivo *que*, além de introduzir uma caracterização para o substantivo *vela*, estabelece relações lógicas entre as duas orações presentes no período acima.
>   Reescreva esse período de duas maneiras diferentes – sempre substituindo o conectivo *que* –, de modo a explicitar dois tipos de relações lógicas entre as orações. A seguir, identifique o tipo de relação estabelecida em cada um dos períodos reescritos.
>
> **Gabarito Oficial (adaptado)**
> **Causa:** A vela, *porque ilumina*, é uma vela alegre.
> **Tempo:** A vela, *enquanto ilumina*, é uma vela alegre.
> **Condição:** A vela, *se ilumina*, é uma vela alegre.
> **Proporção:** A vela, *à medida que ilumina*, é uma vela alegre.

Orações Subordinadas Adjetivas Justapostas

As **orações adjetivas justapostas** são aquelas <u>não</u> iniciadas por pronomes relativos, mas por pronomes interrogativos (que, quem, qual, quanto) ou advérbios interrogativos (onde, como, quando, por que):

– *Os frutos **de <u>quem</u> merece a classificação** sempre são colhidos no tempo certo.*
– *O veterano de guerra ainda veste roupas **de <u>quando</u> era militar**.*

Funções Sintáticas dos Pronomes Relativos

Antes de qualquer coisa, peço novamente, encarecidamente, *ajoelhadamente* o seguinte: **leia e releia a parte de pronomes relativos, no capítulo 11**.

> Observação
>
> "Receita de bolo" para descobrir a função sintática de um pronome relativo:
> 1) substitua-o pelo seu antecedente;
> 2) coloque os termos da oração subordinada adjetiva na ordem direta;
> 3) faça a análise sintática do termo substituído pelo relativo.

Veja um exemplo de análise sintática do pronome relativo:

As pessoas **que** *desde pequenas fumam* prejudicam sua saúde e a saúde de outros.

O relativo *que* retoma *as pessoas*, certo? Então, substitua o relativo pelo antecedente: ... *as pessoas fumam...* Agora, coloque na ordem direta: ... *as pessoas fumam desde pequenas...* Por fim, faça a análise sintática do termo substituído: ... *as pessoas (sujeito) fumam desde pequenas...*
Logo, o pronome relativo *que* exerce função sintática de **sujeito**. Simples, não?

> **Importantíssimo:** toda vez que um verbo ou um nome dentro da oração adjetiva exigir uma preposição, esta ficará obrigatoriamente antes do pronome relativo! Nunca se esqueça disso!

1) **Que (o qual)**
   Eis as funções exercidas por este pronome relativo:

a) **Sujeito**: o pronome relativo exerce função de sujeito na oração subordinada adjetiva.

– *Comprei um livro* **que** *(=o qual) fez sucesso.* (**Um livro** *fez sucesso.*)

 CUIDADO!!!

1) Não erre a análise do pronome relativo **com função de sujeito**, pensando se tratar de um objeto direto, quando a ele se segue um verbo na voz passiva sintética: "As crianças *que se disciplinam* logo cedo se tornam adultos responsáveis" (... que (as crianças) se disciplinam (são disciplinadas)...).

2) Em "Estas instruções não podem ser reportadas a mim, ***que*** *sou apenas um subordinado nesta megaempresa*", você não vai substituir o *que* por *mim*, senão a frase ficará assim: ... ***mim*** *sou apenas um subordinado nesta megaempresa*. Como sabemos, *mim* não conjuga verbo, daí que, como *mim* é pronome pessoal oblíquo tônico de 1ª pessoa, ele é substituído por um pronome pessoal reto de 1ª pessoa (***Eu*** sou apenas um subordinado nesta megaempresa).

3) Às vezes o pronome relativo pode exercer função sintática de sujeito de uma oração subordinada substantiva. Entenda com esse exemplo (note a oração substantiva destacada): "Encontrei o objeto ***que*** *você falou que era seu*" (ou seja, você falou que ***o objeto*** *era seu*).

b) **Predicativo do sujeito**: o pronome relativo exerce função de predicativo do sujeito na oração subordinada adjetiva.

– *Aquele grande ator* **que** *(= o qual) em breve serei está cada vez mais perto.* (*Eu serei* **aquele grande ator** *em breve.*)

c) **Predicativo do objeto**: o pronome relativo exerce função de predicativo do objeto na oração subordinada adjetiva.

– *Eu não sou o doido* **que** *(= o qual) você me julga.* (*Você me julga* **doido**.)

d) **Objeto direto**: o pronome relativo exerce função de objeto direto na oração subordinada adjetiva.

– *Sou o homem* **que** *(= o qual) você vai amar.* (*Você vai amar* **o homem**.)

Capítulo 23 • Orações Subordinadas **617**

> ### Observação
> Pode haver pronome relativo com função de objeto direto preposicionado: "Meu dever, **com que** *eu não posso deixar de cumprir*, é extremamente importante" (... eu não posso deixar de cumprir *com meu dever...*).

e) **Objeto indireto**: o pronome relativo exerce função de objeto indireto na oração subordinada adjetiva.

– *Assisti a um programa **de que** (= do qual) você vai gostar. (Você vai gostar **de um programa**.)*

f) **Complemento nominal**: o pronome relativo exerce função de complemento nominal na oração subordinada adjetiva.

– *Retornei a um lugar **a que** (= ao qual) tinha aversão. (Tinha aversão **ao lugar**.)*

g) **Agente da passiva**: o pronome relativo exerce função de agente da passiva na oração subordinada adjetiva.

– *A hipnotizante mulher **por que** (= pela qual) fiquei seduzido era de meu amigo. (Fiquei seduzido **pela hipnotizante mulher**.)*

h) **Adjunto adnominal**: o pronome relativo exerce função de adjunto adnominal na oração subordinada adjetiva.

– *As pessoas, **de que** (= das quais) o doutor Andrade é médico, são extremamente gratas. (O doutor Andrade é médico **daquelas pessoas**.)*

i) **Adjunto adverbial**: o pronome relativo exerce função de adjunto adverbial na oração subordinada adjetiva.

– *As praias **a que** (= às quais) eu ia quando criança estão totalmente poluídas. (Eu ia **às praias** quando criança.)*

2) Quem
Exerce as seguintes funções sintáticas:

a) **Objeto direto (preposicionado)**: o pronome relativo exerce função de objeto direto na oração subordinada adjetiva.

– *Hospedei um amigo **a quem** não via desde a infância. (Não via **um amigo** desde a infância.)*

b) **Objeto indireto**: o pronome relativo exerce função de objeto indireto na oração subordinada adjetiva.

– *Tu nunca foste uma pessoa **com quem** simpatizamos. (Nunca simpatizamos **com uma pessoa**. – Neste caso, a palavra pessoa tem como referente tu, isto é: "Nunca simpatizamos **contigo**".)*

c) **Complemento nominal**: o pronome relativo exerce função de complemento nominal na oração subordinada adjetiva.

– *Meu filho, **por quem** fui responsável até os dezoito anos, fugiu de casa. (Fui responsável pelo meu filho até os dezoito anos.)*

d) **Agente da passiva**: o pronome relativo exerce função de agente da passiva na oração subordinada adjetiva.

– *A hipnotizante mulher **por quem** fui seduzido se tornou minha. (Fui seduzido **pela hipnotizante mulher**.)*

e) **Adjunto adnominal**: o pronome relativo exerce função de adjunto adnominal na oração subordinada adjetiva.
- *Achei aquela menina **de quem** você disse que era irmão.* (*Você disse que era irmão **daquela menina**.*)

 Observação
Note que, nesse caso, o pronome relativo exerce função sintática de um termo que pertence à oração substantiva objetiva direta (*que era irmão*).

f) **Adjunto adverbial**: o pronome relativo exerce função de adjunto adverbial na oração subordinada adjetiva.
- *As más companhias **com quem** eu andava certamente me influenciaram.* (*Eu andava **com más companhias**.*)

3) **Cujo**
a) **Adjunto adnominal**: o pronome relativo exerce função de adjunto adnominal na oração subordinada adjetiva; tem valor possessivo.
- *Esta é aquela casa **a cujos** aposentos eles deram preferência?* (*Eles dão preferência aos aposentos **da casa**.*)

b) **Complemento nominal**: o pronome relativo exerce função de complemento nominal na oração subordinada adjetiva; <u>não</u> tem valor possessivo.
- *O assunto, **cuja** explicação entendi, era interessantíssimo.* (*Eu entendi a explicação **do assunto**.*)

⚠ CUIDADO!!!

Já ouviu falar em **truncamento sintático**? Não? Então está na hora de você aprender, pois isso cai em algumas provas, principalmente na Esaf, no Cespe e na FCC. Entenda melhor por meio deste exemplo:
"*Recentemente houve uma falta de incentivo à cultura por parte do governo e órgãos privados, por isso a indústria cinematográfica, cuja produção vem caindo nos últimos anos*".
Tem alguma coisa estranha nessa frase que você não sabe identificar, não é? Mas o fato é que *rolou* um *estranhamento*, concorda? Observe que a oração subordinada adjetiva está completa, mas a oração principal está sem o verbo... está faltando um verbo! Ora, sem verbo não há oração principal, se a oração principal está incompleta, ela está "truncada", ou seja, sem um "pedaço", ela está "mutilada", coitada! Sendo assim, houve **truncamento sintático**, que ocorre quando uma oração está sem uma parte que a integra. Refazendo o período, teríamos algo assim:
"*Recentemente houve uma falta de incentivo à cultura por parte do governo e órgãos privados, por isso <u>a indústria cinematográfica</u>, cuja produção vem caindo nos últimos anos, **está** desesperada*".

Agora, sim, temos uma oração principal, e não há **truncamento sintático**. Veja uma questão:

13. (Esaf – MDIC – Analista de Comércio Exterior – 2012) Os trechos a seguir compõem um texto adaptado do Editorial da Folha de S. Paulo de 29/3/2012. Assinale a opção em que o fragmento foi transcrito de forma gramaticalmente correta.
   b) Internamente, a renda do trabalho ampliada por políticas salariais e previdenciárias generosas estimula o consumo e o setor de serviços. O resultado seria a especialização da economia nos setores primário e terciário, <u>cuja forte geração de emprego, em troca de menor competitividade industrial</u>.

Capítulo 23 • Orações Subordinadas **619**

Não me interessa o resto da questão, quero que você aprenda o que é o tal do **truncamento sintático**. Note a frase destacada. Percebeu? O pronome relativo *cuja* inicia uma oração subordinada adjetiva, certo? Mas cadê o maldito verbo? Sem ele a frase fica incoerente, certo? Eis um belo exemplar de... **truncamento sintático**! *Voilà!*

4) Quanto

a) Sujeito: o pronome relativo exerce função de sujeito na oração subordinada adjetiva.

– *Todas **quantas** estiveram na festa ficaram felizes. (**Todas** estiveram na festa...)*

b) Objeto direto: o pronome relativo exerce função de objeto direto na oração subordinada adjetiva.

– *Ele encontrou tudo aquilo **quanto** procurava. (Ele procurava **tudo aquilo**...)*

5) Onde

Sempre exerce função de **adjunto adverbial de lugar** na oração subordinada adjetiva.

– *Estamos indo em direção a um acampamento **onde** se costumam reunir pessoas de diversas nacionalidades. (Pessoas de diversas nacionalidades costumam-se reunir **num acampamento**.)*

6) Como

Sempre exerce função de **adjunto adverbial de modo** na oração subordinada adjetiva.

– *A agência de saúde das Nações Unidas já revisou a maneira desastrosa **como** foi tratado o surto de gripe suína. (O surto de gripe suína foi tratado **de uma maneira desastrosa**.)*

7) Quando

Sempre exerce função de **adjunto adverbial de tempo** na oração subordinada adjetiva.

– *Aquele momento, **quando** se entende a piada, é único. (Entende-se a piada **naquele momento**.)*

> ⚠️ **CUIDADO!!!**
>
> **1)** Em "A festa ***onde/quando*** comecei a namorar estava lotada", pode-se usar *onde* ou *quando* para retomar a palavra *festa*, que, segundo Bechara, remete à ideia de tempo ou lugar.
>
> **2)** Algumas bancas, como a FCC, não consideram *quando* um pronome relativo, logo a oração destacada "*Aquele momento, **quando se entende a piada**, é único*" seria subordinada adverbial temporal, para tal banca. A questão 10, cujo gabarito é a letra E, corrobora isso; consulte: FCC – DPE/RS – DEFENSOR PÚBLICO – 2011. Já a FGV pensa diferente, ou seja, entende que uma oração adjetiva pode ser iniciada por *quando*: FGV – SEFAZ/RJ – FISCAL DE RENDAS – 2007 – QUESTÃO 13.

Orações Subordinadas Adverbiais

As **orações subordinadas adverbiais** são chamadas assim porque exercem função sintática própria de advérbio em relação à oração principal. Isto é, elas exercem a função **de adjunto adverbial**. São iniciadas pelas conjunções subordinativas (já decorou?)

Quero que você perceba o seguinte: as orações adverbiais exercem função típica de advérbio, por isso a correspondência entre uma oração adverbial e um adjunto adverbial é visível. Veja:

– *O candidato esquerdista não conseguiu ir para o segundo turno **por falta de popularidade***.
– *O candidato esquerdista não conseguiu ir para o segundo turno **porque não tinha popularidade***.

Perceba que o adjunto adverbial de causa *por falta de popularidade* tem o mesmo valor que a oração subordinada adverbial causal *porque não tinha popularidade*. O que diferencia o **adjunto adverbial** da **oração subordinada adverbial** é a presença da conjunção subordinativa *porque* e do verbo *ter* (*tinha*), que constituem uma oração.

> **BIZU** Dica de irmão: leia e releia a parte de conjunções subordinativas para dominar o assunto!

As orações subordinadas adverbiais podem ser: causais, consecutivas, condicionais, concessivas, conformativas, comparativas, finais, proporcionais, temporais e modais.

Orações Subordinadas Adverbiais Causais

Exprimindo ideia de causa, são iniciadas pelas conjunções subordinativas causais. Não deixe de dar uma olhada no capítulo de *conjunções subordinativas*.

– *Um analista de sistemas esfaqueado 38 vezes e deixado para morrer sobreviveu **porque** estava acima do peso.*
– ***Como** estivesse ferido gravemente, não suportou a cirurgia.*
– *A entrevista foi alvo de críticas dos opositores do presidente, **visto que** sua pauta focalizou a gestão macroeconômica do governo.*

Observação

> Só de curiosidade, veja este *que* causal. Escreve Machado de Assis, em *Memórias Póstumas de Brás Cubas*: "Começo a arrepender-me deste livro. Não *que* ele me canse…". Esse *que* pode ser substituído por *porque*, conjunção subordinativa causal, logo a releitura seria esta: "Começo a arrepender-me deste livro, não **porque ele me canse…**". Sendo assim, a oração destacada é subordinada adverbial causal. Outro exemplo: ***Corrupto que é**, nunca mais terá o apoio do povo.*

Orações Subordinadas Adverbiais Causais x Orações Coordenadas Sindéticas Explicativas

Antes de tudo, saiba que este é um assunto escorregadio e sem solução final. Por isso as questões sobre isso são raríssimas.

E, antes que você pense que estou *fugindo pela tangente*, digo que só estou sendo sincero. Muitos gramáticos oferecem soluções finais para este "imbróglio", mas a verdade é que não há solução final quando se trata da diferença final entre oração subordinada adverbial causal e oração coordenada sindética explicativa.

Para você *sentir a pressão* e ver como *o buraco é mais embaixo*, observe:

2. (UERJ – Vestibular (2ª Fase (Discursiva)) – 2009) Eles não podem ser pensados independentemente uns dos outros, porque todos são portadores da mesma humanidade. (l. 14-15)
Identifique a relação de sentido que a oração sublinhada estabelece com a parte do período que a antecede. Reescreva todo o período, substituindo o conectivo e mantendo essa mesma relação de sentido.

Gabarito Oficial da UERJ
Uma das relações e uma das respectivas reescrituras:

- Causa
  - Eles não podem ser pensados independentemente uns dos outros **visto que** todos são portadores da mesma humanidade.
  - Eles não podem ser pensados independentemente um dos outros **já que** todos são portadores da mesma humanidade.
  - **Como** todos são portadores da mesma humanidade, eles não podem ser pensados independentemente uns dos outros.
- Explicação
  - Eles não podem ser pensados independentemente um dos outros, **pois** todos são portadores da mesma humanidade.

Meu Comentário: "É isso aí mesmo, Pestana, a banca deu dois gabaritos para a mesma questão, como se a oração sublinhada pudesse ser analisada como subordinada causal ou coordenada explicativa?" "**É isso aí mesmo**, meu/minha nobre! Incrível, não?"

Falo mais sobre isso no capítulo 28, de *Concordância*, em *Casos Especiais*.

Outra prova de que toda causa é uma explicação e de que, por isso, não faz sentido algum distinguir causa e explicação em alguns contextos é essa questão (consulte!): CESPE – MME – NÍVEL MÉDIO – 2013 – QUESTÃO 11 (GABARITO: OPÇÃO D).

"Pois bem... mas, então, é sempre possível analisar das duas maneiras, e estará certo, Pest?" Resposta: "Não! Depois de tanto estudar, é possível muitas vezes definir o que é **causa** e o que é **explicação** – e já criaram questões sobre isso, como você verá nas questões comentadas."

Observação

Vejamos mais detalhes...
- Na subordinada causal, a circunstância de causa precede e gera o fato ou o ocorrido (ou seja, na linha do tempo, 1º vem a causa, depois a consequência).
- Na coordenada explicativa, a circunstância não precede nem gera o fato ou o ocorrido.
- A confusão é gerada por causa do uso das conjunções *porque, pois, que, porquanto*.

Exemplos clássicos:
- *Choveu aqui, porque a calçada está molhada.* (explicativa; o fato de a calçada estar molhada não provocou a chuva, ou seja, não é a causa da chuva, mas sim a consequência)
- *A calçada está molhada, porque choveu.* (causal; é um fato claro que a chuva provocou o molhamento da calçada)

622 A Gramática para Concursos Públicos • Fernando Pestana

Nesses exemplos clássicos, vemos que, no primeiro período, o *porque* inicia uma ideia de consequência, logo a oração é explicativa. No segundo período, o *porque* inicia uma ideia de causa, logo a oração é causal.

Por ser uma situação difícil e polêmica, explicarei com mais fluidez ainda. Existem três casos importantes a considerar. Veja:

1º caso: Se o verbo que antecede a conjunção vier no **imperativo**, ou indicar desejo, é certo que a oração será coordenada **explicativa**.

— Estude, *que seu futuro estará garantido*!
— Deus o abençoe, meu filho, *porque sua generosidade não tem limite*.

> **Observação**
>
> Em "Fugimos todos, *que* a maré não está para peixe" e "Fujamos todos, *que* a maré não está para peixe", a simples mudança do modo verbal torna diferente a classificação da conjunção destacada. Na primeira frase, é causal; na segunda, explicativa.

2º caso: Se o *porque* (ou *que, pois, porquanto*) iniciar uma consequência, a oração será explicativa; se iniciar uma causa, a oração será causal.

— A avenida não tinha limite de velocidade, *porque o carro passou a 300 km/h*. (explicativa)
— O carro passou a 300 km/h *porque a avenida não tinha limite de velocidade*. (causal)

3º caso: Se a afirmação anterior à conjunção for uma suposição ou uma constatação por dedução, gerada por uma apuração ou comprovação, a conjunção será **explicativa** (este é o caso de *"Choveu, porque a rua está molhada"*; ou seja, você deduz que choveu por causa de uma apuração – a rua molhada).

— Ele passou por aqui, *porque ainda há pouco o vi*. (explicativa)
— Não precisa mentir. O Leandro faltou às aulas, *pois me contaram*. (explicativa)

Como se viu, a diferença é puramente semântica, pois sintaticamente não há distinção entre as orações causais e as explicativas iniciadas por *que, porque, pois, porquanto*. É certo que existem outras formas de diferenciar, mas não vou fazer do assunto um tratado ou um ensaio, por isso me apeguei às diferenciações principais, que resolvem (para mim) a grande maioria dos casos.

Orações Subordinadas Adverbiais Consecutivas

Exprimindo ideia de consequência, são iniciadas pelas conjunções subordinativas consecutivas. Não deixe de dar uma olhada no capítulo de *conjunções subordinativas*.

— Nesta cidade, chove *que é o Diabo*! (*tanto* não expresso antes do que)
— Isso é *tão* prazeroso *que me vicia*.
— O presidente não melhorou a vida da população, *de modo que se sentiu enganada pelas promessas*.

Observação

Diferença entre **oração adjetiva** e **oração adverbial consecutiva**.

- *Nós fizemos um barulho **que** incomodava a todos*. (adjetiva restritiva; o *que* é um pronome relativo e exerce função sintática de sujeito; = *O barulho incomodava a todos*)
- *Nós fizemos um barulho **que** ninguém conseguia conversar*. (consecutiva; = *Fizemos um barulho tão grande que...*)

Orações Subordinadas Adverbiais Condicionais

Exprimindo ideia de condição, são iniciadas pelas conjunções subordinativas condicionais. Não deixe de dar uma olhada no capítulo de *conjunções subordinativas*.

- *Chegaremos hoje, salvo se houver imprevistos.*
- *Tudo ficará bem, desde que façamos nossa parte.*
- *O candidato disse que, se eleito, cumprirá as promessas.* (o verbo auxiliar da locução verbal da oração condicional está implícito; = ... se for eleito...)

Observação

O *se* pode iniciar uma oração subordinada adverbial causal, segundo Cegalla, Sacconi etc. Veja isso melhor no capítulo de *Conjunção*!

Orações Subordinadas Adverbiais Concessivas

Exprimindo ideia de concessão, são iniciadas pelas conjunções subordinativas concessivas. Não deixe de dar uma olhada no capítulo de *conjunções subordinativas*.

- *Por pior que esteja sua vida, não desista de estudar.*
- *Tínhamos de comer sempre um pouco de tudo, conquanto isso fosse uma tarefa difícil.*
- *Sortudo que fosse nos relacionamentos, não se casou com uma mulher virtuosa.*

Orações Subordinadas Adverbiais Conformativas

Exprimindo ideia de conformidade, são iniciadas pelas conjunções subordinativas conformativas. Não deixe de dar uma olhada no capítulo de *conjunções subordinativas*.

- *Como todos sabemos, o Brasil já é autossuficiente em petróleo.*
- *A revelação dos contatos do lobista com a empresa portuguesa deixou clara, consoante relevou uma revista famosa, a participação dele na "jogada".*
- *Segundo foi noticiado por nós, a reunião da sexta-feira 13 era esperada desde há muito.*

Orações Subordinadas Adverbiais Comparativas

Exprimindo ideia de comparação, são iniciadas pelas conjunções subordinativas comparativas. Não deixe de dar uma olhada no capítulo de *conjunções subordinativas*.

- *Amo-o como a um filho.* (= como amo a um filho)

- *O professor hoje é mais didático do que nunca. (= do que nunca foi)*
- *Sua sabedoria é tão intrigante quanto sua humildade. (= quanto sua humildade é)*

> **Observação**
>
> É normal que os verbos das orações comparativas estejam implícitos. Por isso, cuidado para não errar uma questão de contagem de orações, como a FGV gosta de fazer. Além disso, preste atenção à lição do *Manual de Redação Oficial da Presidência da República*:
>
> "A omissão de certos termos ao fazermos uma *comparação*, omissão própria da língua falada, deve ser evitada na língua escrita, pois compromete a clareza do texto: nem sempre é possível identificar, pelo contexto, qual o termo omitido. A ausência indevida de um termo pode impossibilitar o entendimento do sentido que se quer dar a uma frase:
>
> **Errado:** *O salário de um professor é mais baixo **do que um** médico.*
>
> A omissão de termos provocou uma comparação indevida: "*o salário de um professor*" com "*um médico*".
>
> **Certo**: *O salário de um professor é mais baixo do que o salário de um médico.*
>
> **Certo**: *O salário de um professor é mais baixo do que o de um médico.*
>
> **Errado:** *O alcance do Decreto é diferente **da Portaria**.*
>
> Novamente, a não repetição dos termos comparados confunde. Alternativas para correção:
>
> **Certo**: *O alcance do Decreto é diferente do alcance da Portaria.*
>
> **Certo**: *O alcance do Decreto é diferente do da Portaria.*
>
> **Errado**: *O Ministério da Educação dispõe de mais verbas do **que** os Ministérios do Governo.*
>
> No exemplo acima, a omissão da palavra *outros* (ou *demais*) acarretou imprecisão:
>
> **Certo**: *O Ministério da Educação dispõe de mais verbas do que os **outros** Ministérios do Governo.*
>
> **Certo**: *O Ministério da Educação dispõe de mais verbas do que os **demais** Ministérios do Governo.*

Orações Subordinadas Adverbiais Finais

Exprimindo ideia de finalidade, são iniciadas pelas conjunções subordinativas finais. Não deixe de dar uma olhada no capítulo de *conjunções subordinativas*.

- *Entre em silêncio para que as crianças não acordem.*
- *Tudo fiz porque ela se casasse comigo.*
- *Estudem mais a fim de que resolvam bem as questões.*

>
>
> Diferença entre **oração completiva nominal** e **oração final**.
>
> - *O Instituto de Assistência à Saúde continua habilitado **para que gerencie o maior hospital da região**.* (completiva nominal; o adjetivo *habilitado* exige a preposição *para*, que se une à conjunção integrante, aparentando se tratar de uma locução conjuntiva final)

> – *Não deixe de preencher corretamente o envelope **para que** os **Correios façam um bom trabalho de entrega**.* (adverbial final; não há nenhum termo exigindo a preposição *para*, logo *para que* é uma locução conjuntiva final)

Orações Subordinadas Adverbiais Proporcionais

Exprimindo ideia de proporcionalidade, são iniciadas pelas conjunções subordinativas proporcionais. Não deixe de dar uma olhada no capítulo de *conjunções subordinativas*.

– *Entre as revistas, X e Y mostram perfis engajados, ao passo que Z é ligeiramente desviante.*

– *À medida que o Brasil acelera, os limites impostos pelo real valorizado aparecem.*

– *Quanto menos as pessoas comem e bebem, mais elas pensam e teorizam.*

> **Observação**
>
> Normalmente há uma relação de causa e efeito nestas construções, em que a causa está contida na oração proporcional, e o efeito, na principal. Cuidado com questões de causa e consequência muito trabalhadas pela FCC, pois vai que o "homem da banca" resolva criar uma questão de causa-efeito com estrutura de oração proporcional... iria ser bacana.

Orações Subordinadas Adverbiais Temporais

Exprimindo ideia de tempo, são iniciadas pelas conjunções subordinativas temporais. Não deixe de dar uma olhada no capítulo de *conjunções subordinativas*.

– *Já se sentiu sozinho enquanto havia 300.000 pessoas ao seu redor?*

– *Desde que essas explicações chegaram à minha vida, nunca mais fui o mesmo estudante.*

– *Depois que ela adormecer, iremos fugir deste lugar.*

> **Observação**
>
> Segundo o mestre Francisco de Assis Moura Sobreira, a oração subordinada adverbial temporal iniciada pela conjunção *quando* pode indicar frequência, simultaneidade, posterioridade etc.:
>
> – ***Quando ele nos visitava**, trazia alegria à nossa casa.* (frequência; = *sempre que*)
>
> – *Chegamos ao aniversário **quando partiam o bolo**.* (simultaneidade; = *no momento que*)
>
> – *André só se formou **quando completou trinta anos**.* (posterioridade; = *depois que*)
>
> Às vezes, o verbo da oração adverbial pode vir implícito após *quando*: *Quando em sala de aula*, os alunos conseguem se concentrar. (= Quando *estão* em sala de aula...). Veja mais sobre tal conjunção no capítulo de *conjunções subordinativas*.

Orações Subordinadas Adverbiais Modais

Apesar de a NGB não contemplar este tipo de oração, preciso falar dela, pois ela existe. Ainda bem que Bechara não faz vista grossa e coloca na gramática dele tal oração. Ela é iniciada pela locução conjuntiva *sem que*.

– *Os alunos saíram da sala de aula sem que a professora percebesse.*

> **Observação**
>
> "Pestana, e a chance de cair essa oração modal na prova?" Nunca vi uma questão trabalhando isso, mas... nunca se sabe o dia de amanhã...

Orações Subordinadas Adverbiais Justapostas

Além das tradicionais orações já vistas, todas iniciadas por conjunções subordinativas, é bom que você saiba o seguinte: 1) existem muitas orações que simplesmente não são iniciadas por conjunção alguma e 2) existem muitas orações iniciadas por pronomes interrogativos e advérbios interrogativos. Acerca das orações a partir do número 4, a NGB (Nomenclatura Gramatical Brasileira) nada diz, mas elas existem! Veja:

1) **Oração Subordinada Adverbial Temporal Justaposta**

   – *Há aproximadamente dez anos que não viajo para a Europa.*
   – *Faz cinco meses que minhas filhas estão morando na Inglaterra.*

> **Observação**
>
> O *que* dessas frases é expletivo, ou seja, pode ser retirado sem prejuízo sintático ou semântico à frase. No entanto, alguns gramáticos o consideram como uma conjunção subordinativa temporal, como Bechara. Sacconi e outros a veem como conjunção integrante. Nunca vi questão alguma sobre isso.

2) **Oração Subordinada Adverbial Condicional Justaposta**

   – *Não fosse a perseverança, jamais teria conseguido.*
   – *Tivesse eu muito dinheiro, ajudaria mais as pessoas.*

3) **Oração Subordinada Adverbial Concessiva Justaposta**

   – *Haverá futebol no feriado, custe o que custar.*

> **Observação**
>
> Sacconi, Bechara e outros gramáticos entendem que as orações cristalizadas na língua a seguir são contadas como uma só oração concessiva: *aconteça o que acontecer, custe o que custar, haja o que houver, dê no que der, dê onde der, venha o que vier, venha donde vier, seja o que for, seja como for* etc.

4) **Oração Subordinada Adverbial Locativa Justaposta**

   – *O carro ficou estacionado onde o deixamos.*

– Moro *onde não mora ninguém*.

5) **Oração Subordinada Adverbial de Companhia Justaposta**

– Aqui você aprende *com quem tem o seu mesmo propósito*.
– Toda mulher interesseira só sai *com quem tem dinheiro*.

6) **Oração Subordinada Adverbial de Favor Justaposta**

– Assim como morreria pela pátria, morrerei *por quem sempre me deu todo o apoio*: meu pai.
– Apesar de nunca ter amado, tudo farei *por quem eu amar*.

7) **Oração Subordinada Adverbial de Assunto Justaposta**

– Conversamos durante a madrugada *sobre quem irá substituir-me na empresa*.
– Só falam *sobre quantas mulheres irão ao evento*.

 O Que Cai Mais na Prova?

Depois de martelar tanto na sua cabeça "Decore as conjunções, decore as conjunções, decore as conjunções...", creio que você já tenha feito isso, certo? (Espero que sim.)

Pois bem... as provas de concursos públicos, de modo geral, privilegiam as orações subordinadas, por isso devemos estar atentos a todas. Sobre orações justapostas, é *megarraro* cair. Faça as questões consultando a teoria. *Xô, preguiça!*

> *Concurseiro(a), quer uma dica de irmão? Guarde no seu coração o que vai ler agora: NUNCA DEIXE DE FAZER SEU PRÓPRIO RESUMO DE CADA CAPÍTULO. Esse processo cognitivo é* **extremamente** *valioso. Eu poderia ser legalzinho e fofinho pondo um quadro-resumo do que vimos no capítulo, mas, se fizesse isso, estaria sabotando você, impedindo-o(a) de ter esse trabalho de internalização imprescindível do conteúdo.* **Por favor, não pule essa etapa!!!** *Mesmo que seu resumo fique gigantesco (não vá escrever outra gramática... rsrs), nunca deixe de fazê-lo, para o seu próprio bem! Seu cérebro agradece e, quando passar no concurso, sua conta no banco também. Vá fundo na missão!* ☺

Questões de Concursos

1. (Empasial – TJ/SP – Oficial de Justiça – 1999) Indique a oração coordenada sindética explicativa:
   a) O paciente salvou-se porque não bebia.
   b) Não fui à escola porque fiquei doente.
   c) Não beba, porque você se salvará.
   d) Não posso receber mais inscrições porque não há mais vagas.
   e) Fomos bem recebidos porque trazíamos boas notícias.

2. (Empasial – TJ/SP – Escrevente Judiciário – 1999) Analise sintaticamente a oração em destaque:
   "Bem-aventurados os que ficam, porque eles serão recompensados". (Machado de Assis)
   a) oração subordinada substantiva completiva nominal.
   b) oração subordinada adverbial causal.
   c) oração subordinada adverbial temporal desenvolvida.
   d) oração coordenada sindética conclusiva.
   e) oração coordenada sindética explicativa.

628 A Gramática para Concursos Públicos • Fernando Pestana

3. (FAB – EAGS – Sargento – 2003) Observe o termo em destaque no trecho a seguir e assinale a alternativa que traz a correta consideração a seu respeito quanto à justificativa de sua grafia.
"Por isso os antigos sabiamente pintaram o amor menino; porque não há amor tão robusto que chegue a ser velho". (Pe. Antônio Vieira)
   a) Trata-se de uma interrogativa indireta.
   b) Porque é uma conjunção explicativa, e somente neste caso justifica-se tal grafia.
   c) Busca-se explicitar o motivo do que se afirma na primeira oração.
   d) A palavra porque introduz um enunciado afirmativo, e, neste caso, faz-se uso de conjunção, seja explicativa, seja causal.

4. (FAB – AFA – Oficial – 2005) Leia o fragmento abaixo transcrito.
"– Por que Laís não chegou ainda?
   – Ela não chegou porque o carro que a conduzia quebrou.
   – Gostaria que ela chegasse logo porque preciso dela aqui!"
Os termos destacados devem ser classificados, respectivamente, como:
   a) Advérbio; conjunção coordenativa explicativa; conjunção subordinativa causal.
   b) Advérbio; conjunção subordinativa causal; conjunção coordenativa explicativa.
   c) Preposição acidental; conjunção subordinativa causal; conjunção coordenativa conclusiva.
   d) Preposição acidental; conjunção subordinativa causal; conjunção coordenativa explicativa.

5. (Esaf – IRB Brasil Seguros – Analista – 2006) Assinale a opção que apresenta truncamento sintático.
   a) Duas pesquisas, divulgadas nos últimos dias, mostram que as políticas sociais e de combate à fome implementadas pelo governo federal começam a apresentar resultados concretos na melhoria das condições de vida do povo brasileiro.
   b) Um estudo da Fundação Getúlio Vargas, intitulado "Miséria em Queda", baseado em dados da Pesquisa Nacional por Amostra de Domicílio (Pnad), do IBGE, confirmando que a miséria no Brasil caiu em 2004, e atingiu o nível mais baixo desde 1992.
   c) O número de pessoas que estão abaixo da linha da pobreza passou de 27,26% da população, em 2003, para 25,08% em 2004. Em 1992, esse percentual era de 35,87%.
   d) É considerado abaixo da linha da pobreza quem pertence a uma família com renda inferior a R$ 115 mensais, valor considerado o mínimo para garantir a alimentação de uma família. O estudo da FGV mostrou que o índice de miséria no Brasil caiu 8% de 2003 para 2004, deixando o país com a menor proporção de miseráveis desde 1992.
   e) A redução da taxa foi fortemente influenciada pela queda na distância entre os ricos e pobres no Brasil, registrada em três anos consecutivos. Somente em 2004, a desigualdade caiu duas vezes mais do que no ano anterior.

6. (EJEF – TJ/MG – Analista Judiciário – 2007) Assinale a alternativa em que o pronome assinalado **NÃO** preenche, na frase em que se encontra, a mesma função sintática exercida pelos que estão destacados nas demais frases.
   a) "E o universo em **que** vivemos hoje [...] é [...] diferente do de uma pessoa de 1650."
   b) "Ela é verdadeira [...] para sacerdotes egípcios **que** viveram há quatro mil anos."
   c) "No topo, ficam as verdades absolutas, **que** transcendem o elemento humano."
   d) "São as verdades matemáticas, as **que** podem ser afirmadas categoricamente."

7. (FGV – Senado Federal – Técnico Legislativo – Administração – 2008) "Mas o fato é que transparência deixou de ser um processo de observação cristalina para assumir um discurso de políticas de averiguação de custos engessadas que pouco ou quase nada retratam as necessidades de populações distintas".
A oração grifada no trecho acima classifica-se como:
   a) subordinada substantiva predicativa;
   b) subordinada adjetiva restritiva;
   c) subordinada substantiva subjetiva;
   d) subordinada substantiva objetiva direta;
   e) subordinada adjetiva explicativa.

"Se recebo um presente dado com carinho por pessoa de quem não gosto – como se chama o que sinto? Uma pessoa de quem não se gosta mais e que não gosta mais da gente – como se chama essa mágoa e esse rancor? (...)"

Capítulo 23 • Orações Subordinadas **629**

8. (Cespe/UnB – IRBr – Diplomata – 2009) Nos segmentos "– como se chama o que sinto?" e "e que não gosta mais da gente", os pronomes relativos exercem a mesma função sintática.
( ) CERTO   ( ) ERRADO

9. (FGV – SEFAZ/RJ – Fiscal de Rendas – 2009) *A sociedade não tem lado de fora. O que está fora da sociedade seria desumano, pois ela nada mais é que a relação entre os humanos.*
A respeito do uso do vocábulo *pois* no fragmento acima, pode-se afirmar que se trata de:
a) uma conjunção subordinativa que estabelece conexão entre as orações introduzindo valor de explicação;
b) uma preposição que estabelece conexão entre períodos coordenativos introduzindo valor de consequência;
c) uma conjunção coordenativa que estabelece conexão entre as orações introduzindo valor de alternância;
d) um pronome relativo que introduz a oração relativa explicativa, retomando a expressão sociedade;
e) uma conjunção coordenativa que estabelece conexão entre as orações introduzindo valor de explicação.

10. (Cesgranrio – DETRAN/AC – Advogado – 2009) *O barulho no local era tão alto que o homem, coitado, saiu rápido.*
Indique o único período que mantém exatamente o mesmo sentido da oração apresentada acima, embora com outra estrutura.
a) Quando o barulho ficou muito alto, o homem coitado saiu rápido.
b) O homem, que era muito rápido, saiu por causa do barulho tão alto no local.
c) O homem saiu rápido porque no local o barulho era muito alto. Coitado.
d) Depois de ouvir um barulho muito alto, o homem rápido saiu.
e) No local, o barulho, coitado, era tão alto que o homem saiu rápido.

11. (FUNCAB – Pref. Porto Velho/RO – Médico – 2009) No trecho abaixo, as orações introduzidas pelos termos grifados são classificadas, em relação às imediatamente anteriores, como:
"Não há dúvida <u>de que</u> precisaremos curtir mais o dia a dia, <u>mas</u> nunca à custa de nossos filhos..."
a) subordinada substantiva objetiva indireta e coordenada sindética adversativa;
b) subordinada adjetiva restritiva e coordenada sindética explicativa;
c) subordinada adverbial conformativa e subordinada adverbial concessiva;
d) subordinada substantiva completiva nominal e coordenada sindética adversativa;
e) subordinada adjetiva restritiva e subordinada adverbial concessiva.

12. (TJ/SC – TJ/SC – Analista Jurídico – 2009) Há exemplo de oração subordinada adjetiva restritiva em:
a) Esse fóssil se compõe de exemplares de *Paleodictyon nodosum*, que, por viverem em condições extremas no fundo dos oceanos, acabaram protegidos dos ciclos predatórios.
b) O magistrado afirma que os tribunais devem fixar prazo ao Poder competente para a adoção das providências necessárias.
c) Estuda-se o incentivo fiscal às empresas que, possuindo mais de 20 funcionários, tenham no mínimo 20% de negros em seu quadro profissional.
d) Quando um ciclone nasce e se desenvolve no Oceano Atlântico, ele é chamado furacão.
e) A comunicação com o usuário se processa através dos famigerados *call centers*, cujos serviços são terceirizados.

13. (Cespe/UnB – ADAGRI/CE – Agente Estadual Agropecuário – 2009) O segmento "que agravam o efeito estufa" (... emissões de gases que agravam o efeito estufa...) constitui oração subordinada adjetiva restritiva.
( ) CERTO   ( ) ERRADO

14. (Cesgranrio – BNDES – Técnico Administrativo – 2010) O pronome relativo que difere dos demais, nos trechos listados abaixo, quanto à função sintática, é:
a) "...que aliado ao conhecimento e habilidades pode transformar-se..."
b) "...que tiverem atitude e criatividade,"
c) "...que passaram a existir."
d) "...que ninguém está conseguindo ver."
e) "...que duvidou e provou o contrário."

15. (Cespe/UnB – Instituto Rio Branco – Diplomata – 2010) A oração "que se tornariam centrais na produção intelectual e artística do século XX" (Euclides realizara um mapeamento de temas que se tornariam centrais na produção intelectual e artística do século XX) tem, no período em que se insere, sentido explicativo.
( ) CERTO   ( ) ERRADO

630 A Gramática para Concursos Públicos • Fernando Pestana

16. (FAB – EEAR – Controlador de Tráfego Aéreo – 2010) Observe:

I. *Eu não sei*
   ***Se** vem de Deus*
   Do céu ficar azul

II. ***Se** desmorono ou **se** edifico*
    ***Se** permaneço ou me desfaço,*
    – Não sei, não sei.

III. *Mundo mundo vasto mundo,*
     ***Se** eu me chamasse Raimundo*
     Seria uma rima, não seria uma solução

IV. *Meu Deus, por que me abandonaste*
    ***Se** sabias que eu não era Deus*
    ***Se** sabias que eu era fraco.*

Assinale a alternativa em que todas as afirmações estão corretas.

a) Em IV, há duas orações subordinadas adverbiais condicionais.
   Em III, há uma oração subordinada adverbial condicional.

b) Em I, há uma oração subordinada substantiva objetiva direta.
   Em IV, há duas orações subordinadas adverbiais causais.

c) Em II, há uma oração subordinada substantiva objetiva
   direta. Em III, há uma oração subordinada adverbial causal.

d) Em III, há uma oração subordinada substantiva objetiva
   direta. Em I, há uma oração subordinada adverbial causal.

17. (Cesgranrio – Eletrobras Eletronuclear – Analista (Meteorologia) – 2010) "**Se falharmos aí**, trairemos o compromisso com a saúde e com a vida do planeta".
    A primeira oração do período, destacada acima, liga-se à segunda oração, estabelecendo uma relação de sentido.
    A relação de sentido entre as orações é de:
    a) comparação;
    b) proporção;
    c) conformidade;
    d) condição;
    e) finalidade.

18. (Vunesp – TJ/SP – Escrevente Técnico Judiciário – 2010) A alternativa que reescreve corretamente o período "É preciso ensaiar para não fazer em campo apenas as jogadas ensaiadas" iniciando-o com a ideia de finalidade, é:
    a) Para que não se façam em campo apenas jogadas ensaiadas, é preciso ensaiar.
    b) Embora não se façam em campo apenas jogadas ensaiadas, é preciso ensaiar.
    c) Ainda que não se façam em campo apenas jogadas ensaiadas, é preciso ensaiar.
    d) Por mais que não se façam em campo apenas jogadas ensaiadas, é preciso ensaiar.
    e) Contanto que não se façam em campo apenas jogadas ensaiadas, é preciso ensaiar.

19. (Vunesp – TJ/SP – Agente de Fiscalização Judiciária – 2010) Considere este trecho "*os brasileiros são obrigados a ser mais flexíveis com os horários porque a infraestrutura não ajuda*".
    A oração que tem a mesma natureza sintática da oração subordinada "*porque a infraestrutura não ajuda*" é:
    a) uma vez que a infraestrutura não ajuda;
    b) embora a infraestrutura não ajude;
    c) a infraestrutura, pois, não ajuda;
    d) muitas vezes a infraestrutura não ajuda;
    e) como a infraestrutura não ajuda.

20. (ACEP – Pref. Quixadá/CE – Psicólogo – 2010) No período "O essencial é o seguinte: //nunca antes neste país houve um governo tão imbuído da ideia // de que veio // para recomeçar a história", a oração sublinhada é classificada como:
    a) coordenada assindética;
    b) subordinada substantiva completiva nominal;
    c) subordinada substantiva objetiva indireta;
    d) subordinada substantiva apositiva.

Capítulo 23 • Orações Subordinadas **631**

21. (FUNCAB – SESAP/RN – Médico – 2010) A oração grifada em: "...e até mesmo em locais ao ar livre, caso se comprove que a fumaça não se dispersa com facilidade", classifica-se como subordinada:
    a) substantiva subjetiva;
    b) substantiva objetiva direta;
    c) substantiva completiva nominal;
    d) adjetiva restritiva;
    e) adjetiva explicativa.

22. (MPE/SC – MPE/SC – Promotor de Justiça – 2010) (Adaptada) Julgue a afirmativa abaixo:
    Imponho-lhe somente um objetivo: que administre bem o patrimônio público. O sinal de dois pontos foi usado para separar uma oração subordinada substantiva apositiva, tal como pode ocorrer com o aposto.

23. (FGV – SEFAZ/RJ – Fiscal de Rendas – 2010) (Adaptada) *Vê-se, pois, que o plano ético permeia todas as ações humanas.*
    Com relação à frase transcrita e a análise sintática tradicional, considere a afirmativa a seguir.
    I. O vocábulo *que* é uma conjunção integrante e presta-se a articular a oração subjetiva ao núcleo verbal que a subordina.

24. (Cespe/UnB – TJ/ES – Cargos de Nível Superior – 2011) No desenvolvimento da argumentação do texto, a oração "A semana terminou sem que estivesse claro o futuro político do maior aliado dos Estados Unidos da América (EUA)" expressa circunstância de causa em relação à oração que a antecede.
    ( ) CERTO   ( ) ERRADO

25. (Cespe/UnB – CBM/DF – Bombeiro – 2011) O trecho "que a bactéria em questão – *Escherichia coli* – somente é transmitida a um cultivo quando, nele, estão presentes fezes – animais ou humanas" exerce a função de sujeito da locução "É sabido".
    ( ) CERTO   ( ) ERRADO

26. (Cespe/UnB – CBM/DF – Bombeiro – 2011) A oração "que pôs a Europa em estado de emergência médica" (A bactéria que pôs a Europa em estado de emergência médica...) tem caráter explicativo e, por isso, poderia ser empregada entre vírgulas, mantendo-se a correção gramatical e o sentido original do texto.
    ( ) CERTO   ( ) ERRADO

27. (AOCP – BRDE – Analista de Sistemas – 2012) "Não implica, tampouco, autoconsciência crítica ou consciência histórica, nem a necessidade de identificar se existe uma tendência".
    No fragmento anterior, as orações de identificar e se existe uma tendência são, respectivamente:
    a) oração subordinada substantiva objetiva direta e oração subordinada substantiva objetiva direta;
    b) oração subordinada substantiva completiva nominal e oração subordinada substantiva objetiva direta;
    c) oração subordinada substantiva objetiva indireta e oração subordinada adverbial condicional;
    d) oração subordinada substantiva completiva nominal e oração subordinada adverbial condicional;
    e) oração subordinada substantiva objetiva indireta e oração subordinada substantiva objetiva direta.

28. (Fadems – TJ/MS – Analista Judiciário – 2012) A alternativa que traz a análise correta da oração "por que 'velho' é politicamente incorreto", em "Não entendo por que 'velho' é politicamente incorreto", é:
    a) subordinada substantiva objetiva direta;
    b) subordinada adverbial causal;
    c) subordinada adjetiva explicativa;
    d) subordinada substantiva predicativa;
    e) coordenada sindética explicativa.

29. (FAB – AFA – Oficial – 2012) As palavras abaixo destacadas foram utilizadas para introduzir orações subordinadas substantivas. Porém, em somente uma opção, essa relação sintática foi estabelecida por uma conjunção integrante própria. Assinale-a.
    a) "Impressiona-me como se formam conceitos, são opiniões, baseados em estatísticas..."
    b) "Parece haver uma disputa para saber quem dá mais informações e estatísticas..."
    c) Estou sem paciência para assistir a tantas partidas tumultuadas no Brasil."
    d) "Na partida entre Escócia e Brasil, um repórter da TV Globo deu a "grande notícia", que Neymar foi o primeiro jogador brasileiro..."

30. (Cespe/UnB – TCDF – Auditor de Controle Externo – 2012) Fragmento de texto:
"(...) A primeira convicção política incutida em meu espírito foi que o município não tinha recursos, e que por esse motivo andava descalçado, ou devia o calçado; (...)".
A "primeira convicção política" do narrador é constituída, de fato, por duas convicções, que completam o sentido da forma verbal "foi": "que o município não tinha recursos" e "que por esse motivo andava descalçado, ou devia o calçado".
( ) CERTO   ( ) ERRADO

31. (Cespe/UnB – PC/CE – Inspetor – 2012) No trecho "É verdade que a CE vem desenvolvendo novas formas políticas", o emprego da forma verbal singular "É" justifica-se pelo fato de essa forma verbal não ter sujeito explícito.
( ) CERTO   ( ) ERRADO

32. (Cespe/UnB – IRBr – Diplomata – 2012) Na linha 12 (Ficava no canto da maloca, trepado no jirau de paxiúba, espiando o trabalho dos outros e principalmente os dois manos que tinha), a oração "que tinha", sintática e semanticamente dispensável para o texto, caracteriza-se por ter um pronome relativo como sujeito sintático.
( ) CERTO   ( ) ERRADO

33. (FUNCAB – MPE/RO – Analista (ADM) – 2012) Em "(...) Garanto: naquela região se operam, de fato, milagres QUE SALVAM VIDAS DIARIAMENTE. (...)", a oração em destaque classifica-se como:
a) subordinada substantiva subjetiva;
b) subordinada substantiva predicativa;
c) coordenada sindética explicativa;
d) subordinada adjetiva restritiva;
e) subordinada adjetiva explicativa.

34. (Dom Cintra – Pref. Itaboraí/RJ – Agente de Adm. Previdenciária – 2012) "...as mudanças feitas por ele no planeta têm sido tão rápidas **que agora elas ameaçam não só a humanidade mas também muitas espécies**..."; a oração negritada mostra a ideia de:
a) consequência;   c) concessão;   e) causa.
b) comparação;   d) modo;

35. (FUNDEP – GASMIG – Técnico em Administração – 2012) "[...] aceleram novas descobertas que, por sua vez, servem de ferramenta [...]".
Considerando o pronome sublinhado nessa frase, é *correto* afirmar que ele exerce a função sintática de:
a) sujeito indeterminado;
b) sujeito inexistente;
c) sujeito oculto;
d) sujeito simples;

36. (Cespe – STF – Analista Judiciário – 2013) A oração introduzida pelo pronome "que" ("... e eu recomeçava na rua a andar pulando, que era o meu modo estranho de andar pelas ruas de Recife") tem caráter restritivo, visto que especifica a ação expressa pela locução "andar pulando".
( ) CERTO   ( ) ERRADO

37. (IDECAN – DETRAN/RO – Administrador – 2014) Relacione adequadamente a classificação das orações subordinadas substantivas às respectivas orações.

1. Subjetiva.   ( ) Cada situação permite que se aprenda algo novo.

2. Objetiva direta.   ( ) Só quero uma coisa: que tires a tua carteira.

3. Objetiva indireta.   ( ) Tenho esperança de que o trânsito melhore.

4. Completiva nominal.   ( ) É importante que todos colaborem.

5. Predicativa.   ( ) Meu desejo é que sejas classificado.

6. Apositiva.   ( ) Lembrei-me de que já estava errado.

A sequência está correta em:
a) 1, 6, 3, 5, 2, 4.   d) 6, 5, 4, 3, 2, 1.
b) 2, 6, 4, 1, 5, 3.   e) 2, 6, 4, 1, 3, 5.
c) 1, 2, 3, 4, 5, 6.

Capítulo 23 • Orações Subordinadas 633

38. (FCC – SEFAZ/PE – AUDITOR FISCAL DO TESOURO ESTADUAL – 2014) *"Não obstante, **se não houvesse nele profundidade de pensamento, lirismo, ternura**, seria levado por esse processo de criação à vulgaridade dos artistas medíocres que condescendem com o fácil gosto do público".*
Na frase acima, a oração subordinada destacada tem valor:
a) condicional.
b) conformativo.
c) adversativo.
d) concessivo.
e) explicativo.

39. (Cespe – TCE/RN – Engenheiro Civil – 2015) A oração "que os consultores apresentaram regime de trabalho incompatível com a realidade" funciona como complemento da forma verbal "constatou-se" ("constatou-se que os consultores apresentaram regime de trabalho incompatível com a realidade").
( ) CERTO   ( ) ERRADO

40. (Quadrix – CRMV/TO – Assistente Administrativo – 2016) O primeiro verso do poema é uma oração inteira: "QUANDO EU TINHA SEIS ANOS/Ganhei um porquinho-da-índia". Assinale a alternativa que a classifique corretamente.
a) Oração subordinada adverbial causal.
b) Oração coordenada sindética explicativa.
c) Oração subordinada adverbial condicional.
d) Oração coordenada sindética temporal.
e) Oração subordinada adverbial temporal.

41. (Pref. RJ – Assistente Administrativo – 2016) A conjunção "porque" tem diferentes valores. No segmento "No entanto, ali na praia do Pinto é evidente que as crianças estão desnutridas, pálidas, magras, roídas de verminoses. Por quê? PORQUE seus pais não sabem selecionar o leite e o queijo entre os principais alimentos", ela tem o mesmo valor que apresenta na seguinte frase:
a) As pessoas alimentam-se mal também porque não têm recursos.
b) Mude a sua alimentação, porque isso lhe fará bem.
c) Devemos adotar medidas sérias porque essa situação se modifique.
d) A crítica ao nosso descuido com a alimentação é justa, porque isso até saiu no jornal.

42. (CESPE – TRF 1ª R – Cargos de Nível Médio – 2017) Fragmento de texto: *Para o filósofo grego, o papel do educador é, portanto, o de ajudar o discípulo a caminhar nesse sentido, despertando sua cooperação para que ele consiga, por si próprio, iluminar sua inteligência e sua consciência.*
O trecho "para que ele consiga, por si próprio, iluminar sua inteligência e sua consciência" expressa uma condição em relação à oração "despertando sua cooperação".
( ) CERTO   ( ) ERRADO

43. (INSTITUTO AOCP – ITEP/RN – Agente de Necrópsia – 2018) Em relação ao excerto "As famílias que têm idosos acamados enfrentam desafios ainda maiores quando não encontram suporte e orientação nos sistemas de saúde", é correto afirmar que há, dentre outras, uma oração
a) subordinada adjetiva restritiva.
b) subordinada adverbial concessiva introduzida por uma conjunção.
c) subordinada objetiva indireta complementando sintaticamente um verbo.
d) subordinada substantiva predicativa.
e) subordinada adjetiva explicativa.

44. (CESPE – SEFAZ/RS – Auditor Fiscal da Receita Estadual – 2019) A oração "se o Estado reduzisse a tributação de determinado setor da economia, os custos desse setor diminuiriam" apresenta, no período em que se insere, noção de
a) concessão, uma vez que representa uma exceção às regras de tributação do país.
b) explicação, uma vez que esclarece uma ação que diminuiria os custos do referido setor.
c) proporcionalidade, uma vez que os custos do referido setor diminuiriam à medida que se diminuísse a tributação.
d) tempo, uma vez que a diminuição dos custos do referido setor ocorreria somente após a redução da tributação sobre ele.
e) condição, uma vez que a diminuição dos custos do referido setor dependeria da redução da tributação sobre ele.

45. (FCC – TRT/15ª R – Técnico Judiciário – Área Administrativa – 2018) O segmento destacado em "pontos de partida, *sobre os quais o aprendizado e a experiência podem agir*" possui função equivalente ao que se encontra destacado em:
   a) "investigar, por exemplo, a ativação **em seu cérebro** enquanto ele mesmo pensa"
   b) "homens possuem **em média** uns quatro bilhões de neurônios a mais"
   c) "Essa diferença casa **bem** com observações da psicologia"
   d) "**por que** bocejo contagia, se café vicia, o endereço do senso de humor"
   e) "Muitos se queixam da ausência de uma teoria da mente **satisfatória**"

46. (INSTITUTO AOCP – Prefeitura de Betim/MG – Auditor Fiscal de Tributos Municipais – 2020) Assinale a alternativa que classifica corretamente a oração subordinada do trecho "[...] quanto mais longe enxergamos, mais ao passado voltamos".
   a) Oração subordinada adverbial proporcional.
   b) Oração subordinada adverbial consecutiva.
   c) Oração subordinada substantiva objetiva direta.
   d) Oração subordinada substantiva completiva nominal.
   e) Oração subordinada adjetiva restritiva.

47. (CESPE – SEDUC-AL – Professor de Português – 2021) Em "se a literatura francesa é particularmente importante, isso não quer dizer que a língua francesa seja superior às outras línguas para a expressão literária", a conjunção "se" introduz uma oração subordinada adverbial condicional.
   ( ) CERTO   ( ) ERRADO

48. (CESPE – DPE-RS – Defensor Público – 2022) No trecho "Um registro de mutações ligadas ao mundo eletrônico se refere ao que chamo de a ordem das propriedades", o verbo "chamar", que está empregado com o mesmo sentido de classificar, denominar, tem dois complementos: um direto, que está elíptico, e outro indireto, que é o termo "de a ordem das propriedades".
   ( ) CERTO   ( ) ERRADO

Gabarito

1. C.	14. D.	27. B.	40. E.
2. E.	15. ERRADO.	28. A.	41. A.
3. D.	16. B.	29. D.	42. ERRADO.
4. B.	17. D.	30. ERRADO.	43. A.
5. B.	18. A.	31. ERRADO.	44. E.
6. A.	19. A.	32. ERRADO.	45. E.
7. A.	20. B.	33. D.	46. A.
8. ERRADO.	21. A.	34. A.	47. CERTO.
9. E.	22. CORRETA.	35. D.	48. ERRADO.
10. C.	23. CORRETA.	36. ERRADO.	
11. D.	24. ERRADO.	37. B.	
12. C.	25. CERTO.	38. A.	
13. CERTO.	26. ERRADO.	39. ERRADO.	

Os comentários sobre as questões estão no *Material Complementar* do livro.
Para acessá-lo, veja o passo a passo na orelha desta obra.

CAPÍTULO 24
ORAÇÕES REDUZIDAS

Definição

As **orações reduzidas** têm as seguintes características:
- apresentam o verbo numa das formas nominais (gerúndio, particípio e infinitivo);
- nunca são iniciadas por conjunções (no caso das substantivas e adverbiais) nem por pronomes relativos (no caso das adjetivas);
- normalmente podem ser reescritas (desenvolvidas) com esses conectivos;
- podem ser iniciadas por preposição ou locução prepositiva.

Veja exemplos:

— *Saí da religião, **sem ser incomodado**.* (reduzida)
— *Saí da religião, **sem que me incomodassem**.* (desenvolvida)

— ***Agindo Deus**, quem pode impedi-lo?* (reduzida)
— ***Se Deus age**, quem pode impedi-lo?* (desenvolvida)

— ***Terminada a prova**, fomos ao restaurante.* (reduzida)
— ***Quando terminou a prova**, fomos ao restaurante.* (desenvolvida)

> **Observação**
> É bom dizer que algumas orações reduzidas adverbiais, quando desenvolvidas, podem apresentar mais de uma análise semântica. Por exemplo: "***Resolvido o problema**, todos confraternizaram*" (causa? / tempo?).
> **Importante**: no capítulo 37, não deixe de estudar a parte de *Transformação de Oração Reduzida em Desenvolvida*. Isso cai muito em prova!

Vejamos agora todos os tipos de orações reduzidas. Acompanhe!

Orações Reduzidas de Infinitivo

Podem ser substantivas, adjetivas ou adverbiais. Lembre-se de que, se o infinitivo for pessoal, irá flexionar normalmente.

Substantivas

- *É preciso trabalhar muito.* (subjetiva)
- *Não convém resolver a questão agora.* (subjetiva)

- *Deixe o aluno pensar.* (objetiva direta)
- *"Achei uma injustiça não me premiarem também".* (objetiva direta)

- *Os adversários o acusaram de fazer coisas erradas.* (objetiva indireta)
- *Por que não aconselha seu filho a largar aquele trabalho?* (objetiva indireta)

- *A melhor política é ser honesto.* (predicativa)
- *O mais honesto seria tu lhe pedires perdão.* (predicativa)

- *Uma parte do povo é capaz de mobilizar toda a nação.* (completiva nominal)
- *Este é um livro difícil de ler.* (completiva nominal)

- *Temos uma missão: criar os filhos.* (apositiva)
- *Só te falta uma coisa para o sucesso: seres mais longânime.* (apositiva)

- *Os cristãos são movidos por acreditar em um estilo de vida simples.* (agente da passiva)
- *Muitos foram derrotados por haver ambição desmedida no coração.* (agente da passiva)

 CUIDADO!!!

1) Em *"Cabe frisar que reconhecer a importância da educação na existência da humanidade é dar valor àquilo que consideramos como nossa própria descendência cultural"*, o sujeito do verbo *caber* é oracional, a saber: *frisar que reconhecer a importância da educação na existência da humanidade é dar valor àquilo que consideramos como nossa própria descendência cultural*. Note que, dentro desse sujeito oracional, há outras orações (*que reconhecer a importância da educação na existência da humanidade / é / dar valor àquilo / que consideramos como nossa própria descendência cultural*). Esse sujeito enorme é chamado também de **sujeito complexo**. Troque-o por "**isso**", ficará: "**isso** cabe". O gramático Gladstone Chaves de Melo corrobora tal análise. A FCC e a Esaf gostam de trabalhar esses sujeitos gigantes na parte de concordância verbal! Fique atento!

2) Não confunda **subordinadas substantivas completivas nominais** com **subordinadas adverbiais finais**. Em *"Estou pronto para entrar em qualquer instituição federal"*, *"Este cheque foi bom para resolver minha vida"* e *"Esta doutrina gramatical é essencial para compreendermos outras dificuldades linguísticas"*, a preposição *para* é exigida pelos adjetivos *pronto, bom* e *essencial*, portanto ela inicia **orações subordinadas substantivas completivas nominais**.

3) O infinitivo **não** constitui nova oração em dois casos, basicamente: quando **em locução verbal** e quando **substantivado**.

   - *Mesmo que tenha sido ele o culpado, deve* **haver** *algum engano aqui.*
   - *O* **comer** *e o* **beber** *fazem parte da vida.*

Bechara e Sacconi alistam outros casos de **não orações**, como:

a) **Querer** é **poder**!

Tais infinitivos em sentido vago/genérico são palavras que, embora sejam morfologicamente **verbos**, não constituem oração, pois ocupam a posição sintática de um substantivo. Só serão considerados orações se vierem acompanhados de complementos ou adjuntos adverbiais: *"Querer a vitória é poder!"*. Agora, de fato, há duas orações (*Querer a vitória / é*).

Veja uma questão sobre isso:

(Cespe/UNB – TRE/AP – Técnico Judiciário – 2007) Com referência à sintaxe das orações e dos períodos do texto, assinale a opção correta.

c) O período "Votar aos 16 anos é despertar uma consciência cidadã" (l. 7-8) é composto por duas orações. (Na verdade, há três orações: <u>Votar</u> aos 16 anos / <u>é</u> / <u>despertar</u> uma consciência cidadã.)

b) Vamos à sala de **jantar**?

A palavra *jantar* é considerada núcleo do adjunto adnominal, como um mero substantivo, logo não constitui uma oração. Esse período, portanto, tem uma oração, marcada pelo verbo *ir* (<u>Vamos</u>). "Quando a preposição *de* e o **infinitivo** equivalem a um adjetivo, temos predicativo, e não oração reduzida: É **de admirar** *(admirável) que isso ainda aconteça*".

Adjetivas

— *João não é homem de meter os pés pelas mãos.*
— *Consoante a Bíblia, a morte é o último inimigo a ser destruído.*
— *O meu manual para fazer bolos certamente vai agradar a todos.*

Adverbiais

— *Apesar de estar machucado, continua jogando bola.* (concessiva)
— *Não obstante ser ainda um estagiário, tinha postura de líder.* (concessiva)

— *Sem estudar, não passarão.* (condicional)
— *A julgar pelas aparências, os dois países formam uma aliança exemplar.* (condicional)

— *Ela passou mal, de tanto comer balas.* (causal)
— *Por terem sido vítimas, serão ressarcidas.* (causal)

— *Aquela cena o chocou a ponto de lhe tirar o sono.* (consecutiva)
— *Nossos parentes são muito leais para serem nossos acusadores.* (consecutiva)

— *Ela estuda para fazer um concurso.* (final)
— *A fim de encontrar a verdade sobre Deus, farei tudo!* (final)

— *Pense muito bem antes de tomar uma ação.* (temporal)
— *Ao se despedirem dos seus amigos, guarde-os no coração.* (temporal)

CUIDADO!!!

1) É praxe que as adverbiais reduzidas iniciadas pelas preposições *ao, a, para, por, sem* sejam, respectivamente, de tempo, condição, finalidade, causa e concessão/condição:

- *Ao entrar*, faça silêncio. *(tempo)*
- *A persistirem os sintomas*, o médico deverá ser consultado. *(condição)*
- *Para viajar*, é preciso dinheiro. *(finalidade)*
- *Por ser exato*, o amor não cabe em si. *(causa)*
- *Sem estudar*, passou. *(concessão)*
- *Sem estudar*, não passa. *(condição)*

* É raro as reduzidas finais virem sem preposição, mas é possível: "*Fomos ao cartório* **assinar um documento**".

Só a título de curiosidade, veja um caso em que o "para" introduz uma noção de consequência, e não de finalidade (como de costume): CESPE – AL/CE – ANALISTA LEGISLATIVO – 2011 – QUESTÃO 7.

2) Há certas orações adverbiais não contempladas pela NGB:

- *Em vez de você ficar pensando nele*, pense em mim. *(exclusão)*
- *Além de os lutadores serem agressivos*, eram ágeis. (Cegalla pensa ser coordenada aditiva = *Os lutadores eram agressivos e eram ágeis*)
- *Retirei-me discretamente* **sem ser notado**. *(modal)*

Orações Reduzidas de Gerúndio

Podem ser coordenadas aditivas, substantivas, adjetivas ou adverbiais.

Coordenada Aditiva

- Pagou a conta, *ficando livre dos juros*. (Pagou a conta **e** *ficou livre dos juros*.)
- O poeta residiu em Ilhéus na década de 20, *dedicando-se tão somente à literatura neste período*. (O poeta residiu em Ilhéus na década de 20 **e** *se dedicou tão somente à literatura neste período*.)

> **Observação**
>
> No primeiro período, certos estudiosos (Bechara, p. ex.) cogitam a ideia de consequência, ou seja: "*Pagou a conta*, **de modo que ficou livre dos juros**". No segundo período, outros entendem que a oração pode indicar finalidade: "*O poeta residiu em Ilhéus na década de 20*, **para que se dedicasse tão somente à literatura neste período**".

Substantiva

- Não mais se vê *amigo ajudando um ao outro*. (subjetiva)
- Agora vamos ouvir *artistas cantando em shoppings*. (objetiva direta)
- Esta é a melhor maneira de conhecer as pessoas: *convivendo com elas*. (apositiva)

Capítulo 24 • Orações Reduzidas **639**

> **Observação**
>
> Nas duas primeiras frases anteriores, é possível interpretar "ajudando um ao outro" e "cantando em shoppings" como *orações subordinadas adjetivas restritivas reduzidas de gerúndio*, pois elas podem ser compreendidas assim: "... amigo que ajuda um ao outro" e "... artistas que *cantam em shoppings*".

Adjetiva

– *Criança pedindo esmola dói o coração.*
– *Na UPP, encontrei doze soldados portando fuzis.*

Adverbial

– *Mesmo não tendo condições, comprou um terno.* (concessiva)
– *Sendo ele um rapaz tão arredio, nunca lhes faltou com o respeito.* (concessiva)

– *Agindo desse modo, ninguém ficará com você.* (condicional)
– *"Chegarás facilmente lá, querendo".* (condicional; Said Ali)

– *Temendo a reação do pai, não contou a verdade.* (causal)
– *Agora vejo que errei, mantendo-me calado.* (causal; Cegalla)

– *Saindo do estádio, encontrei meus amigos.* (temporal)
– *Em fazendo os trabalhos escolares, deixarei que brinque na rua.* (temporal/condicional)

> **Observação**
>
> Oração subordinada adverbial modal reduzida de gerúndio (não contemplada pela NGB): *"O homem entrou na sala dando empurrões"*. Oração subordinada adverbial de assunto reduzida de gerúndio: *"Em se tratando de seleção brasileira, nós sempre falamos mal"*.

Orações Reduzidas de Particípio

Podem ser adjetivas ou adverbiais.

Adjetivas

– *Uma modelo vinda da Bulgária chamou a atenção de todos no Brasil.*
– *A notícia divulgada pela mídia era falsa.*
– *O nosso planeta, ameaçado constantemente por nós mesmos, ainda resiste.*

Adverbiais

Note que o particípio concorda em gênero e número com os termos a que se refere.
– *Agredido pelo outro, mantive a calma.* (concessiva)

– *Mesmo derrotados pelo time adversário na primeira partida, reergueram-se e conquistaram o título.* (concessiva)

– *Aceitas as condições, não haveria problemas.* (condicional)

- *Tomados os Estados Unidos*, a Segunda Guerra teria outro fim. (condicional)
- *Preocupado com a prova*, ele se esqueceu da carteira. (causal)
- *Dada a notícia da herança*, as brigas começaram. (causal/temporal)
- *Terminada a aula*, todos pularam de alegria. (temporal)
- *Comprada a casa*, a família se mudou logo. (temporal)

 CUIDADO!!!

1) As formas participiais nem sempre constituirão orações reduzidas; pois podem ser verdadeiros adjetivos com função de adjunto adnominal ou predicativo.
   - *Os alunos foram **apaixonados** pela professora.* (adjetivo, predicativo)
   - *Os alunos **gripados** voltaram mais cedo para suas casas.* (adjetivo, adjunto adnominal)

2) Em um período composto, a locução verbal ou o tempo composto não constituem oração reduzida. Para que haja oração reduzida com locução verbal, é necessário que o verbo auxiliar esteja em forma nominal do verbo (gerúndio, infinitivo, particípio).
   - **<u>Tendo recebido o dinheiro</u>**, comprarei o carro. (oração reduzida de gerúndio)
   - *Olhe com cuidado, pois as crianças <u>estão brincando</u>.* (locução verbal com o verbo auxiliar flexionado, fazendo parte de uma coordenada explicativa)

3) Devido ao paralelismo sintático, não se coordenam orações adjetivas reduzidas a orações desenvolvidas: *"Os candidatos **aprovados no exame médico** <u>e</u> **que estejam de posse da documentação** poderão apresentar-se à comissão"* (errado). / *"Os candidatos **aprovados no exame médico estando de posse da documentação** poderão apresentar-se à comissão"* (certo). O paralelismo exige que termos e orações de mesma função sintática se *combinem*, sejam *semelhantes*. Portanto o certo é usar duas orações <u>reduzidas</u> (<u>**aprovados no exame médico**</u> e <u>**estando** de posse da documentação</u>).

 O Que Cai Mais na Prova?

As reduzidas adverbiais são bem frequentes. Cai muito também a reescritura delas (o desenvolvimento usando conectivo). Estude-as!

*Concurseiro(a), quer uma dica de irmão? Guarde no seu coração o que vai ler agora: NUNCA DEIXE DE FAZER SEU PRÓPRIO RESUMO DE CADA CAPÍTULO. Esse processo cognitivo é **extremamente** valioso. Eu poderia ser legalzinho e fofinho pondo um quadro-resumo do que vimos no capítulo, mas, se fizesse isso, estaria sabotando você, impedindo-o(a) de ter esse trabalho de internalização imprescindível do conteúdo. **Por favor, não pule essa etapa!!!** Mesmo que seu resumo fique gigantesco (não vá escrever outra gramática... rsrs), nunca deixe de fazê-lo, para o seu próprio bem! Seu cérebro agradece e, quando passar no concurso, sua conta no banco também. Vá fundo na missão!* ☝

Capítulo 24 • Orações Reduzidas **641**

Questões de Concursos

1. (Esaf – Auditor Fiscal da Receita Federal – 2000) (Adaptada) (...) Mais uma vez, milhares de pessoas ganharam as ruas e forçaram os organizadores do encontro a antecipar o fim da reunião. (...)
A afirmação abaixo está correta ou incorreta?
   – O trecho "a antecipar o fim da reunião" funciona como objeto indireto.

2. (Esaf – Auditor Fiscal Receita Federal – SRF – 2002) (Adaptada) "(...) O comportamento das pessoas em grupo, tornando suas ações conhecidas e avaliadas, segundo critérios éticos do mesmo grupo quanto ao caráter, às condutas ou às intenções manifestadas e assim por diante, só repercute no direito se extrapolarem os limites deste. (...)".
A afirmação abaixo está correta ou incorreta?
   – A oração subordinada reduzida de gerúndio "tornando suas ações conhecidas e avaliadas" mantém seu valor adjetivo ao ser substituída pela desenvolvida adjetiva restritiva "que tornam suas ações conhecidas e avaliadas".

3. (FCC – TRT (15R) – Analista Judiciário – 2005) ***A persistirem os sintomas, deve-se consultar o médico.***
A expressão sublinhada na frase acima tem o mesmo sentido que:
   a) ainda que persistam;
   b) tão logo persistam;
   c) a menos que persistam;
   d) caso venham a persistir;
   e) mesmo se vierem a persistir.

4. (FGV – SSP-RJ – Perito Criminal – 2008) "Não vale a pena, nessa conjuntura, fragilizar o governo e sua política externa, como se fosse possível tornar esta matéria elemento decisivo para o jogo eleitoral para daqui a dois anos".
A respeito do trecho acima, analise os itens a seguir:
   I. O sujeito do primeiro verbo do trecho é oracional.
   II. O termo ***elemento decisivo*** tem função de predicativo do objeto.
   III. O sujeito do verbo no subjuntivo é oracional.
   Assinale:
   a) Se apenas os itens I e II estiverem corretos.
   b) Se apenas os itens I e III estiverem corretos.
   c) Se apenas os itens II e III estiverem corretos.
   d) Se nenhum item estiver correto.
   e) Se todos os itens estiverem corretos.

5. (FGV – Senado Federal – Polícia Legislativa – 2008) "Em julho de 1898, temendo por sua saúde, escreveu um testamento, deixando para Carolina, sua esposa, entre outros bens, 7.000 contos em títulos da dívida pública do empréstimo nacional de 1895".
No período acima, a oração destacada tem valor:
   a) condicional;
   b) concessivo;
   c) causal;
   d) consecutivo;
   e) conformativo.

6. (Cespe/UnB – TST – Analista Judiciário – 2008) "(...) O capital, podendo optar por um investimento de porte em automação, em informática e em tecnologia de ponta, cada vez mais barata e acessível, não mais teria seu funcionamento embasado exclusivamente na exploração dos trabalhadores, cada vez mais exigentes quanto ao valor de sua força de trabalho. (...)".

   O valor de adjetivo do gerúndio em "podendo optar" fica preservado se essa oração reduzida for substituída pela subordinada adjetiva correspondente: **que pode optar.** Essa substituição manteria a coerência e a correção gramatical do texto.
   ( ) CERTO   ( ) ERRADO

7. (FUNCAB – Pref. Porto Velho/RO – Médico – 2009) "***Desde cedo, a cidade teve o mérito de dar ao homem a possibilidade de evoluir além da luta pela sobrevivência pura e simples".***
Aponte o período em que a oração reduzida abaixo foi corretamente desenvolvida.
"Ninguém precisa ter medo da morte sabendo que seus genes serão imortais".
   a) Ninguém precisava ter medo da morte de tal modo que sabia que seus genes são imortais.
   b) Embora soubesse que seus genes eram imortais, ninguém precisou ter medo da morte.
   c) Ninguém precisa ter medo da morte para saber que seus genes são imortais.
   d) Mesmo que soubesse que seus genes são imortais, ninguém precisaria ter medo da morte.
   e) Ninguém precisa ter medo da morte se sabe que seus genes serão imortais.

8. (FCC – TRT/MA (16R) – Técnico Judiciário – 2009) *Ao falarem de chuva* ...
A frase acima está corretamente transcrita, sem alteração do sentido original, em:
a) Quando falam de chuva ...
b) À medida que falam de chuva ...
c) Como falam de chuva ...
d) Visto que falam de chuva ...
e) Conquanto falem de chuva ...

9. (FCC – TRT/MG (3R) – Técnico Judiciário – 2009) *Elas jogam milhões de toneladas de sedimentos no rio, inviabilizando sua navegabilidade*.
A oração grifada acima denota, considerando-se o contexto:
a) causa;
b) ressalva;
c) consequência;
d) temporalidade;
e) proporcionalidade.

10. (FGV – CODESP – Técnico em Informática – 2010) *Em 1994, foi criado o Conselho Nacional de Desenvolvimento Econômico e do Trabalho (National Economic Development and Labour Council – NEDLAC), cujo principal objetivo consistia em promover a integração entre governo, empresários e trabalhadores, tornando as decisões econômicas mais abrangentes para promover as metas do crescimento econômico e da igualdade social*.
Em relação ao período acima, analise as afirmativas a seguir:
I. O período é composto por quatro orações.
II. Há duas ocorrências de predicativo do objeto.
III. Há um caso de oração subordinada substantiva objetiva direta.
Assinale:
a) Se apenas as afirmativas I e III estiverem corretas.
b) Se apenas as afirmativas II e III estiverem corretas.
c) Se apenas as afirmativas I e II estiverem corretas.
d) Se nenhuma afirmativa estiver correta.
e) Se todas as afirmativas estiverem corretas.

11. (Cesgranrio – Petrobras – Administrador Júnior – 2010) Em qual das orações reduzidas abaixo há **ERRO** quanto à circunstância a ela atribuída?
a) Sem pensar, poderá, no futuro, pagar caro por suas decisões. (condição)
b) Não vendo o mundo a seu redor, fez um julgamento que o prejudicou. (causa)
c) Apesar de ser orgulhoso, estava disposto a novas tentativas. (consequência)
d) Ao criticar o amigo, não se lembrou de que o mundo dá voltas. (tempo)
e) Para ser finalmente feliz, era preciso mais uma vez analisar seu passado. (finalidade)

12. (FUNCAB – PRODAM/AM – Analista de TI – 2010) A oração reduzida de gerúndio no período "Batendo de quina pode até matar" exprime, em relação à oração principal, a circunstância de:
a) causa;
b) comparação;
c) condição;
d) consequência;
e) concessão.

13. (Cesgranrio – BACEN – Analista do Banco Central – 2010) "Vemos incontáveis estrelas, emitindo sua radiação eletromagnética, perfeitamente indiferentes às atribulações humanas".
No período acima, encontram-se uma oração:
a) principal e outra subordinada reduzida de infinitivo;
b) principal e outra subordinada adjetiva reduzida de gerúndio;
c) principal e outra subordinada adjetiva reduzida de particípio;
d) coordenada e outra subordinada adjetiva restritiva;
e) coordenada e outra subordinada reduzida de gerúndio.

Capítulo 24 • Orações Reduzidas — **643**

14. (FAURGS – TJ/RS – Oficial Escrevente – 2010) Considere a estrutura sintática do período seguinte:
Quando jovem, atravessou o mundo no navio Beagle, colhendo espécies diversas da flora, observando o comportamento da fauna local, colecionando fatos e anotações.
A respeito desse período, assinale a alternativa **INCORRETA**.
   a) A oração principal é *atravessou o mundo no navio Beagle*.
   b) A sequência *Quando jovem* pode ser interpretada como uma oração subordinada adverbial proporcional, em que o verbo era está elíptico.
   c) As orações *colhendo espécies diversas da flora / observando o comportamento* da *fauna local / colecionando fatos e anotações* estabelecem com a principal uma relação de subordinação explicitada pelo emprego do gerúndio.
   d) As orações *colhendo espécies diversas da flora / observando o comportamento da fauna local / colecionando fatos e anotações* estabelecem entre si uma relação de coordenação em que está ausente a conjunção.
   e) As orações *colhendo espécies diversas da flora / observando o comportamento da fauna local / colecionando fatos e anotações* classificam- se como subordinadas adverbiais, nas quais se observa uma relação de simultaneidade de eventos.

15. (FCC – TJ/PI – Analista Judiciário – 2010) (Adaptada) "(...) Dada a extrema desigualdade no perfil brasileiro de distribuição de renda, os bons e os maus caminhos bifurcam-se logo adiante. (...)".
A afirmação abaixo está correta ou incorreta?
   – A noção transmitida pelo segmento grifado em *__Dada a extrema desigualdade__ no perfil brasileiro de distribuição de renda* permanecerá a mesma se ele for substituído por *__Devido à extrema desigualdade__*.

16. (Esaf – Auditor Fiscal do Trabalho – 2010) (Adaptada) A afirmação abaixo está correta ou incorreta?
"(...) Por meio do aumento dos padrões de conforto e acesso à informação, essa civilização cria condições favoráveis para desafiar radicalmente os velhos laços de autoridade".
   – Pode-se substituir o segmento "para desafiar" por "para que se desafiem".

17. (Cespe/UnB – IFB – Cargos de Nível Médio – 2011) Considerando-se apenas o trecho "Viver em ambiente sem gravidade faz coisas curiosas com o corpo", não se pode determinar, do ponto de vista sintático, o sujeito da forma verbal "faz".
   ( ) CERTO   ( ) ERRADO

18. (Cespe/UnB – TJ/ES – Analista Judiciário (Letras) – 2011) Para que a argumentação do texto seja coerente, a oração **"pertencendo a grupos sociais diferentes"** (Diferentes pessoas, pertencendo a grupos sociais diferentes, têm não apenas histórias diferentes para contar, mas formas diferentes de contá-las...) deve ser interpretada como condicional, correspondente à seguinte oração: *caso pertençam a grupos sociais diferentes*.
   ( ) CERTO   ( ) ERRADO

19. (Cespe/UnB – TJ/ES – Analista Judiciário (Letras) – 2011) Preservam-se a coerência e a correção gramatical do texto ao se substituir "a separar" (... é ideal que o fosso material a separar as pessoas seja menos profundo) por **que separa**.
   ( ) CERTO   ( ) ERRADO

20. (COPEVE/UFAL – UFAL – Bibliotecário Documentalista – 2011) (Adaptada) *"Na Espanha, as mulheres estão prestes a **conseguir** mais uma vitória no que toca à igualdade de direitos entre os sexos. Um projeto de lei, em debate no parlamento espanhol, propõe que não seja mais obrigatório o sobrenome do pai **vir** em primeiro lugar – deixando a cargo dos pais escolher a ordem dos sobrenomes. No caso de não **haver** consenso, porém, valerá a ordem alfabética".*
A afirmação abaixo está correta ou incorreta?
   – Os verbos **conseguir, vir** e **haver** introduzem orações reduzidas de infinitivo.

21. (FESMIP/BA – MPE/BA – Analista de Sistemas – 2011) (Adaptada) A afirmação abaixo está correta ou incorreta?
"Assim, cabe frisar que reconhecer a importância da educação na existência da humanidade é dar valor àquilo que consideramos como nossa própria descendência cultural".
   – A expressão "Cabe frisar" forma uma locução verbal, uma vez que o verbo no infinitivo não pode ser desdobrado em uma oração com a presença de um conectivo.

22. (FCC – TRE/AP – Analista Judiciário – 2011) (Adaptada) A afirmação abaixo está correta ou incorreta?
*"A extensão do star-system não se dá sem uma forma de banalização ou mesmo de degradação – da figura pura da estrela, **trazendo** consigo uma imagem de eternidade, chega-se à vedete do momento, à figura fugidia da celebridade do dia; do ícone único e insubstituível, passa-se a uma comunidade internacional de pessoas conhecidas, "celebrizadas", das quais revistas especializadas divulgam as fotos, contam os segredos, perseguem a intimidade".*
   – A forma ***trazendo*** expressa, na frase, sentido de condicionalidade, equivalendo a "se trouxer".

23. (FCC – TRT/MT (23R) – Analista Judiciário – 2011) <u>Quando a bordo</u>, e <u>por não poderem acender fogo</u>, os viajantes tinham de contentar-se, geralmente, com feijão frio, feito de véspera.
Identificam-se nos segmentos grifados na frase acima, respectivamente, noções de:
a) modo e consequência;
b) causa e concessão;
c) temporalidade e causa;
d) modo e temporalidade;
e) consequência e oposição.

24. (Cesgranrio – CITEPE – Mecânico Têxtil Pleno – 2011) A oração reduzida "Ela, <u>ao tentar puxar a ponta de fio do casulo</u>, fez com que fino fio de seda se desenrolasse" transmite uma ideia de:
a) finalidade;
b) concessão;
c) condição;
d) tempo;
e) consequência.

25. (Cesgranrio – BNDES – Engenheiro – 2011) "O diabo é **que, de tanto ver, a gente banaliza o olhar**".
Na linha argumentativa do texto, a oração "que a gente banaliza o olhar" em relação à oração "de tanto ver" encerra uma:
a) causa;
b) consequência;
c) conformidade;
d) condição;
e) concessão.

26. (FCC – TRF (2R) – Analista Judiciário – 2012) "... *uma espécie de religiosidade de resultados, que invoca as forças celestes <u>para garantir as ambições terrenas dos fiéis</u>*".
No contexto da frase acima, é correto dizer que o segmento grifado possui sentido de:
a) consequência;
b) finalidade;
c) concessão;
d) proporção;
e) condição.

27. (Vunesp – CREFITO/SP – Secretário da Presidência – 2012) Em – *Com o mChip, basta uma espetada e uma gota de sangue para o texto sair em minutos, dizendo na hora se a pessoa está saudável ou não.* – a expressão em destaque pode ser substituída, sem alteração de sentido, por:
a) embora diga;
b) mas dirá;
c) visto que diga;
d) logo dirá;
e) e dirá.

28. (CESPE/UnB – TELEBRAS – Especialista – 2013) No trecho "Cooper usou sua nova invenção para ligar para Joel Engel", a preposição "para" expressa, em ambas as ocorrências, ideia de finalidade, introduzindo expressões adverbiais.
( ) CERTO   ( ) ERRADO

29. (FGV – Prefeitura de Osasco/SP – Fiscal Tributário – 2014) "PASSADA A COPA, na retomada do cotidiano, é provável que encontremos, intactos, o desencanto e o mau humor (...)".
A oração que corresponde adequadamente à reduzida de particípio acima destacada é:
a) à medida que a Copa vai passando.
b) embora a Copa tenha passado.
c) se a Copa tiver passado.
d) na medida em que a Copa passar.
e) quando a Copa tiver passado.

30. (Cespe – TJDFT – Técnico Judiciário – 2015) Em "Importa destacar" ("Importa destacar que a violência intrafamiliar pode se dar..."), a oração "destacar" exerce função de sujeito.
( ) CERTO   ( ) ERRADO

31. (FUNRIO – IF/PA – Auxiliar em Administração – 2016) "(...) De acordo com a tradição católica, São Jorge foi um santo romano... que passou a ser perseguido pelo imperador até ser morto, por se posicionar contrário às perseguições do Império Romano".
A oração que termina o parágrafo acima é classificada sintaticamente como:
a) subordinada adverbial causal.
b) coordenada sindética explicativa.
c) subordinada adjetiva explicativa.
d) subordinada substantiva predicativa.
e) subordinada substantiva objetiva indireta.

Capítulo 24 • Orações Reduzidas **645**

32. (FGV – SEPOG/RO – Analista em Tecnologia da Informação e Comunicação – 2017) Alguns locais são impróprios <u>para a construção de moradias</u>. Se substituirmos o segmento sublinhado por uma oração reduzida, teremos como forma correta:
    a) para construírem-se moradias.
    b) para que se construísse moradias.
    c) para que se construa moradias.
    d) para que se construam moradias.
    e) para moradias ser construídas.

33. (CESPE – STM – Analista Judiciário (Revisão de Texto) – 2018) Fragmento de texto: *Ademais, disseminou-se, na esteira do movimento em torno da qualidade total, a relevância de as organizações públicas considerarem com maior atenção seus clientes e outras partes interessadas, rompendo corporativismos e privilégios históricos.*
    No contexto em que aparece, a oração reduzida "rompendo corporativismos e privilégios históricos" possui sentido de finalidade.
    ( ) CERTO   ( ) ERRADO

34. (INSTITUTO AOCP – UFPB – Administrador de Edifícios – 2019) (Adaptada) Em "É importante informar todos os trabalhos dos quais participou", tem-se uma oração subordinada substantiva subjetiva reduzida de infinitivo.
    ( ) CERTO   ( ) ERRADO

35. FUNDATEC – Prefeitura de Santiago do Sul/SC – Assistente Social – 2020) Em "o grupo acusado de criar o programa espião...", tem-se uma oração subordinada _____ reduzida de _____. Assinale a alternativa que preenche, correta e respectivamente, as lacunas do trecho acima.
    a) adverbial – particípio
    b) adverbial – infinitivo
    c) adjetiva – infinitivo
    d) substantiva – particípio
    e) substantiva – infinitivo

Gabarito

1. CORRETA.	10. D.	19. CERTO.	28. ERRADO.
2. INCORRETA.	11. C.	20. CORRETA.	29. E.
3. D.	12. C.	21. INCORRETA.	30. CERTO.
4. E.	13. B.	22. INCORRETA.	31. A.
5. C.	14. B.	23. C.	32. A.
6. CERTO.	15. CORRETA.	24. D.	33. ERRADO.
7. E.	16. CORRETA.	25. B.	34. CERTO.
8. A.	17. ERRADO.	26. B.	35. E.
9. C.	18. ERRADO.	27. E.	

Os comentários sobre as questões estão no *Material Complementar* do livro.
Para acessá-lo, veja o passo a passo na orelha desta obra.

CAPÍTULO 25
ORAÇÕES INTERCALADAS

Definição

Como verdadeiras orações justapostas, as **orações intercaladas** (ou **interferentes**) são aquelas que acrescentam um comentário, em determinado ponto da frase, acerca do que está sendo dito. Tais orações sempre são separadas por vírgulas, travessões, parênteses ou colchetes.

É bom dizer que a oração intercalada, na maior parte dos casos, não exerce função sintática alguma, por não manter relação sintática com oração alguma fora da intercalação.

Os comentários embutidos em tais orações têm determinados valores semânticos, como: **esclarecimento, opinião, desejo, desculpa, permissão, ressalva**. Vejamos a seguir...

> **Observação**
>
> Não confunda o conceito de *intercalação* com *oração intercalada*. Certas expressões ou orações podem **estar** intercaladas, mas não **serem** orações intercaladas. Exemplo: *O mundo, **que é belo**, nunca irá perecer.* (a oração subordinada adjetiva está intercalada, ou seja, ela está no meio do período, separada por vírgulas). Uma *oração intercalada* (ou *interferente*), de fato, em tese, não exerce função sintática alguma, diferentemente do exemplo que acabamos de ver. Entenda melhor com a leitura do capítulo. No entanto, saiba que este assunto do capítulo tem 0,1% de chance de cair em prova, mas... vai que...

Tipos

1) **Oração Intercalada de Citação (Discurso Direto)**

Este tipo de oração intercalada é o único que, para a maioria dos gramáticos, exerce função sintática – normalmente **sujeito, objeto direto** ou **aposto**. Substitua essa oração intercalada (marcada por aspas ou travessão) por **isso** para ver a função sintática mais claramente.

Se você nunca ouviu falar em **discurso direto**, este é o momento. Dizemos que o discurso é direto quando a fala da personagem vem entre aspas ou antecedida por travessão.

– *Para os alunos, as aulas não estão boas: "Precisamos imediatamente de um bom professor!".*

Note que a oração intercalada só exercerá função sintática se houver um verbo **dicendi** (ou **elocutivo**) antecipando a fala da personagem. Veja exemplos desse tipo especial de oração intercalada, que exerce função sintática:

- *Foi avisado a mim diversas vezes: "Menino, comece a estudar!".* (**sujeito**: *Isso foi avisado a mim diversas vezes*)
- *Avisou-se diversas vezes a mim: "Menino, comece a estudar!".* (**sujeito**: *Avisou-se **isso** diversas vezes a mim*)
- *"Menino, comece a estudar!", meus parentes me avisaram diversas vezes.* (**objeto direto**: *Meus parentes me avisaram **isso** diversas vezes*)
- *Meus parentes me avisaram <u>algo</u> diversas vezes: – Menino, comece a estudar!* (**aposto**)

Veja uma questão sobre isso:

(Cespe/UnB – IRBr – Diplomata – 2012) *Si o incitavam a falar exclamava:*

– Ai! Que preguiça!...
e não dizia mais nada.

No fragmento, o período iniciado em "Si o incitavam a falar" inclui uma frase em discurso direto como complemento de verbo *dicendi*, seguida de oração coordenada, que se inicia em outra linha do texto.

(**X**) CERTO   (   ) ERRADO

Comentário: Todo período começa com letra maiúscula e termina em ponto, logo *"Si o incitavam a falar exclamava: – Ai! Que preguiça!... e não dizia mais nada"* é um período. Dentro desse período, de fato existe uma frase em discurso direto como complemento direto do verbo **dicendi** *exclamar* (que é transitivo direto): *– Ai! Que preguiça!...* (tal oração justaposta tem função de objeto direto). Antes que você pire me perguntando o que é verbo **dicendi**, é simples: trata-se de todo verbo transitivo direto (ou VTDI), normalmente, que "abre" a fala de uma personagem; normalmente vem antes de dois-pontos. Dentro ainda do período, há de fato uma oração coordenada sindética aditiva *"e não dizia mais nada"*. Este trecho é considerado um **período misto**, pois apresenta coordenação e subordinação. Falo melhor sobre isso no capítulo seguinte.

Certas orações intercaladas apresentam orações coordenadas e subordinadas dentro de si. Nesse caso, também podemos analisar sintaticamente as orações que constituem a oração intercalada.

2)   Oração Intercalada de Esclarecimento

– "Em 2006 – isto aconteceu na minha formatura, cujo dia marcou minha vida – nunca mais me esqueci de quão bom é ter um curso superior".

Observação

Como se viu, certas orações intercaladas apresentam orações coordenadas e subordinadas dentro de si. No caso acima, devemos analisar sintaticamente as orações que constituem a oração intercalada. Veja: *"... – isto aconteceu na minha formatura (oração principal), cujo dia marcou minha vida (oração subordinada adjetiva explicativa) – ..."*. No entanto, o trecho intercalado entre travessões (oração intercalada) não exerce função sintática alguma em relação à oração que está fora dos travessões.

Capítulo 25 • Orações Intercaladas

3) Oração Intercalada de Opinião

– João (*por que esse nome é comum?*), *por gentileza, venha aqui, quero falar com você.*

4) Oração Intercalada de Desejo

– *Encontramos seus pais lúcidos e alegres [Deus os conserve assim!], mesmo com mais de 90 anos.*

5) Oração Intercalada de Desculpa

– *"... não sei por que fenômenos de ventriloquismo cerebral (perdoem-me os filósofos essa frase bárbara) murmurei comigo..." (Machado de Assis)*

6) Oração Intercalada de Permissão

– *Meu nobre mestre (permita-me aqui um elogio), o senhor realmente mudou minha vida com seus ensinamentos.*

7) Oração Intercalada de Ressalva

– *O livro apresentado pela editora, que, diga-se de passagem, é a melhor do mercado editorial brasileiro, surpreendeu a todos.*

Adendo: É certo que as orações intercaladas podem apresentar outros propósitos, com outros valores semânticos, mas os principais foram alistados aqui. A chance de este assunto vir a cair em prova é ínfima!

CAPÍTULO 26
PERÍODO MISTO

Definição

Alguns períodos são considerados **mistos** porque apresentam estruturas oracionais de coordenação **e** subordinação.

Possibilidades de Período Misto

As orações subordinadas (substantivas, adjetivas ou adverbiais – desenvolvidas ou reduzidas) podem vir coordenadas, seja uma ao lado da outra <u>sem</u> conjunção coordenativa ligando-as, seja uma ao lado da outra <u>com</u> conjunção coordenativa ligando-as. Tais orações são chamadas de **equipolentes**.

Atenção! O papel da conjunção coordenativa é apenas marcar que as orações subordinadas **estão coordenadas entre si**, logo, uma oração subordinada que venha depois de uma conjunção coordenativa nunca vai deixar de ser uma oração subordinada para se tornar uma oração coordenada.

 Dica de amigo: o segredo para classificar as orações é perceber os conectivos (conjunções e pronomes relativos).

1) **Orações Subordinadas Substantivas Coordenadas entre si**
   – *Espero* que você não me culpe, que não culpe meus pais **nem** que culpe meus parentes.
   – *Sabe-se* que o homem é inocente **e** que nunca deveria ter sido colocado em situação vexatória.

   Observação
   A conjunção integrante e/ou parte da oração subordinada substantiva pode(m) vir implícita(s) quando as subordinadas estão coordenadas entre si: "Consta dos presentes autos **que** o homem esteve utilizando no estabelecimento um equipamento inadequado para emissão de comprovantes <u>e</u> conseguindo, com isso, certos desvios relativos a eventuais prestações de conta". Ou seja: "Consta dos presentes autos **que** o homem esteve utilizando no estabelecimento um equipamento inadequado para emissão de comprovantes <u>e</u> <u>que o homem esteve</u> conseguindo, com isso, certos desvios relativos a eventuais prestações de conta".

2) Orações Subordinadas Adjetivas Coordenadas entre si

- *Os primitivos cristãos participavam das comemorações que tinham raízes pagãs ou que não tinham?*
- *Certos escritores brasileiros, como Jorge Amado, que escreveu o romance Gabriela, Cravo e Canela e que escreveu o teatro O Amor do Soldado, eram comunistas.*
- *A mulher que é compreensiva, mas que é cautelosa não deixa o marido sozinho.*

> **Observação**
>
> O pronome relativo e/ou parte da oração subordinada adjetiva pode(m) vir implícita(s) quando as subordinadas estão coordenadas entre si: *"Aquilo que é saudável, é interessante e importa deve ser enaltecido!"* Ou seja: *"Aquilo que é saudável, que é interessante e que importa deve ser enaltecido!"*. Se o relativo não exercer a mesma função sintática, recomenda-se repeti-lo: *"Aquilo que é saudável e que eu considero importante deve ser enaltecido!"*.

3) Orações Subordinadas Adverbiais Coordenadas entre si

- ***Não só** quando estou presente **mas também** quando não estou, sou discriminado.*
- *Ainda que a reportagem vá ao ar, ainda que todos os jornais denunciem a lavagem de dinheiro ou ainda que o Papa dê seu testemunho sobre o fato, nada mudará.*
- *Não devo nada a ninguém porque pago minhas contas em dia e porque sou uma pessoa organizada.*

> **Observação**
>
> Numa série de orações subordinadas adverbiais coordenadas entre si, (1) pode a conjunção subordinativa se repetir, (2) se fragmentar ou (3) se omitir:
>
> (1) *Depois que ela saiu e depois que ela entrou*, ninguém mais nada falou.
>
> (2) *Depois que ela saiu e que ela entrou*, ninguém mais nada falou.
>
> (3) *Depois que ela saiu e entrou*, ninguém mais nada falou.

4) Orações Coordenadas com Subordinadas no mesmo Período

- *Presume-se que as penitenciárias cumpram seu papel social, no entanto a realidade mostra o contrário.*

1ª oração: *Presume-se* (oração principal)
2ª oração: *que as penitenciárias cumpram seu papel social* (oração subordinada substantiva subjetiva da principal)
3ª oração: *no entanto a realidade mostra o contrário* (oração coordenada sindética adversativa da 1ª)

- *Os que aqui estão precisam entender que a chance não pode ser desperdiçada, por isso todos devem esforçar-se a fim de conseguir a vaga.*

1ª oração: *Os... precisam entender...* (oração principal da 2ª e da 3ª)
2ª oração: *... que aqui estão...* (oração subordinada adjetiva restritiva da 1ª)
3ª oração: *... que a chance não pode ser desperdiçada...* (oração subordinada substantiva objetiva direta da 1ª)

4ª oração: *... por isso todos devem esforçar-se...* (oração coordenada sindética conclusiva da 1ª e principal da 5ª)

5ª oração: *... a fim de conseguir a vaga.* (oração subordinada adverbial final reduzida de infinitivo da 4ª)

> — *Neste dia – que linda manhã faz! – resolva logo os problemas que mais o aborrecem, que a vida é muito curta.*

1ª oração: *Neste dia... resolva logo os problemas...* (oração principal da 3ª)

2ª oração: *... – que linda manhã faz! –...* (oração intercalada)

3ª oração: *... que mais o aborrecem...* (oração subordinada adjetiva restritiva da 1ª)

4ª oração: *... que a vida é muito curta.* (oração coordenada sindética explicativa da 1ª)

A Elipse na Análise Sintática

Às vezes, suprimem-se determinados elementos linguísticos em um enunciado, como uma oração, para tornar o período mais "leve". A elipse de orações é muito comum.

Peço-lhe cuidado! Não erre a análise de um período por não "ver" uma oração implícita (elipse). Isso é importante em questões de contagem de orações e suas respectivas classificações, tudo bem?

Veja exemplos de orações elípticas, e suas reescrituras:

Exemplo de orações elípticas	Reescritura	Classificação do trecho reescrito
"Para isto é que os quadros cresceram nas proporções que se sabe". (Ruy Barbosa)	*"Para isto é que os quadros cresceram nas proporções que se sabe* **que cresceram***".*	Oração subordinada substantiva subjetiva
"... e nessa hipótese, o mais acertado é deixá-la estar os três dias pedidos, e os mais dias que for necessário". (Camilo Castelo Branco)	*"... e nessa hipótese, o mais acertado é deixá-la lá estar os três dias pedidos, e os mais dias que for necessário* **deixá-la lá estar***".*	Oração subordinada substantiva subjetiva
As crianças são mais inocentes, segundo todos dizem.	*As crianças são mais inocentes, segundo todos dizem* **que são mais inocentes.**	Oração subordinada substantiva objetiva direta
Tão bom se ela estivesse conosco neste momento.	**Seria** *tão bom se ela estivesse conosco neste momento.*	Oração principal
A rua estava deserta como um cemitério.	*A rua estava deserta como um cemitério* **é deserto**	Oração subordinada adverbial comparativa
O cão morrerá, se não de fome, de sede.	*O cão morrerá, se não* **morrer** *de fome, de sede.*	Oração subordinada adverbial de condição
Assim que todos voltarem a estudar e a trabalhar para o bem da sociedade, o mundo será melhor.	*Assim que todos voltarem a estudar e* **assim que todos voltarem** *a trabalhar para o bem da sociedade, o mundo será melhor.*	Oração subordinada adverbial temporal

Exemplo de orações elípticas	Reescritura	Classificação do trecho reescrito
O vento havia parado, mas a chuva não. Então as crianças brincaram de bola, de pique e de barcos na rua.	*O vento havia parado, mas a chuva não **havia parado**. Então as crianças brincaram de bola, de pique e de barcos na rua.*	Oração coordenada sindética adversativa
À tarde houve uma festa muito grande em comemoração aos seus cinquenta anos de casamento, e à noite seresta, para comemorar.	*À tarde houve uma festa muito grande em comemoração aos seus cinquenta anos de casamento, e à noite **houve** seresta, para comemorar.*	Oração coordenada sindética aditiva
Este assunto é simples, o outro também.	*Este assunto é simples, o outro também **é simples**.*	Oração coordenada assindética
Eu nunca sei como, quando e onde ele vai atacar.	*Eu nunca sei como **ele vai atacar**, quando **ele vai atacar** e onde ele vai atacar.*	Orações subordinadas substantivas objetivas diretas justapostas

Veja uma questão sobre isso:

(Cespe/UnB – IRBr – Diplomata – 2005) "O período que se seguiu à Grande Guerra pode ser decomposto em três grandes fatias: de 1919 a 1924–28, ***quando todos os países europeus procuraram liquidar os resquícios deixados pela guerra e voltar às condições econômicas normais*** (...)"
– Com relação ao texto IV, assinale a opção incorreta.
c) A elipse na oração coordenada iniciada por "e" corresponde ao longo segmento oracional "quando todos os países europeus procuraram".

Comentário: Esta afirmação está correta. Constate: *"quando todos os países europeus procuraram liquidar os resquícios deixados pela guerra **e quando todos os países europeus procuraram** voltar às condições econômicas normais"*. Safo?

Normalmente a vírgula marca a elipse de uma oração, logo, fica fácil de ver:
– *Ela gosta de filmes românticos; ele, de ação. (= ... ele **gosta de filmes** de ação)*

Agora... não "viaje" pensando que há elipse "a torto e a direito" dentro dos períodos, principalmente quando uma conjunção coordenativa liga termos de mesma função sintática (e não orações). Ou seja, na frase "*Todo mundo conhece alguém que sabe tudo sobre o futebol brasileiro ou sobre as regras gramaticais de concordância*", não há duas orações, como se estivesse escrito assim: "*Todo mundo conhece alguém que sabe tudo sobre o futebol brasileiro ou <u>sabe tudo</u> sobre as regras gramaticais de concordância*". A conjunção coordenativa <u>ou</u> liga termos, isto é: *sobre o futebol brasileiro* a *sobre as regras gramaticais de concordância*. Ok?

Modelo de Análise de um Período Misto

Observe este período misto:
No setor das comunicações, o monopólio não deixa de ser uma tendência natural, já que, ao contrário do que acontece em outros mercados, uma rede se torna mais valiosa à medida que mais pessoas a utilizam e a divulgam; uma rede que todo mundo usa, como o Facebook, vale muito mais que cem redes com usuários pulverizados.

(Luciano Trigo – ampliado)

Análise de todas as orações do período (preste atenção sempre nos conectivos, pois eles vão ajudá-lo na hora da classificação das orações):

1ª oração: ... *o monopólio não deixa de ser uma tendência natural...* (oração principal da 2ª)

2ª oração: ... *já que, ao contrário do... uma rede se torna mais valiosa...* (oração subordinada adverbial causal em relação à 1ª e principal em relação à 3ª e à 4ª)

3ª oração: ... *que acontece em outros mercados...* (oração subordinada adjetiva restritiva da 2ª)

4ª oração: ... *à medida que mais pessoas a utilizam...* (oração subordinada adverbial proporcional da 2ª)

5ª oração: ... *e a divulgam...* (oração subordinada adverbial proporcional em relação à 2ª; a 4ª e a 5ª estão coordenadas entre si)

6ª oração: ... *uma rede ... vale muito mais...* (oração coordenada assindética em relação à 2ª e principal em relação à 7ª e à 8ª)

7ª oração: ... *que todo mundo usa...* (oração subordinada adjetiva restritiva da 6ª)

8ª oração: ... *que (valem) cem redes com usuários pulverizados.* (oração subordinada adverbial comparativa da 6ª)

Para conseguir analisar sintaticamente um período misto, é preciso muito treino, por isso, antes de partir para o período misto, faça muitas questões de orações coordenadas e subordinadas para "pegar a manha"!

 ## O Que Cai Mais na Prova?

Tudo é possível! Para quem pretende fazer provas de nível NASA, prepare-se bem! Apesar de não ser frequente em concursos, quem intenta cargos elevados... estude... estude muito este capítulo! Assustei você? Claro que não! Como diz o outro: *Deus é mais!*

> *Concurseiro(a), quer uma dica de irmão? Guarde no seu coração o que vai ler agora: NUNCA DEIXE DE FAZER SEU PRÓPRIO RESUMO DE CADA CAPÍTULO. Esse processo cognitivo é **extremamente** valioso. Eu poderia ser legalzinho e fofinho pondo um quadro-resumo do que vimos no capítulo, mas, se fizesse isso, estaria sabotando você, impedindo-o(a) de ter esse trabalho de internalização imprescindível do conteúdo. **Por favor, não pule essa etapa!!!** Mesmo que seu resumo fique gigantesco (não vá escrever outra gramática... rsrs), nunca deixe de fazê-lo, para o seu próprio bem! Seu cérebro agradece e, quando passar no concurso, sua conta no banco também. Vá fundo na missão!* ☺

656 A Gramática para Concursos Públicos • Fernando Pestana

Questões de Concursos

Repare que, principalmente a FGV, adora questões de período misto! Vai fundo!

1. (Esaf – Auditor Fiscal da Receita Federal – 2002) Considere o seguinte período do texto para analisar os esquemas propostos abaixo: "Descumprir a lei gera o risco da punição prevista pelo Código Penal ou de sofrer sanções civis".
   A = Descumprir a lei
   B = gera o risco
   C = da punição prevista pelo Código Penal
   D = de sofrer sanções civis
   Considerando que as setas representam relações sintáticas entre as expressões linguísticas, assinale a opção que corresponde à estrutura do período.

   a) A ⟶ B ⟨ C / D   d) A ⇄ B / C ⟶ D

   b) A ⇄ C B ⟶ D   e) A ⇄ B ⟶ C / D

   c) A ⇄ C B D

   *"Olhamos e não vemos. Não conseguimos olhar nada pela primeira vez. **Já o primeiro olhar é preconceituoso – dá informação falsa ou verdadeira, mas sempre pré-fabricada**, anterior ao ato de olhar. **O economista cheio de teorias pensa que sabe o remédio para a inflação, a origem da miséria, o segredo da estabilidade e quanto desaforo** a democracia aguenta. **Erra como o médico, o astrônomo ou o caixa que aceita o cheque do homem elegante**, de terno e cabelo com brilhantina que parece ser rico, mas é estelionatário. Só que no caso do economista, **não é apenas o paciente que fica com dor de cabeça, ou mais um cheque sem fundo. São 10% de desempregados. Um deles acaba apontando um revólver para a sua cabeça. Nada é visto pela primeira vez. Ninguém olha atentamente como** as corujas, antes de propor ou piar".*

2. (Esaf – Auditor Fiscal do Trabalho – 2006) Assinale o esquema que representa corretamente a estrutura sintático--semântica do período sintático retirado do texto (desconsidere a pontuação e as letras maiúsculas).

   a) o primeiro olhar → é preconceituoso

      → dá informação → falsa

      → ou verdadeira

      → mas sempre pré-fabricada

   b) O economista → cheio de teorias

      → pensa que sabe o remédio para → a inflação

      → a origem da miséria

      → o segredo da estabilidade

      → e quanto desaforo...

   c) Erra como → o médico

      → o astrônomo

      → ou o caixa

      → que aceita o cheque do homem elegante

   d) não é apenas o paciente que → fica com dor de cabeça

      → ou mais um cheque sem fundo

   e) São 10% de desempregados → Um deles acaba apontando → um revólver

      → para sua a cabeça

      → Nada é visto pela primeira vez

      → Ninguém olha atentamente como....

Capítulo 26 • Período Misto **657**

3. (FGV – SEFAZ/RJ – Fiscal de Rendas – 2007) Observe atentamente o trecho a seguir:
(...) A reflexão jurídica sobre o assunto, contudo, não se tem mostrado tão farta quanto aquela encontrada na economia. Isso se deve, talvez, à associação feita ao tema dos efeitos na utilização de recursos entre gerações especificamente na década de 70, quando o movimento ambientalista passou a formular um discurso jurídico mais sólido, angariando adeptos das mais variadas formações, em diversas partes do planeta. (...)
Analise sua estrutura sintática e avalie as afirmativas a seguir:
I.   O primeiro período é composto por três orações.
II. No segundo período encontram-se orações reduzidas de particípio e de gerúndio.
III. No segundo período ocorrem dois casos de oração coordenada.
IV. A oração "quando o movimento ambientalista passou a formular um discurso jurídico mais sólido" classifica-se como subordinada adjetiva.
Assinale:
a) se somente as afirmativas I e II estiverem corretas;
b) se somente as afirmativas III e IV estiverem corretas;
c) se somente as afirmativas II e III estiverem corretas;
d) se somente as afirmativas I, II e IV estiverem corretas;
e) se todas as afirmativas estiverem corretas.

"É importante que os contribuintes percebam que a política tributária é justa, a administração fiscal é proba, sensível e confiável, e os recursos arrecadados são corretamente aplicados".

4. (FGV – SEFAZ/RJ – Fiscal de Rendas – 2008) A respeito da estrutura sintática do período acima, é correto afirmar que há:
a) cinco orações subordinadas e duas coordenadas entre si;
b) quatro orações subordinadas e três coordenadas entre si;
c) quatro orações subordinadas e duas coordenadas entre si;
d) cinco orações subordinadas e três coordenadas entre si;
e) três orações subordinadas e somente uma coordenada.

"Conduzo tua lisa mão / Por uma escada espiral / E no alto da torre exibo-te o varal / Onde balança ao léu minh'alma"

5. (FGV – SSP/RJ – Inspetor de Polícia Civil – 2008) Tomando o trecho acima como um período composto, há:
a) três orações, sendo duas subordinadas;
b) três orações, sendo uma subordinada;
c) quatro orações, sendo duas coordenadas;
d) quatro orações, sendo uma coordenada;
e) duas orações, sendo uma coordenada.

6. (FGV – Senado Federal – Técnico Legislativo – Administração – 2008) "Aqueles com aptidão a ajudá-los, se não estimulados por cenários competitivos, estarão fadados a não encontrar motivação para o exercício de suas funções".
A respeito do período acima, analise os itens a seguir:
I.   O período é composto por quatro orações.
II. Há três orações reduzidas.
III. Há uma oração coordenada.
Assinale:
a) se todos os itens estiverem corretos;   d) se somente o item I estiver correto;
b) se somente o item II estiver correto;   e) se nenhum item estiver correto.
c) se somente o item III estiver correto;

7. (FGV – Prefeitura de Angra dos Reis/RJ – Fiscal de Rendas – 2010) *"(...) Da mesma forma, diarreias epidêmicas, parasitoses intestinais e outras enfermidades transmissíveis por meio da água contaminada têm sua incidência aumentada, tanto por causa das dificuldades de saneamento nas secas, quanto por contaminação com esgotos, lixo e dejetos de animais durante as enchentes. (...)".*
O período acima:
a) é composto por coordenação;   d) é simples;
b) é composto por subordinação;   e) apresenta orações reduzidas.
c) é composto por coordenação e subordinação;

8. (Vunesp – TJ/SP – Agente de Fiscalização Judiciária – 2010) No trecho – *... a empresa gostaria que o jogo fosse refeito, que a trapaça não tivesse acontecido.* – têm-se, além de uma oração principal:
   a) duas orações coordenadas e três subordinadas;
   b) três orações coordenadas e uma subordinada;
   c) três orações subordinadas;
   d) três orações coordenadas;
   e) duas orações subordinadas coordenadas entre si.

9. (FGV – CODESP – Administrador – 2010) "(...) São numerosas oportunidades perdidas que se multiplicarão, se a economia brasileira continuar com seu impulso de crescimento – e a qualidade da educação continuar baixa. (...)".
   A respeito da composição do período acima, analise as afirmativas a seguir:
   I. Há uma oração principal.
   II. Há duas orações subordinadas adverbiais.
   III. O período é composto por coordenação e subordinação.
   Assinale:
   a) se apenas as afirmativas I e III estiverem corretas;
   b) se apenas as afirmativas I e II estiverem corretas;
   c) se todas as afirmativas estiverem corretas;
   d) se nenhuma alternativa estiver correta;
   e) se apenas as afirmativas II e III estiverem corretas.

10. (FGV – TRE/PA – Técnico Judiciário – 2011) "Minha proposta é a de que o fundo partidário seja composto por uma quantia mínima para o partido manter uma estrutura básica".
    A respeito do período acima, analise as afirmativas a seguir:
    I. O período poderia ser redigido, sem incorrer em inadequação gramatical ou semântica, da seguinte maneira: "Minha proposta é que o fundo partidário seja composto por uma quantia mínima para o partido manter uma estrutura básica".
    II. O período é composto por três orações.
    III. No período há uma oração reduzida de particípio.
    Assinale:
    a) se apenas as afirmativas I e III estiverem corretas;
    b) se apenas as afirmativas II e III estiverem corretas;
    c) se nenhuma afirmativa estiver correta;
    d) se todas as afirmativas estiverem corretas;
    e) se apenas as afirmativas I e II estiverem corretas.

11. (FGV – SEFAZ/RJ – Auditor-Fiscal da Receita Estadual – 2011) *Na Espanha, por exemplo, a recentíssima reforma do Código Penal – que atende diretivas da União Europeia sobre o tema – trouxe, no artigo 31bis, não só a possibilidade de responsabilização penal da pessoa jurídica (por delitos que sejam cometidos no exercício de suas atividades sociais, ou por conta, nome, ou em proveito delas), mas também estabelece regras de como essa responsabilização será aferida nos casos concretos (ela será aplicável [...], em função da inoperância de controles empresariais, sobre atividades desempenhadas pelas pessoas físicas que as dirigem ou que agem em seu nome).*
    A respeito do período acima, analise as afirmativas a seguir:
    I. Há uma oração coordenada sindética aditiva e uma oração coordenada sindética alternativa.
    II. Há três orações na voz passiva, mas somente uma com agente da passiva explícito.
    III. Há quatro orações subordinadas adjetivas desenvolvidas e uma oração subordinada adjetiva reduzida.
    Assinale:
    a) se apenas as afirmativas I e II estiverem corretas;
    b) se apenas as afirmativas II e III estiverem corretas;
    c) se apenas as afirmativas I e III estiverem corretas;
    d) se nenhuma afirmativa estiver correta;
    e) se todas as afirmativas estiverem corretas.

Capítulo 26 • Período Misto   **659**

12. (FGV – SEFAZ/RJ – Analista de Controle Interno – 2011) *É imprescindível que a tributação seja suportável e mais bem distribuída e todos contribuam com justiça e se beneficiem dessa contribuição.* (l. 6-8)
Em relação ao período acima, atribua a seguinte convenção: **QUE** = Δ e **E** = +.
Assinale a alternativa que melhor represente a estrutura do período.
a) É imprescindível Δ [a tributação (A + B) + todos (D + E)].
b) É imprescindível Δ (a tributação A + B + todos D + E).
c) É imprescindível Δ (a tributação A + B) + (todos D + E).
d) É imprescindível Δ (a tributação A) + b) + (todos D) + e).
e) É imprescindível Δ a tributação (A + B) + [todos (D + E)].

13. (CONSULPLAN – TSE – Analista Judiciário – 2012) *Aquele que age na direção da lei como que age contra a moral caracterizada pelo "fazer como a grande maioria", levando em conta que no âmbito da corrupção se entende que o que a maioria quer é "dinheiro".*
A respeito do período anterior, analise as afirmativas a seguir.
I.   O período apresenta orações coordenadas e subordinadas.
II. Há ocorrência de exemplo de oração reduzida.
III. Há ocorrência de exemplo de oração subordinada substantiva objetiva direta.
Assinale:
a) se todas as afirmativas estiverem corretas;
b) se apenas as afirmativas II e III estiverem corretas;
c) se apenas as afirmativas I e II estiverem corretas;
d) se apenas as afirmativas I e III estiverem corretas.

Gabarito

1. A.	5. B.	9. C.	13. B.
2. A.	6. D.	10. E.	
3. D.	7. D.	11. E.	
4. B.	8. E.	12. A.	

Os comentários sobre as questões estão no *Material Complementar* do livro.
Para acessá-lo, veja o passo a passo na orelha desta obra.

CAPÍTULO 27
PONTUAÇÃO

Definição

Antes de qualquer coisa, saiba que Pontuação e Sintaxe andam de mãos dadas!
- Ahn? O Pest enlouqueceu de vez... Desde quando pontuação tem a ver com sintaxe, Pestana? Eu aprendi, desde criancinha, que **vírgula** é uma **pausa**.
- Meu nobre, calma. Primeiro, pontuação não é só vírgula, apesar de sabermos que ela é a "menina dos olhos" das bancas de concursos públicos. Vamos falar, sim, especialmente sobre a **vírgula** e a **sintaxe**. A tal pausa marcada pela vírgula nem é tão importante assim, mas o conhecimento de análise sintática de período simples e composto... Você vai descobrir ao longo do capítulo se estou "viajando" ou não. *Relax*... Vou dizer mais! Fique atento também ao seguinte: a vírgula tem uma relação muito grande com a semântica e com o objetivo discursivo do falante. Você já deve ter ouvido falar que "uma vírgula muda tudo", não é?

Veja a Campanha dos 100 anos da ABI
(Associação Brasileira de Imprensa)

Vírgula, aquele sinal incômodo que às vezes sobra, às vezes falta, e outras vezes muda o sentido do texto.

A vírgula pode ser uma pausa... ou não.
Não, espere.
Não espere.

Ela pode sumir com seu dinheiro.
23,4.
2,34.

Pode ser autoritária.
Aceito, obrigado.
Aceito obrigado.

Pode criar heróis.
Isso só, ele resolve.
Isso só ele resolve.

E vilões.
Este, juiz, é corrupto.
Este juiz é corrupto.

Ela pode ser a solução.
Vamos perder, nada foi resolvido.
Vamos perder nada, foi resolvido.

A vírgula muda uma opinião.
Não queremos saber.
Não, queremos saber.

Isto serve para nos lembrar de que vírgula não é problema de gramática, mas de informação.

ABI: 100 anos lutando para que ninguém mude uma vírgula da sua informação.

Observação

Lembre-se: a Pontuação, principalmente a vírgula, está ligada diretamente ao seu conhecimento de análise sintática. Você precisará reconhecer o sujeito, o verbo, os complementos, os adjuntos... Precisará também dominar orações coordenadas, subordinadas... Ok? Até porque muitas vezes a presença ou ausência da vírgula poderá mudar *não só o sentido* (facilmente perceptível na propaganda anterior), mas também a análise sintática.

Por exemplo, nas frases abaixo, há mudança de sentido e de classificação sintática:

1) "Este, juiz, é corrupto" e "Este juiz é corrupto"; *juiz* entre vírgulas tem função de vocativo; sem vírgulas, sujeito.

2) "Vamos perder, nada foi resolvido" e "Vamos perder nada, foi resolvido"; o primeiro *nada* é sujeito; o segundo, objeto direto.

Veja que poema intrigante, cujo poeta, muito astuto, faz uma declaração de amor para três mulheres que estavam apaixonadas por ele: Soledade, Lia e Iria. Conforme a pontuação que cada uma empregasse na leitura, o poeta diria que amava ou Soledade, ou Lia, ou Iria:

> Três belas, que belas são,
> Querem que, por minha fé,
> Eu diga qual delas é
> Que adora meu coração.
>
> Se consultar a razão
> Digo que amo Soledade
> Não Lia cuja bondade
> Ser humano não teria
> Não aspiro à mão de Iria
> Que não tem pouca beldade.

Ama-se Soledade assim:

> Três belas, que belas são,
> Querem que, por minha fé,
> Eu diga qual delas é
> Que adora meu coração.
>
> Se consultar a razão,
> Digo que amo Soledade
> Não Lia, cuja bondade
> Ser humano não teria.
> Não aspiro à mão de Iria,
> Que não tem pouca beldade.

Ama-se Lia assim:

> Três belas, que belas são,
> Querem que, por minha fé,
> Eu diga qual delas é
> Que adora meu coração.
>
> Se consultar a razão,
> Digo que amo Soledade?
> Não! Lia, cuja bondade
> Ser humano não teria.
> Não aspiro à mão de Iria,
> Que não tem pouca beldade.

Ama-se Iria assim:

> Três belas, que belas são,
> Querem que, por minha fé,
> Eu diga qual delas é
> Que adora meu coração.

> Se consultar a razão,
> Digo que amo Soledade?
> Não! Lia, cuja bondade
> Ser humano não teria?
> Não! Aspiro à mão de Iria,
> Que não tem pouca beldade.

Gostou? Pois bem... para começarmos bem a "brincadeira", vamos aos sinais de pontuação tradicionalmente usados nos textos de nossa língua:

- Vírgula [,]
- Ponto e Vírgula [;]
- Dois-pontos [:]
- Ponto [.]
- Ponto de Interrogação [?]
- Ponto de Exclamação [!]
- Travessão [–]
- Parênteses [( )]
- Aspas [" "]
- Reticências [...]

Vírgula

Antes de tudo, sobre vírgula, é bom reiterar que seu conhecimento de sintaxe precisa estar "em dia" para que entenda bem o que vou dizer a partir de agora, beleza?

A vírgula pouco ou nada tem a ver com prosódia, mas tem muito a ver com sintaxe. Estou insistindo nisso porque algumas pessoas colocam vírgulas por causa de pausas feitas na fala. A vírgula, na escrita, não necessariamente é uma pausa na fala, tampouco é usada para pausar quando se lê um trecho virgulado.

Assim, vale dizer que o importante é, primeiro, saber em que situações gerais <u>não</u> se usa a vírgula.

1) **A vírgula <u>não</u> pode ser usada entre o sujeito e logo após o seu verbo.**
   – *Todos os alunos daquele professor, entenderam a explicação.*

 CUIDADO!!!

1) Em orações substantivas com função de sujeito iniciadas por quem, a vírgula entre tal oração e o verbo da principal é facultativa, segundo os estudiosos Luiz A. Sacconi, Claudio Moreno e Pasquale Cipro Neto: "Quem lê sabe mais" ou "Quem lê, sabe mais". Apesar de eu concordar nesse caso com a lição deles, desconheço outros gramáticos que abonem tal visão. Mas... fique atento a essa visão excepcional. Veja uma questão sobre essa estrutura:

18. (FCC – TRT/GO (18ª R) – Analista Judiciário – 2008) Está inteiramente adequada a pontuação da seguinte frase:
    a) Quem cuida da saúde, conta com os recursos do corpo, já quem cultiva uma amizade, conta com o conforto moral.

Capítulo 27 • Pontuação **665**

Comentário: O gabarito está em outra alternativa, mas quem se importa com isso? Vamos à letra A. Observe que ela deveria ter sido redigida assim: "***Quem cuida da saúde (sujeito) conta (verbo)*** *com os recursos do corpo, já* ***quem cultiva uma amizade (sujeito) conta (verbo)*** *com o conforto moral*". Isto é, <u>não</u> se coloca vírgula entre o sujeito e o seu verbo, mesmo que o sujeito seja oracional. Esta é a visão tradicional! Não erre mais!

No entanto, confira uma visão divergente: CESPE/UnB – CORREIOS – ANALISTA DE CORREIOS (LETRAS) – 2011 – QUESTÃO 70.

2) Por mais que o sujeito esteja deslocado no período, nunca será separado por vírgula: "*Ficaram inconformados com a notícia da proibição de qualquer manifestação religiosa* ***os evangélicos e os católicos***".

2) **A vírgula não pode ser usada entre o verbo e logo após o seu complemento (objeto direto, indireto (em forma de oração, inclusive)) ou predicativo do sujeito.**

– *Os alunos entenderam, toda aquela explicação do professor sobre vírgula.*
– *Os alunos precisam, de uma explicação detalhada sobre vírgula.*
– *Os alunos entenderam, que precisam estudar bem a vírgula.*
– *Os alunos precisam de, que os professores os ajudem.*
– *Os alunos ficaram, satisfeitos com a explicação.*

Observação

Outro ponto importante: se o complemento vier deslocado da sua posição original, será <u>possível</u> a separação por vírgula (normalmente por motivo de clareza): "*Toda aquela explicação do professor sobre vírgula, entenderam os alunos*" / "*De explicações detalhadas sobre vírgula, precisam os alunos*".

Nas duas próximas frases, a vírgula é obrigatória, pois separa um predicativo do sujeito: "*Satisfeitos com a explicação, os alunos elogiaram o mestre*". / "*O palestrante, atrasado, chegou pedindo desculpas*".

3) **A vírgula é facultativa entre o complemento de um verbo e logo após um adjunto adverbial.**

– *Nossos alunos ficaram exercitando questões de vírgula ontem à noite.*
– *Nossos alunos ficaram exercitando questões de vírgula, ontem à noite.*

⚠ CUIDADO!!!

1) Um advérbio só, como o **não** ou o **nunca** antes do verbo, modificadores intrínsecos do verbo, jamais é separado por vírgula: *Eu* ***não*** *vou mais errar esta questão.* / ***Nunca*** *errarei esta questão.*

2) Se o adjunto adverbial de **curta extensão** (normalmente formado por um ou dois vocábulos) estiver deslocado em qualquer posição na frase, a vírgula será **facultativa** também: "*De fato estes alunos são mais interessados*" ou "*De fato, estes alunos são mais interessados*". Celso Cunha

666 A Gramática para Concursos Públicos • Fernando Pestana

diz que a vírgula é facultativa entre o adjunto adverbial (mesmo não sendo de curta extensão) no início da oração e o verbo seguido de sujeito: *"Por cima daquele prédio(,) formavam-se muitas nuvens"*. Esta questão de curta ou longa extensão às vezes é subjetiva... para variar...

4) **A vírgula** não **pode ser usada entre um substantivo e seu complemento nominal ou adjunto adnominal.**
   – *Todos os alunos, daquele professor entenderam a explicação.*
   – *A manutenção, daquele professor na turma foi exigida pelos alunos.*

Observação

Por via de regra, um adjunto adnominal não vem separado do nome por vírgula(s). No entanto, quando ele tem um valor semântico explicativo ou quando se pretende dar a ele tal valor, esse sinal é necessário para indicar ou imprimir um sentido específico. Isso está diretamente ligado ao mesmo princípio das orações subordinadas adjetivas explicativas, ou seja, um "adjunto adnominal explicativo" equivale a uma oração subordinada adjetiva explicativa. Revise isso no capítulo 23 para refrescar a memória. Veja alguns exemplos abaixo:

– *Dom Quixote*, **de Cervantes**, é um clássico.
– *Dom Quixote*, **que é de Cervantes**, é um clássico.

– O famoso Donald Trump, **dos EUA**, sofreu severas críticas da grande mídia.
– O famoso Donald Trump, **que é dos EUA**, sofreu severas críticas da grande mídia.

– O homem, **mortal**, vive em guerra.
– O homem, **que é mortal**, vive em guerra.

Note que, nos três exemplos acima, as vírgulas são obrigatórias. Se elas fossem suprimidas, as frases iriam ficar completamente incoerentes e absurdas, pois o conhecimento de mundo nos diz que não existe outro Dom Quixote (senão o de Cervantes); não existe outro Donald Trump (senão o dos EUA); e não existe homem imortal.

Agora, em certas frases, o emprego da vírgula é opcional, havendo com isso alteração de sentido (sem implicar erro gramatical). Veja:

(CESPE – TRE/PE – TÉCNICO JUDICIÁRIO – 2017) Fragmento de texto: "A moralidade, que deve ser uma característica do conjunto de indivíduos da sociedade, deve caracterizar de modo mais intenso ainda aqueles que exercem funções administrativas e de gestão pública ou privada".
A correção gramatical do texto seria mantida caso
b) fosse inserida uma vírgula imediatamente após "gestão".
Gabarito: B. Apesar de haver diferença de sentido com o emprego da vírgula, não há erro gramatical.

(CESPE – TJ/SE – ANALISTA (CARGOS 3, 8 A 18) – 2014) Fragmento de texto: "O Código Penal de 1890 livrava da condenação quem matava *em estado de completa privação de sentidos*. O atual Código Penal, de 1940, abrevia a pena dos criminosos que agem *sob o domínio de violenta emoção*".

Capítulo 27 • Pontuação **667**

O emprego das vírgulas que isolam "de 1940" é facultativo, de modo que a supressão dessas vírgulas não prejudicaria o sentido original ou a correção gramatical do texto.
Gabarito: ERRADO. O sentido muda obviamente.

(CESPE – PREVIC – TÉCNICO ADMINISTRATIVO – 2011) Fragmento de texto: "Para saber se o documento foi realmente enviado pelo INSS, basta o usuário ligar para a Central 135 ou acessar o sítio da previdência social na Internet e seguir as instruções ali contidas".

O trecho "basta o usuário ligar (...) ali contidas" pode ser reescrito, mantendo-se a correção gramatical do período, da seguinte forma: basta que os usuários telefonem para o número 135, da Central de Atendimentos, ou acessem a página eletrônica da previdência social e sigam as instruções ali contidas.
Gabarito: CERTO. Sem as vírgulas do "adjunto adnominal explicativo", iria parecer que a Central tem mais de um número.

(CESPE – ABIN – OFICIAL TÉCNICO DE INTELIGÊNCIA – 2010) Fragmento de texto: "No projeto Segurança Pública para o Brasil, da Secretaria Nacional de Segurança Pública, aponta-se como principal causa do aumento da criminalidade, o tráfico de drogas e de armas".

A supressão das vírgulas que isolam a expressão "da Secretaria Nacional de Segurança Pública" alteraria o sentido do texto, visto que estaria subentendida a existência de, pelo menos, mais um projeto denominado *Segurança Pública para o Brasil*.
Gabarito: CERTO. Afirmação autoexplicativa.

5) **A vírgula não pode ser usada entre a locução verbal de voz passiva e o agente da passiva.**

   – *Todos os alunos foram convidados, por aquele professor para a Feira.*

6) **A vírgula não pode ser usada entre o objeto e o predicativo do objeto (mesmo deslocado).**

   – *Considero as suas aulas, interessantes.*
   – *Considero interessantes, as suas aulas.*

Normalmente as questões de concursos relativas à vírgula tratam do que eu acabei de falar. As pontuações erradas anteriores são bizarrices de grande porte! Se aparecer isso na prova – **atenção!** –, não titubeie, acerte e seja feliz!

"Pestana, se houver um termo, uma expressão ou uma oração intercalada entre o sujeito e o verbo, ou entre o verbo e o complemento, ou entre o complemento e o adjunto adverbial, ou entre a locução verbal de voz passiva e o agente da passiva? Como fica a posição da vírgula?"

Bem, normalmente as vírgulas são colocadas entre termos que interrompem a estrutura **S V C A**. Veja:

1) **Sujeito, ..., verbo + complemento + adjunto adverbial**

   – *O professor do curso, Fernando Pestana, ministra aulas de Português.*

2)   Sujeito + verbo, ..., complemento + adjunto adverbial

– *Eu estudei, Pestana, toda a aula de ontem, ok?*

3)   Sujeito + verbo + complemento, ..., adjunto adverbial

– *O professor explicou Pontuação, que é minha maior dificuldade, magistralmente.*

4)   Locução verbal de voz passiva, ..., + agente da passiva

– *Fui homenageado, ontem à noite, por alguns alunos e amigos.*

Bem... se você compreender todas as informações anteriores, terá "mais do que meio caminho andado", pois tais questões são recorrentes em concursos.

Para sistematizar mais ainda a vírgula, vejamos seu uso **dentro do período simples** e **dentro do período composto**.

A Vírgula dentro do Período Simples

Alguns exemplos foram retirados do *Manual de Redação da Presidência da República* para melhor ilustrar o assunto.

1)   Separa termos de mesma função sintática, numa enumeração.

– *Simplicidade, clareza, objetividade, concisão são qualidades a serem observadas na redação oficial.*
– *Devemos observar a simplicidade, a clareza, a objetividade e a concisão na redação oficial.*

> **Observação**
>
> Como se viu, numa enumeração, pode-se dispensar a conjunção que liga o penúltimo ao último elemento e deixar só a vírgula. Nesse caso, dá-se a entender que há mais elementos além dos enumerados; diferentemente do "e" ligando o último ao penúltimo termo, que indica que a quantidade de elementos enumerados termina no último.
>
> Importante (e estressante!): na contramão do que ensina a maioria, o gramático Bechara abona a vírgula antes do "e" ligando os últimos termos da enumeração; mas o pior de tudo é o seguinte: a visão dele já caiu em prova. Consulte: CESPE/UnB – CNJ – TÉCNICO JUDICIÁRIO – 2013 – QUESTÃO 31.

2)   Separa aposto explicativo.

– *Aristóteles, **o grande filósofo**, foi o criador da Lógica.*

> **Observação**
>
> Em *"Nós ocidentais somos capitalistas"* ou *"Nós, ocidentais, somos capitalistas"*, a análise sintática muda, por isso podemos ou não usar vírgulas. Na primeira frase, *ocidentais* é um adjetivo com função de adjunto adnominal de *nós*, por isso não vem separado por vírgulas. Na segunda frase, *ocidentais* é um substantivo com função de aposto explicativo, por isso as vírgulas são obrigatórias. Isso já foi questão de prova na FCC (TCE-SP – AGENTE

Capítulo 27 • Pontuação

DE FISCALIZAÇÃO FINANCEIRA – 2012 – QUESTÃO 10 – OPÇÃO E). Outra coisa: quando um aposto com núcleo implícito vier introduzido por uma expressão denotativa (*até mesmo, pelo menos, inclusive* etc.), ficará entre vírgulas: *"Todos os alunos,* ***até mesmo (os) de nível médio,*** *entenderam a explicação".*

3) **Separa vocativo.**

– *Brasileiros, é chegada a hora de votar.*

4) **Separa predicativos do sujeito deslocados do predicado verbo-nominal.**

– *Sereno e tranquilo, o condenado esperava sua morte.*
– *O condenado, sereno e tranquilo, esperava sua morte.*

Observação

Por uma questão estética ou de clareza de pensamento, a pausa marcada pela vírgula antes de um predicativo do sujeito em sua posição original, ou seja, após o verbo, é conveniente: *"Meu filho passou em um grande concurso,* ***avesso a todas as palavras derrotistas"***.

5) **Separa termos (objeto direto ou indireto, normalmente) deslocados de sua posição normal na oração (caso facultativo).**

– *As explicações sobre vírgula, o professor procurou lhes dar?*

Observação

Se o objeto estiver no início da oração e vier depois um objeto pleonástico, a vírgula pode não figurar, segundo Sacconi: *"Aos amigos(,) ninguém lhes dá a devida atenção"*. Para Rocha Lima, a vírgula é obrigatória nesse caso. Gladstone Chaves de Melo atesta que, assim como o sujeito, um objeto deslocado não pode ser separado por vírgula do seu verbo: *"As explicações procurou lhes dar o professor?"*. Confrontando as opiniões diversas, podemos dizer que a vírgula é facultativa quando o objeto vem deslocado. Assim encarou o Cespe/UnB STJ – TÉCNICO Judiciário – 2012 – QUESTÃO 5. Agora, atenção! Sacconi, Eduardo Carlos Pereira e Amini Boainain Hauy dizem explicitamente que, **com pronomes oblíquos tônicos**, numa construção pleonástica, **não** se usa vírgula. Os demais gramáticos consultados nada dizem. Assim, temos: *A mim ela me apavora.* (certo); *A mim, ela me apavora.* (errado)

6) **Separa (facultativamente) as expressões *para mim, para ti ou para si* (ou sinônimas) quando indicam benefício próprio ou posse, independentemente de sua posição na frase.**

– *Para mim(,) nada é melhor que acordar depois do meio-dia e dormir depois da meia-noite.*

7) **Separa termos repetidos.**

– *Aquele aluno era esforçado, esforçado.*

8) **Separa os adjuntos adverbiais deslocados.**

– *A multidão foi, aos poucos, avançando para o palácio.*

670 A Gramática para Concursos Públicos • Fernando Pestana

> **Observação**
>
> Como já explicado, a vírgula só será facultativa se o adjunto adverbial for de curta extensão. A maioria dos gramáticos entende que a vírgula é obrigatória quando o adjunto adverbial de grande extensão está deslocado. Mas o que é grande extensão ou curta extensão? Este é um dos mistérios gramaticais. No entanto, fui à fonte correta sobre o assunto e veja o que ela disse:
>
> **ABL RESPONDE**
> **Pergunta:** Olá! As gramáticas ensinam que adjuntos adverbiais deslocados de curta extensão podem ser ou não separados por vírgula. Exemplo: *Finalmente ela chegou* ou *Finalmente, ela chegou*. Quantos vocábulos um adjunto adverbial deslocado precisa ter para ele não ser considerado de curta extensão e consequentemente ser sempre separado por vírgula? Obrigado!
> **Resposta:** Prezado consulente, uma locução adverbial com três ou mais palavras já não é de curta extensão e demanda obrigatoriamente a utilização da vírgula.
>
> Sobre isso, veja uma questão: CESPE/UnB – STM – ANALISTA – 2011 – QUESTÃO 1; e CESPE/UnB – CNJ – TÉCNICO JUDICIÁRIO – 2013 – QUESTÃO 33. No entanto, a banca FCC não considera essa regra acima em suas provas, ou seja, por mais que o adjunto adverbial tenha até mais de três vocábulos, ela ainda considera facultativa a vírgula. Para comprovar isso, veja: FCC – SERGIPE GÁS S.A. – ASSISTENTE TÉCNICO ADMINISTRATIVO-RH – 2013 – QUESTÃO 8. Além da FCC, a banca FGV também entende da mesma maneira; consulte esta prova: FGV – Câmara de Salvador/BA – Analista Legislativo Municipal (Taquigrafia e Revisão) – 2018 – Questão 16 (veja a letra C).
>
> Se o adjunto adverbial deslocado (ou oração adverbial) estiver enfatizado pela expressão expletiva formada por **ser + que**, não será separado por vírgula do restante da frase: *Naquela rua, é que ocorrem assaltos* (errado); *Naquela rua é que ocorrem assaltos* (certo); *É naquela rua, que ocorrem assaltos* (errado); *É naquela rua que ocorrem assaltos* (certo). Confira: CESPE/UnB – IRBr – DIPLOMATA – 2015 – QUESTÃO 7.

9) **Separa certas expressões explicativas, retificativas, exemplificativas, como: *isto é, ou seja, ademais, a saber, melhor dizendo, ou melhor, quer dizer, por exemplo, além disso, aliás, antes, com efeito, data vênia, digo, enfim, minto*.**

> – *O político, a meu ver, deve sempre usar uma linguagem clara, ou seja, de fácil compreensão.*

> **Observação**
>
> 1) Certos advérbios, chamados de *focalizadores*, que servem para focalizar, realçar um segmento posterior dentro da frase, como *principalmente* e *sobretudo*, são sempre separados por vírgula(s): *A vida mudou muito nos últimos séculos, **sobretudo** no século XXI*.
>
> 2) Caso queira saber mais sobre casos excepcionais de vírgula, apenas por curiosidade ou tara por esse assunto, consulte o verbete VÍRGULA no meu livro *As Dúvidas de Português mais Comuns em Concursos*, que está à sua disposição em *e-book*.

Capítulo 27 • Pontuação **671**

A Vírgula dentro do Período Composto

1) **Marca a elipse de um verbo** (às vezes, de seus complementos).

   – *O decreto regulamenta os casos gerais; a portaria, os particulares. (= ... a portaria regulamenta os casos particulares)*
   – *Em 1994, Romário ganhou a Copa do Mundo; em 2002, Ronaldo. (= ... em 2002, Ronaldo ganhou a Copa do Mundo)*

> **Observação**
>
> Essa vírgula também é chamada de *vírgula vicária*, pois tem o papel de retomar coesivamente uma parte anterior do texto.
>
> **Importante!!!**
>
> A vírgula marcando elipse só será usada (a) se houver pausa marcada por ponto e vírgula (ou ponto, ou travessão) antes da segunda oração coordenada ou (b) se não houver vírgula separando as orações coordenadas: (a) *A minha casa é longe; e a dele, perto; A minha casa é longe. E a dele, perto; A minha casa é longe – e a dele, perto*; (b) *A minha casa é longe e a dele, perto*. Se não vier ponto e vírgula, ponto ou travessão antes da segunda oração coordenada, e sim vírgula, a elipse verbal não será marcada por vírgula: *A minha casa é longe, e a dele perto*. Está errada, portanto, a seguinte pontuação: *A minha casa é longe, e a dele, perto*. Estas lições de pontuação se baseiam nos ensinamentos de C. P. Luft, M. T. Q. Piacentini e outros. A banca Cespe, porém, infringiu essa lição. Veja:
>
> (Cespe – IPHAN – Cargos de Nível Superior – 2018)
>
> Com relação aos sentidos e aos aspectos linguísticos do texto precedente, julgue o item que segue.
> "Os outros nascem para viver, estes para servir".
>
> – Seria mantida a correção gramatical do texto caso a vírgula empregada logo após "viver" fosse substituída por ponto e vírgula.
>
> **Gabarito**: CERTO. Mais uma questão mal formulada do Cespe; deveria ter sido anulada, mas adivinhe?... Entenda esse caso: ao se usar o ponto e vírgula no lugar da vírgula separando orações coordenadas, o sinal de vírgula passa a ser obrigatório para marcar a omissão do verbo da segunda oração. Logo, a banca errou, pois não se pode escrever "Os outros nascem para viver; estes para servir". A construção correta é esta: "Os outros nascem para viver; estes, para servir" (estes *nascem* para servir). É extremamente absurdo esse tipo de questão, pois a banca cria uma "jurisprudência" segundo o arbítrio dela, mesmo que a maioria dos gramáticos e manuais de pontuação recomendem o uso da vírgula para marcar a elipse verbal. F$#%! Segue o baile...

2) **Separa orações coordenadas assindéticas.**

   – *Levantava-me de manhã, entrava no chuveiro, organizava as ideias na cabeça...*
   – *A honestidade "deveria" ser a ordem do dia, não "poderia".*

3) **Não separa as orações coordenadas sindéticas aditivas ligadas por _e_ ou _nem_.**

   – *Muitos policiais estão envolvidos em receptação e continuam a envolver-se.*
   – *Aqueles policiais não estão envolvidos em receptação nem procuram envolver-se.*

CUIDADO!!!

1) A maioria dos gramáticos diz que a vírgula é obrigatória antes da conjunção "e" ligando orações com sujeitos diferentes; no entanto, alguns gramáticos dizem que a vírgula (antes do "e" aditivo) é facultativa, e é dessa maneira que vem caindo em provas da maioria das bancas: "Muitos policiais estão envolvidos em corrupção(,) e os políticos não deixam por menos". Veja um exemplo:

CESPE – SEPLAG/DFTRANS – ANALISTA DE TRANSPORTES URBANOS (ECONOMISTA) – 2008 – QUESTÃO 4. Vale dizer também que, na contramão do que dizem os demais gramáticos, Bechara abona a vírgula antes da conjunção "e" ligando orações aditivas, em qualquer circunstância, desde que haja motivo de ênfase, o que é algo bem subjetivo. Pelo visto, a banca Cespe vem seguindo essa visão bechariana à risca (consulte: CESPE – TRE/PI – ANALISTA JUDICIÁRIO [CARGO 3] – 2016 – QUESTÃO 3 [LETRA E]; CESPE – IRBr – DIPLOMATA – 2015 – QUESTÃO 14; CESPE – TSE – ANALISTA JUDICIÁRIO – 2007 – QUESTÃO 3).

2) Segundo alguns gramáticos, como Luiz A. Sacconi e Hildebrando André, o *e* com valor adversativo (= mas) deve ser separado por vírgula: *"Ele sempre chega atrasado, **e** nunca leva bronca do patrão"* (= mas) / *"Ela foi prorrogada, **e** não anulada"* (= mas). Quando tem sentido conclusivo/consecutivo (= portanto) ou enfático, eles também recomendam o uso da vírgula: *"Eles violaram a lei, **e** foram presos.* (Neste caso, Sacconi diz ser facultativa.) / *"Neguei-o eu, **e** nego"* (Rui Barbosa).

3) Se as conjunções vierem repetidas (polissíndeto), a vírgula é obrigatória, segundo a maioria dos gramáticos e bancas de concursos que eu conheço: *"Muitos policiais estão envolvidos em corrupção, **e** tramas obscuras, **e** conluios, **e** todo tipo de intrigas escusas"*. Qualquer polissíndeto (e, ou, nem...) vem geralmente separado por vírgula: *"João, **ou** Maria, **ou** Pedro, **ou** José são personagens bíblicos"*/ *"**Nem** o sol, **nem** o mar, **nem** o brilho das estrelas..."*. Falando em "nem", Sacconi diz que tal conjunção pode vir antecedida de vírgula quando liga orações de maior extensão: *"O pai não permitia que as filhas ficassem à janela, **nem** que saíssem à rua"*.

6. (FGV – PC/RJ – Inspetor – 2008) ***Porém, havendo um número "excepcionalmente elevado" de estrangeiros, estes podem ser mesclados aos presos comuns, e as famílias podem ser separadas.*** (l. 30-33)
No trecho acima, seguindo as regras da boa discursividade, utilizou-se apropriadamente a vírgula antes da conjunção **e**.
Assinale a alternativa em que isso não tenha ocorrido.
a) Eles se esforçaram muito, e acabaram sendo reprovados.
b) Eles chegaram à janela muito timidamente, espiaram com cuidado, e depois abriram um sorriso.
c) A turba gritava, e vociferava, e brandia ameaçadoramente.
d) Fiz, e faria tudo novamente.
e) Ele esperava, naquela tarde, a chegada do malote, e, depois, ela esperaria após anoitecer.

Comentário: O gabarito é a B, pois não se coloca vírgula antes da conjunção *e*, quando ela liga orações com sujeitos iguais. Em A, o *e* tem valor adversativo (= *mas*), por isso usa-se a vírgula. Em C, há polissíndeto, por isso as vírgulas são obrigatórias antes do *e*. Em D, a vírgula antes do *e* é enfática, reiterando uma ideia anterior. Em E, a vírgula antes do *e* se justifica, pois liga orações com sujeitos diferentes.

Capítulo 27 • Pontuação   **673**

7. (FGV – TRE/PA – Analista Judiciário – 2011) *Os sócios e colaboradores dificilmente são consultados, e muitas vezes o apoio reflete mais as posições pessoais dos controladores do que os valores e princípios das empresas.* (l. 9-13)

A respeito da vírgula no período acima, é correto afirmar que:

a) está correta, pois se trata de vírgula antes da conjunção E com valor adversativo;
b) está correta, pois é caso de vírgula antes da conjunção E que inicia oração com sujeito diferente do da anterior;
c) está incorreta, uma vez que não é necessário usar vírgula já havendo a conjunção E, mesmo sem valor aditivo;
d) está incorreta, já que introduz oração aditiva, mesmo que os sujeitos sejam diversos;
e) é facultativa, pois as orações apenas se justapõem e não se coordenam.

Comentário: O gabarito é a B. Veja que o *e* liga orações com sujeitos diferentes: *[Os sócios e colaboradores] dificilmente são consultados, **e** muitas vezes [o apoio] reflete mais as posições pessoais dos controladores do que os valores e princípios das empresas.*

4) Quando **termos** de mesma função sintática aparecem unidos pelas conjunções *e, nem, ou*, não se usam vírgulas, a não ser que as conjunções apareçam repetidas: *"Tenho muito cuidado com meus filhos e filhas"* / *"Ou você, ou sua esposa deve comparecer à reunião de pais"*.

5) Alguns gramáticos, em seus exemplos de oração coordenada sindética aditiva com *"não só... mas também (e sinônimas)"*, separam por vírgula, já outros, não: *"Juçara não só trabalha, mas também estuda"* (Sacconi) / *"Os livros não só instruem mas também divertem"* (**Cegalla**). Como isso é controverso, logo podemos dizer que faculta? Seria sensato, não? O Cespe/UnB analisou a questão, porém, de acordo com os gramáticos que dizem ser obrigatória a vírgula separando séries aditivas enfáticas, a saber: Luiz A. Sacconi e José C. Azeredo (consulte: Cespe/UnB – UERN – TÉCNICO DE nível superior – 2010 – QUESTÃO 15).

6) A conjunção *e* pode vir entre vírgulas se estas forem usadas para outras estruturas na oração: *A casa, muito antiga, e, além dela, o edifício, moderníssimo, formavam visível contraste.* (As duas primeiras vírgulas são para o predicativo do sujeito deslocado; a terceira e a quarta vírgula são usadas para a expressão intercalada; as duas últimas separam o predicativo do sujeito.)

7) Segundo o professor Cláudio Moreno, para evitar a ambiguidade, usamos a vírgula. Nas palavras dele... *"Os convidados eram João e Maria, Paulo e Virgínia, e eu"* (eu estava desacompanhado); *"As almofadas podem ser feitas em branco e preto, vermelho e branco, e azul"* (ou vermelho e branco, ou azul). *"O bem-humorado Quinion brinca com a hipótese de alguém dedicar seu livro 'To my parents, Mary and God. (Para meus pais, Maria e Deus)"*. (...) devemos usar uma vírgula antes do *e* para evitar que os leitores tomem *Maria* e *Deus* como aposto de *meus pais* e nos mandem internar no hospício por absoluto delírio de grandeza: "Para meus pais, Maria, **e** Deus". Alguns chamam essa vírgula de "Vírgula de Oxford ou Vírgula Serial". Vale dizer que, por razões de clareza, a explicação anterior também é válida, sobretudo quando há uma enumeração formada normalmente por pares de termos ligados pela conjunção *e*, como se vê nesta questão (consulte): Quadrix – CRT 4 – Agente de Fiscalização – 2021 – Questão 8. O gramático Sacconi registra exemplos desse caso, ou seja, vírgula antes de uma conjunção que precede o último item de uma enumeração. Ele vai além e diz que se pode usar a vírgula (ou travessão) antes do *e* quando se deseja pausa seguida de ênfase ao que vem a seguir: *"Ele sairá daqui logo, e espero que nunca mais volte!"* ou *"Ele sairá daqui logo – e espero que nunca mais volte!"*. Sobre o uso de *e* antecedido de vírgula por motivo de ênfase, consulte: Esaf – SRF – AFRFB – 2012 – QUESTÃO 48 (P1-G1).

4) **Separa as orações coordenadas sindéticas adversativas.**

– *O dono de uma empresa demitiu 60% dos empregados, mas se arrependeu dias depois.*

 CUIDADO!!!

1) O *mas* nunca pode ser deslocado na oração, mas as outras conjunções adversativas (*porém, contudo, todavia, entretanto, no entanto, não obstante*), quando deslocadas por qualquer parte da oração, são separadas por vírgula: *"A maioria das pessoas julgam indiscriminadamente; eu, porém, não o faço (eu não o faço, porém)"*. Após o ponto e vírgula ou o ponto, pode-se usar ou não a vírgula depois dessa conjunção: *"A maioria das pessoas julgam indiscriminadamente; porém, eu não o faço"* ou *"A maioria das pessoas julgam indiscriminadamente. Porém, eu não o faço"*. Atenção! A conjunção adversativa **mas** nunca pode vir seguida de vírgula (exemplo de pontuação errada: *Ela não veio. Mas, ele certamente virá*), exceto quando há alguma expressão intercalada depois (*Ela não veio. Mas, sem sombra de dúvidas, ele virá*).

2) Apesar de, em certos textos modernos, normalmente de registro literário, **não** encontrarmos vírgula antes de orações coordenadas sindéticas adversativas iniciadas por "mas", a regra gramatical unânime diz que a vírgula é obrigatória. Veja:

ABL RESPONDE
Pergunta: Bem, desejo saber uma coisa: a vírgula antes da conjunção *mas* iniciando oração coordenada sindética adversativa é facultativa ou obrigatória? É assim: *"João foi, mas não voltou?"*. Pode ser assim: *"João foi mas não voltou?"*. Aguardo ansioso!
Resposta: Prezado, a conjunção adversativa *mas* deve ser antecedida por vírgula. (friso meu)

Para ter mais do que certeza, consulte: FUNDATEC – DETRAN/RS – TÉCNICO DE nível superior – 2009 – QUESTÃO 8.
Veja isto: FCC – SERGIPE GÁS S.A. – ADMINISTRADOR – 2013 – QUESTÃO 13 (assertiva I):

3) Ressalto que entre dois termos (de valor adjetivo) da frase, a vírgula não é obrigatória. Tal exemplo se vê apresentado por Celso Cunha e Lindley Cintra, em *Nova Gramática do Português Contemporâneo*: "Uma luz *bruxuleante* **mas** *teimosa* continuava a brilhar nos seus olhos".

5) **Separa as orações coordenadas sindéticas alternativas (ou... ou..., ora... ora..., quer... quer...).**

– *Ora ele procura resolver algumas situações com paciência, ora decide fazer justamente o avesso.*

Observação
No caso de *ou* retificativo, a vírgula se fará necessária quando houver pausa: *"A nossa paixão, ou nossa mera ligação, já se esvaiu"*. Por motivo de ênfase, podemos usar vírgula antes de *ou*: *"Iremos embora, ou transporemos essas etapas sem medo?"*.

Capítulo 27 • Pontuação **675**

6) Separa as orações coordenadas sindéticas conclusivas.

– *Os atores fizeram um grande espetáculo, por isso toda a plateia os aplaudiu efusivamente.*

> **Observação**
>
> As conjunções coordenativas conclusivas, se deslocadas para qualquer parte da oração, são separadas por vírgula sempre: *"Os atores fizeram um grande espetáculo; toda a plateia, **portanto,** os aplaudiu efusivamente (toda a plateia os aplaudiu efusivamente, **portanto**)"*. Alguns gramáticos, como Sacconi, dizem que é facultativa a vírgula após conjunção conclusiva iniciando período: *"Falaram mal de mim e da minha família. Portanto(,) darei o troco"*. Sobre isso, veja: Cespe/UnB – BB – ESCRITURÁRIO – 2007 – QUESTÃO 6. Volte ao capítulo 15 e dê uma olhada em conjunções conclusivas, no número 3 do quadro. Há uma questão de 2018 do Cespe muito bacana envolvendo pontuação.

7) Separa as orações coordenadas sindéticas explicativas.

– *Devo buscar mais informações, pois a vida me exige isso.*

> **Observação**
>
> O **pois** deslocado (após o verbo) e entre vírgulas é conclusivo: *"Esse assunto não tem importância; devemos, **pois**, retirá-lo da pauta"*.
>
> Só uma perfumariazinha aqui, de leve… Consulte esta questão: CESPE – TJ/RJ – Técnico de Atividade Judiciária – 2008 – Questão 11 (C). Você vai ver que a banca analisou como correto o uso de ponto e vírgula antes de oração iniciada pela conjunção explicativa "pois". Exemplo: "O acordo foi finalmente aceito pelos políticos; pois, apesar das divergências, poderá haver um bem comum". Os gramáticos Rocha Lima e Celso Pedro Luft abonam essa possibilidade de pontuação (não encontrei estudiosos que divirjam deles).

8) Separa as orações subordinadas substantivas deslocadas*.

– ***Que vocês estudam a Língua Portuguesa**, todos já sabemos.*

> **Observação**
>
> * Quem apresenta esta regra de vírgula é o gramático Sacconi e os gramáticos Faraco & Moura; até onde sei, os demais não se manifestam. As orações subordinadas substantivas apositivas podem ser separadas por vírgula: *"Dos alunos eu só quero isto, **que eles estudem mais**"*. Não pode haver vírgula logo após a conjunção integrante, a não ser que haja uma intercalação: *"Eu quero que, vocês estudem mais"* (errado) / *"Eu quero que, mesmo com dificuldades, vocês estudem mais!"* (certo).

9) Separa as orações subordinadas adjetivas explicativas.

– *O homem, que é razoável, saberá evitar uma "Terceira Guerra".*

CUIDADO!!!

1) Esta frase significa que todo homem é razoável, e, por essa razão, saberá evitar uma "Terceira Guerra". Caso retirássemos as vírgulas, estaríamos afirmando que nem todos os homens são razoáveis, a ponto de saber evitar uma "Terceira Guerra", só alguns; aí a oração seria restritiva. Isso cai direto em prova!

2) Do ponto de vista da maioria dos gramáticos, as orações subordinadas adjetivas restritivas **não** são separadas por vírgula, mas alguns gramáticos (como Said Ali, Bechara, Celso P. Luft e Sacconi) dizem que uma vírgula **pode** vir no fim dessa oração, principalmente quando ela tem grande extensão e os verbos das orações do período estão próximos: *"O mundo que as pessoas sensatas sempre desejaram(,) começa finalmente a surgir"*. Veja uma questão sobre isso:

(Esaf – SRF – Auditor Fiscal da Receita Federal – 2000)

Numa época de crise longa e generalizada como a que estamos vivendo que desestruturou o campo das ideias e dos projetos políticos e econômicos consolidados no século XX, a discussão sobre uma alternativa histórica que contemple o interesse dos fracos e inferiorizados não pode ficar prisioneira de um debate meramente conjuntural nem muito menos das ideias e propostas dos mais fortes e ganhadores. Sua primeira providência nesse sentido é clarificar o que foi a **grande transformação** da ordem capitalista que se cristalizou nos últimos 25 anos do século XX. (Adaptado de José Luís Fiori, Correio Braziliense, 20/10/2000)

No que se refere à pontuação do texto, assinale a opção incorreta:
a) Estaria correto usar vírgula isolando a expressão **como a que estamos vivendo**.
b) Seria correto colocar vírgulas isolando a expressão **nesse sentido**.
c) Caso não se coloque uma vírgula após **alternativa histórica** seria correto colocar uma vírgula antes de **não pode ficar prisioneira**.
d) A expressão **meramente conjuntural** deve ser isolada por vírgulas para que o texto fique correto.
e) Se a oração **que contemple o interesse dos fracos e inferiorizados** vier entre vírgulas será uma subordinada explicativa.

Comentário: O gabarito é a **D**. Ignore o gabarito. Leia a alternativa **C**. A Esaf adota certos posicionamentos gramaticais pouco conhecidos e/ou ensinados, muitas vezes apoiados na gramática do Bechara e do Luft. A vírgula após a oração subordinada adjetiva restritiva, por exemplo, é facultativa para alguns nomes. Segundo eles (Eduardo Carlos Pereira, Júlio Ribeiro, Said Ali, Luiz A. Sacconi, Celso P. Luft, Evanildo Bechara, Ulisses Infante e Napoleão Mendes de Almeida), isso ocorre quando a oração é extensa ou quando o verbo da oração subordinada e o da principal estão próximos um do outro. O que fazer em questões como esta, em que há doutrinas gramaticais divergentes? Antes de qualquer coisa, tenha cuidado, pois já vi questões semelhantes em certas provas, realizadas por outras bancas, como FCC, FGV e cia., em que a vírgula após a adjetiva restritiva foi considerada <u>incorreta</u>. Respondendo à questão que inicia este parágrafo: antes de considerar tomar qualquer decisão, veja se há a possibilidade de outra opção ser a resposta que a banca deseja. Resumindo: marque sempre a MELHOR RESPOSTA! Sacou?

<u>Importante</u>: A partir da 2ª oração adjetiva restritiva (em uma enumeração), as vírgulas são obrigatórias, como se fossem adjuntos adnominais enumerados:

– Comprei um carro *que custou caro, que me deu trabalho, que me desapontou e que ficou desvalorizado depois de dois anos.*

Capítulo 27 • Pontuação 677

10) **Separa as orações subordinadas adverbiais (sobretudo as que vierem antes da principal ou intercaladas).**

– *Quando comprei o material, gostei muito.*
– *Alguns vilões, assim que aparecem nas primeiras cenas das novelas, parecem bons.*
– *Não irás temer quaisquer adversidades, se me amas de verdade.*

Observação

<u>A vírgula é facultativa</u> – segundo Ulisses Infante, Pasquale Cipro Neto, Mauro Ferreira, William R. Cereja, Faraco, Moura & Martuxo Jr. – quando as orações subordinadas adverbiais vêm **após** as principais: *"Gostei muito(,) quando comprei o material"*. Said Ali também "sugere" isso.

Você sabia que isso já foi tema de questão da banca NCE/UFRJ em 2004 (Técnico Judiciário do Tribunal de Justiça do Rio de Janeiro)? A polêmica foi entre a letra C e E, respectivamente: *"Os juízes intervieram, quando viram os réus frente a frente"* / *"Os juízes intervieram quando viram os réus frente a frente"*. Embora seja correto colocar vírgula antes da oração subordinada adverbial pós-principal, pode-se usar **sem** vírgula, segundo os gramáticos acima. Enfim... a letra E foi considerada a correta. A questão deveria ter sido anulada, pois havia duas respostas possíveis – a depender da visão gramatical.

Rocha Lima, entretanto, registra, com todas as letras, que <u>a vírgula é **obrigatória** na separação de orações adverbiais, independentemente de sua posição</u>. Esse posicionamento figurou em questão recente de prova. A banca FCC, na prova do TRE/PR – TÉCNICO Judiciário – 2012 –, julgou como <u>incorreta</u> a retirada da vírgula antes da oração subordinada adverbial causal em *"A maioria desses usos é nobre, já que* eles aumentam o nosso conforto...".

Duas bancas, duas visões... O que fazer no dia da prova? Arrancar os cabelos? Não. Marcar a **melhor alternativa** dentre elas.

<u>Só para piorar</u>: Cegalla diz que as adverbiais consecutivas (tão... que...) não são separadas por vírgula. Rocha Lima diz o oposto. Sensato seria encarar, portanto, como facultativa a vírgula em: *"Ele era tão jovem(,) que não pôde suportar a pressão dos supostos amigos"*. Quanto às orações comparativas iniciadas por *quanto/(do)que*, saiba que não há vírgula: *"Precisamos de mais esclarecimentos gramaticais <u>do que de divergências</u>"*. Na hora da prova, analise as opções e marque a **melhor resposta**.

<u>Último adendo</u>: 99% dos gramáticos dão exemplos de orações adverbiais causais na ordem direta iniciadas pelo *porque*, **sem vírgula**: "Só terminei o livro em dezembro porque me dediquei". Aí você se pergunta: "Ué, mas não posso colocar a vírgula antes da oração 'porque me dediquei'?" Aí eu respondo: "Yes, you can" (Tecla SAP: Sim, você pode!). Afinal, a maioria dos gramáticos recomenda a vírgula separando as orações subordinadas adverbiais, independentemente de sua posição em relação à principal.

<u>Momento-desabafo</u>: Por que cada um diz o que quer? Por que alguma instituição séria, como a ABL, não sistematiza e unifica as regras gramaticais, pelo menos para as gramáticas de ensino médio? Por que as bancas de concursos públicos não param de trabalhar questões polêmicas... pelo menos? Sem comentários... Enquanto isso... vá estudando...

11) **Separa as orações interferentes.**

– *O mercado financeiro, até ontem eu não estava inteirado desses assuntos, deve beneficiar mais os pobres este ano.*

12) **Separa orações reduzidas de gerúndio, particípio ou infinitivo com valor de oração adverbial, de coordenada aditiva (gerúndio) ou de adjetiva explicativa. (segue as mesmas regras das orações desenvolvidas)**

– *Chegando a carta, avise-me.*
– *Terminada a palestra, rompeu com risos e aplausos.*
– *Ele, antes de ser homem, foi uma criança.*
– *O vaso caiu no chão, despedaçando-se.* (Cegalla)
– *O nosso planeta, ameaçado constantemente por nós mesmos, ainda resiste.*

 CUIDADO!!!

Existem certas situações extras no uso das vírgulas... veja:

1) **Isola o nome do lugar nas datas.**
   – *Rio de Janeiro, 21 de julho de 2006.*

2) **Separa o paralelismo de provérbios.**
   – *Ladrão de tostão, ladrão de milhão.*
   – *Casa de ferreiro, espeto de pau.*

3) **Após a saudação em correspondência (social e comercial).**
   – *Com muito amor,*
   – *Respeitosamente, (...)*

4) **A vírgula antes do etc. é controversa, por isso é facultativa.**
   – *Eu adquiri um livro, um cd, um computador(,) etc.*

5) **Depois do sim ou do não usados em respostas, ou para enfatizar algo.**
   – *Sim, senhor! Não, senhor!*
   – *Ela não é inocente, não!*

6) **Antes de como abrindo uma enumeração, explicação ou exemplificação (equivalendo a "por exemplo").**
   – *O Rio de Janeiro sempre lançou excelentes jogadores, como (por exemplo) Zico, Romário e Ronaldo.*

Adendo final:
Segundo o *Manual de Redação Oficial da Presidência da República*, "A fragmentação de frases **consiste em pontuar uma oração subordinada ou uma simples locução como se fosse uma frase completa"**. Decorre da pontuação errada de uma frase simples. Embora seja usada como

recurso estilístico na literatura, a fragmentação de frases deve ser evitada nos textos oficiais, pois muitas vezes dificulta a compreensão. Ex.: *O programa recebeu a aprovação do Congresso Nacional.* ***Depois de ser longamente debatido****. (**errado**) | O programa recebeu a aprovação do Congresso Nacional, depois de ser longamente debatido.* (**certo**)

Ponto e Vírgula

O **ponto e vírgula** é usado para marcar uma pausa maior do que a da vírgula. Seu objetivo é colaborar com a clareza do texto.

O ponto e vírgula serve para:

1) **Separar orações coordenadas assindéticas, normalmente entre trechos já separados por vírgula (ou outros sinais de pontuação), marcando uma enumeração.**

   – *As leis, em qualquer caso, não podem ser infringidas; mesmo em caso de dúvida, portanto, elas devem ser respeitadas.*

   – *Em criança, era um menino tímido mas inteligente; quando moço, era esperto e alegre; agora, como homem maduro, tornou-se um chato.*

   – *Por que Deus permite terremotos (como os que ocorreram recentemente na Itália e na Grécia); não impede os ciclones (como os que atacam os EUA ano após ano); nada faz contra as secas intensas (como as do nordeste brasileiro) etc.?*

2) **Separar vários itens de uma enumeração (frequente em leis).**

Art. 1º A República Federativa do Brasil, formada pela união indissolúvel dos Estados e Municípios e do Distrito Federal, constitui-se em Estado Democrático de Direito e tem como fundamentos:
I – a soberania;
II – a cidadania;
III – a dignidade da pessoa humana;
IV – os valores sociais do trabalho e da livre iniciativa;
(...)

> **Observação**
>
> Numa distribuição ou sequência de elementos, como é o caso acima, pode-se usar a conjunção "e" depois do último ponto e vírgula, ligando o último ao penúltimo elemento.

3) **Separar orações coordenadas cuja conjunção "implícita" é facilmente percebida.**

   – *Comeu muito na festa, exageradamente; não conseguiu ir à aula de hoje. (= Comeu muito na festa, exageradamente, **por isso** não conseguiu ir à aula hoje)*

> **Observação**
>
> Se a conjunção vier explícita, por motivo de ênfase, também se pode usar o ponto e vírgula: *"Defenda-se; mas não se vingue"* (José Oiticica).

4) Separar orações coordenadas adversativas e conclusivas com conectivo deslocado.

– *Ficarei com esta; não posso pagá-la à vista, porém.*
– *Finalmente vencemos; fiquemos, pois, felizes com nossa conquista!*

Dois-Pontos

Os **dois-pontos** marcam uma supressão de voz em frase ainda não concluída. Em termos práticos, este sinal é usado para:

1) **Introduzir uma citação (discurso direto).**

– *Assim disse Voltaire: "Devemos julgar um homem mais pelas suas perguntas que pelas respostas".*

2) **Introduzir um aposto *explicativo, enumerativo, distributivo* ou uma oração subordinada substantiva apositiva.**

– *Amanda tinha conseguido finalmente realizar seu maior propósito: seduzir Pedro, que, por sua vez, amara três pessoas: Magda, Luana e, principalmente, a si mesmo.*
– *Em nosso meio, há bons profissionais: professores, jornalistas, médicos...*

> **Observação**
>
> Serve simplesmente para indicar um resultado ou resumo do que se disse: *"Corri dez quilômetros durante dois meses seguidos. Resultado: emagreci doze quilos"* | *"Fui presenteado com livros, CDs, DVDs, garrafas de vinho, dinheiro... Resumindo: ganhei o dia!".*

3) **Introduzir uma explicação ou enumeração após as expressões *por exemplo, isto é, ou seja, a saber, como* etc.**

– *Adquirimos vários saberes, como: Linguagens, Filosofia, Ciências...*

4) **Marcar uma pausa entre orações coordenadas (normalmente a relação semântica entre elas é de oposição, explicação/causa ou consequência).**

– *Ele já leu muitos livros: pode-se dizer que é um homem considerado culto.*
– *Precisamos ousar na vida: devemos fazê-lo com cautela.*

> **Observação**
>
> Nesses e em outros casos, os dois-pontos podem ser substituídos por vírgula, ponto e vírgula ou travessão.

5) **Marcar a invocação em correspondências.**

– *Prezados senhores:*

> **Último adendo:** Só há letra maiúscula após os dois-pontos se a palavra for uma expressão em que se exija a letra maiúscula, como topônimos, antropônimos, siglas etc.; em citações também a letra maiúscula pode vir após os dois-pontos; é correta a letra maiúscula após "nota:", ou "obs.:", ou qualquer expressão que sugira um adendo, como a do início deste "box".

Capítulo 27 • Pontuação **681**

Ponto

Emprega-se o ponto, basicamente, para indicar o fim de uma frase declarativa de um período simples ou composto. Pode substituir a vírgula quando o autor quer realçar, enfatizar o que vem após (evita-se isso em linguagem formal).

— *Posso ouvir o vento assoprar com força. Derrubando tudo!*

O ponto é também usado em quase todas as abreviaturas: fev. = fevereiro, hab. = habitante, rod. = rodovia, etc. = et cætera.

O ponto do *etc.* termina o período, logo não pode haver outro ponto: "..., feijão, arroz etc..". Absurdo também é usar *etc.* seguido de reticências: "... feijão, arroz etc....".

Chama-se **ponto parágrafo** aquele que encerra um período e a ele se segue outro período em linha diferente. Esse último ponto agora (antes do *Esse*) é chamado de **ponto continuativo**, pois a ele se segue outro período no mesmo parágrafo. **Ponto-final** é este que virá agora.

> **Observação**
>
> Estilisticamente, podemos usar o ponto para, em períodos curtos, empregar dinamicidade, velocidade à leitura do texto: *"Era um garoto pobre. Mas tinha vontade de crescer na vida. Estudou. Subiu. Foi subindo mais. Hoje é juiz do Supremo"*. Usa-se muito em narrações em geral.

Ponto de Interrogação

O **ponto de interrogação** marca uma entoação ascendente (elevação da voz) com tom questionador. Usa-se nestes casos:

1) **Frase interrogativa direta.**

   — *O que você faria se só lhe restasse um dia?*

2) **Entre parênteses para indicar incerteza sobre o que se disse.**

   — *Eu disse a palavra peremptório (?), mas acho que havia palavra melhor naquele contexto.*

3) **Combinado com o ponto de exclamação para denotar surpresa, admiração etc.**

   — *Você não conseguiu chegar ao local de prova?! (ou!?)*

4) **Em interrogações retóricas (sentença que é uma interrogação na forma, mas que expressa uma afirmação ou gera uma reflexão com resposta subentendida).**

   — *E o que tenho eu com isso? (Ou seja: "Não tenho nada com isso")*
   — *Pessoas morrem de fome de 5 em 5 segundos no mundo. Jogaremos comida fora à toa? (Ou seja: "Claro que não jogaremos comida fora à toa")*

> **Observação**
>
> Hoje em dia, em certas bancas, são até recorrentes questões sobre o objetivo discursivo desse ponto, como estratégia argumentativa do autor do texto. Um dos objetivos principais é **provocar o leitor a interagir ou aguçar sua reflexão**.

Ponto de Exclamação

O **ponto de exclamação** é empregado para marcar o fim de qualquer frase com entonação exclamativa, indicando altissonância, exaltação de espírito.

1) **Normalmente exprime *admiração, surpresa, assombro, indignação,* ordem etc.**

   – Coitada dessa menina!
   – Que linda mulher!
   – Saia daqui!

2) **Vem após as interjeições usualmente.**

   – Nossa! Deus do céu! Como não vimos isso antes? Oh! Isso é fantástico!

3) **É usado para substituir as vírgulas em vocativos enfáticos.**

   – Minha mãe me dizia quando eu era criança: "Fernando José! onde estava até esta hora?".

4) **É repetido (duas ou mais vezes) quando a intenção é marcar uma ênfase, uma intensidade na voz.**

   – Neymar driblou um, driblou dois, ficou de cara para o gol e... perdeu!!! Inacreditável Futebol Clube!

Travessão

O **travessão** é um sinal bastante usado na narração, na descrição, na dissertação e no diálogo, portanto, figura repetida em qualquer prova; é um instrumento eficaz em uma redação. Pode vir em dupla, se vier intercalado na frase. Veja seus usos:

1) **Indica a mudança de interlocutor no diálogo (discurso direto).**

   – Que gente é aquela, seu Alberto?
   – São japoneses.
   – Japoneses? E... é gente como nós?
   – É. O Japão é um grande país. A única diferença é que eles são amarelos.
   – Mas então não são índios?
   (Ferreira de Castro)

> **Observação**
> As aspas também podem cumprir esse mesmo papel, a saber: marcar a fala num diálogo.

2) **Coloca em relevo certos termos, expressões ou orações; substitui nestes casos a vírgula, os dois-pontos, os parênteses ou os colchetes.**

   Marlene Pereira – sem ser artificial ou piegas – lhe perdoou incondicionalmente. (oração adverbial modal)
   Um grupo de turistas estrangeiros – muito ruidosos – invadiu o saguão do hotel no qual estávamos hospedados. (predicativo do sujeito)
   Os professores – amigos meus do curso carioca – vão fazer videoaulas. (aposto explicativo)

Como disse o poeta: "Só não se inventou a máquina de fazer versos – já havia o poeta parnasiano". (orações coordenadas assindéticas – conectivo implícito)

A decisão do ministério foi a seguinte – que todos se unissem contra o mosquito transmissor da dengue. (oração substantiva apositiva)

O Brasil – que é o maior país da América do Sul – tem milhões de analfabetos. (oração adjetiva explicativa)

Meninos – pediu ela –, vão lavar as mãos, que vamos jantar. (oração intercalada)

Ela é linda – linda! (travessão usado como mero realce)

 CUIDADO!!!

1) A vírgula (ou ponto e vírgula) pode vir após um travessão (ou parêntese), se houver necessidade dela. Em outras palavras, toda vez que aparecer uma questão trabalhando travessões intercalados e vírgula após eles, por favor, faça o seguinte: ignore a existência dos travessões e do que está dentro dele, ok? Se houver necessidade de vírgula, use-a após o último travessão. Veja um exemplo:

Quando João a viu chorando – ele lamentou muito tal fato, pois a amava –, não conseguiu conter seu próprio choro.

Se você ignorar os travessões e a oração interferente dentro deles, o período ficará assim:

Quando João a viu chorando, não conseguiu conter seu próprio choro.

Esta vírgula aí está certa, pois a primeira oração é subordinada adverbial iniciando período (sempre separada por vírgula, portanto). Tal regrinha vale também para os parênteses, ou seja:

Quando João a viu chorando (ele lamentou muito tal fato, pois a amava), não conseguiu conter seu próprio choro.

Veja outro exemplo, com vocativo: *"Pestana – chamou o diretor –, precisamos conversar".*

Veja a questão 8, cujo gabarito foi a letra E, em: FGV – MEC – ANALISTA DE SISTEMAS – 2009. Foram usados pontos e vírgulas depois dos travessões! Cuidado, hein!

2) Apesar de o *Manual de Redação da PUC/RS* e do Senado Federal informarem que deve vir a sigla entre travessões ou parênteses (*O Fundo Monetário Internacional – FMI – ajuda as nações*), a Esaf trabalha o assunto diferentemente. Fique atento! Veja:

17. (Esaf – MDIC – Analista de Controle Externo – 2012) Os trechos a seguir compõem um texto adaptado do Editorial de O Estado de S. Paulo de 29/3/2012.
Assinale a opção em que o fragmento foi transcrito de forma gramaticalmente incorreta.
c) Para a Confederação Nacional da Indústria – CNI há alguns temas de maior importância para consideração dos parlamentares. Essa pauta mínima inclui dezesseis projetos em tramitação no Congresso, selecionados por seu elevado potencial de impacto positivo ou negativo na atividade empresarial.

Comentário: O gabarito foi outra opção. Mas o que nos importa aqui é o fato de a sigla figurar só com um travessão e a Esaf considerar tal uso certo.

**"Ajuda" enviada por uma amiga:
ABL RESPONDE**

Pergunta: Antes de mais nada, bom carnaval! Para quem está estudando, como eu, rs, surgem dúvidas... Espero que possam ajudar. Há erro na pontuação em "O Sistema Único de Saúde – SUS apresenta falhas"? Obrigadinha!

Resposta: Prezada consulente:

A frase está correta, mas, se indicou um travessão para destacar a sigla do nome próprio, utilize o mesmo travessão antes e depois da sigla: "O Sistema Único de Saúde – SUS – apresenta falhas". *Portanto, a pergunta que fica é esta: "Por que a Esaf ignora o ensino da ABL?"*

Parênteses

Os parênteses, muito semelhantes aos travessões e às vírgulas, são empregados para:

1) **Colocar em relevo certos termos, expressões ou orações; substitui nestes casos a vírgula ou os travessões.**

   - *Marlene Pereira (sem ser artificial ou piegas) lhe perdoou incondicionalmente.* (oração adverbial modal)
   - *Um grupo de turistas estrangeiros (muito ruidosos) invadiu o saguão do hotel no qual estávamos hospedados.* (predicativo do sujeito)
   - *Os professores (amigos meus do curso carioca) vão fazer videoaulas.* (aposto explicativo)
   - *O Brasil (que é o maior país da América do Sul) tem milhões de analfabetos.* (oração adjetiva explicativa)
   - *Meninos (pediu ela), vão lavar as mãos, que vamos jantar.* (oração intercalada)

2) **Incluir dados informativos sobre bibliografia (autor, ano de publicação, página etc.).**

   - *Mattoso Câmara (1977:91) afirma que, às vezes, os preceitos da gramática e os registros dos dicionários são discutíveis: consideram erro o que já poderia ser admitido e aceitam o que poderia, de preferência, ser posto de lado.*

3) **Indicar marcações cênicas numa peça de teatro.**

   João – Você vai aonde?
   Pedro – Devo ir à praia.
   João – Vou com você. Tchau, mãe! (sai pela esquerda)

> Os colchetes [ ] fazem o mesmo papel dos parênteses, porém são mais usados na Matemática. Além disso, recomenda-se o uso dos colchetes dentro de algum segmento entre parênteses, para evitar a repetição de parênteses dentro de parênteses: "Os professores (já havíamos falado deles [João e Pedro]) devem chegar tarde".
>
> "O 'sic' serve para evidenciar que o uso incorreto ou incomum de pontuação, ortografia ou forma de escrita presente em uma citação, provém de seu autor original. Vem entre parênteses ou colchetes": "'As causas do protesto e das reinvidações (sic) foram muitas', disse o editor do jornal". Deveria ser escrito assim "reivindicações".

Aspas

As *aspas* são usadas comumente em citações, mas também há outras funções bem interessantes. Atualmente o **negrito** e o *itálico* vêm substituindo frequentemente o uso das aspas. Resumindo, elas são empregadas:

1) **Antes e depois de citações textuais.**
   - *"A vírgula é um calo no pé de todo mundo", afirma a editora de opinião do jornal Correio Braziliense e especialista em língua portuguesa Dad Squarisi, 64.*

2) **Para assinalar estrangeirismos, neologismos, arcaísmos, gírias e expressões populares ou vulgares, conotativas.**
   - *Chávez, com 58 anos, é uma figura doente e fugidia, que hoje representa o "establishment". (Carta Capital)*
   - *Não me venham com problemática, que tenho a "solucionática". (Dadá Maravilha)*
   - *O homem, "ledo" de paixão, não teve a "fortuna" que desejava.*
   - *Mulher Filé dá "capilé" em repórter "nerd". (Jornal Meia Hora)*
   - *Anderson Silva "passou o carro" no adversário.*

3) **Para realçar uma palavra ou expressão imprópria; às vezes com objetivo irônico ou malicioso.**
   - *Ele reagiu impulsivamente e lhe deu um "não" sonoro.*
   - *Veja como ele é "educado": cuspiu no chão!*
   - *Se ela fosse "minha"...*

4) **Quando se citam nomes de mídias, livros etc.**
   - *Ouvi a notícia no "Jornal Nacional".*
   - *"Os Lusíadas" foi escrito no século XVI.*

 CUIDADO!!!

1) **Quanto à posição das aspas e outros pontos**

   Se uma frase começar e terminar com aspas, o sinal de pontuação ficará dentro dela:
   - *"Só sei que nada sei." Essa frase é atribuída a um grande filósofo grego.*

   Se uma frase não começar por aspas, o ponto-final ficará fora dela:
   - *Disse o diretor: "Considerem as informações relevantes". Depois se contradisse.*

   Se a citação contiver ponto de interrogação, ponto de exclamação ou reticências, tais sinais ficarão entre aspas, e o ponto-final fechará o período:

> *– A torcida, aos 45 do segundo tempo, gritará na final entre Brasil e Espanha: "Gol!!! É Brasil!!!". Assim nós, brasileiros, esperamos...*

Vale dizer que alguns manuais de redação, como o da Câmara dos Deputados, ensinam que o ponto-final neste caso é dispensável, de modo que a frase também estaria correta assim:

> *– A torcida, aos 45 do segundo tempo, gritará na final entre Brasil e Espanha: "Gol!!! É Brasil!!!" Assim nós, brasileiros, esperamos...*

Obviamente, quando não fizerem parte da citação, o ponto de interrogação, o ponto de exclamação ou as reticências deverão vir depois das aspas:

> *– Conheces a famosa frase "Penso, logo existo"?*

Quando a frase continuar após a citação entre aspas, o ponto de interrogação, ponto de exclamação ou reticências serão usados dentro das aspas, mas não o ponto-final:

> *– "Está encerrada a sessão!" – anunciou o Presidente.*
>
> *– O Presidente anunciou: "Está encerrada a sessão..."; o plenário logo se esvaziou.*
>
> *– "Haverá sessão extraordinária amanhã?", perguntou o Deputado.*

2) Sobre as aspas simples

Segundo o Manual de Redação da Câmara dos Deputados, quando alguma expressão que deva vir com aspas se encontra dentro de uma frase aspeada, essa expressão virá entre aspas simples:

> *– Disse o Ministro: "Estou repetindo agora tudo o que escrevi no artigo 'Os problemas da Previdência', publicado em vários jornais, recentemente".*

Se possível, deve-se evitar, por não ser visualmente favorável, o encontro de aspas simples e duplas:

> *– O Presidente declarou: "Sua proposta está prejudicada, pois fui enfático ao proclamar 'Está encerrada a discussão'".*

Reticências

As **reticências** são empregadas para:

1) Assinalar interrupção do pensamento.

> *– O Presidente da República está ciente...*
> *– Um aparte, por favor...*
> *– ... ciente do problema. Concedo o aparte ao nobre Deputado.*

(Manual de Redação da Câmara dos Deputados)

2) Indicar partes que são suprimidas de um texto (pode vir entre parênteses ou colchetes).

> *– O primeiro e crucial problema de linguística geral que Saussure focalizou dizia respeito à natureza da linguagem. Encarava-a como um sistema de signos... (ou (...),*

ou [...]) Considerava a linguística, portanto, com um aspecto de uma ciência mais geral, a ciência dos signos...
(Mattoso Câmara Jr.)

3) **Para sugerir o prolongamento da fala.**

(Saul Garber. Adaptado de FAOZA et al. (org.). *Central de tiras*. São Paulo: Via Lettera, 2003.)

Percebeu a fala "Mapa Astral..."? Vênus ia acelerado e a lua fez uma pergunta, só que ele não parou para responder a nada, ele falou correndo, logo a sua fala fica mais ou menos assim (prosodicamente falando): "Mapa astraaaaaaaal". Interessante, não?

4) **Para indicar hesitação, suspense ou breve interrupção de pensamento.**

— *Eu não a beijava porque... porque... eu tinha vergonha!*

5) **Para realçar uma palavra ou expressão, normalmente com malícia, ironia ou outro sentimento.**

— *Ela é linda...! Você nem sabe como...!* (lê-se assim, prosodicamente: *"Ela é liiiiinda... você nem sabe como..."*).

 O Que Cai Mais na Prova?

Definitivamente **a vírgula** é o que precisamos saber... *de cor e salteado*. Todos os demais sinais vêm correndo por fora... mas vale a pena saber mais sobre **ponto e vírgula, dois-pontos** e **travessão**. Dado o recado... vamos às questões!

*Concurseiro(a), quer uma dica de irmão? Guarde no seu coração o que vai ler agora: NUN-CA DEIXE DE FAZER SEU PRÓPRIO RESUMO DE CADA CAPÍTULO. Esse processo cognitivo é **extremamente** valioso. Eu poderia ser legalzinho e fofinho pondo um quadro--resumo do que vimos no capítulo, mas, se fizesse isso, estaria sabotando você, impedindo-o(a) de ter esse trabalho de internalização imprescindível do conteúdo. **Por favor, não pule essa etapa!!!** Mesmo que seu resumo fique gigantesco (não vá escrever outra gramática... rsrs), nunca deixe de fazê-lo, para o seu próprio bem! Seu cérebro agradece e, quando passar no concurso, sua conta no banco também. Vá fundo na missão!*

Questões de Concursos

1. (FCC – TRT/PA/AP (8ª R) – Técnico Judiciário – 2010) Considere:
   I.   O Polo Norte está ameaçado: o oceano gelado que o rodeia começou a derreter.
   II. Vamos assistir a um fenômeno raro: uma subversão da geografia que se desenrolará diante de nossos olhos.
   III. As nações que margeiam o Oceano Ártico já estão na linha de largada: Estados Unidos, Rússia, Canadá, Groenlândia (Dinamarca) e Noruega.
   Identifica-se, nos segmentos introduzidos por dois pontos, respectivamente, a noção de:
   a) explicação de sentido causal, especificação do significado da expressão anterior a eles e enumeração;
   b) consequência de um fato, explicação adicional e especificação necessária para o entendimento do texto;
   c) causa e consequência, conclusão decorrente da afirmativa anterior e especificação dos interesses em disputa;
   d) temporalidade, explicação com sentido causal e repetição enfática de dados já constantes anteriormente;
   e) especificação do sentido de um termo anterior, constatação decorrente da exposição e repetição enumerativa.

2. (Cesgranrio – FINEP – Técnico – 2011) A vírgula pode ser retirada sem prejuízo para o significado e mantendo a norma-padrão na seguinte sentença:
   a) Mário, vem falar comigo depois do expediente.
   b) Amanhã, apresentaremos a proposta de trabalho.
   c) Telefonei para o Tavares, meu antigo chefe.
   d) Encomendei canetas, blocos e crachás para a reunião.
   e) Entrou na sala, cumprimentou a todos e iniciou o discurso.

3. (Cesgranrio – FINEP – Analista de Suporte – 2011) Os trechos transcritos abaixo apresentam apenas um sinal de pontuação. Em qual deles, o sinal pode ser substituído por ponto e vírgula (;), com as adaptações necessárias, se for o caso?
   a) "Há 15 dias, uma educadora no Recife"
   b) "indagou a um grupo de estudantes quais os meios de comunicação que eles conheciam. Nenhum citou cartões-postais"
   c) "Para se ter uma ideia de sua importância, basta lembrar um pouco da história"
   d) "tornou-se uma mania que invadiu toda a cidade – lembra o colecionador Liedo Maranhão"
   e) "reduto da cultura popular do Recife, onde eram encontrados em caixas de sapato"

4. (Cesgranrio – Petrobras – Técnico de Enfermagem do Trabalho – 2011) Há **ERRO** quanto ao emprego dos sinais de pontuação em:
   a) Ao dizer tais palavras, levantou-se, despediu-se dos convidados e retirou-se da sala: era o final da reunião.
   b) Quem disse que, hoje, enquanto eu dormia, ela saiu sorrateiramente pela porta?
   c) Na infância, era levada e teimosa; na juventude, tornou-se tímida e arredia; na velhice, estava sempre alheia a tudo.
   d) Perdida no tempo, vinham-lhe à lembrança a imagem muito branca da mãe, as brincadeiras no quintal, à tarde, com os irmãos e o mundo mágico dos brinquedos.
   e) Estava sempre dizendo coisas de que mais tarde se arrependeria. Prometia a si própria que da próxima vez, tomaria cuidado com as palavras, o que entretanto, não acontecia.

5. (Cesgranrio – Transpetro – Técnico de Contabilidade – 2011) A mudança na pontuação mantém o sentido da frase original, preservando a norma-padrão da língua, em:
   a) "(...) realizada efetivamente há uns quatro ou cinco anos," / realizada efetivamente há uns quatro, ou cinco anos,
   b) "(...) analisa o impacto da criação do telégrafo (surgido em 1837)." / analisa o impacto da criação do telégrafo: surgido em 1837.
   c) "Romances floresceram sob impacto do telégrafo. Códigos secretos foram inventados (...)" / Romances floresceram sob impacto do telégrafo, códigos secretos foram inventados.
   d) "Igual impacto teve a Internet." / Igual impacto, teve a Internet.
   e) "(...) não se ouviam notícias delas durante anos." / não se ouviam notícias, delas, durante anos.

6. (Cesgranrio – Transpetro – Administrador Júnior – 2011) No diálogo abaixo, cada fala corresponde a um número.
   I. Por que ele adquiriu somente um ingresso!
   II. Comprou dois: um para você outro para mim.

Capítulo 27 • Pontuação **689**

III. Mas ele saiu daqui dizendo: "Só comprarei o meu!"
IV. Pelo visto você acredita em tudo, o que ele diz.

Em relação ao diálogo, a pontuação está correta **APENAS** em:

a) I;   b) III;   c) I e II;   d) II e IV;   e) III e IV.

(...) Tanto na menor como na *maior felicidade*, porém, há sempre algo que faz que a felicidade seja uma felicidade: a faculdade de esquecer, ou melhor, em palavras mais eruditas, a faculdade de sentir as coisas, durante todo o tempo que dura a felicidade, fora de qualquer perspectiva histórica. (...)

7. (Cespe/UnB – TCU – Auditor Federal de Controle Externo – 2011) No segundo período do texto, o trecho introduzido pelos dois-pontos apresenta uma explicação do que o autor entende por "maior felicidade".
( ) CERTO   ( ) ERRADO

(...) "Pode parecer uma difícil realidade agora, mas, na Idade Média, os monges escreviam em conjunto os livros para a posteridade", observou.

8. (Cespe/UnB – EBC – Gestor de Atividade Jornalística – 2011) No trecho acima, a vírgula que antecede "observou" poderia ser substituída por travessão, sem prejuízo para o sentido original e para a correção gramatical do texto.
( ) CERTO   ( ) ERRADO

(...) Em meio à turbulência financeira, essas nações também ganharam voz e importância no contexto geopolítico que culminou com a ascensão do G-20 (...)

9. (Cespe/UnB – BRB – Analista de Tecnologia da Informação – 2011) Para dar mais destaque ao complemento da forma verbal "ganharam", duas vírgulas poderiam ser inseridas no período: uma antes e outra depois da expressão "voz e importância".
( ) CERTO   ( ) ERRADO

(...) Assim, a interação é vista como processo social que dá aos atores que interagem não apenas um papel de agentes de reprodução, mas de reinventores da vida social.

10. (Cespe/UnB – TJ/ES – Analista Judiciário (Letras) – 2011) A ausência de vírgulas logo depois de "atores" e de "interagem" indica que há outros atores que não interagem.
( ) CERTO   ( ) ERRADO

(...) Para apreciar o valor e o significado dessas indicações, é preciso entender as principais razões que levavam o padre a interessar-se pelo tempo (...)

11. (Cespe/UnB – Correios – Cargos de Nível Superior – 2011) O emprego de vírgula logo após o vocábulo "indicações" é obrigatório.
( ) CERTO   ( ) ERRADO

(...) Abri uma página ao acaso e li uma frase que dizia ser um sinal de fraqueza, e não de virtude, ir agachar-se sob o túmulo a fim de escapar dos golpes do destino. (...)

12. (Cespe/UnB – TJ/ES – Analista Judiciário (Taquigrafia) – 2011) Caso se omitisse a vírgula empregada imediatamente antes da conjunção "e", a correção gramatical e a coerência do texto seriam preservadas.
( ) CERTO   ( ) ERRADO

13. (Cespe/UnB – TJ/ES – Analista Judiciário (Taquigrafia) – 2011) Fragmento de texto:

(...) a vida depende da vontade de outrem, a morte, da nossa. (...)

No trecho "a morte, da nossa", a vírgula foi empregada para indicar a omissão do vocábulo "vontade".
( ) CERTO   ( ) ERRADO

14. (FCC – Infraero – Administrador – 2011) Está inteiramente correta a pontuação do seguinte período:
   a) Os personagens principais de uma história, responsáveis pelo sentido maior dela, dependem, muitas vezes, de pequenas providências que, tomadas por figurantes aparentemente sem importância, ditam o rumo de toda a história.
   b) Os personagens principais, de uma história, responsáveis pelo sentido maior dela, dependem muitas vezes, de pequenas providências que tomadas por figurantes, aparentemente sem importância, ditam o rumo de toda a história.

c) Os personagens principais de uma história, responsáveis pelo sentido maior dela dependem muitas vezes de pequenas providências, que, tomadas por figurantes aparentemente, sem importância, ditam o rumo de toda a história.

d) Os personagens principais, de uma história, responsáveis pelo sentido maior dela, dependem, muitas vezes de pequenas providências, que tomadas por figurantes aparentemente sem importância, ditam o rumo de toda a história.

e) Os personagens principais de uma história, responsáveis, pelo sentido maior dela, dependem muitas vezes de pequenas providências, que tomadas por figurantes, aparentemente, sem importância, ditam o rumo de toda a história.

15. (FCC – TRE/PE – Analista Judiciário – 2011) Está plenamente adequada a pontuação da frase:
a) Não cabe aos jovens, ao menos os livres de cinismo tentar justificar, suas ações pela pressão do mercado de trabalho, pois os velhos jornalistas, igualmente pressionados, não costumavam abdicar dos princípios éticos.
b) Não cabe aos jovens, ao menos os livres de cinismo, tentar justificar suas ações, pela pressão do mercado de trabalho; pois os velhos jornalistas igualmente pressionados, não costumavam abdicar dos princípios éticos.
c) Não cabe aos jovens, ao menos, os livres de cinismo, tentar justificar suas ações, pela pressão do mercado de trabalho, pois, os velhos jornalistas, igualmente pressionados, não costumavam abdicar dos princípios éticos.
d) Não cabe aos jovens, ao menos, os livres de cinismo, tentar justificar suas ações pela pressão do mercado de trabalho, pois os velhos jornalistas, igualmente pressionados, não costumavam abdicar dos princípios éticos.
e) Não cabe aos jovens, ao menos, os livres de cinismo, tentar justificar suas ações, pela pressão do mercado de trabalho, pois os velhos jornalistas, igualmente pressionados não costumavam abdicar, dos princípios éticos.

16. (FCC – TRT/SE (20R) – Analista Judiciário – 2011) Está inteiramente adequada a pontuação da seguinte frase:
a) Para o gosto moderno, a grandiloquência não surge ao contrário de outras épocas, como prova de gosto refinado, na verdade a pompa retórica indicia, o vazio do pensamento.
b) Para o gosto moderno, a grandiloquência, não surge, ao contrário de outras épocas como prova de gosto refinado, na verdade a pompa retórica indicia: o vazio do pensamento.
c) Para o gosto moderno, a grandiloquência não surge, ao contrário de outras épocas, como prova de gosto refinado; na verdade, a pompa retórica indicia o vazio do pensamento.
d) Para o gosto moderno, a grandiloquência não surge, ao contrário de outras épocas como prova de gosto refinado, na verdade, a pompa retórica indicia o vazio do pensamento.
e) Para o gosto, moderno, a grandiloquência, não surge, ao contrário de outras épocas, como prova de gosto refinado: na verdade a pompa retórica indicia o vazio do pensamento.

17. (Esaf – MDIC – Analista de Comércio Exterior – 2012) Os trechos a seguir constituem um texto adaptado do Editorial de O Globo de 20/3/2012. Assinale a opção correta quanto ao emprego dos sinais de pontuação.
a) Estudo recente de uma instituição americana, mostra que, em termos da produtividade do trabalho, estamos atrás da Argentina, do Chile, do México, do Uruguai, do Peru e da Colômbia, para citar apenas algumas nações sul-americanas. Superamos apenas a Bolívia e Equador.
b) O aumento da escolaridade, foi um passo à frente, pois os jovens estarão mais aptos ao aprendizado necessário, a um bom desempenho em suas profissões e atividades do que as gerações anteriores.
c) Porém, para se nivelar aos parâmetros, até mesmo, da maioria dos países do continente, o Brasil, terá de andar bem mais rápido.
d) O país já se encontra em um estágio no qual os saltos de produtividade não ocorrerão sem investimentos mais expressivos. Além de equipamentos, automação e outras ferramentas da tecnologia, parte desses investimentos precisará estar voltada para os recursos humanos.
e) É recente (menos de vinte anos) um envolvimento mais vigoroso do poder público, nesse esforço, para qualificar os recursos humanos disponíveis. Até então, a iniciativa partia de instituições privadas ou das empresas, muitas vezes agindo de maneira isolada.

18. (Esaf – CGU – Analista de Finanças e Controle – 2012) (Adaptada) A afirmação abaixo está correta ou incorreta?
– Há <u>erro</u> gramatical (vírgula depois de "minerais") inserido na transcrição do fragmento abaixo.
O dinamismo da indústria ao longo do ano, particularmente no setor de veículos automotores, metalurgia e produtos minerais, assegurou o crescimento real da receita...

19. (Esaf – CGU – Analista de Finanças e Controle – 2012) Desconsiderando os necessários ajustes nas letras iniciais maiúsculas e minúsculas, provoca-se <u>erro</u> gramatical e/ou <u>incoerência</u> textual ao:
O Brasil vive uma situação **intrigante**: enquanto a economia alterna altos e **baixos**, a taxa de desemprego cai de forma consistente. Uma das possíveis causas é a redução do crescimento demográfico, que desacelera a expansão da população apta a trabalhar. Com menos pessoas buscando uma ocupação, a taxa de desemprego pode **cair** mesmo

Capítulo 27 • Pontuação **691**

com o baixo crescimento. **Isso é bom? Depende.** Por um lado, a escassez de mão de obra reduz o número de desempregados e aumenta a **renda**. Por outro, eleva os custos e reduz a competitividade das empresas, o que pode levá-las a demitir para reequilibrar as contas. É uma bomba-relógio que só pode ser desarmada com o aumento da **produtividade** – para manter o emprego, os trabalhadores precisarão ser treinados para produzir mais.

a) substituir o sinal de interrogação depois de "bom" por um sinal de ponto e vírgula;
b) inserir uma vírgula depois de "cair";
c) retirar o sinal de dois pontos depois de "intrigante" e, ao mesmo tempo, substituir a vírgula depois de "baixos" pelo sinal de dois pontos;
d) substituir o ponto depois de "Depende" pelo sinal de dois pontos e, ao mesmo tempo, substituir o ponto depois de "renda" por ponto e vírgula;
e) substituir o travessão depois de "produtividade" pelo sinal de dois pontos.

20. (Esaf – MI-CENAD – Analista de Sistemas – 2012) Provoca-se <u>erro</u> gramatical e <u>incoerência</u> textual ao fazer a seguinte alteração nos sinais de pontuação do texto:
Sabe-se muito pouco dos rumos que as grandes cidades tomarão nas próximas **décadas**. Muitas vezes nem se prevê a dinâmica metropolitana do próximo **quinquênio**. Mesmo com a capacitação e o preparo dos técnicos dos órgãos envolvidos com a questão urbana, há variáveis independentes que interferem nos planos e projetos elaborados pelos legislativos e encaminhados ao Executivo. **Logicamente** não se prevê o malfadado caos urbano, mas ele pode ensejar que o país se adiante aos eventos e tome medidas preventivas ao desarranjo econômico, que teria consequências nefastas. (...) Medidas nessa direção podem (**e devem**) estar em consonância com a projeção de tendências e mesmo com a antevisão de demandas dos destinatários da gestão **urbana** – os cidadãos, urbanos ou não.

a) substituir o ponto depois de "quinquênio", por vírgula;
b) substituir o ponto depois de "décadas" pelo sinal de dois pontos;
c) inserir uma vírgula depois de "Logicamente";
d) retirar os parênteses que destacam "e devem";
e) substituir o travessão depois de "urbana" por vírgula.

21. (Esaf – MI-CENAD – Analista de Sistemas – 2012) (Adaptada) A afirmação abaixo está correta ou incorreta? (...) Existe consenso entre especialistas de que aumentar a densidade habitacional ao redor dos grandes eixos de transporte público, bem como ampliar os investimentos no modelo que realmente pode chegar a todos os cantos da cidade – os corredores de ônibus –, será a chave do sucesso para qualquer cidade que almeja ser líder global.
   – A presença do travessão depois de "ônibus" torna desnecessário o uso da vírgula; por isso, sua omissão manteria a correção gramatical do texto.

22. (Esaf – MPOG – Analista de Planejamento e Orçamento – 2012) (Adaptada) A afirmação abaixo está correta ou incorreta?
   Assim como a ideia de civilização implica a ideia de barbárie, a experiência da modernidade (que não deve ser pensada como algo que já aconteceu, mas como algo que deve estar sempre acontecendo, um porvir) implica a experiência da violência que a tornou possível – a violência fundadora da modernidade.
   – O sinal de travessão exerce função semelhante ao sinal de dois pontos, que é a de introduzir uma explicação ou uma especificação para a ideia anterior.

23. (Esaf – MPOG – Analista de Planejamento e Orçamento – 2012) Provoca-se <u>erro</u> **gramatical** ou **incoerência** na argumentação do texto ao substituir os dois travessões por vírgulas: "O desenvolvimento é um processo complexo, que deriva de uma gama de fatores – entre os quais se realça a educação – e precisa de tempo para enraizar-se"?

24. (Esaf – SUSEP – Analista Técnico – 2012) (Adaptada) A afirmação abaixo está correta ou incorreta?
   – Prejudica-se a correção gramatical do período ao se substituir os travessões por vírgulas: "Dados do Sine – uma rede pública de agências de emprego, associada ao Ministério do Trabalho – mostram que apenas 39% das vagas ali oferecidas em 2009 foram preenchidas".

25. (Cespe/UnB – MPE/PI – Analista Ministerial – 2012) Preserva-se a correção gramatical do texto ao se substituírem os dois-pontos, após a expressão "ou seja" (... o sistema nervoso causaria uma pane nos outros órgãos, ou seja: chegamos a um ponto em que...), por vírgula.
   ( ) CERTO   ( ) ERRADO

   É certo que, de modo geral, toda obra literária deve ser a expressão, a revelação de uma personalidade.

26. Cespe/UnB – IRBr – Diplomata – 2012 Sem alteração da informação expressa no primeiro período do texto, a expressão adverbial "de modo geral" poderia ser deslocada, com as vírgulas, para imediatamente depois da locução verbal "deve ser" ou, eliminando-se as vírgulas que a isolam, para imediatamente após o núcleo nominal "personalidade".
( ) CERTO ( ) ERRADO

27. (Cespe/UnB – TCDF – Auditor de Controle Externo – 2012) Justifica-se o emprego da vírgula logo após "mas" (... representaram profundas mudanças para a sociedade da época, mas, do ponto de vista político, assistiu-se a uma concentração ainda maior...) para enfatizar o sentido de contraste introduzido por essa conjunção, razão por que a supressão desse sinal de pontuação não acarretaria prejuízo gramatical ao texto.
( ) CERTO ( ) ERRADO

28. (Cespe/UnB – PC/CE – Inspetor – 2012) A vírgula após "Ora" (... os dirigentes políticos sonham com estabilidade. Ora, as formas de governo utilizadas pelos impérios fascinam por sua resistência...) pode ser suprimida sem prejuízo para a correção gramatical e para o sentido original do texto.
( ) CERTO ( ) ERRADO

29. (Cespe/UnB – PC/CE – Inspetor – 2012) Sem que haja prejuízo para o sentido original do texto, "Isso" (... o fato de o império absorver povos diferentes faz que alguns de seus componentes desejem destacar-se do conjunto. Isso explica por que os impérios perduram...) pode ser corretamente substituído por **o que**, desde que se substitua o ponto que antecede esse pronome por ponto e vírgula.
( ) CERTO ( ) ERRADO

30. (Cespe/UnB – PC/CE – Inspetor – 2012) Com os devidos ajustes de maiúsculas e minúsculas, o ponto após "passados" (Pensar o império não significa ressuscitá-lo dos mundos passados. Trata-se de considerar a multiplicidade...) pode ser substituído por dois-pontos sem que haja prejuízo para a correção gramatical e o sentido original do texto.
( ) CERTO ( ) ERRADO

31. (Cespe/UnB – PC/CE – Inspetor – 2012) Fragmento de texto: "... outras formas de soberania que respondam melhor a um mundo caracterizado ao mesmo tempo pela desigualdade e pela diversidade".

Caso se insira, antes de "caracterizado", o segmento **que é**, será necessário, para a manutenção da correção gramatical e do sentido do período, o emprego de vírgula após "mundo".
( ) CERTO ( ) ERRADO

32. (Cespe/UnB – STJ – Técnico Judiciário – 2012) Fragmento de texto: "A um coronel que se queixava da vida de quartel, um jornalista disse: ..." O emprego da vírgula após "quartel" é facultativo.
( ) CERTO ( ) ERRADO

33. (FCC – TRE/SP – Analista Judiciário – 2012) Está inteiramente adequada a pontuação do seguinte período:
a) Em qualquer escalão do governo costuma haver mais cedo, ou mais tarde, atritos entre o pessoal técnico-administrativo estabilizado, por concurso, e o pessoal indicado para cargos de confiança que ficam ao sabor, das conveniências políticas.
b) Em qualquer escalão, do governo, costuma haver mais cedo ou mais tarde, atritos entre o pessoal técnico-administrativo estabilizado por concurso, e o pessoal indicado para cargos de confiança, que ficam ao sabor das conveniências políticas.
c) Em qualquer escalão do governo, costuma haver, mais cedo ou mais tarde, atritos entre o pessoal técnico-administrativo, estabilizado por concurso, e o pessoal indicado para cargos de confiança, que ficam ao sabor das conveniências políticas.
d) Em qualquer escalão do governo costuma haver, mais cedo ou mais tarde, atritos, entre o pessoal técnico-administrativo, estabilizado por concurso e o pessoal, indicado para cargos de confiança, que ficam ao sabor das conveniências políticas.
e) Em qualquer escalão do governo costuma haver mais cedo, ou mais tarde atritos, entre o pessoal técnico-administrativo estabilizado, por concurso, e o pessoal indicado, para cargos de confiança, que ficam ao sabor das conveniências políticas.

34. (FCC – TCE/SP – Agente de Fiscalização Financeira – 2012) *Pois se, por exemplo, criticamos a falta de liberdade e a injustiça social, seria sempre em nome de valores que ainda não se realizaram, mas a respeito dos quais nós, ocidentais, saberíamos, de antemão, seu sentido.*

Capítulo 27 • Pontuação **693**

Do ponto de vista da pontuação, o padrão culto escrito abonaria também, sem prejuízo do sentido original, a substituição proposta no seguinte segmento:
a) "Pois se por exemplo,".
b) "Pois se, por exemplo:".
c) "em nome de valores, que ainda não se realizaram,".
d) "saberíamos de antemão, seu sentido.".
e) "mas a respeito dos quais nós ocidentais saberíamos, de antemão, seu sentido.".

35. (FCC – TRE/PR – Analista Judiciário – 2012) Considere os itens abaixo. Em cada um deles, encontram-se a transcrição de um segmento do texto e o mesmo segmento pontuado de maneira diferente da original.
   I. *frequentemente reivindicando para si as principais qualidades de "Kane" e a coautoria do roteiro* / frequentemente reivindicando, para si, as principais qualidades de "Kane" e a coautoria do roteiro
   II. *Independentemente do quanto de justiça e veracidade "Raising Kane" trazia (o artigo foi bastante contestado na época)*, / Independentemente do quanto de justiça e veracidade "Raising Kane" trazia – o artigo foi bastante contestado na época –
   III. *surgem agora evidências de que a própria Pauline atuou de modo tão pouco ético como ela acusava Welles de ter agido.* / surgem agora, evidências de que a própria Pauline atuou de modo tão pouco ético como ela acusava Welles de ter agido.
   O padrão culto escrito abona a nova pontuação de:
   a) I, apenas.
   b) I e II, apenas.
   c) I, II e III.
   d) II e III, apenas.
   e) I e III, apenas.

36. (FCC – ISS/SP – Auditor-Fiscal Tributário Municipal – 2012) *O equilíbrio alcançado pelo sistema de Estados nacionais não foi um mero fantasma, mas ruiu exatamente conforme as previsões de Kant.*
   Outra pontuação para a frase acima, que mantém o sentido e a correção originais, é:
   a) O equilíbrio alcançado pelo sistema de Estados nacionais, não foi um mero fantasma (mas: ruiu exatamente conforme as previsões de Kant).
   b) O equilíbrio alcançado pelo sistema de Estados nacionais não foi: um mero fantasma; mas ruiu, exatamente, conforme as previsões de Kant.
   c) O equilíbrio alcançado pelo sistema de Estados nacionais não foi um mero fantasma. Mas ruiu exatamente, conforme as previsões de Kant.
   d) O equilíbrio alcançado pelo sistema de Estados, nacionais, não foi um mero fantasma – mas ruiu; exatamente conforme as previsões de Kant.
   e) O equilíbrio alcançado pelo sistema de Estados nacionais não foi um mero fantasma; mas ruiu, exatamente, conforme as previsões de Kant.

37. (Cesgranrio – Petrobras Distribuidora – Técnico de Administração e Controle Júnior – 2012) A substituição da vírgula por ponto pode ser feita, mantendo dois períodos bem-formados sintaticamente, em:
   a) Ela nasceu em Salvador, capital do estado da Bahia.
   b) O rapaz andava com passos rápidos, estava com pressa.
   c) Pedi informação a um senhor, que parecia saber o caminho.
   d) Se você não souber o caminho, procure a informação no mapa.
   e) Todas as ruas, avenidas e praças de Copacabana estão sinalizadas.

38. (Cesgranrio – CHESF – Analista de Sistemas – 2012) "Hoje, informação é poder."
   No fragmento acima, a vírgula é empregada para separar o adjunto adverbial de tempo deslocado. Outro exemplo do texto em que a vírgula é utilizada com a mesma função encontra-se em:
   a) "nomes e números em profusão, que nos chegam por jornais."
   b) "O estado de nossas células cerebrais, as nossas emoções."
   c) "Para quem, como eu, viaja bastante e tem de trabalhar em aviões ou em hotéis."
   d) "De repente eu me dava conta de como nossa existência é frágil, de como somos governados pelo acaso e pelo imprevisto."
   e) "meu palpite é que, no dia do Juízo Final, cada um de nós vai inserir o *pen drive* de sua vida no Grande Computador Celestial."

694 A Gramática para Concursos Públicos • Fernando Pestana

39. (Cesgranrio – PROMINP – Nível Superior – Área de Qualidade – 2012) O trecho "Gente não vem com manual de instruções quando nasce. Nem para viver nem para morrer". Está reescrito em uma única sentença, sem alteração do sentido, e pontuada de acordo com a norma-padrão, em:
    a) Gente não vem com manual de instruções quando nasce; nem para viver; nem para morrer.
    b) Gente não vem com manual de instruções quando nasce: nem para viver – nem para morrer.
    c) Gente não vem com manual de instruções quando nasce, nem para viver: nem para morrer.
    d) Gente não vem com manual de instruções quando nasce – nem para viver – nem para morrer.
    e) Gente não vem com manual de instruções quando nasce: nem para viver, nem para morrer.

40. (Cesgranrio – CEF – Arquiteto – 2012) O trecho "Mas não. Não serve qualquer uma" pode ter sua pontuação alterada, sem modificar-lhe o sentido original, em:
    a) Mas não: não serve qualquer uma.
    b) Mas, não; não, serve qualquer uma.
    c) Mas não; não serve, qualquer uma.
    d) Mas: não, não. Serve qualquer uma.
    e) Mas não – não; serve qualquer uma.

41. (CEPERJ – Procon – Advogado – 2012) O emprego da vírgula marca anteposição de termos, com alteração da ordem direta da frase, no seguinte exemplo do texto:
    a) "O consumismo é uma ideologia, um hábito mental forjado que se tornou umas das características culturais mais marcantes da sociedade atual."
    b) "obesidade infantil, erotização precoce, consumo precoce de tabaco e álcool, estresse familiar, banalização da agressividade e violência, entre outras."
    c) "Para o mercado, antes de tudo, a criança é um consumidor em formação."
    d) "A publicidade na TV é a principal ferramenta do mercado para a persuasão do público infantil, que cada vez mais cedo é chamado a participar do universo adulto."
    e) "salvo decisões relacionadas a planos de seguro, combustível e produtos de limpeza."

42. (Consulplan – TSE – Analista Judiciário – 2012) *Se a conduta de praxe seria não apenas aceitar, mas exigir dinheiro em troca de uma ação qualquer na contramão do dever, é porque no sistema da corrupção o valor da honestidade, que garantiria ao sujeito a sua autonomia, foi substituído pela vantagem do dinheiro.*
    Assinale a alternativa que apresente pontuação para o trecho anterior igualmente correta.
    a) Se a conduta de praxe seria não apenas aceitar – mas exigir dinheiro em troca de uma ação qualquer na contramão do dever, é porque – no sistema da corrupção –, o valor da honestidade, que garantiria ao sujeito a sua autonomia, foi substituído pela vantagem do dinheiro.
    b) Se a conduta de praxe seria não, apenas, aceitar, mas exigir dinheiro, em troca de uma ação qualquer na contramão do dever, é porque no sistema da corrupção o valor da honestidade, que garantiria – ao sujeito – a sua autonomia, foi substituído pela vantagem do dinheiro.
    c) Se a conduta de praxe seria não apenas aceitar, mas exigir dinheiro em troca de uma ação qualquer na contramão do dever, é porque, no sistema da corrupção, o valor da honestidade – que garantiria ao sujeito a sua autonomia –, foi substituído pela vantagem do dinheiro.
    d) Se a conduta de praxe seria não apenas aceitar – mas exigir dinheiro em troca de uma ação qualquer na contramão do dever –, é porque, no sistema da corrupção, o valor da honestidade – que garantiria ao sujeito a sua autonomia – foi substituído pela vantagem do dinheiro.

43. (FUMARC – TJ/MG – Oficial Judiciário – 2012) Fragmento de texto: "(...) o que é detectado pelas **respostas vagas, inconsistentes, sem coerência, coesão** (...) O x dá lugar ao ch em **"xícara", "mexer" e "vexame"**; o inverso ocorre em "chuchu", "enchimento" e "pichação". (...) A tecnologia deveria ser uma parceira em vez de contribuir para a alienação dos jovens. **Como ensinar redação a estudantes sem argumentos para defender seu ponto de vista?** É imprescindível enfatizar a necessidade da leitura para redigir com clareza, no português padrão, usando um vocabulário rico e adequado, de forma coerente, concisa e sem repetição de ideias".
    Sobre o emprego dos sinais de pontuação, analise as afirmativas a seguir, nos trechos:
    I. "(...) respostas vagas, inconsistentes, sem coerência, coesão..." o uso das vírgulas se justifica pela enumeração das informações.

Capítulo 27 • Pontuação **695**

II. "xícara", "mexer" e "vexame" os sinais das aspas nas palavras foram utilizados para enfatizar a maneira correta como cada uma deve ser grafada.

III. "Como ensinar redação a estudantes sem argumentos para defender seu ponto de vista?" compreende-se o uso do ponto de interrogação, nesta frase, uma articulação de indignação.

Está(ão) CORRETA(s) a(s) afirmativa(as):

a) I, II e III.
b) Apenas I e III.
c) Apenas II e III.
d) Apenas I.

44. (FUNCAB – MPE/RO – Analista – 2012) Assinale a opção correta quanto à pontuação.

a) O nosso século, que se iniciou e tem se desenvolvido sob a insígnia da civilização industrial, primeiro inventou a máquina e depois fez dela o seu modelo de vida.

b) O nosso século, que se iniciou e tem se desenvolvido, sob a insígnia, da civilização industrial primeiro inventou a máquina e depois fez dela o seu modelo de vida.

c) O nosso século que se iniciou e tem se desenvolvido sob a insígnia da civilização industrial, primeiro inventou a máquina, e depois fez dela, o seu modelo de vida.

d) O nosso século que se iniciou, e tem se desenvolvido, sob a insígnia da civilização industrial, primeiro inventou a máquina e, depois fez dela o seu modelo de vida.

e) O nosso século que se iniciou, e tem se desenvolvido sob a insígnia da civilização industrial primeiro, inventou a máquina e depois, fez dela o seu modelo de vida.

45. (Vunesp – Pref. São José dos Campos/SP – Analista Técnico – 2012) Nos versos – Quando se vê, já é sexta-feira/ Quando se vê, já passaram 60 anos – o emprego da vírgula é obrigatório, mas ele é facultativo em:

a) Se pudesse, o poeta nem olharia o relógio.
b) Já era sexta-feira, quando ele se deu conta da passagem do tempo.
c) Se me dessem uma oportunidade, seguiria sempre em frente.
d) Embora tenha sido reprovado, o poeta espera nova oportunidade.
e) Conforme se constatou, já se passaram 60 anos.

46. (FCC – TRE/PR – Técnico Judiciário – 2012) *A maioria desses usos é nobre, já que eles aumentam o nosso conforto, o nosso bem-estar, a nossa saúde.*

Considere as afirmativas seguintes sobre o emprego das vírgulas no segmento acima.

I. A vírgula colocada após **é nobre** pode ser retirada, sem prejuízo da correção.

II. A vírgula que separa as expressões **o nosso bem-estar, a nossa saúde** pode ser corretamente substituída por um **e**.

III. A vírgula após a expressão **o nosso conforto** pode ser substituída por dois-pontos, sem prejuízo da correção e do sentido original.

Está correto o que se afirma APENAS em:

a) III.
b) II.
c) I e III.
d) I e II.
e) I.

46. (FCC – TRE/PR – Técnico Judiciário – 2012) *A maioria desses usos é nobre, já que eles aumentam o nosso conforto, o nosso bem-estar, a nossa saúde.*

Considere as afirmativas seguintes sobre o emprego das vírgulas no segmento acima.

I. A vírgula colocada após **é nobre** pode ser retirada, sem prejuízo da correção.

II. A vírgula que separa as expressões **o nosso bem-estar, a nossa saúde** pode ser corretamente substituída por um **e**.

III. A vírgula após a expressão **o nosso conforto** pode ser substituída por dois-pontos, sem prejuízo da correção e do sentido original.

Está correto o que se afirma APENAS em:

a) III.
b) II.
c) I e III.
d) I e II.
e) I.

47. (CESGRANRIO – BNDES – TÉCNICO ADMINISTRATIVO – 2013) Em que período a vírgula pode ser retirada, mantendo-se o sentido e a obediência à norma-padrão?

a) Quando o técnico chegou, a equipe começou o treino.
b) Antônio, quer saber as últimas novidades dos esportes?
c) As Olimpíadas de 2016 ocorrerão no Rio, que se prepara para o evento.
d) Atualmente, várias áreas contribuem para o aprimoramento do desportista.
e) Eis alguns esportes que a Ciência do Esporte ajuda: judô, natação e canoagem.

48. (ESAF – MTUR – ANALISTA TÉCNICO-ADMINISTRATIVO – 2014) Assinale a opção que justifica corretamente o emprego de vírgulas no trecho abaixo.
É neste admirável e desconcertante mundo novo que se encontram os desafios da modernidade, a mudança de paradigmas culturais, a substituição de atividades profissionais, as transformações em diversas áreas do conhecimento e os contrastes cada vez mais acentuados entre as gerações de seres humanos.
(Adaptado de Zero Hora (RS), 31.12.2013)

As vírgulas:
a) isolam elementos de mesma função sintática componentes de uma enumeração.
b) separam termos que funcionam como apostos.
c) isolam adjuntos adverbiais deslocados de sua posição tradicional.
d) separam orações coordenadas assindéticas.
e) isolam orações intercaladas na oração principal.

49. (FGV – TJ/PI – Analista Judiciário – 2015) (Adaptada) "Atualmente, a grande maioria dos casos de adultério é combinada por telefones pessoais, pois dessa forma não há tanto risco de outra pessoa atender às ligações".
A afirmação a seguir está correta: "a primeira vírgula do segmento marca a presença de um termo deslocado da ordem direta"?

50. (Cespe – FUB – Assistente de TI – 2016) "E cada dia, milhares de vezes, sinto minha vida – corpo e alma – integralmente tributária do trabalho dos vivos e dos mortos".
O uso de travessões no segundo parágrafo indica mudança de interlocutores no texto.
( ) CERTO   ( ) ERRADO

51. (CESPE – SEDF – Cargo de Nível Médio – 2017) Seria mantida a correção gramatical do texto caso a vírgula empregada imediatamente após "educadores" (*Como qualquer profissional do ambiente escolar, os monitores também são educadores, e cabe à equipe gestora realizar ações formativas*) fosse suprimida.
( ) CERTO   ( ) ERRADO

52. (CESPE – BNB – Especialista Técnico – Analista de Sistema – 2018) Seriam preservados a correção gramatical e o sentido original do texto caso os travessões empregados no quarto parágrafo (*E aquele caso da cabra, em que — Deus me perdoe! — pela primeira vez tinha botado a mão em cima do alheio...*), para efeito de ênfase, fossem substituídos por parênteses ou por vírgulas.
( ) CERTO   ( ) ERRADO

53. (CESPE – SEFAZ/RS – Auditor Fiscal da Receita Estadual – 2019) Em "O ICMS, adotado no país, é o único caso no mundo de imposto que, embora se pareça com o IVA, não é administrado pelo governo federal", o emprego de vírgulas para isolar as expressões "adotado no país" e "embora se pareça com o IVA" em é
a) facultativo em ambas as expressões.
b) obrigatório apenas na primeira expressão.
c) apenas uma escolha estilística do autor.
d) justificado por regras distintas de pontuação.
e) necessário devido ao deslocamento dessas expressões dentro do período.

54. (CESPE – Ministério da Economia – Técnico de Complexidade Intelectual (Arquivologia) – 2020) A correção gramatical do texto seria mantida caso as vírgulas que isolam o trecho "com relação à vida social" (Nos centros, com relação à vida social, vigora uma cultura pluralista...) fossem suprimidas.
( ) CERTO   ( ) ERRADO

55. (IDECAN – PEFOCE – Engenharia Civil – 2021) A beleza é um dado social, definida na interação entre as pessoas, e seus critérios mudam com o tempo.
Assinale a alternativa que apresente pontuação igualmente correta para o período acima.
a) A beleza, é um dado social, definida na interação entre as pessoas e seus critérios mudam com o tempo.
b) A beleza é um dado social definida na interação entre as pessoas e seus critérios, mudam com o tempo.
c) A beleza é um dado social, definida na interação, entre as pessoas, e seus critérios mudam, com o tempo.
d) A beleza é um dado social – definida na interação entre as pessoas – e seus critérios mudam com o tempo.
e) A beleza é um dado social – definida na interação entre as pessoas –, e seus critérios mudam com o tempo.

Capítulo 27 • Pontuação   **697**

56. (FGV – CÂMARA DE ARACAJU/SE – ANALISTA LEGISLATIVO – 2021) Uma manchete de um jornal carioca dizia o seguinte: "Chuva castiga o estado. Quatro pessoas morreram durante temporal, que deixou rastro de destruição". A vírgula antes da última oração se deve ao fato de ser uma oração explicativa; nas frases abaixo, aquela que deveria ter uma vírgula pela mesma razão é:
   a) Apaixonar-se é criar uma religião que tem um deus falível;
   b) As grandes ideias encontram sempre os homens que as procuram;
   c) As ideias geniais são aquelas que nos espantamos de não ter tido antes;
   d) Ao dar, não imite as galinhas que põem ovos e não param mais de cacarejar;
   e) Uma ideia não é responsável pelas pessoas que acreditam nela.

57. (CESPE – IBAMA – Técnico Ambiental – 2022) Fragmento de texto:
   "(...) Por outro lado, para que possamos fazer melhores escolhas e praticar o verdadeiro consumo consciente, é necessário que, em primeiro lugar, as empresas realizem a produção consciente (...)"
   – Feitos os devidos ajustes de maiúsculas e minúsculas, seriam mantidos os sentidos originais do texto e sua correção gramatical se, no último período do quarto parágrafo, a expressão "Por outro lado" fosse deslocada para imediatamente após o vocábulo "necessário", caso em que deveria ser isolada por vírgulas.
   ( ) CERTO   ( ) ERRADO

Gabarito

1. A.	16. C.	31. ERRADO.	46. B.
2. B.	17. D.	32. CERTO.	47. D.
3. B.	18. INCORRETA.	33. C.	48. A.
4. E.	19. A.	34. E.	49. CORRETA.
5. C.	20. A.	35. A.	50. ERRADO.
6. B.	21. INCORRETA.	36. E.	51. CERTO.
7. ERRADO.	22. CORRETA.	37. B.	52. ERRADO.
8. CERTO.	23. INCORRETA.	38. E.	53. D.
9. ERRADO.	24. INCORRETA.	39. E.	54. ERRADO.
10. CERTO.	25. CERTO.	40. A.	55. E.
11. CERTO.	26. ERRADO.	41. C.	56. D.
12. ERRADO.	27. ERRADO.	42. D.	57. CERTO.
13. ERRADO.	28. ERRADO.	43. A.	
14. A.	29. ERRADO.	44. A.	
15. D.	30. CERTO.	45. B.	

Os comentários sobre as questões estão no *Material Complementar* do livro.
Para acessá-lo, veja o passo a passo na orelha desta obra.

CAPÍTULO 28
CONCORDÂNCIA

Definição

A **concordância** diz respeito à conformidade de palavras que mantêm relações entre si.

Por exemplo, as palavras que acompanham um substantivo ou substituem-no ficam no mesmo gênero e no mesmo número que ele (normalmente, são artigos, adjetivos, numerais e pronomes).

Perceba que, no parágrafo anterior, há uma relação de concordância entre algumas palavras (as em azul concordam com as em negrito):

*Por exemplo, as **palavras** que acompanham um **substantivo** ou substituem-no, ficam no mesmo **gênero** e no mesmo **número** que ele (normalmente, são artigos, adjetivos, numerais e pronomes).*

Sabe por que os falantes cultos jamais colocariam no feminino os vocábulos *um, no, o, mesmo* e *ele*? Por causa de um princípio da língua, chamado **concordância nominal**.

A concordância nominal **trata da adequada variação em gênero e número dos determinantes (artigos, adjetivos, numerais e pronomes) com o substantivo**, pois tais classes dependem dele e relacionam-se com ele! Digo mais: note que os **artigos** (*um* e *o*) **acompanham** um substantivo, certo? Mas os pronomes (*no, mesmo, ele*) podem **substituir** substantivos, concordando em gênero e número com ele.

Por isso, atenção! As palavras de um texto mantêm relações de concordância entre si. **Jamais** você construiria um texto assim:

*Por exemplo, os **palavras** que acompanham uma **substantivo** ou substituem-na, ficam na mesma **gênero** e na mesma **número** que ela (normalmente, são artigos, adjetivos, numerais e pronomes).*

Adivinha por quê? Não há respeito à concordância! Beleza? Em certos casos, porém, o determinante pode concordar só com o substantivo mais próximo. Dizemos que, nesses casos, há uma **concordância nominal atrativa**. Veja:

–   ***O aluno e a aluna** estudiosa conquistaram a tão desejada vaga de Analista Judiciário.*

É óbvio que o adjetivo poderia concordar com os dois substantivos:

–   ***O aluno e a aluna** estudiosos conquistaram a tão desejada vaga de Analista Judiciário.*

"Ok! Entendi! Mas, Pestana, e a concordância **verbal**?" Vejamos agora.

Na **concordância verbal**, o conceito de concordância se mantém. O que ocorre nesse caso é a **relação entre o verbo e o sujeito**.

Note, por exemplo, o primeiro período deste parágrafo anterior: *"Na concordância verbal, o conceito de concordância se mantém"*. Imagine se ele estivesse escrito assim: *"Na concordância verbal, o conceito de concordância se mantêm, ..."*. E aí? Alguma diferença? É claro que sim! Sutil, mas sim, há diferença!

Nessa reescritura, o sujeito *o conceito de concordância* está na 3ª pessoa do **singular**, e o verbo *mantêm* está na 3ª pessoa do **plural**. Por isso, **não há con-cor-dân-cia**, pois o verbo deve concordar com o sujeito, ficando na mesma pessoa e no mesmo número!

> ### Observação
> Muito cuidado com os verbos ***vir*** e ***ter*** (e seus derivados, como *manter*), pois eles, **no plural**, recebem acento circunflexo! Cai direto na prova!

Assim, **a <u>concordância verbal</u> trata da adequada flexão, em número e pessoa, de um verbo com seu sujeito**. Ou seja: sujeito no singular = verbo no singular; sujeito na 3ª pessoa = verbo na 3ª pessoa... e por aí vai...

Imagine se eu dissesse assim:

De todos os povos mais plurais culturalmente, o Brasil, mesmo diante de opiniões contrárias, as quais insistem em desmentir que nosso país é cheio de "brasis" – digamos assim –, ganham disparado dos outros, pois houve influências de todos os povos aqui: europeus, asiáticos e africanos.

Nem o Word me corrigiu! Espero que você já tenha corrigido. Sublinhe o **verbo** e procure o **sujeito** depois:

*De todos os povos mais plurais culturalmente, o Brasil, mesmo diante de opiniões contrárias, as quais insistem em desmentir que nosso país é cheio de "brasis" – digamos assim –, **<u>ganham</u>** disparado dos outros, pois houve influências de todos os povos aqui: europeus, asiáticos e africanos.*

*O Brasil... **<u>ganham</u>**?!*

"Caiu a ficha" sobre concordância verbal agora, não?

> ### Observação
> Esse exemplo que eu dei é o que as bancas *adoooooooooram* fazer com você: distanciar o sujeito do seu verbo, não deixando o candidato perceber a concordância. *Pelo amor de Deus! Cuidado com isso!*

O que torna a "maldade" deles ainda pior é que há uma série de palavras no "meio do caminho", entre o sujeito e o verbo, de modo que perceber a concordância culta fica realmente mais difícil. Pois bem... de acordo com a concordância formal, o período acima deveria ficar assim:

*De todos os povos mais plurais culturalmente, o Brasil, mesmo diante de opiniões contrárias, as quais insistem em desmentir que nosso país é cheio de "brasis" – digamos assim –, **<u>ganha</u>** disparado dos outros, pois houve influências de todos os povos aqui: europeus, asiáticos e africanos.*

Verbo no **singular**, pois **sujeito** no **singular**.

Capítulo 28 • Concordância   **701**

Em certos casos, o verbo pode concordar com o termo mais próximo do sujeito. Dizemos que, nesses casos, há uma **concordância verbal atrativa**. Veja:

— **Conquistou** *o aluno e a aluna a tão sonhada vaga de Analista Judiciário.*

É óbvio que o verbo poderia concordar com os dois núcleos do sujeito composto:

— **Conquistaram** *o aluno e a aluna a tão sonhada vaga de Analista Judiciário.*

Em outros casos, o verbo concorda com um sujeito implícito tendo como referente um ou mais termos. Leia este texto (sujeito em azul, verbo em negrito):

Caberia aos cidadãos do Brasil, cujas leis são muitas vezes negligenciadas por eles mesmos, o direito de reclamar. É por isso que **deve ser levado** *a sério, pois quanto mais reclamações, maior possibilidade de se corrigirem problemas.*

"O que **deve ser levado** a sério?" Resposta: "*o direito de reclamar*". Note que o sujeito de **deve ser levado** está implícito; como ele está na 3ª pessoa do singular, o verbo fica igualmente na 3ª pessoa do singular. Fácil, não?

Bem... espero que você tenha entendido os conceitos básicos de concordância nominal e verbal. Poderia ser só isso, mas existem algumas... "regrinhas"... Vamos a elas? Sem medinho! Eu quero sangue nos olhos a partir de agora, pois "missão dada é missão cumprida"!

Concordância Verbal com o Sujeito Simples

Toda vez que você quiser saber se o verbo está concordando em número e pessoa com o sujeito, busque o verbo da oração. Depois de encontrado, procure o núcleo do sujeito. Em **regra geral, o verbo concorda com o núcleo do sujeito**.

*Os jogadores de futebol **ganham** um salário exorbitante.*

Por que o verbo (*ganham*) está no plural? Porque o núcleo do sujeito simples (*jogadores*) está no plural. Quem ganha um salário exorbitante? *Os jogadores de futebol*. Logo, **eles** ganham.

Apesar de já ter falado, quero reiterar que as provas não costumam apresentar questões de concordância neste nível fácil. O intuito delas é testá-lo, por isso procuram inverter a ordem dos termos.

Observação

A minha dica é esta: sublinhe primeiramente o verbo da oração (veja qual é a pessoa e número dele); depois disso, leia a oração e faça a pergunta "O que/Quem...?" ao verbo, a fim de achar o sujeito; depois de achá-lo, veja se seu núcleo está na mesma pessoa e número do verbo. Se sim, houve concordância.

Veja uma oração com inversão de termos:

*No começo da semana, **foi publicado**, para o preenchimento de vagas no Ministério Público do Estado do Rio de Janeiro (MPE-RJ) – cuja procura por parte dos candidatos é grande –, o tão aguardado edital.*

Percebeu que o sujeito está bem depois do verbo? Colocando na ordem direta, fica mais fácil de "enxergar": *O tão aguardado edital **foi publicado** no começo da semana ...*

Vamos às regras agora!
1) **O núcleo do sujeito é uma palavra de sentido coletivo.**
O verbo fica no singular.

- *A multidão* **gritou** entusiasticamente o nome do jogador.
- *O grupo*, ontem à noite, **decidiu** que iria ao congresso.

 CUIDADO!!!

1) Coletivo **especificado** ou **partitivo**: *a metade de, a maior parte de, a maioria de, uma porção de, uma parte de, uma turba de, o resto de, um grupo de, um bando de, a metade de, o grosso de, um grande número de, um bom número de...* (verbo no singular, concordando com o núcleo do sujeito, ou verbo no plural, concordando com o núcleo do adjunto).

- A *multidão* de torcedores **gritou** entusiasticamente.
- A multidão de *torcedores* **gritaram** entusiasticamente.

O gramático Cegalla recomenda que, se este tipo de sujeito vier deslocado, o verbo ficará no singular, concordando com o núcleo:

- **Gritou** entusiasticamente a *multidão* de torcedores.

2) Sujeitos formados por *milhão, bilhão, trilhão* etc. seguem o mesmo modelo acima:

- Mais de um *milhão* de mulheres **foi** às ruas a fim de protestar contra o abuso sexual.
- Mais de um milhão de *mulheres* **foram** às ruas a fim de protestar contra o abuso sexual.

3) Se a expressão partitiva vier antes de um pronome relativo, o verbo da oração adjetiva poderá concordar com o núcleo da expressão ou com o núcleo do especificador: "Uma **série** de **pesquisas** que **mudou/mudaram** o mundo chamou a atenção da comunidade especializada". Isso já caiu em prova, portanto consulte: CESPE/UNB – FUB – AUXILIAR DE ADMINISTRAÇÃO – 2013; CESPE/UNB – SEDF – PROFESSOR DE PORTUGUÊS – 2017.

2) **O sujeito é o pronome relativo *que*.**
Neste caso, o verbo posterior ao pronome relativo (com função de sujeito!) concorda com o antecedente do relativo.

- Depois de participar da promoção, presentearam a mim, que nunca **ganhei** um "par ou ímpar".
- Quais são os limites do Brasil continental que se **situam** mais próximos e mais distantes do Meridiano?

 CUIDADO!!!

1) Se houver pronome pessoal reto seguido de outra palavra antes do pronome relativo, o verbo após o relativo concordará com o pronome reto ou com a outra palavra.

No entanto, a maioria dos gramáticos enfatiza que, neste caso, o verbo fica na 3ª pessoa.

— *Não seremos <u>nós</u> os que, depois de tudo, <u>mentiremos</u>/mentirão.*

2) Se houver dois substantivos antes do pronome relativo, pode o verbo concordar com um dos dois, desde que o sentido da frase esteja claro.

— *O <u>resultado</u> das **pesquisas** que se <u>apurou</u>/se **apuraram** provocou polêmica.*

3) Com a expressão ***um(a) dos(as)*** + **substantivo/pronome** vindo antes do pronome relativo **que**, o verbo pode concordar com *um(a)* ou com o substantivo/pronome.

— *Aquela aluna é <u>uma das pessoas</u> que **precisava/precisavam** de ajuda.*

Se o sentido da frase exigir que o verbo após o relativo fique no singular, só haverá esta possibilidade de concordância:

— *Santos Dumont foi <u>um</u> dos brasileiros que <u>inventou</u> o avião. (Só ele inventou)*

4) Lembre-se disto: o pronome relativo *que* precisa ter função de sujeito para que o verbo após ele concorde com o antecedente do relativo. Veja esta frase: *"As acusações que promove quem defende o 'assembleísmo' baseiam-se na decantada 'soberania' das assembleias".* Algumas pessoas poderiam pensar que o verbo *promover* deveria ficar no plural concordando com o antecedente do relativo (*acusações*), mas nessa frase, o *que* tem função de objeto direto, e não de sujeito. Na ordem direta a frase é esta: *"As acusações que quem defende o 'assembleísmo' promove baseiam-se na decantada 'soberania' das assembleias".*

3) O sujeito é o pronome indefinido *quem*.

Por via de regra, o verbo fica na 3ª pessoa do singular concordando com *quem*.

— *Fomos nós quem **resolveu** a questão.*

Observação

Se no lugar do pronome reto vier outra palavra, o verbo vai concordar obrigatoriamente com *quem*: *Foram os rapazes da Jovem Guarda quem **fez** sucesso.* Pode concordar com o pronome reto antecedente também, por razões de ênfase: *Fomos <u>nós</u> quem <u>resolvemos</u> a questão.* Sobre isso, consulte: Esaf – SRF – AUDITOR-FISCAL DA RECEITA FEDERAL – 2012 – QUESTÃO 36 (P1-G1).

Mas não é assim que costuma cair em prova, como se vê nas duas questões a seguir:
11. (FUNCAB – MPE/RO – Analista – 2012) Assinale a opção correta quanto à concordância verbal.
   D) Eram eles *quem fazia* a ronda no local. (Gabarito!)
   – (Cespe/UnB – PM/SE – Médico – 2006) Assinale a opção que obedece às orientações da norma culta.

B) Na passagem "Por que não fui eu que criei a Microsoft?" (l. 12-13), o segundo "que" pode ser corretamente substituído por *quem*, sem modificações das formas verbais.

Comentário: O gabarito foi outro, logo, para o Cespe/UnB, prevaleceu a regra principal, isto é, não se pode usar *quem* no lugar do segundo *que*, de modo que o verbo concorde com o pronome reto: "Por que não fui *eu quem criei* a Microsoft?" (errado). O correto seria: "Por que não fui *eu quem criou* a Microsoft?"

4) O sujeito é um pronome interrogativo, demonstrativo ou indefinido no plural + de nós/de vós.

O verbo pode concordar com o **pronome no plural** (interrogativo, demonstrativo ou indefinido) ou com *nós/vós*.

– *Quais* de vós me **ajudarão**? / *Quais* de *vós* me **ajudareis**?
– *Aqueles* de nós **se expressam** bem. / *Aqueles* de *nós* **nos expressamos** bem.
– *Alguns* de nós **resolviam** essas questões. / *Alguns* de *nós* **resolvíamos** essas questões.

> **Observação**
>
> Com os pronomes interrogativos ou indefinidos **no singular**, o verbo concorda com eles em pessoa e número: *Qual* de vós me **ajudará** agora?
>
> **Importante:** a expressão "cada um dos + substantivo" leva o verbo ao singular: **Cada um dos jogadores** comemorou o gol.

5) O sujeito é formado de palavras pluralizadas, normalmente topônimos, como: *Amazonas, Alpes, Andes, Alagoas, Campinas, Campos, Buenos Aires, Emirados Árabes Unidos, Filipinas, Marrocos, Minas Gerais, Montes Claros, Patos, Vassouras, etc.*

Se a presença do artigo definido plural for obrigatória antes de uma palavra pluralizada, o verbo ficará no plural. Caso tal artigo plural não seja obrigatório, o verbo ficará no singular.

– *Os Estados Unidos* **continuam sendo** a maior potência mundial.
– *Santos* **fica** em São Paulo.
– *O Marrocos* **foi dominado** pelos árabes no século VIII.
– *Férias* **faz** bem à saúde.
– *Vozes verbais* **diz** respeito, basicamente, a três formas diferentes do verbo.
– *As vozes verbais* **são** tradicionalmente **divididas** em ativa, passiva e reflexiva.

> **Observação**
>
> Há muita polêmica em torno deste caso, mas, de um modo geral, quando o sujeito **apresenta nome de obra artística pluralizada** (livros, filmes...), o verbo pode ficar no singular ou no plural, *quando antecedida de artigo no plural* (*Os Sertões, Os Maias, Os pastores da noite etc.*):
>
> – *Os Lusíadas imortalizou/imortalizaram Camões.*
> – *Velozes e Furiosos marcou o cinema relativo a carros.*

Capítulo 28 • Concordância **705**

6) **O sujeito é formado pelas expressões** *mais de um, cerca de, perto de, menos de, coisa de, obra de* **etc.**

O verbo concorda com o numeral.

– *Mais de um aluno não* **compareceu** *à aula.*
– *Mais de cinco alunos não* **compareceram** *à aula.*

> **Observação**
>
> A expressão *mais de um* tem particularidades: se a frase indicar reciprocidade (pronome reflexivo recíproco *se*), se houver coletivo especificado ou se a expressão vier repetida, o verbo fica no plural:
> – *Mais de um irmão* **se abraçaram**.
> – *Mais de um grupo de crianças veio/vieram à festa na praia.*
> – **Mais de um aluno, mais de um professor estavam** *presentes.*

7) **Sujeito formado de número percentual ou fracionário.**

O verbo concorda com o numerador (o número antes da barra da fração) ou com o número inteiro (o número antes da vírgula na porcentagem), mas pode concordar com o especificador dele. Se o numeral vier precedido de determinante, o verbo concordará apenas com o numeral. Essa é a visão majoritária entre gramáticos e bancas.

– *Apenas 1/3 das pessoas do mundo* **sabe** *o que é viver bem.*
– *Apenas 1/3 das pessoas do mundo* **sabem** *o que é viver bem.*
– *Apenas 30% do povo* **sabem** *o que é viver bem.*
– *Apenas 30% do povo* **sabe** *o que é viver bem.*
– *Os 30% da população não* **sabem** *o que é viver mal.*

> **Observação**
>
> Note que, no primeiro exemplo, o verbo concordou com o **1** de 1/3, o mesmo ocorre com **0** em "Só *0,9%* das pessoas **sabe** o que significa 'lóxia'". Veja uma questão sobre isso:

> 11. (FGV – SEFAZ/RJ – Fiscal de Rendas – 2008) "... mostram que um terço dos pagamentos realizados por intermédio de instituições financeiras foi tributado apenas por aquela contribuição..." (l. 67-70)
> Assinale a alternativa em que, ao se alterar o termo "um terço", **não** se tenha mantido a concordância em conformidade com a norma culta. Desconsidere a possibilidade de concordância atrativa.
> a) mostram que 0,27% dos pagamentos realizados por intermédio de instituições financeiras foi tributado apenas por aquela contribuição.
> b) mostram que menos de 2% dos pagamentos realizados por intermédio de instituições financeiras foram tributados apenas por aquela contribuição.
> c) mostram que grande parte dos pagamentos realizados por intermédio de instituições financeiras foi tributado apenas por aquela contribuição.

d) mostram que três quartos dos pagamentos realizados por intermédio de instituições financeiras foram tributados apenas por aquela contribuição.

e) mostram que 1,6 milhão dos pagamentos realizados por intermédio de instituições financeiras foi tributado apenas por aquela contribuição.

Comentário: O gabarito é a C, pois <u>não</u> houve concordância adequada: "... grande parte dos pagamentos realizados... foi tributado..."; deveria ser "... parte... foi tributada..." ou "... pagamentos... foram tributados...". a) "... **0,27%**... **foi tributado**...". b) "... **2%**... **foram tributados**...". d) "... **três** quartos... **foram tributados**...". e) "... **1,6 milhão**... **foi tributado**...".

Sobre esse caso de concordância com numeral percentual ou fracionário, sugiro fortemente que você leia o tópico NUMERAL, do meu segundo livro: *As Dúvidas de Português mais Comuns em Concursos*.

8) **Os verbos *bater*, *dar* e *soar* concordam com o número de horas ou vezes (sujeito), exceto se o sujeito for a palavra *relógio, sino, carrilhão*...**

– **Deram** duas horas e ela não chegou. (Duas horas deram...)
– **Bateu** o sino duas vezes. (O sino bateu...)
– **Soaram** dez badaladas no relógio da escola. (Dez badaladas soaram...)
– **Soou** dez badaladas o relógio da escola. (O relógio da escola soou dez badaladas)

> **Observação**
> Alguns gramáticos, como Celso Cunha e Antenor Nascentes, encaram tais verbos como impessoais, de modo que o número de horas é o adjunto adverbial e a oração é sem sujeito. Nesse caso, a concordância é atrativa. Já outros gramáticos, como Domingos. P. Cegalla e Rocha Lima, encaram tais expressões numéricas como o sujeito, de modo que o verbo não é impessoal.

9) **Sujeito em voz passiva sintética.**
O verbo concorda com o sujeito paciente. Passe sempre para a voz passiva analítica para "enxergar" o sujeito mais facilmente.
– **Vendem-se** casas de veraneio aqui. (Casas de veraneio são vendidas aqui.)
– Nunca **se viu**, em parte alguma, pessoa tão interessada. (Pessoa tão interessada nunca foi vista em parte alguma.)

 CUIDADO!!!

1) Quando o sujeito composto está posposto, vale a regra de atração com o mais próximo ou com todos os elementos do sujeito composto:

Capítulo 28 • Concordância **707**

– **Modificou**-*se, no século XXI, ainda que a população brasileira estivesse descrente, a maneira de fazer política no Brasil, os tratos do Legislativo com os cidadãos e, por fim, a visão do povo sobre os governantes.*

– **Modificaram**-*se, no século XXI, ainda que a população brasileira estivesse descrente, a maneira de fazer política no Brasil, os tratos do Legislativo com os cidadãos e, por fim, a visão do povo sobre os governantes.*

2) Não confundir *se* apassivador com *se* indeterminador do sujeito! Revise o *se* relendo *Funções Sintáticas dos Pronomes Oblíquos Átonos*, no capítulo 21. Cai muito em prova, hein!

Veja um exemplo de frase para você entender "como" aparece em prova:

*Não **se discutem** muito, afirma o economista sênior do BES Investimentos, Flávio Serrano, lembrando que no Brasil o sistema de supervisão é muito mais conservador, o que evitou maiores problemas na crise, a questão do tamanho, mas sim a alavancagem desses bancos.* (Retirado de Carta Capital, 18/10/2012)

<u>Corrija-se para o singular</u>:

*Não **se discute** muito, afirma o economista sênior do BES Investimentos, Flávio Serrano, lembrando que no Brasil o sistema de supervisão é muito mais conservador, o que evitou maiores problemas na crise, a questão do tamanho, mas sim a alavancagem desses bancos. (= ... a questão do tamanho não é discutida...)*

Veja mais um:

*Não **se discute** muito, afirma o economista sênior do BES Investimentos, Flávio Serrano, lembrando que no Brasil o sistema de supervisão é muito mais conservador, o que evitou maiores problemas na crise, as questões do tamanho, mas sim a alavancagem desses bancos.*

<u>Corrija-se para o plural</u>:

*Não **se discutem** muito, afirma o economista sênior do BES Investimentos, Flávio Serrano, lembrando que no Brasil o sistema de supervisão é muito mais conservador, o que evitou maiores problemas na crise, as questões do tamanho, mas sim a alavancagem desses bancos. (= ... as questões do tamanho não são discutidas...)*

Algumas bancas, para fazer você errar, põem no plural verbos acompanhados de partícula de indeterminação do sujeito (PIS), mas saiba que, sempre que o SE for PIS, o verbo ficará na 3ª pessoa do singular. Vou repetir: SIN-GU-LAR. Veja um caso muito comum: *Neste departamento, **tratam-se** de problemas relacionados ao fisco (<u>errado</u>); Neste departamento, **trata-se** de problemas relacionados ao fisco (<u>certo</u>).*

3) **Concordância com *costumar/poder/dever* + *se* + infinitivo + substantivo no plural.**

Existem duas análises possíveis para essa construção:

Em "***Devem-se resolver*** *rapidamente as questões de Português*", analisamos *devem-se resolver* como uma **locução verbal com partícula *se* apassivadora**, concordando o verbo auxiliar da locução com o sujeito *as questões de Português*. Afinal de contas, "O que se *devem* resolver rapidamente?" Resposta: "As questões de Português", certo? Passe para a voz passiva analítica que vai ficar mais fácil ainda:

"*As questões de Português **devem ser resolvidas** rapidamente*". Percebeu?

Agora, a segunda análise possível é feita se os verbos ***costumar/poder/dever*** estiverem no singular, não mais formando uma locução verbal, mas sim um **verbo principal** seguido de uma **oração reduzida**. "Como assim, Pest?" Veja a frase a seguir e sua análise:

"**Pode-se** / *resolver rapidamente estas questões de Português*".

O que "se pode"? Ou seja, o que é possível? Resposta: "resolver rapidamente estas questões de Português" se pode (= é possível). Logo, *resolver rapidamente estas questões de Português* é a oração reduzida com função de **sujeito** da oração principal *Pode-se*. O verbo fica sempre no singular quando seu sujeito é oracional.

Resumindo:
Costumam/Devem/Podem-se resolver *questões de Português.*
(locução verbal com *se* apassivador concordando com sujeito no plural)
ou
Costuma/Deve/Pode-se / *resolver questões de Português.*
(oração principal / oração reduzida de infinitivo com função de sujeito)

4) Com a estrutura *querer* + *se* + infinitivo, Bechara indica que a concordância não pode ser arbitrária quando o sentido falar mais alto: *"Quer-se inverter as leis"* não equivale a *"As leis querem ser invertidas"*, logo não faz sentido escrever ou dizer *"Querem-se inverter as leis"*. Sendo assim, o sujeito de *"Quer-se inverter as leis"* é oracional: *inverter as leis*.

5) Na expressão "não (nunca)... mais que (do que)", o verbo concorda com o termo que vem depois do fim da expressão: *"Não se **viam** mais do que corpos espalhados no chão".*

10) **O sujeito é um pronome de tratamento.**
O verbo fica sempre na 3ª pessoa.

– *Por que* Vossa Majestade **está** tão preocupada com sua imagem hoje?
– *Suas Excelências* **precisam** parar de colocar "panos quentes" no julgamento.

11) **Sujeito do verbo *viver* (orações optativas ou exclamativas).**

– *Vivam os campeões*!

Continue a labuta... vamos a mais regras! Não desista!

Concordância Verbal com o Sujeito Composto

Se o sujeito é composto, o verbo concorda em número e pessoa com os núcleos do sujeito.
O *aluno* e a *aluna* **compreenderam** a explicação do mestre.
O verbo está no plural porque os núcleos do sujeito também estão. Ok?

 CUIDADO!!!

1) Por concordância atrativa, o verbo pode concordar com o núcleo mais próximo do **sujeito composto posposto** ao verbo. Pode também concordar com os dois núcleos. Se, porventura, o verbo vier acompanhado de pronome reflexivo recíproco, aí o verbo fica obrigatoriamente no plural.

- *Compreenderam* o **aluno** e a **aluna** a explicação do mestre.
- *Compreendeu* o **aluno** e a aluna a explicação do mestre.
- *Cumprimentaram-se* o **aluno** e a **aluna** diante do mestre.

2) Quando os núcleos do sujeito designam a mesma pessoa ou coisa, o verbo fica no singular: "*Aleluia! O brasileiro comum, o homem do povo, o João-ninguém agora é cédula de Cr$ 500,00!*" (Carlos Drummond de Andrade)

1) **Núcleos do sujeito constituídos de pessoas gramaticais diferentes.**

Para haver concordância adequada, segue-se a ordem de prioridade: a 1ª pessoa prevalece sobre a 2ª, que prevalece sobre a 3ª.

- *Eu* e *ele* (= Nós) nos **tornaremos** pessoas melhores depois desses ensinamentos.
- *Tu* e *ele* (= Vós) vos **tornareis** pessoas melhores depois desses ensinamentos.

 CUIDADO!!!

1) No segundo exemplo, também é aceita a concordância do verbo com a terceira pessoa.
   - *Tu* e *ele* (= Vocês) se **tornarão** pessoas melhores depois desses ensinamentos.
2) Se o sujeito estiver posposto, permite-se também a concordância por atração com o núcleo mais próximo do verbo.
   - *Tornar-me-ei eu* e *meus amigos* pessoas melhores depois desses ensinamentos.
3) No sujeito posposto, quando ocorre ideia de reciprocidade, a concordância é feita obrigatoriamente no **plural**, concordando com ambos os termos do sujeito.
   - *Abraçaram-se* o *professor* e *ele*.

2) **Núcleos do sujeito ligados pela preposição *com*.**

O verbo fica no plural, mas, se a expressão iniciada por *com* estiver entre vírgulas, o verbo concordará, preferencialmente, com o primeiro sujeito.

- O *ministro* com *seus assessores* **chegaram** ontem de uma exaustiva viagem.
- O *ministro*, com seus assessores, **chegou** ontem de uma exaustiva viagem.

Observação

Pelos exemplos da gramática do Bechara, inferimos que a concordância é facultativa, mesmo se o termo iniciado por "com" ou expressão semanticamente equivalente (como "junto com/de") estiver entre vírgulas. Já o conceituado Rocha Lima, assim como outros gramáticos, entende que a expressão (entre vírgulas) iniciada por *com* é um adjunto adverbial de companhia, por isso o verbo concorda só com o antecedente do *com* (ministro). Com deslocamento do sujeito, a concordância é atrativa: ***Chegou*** ontem de uma exaustiva viagem o *ministro* com seus assessores.

3) Núcleos do sujeito acompanhados da palavra *cada* ou *nenhum*.
O verbo fica no singular.

- *Cada jogador, cada time, cada um* **deve manter** *o espírito esportivo.*
- *Nenhum diretor, nenhum coordenador, nenhum professor* **agrediria** *um aluno.*

4) Os núcleos do sujeito são sinônimos e estão no singular.
O verbo pode ficar no singular (preferencialmente) ou no plural.

- *A* *angústia* *e a* *ansiedade* *não o* **ajudava** *a se concentrar.*
- *A* *angústia* *e a* *ansiedade* *não o* **ajudavam** *a se concentrar.*

> **Observação**
>
> Neste caso, Sacconi diz que o verbo fica no singular, <u>obrigatoriamente</u>. Polêmicas à parte... quando os núcleos são antônimos, o verbo fica no plural: *A* *ansiedade* *e a* *despreocupação* **andam** *lado a lado em um homem.*

5) Gradação entre os núcleos do sujeito.
O verbo fica no singular (preferencialmente) ou no plural.

- *Seu* *cheiro*, *seu* *olhar*, *seu* *toque* **bastou** *para me seduzir.*
- *Seu* *cheiro*, *seu* *olhar*, *seu* *toque* **bastaram** *para me seduzir.*

> **Observação**
>
> Neste caso, Sacconi diz que o verbo fica no singular, obrigatoriamente. Polêmicas à parte... se, depois da gradação, vier um termo resumitivo, com ele o verbo concordará: *Seu* *cheiro*, *seu* *olhar*, *seu* *toque*, <u>tudo isso</u> **bastou** *para me seduzir.* Se vier um nome plural na gradação, o verbo ficará no plural: *Seu* *cheiro*, *seu* *olhar*, *seus* *toques* **bastaram** *para me seduzir.*

6) Núcleos do sujeito no infinitivo.
O verbo fica no singular.

- *Andar* *e* *nadar* **faz** *bem à saúde.*
- *Ver-te e não te* *querer* *é improvável, é impossível.* (Skank – adaptado)

> **Observação**
>
> Segundo o gramático Cegalla, o verbo pode ficar no singular ou no plural (*Andar* e *nadar* **faz/fazem** bem), exceto se os núcleos do sujeito forem antônimos ou vierem determinados (nesses casos, o plural é obrigatório: *O andar* e *o nadar* **fazem** bem à saúde. / *Rir* e *chorar* **se alternam** no ser humano). Nunca se sabe quando as bancas vão aprontar, então, na dúvida, é melhor conhecer a visão diferentona de certos estudiosos.

7) Núcleos do sujeito resumidos por um aposto resumitivo (*nada, tudo, ninguém...*).
O verbo fica no singular.

- *Os pedidos, as súplicas, o desespero,* *nada* *disso o* **comoveu**.

> **Observação**
> Cuidado com a concordância, que pode não ser com o termo resumitivo, mas com o que vem depois do verbo: *Os pedidos, as súplicas, o desespero, nada disso* **exigiam** *de seus servos* os amos.

8) **Sujeito constituído pelas expressões** *um e outro, nem um nem outro.*
   O verbo fica no singular ou no plural.

   – *Um e outro* já **veio/vieram** aqui.
   – *Nem um nem outro* já **veio/vieram** aqui.

> ⚠️ **CUIDADO!!!**
>
> 1) Ao indicar reciprocidade, é obrigatório o verbo no plural.
>   – *Nem um nem outro* se **abraçaram** aqui.
> 2) Se o sujeito for constituído pela expressão **um ou outro**, o verbo fica no **singular**.
>   – *Uma ou outra conseguirá uma boa classificação.*
>
> Em *nem um nem outro*, há divergência: alguns gramáticos dizem que o verbo tem de vir no singular (Bechara, p. ex.) ou no plural (Cegalla, p. ex.). Outros (Sacconi, p. ex.) dizem ser caso facultativo. Para "resolver" este impasse, veja:
>
> 12. (Esaf – TCU – Analista de Controle Externo – 2006) Assinale a asserção falsa acerca da estruturação linguística e gramatical do texto abaixo.
>   "Nem o 'sim' nem o 'não' venceram o referendo, e quem confiar no resultado aritmético das urnas logo perceberá a força do seu engano. O vencedor do referendo foi o Grande Medo. Esse Medo latente, insidioso, que a todos nos faz tão temerosos da arma que o alheio possa ter, quanto temerosos de não ter defesa alguma na aflição. Se um lado ou outro aparenta vantagem na contagem das urnas, não faz diferença. O que importa é extinguir o Grande Medo. E **nem** um lado **nem** outro poderia fazê-lo. Todos sabemos muito bem porquê".
>   a) Para o texto não apresentar nenhuma incorreção de ordem sintática, a concordância do sujeito composto ligado por "nem... nem" deve ser feita com o verbo no plural, tal como se fez na ocorrência do mesmo sujeito composto, na primeira linha do texto.
>
> **Comentário:** Não deve ser feita no plural, pois é facultativa.

9) **Núcleos do sujeito ligados por** *nem... nem...*
   Verbo preferencialmente no plural.

   – *Nem a televisão nem a internet* **desviarão** *meu foco nos estudos.*
   – *Nem você nem ninguém* **conseguirão desmotivar**-*me a ponto de eu desistir.*

> **CUIDADO!!!**
>
> 1) Quando o sujeito está posposto ao verbo, há preferência pelo singular: *"Não lhes* **faltava** *talento nem disposição".*

2) Quando "nem... nem" tem valor de exclusão, o verbo fica no singular, segundo ensina Ulisses Infante: *"Nem você nem ele **será** o novo representante da classe".*

3) Com pronomes retos, segue-se a lei da primazia: *"Nem eu nem ela **seremos** condenados, por falta de prova".*

10) Núcleos do sujeito ligados por *ou*.

Se o **ou** indicar exclusão, o verbo ficará no singular; se indicar retificação ou sinonímia, o verbo concordará com o núcleo mais próximo; se indicar adição/inclusão, o verbo ficará no plural.

- *O Vasco **ou** o Corinthians **ganhará** o campeonato este ano.* (exclusão)
- *O Botafogo **ou** o Flamengo **é** pentacampeão brasileiro.* (retificação)
- *O Flamengo **ou** Mengão sempre **morará** em meu coração.* (sinonímia)
- *O Santos **ou** o Fluminense **têm** grande chance de conquistar o campeonato este ano.* (inclusão/adição)

> **Observação**
>
> Quando a conjunção **ou** liga termos antônimos, o verbo fica no plural: *"O amor ou o ódio exacerbados não **fazem** bem à saúde".*

11) Entre os núcleos do sujeito aparecem as palavras *como, menos, inclusive, exceto* ou as expressões *bem como, assim como, tanto quanto* (geralmente entre vírgulas).

A preferência é a concordância com o primeiro elemento do sujeito composto.

- *Vocês, assim como eu, **gostam/gostamos** muito de Português.*

12) Núcleos do sujeito ligados pelas séries correlativas aditivas enfáticas (*tanto... quanto/ como/assim como; não só... mas também* etc.)

O verbo concorda com o mais próximo ou com ambos. Há preferência pelo plural entre os gramáticos.

- *Tanto ela quanto ele **mantém/mantêm** sua popularidade em alta.*
- *Não só ele mas também ela **apresenta/apresentam** o mesmo discurso.*

13) Quando dois ou mais adjuntos modificam um único núcleo, o verbo fica no singular concordando com o núcleo único. Mas, se houver determinante após a conjunção, o verbo fica no plural, pois aí o sujeito passa a ser composto.

- *O preço dos combustíveis e dos alimentos **aumentou**.*
- *O preço dos alimentos e o dos combustíveis **aumentaram**.*

> **Observação**
>
> Para Bechara, a primeira frase poderia apresentar verbo no plural, "como se tratasse na realidade de sujeito composto": *O preço dos combustíveis e dos alimentos **aumentaram**.*

Concordância Verbal do Ser

Aí, a essa altura do campeonato eu pergunto: "Quando o verbo ***ser*** não é especial?" Não poderia ser diferente na concordância! O fato é o seguinte: ora o verbo *ser* concorda com o sujeito, ora com o predicativo do sujeito.

Vejamos as regras desse verbo todo especial.

1) **O verbo *ser* concorda com o sujeito (pronome pessoal reto).**

   – *Nós **somos** unha e carne.*

2) **O verbo *ser* concorda com o sujeito (pessoa).**

   – *Fernando Pessoa **foi** muitos poetas; basta conhecer seus heterônimos.*

 CUIDADO!!!

1) Quando o sujeito e o predicativo forem personativos, o verbo *ser* poderá concordar com um dos dois. Logo...: *Fernando Pessoa **foi/foram** muitos poetas; basta conhecer seus heterônimos.*

2) Quando **pessoa** concorre com **pronome reto**, o verbo *ser* concorda com o pronome reto (sujeito):

   – *Fernando Pestana **sou** eu.*

   – *Eles **são** vencedores.*

3) Se os **dois termos** (sujeito e predicativo) forem **pronomes**, a **concordância** será **com** o que aparecer **primeiro**, considerando-o como sujeito da oração.

   – *Eu não **sou** tu, e tu não **és** eu.*

3) **Quando, em predicados nominais, o sujeito for representado por um dos pronomes *tudo, nada, isto, isso, aquilo* ou "coisas", o verbo *ser* concordará com o predicativo (preferencialmente) ou com o sujeito.**

   – *No início, tudo **é/são** flores.*
   – *Tua Palavra sempre **foi/foram** as Sagradas Escrituras.*
   – *Vestidos, sapatos e bolsas **são/é** assunto de mulher.*

> Veja uma questão exemplar sobre isso:
>
> 08. (Esaf – SFC – Analista de Finança e Controle – 2002) Assinale a norma gramatical que justifique, com correção e propriedade, a flexão plural do verbo **ser** no período abaixo.
> "Já é mais do que conhecido que o principal problema do sistema tributário nacional **são** justamente as contribuições, e não os impostos propriamente ditos." ***(Revista CNT, "Lixo tributário")***
>
> a) "Com os verbos **ser** e **parecer** a concordância se faz de preferência com o predicativo, se este é plural." *(Luiz Antonio Sacconi)*
>
> b) "Nas frases em que ocorre a locução invariável *é que*, o verbo concorda com o substantivo ou pronome que a precede, pois são eles efetivamente o seu sujeito." *(Celso Cunha & Lindley Cintra)*

714 A Gramática para Concursos Públicos • Fernando Pestana

c) "Se tanto o sujeito como o predicativo forem personativos e nenhum dos dois for pronome pessoal, a concordância será facultativa (pode-se concordar com o sujeito ou o predicativo)." *(Dileta S. Martins & Lúbia S. Zilberknop)*

d) "Expressões de sentido quantitativo (...) acompanhadas de complemento no plural admitem concordância verbal no singular ou no plural." *(Manual de Redação da Presidência da República)*

e) "Se o sujeito composto tem os seus núcleos ligados por série aditiva enfática (...), o verbo concorda com o mais próximo ou vai ao plural (o que é mais comum quando o verbo vem antes do sujeito)". *(Evanildo Bechara)*

Comentário: O gabarito é a letra A... por sinal, autoexplicativa: "... o principal **problema**... **é/são**... as **contribuições**...".

4) **O verbo *ser* concordará com o predicativo quando o sujeito for os pronomes interrogativos *que* ou *quem*.**

– *Que* ***são*** *anacolutos?*
– *Quem* ***foram*** *os classificados?*

5) **Em indicações de horas, datas, tempo, distância (predicativos), o verbo concorda com o predicativo.**

– ***São*** *nove horas.*
– ***É*** *frio aqui.*
– ***Seria*** *meio-dia e meia ou* ***seriam*** *doze horas?*
– *Daqui à Cidade* ***são*** *só dez quilômetros.*

⚠️ CUIDADO!!!

1) Em indicações de datas, são aceitas as duas concordâncias, pois subentende-se a palavra dia.

– *Hoje* ***são*** *4 de setembro.*
– *Hoje* ***é*** *(dia) 4 de setembro.*

2) Indicando horas e seguido de locuções como "perto de", "cerca de", "mais de", o verbo "ser" tanto pode ficar no singular como no plural.

– ***Era/Eram*** *cerca de dez horas.*

6) **Fica o verbo "ser" no singular quando a ele se seguem termos como *muito, pouco, nada, tudo, bastante, mais, menos, etc.* junto a especificações de *preço, peso, quantidade, distância, etc.* Ou seguido do pronome demonstrativo *o*.**

– *Cento e cinquenta reais* ***é*** *nada, perto do que irei ganhar em São Paulo.*
– *Cem metros* ***é*** *muito para uma criança.*
– *Duas surras* ***será*** *pouco para ele aprender.*
– *Divertimentos* ***é*** *o que não lhe falta naquele parque temático.*

7) **Na expressão expletiva *é que*, se o sujeito da oração não aparecer entre o verbo *ser* e o *que*, o *ser* ficará invariável. Se o *ser* vier separado do *que*, o verbo concordará com o termo não preposicionado entre eles.**

Capítulo 28 • Concordância **715**

- *Eles **é que** sempre chegam atrasados.*
- ***São** eles **que** sempre chegam atrasados.*
- ***São** nessas horas **que** a gente precisa de ajuda.* (construção inadequada)
- ***É** nessas horas **que** a gente precisa de ajuda.* (construção adequada)

Casos Especiais de Concordância Verbal

I – Concordância do Infinitivo

1) **Quando o sujeito for claro.**

   - *Nós lutaremos até vós **serdes** bem tratados pela sociedade.*

2) **Mesmo não sendo explícito o sujeito, é <u>possível</u> a flexão do infinitivo** (favorece muitas vezes a clareza)

   - *Está na hora de **começarmos** o trabalho.* (se fosse "começar", não haveria clareza de quem praticaria a ação; eu?, você?, ele?)

> **Observação**
>
> Na frase *"Não é mais permitido aos professores **bater/baterem** nos alunos"*, o plural do verbo *bater* realça seu sujeito implícito, que tem como referente *professores* (núcleo do objeto indireto). Em *"Ele sempre proíbe os empregados de **sair/saírem** no horário"*, o plural do verbo *sair* realça seu sujeito implícito, que tem como referente *empregados* (núcleo do objeto direto).

3) **Frase contendo verbos com sujeitos diferentes**

   - *[1]Falei sobre o desejo de [2]**aprontarmos** o site logo.* ([1]eu, [2]nós)

> **Observação**
>
> Se o sujeito implícito do verbo no infinitivo for **o mesmo** do verbo da outra oração, a flexão do infinitivo não é necessária, mas não é proibida: *"Falamos sobre o desejo de **aprontar/aprontarmos** o site logo"* ou *"Vocês estão aqui para **resolver/resolverem** meu problema?"* ou *"Não existiam motivos suficientes a fim de **ser/serem** reprovados"*. Se o sujeito do infinitivo estiver explícito, terá de variar: *"Falamos sobre o desejo de nós **aprontarmos** o site logo"* ou *"Vocês estão aqui para vocês **resolverem** meu problema?"* ou *"Não havia motivos suficientes a fim de os alunos **serem reprovados**"*.

4) **Quando iniciarem oração com preposição** (preferencialmente).

   - *Até me **encontrarem**, vocês terão de procurar muito.*

5) **Com verbos pronominais ou acompanhados de pronome reflexivo ou apassivador.**

   - *Para nós <u>nos</u> **precavermos**, precisaremos de víveres.*
   - *Eles ficaram sem <u>se</u> **cumprimentarem** durante anos.*
   - *Por <u>se</u> **reunirem** os familiares, tudo ficou bem.*

6) Verbo *ser* indicando tempo, concorda com o numeral.

– *Visto **serem** <u>dez horas</u>, deixei o local.*

7) Querendo-se indeterminar o sujeito (3ª pessoa do plural).

– *Estudo para não me **considerarem** um inútil.*

8) Infinitivo pessoal composto: locução verbal formada por verbo auxiliar *ter* ou *haver* no **infinitivo pessoal simples + o principal no particípio**, indicando ação passada em relação ao momento da fala; segue as mesmas regras acima.

– *Para vocês **terem adquirido** este conhecimento todo, precisou de muito estudo?*

Falemos agora sobre os casos de não flexão do infinitivo (infinitivo não flexionado):

1) Nas locuções verbais (como auxiliar ou principal):

– *Devo **continuar** trabalhando neste projeto.*
– *Elas não poderiam **ter** feito isso comigo.*
– *Tornou a **discutir** devaneios e vãs filosofias.*
– *Acabou de **passar** na prova.*

> ◎ Observação
>
> Cuidado com o infinitivo que faz parte de uma locução verbal, mas vem distante do auxiliar ou este está subentendido, é *incrivelmente* (na minha opinião) facultativo: "**Poderemos**, depois das lutas acirradas, vencidas duramente, ***<u>cantar/cantarmos</u>*** vitória". E, antes que você duvide de mim, o camarada que fala isso é nada mais, nada menos que o senhor Evanildo Bechara. Conhece?

2) Quando o sujeito do infinitivo é um pronome oblíquo átono ou um substantivo no singular (normalmente com verbos causativos – *mandar, deixar, fazer* e sinônimos – ou sensitivos – *ver, ouvir, sentir* – e sinônimos).

– *Deixei-<u>os</u> **brincar** aqui.*
– *Deixaram-<u>nos</u> **brincar** ali.*
– *Deixaste o <u>garoto</u> **brincar** lá?*
– *A menina deixou-<u>se</u> **ficar** na janela.*

> ◎ Observação
>
> Quando o sujeito do infinitivo for um substantivo no plural, pode-se usar tanto o infinitivo flexionado quanto o infinitivo não flexionado: "Mandei os garotos ***sair/saírem***".

3) Quando o infinitivo não se refere a sujeito algum, com valor genérico.

– ***Navegar** é preciso, **viver** não é preciso.*

4) Quando complemento de adjetivo ou substantivo, precedidos, respectivamente, de preposição *de* ou *para*.

– *São casos difíceis <u>de</u> **solucionar**.**
– *Eles têm aptidão <u>para</u> **aprender** línguas estrangeiras.*

Capítulo 28 • Concordância **717**

* Nesta construção com a preposição *de*, complementando um adjetivo, ele tem valor passivo e não admite o *se* antes do infinitivo. Alguns gramáticos, como Hildebrando André, dizem que este é um terceiro caso de voz passiva: São casos difíceis <u>de</u> ***solucionar.*** = São casos difíceis **de *serem solucionados***.

Abro aqui um adendo para que você leia a excelente e esclarecedora explicação da professora Eunice Marta, do *site* Ciberdúvidas, sobre uma pergunta enviada por uma consulente, a saber: "Os leitores têm a possibilidade de consultar ou consultarem?" Resposta: "Ambas as formas são aceitáveis, embora a do infinitivo não flexionado (ou impessoal) – "Os leitores têm a possibilidade de consultar" – seja a mais aconselhável. Repare que se trata de um dos casos previstos para o uso do infinitivo impessoal (não flexionado), pois está precedido da preposição *de* e dependente de um substantivo – *possibilidade* –, cuja construção corresponde a um infinitivo passivo, tal como aconselham Cunha e Cintra com a seguinte indicação: "O infinitivo conserva a forma não flexionada […] quando é precedido da preposição **de**, em que o infinitivo depende de um substantivo [assim como de um adjetivo ou de um verbo] em construções em que corresponde a um infinitivo passivo" (*Nova Gramática do Português Contemporâneo*, Lisboa, Sá da Costa, 2002, pp. 483). De qualquer modo, os próprios gramáticos apercebem-se de que "o <u>emprego</u> das formas flexionada e não flexionada do infinitivo é uma das questões mais controvertidas da sintaxe portuguesa" (*idem*, p. 482), o que os levou a considerar que lhes "parece mais acertado falar não de regras, mas de tendências" (*idem*). Por isso, concluem, seguindo Said Ali, que se "trata de um caso de emprego seletivo, cuja escolha depende da intenção do emissor: "a escolha da forma infinitiva depende de cogitarmos somente da ação ou do intuito ou necessidade de pormos em evidência o agente da ação. No primeiro caso, preferimos o infinitivo não flexionado (ou impessoal); no segundo, o flexionado (ou pessoal)" (*idem*, p. 487). Portanto, a primeira frase – "Os leitores têm a possibilidade de consultarem" – é, também, legítima, pois o sujeito do infinitivo é o mesmo que o do verbo anterior ("têm de") – *os leitores*, sendo o uso do infinitivo flexionado justificado pelo realce do sujeito. Nestes casos, podemos optar por usar quer o infinitivo pessoal (flexionado) quer o impessoal (não flexionado). É o que acontece, por exemplo, numa frase como "Os leitores têm o hábito de ler/lerem muitos livros". E é também o que acontece com a frase em apreço".

5) **Quando der ao infinitivo valor de imperativo.**

– *Soldados,* ***recuar****!*
– *Esquerda,* ***volver****!*
– ***Dar*** *descarga ao usar o vaso. Grato.*

Adendo Final

Veja agora alguns casos em que o infinitivo não constitui oração, segundo Bechara, ou seja, tem valor puramente nominal. Caso queira saber mais sobre análise sintática, termos sintáticos e afins, vá aos capítulos de sintaxe.

– Acompanhado de determinante: *O* ***andar*** *dela continua a provocar suspiros.* (núcleo do sujeito)
– Sem referência a nenhum sujeito, de modo vago: ***Viver*** *é* ***lutar****.* (sujeito e predicativo do sujeito) / ***Amar*** *implica* ***sofrer****.* (sujeito e objeto direto)
– Dentro de locução adjetiva: *Comprei uma tábua de* ***passar****.* (núcleo do adjunto adnominal)

- Equivalendo a um adjetivo na construção *de* + infinitivo: *É **de esperar** (esperado) que voltem logo.* (núcleo do predicativo do sujeito)
- Dentro de expressões substantivadas ou simplesmente nomeando uma ação: *"Ele subiu para cima, pai"; "Use **subir** apenas, filho".* (objeto direto)

II – Concordância do *Parecer*

Com o verbo parecer, flexiona-se ou não o infinitivo.

- *Pareceu-me **estarem** os candidatos confiantes.*

Entenda: a construção nos mostra duas orações:

1ª: Pareceu-me (verbo que exprime dúvida)
2ª: **estarem** *os candidatos* confiantes (infinitivo flexionado por apresentar sujeito próprio).

Isto é, parafraseando: *Pareceu-me que os candidatos **estavam** confiantes.*

Note que, na paráfrase acima, o verbo *estar* se encontra no plural. Por isso o verbo *estar,* no infinitivo, fica no plural. Note também que o verbo *parecer* fica na 3ª pessoa do singular, pois o sujeito dele é uma oração subordinada substantiva subjetiva. Toda vez que o sujeito de um verbo for oracional, o verbo ficará na 3ª pessoa do singular.

Saiba também que o verbo *parecer* pode ser auxiliar de uma locução verbal. Nesse caso, ele varia; o infinitivo, como verbo principal da locução, não varia.

- *Eles **parecem estudar** bastante.*

A construção de "parecer" como verbo de ligação seguido de oração subordinada substantiva predicativa não é largamente abonada na norma culta, e sim na coloquial. Isso significa que, seguido de oração desenvolvida, o verbo "parecer" é intransitivo e tem como sujeito a oração desenvolvida que o sucede, de modo que ele fica no singular obrigatoriamente. Em outras palavras, só há uma construção correta segundo a gramática tradicional: – *Eles parecia que estudavam bastante.* (Isso equivale a *Parecia que eles estudavam bastante.*) Como se vê nessa frase, o termo "eles" é sujeito (deslocado) do verbo da oração subordinada, e não da principal, por isso "parecer" não fica no plural, e sim no singular.

III – Concordância dos *Verbos Impessoais*

São aqueles que não possuem sujeito (oração sem sujeito). Ficarão sempre na 3ª pessoa do singular. Lembra-se da aula de ***oração sem sujeito***? É importante lembrar! O "campeão" em aparições é o verbo *haver*, mas há também os verbos *fazer, estar, verbos que indicam fenômenos naturais etc.*

- ***Havia** sérios problemas na cidade.*
- ***Fazia** quinze anos que ele havia parado de estudar.*
- ***Deve haver** sérios problemas na cidade.*
- ***Vai fazer** quinze anos que ele parou de estudar. (...)*
- ***Trata-se** de problemas pedagógicos, meu caro.*
- ***Geou** muitas horas no Sul.*

Observação

Note que o verbo auxiliar da locução verbal, cujo verbo impessoal é o principal da locução, fica no singular! Fique de olho nisso, pois é recorrente em prova! Veja uma questão:

> (FCC – TJ/PE – Técnico Judiciário – 2012) Afirma-se com correção:
> a) Do ponto de vista gramatical, é apropriada a substituição de *existiam* por "deviam haver".
>
> **Comentário:** A afirmação da letra A é equivocada, pois o verbo *haver* é impessoal, transmitindo sua impessoalidade ao verbo auxiliar da locução verbal. Logo, *existiam* = <u>devia</u> haver.

IV – Concordância do *Sujeito Oracional*

Muito cuidado!!! Recorrente em prova!

Quando o sujeito é uma oração subordinada, o verbo da oração principal fica na 3ª pessoa do singular.

– *Ainda **vale** a pena investir nos estudos.* (O que ainda vale a pena? Investir nos estudos.)
– *Quem anda em demanda com o diabo **anda**.* (Quem com o diabo anda? Quem anda em demanda.)
– ***Sabe-se** que dois alunos nossos passaram na prova.* (O que se sabe? Que dois alunos passaram na prova.)
– ***Ficou programado** que sairíamos à tarde.* (O que ficou programado? Que sairíamos à tarde.)
– ***Urge** que você estude!* (O que urge? Que você estude.)
– ***Era** preciso encontrar a verdade.* (O que era preciso? Encontrar a verdade.)

 CUIDADO!!!

Muito, mas muito, mas muito cuidado mesmo com a frase abaixo!

– *Havia muitos erros e complicações que já não estavam em suas mãos resolver.*

O verbo *estar* deve ficar na 3ª pessoa do singular porque o seu sujeito é oracional, a saber: *resolver erros e complicações*. Note que uma parte do sujeito oracional (erros e complicações) é retomada pelo pronome relativo *que*, o qual tem função de objeto direto. É como se juntássemos as duas orações abaixo...:

1) *Havia muitos erros e complicações.*
2) *Resolver erros e complicações não estava em suas mãos.*

... de modo que ela ficasse assim:

– *Havia muitos erros e complicações <u>que</u> já não **estava** em suas mãos resolver.*

Casos Mais Frequentes em Provas

Você sabia que a esmagadora maioria das questões de concordância de bancas consagradas apresentam sempre os mesmos casos de concordância? Pois é... Sendo assim, por mais que você tenha estudado todos os casos e seus detalhes nas lições anteriores, conheça agora o filé mignon e seja especialista nesses casos!

1) Sujeito posposto/distanciado

– ***Vivia** no meio da grande floresta tropical brasileira seres estranhos.* (errado)
– ***Viviam** no meio da grande floresta tropical brasileira seres estranhos.* (certo)

2) Verbos impessoais (haver e fazer)

- **Houveram** *algumas pessoas importantes na minha vida.* (errado)
- **Houve** *algumas pessoas importantes na minha vida.* (certo)
- **Fazem** *dois meses que não pratico esporte.* (errado)
- **Faz** *dois meses que não pratico esporte.* (certo)
- **Podem haver** *até cinco pessoas na sala.* (errado)
- **Pode haver** *até cinco pessoas na sala.* (certo)
- **Devem fazer** *dez dias que não saio de casa.* (errado)
- **Deve fazer** *dez dias que não saio de casa.* (certo)

Observação

Cuidado com o seguinte: muitas bancas pedem a substituição de "haver" por "existir"; lembre-se de que o verbo "existir" tem sujeito sempre, nunca é impessoal como o verbo "haver"! Exemplo: *Haviam problemas sem solução (errado); Existiam problemas sem solução (certo).*

3) Verbo na voz passiva sintética

- **Criou-se** *muitas expectativas para a luta.* (errado)
- **Criaram-se** *muitas expectativas para a luta.* (certo)

Observação

É normal as bancas distanciarem esse tipo de sujeito do verbo, como vimos no caso 1, o que dificulta ainda mais sua vida. Portanto, fique de olho vivo!

4) Verbo concordando com antecedente correto do pronome relativo (com função de sujeito)

- *Contratei duas senhoras para a <u>empresa</u>, que* **tinha** *pouco equilíbrio emocional.* (errado)
- *Contratei <u>duas senhoras</u> para a empresa, que* **tinham** *pouco equilíbrio emocional.* (certo)

Observação

Note que seria impossível tomar a primeira frase como correta, porque são seres humanos que podem ou não ter equilíbrio emocional. Teria de haver um contexto muito específico para que a primeira frase pudesse ser tomada como correta.

5) Sujeito coletivo/partitivo com especificador plural

- *A multidão de torcedores* **vibrou/vibraram**.
- *Grande parte dos grupos* **protestou/protestaram**.

6) Sujeito oracional

- **Convêm** *a eles alterar a voz.* (errado)
- **Convém** *a eles alterar a voz.* (certo)

Capítulo 28 • Concordância **721**

> **Observação**
> Lembre-se de que o verbo convir é derivado do verbo vir, que só recebe acento circunflexo se o seu sujeito o levar à 3ª pessoa do plural. Como sujeito oracional sempre leva o verbo à 3ª pessoa do singular, a primeira frase está errada.

7)   Núcleo do sujeito no singular seguido de adjunto ou complemento no plural

– *Conversa breve nos* <u>*corredores*</u> ***podem*** *gerar atrito.* (errado)
– *Conversa breve nos corredores* ***pode*** *gerar atrito.* (certo)

Casos Facultativos

Eis abaixo os casos de facultativos de concordância mais comuns em provas de concursos. A ideia deste tópico não é esgotar os casos facultativos de concordância, beleza? Enfim, vamos ao que interessa:

Se o sujeito for simples...

1)   Quando o núcleo do sujeito é uma palavra de sentido coletivo ou partitivo seguido de um termo especificador no plural, o verbo pode concordar com o núcleo do sujeito (verbo no singular) ou com o núcleo do adjunto (verbo no plural).

– *A multidão de pessoas invadiu/invadiram o estádio.*

> **Observação**
> Sujeito formado por milhão, bilhão etc. segue o mesmo modelo acima: *Um milhão de pessoas lotou/lotaram as ruas. / Um bilhão de homens ficou/ficaram satisfeito/satisfeitos.*

2)   Com a expressão "um(a) dos(as) que" e outras semelhantes ("um(a) daqueles(as) que"), o verbo pode concordar com o numeral "um(a)" (verbo no singular) ou com o termo antes do pronome relativo "que" (verbo no plural).

– *Aquele comediante foi um dos que mais me fez/fizeram rir.*

3)   Quando o sujeito é o pronome interrogativo "quem" e vem um pronome reto antes dele, o verbo poderá concordar com o "quem" (preferencial entre os gramáticos) ou com o pronome reto.

– *Fui eu quem faltou/faltei à aula.*

4)   Quando o sujeito é um pronome interrogativo, demonstrativo ou indefinido no plural + de nós/de vós, o verbo poderá concordar com o pronome no plural (interrogativo, demonstrativo ou indefinido) ou com nós/vós.

– *Quais de vós me ajudarão/ajudareis?*

5)   Quando antecedido de artigo no plural, o sujeito designando obra artística fará que o verbo fique no singular (concordando com "obra") ou no plural (concordando com o próprio nome plural).

– *Os Sertões marcou/marcaram a literatura brasileira.*

6) Quando o sujeito é formado de número percentual ou fracionário (não antecedido de artigo plural) seguido de especificador, o verbo poderá concordar com o núcleo do sujeito (número antes da vírgula ou da barra) ou com o núcleo do adjunto.

– *Somente 1,5% das pessoas domina/dominam as ciências biológicas. / Somente 2/4 da população atual não têm/tem celular.*

Se o sujeito for composto...

1) Quando o sujeito está posposto ao verbo, este pode concordar com o núcleo mais próximo ou com todos os núcleos, ficando no singular ou no plural.

– *Chegaram/Chegou João e Maria.*

2) Quando o sujeito é composto por "um e outro" ou "nem um nem outro", o verbo poderá ficar no singular ou no plural.

– *Um e outro/Nem um nem outro já veio/vieram aqui.*

3) Quando o sujeito é composto, mas um dos núcleos está entre vírgulas (normalmente) em expressões como "assim como" e "bem como", o verbo pode concordar com o primeiro elemento ou com ambos.

– *Eu, assim como você, odeio/odiamos a política brasileira.*

Com o verbo "ser"...

1) Se o sujeito e o predicativo forem "coisas" e um estiver no singular e outro no plural, a concordância será facultativa.

– *O problema do sistema é/são os impostos.*

2) Em indicações de datas, com a palavra "dia" subentendida, o verbo pode ficar no singular ou no plural.

– *Hoje é/são 22 de agosto.*

Com o verbo no infinitivo...

1) O infinitivo fica no singular ou no plural quando vem depois de preposição e o seu sujeito oculto tem como referente dentro da frase um termo no plural.

– *Nós devemos estudar cada vez mais para atingir/atingirmos nossos objetivos.*

2) Quando faz parte de construções formadas pelos verbos causativos (mandar, deixar, fazer...) e sensitivos (ver, ouvir, sentir...) acompanhados de substantivo no plural com função de sujeito do infinitivo, o verbo pode ficar no singular ou plural.

– *Deixei os rapazes falar/falarem tudo.*

> **Observação**
>
> Concordância verbal é um dos assuntos da gramática, senão o maior assunto de todos, que mais apresenta divergência entre os gramáticos. Portanto, se o edital do seu concurso colocar algum gramático como referência bibliográfica, por favor, fique atento à opinião dele sobre cada caso de concordância. Sim, eu sei, isso é um saco, mas manda quem pode e obedece quem tem juízo. ;)

Silepse de Número e de Pessoa

A **silepse** é também chamada de "concordância irregular, ideológica ou figurada".

Trata-se de uma figura de linguagem em que as regras tradicionais da concordância sintática são contrariadas, usando-se em seu lugar a concordância de acordo com o sentido. A **concordância siléptica** não é considerada um erro!

Como bem observa o Professor Mattoso Câmara Jr., "não constituem solecismos (desvios gramaticais) os desvios das normas sintáticas <u>feitos com intenção estilística</u>, em que a afetividade predomina sobre a análise intelectiva, como na <u>silepse</u>..." [grifos meus]. Dessa forma, a silepse pode ser usada em situações de comunicação que não deixem dúvidas quanto à capacidade do falante sobre o domínio da norma culta, desde que se sublinhe bem sua intenção estilística. Não é possível fazer silepse "a torto e a direito", pois muitas silepses são próprias do registro coloquial, não encontrando respaldo no registro culto da língua.

Segundo uma semiparáfrase do que diz o eminente gramático Evanildo Bechara, *com exceção de certas construções populares, como "O povo trabalham" ou "A gente vamos", <u>havendo distanciamento entre o sujeito e o verbo, a silepse de número não constitui incorreção gramatical</u>.*

Quando uma banca não trabalha questão de silepse, *stricto sensu*, trabalha a ideia de que a silepse não constitui um erro gramatical, mas é um tipo especial de concordância – mais encontrada como recurso expressivo em textos igualmente expressivos.

1) Silepse de Número

Usa-se um vocábulo em número diferente da palavra a que se refere para concordar com o sentido que ela tem.

- *<u>Flor</u> tem vida muito curta, logo **murcham**.* (ideia de pluralidade: todas as flores)
- *Toda aquela <u>multidão</u> veementemente se insurgiu contra o governo. **Estavam sedentos** por justiça.* (ideia de coletividade: muitas pessoas = multidão)

2) Silepse de Pessoa

Aqui o autor da frase participa do processo verbal; o verbo fica necessariamente na 1ª pessoa do plural, pois ele se inclui.

- *Os brasileiros, especialmente os cariocas, quando **podemos** usar de malandragem, **usamos**.*
- *"E os dois, ali no quarto, **picamos** em mil pedaços as trezentas páginas do livro".* (Paulo Setúbal)

Veja o modo como duas questões de bancas diferentes trataram disso:

36. (CEPERJ – Pref. Angra dos Reis/RJ – Professor de Português – 2008) Leia a frase a seguir, atribuída ao autor de Canção do Exílio.
   - Eu sou poeta e, aos 30 anos, doente, não queremos desperdiçar o tempo.

Nesta frase, a concordância do verbo querer é um exemplo de:

a) **silepse de número; (Gabarito!)**
b) silepse de gênero;
c) silepse de pessoa;
d) concordância atrativa;
e) concordância lógica.

Comentário: O sujeito dos verbos é o mesmo: eu (1ª p. s.). O primeiro verbo está na 1ª p. s., e o segundo verbo está na 1ª p. pl. Logo, o que muda não é a pessoa, e sim o número. Por isso, ocorre silepse de número.

35) (Dom Cintra – Pref. Petrópolis/RJ – Auxiliar em Enfermagem – 2008) Marque a frase que apresenta erro com relação à sintaxe de concordância:
e) os mineiros nos orgulhamos da homenagem que nos prestou o capixaba Rubem Braga nessa crônica.

Comentário: A letra E não foi considerada o gabarito, o que significa que a silepse (de pessoa: os mineiros nos orgulhamos) não é considerada um erro de concordância, mas tão somente um tipo de concordância. Ponto.

Concordância Nominal com Adjetivos

De acordo com a **regra geral**, os determinantes artigo, pronome, numeral, adjetivo (e o particípio) concordam em gênero e número com o **substantivo** (ou outra palavra de valor substantivo). O substantivo é o "cara" neste tipo de concordância, assim como o verbo o foi na verbal. A concordância atrativa é frequente, por isso olho vivo!

As minhas três belas **casas** vão ser vendidas porque fui à falência.

É bom dizer que, nos concursos públicos, a concordância com os adjetivos (com função de adjunto adnominal, predicativo do sujeito ou do objeto) é o que mais interessa. Fique esperto!

1) **Adjetivo com Função de Adjunto Adnominal**
a) Quando um só adjetivo se refere a um substantivo, concorda com ele normalmente.
   – O **aluno** atento se destacava mais que a **aluna** atenta.

b) Quando o adjetivo é composto, só o último termo varia com o substantivo. Esta é a regra geral. Para mais detalhes, consulte o capítulo de *Adjetivo*.
   – As **intervenções** médico-cirúrgicas foram um sucesso!

c) Quando o adjetivo se referir a mais de um substantivo, concordará com todos os substantivos ou com o mais próximo.
   – Os alunos e as alunas **atentos** entenderam tudo.
   – Os alunos e as alunas **atentas** entenderam tudo.

> **Observação**
> Mesmo que haja concordância atrativa, semanticamente o adjetivo ainda poderá caracterizar ambos os substantivos. Isso vale para todos os casos de concordância atrativa, a não ser em casos em que o sentido fica absurdo: "Senti um cheiro e um toque *macio*". Um cheiro não pode ser macio, exceto em linguagem figurada.

d) Se o adjetivo vier antes dos substantivos, a concordância será feita obrigatoriamente com o mais próximo.
   – Comprei as **velhas** gramáticas e manuais de que precisava para uma pesquisa.

 CUIDADO!!!

1) Os pronomes adjetivos seguem a mesma regra: *A sua idade, preferência sexual e profissão não me interessam.* / *Aqueles planos e intenções são desprezíveis.* / *Por que tantas palmas e elogio?*

Capítulo 28 • Concordância

2) Se os substantivos exprimirem nomes próprios ou parentesco, o adjetivo aceitará apenas a concordância gramatical (**prevalecendo** o **masculino**): *Queridos pai e mãe, estou com muita saudade de vocês. / Os **talentosos** Renato Russo e Cazuza deixaram suas marcas.*

3) Que eu saiba, só o gramático Evanildo Bechara tem "mente aberta" e diz que a concordância da letra "d)" pode ser com o termo mais próximo (velhas gramáticas e manuais) ou com ambos (velhos gramáticos ou manuais). A visão dele foi abonada por uma banca. Consulte: FCC – SEFAZ/PE – JULGADOR ADMINISTRATIVO TRIBUTÁRIO DO TESOURO ESTADUAL – 2015 – QUESTÃO 10 (LETRA A).

e) É obrigatória a concordância com o substantivo mais próximo quando o sentido exige ou quando os substantivos são sinônimos ou em gradação.
- *Eu comprei frango e carne **bovina**.* (o sentido exige)
- *Você tem ideias e pensamentos **fixos**.* (sinônimos)
- *O sorriso, o riso, a gargalhada **solta** era sua maior característica.* (gradação)

> **Observação**
>
> No caso de substantivos antônimos, o adjetivo não concordará por atração, de modo que se referirá a ambos os substantivos: *Neste lugar, é sempre **calor e frio absurdos**.*

f) Dois ou mais adjetivos podem modificar um mesmo substantivo, que fica no plural; no entanto, se colocarmos um determinante antes do 2º adjetivo, o substantivo fica no singular.
- *Os setores **público** e **privado** formaram uma parceria.*
- *O setor **público** e o **privado** formaram uma parceria.*

> **Observação**
>
> Modernamente, entende-se que, na última frase, o último artigo pode ser retirado: "O setor **público** e **privado** formou uma parceria". Quem defende isso é Evanildo Bechara. Isso já foi questão de prova na Esaf e no Cespe/UnB, pelo menos! No entanto, caso sua curiosidade tenha sido atiçada, consulte esta: Cespe/UnB – BB – ESCRITURÁRIO – 2002 – QUESTÃO 1 – OPÇÃO 3.

g) Os adjetivos iniciados pela preposição *de*, quando se referem a certos pronomes indefinidos (*algo, muito, nada, tanto...*), ficam no masculino singular. Mas, por atração, podem concordar com o sujeito.
- *Seus olhos têm algo <u>de</u> **sedutor**.* (Cegalla)
- *Esse lugar nada tem <u>de</u> **interessante**.*
- *Júlia tinha tanto <u>de</u> **magra** e **sardenta**, quanto <u>de</u> **feia**.* (Ribeiro Couto)

2) **Adjetivo com Função de Predicativo do Sujeito ou do Objeto**
a) O adjetivo predicativo concorda normalmente com o substantivo ou pronome a que se refere, mas cuidado com certas expressões em que cabe dupla concordância:
- *A maioria dos homens **está certa** de que vale a pena manter pulso firme com os filhos.*
- *A maioria dos homens **estão certos** de que vale a pena manter pulso firme com os filhos.*

b) O adjetivo com função de predicativo faz concordância gramatical (concordância com todos os substantivos) antes ou depois dos substantivos (ou pronomes) a que se refere. No entanto, o adjetivo com função de predicativo do sujeito só poderá concordar com o núcleo mais próximo se o sujeito composto vier após o verbo no singular*.
- *Os homens e as mulheres estavam **excitados** com a notícia.*
- *Estavam **excitados** as mulheres e os homens com a notícia.*
- *Estava **excitada** a mulher e os homens com a notícia.* *
- *Encontrei a mulher e o homem **excitados** com a notícia.*
- *Encontrei **excitados** a mulher e o homem com a notícia.*
- *Encontrei-os **excitados** com a notícia.*

CUIDADO!!!

1) Alguns gramáticos, como Manoel P. Ribeiro, Domingos P. Cegalla, Bechara, entendem que o adjetivo (predicativo do objeto) anteposto aos substantivos pode concordar com o mais próximo: *Encontrei **excitadas** as mulheres e os homens com a notícia*. Cegalla vai além e diz que, na frase *Estava **excitada** a mulher e os homens com a notícia**, ainda assim o verbo e o adjetivo <u>com função de predicativo do sujeito</u> poderiam variar, ficando assim: *Estavam **excitadas** as mulheres e os homens com a notícia**.

2) O adjetivo com função de predicativo de uma oração fica sempre no masculino singular: "*Fica **óbvio*** (e não *óbvia*) que a maioria dos casos de gripe suína é reveladora da falta de condições socioambiental" / "Acho **sensato** (e não *sensata*) resolver nossa pendenga sem violência*".

3) O adjetivo (ou particípio), em expressões como *É preciso, É necessário, É bom, É proibido, É permitido,* fica invariável quando se liga a um substantivo com sentido genérico, ou <u>não</u> determinado. Mas... quando o substantivo está determinado, o adjetivo vai variar obrigatoriamente:

Não variam	Variam
*Água **é bom**.*	*<u>A</u> água **é boa**.*
*É **proibido** entrada aqui.*	*<u>Sua</u> entrada **é proibida** aqui.*
*É **necessário** disposição para este cenário mudar.*	*É **necessária** <u>uma</u> <u>grande</u> disposição para este cenário mudar.*
*Para viver um grande amor, **preciso é** muita concentração e muito siso, muita seriedade e pouco riso.* (Vinícius de Moraes)	*<u>As</u> balas que **são precisas** para eliminar homens criminosos na China são compradas pela própria família.*

Observação

"Entrada proibid<u>a</u>" é construção correta, pois equivale a "A entrada é proibida"; já "Proibid<u>o</u> entrada" equivale a "É proibido entrada", por isso o particípio não varia.

c) O substantivo, quando tem função de predicativo, segue as mesmas regras do adjetivo.
- *Por favor, não as veja como **pedagogas**; são apenas auxiliares.*

Capítulo 28 • Concordância

d) O particípio (na locução verbal de voz passiva analítica ou em oração reduzida) varia normalmente tal qual o adjetivo.

– *Minha aluna e meu aluno foram* **aprovados** *para a segunda fase do exame nacional.*
– *Foram* **aprovados** *para a segunda fase do exame nacional minha aluna e meu aluno.*
– *Foi* **aprovada** *minha aluna e meu aluno para a segunda fase do exame nacional.*
– *Minha aluna e meu aluno tinham sido* **aprovados** *para a segunda fase do exame nacional.*
– **Guardadas** *as devidas proporções, creio que aquele livro é revolucionário.*
– **Vistas e revistas** *as resenhas, aprovamo-las.*

> **Observação**
>
> Sobre a frase *Foram* **aprovadas** *centenas de alunos para a segunda fase do exame nacional*, na ordem direta, Cegalla diz que o adjetivo pode concordar com o núcleo do especificador: *Centenas de alunos foram* **aprovados** *para a segunda fase do exame nacional*.
>
> Lembre-se disto: o particípio não varia quando faz parte da locução verbal de tempo composto. Logo, a frase *"Elas* **haviam resolvidas** *as questões"* está equivocada, devendo ser corrigida para: *"Elas* **haviam resolvido** *as questões"*.

Casos Especiais de Concordância Nominal

1) Concordância do pronome com o substantivo

Os pronomes concordam com o substantivo a que se referem. Se houver mais de um substantivo de gêneros diferentes, fica o pronome no masculino plural.

– *O ideal pelo* **qual** *entreguei minha vida, a ideologia pela* **qual** *eu vivi, tornou-me um homem melhor.*
– *Havia uma campeã de judô no Japão, mas* **a** *do Brasil era especial.*
– *A honestidade, o comprometimento, a empatia e a longanimidade, seu mestre* **os** *havia ensinado a eles.*

> **Observação**
>
> Na frase *"Um assunto* **desses** *não deve ser discutido em público"*, o pronome demonstrativo vem sempre no plural, pois tem valor **indeterminador**. Outros exemplos: *"Foi uma surra* **daquelas**" ou *"Ele está num dia* **daqueles**". Neste uso, o valor intensificador do pronome é próprio da linguagem coloquial.

2) Quando têm valor adjetivo, tais palavras variam normalmente: *mesmo, próprio, só, extra, junto, quite, leso, obrigado, anexo/apenso, incluso*.

– *A mulher* **mesma** *fez o trabalho.*
– *As mulheres vivem acusando a si* **próprias**.
– *As crianças ficaram* **sós**. (= sozinhas)
– *Costumava trabalhar duas horas* **extras** *por dia.*
– *Os três viviam* **juntos** *naquele "flat".*
– *"Ajudar esses espiões seria crime de* **lesa-pátria**". (Cegalla)

- *Só ficamos **quites** depois de muito tempo de espera na justiça.*
- *As moças disseram ao homem: "Ficamos-lhe **obrigadas** por tantos elogios!". (= gratas, agradecidas)*
- *As fotos seguem **anexas/apensas**. (ou "em anexo/em apenso")*
- *Estão **inclusos** os prejuízos.*

> ⊚ **Observação**
>
>   *Mesmo* não varia quando equivale a *realmente, de fato* ou *inclusive*: "***Mesmo** a mulher não acusou o marido!*" / "*A mulher não acusou **mesmo** o marido!*". **Só** não varia quando equivale a *somente*. *Por si sós* e *a sós* são expressões cultas: "*As crianças comeram **só** os feijões*". / "*Os alunos, **por si sós**, resolveram a prova*". *Junto* não varia quando faz parte de locução prepositiva. (junto com/de/a): "*Eles não estão **junto do** (com o/ao) pai*". Vale dizer que o vocábulo *obrigado* (com o sentido de grato) é considerado um adjetivo pela gramática tradicional (e é assim que sempre caiu em prova, apesar de um ou outro gramático entender que se pode interpretar também como interjeição [invariável, portanto]). Por isso, segundo a gramática, homem diz obrigado; mulher diz obrigada; homens dizem obrigados; mulheres dizem obrigadas. Disseram as moças: *Muito obrigadas*!

3) **Não variam quando advérbios: *caro, barato, bastante, meio, junto*. Entretanto, quando adjetivos, variam normalmente.**

- *A gasolina não custa **caro**, nem **barato**. (advérbios)*
- *As carnes estão cada vez mais **caras**, mas as bebidas continuam **baratas**. (adjetivos)*
- *Está **meio** nervosa, porque trabalhamos **bastante**. (advérbios)*
- *Depois de comer **meia** fruta daquela barraca, comprou frutas **bastantes** para uma ceia farta. (adjetivos)*
- *Elas procuram resolver **junto** seus problemas. (advérbio)*
- *Elas procuram resolver **juntas** seus problemas. (adjetivo)*

4) ***Todo* (advérbio) pode sofrer concordância atrativa, mas a concordância gramatical é própria da norma culta.**

- *Encontrei os portões **todo**(s) abertos.*
- *Ela ficou **todo**(a) religiosa depois do culto.*

> ⊚ **Observação**
>
>   Em "*A **toda-poderosa** Marquesa de Santos foi amante de D Pedro I*", o vocábulo *todo* nunca varia nessa expressão, logo: "*A **todo-poderosa** Marquesa de Santos...*".

5) **Não variam nunca os substantivos que se tornam adjetivos pelo contexto: *padrão, fantasma, relâmpago, pirata, monstro, surpresa* etc. Certos vocábulos e expressões comumente flexionados na fala são invariáveis: menos, alerta*, salvo, exceto, pseudo, a olhos vistos etc.**

- *Fizeram duas festas **monstro** anteontem na zona sul da cidade.*
- *Existem muitas firmas **fantasma** por aqui.*
- *Nossos times conquistaram vitórias **relâmpago** no fim do campeonato.*

Capítulo 28 • Concordância **729**

– *Sempre realizamos festas* **surpresa** *na empresa.*
– *Compre* **menos** *farinha,* **menos** *frutas,* **menos** *alface... compre livros também.*
– *Os soldados brasileiros devem sempre estar* **alerta**.*
– **Salvo/Exceto** *elas, ninguém mais chamou a atenção do diretor da peça.*
– *És uma* **pseudo***profetisa!*
– *Seus filhos estão crescendo* **a olhos vistos**.

Observação

Arcaica é a concordância de *visto* com a pessoa ou coisa vista: *"Elas emagreceram a olhos vistas"* ou *"Vista a olhos a árvore crescia"*.

* *Alerta* é um advérbio, segundo a gramática tradicional. Mas Aurélio, Houaiss, Aulete, Michaelis e outros dicionários dizem que *alerta* é um adjetivo no estágio atual da língua e, por isso, pode variar. A esmagadora maioria das bancas ainda não tolera essa variação; portanto, se isso cair na prova, analise todas as alternativas com muita atenção, visando à melhor resposta.

6) **Possível não varia se fizer parte de uma expressão superlativa com o artigo o/a no singular (o/a mais, o/a menos, o/a pior, o/a melhor...) ou se estiver acompanhado de quanto. Varia se o/a estiver no plural.**

– *Traga cervejas tão geladas* **quanto possível**.
– *Tive de investir em máquinas* **o** *mais* **possível** *potentes.*
– *São exemplos* **os** *mais difíceis* **possíveis**.
– *Aquelas palavras foram* **as** *melhores* **possíveis**.

Observação

Em qualquer outro contexto, o adjetivo *possível* varia normalmente: *"Realmente estas são* **visões possíveis** *sobre o mesmo assunto"*.

7) **Concordância com numeral ordinal + substantivo (o substantivo é que varia)**

– *A* *primeira e segunda* **série(s)** *foram aprovadas.*
– *A primeira e a segunda* **série(s)** *foram aprovadas.*

Observação

O plural é obrigatório se o substantivo vem antes dos numerais: *As* **séries** *primeira e segunda foram aprovadas.* O gramático Luiz A. Sacconi diz que o substantivo *séries* (do primeiro exemplo) não pode ficar no singular, só no plural.

8) **As expressões um e outro e nem um nem outro exigem o substantivo posposto e o adjetivo, quando houver, no singular (ou, menos preferencialmente, no plural).**

– **Um e outro** *aluno esforçado(s) passou.*
– **Nem um nem outro** *aluno esforçado(s) passou.*

Observação

Quando os pronomes *um* e *outro* retomarem substantivos de gêneros diferentes, não irão variar: *A* *mãe* *e o* *filho* *vieram ao Brasil.* **Um** *amou nosso país,* **outro** *odiou.*

9) **A expressão haja vista**
Segundo José Maria da Costa, em seu *Manual de Redação Profissional*...:
"Independentemente de discussões teóricas e da divergência de interpretação dos gramáticos sobre o problema, há pelo menos quatro construções, todas corretas, com tal expressão. Exs.:
   a) "**Haja vista aos** argumentos que embasaram o veredicto...";
   b) "**Haja vista dos** argumentos que embasaram o veredicto...";
   c) "**Hajam vista os** argumentos que embasaram o veredicto...";
   d) "**Haja vista os** argumentos que embasaram o veredicto...".

10) O vocábulo *tal* também pode se apresentar na expressão *tal qual*, em que *tal* concorda com o antecedente e o *qual* com o consequente.
   – Normalmente o discípulo age **tal qual** o mestre.
   – Normalmente os discípulos agem **tais qual** o mestre.
   – Normalmente o discípulo age **tal quais** os mestres.
   – Normalmente os discípulos agem **tais quais** os mestres.

11) **Mil, Milhão e Milhares**
Mil: Passou de "um", o numeral concorda com o substantivo:
   – **Duas** mil pessoas, **dois** mil alunos, **dois** mil candidatos preencheram as vagas.

Milhão: Concorda com a parte inteira do numeral cardinal a ele relacionado.
   – Minha empresa investiu **1,9** milhão de reais em mão de obra qualificada.

O artigo e o numeral que o antecederem devem concordar com ele, no masculino:
   – **Os cinco** milhões de pessoas chegaram a prestigiar o cantor neste ano.

> Observação
> O mesmo vale para *bilhão, trilhão* etc.

Milhares: substantivo sempre masculino.
   – **Os** milhares de torcedoras fizeram o "Maraca" tremer.

> Observação
> O adjetivo pode concordar em gênero e número com o núcleo do sujeito ou com o núcleo do adjunto: Dois **milhões** de torcedoras estavam **entusiasmados**/entusiasmadas.

Silepse de Gênero e de Número

1) **Silepse de Gênero**
Usa-se um vocábulo em gênero diferente da palavra a que se refere para concordar com o sexo da pessoa ou com o nome da coisa a que nos referimos. Todas as formas abaixo estão corretas.
   – Vossa Excelência, deputado, está **enganado**!

- *Vossa Alteza sempre foi muito **misericordioso**.* (com referência a um príncipe)
- *Sua Majestade está tão **altiva** ultimamente.* (com referência a uma rainha)
- *Disse Fernando Pessoa em um de seus poemas: "Estou cansado, é claro, / Porque, a certa altura, a gente tem que estar **cansado**."* (com referência ao falante masculino)
- ***A** Brasil vive **engarrafada**.* (com referência à Avenida)
- *Nome: Fernando Pestana. Nacionalidade: **brasileiro**. Estado civil: casado.* (com referência a *Fernando*, não a *nacionalidade*)
- *Nome: Juliana Pestana. Nacionalidade: brasileira. Estado civil: **casada**.* (com referência a *Juliana*, não a *estado civil*)

2) **Silepse de Número**
O determinante fica em número diferente do termo a que se refere.

- *O brasileiro não desiste nunca! Usa sua simpatia e disposição para driblar os problemas cotidianos, por serem **batalhadores** como sempre.* (com referência a "brasileiro")

> **Observação**
> Às vezes, há silepse de número e pessoa ao mesmo tempo: ***A gente*** *(3ª pessoa do singular) não fez isso por mal. Acho que **nos** (1ª pessoa do plural) interpretaram mal.*

O Que Cai Mais na Prova?

Bancas de pouca expressão costumam trabalhar um pouco de tudo. Logo, como esta gramática foi feita para não deixar você na mão sob nenhuma circunstância, não caia naquela conversinha fiada fácil que conforta o coração: "Ah, não precisa estudar tudo, porque jamais há de cair na sua prova!". Isso é discurso de preguiçoso. Bancas de prestígio, como Cespe e FCC, costumam trabalhar mais o conceito de concordância com sujeito distante do verbo, com sujeito oracional, com verbo acompanhado de partícula apassivadora e com verbo impessoal. Ah! E alguns casos facultativos e regras básicas de adjetivo, na concordância nominal. <u>Importante</u>: fique atento à relação entre o verbo e o sujeito, sempre sublinhando o verbo e, depois, indo à caça do sujeito, pois isso é meio caminho andado nas questões de concordância verbal. Mãos à obra!

> *Concurseiro(a), quer uma dica de irmão? Guarde no seu coração o que vai ler agora: NUNCA DEIXE DE FAZER SEU PRÓPRIO RESUMO DE CADA CAPÍTULO. Esse processo cognitivo é **extremamente** valioso. Eu poderia ser legalzinho e fofinho pondo um quadro-resumo do que vimos no capítulo, mas, se fizesse isso, estaria sabotando você, impedindo-o(a) de ter esse trabalho de internalização imprescindível do conteúdo. **Por favor, não pule essa etapa!!!** Mesmo que seu resumo fique gigantesco (não vá escrever outra gramática... rsrs), nunca deixe de fazê-lo, para o seu próprio bem! Seu cérebro agradece e, quando passar no concurso, sua conta no banco também. Vá fundo na missão!* ☺

732 A Gramática para Concursos Públicos • Fernando Pestana

Questões de Concursos

1. (Esaf – SMF/RJ – Fiscal de Rendas – 2010) (Adaptada) *"Na teoria clássica, a finalidade do Estado é promover o bem comum da sociedade, considerado como o conjunto de condições que **permite** aos indivíduos **atingirem** o seu bem particular. (...)"*.
A afirmação abaixo está correta ou incorreta?
   – Provoca-se erro gramatical e incoerência textual ao fazer a seguinte substituição no texto: "permite" por **permitem** e "atingirem" por **atingir**.

2. (Esaf – SMF/RJ – Fiscal de Rendas – 2010) Assinale a opção correta a respeito das relações de concordância no texto.
*"**Os economistas G. Ranis, F. Stewart e A. Ramirez** analisaram 76 países durante um período de 32 anos. **Dividiram-nos** de acordo com dois critérios: desenvolvimento econômico e desenvolvimento humano (nesse caso, medido através de uma combinação de indicadores de educação e saúde). Usando-se essas **duas dimensões**, **pode-se** ter **duas situações** de equilíbrio (quando o lado humano e o econômico são igualmente altos ou baixos) e duas de desequilíbrio (quando o humano é alto e o econômico é baixo, vice-versa). **Surgem** algumas conclusões interessantes desse estudo. (...) **Mais da metade dos países** que **tinham** baixo crescimento e baixo CH em 1960 **permanecia** na mesma posição na década de 90. (...) A quarta, e mais importante, é que a estratégia de privilegiar o **lado humano dá** frutos muito melhores do que aquela que enfatiza só o lado econômico".*
   a) O plural no pronome em "Dividiram-nos" deve-se à concordância com o sujeito subentendido da oração: "Os economistas G. Ranis, F. Stewart e A. Ramirez" .
   b) A flexão de singular no verbo em "pode-se" faz a concordância com o sujeito indeterminado; mas é igualmente correto flexionar o verbo no plural, fazendo a concordância com "duas situações": **podem-se ter.**
   c) A flexão de plural em "Surgem" tanto permite a interpretação como indicação de sujeito indeterminado como admite a inferência de "duas dimensões" como sujeito subentendido da oração.
   d) A flexão de singular em "dá" é determinada por "lado humano"; mas, se fosse usada a expressão **aspectos humanos**, a coerência do texto não seria prejudicada, desde que o verbo fosse flexionado no plural.
   e) O termo "mais da metade dos países" estabelece duas relações diferentes de concordância: "países" determina a flexão de plural em "tinham", enquanto "permanecia" faz a concordância com "metade".

3. (Esaf – SUSEP – Analista Técnico – 2010) Assinale a opção incorreta a respeito das relações de concordância no texto abaixo.
*"Quando se pensa em classe A, vem logo à cabeça a lembrança de **gente milionária**, que **passa** todos os fins de semana em Paris e **compra** as melhores marcas do mundo. No entanto, **nossa classe A representa** apenas **5% da população** e **possui** rendimentos bem menores do que muita gente imagina. O que acontece frequentemente **é uma confusão** entre o brasileiro classe A e o consumidor de luxo, este sim cliente de marcas sofisticadas que **movimenta** um mercado de R$ 6 bilhões anuais".*
   a) Preserva-se a coerência entre os argumentos e a correção gramatical do texto ao substituir "gente milionária" por *milionários*, desde que se flexionasse também "passa" e "compra" no plural, **passam** e **compram**.
   b) A forma verbal "possui" estabelece concordância com "da população"; no entanto, também estaria correta a concordância com "5%", com o uso da flexão de plural, sem prejudicar a coerência do texto.
   c) Preserva-se a coerência na argumentação, bem como a correção nas relações gramaticais do texto, ao retirar o termo "nossa classe A" do texto, deixando-o apenas subentendido na flexão de "representa".
   d) Seria preservada a coerência na argumentação com a substituição de "uma confusão" por **confusões**, desde que o verbo *ser* fosse usado também no plural: **são confusões**.
   e) A opção pelo uso da flexão de plural em "movimenta", **movimentam**, preservaria a correção gramatical do texto, mas alteraria as relações significativas entre os argumentos.

4. (Cespe/UnB – IFB – Cargos de Nível Médio – 2011) A substituição da forma verbal "parecerem" ("... fazendo as tripulações parecerem anos mais jovens...") por **parecer** acarretaria prejuízo para a correção gramatical do texto.
( ) CERTO   ( ) ERRADO

5. (Cespe/UnB – TJ/ES – Analista Judiciário (Letras) – 2011) Em "... resolvendo-os em suas fontes, que englobam novas ameaças...", é obrigatória a flexão de plural em "englobam" porque o sujeito da oração, o pronome relativo "que", refere-se a "fontes".
( ) CERTO   ( ) ERRADO

Capítulo 28 • Concordância **733**

6. (Cespe/UnB – TJ/ES – Analista Judiciário (Letras) – 2011) Com o emprego de "os contextos" ("... leva em conta os contextos histórico, político, econômico, cultural e social de cada sociedade"), no plural, generaliza-se o significado desse termo, que, em seguida, é especificado por meio do trecho "histórico, político, econômico, cultural e social"; estariam preservadas a coerência e a correção gramatical do texto caso se empregasse o referido termo no singular – o contexto.
( ) CERTO   ( ) ERRADO

7. (Cespe/UnB – TJ/ES – Analista Judiciário (Letras) – 2011) *"(...) Aceitar sem discriminação a diversidade é o primeiro identificador para a luta em defesa dos direitos humanos. (...)"*
Justifica-se a flexão de singular em "é" tanto pelo fato de o sujeito da oração ser oracional quanto pelo fato de o trecho "o primeiro identificador" estar no singular.
( ) CERTO   ( ) ERRADO

8. (Cespe/UnB – FUB – Médico – 2011) No trecho "está diminuindo a nossa capacidade de concentração e contemplação profundas", a estrutura permaneceria correta caso o termo "profundas" estivesse no singular.
( ) CERTO   ( ) ERRADO

9. (Cespe/UnB – FUB – Analista de Tecnologia da Informação – 2011) *"Estudos de neurociência já demonstraram que aprender a ler, especialmente na infância, altera a anatomia do cérebro e engrossa uma estrutura chamada corpo caloso... (...)"*
A inclusão de **e a escrever** logo após o trecho "já demonstraram que aprender a ler" não implicaria alteração das formas verbais "altera" e "engrossa", que devem permanecer no singular.
( ) CERTO   ( ) ERRADO

10. (Cespe/UnB – PC/ES – Perito Criminal Especial – 2011) *"(...) Já os crimes cujas armas são os computadores devem, em 2010, ser responsáveis por perdas de 900 milhões de reais... (...)"*
A forma verbal "são" está no plural porque concorda com o nome "crimes".
( ) CERTO   ( ) ERRADO

11. (Cespe/UnB – FUB – Cargos de Nível Médio – 2011) Em "A maioria, no entanto, acaba deixando o programa...", dado o sentido da palavra "maioria", a forma verbal "acaba" poderia, sem prejuízo para a correção gramatical do texto, estar flexionada na 3ª pessoa do plural.
( ) CERTO   ( ) ERRADO

12. (Cespe/UnB – TRE/ES – Técnico – 2011) *"(...) Consideram-se remanescentes das comunidades dos quilombos, para os fins deste decreto, os grupos étnico-raciais, segundo critérios de autoatribuição... (...)"*.
Prejudica-se a correção gramatical do período ao se substituir 'Consideram-se' por **São considerados.**
( ) CERTO   ( ) ERRADO

13. (Vunesp – TJ/SP – Escrevente Técnico Judiciário – 2011) Assinale a alternativa em que a concordância verbal está correta.
   a) Haviam cooperativas de catadores na cidade de São Paulo.
   b) O lixo de casas e condomínios vão para aterros.
   c) O tratamento e a destinação corretos do lixo evitaria que 35% deles fosse despejado em aterros.
   d) Fazem dois anos que a prefeitura adia a questão do lixo.
   e) Somos nós quem paga a conta pelo descaso com a coleta de lixo.

14. (FCC – TRE/SP – Analista Judiciário – 2012) Estão plenamente observadas as normas de concordância verbal na frase:
   a) Dentro da elite nunca se criticou, diante da rotina do sistema penitenciário brasileiro, os horrores a que os presos são submetidos.
   b) Reserva-se ao pobre, tantas vezes identificado como potencialmente perigoso, as opções da resignação ou da marginalidade social.
   c) Sem altos investimentos não haverão como minimizar os horrores que vêm caracterizando as nossas penitenciárias.
   d) A nenhum dos intérpretes de um fato faltarão argumentos para considerá-lo segundo seu interesse e sua conveniência.
   e) Ainda que não lhes convenham fazer altos investimentos, as elites terão que calcular os custos de tanta violência.

734 A Gramática para Concursos Públicos • Fernando Pestana

15. (FCC – TRE/SP – Analista Judiciário – 2012) Estão plenamente observadas as normas de concordância verbal em:
a) À noite, davam-se aos trabalhos de poucos e à diversão de muitos uma trégua oportuna, para tudo recomeçar na manhã seguinte.
b) Aos esforços brutais da jubarte não correspondiam qualquer efeito prático, nenhum avanço obtinha o gigante encalhado na areia.
c) Sempre haverá de aparecer aqueles que, diante de um espetáculo trágico, logram explorá-lo como oportunidade de comércio.
d) Como se vê, cabe aos bons princípios ecológicos estimular a salvação das baleias, seja no alto-mar, seja na areia da praia.
e) Da baleia encalhada em 1966 não restou, lembra-nos o autor, senão as postas em que a cruel voracidade dos presentes retalhou o animal.

16. (FCC – TRE/SP – Analista Judiciário – 2012) O verbo indicado entre parênteses deverá flexionar-se numa forma do **plural** para preencher de modo adequado a lacuna da seguinte frase:
a) As acusações que ...... (**promover**) quem defende o "assembleísmo" baseiam-se na decantada "soberania" das assembleias.
b) Não ...... (**convir**) aos radicais da meritocracia admitir que pode haver boas resoluções obtidas pelo critério do voto.
c) Por que ...... (**haver**) de caber a um simples passageiro as responsabilidades do comando de uma aeronave?
d) O que aos bons políticos não ...... (**poder**) faltar, sobretudo nos momentos de decisão, é o espírito público.
e) Não ...... (**caber**) às associações de classe, em assembleias, avaliar o mérito técnico, julgar a qualificação profissional de alguém.

17. (FCC – TCE/SP – Auxiliar de Fiscalização Financeira – 2012) A concordância verbal e nominal está inteiramente respeitada em:
a) Os níveis alarmantes de poluição da água no planeta, resultante da atividade humana, está dando sinais de que ela poderá faltar em boa parte do globo terrestre, que já sofre com sua escassez.
b) A proporção entre número de habitantes e oferta de recursos naturais estão em descompasso, levando à necessária redução no consumo desses recursos que garantem a vida no planeta.
c) Ambientalistas já alertam para os perigos à sobrevivência da humanidade, caso os habitantes do planeta continue a consumir de modo irresponsável os recursos naturais, muitos dos quais já escassos.
d) Existe programas de conscientização da população mundial que busca divulgar formas de consumo sustentável dos recursos naturais e respeito ao ritmo da natureza, para permitir que ela o reponham.
e) É necessário que haja medidas que busquem controlar o consumo predatório dos recursos da natureza que, cada vez mais escassos, estão sujeitos a uma lenta reposição.

18. (FCC – TRT/PE (6R) – Analista Judiciário – 2012) A concordância verbal está plenamente observada na frase:
a) Provocam muitas polêmicas, entre crentes e materialistas, o posicionamento de alguns religiosos e parlamentares acerca da educação religiosa nas escolas públicas.
b) Sempre deverão haver bons motivos, junto àqueles que são contra a obrigatoriedade do ensino religioso, para se reservar essa prática a setores da iniciativa privada.
c) Um dos argumentos trazidos pelo autor do texto, contra os que votam a favor do ensino religioso na escola pública, consistem nos altos custos econômicos que acarretarão tal medida.
d) O número de templos em atividade na cidade de São Paulo vêm gradativamente aumentando, em proporção maior do que ocorrem com o número de escolas públicas.
e) Tanto a Lei de Diretrizes e Bases da Educação como a regulação natural do mercado sinalizam para as inconveniências que adviriam da adoção do ensino religioso nas escolas públicas.

19. (FCC – TRT/AM (11R) – Analista Judiciário – 2012) O verbo indicado entre parênteses deverá ser flexionado no **plural** para preencher corretamente a lacuna da frase:
a) Nem todos discriminam, numa foto, os predicados mágicos que a ela se ...... (**atribuir**) nesse texto.
b) Os tempos que ...... (**documentar**) uma simples foto, aparentemente congelada, são complexos e estimulantes.
c) A associação entre músicos e fotógrafos profissionais ...... (**remeter**) às especificidades de cada tipo de sintaxe.
d) A poucos ...... (**costumar**) ocorrer que as fotografias podem enfeixar admiráveis atributos estéticos, como obras de arte que são.
e) Imaginem-se os sustos que não ...... (**ter**) causado aos nativos de tribos remotas a visão de seus rostos fotografados!

Capítulo 28 • Concordância **735**

20. (FCC – TRT/AM (11R) – Analista Judiciário – 2012) As normas de concordância verbal encontram-se plenamente observadas em:
    a) A utilidade dos dicionários, mormente quando se trata de palavras polissêmicas, manifestam-se nas argumentações ideológicas.
    b) Não se notam, entre os preconceituosos, qualquer disposição para discutir o sentido de um juízo e as consequências de sua difusão.
    c) Não convém aos injustiçados reclamar por igualdade de tratamento quando esta pode levá-los a permanecer na situação de desigualdade.
    d) Como discernimento e preconceito são duas acepções de discriminação, hão que se esclarecer o sentido pretendido.
    e) Uma das maneiras mais odiosas de refutar os argumentos de alguém surgem na utilização de preconceitos já cristalizados.

21. (FCC – TRT/AM (11R) – Técnico Judiciário – 2012) A frase do texto que, ao ser reescrita, mantém o respeito às regras de concordância e, em linhas gerais, o sentido original é:
    a) Outra descoberta foi a de que também existia na figuração de um motivo em que estivesse ausente o ser humano alguns valores profundos.
    b) Uma gama de estados de espírito que não sabemos nomear, apesar de sua grande força, podem ser suscitados pelos artefatos e signos que o homem produz.
    c) É numa concepção de humanidade modificada ao longo do tempo que se assenta noções relativas a uma dimensão humana da arte.
    d) Não fazem muitos anos que na grande arte só se podiam admitir temas heroicos, míticos ou religiosos.
    e) As obras e seu respectivo valor haviam de ser avaliados na medida da importância do tema tratado.

22. (FCC – TRT/AM (11R) – Técnico Judiciário – 2012) O verbo que se mantém corretamente **no singular**, apesar das alterações propostas entre parênteses para o segmento grifado, está na frase:
    a) É *o desafio do nosso tempo*. (os desafios)
    b) E isso quando *a própria FAO alerta* ... (os especialistas da própria FAO)
    c) E que *a produção precisará crescer 70% até 2050* ... (a produção de alimentos)
    d) *Tudo acontece num cenário paradoxal*. (Todos os problemas)
    e) *Um relatório da própria FAO assegura* ... (Os dados de um relatório)

23. (Cesgranrio – CMB – Analista (Administrador de Dados) – 2012) No que se refere ao fenômeno da concordância nominal, no subtítulo do texto, o termo **textuais** também admite a forma singular.
    O período em que, conforme a norma-padrão, o termo destacado pode assumir tanto a forma singular quanto a plural é:
    a) **Bastantes** poemas foram lidos na aula.
    b) Custam **caro** os jornais de domingo.
    c) Vendem-se quadros e esculturas **usados**.
    d) Compramos livro e jornal **velhos**.
    e) Na estante, dicionário e livros **jogados**.

24. (Cesgranrio – CMB – Auxiliar de Operação Industrial Hidráulica – 2012) Considerando-se que há palavras variáveis e palavras invariáveis na língua portuguesa, qual é a frase que está em **DESACORDO** com a norma-padrão, no que diz respeito à concordância?
    a) Estamos todos **alerta** em relação ao problema dos menores de rua.
    b) A população está **meio** descrente em relação a soluções de curto prazo.
    c) As organizações que cuidam das crianças receberam **bastantes** recursos este ano.
    d) A partir de hoje, é **proibido** a adoção de crianças que tenham pais biológicos vivos.
    e) No caso de crianças sob maus tratos, muitas vezes, elas **próprias** fogem para as ruas.

25. (Cesgranrio – Petrobras – Geofísico Júnior – 2012) O trecho "O declínio, a decadência alcança maior nitidez na Europa" apresenta um exemplo de um dos casos de concordância verbal vigentes na norma-padrão do Português. Outro exemplo em que a concordância se justifica pelo mesmo motivo é o seguinte:
    a) A conciliação, a contenda entre os participantes do bloco do euro tem provocado grande insegurança entre os países do mundo inteiro.

736 A Gramática para Concursos Públicos • Fernando Pestana

b) A predisposição, a incapacidade de recuperar a decadência econômica tem provocado crises dos países da zona do euro.

c) A redistribuição, a concentração de poder entre as grandes potências tem mantido o mundo refém de decisões arbitrárias.

d) O privilégio, a necessidade de compartilhar decisões com outros países gerou um projeto de integração bem sucedido.

e) O recrudescimento, a exacerbação da crise econômica provocou uma reação de protecionismo entre as potências tradicionais.

26. (Cesgranrio – Petrobras – Técnico de Exploração de Petróleo Júnior – 2012) A seguinte frase do Texto I apresenta concordância nominal de acordo com as regras da norma-padrão da língua portuguesa, já que o adjetivo anteposto concorda com o primeiro dos dois substantivos que o seguem.
"Com esse resultado, **renomadas** consultorias e bancos começam a revisar a projeção do Produto Interno Bruto (PIB) deste ano".
No caso de um adjetivo vir posposto a dois substantivos, as seguintes expressões apresentam concordância de acordo com a norma-padrão, **EXCETO:**
a)   empresas e consultorias renomadas;
b)   consultorias e bancos renomadas;
c)   consultorias e bancos renomados;
d)   bancos e consultorias renomadas;
e)   economistas e bancos renomados.

27. (Cesgranrio – Termobahia – Técnico de Inspeção e Instalação Júnior – 2012) O verbo em destaque no trecho abaixo está no plural concordando com uma determinada palavra.
"Segundo ele, as políticas mais adequadas são aquelas que permitem às mulheres fazerem escolhas sobre o número de filhos que **querem** e o momento certo para engravidar".
Essa palavra é:
a)   políticas;   b)   aquelas;   c)   mulheres;   d)   escolhas;   e)   filhos.

28. (Cesgranrio – Termobahia – Engenheiro de Termelétrica Júnior – 2012) Na expressão destacada no trecho "os alimentos processados industrialmente tornaram **os surtos de fome 'nacionais' mais raros**", a concordância nominal está de acordo com a norma-padrão. Nas frases a seguir, a concordância da palavra destacada está de acordo com a norma padrão, **EXCETO** em:
a)   A demanda econômica está gerando montanhas de lixo cada vez **maiores** nas grandes cidades.
b)   A ampliação das pesquisas médicas **realizadas** nas últimas décadas reduziu a mortalidade infantil.
c)   As pesquisas de todo o mundo preveem situações de aglomeração **calamitosas** nos grandes centros.
d)   O controle dos nascimentos prematuros **efetuados** pelo governo é imprescindível para as políticas de saúde pública.
e)   O acesso a empregos formais **conquistado** pela população contribui para melhor qualidade de vida.

29. (Cesgranrio – Liquigás – Oficial de Manutenção I – 2012) Na abordagem da concordância verbal, as gramáticas apresentam casos em que o verbo fica invariável, por ser considerado "impessoal". O exemplo do texto em que o verbo grifado encontra-se no singular por ser impessoal é:
a)   "**Será** árduo garimpar os números da família, amigos, contatos profissionais."
b)   "Eu os **buscarei**, é óbvio."
c)   "**Há** alguns anos..."
d)   "**Vejo** motoristas de táxi..."
e)   "A maioria dos chefes **sente-se** no direito..."

30. (Cesgranrio – CEF – Técnico Bancário Novo – 2012) A língua portuguesa conhece situações de dupla possibilidade de concordância. A modificação possível do termo destacado, mantendo-se a concordância, de acordo com a norma-padrão, encontra-se em:
a)   Jogar *games* de computador **pode** fazer bem à saúde – podem.
b)   um dos títulos mais populares do gênero no mundo, **produzido** pela Blizzard – produzidos.
c)   escolhidos pelos pesquisadores para **integrar** o grupo – integrarem.
d)   o grupo de controle não **progrediu** – progrediram.
e)   é preciso **interagir** socialmente – interagirem.

Capítulo 28 • Concordância **737**

31. (Cespe/UnB – IRBr – Diplomata – 2012) No período "Mas é assim mesmo que se vive: perdida no tempo e no espaço" (trecho retirado de um registro literário), o particípio do verbo **perder,** empregado em estrutura de indeterminação do sujeito da oração, poderia, conforme regra de concordância nominal, estar na forma masculina, regra da qual, no entanto, a obra literária prescinde, dada a liberdade que preside a criação artística.
( ) CERTO   ( ) ERRADO

32. (Cespe/UnB – PF – Agente – 2012) No período "Nesse caso, puxar a corda, afiar a faca ou assistir à execução seria simples...", como o conector "ou" está empregado com sentido aditivo, e não, de exclusão, a forma verbal do predicado "seria simples" poderia, conforme faculta a prescrição gramatical, ter sido flexionada na terceira pessoa do plural: **seriam.**
( ) CERTO   ( ) ERRADO

33. (Cespe/UnB – PF – Agente – 2012) Em *"... que fortalezas seguras, que duro peso de algemas, que profundas sepulturas nascidas de vossas penas..."*, a forma verbal "nascidas", apesar de referir-se a todas as expressões nominais que a antecedem, concorda apenas com a mais próxima, conforme faculta regra de concordância nominal.
( ) CERTO   ( ) ERRADO

34. (Cespe/UnB – TCDF – Auditor de Controle Externo – 2012) Em *"O fim da Idade Média, no século XV, e o ressurgimento... representaram..."*, a forma verbal "representaram" está no plural para concordar com o sujeito composto da oração, cujos núcleos são "fim", "século" e "ressurgimento".
( ) CERTO   ( ) ERRADO

35. (Cespe/UnB – PC/CE – Inspetor – 2012) No trecho "É verdade que a CE vem desenvolvendo novas formas políticas", o emprego da forma verbal singular "É" justifica-se pelo fato de essa forma verbal não ter sujeito explícito.
( ) CERTO   ( ) ERRADO

36. (Esaf – MDIC – Analista de Comércio Exterior – 2012) O texto abaixo foi transcrito com adaptações. Assinale a opção que apresenta <u>erro</u> gramatical ou de grafia de palavra que prejudica a coerência textual.
   *"**Constata-se** (1) uma discrepância nas carteiras dos maiores detentores de dinheiro no mundo rico: uma pequena fração, menos de 10%, **está investida** (2) nos países emergentes, que, no entanto, **já representa** (3) mais de 50% do PIB global. Nesse cenário o Brasil continuará a conviver com **maciças** (4) entradas de recursos, que devem manter o real ainda valorizado. O governo precisa favorecer investimentos diretos e conter fluxos mais especulativos. É tolerável desestimular a entrada de capital aventureiro, mas cumpre evitar exageros que **afugentem** (5) o dinheiro bom".*
   a) 1.   b) 2.   c) 3.   d) 4.   e) 5.

37. (Esaf – CGU – Analista de Finanças e Controle – 2012) Assinale a opção que fornece a correta justificativa para as relações de concordância no texto abaixo.
   *"O bom desempenho do lado real da **economia proporcionou** um período de vigoroso crescimento da arrecadação. A maior lucratividade das empresas foi decisiva para os **resultados** fiscais favoráveis. **Elevaram-se**, de forma significativa e em **valores reais**, **deflacionados** pelo Índice de Preços ao Consumidor Amplo (IPCA), as receitas do Imposto de Renda Pessoa Jurídica (IRPJ), a Contribuição Social sobre o Lucro Líquido (CSLL), e a Contribuição para o Financiamento da Seguridade Social (Cofins). O crescimento da massa de salários **fez aumentar a arrecadação** do Imposto de Renda Pessoa Física (IRPF) e a receita de tributação sobre a folha da previdência social. Não menos **relevantes foram** os elevados ganhos de capital, responsáveis pelo aumento da arrecadação do IRPF".*
   a) O uso do plural em "valores" é responsável pela flexão de plural em "deflacionados".
   b) O plural em "resultados" é responsável pela flexão de plural em "Elevaram-se".
   c) Emprega-se o singular em "proporcionou" para respeitar as regras de concordância com "economia".
   d) O singular em "a arrecadação" é responsável pela flexão de singular em "fez aumentar".
   e) A flexão de plural em "foram" justifica-se pela concordância com "relevantes".

38. (Esaf – MI-CENAD – Analista de Sistemas – 2012) Assinale a opção correta a respeito das relações de concordância no texto.
   *"A vida em um país nórdico, como a Finlândia, nos faz refletir mais profundamente sobre a relação entre **liberdade, igualdade, autonomia e formatos sociais** que **podem** propiciar vidas mais plenas e felizes aos seus cidadãos. Para alguém habituado a desigualdades, **uma sociedade igualitária**, com amplo respeito pela vida humana, excelentes índices de educação, burocracia inteligente e serviços públicos voltados (de fato) para melhorar a vida do cidadão, **soa** como um caminho para a produção de seres humanos mais plenos e sociedades mais inspiradoras. (...) A igualdade e a dignidade humana que uma sociedade pode produzir **referem-se** à possibilidade de o cidadão ter condições materiais e subjetivas à*

738 A Gramática para Concursos Públicos • Fernando Pestana

*sua disposição, para que, atendidas suas necessidades básicas e diárias de bem-estar, ele se ocupe com questões outras que a sobrevivência. (...) Em outros termos, não foi a igualdade que deixou o país apático. Ademais, **sociedades desiguais podem ser** tão ou mais acríticas e reprodutoras. O ponto que nos intriga é que a igualdade, o respeito e a dignidade dados a **todos** não **levaram** à autonomia, ao pensamento criativo e crítico, e a processos transformadores".*

a) A flexão de singular em "soa" justifica-se pela concordância com "uma sociedade igualitária".

b) A enumeração de vários elementos, "liberdade, igualdade, autonomia e formatos sociais" justifica a flexão de plural em "podem".

c) Devido ao uso do pronome "se", o plural em "referem-se" é opcional: estaria igualmente correto empregar o singular: **refere-se**.

d) Por se referir a "sociedades desiguais", o infinito em "podem ser" admitiria também a flexão de plural, **serem**.

e) O plural no pronome "todos" justifica a flexão de plural em "levaram".

39. (FCC – TRF (5ª R) – Técnico Judiciário – 2012) <u>Os folheteiros</u> vivem em feiras, mercados, praças e locais de peregrinação.
O verbo da frase acima NÃO pode ser mantido no **plural** caso o segmento grifado seja substituído por:
a) Há folheteiros que;   c) O folheteiro e sua família;   e) Cada um dos folheteiros.
b) A maior parte dos folheteiros;   d) O grosso dos folheteiros;

40. (FCC – TRE/SP – Técnico Judiciário – 2012) ...... tomar medidas que ...... a sobrevivência de algumas espécies de aves na região.
a) Eram necessários – garantissem.
b) Eram necessárias – garantissem.
c) Era necessário – garantisse.
d) Eram necessárias – garantisse.
e) Era necessário – garantissem.

41. (Instituto Cidades – TCM/GO – Auditor de Controle Externo – 2012) Assinale o item que preenche corretamente as lacunas, do ponto de vista da concordância verbal.
Já ___ muitos anos que não se lançava nenhum filme mudo, mas ___ muitas pessoas que ainda ___ por este tipo de filme.
a) devem fazer, tem, se apaixona;
b) deve fazer, há, se apaixonam;
c) deve fazerem, há, se apaixona;
d) fazem, há, se apaixona;
e) faz, haviam, se apaixonarão.

42. (CESPE/UnB – CPRM – Analista – 2013) Em "uma expedição com cientistas do Brasil e do Japão, a bordo do equipamento submersível Shinkai 6.500, observou a formação geológica", a forma verbal "observou" está no singular para concordar com o sujeito da oração, "equipamento submersível Shinkai 6.500".
( ) CERTO   ( ) ERRADO

43. (FCC – TRT 2ª – Técnico Judiciário (Área Apoio Especializado) – 2014) O verbo empregado no singular que também estaria corretamente empregado no plural, sem que se faça qualquer outra alteração na frase, está grifado em:
a) *... mas **produz** coisas completamente diferentes.*
b) *A moda tem uma lógica que **anexa** objetos e territórios os mais variados...*
c) *... que a moda **destrói** as culturas do passado...*
d) *... e, no fundo, **coincide** com o desenvolvimento da sociedade de consumo...*
e) *... na qual a maior parte dos indivíduos **pode** escolher seus modos de vida...*

44. (VUNESP – Câmara Municipal de Descalvado/SP – Secretário Administrativo – 2015) Supondo que as alternativas reproduzam as frases impressas em cartazes afixados nas paredes de uma padaria, é correto afirmar que a frase em conformidade com a norma-padrão da língua portuguesa encontra-se em:
a) Fazem-se sanduíches e bolos decorados.
b) Faz-se tortas e sobremesas dietéticos.
c) Preparam-se bandejas com docinhos variado.
d) Prepara-se bandejas com diversos salgadinhos.
e) Vende-se pãezinhos e baguetes recheados.

Capítulo 28 • Concordância   **739**

45. (CONSULPLAN – Prefeitura de Cascavel/PR – Técnico em Informática – 2016) "Há famílias em situações de risco e fragilidade?"
A concordância do verbo haver foi corretamente empregada no trecho em evidência. Assinale a alternativa em que a concordância em relação ao mesmo verbo está INCORRETA.
a)   Houve muitas acusações às famílias.
b)   Na reunião escolar, haviam muitas famílias.
c)   Na competição entre família e escola não há titulares.
d)   As famílias e o estado se houveram bem durante a reunião.
e)   O estado e a escola já haviam se manifestado em relação às famílias.

46. (CESPE – SEDF – Professor de Educação Básica – 2017) Seriam mantidos a correção gramatical e o sentido original do texto se o trecho "São duas gramáticas distintas" fosse reescrito da seguinte forma: Tratam-se de duas gramáticas diferentes.
( ) CERTO   ( ) ERRADO

47. (CESPE – MPE/PI – Técnico Ministerial (Área Administrativa) – 2018) Em "Saiu a mais nova lista de coisas que devem ou não ser feitas...", seria incorreto o emprego do verbo "ser" no plural – serem.
( ) CERTO   ( ) ERRADO

48. (CESPE – PRF – Policial Rodoviário Federal – 2019) No trecho "Os processos de produção dos objetos que nos cercam movimentam relações diversas entre os indivíduos", o sujeito da forma verbal "cercam" é "Os processos de produção dos objetos".
( ) CERTO   ( ) ERRADO

49. (CESPE – MPE/CE – Analista Ministerial (Administração) – 2020) A correção gramatical do texto seria mantida caso a forma "existirem" ("apesar de não existirem, nos animais, traços de preconceito...") fosse substituída por existir.
( ) CERTO   ( ) ERRADO

50. (VUNESP – CODEN – Engenheiro Civil – 2021) Leia: "Para rever a situação, FORAM FEITAS simulações pelo computador. Não BASTAVAM manuais de instruções para salvar o dia. A primeira conclusão era de que EXISTIAM opções mais sensatas a serem tomadas pelo piloto".
De acordo com a concordância verbal e nominal estabelecida pela norma-padrão, as expressões destacadas podem ser substituídas, respectivamente, por:
a)   realizou-se; Eram inúteis; havia
b)   realizou-se; Eram inútil; haviam
c)   realizaram-se; Eram inúteis; haviam
d)   realizaram-se; Eram inútil; haviam
e)   realizaram-se; Eram inúteis; havia

51. (CESPE – MJSP – Técnico Especializado em Formação e Capacitação – 2022) A substituição da forma verbal "visam" ("um conjunto de estratégias que visam minimizar os danos causados pelo uso de diferentes drogas") por "visa" manteria a correção gramatical do texto.
( ) CERTO   ( ) ERRADO

Gabarito

1. INCORRETA.
2. E.
3. B.
4. ERRADO.
5. CERTO.
6. CERTO.
7. CERTO.
8. CERTO.
9. CERTO.
10. ERRADO.
11. ERRADO.
12. ERRADO.
13. E.
14. D.
15. D.
16. C.
17. E.
18. E.
19. A.
20. C.
21. E.
22. C.
23. D.
24. D.
25. E.
26. B.
27. C.
28. D.
29. C.
30. C.
31. CERTO.
32. ERRADO.
33. ERRADO.
34. ERRADO.
35. ERRADO.
36. C.
37. A.
38. A.
39. E.
40. E.
41. B.
42. ERRADO.
43. E.
44. A.
45. B.
46. ERRADO.
47. CERTO.
48. ERRADO.
49. ERRADO.
50. E.
51. CERTO.

Os comentários sobre as questões estão no *Material Complementar* do livro.
Para acessá-lo, veja o passo a passo na orelha desta obra.

CAPÍTULO 29
REGÊNCIA

Definição e Particularidades

Antes de começar a estudar este capítulo, é preciso que você volte ao capítulo 19 e estude tudo sobre **Predicação Verbal / Transitividade Verbal**. É *megaimportante* que você faça isso, ok? Além disso, recomendo que você crie o hábito de consultar dicionários de regência verbal e nominal, principalmente do Celso P. Luft. Os compêndios deste estudioso servem de base para a confecção das questões trabalhadas pelas bancas. Em futuros "recursos" contra questões, use as lições do homem como defesa de tese. Agora vamos ao que interessa...

> **Observação**
>
> **Regência** é a relação de dependência entre os componentes de uma oração ou entre orações. Mas o que nos deve interessar, principalmente para os concursos, é este conceito: "**regência** é a maneira como o **nome** ou o **verbo** se relacionam com seus **complementos**, com preposição ou sem ela".

Quando um **nome** (substantivo, adjetivo ou advérbio) exige um complemento preposicionado, dizemos que este **nome** é um **termo regente** e que **seu complemento** é um **termo regido**. Por um motivo muito simples: há uma relação de dependência entre o nome e o seu complemento.

Lembre-se: o **nome** (substantivo, adjetivo e advérbio) exige um complemento nominal sempre iniciado por preposição, exceto se o complemento vier em forma de pronome oblíquo átono.

 Aqui vai uma dica: Cuidado com questões em que a banca afirma que um termo preposicionado é um complemento nominal, quando, na verdade, é um adjunto adnominal, um adjunto adverbial ou um agente da passiva. Revisite esses termos sintáticos!

No caso do **verbo**, a relação mantida com seu complemento pode ou não se dar por meio de preposição. Por isso é bom que relembremos os conceitos de transitividade verbal (ou predicação verbal). Assim como o nome, o verbo mantém uma relação de dependência sintática com seu complemento, em que o **verbo** é o **termo regente** e **seu complemento**, o **termo regido**.

Veja a relação entre alguns **nomes** (substantivo, adjetivo e advérbio) e seus complementos:

> ***Sempre senti <u>ojeriza</u>** a qualquer atitude desonesta*.
>
> *Ojeriza* é um substantivo. Quem sente ojeriza... sente ojeriza *a, contra, por* algo ou alguém. Portanto, *a qualquer atitude desonesta* é um complemento nominal de *ojeriza*.
>
> ***Os discípulos daquele mestre sempre *lhe* foram <u>leais</u>**.
>
> *Leal* é um adjetivo. Quem é leal... é leal *a* algo ou *a* alguém. Neste exemplo, o complemento nominal veio em forma de pronome oblíquo átono, que, se passado a oblíquo tônico, ficaria assim, no contexto: *leais <u>a ele</u>*. É assim que cai em prova de concurso.
>
> ***A exposição de pinturas, evento realizado <u>paralelamente</u>***
> ***ao musical, terminou***.
>
> *Paralelamente* é um advérbio que exige a preposição *a*. Portanto, *ao musical* é um complemento nominal de *paralelamente*.

Veja agora a relação entre alguns *verbos* e seus complementos:

> ***Já <u>fui</u>** a parques de todo o mundo*.
>
> Neste caso, o verbo *ir* rege um complemento iniciado pela preposição *a*. Quem vai... vai *a* algum lugar (real ou virtual). <u>A **gramática tradicional** considera tal complemento um adjunto adverbial</u>.
>
> ***Neste ano, os candidatos <u>conquistaram</u>** a tão sonhada classificação*.
>
> O verbo *conquistar* exige um complemento sem que nenhuma preposição intermedeie a ligação entre o verbo e seu complemento direto. Quem conquista... conquista alguém ou alguma coisa.
>
> ***Em nenhum momento nós <u>desistimos</u>** do que nos motivava*!
>
> O verbo *desistir* exige um complemento preposicionado, em que a preposição *de* liga o verbo a seu complemento indireto. Quem desiste... desiste de algo ou de alguém. Detalhe: o núcleo do objeto indireto é o (= *aquilo*). Veja de novo: "... desistimos *d<u>o</u>* (= *daquilo*) que nos motivava!".
>
> ***Garçom, por gentileza, <u>ofereça</u>** ao amigo o melhor prato da casa*.
>
> O verbo *oferecer* exige um complemento sem preposição (*o melhor prato da casa*) e um complemento com preposição (*ao amigo*). Quando vem em forma de pronome átono ("lhe", p. ex.), obviamente não há preposição explícita no complemento indireto (ou **objeto indireto**).

Enfim, a **regência nominal** ou **verbal** trata da relação de dependência entre termos dentro da oração, como atestamos.

É bom dizer também que ocorre **regência nominal** e **verbal** entre orações. Lembra-se das orações subordinadas substantivas? Entre elas e suas orações principais também há **regência nominal** e **verbal**. Quer ver?

Capítulo 29 • Regência

> ***Tenho <u>noção</u>** de que preciso empenhar-me em busca do melhor.*

O nome *noção*, que faz parte da oração principal, rege um complemento nominal oracional (ou uma oração subordinada substantiva completiva nominal). Afinal, "quem tem noção... tem noção **de**...".

> ***Tanto ela quanto ele só <u>gostam</u>** de quem gosta deles.*

O verbo *gostar* da oração principal exige igualmente um complemento preposicionado, que, neste caso, é uma oração subordinada substantiva objetiva indireta justaposta. Quem gosta... gosta **de**...

Saiba que, se os "homens da banca" quiserem derrubá-lo, vão elaborar questões com esses... digamos... "detalhes"... **Todo cuidado é pouco a partir de agora! Leia atentamente!**

1) É importante dizer que, se um verbo ou um nome da oração subordinada adjetiva exigir a presença de uma preposição, esta ficará <u>obrigatoriamente</u> antes do pronome relativo.

   — *O filho, <u>por quem</u> a mãe tinha **admiração**, era honesto.*

   — *O dinheiro <u>de que</u> a Secretaria Municipal de Fazenda do Rio de Janeiro **dispõe** não pagará as despesas vultosas e crescentes.*

   — *Informo que os cursos a respeito das principais bancas, <u>às quais</u> fiz **menção** nas últimas aulas, estão na pasta B.*

   — *"Eu quero ser sempre aquilo <u>com quem</u> **simpatizo**".* (Fernando Pessoa)

   — *A tese <u>contra a qual</u> **opusemos** argumentos era a de que a beleza não põe mesa.*

2) Acho superválido dizer também que alguns nomes e verbos, <u>com regências diferentes</u>, podem reger o mesmo complemento. Só que isso é polêmico... A maioria dos gramáticos tradicionais diz que nomes de regências diferentes **NÃO** podem ter um só complemento. Enfim, veja os exemplos a seguir para ficar mais claro:

> ***Pedro e Larissa <u>assistiram</u> e <u>gostaram</u>** da sessão de cinema.*

Saiba que o verbo *assistir* (no sentido de ver) rege um complemento pela preposição *a*, e que o verbo *gostar* o faz pela preposição *de*. Logo, se cada verbo tem sua maneira própria de reger um complemento, é preciso haver um complemento para cada verbo – dizem as gramáticas mais tradicionais. Em outras palavras, tradicionalmente, a frase acima deveria estar escrita assim:

> ***Pedro e Larissa <u>assistiram</u>** à sessão de cinema **e <u>gostaram</u>** dela.*

Não obstante, Bechara e Cegalla, por exemplo, pensam diferente. Veja o que Cegalla diz: "Por concisão, pode-se... dar um complemento comum a <u>verbos</u> (e mais à frente ele fala o mesmo sobre os <u>nomes</u>) de regência diferente". Daí, segue o exemplo dele: "Os devotos entravam e saíam da igreja [Em vez de: Os devotos entravam na igreja e saíam dela]".

Observação

Com essas palavras concluímos que, na hora da prova, como as bancas de concursos públicos não costumam divulgar bibliografia, devemos observar bem a questão, analisar todas as alternativas e, se figurar alguma com a visão "não ortodoxa" e alguma com a "tradicional", opte pela tradicional. "Mas, Pestana, e se <u>só</u> houver a visão 'não ortodoxa' na questão, o que faço com a informação da 'tradicional' na cabeça?" Resposta: Ignore-a completamente, marque a visão "não ortodoxa" e seja feliz!

A visão "tradicional", inclusive, proíbe construções com mais de uma preposição (essencial, acidental ou locução prepositiva) com sentido diferente se referindo a um só termo. A "não ortodoxa" (Bechara e Cegalla) aprova tais construções. Veja um exemplo da construção "não ortodoxa", seguida da "tradicional":

Choveu <u>antes</u>, <u>durante</u> e <u>depois</u> do jogo. (não ortodoxa)

Choveu <u>antes</u> do jogo, <u>durante</u> o jogo e <u>depois</u> dele. (tradicional)

Veja mais exemplos da visão "não ortodoxa":

Você é <u>a favor</u> ou <u>contra</u> esta lei?

<u>Com</u> ou <u>sem</u> ela, estou indo para a Inglaterra ainda esta noite.

Reescrevendo-as na visão "tradicional":

Você é <u>a favor</u> desta lei ou <u>contra</u> ela?

<u>Com</u> ela ou <u>sem</u> ela, estou indo para a Inglaterra ainda esta noite.

3)   Verbos com regências iguais, por outro lado, podem ter o mesmo complemento:

O Brasil <u>costuma exportar</u> e <u>importar</u> certos produtos agrícolas.

4)   Outra questão polêmica é a seguinte: pode ou não um sujeito de verbo no infinitivo vir contraído com uma preposição? Novamente... Cegalla, Bechara, Sílvio Elia e Souza da Silveira têm uma visão "não ortodoxa" do assunto, apesar de explicitarem a visão "tradicional". Quer conhecer a visão "tradicional"? Então... lá vai: ela diz que um sujeito não pode ser regido de preposição diante de qualquer verbo (infinitivo ou não). Ponto. Exemplo:

É chegada a hora <u>de os</u> <u>meninos</u> <u>serem</u> separados dos adultos.

Para o imortal Bechara, tanto faz, você decide. A visão "não ortodoxa" aprova a contração:

É chegada a hora <u>de os meninos</u> <u>serem</u> separados dos adultos.

ou

É chegada a hora <u>dos</u> <u>meninos</u> <u>serem</u> separados dos adultos.

Aí vem sua famigerada pergunta: "Pestana, o que faço na prova?" O mesmo que eu falei agora há pouco: devemos observar bem a questão, analisar todas as alternativas e, se figurar alguma alternativa com a visão "não ortodoxa" e alguma com a "tradicional", opte pela *tradicional*. Veja:

O fato <u>do</u> Brasil e <u>dos</u> Estados Unidos se <u>acharem</u> no mesmo continente é um acidente geográfico.

Certo ou errado? Depende da prova, depende da questão. A visão "tradicional" repudia; a "não ortodoxa" aprova. Na dúvida, já expus a polêmica. Agora estude e fique atento! É com você. *A Esaf aprova ambas as estruturas*.

Capítulo 29 • Regência

5) Apesar de já haver falado disso no capítulo de *Orações Subordinadas Substantivas*, reitero: a *preposição* exigida por verbo ou nome pode vir implícita antes de orações subordinadas substantivas objetivas indiretas e completivas nominais. Essa é a visão "não ortodoxa". A "tradicional" diz que precisa haver preposição **explícita**.

Esqueceu-se de que tenho oitenta anos? (tradicional)

Esqueceu-se (   ) que tenho oitenta anos? (não ortodoxa)

Tinha a impressão de que estava certo. (tradicional)

Tinha a impressão (   ) que estava certo. (não ortodoxa)

6) É muito frequente questão de regência verbal envolvendo **pronomes oblíquos átonos e pronomes relativos.** Principalmente na FCC há questões recorrentes de "regência com pronome relativo", em que a preposição, exigida por verbo ou nome da oração adjetiva, fica <u>obrigatoriamente</u> antes do pronome relativo. Sendo assim, veja dois exemplos hipotéticos de questões desse tipo.

Exemplo 1:

Informei aos alunos aquela notícia tão aguardada.

Levando-se em conta a regência verbal, as reescrituras possíveis da frase acima são:

I – *Informei-lhes aquela notícia tão aguardada.*

II – *Informei-a aos alunos.*

III – *Informei-os daquela notícia tão aguardada.*

IV – *Informei-lhes daquela notícia tão aguardada.*

a) I e II.

b) II e III.

c) III e IV.

d) I, II e III.

e) II, III e IV.

Comentário: O gabarito é a letra D, pois "quem informa, informa algo (OD) a alguém (OI)", ou "quem informa, informa alguém (OD) de algo (OI)". O verbo é transitivo direto e indireto, logo exige um objeto direto e um objeto indireto. Por isso, observe: I – *Informei-lhes (OI) aquela notícia tão aguardada (OD).* II – *Informei-a (OD) aos alunos (OI).* III – *Informei-os (OD) daquela notícia tão aguardada (OI).* IV- – *Informei-lhes (OI) daquela notícia tão aguardada (OI).* O verbo informar não exige dois objetos indiretos, logo a reescritura IV está errada.

Lembre-se de que os pronomes oblíquos átonos *o, a, os, as, lo, la, los, las, no, na, nos, nas* **exercem função de objeto direto, nunca de objeto indireto. Já** *lhe, lhes* **exercem função de objeto indireto, nunca de objeto direto.** Saiba também que os pronomes oblíquos átonos *me, te, se, nos, vos* podem exercer função de objeto direto, objeto indireto etc. Consulte *Funções Sintáticas dos Pronomes Oblíquos Átonos*, no capítulo 21.

Exemplo 2:

Os assuntos gramaticais de que venho tratando aqui são muito importantes.

Assinale a alternativa que apresenta regência adequada, como na frase acima.

a) Respeitar padrões morais é uma qualidade da qual não abrem mão certos homens.

b) A força do nosso trabalho, de que não relutamos em vender, dificilmente será paga.

c) A barbaridade de que serviu ao poeta de tema não espantou os civilizados.

d) O autor do texto, de cuja convicção estamos longe de alcançar, desconfia de tudo.

e) Os maus tempos dos quais estamos atravessando devem-se a uma falta de previsão.

Comentário: O gabarito é a letra A, pois o verbo *abrir*, no contexto, é VTDI (abre-se mão (OD) de algo (OI)). Logo, a preposição *de* fica obrigatoriamente antes do pronome relativo (a qual). Nos demais casos, há erro de regência, pois nenhum verbo ou nome das orações adjetivas exige preposição, devendo ser reescritas assim: b) A força do nosso trabalho, que não relutamos em vender, dificilmente será paga. c) A barbaridade que serviu ao poeta de tema não espantou os civilizados. d) O autor do texto, cuja convicção estamos longe de alcançar, desconfia de tudo. e) Os maus tempos os quais estamos atravessando devem-se a uma falta de previsão.

Regência Verbal

Antes de entrarmos na regência de alguns verbos tradicionais, é preciso que você saiba o seguinte: não é possível abordar todos os verbos em uma gramática, para isso existem Dicionários de Regência. No entanto, saiba que as provas costumam abordar os mesmos verbos. Graças a Deus! De mais de 11.000 verbos e suas regências, você precisará conhecer cerca de 80 verbos (para além do conteúdo deste capítulo, desenvolvi um aplicativo para celular sobre regência verbal chamado *Regência Verbal para Concursos*). Não pense que isso é muito, pois o candidato realmente preparado ou engajado ficará feliz em saber isso.

Pontos Importantíssimos

1) O *lhe*

O *lhe* exerce função de objeto indireto, nunca de objeto direto, por isso certas frases (*"Não lhe vejo há muito tempo"*) são equivocadíssimas. Se o verbo *ver* é transitivo direto, não podemos usar *lhe* como seu complemento. O adequado à norma culta é: *"Não o vejo há muito tempo"* ou *"Não a vejo há muito tempo"* ou *"Não te vejo há muito tempo"*. Saiba também que o *lhe* não serve de complemento para alguns verbos, como: *aludir, anuir, aceder, aspirar (= almejar), assistir (= ver), escarnecer, proceder, presidir, recorrer, referir-se (= aludir), visar (= almejar)*.

2) Preposições e prefixos verbais

Apesar de não ser uma regra fixa, é um fato linguístico que alguns verbos regem preposição semelhante a seus "prefixos": <u>con</u>correr com, <u>de</u>duzir de, <u>de</u>pender de, <u>in</u>cluir em, <u>a</u>derir a, <u>con</u>cordar com, <u>co</u>incidir com, <u>con</u>viver com, <u>em</u>barcar em, <u>pere</u>grinar por, <u>inter</u>por entre, <u>per</u>passar por, <u>com</u>pactuar com, <u>com</u>partilhar com, <u>con</u>temporizar com, <u>im</u>plicar em...

3) Verbos pronominais

É bom saber que alguns verbos não pronominais (não acompanhados da partícula integrante *se*) podem se tornar pronominais. Quando isso ocorre, sua regência muda. **De transitivos diretos passam a transitivos indiretos:** *aborrecer (aborrecer-se com), aconselhar (aconselhar-se com), alegrar (alegrar-se com), apoderar (apoderar-se de), aproveitar (aproveitar-se de), armar (armar-se de), carregar*

Capítulo 29 • Regência **747**

(carregar-se de), cercar (cercar-se de), comunicar (comunicar-se com), debater (debater-se com, contra, em, entre, sob), defender (defender-se de), dedicar (dedicar-se a), enganar (enganar-se em), esquecer (esquecer-se de), lembrar (lembrar-se de), limitar (limitar-se a), orgulhar (orgulhar-se de), recordar (recordar-se de), referir (referir-se a), tratar (tratar-se de), zangar (zangar-se com), precaver (contra/de) etc.

Além disso, existem certos verbos, essencialmente pronominais, que sempre exigem complemento preposicionado: *apaixonar-se por, arrepender-se de, atrever-se a, candidatar-se a, dignar-se de, engalfinhar-se com, esquivar-se de, esforçar-se em/para/por, queixar-se de, refugiar-se em/de* etc.

Não são pronominais: *antipatizar, atentar, confraternizar, consultar, ombrear, proliferar, silenciar, simpatizar, sobressair* etc. Logo, há incorreção gramatical em: *"Os jovens procuram **se sobressair** na internet, a qual é um universo anárquico"*. A forma culta é: *"Os jovens procuram **sobressair** na internet, a qual é um universo anárquico"*.

4)   Voz verbal e regência

Há verbos transitivos indiretos, como *apelar, assistir (= ver), pagar/perdoar* (com complemento de pessoa), *responder* etc., em que há "concessões" para o uso da forma passiva, como diz Bechara. Napoleão Mendes de Almeida vai além, defendendo o uso de *assistir (= ver)* na voz passiva. Veja:

Voz Ativa	Voz Passiva
Não apelaram da sentença.	*A sentença não **foi apelada**.*
Muitas pessoas assistiram à missa.	*A missa **foi assistida** por muitas pessoas.*
Pagamos às empregadas.	*As empregadas **foram pagas** por nós.*
Todos lhe perdoaram.	*Ele **foi perdoado** por todos.*
Reponder-se-ão às dúvidas.	*As dúvidas **serão respondidas**.*
João abusou de Maria.	*Maria **foi abusada** por João.*

Os verbos *obedecer* e *desobedecer*, apesar de hoje serem transitivos indiretos, eram considerados transitivos diretos antigamente. Por esse motivo, muitos gramáticos registram que tais verbos podem figurar na voz passiva: *A ordem da mãe não **foi obedecida** pelo filho. / **Obedeceu-se** a ordem.*

Outra informação importante é que os verbos *assistir (= ajudar)* e *pagar/perdoar* (com complemento de coisa) podem ser passados para a voz passiva analítica normalmente, pois, nesses casos, eles são transitivos diretos:

—   *O professor **continua assistindo** os alunos. / Os alunos **continuam sendo assistidos** pelo professor.*
—   *Tomara que **tenham perdoado** toda a dívida. / Tomara que toda a dívida **tenha sido perdoada**.*

🔍**Observação**

Mas a grande verdade é que a tradição da língua culta **NÃO** tolera que verbos transitivos indiretos sejam passados para a voz passiva. E é assim que 99% das bancas veem tal fato. Fique esperto!

5)   Recomenda-se que se use um pronome oblíquo átono para cada verbo (com transitividade diferente) numa estrutura de coordenação: *Os professores **me** encontraram e deram-**me** um conselho.* Note que o verbo *encontrar* é VTD e o verbo *dar* é VTDI. O primeiro tem função de objeto direto, e o segundo, indireto. É possível encontrar isso na gramática do Celso

Cunha. Ele diz mais: "um pronome oblíquo átono pode ser complemento de verbos de regências iguais": *Eu **lhe** dei comida e emprestei dinheiro.*

Verbos Com Mais de Uma Regência Sem Mudança de Sentido

Tais verbos costumam ser indistintamente transitivos diretos ou indiretos:

Transitivos Diretos	Transitivos Indiretos
O rei **abdicou** *o trono*.	O rei **abdicou** *do trono*.
Acredito *que Deus existe*.	**Acredito** *na existência de Deus*.

> **Observação**
>
> Os verbos acreditar, crer, pensar e sinônimos (ao expressar uma opinião, um julgamento) são VTDs quando seu complemento é uma oração subordinada substantiva objetiva direta: **Penso** (VTD) que devo estudar mais (OD).

Acudiram o rapaz.	***Acudiram ao rapaz.***
Anseio/Almejo *uma vida estável*.	***Anseio/Almejo*** *por uma vida estável*.
A noite **antecede** *o amanhecer*.	A noite **antecede** *ao amanhecer*.
A secretária **atendeu** *o telefone*.	A secretária **atendeu** *ao telefone*.
Na prova, **atente** *o que estiver diante de seus olhos*.	Na prova, **atente** *a/em/para o que estiver diante de seus olhos*.
O poema **atingiu** *os corações*.	O poema **atingiu** *aos corações*.
Durante uma semana, eu **cogitei** *aquela vingança*.	Durante uma semana, eu **cogitei** *naquela vingança*.
Como o patrão **consente** *tantos erros*?	Como o patrão **consente** *em tantos erros*?
Declinou *o cargo*.	**Declinou** *do cargo*.
Deferiu *o requerimento*.	**Deferiu** *ao requerimento*.
"Na penumbra da noite **deparei um vulto estranho**". (Cegalla)	Na penumbra da noite **deparei** *com um vulto estranho*.

> **Observação**
>
> Quem se depara se depara com algo ou alguém. Cuidado com essa regência junto a pronome relativo: "A situação **que se depara** com frequência não o surpreende" (incorreta) / "A situação **com que se depara** com frequência não o surpreende" (correta). Consulte: CESPE – SEFAZ/RS – AUDITOR FISCAL DA RECEITA ESTADUAL – 2019 – QUESTÃO 9 (LETRA E).

Desdenho *tua sabedoria*.	**Desdenho** *de tua sabedoria*.
Desfrutemos *o bom da vida*!	**Desfrutemos** *do bom da vida*!

> **Observação**
>
> Os verbos desfrutar e usufruir são tradicionalmente vistos, inclusive em manuais de redação oficiais, como VTDs (complemento sem preposição), mas Celso Pedro Luft diz que **a variante regencial** usufruir de, **não faz mais que seguir o modelo da base verbal fruir: fruir as utilidades, fruir dos bens**. Isso porque o verbo fruir, em todas as suas acepções, pode ser usado como transitivo direto ou como transitivo indireto, regendo a preposição de. A alternância de regência não implica alteração do sentido do verbo. Em outras palavras, tais verbos podem ser encontrados como VTDs, sem preposição, ou como VTIs, regendo a preposição de, segundo Celso Pedro Luft. Francisco Fernandes já os vê como VTDs. Sobre isso, consulte: CONSULPLAN – PREF. PORTO VELHO/RO – ASSISTENTE ADMINISTRATIVO – 2012 – QUESTÃO 5 e).

Os gastos **excedem** a receita.	Os gastos **excedem** à receita.
Ele **goza** sua melhor forma.	Ele **goza** de sua melhor forma.
Não **necessitam/precisam** defesa de ninguém. (forma rara atualmente)	Não **necessitam/precisam** da defesa de ninguém.
O nascimento do filho **obstou** a viagem.	O nascimento do filho **obstou** à viagem.
Elas **suspeitam** a veracidade das informações.	Elas **suspeitam** da veracidade das informações.
Ele **partilhou** seus ideais.	Ele **partilhou** de seus ideais.
O trovão **precedeu** o temporal.	O trovão **precedeu** ao temporal.
O padre **presidirá** a cerimônia.	O padre **presidirá** à cerimônia.
O político, mais um, **renunciou** o cargo.	O político **renunciou** ao cargo.
Satisfez sua necessidade?	**Satisfez** à sua necessidade?
Usou certos recursos.	**Usou** de certos recursos.

 CUIDADO!!!

Alguns verbos transitivos diretos seguidos de preposição, segundo Bechara, "dão um colorido especial ao contexto". Lembra-se dos casos de objeto direto preposicionado? Então, lá há alguns verbos que fazem parte de expressões idiomáticas do português junto com seus complementos preposicionados. Exemplos:

– Comi o bolo. / Comi do bolo. (Apenas um pedaço do bolo – não ele todo – foi comido; a preposição neste caso tem um papel semântico indicando "partição".)

Na edição de junho de 2011 da revista *Piauí*, o professor Evanildo Bechara diz que "a função das preposições não é sintática, mas semântica. Pegar uma linha indicaria nada mais do que segurá-la. Mas pegar da linha implica que ela será utilizada". O erudito disse mais: "É impressionante como os bons autores aproveitam todas as faculdades da língua", comentou. No inglês, o

fenômeno, conhecido como *two-word verbs*, é largamente utilizado. *Look* é "olhar". Acrescido da preposição *for*, quer dizer "procurar", *look for*. **Bechara explicou então que "cumprir o dever" é diferente de "cumprir com o dever", que exige sacrifício [zelo, esforço].**
O mesmo se dá com *fazer*, que pode figurar como *"Fazer que..."* ou *"Fazer com que"*, em que a preposição apenas serve de ênfase ao objeto direto: *"Pouco conhecimento* **faz (com) que** *as pessoas se sintam orgulhosas".* (Leonardo Da Vinci)

Verbos Que Normalmente Mudam de Sentido Devido à Regência

Para facilitar sua vida, apresentarei 38 casos dos verbos mais corriqueiros nos concursos. É óbvio que existem outros não tão populares assim em seu concurso... e, por isso mesmo, normalmente de fácil percepção quanto à regência. Caso você queira mais, recomendo a consulta ao *Dicionário Prático de Regência Verbal*, de Celso P. Luft, ou ao *Dicionário de Verbos e Regimes*, de Francisco Fernandes, ou ainda ao *Dicionário de Regência Verbal*, de Antenor Nascentes. São as grandes referências no assunto.

Usarei algumas siglas: VI (verbo intransitivo), VTD (verbo transitivo direto), VTI (verbo transitivo indireto) e VTDI (verbo transitivo direto e indireto, ou bitransitivo). Suas respectivas preposições, quando houver, virão junto. Vamos lá!

Agradar

Acariciar, fazer carinho (VTD)
— *A mãe agradou seu filho no colo.*
Satisfazer, alegrar, contentar (VTI – *a*)
— *Este espetáculo sempre agrada* **ao** *público.*

> **Observação**
>
> Não ortodoxamente, Luft diz que neste último caso, o verbo pode ser VTD: *Este espetáculo agradou-o.* Na hora da prova, analise todas as opções possíveis, ficando com a "melhor resposta".

Agradecer

VTD (complemento "coisa")
— *Alguns sem-teto agradeceram nosso auxílio.*
VTI (complemento "pessoa"; acompanhado ou não de adjunto adverbial de causa)
— *Devemos agradecer a Deus (quem crê, é claro) pelas bênçãos diárias.*
VTDI (OD ("coisa") / OI ("pessoa") – *a*)
— *Agradeceste-lhe (**a ele**) o elogio?*

Ajudar

Facilitar (VI)
— *Dinheiro não traz felicidade, mas ajuda.* (dito popular)
Auxiliar (VTD)
— *Deus ajuda quem cedo madruga.* (dito popular)

Capítulo 29 • Regência **751**

Auxiliar (VTI – *em*)
– *Ele sempre ajuda **na** reforma da Igreja.*
Auxiliar (VTDI (OD: "pessoa" / OI: "coisa" – *em*)
– *Os irmãos não se ajudam **em** nada.*

> 🔍 **Observação**
>
> Quando o OI tem como núcleo um verbo no infinitivo, Celso P. Luft diz que é iniciado pela preposição *a*, sendo desaconselhada na linguagem culta formal o uso de *lhe* na posição de objeto direto: *"Vou ajudar-**lhe a** arrumar o quarto"* (regência desaconselhada) / *"Vou ajudá-**lo a** arrumar o quarto"* (regência aconselhada). Já Francisco Fernandes diz que tanto faz. É a visão do Luft, porém, que prevaleceu na visão do Cespe/UnB, que ignorou o ensinamento de Francisco Fernandes: Cespe/UnB – ANATEL – TÉCNICO EM REGULAÇÃO – 2006 – QUESTÃO 11.

Apelar

Interpor recurso judicial à instância superior, recorrer (VTI – *de*)
– *O advogado apelou **da** decisão.*
Pedir socorro/ajuda (VTI – *a, para*)
– *Aquela mulher feia teve de apelar **para** o santo casamenteiro.*

Aspirar

Respirar, inspirar, sugar (VTD)
– *Em regiões muito altas, é difícil aspirar o ar.*
Almejar, pretender alcançar (VTI – *a*)
– *Nunca mais aspirarei **a** amores impossíveis.*

> 🔍 **Observação**
>
> O pronome oblíquo átono *lhe* nunca é usado como complemento deste verbo. Logo, usamos o pronome oblíquo tônico: *"Nunca mais aspirarei **a eles** (a amores impossíveis)"*.

Assistir

Morar, residir, habitar (VI – *em*)
– *Assisto **em** Copacabana há 15 anos.*

> 🔍 **Observação**
>
> Lembre-se de que *em Copacabana* não é um complemento para os gramáticos tradicionais, em outras palavras, não é um objeto indireto, mas sim um adjunto adverbial de lugar! Lembrando que este é um dos verbos que indicam moradia/estaticidade/permanência.

Ajudar, auxiliar, apoiar, prestar assistência (VTD (preferencialmente) ou VTI – *a*)
– *O professor assistia frequentemente a aluna com dificuldade.*
– *O professor assistia-lhe (**a ela**) frequentemente.*

752 A Gramática para Concursos Públicos • Fernando Pestana

Ver (e ouvir), presenciar, observar (VTI – **a**)
– *Quando namorávamos, assistíamos **a** vários shows.*

> **Observação**
>
> O pronome oblíquo átono *lhe* nunca é usado como complemento deste verbo, nesta acepção. Logo, usamos o pronome oblíquo tônico: *"Quando namorávamos, assistíamos **a** eles (a vários shows)"*. Segundo os estudiosos Domingos P. Cegalla e Cândido Jucá (filho), não se assiste a alguém (pessoa), e sim àquilo que a pessoa faz.

Ser da competência de, caber, competir (VTI – **a**)
– *Não lhe (**a** você) assiste dizer se isto é certo ou errado.*

Atender

Veja uma questão da Esaf que elucida tudo sobre a regência deste verbo:

(Esaf – IRB – Analista de Sistemas – 2004)

– Identifique a letra em que uma das frases apresenta erro de regência verbal.

a) Atender uma explicação. / Atender a um conselho.

b) O diretor atendeu aos interessados. / O diretor atendeu-os no que foi possível.

c) Atender às condições do mercado. / Os requerentes foram atendidos pelo juiz.

d) Atender o telefone. / Atender ao telefone.

e) **Ninguém atendeu para os primeiros sintomas da doença. / Ninguém se atendeu aos primeiros alarmes de incêndio. (Gabarito!)**

GABARITO: E

Esta questão trata de todas as acepções do verbo **atender**. A maior parte das frases da questão foi retirada do livro de regência de Celso Pedro Luft (lembra que eu falei dele?!). Vamos lá...

a) O verbo será VTD ou VTI no sentido de *dar ou prestar atenção*.

b) No sentido de *servir, acolher, deferir, tomar em consideração*, é VTD ou VTI. Se o complemento deste verbo for um pronome oblíquo átono, só serão aceitas as formas diretas "o, a, os, as (e variações)".

c) VTD ou VTI no sentido de *tomar em consideração, considerar, levar em conta, ter em vista, deferir*. Por ser também VTD, a voz passiva analítica é adequada: *foram atendidos*.

d) VTD ou VTI no sentido de *escutar e responder (ao telefone)*.

e) no sentido de *atentar, reparar*, é VTI, podendo reger as preposições *a, em, para*: 1ª frase da opção E; mas... há uma forma incorreta, que é: "*Ninguém se atendeu aos primeiros alarmes de incêndio*". Neste sentido, não há como o verbo *atender* ser pronominal (com partícula integrante 'se'). Deveria ser: "Ninguém *atendeu aos (para os ou nos) primeiros alarmes de incêndio*".

Luft ainda fala que, no sentido de *conceder audiência a*, é VTD: *O Papa atenderá os peregrinos*.

Chamar

Convocar, convidar (VTD)
– *O técnico brasileiro chamou o novo talento para a seleção.*

Invocar para auxílio ou proteção, normalmente apelando (VTD ou VTI – **por**)
– *Chamaram (**por**) Jeová quando em extrema dificuldade.*

Capítulo 29 • Regência **753**

Classificar, qualificar, nomear (VTD ou VTI – *a*)
- *Chamei o professor (de) inteligente. / Chamei-o (de) inteligente.*
- *Chamei **ao** professor (de) inteligente / Chamei-lhe (de) inteligente.*

> **Observação**
>
> A preposição *de* é facultativa em *de inteligente*, que é um predicativo do objeto. Relembrando: o verbo **transobjetivo** é aquele que exige um complemento (OD ou OI) + um predicativo do objeto.

Chegar

Tradicionalmente VI (vem acompanhado de adjunto adverbial de lugar, iniciado sempre pela preposição **a**, nunca por **em**)
- *Nosso time nunca chegou **a** uma posição decente na tabela.*

> **Observação**
>
> O mesmo vale para outros verbos que indicam deslocamento, como *ir*: *Quem vai... vai **a** algum lugar*. Detalhe: "Quando alguém vai **para** algum lugar" significa *ir* e *se demorar* (ou *ir* e *ficar*). O Luft entende que tais verbos (*ir* e *chegar*, por exemplo) podem ser classificados como transitivos indiretos. Veja isto: FCC – DPE/SP – AGENTE DE DEFENSORIA PÚBLICA – 2013 – QUESTÃO 9; FCC – METRÔ/SP – ENFER-MEIRO DO TRABALHO – 2019 – QUESTÃO 18.

Comunicar

É normalmente usado como verbo transitivo direto e indireto. Nas palavras do ilustre gramático Domingos P. Cegalla, "os fatos é que podem ser comunicados e não as pessoas", logo a regência correta é: comunicar algo a alguém, e não comunicar alguém de algo. Exemplos:

"Comunicamos aos alunos que deveriam chegar cedo" (certo);

"Comunicamos os alunos de que deveriam chegar cedo" (errado);

"Comunicaram o ocorrido aos participantes" (certo);

"Comunicaram os participantes do ocorrido" (errado).

Conferir

Examinar (VTD)
- *Conferimos a redação do candidato, a qual estava excelente.*

Atribuir, imprimir certa característica (VTDI – *a*)
- *O júri conferiu prêmios **aos** melhores concorrentes.*
- *Os pormenores conferiam verossimilhança **à** história.*

Estar de acordo (VI ou VTI – ***com***)
- *O laudo confere.*
- *A descrição do suspeito não confere **com** o depoimento da testemunha.*

Constar

Ser composto de, consistir em, conter; estar incluído (VTI – **de**)

– *A epopeia consta **de** dez cantos.*

Estar incluso (VTI – **de/em**)

– *Este consta **da/na** antologia do poeta Drummond.*

Ser sabido (VTI (**a**) – o sujeito da frase é normalmente uma oração)

– *Não me (**a mim**) constava que ela passou na prova.*

Custar

Indicando preço, valor (VI; acompanhado de adjunto adverbial de preço)

– *Nosso carro custou duzentos mil reais.*

> **Observação**
>
> Francisco Fernandes (e o próprio Luft, em OBS) diz que é VTD, em que *duzentos mil reais* seria um OD.

Demorar (VI)

– *Custaram, mas chegaram, enfim.*

Causar, provocar, acarretar, resultar (VTDI – **a**)

– *A arrogância pode custar-lhe (**a ele**) o emprego.*

Ser custoso, difícil (VTI – **a**)

– *Nós custamos a aprender Português* (construção coloquial)

– *Custou-nos(a) aprender Português* (construção culta)

> **Observação**
>
> Lê-se a última frase assim: *"Aprender Português (sujeito) custou (foi custoso, difícil) **a nós** (objeto indireto)"*. Ainda sobre a última frase: a preposição antes do infinitivo é expletiva, não alterando a análise sintática da oração. Sobre esta última regência, consulte: FUNRIO – MPOG – Analista ADMINISTRATIVO – 2009 – QUESTÃO 4.

Dar

Tornar-se (VL)

– *O ex-atleta deu um bom empresário.*

Bastar (VI)

– *Esse dinheiro não dá.*

Registrar, emitir, informar... (VTD)

– *A mídia deu a notícia ontem.*

Bater, topar... (VTI – **com**)

– *O homem deu com o joelho na escada rolante.*

Entregar, ceder... (VTDI – **a/para/em**)

– *A mãe deu **à** luz um filho lindo.*

– *Só dou conselhos bons **para** ele porque desejo que ele seja um bom filho.*

– *A mão lhe (**nele**) deu muitas bofetadas ao longo da vida.*

Observação
Sobre "dar-se o trabalho" e "dar-se ao trabalho", ambas as expressões estão certas. Analisa-se assim a primeira expressão: *dar-se (OI) o trabalho (OD)*. E a segunda, assim: *dar-se (OD) ao trabalho (OI)*.

Desculpar
VTD
– *Eu o desculpo e desculpo o erro de seus irmãos, mas esta é a última vez.*
VTDI (*de/a*)
– *Peço que a desculpe dessas falhas.*
– *Peço que lhe (a ela) desculpe essas falhas.*

Observação
No sentido de *justificar-se*, rege a preposição *com*: *Não se desculpe com esses argumentos fracos, pois de nada valem.*

Ensinar
VTD
– *Só devemos ensinar o essencial.*
VTDI (ensina-se algo **a** alguém ou alguém **a** algo – verbo no infinitivo)
– *Estou ensinando regência a você.*
– *Estou ensinando-o a entender regência.*

Observação
Sobre a última frase, mesmo que não preferencial, ainda há a seguinte possibilidade: *Estou ensinando-lhe a entender regência.*

Esquecer / Lembrar
VTD (quando não pronominais)
– *O aluno esqueceu a informação da aula anterior.*
– *O aluno lembrou a informação da aula anterior.*

Observação
No sentido de "ser semelhante" também é VTD: *O filho lembra muito o pai.*

VTI (quando pronominais (**de**); o *se* é uma parte integrante do verbo)
– *O aluno esqueceu-se/lembrou-se da informação anterior.*

Observação
Alguns gramáticos, como Cegalla e o próprio Luft, consideram que, quando o complemento for uma oração subordinada substantiva objetiva indireta, a preposição pode ficar implícita: *O aluno se esqueceu/se lembrou (de) que tinha de estudar mais.*

756 A Gramática para Concursos Públicos • Fernando Pestana

VTI (*a*)
— *Esqueceu-me/Lembrou-me a informação anterior.*

> **Observação**
>
> Neste caso, "a informação anterior" é a coisa esquecida ou lembrada (analisada como sujeito). O verbo é transitivo indireto regendo a preposição **a** (**a** mim). O *me* é o objeto indireto. Ou seja, a frase é entendida assim: *A informação anterior caiu no meu esquecimento (ou veio à minha lembrança).* Atualmente, encontramos este tipo de construção muito raramente no Brasil!

VTDI (só o lembrar – *de/a*)
— *O professor lembrou o aluno **da** informação.*
— *O professor lembrou a informação **ao** aluno.*

Fugir
Retirar-se (VI)
— *Fugiram para longe sem deixar rastros.*
Distanciar-se, evitar (VTI (*de/a*); usa-se *a*, principalmente com substantivo abstrato)
— *O aluno fugiu **do/ao** tema.*
— *Na coletiva de imprensa, o jogador fugiu **à** questão.*
Escapar (VTI – *de*)
— *O presidiário fugiu **dos** guardas e, em seguida, **da** penitenciária.*
— *As palavras lhe (**dele**) fugiam, sempre que ficava diante de seu amor.*

Haver
Comportar-se, proceder (VI; pronominal)
— *As minhas meninas sempre se houvem bem na casa das tias.*
Existir, ocorrer, fazer (indicando tempo decorrido), ter, considerar (VTD)
— *A convicção de que não havia riscos, fez o homem pular de paraquedas. (existir)*
— *Há de haver soluções emergenciais! (existir)*
— *Vai haver uma festa surpresa daqui a pouco. (ocorrer)*
— *Houve inúmeros encontros hoje na convenção. (ocorrer)*
— *Ninguém aparecia na reunião havia meses. (fazer)*
— *Há dias que não durmo bem. (fazer)*
— *Senhor, haja piedade delas! (ter)*
— *Se houvesse coragem, homem, não teria sido ridicularizado. (ter)*
— *Haviam-no por sábio. (considerar)*
— *Os diretores houveram por bem antecipar o anúncio das novas diretrizes. (considerar)*

> **Observação**
>
> Nas duas últimas frases, o verbo haver é transobjetivo, ou seja, exige um objeto direto e um predicativo do objeto, normalmente iniciado pela preposição essencial *por* ou acidental *como*. Logo, *por sábio* e *por bem* são predicativos do objeto.

Capítulo 29 • Regência **757**

Avir-se, prestar contas, tratar (VTI – **com**)
– *Caso trame intrigas, certamente se haverá* **com**igo e **com** a justiça.
Obter (VTDI)
– *Os sem-terra houveram essas terras de quem?*

Implicar

Zombar, troçar, provocar rixa, amolar, hostilizar (VTI – **com**)
– *O pai vive implicando* **com** o filho.
Envolver (alguém ou a si mesmo), comprometer (VTDI – **em**)
– *O policial se implicou* **na** conspiração. (este *se* é reflexivo)
Acarretar, produzir como consequência (VTD)
– *Segundo uma das leis de Newton, toda ação implica uma reação de igual ou maior intensidade, na mesma direção e em sentido contrário.*

> **Observação**
>
> No entanto, por analogia com três verbos de significação semelhante, mas de regência indireta (*resultar* **em**, *redundar* **em**, *importar* **em**), o verbo *implicar*, nessa última acepção, passou a ser usado com a preposição *em*, como VTI. Luft registra assim: "TI: implicar **em** algo", com a observação de que essa regência é um brasileirismo já consagrado e "<u>admitido até pela gramática normativa</u>". Bancas antigas já abonaram essa visão não tradicional; mas, em geral, segue-se a visão tradicional (implicar = acarretar = VTD), como se vê nesta questão da banca Cespe:
>
> **CESPE – SEE/AL – Professor de Língua Portuguesa – 2013**
> Fragmento de texto: "... a educação como prática da liberdade... implica a negação do homem abstrato..."
> – Na linha 8, a forma verbal "implica" aceita dupla regência, razão pela qual pode ser seguida por "a", como no texto, ou por "na", ao reger o elemento "negação".
> Gabarito: errado. A banca segue a regência tradicional.

Importar

Trazer para dentro (VI, VTD)
– *Quem importa e exporta hoje em dia se sai bem no mundo globalizado.*
– *Por que só se importam eletrônicos?*

> **Observação**
>
> Exemplos do Luft, com o sentido de *resultar* [VTD, VTI (em) ou VTDI (a/para)]: *Todo novo governo importa (em) mudanças. | As enchentes importaram grande prejuízo* **ao**/ **para** *o Estado.* Com o sentido de "atingir certo custo", recomenda-se que o verbo seja VTI (em): *A reforma do estádio importou* **em** *1 milhão e meio de dólares.*

Desprezar, ignorar, fazer caso de (VTI (**com/de**); verbo pronominal)
– *Ninguém se importa* **com** *os oceanos, estes, sim, os verdadeiros pulmões da Terra.*

– *Não me importo **de** ser criticado por você.* (É a preposição "de" que sempre vem antes do infinitivo segundo a norma-padrão; no registro coloquial, usa-se muito a preposição "em" também.)

Ser importante (VI ou VTI – ***a***)

– *De tudo o que sabemos, importa que a vida é curta e deve ser aproveitada.*

– *Pouco me (**a mim**) importa se Deus vai julgar-me ou não, quero é fazer o bem.*

> ### Observação
>
> As orações *que a vida é curta e deve ser aproveitada* e *se Deus vai julgar-me ou não* são sujeitos do verbo *importar.*

Informar

Tanto ***informar*** quanto ***avisar, aconselhar, anunciar, advertir, alertar, certificar, cientificar, dizer, impedir, incumbir, noticiar, notificar, prevenir, proibir*** são VTDIs, normalmente, admitindo duas possíveis construções:

Informar *algo **a** alguém.*

ou

Informar *alguém **de** algo.*

– *Advertimos **aos** tripulantes (OI) que não nos responsabilizamos por furtos ou roubos (OD).*

– *Advertimos os tripulantes (OD) **de** que não nos responsabilizamos por furtos ou roubos (OI).*

> ### Observação
>
> Pode-se usar *sobre, acerca de e a respeito de* no lugar da preposição *de.* **Dica de amigo:** vale muito a pena consultar o Luft sobre cada um desses verbos, pois há certa preferência quanto a uma das duas regências apresentadas. Além disso, saiba que tais verbos podem ser apenas VTDs: *Não podemos criticar jornais que informam a verdade dos fatos.*

Namorar

VTD

– *Namoro Maria há cinco anos.* (registro culto)

– *Namoro **com** Maria há cinco anos.* (registro coloquial)

> ### Observação
>
> A gramática tradicional não abona a regência "namorar com". Na contramão, e por analogia com *casar* (com) e *noivar* (com), Luft (bem como meia-dúzia de dois ou três) abona o uso deste verbo como VTI (com). Encontrei uma questão sobre esse verbo, que ficou com a visão tradicional (sem preposição): COPESE – UFPI – CONSULTOR TÉCNICO ESPECIALIZADO – 2012 – QUESTÃO 7. Mesmo assim consulte a regência de *casar* e *noivar*. Valerá a pena!

Capítulo 29 • Regência **759**

Obedecer / Desobedecer
VTI (**a**)
- *Como filhos, devemos obedecer **a** nossos pais.*
- *Meu pai, **ao** qual vivia desobedecendo, era um homem superamoroso.*

Observação

É praticamente unânime entre os gramáticos que a voz passiva é correta com esses verbos transitivos indiretos. Além disso, vale dizer que alguns manuais normativos orientam que com esses verbos se deve usar "lhe" como complemento *pessoa* e "a ele" (e variações) como complemento *coisa*. Consulte uma questão sobre isso: FGV – MPE/BA – Analista Técnico – Letras Vernáculas – 2017 – Questão 35.

Pagar / Perdoar
VTD quando o complemento é coisa. VTI (**a**) quando o complemento é pessoa (física ou jurídica). VTDI quando um complemento é coisa (OD) e o outro é pessoa (OI).
- *VTD: Perdoei o erro. / Paguei a dívida.*
- *VTI: Perdoei **a** meu pai. / Paguei **ao** banco.*
- *VTDI: Perdoei-lhe (**a** ele) a dívida. / Paguei-lhe (**a** ele) a dívida.*

Observação

Tais verbos acompanhados de partícula *se* (apassivadora ou indeterminadora do sujeito) podem atrapalhar sua vida. Veja estes exemplos de partícula apassivadora: *Pagaram-se as dívidas, enfim.* (e não: *Pagaram-se às dívidas*) / *O homem a que se deviam pagar as dívidas ficou satisfeito.* (e não: *O homem que se deviam pagar as dívidas ficou satisfeito*). Agora com partícula de indeterminação do sujeito: *Pagou-se ao homem pela manhã.* (e não: *Pagou-se o homem pela manhã*) / *O homem a que se pagou pela manhã ficou satisfeito.* (e não: *O homem que se pagou pela manhã ficou satisfeito.*)

Pedir / Dizer
Ignorando as regências mais óbvias de tais verbos (VTD ou VTDI), vamos a um *déjà vu*: Em *"**Pedi** (Disse) para que ela não largasse o emprego"*, segundo a tradição gramatical, há um erro: o uso da preposição *para* após o verbo da oração principal (*pedir* ou *dizer*). O certo é: *"Pedi (Disse) que ela não largasse o emprego"*. O único caso em que a norma culta abona tal preposição é quando se explicita ou se *subentende a palavra licença, permissão, vênia etc.: "Ela pediu [licença]* <u>para que passasse</u>*". A oração sublinhada é completiva nominal.

Perceber
Notar, receber (linguagem jurídica) (VTD)
- *Percebeu que algo estava errado àquela hora da manhã.*
- *Percebia um bom ordenado pois era exemplar no trabalho.*

Pisar

Segundo José Maria da Costa, baseando sua pesquisa em Francisco Fernandes e em Celso P. Luft:

I) "*Pisar **a** grama*" (correto);

II) "*Pisar **na** grama*" (correto);

III) "*Pisar **sobre** a grama*" (correto);

IV) "*Pisar **em cima** da grama*" (correto);

V) "*Pisar **por cima da** grama*" (correto);

VI) "*Pisar **à** grama*" (errado).

> **Observação**
>
> Em coisas pequenas, prefere-se *pisar* como VTD: *Pisei muitas uvas no lagar.* Alguns gramáticos, como Sacconi, dizem que pisar na grama é regência incorreta e que a única forma correta é pisar a grama. Polêmicas...

Precisar

Indicando precisão (VTD)

– *Não conseguiram precisar a data em que o fato ocorreu.*

Necessitar (VTI – ***de***)

– *Os cidadãos brasileiros precisam de visto para entrar na Espanha?*

Preferir

Muitos constroem erradamente a regência deste verbo assim: *"Prefiro muito mais Português do que Matemática"* ou *"Prefiro muito mais Português a Matemática"* ou *"Prefiro antes Português a Matemática"*. No entanto, estas não são formas cultas.

Veja a única regência adequada:

– *Prefiro Língua Portuguesa **a** Matemática.*

Pode ser só VTD

– *Entre Português e Matemática, prefiro Português.*

> **Observação**
>
> Por causa do paralelismo sintático, não ocorre crase no exemplo *Prefiro Língua Portuguesa **a** Matemática.* "Por quê?" Simples: se não há determinante (artigo, pronome...) antes do objeto direto, não haverá igualmente antes do objeto indireto (por isso não há crase antes de Matemática). No entanto, se houver determinante antes do OD, haverá crase no OI: *Prefiro a Língua Portuguesa à Matemática.* Foi? Só tome cuidado com casos em que não se usa artigo antes de certas palavras, como certos topônimos (Portugal, Cuba, Macau...). Veja: *Prefiro o Brasil à Cuba (errado); Prefiro o Brasil a Cuba (certo).* Para saber mais, veja o capítulo 30, em casos especiais, nº 6.

Já com o verbo *querer*... constrói-se: *"Antes quero morrer do que ser escravizado"*. E não: "Antes quero morrer a ser escravizado".

Proceder

Ter fundamento, cabimento; portar-se, comportar-se; originar-se (de) (VI)

— *Seus argumentos não procedem agora.*
— *Meu professor procede com elegância em sala de aula.*
— *Os brinquedos da Uruguaiana procedem **da** China ou Taiwan.*

> **Observação**
>
> As expressões *com elegância* e *da China ou Taiwan* são adjuntos adverbiais de modo e lugar, respectivamente; isso é praxe quando o verbo *proceder* tem essas acepções!

Suceder, realizar, executar, iniciar (VTI – **a**)

— *O juiz deseja proceder **ao** julgamento.*
— *Procedeu-se **à** apuração dos votos para saber qual foi a escola de samba campeã.*

> **Observação**
>
> O pronome oblíquo átono *lhe* nunca é usado como complemento deste verbo. Logo, usamos o pronome oblíquo tônico: "O juiz deseja proceder *a ele* (ao julgamento)".

Querer

Desejar possuir (VTD)

— *O Brasil quer o "status" de país de primeiro mundo.*

Estimar, amar (VTI – **a**)

— *Eu lhe (**a** ela) quero como a uma irmã.*

Responder

Falar, declarar (VTD)

— *Ele sempre responde que vai passar na prova.*

Dar resposta a uma pergunta (VTI – **a**)

— *Fique tranquila, pois ele vai responder **aos** e-mails enviados.*

Dar uma resposta a alguém (VTDI – **a**)

— *Respondeu-lhe (**a** ela) todas as indagações.*

Servir

Conforme o dicionário *Houaiss* ou o *Aurélio*, **servir** (= "trabalhar como servo", "fazer de criado", "prestar serviços ou trabalhar como empregado") pode ser intransitivo, transitivo direto ou transitivo indireto (**em, a**).

— *VI: O militar estava ali para servir.*
— *VTD: O militar servia a Pátria com todo o carinho.*
— *VTI: O militar serve **no** (em + o) Exército Brasileiro.*

– *VTI: O militar servia **à** Pátria há anos.*

Levar, ministrando, algo a alguém (VTDI – ***a***)
– *O garçom serviu lagosta **ao** cliente.*
Não ser útil, não prestar (VTI – ***a***)
– *Esta roupa não me (**a mim**) serve mais.*

Simpatizar / Antipatizar
VTI (***com***)
– *Simpatizo/Antipatizo **com** o atual governador do Rio de Janeiro.*

Não existe *simpatizar-se, antipatizar-se*. Não são verbos pronominais!

Suceder
Acontecer (VI) – normalmente o sujeito vem em forma de oração
– *Sucede que os mestres Celso Pedro Luft e Francisco Fernandes são extraordinários.*
Substituir (VTI – **a**)
– *Estou prestes a suceder **ao** presidente da empresa.*

Segundo Francisco Fernandes, no último caso, o verbo pode ser VTD: *Estou prestes a **suceder** o presidente da empresa.* Celso P. Luft também registra essa possibilidade, no entanto sublinha que, linguisticamente, não é a regência moderna.

Torcer
Distorcer, entortar (VTD)
– *Pare de torcer minhas palavras! Eu falo sério!*
– *O vento torceu o galho da árvore.*
Simpatizar com time ou clube, desejar sucesso (VTI – **por/para**)
– *Minha família torce **para/pelo** Flamengo desde o início do século passado.*
– *Torço **por/para** que você se recupere logo e, para a nossa alegria, volte a jogar.*

Observação
O gramático Sacconi admite apenas a preposição *por* nestas últimas frases.

Visar
Mirar, fitar, apontar; pôr visto em (VTD)

– *O soldado visou o peito do inimigo.*
– *O inspetor federal visou todos os diplomas.*
Almejar, pretender, objetivar, ter como fim (VTI – **a**)
– *Este trabalho visa **a**o bem-estar geral.*

 CUIDADO!!!

1) Manoel Pinto Ribeiro, Cegalla, Francisco Fernandes, Celso Pedro Luft, Antenor Nascentes, Rocha Lima, Artur de Almeida Torres, Cândido Jucá Filho, Arnaldo Niskier etc. registram este último caso também como VTD: *Este trabalho visa o bem-estar geral*. Como VTI, a omissão da preposição ocorre principalmente antes de infinitivo, mas neste caso se analisa também como VTD: *Este trabalho visa (a) resolver muitas dúvidas dos alunos*. Corroborando isso, consulte: Cespe/UnB – CÂMARA DOS DEPUTADOS – Analista LEGISLATIVA – 2012 – QUESTÃO 87. A ESAF só aceita visar (= almejar) como VTI (veja: TCU – 2006 – QUESTÃO 7). No entanto, se seguido de infinitivo, tal banca considera que a preposição pode vir omissa.

2) O pronome oblíquo átono *lhe* nunca é usado como complemento deste verbo, nesta última acepção. Logo, usamos o pronome oblíquo tônico: "Este trabalho visa *a ele* (ao bem-estar geral)".

Dever de Casa (Não chore!)
Se você já tiver o dicionário de regência verbal do Celso P. Luft, fará bem em analisar os seguintes verbos (e suas observações): *abençoar, abicar, aborrecer, abraçar, abundar, aceitar, acertar, aclimatar, acometer, aconselhar, acordar, acostumar, acrescentar, açucarar, acusar, admirar, admoestar, adorar, advertir, agilizar, agradar, agradecer, aguardar, aguentar, ajudar, amar, ameaçar, amigar, ansiar, anteceder, apostar, aprazer, aprender, arrancar, arrasar, arrendar, arrenegar, arrepender, arrostar, arvorar, aspirar, assentir, assistir, associar, atender, aterrizar, atingir, atirar, atravessar, autorizar, avisar, bastar, bater, beijar, bem-querer, blasfemar, caber, cabrestear, calar, calhar, carecer, carregar, cavoucar, certificar, chamar, chegar, chorar, cientificar, clamar, cobrar, cogitar, combater, começar, comer, comover, compadecer, comparecer, comportar, comprar, comprazer, concordar, condenar, condizer, confessar, confiar, configurar, congratular, conscientizar, considerar, consistir, constar, constatar, constipar, constituir, contagiar, contar, contentar, contestar, continuar, convencer, conversar, convir, corar, correr, cumprir, curiosar, custar, dar, dedignar, deixar, denegrir, deparar, derrogar, desagradar, desaguar, desejar, desfazer, desobedecer, destrinçar, determinar, dever, dignar-se, dilapidar, dirigir, disparar, dispor, distar, dizer, doer, durar, duvidar, edificar, empurrar, encarar, encarregar, encontrar, enfrentar, engajar, engatar, engazopar, enlaçar, ensinar, entrar, enxergar, escapar, escrupulizar, esforçar, esmolar, esperar, espocar, esquecer, esquivar, estabelecer, estalar, estimar, estremecer, evitar, exceder, exercer, exercitar, falar, faltar, fanar, fazer, filiar, fingir, fugir, ganhar, gostar, gozar, haver, hesitar, igualar, impedir, implicar, implorar, inaugurar, incomodar, incorporar, incorrer, incumbir, indagar, indenizar, influenciar, informar, infundir, insistir, instar, instruir, interessar, ir, juntar, jurar, lecionar, lembrar, ligar, liquidar, mandar, mirar, moer, montar, morar, murmurar, namorar, noticiar, nutrir, obedecer, obstar, obviar, olhar, omitir, opinar, optar, ordenar, ousar, ouvir, parar, parecer, participar, passar, pedinchar, pedir, pegar, penetrar,*

perdoar, pesar, petiscar, pisar, poder, pôr, portar, prantear, prazer, preceder, precisar, predeterminar, predispor, preestabelecer, preexistir, preferir, prefixar, pregar, prejudicar, prejulgar, premer, prescindir, presidir, prevenir, proceder, procurar, professar, proibir, prometer, propor, propugnar, provar, puxar, quedar, querer, recear, reclinar, reduzir, refletir, renunciar, repartir, repugnar, resfriar, residir, resistir, resolver, responder, resultar, rir, rivalizar, rogar, romper, sacar, sair, satisfazer, sentar, sentir, ser, servir, simpatizar, sobrepujar, sobressair, soer, somar, sorrir, subir, sub-rogar, suceder, tardar, temer, ter, tomar, torcer, traduzir, traficar, tratar, travar, trepidar, ulular, unir, usufruir, velar, velejar, ver, verter, vetar, vigiar, vingar, vir, visar, voltar, xeretear, zelar.

Regência Nominal

Como já dito, alguns nomes (substantivos, adjetivos e advérbios) exigem complementos preposicionados – exceto quando vêm em forma de pronome oblíquo átono. É importante que você estude novamente *Complemento Nominal*, em *Termos Integrantes da Oração*.

Pontos Importantíssimos!

1) **Advérbios terminados em -*mente***

Os advérbios derivados de adjetivos seguem, normalmente, a regência dos adjetivos:

*análoga/analogamente **a**;*
*contrária/contrariamente **a**;*
*compatível/compativelmente **com**;*
*diferente/diferentemente **de**;*
*favorável/favoravelmente **a**;*
*paralela/paralelamente **a**;*
*próxima/proximamente **a/de**;*
*relativa/relativamente **a** (...)*

2) **Preposições e prefixos verbais**

Alguns nomes regem preposições semelhantes a seus "prefixos":

dependente, dependência de,
inclusão, inserção em,
inerente em/a,
descrente de/em,
desiludido de/com,
desesperançado de,
desapego de/a,
convívio com,
convivência com,
demissão, demitido de,
encerrado em,
enfiado em,
imersão, imergido, imerso em,
instalação, instalado em,
interessado, interesse em,

intercalação, intercalado entre,
supremacia sobre etc.

Veja agora uma "pequena" lista de nomes e suas regências, em ordem alfabética. Não entre na neurose de sair gravando tudo. É que nem academia de musculação... um pouquinho todo dia. Familiarize-se aos poucos (adquira um dicionário de regência nominal!):

A

abrigado de; aceito a; acessível a; acostumado a, com; adaptado a, de, para; adequado a; admiração a, por; afável com, para com; afeição a, por; afeiçoado a, por; aflito com, para, por; agradável a, de, para; alheio a, de; aliado a, com; alienado de; alternativa a, para; alusão a; amante de; ambicioso de; amigo de; amizade a, com, por; amor a, por; amoroso com, para com; analogia com, entre; análogo a; ansioso de, para, por; anterior a; antipatia a, contra, por; apaixonado de, por; aparentado com; apologia de (alguns estudiosos abonam apologia "a"); apto a, para; atencioso com, para, para com; atentado a, contra; atentatório a, de; atento a, em; atinar com; avaro de; aversão a, para, por; avesso a; ávido de, por

B

bacharel em; baseado em, sobre; bastante a, para; bem em, de; benéfico a; benevolência com, em, para, para com; benquisto a, de, por, com; boato de, sobre; bom de, para, para com; bordado a, com, de; briga com, entre, por; brinde a; busca a, de, por

C

capacidade de, para; capaz de, para; caritativo com, de, para com; caro a; cego a; certo(eza) de; cessão de... a; cheio de; cheiro a, de; circunvizinho de; cobiçoso de; coerente com; coetâneo de; comemorativo de; compaixão de, para com, por; compatível com; compreensível a; comum a, de; conceito de, sobre; condizente com; confiante em; conforme a, com; consciente de; cônscio de; constante de, em; constituído com, de, por; contemporâneo a, de; contente com, de, por, em; contíguo a; contraditório com; contrário a; convênio entre; cruel com, para, para com; cuidadoso com; cúmplice em; curioso a, de, para, por

D

dedicado a; depressivo de; deputado a, por; desagradável a; desatento a; descontente com; desejoso de; desfavorável a; desgostoso com, de; desleal a; desprezo a, de, por; desrespeito a, contra; dever de; devoção a, para com, por; devoto a, de; diferente de; difícil de; digno de; diligente em, para; direito a, contra, de, em, para, sobre; disposto a; dissemelhante de; ditoso com; diverso de; doce a; dócil a, para com; doente de; domiciliado em; dotado de; doutor em; duro de; dúvida acerca de, de, em, sobre

E

embaraçoso a, para; empenho de, em, por; êmulo de; encarregado de; entendido em,; envio de... a; estendido a, de... a, até, em, para, sobre; equivalente a; eriçado de; erudito em; escasso de; essencial a, em, para; estéril de; estranho a; estreito de, para; estropiado de; exato em

F

fácil a, de, em, para; falha em; falho de, em; falta a, contra, de, para com; falto de; fanático por; farto em; favorável a; fecundo em; feliz com, de, em, por; fértil de, em; fiel a; firme em; forte de, em; fraco de, em, para com; franco de, em, para com; frouxo de; fundado em, sobre; furioso com, de

G

generoso com; gordo de; gosto por; gostoso a; grande de; gratidão a, por, para com; gravoso a; grosso de; guerra a, com, contra, entre

H

hábil em, para; habilidade de, em, para; habilitado a, em, para; habituado a; harmonia com, entre; hino a; homenagem a; hora de, para; horror a, de, por; horrorizado com, de, por, sobre; hostil a, com, contra, em, para com

I

ida a; idêntico a; idôneo a, para; imbuído de, em; imediato a; impaciência com; impaciente com; impedimento a, para; impenetrável a; impossibilidade de; impossível de; impotente contra, para; impróprio para; imune a, de; inábil para; inacessível a; inapto a, para; incansável em; incapaz de, para; incerto de, em; incessante em; inclinação a, para, por; incompatível com; incompreensível a; inconsequente com; inconstante em; incrível a, para; indébito a; indeciso em; independente de, em; indiferente a; indigno de; indócil a; indulgente com, para com; inepto para; inerente a, em; inexorável a; infatigável em; inferior a, de; infiel a; inflexível a; influência sobre; ingrato com, para com; inimigo de; inocente de; insaciável de; insensível a; inseparável de; insípido a; interesse em, por; intermédio a; intolerância a, contra, em, para, para com; intolerante com, para com; inútil a, para; investimento de, em; isento de

J

jeito de, para; jeitoso para; jogo com, contra, entre; jubilado em; juízo sobre; julgamento de, sobre; junto a, de; juramento a, de; justificativa de, para

L

leal a, em, com, para, para com; lembrança de; lento em; levante contra; liberal com; lícito a; ligeiro de; limitado a, com, de, em; limpo de; livre de; louco de, com, para, por

M

maior de, entre; manco de; manifestação a favor de, contra, de; manso de; mau com, para, para com; mediano de, em; medo a, de; menor de; misericordioso com, para, para com; molesto a; morador em; moroso de, em

N

nascido de, em, para; natural de; necessário a, para; necessitado de; negligente em; negociado com; nivelado a, com, por; nobre de, em, por; noção de, sobre; nocivo a; nojo a, de; notável em, por; núpcias com; nutrido com, de, em, por

O

obediente a; oblíquo a; obrigação de; obsequioso com; ódio a, contra, de, para com; odioso a, para; ofuscado com, de, por; ojeriza a, contra, por; oneroso a; oposto a; orgulhoso com, de, para com; originado de, em

P

paixão por; pálido de; paralelo a; parco de, em; parecido a, com; pasmado de; passível de; peculiar a; pendente de; penetrado de; perito em; permissivo a; pernicioso a; perpendicular a; pertinaz em;

Capítulo 29 • Regência **767**

pesado a; pesar a, de; piedade com, de, para, por; pobre de; poderoso para, em; possível de; possuído de; posterior a; prático em; preferível a; prejudicial a; preocupação com, de, em, para, para com, por, sobre; preocupado com, de, em, para com, por, prestes a, para; presto a, para; primeiro a, de, dentre, em; pródigo de, em; proeminência de, sobre; pronto a, em, para; propenso a, para; propício a; propínquo de; proporcionado a, com; próprio de, para; protesto a, contra, de; proveitoso a; próximo a, de

Q

qualificado de, para, por; queimado de, por; queixa a, contra, de, sobre; querido de, por; questionado sobre; quite com, de

R

reanimado a, para; rebelde a; relacionado com; relativo a; rente a, com, de; residente em; respeito a, com, de, para, para com, por; responsável por; rico de, em; rígido de; rijo de, rumo a, para

S

sábio em; são de; satisfeito com, de, em, por; saudade de, por; seco de; sedento de, por; seguido a, de, por; seguro de, em; semelhante a; senador por; sensível a; serviço em; severo com, em, para com; simpatia a, para com, por; sito em (sito a é próprio da linguagem tabelioa); situado a, em, entre; soberbo com, de; sóbrio de, em; sofrido em; solícito com; solidário com; solto de; sujo de; superior a; surdo a, de; suspeito a, de

T

tachado de; talentoso em, para; tardo a, em; tarjado de; tédio a, de, por; temente a, de; temerário em; temeroso de; temido de, por; temível a; temperado com, de, em, por; tenaz em; tendência a, de, para; teoria de, sobre; terminado em, por; terno de; terror de, por, sobre; testemunha de; tinto de, em; tolo de, em; traidor a, de; transido de; transversal a; trespassado de; triste com, de

U

último a, de, em; ultraje a; unânime em; união a, com, entre; único a, em, entre, sobre; unido a, a favor de, contra, entre; unificado em; urgente a, para; useiro em; útil a, para; utilidade em, para; utilizado em, para

V

vacina contra; vaga de, para; vaia a, contra, em; vaidade de, em; vaidoso de; valioso a, para; valor em, para; vantagem a, de, em, para, sobre; vantajoso a, para; vassalagem a; vazado em; vazio de; vedado a; veleidade de; venda a, de, para; vendido a; veneração a, de, para com, por; verdade sobre; vereador a, por; vergonha de, para; versado em; versão para, sobre; vestido com, de, em; veterano em; vexado com, de, por; viciado em; vidrado em; vinculado a, com, entre; visível a; vital a, para; viúvo de; vizinhança com, de; vizinho a, com, de; vocação a, de, para; voltado a, contra, para, sobre; vontade de, para; vulnerável a

X

xeque a; xingado com, de; xodó com

Z

zangado com, por; zelo a, com, de, para com, por; zeloso com, para com; zombaria com; zonzo com, de

Ufa[3]!!! Acabou... Acabou nada... Exercícios!

 O Que Cai Mais na Prova?

Estude tudo! Tudo é importante. Das duas, a regência **verbal** é a mais cobrada. Atenção redobrada na preposição (exigida pelo verbo ou nome da oração adjetiva) antes do pronome relativo! Isso também é importante ressaltar. É hora do "vamos ver"!

> *Concurseiro(a), quer uma dica de irmão? Guarde no seu coração o que vai ler agora: NUNCA DEIXE DE FAZER SEU PRÓPRIO RESUMO DE CADA CAPÍTULO. Esse processo cognitivo é **extremamente** valioso. Eu poderia ser legalzinho e fofinho pondo um quadro-resumo do que vimos no capítulo, mas, se fizesse isso, estaria sabotando você, impedindo-o(a) de ter esse trabalho de internalização imprescindível do conteúdo. **Por favor, não pule essa etapa!!!** Mesmo que seu resumo fique gigantesco (não vá escrever outra gramática... rsrs), nunca deixe de fazê-lo, para o seu próprio bem! Seu cérebro agradece e, quando passar no concurso, sua conta no banco também. Vá fundo na missão!* ☝

Questões de Concursos

1. (FCC – TRE/MG – Técnico Judiciário – 2005) As liberdades ...... se refere o autor dizem respeito a direitos ...... se ocupa a nossa Constituição. Preenchem de modo correto as lacunas da frase acima, na ordem dada, as expressões:
   a) a que – de que;
   b) de que – com que;
   c) a cujas – de cujos;
   d) à que – em que;
   e) em que – aos quais.

2. (Esaf – ANEEL – Técnico Administrativo – 2006) Para cada lacuna abaixo são propostas duas formas de preenchimento. Assinale a opção em que as duas propostas complementam de maneira coerente e gramaticalmente correta o texto.
   O Brasil está assumindo papel ___(a)___ liderança no fornecimento de energia de fonte renovável, ___(b)___ o álcool. Chamou, por isso, ___(c)___ atenção do mundo desenvolvido e há países negociando a compra do produto nacional. Problemas como o do preço interno devem ser administrados com responsabilidade para não corrermos o risco de perder a oportunidade, rara, ___(d)___ fixar papel preponderante ___(e)___ setor essencial como o energético.
   a) na/da;   b) como/para;   c) a/à;   d) de/para;   e) em/pelo.

3. (Esaf – CGU – Analista de Finanças e Controle – 2008) Assinale o trecho do texto adaptado do Jornal do Commercio (PE), de 12/01/2008, que apresenta erro de regência.
   a) Depois de um longo período em que apresentou taxas de crescimento econômico que não iam além dos 3%, o Brasil fecha o ano de 2007 com uma expansão de 5,3%, certamente a maior taxa registrada na última década.
   b) Os dados ainda não são definitivos, mas tudo sugere que serão confirmados. A entidade responsável pelo estudo foi a conhecida Comissão Econômica para a América Latina (CEPAL).
   c) Não há dúvida de que os números são bons, num momento em que atingimos um bom superávit em conta-corrente, em que se revela queda no desemprego e até se anuncia a ampliação de nossas reservas monetárias, além da descoberta de novas fontes de petróleo.
   d) Mesmo assim, olhando-se para os vizinhos de continente, percebe-se que nossa performance é inferior a que foi atribuída a Argentina (8,6%) e a alguns outros países com participação menor no conjunto dos bens produzidos pela América Latina.
   e) Nem é preciso olhar os exemplos da China, Índia e Rússia, com crescimento acima desses patamares. Ao conjunto inteiro da América Latina, o organismo internacional está atribuindo um crescimento médio, em 2007, de 5,6%, um pouco maior do que o do Brasil.

Capítulo 29 • Regência   **769**

4. (Cespe/ UnB – ABIN – Oficial Técnico de Inteligência – 2010) Na linha 31 (... são instrumentos legais de que dispõe o Estado...), a preposição "de" empregada antes de "que" é exigência sintática da forma verbal "dispõe"; portanto, sua retirada implicaria prejuízo à correção gramatical do período.

( ) CERTO ( ) ERRADO

5. (Cespe/UnB – Instituto Rio Branco – Diplomata – 2010) *"(...) A Convenção lida com muitas formas de expressão cultural que resultam da criatividade de... (...)"*
Em "resultam da", o vocábulo "da", resultante da junção da preposição **de** com o artigo definido **a**, pode ser substituído por **na** sem que se altere o sentido original do texto.

( ) CERTO ( ) ERRADO

6. (Cespe/UnB – MPU – Analista de Informática – 2010) "Hipermodernidade é o termo usado para denominar a realidade contemporânea, caracterizada pela cultura do excesso, do acréscimo sempre quantitativo de bens materiais, de coisas consumíveis e descartáveis. (...)".
A repetição da preposição **de** em "do acréscimo", "de bens materiais" e "de coisas" indica que esses termos são empregados, no texto, como complementos de "cultura", vocábulo que tem como primeiro complemento "do excesso".

( ) CERTO ( ) ERRADO

7. (Cespe/UnB – ANEEL – Analista Administrativo (Arquivologia) – 2010) A supressão da preposição antes dos vocábulos "antecipação" e "voluntarismo" (A palavra "projeto" remete-se à antecipação e, em boa parte, ao voluntarismo), com a manutenção dos artigos definidos, não acarretaria prejuízo sintático ao texto.

( ) CERTO ( ) ERRADO

8. (FDC – Mapa – Administrador – 2010) Das alterações feitas abaixo na redação do trecho "O processo de globalização e a mundialização aos quais as organizações têm sido submetidas" (2º parágrafo), está INCORRETA, quanto ao emprego do pronome relativo, de acordo com as normas de regência, a seguinte:
a) O processo de globalização e a mundialização dos quais as organizações têm sido vítimas.
b) O processo de globalização e a mundialização sobre os quais as organizações têm tido alguma influência.
c) O processo de globalização e a mundialização com cujos parâmetros as organizações procuram imitar.
d) O processo de globalização e a mundialização para os quais as organizações têm voltado sua atenção.
e) O processo de globalização e a mundialização por cujos princípios as organizações procuram guiar-se.

9. (Fundação Dom Cintra – Câmara Municipal de Petrópolis/RJ – Arquivista – 2010) De acordo com a norma culta da língua, a frase "O carro negro investiu a multidão" (9º parágrafo) também poderia ser redigida, sem alteração de sentido, na forma "O carro negro investiu contra a multidão", caracterizando uma situação de verbo de regência variada. Das opções abaixo, aquela em que a segunda forma NÃO caracteriza situação de verbo de regência variada, mas constitui erro, pois é regência NÃO admitida pela norma culta, é:
a) Nenhum médico apareceu para assistir-lhe naquele momento. / Nenhum médico apareceu para assisti-lo naquele momento.
b) Remover o cadáver implicava uma responsabilidade que ninguém queria assumir. / Remover o cadáver implicava numa responsabilidade que ninguém queria assumir.
c) Para muitos transeuntes, o morto estava ali a importuná-los. / Para muitos transeuntes, o morto estava ali a importunar-lhes.
d) A confusão provocada pelo defunto influiu no ambiente tranquilo da rua, tumultuando-o. / A confusão provocada pelo defunto influiu sobre o ambiente tranquilo da rua, tumultuando-o.
e) O fim a que todos visavam era depenar por completo o morto. / O fim que todos visavam era depenar por completo o morto.

10. (Cesgranrio – Petroquímica Suape – Engenheiro de Manutenção Pleno – 2011) "Outra fonte de renda é o valor do ingresso, que **custa** R$ 35:"
Quanto à sintaxe de regência, o trecho que apresenta um verbo com regência semelhante à do termo destacado na passagem transcrita acima é:
a) "...de quem **procura** a reserva para comprar artesanato,"
b) "para **levar** um casal de amigos."
c) "Scavello **considera** positiva a implantação do sistema na aldeia:"
d) "– Não **somos** assalariados,"
e) "pois não **caçamos** mais,"

770 A Gramática para Concursos Públicos • Fernando Pestana

11. (Cesgranrio – Petrobras – Inspetor de Segurança Interna Jr. – 2011) Considere as frases abaixo.
    I.   Manuel aspira .... cargo de gerente na empresa.
    II. Quem quiser assistir .... filme, deve permanecer em silêncio.
    III. Certamente, essa decisão implicará .... dissolução do grupo.
    IV. Ao chegar .... casa, verificarei se os documentos estão em ordem alfabética.
    Em relação à regência verbal, a sequência que preenche corretamente as lacunas é:
    a) o – ao – na – em;   c) ao – o – na – em;   e) ao – ao – na – em.
    b) o – o – a – a;   d) ao – ao – a – a;

12. (Cesgranrio – Transpetro – Técnico Ambiental Jr. – 2011) A sentença em que a expressão em negrito está usada de acordo com a norma-padrão é:
    a) O provedor **que** comprei o plano demonstra eficiência.
    b) As pessoas **dos quais** compareceram desconheciam informática.
    c) O desejo **de que** a Internet ficasse mais rápida se realizou.
    d) O menino, **o cujo** pai trabalha em informática, virá ajudar-nos.
    e) A matéria **aonde** me dei mal foi programação.

13. (Cesgranrio – Finep – Técnico (Apoio Adm. e Secr.) – 2011) Dentre os períodos compostos abaixo, qual foi elaborado de acordo com a norma-padrão da língua?
    a) Entrei e saí do escritório hoje correndo.
    b) O relatório que te falei está em cima da mesa.
    c) Esse é o colega que dei meu endereço novo.
    d) O manual por que aprendeu a usar a máquina é ruim.
    e) A ilha que eu mudei minha residência oficial é grande.

14. (Cesgranrio – Petrobras – Técnico de Informática – 2011) Em qual das sentenças abaixo, a regência verbal está em **DESACORDO** com a norma-padrão?
    a) Esqueci-me dos livros hoje.
    b) Sempre devemos aspirar a coisas boas.
    c) Sinto que o livro não agradou aos alunos.
    d) Ele lembrou os filhos dos anos de tristeza.
    e) Fomos no cinema ontem assistir o filme.

15. (Cesgranrio – Petrobras – Técnico Manutenção Jr. – 2011) Substituindo o verbo destacado por outro, a frase, quanto à regência verbal, torna-se **INCORRETA** em:
    a) O líder da equipe, finalmente, **viu** a apresentação do projeto. / O líder da equipe, finalmente, assistiu à apresentação do projeto.
    b) Mesmo não concordando, ele **acatou** as ordens do seu superior. / Mesmo não concordando, ele obedeceu às ordens do seu superior.
    c) Gostava de **recordar** os fatos de sua infância. / Gostava de lembrar dos fatos de sua infância.
    d) O candidato **desejava** uma melhor colocação no *ranking*. / O candidato aspirava a uma melhor colocação no *ranking*.
    e) Naquele momento, o empresário **trocou** a família pela carreira. / Naquele momento, o empresário preferiu a carreira à família.

16. (Cespe/UnB – EBC – Cargos de Nível Superior – 2011) Em "Kant inicia a exposição da ética, que ele chama ***metafísica dos costumes***", o trecho em itálico, que exerce, na oração, a função de complemento verbal, deveria estar precedido da preposição de.
    ( ) CERTO   ( ) ERRADO

17. (Cespe/UnB – FUB – Analista de Tecnologia da Informação – 2011) A retirada da preposição "de" em "A indicação inicial é a de que, sim, a rede está alterando (...)" não implicaria alteração do texto, quer do ponto de vista semântico, quer sintático.
    ( ) CERTO   ( ) ERRADO

18. (Cespe/UnB – Instituto Rio Branco – Diplomata – 2011) Os vocábulos "decorrência" (É a decorrência natural da sua constituição...), "condizente" (... procurou a forma condizente com sua mensagem...) e "irreprimível" (... a voz irreprimível dos fantasmas...) regem termos que lhes complementam, necessariamente, o sentido.
    ( ) CERTO   ( ) ERRADO

Capítulo 29 • Regência **771**

19. (FCC – Infraero – Analista de Sistemas – 2011) Considere as frases abaixo, construídas com palavras retiradas do texto (grafadas em negrito). A frase cuja redação está inteiramente de acordo com a norma culta é:
    a) Alguns acreditam que com o advento da chamada globalização o mundo foi **reduzido** entre uma pequena aldeia.
    b) É notável a **submissão** de certos animais acerca do dono.
    c) Não se pode afirmar que não haja **legitimação** sobre regras morais na sociedade contemporânea.
    d) Parece razoável propor que em todas as áreas do conhecimento há certa **dicotomia** à teoria e prática.
    e) Alguns críticos acreditam que a sensibilidade é **inerente** nos grandes artistas.

20. (FCC – TRT/MT (23R) – Analista Judiciário – 2011) Está adequado o emprego de **ambos** os elementos sublinhados na frase:
    a) Os argumentos <u>de que</u> devemos <u>nos</u> agarrar devem se pautar nos limites da racionalidade e da justiça.
    b) Os casos históricos <u>em que</u> Voltaire recorre em seu texto ajudam-no a demonstrar <u>de que</u> a pena de morte é ineficaz.
    c) A pena de talião é um recurso <u>de cuja</u> eficácia muitos defendem, ninguém se abale <u>em</u> tentar demonstrá-la.
    d) Os castigos <u>a que</u> se submetem os criminosos devem corresponder à gravidade <u>de que</u> se reveste o crime.
    e) As ideias liberais, <u>de cuja</u> propagação Voltaire se lançou, estimulam legisladores <u>em quem</u> não falte o senso de justiça.

21. (FCC – TJ/AP – Titular Serviços de Nota e Registros – 2011) *... a assunção de convicções individuais, bem como o silêncio e a solidão cederam passo a uma posição passiva ...* (2º parágrafo)
    A regência determinada pelo verbo grifado acima se reproduz em:
    a) *... que são enviadas em processo contínuo de transmissão durante todo dia ...*
    b) *... na medida em que penetra nossa existência em todos os instantes ...*
    c) *... vê-se televisão a todo tempo.*
    d) *.... a televisão é uma imposição de modos de ser, de pensar ...*
    e) *... que deverá pautar sua ação em código de conduta do órgão de imprensa ...*

22. (FCC – Infraero – Administrador – 2011) Está correto o emprego do elemento sublinhado em:
    a) O Príncipe é um símbolo reincidente, <u>a cujo</u> nome pessoal talvez nem mesmo a Branca de Neve tenha conhecimento.
    b) A necessidade de bajular o poder é um vício <u>de que</u> muita gente da imprensa não consegue se esquivar.
    c) A trama <u>com a qual</u> o personagem anônimo participa jamais seria a mesma sem o seu concurso.
    d) Em dois segundos o lenhador tomou uma decisão <u>na qual</u> decorreria toda a trama já conhecida de Branca de Neve.
    e) Os figurantes anônimos muitas vezes são responsáveis por uma ação <u>em que</u> irão depender todas as demais.

23. (FCC – TRT/SE (20R) – Analista Judiciário – 2011) Está correto o emprego do elemento sublinhado na frase:
    a) Não deu certo o tal do método prático <u>em cuja</u> eficiência Paulo Honório chegou a acreditar.
    b) Para o jornalista, a criação da língua literária requer uma técnica sofisticada <u>em que</u> nenhum escritor pode abdicar.
    c) Quando Paulo Honório leu os dois capítulos datilografados, sentiu neles um artificialismo verbal <u>de que</u> jamais toleraria.
    d) Se literatura fosse um arranjo de palavras difíceis, os dicionaristas fariam poemas <u>de cujo</u> brilho ninguém superaria.
    e) A linguagem <u>com que</u> Paulo Honório de fato aspirava era simples, direta, e não uma coleção de figuras retóricas.

24. (FCC – TRT/SE (20R) – Técnico Judiciário – 2011) *"o cérebro é uma orquestra sinfônica em que os instrumentos vão se modificando à medida que são tocados".*
    A expressão pronominal *em que*, grifada acima, preenche corretamente a lacuna da frase:
    a) As questões ...... se preocupam os cientistas dizem respeito às alterações cerebrais devidas ao uso indiscriminado da internet.
    b) É incalculável o número de informações, sobre os mais diversos temas, ... o cérebro humano é capaz de processar.
    c) As hipóteses aventadas, ... se baseiam os especialistas, devem ainda ser comprovadas por exames acurados.

772 A Gramática para Concursos Públicos • Fernando Pestana

d) As implicações causadas pela onipresença da internet, ... está sujeito o cérebro humano, são objeto de pre-ocupação de cientistas.

e) As informações ...... dispõem os usuários da comunicação eletrônica são múltiplas, embora sejam superficiais.

25. (FCC – Nossa Caixa Desenvolvimento – Contador – 2011) Está adequado o emprego de ambos os elementos sublinhados na frase:

a) A obsolescência e o anacronismo, atributos <u>nos quais</u> os americanos manifestam todo seu desprezo, passaram a se enfeixar <u>com a</u> expressão dez de setembro.

b) O estado de psicose, <u>ao qual</u> imergiram tantos americanos, levou à adoção de medidas de segurança <u>em cuja</u> radicalidade muitos recriminam.

c) A sensação de que o 11/9 foi um prólogo de algo <u>ao qual</u> ninguém se arrisca a pronunciar é um indício do pasmo <u>no qual</u> foram tomados tantos americanos.

d) Não é à descrença, sentimento <u>com que</u> nos sentimos invadidos depois de uma tragédia, é <u>na</u> esperança que queremos nos apegar.

e) Fatos como os de 11/9, <u>com que</u> ninguém espera se deparar, são também lições terríveis, <u>de cujo</u> significado não se deve esquecer.

26. (Cespe/UnB – CNPQ – Analista em Ciência e Tecnologia Júnior – 2011) "(...) A história das teorias consiste, em grande parte, na reelaboração e em novas formas de usos de conceitos. (...)"
O emprego da preposição **em** antes de "reelaboração" e "novas formas" deve-se à relação de regência do verbo **consistir**, do qual esses termos são, no texto, complementos.
( ) CERTO   ( ) ERRADO

27. (Esaf – MI-CENAD – Analista de Sistemas – 2012) (Adaptada) A afirmação abaixo está correta ou incorreta?
*"Em última instância, uma importante decisão política deve ser tomada **em relação ao modelo** de cidade em que queremos viver e **ao destino** dos investimentos públicos em mobilidade".*
– O emprego da preposição **a** antes de "o destino" indica que esse termo complementa a expressão "em relação", assim como "o modelo" também a complementa.

28. (Cespe/UnB – MPE/PI – Analista Ministerial – 2012) No trecho "somado aos que vinham sendo realizados nos últimos anos", o elemento "aos" poderia ser corretamente substituído por **àqueles**.
( ) CERTO   ( ) ERRADO

29. (FCC – TJ/PE – Analista Judiciário – 2012) As ideias estão articuladas de modo claro e correto na seguinte frase:
"Mesmo sendo ele um hábil articulador e a despeito do grande prestígio de que gozava, não obteve êxito na transação, pois a verdadeira natureza do negócio lhe escapara"?

30. (FCC – TCE/SP – Agente de Fiscalização Financeira – 2012) A frase em que a regência está em conformidade com o padrão culto escrito é:

a) Em seu fingimento, só restou de que dissesse ao ex-sócio que sentia saudades dele.

b) Tudo isso considerado, é necessário fazer que ele sinta o peso da responsabilidade.

c) Em atenção por seu talento indiscutível, o pouparam as devidas multas.

d) Passou os documentos a mão do técnico e não os perdeu de vista até ao final da reunião.

e) Inconformado de que eles propalavam injúrias a seu respeito, decidiu denunciá-los.

31. (FCC – ISS/SP – Auditor-Fiscal Tributário Municipal I – 2012) A frase em que a palavra destacada está empregada corretamente é:

a) Só mesmo ele, com sua ousadia, podia ter-se arrogado <u>em</u> certos direitos.

b) Percebeu que o que fizera era uma exorbitância <u>com</u> suas funções.

c) No dia seguinte <u>da</u> postagem da carta, ela já a recebia em casa.

d) Sua função <u>lhe</u> incompatibilizou com muitos colegas.

e) Depois de anos, resignou-se definitivamente <u>àquele</u> modo de vida precário.

32. (Cesgranrio – BB – Escriturário – 2012) A frase em que a presença ou ausência da preposição está de acordo com a norma-padrão é:

a) A certeza que a sorte chegará para mim é grande.

b) Preciso de que me arranjem um emprego.

c) Convidei à Maria para vir ao escritório.

d) A necessidade que ele viesse me ajudar me fez chamá-lo.

e) Às dez horas em ponto, estarei à sua casa.

Capítulo 29 • Regência **773**

33. (Cesgranrio – Petrobrás – Economista Jr. – 2012) A frase cuja regência do verbo respeita a norma-padrão é:
    a) Esquecemo-nos daquelas regras gramaticais.
    b) Os professores avisaram aos alunos da prova.
    c) Deve-se obedecer o português padrão.
    d) Assistimos uma aula brilhante.
    e) Todos aspiram o término do curso.

34. (Cesgranrio – Liquigás – Profissional Jr. – 2012) A leitura do trecho "A gente se acostuma a pagar por tudo o que deseja e o **de** que necessita. E a lutar para ganhar o dinheiro **com** que pagar" permite concluir que as preposições são exigidas, respectivamente, pelos seguintes verbos:
    a) desejar e ganhar;
    b) desejar e pagar;
    c) pagar e desejar;
    d) necessitar e ganhar;
    e) necessitar e pagar.

35. (Esaf – SRF – Analista Tributário da Receita Federal – 2012) (Adaptada) Há a <u>erro</u> gramatical na transcrição do texto abaixo em (4) ou (5)?
    "(...) em absoluto, de recusar investimentos estrangeiros que, de qualquer modo, apresentam vantagens, mas de procurar **direcionar-lhes** *(4) para onde são mais importantes e necessários e de estar consciente **de que** (5) nem todos eles representam a salvação da economia num momento de dificuldades".*

36. (FCC – TST – Analista Judiciário – 2012) A frase que, segundo os preceitos da gramática normativa do português do Brasil, está correta quanto à regência é:
    a) A cada pequena discussão, costumava lhe chamar de aventureiro e até como irresponsável, e disso já se havia coletado muitas provas.
    b) Nada daquela maluca versão interessava a ele, principal testemunha do caso, e por isso manifestou-se quanto à imediata retirada do indesejável depoimento.
    c) A afinidade entre os colegas intensificava-se ao mesmo tempo que seus estudos se desenvolviam, e disso surgiu uma amizade que todos tinham orgulho.
    d) Sua obra é daquelas que se pode dizer tudo, menos que passará despercebida a futuras gerações, seja para negar-lhe méritos, seja para reconhecê-los.
    e) Aquele professor é a verdadeira razão de que muitos estudantes decidiram dedicar-se à pesquisa, o que lhe faz ser constantemente mencionado como exemplo a ser seguido.

37. (FCC – TST – Técnico Judiciário – 2012) Cronistas de reinos passados, gênios das navegações [...] não <u>falam</u> de discos, pratos ou charutos voadores...
    O verbo que NÃO foi empregado com o mesmo tipo de complemento que o verbo grifado acima está em:
    a) Começou com um piloto norte-americano de caças ...
    b) ... que simplesmente desistimos deles?
    c) ... sequer pensarmos em outros mundos ...
    d) Enjoaram de nós?
    e) Venceu a hipótese de naves ...

38. (FCC – TST – Analista Judiciário – 2012) "O que definia o século XIX era a mudança: mudança <u>em termos de e em função dos</u> objetivos das regiões dinâmicas do Atlântico norte, que eram, à época, o núcleo do capitalismo mundial".
    Estrutura que considera, como a destacada acima, corretamente as regências, encontra-se em frases que seguem, com EXCEÇÃO desta única:
    a) Comprovou que e alegou de que os documentos eram originais.
    b) Segurou o menino com e pela mão esquerda.
    c) Por conta de e para saldar as dívidas, penhorou seu único imóvel.
    d) Necessitava de e exigia os documentos que haviam ficado retidos indevidamente.
    e) Os estados se unificaram em e por uma sólida confederação.

39. (CEPERJ – DEGASE – Psicólogo – 2012) "É forçoso reconhecer que razão assiste ao magistrado".
    A frase acima exemplifica um uso mais formal da língua, escolhido pelo autor deste texto, que foi originalmente publicado em uma seção voltada para questões de Direito e Justiça de um jornal.
    No contexto da frase, o significado do verbo "assistir" é:
    a) comparecer;
    b) acompanhar;
    c) faltar;
    d) caber;
    e) permanecer.

40. (MPE/SC – MPE/SC – Promotor de Justiça – 2012) Na Língua Portuguesa, é primordial o conhecimento da sintaxe de regência, isto é, a relação sintática de dependência que se estabelece entre nomes e verbos e seu complemento, com a presença ou não de preposição. Essa preposição pode estar associada ao pronome relativo. Assim, assinale o(s) item(ns) que contempla(m) duas versões da mesma frase consideradas corretas:
I. Prefiro ser um bom advogado a um mau juiz. / Prefiro ser um bom advogado do que um mal Juiz.
II. Os livros já foram, um dia, objeto sagrado onde o acesso era permitido a poucos. / Os livros já foram, um dia, objeto sagrado cujo acesso era permitido a poucos.
III. Haverá recursos do Estado para a associação de cuja parte nós fazemos. / A associação de que fazemos parte receberá recursos do Estado.
IV. Causou polêmica a medida provisória que autoriza o plantio de soja transgênica no país. / Causou polêmica a medida provisória a qual autoriza o plantio de soja transgênica no país.
V. O dinheiro que o político dispõe para a campanha política é bem mais que ele receberá em salário. / O dinheiro de que o político dispõe para a campanha política é bem mais do que ele receberá em salário.
a) Apenas as assertivas III e IV estão corretas.
b) Apenas as assertivas I e IV estão corretas.
c) Apenas as assertivas II e V estão corretas.
d) Apenas as assertivas I, III, IV e V estão corretas.
e) Todas as assertivas estão corretas.

41. (FCC – TCE/AP – Analista de Controle Externo – 2012) Do ponto de vista da regência, a frase redigida em conformidade com o padrão culto escrito é:
a) Vive dizendo que, para ele, nos fins de semana, nada melhor como pegar um bom livro e lê-lo até o fim.
b) Depois de tanto esforço dos que o acolheram, nem sequer se dignou de apresentar pessoalmente suas despedidas.
c) O exagero no consumo de bebidas alcoólicas na formatura ocasionou em um fim trágico.
d) As vítimas mais graves do engavetamento foram atendidas ao Hospital das Clínicas.
e) Acredito, sinceramente, de que o melhor a fazer é afastá-lo da comissão.

42. (FEC – PC – Inspetor de Polícia Civil (6ª Classe) – 2012) A alternativa em que a duplicidade de regência verbal documentada é INACEITÁVEL no português culto é a seguinte:
a) "refletir sobre o significado das favelas" / refletir no significado das favelas.
b) "desfrutando da sua beleza singular" / desfrutando a sua beleza singular.
c) "oferecer melhores condições de vida para os seus moradores" / oferecer (...) aos seus moradores.
d) "entender que os moradores dessas comunidades possuem histórias de vida" / entender de que os moradores.
e) "Vivemos em uma época de profundas transformações" / Vivemos uma época.

43. (CESPE/UnB – STF – Técnico Judiciário – 2013) A correção gramatical do texto seria preservada caso se eliminasse a preposição "de" ("Pois há uma única coisa de que Deus está privado:...").
( ) CERTO   ( ) ERRADO

44. (FCC – TRT (16ª R) – Analista Judiciário – 2014) O segmento do verbete que apresenta descuido quanto à regência é:
a) Adoção [...] de políticas e práticas organizacionais socialmente responsáveis.
b) Seu objetivo básico é atuar no meio ambiente [...], inter-relacionando-se com o equilíbrio ecológico, com o desenvolvimento econômico e com o equilíbrio social.
c) a organização que exerce sua responsabilidade social procura respeitar e cuidar da comunidade.
d) a organização que exerce sua responsabilidade social procura [...] conservar a vitalidade da terra e a biodiversidade.
e) a organização que exerce sua responsabilidade social procura [...] promover o desenvolvimento sustentável, o bem-estar e a qualidade de vida.

45. (IBFC – SSA/HMDCC – Analista Administrativo – 2015) "Mas, uma vez satisfeitas todas essas necessidades, será que ainda resta alguma coisa de que todo mundo precise?"
Assinale a alternativa em que se faz um comentário sintático INCORRETO sobre o trecho em análise.
a) Existe apenas uma oração subordinada introduzida pela conjunção integrante "que".
b) "alguma coisa" cumpre a função sintática de sujeito simples do verbo "resta".
c) O adjetivo "satisfeitas" exerce, no contexto, a função sintática de predicativo.
d) O emprego da preposição "de" após o substantivo "coisa" obedece à regência desse nome.

Capítulo 29 • Regência   **775**

46. (CESGRANRIO – IBGE – Supervisor de Pesquisas (TIC) – 2016) A regência nominal está adequada à norma-
-padrão em:
a) Os pobres são ávidos por melhores condições de vida.
b) Os catadores sentem desejo com uma vida melhor.
c) Muitos catadores têm orgulho em seu ofício.
d) Parte da população é sensível para a pobreza.
e) Vários dejetos são inúteis para com a reutilização.

47. (CESPE – SEDF – Professor de Educação Básica (Língua Portuguesa) – 2017) Considerando-se as regências do
verbo "esquecer" prescritas para o português, estaria correta a seguinte reescrita para a oração "Já esqueci a língua":
Já esqueci da língua.
( ) CERTO   ( ) ERRADO

48. (CESPE – PF – Escrivão de Polícia Federal – 2018) A supressão da preposição "de" empregada logo após "ferocidade", no trecho "acostumando os espectadores a uma ferocidade de que todos queriam vê-los afastados", manteria
a correção gramatical do texto.
( ) CERTO   ( ) ERRADO

49. (VUNESP – TJ/SP – Enfermeiro Judiciário – 2019) Assinale a alternativa em que a regência está em conformidade
com a norma-padrão.
a) Embora as nações aspirem cobertura universal de saúde, precisamos reconhecer de que ela ainda não chegou
em todos os habitantes do planeta.
b) Embora as nações aspirem na cobertura universal de saúde, precisamos reconhecer de que ela ainda não chegou
a todos os habitantes do planeta.
c) Embora as nações aspirem pela cobertura universal de saúde, precisamos reconhecer que ela ainda não chegou
em todos os habitantes do planeta.
d) Embora as nações aspirem à cobertura universal de saúde, precisamos reconhecer que ela ainda não chegou a
todos os habitantes do planeta.
e) Embora as nações aspirem por cobertura universal de saúde, precisamos reconhecer que ela ainda não chegou
com todos os habitantes do planeta.

50. (VUNESP – FITO – Técnico em Gestão (Assistência Administrativa) – 2020) Está em conformidade com a
norma-padrão de regência verbal e nominal a frase:
a) Quem vai nos Estados Unidos não pode deixar de provar o cheesecake.
b) Antes da viagem, Antonio estava ávido a provar as especialidades culinárias.
c) Os legumes têm nutrientes a que o corpo não pode abrir mão.
d) Amizade é uma das coisas por que mais prezo na vida.
e) Antonio Prata implicou com os tomates brasileiros por serem inferiores.

51. (IADES – Instituto Rio Branco – Diplomata – 2021) A supressão da preposição "de" ("Convenci-me de que aquela
era a língua mais fácil do mundo...") manteria a correção gramatical e o sentido original do texto.
( ) CERTO   ( ) ERRADO

52. (FEPESE – IGP-SC – Auxiliar Médico-Legal – 2022) Assinale a alternativa correta quanto à regência nominal e
verbal.
a) De acordo com documentos que os jornalistas tiveram acesso, ainda falta incluir o relatório do escritório de
contabilidade que fica à Rua São Judas Tadeu, no Centro.
b) Em busca da realização profissional e pessoal, os jovens escolhem a dedo aonde trabalhar, priorizando às
empresas com atuação social.
c) Informo aos interessados de que não ocorreu, na reunião, nenhuma alusão à tão delicado assunto, nem houve
qualquer declaração de desagravo aqueles que foram injustamente acusados.
d) Como era orgulhoso, preferiu antes declarar falida a firma do que aceitar qualquer ajuda do sogro, a cujo
patrimônio era bastante robusto.
e) Os interessados em conhecer a maricultura local devem se dirigir à Praia do Badejo, de onde partem as em-
barcações que conduzem os turistas para uma visita monitorada, cuja duração é de, aproximadamente, duas
horas.

Gabarito

1. A.
2. D.
3. D.
4. CERTO.
5. ERRADO.
6. ERRADO.
7. ERRADO.
8. C.
9. C.
10. E.
11. D.
12. C.
13. D.
14. E.
15. C.
16. ERRADO.
17. ERRADO.
18. ERRADO.
19. E.
20. D.
21. E.
22. B.
23. A.
24. C.
25. E.
26. CERTO.
27. CORRETA.
28. CERTO.
29. CORRETA.
30. B.
31. E.
32. B.
33. A.
34. E.
35. (4).
36. B.
37. E.
38. A.
39. D.
40. A.
41. B.
42. D.
43. ERRADO.
44. C.
45. D.
46. A.
47. ERRADO.
48. ERRADO.
49. D.
50. E.
51. CERTO.
52. E.

Os comentários sobre as questões estão no *Material Complementar* do livro. Para acessá-lo, veja o passo a passo na orelha desta obra.

CAPÍTULO 30
CRASE

Definição

Antes de tudo, quem diz que crase é fácil está enganado! Crase é risível de fácil!

— Poxa, Pestana, até hoje eu tenho trauma com esse sinal de crase! Nem consigo dormir pensando em questões de crase!
— Para começar, o nome do sinal é grave! É isso mesmo! O sinal (`) tem nome: *acento grave*! É ele que indica a crase. E pode dormir tranquilo a partir de agora.
— Ué, então crase não é o nome do acento?
— Nunca foi! O nome do acento é "grave". A crase é um fenômeno em que duas vogais iguais se tocam, por isso se diz **a** + **a** = **à**. E... se eu fosse você... faria uma recapitulação da parte sobre *Artigo*. Safo? Vamos entender melhor agora!

> **Observação**
>
> Para concursos, o que você precisa saber é o seguinte: a **crase** é a **fusão** de duas vogais idênticas. A primeira vogal **a** é uma preposição, a segunda vogal **a** é um artigo ou um pronome demonstrativo.
>
> Ah! Antes que eu esqueça, baixe meu aplicativo "Mister Crase"... Agora, sim, posso dormir tranquilo! ☺

"Muito bem. Mas como essas vogais se fundem formando a crase?" Muito simples. Normalmente um verbo ou um nome exige a preposição *a*, que se funde com outro *a* (artigo ou pronome demonstrativo), formando a crase: **à**.

Existem quatro situações básicas. Veja abaixo:

> **a (preposição) + a(s) (artigo) = à(s)**

É impossível resistir à lasanha da minha mãe.

Quem nunca resiste... nunca resiste **a** + **a** (lasanha) = **à** (lasanha). Foi?
"Mas como é que você sabe que há um artigo feminino antes do substantivo *lasanha* para a gente poder crasear o **a**?"

 DOIS *BIZUS* LINDOS: Para sabermos se haverá crase (**a** + **a** = **à**), basta colocarmos o artigo antes do substantivo e criar uma frase hipotética, colocando-o como sujeito da frase: "A lasanha da minha mãe é ótima". Percebe que a ausência do artigo

> tornaria a frase estranha: "Lasanha da minha mãe é ótima"? O artigo serve para determinar, especificar a palavra lasanha. Este método é ótimo para perceber se há ou não artigo antes de um substantivo. Outro método que normalmente dá certo é trocar a palavra feminina por uma masculina. Se no lugar do à puder ser ao, a crase estará em 99% das vezes certa: "É impossível resistir ao nhoque da minha mãe". Foi?

Veja outro exemplo:

Minha mãe deu *à* luz um bebê lindo em 1982: eu.

O verbo *dar*, como se sabe, é bitransitivo (VTDI). Logo, *um bebê lindo* é objeto direto, e *à luz*, o objeto indireto. Dá-se algo *a* alguém (a "luz" está em sentido conotativo, equivalendo a "vida", "ao mundo"). Bonito isso! Quase chorei...

Para fechar, mais um:

Eu cheguei *à* Brasil, mas, como de costume, ela estava engarrafadíssima!

"Ué, Pestana, você está maluco? Brasil é uma palavra masculina, ora; é **o** Brasil, e não **a** Brasil!"

Calma, calma... Olhos abertos! Às vezes, o substantivo vem **implícito**. Você deveria ter visto assim: *"Eu cheguei **à** (avenida) Brasil...".* Ou seja, quem chega, chega **a + a** avenida. Percebeu agora? A + a = **à**. Simples assim.

> **a (preposição) + a(s) (pronome demonstrativo) = à(s)**

Antes de qualquer coisa, há basicamente dois casos em que o vocábulo **a** pode ser um pronome demonstrativo, equivalendo ao pronome "aquela": antes de pronome relativo *que* e antes de preposição *de*: *A (= aquela) que chegou era minha filha. / Sua filha é linda, mas a (= aquela) dele é muito mais.*

Agora sim, o princípio da crase é o mesmo, beleza? Veja:

Nós nos referimos *à* que foi 01 do concurso para Analista Judiciário.

Sempre procuro fazer alusão *às* lições do Bechara e *às* do Celso Cunha.

No primeiro caso, quem se refere, se refere **a + a = à**. No segundo caso, quem faz alusão, faz alusão **a + as = às**.

> Observação
>
> Vale dizer que, para os gramáticos Bechara e Luft, tal pronome pode ser um artigo. Obrigado!

> **a (preposição) + aquele(s), aquela(s), aquilo (pronomes demonstrativos) = àquele(s), àquela(s), àquilo**

Lembre-se: crase é a fusão de duas vogais idênticas. Jamais erre na prova este caso.

A bebida é sempre nociva *à*queles que se embriagam.
Procurou explicar-se *à*quela comissão, mas ela não tolerou seu erro.

Depois de todo o terror, assistir àquilo foi a gota d'água.

O que é nocivo, é nocivo **a** + **aqueles** = **àqueles**. Quem *se explica... se explica* **a** + **aquela** = **àquela**. Quem assiste (= *ver*), assiste **a** + **aquilo** = **àquilo**.

> **a (preposição) + a qual, as quais (pronome relativo) = à qual, às quais**

Lembre-se: se um verbo ou um nome exigindo preposição vier depois do pronome relativo, a preposição ficará obrigatoriamente antes do pronome relativo.

*Todas as professoras de Língua Portuguesa **às** quais me dirigi eram capazes.*
*A explicação **à** qual tenho direito finalmente me foi dada pelo mestre.*

No primeiro caso, o verbo pronominal *dirigir-se* exige a preposição *a*, que se aglutina com *as quais* (pronome relativo), formando *às quais*. No segundo caso, o nome *direito* também exige a preposição *a*, que se aglutina com *a qual* (pronome relativo), formando *à qual*.

Casos Obrigatórios

Além dos casos clássicos de crase, já vistos anteriormente, há dois casos obrigatórios de crase. Vejamos:

1) **Locuções adjetivas, adverbiais, conjuntivas e prepositivas com núcleo feminino**

   – *Um policial **à paisana** trocou tiros com três homens que tentavam roubar um banco.*
   – *Cheguei **às cinco horas da tarde**.*
   – ***À medida que** estudo, fico mais seguro.*
   – *Einstein estava **à frente de** seu tempo.*

 CUIDADO!!!

1) Conheça algumas locuções (as que têm valor semântico de *meio* ou *instrumento* são polêmicas entre os gramáticos):

   a) **adjetivas**: à vela, à lenha, à toa, à vista, à la carte, à queima-roupa, à vontade, à venda, à mão armada, à beça...

   b) **adverbiais***: à noite, à tarde, às vezes, às pressas, à farta, à vista, à primeira vista, à hora certa, àquela hora, à esquerda, à direita, à uma (ao mesmo tempo, juntamente), à vontade, às avessas, às claras, às escuras, à mão, às escondidas, à míngua, à fome, à venda, à mão armada, à beça, à bala, à tinta, à máquina, à espada, à caneta, à foice, à chave, à revelia, à deriva, à meia-noite...

   c) **prepositivas**: à altura de, à custa de, à espera de, à beira de, à espreita de, à base de, à moda de, à maneira de, à procura de, à roda de, à guisa de, à mercê de, à semelhança de...

   d) **conjuntivas** (só duas): à medida que, à proporção que.

   * *o mais das vezes*, *as mais das vezes* são locuções não craseadas.

780   A Gramática para Concursos Públicos • Fernando Pestana

2)   **Polêmica!** As locuções que têm valor semântico de *meio* ou de *instrumento* podem ou não receber acento grave. Depende da visão do gramático. Infelizmente não há (mais uma vez) unidade de pensamento. Exemplos: *"Eu costumo escrever **a (à) caneta** (instrumento)". / "Não gosto de comprar **a (à) prestação** (meio)".*

No entanto, todos eles concordam que, por razões de clareza, a fim de afastar qualquer ambiguidade, pode-se usar o acento grave. Exemplos: *"Vendi a vista" (o olho?) / "Vendi à vista" (meio).*

Use sempre seu bom senso na hora da prova, pois não sabemos o que as bancas irão aprontar. O fato é que questões assim são raríssimas! Veja uma que "resolve" a polêmica:

(Cespe/UnB – BB – Escriturário I – 2003 – Questão 35 – Opção 5)

Em "Preencher à máquina", na linha vertical na margem esquerda do formulário, o emprego do sinal indicativo de crase é opcional.

Comentário: A questão foi anulada! Logo, se foi anulada e, portanto, o emprego do sinal indicativo de crase não é opcional, inferimos que a crase é <u>obrigatória</u> em *à máquina*! Pelo menos para o Cespe/UnB.

Corroborando isso, os manuais de redação, como o *Manual de Redação da Câmara dos Deputados*, o *Manual de Redação e Estilo de O Estado de S. Paulo*, o *Manual de Redação da PUC/RS* e muitos importantíssimos gramáticos brasileiros, como Evanildo Bechara, Rocha Lima, Said Ali, ensinam (seja por razões de clareza, seja pela tradição linguística) que <u>há crase nas locuções que indicam meio ou instrumento</u>. Outros estudiosos dirão que não há crase porque nesse caso <u>não</u> se pode usar a regra prática de substituir *a* por *ao*, o que provaria a presença do artigo antes da locução, incorrendo em crase. É isso... em vez de facilitarem nossa vida, atrapalham. Cuidado com as provas da vida!

3)   Pensou que a polêmica havia acabado? Bem-vindo à "língua portuguesa"! Apesar de muitos gramáticos discordarem (e eu concordo com eles), está estabelecido na tradição gramatical que a locução adjetiva *a distância* não recebe acento indicativo de crase. E é assim que vem caindo em prova de concurso, beleza?! Por exemplo: *Fiz um curso à distância (errado). Fiz um curso a distância (certo).*

Se a locução vier especificada, aí, sim, ocorre acento indicativo de crase: *Fiz um curso à distância <u>de cem metros da minha casa</u>. / Aqui você tem todos os canais à distância <u>de um clique</u>.*

Uma prova de que a visão tradicional prevalece – ou seja, só há acento grave na locução se vier especificada – está aqui: INSTITUTO CIDADES – TCM/GO – AUDITOR DE CONTROLE EXTERNO – 2012 / FJG – SME/RJ – PROFESSOR – 2003 / FJPF – CREA – ASSISTENTE – 2005 / FIP – CÂMARA/SJC – PROGRAMADOR/Analista de Sistemas – 2009.

4)   "Ah! Agora acabaram as polêmicas, não é, Pest?" Escuta esta agora. Alguns gramáticos, como Napoleão M. de Almeida, dizem que a locução *à vista* não vem craseada. Mas... consagrado pelo uso, o acento grave é sempre usado nessa expressão – quando <u>não</u> indicar a "córnea", o "olho": *Machucou a vista jogando bola.* O gramático Cegalla corrobora isso, dizendo que as locuções *à vista* e *à vista de* são sempre craseadas. E mais uma prova disso está aqui: FCC – TRF (3ª R) – Analista Judiciário – 2007 – QUESTÃO 12 – OPÇÃO C.

Capítulo 30 • Crase   **781**

5) A expressão *à domicílio*, muito craseada nos panfletos e fachadas da vida, <u>não</u> pode levar acento grave, pois o núcleo (*domicílio*) é masculino.

6) Cuidado com a expressão *as vezes de* (que significa "desempenhar as funções que são da competência de outro" ou "ser usada para o mesmo fim que outro") em frases do tipo *"O professor fez **as vezes de** aluno"*, pois não representa uma locução prepositiva, logo não há crase. Nunca! Sobre isso, consulte: FCC – TJ/RJ – COMISSÁRIO DA INFÂNCIA E DA JUVENTUDE – 2012 – QUESTÃO 11.

7) Locuções adverbiais de tempo iniciadas por "aquele" também recebem acento grave. Exemplo: "**Àquele ponto/momento/instante**, nada mais importava".

2) Locução prepositiva implícita "*à moda de, à maneira de*"

Devido à regra, o acento grave é obrigatoriamente usado nas locuções prepositivas com núcleo feminino iniciadas por *a*: *"Os frangos eram feitos **à moda d**a casa imperial"*. Às vezes, porém, a locução vem implícita antes de substantivos masculinos, o que pode fazer você pensar que não *rola* a crase. Mas... há crase, sim!

– *Comi uma caça **à espanhola** anteontem.*
– *Ontem jantei um bacalhau **à Gomes de Sá**.*
– *Hoje comerei um filé **à Osvaldo Aranha**.*
– *Talvez amanhã eu coma um tutu **à mineira**...*
– *Depois da indigestão, farei uma poesia **à Drummond**, vestir-me-ei **à Versace** e entregá-la-ei à tímida aniversariante.*

Observação

Não vá você agora pensar que tal locução vem sempre implícita. Quando você vai a um restaurante, lá vem o cardápio... Está lá escrito (normalmente): *frango à passarinho* e *bife à cavalo*. "E daí?" Bem, o fato é que não se pode comer um frango *à maneira do passarinho*, porque passarinho não come frango de maneira alguma nem lança moda. O mesmo vale para o cavalo, beleza? Entenda: as expressões *à moda de* e *à maneira de* significam "em imitação a; do jeito de; da maneira como se faz; da maneira como se come; de acordo com o estilo de...". Logo, não há crase em *frango a passarinho* nem em *bife a cavalo*. Entendido?

Casos Proibitivos

1) Antes de substantivos masculinos

– *Andou **a** cavalo pela cidadezinha, mas preferiria ter andado **a** pé.*

Observação

Se houver um substantivo feminino implícito antes do substantivo masculino ou plural, a crase será obrigatória: *Eu me desloquei em direção **à** Globo* (rede Globo), *Botafogo volta **à** Libertadores* (copa Libertadores).

2) **Antes de substantivo (masculino ou feminino, singular ou plural) usado em sentido generalizador (Veja *Casos Especiais*!)**

– *Depois do trauma, nunca mais foi **a** festas.*
– *Não fizeram menção **a** mulher, nem **a** criança, tampouco **a** homem.*

> **Observação**
>
> Se houver individualização do substantivo, o artigo aparecerá para indicar que o substantivo é conhecido do falante ou já foi mencionado antes, logo haverá crase: "*Não fizeram menção **à** mulher, nem **à** criança, tampouco (**ao**) homem*". Se o substantivo feminino vier acompanhado de alguma ou nenhuma, não haverá crase, pois a ideia ainda será de indeterminação, generalização: "*Não fizeram menção **a** mulher alguma/nenhuma*". Quando os complementos de "candidatar-se" ou "candidato(a)" designarem um cargo ou profissão, o artigo definido não aparecerá antes deles e, ainda por cima, ficarão no masculino singular (quando o cargo se destina a pessoas de ambos os sexos). Exemplos: "Já sabíamos que eles **se candidatariam** a *prefeito*", "Eles e elas eram **candidatos** a *vereador*". O complemento fica no feminino singular se o cargo se destinar apenas a mulheres: "Mais de cem modelos **se candidataram** a *garota-propaganda* da cervejaria". Note que não há crase, porque não há artigo antes dos complementos!!!

3) **Antes de artigo indefinido "uma"**

– *Iremos **a** uma reunião muito importante no domingo.*

> **Observação**
>
> Diante do numeral indicando hora, crase na cabeça: *Chegarei **à** uma (hora)*. Cuidado com *há* (indicando existência ou tempo decorrido): *Há (existe) uma hora em que precisamos mudar de opinião. / Há (faz) uma hora fechamos um contrato milionário*. Veja *Casos Especiais*.

4) **Antes de nomes de santas, de *Nossa Senhora* e de mulheres célebres**

– *Tenho devoção **a** Santa Maria Madalena.*
– *Muito devemos **a** Teresa de Calcutá.*
– *Dirigiu-se **a** santa Rita em oração com fervor.*

> **Observação**
>
> Em "*Tenho devoção **à** Virgem*", a crase é obrigatória. O artigo definido pode surgir por razões intencionais, emocionais ou estilísticas, logo, se quisermos aproximar-nos de tais figuras históricas, tratando-as afetivamente, o uso do artigo <u>não</u> poderá incorrer em erro, havendo a possibilidade de crase. No entanto, no registro formal, aconselha-se o não uso do artigo.

5) **Antes de pronomes pessoais, pronomes interrogativos, pronomes indefinidos, pronomes demonstrativos e pronomes relativos**

– *Fizemos referência a Vossa Excelência, não a ela.*
– *A quem vocês se reportaram no Plenário?*
– *Assisto a toda peça de teatro no RJ, afinal, sou um crítico.*
– *Entreguei o livro a esta editora, mas ela desprezou a obra.*
– *A atriz brasileira a cuja peça aludi já ganhou dois prêmios internacionais.*

Observação

Não obstante, pode haver crase:

I – antes das "formas de tratamento" *senhora, senhorita, dona*, dama, madame, doutora* etc.: "*Deste teu coração à senhorita, e, ainda assim, ela te ignorou?*" / "*À dama não respondeu por vergonha ou falta de educação*".

II – antes dos pronomes indefinidos *pouca(s), muitas, demais, outra(s) e várias*: "*O doutor atendeu às poucas mulheres que hoje foram à sua clínica*" / "*BC equipara crédito consignado às demais operações*" / "*De uma geração à outra, tudo pode mudar*". Consulte uma questão sobre isso: CESPE – MPE/PI – ANALISTA MINISTERIAL (ÁREA PROCESSUAL) – 2018 – QUESTÃO 23.

III – antes dos pronomes demonstrativos *aquele(a/s), aquilo, mesma(s), própria(s), tal*: "*Dedicou-se à própria vida, esquecendo as outras pessoas que o rodeavam*".

IV – antes do pronome relativo *a qual*: "*A fórmula à qual a economia brasileira está subordinada não passa de uma regra básica*".

Mera curiosidade: na frase *Ele se referiu à todo-poderosa*, a crase é obrigatória porque o substantivo composto destacado é contextualmente feminino ("**a** todo-poderos**a**"), apesar de se iniciar por um pronome indefinido masculino, que não varia quando o substantivo "todo-poderoso" é colocado no feminino ("*todo*-poderos**a**").

* O artigo definido antes da palavra "dona" seguida de nome próprio é facultativo a depender da escolha do falante, motivada por intimidade (real ou suposta) com a interlocutora ou por simples variação regional, de modo que a frase pode ficar assim:
"Dei o cartão a (ou à) dona Maria". O "a" antes dos parênteses é uma preposição exigida pela regência do verbo "dar". Quando a palavra "dona" vier especificada por um termo de valor adjetivo, o artigo definido será obrigatório, implicando crase obrigatória: "Entreguei o cartão à simpática dona Maria"; "Entreguei o cartão à simpática dona". Se a palavra "dona" tiver sentido de proprietária, haverá artigo definido, implicando crase: "Paguei o aluguel à dona (do imóvel, por exemplo)".

6) **Antes de numerais não determinados por artigo**

– *O professor só conseguiu explicar o assunto a uma aluna; as três não quiseram esperar para tirar suas dúvidas.*
– *O político iniciou visita a duas nações europeias.*

> **Observação**
> Se *as nações* forem determinadas... crase: *O político iniciou visita **às** duas nações europeias.*

7) **Antes de verbos no infinitivo**
   – *A partir de hoje serei um pai melhor, pois voltei **a** trabalhar.*

> **Observação**
> Preciso dizer que <u>não</u> há crase em "*Blusas **à** partir de R$ 19,90*"?

8) **Depois de outra preposição qualquer (essencial ou acidental)**
   – *Fui para **a** Itália.*
   – *A Fundação Casa é uma instituição que atua em casos de extrema gravidade, mediante **a** determinação judicial.*
   – *Serão encaminhados após **a** sessão os documentos exigidos.*
   – *O futuro mártir se colocou contra **a** medida adotada pelo governo.*

9) **Entre palavras repetidas que formam uma locução**
   – *Quero que você fique cara **a** cara e diga a verdade.*
   – *Nosso dia **a** dia nunca mais foi o mesmo após o furacão.*

> **Observação**
> Cuidado com expressões como estas: "*É preciso declarar guerra **à** guerra!*" / "*É preciso dar mais vida **à** vida!*", "*Comparou sua boca **à** boca de outras moças*", em que há crase devido à regência dos verbos transitivos diretos e indiretos *declarar*, *dar* e *comparar*. Logo, nos exemplos anteriores, *guerra à guerra*, *vida à vida*, *boca à boca* não são locuções. Cuidado com essas pegadinhas!

10) **Antes de qualquer expressão ou frase substantivada**
    – *A expressão "Não vou beber" está ligada por uma ideia de causa **a** "A água está muito gelada".*
    – *O conectivo "se" às vezes equivale **a** "já que".*

Casos Facultativos

1) **Antes de pronomes possessivos adjetivos femininos**
   – *Enviamos instruções **a (à) nossa** instituição.*

> **Observação**
> A lógica da crase facultativa nesse caso se deve à possibilidade de o artigo figurar ou não antes de pronome possessivo adjetivo, ou seja, pode-se usar "*Visitei **o seu** apartamento*"

ou "Visitei **seu** apartamento". Ambas as construções são corretas. Beleza? Logo, a crase é facultativa justamente por isso; veja: "Enviamos instruções **a + a** nossa instituição = **à** nossa instituição" (preposição com artigo) ou "Enviamos instruções **a** nossa instituição" (preposição sem artigo).

Agora, preste atenção: existe um mito de que a crase é obrigatória antes de pronome possessivo adjetivo no plural. Isso não é verdade! A explicação é simples: se o artigo é facultativo antes desse tipo de pronome, a crase vai ser facultativa (independentemente de o pronome estar no singular ou no plural). Veja: *Fizeram alusão **a** sua falha (preposição A / sem artigo A); Fizeram alusão **à** sua falha (preposição A + artigo A); Fizeram alusão **a** suas falhas (preposição A / sem artigo AS); Fizeram alusão **às** suas falhas (preposição A + artigo AS)*. No entanto, veja uma questão sobre isso:

CESPE – MPE/PI – TÉCNICO MINISTERIAL – 2018
– É obrigatório o sinal indicativo de crase empregado em "dando viço às suas peregrinações", de maneira que sua supressão acarretaria incorreção gramatical no texto.

Gabarito: CERTO. "Ué, Pestana, se o gabarito é certo, então o mito é verdadeiro, pois o pronome possessivo adjetivo está no plural e a crase foi considerada obrigatória! E agora?!" Calma, pequeno(a) gafanhoto(a)... **Leia com cuidado agora (mil vezes, se necessário)!** O enunciado não fala de crase, e sim de sinal indicativo de crase (acento grave). Vou repetir: o enunciado não fala de crase, e sim de sinal indicativo de crase (acento grave). Lembre-se de que a crase é facultativa antes de pronome possessivo adjetivo, mas nesse caso o sinal indicativo de crase não é. Entenda: no trecho *dando viço às suas peregrinações*, o acento grave não pode ser suprimido, pois o verbo "dar" exige a preposição "a", e o artigo "as" está explícito na frase: *dando viço **a** + **às** suas peregrinações. Se retirarmos o sinal indicativo* de crase (isto é, o acento grave), a frase vai ficar errada, pois irá resultar em *dando viço **as** suas peregrinações* (note que, sem acento, o "as" é só um artigo; mas isso não está certo, visto que o verbo "dar" exige a preposição "a"). Ficou claro?

Resumo da ópera: o acento é obrigatório nesse caso da questão, ou seja, não pode ser retirado por causa da presença de preposição + artigo; mas a crase continua sendo facultativa, pois o artigo é facultativo antes de pronome possessivo adjetivo, ou seja: *dando viço **a** + **às** suas peregrinações (preposição com artigo)* OU *dando viço **a** suas peregrinações* (preposição sem artigo).

Espero não só que tenha ficado bem claro, mas também que você nunca mais acredite nesses mitos gramaticais que circulam por aí, pois isso pode lhe custar uma questão na prova! Observação importante: diante dum pronome possessivo substantivo, a crase é **obrigatória**: "Enviamos instruções a muitas empresas, mas não **à** sua".

2) **Depois da considerada locução prepositiva *até a***
Quando não houver crase, leia-se *até a* como preposição + artigo.
– *Vá **até a** geladeira e pegue um pedaço de torta para seus avós*. (até + a)
– *Vá **até à** geladeira e pegue um pedaço de torta para seus avós*. (até a + a)

Observação

Não confundir com *até* (= inclusive; palavra denotativa de inclusão). Em *"Como dito pelo Secretário, alguns setores tendem **até a** definhar no Brasil"*, não poderia haver crase por dois motivos: 1) não há crase antes de verbo e 2) até = inclusive. Já nesta frase a crase é obrigatória: *"Foi levado ao internato, à cadeia, e (pasmem!) até **à** penitenciária, durante sua vida"*. Explicando: o *até* é uma palavra denotativa de inclusão, e a crase ocorre porque *levado* exige a preposição *a* + *a penitenciária* = *à penitenciária*.

Para fechar, veja esta frase curiosa: "Queimou todo o cabelo, até a raiz". Pode-se entender que todo o cabelo foi queimado, inclusive a raiz ou que todo o cabelo foi queimado alcançando até um determinado limite, a raiz. Na segunda leitura, há possibilidade de crase: *"Queimou todo o cabelo, **até a (à)** raiz"*. Eu disse "possibilidade", por se tratar de um caso **facultativo**.

3) **Antes de nomes próprios femininos**
   – *A (**À**) **Juliana** tenho conseguido manter-me fiel, o que tem surpreendido a todos.*

Observação

Em muitos lugares do Brasil, não se costuma usar artigo antes de nomes de pessoas. Eu moro na zona oeste do Rio de Janeiro. Perto daqui, em Niterói, os falantes não costumam usar artigo. Em sala de aula, os alunos niteroienses se referiam a mim deste jeito: "Hoje tem aula **de** Pestana?". Já no RJ era assim:

"Hoje tem aula **do** Pestana?". Portanto, se há ou não artigo antes de nome próprio, há ou não crase. Simples assim. Adendo: os gramáticos dizem que o artigo antes do nome próprio denota intimidade, familiaridade.

4) **Diante de certos topônimos, como *Europa, Ásia, África, França, Inglaterra, Espanha, Holanda, Escócia...***
   – *O técnico português já prevê volta **a (à) Inglaterra** para conduzir o melhor time do país à vitória.*

Casos Especiais

1) Na *correlação* (ou *simetria de construção*) das preposições "de... a", se houver determinante (artigo ou pronome) contraído com "de", haverá artigo contraído com a preposição "a", resultando na crase.
   – *A loja funciona **de** segunda **à** quinta, **de** 8h **às** 18h.* (inadequado)
   – *A loja funciona **da** segunda **à** quinta, **das** 8h **às** 18h.* (adequado)
   – ***De** 01/03 **à** 30/08, haverá dois cursos para a área militar.* (inadequado)
   – ***De** 01/03 **a** 30/08, haverá dois cursos para a área militar.* (adequado)
   – *Ela se molhou **dos** pés **a** cabeça.* (inadequado)
   – *Ela se molhou **dos** pés **à** cabeça.* (adequado)
   – *Trabalho só **deste** domingo **a** sexta; depois, férias!* (inadequado)
   – *Trabalho só **deste** domingo **à** sexta; depois, férias!* (adequado)

CUIDADO!!!

1) Em qualquer correlação que não seja "de... a", não haverá crase: *"Entre as 14h e as 21h, estou no trabalho"*. Os "as" são artigos apenas.

2) Não há erro na construção *"Horário de atendimento: 8h às 17h"*, pois ocorre elipse de "das" (das 8h às 17h).

3) Observe que há mudança de sentido nestas duas frases: "Trabalha **de** duas **a** oito horas" / "Trabalha **das** duas **às** oito horas". Na primeira, indica-se que o sujeito trabalha entre duas e oito horas. Na segunda, o sujeito trabalha durante 6 horas.

4) Veja agora um caso curioso: segundo Domingos P. Cegalla, como o numeral *uma* não vem precedido de artigo definido, podemos dizer que, em *"Trabalho de uma às cinco horas"*, a crase independe da correlação, pois é usada para evitar ambiguidade em relação a *"Trabalho de uma a cinco horas"*, em que o sentido certamente seria outro. Não obstante, Bechara diz que se trata de caso facultativo o artigo figurar antes da expressão *uma hora*, o que nos leva a esta possibilidade de redação: *"Trabalho da uma às cinco horas"*. Aqui, a correlação é visível.

2) **Com as locuções adverbiais indicativas de "hora" (do relógio), há crase.**

Há crase, pois junta-se a preposição *a* (que inicia a locução adverbial) ao artigo *a* ou ao pronome demonstrativo iniciado por "a" (que concorda com *hora* e a determina). Por mais que a palavra *hora* esteja elíptica, a crase é obrigatória.

 Um *bizu* é substituir a expressão por "<u>ao</u> meio-dia". Se puder, crase na cabeça.
- Nesta última eleição, o TSE bateu o recorde histórico, alcançando a totalização de 90% dos votos **às 19h**.
- **Às 21h15min**, já haviam sido apuradas 99% das urnas.
- **À zero hora**, todo fim de ano, soltam-se fogos.
- **Àquela hora** todos já estavam de pé?
- Costuma-se acordar **às quatro** nos quartéis.
- Os lutadores de MMA se enfrentarão **às dezenove** deste domingo.
- Diga a ela que esteja aqui **à uma hora** para conversarmos a respeito do projeto.

 CUIDADO!!!

1) Não há crase antes de *hora* diante de palavras que rejeitam artigo: *"A mídia estampa de maneira persuasiva, e **à** <u>qualquer</u> hora, produtos para a classe C"* (errado) / *"A mídia estampa de maneira persuasiva, e **a** <u>qualquer</u> hora, produtos para a classe C"* (certa).

2) Não haverá crase antes de *hora* se vier antecedida de outra preposição que não seja *a* (para, após, desde e entre): *"Desde **as 16h30**, venho tentando falar com você"* / *"Será estendido **para as 20 horas** o prazo de entrega"* / *"Após **as 22h**, não mais atendemos pessoalmente"*.

3) Diante do caso facultativo "até a": *"Chegue **até as 22h** ou **até às 22h**, mas chegue!"* / – *"Chegaremos ao trabalho **até a (ou até à) uma hora da tarde**"*.

4) Sobre **uma hora:**

    I – Não devemos confundir *"Ela chegou **à 1h**"* (tempo determinado) com *"Ela chegou **há uma hora**"* (tempo decorrido).

    II – Se fizer referência a um período de tempo impreciso, que não se trate da hora do relógio, não há crase: *"Sairei daqui **a uma hora**"* (confirme isso reescrevendo com *duas horas*: "daqui a duas horas", portanto não há crase).

---

3) **Não há crase antes da palavra "casa" (com o sentido de "lar"), exceto se vier especificada (*normalmente por um termo ou oração de valor adjetivo*), se tiver sido mencionada antes ou se não significar "lar".**

— *Fui **a casa** resolver um problema.*
— *O bom filho **a casa** torna.*
— *Retornarei **à linda casa do Marcos** brevemente.*
— *Fui **à casa dela** resolver um problema.*
— *Só volta **à casa de quem o trata com mimos**.*
— *A residência da Maria é incrível, mas, como ela é brega, algum decorador precisa ir **à casa** para mexer em algumas coisinhas.*
— *Gostei muito do restaurante, por isso pretendo voltar **à casa** o mais rápido possível.*

Observação

Na frase *"Em frente a sua casa, houve um incêndio"*, a crase antes de *casa* é facultativa, pois vem antecedida do pronome possessivo adjetivo feminino *sua*. Logo, poderemos escrever: *"Em frente à sua casa, houve um incêndio"*. Prova disso: FCC – DPE/RS – DEFENSOR PÚBLICO – 2011. Na frase *Demorei duas horas, do apartamento a(à) casa*, se a casa for o lar do enunciador da frase, não haverá artigo antes dela, por isso não haverá crase; se a casa for o imóvel de outra pessoa, haverá artigo antes dela, logo haverá crase. Aquela regrinha da correlação "da... à" não cabe aqui. Além disso, sugiro que você consulte o capítulo 9, que trata de Artigo e leia o número 15 (com asterisco ao lado).

4) **Não há crase antes da palavra *terra* (em oposição a *bordo*, no contexto frasal). Se estiver especificada, há crase sempre. Afora isso, pode haver crase.**

— *Os marinheiros retornaram **a terra**.*
— *Os marinheiros retornaram **à terra natal**.*
— *O amor **à Terra** deve imperar, pois é nosso lar.*
— *Viemos da terra e **à terra** voltaremos.*

Observação

Veja a questão 4 deste concurso: FGV – SENADO – Analista – 2008. Ela resume tudo isso.

Capítulo 30 • Crase   **789**

5) Paralelismo sintático

A banca Cespe é a que mais trabalha certas questões de **crase com paralelismo e omissão de artigo**, no entanto o histórico dela é de erros e acertos, de modo que esse histórico cria uma "jurisprudência cespiana".

Depois de eu analisar mais de 350 questões de crase dessa banca, acompanhe o que descobri.

Ah! Antes de começar os trabalhos, porém, eis aqui um suporte teórico: como nenhum gramático discorda de ou contradiz o que ensinam os gramáticos Evanildo Bechara, Napoleão Mendes de Almeida, Maria Helena de Moura Neves e Othon Moacyr Garcia sobre o paralelismo em construções com "preposição + artigo" e a possível consequente crase, deve valer o que ensinam esses consagrados nomes da gramática. Aprenda de uma vez por todas!

Por ênfase, clareza ou concisão, levando-se em conta o sentido pretendido, há apenas quatro possibilidades de paralelismo com «preposição + artigo». Você vai notar que tanto a preposição quanto o artigo *podem* ficar omissos a partir do segundo elemento de uma enumeração:

(1) A programação das aulas estava direcionada **à** leitura, **à** discussão e **à** compreensão. (Preposição + artigo antes de todos os elementos coordenados, com sentido determinado.)

(2) A programação das aulas estava direcionada **à** leitura, discussão e compreensão. (Omissão de preposição + artigo a partir do segundo elemento coordenado; semanticamente, esta frase é igual à frase 1.)

(3) A programação das aulas estava direcionada **a** leitura, **a** discussão e **a** compreensão. (Preposição antes de todos os elementos coordenados, com sentido genérico.)

(4) A programação das aulas estava direcionada **a** leitura, discussão e compreensão. (Omissão de preposição a partir do segundo elemento coordenado; semanticamente, esta frase é igual à frase 3.)

Importante: por mais que um dos elementos seja masculino, a lição acima não muda. Veja: *A programação das aulas estava direcionada* **à** *leitura,* **à** *discussão e* **ao** *discernimento; A programação das aulas estava direcionada* **à** *leitura, discussão e discernimento; A programação das aulas estava direcionada* **a** *leitura,* **a** *discussão e* **a** *discernimento; A programação das aulas estava direcionada* **a** *leitura, discussão e discernimento.* O que não pode é haver "preposição + artigo" antes do primeiro elemento da coordenação e vir só artigo a partir do segundo elemento. Exemplo de frase gramaticalmente errada: "A programação das aulas estava direcionada **à** leitura, **a** discussão e **o** discernimento".

Agora, sim... Levando em conta as explicações acima, veja a "esquizofrenia" da banca, que ora acerta, ora erra, ora se confunde, ora nos confunde:

(CESPE – ABIN – 2018)
Fragmento de texto: "a espionagem... não tem natureza de crime em sentido técnico, mas, sim, de infração política sujeita a cassação de mandato e suspensão dos direitos políticos".
– O paralelismo sintático do último parágrafo do texto seria prejudicado se fosse inserido sinal indicativo de crase em "a cassação".
Gabarito: CERTO. A banca foi infeliz, desconsiderando as lições dos gramáticos supramencionados.

(CESPE – IPHAN – 2018)

Fragmento de texto: "conceitos rígidos dão lugar à flexibilidade, à análise de cenários alternativos e à inclusão da sociedade na formulação das políticas"

- No trecho "à análise de cenários alternativos e à inclusão da sociedade na formulação das políticas", o emprego do sinal indicativo de crase é obrigatório em ambas as ocorrências.

Gabarito: CERTO. A afirmação da banca está certa, pois, conforme vimos antes, não se pode construir a frase assim: "conceitos rígidos dão lugar à flexibilidade, a análise de cenários alternativos e a inclusão da sociedade na formulação das políticas".

(CESPE/UnB – DEPEN – 2015)

- Sem prejuízo para a correção gramatical do texto, o sinal indicativo de crase poderia ser eliminado em ambas as ocorrências no trecho "projetos voltados à recuperação e à reinserção social".

Gabarito: CERTO. A banca foi feliz.

(CESPE/UnB – PF – 2014)

- O acento indicativo de crase em "O uso indevido de drogas constitui ameaça à humanidade e à estabilidade" é de uso facultativo, razão por que sua supressão não prejudicaria a correção gramatical do texto.

Gabarito: ERRADO. Nesse caso, a palavra "humanidade" não pode ser tomada ora em sentido genérico, ora em sentido específico, haja vista que "humanidade" (no sentido de "espécie humana") é palavra sempre precedida de artigo, em qualquer situação. Logo, o acento não pode ser suprimido; a crase é obrigatória.

(CESPE/UnB – CEF – 2014)

- Seria mantida a correção gramatical do texto caso fosse empregado o sinal indicativo de crase no "a" em "ligados a computação, informática, TI e análise de sistemas".

Gabarito preliminar: CERTO.

Gabarito oficial: ERRADO. A banca errou, desconsiderando as lições dos gramáticos supramencionados.

(CESPE/UnB – MJ – 2013)

- O emprego do sinal indicativo de crase na expressão "respeito ao controle e à vigilância dos comportamentos humanos" é facultativo.

Gabarito: ERRADO. A banca foi feliz.

(CESPE/UnB – PC/BA – 2013)

- O emprego do sinal indicativo de crase é obrigatório em "O respeito às diferentes manifestações" e facultativo em "atividades ligadas às artes plásticas, à literatura, à música e ao artesanato".

Gabarito: ERRADO. A banca foi feliz.

Capítulo 30 • Crase **791**

> **(CESPE/UnB – TRE/GO – ANALISTA JUDICIÁRIO – 2009)**
> – No segundo período do texto (*Os filósofos gregos começaram a buscar a verdade em rela-*
> *ção ou oposição à falsidade, ilusão, aparência*), mantêm-se as relações semânticas, bem
> como a correção gramatical, ao se inserir "à" antes de "ilusão" e antes de "aparência".
> Gabarito: CERTO. Note a afirmação da banca: "mantêm-se as relações semânticas, **bem como**
> **a correção gramatical**"! Se se **mantém** a correção gramatical, é porque a frase original foi
> tomada como correta, assim como a proposta de reescrita da banca. Logo, a banca foi feliz, se-
> guindo as lições dos gramáticos supramencionados. No entanto, não é de hoje que vejo a banca
> Cespe usando o verbo "manter-se" sem ter o sentido de "preservar-se, permanecer". Cuidado!

Atenção!!! Resumo da ópera: segundo o Cespe (por inferência), ou há crase em tudo, ou há só preposição em tudo.

6) Antes de topônimos (nomes de lugar) que aceitam artigo

Não é possível colocar todos os nomes de todos os lugares do mundo e do universo em uma gramática, por isso uma maneira de saber se ocorre artigo antes de um topônimo é por meio de um *bizu* do tempo de meu avô: "Quem vai **a**, volta **de** (*crase pra quê?*)" / "Quem vai **à**, volta **da** (*crase há*)".

– *Fui **à Bahia** nas minhas férias de início de ano.* (Quem vai à Bahia, volta da Bahia)
– *Fui **a Ipanema**.* (Quem vai a Ipanema, volta de Ipanema)

🔍 Observação

> Se o topônimo estiver especificado, crase certa: *"Fui **à** linda **Ipanema** cantada por Vinicius"*. As regras de correlação e paralelismo não cabem diante de topônimos. Por exemplo, está errada a crase em *Do Leblon à Ipanema, andei 20 quilômetros*, pois "Ipanema" é naturalmente um topônimo **não** antecedido de artigo.

7) Antes de substantivo feminino singular com sentido genérico

Coloquei este caso como especial, pois a presença do artigo feminino singular antes de substantivo feminino singular com sentido genérico, além de implicar mudança de sentido, implica a crase. O Cespe/UnB adora esse tipo de questão!

Veja, pelos exemplos, como o assunto é interessante:

> *Tudo está sujeito a degeneração.*
> *Tudo está sujeito à degeneração.*

Na primeira frase, a pergunta que se faz é: "Que tipo de degeneração?". Não se sabe. Logo, o sentido é genérico. Na segunda frase, trata-se de uma degeneração já mencionada ou conhecida dos participantes do ato comunicativo: locutor e interlocutor.

> *O homem deve ser submetido a cirurgia tão logo.*
> *O homem deve ser submetido à cirurgia tão logo.*

Na primeira frase, a pergunta que se faz é: "Que tipo de cirurgia?". Não se sabe; só se sabe que se trata de um ato cirúrgico. Logo, o sentido é genérico. Na segunda frase, trata-se de uma cirurgia já mencionada ou conhecida dos participantes do ato comunicativo: locutor e interlocutor.

> *Sempre faço doação a instituição beneficente.*
> *Sempre faço doação à instituição beneficente.*

Na primeira frase, a pergunta que se faz é: "Qual instituição beneficente?". Não se sabe. Logo, o sentido é genérico. Na segunda frase, trata-se de uma instituição beneficente já mencionada ou conhecida dos participantes do ato comunicativo: locutor e interlocutor.

O advogado se referiu a lei federal, não a lei estadual.
O advogado se referiu à lei federal, não à lei estadual.

Na primeira frase, a pergunta que se faz é: "Qual lei federal e qual lei estadual?". Não se sabe. Trata-se da lei federal e da lei estadual em sentido amplo, como um todo. Na segunda frase, trata-se de uma lei federal e de uma lei estadual já mencionadas ou conhecidas dos participantes do ato comunicativo: locutor e interlocutor. Como se estivesse dizendo: "àquela lei federal", "àquela lei estadual".

Nesses casos, podemos dizer que a presença ou não do acento grave é possível, a depender do sentido que a pessoa quiser dar à frase.

CUIDADO!!!

O fato é que nem todo caso de adjetivo especificando substantivo fará o uso do acento indicativo de crase ser obrigatório. Veja:

– *Ela só é fiel a pessoa infiel, por isso vive magoada.*

Contextualmente, "pessoa infiel" é um tipo de pessoa, não uma pessoa específica, logo o adjetivo não determina a ponto de ser necessária a presença do artigo.

– *Depois de uma vida inteira de honestidade e contas pagas, minha vida estará sujeita a rigorosa análise?*

Novamente, não há necessidade de artigo definido antes de "rigorosa análise", pois se trata de uma "análise" em seu sentido amplo, mas feita de modo rigoroso, e não "aquela análise já mencionada anteriormente, conhecida, definida"; até porque não há contexto suficiente para interpretarmos assim.

Com diz a Prof. Dr.ª Rosane Reis de Oliveira (UERJ), "nestes casos, a crase é explicada pelo teor semântico e não estritamente pela sintaxe".

Veja algumas questões do Cespe/UnB que trataram disso:

(Cespe/UnB – PRF – Policial Rodoviário Federal – 2004)
"(...) O mais recente êxito de Lula na ordem internacional foi o discurso proferido na Assembleia Geral da Organização das Nações Unidas (ONU), em Nova Iorque, quando propôs a criação de um comitê de chefes de Estado para dinamizar as ações de combate à fome e à miséria em todo o mundo".
Os sinais indicativos de crase em "combate à fome e à miséria" podem ser eliminados sem prejuízo para a correção do período.
( ) CERTO ( ) ERRADO

Comentário: CERTO. A *fome* e a *miséria* podem ser tomadas em sentido genérico, logo pode não haver crase.

(Cespe/UnB – FUB – Analista de TI – 2011)
O uso do sinal indicativo de crase em "à imediata erosão" ("Tudo o que eu aprendo está sujeito à imediata erosão", afirma.) é obrigatório.
( ) CERTO ( ) ERRADO

Comentário: ERRADO. Não é obrigatório (na verdade, nem cabe no contexto da frase) porque o substantivo *erosão*, da expressão *à imediata erosão*", está em sentido genérico, não se está individualizando a "erosão". Não se trata de uma erosão específica, mas de uma erosão que pode acontecer a qualquer momento, ou seja "Tudo o que eu aprendo pode imediatamente erodir". O adjetivo *imediata* não está em contraposição a *estendida*. *Imediata* é apenas um adjetivo modalizador, não determina *erosão* a ponto de tirar seu caráter generalizador.

(Cespe – CORREIOS – nível superior – 2011)
O emprego do sinal indicativo de crase em "Sujeitado a residência forçada" (Sujeitado a residência forçada, Antônio Vieira ansiava pela chegada do correio...) manteria a correção gramatical do texto.
( ) CERTO   ( ) ERRADO

Comentário: CERTO. Pelo *bizu* do "ao", pode-se chegar a "Sujeitado ao trabalho forçado", assim haveria crase.

(Cespe – MPE/PI – nível médio – 2012)
O emprego do sinal indicativo de crase em "ligados à globalização" (Eles estão inextricavelmente ligados à globalização) é facultativo, pois o termo "globalização" poderia ser empregado, nesse contexto, de forma indeterminada, indefinida e, consequentemente, sem o artigo definido.
( ) CERTO   ( ) ERRADO

Comentário: CERTO. Se fosse "mercado de trabalho" não poderia ficar "inextricavelmente ligados a mercado de trabalho"? Certamente que sim. Logo, a crase é facultativa.

(Cespe – SEFAZ/RS – Auditor Fiscal da Receita Estadual – 2019)
Fragmento de texto: "... qualquer imposição tributária privada seria comparável a usurpação ou roubo".
A inserção do sinal indicativo de crase em "a usurpação" não prejudicaria a correção gramatical do texto.
( ) CERTO   ( ) ERRADO

Comentário: ERRADO. As palavras "usurpação" e "roubo" estão empregadas em sentido genérico, como se equivalessem a infinitivos impessoais, ou seja, é como se a frase estivesse escrita assim: "... seria comparável ao ato de usurpar ou roubar". Logo, não se usa artigo antes dos substantivos *usurpação* e *roubo*, por isso não há crase.

8) Crase iniciando período

Visando dificultar a vida dos concurseiros, as bancas vêm trabalhando muito a crase em construções com muitas inversões sintáticas, sobretudo no início de período. Veja só como acertar a questão abaixo exige de você muito conhecimento de análise sintática:

(FCC – TST – TÉCNICO JUDICIÁRIO – 2017)
...... mobilização dos mais diversos profissionais que faziam ...... vezes de figurantes da ópera e dos estudantes que participavam do coro da Ufrgs, ... que se acrescentar a dedicação do maestro Pablo Komlós, formado pela Academia Real da Hungria, sob a orientação de Kodály, então ...... frente da Ospa, em que se manteve até 1978.
Preenche correta e respectivamente as lacunas da frase acima:
(A) A – as – há – a
(B) À – às – há – a
(C) A – às – a – à
(D) A – às – a – a
(E) À – as – há – à

Comentário: O gabarito é a letra E. "Ué, Pestana! Como pode se iniciar frase com crase?" Qual é o problema, meu nobre? A frase está perfeita: À mobilização dos mais diversos profissionais que faziam as vezes de figurantes da ópera e dos estudantes que participavam do coro da Ufrgs, há que se acrescentar a dedicação do maestro Pablo Komlós..." (ou seja: "Há que se acrescentar a dedicação do maestro Pablo Komlós A + A = À mobilização dos mais diversos...”). O verbo acrescentar é transitivo direto e indireto, ou seja, exige dois objetos (um direto [a dedicação do maestro Pablo Komlós] e outro indireto, iniciado pela preposição A [à mobilização dos mais diversos...]). Vai vendo... As bancas não estão de bobeira...

A Crase e Certas Implicações

Quando usado o acento grave em algumas frases, há mudança de sentido, morfológica e semântica. Por isso, quando há crase, há certas implicações na estrutura frasal. Entenda melhor.

Em alguns casos, por motivo de clareza e para evitar a ambiguidade, a presença do acento grave é muito importante. Veja um caso: *“Matou a cobra à onça”* (Ou seja, a cobra matou a onça). Veja outro: *“Eu lavei a mão”* (Sem acento grave, significa “higienizar a mão”) / *“Eu lavei à mão”* (Com acento grave, significa “usar a mão para lavar”). Mais: *“Chegou a noite”* (a noite é o sujeito), mas “Chegou à noite” (*à noite* é um adjunto adverbial de tempo). A presença ou a ausência do sinal indicativo de crase faz toda a diferença.

Veja este poema de Cineas Santos: *“O amor bate à porta e tudo é festa / O amor bate a porta e nada resta”*. Percebeu a mudança sensível de sentido? Além disso, houve mudança de função sintática. No primeiro verso, significa “bater na porta”, pedindo para entrar; *à porta* tem função de adjunto adverbial de lugar. No segundo, significa “fechar a porta com força”; *a porta* tem função de objeto direto.

Veja agora vários casos e tente perceber as implicações semânticas, morfológicas e sintáticas:

– *Aqui se mata a fome.*
– *Aqui se mata à fome.*

– *Recebeu a pessoa a bala.*
– *Recebeu a pessoa à bala.*

– *Teve de pintar a mão hoje cedo.*
– *Teve de pintar à mão hoje cedo.*

– *Costuma cheirar a gasolina.*
– *Costuma cheirar à gasolina.*

– *Comeu a francesa*.*
– *Comeu à francesa.*

– *Feriu o rosto dele a navalha.*
– *Feriu o rosto dele à navalha.*

– *Vendeu a vista.*
– *Vendeu à vista.*

– *A vista dele está cansada de tanto ler.*
– *À vista dele está cansada de tanto ler.*

– *Pagou a prestação.*
– *Pagou à prestação.*

– *Disse a minha mãe que voltaria cedo.*
– *Disse à minha mãe que voltaria cedo.*

– *As editoras sugerimos alguns livros.*
– *Às editoras sugerimos alguns livros.*

– *A indústria nacional prejudicou o acordo.*
– *À indústria nacional prejudicou o acordo.*

– *O homem pinta a máquina.*
– *O homem pinta à máquina.*

– *Parecia agradável a primeira vista.*
– *Parecia agradável à primeira vista.*

– *A disposição dos alunos na sala está incorreta.*
– *À disposição dos alunos na sala está a professora.*

– *Só as vezes que ela me convida para sair são marcantes.*
– *Só às vezes que ela me convida para sair.*

– *Não conseguiram enxergar **a** distância de um prédio a outro.*
– *Não conseguiram enxergar **à** distância de um metro.*

– *O direito à intercomunicação e **à** memória coletiva é importante no cenário atual.*
– *O direito à intercomunicação e **a** memória coletiva são importantes no cenário atual.*

*canibalismo (não vá pensar bobagens...)

> Veja uma questão sobre tais implicações:
>
> 12. (FAB – EAGS – Sargento – 2012) Assinale a alternativa na qual o grupo em negrito atua como conjunção subordinativa.
>   a) Eu me referi **à medida que** contemplaria a maioria.
>   b) O sol ardia mais manso **à medida que** a tarde se esvaía. **(gabarito)**
>   c) Os moradores deram crédito **à medida que** cortou a água.
>   d) **À medida que** una os dois povos é o que todos visam hoje.
>
> **Comentário:** O *que* é um pronome relativo que retoma *medida* nas opções A, C e D. Em a) a crase ocorre porque o verbo *referir-se* exige a preposição *a* + *a medida* = *à medida*. Em c) a crase ocorre porque o verbo *dar* exige a preposição *a* + *a medida* = *à medida*. Em d) a crase ocorre porque o verbo *visar* exige a preposição *a* + *a medida* = *à medida*. Em b) há crase obrigatória na locução conjuntiva *à medida que*.

Só mais uma curiosidade: muitos alunos têm dúvidas de crase em MANCHETES DE JORNAIS E REVISTAS. Por isso, eis a explicação: a ausência do artigo definido antes de substantivo no gênero textual manchete visa tornar genérico o sentido do substantivo. Por exemplo, você abre o jornal e lê assim: "Comovido com cartinha, Papai Noel leva presente a criança carente". Como as manchetes de jornais omitem propositadamente o artigo definido antes do substantivo para gerar uma curiosidade no leitor, levando-o a ler a matéria completa, na qual tudo será esclarecido, não se pode falar em erro de crase nessa manchete. É preciso entender que, em linguagem, tudo depende da intencionalidade discursiva, ou seja, da intenção comunicativa. Se se deseja indeterminar, indefinir, generalizar, omite-se o artigo definido, de modo que não há crase. Se se deseja especificar, definir, determinar, usa-se o artigo definido, de modo que há crase. Veja: "Ele se refere a criança, e não a adulto" não é a mesma coisa que "Ele se refere à criança, e não ao adulto". Como se viu, não há crase na primeira frase, pois não há artigo definido; já na segunda, há crase, pois há artigo definido. É isso!

 ## O Que Cai Mais na Prova?

Tudo pode cair! No entanto, a maioria das questões exige seu conhecimento relativo à regência verbal e nominal, pois são os verbos e os nomes que exigem preposição. Aí você já sabe: preposição *a* + *a* (artigo ou pronome demonstrativo) = *à*. Fique ligado nos padrões das bancas, isso é sempre importante!

> *Concurseiro(a), quer uma dica de irmão? Guarde no seu coração o que vai ler agora: NUNCA DEIXE DE FAZER SEU PRÓPRIO RESUMO DE CADA CAPÍTULO. Esse processo cognitivo é **extremamente** valioso. Eu poderia ser legalzinho e fofinho pondo um quadro-resumo do que vimos no capítulo, mas, se fizesse isso, estaria sabotando você, impedindo-o(a) de ter esse trabalho*

796 A Gramática para Concursos Públicos • Fernando Pestana

de internalização imprescindível do conteúdo. **Por favor, não pule essa etapa!!!** *Mesmo que seu resumo fique gigantesco (não vá escrever outra gramática... rsrs), nunca deixe de fazê-lo, para o seu próprio bem! Seu cérebro agradece e, quando passar no concurso, sua conta no banco também. Vá fundo na missão!* ✄

Questões de Concursos

1. (FGV – Senado Federal – Policial Legislativo Federal – 2008) Assinale a alternativa em que se tenha optado corretamente por utilizar ou não o acento grave indicativo de crase.
   a) Vou à Brasília dos meus sonhos.
   b) Nosso expediente é de segunda à sexta.
   c) Pretendo viajar a Paraíba.
   d) Ele gosta de bife à cavalo.
   e) Ele tem dinheiro à valer.

2. (FDC – MAPA – Analista de Sistemas – 2010) Na oração "Eles nos deixaram À VONTADE" e no trecho "inviabilizando o ataque, que, naturalmente, deveria ser feito À DISTÂNCIA", observa-se a ocorrência da crase nas locuções adverbiais em caixa-alta. Nas locuções das frases abaixo também ocorre a crase, que deve ser marcada com o acento, EXCETO em:
   a) Todos estavam à espera de uma solução para o problema.
   b) À proporção que o tempo passava, maior era a angústia do eleitorado pelo resultado final.
   c) Um problema à toa emperrou o funcionamento do sistema.
   d) Os técnicos estavam face à face com um problema insolúvel.
   e) O Tribunal ficou à mercê dos hackers que invadiram o sistema.

3. (FAB – EAGS – Sargento – 2011) Em qual alternativa a ausência da crase pode alterar a função sintática do adjunto adverbial?
   a) Saiu às escondidas antes do final do jantar.
   b) Saiu às onze horas antes do final do jantar.
   c) Saiu às pressas antes do final do jantar.
   d) Saiu à francesa antes do final do jantar.

4. (Esaf – MDIC – Analista de Comércio Exterior – 2012) O texto abaixo foi transcrito com adaptações. Assinale a opção que manteve o emprego correto do sinal indicativo de crase.
   "Interessa **à** *(1) todo o País, por sua importância para* **à** *(2) produção,* **à** *(3) criação de empregos e o desenvolvimento, a agenda levada ao Congresso pelo presidente da Confederação Nacional da Indústria – CNI. Ao apresentar uma lista de 131 projetos considerados favoráveis ou prejudiciais ao setor, ele cobrou dos parlamentares, como de costume, atenção urgente* **às** *(4) questões de grande relevância para* **à** *(5) economia, especialmente numa fase de crise internacional".*
   a) 1.
   b) 2.
   c) 3.
   d) 4.
   e) 5.

5. (Esaf – CGU – Analista de Finanças e Controle – 2012) No que diz respeito ao uso do sinal de crase, assinale a opção que preenche corretamente as lacunas do texto abaixo.
   Uma mera observação __(1)__olho nu já basta para constatar que parcela relevante do spread está ligada, direta ou indiretamente, __(2)__ políticas públicas, sejam tributárias regulatórias ou de outra natureza. (...) Por outro lado, o aumento da eficiência do sistema bancário é igualmente relevante para __(3)__ queda dos spreads. (...) Em suma, é necessário um permanente diálogo entre o setor bancário e o governo, com vistas __(4)__ implementação de medidas sustentáveis para redução de spread, objetivo que deve ser atingido sem ameaças __(5)__ estabilidade financeira.
   a) à / às / a / à / à.
   b) a / as / a / à / a.
   c) a / às / a / à / a
   d) a / a / à / a / a.
   e) à / a / à / a / à.

Capítulo 30 • Crase **797**

6. Indique a opção que corresponde a erro gramatical na transcrição do texto.
   A (1) seca nos Estados Unidos prenuncia mais uma fase de preços altos para os alimentos, com perspectivas de bons ganhos para os exportadores e de graves dificuldades para as (2) economias pobres e dependentes da importação de comida. (...) A (3) longa estiagem, excepcionalmente severa, afeta mais de 60% do país e a maior parte das regiões agrícolas. O mercado reagiu imediatamente às (4) novas estimativas, divulgadas pelo Departamento de Agricultura dos Estados Unidos, com indicações de redução dos estoques na temporada 2012-2013. O Brasil será um dos países em condições de aproveitar às (5) oportunidades abertas pela quebra da safra americana.
   a) A (1).   b) as (2).   c) A (3).   d) às (4).   e) às (5).

7. (Esaf – SRF – Analista Tributário da Receita Federal – 2012) (Adaptada) A afirmação abaixo está correta ou incorreta?
   "(...) Não estão em pauta medidas juridicamente controversas nem de impacto sobre o orçamento no curto prazo, mas decisões a serem tomadas logo para atenuar, no futuro, a expansão da despesa com a Previdência. Hoje, ela já é da ordem de 10% do PIB (incluindo o setor público), comparável à de países mais ricos e com maior número de idosos. (...)"
   – O emprego do sinal indicativo de crase em "à de países" justifica-se pela fusão da preposição "a", exigida pelo adjetivo "comparável", com o artigo definido feminino singular "a" que acompanha o substantivo "despesa", elíptico na frase.

8. Assinale a opção que corresponde a erro gramatical na transcrição do texto abaixo.
   A pequena reação da indústria em junho (crescimento de 0,2% em relação a maio) não foi suficiente para compensar a (1) queda da produção no primeiro semestre, da ordem de 3,8%, quando comparada à (2) produção do mesmo período de 2011. Segundo o IBGE, responsável por essa estatística, a indústria brasileira hoje produz o mesmo que há (3) três anos. Mesmo que o setor tenha passado por um ponto de inflexão, como acredita o ministro da Fazenda, Guido Mantega, é pouco provável que a (4) produção chegue à (5) registrar crescimento em 2012. Os especialistas projetam uma queda de até 2%, o que contribuirá para o fraco desempenho do Produto Interno Bruto (PIB) este ano.
   a) (1).   b) (2).   c) (3).   d) (4).   e) (5).

9. (Adaptada) A afirmação abaixo está correta ou incorreta?
   – Em "O encarecimento dos importados, associado à contração da demanda...", o emprego de sinal indicativo de crase em "à contratação" justifica-se porque a palavra "associado" exige complemento antecedido pela preposição "a" e "contratação" é antecedida por artigo definido feminino.

10. Em relação ao uso do sinal indicativo de crase, assinale a opção que preenche corretamente as lacunas do fragmento a seguir.
    _Será necessário aceitar que há um princípio darwiniano regendo _____ ascensão e _____ queda de setores da economia mundial. Um país não consegue ser bom em tudo, e alguns setores tendem _____ desaparecer em uma parte do mundo para florescer do outro lado do planeta. Por essa dinâmica, alguns setores tendem até _____ definhar no Brasil. A diminuição da fatia industrial na economia frequentemente se dá de forma natural e lenta, como parte do desenvolvimento das nações. Por isso, não costuma ser encarada como um transtorno, mas como mais uma etapa rumo _____ maturidade econômica._
    a) à, à, a, a, a.
    b) a, a, à, a, à.
    c) à, a, a, a, à.
    d) a, a, à, à, a.
    e) a, a, a, a, à.

11. (Cespe/UnB – TCDF – Auditor de Controle Externo – 2012) No trecho "Exceção a essa regra", é opcional o emprego do sinal indicativo de crase no "a".
    ( ) CERTO   ( ) ERRADO

12. (Cespe/UnB – MPE/PI – Analista Ministerial – 2012) No trecho "somado aos que vinham sendo realizados nos últimos anos", o elemento "aos" poderia ser corretamente substituído por **àqueles**.
    ( ) CERTO   ( ) ERRADO

13. (FCC – TRT/AM (11R) – Técnico Judiciário – 2012) _É a atividade de construção de que o artista dispõe, o seu poder de imprimir ...... um trabalho sentimentos e sensações, e a qualidade de pensamento que conferem humanidade ...... arte; e essa humanidade pode ser realizada com uma série ilimitada de temas ou elementos formais. Tudo isso já foi repetido ...... exaustão._

Preenchem corretamente as lacunas da frase acima, na ordem dada:
a) à – à – a.
b) a – à – à.
c) a – à – a.
d) à – a – à.
e) à – a – a.

14. (FCC – TCE/SP – Auxiliar de Fiscalização Financeira – 2012) *A parcela da população mundial que ascendeu ...... classe média nos últimos vinte anos passou ...... consumir mais, ... um ritmo acelerado, o que põe em risco a sustentabilidade do planeta.*
As lacunas da frase acima estarão corretamente preenchidas, respectivamente, por:
a) à – a – a.
b) à – à – a.
c) à – a – à.
d) a – a – à.
e) a – a – a.

15. (FCC – INSS – Perito Médico Previdenciário – 2012) *... levava à crença na contínua evolução da sociedade ...*
O emprego do sinal de crase, exemplificado acima, estará correto, unicamente, em:
a) aludir à felicidade geral;
b) buscar à felicidade;
c) propor à toda a população;
d) impor à esse grupo;
e) discutir à obrigatoriedade da lei.

16. (FCC – TRF (5ª R) – Analista Judiciário – 2012) Do mesmo modo que no segmento *ameaça à paz e à segurança*, o sinal indicativo de crase também está corretamente empregado em:
a) O mais grave foi a ameaça à integridade física da vítima.
b) A crise econômica ameaça à preservação do acervo de vários museus.
c) Certos animais reagem agressivamente a ameaças à seus interesses.
d) Houve ameaça à grupo de manifestantes presos durante protesto.
e) A censura ameaça à liberdade de criação.

17. (FCC – MPE/AP – Promotor de Justiça – 2012) *A palavra "maquiavélico", ... que se costuma atribuir uma acepção negativa, está longe de fazer justiça ...... complexidade do pensamento de Maquiavel, mesmo aquele restrito ...... seu mais famoso tratado, O príncipe.*
Preenchem corretamente as lacunas da frase acima, na ordem dada:
a) a – à – à;
b) à – a – a;
c) à – a – à;
d) a – à – a;
e) à – à – à.

18. (FCC – TJ/RJ – Analista Judiciário – 2012) *... e chegou à conclusão de que o funcionário passou o dia inteiro tomando café.*
Do mesmo modo que se justifica o sinal indicativo de crase em destaque na frase acima, está correto o seu emprego em:
a) e chegou à uma conclusão totalmente inesperada;
b) e chegou então à tirar conclusões precipitadas;
c) e chegou à tempo de ouvir as conclusões finais;
d) e chegou finalmente à inevitável conclusão;
e) e chegou à conclusões as mais disparatadas.

19. (FCC – TRF (2ª R) – Analista Judiciário – 2012) *Não deixa de ser paradoxal o fato de o crescimento da descrença, que parecia levar ...... uma ampliação da liberdade, ter dado lugar ...... escalada do fundamentalismo religioso, ... que se associam manifestações profundamente reacionárias.*
Preenchem corretamente as lacunas da frase acima, na ordem dada:
a) a – à – a;
b) à – a – a;
c) a – a – à;
d) à – à – a;
e) a – à – à.

20. FCC – TRE/PR – Analista Judiciário – 2012) (Adaptada) *É possível encontrar antecedentes a esse tipo de análise na teoria do imperialismo. No entanto, a elaboração anterior à CEPAL preocupava-se principalmente com os países capitalistas avançados, interessando-se pelos países "atrasados" na medida em que desenvolvimentos ocorridos neles repercutissem para além deles.*

Capítulo 30 • Crase **799**

Considerado o trecho acima transcrito, é correto afirmar que o sinal gráfico indicativo da crase está adequadamente empregado em *à CEPAL*, mas se, em vez de *Comissão*, tivesse sido empregada uma palavra masculina, o padrão culto escrito abonaria unicamente o emprego de **a**.

21. (Funiversa – PC/DF – Perito Criminal – 2012) (Adaptada) A afirmação abaixo está correta ou incorreta?
    – Nas orações "para chegar à tal felicidade", "ou são ligadas à sua comunidade" e "se comparadas àquelas pessoas", os acentos graves marcadores de crase são todos opcionais.

22. (Cesgranrio – Liquigas – Profissional Jr. – 2012) As crases grafadas no início de cada uma das seguintes frases do texto se justificam pela exigência do verbo **acostumar**: "Às bactérias de água potável. À contaminação da água do mar. À lenta morte dos rios".
    Uma quarta frase que poderia estar nessa sequência, grafada de acordo com a norma-padrão, seria a seguinte:
    a) À ver injustiças.
    b) À vida sem prazer.
    c) À alguma forma de tristeza.
    d) À todas as mazelas do mundo.
    e) À essa correria em busca do sucesso.

23. (Cespe – TRE/RJ – Nível Superior – 2012) A correção gramatical do texto seria mantida caso a expressão "aos contornos constitucionais" fosse substituída por à **legislação constitucional**.
    (   ) CERTO   (   ) ERRADO

24. (Cesgranrio – CMB – Analista (Arquitetura) – 2012) Observa-se o uso adequado do acento grave no trecho "estamos nos referindo à não ativação de elementos".
    Verifica-se um **DESRESPEITO** à norma-padrão quanto ao emprego desse acento em:
    a) O professor se reportou àquele texto de Machado de Assis.
    b) Sonhamos em viajar à terra de Gonçalves Dias.
    c) Ele sempre fazia alusão à palavras de seu poeta favorito.
    d) Os alunos compreenderam o poema à custa de muito empenho.
    e) Prefiro as poesias de Drummond às de Olavo Bilac.

25. (Cesgranrio – CITEPE – Operador de Utilidades Têxtil II – 2012) Observe a seguinte frase, correta quanto ao emprego do acento grave: "[...] competências comportamentais referentes **à** forma [...]"
    O emprego do acento indicativo de crase está também corretamente feito em:
    a) Os empregados mostraram-se resistentes à mudanças na empresa.
    b) Muitos gostariam de ter um tempo maior à fim de se qualificar.
    c) O mercado oferece menos chances à quem está afastado.
    d) O bom profissional está atento à todas as transformações do mercado.
    e) Quem quer voltar ao mercado deve atender às necessidades de hoje.

26. (Cesgranrio – CEF – Técnico Bancário Novo – 2012) O sinal indicativo de crase está adequadamente usado em:
    a) Os pesquisadores dedicaram um estudo sobre *games* à um conjunto de pessoas idosas.
    b) Daqui à alguns anos, os pesquisadores pretendem verificar por que os *games* são viciantes para os jovens.
    c) Muitos dos idosos pesquisados obtiveram resultados positivos e passaram à se comportar de nova maneira.
    d) A escolha de um determinado *game* se deveu à preocupação dos pesquisadores com as características que tal jogo apresentava.
    e) Os estudos dos efeitos dos jogos eletrônicos sobre os idosos vêm sendo realizados à vários anos.

27. (Cespe/UnB – Banco da Amazônia – Técnico Científico – 2012) "(...) Para isso, criou instrumentos efetivos para melhor adequar os serviços às populações de menor renda... (...)". O emprego do sinal indicativo de crase em "às populações" deve-se à presença da forma verbal "adequar" e do artigo feminino definido que precede o substantivo.
    (   ) CERTO   (   ) ERRADO

28. (Cespe/UnB – TJ/RR – Nível Superior – 2012) Se fosse empregado o termo **espécie humana** em lugar de "gênero humano", a substituição de "ao" por **à** seria obrigatória para a manutenção da correção gramatical do texto.
    (   ) CERTO   (   ) ERRADO

29. (Cespe/UnB – MP – Analista de Infraestrutura – 2012) Na linha 7 (... força de trabalho às voltas com questões...), o sinal indicativo de crase em "às voltas" decorre da presença do artigo definido e do uso da preposição *a* exigida pelo substantivo "força".

( ) CERTO   ( ) ERRADO

30. (Cespe/UnB – PF – Papiloscopista – 2012) "(...) Logo, frustrados, zelamos pela prisão daqueles que não se impõem as mesmas renúncias. (...)". Na linha 24, considerando-se a dupla regência do verbo **impor** e a presença do pronome "mesmas", seria facultado o emprego do acento indicativo de crase na palavra "as" da expressão "as mesmas renúncias".

( ) CERTO   ( ) ERRADO

31. (AOCP – BRDE – Analista de Sistemas – 2012) (Adaptada) A afirmação abaixo está correta ou incorreta?
"(...) A tradição se tornou um arquivo atemporal, ao qual recorre a produção poética para..."
– O emprego do sinal indicativo de crase no "a", na expressão "a produção poética", não altera a correção gramatical.

32. (Funcab – MPE/RO – Analista Processual – 2012) Assinale a opção em que o espaço deve ser preenchido com À (preposição e pronome), como destacado em "(...) uma média semelhante À de um casal de classe média (...) ".
a) ___ medida que caminhava, recordava-se da terra natal.
b) Esta cena corresponde ___ que presenciei ontem.
c) Aproveite ___ oferta e se contente com a cor do tecido.
d) Referia-se, com certeza, ___ terra de seus pais.
e) Obedeceu ___ ordem dada, sem reclamar.

33. (Vunesp – Pref. São José Campos/SP – Analista em Gestão Municipal – 2012) Analise as afirmações:
I. De acordo com a norma-padrão da língua portuguesa, está correta quanto à crase: *Se, por outro lado, tem um temperamento saturnino, é melhor adaptar-se à ele.*
II. De acordo com a norma-padrão da língua portuguesa, está correta quanto à regência nominal: *Andrew Oswald avaliou o impacto dessas sequelas e chegou à conclusão que, num primeiro momento, elas reduzem bastante o grau de felicidade.*
III. De acordo com a norma-padrão da língua portuguesa, está correta quanto à regência verbal: *Mas, com o passar do tempo, este volta a elevar-se, até atingir níveis semelhantes aos verificados antes do acidente e estacionar.*
Está correto apenas o que se afirma em:
a) I.   c) III.   e) II e III.
b) II.   d) I e III.

34. (FCC – TST – Técnico Judiciário – 2012) Considere:
...... angústia de imaginar que o homem pode estar só no universo soma-se a curiosidade humana, que se prende ...... tudo o que é desconhecido, para que não desapareça de todo o interesse por pistas que dariam embasamento ...... teses de que haveria vida em outros planetas.
Preenchem corretamente as lacunas da frase acima, na ordem dada:
a) À – a – às;   c) À – a – as;   e) À – à – as.
b) A – à – as;   d) A – a – às;

35. (Upenet – Jucepe – Técnico – 2012) Em "*Bem-vindos à Feira de Caruaru*", a crase é obrigatória. Em qual das alternativas abaixo, o uso da crase É FACULTATIVO?
a) A Feira de Caruaru é atração devido à grande diversidade lá existente.
b) Na Feira de Caruaru, tudo está à venda.
c) Em feiras, como a de Caruaru, vendem-se coisas às pessoas de diferentes classes sociais.
d) Nas cidades de pequeno comércio, há mais pagamentos à vista.
e) Todos os dias, os comerciantes da Feira de Caruaru permanecem até às 18h.

36. (Vunesp – Fapesp – Analista de Sistemas Jr. – 2012) À semelhança do trecho – Nem sempre o que era desconhecido... restringe-se à descoberta –, assinale a alternativa em que, após o verbo **restringir**, deve ser empregado o acento grave da crase.
a) O alcance desses sensores restringe-se a limites claros.
b) Sua tarefa restringe-se a medir os intervalos.

Capítulo 30 • Crase   **801**

c) O alcance do radar restringe-se a Brasília.
d) A visita a esse hospital restringe-se a horários predeterminados.
e) Essa proibição restringe-se a presença de menores de 18 anos.

37. (Consulplan – Pref. Barra Velha/SC – Advogado – 2012) Em "... um ano e tanto depois da chegada do primeiro pastor alemão àquela casa, ...", a ocorrência de crase no segmento anterior ocorre devido à:
a) fusão do artigo "a" com o pronome "aquela";
b) fusão da preposição "a" com o pronome "aquela";
c) colocação do pronome "aquela" diante de "casa";
d) especificação atribuída ao cachorro;
e) substituição do artigo "a" pelo pronome "aquela".

38. (Consulplan – Pref. São Domingos Prata/MG – Assistente Social – 2012) O uso do acento grave indicativo de crase é obrigatório em "vem à cabeça da maioria das pessoas". O mesmo ocorre em:
a) Sempre aspirou a tal emprego.
b) Eles aspiravam a altos cargos.
c) Disse que aspirava a ser médico.
d) O jovem aspirava a notoriedade.
e) Aspirava a uma posição mais brilhante.

39. (CESPE/UnB – MPU – TÉCNICO – 2013) Mantém-se a correção gramatical do texto ao se substituir o trecho "a uma série" (... *dão margem a uma série de*...) por à **uma série**, dado o caráter facultativo do emprego do sinal indicativo de crase nesse caso.
( ) CERTO   ( ) ERRADO

40. (CONSULPLAN – CODERN – ADMINISTRADOR – 2014) O uso do acento grave em "proteção à floresta" justifica-se, pois:
a) a palavra "proteção" está determinada pelo artigo "a".
b) "proteção" e "floresta" são duas palavras de gênero feminino.
c) o termo "a" trata-se de um monossílabo tônico nesta expressão.
d) o termo regente admite o artigo "a" diante do termo regido "floresta".
e) "proteção" exige a preposição "a", e, ainda, "floresta" admite o artigo feminino "a".

41. (Cespe – TJDFT – Técnico Judiciário – 2015) O item a seguir, que apresenta uma proposta de reescrita de trecho do texto – entre aspas –, deve ser julgado certo se, ao mesmo tempo, a proposta estiver gramaticalmente correta e não acarretar prejuízo ao sentido original do texto, ou errado, em caso contrário.

"Obviamente os membros da família ficam apavorados diante da possibilidade da agressão": Os integrantes da família apavoram-se, de fato, perante à possibilidade da agressão.
( ) CERTO   ( ) ERRADO

42. (VUNESP – Prefeitura de São Paulo – Analista Fiscal de Serviços – 2016) Nas universidades, as iniciativas de solidariedade visam oferecer apoio _____ precisa, com respeito ___ diferenças, entendendo-se que não se deve negar _____ um refugiado _____ esperança por uma vida melhor. De acordo com a norma-padrão, as lacunas da frase devem ser preenchidas, respectivamente, com:
a) aquele que – à – a – à.
b) àquele que – às – a – a.
c) à quem – às – à – à.
d) a quem – as – à – a.
e) àquele que – as – a – à.

43. (CESPE – SEDF – Cargo de Nível Superior (TI) – 2017) A supressão do acento grave, indicativo de crase, no trecho "É essa revolução... que Claparède compara à que Copérnico realizou na astronomia", prejudicaria a correção gramatical do texto, dada a impossibilidade de omissão do artigo definido no contexto.
( ) CERTO   ( ) ERRADO

44. (CESPE – PF – Agente de Polícia Federal – 2018) A supressão do sinal indicativo de crase em "à sua maneira" ("A polícia parisiense... é extremamente hábil à sua maneira") manteria a correção gramatical do texto.
( ) CERTO   ( ) ERRADO

802 A Gramática para Concursos Públicos • Fernando Pestana

45. (VUNESP – TJ/SP – Médico Judiciário – 2019) Graças_____ leitura de "A vida invisível de Eurídice Gusmão", romance de Martha Batalha, referente _____angústias de duas irmãs na década de 1940, um homem de 42 anos, preso em São Paulo, decidiu reatar com a filha. O livro chegou _____ essa pessoa por meio do Programa Clubes de Leitura e Remição de Pena. (Mariana Vick. *Folha de S.Paulo*, 26.06.2018. Adaptado)
De acordo com a norma-padrão, as lacunas do texto devem ser preenchidas, respectivamente, por:
a) a ... as ... a   b) a ... às ... à   c) à ... às ... a   d) à ... as ... à   e) à ... às ... à

46. (Instituto Consulplan – Prefeitura de Formiga – MG – Auxiliar de Educação Especial – 2020) Em "(...) mas nada pode se comparar à transformação ocorrida nos últimos dez anos, com o boom dos smartphones", registra-se a ocorrência da crase. O emprego da crase está INCORRETO em:
a) Fui à Itália na semana passada.
b) Pedro ficou frente à frente comigo.
c) Essa casa foi comprada à custa de muito trabalho.
d) À medida que o tempo passava, ele ficava mais tranquilo.

47. (FGV – PC/RN – Agente e escrivão de polícia civil substituto – 2021) "É minha opinião que não se deve dizer mal de ninguém, e ainda menos da polícia. A polícia é uma instituição necessária à ordem e à vida da cidade." (Machado de Assis, *A Semana* – 1871)
Nesse texto, Machado emprega corretamente o acento grave indicativo da crase; a frase abaixo em que esse mesmo acento está empregado de forma adequada é:
a) Os clientes pagaram a compra à crédito;
b) A ordem é necessária à todo grupo social;
c) Ninguém abandonou o local à correr;
d) O motorista deu à documentação ao policial;
e) Todos os policiais saíram à mesma hora.

48. (CESPE – DPE-RS – Defensor Público – 2022) A supressão do sinal indicativo de crase no vocábulo "às", em "às mudanças tecnológicas" (Nem mesmo o hermético universo do direito resistiu às mudanças tecnológicas trazidas pela rede mundial de computadores), prejudicaria a correção gramatical do texto.
( ) CERTO   ( ) ERRADO

Gabarito

1. A.	13. B.	25. E.	37. B.
2. D.	14. A.	26. D.	38. D.
3. D.	15. A.	27. CERTO.	39. ERRADO.
4. D.	16. A.	28. CERTO.	40. E.
5. C.	17. D.	29. ERRADO.	41. ERRADO.
6. E.	18. D.	30. ERRADO.	42. B.
7. CORRETA.	19. A.	31. INCORRETA.	43. CERTO.
8. E.	20. INCORRETA.	32. B.	44. CERTO.
9. CORRETA.	21. INCORRETA.	33. C.	45. C.
10. E.	22. B.	34. A.	46. B.
11. ERRADO.	23. CERTO.	35. E.	47. E.
12. CERTO.	24. C.	36. E.	48. CERTO.

Os comentários sobre as questões estão no *Material Complementar* do livro.
Para acessá-lo, veja o passo a passo na orelha desta obra.

CAPÍTULO 31
QUE, SE E COMO

Definição

Os vocábulos *que, se, como* e tantos outros apresentam muitas classificações morfológicas e sintáticas. Como já sabemos, toda análise deve levar em conta o contexto.

Apesar de usar este capítulo para falar só de três vocábulos especiais, saiba que existem outros merecedores de sua atenção, por isso vá à caça deles nesta gramática ou consulte os dicionários Aurélio, Houaiss e Aulete. Ei-los:

> *a, aí, algo, atrás, bastante, bem, certo, logo, mais, meio, melhor, menos, mesmo, muito, nem, o, pior, pois, porque, pouco, próprio, quanto, segundo, todo...*

Voltando à realidade deste capítulo... Mais especificamente sobre *que, se* e *como*, observe que falarei dos valores morfológicos, sintáticos e também dos traços semânticos desses vocábulos tão usuais e frequentes em provas. Se for o caso de você retornar a certos capítulos para relembrar as classes gramaticais e as funções sintáticas, não hesite. Certamente seu empenho valerá a pena. Aproveite!

O Vocábulo QUE e Suas Classificações

De todas as classificações deste vocábulo especial, sugiro que esteja "no sangue", pelo menos, duas: **conjunção integrante** e **pronome relativo**. São as *campeãs* nos concursos.

1) Substantivo

Representa algo (fato, coisa etc.) de modo indeterminado, indefinido, equivalendo a "alguma coisa" ou "qualquer coisa". É sempre modificado por um determinante (artigo, adjetivo, pronome ou numeral), tornando-se monossílabo tônico (logo, com acento circunflexo). Pode exercer qualquer função sintática substantiva.

— *"Meu bem querer / Tem um **quê** de pecado..."* (Djavan)
— *A gramática normativa não é difícil, mas tem lá seus **quês**.*
— *Sua tatuagem era um lindo **quê**, meio gótico, o qual representava sua inicial.*

> **Observação**
>
> Quando se indica a décima sexta letra do alfabeto, usa-se o substantivo *quê*: *A palavra quilo deve ser escrita com quê*. Entre aspas, fazendo referência a outro igual, não recebe acento; por exemplo: *Este "que" da frase destacada não é uma conjunção*.

2) Interjeição

Sempre em contexto exclamativo, também recebe acento circunflexo. Exprime um sentimento, uma emoção, um estado interior e equivale a uma frase, não desempenhando função sintática alguma. Vem normalmente com ponto de exclamação.

— *Quê? Impossível! Ela não pode ter saído assim, tão rapidamente.*

— *Quê! Você por aqui... quanto tempo...*

3) Advérbio de Intensidade

Ligado a advérbio ou a adjetivo (expresso ou subentendido); equivale a "quão", indicando intensificação.

— *Que longe é a sua casa, hein! Misericórdia!*

— *Que maravilhoso é Deus!*

— *Meu Deus, que mulher! Merece palmas.* (Cuidado com este caso. Apesar de o "que" estar do lado dum substantivo, equivale a "QUE mulher linda, maravilhosa, incrível", ou seja, "Quão linda/maravilhosa/incrível é essa mulher".)

4) Preposição Acidental

Equivale às preposições essenciais *a*, *de* ou *para*, em certas construções. A que eu já vi figurar em prova até hoje é esta **locução verbal**: *ter/haver* + *que* + **infinitivo** (indicando obrigatoriedade, necessidade).

— *Você tinha que falar dela na frente dele? (= de)*

— *Há que se fazer um novo arranjo de ônibus para o congresso. (= de)*

— *Primeiro que tudo, estude Conjunções, só depois estude Orações. (= de)*

— *Não havia mais nada que fazer ali. (= a/para)**

— *Ainda há muito que esclarecer. (= a/para)**

* Alguns gramáticos, como Cegalla, analisam como pronome relativo.

> **Observação**
>
> Alguns gramáticos, como Manoel Pinto Ribeiro, dizem que o uso da preposição acidental *que* na locução verbal é coloquial, mas não foi assim que encarou a Esaf. Tal banca não viu nesta construção coloquialismo tampouco erro gramatical: Esaf – MF – ASSISTENTE TÉCNICO-ADMINISTRATIVO – 2012 – QUESTÃO 17; e CESPE/UnB – AGU – AGENTE ADMINISTRATIVO – 2010 – QUESTÃO 12. Outro ponto importante: não são poucos os gramáticos, como Napoleão M. de Almeida, que repudiam, tratando como vício de linguagem (ou galicismo), a construção *não tem nada a ver*, em vez de *não tem nada que/para ver*.

Capítulo 31 • Que, Se e Como   **805**

5) Partícula Expletiva

Também chamada de **partícula de realce**, serve como recurso expressivo, enfático de alguma parte da oração. A retirada da palavra *que* não prejudica a estrutura sintática nem o valor semântico da oração.

– *Quase **que** ela desmaia depois daquela cena. (= Quase ela desmaia depois daquela cena.)*
– *Então qual **que** é a verdade? (= Então qual é a verdade?)*
– *Eu **que** apanho, e ela **que** chora? (Eu apanho, e ela chora?)*

> ⚠️ **CUIDADO!!!**
>
> 1) Pode aparecer acompanhado do verbo *ser*, formando a locução *é que*: "*O artigo do Zuenir Ventura **é que** trata de cultura*". O verbo *ser* neste caso não é contado como oração.
>
> 2) Às vezes, há um afastamento do verbo *ser* do *que*: "*É o artigo do Zuenir Ventura **que** trata de cultura*". O verbo *ser* neste caso não é contado como oração.
>
> 3) Se o termo a que se refere a locução estiver no plural, o verbo *ser* com ele concordará: "***São** os artigos do Zuenir Ventura **que** tratam de cultura*". O verbo *ser* neste caso não é contado como oração.
>
> 4) Caso o termo a que a locução se refira esteja preposicionado, o verbo *ser* não irá variar: "*É nos artigos do Zuenir Ventura **que** se trata de cultura*". O verbo *ser* neste caso não é contado como oração.
>
> 5) Não confunda "é que" expletivo com "é que" formado por verbo vicário (que fica no lugar de outro, para evitar a repetição) + conjunção causal: *Se ele ajuda, **é que** tem amor (= Se ele ajuda, **ajuda porque** tem amor).*
>
> 6) Existe um caso polêmico de "que" expletivo, por poder ser interpretado como conjunção integrante. Ele aparece em frases optativas (exprimem desejo, vontade). Veja: "Que Deus o abençoe!". Esta frase equivale a "(Desejo) que Deus o abençoe", caso em que o "que" é conjunção integrante antecedido de oração principal com verbo implícito; ou "Deus o abençoe", caso em que o "que" é dispensado na frase. *Português não é Matemática*. Às vezes há duas ou mais possibilidades de análise correta. Sobre isso, consulte: FUNCAB – 2015 – CRC-RO – CONTADOR – QUESTÃO 15; AOCP – 2014 – PREFEITURA DE CAMAÇARI – BA – FISIOTERAPEUTA – QUESTÃO 10.

6) Pronome Interrogativo

Equivale a *qual* ou a *qual coisa*, em frases interrogativas diretas ou indiretas. Quando acompanha substantivo, exerce função de adjunto adnominal. Quando o substitui, exerce função própria de substantivo. Em fim de frase e antes de pontuação, este vocábulo, por ser tônico, sempre recebe acento circunflexo.

– ***Que** questão sobre a qual todos estão falando caiu na prova?*
– *O **que** estava ocorrendo com aquela aeronave?*
– *Não quiseram saber **que** se passava por lá.*
– *Vocês estavam pensando em **quê**?*
– *As muralhas da cidade eram feitas de **quê**, a ponto de cederem tão rápido ao ataque?*

Observação

Como se viu no segundo exemplo, pode vir antecedido do artigo expletivo *o*.

7) Pronome Indefinido

Ligado a substantivo; equivale a "quanto" ou "qual", indicando a quantidade ou a natureza/qualidade de algo.
– *Que sujeira aqui! Não tens vergonha?!*
– *Que miséria! Dá pena dessas crianças...*
– *Que felicidade sentimos quando chegaste!*

 Observação

Para saber se você entendeu bem a diferença entre **pronome indefinido** e **advérbio de intensidade**, volte umas casas e releia com atenção a explicação do advérbio de intensidade. Depois disso classifique o "que" das 5 frases abaixo:

1. **Que** moça linda você arrumou, meu filho!
2. **Que** vista! Obrigado por me trazer aqui.
3. **Que** espetáculo! Valeu cada centavo esse show.
4. **Que** saudade eu tenho da infância...
5. Eu sei **que** maldade há nesse coração.

Gabarito:
1. Advérbio de intensidade.
2. Advérbio de intensidade.
3. Advérbio de intensidade.
4. Pronome indefinido.
5. Pronome indefinido.

8) Pronome Relativo

Recomendo que releia tudo sobre pronome relativo no capítulo de pronomes!

 Para facilitar sua vida, recomendo este *bizu*: substitua-o por o qual, a qual, os quais, as quais. Se for possível, use um desses pronomes relativos substituindo um termo antecedente (não respira!), o *que* será um pronome relativo!

– *"João amava Teresa que amava Raimundo que amava Maria que amava Joaquim que amava Lili que não amava ninguém".* (Carlos Drummond de Andrade)
– *Este é o motivo por que continuaram a insistir em ajudá-lo.*
– *As atitudes polidas de que lhe falei eram aceitáveis naquela sociedade.*

 Observação

Há um caso que, talvez, possa dificultar sua visão: pronome relativo antecedido de pronome demonstrativo *o* (= *isso*, *aquilo*) ou *os*, *a*, *as*: "Um recente desastre nos EUA ceifou muitas vidas, o que muito me chocou" / "O que mais aprecio nesta vida é o olhar inocente de uma criança" / "Mesmo a contragosto, teve de se encontrar com as que iriam ajudá-lo".

9) Conjunção Coordenativa ou Subordinativa

As quatro primeiras são coordenativas, portanto iniciam orações coordenadas sindéticas. As outras sete são subordinativas, logo introduzem orações subordinadas.

Aditiva

Aparece entre dois verbos, equivalendo a "*e*".
— *Anda **que** anda, e nunca chega a lugar algum.*
— *Reza **que** reza, e a assombração não sai de cima de sua vida.*

> **Observação**
> Em *"Dize-me com quem andas, **que** te direi quem és"*, Napoleão M. de Almeida, considera o *que* uma conjunção aditiva: *"Dize-me com quem andas, **e** te direi quem és"*.

Adversativa

Indica oposição, ressalva, apresentando valor equivalente a "mas".
— *Outro, **que** não eu, terá de fazer aquilo.*
— *Procure outra pessoa para fazer o trabalho, **que** não ela, pois já vimos sua incapacidade.*

Alternativa

Aparece em correlação, equivalendo a "quer... quer...".
— ***Que** percam, **que** não percam, nunca falarei mal de vocês.*
— ***Que** chova, **que** faça sol, sairei de casa, pois não aguento mais o sedentarismo.*

Explicativa

Equivale a "porque", "pois".
— *Façamo-nos fortes, **que** o fim está próximo.*
— *Ignore essas pessoas, **que** elas não sabem o que fazem.*

Integrante

Junto com o pronome relativo, esta classificação é a que mais aparece em provas! Se eu fosse você, eu retornaria agora ao capítulo de conjunção para "entubar".

 BIZU Substitua a oração iniciada pela conjunção por **isso**. Se for possível, trata-se de uma conjunção integrante mesmo!

— *Não pensem **que** o poeta é um marginal, pois nunca o foi.* (= *Não pensem **isso***)
— *Parecia **que** as paredes tinham ouvidos.*
— *O que importa é **que** ela me ama e **que** vamos ficar sempre juntos.* (= *O que importa é **isso** e **isso***)

> **Observação**
>
> A conjunção integrante pode vir elíptica: *Não pensem o poeta é um marginal, pois nunca o foi*. Quando vem repetida, pode-se explicitar só a primeira: *O que importa é **que** ela me ama e vamos ficar sempre juntos*.

Causal

Equivale a "porque".

– *Levantou cedo **que** tinha que viajar a trabalho.*

– *Velho **que** sou, jamais chegarei à metade deste século.*

> **Observação**
>
> O *que* das locuções conjuntivas pode aparecer sozinho se houver enumeração de orações adverbiais. O mesmo vale para as demais orações adverbiais. Veja: "***Visto que** tudo estava acertado entre os sócios e **que** haviam fechado um ótimo negócio, a amizade deles perdurou*". Tome cuidado com construções não iniciadas por locuções conjuntivas em que esta conjunção (*que*) não seja necessária, provocando erro de paralelismo: "***Como** tudo estava acertado entre os sócios e **que** haviam fechado um ótimo negócio, a amizade deles perdurou*" (errado) / "***Como** tudo estava acertado entre os sócios e haviam fechado um ótimo negócio, a amizade deles perdurou*" (certo).

Consecutiva

Vem normalmente após "tão, tanto, tamanho, tal".

– *Tanta foi sua perseverança durante os anos de estudo **que** obteve êxito.*

– *"Apertados no balanço / Margarida e Serafim / Se beijam com tanto ardor / **Que** acabam ficando assim"*. (Millôr Fernandes)

Comparativa

Vem numa estrutura de comparação por superioridade ou inferioridade.

– *Posso ser fraco, mas menos capaz **que** ele não sou.*

– *Você é maior do **que** todos eles juntos, meu caro amigo!*

> **Observação**
>
> O *do* antes da conjunção é facultativo: *Você é maior (do) **que** todos eles juntos, meu caro amigo!*

Concessiva

Equivale a "embora", normalmente.

– ***Que** nos tirem o direito à liberdade, continuaremos lutando por ela.*

– *Dedique-se aos estudos, meu filho, todo dia, um pouco **que** seja!*

Final

Equivale a "para que, a fim de que". É construção rara!
- *"Dizei **que** eu saiba".* (João Cabral de Melo Neto)
- *Todos lhe fizeram sinal **que** se calasse.*
- *Orai, **que** não entreis em tentação.*

Temporal

Equivale a "depois que, logo que".
- *"Porém já cinco sóis eram passados **que** dali nos partíramos".* (Camões)
- *Chegados **que** fomos, dirigimo-nos à pousada.*
- *Abertos **que** foram os portões, os candidatos em seguida entraram.*

Observação Final: O gramático Luiz A. Sacconi registra em sua gramática mais dois *quês*: **condicional** (*Ah, **que** fosse eu o escolhido!*) e **conformativo** (***Que** eu saiba, Luís não é casado*).

O Vocábulo SE e Suas Classificações

De todas as classificações deste vocábulo especial, sugiro que esteja "no sangue", pelo menos, três: **partícula apassivadora, partícula de indeterminação do sujeito** e **conjunção condicional**. São as *campeãs* nos concursos.

1) Substantivo

Quando acompanhado de determinantes (artigo, adjetivo, pronome ou numeral).
- *Os três **ses** da frase "Se se quer o bem, precisa-se de amor no coração" são, respectivamente: conjunção subordinativa condicional, partícula apassivadora e partícula indeterminadora do sujeito.*

2) Pronome Oblíquo Átono

Este pronome oblíquo átono tem cinco classificações: **pronome reflexivo (ou recíproco), parte integrante do verbo, partícula expletiva, partícula de indeterminação do sujeito e partícula apassivadora**. Nas explicações abaixo, precisarei contar com sua ajuda: seu conhecimento básico sobre transitividade verbal e um pouquinho de voz verbal.

Pronome Reflexivo (ou Recíproco)

Sempre vem acompanhado de verbo transitivo direto e/ou indireto (VTD/VTI/VTDI). Segundo Bechara, ele "faz refletir sobre o sujeito a ação que ele mesmo praticou". Diz-se que o pronome reflexivo é chamado de **recíproco** quando há mais de um ser no sujeito e o verbo se encontra comumente no plural. Exerce função sintática de objeto direto, objeto indireto ou sujeito (com verbos causativos ou sensitivos), normalmente.
- *A menina **se** cortou.* (objeto direto)
- *A modelo **se** impôs uma dieta muito severa.* (objeto indireto)
- *Eles sempre **se** perguntam se o casamento vai durar.* (objeto indireto)

- *A avó e a neta se queriam muito.* (objeto indireto)
- *O casal se beijou com vontade.* (objeto direto)
- *Deixou-se ficar à janela a tarde toda.* (sujeito)

> **Observação**
> Em *"Ele se chama Fernando"*, *"Ele se batizou na igreja evangélica"*, *"Ela se curou da gripe"*, alguns gramáticos, como Sacconi, analisam tal "se" como pronome apassivador. Outros estudiosos, como Mattoso Câmara, analisam como pronome reflexivo. Bechara registra ambas as visões.

Parte Integrante do Verbo

Pode acompanhar verbo intransitivo (VI), verbo transitivo indireto (VTI) ou verbo de ligação (VL). Baseando-me no Bechara, posso dizer que tais verbos são chamados de pronominais, pois **não se conjugam sem a presença do pronome oblíquo**, indicando sentimento (indignar-se, ufanar-se, atrever-se, alegrar-se, admirar-se, desculpar-se, lembrar-se, esquecer-se, orgulhar-se, arrepender-se, queixar-se etc.) ou certos movimentos ou atitudes do ser em relação a si próprio, intencionalmente ou não (sentar-se, suicidar-se, concentrar-se, converter-se, afastar-se, precaver-se, partir-se, afogar-se etc.). Por favor, não o confunda com pronome reflexivo.
- *Ele se precaveu das pragas.*
- *Ela, infelizmente, suicidou-se.*
- *Nunca você deve queixar-se da sua vida.*
- *Hoje mais uma criança se afogou no mar bravio.*
- *A árvore se partiu em dois pedaços devido à força do furacão.*

> **Observação**
> Outros pronomes oblíquos também podem ser integrantes do verbo: *me, te, nos, vos*.

Partícula Expletiva

Acompanhado de verbos intransitivos (VI), normalmente. Pode ser retirado da oração sem prejuízo sintático e semântico, pois seu valor é apenas estilístico (ênfase, expressividade), por isso é chamado de **partícula de realce**.
- *Vão-se os anéis, ficam-se os dedos.* = *Vão os anéis, ficam os dedos.*
- *Ela se tremia de medo do escuro.* = *Ela tremia de medo do escuro.*
- *"Ele estava chateado com a nota do meu boletim?" "Se estava!, respondeu a mãe".*

Partícula de Indeterminação do Sujeito

Sempre acompanha verbos na 3ª pessoa do singular de quaisquer transitividades (VL, VI, VTI, VTD), sem sujeito explícito. No caso do VTD, precisará haver objeto direto preposicionado para que o *se* indetermine o sujeito – note o último exemplo. Tal indeterminação, em todos os exemplos, implica um sujeito de valor genérico (generalizador), impreciso. **Cai muito em prova!**

- *Neste mundo, quando se é honesto, muito se perde.*
- *Tratou-se de fenômenos geológicos desconhecidos no filme.*
- *Nunca se bebeu tanto dessa cerveja brasileira.*

> Observação
>
> Note que o sujeito nunca vem explícito, por isso é possível criar um sujeito hipotético (alguém) para facilitar a "visão" do sujeito indeterminado: "*Neste mundo, quando **alguém** é honesto, este **alguém** perde muito*"/ "***Alguém** tratou de fenômenos geológicos desconhecidos no filme*" / "*Nunca **alguém** bebeu tanto dessa cerveja brasileira*".

Partícula Apassivadora

Sempre acompanha VTD ou VTDI para indicar que o sujeito explícito da frase tem valor paciente, ou seja, sofre a ação verbal.

> **BIZU** Sempre é possível reescrever a frase passando para a voz passiva analítica, ou seja, transformando o verbo em locução verbal (*ser* **+ particípio**). **Cai muito em prova!**

- *Lia-se no jornal há um tempo: "RJ sofre com tráfico". (= Era lido no jornal há um tempo: "RJ sofre com tráfico")*
- *Sabe-se que as línguas evoluem. (= É sabido que as línguas evoluem)*
- *Jabuticaba se chupa no pé. (= Jabuticaba é chupada no pé)*
- *Fez-se-lhe uma homenagem surpresa. (= Uma homenagem surpresa foi feita a ele)*
- *Estão-se considerando outras propostas, ultimamente, para o bem-estar da população. (= Outras propostas para o bem-estar da população estão sendo consideradas, ultimamente)*

3) Conjunção Subordinativa

Releia <u>atentamente</u> o capítulo de conjunção, especificamente o "Cuidado!!!", em *conjunção condicional*. Vá por mim!

Integrante

Vale o mesmo *bizu* do ***que***, a saber: substitua a oração iniciada por *se* por **isso**. **Cai muito em prova!**
- *Veja **se** a companhia elétrica já resolveu o problema da falta de luz. (= Veja **isso**)*
- *Não desejamos saber **se** ela é velha, mas sim **se** ela é eficiente. (= Não desejamos saber **isso**, mas sim **isso**)*

Condicional

Introduz uma oração com valor hipotético, equivalendo semanticamente a "caso". **Cai muito em prova!**
- ***Se** houver entre as nações algum acordo, todos irão se beneficiar com a paz.*
- *Talvez se deva deixar a discussão para depois, **se** porventura pretendemos manter a paz.*

812 A Gramática para Concursos Públicos • Fernando Pestana

> **Observação**
>
> "Se caso" é construção equivocada: *"Se caso eles vierem, não os atenda"*. O adequado é: *"Se* (ou *Caso*) *eles vierem, não os atenda"*.

Causal

– **Se** *a sua família vive em harmonia, por que seus pais brigaram feio ontem?*

– **Se** *a vida está tão fácil (e como está, graças a Deus!), vamos aproveitá-la.*

> **Observação**
>
> Veja uma questão sobre este *se*: FCC – TCE/AP – Analista DE CONTROLE EXTERNO – 2012 – QUESTÃO 7. Ignore os itens I e III da questão. Veja que o *se* do item II tem valor causal e não condicional, pois equivale a "já que". Tal estrutura usada pela FCC é muito semelhante aos exemplos dados pelo Sacconi em sua gramática a respeito do *se* causal. Veja isto: FUNIVERSA – PMDF – SOLDADO – 2013 – QUESTÃO 7.

Concessiva

Equivale a "embora".

– *"Se ferido ele queria lutar, imagine, então, são!".* (Sacconi)

– *"Se o via derrubado, rosto no pó, nem por isso o respeitava menos".* (Ondina Ferreira)

Temporal

Equivale a "quando". Os verbos da oração normalmente estão no presente do indicativo.

– **Se** *penso em você, começo a chorar de saudade.*

– *"Consolo-o, **se** o vejo triste".* (Cegalla)

Observação Final: Segundo o gramático Luiz A. Sacconi, o *se* pode ser uma conjunção comparativa: *"**Se** o estilo reflete o homem, o idioma é o espelho da cultura de um povo".* (= *assim como*).

O Vocábulo COMO e Suas Classificações

De todas as classificações deste vocábulo especial, sugiro que esteja "no sangue", pelo menos, três: **conjunção comparativa, conjunção causal** e **conjunção conformativa**. São as *campeãs* nos concursos.

1) Substantivo

Vem determinado, assim como o **que** e o **se**. Exerce função sintática própria de substantivo.

– *O **como** tem sete classificações morfológicas diferentes.*

– *Tenha cuidado com o **como** no início de oração adverbial, pois pode ser causal, comparativo ou conformativo.*

2) Advérbio

Pode ser advérbio de modo, advérbio interrogativo de modo e advérbio de intensidade (neste caso, equivale a "quão" ou "quanto"). Sempre exerce função sintática de adjunto adverbial.
– *O trabalho não está **como** a diretoria deseja. (advérbio de modo)*
– ***Como** resolver o problema? (advérbio interrogativo de modo)*
– ***Como** é perfeita a sua face! (advérbio de intensidade)*

3) Preposição Acidental

Equivale, normalmente, a "por", "na qualidade de" ou "na condição de". Normalmente introduz um termo que exerce a função de predicativo do sujeito ou do objeto, adjunto adnominal ou aposto.
– *Na seleção, ele atua **como** zagueiro.*
– *Obtiveram **como** resposta um sonoro não.*
– *Os ganhadores tiveram **como** prêmio uma medalha de ouro.*
– *O conceito de cultura **como** recurso ganhou legitimidade.*
– *As matérias da prova, **como** Português, Direito Administrativo e Informática, já estão assimiladas.*

4) Interjeição

Em um contexto exclamativo, indicando determinadas emoções. Normalmente seguido de ponto de exclamação e interrogação.
– ***Como**?! Não havíamos combinado a sua volta esta semana?*

Observação
Os dicionários interpretam este *como* como advérbio.

5) Verbo

É a 1ª pessoa do singular do presente do indicativo.
– *Eu sei que **como** muito!*

6) Pronome Relativo

Retoma os antecedentes "modo", "maneira", "jeito" ou "forma" e, como todo pronome relativo, exerce função sintática dentro da oração adjetiva: adjunto adverbial.
– *A maneira **como** ela realizou a tarefa surpreendeu-nos.*
– *Este é o jeito **como** fazemos as coisas aqui.*

7) Conjunção Coordenativa ou Subordinativa

Pode ser conjunção coordenativa aditiva ou subordinativa causal, comparativa ou conformativa.

Aditiva

Normalmente vem na correlação "não só/apenas/somente... (bem) como (também/ainda)..." ou "tanto... como...". Equivale a "e também".
- *Não só o Japão* **como** *a China têm grandes centros comerciais.*
- *Tanto estudo,* **como** *trabalho.*
- *O Rio,* **como** *o Recife, é uma cidade paradoxal, pois o belo e o feio convivem juntos.*

Causal

Equivalente a "porque", é usado no início da frase. Pode vir seguido de verbo no pretérito imperfeito do subjuntivo.
- **Como** *estivesse recuperado, decidiu proceder à cerimônia.*
- **Como** *se aqueceu no inverno, saiu o urso da hibernação.*

Comparativa

Introduz o segundo elemento de uma comparação, equivale a "quanto", é precedido de "tanto, tão", normalmente. Às vezes vem junto do "*se*".
- **Como** *a luz que ilumina meu caminho, teus conselhos são um verdadeiro farol.*
- *Ninguém o conhece tão bem* **como** *eu.*

Conformativa

Equivale a "conforme".
- **Como** *já me haviam explicado, o resumo é importantíssimo para a absorção da teoria.*

 O Que Cai Mais na Prova?

Sobre a palavra *que*, é preciso estar no sangue **conjunção integrante** e **pronome relativo**. Sobre a palavra *se*, é preciso estar no sangue **partícula apassivadora, partícula de indeterminação do sujeito** e **conjunção condicional**. Sobre a palavra *como*, é preciso estar no sangue **conjunção comparativa, conjunção causal** e **conjunção conformativa**. As bancas que adoram tais assuntos são, além das militares, o Cespe/UnB – quando se trata do vocábulo *se* – e, principalmente, a FGV – quando se trata do vocábulo *que*. A Vunesp e a FUNCAB não deixam por menos.

Concurseiro(a), quer uma dica de irmão? Guarde no seu coração o que vai ler agora: NUNCA DEIXE DE FAZER SEU PRÓPRIO RESUMO DE CADA CAPÍTULO. Esse processo cognitivo é **extremamente** *valioso. Eu poderia ser legalzinho e fofinho pondo um quadro-resumo do que vimos no capítulo, mas, se fizesse isso, estaria sabotando você, impedindo-o(a) de ter esse trabalho de internalização imprescindível do conteúdo.* **Por favor, não pule essa etapa!!!** *Mesmo que seu resumo fique gigantesco (não vá escrever outra gramática... rsrs), nunca deixe de fazê-lo, para o seu próprio bem! Seu cérebro agradece e, quando passar no concurso, sua conta no banco também. Vá fundo na missão!* ☾

Capítulo 31 • Que, Se e Como **815**

Questões de Concursos

1. (FAB – EEAR – Sargento – 2001) Estabelecer a correlação entre o sentido e o termo grifado. Em seguida, assinalar a alternativa que apresenta a sequência **correta:**
   1. Causa
   2. Comparação
   3. Conformidade
   ( ) Confesso que eu escrevo de palpite, <u>como</u> outras pessoas tocam piano de ouvido.
   ( ) Vinham em bandos, descansavam e, <u>como</u> em redor não havia comida, seguiam viagem para o Sul.
   ( ) <u>Como</u> era muito seco de maneiras, tinha inimigos que chegavam a acusá-lo de bárbaro.
   ( ) Não me respeitava a adolescência, <u>como</u> não respeitava a batina do irmão...
   ( ) O diabo não é tão feio <u>como</u> o pintam.
   a) 2 – 3 – 1 – 1 – 2.
   b) 1 – 2 – 3 – 2 – 3.
   c) 2 – 1 – 1 – 2 – 3.
   d) 3 – 1 – 2 – 1 – 2.

2. (FAB – EEAR – Sargento – 2002) "Convive com teus poemas, antes de escrevê-los. Tem paciência, <u>se</u> obscuros. Calma, <u>se</u> te provocam. Espera que cada um se realize e consuma com seu poder de palavras e seu poder de silêncio (...)". *(C.D. Andrade)*
   As palavras grifadas, no poema, classificam-se, **respectivamente**, como:
   a) conjunção integrante, conjunção integrante;
   b) conjunção adverbial condicional, conjunção adverbial condicional;
   c) partícula expletiva, partícula expletiva;
   d) pronome reflexivo, conjunção adverbial condicional.

3. *"Minha querida Mariana:*

   Só hoje consegui autorização da tua Madre Superiora para te escrever, às escondidas de teus pais e meu marido, que embora não te conheça a ti não pode de ti ouvir, sem raiva, certamente pela amizade que sabe eu te dedicar e isso o enfurece (...)" (Trecho de *Novas Cartas Portuguesas*)
   Observando-se a natureza morfológica e a função sintática dos termos em destaque, é correto afirmar que são, respectivamente:
   a) conjunção integrante e sujeito; pronome relativo e objeto direto;
   b) pronome relativo e sujeito; pronome relativo e objeto direto;
   c) conjunção integrante e objeto direto; conjunção integrante e sujeito;
   d) pronome relativo e sujeito, pronome relativo e sujeito.

4. (FGV – Senado Federal – Analista Legislativo – 2008) *"Outro aspecto que configura alguns desafios ainda não resolvidos na atual Constituição é a existência de muitos dispositivos a reclamar leis que lhes deem eficácia plena. A propósito, convém recordar que, promulgado o diploma constitucional, o Ministério da Justiça realizou levantamento de que resultou a publicação do livro 'Leis a Elaborar'".*
   Em relação às ocorrências da palavra QUE no trecho acima, é correto afirmar que há:
   a) duas conjunções subordinativas, um pronome relativo e uma conjunção integrante;
   b) três conjunções subordinativas e um pronome relativo;
   c) três conjunções integrantes e uma conjunção subordinativa;
   d) dois pronomes relativos e duas conjunções integrantes;
   e) três pronomes relativos e uma conjunção integrante.

5. (FGV – Senado Federal – Analista de Relações Públicas – 2008) *"Ainda não é o fim do capitalismo, mas talvez seja a agonia do caráter neoliberal que hipertrofiou o sistema financeiro. Acumular fortunas tornou-se mais importante que produzir bens e serviços".*
   Assinale a alternativa em que estejam corretamente classificadas, respectivamente, as ocorrências da palavra QUE no trecho acima.
   a) pronome relativo – conjunção subordinativa.
   b) conjunção integrante – conjunção integrante.
   c) pronome relativo – pronome relativo.
   d) conjunção integrante – conjunção subordinativa.
   e) conjunção subordinativa – pronome relativo.

6. (FGV – MEC – Analista de Sistemas – 2009) *"À evidência imposta, que presume que a única forma aceitável de organização de uma sociedade é a regulação pelo mercado, podemos opor a proposta de organizar as sociedades e o mundo a partir do acesso para todos aos direitos fundamentais".*
As ocorrências da palavra *QUE* no trecho acima são classificadas como:
   a) conjunção integrante e conjunção integrante;
   b) pronome relativo e conjunção integrante;
   c) pronome relativo e pronome relativo;
   d) conjunção subordinativa e conjunção subordinativa;
   e) conjunção integrante e pronome relativo.

7. (UFF – UFF – Administrador – 2009) A conjunção "como" está empregada no período: "Aliás, é quase consenso que uma das maiores falhas dos Estados Unidos é não terem um sistema de saúde como o europeu e o canadense" com o mesmo valor significativo que no período:
   a) Não constitui novidade para mim, pois várias vezes já ouvi essa "teoria", como ele a chama.
   b) Como anoitecesse, recolhi-me pouco depois e deitei-me.
   c) Sua força vinha dos olhos, vivos e inquiridores como os de um cachorro fiel.
   d) Como terá conseguido vencer, se tudo lhe eram obstáculos?
   e) Homem de poucas letras, queria saber como devia expressar o que sentia por ela.

8. (Cespe/UnB – IRBr – Diplomata – 2009) (Adaptada) A afirmação abaixo está correta ou incorreta?
   – Em "O que é importante notar aqui é que a oposição entre falar e escrever não se funda mais na oposição entre presença e ausência", a expressão "é que" é expletiva.

9. (FUNCAB – Pref. Porto Velho/RO – Médico – 2009) Assinale a opção em que a palavra grifada é uma conjunção subordinativa adverbial condicional.
   a) "Outro dia, um amigo biólogo me perguntou se eu gostaria de conviver bilhões de anos ao lado dos ectoplasmas de macaco..."
   b) "O cientista Carl Sagan adverte, como muitos outros, que vida só se tem uma..."
   c) "Resolver essa dúvida religiosa logo no início da vida adulta é mais importante do que se imagina."
   d) "... poderá vir a ser o bisavô daquela moça que vai um dia se casar com seu bisneto."
   e) "Se não transmitirmos uma ética robusta a eles, nosso DNA terá curta duração."

10. "Nenhum bicho venenoso pode alegar que a luta pela vida o fez assim. Que ele foi ficando venenoso com o tempo, que só descobriu que sua picada era tóxica por acidente, que nunca pensou etc.".
(Cesgranrio – IBGE – Analista Agrícola – 2010) No trecho acima, o cronista faz uso do termo "que", repetidamente. A passagem na qual o termo "que" apresenta a mesma classificação gramatical daquela desempenhada no trecho destacado é
   a) "as características que garantem a sua sobrevivência";
   b) "a arma ou o disfarce que o salva dos seus predadores";
   c) "E o que vale para serpentes vale para o ser humano";
   d) "o fato é que não dá para evitar a constatação";
   e) "A pura maldade inerente a tanto que se vê".

11. (FUNCAB – DETRAN/PE – Analista de Trânsito – 2010) Marque a opção que apresenta, respectivamente, a ideia expressa pela conjunção "como" em cada uma das frases abaixo.
   I. "Até aparelhos que deixam as mãos livres, como o bluetooth, não eliminam os riscos".
   II. "Como a legislação difere entre os estados americanos, pesquisas frequentes ajudam a estimular o debate".
   III. "... como eu ia dizendo, é muito mais econômico você andar devagar e ser assaltado por mim do que correr e ser assaltado pelo radar".
   a) comparação – causa – conformidade.
   b) comparação – comparação – conformidade.
   c) conformidade – causa – comparação.
   d) causa – conformidade – causa.
   e) causa – conformidade – conformidade.

12. (FEC – MPA – Agente Administrativo – 2010) A conjunção "como", nas orações "como mostramos todos os meses em nossa revista" e "Como sempre digo", tem o mesmo valor significativo que em:
   a) Como foi combinado, partimos bem cedo.
   b) Como fazia calor, abrimos as janelas.
   c) Não sei como ela suportou tanta injustiça.
   d) Era tão alto como o irmão.
   e) Saltava pelo campo como uma lebre.

Capítulo 31 • Que, Se e Como **817**

13. (Cesgranrio – Bacen – Técnico – 2010) No fragmento "O novo acordo precisa ir muito além de Kyoto, se a meta for impedir que o aumento da temperatura média da atmosfera ultrapasse 2°C de aquecimento neste século, como recomenda a maioria dos climatologistas", o termo "se" tem o sentido equivalente ao de:
    a) logo que;
    b) à medida que;
    c) no caso de;
    d) apesar de;
    e) uma vez que.

14. (FUNRIO – SEBRAE/PA – Analista Técnico – 2010) (Adaptada) As afirmações abaixo estão corretas ou incorretas?
    "(...) Se faziam tudo aquilo é que não tinham casa... (...)"
    I – O uso do pronome SE no início da terceira frase é uma marca de oralidade tipicamente brasileira.
    II – A expressão É QUE usada na terceira frase é expletiva e pode ser retirada do período sem prejuízo de sentido.

15. (Cespe/UnB – TRE/ES – Técnico Judiciário – 2011) Em "inspirar-se" (Os participantes... bem poderiam... inspirar-se na última reunião sobre diversidade.), a partícula "se" indica que o sujeito da oração é indeterminado.
    ( ) CERTO   ( ) ERRADO

16. (FGV – SEFAZ/RJ – Auditor-Fiscal da Receita Estadual – 2011) *É certo que a mudança do enfoque sobre o tema, no âmbito das empresas – principalmente, as transnacionais –, decorrerá também de ajustamentos de postura administrativa decorrentes da adoção de critérios de responsabilização penal da pessoa jurídica em seus países de origem. Tais mudanças, inevitavelmente, terão que abranger as práticas administrativas de suas congêneres espalhadas pelo mundo, a fim de evitar respingos de responsabilização em sua matriz.*
    No trecho acima, as ocorrências da palavra QUE classificam-se, respectivamente, como:
    a) pronome relativo e preposição;
    b) conjunção integrante e preposição;
    c) conjunção integrante e conjunção integrante;
    d) pronome relativo e conjunção integrante;
    e) preposição e pronome relativo.

17. (FAB – AFA – Oficial – 2011) Assinale a única alternativa em que a palavra SE recebe a mesma classificação morfossintática que a destacada em: "Outra discussão chata, durante e após as partidas, é se um jogador teve a intenção...".
    a) "...ambiente bélico em que se transformou o futebol, dentro e fora de campo."
    b) "Impressiona-me como se formam conceitos..."
    c) "Se dizem que a imagem vale mais que mil palavras, por que se fala e se grita tanto?"
    d) "Não dá para o árbitro saber se a falta foi intencional ou não."

18. Assinale a alternativa na qual a palavra QUE tem a mesma classificação morfológica que a destacada em: "... baseados em estatísticas que têm pouca ou nenhuma importância."
    a) "... ambiente bélico em que se transformou o futebol."
    b) "É óbvio que informações e estatísticas são importantíssimas."
    c) "Se dizem que a imagem vale mais que mil palavras..."
    d) "... para achar que todas as faltas violentas são involuntárias."

19. (FEC/UFF – PC/RJ – Inspetor de Polícia Civil – 2012) Na frase: "Elas fracassarão COMO construtoras de conhecimento de alto nível", a palavra em destaque expressa noção idêntica à que se lê em:
    a) Como lhe disse, estou cansado de trabalhar.
    b) Como chegou tarde, não pode entrar em sala.
    c) Ele é tão trabalhador como o pai.
    d) Venceu, mas como, se nunca quis nada?
    e) Para mim, isto não diz nada como poesia.

20. (Vunesp – Pref. Suzano/SP – Médico Cardiologista – 2012) Leia as frases do segundo parágrafo:
    Como todo remédio, o tempo precisa ser bem administrado.
    Como ainda não inventaram uma categoria na medicina para tratar disso, cabe a nós mesmos saber diferenciar um do outro.
    O termo **Como**, destacado nas frases, introduz, respectivamente, ideias de:
    a) comparação e alternância;
    b) concessão e condição;
    c) comparação e causa;
    d) concessão e alternância;
    e) consequência e condição.

818 A Gramática para Concursos Públicos • Fernando Pestana

21. (FUNCAB – MPE/RO – Técnico em Contabilidade – 2012) Em relação ao SE em "(...) Se a mãe estivesse em casa, ela teria dado uma ideia (...)", é correto afirmar que, morfologicamente, o termo é:
    a) uma conjunção subordinativa integrante, ou seja, é elemento de ligação entre a oração subordinada substantiva direta e a oração principal;
    b) uma conjunção subordinativa adverbial condicional, ou seja, é elemento de ligação entre a oração subordinada adverbial condicional e a oração principal;
    c) pronome reflexivo, pois indica que a ação expressa volta-se sobre o próprio sujeito da ação verbal, nele se refletindo;
    d) índice de indeterminação do sujeito, porque serve para deixar indeterminado um sujeito de 3ª pessoa, junto ao verbo intransitivo;
    e) pronome apassivador, porque associa-se ao verbo transitivo para garantir o sentido passivo pretendido para a voz verbal, ou seja, contribui para a caracterização da voz do verbo.

22. (CONSULPLAN – Pref. Barra Velha/SC – Agente Controle Interno – 2012) Dentre os elementos em destaque, só NÃO exerce papel pronominal:
    a) "um pesadelo que me atormentou por mais de um ano".
    b) "A história que agora passo a narrar".
    c) "decidiram em assembleia que esperariam".
    d) "essas criaturas que adotamos".
    e) "mundo cão em que vivemos".

23. (CONSULPLAN – TSE – Analista Judiciário – 2012) *Verdade é que (1) a ação em nome de um universal por si só caracteriza qualquer moral. É por meio dela que (2) se faz o cálculo do "sentido" no qual, fora da vantagem que (3) define a regra, o sujeito honesto se transfigura imediatamente em otário.*
    A respeito das ocorrências do QUE no período anterior, é correto afirmar que se trata de conjunção em:
    a) (1), apenas.   b) (3), apenas.   c) todas.   d) (2), apenas.

24. (Cesgranrio – Liquigas – Profissional Jr. – 2012) A opção por uma linguagem informal, em algumas passagens do texto, permite jogos de palavras como o que se verifica no emprego de **Se** nas seguintes frases:
    "Se o cinema está cheio, a gente senta na primeira fila e torce um pouco o pescoço".
    "A gente se acostuma para não se ralar na aspereza, para preservar a pele. Se acostuma para evitar feridas, sangramentos..."
    Nos trechos acima, as palavras em destaque classificam-se, respectivamente, como:
    a) conjunção e pronome;   d) pronome e conjunção;
    b) conjunção e preposição;   e) conjunção e conjunção.
    c) pronome e preposição;

25. (Cespe/UnB – TRE/RJ – Técnico Judiciário – 2012) Em "volume que se mantém", o elemento sublinhado indica sujeito indeterminado.
    (   ) CERTO   (   ) ERRADO

26. Em "se soube" (Sempre se soube que um dos principais entraves...) e em "se supunha" (... o problema é muito mais grave do que se supunha.), o termo "se" confere às formas verbais a noção de reflexividade.
    (   ) CERTO   (   ) ERRADO

27. (Cespe/UnB – STJ – Todos os Cargos – 2012) A partícula "se", em "Tratava-se" (Tratava-se então de uma biblioteca imaginária...) e em "se encontravam" (... descreviam o lugar em que se encontravam centenas de milhares de rolos...), classifica-se como pronome reflexivo e retoma, respectivamente, "uma biblioteca imaginária" e "centenas de milhares de rolos".
    (   ) CERTO   (   ) ERRADO

28. (NUCEPE – PM/PI – Agente de Polícia – 2012) "**Se** for assaltado, não reaja – entregue tudo".
    Nesse trecho, o termo destacado sugere uma:
    a) afirmação categórica;   c) condição;   e) negação.
    b) dúvida;   d) explicação;

29. (FCC – TRF (5ª R) – Analista Judiciário – 2012) *Não teria graça se só melhorasse.*
    O elemento grifado na frase acima pode ser corretamente substituído por:
    a) conquanto;   b) porquanto;   c) caso;   d) pois;   e) embora.

Capítulo 31 • Que, Se e Como   **819**

30. (Vunesp – SAP/SP – Agente de Segurança Penitenciária (I) – 2012) No comentário de Cayatte – *"Se o réu é culpado, a pena foi pouca. Se o réu é inocente, a pena foi muita."* – as orações iniciadas pela conjunção *Se* expressam sentido de:
    a) conclusão;   c) conformidade;   e) concessão.
    b) consequência;   d) condição;

31. (Vunesp – Pref. Sertãozinho/SP – Agente de Trânsito – 2012) No trecho – ... mas o tempo passou, não há nada a fazer, então fico pensando em *como* seria minha vida, hoje, se tivesse feito tudo como deveria. – o termo em destaque expressa ideia de:
    a) finalidade;   b) causa;   c) modo;   d) intensidade;   e) oposição.

32. (Vunesp – CREFITO/SP – Almoxarife – 2012) No penúltimo verso (Depressa, que o amor/não pode esperar.), a conjunção "que" está empregada com sentido de:
    a) explicação;   b) causa;   c) conclusão;   d) adição;   e) condição.

33. (FAB – EAGS – Sargento – 2012) A conjunção subordinativa em destaque estabelece que tipo de relação de sentido entre as orações por ela conectadas?
    "Como as organizações ambientalistas têm denunciado, os países industrializados são os que mais poluem o meio ambiente".
    a) Conformidade.
    b) Comparação.
    c) Finalidade.
    d) Condição.

34. (MARINHA – Colégio Naval – 2012) Dentre as frases apresentadas abaixo, retiradas do texto I, assinale a opção na qual a palavra QUE remete a um antecedente.
    a) "Ele afirmava que o desejo é a regência do mundo."
    b) "Esta insaciabilidade do ser humano é que o vai manter preso à infelicidade."
    c) "[...] mais do que ajudar em uma reflexão mais profunda, tornam-se barreiras [...]."
    d) "[...] o assunto me ocorre ao me lembrar de que vivemos em uma sociedade [...]."
    e) "[...] desejamos o que não temos."

35. (Cespe – STF – Analista Judiciário – 2013) Em "E o mesmo se aplica aos meus parceiros na comunicação via ciberespaço. Não há como ter certeza de quem sejam, de que sejam 'realmente' como se descrevem, ou de saber se existe uma pessoa 'real' por trás da 'persona online'", o termo "se" exerce função de pronome apassivador da forma verbal "descrevem".
    ( ) CERTO   ( ) ERRADO

36. (CONSULPLAN – CBTU – Técnico de Enfermagem do Trabalho – 2014) O vocábulo "que" desempenha, na Língua Portuguesa, funções morfossintáticas diferentes. Releia, então, os seguintes trechos do texto:
    1. "Minha filha chega da escola dizendo que há revolução na rua."
    2. "Acreditava, até então, que dificilmente se deteria um exército com dois paralelepípedos [...]."
    Com base nos trechos apresentados, analise as afirmativas.
    I.   O trecho 1 é formado por três verbos e o trecho 2, por dois verbos.
    II. Nos dois trechos, o vocábulo "que" desempenha a mesma função sintática.
    III. O vocábulo "que" foi usado, em ambos os trechos, para retomar informações anteriormente expressas.
    Está(ão) correta(s) a(s) afirmativa(s)
    a) I, II e III.   b) I, apenas.   c) I e II, apenas.   d) II e III, apenas.

37. (FGV – Prefeitura de Cuiabá/MT – Técnico em Administração Escolar – 2015) O segmento do texto em que o vocábulo QUE tem classe diferente das demais é:
    a) "Diogo Machado já sabia QUE projeto desenvolver".
    b) "estava cansado de ouvir reclamações de alunos QUE perdiam arquivos".
    c) "Informática se baseava em *clouding computing* (ou computação em nuvem), tecnologia QUE é aposta de gigantes como a Apple".
    d) "Diogo desenvolveu o Escola na Nuvem, um portal em QUE estudantes e professores se cadastram".
    e) "tinham dados QUE seriam necessários no futuro".

38. (FUNCAB – PC/PA – Investigador de Polícia Civil – 2016) No período: "E como o psiquismo é responsável pelo modo de agir, por conseguinte, temos em todos os crimes, obrigatoriamente e sempre, elementos objetivos da mente de quem os praticou", a conjunção "como" está empregada com o mesmo valor relacional que em:
a) Procedia sempre COMO manda a lei
b) Era um psiquiatra tão bom COMO o pai.
c) COMO estava ferido, pediu socorro.
d) COMO um cão, vivia farejando pistas.
e) Eis o modo COMO o delito foi praticado.

39. (CESPE – TCE/PE – ANALISTA DE CONTROLE EXTERNO – 2017) Fragmento de texto: "Assim, caminha-se em direção ao controle do mérito das atividades governamentais. Quando se anula um contrato ou se edita medida preventiva, impedindo se a sua consumação por ser antieconômica, afirma-se que os benefícios decorrentes do projeto ou da ação governamental não justificam os custos. Anula-se, em outras palavras, por má gestão administrativa". No segundo parágrafo, a partícula "se", em todas as suas ocorrências, foi empregada para indeterminar o sujeito das orações em que ocorre.
( ) CERTO   ( ) ERRADO

40. (CESPE – STM – Analista Judiciário (Revisão de Texto) – 2018) Fragmento de texto: "Quem não sabe deve perguntar, ter essa humildade, e uma precaução tão elementar deveria tê-la sempre presente o revisor, tanto mais que nem sequer precisaria sair de sua casa, do escritório onde agora está trabalhando, pois não faltam aqui os livros que o elucidariam se tivesse tido a sageza e prudência de não acreditar cegamente naquilo que supõe saber, que daí é que vêm os enganos piores, não da ignorância". O vocábulo "que" recebe a mesma classificação em ambas as ocorrências no trecho "que daí é que vêm os enganos piores".
( ) CERTO   ( ) ERRADO

41. (CESPE – Prefeitura de Boa Vista/RR – Procurador Municipal – 2019) No trecho "... e o ato que ela executa", o pronome "que" é empregado tanto como conectivo, já que liga duas orações, quanto como elemento referencial, ao retomar o antecedente "o ato".
( ) CERTO   ( ) ERRADO

42. (FUNDATEC – Câmara de Imbé/RS – Advogado – 2020) Considerando o emprego da palavra "Se" ("Se uma mulher é bem-sucedida e mãe, frequentemente ela será julgada..."), analise as assertivas a seguir:
I   Trata-se de conjunção subordinativa e introduz a ideia de condição ao período.
II.   Na oração "não se sabem os motivos da interrupção do sinal", temos a palavra "se" sendo empregada na mesma função da palavra destacada no texto.
III.   Na oração "não sabemos se os motivos da interrupção do sinal são normais", não temos a palavra "se" sendo empregada na mesma função da palavra destacada no texto.
Quais estão corretas?
a) Apenas I.
b) Apenas II.
c) Apenas III.
d) Apenas I e II.
e) Apenas I e III.

43. (IDECAN – IF-CE – Analista de Tecnologia da Informação – 2021) "Apenas quando toda a área fosse devidamente escavada que a produção tinha início."
O QUE do período acima se classifica morfologicamente como
a) conjunção integrante.
b) pronome relativo.
c) conjunção subordinativa.
d) palavra expletiva.

44. (VUNESP – Câmara de Suzano/SP – Telefonista – 2022) "... e depois o sorriso malandro e aliviado porque ninguém SE zangou..."
O vocábulo destacado foi empregado com a mesma função encontrada em:
a) Não me importa se ela foi demitida do trabalho.
b) Os garotos machucaram-se jogando bola.
c) Aprovou-se a nova legislação.
d) Se chegarmos atrasados não poderemos entrar.
e) Estou analisando se devo aceitar a proposta.

Gabarito

1. C.
2. B.
3. B.
4. E.
5. A.
6. B.
7. C.
8. INCORRETA.
9. E.
10. D.
11. A.
12. A.
13. C.
14. I – INCORRETA;
    II – INCORRETA.
15. ERRADO.
16. B.
17. D.
18. A.
19. E.
20. C.
21. B.
22. C.
23. A.
24. A.
25. ERRADO.
26. ERRADO.
27. ERRADO.
28. C.
29. C.
30. D.
31. C.
32. A.
33. A.
34. E.
35. ERRADO.
36. C.
37. A.
38. C.
39. ERRADO.
40. ERRADO.
41. CERTO.
42. E.
43. D.
44. B.

Os comentários sobre as questões estão no *Material Complementar* do livro. Para acessá-lo, veja o passo a passo na orelha desta obra.

CAPÍTULO 32
ESTILÍSTICA

Definição

A **estilística** é a parte da gramática que trata das estratégias artísticas/criativas usadas na língua (principalmente as **figuras de linguagem**). Tais recursos – os quais têm o objetivo de sugerir, provocar, embelezar a forma e/ou o conteúdo do texto – promovem determinados efeitos expressivos. A estilística trata *daquela* linguagem criativa, fora do usual, fora do que é comum nos registros linguísticos corriqueiros dos falantes. A "brincadeira" com as palavras, em seus aspectos **semânticos, fonológicos, morfológicos, léxicos** e/ou **sintáticos**, dá colorido ao que é dito.

Por exemplo, uma simples cantada criativa (com estilo) é capaz de provocar muitas emoções:

— *Você é um poema do Vinicius, sabia?*

É claro que a menina precisa saber quem é o Vinicius (Vinicius de Moraes).
Agora, imagina se fosse dito algo banal como:

— *Você é bonita, sabia?*

Qualquer um diz isso, não é? Que graça tem?
Veja outra cantada bonitinha:

— *Você sabe qual é o motivo do meu sorriso todos os dias? A primeira palavra da pergunta que te fiz.*

E por aí vai! Os recursos estilísticos são formas de expressão mais localizadas no discurso (não só nas cantadas, é claro!) e, principalmente, nos poemas. Afinal, poesia sem estilo não é poesia, portanto não há poesia sem estilo. Veja este de Oswald de Andrade:

Amor
Humor

É isso mesmo, o poema é só esse; o título é *amor* cujo verso único é *humor*. E é justamente tal minimalismo criativo que nos encanta. Observe a interessante troca de fonemas... Enquanto o amor é encarado sempre como algo sublime, vem o poeta e desconstrói essa ideia, associando o amor a algo jocoso, o humor.

Enfim... vamos ao que interessa. Na sua prova, as **figuras de linguagem** (quando aparecem!) são o espelho da estilística. Pelo que sei, existem mais de 50 figuras de linguagem, mas obviamente falarei apenas das que mais aparecem em concursos, a saber: **elipse, zeugma, pleonasmo, hipérbato, anacoluto, assíndeto, polissíndeto, hipérbole, prosopopeia/personificação, perífrase, antítese, oximoro/paradoxo, gradação, comparação, metáfora, ironia, eufemismo, metonímia, catacrese, anáfora, assonância, aliteração, paranomásia, pleonasmo, paralelismo, onomatopeia...**

Recomendo três livros sobre elas: *As Figuras de Linguagem*, de Roberto de Oliveira Brandão; *Dicionário de Figuras de Linguagem*, de Sebastião Cherubim; *Figuras de Linguagem*, de Hélio de Seixas Guimarães. Há muitos livros bons sobre Estilística, como *Língua Portuguesa – Semântica e Estilística*, de Claudio Cezar Henriques. Na verdade, qualquer livro deste autor é excelente.

Ah! É difícil encontrar questões sobre **vícios de linguagem**, mas falaremos deles também.

Dica de amigo: Os termos "linguagem figurada", ou "simbólica", ou "figurativa", ou "conotativa" ou "recurso estilístico ou expressivo", em geral, são o mesmo que **figura de linguagem.**

Agora, sim... Vamos lá!

Figuras de Palavras (Conceito)

Nas **figuras de palavras** ou **figuras de estilo**, as palavras passam a assumir sentidos ampliados, diversos, consoante o contexto.

Metáfora

Trata do emprego da palavra fora do seu sentido básico, recebendo nova significação por uma *comparação* entre seres de universos distintos.
— **Evanildo Bechara** é uma **fera** da gramática.
— **Evanildo Bechara** – uma **fera** da gramática – é o melhor atualmente.
— A **fera** do **Bechara** tem obras importantíssimas sobre a língua.
— **Bechara**?! Que **fera**!
— O Bechara vai "desmatando o **amazonas** de minha **ignorância**".

> **Observação**
> Este último exemplo apresenta um trecho entre aspas porque é retirado de um poema de Drummond. A metáfora é percebida quando se entende que a minha ignorância é tão grande quanto o território do Amazonas. Chama-se metáfora hiperbólica. Lindo, não? Ah! Para fechar, a uma sucessão de metáforas chamamos **alegoria**: *"Na **parede** da memória, essa lembrança é o **quadro** que dói mais"* (Belchior).

Comparação

Não confunda metáfora com "comparação" (ou símile) porque na metáfora não há conectivo explicitando a relação de comparação. Na comparação (ou símile) sempre há um conectivo ou uma expressão estabelecendo a relação de comparação:
— Ela é **branca** como a **neve**.
— *"Meu **coração** tombou na vida tal qual uma **estrela** ferida pela flecha de um caçador"* (Cecília Meireles)
— Este **lutador** tem postura semelhante aos **deuses** nórdicos.

Metonímia

Segundo o Aulete, é uma "figura de linguagem baseada no uso de um nome no lugar de outro, pelo emprego da parte pelo todo, do efeito pela causa, do autor pela obra, do continente pelo conteúdo etc.". Ou seja, ocorre a substituição de uma palavra por outra porque há entre elas uma relação de todo e parte.
- O **bronze** *(sino) repicava na torre da igreja.* (a matéria pelo objeto)
- Essa **juventude** *(os jovens) está perdida.* (o abstrato pelo concreto)
- *Vivo do* **suor** *(trabalho) do meu rosto.* (o efeito pela causa)
- *Gostaria de ter um* **Picasso** *(um quadro) em casa.* (o autor pela obra)
- O **Brasil** *(as pessoas do Brasil) vibrou com a conquista da Copa do Mundo.* (o continente pelo conteúdo)

> Observação
>
> Há uma distinção formal entre **sinédoque** e **metonímia**, mas isso não nos deve interessar em prova de concurso público.

Catacrese

É um tipo de metáfora que se cristalizou na cultura popular, caracterizada pela falta de um termo adequado a um ser ou por ignorância, desconhecimento da comunidade linguística sobre um termo exato.
- *Ele* **enterrou** *uma farpa no dedo.*
- *Com os* **dentes** *do serrote, ele serrou a perna da cadeira.*
- *Estou com coceira no* **céu** *da boca.*

Perífrase

Consiste no uso de maior quantidade de palavras para exprimir o que poderia ser dito com menos palavras.
- O **poeta dos escravos** *escreveu poemas condoreiros.* (Castro Alves)
- A **terra dos faraós** *é ainda um lugar misterioso.* (Egito)
- A **rainha dos baixinhos** *continua fazendo sucesso.* (Xuxa)
- O **rei dos animais** *é até mais respeitado pelos homens.* (leão)

> Observação
>
> Muitos autores não fazem distinção entre **antonomásia** (trata dos apelidos) e **perífrase**.

Sinestesia

Ocorre quando há uma combinação de diversas impressões sensoriais (visuais, auditivas, olfativas, gustativas e táteis) entre si, e também entre as referidas sensações e sentimentos.

- *"O **aroma** (olfato) endoideceu, **upou-se em cor** (visão), quebrou / Gritam-me **sons de cor e de perfumes** (audição, visão, olfato)"*. (Mário de Sá Carneiro)
- *Sua **voz aveludada** (audição, tato) me tornou um de seus fãs.*
- *O **cheiro gostoso** (olfato, paladar) daquela comida entrava por meu nariz como um néctar divino.*

Figuras de Sintaxe

Nas **figuras de sintaxe** ou **figuras de construção**, as palavras sofrem mudanças na ordem sintática comum dentro da oração para provocar determinados sentidos ou tornar belo o discurso.

Hipérbato

Consiste na inversão violenta da ordem normal dos membros de uma frase.

- *Se o penhor dessa igualdade / Conseguimos conquistar com braço forte, / Em teu seio, ó liberdade, / Desafia o nosso peito a própria morte!*

Na ordem direta: *Se conseguimos conquistar o penhor dessa igualdade com braço forte, nosso peito desafia a própria morte em teu seio, ó liberdade!*

- *Estranha, de mãos dadas vinha a mulher com ele.*

Na ordem direta: *A mulher estranha vinha com ele de mãos dadas.*

> **Observação**
>
> Há também a **anástrofe** e a **sínquise** como figuras de inversão. Naquela, a inversão é mais branda; nesta a inversão é tão intensa que torna obscuro o sentido da frase. Exemplos limítrofes confundem alguns estudiosos, a ponto de tratarem hipérbato como sínquise, e vice-versa.

Pleonasmo

Trata da repetição de significação de vocábulo ou de termos oracionais.

- *"Iam vinte anos desde aquele dia / Quando **com os olhos** eu quis **ver** de perto / Quanto em visão com os da saudade via"*. (Alberto de Oliveira)
- ***Ao pobre** nada **lhe** peço, **ao rico** nada **lhe** devo.*
- ***Médica**, ela nunca **o** será.*
- ***Chorou** um **choro** de profundo lamento.*

> **Observação**
>
> O **pleonasmo vicioso** diz respeito à repetição inútil e desnecessária de algum termo ou ideia na frase. Nesse caso não é uma figura de linguagem, e sim um **vício de linguagem**.

Anacoluto

É a quebra da estrutura lógico-sintática, ficando um termo sem função sintática na frase; normalmente no início dela, como um tópico.

- ***A lua**, os poetas sempre cantaram esse tema.*
- ***Nosso amor**, tudo não passou de frenesi efêmero.*
- ***Revolução Francesa**, hoje falaremos sobre insurreições ocorridas na França.*
- *"**O homem**, chamar-lhe mito não passa de anacoluto"*. (Carlos Drummond de Andrade)

Capítulo 32 • Estilística   **827**

> **Observação**
>
> Não confunda **anacoluto** com **pleonasmo**. Por exemplo, na última frase, se fosse *"Ao homem, chamar-lhe..."*, só haveria pleonasmo, em que o *lhe* seria um objeto indireto pleonástico do objeto indireto que já existe, a saber: *"Ao homem".* Como não há preposição no verso de Drummond (em *"O homem"*), não se pode analisar sintaticamente tal termo, logo é um **anacoluto**.

Elipse

É a omissão de um termo ou de uma expressão.

- *Saímos ontem à noite.*
- *Na sala de espera, apenas dois ou três pacientes; dentro do consultório, um.*
- *Espero tão logo encontre seu par.*

> **Observação**
>
> Explicitando o termo elíptico: *Nós saímos ontem à noite. / Na sala de espera, havia apenas dois ou três pacientes; dentro do consultório, havia um. / Espero que tão logo encontre seu par.*

Zeugma

Tal figura não é frequente em provas de concurso, logo a ideia de uma **supressão de um termo anteriormente expresso** tem se aplicado também à elipse. Em outras palavras, os concursos costumam analisar o zeugma como elipse, o que não deixa de ser verdade, pois a diferença entre elas é que a elipse é a omissão de um termo sem referência no texto; já o zeugma é a omissão de um termo ocorrido anteriormente no texto.

- *Meu irmão passou em dois concursos; eu, em um só.*
- *Corremos 5 km, eu em 30 minutos, ele em 25.*
- *Ele é muito estudioso e a irmã também é.*

<u>Traduzindo</u>: *Meu irmão passou em dois concursos; eu passei em um só. / Corremos 5 km, eu corri em 30 minutos, ele correu em 25 minutos. / Ele é muito estudioso e a irmã também é estudiosa.*

Assíndeto

Omissão do conectivo coordenativo, que liga orações coordenadas.

- *Acordei, comi, saí, trabalhei, voltei, dormi.*

Polissíndeto

Repetição do conectivo coordenativo, que liga termos ou orações coordenadas.

- *Ela não era assim, tão frágil, **e** boba, **e** inocente, **e** fácil.*

Anáfora

Repetição de vocábulo ou expressão no início de cada verso ou frase.

- *"**Quando** não tinha nada, eu quis / **Quando** tudo era ausência, esperei / **Quando** tive frio, tremi / **Quando** tive coragem, liguei..."* (Chico César)
- *"**Era uma estrela** tão alta! / **Era uma estrela** tão fria! / **Era uma estrela** sozinha / Luzindo no fim do dia".* (Manoel Bandeira)

> Não confunda anáfora, figura de linguagem, com anáfora, processo de coesão. Nesta, um vocábulo tem o papel de retomar outro já mencionado.

Figuras de Pensamento

São recursos estilísticos que tornam a expressão mais incisiva, provocando forte impressão. Aqui, exploram-se mais as ideias do que as palavras em si ou a disposição delas na frase.

Antítese

É o contraste entre duas palavras (antônimas), expressões ou pensamentos, provocando uma relação de oposição.
- *Metade de mim te **adora**, a outra metade te **odeia**.*
- *Não há vida sem **alegrias** e **sobressaltos**.*
- *Transformou sua vida de **água** a **vinho**.*

Oxímoro (Paradoxo)

Duas ideias contrárias que coexistem, que ocorrem ao mesmo tempo, implicando falta de lógica.
- *Amor é fogo que **arde sem se ver**, / É ferida que **dói** e **não** se **sente**, / É um **contentamento descontente**, / É **dor** que desatina **sem doer**.* (Camões)
- *Que **música silenciosa** ele toca!*
- *"Foi **sem querer querendo**".* (Chaves)

> Nas provas, não há diferença entre **oxímoro** e **paradoxo**.

Hipérbole

Ideia que denota exagero.
- *Se eu não passar na prova, vou dar um tiro na cabeça.*
- *O carro voava pela rodovia.*
- *Já falei mil vezes para você calar a boca!*

Gradação

Enumeração que denota crescimento ou diminuição (clímax ou anticlímax).
- *É um **pássaro**, é um **avião**, não... é o **super-homem**.*

Capítulo 32 • Estilística **829**

– *O primeiro milhão possuído* **excita**, **acirra**, **assanha** *a gula do milionário.*
– *O amor é* **esfuziante**, **grande**, **perturbador**, *uma* **tragédia**.

Eufemismo

Suavização de uma ideia negativa.

– *Agora ele foi para o* **andar de cima**. **Descansou**. *(relativo à morte)*
– *Ela trabalha higienizando locais contendo* **detritos orgânicos**. *(fezes e urina)*
– *Depois de gritar e quebrar copos e garrafas, ele foi convidado a* **retirar-se** *da festa. (expulso)*

Ironia

Consiste em declarar o oposto do que realmente se pensa ou do que é, com tom de deboche, normalmente.

– *Ela é* **ótima pessoa**, *afinal* **vive judiando** *das crianças.*
– *Que* **motorista excelente** *você*, **quase** *me* **atropelou**.
– *Professor, olha como meu* **boletim** *está* **excelente**, *só há* **uma nota acima da média**.

> **Observação**
> As aspas muitas vezes marcam uma ironia: *Quando a "linda" funcionária entrava na empresa, começavam os risos sarcásticos.*

Prosopopeia (Personificação)

Atribuição de características humanas a seres não humanos. Dizer que a personificação é a atribuição de características de seres animados a seres inanimados é uma definição ruim, pois quando, numa história, um animal fala, ele não é um ser "inanimado", afinal todo animal tem vida e, portanto, é um ser "animado".

– *"A* **Bomba atômica** *é* **triste**, *Coisa mais triste não há / Quando cai, cai sem vontade".* (Vinicius de Moraes)
– *A* **Amazônia chora** *devido ao desmatamento.*

> **Observação**
> As fábulas costumam apresentar esta figura de linguagem: *"Morta de fome, uma raposa foi até um vinhedo sabendo que ia encontrar muita uva. A safra tinha sido excelente. Ao ver a parreira carregada de cachos enormes, a raposa lambeu os beiços. Só que sua alegria durou pouco: por mais que tentasse, não conseguia alcançar as uvas. Por fim, cansada de tantos esforços inúteis, resolveu ir embora, dizendo: – Por mim, quem quiser essas uvas pode levar. Estão verdes, estão azedas, não me servem. Se alguém me desse essas uvas eu não comeria"* (Esopo).

Figuras Fônicas

Nas **figuras de som**, explora-se a camada sonora da linguagem, a fim de produzir determinados efeitos.

Aliteração

Repetição sistemática de uma determinada consoante.

– *"Em horas inda **l**ouras, **l**indas / **C**lorindas e **B**elindas, **b**randas / **B**rincam nos tempos das **B**erlindas / As **v**indas **v**endo das **v**arandas"* (Fernando Pessoa)

– *O **r**ato **r**oeu a **r**oupa do **r**ei de **R**oma.*

Assonância

Repetição sistemática da vogal tônica ou do encontro vocálico na sequência da frase.

– *Como é esc**u**ro e prof**u**ndo o m**u**ndo obsc**u**ro dos s**u**rdos e m**u**dos.*

– *"Juro que não acredit**ei** / Eu te estranh**ei** / Me debruc**ei** / Sobre o teu corpo e duvid**ei**"* (Chico Buarque)

Paranomásia

Também chamada de *paronomásia*, é a aproximação de palavras de um texto pela sua semelhança na forma ou na pronúncia (parônimos).

– *"**Exportar** é o que **importa**".* (Delfim Netto)

– *"Com tais **premissas** ele sem dúvida leva-nos às **primícias**".* (Padre Antônio Vieira)

Onomatopeia

Consiste no uso de palavras que imitam sons em geral.

– *"Havia uma velhinha / Que andava aborrecida / Pois dava a sua vida / Para falar com alguém. / E estava sempre em casa / A boa velhinha, / Resmungando sozinha: / **Nhem-nhem-nhem--nhem-nhem...**".* (Cecília Meireles)

Paralelismo

Repetição de palavras ou estruturas sintáticas maiores (frases, orações, sintagmas etc.) de forma igual ou parecida que se correspondem quanto ao som.

– *"Começou a circular o **expresso 2-2-2-2** / que parte direto de **Bonsucesso** / pra depois. Começou a circular o **expresso 2-2-2-2** / da Central do Brasil / que parte direto **de Bonsucesso** / pra depois do ano 2000".* (Gilberto Gil)

Combinação de Figuras

Em um trecho, ou em um texto, pode haver mais de uma figura de linguagem concorrendo. Um exemplo disso ocorre na frase *"As janelas vigiavam as pessoas na noite boêmia"*, em que se pode analisar como **metonímia** (as pessoas na janela) ou **personificação** (janela vigiando).

Pode-se também perceber que um texto trabalha mais de uma figura. Além da rima e outras características, observe algumas figuras do "Soneto de Fidelidade", de Vinicius de Moraes:

De tudo ao meu amor serei atento

Antes (hipérbato), e com tal zelo, e sempre, e **ta**nto (polissíndeto e gradação)

Que mesmo em face do maior en**can**to
Dele se en**can**te mais meu pensamento (assonância)

Quero vivê-lo em cada vão momento
E em seu louvor hei de espalhar meu canto
E rir meu riso (pleonasmo) e derramar meu pranto
Ao seu pesar ou seu contentamento

E assim, quando mais tarde me procure
<u>Quem sabe</u> a morte, angústia de quem vive
<u>Quem sabe</u> (anáfora) a solidão, fim de quem ama
Eu possa me dizer do amor (que tive):
Que não seja imortal, posto que é chama (metáfora)
Mas que seja infinito enquanto dure. (paradoxo)

Vícios de Linguagem

Segundo o mestre no assunto, Napoleão Mendes de Almeida, os **vícios de linguagem** são palavras ou construções que deturpam, desvirtuam ou dificultam a manifestação do pensamento, ora devido ao desconhecimento da norma culta, ora devido ao simples descuido do emissor.

Não confunda com **licença poética**, pois esta é a "permissão" dada aos grandes poetas para extrapolar o uso da norma culta da língua. Se você não está entre os grandes poetas e comete um desvio gramatical, você só pode dizer que tem licença poética de brincadeira.

Brincadeiras à parte, a licença poética é a liberdade que o escritor tem de manipular os níveis da língua (som, palavra, sintaxe, sentido...) como desejar, para poder transmitir ao leitor o que deseja, agradando ou não.

Vamos ao que interessa... aos vícios de linguagem!

Ambiguidade (Anfibologia)

Como vimos no capítulo de *Semântica e Lexicologia* (revisite, está tudo lá!), há vários casos de ambiguidade. Veja um dos mais comuns, com pronome possessivo:

---

5. **(FCC – TRT/PE (6ª R) – Analista Judiciário – 2012)** Está clara e correta a redação deste livre comentário sobre o texto: O articulista da *Folha de S. Paulo*
   c) propõe que se estenda à bancada religiosa a decisão de aceitar ou rejeitar, segundo seus interesses, o ensino privado da religião.

Comentário: E a pergunta é...: Segundo os interesses de quem? Do articulista ou da bancada religiosa? Note que o pronome possessivo *seus* torna a frase ambígua. Por isso a letra c) não foi considerada o gabarito.

Arcaísmo

Segundo o dicionário Houaiss, trata-se de "palavra, expressão, construção sintática ou acepção que deixou de ser usada na norma atual de uma língua [Em linguagens especiais, é comum a sobrevivência de algumas formas arcaicas (por exemplo, na linguagem forense, na linguagem

regional, entre locutores de idade avançada etc.); também podem ser utilizadas como recurso para recriar a atmosfera de uma época (por exemplo, no romance histórico).]". Neste último caso, não constitui vício de linguagem.
- **Vosmecê** poder-me-ia ajudar? (Hoje se usa "você")
- Ninguém **não** escreve mais em latim. (Não se usa o "não" entre palavra negativa e verbo)
- "Aurélia, que se dirigia ao seu **toucador**, sentou-se a uma escrivaninha..." (José de Alencar) (O mesmo que "penteadeira")

> Observação
> Não há unanimidade sobre a mesóclise ser um arcaísmo.

Barbarismo

Desvio gramatical relativo à **ortoepia, prosódia, ortografia, morfologia** e **semântica**. Vejamos, respectivamente, os exemplos:
- Os **bolsos** (= ó) estão cheios de dinheiro. (Forma culta: **o** (= ô))
- O protagonismo brasileiro na reunião **íbero-americana** não é casual. (Forma culta: ibero)
- Se ele **quizer** ajudar a família, terá de muito trabalhar. (Forma culta: quiser)
- Quando o brasileiro **ver** seu país no primeiro mundo, terá **menas** razões para criticá-lo. (Formas cultas: vir, menos)
- Todos ficaram alegres com a nova lei, pois ela veio **de encontro a**os interesses do povo. (Forma culta: ao encontro de)

> Observação
> Alguns gramáticos, como Napoleão M. de Almeida e Luiz A. Sacconi, consideram os estrangeirismos como barbarismos. Por exemplo, são consideradas **galicismo** (ou **francesismo**) as expressões "face a", "frente a": "*Os países europeus conseguiram acordar sua posição **face a**o problema nuclear iraniano.*" (Na nossa língua, usa-se "em face de") No entanto, o gramático Celso P. Luft abona tais construções.

Cacofonia

É um som desagradável, cômico, às vezes obsceno, provocado pela união de certas palavras. Veja alguns cacófatos.
- E**la tinha** na bo**ca dela nosso hino** completo.
- Aquele goleiro paulistano sempre mar**ca gol** de falta.
- Vou-**me já** porque está na hora.
- Ela **me tinha** por inteiro.

Colisão

Combinação desagradável de sons, resultante de aliteração (repetição de consoantes).
- Levante-**se ce**do amanhã.
- **Cá cá**gado não se cria, apenas tartarugas.

Parequema

Trata-se da repetição de som ou sílaba do final de uma palavra e começo de outra.

– *A dor do den**te te** incomoda?*
– *O ata**que que** ria foi executado.*
– *A vi**da dada** pelos gregos aos deuses tornou seu panteão enorme.*

> **Observação**
>
> Alguns parequemas viram cacófatos: *"O sa**co co**lorido que ela comprou era um charme"*. Alguns estudiosos entendem que *colisão* e *parequema* são sinônimos. No caso de exigência de próclise, não constitui erro tal construção: *"**Se se** deseja a paz, é preciso mudanças radicais"*.

Eco

Repetição de sons iguais no fim das palavras.

– *De tão aparentem**ente** val**ente**, você m**ente** que nem s**ente**.*
– *Por que n**ão** d**ão** explicaç**ão** para a desuni**ão** do irm**ão**?*

Hiato

É a aproximação de vogais idênticas.

– *Lev**a a á**guia **à a**la dos animais silvestres.*
– *Eu peg**o o o**vo, jog**o o ó**leo e deixo fritar.*

Solecismo

É o desvio sintático relativo à colocação ou emprego dos pronomes, à regência e à concordância. Vejamos, respectivamente, três exemplos:

Forma Inculta	Forma Culta
*Nunca chamar-**te**-ia de meu irmão, porque você ama **ele** mais do que a mim, por isso, para **mim** achar que você é merecedor de meu amor, precisará provar.*	*Nunca **te** chamaria de meu irmão, porque você **o** ama mais do que a mim, por isso, para **eu** achar que você é merecedor de meu amor, precisará provar.*
*Não **lhe** conheceram, pois eram muito novos.*	*Não **o** conheceram, pois eram muito novos.*
***Precisariam haver** mais pessoas no mundo que se dispusessem a ajudar outras.*	***Precisaria haver** mais pessoas no mundo que se dispusessem a ajudar outras.*

Preciosismo

Linguagem rebuscada, com uso excessivo de vocábulos não usuais, afastando-se da clareza e inteligibilidade imediata. Resumindo: é "falar difícil".

– *O **melífluo circunlóquio** de Vossa Excelência causou-me espécie.* (= discurso longo, bajulador e hipócrita)
– *A ruminante bovina deslocou-se para terreno sáfaro e alagadiço.* (= A vaca foi para o brejo)
– *Meu progenitor sofre de alopecia androgênica.* (= Meu pai é careca)

> **Observação**
>
> Ainda no meio jurídico, há certa "afetação" no modo de falar, com desnecessárias erudições, que constituem preciosismo. Quando as gírias ou coloquialismos passam a atender a uma necessidade/propósito discursivo, deixam de constituir vício de linguagem. Um exemplo disso é o modo como decidi escrever esta gramática, a qual muitas vezes apresenta linguagem informal, para tornar o texto mais leve e próximo do leitor.

Plebeísmo

Segundo o Aulete, "palavras, expressões e modos de dizer característicos do dialeto das classes populares, frequentemente considerados pelas classes dominantes como um linguajar vulgar". Resumindo: uso de gírias e palavras bem informais.

— *Para de me avacalhar porque eu já estou de saco cheio de tanto você me gastar, seu bunda-suja!*

Redundância (Tautologia)

Trata-se de um pleonasmo vicioso. Refere-se a uma expressão que repete o mesmo conceito já emitido.

— *Vamos ter de **subir para cima** agora, senão vai ficar muito tarde.*
— ***Adia** essa reunião **para depois**, porque é preciso pensar melhor na pauta.*
— *O fim da novela foi uma **surpresa inesperada**, visto que o **principal protagonista** de uma trama nunca morre.*

> **Observação**
>
> Não há redundância, segundo Luiz A. Sacconi, em "intrometer-se no meio" e "voltar-se para trás", pois pode haver intromissão no início ou no fim e pode haver volta para o lado. Se vier especificado, deixa de ser vicioso: *"Entrou para dentro o rapaz"* (vicioso) / *"Entrou para dentro da sala o rapaz"* (não vicioso).

Estrangeirismo

Ainda segundo Luiz A. Sacconi, é um vício o uso de estrangeirismos desnecessários, ou seja, palavras de origem estrangeira facilmente substituíveis por palavras correspondentes em nossa língua, seja por já existirem, seja por haver forma aportuguesada.

— *Ele tem "**know-how**", por isso foi contratado.* (= conhecimento, experiência)
— *Teve de entregar seu "**curriculum**" por e-mail; estava atrasado.* (= currículo)
— *Preciso falar com o "**quality manager**" sobre minha proposta.* (= gerente de qualidade)

> **Observação**
>
> Alguns gramáticos mais rígidos consideram que qualquer estrangeirismo, tenha ele equivalente vernácula ou não, é considerado barbarismo. Estudiosos mais modernos discordam do estrangeirismo como vício de linguagem, mas não é assim que vê a gramática tradicional.

Prolixidade

É o uso de muitas palavras no lugar de poucas para se dizer o que se deseja.

Com prolixidade: *A sacarose, extraída da cana-de-açúcar, que ainda não tenha passado pelo processo de purificação e refino, apresentando-se sob a forma de pequenos sólidos tronco-piramidais de base retangular, impressiona agradavelmente o paladar, lembrando a sensação provocada pela mesma sacarose produzida pelas abelhas em um peculiar líquido espesso e nutritivo. Entretanto, não altera suas dimensões lineares ou suas proporções quando submetida a uma tensão axial em consequência da aplicação de compressões equivalentes e opostas.*

Sem prolixidade: *O açúcar não refinado, sob a forma de pequenos blocos, tem o sabor agradável do mel, porém não muda de forma quando pressionado.*

(Dad Squarisi, texto adaptado)

O Que Cai Mais na Prova?

São poucas as bancas de prestígio no mundo dos concursos que trabalham **figuras de linguagem**. Mas às vezes encontramos na Consulplan, na FGV, na FCC e no Cespe/UnB. Mesmo assim, questões de figuras não são frequentes. Normalmente a metáfora e a elipse são as que mais aparecem nas provas, mas não deixe de estudar as demais, como a metonímia, a ironia, a elipse e a prosopopeia. Sobre **vícios de linguagem**, as questões são tão raras quanto às de interjeição. Encontrei poucas... "para não dizer que não falei das flores".

*Concurseiro(a), quer uma dica de irmão? Guarde no seu coração o que vai ler agora: NUNCA DEIXE DE FAZER SEU PRÓPRIO RESUMO DE CADA CAPÍTULO. Esse processo cognitivo é **extremamente** valioso. Eu poderia ser legalzinho e fofinho pondo um quadro-resumo do que vimos no capítulo, mas, se fizesse isso, estaria sabotando você, impedindo-o(a) de ter esse trabalho de internalização imprescindível do conteúdo. **Por favor, não pule essa etapa!!!** Mesmo que seu resumo fique gigantesco (não vá escrever outra gramática... rsrs), nunca deixe de fazê-lo, para o seu próprio bem! Seu cérebro agradece e, quando passar no concurso, sua conta no banco também. Vá fundo na missão!* ☺

Questões de Concursos

1. (Cespe/UnB – TRT (16ª R) – Analista Judiciário – 2005) A palavra *"stress"* está destacada, pois trata-se de um estrangeirismo e sua grafia não está registrada de acordo com as normas ortográficas da língua portuguesa.
   (   ) CERTO   (   ) ERRADO

2. (IBFC – ABDI – Assistente Jurídico – 2008) Assinale a alternativa que indica corretamente a figura de linguagem presente na oração: "O cavaleiro enterrou a espada no dragão".
   a) catacrese.
   b) antítese.
   c) zeugma.
   d) eufemismo.

3. (FUNRIO – PRF – Policial Rodoviário Federal – 2009) Observe o trecho de "O Cortiço", de Aluísio de Azevedo: "Eram cinco horas da manhã e o cortiço acordava, [...]. Um acordar alegre e farto de quem dormiu de uma assentada sete horas de chumbo".
Seu autor utiliza o seguinte recurso estilístico:
a) eufemismo;
c) comparação;
e) personificação.
b) gradação;
d) antítese;

4. (FIP – Câmara-SJC – Analista de Sistemas – 2009) Observe a sequência de frases abaixo e responda a seguir.
(1) E no dia lindo vi que vinhas vindo, minha vida. (Guilherme de Almeida)
(2) Conhecer as manhas e as manhãs. (Almir Sater e Renato Teixeira)
(3) E as cantilenas de serenos sons amenos fogem fluidas. (Eugênio de Castro)
Nas frases apresentadas em (1), (2) e (3), temos, respectivamente, as seguintes figuras de estilo que exploram a sonoridade das palavras:
a) Assonância, paranomásia e aliteração.
b) Onomatopeia, assonância e paranomásia.
c) Aliteração, onomatopeia e assonância.
d) Paranomásia, assonância e aliteração.
e) Assonância, onomatopeia e paranomásia.

5. (FIP – Câmara-SJC – Programador – 2009) Observe a sequência de frases abaixo e responda a seguir:
(1) Onde estão todos? Estão todos dormindo. Estão todos deitados. Dormindo. (Manuel Bandeira)
(2) Dona Cômoda tem três gavetas. E um ar confortável de senhora rica. (Mário Quintana)
(3) Vieram os gentios, e tornaram-se fiéis; vieram idólatras, e tornaram-se cristãos. (António Vieira)
Nas frases apresentadas em (1), (2) e (3), temos, respectivamente, as seguintes figuras de pensamento:
a) Alegoria, eufemismo e antítese.
b) Eufemismo, ironia e prosopopeia.
c) Prosopopeia, antítese e alegoria.
d) Eufemismo, alegoria e prosopopeia.
e) Eufemismo, prosopopeia e antítese.

6. (NCE/UFRJ – UFRJ – Médico – 2009) *"Toda obra de um homem... é sempre um auto-retrato";* nesse segmento há a presença de um tipo de linguagem figurada denominado:
a) hipérbato;
b) metáfora;
c) metonímia;
d) comparação;
e) pleonasmo.

7. (TJ/SC – TJ/SC – Juiz – 2009) Marque a única alternativa que **NÃO** contém nenhum erro gramatical considerado barbarismo:
a) Quando nada mais couber, bastará uma telefonema – de forma expontânea – do seu procurador.
b) Caso eles virem armados, serão pegos pela polícia.
c) Com o pronto-socorro grátis ao jornalista, a categoria terá cobertura quando, no exercício de sua profissão, se vir, por qualquer meio legal ou abusivo, tolhida no seu direito de informar.
d) Se o advogado não intervir a tempo, ninguém reaverá o investimento feito e o montante que já tinha gastado.
e) Qualquer economista que se dispor a analisar os dados pedirá que o governo afroxe as medidas objetivando a contenção das despesas.

8. (FAB – Epcar – 2009) (Adaptada) A afirmação abaixo está correta ou incorreta?
"(...) Ah, minha Senhora, já viste tantas coisas! Quantos segredos ouviste e não contaste a ninguém. Quantos amores teus já partiram sem que derramasses uma única lágrima. Quantos meninos de olhos assustados transformaste em homens de coragem incontestável na arte de pilotar um avião ou enaltecer a vida civil. Quantos destinos aqui se cruzaram. Quantos anos se passaram... Em cada canto um nome, uma história para contar. (...)".
– A anáfora é uma figura de linguagem marcante no período acima.

9. (FGV – DETRAN/RN – Assessor Técnico – 2010) Há um exemplo de prosopopeia em:
a) *"Como eu invejo os que não esqueceram a cor das primeiras calças que vestiram!"*
b) *"E antes seja olvido que confusão; explico-me".*
c) *"Os rios, as montanhas, as igrejas que não vi nas folhas lidas".*
d) *"Não, não, a minha memória não é boa".*
e) *"... e os clarins soltam as notas que dormiam no metal, e tudo marcha com uma alma imprevista".*

Capítulo 32 • Estilística **837**

10. (Funiversa – MPE/GO – Engenheiro Ambiental – 2010) Diz-se que há personificação quando houver atribuição de sentimentos, traços psicológicos e(ou) comportamento humanos a seres inanimados e a animais. Assinale a alternativa que apresenta exemplo de personificação.
    a) "de mãos dadas, marcharemos todos pela vida verdadeira".
    b) "as janelas devem permanecer, o dia inteiro, abertas para o verde onde cresce a esperança".
    c) "o homem confiará no homem como a palmeira confia no vento".
    d) "o lobo e o cordeiro pastarão juntos".
    e) "Fica decretado, por definição, que o homem é um animal que ama".

11. (Funiversa – MTur – Agente Administrativo – 2010) (Adaptada) A afirmação abaixo está correta ou incorreta?
    "(...) Assim como o ciúme é querer manter o que se tem e a cobiça é desejar aquilo que não lhe pertence, a inveja é não querer que o outro tenha. O mais renegado dos sete pecados capitais é uma emoção inerente à condição humana, por mais difícil que seja confessá-la. (...)"
    – A figura de palavra conhecida como **perífrase** está ilustrada na frase "O mais renegado dos sete pecados capitais é uma emoção inerente à condição humana, por mais difícil que seja confessá-la".

12. (Cesgranrio – Petrobras – Profissional Jr. – 2010) Antítese é uma figura de linguagem com a qual se salienta uma oposição de ideias por meio de sentenças ou palavras. O fragmento que contém uma antítese é:
    a) "Somos artesãos, meio como as formigas,"
    b) "vemos nossas obras destruídas em segundos por cataclismos naturais,"
    c) "se pensamos que cada estrela é um sol, e que tantas delas têm sua corte de planetas, fica difícil evitar a questão da nossa existência cósmica,"
    d) "Ao olhar para o Universo, o homem é nada. Ao olhar para o Universo, o homem é tudo."
    e) "somos como o Universo pensa sobre si mesmo."

13. (Fundep – TJ/MG – Oficial de Apoio Judicial – 2010) Assinale a alternativa em que se encontra uma gradação.
    a) "[...] será o incentivo à violência o resultado único desse processo de informação em escala mundial?"
    b) "[...] a violência aumenta em proporções assustadoras, tanto no resto do mundo como aqui bem perto, em cada esquina."
    c) "[...] reflexão de um amigo meu, médico de meia idade, sabedoria e ciência."
    d) "Está se conhecendo em seus máximos e em seus mínimos [...]."

14. (Cetap – AL/RR – Analista de Sistemas – 2010) A figura de linguagem presente em "Durante séculos, a Inglaterra dominou os mares..." é:
    a) Metáfora.   b) Silepse.   c) Antítese.   d) Metonímia.   e) Ironia.

15. (FCC – Bahiagás – Analista de Processos Organizacionais – 2010) A construção de uma frase pode resultar em ambiguidade, ensejando duplo sentido. Isso NÃO ocorre apenas em:
    a) Desde meninos, os pais aconselham os filhos a não brincarem com o fogo.
    b) Por ser muito perigoso, o filho é aconselhada a não brincar com o fogo.
    c) Porquanto seja perigoso, deve-se evitar uma criança próxima do fogo.
    d) Caso bem prevenida contra o perigo do fogo, a criança não se queimará.
    e) Uma vez esclarecida sobre o fogo, a criança não terá como queimar-se.

16. (TJ/SC – TJ/SC – Técnico Judiciário – 2010) Aponte a alternativa que NÃO apresenta solecismo:
    a) Às vezes queremos ter tudo sem pensar que podemos se arrepender depois.
    b) Ele pediu pra mim não deixar meu paletó na cadeira.
    c) Acabamos jantando no restaurante do Lauro, onde fomos muito bem atendidos.
    d) Eu lhe abracei muito quando lhe vi na rodoviária.
    e) Por que fosses dizer que a gente não vamos sair?

17. (TJ/SC – TJ/SC – Técnico Judiciário – 2010) A frase "Este tribunal recebeu a informação de que a empresa Marca X estaria sendo vendida por volta das 21 horas de terça-feira" apresenta o vício de linguagem denominado:
    a) Cacofonia.
    b) Eco.
    c) Pleonasmo.
    d) Ambiguidade.
    e) Barbarismo.

838 A Gramática para Concursos Públicos • Fernando Pestana

18. (Vunesp – MPE/SP – Analista de Promotoria – 2010) Observe as frases, títulos de matérias da revista, e analise as afirmações.

Por que o Brasil toma tanto Rivotril
Cores que enganam seu cérebro
(**Superinteressante**, julho de 2010)

I.   Na primeira frase, a figura de linguagem presente é a metonímia, já que o termo **Brasil** está empregado no lugar de **brasileiros**.

II. Na segunda frase, a figura de linguagem presente é a hipérbole, já que o verbo **enganar** representa uma ação exagerada.

III. Na primeira frase, sem alteração da ordem dos termos, também estaria correto o uso da forma **Por quê**.

Está correto o que se afirma em:

a) I, apenas.
b) III, apenas.
c) I e II, apenas.
d) II e III, apenas.
e) I, II e III.

19. (FGV – TRE/PA – Técnico Judiciário – 2011) (Adaptada) A afirmação abaixo está correta ou incorreta?

O Fundo Partidário será, em 2011, de R$ 301 milhões. Isso porque foi aprovado a nove dias do fim do ano o reforço de R$ 100 milhões. Desse valor, R$ 265 milhões são oriundos do Orçamento da União e R$ 36 milhões referentes à arrecadação de multas previstas na legislação eleitoral. Mas, afinal, qual a razão para se aumentar de forma tão extraordinária a dotação dos partidos? Muito simples: a necessidade de eles pagarem as dívidas de campanha.

–   No terceiro período, há um caso de zeugma.

20. (Cespe/UnB – IRBr – Diplomata – 2011) Nos dois primeiros versos (Através de grossas portas, sentem-se luzes acesas), o eu lírico alude ao sigilo dos inconfidentes por meio de paradoxo e sinestesia.

(   ) CERTO   (   ) ERRADO

21. (FGV – TRE/PA – Analista Judiciário – 2011) "(...) Infelizmente, ainda hoje assistimos no Brasil a fenômenos que há muito deveriam ter sido excluídos da vida política nacional, como a compra de votos e a atitude de diversos candidatos, durante as campanhas eleitorais, de "doar" cestas básicas e toda a sorte de brindes em troca da promessa de voto dos eleitores. (...)"

No último parágrafo, as aspas em *doar* confirmam, para o vocábulo, seu aspecto de:

a) polifonia;
b) coloquialismo;
c) antonímia;
d) metáfora;
e) ironia.

22. Ainda com relação às figuras de linguagem, em "... a memória os atira nos abismos do esquecimento" é correto afirmar que:

a) Há uma comparação entre dois elementos.
b) Opera-se uma personificação pela atribuição de característica própria dos seres humanos.
c) Há uma sequência de palavras sinônimas que promovem a intensificação de uma ideia.
d) O vocábulo "abismos" foi usado com um sentido conotativo de sátira.
e) Há uma redundância para enfatizar uma ideia importante.

23. (Consulplan – Carreira Universitária (Analista Administrativo) – Nível Superior – 2011) "Entra ano sai ano, as tempestades de verão continuam atormentando a vida de milhares de pessoas nos estados do sul e sudeste do país".

O excerto anterior constitui um exemplo de figura de linguagem denominada:

a) Paronomásia.
b) Antonomásia.
c) Perífrase.
d) Metonímia.
e) Prosopopeia.

Capítulo 32 • Estilística **839**

24. (Cesgranrio – CHESF – Profissional de Nível Superior – 2012) As palavras podem assumir sentidos figurados, ou seja, significados diferentes das acepções e usos previstos pelos dicionários, embora facilmente compreensíveis no contexto específico em que se encontram.
A passagem do texto em que uma palavra em sentido figurado está presente é:
a) "Daí esta avalanche, este *tsunami* de informações."
b) "O estado de nossas células cerebrais, as nossas emoções; tudo isso pode representar uma limitação para nossa capacidade de lembrar."
c) "Para quem, como eu, viaja bastante e tem de trabalhar em aviões ou em hotéis, é um recurso precioso."
d) "Mas não encontrei *pen drive* algum."
e) "Perguntei no aeroporto, entrei em contato com o táxi que me trouxera, liguei para casa: nada."

25. (Unicentro – Vestibular – 2012) O fragmento que ilustra a linguagem conotativa é o transcrito na alternativa:
a) "pelo uso dos aviões sequestrados como arma."
b) "A derrubada do Taleban, que governava o país centro-asiático, contribuiu de modo decisivo para debilitar aquele grupo terrorista."
c) "uma guerra injustificável contra o Iraque."
d) "como alegou então, por má-fé e paranoia, o governo americano."
e) "Produziu até agora apenas dois outros atentados de vulto."

26. (CEV/Urca – Vestibular – 2012) "Chico passou por maus bocados, andou gastando mais de cinco litros de saliva para reconquistar a mulher".
A construção em destaque é própria da linguagem literária e caracteriza-se como:
a) Hipérbole.
b) Eufemismo.
c) Catacrese.
d) Anáfora.
e) Elipse.

27. (FCC – TST – Analista Judiciário – 2012) (Adaptada) A afirmação abaixo está correta ou incorreta?
"*(jn) Relação de pessoas ou de assuntos vetados ou 'indesejáveis' em um órgão de imprensa...*"
– É aceitável entender-se "*indesejáveis*" como forma de eufemismo.

28. (Cespe/UnB – TRE/RJ – Técnico Judiciário – 2012) "(...) Novas pesquisas... revelam que o problema é muito mais grave... A mais recente, elaborada pelo Instituto... (...)"
Em "A mais recente", ocorre elipse da palavra **pesquisa**, que pode ser subentendida a partir do antecedente "pesquisas".
( ) CERTO ( ) ERRADO

29. (PaqTcPB – UEPB – Técnico de Enfermagem – 2012) "Tomar uma decisão envolve uma disputa com 3 participantes: dois deles (instinto e experiência) cuidam de seu presente, o outro (razão) pensa no seu futuro. (...)"
A utilização dos termos "participantes", "cuidam" e "pensa" contribui para estabelecer, no texto, uma relação de sentido denominada:
a) Ambiguidade.
b) Sinonímia.
c) Paráfrase.
d) Oposição.
e) Metáfora.

30. (Funcab – MPE/RO – Técnico em Contabilidade – 2012) Pleonasmo é uma figura de linguagem que tem como marca a repetição de palavras ou expressões, aparentemente desnecessárias, para enfatizar uma ideia. No entanto, alguns pleonasmos são considerados "vícios de linguagem" por informarem uma obviedade e não desempenharem função expressiva no enunciado. Considerando esta afirmação, assinale a alternativa que possui exemplo de pleonasmo vicioso.
a) "(...) E então abriu a torneira: a água espalhou-se (...)"
b) "(...) O jeito era ir comprar um pão na padaria. (...)"
c) "(...) Matá-la, não ia; não, não faria isso. (...)"
d) "(...) Traíra é duro de morrer, nunca vi um peixe assim. (...)"
e) "(...) Tirou para fora os outros peixes: lambaris, chorões, piaus; (...)"

840 A Gramática para Concursos Públicos • Fernando Pestana

31. (FAB – EAGS – Sargento – 2012) Quanto à classificação das figuras de linguagem, coloque (1) para antítese, (2) para hipérbole, (3) para metonímia e (4) para metáfora. Depois assinale a alternativa com a sequência correta.
I. ( ) "Trabalhava arduamente, pois tinha de alimentar quatro bocas."
II. ( ) "Eu, que era branca e linda, eis-me medonha e escura."
III. ( ) "Um mundo de ideias havia em minha cabeça."
IV. ( ) "Meu coração é um campo minado."
a) 2, 1, 3, 4.
b) 3, 1, 2, 4.
c) 1, 2, 4, 3.
d) 3, 4, 1, 2.

32. (FAB – EEAr – Controlador de Tráfego Aéreo – 2012) Assinale a alternativa em que não se verifica a presença de metáfora.
a) "Deus, antes de ser homem, era sol sem sombra." (Pe. Vieira)
b) "As tuas saudades ficam onde deixas o coração." (Camilo Castelo Branco)
c) "Tem nas faces o branco das areias que bordam o mar." (José de Alencar)
d) "...meu pensamento vadio era uma borboleta serena que não pousava em nada." (Bernardo Elis)

33. (FUNCAB – SEMAD – Engenharia Agronômica – 2013) A figura de linguagem presente em "Houve uma mulher que amou um amor de verdade" é:
a) prosopopeia.
b) pleonasmo.
c) sinestesia.
d) hipérbole.

34. (FGV – Prefeitura de Florianópolis/SC – Fiscal de Serviços Públicos – 2014) Ao dizer que os psicopatas assumem o papel de parasitas e predadores, o autor do texto 1 apelou para uma figura de linguagem denominada:
a) metonímia;
b) pleonasmo;
c) anacoluto;
d) eufemismo;
e) metáfora.

35. (FGV – TCE/SE – Médico – 2015) A redundância significa "um excesso de palavras, de expressões, prolixidade", segundo Houaiss; a frase do texto 2 que mostra, em si mesma, um excesso de palavras, é:
a) "Dizem que todos os dias você deve comer uma maçã por causa do ferro";
b) "E uma banana pelo potássio";
c) "E também uma laranja pela vitamina C";
d) "Uma xícara de chá verde sem açúcar para prevenir a diabetes";
e) "Todos os dias deve-se tomar um Yakult pelos lactobacilos".

36. (IBFC – EBSERH – Advogado (HUPEST-UFSC) – 2016) Em "O homem maduro é de uma imaturidade a toda prova" (19º§), para provocar expressividade, foi empregada uma figura de estilo que se caracteriza, sobretudo:
a) pela comparação implícita entre objetos concretos.
b) por uma associação lógica de uma parte que remete ao todo.
c) pela tentativa de suavização de uma ideia considerada ilógica.
d) pelo emprego de palavras que apontam para sentidos contrários.
e) pela atribuição de características humanas a seres inanimados.

37. (IBFC – TJ/PE – Analista Judiciário – 2017) Considere o fragmento abaixo para responder a questão.
"A conclusão óbvia é que uma língua não é como nos ensinaram: clara e relacionada diretamente a um fato ou situação que ela representa como um espelho." (3º§)
Ao aproximar, semanticamente, a língua de um espelho, o autor emprega a seguinte figura de linguagem:
a) Hipérbole.
b) Metáfora.
c) Eufemismo.
d) Símile.
e) Prosopopeia.

Capítulo 32 • Estilística **841**

38. (CONSULPLAN – SEDUC/PA – Professor Classe I (Português) – 2018) Segundo o autor, "Quis o irônico destino, uns anos mais tarde, que eu fosse professor da Escola de Administração da Universidade Federal da Bahia [...]" (3º§). O sujeito da primeira oração do trecho destacado remete-nos ao emprego de figura de linguagem que demonstra:
    a) Ironia.
    b) Exagero.
    c) Metáfora.
    d) Personificação.

39. (CESPE – SEFAZ/RS – Auditor Fiscal da Receita Estadual – 2019) Fragmento de texto: Pixis foi um músico medíocre, mas teve seu dia de glória no distante ano de 1837. (...) Em um concerto em Paris, Franz Liszt tocou uma peça do (hoje) desconhecido compositor, junto com outra, do admirável, maravilhoso e extraordinário Beethoven... (...) A música de Pixis, ouvida como sendo de Beethoven, foi recebida com entusiasmo e paixão, e a de Beethoven, ouvida como sendo de Pixis, foi enxovalhada. (...) Desconsiderar, no fenômeno estético, os mecanismos de recepção é correr o risco de aplaudir Pixis como se fosse Beethoven.
    No trecho "aplaudir Pixis como se fosse Beethoven", observa-se a figura de linguagem
    a) catacrese.
    b) metonímia.
    c) eufemismo.
    d) pleonasmo.
    e) personificação.

40. (Instituto Consulplan – Prefeitura de Formiga – MG – Farmacêutico – 2020) Releia os seguintes trechos do texto: "(...) o plugin é uma espécie de 'caixa de marca' do seu site"; e, "(...) depois de três séculos de minutos pensando (...)". Nesses dois trechos, o autor utilizou recursos expressivos próprios da linguagem conotativa para explicar, de forma inusitada, o funcionamento dos plugins. Assinale a alternativa que identifica, correta e respectivamente, os dois recursos expressivos utilizados pelo autor.
    a) Ironia e metáfora.
    b) Metáfora e ironia.
    c) Metáfora e hipérbole.
    d) Comparação e hipérbole.

41. (FGV – PC/RJ – PERITO LEGISTA – 2021) Um pleonasmo é uma figura que repete termos; um anacoluto é marcado por uma interrupção.
    A frase abaixo que contém um anacoluto, e não um pleonasmo, é:
    a) Às mulheres, não se pode dar um elogio atualmente;
    b) Os livros, o aluno não os trouxe para a aula;
    c) Paisagens, quero-as comigo por toda a vida;
    d) Ao homem mesquinho, basta-lhe pouquinho;
    e) A mim até me pareceu que ia chover forte.

42. (FUNDATEC – IPE Saúde – Técnico de Gestão em Saúde – 2022) Assinale a alternativa que indica a figura de linguagem correta e presente no trecho "alguns pontos ainda são sensíveis" do segmento "Todas as alterações foram feitas para evitar a propagação do vírus. Mas, como não houve muito tempo para uma preparação em larga escala, alguns pontos ainda são sensíveis".
    a) Prosopopeia, pois atribui uma característica humana a um elemento inanimado.
    b) Gradação, pois indica um decréscimo de uma sensação.
    c) Hipérbole, por se tratar de um exagero.
    d) Paradoxo, por trazer duas ideias semelhantes.
    e) Sinestesia, pois apresenta mistura de sensações de diferentes sentidos.

Gabarito

1. CERTO.	12. D.	23. E.	34. E.
2. A.	13. B.	24. A.	35. C.
3. E.	14. D.	25. B.	36. D.
4. A.	15. D.	26. A.	37. D.
5. E.	16. C.	27. CORRETA.	38. D.
6. B.	17. D.	28. CERTO.	39. B.
7. C.	18. A.	29. E.	40. C.
8. CORRETA.	19. CORRETA.	30. E.	41. A.
9. E.	20. CERTO.	31. B.	42. A.
10. C.	21. E.	32. B.	
11. CORRETA.	22. B.	33. B.	

> Os comentários sobre as questões estão no *Material Complementar* do livro.
> Para acessá-lo, veja o passo a passo na orelha desta obra.

CAPÍTULO 33
TEORIA DA COMUNICAÇÃO

Definição

Para entender o que é **comunicação**, é preciso entender primeiro o que é **linguagem** e seus **objetivos**.

- **O que é linguagem?**
Linguagem é um fenômeno ligado a várias áreas na vida do homem.
Biologicamente falando, linguagem é como um *software* superdesenvolvido normalmente localizado no cérebro humano, ou seja, nascemos com a capacidade de linguagem.
Psicológica e afetivamente falando, sem ela não há como entender a vida interna e externa do homem, pois somente ela permite a exposição objetiva/criativa de pensamentos, emoções, ideias, sentimentos, volições, experiências etc.
Cultural e socialmente falando, esse dom inato permite que o homem crie, recrie, manipule, reproduza, absorva o maior conjunto de conhecimentos, informações, valores, costumes e afins (individuais e coletivos). Para onde o homem for, sua cultura expressa em forma de linguagem irá com ele.
Formalmente falando, a linguagem, manifestada por meio de sinais **verbais** ou **não verbais**, permite ao homem uma adaptação incrível em diferentes situações comunicativas; para isso, ele precisa adquirir competência comunicativa.

- **Quais são os objetivos da linguagem?**
A **expressão do pensamento** e a **interação** entre as pessoas são os principais objetivos da linguagem. Quando falamos, escrevemos, gesticulamos ou usamos quaisquer outros signos (sinais), o propósito é fazer-se entender. Muitas vezes falamos com nós mesmos em voz alta ou em pensamento para organizar nossas ideias; de qualquer maneira, estamos nos comunicando. Assim, precisamos dela para viver, reviver e conviver.

É sempre importante dizer que usamos a linguagem para representar o mundo real e o mundo das ideias, portanto a linguagem não é o espelho da realidade externa, apenas. Por meio dela construímos e organizamos nossa realidade com toda nossa herança cultural e subjetividade.

É a linguagem **verbal** que nos deve interessar para os concursos públicos. Em vestibulares, há muitas questões de linguagem **não verbal**. Vamos entender.

Elementos da Comunicação

- **O que é linguagem verbal?**
Linguagem verbal é a maneira que o homem tem de se fazer entender por meio de palavras. Estas se manifestam por sons (fala) ou formas (escrita) atreladas a um con-

ceito a fim de representar algo do universo externo ou interno do homem. Usamos a linguagem verbal por meio de signos para a construção de sentido do universo humano na fala e na escrita.

– **O que é o signo linguístico?**

Signo linguístico é qualquer unidade de uma língua que conjuga som (na fala) ou forma (escrita) + ideia/conceito a fim de representar algo do universo externo ou interno do homem. Os signos de uma língua substituem os objetos e os representam. Todo signo, então, apresenta dois "lados" básicos: o **significante** e o **significado**.

1) **Significante**: é "a imagem acústica", a imagem mental gerada pelo som (em pensamento ou em voz alta – fala), ou pela forma (escrita) de uma palavra; é a parte audível ou visível da palavra que o nosso cérebro identifica e converte em imagem ou mera abstração.

2) **Significado**: é a ideia, o conceito, o conteúdo semântico da palavra que representa algo do mundo do homem.

> **Observação**
>
> O signo linguístico (= a palavra) pode ter seu significante mudado e seu significado permanecer o mesmo; muito dependerá da cultura de uma pessoa ou de um grupo. Pense em tangerina, bergamota, mexerica, mandarina, por exemplo; formas diferentes, significados iguais. O contrário também é verdadeiro, ou seja, uma forma pode ter mais de um sentido: precisar (carecer, necessitar, ajustar...).

Podemos acrescentar ao conceito de signo linguístico (significante + significado) o conceito de **referente**, que é um elemento extralinguístico, ao qual o signo linguístico se remete, circunscrito ao nosso mundo biossocial. Dessa maneira, a compreensão que temos de *tangerina* está associada ao que apreendemos do som [tangerina] + a ideia que temos dela (fruta) + "o objeto", a fruta em si. Logo, **o signo linguístico é uma tríade: significante + significado + referente**.

– **Enfim, o que é a comunicação?**

A grande função da linguagem é o estabelecimento da **comunicação, conceito que trata da transmissão/recepção de mensagem em um código compreendido.** Vamos nos apegar à comunicação verbal (oral ou escrita).

O processo de comunicação envolve seis elementos básicos, os quais constituem o conceito atual dela. Sem esses elementos, não há comunicação. Vejamos:

1) **Emissor** (remetente, transmissor, 1ª pessoa do discurso, locutor, falante etc.): aquele que envia uma mensagem.

2) **Receptor** (destinatário, recebedor, 2ª pessoa do discurso, interlocutor, ouvinte etc.): aquele que recebe uma mensagem.

3) **Mensagem**: aquilo que é transmitido pelo emissor.

4) **Código**: signos compartilhados pelo emissor e pelo receptor.

5) **Referente** (contexto): é o assunto da mensagem, o elemento extralinguístico dela.

6) **Canal** (contato): é o meio, o veículo transportador da mensagem.

Para ilustrar: João (carioca) envia um e-mail falando sobre as suas férias, na língua nativa deles, para Maria (paulista). Assim:

1) João: emissor;
2) Maria: receptor;
3) o conteúdo do e-mail: mensagem;
4) em língua portuguesa: código;
5) as férias do João: referente;
6) o e-mail: canal.

Mensagem / Referente

Emissor ============================➔ Receptor

Código / Canal

É bom dizer que o receptor pode virar emissor no processo de comunicação.

Funções da Linguagem

A linguagem vai muito além do que imaginamos, pois apresenta determinadas funções dentro do processo comunicativo, consoante o propósito, a intenção do usuário da língua. A título de curiosidade, quem discriminou tais **objetivos** da linguagem foi um homem chamado Roman Jakobson. Devemos muito a ele.

Pois bem... as **funções da linguagem** tratam do relevo dado a um dos seis elementos da comunicação, que acabamos de ver, a depender da proposta ou intento do texto. É certo também que um texto pode apresentar mais de uma função da linguagem que concorre com a função predominante. Organizamos a linguagem de tal modo a atender nossa finalidade. Uma dica: **para cada elemento da comunicação, há uma função da linguagem!** Vejamos as seis:

1) **Função Emotiva (Expressiva)**

- o "eu" do texto é o centro da mensagem, na qual ele destaca seus próprios sentimentos, expressa suas emoções, impressões, atitudes, expectativas etc.;
- é um texto pessoal, cercado de subjetividade;
- algumas marcas gramaticais indicam que tal função é a predominante no texto: verbos e pronomes de 1ª pessoa, frases exclamativas, certas interjeições, vocativos, reticências, termos e expressões modalizadoras etc.;
- é a linguagem das músicas românticas, dos poemas líricos e afins.

Exemplo:
- *"Eu não tinha este rosto de hoje / assim calmo, assim triste, assim magro (...)"* (Cecília Meireles)
- *Estou bem feliz!*

2) **Função Conativa (Apelativa)**

- o receptor é o centro da mensagem, na qual ele é estimulado, provocado, seduzido, amparado etc.;
- normalmente o interlocutor é conduzido a adotar uma determinada postura;

846 A Gramática para Concursos Públicos • Fernando Pestana

- é um texto normalmente claro e objetivo que visa à persuasão;
- algumas marcas gramaticais: verbos e pronomes de 2ª pessoa (ou 3ª pessoa – você), vocativos, imperativos, perguntas ao interlocutor etc.;
- é a linguagem das músicas e dos poemas românticos, das propagandas e afins.

Exemplos:

– *"Mel, tua boca tem o mel / E melhor sabor não há / Que loucura te beijar (...)"* (Belo)
– *Não deixe de ver aquele filme amanhã, ouviu?*

3) **Função Poética**

- a mensagem por si é posta em relevo; mais do que seu conteúdo, o destaque dela se encontra na forma como ela é construída, criativa e inusitadamente;
- essa função usa vários recursos gramaticais: figuras de linguagem, conotação, neologismos, construções estruturais não convencionais, polissemia etc.;
- é a linguagem dos poemas e prosas poéticas (literária), da publicidade criativa e afins.

Exemplo:

– *"Antes de dormir, não se esqueça de apagar os insetos".* (Propaganda de inseticida)
– *Amar: / Fechei os olhos para não te ver / e a minha boca para não dizer... / E dos meus olhos fechados desceram lágrimas que não enxuguei, / e da minha boca fechada nasceram sussurros / e palavras mudas que te dediquei... / O amor é quando a gente mora um no outro.* (Mário Quintana)

4) **Função Metalinguística**

- o código usado para estabelecer comunicação é o centro da mensagem, no sentido de que ele é instrumento de explicação de si mesmo; usa-se um signo para explicar a si próprio;
- essa função busca esclarecer, refletir, discutir o processo discursivo, em um ato de comunicação em que se usa a linguagem para falar sobre ela própria;
- encontramos em poemas que falam sobre o fazer poético (metapoema), sambas que abordam esse gênero musical, filmes que discutem o cinema, palavras usadas para explicar outras em dicionários, narradores que refletem sobre a arte de narrar (metanarração) etc.

Exemplo:

– *"Samba, / Eterno delírio do compositor / Que nasce da alma, sem pele, sem cor (...)"* (Fundo de Quintal)
– *"Ódio: aversão intensa geralmente motivada por medo, raiva ou injúria sofrida; odiosidade"* (Dicionário Houaiss)

* O programa Vídeo Show é um exemplo forte de metalinguagem, pois se usa o "código" da televisão (programa de TV) para falar sobre a própria televisão (outros programas de TV).

5) **Função Referencial (Informativa/Denotativa)**

- o referente é o centro da mensagem;
- destaca-se o objeto, o assunto da mensagem de forma clara e objetiva;
- algumas marcas gramaticais e discursivas: uso da 3ª pessoa, denotação, impessoalidade, precisão, frases declarativas etc.;
- encontramos tal função predominantemente em textos jornalísticos, científicos, didáticos e afins (não literária).

Capítulo 33 • Teoria da Comunicação **847**

Exemplo:

– *"O presidente Luiz Inácio Lula da Silva fechou o governo com avaliação recorde de 87% para seu desempenho pessoal, conforme pesquisa da Confederação Nacional do Transporte (CNT) e Instituto Sensus divulgada nesta quarta-feira. Em setembro deste ano, essa percepção era de 80,7%".* (*Site* de notícias)

6) **Função Fática**

- o canal (contato) é o centro da mensagem;
- essa linguagem se manifesta quando a finalidade é testar, estabelecer ou encerrar o contato entre o emissor e o receptor (como em ligações telefônicas, saudações, cumprimentos etc.);
- tal função cria as condições básicas para que ocorra a interação verbal;
- algumas marcas linguísticas: *"Bom dia/tarde/noite"*, *"Oi"*, *"Olá"*, *"Fala..."*, *"E aí"*, *"Estou entendendo"*, *"Vamos lá?"*, *"Pronto"*, *"Atenção"*, *"Sei..."*, *"Fui"*, *"Valeu"*, *"Tchau"* etc.

Exemplo:

– *"Fala, galera! Beleza? Boa noite a todos. Bem... vamos lá..."* (um professor, antes de iniciar a aula)
– *"Alô? Entendeu?"*

Noções de Semiótica (ou Semiologia) e Linguística

Este assunto pode parecer-lhe estranho, e é, em 99,99% dos concursos públicos! Mas... a FCC já tratou dele. Veja o conteúdo programático do edital (beeeeem diferente do usual!):

Analista Judiciário – ÁREA APOIO ESPECIALIZADO – ESPECIALIDADE TAQUIGRAFIA – 2010

PORTUGUÊS:

Comunicação e expressão em língua portuguesa: Gramática (fonética, morfologia e sintaxe: construção frasal, concordância, regência, crase, colocação e emprego). Semântica. Estilística. Interpretação de textos. Redação (confronto e reconhecimento de frases corretas e incorretas). Figuras e vícios de linguagem. Pontuação: pontuação e estrutura sintática, pontuação ênfase; particularidades em textos normativos articulados, em enumerações, em citações e em transcrições. Terminologia jurídica, expressões usuais na linguagem jurídica, latinismos jurídicos, vícios e impropriedades da linguagem judiciário-forense.

NOÇÕES BÁSICAS DE **SEMIOLOGIA** E **LINGUÍSTICA**:

Conceituação, campo de atuação dos fenômenos e questões linguísticas e semiológicas, aplicação. A linguagem e seus planos, estrutura, modalidades, evolução; a linguagem e a comunicação. Teoria do Discurso: estruturas narrativas, organização discursiva, enunciações e relações intertextuais; a tipologia, análise e metodologia do discurso. A questão sígnica: sistemas, estrutura e dinâmica de signos.

Vamos entender agora!

Semiótica é a ciência geral dos signos, ou a arte dos sinais. É uma ciência que trata de todas as linguagens, a saber, quaisquer sinais usados pelo homem (ou não!) para representar algo interno ou externo, estabelecendo normalmente a comunicação. Assim, um cheiro, uma imagem, uma percepção, um movimento, um som, um sabor, ou todos esses elementos juntos – que dizem respeito aos sentidos humanos (ou não!) – colaboram para patentear a comunicação.

Já a **Linguística** é mais específica, pois trata da linguagem **humana,** ou melhor, da língua. O dicionário Houaiss define bem esta ciência: "ciência que tem por objeto: **(1)** a linguagem humana em seus aspectos fonético, morfológico, sintático, semântico, social e psicológico; **(2)** as línguas consideradas como estrutura; **(3)** origem, desenvolvimento e evolução das línguas; **(4)** as divisões das línguas em grupos, por tipo de estrutura ou em famílias, consoante o critério seja tipológico ou genético".

Veja uma questão sobre isso:

52. (FCC – TRF (4ª R) – Analista Judiciário (Taquigrafia) – 2010) Analise:

A Semiologia (ou Semiótica) é a teoria geral ...J.... Ela difere da Linguística por sua maior abrangência: enquanto a Linguística é o estudo científico ...K..., a Semiologia preocupa-se com todo e qualquer sistema ...L..., seja ele natural ou convencional. Por esse ângulo, a Linguística insere-se como uma parte da Semiologia. Semiologia e Semiótica são termos permutáveis.

(Adaptado de Castelar de Carvalho (UFRJ, ABF). Saussure e a Língua Portuguesa, http://www.filologia.org.br/viisenefil/09.htm. Acesso em: 2 fev. 2010.)

As lacunas J, K e L são, correta e respectivamente, preenchidas por:

a) dos significados – das linguagens – de significantes;
b) da significação – da fala – linguístico;
c) dos símbolos – dos signos – de fala;
d) da comunicação – da morfossintaxe – de troca;
e) dos sinais – da linguagem humana – de comunicação.

Comentário: E. Note que a questão trata da definição da semiótica e da linguística de maneira bem didática. Bastaria saber a definição de ambas e a diferença entre elas para acertá-la.

Uma vez que a semiótica trata de signos (ou sinais) verbais ou não verbais, diz-se que eles (co)ocorrem em forma de **ícone, índice** ou **símbolo**. Vejamos:

1) O **ícone** é uma retratação de algo do mundo real ou imaginário. A sua foto 3X4, uma pintura de um vaso de flores, uma escultura de um homem famoso, um desenho de uma sereia etc. são signos icônicos, pois buscam representar de modo bem similar os elementos do externo universo humano. Sabemos, por exemplo, que determinada conversa que ouvimos ou lemos pertence a um casal de namorados, pois nela muitas palavras (e a entonação delas) aparentam a maneira comum de os casais se tratarem; daí, podemos afirmar que ocorre iconicidade neste trecho: – Oi, amorzinho. – Fala, nem. Como foi o seu dia? – Ai, paixão, senti tanto a sua falta! – Ah, calma, Ju, só faltam dois dias pra gente se ver. – Sabe, Nando, eu sou louquinha por você! – Você só é assim, porque... eu sou lindo! – Convenciiiido!

2) O **índice** (ou indício) é um signo que sugere, por inferência, um acontecimento, uma intenção etc. Ocorre a ideia de contiguidade nesse tipo de signo, pois ele é uma parte de um todo absorvido, anteriormente, pelo conhecimento de mundo. Um céu estrelado

sugere sol no dia seguinte, uma buzinada sugere pedido de passagem, um lugar saindo fumaça sugere presença de fogo, uma fala irônica sugere desprezo por alguém, um simples clique (pela boca) sugere insatisfação, um sotaque sulista sugere a origem da pessoa etc.

3) O **símbolo** é, em geral, uma imagem que, por herança cultural ou não, serve para representar o abstrato pelo concreto. Uma caveira simboliza a morte ou o perigo, o preto simboliza o luto, nossa bandeira simboliza nossa nação, a pomba branca simboliza a paz, as letras dos alfabetos simbolizam sons ou ideias inteiras, uma aliança no dedo anelar esquerdo simboliza o casamento, a cruz simboliza o cristianismo etc.

Os signos são incontáveis e seus referentes idem. Vale dizer ainda que um mesmo signo pode, ao mesmo tempo, ser tomado como **ícone, índice** e **símbolo**; por exemplo, a imagem de um sapatinho na janela. É **ícone**, porque retrata um sapato na janela; é **índice**, porque sugere que o Papai Noel vai deixar um presente; é **símbolo**, porque representa (também) o Natal.

 O Que Cai Mais na Prova?

Dos assuntos tratados aqui, as *funções da linguagem* são o que você deve estudar!

Concurseiro(a), quer uma dica de irmão? Guarde no seu coração o que vai ler agora: NUNCA DEIXE DE FAZER SEU PRÓPRIO RESUMO DE CADA CAPÍTULO. Esse processo cognitivo é **extremamente** *valioso. Eu poderia ser legalzinho e fofinho pondo um quadro-resumo do que vimos no capítulo, mas, se fizesse isso, estaria sabotando você, impedindo-o(a) de ter esse trabalho de internalização imprescindível do conteúdo.* **Por favor, não pule essa etapa!!!** *Mesmo que seu resumo fique gigantesco (não vá escrever outra gramática... rsrs), nunca deixe de fazê-lo, para o seu próprio bem! Seu cérebro agradece e, quando passar no concurso, sua conta no banco também. Vá fundo na missão!* ☝

Questões de Concursos

1. (Cespe/UnB – IRBr – Diplomata – 2003) **Mistura linguística**
Muita gente, em vários países, fala um pouco de inglês todo dia sem perceber. Sem contar o "informatiquês", cujos verbetes – como **megabyte, browser, hard disk, software** – são expressões do mais puro inglês, muitas outras palavras do dia a dia de brasileiros, franceses, alemães e, principalmente, japoneses têm origem no idioma bretão. Futebol (**football**), sanduíche (**sandwich**) e deletar (verbo criado a partir de **to delete**, suprimir) são exemplos conhecidos de anglicismo (uso de expressões em inglês ou originadas dele) no português. Os alemães apertam o **resetknopf** (**reset button** ou botão de **reset**) para iniciar o computador. E os franceses, conhecidos por sua ojeriza a estrangeirismos, despedem-se dos colegas de trabalho na sexta-feira dizendo **bon weekend**.
A situação do japonês é particularmente curiosa. Estima-se que cerca de vinte mil palavras do vocabulário moderno tenham origem no inglês. Sorvete é **aisukurimu**, de **ice cream**. Ar condicionado é **eacon**, de **air conditioner**. E banheiro deixou de ser **obenjyo** para se tornar **toiré**, de **toilet**.
A história dessa imposição linguística certamente desperta animosidades. Na Índia, por exemplo, onde o inglês é uma das línguas oficiais, ele não é muito ouvido nas ruas. Falar inglês ainda lembra um passado de opressão.
Galileu, fev./2002, p. 37 (com adaptações).
A seleção de argumentos e do vocabulário mostra o grau de engajamento do autor em face do assunto: paralelamente às funções referencial e metalinguística, que veiculam informações objetivas, há marcadores linguísticos que deixam entrever elementos subjetivos.
( ) CERTO ( ) ERRADO

2. (UNIFESP – Vestibular – 2005) Observe os pares de versos:
"Substantivo (concreto) é tudo quanto indica
Pessoa, animal ou cousa: João, sabiá, caneta."
"Antes mesmo que tu saibas o misterioso sentido: Basta provares o seu gosto..."
Considerando-se o título e os sentidos propostos no poema, é correto afirmar sobre os versos que
a) o primeiro par remete à ideia de gramática; o segundo, à ideia de linguagem. Neles predominam, respectivamente, a função metalinguística e a apelativa.
b) ambos os pares remetem à ideia de gramática; portanto, neles predomina a função metalinguística.
c) o primeiro par remete à ideia de gramática; o segundo, à ideia de linguagem. Nos dois pares, predomina a função referencial.
d) ambos os pares remetem à ideia de linguagem. No primeiro, a função é metalinguística; no segundo, referencial.
e) o primeiro par remete à ideia de linguagem; o segundo, à ideia de gramática. Em ambos os pares, estão presentes as funções apelativa e referencial.

3. (Cespe/UnB – IRBr – Diplomata – 2007) Frente à tradição hindu que há 2.500 anos divide a sociedade indiana em mais de 2.000 castas, os 60 anos dos ideais liberais de Gandhi e os 10 anos da legalização do casamento entre castas revelam-se impotentes para transformar a organização hierárquica da sociedade. Em confronto direto com o costume milenar, o governo da Índia oferece uma recompensa de R$ 2.400 para homens e mulheres de diferentes grupos sociais que formalizem sua união.
O dinheiro equivale ao dobro da renda per capita anual do país. O governo justifica que a medida é um passo para a reacomodação das desigualdades. Para grande parte da sociedade, é um passo no escuro.
O governo – que já enfrenta protesto contra cotas em universidades – vê-se, agora, diante de um desafio maior. O esquema está sob ataque de todos os lados. Os conservadores alegam que a medida é gatilho para o caos social. Os liberais sustentam que poucos vão receber a oferta porque o dinheiro vai desaparecer no bolso de autoridades corruptas.
Indianos de castas mais baixas dizem que rejeitariam a recompensa, pois perderiam o acesso preferencial às universidades, garantido pelas já controversas cotas. Hoje, o governo oferece 22,5% das vagas aos intocáveis, os últimos na hierarquia hindu, mas pretende aumentá-las para 50%.
"Sei que esta não é a única maneira de pôr um fim à discriminação, mas é preciso começar de algum lugar", defende a ministra da Justiça Social. Para a socióloga Radhika Chopra, a oferta é uma forma de sinalizar que esses casamentos não devem ser condenados. "Com a medida, o governo apoia os indivíduos que transgrediram barreiras sociais e mostra que podem funcionar como exemplos", acrescenta a socióloga.
Jornal do Brasil, 17/12/2006 (com adaptações).
No que se refere a funções da linguagem, predomina, no texto, a função:
a) fática, visto que o autor do texto busca, de forma sutil, convencer os leitores dos benefícios do projeto que visa incentivar o casamento entre pessoas pertencentes a castas diferentes;
b) referencial, dado que a ênfase recai nas informações a respeito de determinado assunto;
c) emotiva, dado que são as falas das autoridades entrevistadas que direcionam a forma como as informações são apresentadas;
d) conativa, visto que as opiniões expressas estão devidamente referenciadas, não havendo, portanto, perda de objetividade na transmissão das informações;
e) metalinguística, haja vista o foco em aspectos intertextuais, como demonstram as diversas vozes que acompanham a informação divulgada.

4. (Cespe/UnB – TJ/RJ – Técnico de Atividade Judiciária – 2008) "O princípio de que o Estado necessita de instrumentos para agir com rapidez em situações de emergência está inscrito no arcabouço jurídico brasileiro desde a primeira Constituição, de 1824, dois anos após a Independência, ainda no Império. (...)"
A função da linguagem predominante no texto é:
a) metalinguística;
b) poética;
c) expressiva;
d) apelativa;
e) referencial.

5. (IBFC – ABDI – Assistente Jurídico – 2008) Assinale a alternativa que indica corretamente a função de linguagem predominante no texto abaixo:

Capítulo 33 • Teoria da Comunicação **851**

A estação Júlio Prestes, marco histórico e turístico de São Paulo, completou 70 anos nesta semana. Atualmente, o local abriga a Sala São Paulo, sede da Orquestra Sinfônica do Estado, além de ser o ponto de partida da atual Linha 8 (Júlio Prestes-Itapevi) da CPTM [Companhia Paulista de Trens Metropolitanos].
a) emotiva.
b) apelativa.
c) referencial.
d) fática.

6. (CAP/UFRJ – Admissão (Ensino Médio – 2ª Série)) (Adaptada)

Bom Conselho
Ouça um bom conselho
Que eu lhe dou de graça
Inútil dormir que a dor não passa
Espere sentado
Ou você se cansa
Está provado, quem espera nunca alcança
Venha, meu amigo
Deixe esse regaço
Brinque com meu fogo
Venha se queimar
Faça como eu digo
Faça como eu faço
Aja duas vezes antes de pensar

Qual é a função da linguagem predominante nas duas primeiras estrofes da composição de Chico Buarque, considerando-se o modo verbal mais recorrente?
a) fática.
b) emotiva.
c) referencial.
d) poética.
e) conativa.

7. (UEMS – Vestibular – 2008) **Os índios descobertos pelo Google Earth**
Duas aldeias de índios que vivem isolados foram fotografadas pela primeira vez, na fronteira entre o Peru e o Acre. O sertanista José Carlos Meirelles, da Funai, havia encontrado ainda em terra vestígios de duas etnias desconhecidas e dos nômades maskos. Rielli Franciscato, outro sertanista da Funai, localizou as coordenadas exatas das malocas pelo Google Earth, programa que fornece mapas por satélite. Meirelles, que procurava os povos havia 20 anos, sobrevoou a área e avistou os roçados e as ocas. O avião assustou a tribo, que nunca teve contato com homem branco. As mulheres e as crianças correram, e os homens tentaram flechar o avião. A exploração de madeira no lado peruano pode ter estimulado a migração das etnias para o território brasileiro.
Revista Época. Globo, nº 524, 2 de junho de 2008, p. 17.
No texto, encontra-se como função da linguagem predominante a:
a) fática;
b) metalinguística;
c) referencial;
d) poética;
e) emotiva.

8. (Cespe/UnB – IRBr – Diplomata – 2009) (Adaptada) *Em sucessivos relatórios do ministro da Fazenda em meados da década de 1880, aludia-se ao fato de várias assembleias provinciais estabelecerem impostos sobre a exportação, uma parte da receita dos quais podiam reter, e também sobre a importação, o que era expressamente vedado pela Constituição. Sob pressão de associações comerciais e dos delegados regionais da Fazenda, diversas assembleias foram forçadas a votar a supressão desses impostos. O Visconde Paranaguá, em seu relatório para 1883, informava que apenas Pernambuco, Bahia e Maranhão ainda resistiam. A questão da repartição dos impostos e das competências de cada ente federativo parece, portanto, mais antiga que a própria República.*

No texto, narrativa de cunho histórico acerca de tema da economia brasileira, o autor emprega predominantemente linguagem referencial e objetiva.
( ) CERTO ( ) ERRADO

9. (Cespe/UnB – IRBr – Diplomata – 2009) (Adaptada)

"(...)
– Tudo; vocês como simples impostos são excelentes, gorduchos e corados, cheios de vida. O que os corrompe e faz definhar é o epíteto de inconstitucionais. Eu, abolindo por um decreto todos os adjetivos de Estado, resolvia de golpe esta velha questão, e cumpria esta máxima que é tudo o que tenho colhido da história e da política, que aí dou por dois vinténs a todos os que governam o mundo: os adjetivos passam, e os substantivos ficam".

O narrador recorreu à função metalinguística da linguagem para formular, ao final da crônica, sua máxima, carregada de arbitrariedade.
( ) CERTO ( ) ERRADO

10. (Funiversa – IPHAN – Analista (Contabilidade) – 2009) (Adaptada) *"(...) Então, aproveite bem o seu dia. Extraia dele todos os bons sentimentos possíveis. Não deixe nada para depois. Diga o que tem para dizer. Demonstre. Seja você mesmo. Não guarde lixo dentro de casa. Não cultive amarguras e sofrimentos. Prefira o sorriso. Dê risada de tudo, de si mesmo. Não adie alegrias nem contentamentos nem sabores bons. Seja feliz. Hoje. Amanhã é uma ilusão. Ontem é uma lembrança. No fundo, só existe o hoje".*
A afirmação abaixo está correta ou incorreta?
– O último parágrafo do texto utiliza uma linguagem emotiva, que pode ser comprovada especialmente na opção pela subjetividade voltada para o narrador.

"(...) Isso dá valor ímpar ao par "com ideais/sem ideais": em "com ideais", a preposição "com" introduz o instrumento; em "sem ideais", a preposição "sem" introduz a condição ("Não se atua na sociedade sem ideais" = "Não se atua na sociedade se não houver/ sem que haja ideais"). Como se vê, a relação que existe entre "com ideais" e "sem ideais" vai muito além da mera antonímia. (...)".

11. (Fadesp – Pref. Juruti/PA – Enfermeiro – 2010) (Adaptada) Sobre o texto, a afirmação abaixo está correta ou incorreta?
– No penúltimo parágrafo do texto, a função de linguagem predominante é a metalinguística.

A biosfera, que reúne todos os ambientes onde se desenvolvem os seres vivos, se divide em unidades menores chamadas ecossistemas, que podem ser uma floresta, um deserto e até um lago. Um ecossistema tem múltiplos mecanismos que regulam o número de organismos dentro dele, controlando sua reprodução, crescimento e migrações.

12. (ENEM – Vestibular – 2010) Predomina no texto a função da linguagem:
a) emotiva, porque o autor expressa seu sentimento em relação à ecologia;
b) fática, porque o texto testa o funcionamento do canal de comunicação;
c) poética, porque o texto chama a atenção para os recursos de linguagem;
d) conativa, porque o texto procura orientar comportamentos do leitor;
e) referencial, porque o texto trata de noções e informações conceituais.

13. (FUMARC – PM/MG – Oficial da PM – 2011) Leia e analise o BRASÃO da Polícia Militar de Minas Gerais:

Polícia Militar de Minas Gerais

Pode-se inferir que o BRASÃO representa, predominantemente, uma função de linguagem:
a) expressiva;
b) referencial;
c) conativa;
d) fática.

Capítulo 33 • Teoria da Comunicação **853**

14. (Cespe/UnB – SAEB/BA – Professor de Língua Portuguesa – 2011) Pelos sentidos e pelas estruturas linguísticas, é correto concluir que o emprego de "Conheça" e "Não perca" indica que a função da linguagem predominante no texto é a:
a) metalinguística;   b) poética;   c) conativa;   d) expressiva.

15. (Cespe/UnB – IRBr – Diplomata – 2011) *Poucos depoimentos eu tenho lido mais emocionantes que o artigo-reportagem de Oscar Niemeyer sobre sua experiência em Brasília. Para quem conhece apenas o arquiteto, o artigo poderá passar por uma defesa em causa própria – o revide normal de um pai que sai de sua mansidão costumeira para ir brigar por um filho em quem querem bater. Mas, para quem conhece o homem, o artigo assume proporções dramáticas. Pois Oscar é não só o avesso do causídico, como um dos seres mais antiautopromocionais que já conheci em minha vida.*

Sua modéstia não é, como de comum, uma forma infame de vaidade. Ela não tem nada a ver com o conhecimento realista – que Oscar tem – de seu valor profissional e de suas possibilidades. É a modéstia dos criadores verdadeiramente integrados com a vida, dos que sabem que não há tempo a perder, é preciso construir a beleza e a felicidade no mundo, por isso mesmo que, no indivíduo, é tudo tão frágil e precário.

Oscar não acredita em Papai do Céu, nem que estará um dia construindo brasílias angélicas nas verdes pastagens do Paraíso. Põe ele, como um verdadeiro homem, a felicidade do seu semelhante no aproveitamento das pastagens verdes da Terra; no exemplo do trabalho para o bem comum e na criação de condições urbanas e rurais, em estreita intercorrência, que estimulem e desenvolvam este nobre fim: fazer o homem feliz dentro do curto prazo que lhe foi dado para viver.

Eu acredito também nisso, e quando vejo aquilo em que creio refletido num depoimento como o de Oscar Niemeyer, velho e querido amigo, como não me emocionar?
(Vinicius de Moraes. Para viver um grande amor. RJ: J. Olympio, 1982, p. 134-5 (com adaptações))
No texto, a linguagem foi empregada predominantemente em suas funções emotiva e poética.
( ) CERTO   ( ) ERRADO

16. (COPEVE-UFAL – UFAL – Assistente de Administração – 2011)

UM CÃO APENAS
Subidos, de ânimo leve e descansado passo, os quarenta degraus do jardim – plantas em flor, de cada lado; borboletas incertas; salpicos de luz no granito – eis-me no patamar. E a meus pés, no áspero capacho de coco, à frescura da cal no pórtico, um cãozinho doente, com todo o corpo ferido; gastas as mechas brancas de pelo; o olhar dorido e profundo, com esse lustro de lágrimas que há nos olhos das pessoas muito idosas. Com grande esforço acaba de levantar-se. Eu não lhe digo nada; não faço nenhum gesto. Envergonha-me haver interrompido o seu sono. Se ele estava feliz, eu não devia ter chegado. Já lhe faltavam tantas coisas, que ao menos dormisse: também os animais devem esquecer, enquanto dormem. (Cecília Meireles)

Ao escrever sobre um cão doente, Cecília Meireles explora formas de comunicação centradas na expressão do Eu. Isso quer dizer que:
a) não há intenção emotiva em seu texto;
b) seu objetivo é envolver o leitor, seduzir, convencer;
c) a ênfase está na subjetividade da autora, na sua condição de expressar opiniões;
d) há uma manutenção dos aspectos expressivos a partir do canal de comunicação;
e) a ênfase recai principalmente sobre a construção do texto, sobre a arrumação das palavras no espaço gráfico.

17. (Ceperj – Pref. Cantagalo/RJ – Oficial Administrativo – 2011)

O QUE VOCÊ DEVE FAZER
(Se for bom leitor de jornais e revistas, fiel ouvinte de rádio,
obediente telespectador ou simples passageiro de bonde.)
Consuma aveia, como experiência, durante 30 anos.
Emagreça um quilo por semana sem regime e sem dieta.
Livre-se do complexo de magreza, usando Koxkoax hoje mesmo.
Procure nosso revendedor autorizado.
Economize servindo a garrafa monstro de Lero-Lero.
Ganhe a miniatura da garrafa de Lisolete.
Tenha sempre à mão um comprimido de leite de magnólia.
Resolva de uma vez o problema de seu assoalho, aplicando-lhe Sintaxe.
Use somente peças originais, para o funcionamento ideal do seu W.Y.Z.

Tenha sempre à mão uma caixa de adesivos plásticos.
Faça o curso de madureza por correspondência.
Aprenda em casa, nas horas vagas, a fascinante profissão de relojoeiro. [...]
Carlos Drummond de Andrade

Sempre que há comunicação há uma intenção, o que determina que a linguagem varie, assumindo funções. A função da linguagem predominante no texto com a respectiva característica está expressa em:

a) referencial – presença de termos científicos e técnicos;
b) expressiva – predominância da 1ª pessoa do singular;
c) fática – uso de cumprimentos e saudações;
d) apelativa – emprego de verbos flexionados no imperativo.

18. (FDSM – Vestibular – 2011)

I
A Lei Maria da Penha
Está em pleno vigor
Não veio pra prender homem
Mas pra punir agressor
Pois em "mulher não se bate
Nem mesmo com uma flor".

II
A violência doméstica
Tem sido uma grande vilã
E por ser contra a violência
Desta lei me tornei fã.
Pra que a mulher de hoje
Não seja vítima amanhã.

III
Toda mulher tem direito
A viver sem violência
É verdade, está na lei.
Que tem muita eficiência
Pra punir o agressor
E à vítima, dar assistência.

....

(Tião Simpatia. A Lei Maria da Penha em cordel)

Qual função da linguagem se destaca nesse texto?
a) Função denotativa ou referencial.
b) Função conativa ou apelativa.
c) Função metalinguística.
d) Função poética.
e) Função fática.

19. (ENEM – Vestibular – 2011)

Pequeno concerto que virou canção
Não, não há por que mentir ou esconder
A dor que foi maior do que é capaz meu coração
Não, nem há por que seguir cantando só para explicar
Não vai nunca entender de amor quem nunca soube amar
Ah, eu vou voltar pra mim
Seguir sozinho assim
Até me consumir ou consumir toda essa dor
Até sentir de novo o coração capaz de amor

Capítulo 33 • Teoria da Comunicação   **855**

Na canção de Geraldo Vandré, tem-se a manifestação da função poética da linguagem, que é percebida na elaboração artística e criativa da mensagem, por meio de combinações sonoras e rítmicas. Pela análise do texto, entretanto, percebe-se, também, a presença marcante da função emotiva ou expressiva, por meio da qual o emissor:
a) imprime à canção as marcas de sua atitude pessoal, seus sentimentos;
b) transmite informações objetivas sobre o tema de que trata a canção;
c) busca persuadir o receptor da canção a adotar um certo comportamento;
d) procura explicar a própria linguagem que utiliza para construir a canção;
e) objetiva verificar ou fortalecer a eficiência da mensagem veiculada.

Início do texto (ao longo dele, predominam as mesmas características gramaticais e discursivas presentes aqui): "Não fui, e não sou, um escrevedor de cartas. Acredito que, no momento em que você estiver lendo esta mensagem, meus sentimentos a respeito dela
Linhas 25 a 27: O maior epistológrafo (que palavra horrível!) de todos os tempos foi, sem dúvida, São Paulo. Há quem diga que suas epístolas deram origem à Educação a Distância, já que ele difundia o cristianismo por meio de cartas para seus discípulos...
Linhas 38 a 40: Na música, em minha adolescência, me comovia com a voz de Dalva de Oliveira cantando "Quando o carteiro chegou/e meu nome gritou/com uma carta na mão/ante surpresa tão rude/não sei como pude/chegar ao portão...".
Deve-se a Roman Jakobson a discriminação das seis funções da linguagem na expressão e na comunicação humanas, conforme o realce particular que cada um dos componentes do processo de comunicação recebe no enunciado. Por isso mesmo, é raro encontrar em uma única mensagem apenas uma dessas funções, ou todas reunidas em um mesmo texto. O mais frequente é elas se superporem, apresentando-se uma ou outra como predominante. No que se refere à presença das funções da linguagem no texto acima apresentado, julgue os itens a seguir:

20. (Cespe/UnB – Correios – Analista de Correios (Letras) – 2011) A função fática se manifesta, no texto, nos versos transcritos nas linhas de 38 a 40, nos quais se evidencia um trabalho de construção da linguagem para produzir sonoridades, ritmo e rimas, recursos característicos da produção de letras de composições musicais.
( ) CERTO   ( ) ERRADO

21. A função emotiva, centrada no destinador ou emissor da mensagem, está presente no texto, o que se comprova pelo emprego de verbos na primeira pessoa, de segmentos com julgamentos subjetivos e de pronomes de primeira pessoa.
( ) CERTO   ( ) ERRADO

22. Presente no ato de falar sobre a linguagem, a função metalinguística manifesta-se nos enunciados "(que palavra horrível!)" (L.24) e "Há quem diga que suas epístolas deram origem à Educação a Distância, já que ele difundia o cristianismo por meio de cartas para seus discípulos" (L.25-27), nos quais o autor tomou o próprio código de comunicação como assunto da mensagem.
( ) CERTO   ( ) ERRADO

23. (Ceperj – Procon/Rj – Agente de Proteção e Defesa do Consumidor – 2012)

O LENDÁRIO PAÍS DO RECALL
Moacyr Scliar
"MINHA QUERIDA DONA: quem lhe escreve sou eu, a sua fiel e querida boneca, que você não vê há três meses. Sei que você sente muitas saudades, porque eu também sinto saudades de você. Lembro de você me pegando no colo, me chamando de filhinha, me dando papinha... (...)"

A função da linguagem predominante no texto é:
a) emotiva;   c) referencial;   e) metalinguística.
b) conativa;   d) fática;

24. (ENEM – Vestibular – 2012)

Desabafo
Desculpem-me, mas não dá pra fazer uma cronicazinha divertida hoje. Simplesmente não dá. Não tem como disfarçar: esta é uma típica manhã de segunda-feira. A começar pela luz acesa da sala que esqueci ontem à noite. Seis recados para serem respondidos na secretária eletrônica. Recados chatos. Contas para pagar que venceram ontem. Estou nervoso. Estou zangado. (CARNEIRO, J.E. ***Veja***, 11 set. 2002 (fragmento))

Nos textos em geral, é comum a manifestação simultânea de várias funções da linguagem, com predomínio, entretanto, de uma sobre as outras. No fragmento da crônica **Desabafo**, a função de linguagem predominante é a emotiva ou expressiva, pois:

a) O discurso do enunciador tem como foco o próprio código;

b) A atitude do enunciador se sobrepõe àquilo que está sendo dito;

c) O interlocutor é o foco do enunciador na construção da mensagem;

d) O referente é o elemento que se sobressai em detrimento dos demais;

e) O enunciador tem como objetivo principal a manutenção da comunicação.

25. (FAB – EPCAR – Cadetes – 2012) (Adaptada)

A Felicidade

Tristeza não tem fim
Felicidade sim

A felicidade é como a pluma
que o vento vai levando pelo ar
Voa tão leve
mas tem a vida breve
precisa que haja vento sem parar

A felicidade do pobre parece
a grande ilusão do carnaval
A gente trabalha o ano inteiro
por um momento de sonho
para fazer a fantasia
de rei ou de pirata ou jardineira
pra tudo se acabar na quarta-feira

A felicidade é como a gota
de orvalho numa pétala de flor
brilha tranquila
depois de leve oscila
e cai como uma lágrima de amor

A minha felicidade está sonhando nos olhos
da minha namorada
É como esta noite
passando, passando
em busca da madrugada
Fale baixo por favor
pra que ela acorde alegre com o dia
oferecendo beijos de amor.

MORAES, Vinicius e JOBIM, Tom. As mais belas serestas brasileiras. 9ª ed. Belo Horizonte: Barvalle Indústria Gráfica Ltda., 1989.

A afirmação abaixo está correta ou incorreta?

– A função da linguagem predominante é a conativa.

26. (UERJ – Vestibular (1º Exame de Qualificação) – 2012) O texto de Lima Barreto explora o recurso da metalinguagem, ao comentar, na sua ficção, o próprio ato de compor uma ficção.

Esse recurso está exemplificado principalmente em:

a) São em geral de uma lastimável limitação de ideias,

b) Vivo aqui só, isto é, sem relações intelectuais de qualquer ordem.

c) – Vem dormir, Isaías! Deixa esse relatório para amanhã!

d) Já por duas vezes, tentei escrever; mas, relendo a página, achei-a incolor, comum,

Capítulo 33 • Teoria da Comunicação 857

27. (Fundação Sousândrade – Pref. Estreito/MA – Supervisor Escolar – 2012) Segundo o linguista Jakobson, a linguagem opera em várias funções, conforme a ênfase dada a um dos elementos da comunicação. A partir dessa informação, pode-se afirmar que em "last act (bribery)" e em "último ato (suborno)" evidencia-se uma centralidade no código linguístico. Esse procedimento evidencia o emprego da função denominada:
a) Emotiva.
b) Conativa.
c) Poética.
d) Referencial.
e) Metalinguística.

28. (Quadrix – CRMV/SP – Técnico em Informática – 2013) A expressão "hein?", presente no fragmento "como é que você não viu, você não estava com ele, hein?", está exercendo qual função da linguagem?
a) Função referencial.
b) Função metalinguística.
c) Função conativa.
d) Função fática.
e) Função poética.

29. (IBFC – TRE/AM – Analista Judiciário (Engenharia Civil) – 2014) A linguagem cumpre funções que dependem da intenção do emissor e da relação que se pretende estabelecer com o receptor, dentre outros aspectos. No trecho "Faça um pequeno esforço e diga alguma coisa que você notou e gostou;", percebe-se a seguinte função da linguagem:
a) emotiva, marcada pelo sentimento do emissor.
b) conativa, voltada para o interlocutor.
c) referencial, destacando-se o objetivo da autora.
d) metalinguística, priorizando-se o próprio código.

30. (CESPE – Instituto Rio Branco – Diplomata – 2015) Julgue (C ou E) o item seguinte, relativo ao poema de Manoel de Barros.
Sei que fazer o inconexo aclara as loucuras.
Sou formado em desencontros.
A sensatez me absurda.
Os delírios verbais me terapeutam.
Posso dar alegria ao esgoto (palavra aceita tudo).
(...)
O uso da função fática da linguagem na oração "palavra aceita tudo" (v.5) ressalta o didatismo que permeia o poema.
( ) CERTO   ( ) ERRADO

31. (FGV – SME/SP – Professor de Ensino Fundamental II e Médio – Português – 2016) "Operação, por exemplo, é uma palavra assustadora. Pior do que intervenção cirúrgica porque promete uma intromissão muito mais radical nos intestinos".
Esse segmento do texto "Diminutivos", de Luís Fernando Veríssimo, exemplifica uma função de linguagem denominada
a) referencial.
b) fática.
c) conativa.
d) expressiva.
e) metalinguística.

32. (AOCP – CODEM/PA – Analista Fundiário (Advogado) – 2017) Em "Já deve ter acontecido com você. Sabe quando você está no trabalho, e dois ou três amigos postam fotos de viagem?", em função da valorização a um elemento da comunicação, predomina qual função da linguagem?
a) Metalinguística.
b) Apelativa.
c) Referencial.
d) Emotiva.
e) Fática.

Gabarito

1. CERTO.	9. CERTO.	17. D.	25. INCORRETA.
2. A.	10. INCORRETA.	18. D.	26. D.
3. B.	11. CORRETA.	19. A.	27. E.
4. E.	12. E.	20. ERRADO.	28. D.
5. C.	13. B.	21. CERTO.	29. B.
6. E.	14. C.	22. ERRADO.	30. ERRADO.
7. C.	15. CERTO.	23. A.	31. E.
8. CERTO.	16. C.	24. B.	32. B.

Os comentários sobre as questões estão no *Material Complementar* do livro.
Para acessá-lo, veja o passo a passo na orelha desta obra.

CAPÍTULO 34
COMPREENSÃO/ INTERPRETAÇÃO DE TEXTOS E TIPOLOGIA TEXTUAL

Definição

Milhares de alunos já me perguntaram algo parecido com isto: "Professor, o que devo fazer para interpretar melhor?" Resposta: "Só se aprende a interpretar interpretando".

Parece uma resposta meio evasiva, desprovida de objetividade, não é? No entanto, interpretar está diretamente ligado à capacidade que todo ser humano, com suas faculdades mentais em perfeito estado, tem. Por isso, quando lemos um jornal ou uma revista ou quando ouvimos uma notícia, normalmente entendemos a mensagem. Só não a entenderemos plenamente se for um assunto que não dominamos, não é verdade? Sendo assim, quanto mais lemos, quanto mais absorvemos conhecimento, mais fácil fica entender o que um texto quer dizer.

Mas o que é um texto?

Segundo Platão e Fiorin, "não é amontoando os ingredientes que se prepara uma receita; assim também não é superpondo frases que se constrói um texto".

Essa assertiva desses consagrados professores marca como uma epígrafe este tópico, pois um texto nunca é um emaranhado de frases. **Um texto é um conjunto de frases que "dialogam" entre si, estabelecendo determinadas relações de sentido**. Às vezes, um texto pode ser formado por uma só frase, uma só palavra. O fato é que, em um texto, o todo é o que importa, e não suas partes, pois frases soltas podem gerar interpretações equivocadas. Um texto pode também ser formado só por imagens, é o que chamamos de "texto não verbal" (sim, enquanto o *texto verbal* é aquele que usa palavras em sua constituição, o *texto não verbal* é aquele que não usa palavras em sua constituição – é o caso das charges, das pinturas, das fotos, dos ícones etc.; também vale dizer que um texto (como os quadrinhos) pode ser verbal e não verbal ao mesmo tempo; não vou ampliar a explicação de textos não verbais, pois isso é raro em prova de concurso público e, quando cai, não apresenta dificuldades). Imagine o seguinte diálogo:

– Que nota você daria para esta gramática?
– Dez...

Se o diálogo parasse aqui, poderíamos dizer que o Pestana ficaria feliz, certo? Afinal, o segundo falante atribui nota máxima a este livro. Não obstante, o texto do segundo falante ainda não está terminado (agora o diálogo completo):

– Que nota você daria para esta gramática?
– Dez... quilômetros por hora.

E agora? O Pestana fica triste, ora. Aqui podemos entender que minha obra é tão ruim, tão lenta... que dá sono.

Em outras palavras, se tomássemos isoladamente o texto *"Dez..."* chegaríamos a uma conclusão diferente da que chegamos agora, pois as partes de um texto, mesmo que curto, se completam. Por isso, **o melhor leitor de um texto é aquele que não se apega a frases soltas dentro dele, mas que observa o contexto (o entorno do texto)**. Não há texto que possa ser bem lido e compreendido sem que se considerem também as questões **extralinguísticas**, as quais cerceiam o discurso do autor, a saber: sua visão de mundo, seu contexto histórico e social.

Um texto precisa ter **textualidade**, que é o conjunto de características que o constituem. Em outras palavras, ele precisa ter início, meio e fim. Precisa apresentar certa lógica para que atinja seu objetivo. Por exemplo, elementos linguísticos precisam colaborar para que a comunicação seja estabelecida, afinal todo autor escreve com a intenção de ser lido e compreendido. Perceber que existem parágrafos separando ideias que se relacionam já é um bom começo para dominar a leitura de um texto.

Eu mesmo (e aqui vai uma dica!), quando leio um texto "pretensioso", complexo, divido minha leitura pelos parágrafos e faço pequenos resumos do que consta do parágrafo. Recomendo o mesmo!

Observação

É certo que existem certas *estratégias* para facilitar ainda mais a leitura e compreensão de um texto. Uma delas é o reconhecimento dos modos de organização discursiva, tipologia textual. Saber as características de um tipo de texto e também de um gênero textual facilita muito a vida de quem pretende "decifrar" um texto.

Antes, porém, quero destacar alguns conceitos notáveis, os quais nos auxiliam na melhor apreensão de sentido de um texto: **operadores argumentativos e pressupostos e subentendidos**.

Operadores Argumentativos

Os **operadores argumentativos** são certos elementos da língua – normalmente invariáveis, como **advérbio, conjunção, preposição e palavra denotativa** – os quais estabelecem determinadas relações de sentido e concatenam as ideias dentro do texto. Servem para introduzir diversos tipos de argumentos, que, dentre outras funções, apontam para determinadas inferências. Sem eles, a clareza ou a inteligibilidade de um texto ficaria comprometida.

Nada como bons exemplos para entendermos com facilidade o que se diz. Veja estas quatro frases e os respectivos comentários acerca delas:

Capítulo 34 • Compreensão/Interpretação de Textos e Tipologia Textual **861**

> ***No mundo todo, ainda há pessoas sendo exploradas como escravos.***
>
> Note que o advérbio *ainda* nos leva a inferir (deduzir, concluir) que, antes do momento da declaração, já havia pessoas sendo exploradas como escravos.
>
> ***Embora muitos vivam em lugares sem infraestrutura, a felicidade não os abandona.***
>
> Note que a conjunção *embora* introduz argumento de valor negativo que se contrapõe, como ressalva/restrição, ao conteúdo de valor positivo da oração seguinte.
>
> ***Até o presidente brasileiro faz "vista grossa" para o problema do trabalho infantil.***
>
> Note que a palavra denotativa de inclusão *até* indica que outras pessoas, além do presidente brasileiro, ignoram o problema.
>
> ***Além do tráfico de drogas e de armas, o tráfico de pessoas é um dos mais chocantes.***
>
> Note que a locução prepositiva *além de* indica um acréscimo de informações, reforçando a argumentação.

Conheça os **operadores argumentativos** mais usados nos textos em geral (se for o caso, recapitule o capítulo de *conjunção, preposição e advérbio* – nunca é demais):

1) **Introduzem argumentos que se <u>somam</u> a outros**: *e, nem (= e não), não só/apenas/somente... mas/como/senão (também, ainda)..., tanto... quanto/como, além de, além disso, também, ainda...*

   – *O político, **não só** por representar o maior colégio eleitoral do Brasil, **mas também** por ser do maior partido brasileiro, está muito bem cotado para a presidência.*

> 🔍 Observação
>
> Certas palavras denotativas de **inclusão** também somam argumentos: *até, inclusive, mesmo...* A expressão *até mesmo* tem muita força argumentativa ao introduzir um argumento. Sobre isso, veja esta questão: FEC – PC/RJ – INSPETOR DE POLÍCIA 6ª CLASSE – 2012 – QUESTÃO 21 b).

2) **Introduzem argumentos que se <u>opõem</u> a outros**: *mas, porém, todavia, contudo, entretanto, no entanto, não obstante... (conjunções adversativas); embora, ainda que, mesmo (que), apesar de (que), a despeito de, conquanto, se bem que, por mais que, sem que... (conjunções concessivas); já, quando, agora, antes, ao contrário... (advérbios)*

   – *Eles vieram de carro, **quando** – cá entre nós – poderiam ter vindo a pé.*

3) **Introduzem argumentos que <u>se alternam</u> ou <u>se excluem</u>**: *ou, ou...ou, ora...ora, quer... quer, já...já, umas vezes...outras vezes, talvez...talvez, seja...seja...*

   – ***Quer** consiga uma vaga para Fiscal de Rendas este ano, **quer** não, nunca desistirei.*

4) **Introduzem uma <u>conclusão</u> ou <u>consequência</u>**: *logo, portanto, por isso, por conseguinte, então, assim, em vista disso, sendo assim, consequentemente, pois (depois do verbo), de modo/forma/maneira/sorte que...*

   – *Tal exploração ilegal foi denunciada em 2000; **em vista disso**, quem foi pego está preso até hoje.*

5) **Introduzem argumentos com ideia de <u>explicação</u> ou <u>causa</u>**: *porque, que, porquanto, senão, pois (antes do verbo), visto que/como, uma vez que, já que, dado que, em virtude de, devido a, por motivo/causa/razão de, graças a, em decorrência de, como...*

– *A estimativa é que mais de 80 mil pessoas foram mortas e 320 mil torturadas **em decorrência d**as ações da operação na região.*

6) **Introduzem argumentos com ideia de <u>comparação, analogia</u>**: *(do) que (após mais, menos, maior, menor, melhor, pior), qual/ como (após tal), como/ quanto (após tanto, tão), como (= igual a), assim como, como se, feito...*

– *"Absurdo é afirmar peremptoriamente, **como se** fosse produto de conhecimento científico, que o Brasil não pode ter uma taxa de juros real".* (Delfim Netto)

7) **Introduzem argumentos com ideia de <u>condição, hipótese</u>**: *se, caso, contanto que, exceto se, desde que (verbo no subjuntivo), a menos que, a não ser que, exceto se...*

– *O rapaz completará 18 anos de idade em dezembro e ingressará na faculdade no próximo ano, **salvo se**, até lá, tiver de fazer uma viagem com os pais pelo mundo.*

8) **Introduzem argumentos indicando <u>conformidade</u>**: *conforme, consoante, segundo, como (= conforme).*

– *O contraventor, **conforme** deixou clara a reportagem, aparece em gravações feitas pela Polícia Federal.*

9) **Introduzem argumentos indicando <u>tempo</u>**: *quando, logo que, depois que, antes que, sempre que, desde que, até que, assim que, enquanto, mal, apenas, depois de, antes de...*

– ***Depois de** sofrer duras repreensões do sistema penitenciário, reergueu-se como cidadão exemplar.*

10) **Introduzem argumentos indicando <u>finalidade</u>**: *para, para que, a fim de (que), com o objetivo/intuito/escopo/fito de...*

– *A marcha não foi convocada **com o intuito de** defender o uso da droga, nem de longe propunha isso.*

11) **Introduzem ideias de <u>proporcionalidade</u> ou <u>concomitância</u>**: *à proporção que, à medida que, ao passo que, quanto mais/menos/menor/maior/melhor/pior...*

– *À **medida que** mais policiais entraram na perseguição, ficou fácil derrubar o brasileiro no chão, torturando-o, até deixá-lo inconsciente.*

12) **Introduzem argumentos com ideia de <u>prioridade</u>, <u>relevância</u>, visando também à <u>ênfase</u>, à <u>focalização</u>**: *primeiramente, precipuamente, em primeiro lugar, primeiro, antes de mais nada, acima de tudo, sobretudo, por último...*

– ***Sobretudo** quando o assunto é Gramática, entramos num "terreno escorregadio".*

13) **Introduzem argumentos que <u>sintetizam</u> uma ideia anterior, marcando um desfecho**: *em suma, em síntese, enfim, dessa maneira, afinal, em resumo, recapitulando...*

– *O Brasil, infelizmente, é cercado de corruptos, pessoas incapazes de exercer a administração de um país como o nosso, tão equipado de qualidades naturais, as quais, se bem usadas,*

Capítulo 34 • Compreensão/Interpretação de Textos e Tipologia Textual **863**

*alavancariam nossa economia, tornando-nos grande potência mundial. **Enfim**, precisamos de novas pessoas no poder, com ética.*

14) **Introduzem argumentos que <u>esclarecem</u>, <u>exemplificam</u> ou <u>retificam</u>**: *ou seja, isto é, vale dizer ainda, a saber, melhor dizendo, quer dizer, ou melhor, ou antes, na realidade, aliás, por exemplo...*

– *"A pena para quem casa é de prisão perpétua. Pois o juiz, **ou melhor**, o padre sempre finaliza a sentença dizendo: até que a morte os separe".* (Antonio Brás Constante)

15) **Estabelecem uma <u>contraposição</u>**: *de um lado... de/por outro lado...*

– *"Oh! Mundo tão desigual / Tudo é tão desigual / Oh! **De um lado**, esse carnaval / **De outro**, a fome total".* (Gilberto Gil)

16) **Introduzem argumentos decisivos que "dão o golpe final" em argumentos contrários:** *aliás, além do mais, além de tudo, ademais...*

– *Pessoas bonitas, ricas e cultas circulam muito bem dentro da sociedade. **Aliás**, quem não gostaria de ter tais predicados?*

Pressupostos e Subentendidos

Esses dois conceitos são importantes para compreendermos bem um texto, afinal, sempre há informações "implícitas" em um texto, que podem ser propositais ou não, facilmente percebidas ou não.

Pressupostos

Segundo Platão e Fiorin, **pressupostos** "são ideias não expressas de maneira explícita, que decorrem logicamente do sentido de certas palavras ou expressões contidas na frase". Trocando em miúdos: algumas palavras dentro da frase "carregam" informações implícitas.

Observe estas duas frases e os comentários acerca delas:

A população, manipulada, supõe que o país vai progredir com o novo presidente.

Note que o verbo *supor* indica que o sujeito (*A população*) considera verdadeiro o conteúdo do objeto direto (*o país vai progredir com o novo presidente*). No entanto, podemos facilmente pressupor (informação implícita) que o autor dessa declaração não se inclui entre "A população", ou seja, ele **não supõe** que o país vai progredir com o novo presidente.

As pessoas que foram atendidas pelo governo por meio das "bolsas" estão satisfeitas.

Note que a oração destacada é subordinada adjetiva restritiva, logo o pressuposto é que apenas algumas pessoas foram atendidas pelo governo e só elas é que estão satisfeitas, isto é, nem todas foram atendidas, logo nem todas estão satisfeitas. Se a oração fosse adjetiva explicativa, o pressuposto seria que todas as pessoas foram atendidas e, portanto, estão satisfeitas.

> ### Observação
>
> A respeito da pressuposição, aqui vai uma "dica" importante de Rodolfo Ilari, em seu livro *Introdução à semântica – Brincando com a Gramática*:
>
> *Diz-se que uma informação é pressuposta quando ela se mantém mesmo que neguemos a sentença que a veicula. Se alguém nos disser que o carro parou de trepidar depois que foi ao mecânico, concluímos que o carro morria antes de ir ao mecânico; se esse mesmo alguém nos disser que o carro não parou de trepidar apesar de ter ido ao mecânico, também concluiremos que o carro trepidava antes. Sempre que um certo conteúdo está presente tanto na sentença como em sua negação, dizemos que a sentença pressupõe esse conteúdo.*

Há milhares de elementos linguísticos que servem de **marcadores de pressupostos**, mas, para facilitar a sua vida no assunto, vejamos os mais frequentes, segundo Platão e Fiorin:

1) Certos adjetivos e certos numerais

— *O Chevette foi meu **primeiro** carro.*
Pressuposto: Já teve outros carros depois desse.

— *A loja foi vítima de **novos** furtos.*
Pressuposto: Já havia sido furtada antes.

— *O Vasco é o **último** colocado na tabela.*
Pressuposto: Há outros times à frente dele.

— *As microempresas não recebem crédito dos bancos para cobrir seus **constantes** déficits.*
Pressuposto: As microempresas quase nunca têm lucro.

2) Certos advérbios

— *Os resultados da pesquisa **ainda** não chegaram até nós.*
Pressuposto: Os resultados já deviam ter chegado ou os resultados vão chegar mais tarde.

— *O prefeito está menos popular.*
Pressuposto: O prefeito antes era mais popular.

— ***Como** Paulo atravessou o rio?*
Pressuposto: Paulo atravessou o rio.

— ***Quando** você volta a estudar?*
Pressuposto: Já estudou, não está estudando no momento e estudará em algum momento.

3) Certas palavras denotativas

Com ideia de **inclusão**: *inclusive, ainda, mesmo, até, também, nem mesmo...*
— ***Até** as mais eminentes autoridades políticas demonstraram sua revolta contra aquele ato terrorista.*
Pressuposto: Outras pessoas, além das eminentes autoridades políticas, manifestaram sua revolta.

Capítulo 34 • Compreensão/Interpretação de Textos e Tipologia Textual **865**

Com ideia de **exclusão**: *apenas, só, somente, exceto, menos...*
– *Só servimos champanhe na festa.*
Pressuposto: Nenhuma outra bebida se serve na festa.

4) **Certas formas verbais que indicam mudança ou permanência de estado**
Conheça: *permanecer, continuar, tornar-se, virar, vir a ser, ficar, passar (a), deixar (de), parar (de), começar (a), principiar (a), converter-se, transformar-se, ganhar, perder...*
– *Dengue **vira** risco de epidemia em SP.*
Pressuposto: A dengue não era risco de epidemia anteriormente.

– *João **parou** de bater na esposa.*
Pressuposto: João é casado e batia na esposa.

– *A corrupção no Brasil **continua** efervescente.*
Pressuposto: A corrupção no Brasil já era efervescente anteriormente.

5) **Certos verbos que indicam um ponto de vista sobre um fato**
Conheça: *pretender, supor, alegar, presumir, imaginar...*
– *Os jornalistas **imaginam** que nada do que fazem e dizem terá consequências.*
Pressuposto: Para os jornalistas, o conteúdo do complemento de *imaginar* é verdadeiro, mas, para o autor da declaração, é falso.

6) **Orações adjetivas (explicativas e restritivas)**
– "Os indígenas brasileiros, que abandonaram suas tradições, estão em fase de extinção".
Pressuposto: Todos os indígenas brasileiros abandonaram suas tradições e, por isso, estão em fase de extinção.

– "Os indígenas brasileiros que abandonaram suas tradições estão em fase de extinção".
Pressuposto: Somente alguns indígenas brasileiros abandonaram suas tradições, e, por isso, nem todos estão em fase de extinção.

> **Observação**
>
> O mesmo vale para os adjetivos; nesse caso, a pontuação muda o sentido: *"O brasileiro, orgulhoso, se considera feliz"* (pressuposto: todo brasileiro é orgulhoso) / *"O brasileiro orgulhoso se considera feliz".* (Pressuposto: Nem todo brasileiro é orgulhoso)

7) **Certas conjunções e preposições**
– "***Quando** entrarmos em contato com seres inteligentes de outros planetas, os presumíveis mistérios acerca de sua existência serão esclarecidos".*
Pressuposto: Nunca houve contato com extraterrestres ou ainda vai haver contato com extraterrestres.

– ***Apesar de** ser mulher, é muito inteligente.*
Pressuposto: Mulher não é inteligente.

866 A Gramática para Concursos Públicos • Fernando Pestana

– *"Os acidentados foram socorridos num pronto-socorro do INSS, **mas** saíram de lá sãos e salvos".*

<u>Pressuposto</u>: Os que saem do INSS não saem sãos e salvos. Crítica feroz ao INSS.

Antes de passarmos para o conceito de **subentendidos**, veja um exercício proposto pelo autor Rodolfo Ilari, no mesmo livro citado por último, sobre pressuposição:

> "2. Leia a nota abaixo e responda em seguida às perguntas:
>
> Ex-paquita desmente
>
> A ex-paquita Roberta Cipriani desmente rumores do final de seu noivado com Diogo Boni, filho do atual consultor da Rede Globo de Televisão, José Bonifácio de Oliveira Sobrinho. Ela me garantiu que está muito bem com o rapaz, e que passaram o Carnaval juntinhos em Angra dos Reis.
>
> *(Jornal de Jundiaí, 8.3.2000)*
>
> Situe-se no momento em que a nota foi escrita e considere estas afirmações:
>
> a) Roberta Cipriani foi paquita, no passado.
>
> b) Roberta Cipriani e Diogo Boni ficaram noivos há algum tempo.
>
> c) O pai de Diogo Boni ainda vive.
>
> d) O pai de Diogo Boni é José Bonifácio de Oliveira Sobrinho.
>
> e) J. B. de Oliveira Sobrinho trabalha na Rede Globo como consultor.
>
> f) Correram boatos de que Roberta e Diogo terminaram o noivado.
>
> g) Roberta e Diogo terminaram o noivado.
>
> Quais delas são verdadeiras, segundo a nota do jornal? O que mudaria se a nota fosse reduzida à sua primeira parte, e se, em vez do verbo *desmente* tivéssemos seu antônimo *confirma*?"

Resposta:

a) Roberta Cipriani foi paquita, no passado.

Sim. Prova disso: "A <u>ex</u>-paquita Roberta Cipriani...".

b) Roberta Cipriani e Diogo Boni ficaram noivos há algum tempo.

Sim. Prova disso: "... <u>final de seu noivado</u> com Diogo Boni...".

c) O pai de Diogo Boni ainda vive.

Sim. Prova disso: "... filho do <u>atual</u> consultor da Rede Globo de Televisão, José Bonifácio de Oliveira Sobrinho...".

d) O pai de Diogo Boni é José Bonifácio de Oliveira Sobrinho.

Sim. Prova disso: "... <u>filho</u> do atual consultor da Rede Globo de Televisão, José Bonifácio de Oliveira Sobrinho...".

e) J. B. de Oliveira Sobrinho trabalha na Rede Globo como consultor.

Sim. Prova disso: "...filho do <u>atual consultor da Rede Globo</u> de Televisão, José Bonifácio de Oliveira Sobrinho...".

f) Correram boatos de que Roberta e Diogo terminaram o noivado.

Sim. Prova disso: "A ex-paquita Roberta Cipriani desmente <u>rumores</u> do final de seu noivado com Diogo Boni...".

Capítulo 34 • Compreensão/Interpretação de Textos e Tipologia Textual

867

g) Roberta e Diogo terminaram o noivado.

Não. Prova disso: "A ex-paquita Roberta Cipriani <u>desmente</u> rumores do final de seu noivado com Diogo Boni...".

Logo... todas são verdadeiras, exceto a "g". Se a nota fosse reduzida à sua primeira parte e, em vez do verbo *desmente*, tivéssemos seu antônimo *confirma*, todas seriam verdadeiras.

Subentendidos

Os **subentendidos** são mensagens implícitas deduzidas subjetivamente pelo interlocutor. Justamente por essa ideia de dedução, os subentendidos de uma declaração podem não ser verdadeiros. Vejamos três exemplos de **subentendido**, o qual normalmente surge em contextos sociais:

Ana – Vamos ao cinema?

Carlos – Mas está chovendo...

<u>Possível subentendido</u>: Carlos sugere que não quer ir ao cinema.

Amigo do Mário – É da casa do Mário?

Mãe do Mário – Ele teve de sair, mas já volta.

<u>Possível subentendido</u>: A mãe do Mário entende que o amigo do filho queria falar com ele.

Marido – Está muito frio lá fora!

Esposa – Tudo bem, eu já vou fechar a janela.

<u>Possível subentendido</u>: A esposa entende que o marido fez um pedido.

Para finalizar, segundo Platão e Fiorin, uma informação importante: "Os subentendidos são as insinuações escondidas por trás de uma afirmação. Quando um transeunte com o cigarro na mão pergunta: *Você tem fogo?*, acharia muito estranho se você dissesse: *Tenho* e não lhe acendesse o cigarro. Na verdade, por trás da pergunta subentende-se: *Acenda-me o cigarro, por favor*".

Veja duas questões sobre pressupostos e subentendidos:

4. (FGV – ICMS-RJ – Fiscal de Rendas – 2008) Com base na leitura do texto, analise os itens a seguir:

   I. Em "Portanto, a necessidade de as gerações atuais preservarem recursos para as gerações futuras **também** se dá no que tange aos recursos públicos" o termo grifado colabora com a identificação de um pressuposto.

   II. Em "Não mais se concebe uma atuação estatal efetiva sem uma apurada reflexão sobre os gastos públicos, seus limites e sua aplicação", na identificação dos implícitos, observa-se um pressuposto.

   III. Em "Enquanto o primeiro, normalmente, se adstringe a situações futuras próximas, o segundo vincula-se a situações futuras a longo prazo", a leitura só se efetiva se o leitor identificar os subentendidos.

   Assinale:

   a) Se somente os itens II e III estiverem corretos.

   b) Se somente os itens I e II estiverem corretos. (Gabarito)

   c) Se todos os itens estiverem corretos.

   d) Se nenhum item estiver correto.

   e) Se somente os itens I e III estiverem corretos.

Comentário: I – O advérbio *também* apresenta ideia de adição, logo "se dá no que tange aos recursos públicos" é apenas um dos possíveis exemplos de preservação de recursos. II – A expressão *não mais* indica que anteriormente se concebia "uma atuação estatal efetiva sem uma apurada reflexão sobre os gastos públicos, seus limites e sua aplicação". III – Pegadinha: a leitura só se efetiva se o leitor identificar os "pressupostos", e não os subentendidos. O examinador da banca trocou os conceitos para você errar. Aproveitando o ensejo, em *"Enquanto o primeiro, normalmente, se adstringe a situações futuras próximas, o segundo vincula-se a situações futuras a longo prazo"*, os pressupostos são, devido ao *normalmente* e ao verbo *vincular-se*, que nem sempre o primeiro se adstringe a situações futuras próximas e o segundo não se vincula a situações que não sejam futuras nem que não sejam situações futuras a longo prazo.

4. (UERJ – Vestibular (2º EQ) – 2012) *Político que ousou pensar, intelectual que não se omitiu em agir, pensador e ativista com causa, principal artífice da abolição do regime escravocrata no Brasil.* (l. 2-4)

    Na frase acima, Cristovam Buarque define Joaquim Nabuco de quatro maneiras. As três primeiras definições partem de determinadas pressuposições.

    Uma pressuposição que se pode deduzir da leitura do fragmento é:

    a) ativistas têm abraçado muitas causas;

    b) intelectuais costumam resistir à ação; (Gabarito)

    c) políticos ousam pensar a respeito de tudo;

    d) pensadores têm lutado pelo fim da escravidão.

Comentário oficial: Nas três primeiras definições dadas a Joaquim Nabuco, o autor faz o movimento retórico de inseri-lo em um grupo para destacá-lo positivamente desse grupo. Esse movimento retórico se constrói com base em elementos que podem ser pressupostos a partir do que é enunciado. Quando define Nabuco como "político que ousou pensar", Buarque deixa implícito que políticos na verdade não pensam. Quando define Nabuco como "intelectual que não se omitiu em agir", Buarque deixa pressuposta a ideia de que os intelectuais costumam resistir à ação. Quando define Nabuco como pensador e ativista com causa, Buarque sugere que os ativistas em geral não têm uma causa clara pela qual se mobilizam.

Tipologia Textual

Para entendermos mais sobre "o que é um texto" e consequentemente compreendê-lo bem, precisamos ter contato com diferentes **tipos de texto**, ou **modos de organização do discurso**.

A **tipologia textual** trata da forma como um texto se apresenta e se organiza. Existem cinco tipos clássicos que aparecem em prova. Dos cinco, recomendo que domine a dissertação.

Texto Narrativo, Tipos de Discurso e Modos de Citação do Discurso Alheio

O **texto narrativo** é uma modalidade textual em que se conta um fato, fictício ou não, que ocorreu num determinado tempo e lugar, envolvendo certos personagens. Toda narração tem um enredo ou intriga – o encadeamento, a sucessão dos fatos, o conflito que se desenvolve, podendo ser linear ou não.

Capítulo 34 • Compreensão/Interpretação de Textos e Tipologia Textual — 869

Características principais:

- O tempo verbal predominante é o passado.
- Alguns gêneros textuais narrativos: **piada, fábula, parábola, epístola (carta com relatos), conto, novela, epopeia, crônica (mix de literatura com jornalismo), romance.**
- **Quem** conta (narrador), o **que** ocorreu (o enredo), com **quem** ocorreu (personagem), **como** ocorreu (conflito/clímax), **quando/onde** ocorreu (tempo/espaço) são elementos presentes neste tipo de texto.
- Foco narrativo com narrador de 1ª pessoa (participa da história – onipresente) ou de 3ª pessoa (não participa da história – onisciente).
- Normalmente, nos concursos públicos, o texto aparece em prosa, não em verso.

Exemplo:

Numa noite brilhante do mês de fevereiro (tempo), Fernando e Juliana (personagens) caminhavam pela rua (espaço) que conduzia à praça, ao sabor das estrelas (foco narrativo de 3ª pessoa). Como em um conto de fadas, ela estava totalmente apaixonada por mim, o Fernando da história (foco narrativo de 1ª pessoa). Era o momento ideal para ser atrevido, surpreendendo-a. Foi nesse momento que o rapaz (infelizmente este sou eu de novo) tomou um tapa daqueles na cara! (clímax) (o todo é o enredo) Eita! Bendita autoestima.

Observe que o texto está escrito em prosa e não em verso, afinal, não há rima, nem métrica, nem musicalidade.

Observe também que os verbos estão no passado, quando o objetivo é simplesmente relatar: *caminhavam, conduzia, estava, era, foi, tomou.* Digo isso, pois, no trecho "infelizmente este sou eu de novo", o verbo está no presente. "Por que isso ocorre, Pestana?" Simples: o presente do indicativo é o tempo do comentário e não do relato.

Resumindo: quando se deseja contar, relatar algo, verbo no passado; quando se deseja comentar, opinar, verbo no presente.

"Mas, Pestana, não é possível relatar algo com o verbo no presente?" Até é, mas não é comum. Quando se usa o presente no lugar do pretérito perfeito, por exemplo, a ideia é relatar a história imprimindo atualidade a ela, como ocorre nas narrações de futebol.

Agora veja o texto narrativo *à la* cordel:

CORDEL DA AUTOESTIMA
Poncio Mineiro
9/11/12

Distribuindo alegria
Qual propaganda, letreiro,
Fernando e Juliana
Numa noite, em fevereiro,
Caminhavam pela rua
Sob o brilho nu da lua
Num andar aventureiro...
Tendo as estrelas por guia
Até acharam graça
Pois sabiam, com certeza,
Que chegariam à praça

E continuaram andando
Como que desfrutando
Mesma bebida em taça...
Na rua, somente eles,
Num passeio sem igual
Sorvendo cada segundo
Como se fosse o final
Com total liberdade
Parecia, na verdade,
O conto de amor ideal...
E na praça chegaram...

Fernando logo pensou:
"Que momento mágico!
Aqui na praça eu estou!
Com Juliana, apaixonada...
O que mais quero? Nada!"
E o imaginário aflorou...
"Nesse conto de fadas
Sou seu ator principal!
E sendo seu príncipe,
Devo agir como tal!
As suas mãos devo tocar

Beijá-las e viajar
Pra meu deleite total..."
"Talvez, seja bem pouco,
O que acabei de pensar...
Devo ser mais ousado
E um pedido pleitear:
Nós dois como um só laço
Envoltos em forte abraço!
Já vejo-a se emocionar..."
"Mas a paixão pede mais!
Ela quer ser desejada!
Serei bem atrevido!
E de repente, do nada,
Agindo sem desleixo
Agarrarei seu queixo
E por mim será beijada..."
"E, então, dessa maneira
Ela sentirá minh'alma

Mexerei com sua libido
E sem ter muita calma
Buscará apavorada
Pela minha mão amada
Somente palma com palma..."
Isso foi suficiente
Pra Fernando se nutrir
De todo a certeza
Que era hora de agir
Com seu peito estufado
Deixando receio de lado
E sua vaidade polir...
E um pouco diferente
Do que havia suposto
De fato, houve surpresa,
E pra seu contragosto
Uma mão viu voar
Na sua cara viajar

Carimbando seu rosto...
E foi forte a porrada
Que Fernando percebeu
Que do conto de fadas
Havia mais do que um eu
A princesa se apresentou
Ao príncipe se mostrou
Além de um objeto seu...
A viagem que a mão fez
Teve destino impensado
Sua autoestima não viu
O que sempre esteve ao lado:
Ponderar o que se pensa,
E ter, por recompensa,
Sensatez como aliado...
FIM

Tipos de Discurso

Vale dizer que é extremamente comum figurar em textos narrativos determinados tipos de discurso: **direto, indireto** e **indireto livre**. Certamente você já deve ter estudado isso alguma vez na sua vida.

Observação

Os **tipos de discurso** tratam da participação, da fala da personagem dentro da narração. Isso acontece de três maneiras: o narrador apresenta a fala da personagem pela própria personagem (discurso direto), reproduz com sua voz a fala da personagem (discurso indireto) e apresenta o pensamento da personagem no meio da narração (discurso indireto livre).

No **discurso direto**, há a presença de alguns elementos básicos (normalmente todos aparecem): **verbo elocutivo/declarativo/dicendi (antecipando a fala da personagem), dois-pontos, aspas ou travessão marcando a própria fala.**

No *discurso indireto*, a fala da personagem por meio do narrador aparece dentro de uma **oração subordinada substantiva (normalmente objetiva direta ou subjetiva).**

No **discurso indireto livre**, a fala da personagem se insere no meio do discurso do narrador, dando a impressão de que se trata do pensamento do narrador, mas na verdade se trata do pensamento da personagem; neste caso, não há marcas linguísticas claras indicando a fala dela. O bom é que, na maioria das provas, o discurso indireto livre vem pontuado por ponto de exclamação ou interrogação.

– *O professor **pediu** aos alunos: "Fiquem quietos".* (discurso direto)
– *O professor pediu-lhes que ficassem quietos.* (discurso indireto)

Capítulo 34 • Compreensão/Interpretação de Textos e Tipologia Textual   **871**

—   *Eu, como professor, estava incomodado com um aluno desde o início do ano. Olhava, com raiva e irritado, para esse estudante todos os dias. **Quando ele vai parar de me perseguir?** O aluno se levantou e pediu para ir ao banheiro.* (discurso indireto livre)

Note, neste último exemplo, que o trecho *"Quando ele vai parar de me perseguir?"* só pode ter sido do aluno, pois se trata de um pensamento dele sobre a atitude do professor.

Como você pôde perceber, há uma equivalência entre o discurso direto e o indireto. Notou, por exemplo, que os vocábulos do discurso direto ficaram depois da conjunção integrante (que) no discurso indireto? Isso é praxe.

Na verdade, existem certas regras de **transposição do discurso direto para o indireto**. Conheça-as:

DIRETO – Enunciado em **primeira pessoa**: *Disse o aluno: – **Eu** não confio mais no professor.*

INDIRETO – Enunciado em **terceira pessoa**: *O aluno disse [que **ele** não confiava mais no professor.]*

DIRETO – Verbo no **presente do indicativo**: *– Eu não **confio** mais no professor, disse ele.*
INDIRETO – Verbo no **pretérito imperfeito do indicativo**: *Ele disse [que não **confiava** mais no professor.]*

DIRETO – Verbo no **pretérito perfeito**: *"Eu não **falei** nada!", exclamou.*

INDIRETO – *Verbo no **pretérito mais-que-perfeito composto do indicativo** ou no **pretérito mais-que-perfeito**: Exclamou [que não **tinha/havia falado** (ou **falara**) nada.]*

DIRETO – Verbo no **futuro do presente**: *"**Protestaremos** contra ele de qualquer maneira".*

INDIRETO – Verbo no **futuro do pretérito**: *Declararam [que **protestariam** contra ele de qualquer maneira.]*

DIRETO – Verbo no **imperativo, presente ou futuro do subjuntivo**: *"**Saia** da minha sala", ordenou o professor ao aluno.*

INDIRETO – Verbo no **pretérito imperfeito do subjuntivo**: *O professor ordenou ao aluno [que **saísse** da sua sala.]*

DIRETO – **Pronomes pessoais, possessivos e demonstrativos de 1ª pessoa** *(eu, nós, meu(s), minha(s), nosso(a/s), este(a/s), isto): "A **esta** hora não responderei nada", disse ele.*

INDIRETO – **Os mesmos pronomes, de 3ª pessoa**: *Ele disse [que **àquela** hora não responderia nada.]*

DIRETO – Advérbio **aqui** e **cá**: *"**Daqui** eu não saio tão cedo, até que eu fale com o diretor".*

INDIRETO – Advérbio **ali** e **lá**: *Disse [que **dali** não saía tão cedo, até que ele falasse com o diretor.]*

Modos de Citação do Discurso Alheio

Já ouviu falar nisso? Já ouviu falar em "modalização em discurso segundo" ou "ilha textual"? E em "discurso direto" e "discurso indireto"? (Nestes creio que já... rs... afinal, vimos no tópico anterior). Vamos entender?

Como o próprio nome indica, esses "modos de citação do discurso alheio" são maneiras que o enunciador tem de apresentar a "fala" do outro dentro do seu próprio texto. Algumas bancas vêm começando a trabalhar isso, como a Comperve. Pode virar tendência. Na dúvida, estude (é fácil). Há basicamente 4 modos (dois deles já vimos no tópico anterior, mas vou mostrar de novo):

1) Discurso direto

Quando alguém quer citar a "fala" do outro na íntegra, da exata maneira como esse outro "falou", basta indicar isso por meio de verbo elocutivo (dizer, falar, exclamar, perguntar etc.) e, na escrita, por meio de aspas ou travessão, marcando a citação. Exemplo:

– *O clima da cidade estava muito quente. Por isso, João* **desabafou: "Não aguento mais este verão..."**.

2) Discurso indireto

Esse tipo de discurso é caracterizado por apresentar a citação de alguém, de maneira parafraseada. A "fala" do outro se apresenta levemente diferente da original; a marca desse discurso é dupla: verbo elocutivo + oração subordinada substantiva objetiva direta. Exemplo:

– *O clima da cidade estava muito quente. Por isso, João* **desabafou que não aguentava mais aquele verão**.

3) Modalização em discurso segundo

Sempre que se deseja citar o discurso alheio para abordar determinado ponto – sem se comprometer com a informação passada –, costuma-se usar expressões assim: "Segundo Fulano", "De acordo com Beltrano", "Conforme recentes pesquisas", "Para certos cientistas", etc. Exemplo:

– ***Nas palavras de João****, ele não aguentava mais aquele verão.*

4) Ilha textual (ou ilha enunciativa)

Trata dum segmento – dentro da fala do enunciador do texto – que remete à fala de alguém. A ilha textual sempre vem entre aspas para indicar a citação dum discurso alheio, isto é, dum terceiro. É considerado um discurso híbrido, pois mistura o discurso indireto (presença do verbo elocutivo seguido de oração subordinada substantiva objetiva direta) com o discurso direto em seguida (presença de aspas marcando a "fala" de alguém). Exemplo:

– *Jesus Cristo sempre foi mestre, pois* **ensinou que "devemos amar o próximo como a nós mesmos"**, *vivendo isso até o limite.*

Texto Descritivo

A **descrição** é uma modalidade de composição textual cujo objetivo é fazer um retrato por escrito (ou não) de um lugar, uma pessoa, um animal, um pensamento, um sentimento, um objeto, um movimento etc.

Características principais:

- Os recursos formais mais encontrados são os de valor adjetivo (adjetivo, locução adjetiva e oração adjetiva), por sua função caracterizadora.
- Há descrição objetiva e subjetiva, normalmente numa enumeração.
- A noção temporal é normalmente estática.
- Normalmente usam-se verbos de ligação para abrir a definição.

Capítulo 34 • Compreensão/Interpretação de Textos e Tipologia Textual **873**

- Normalmente aparece dentro de um texto narrativo.
- Os gêneros descritivos mais comuns são estes: **manual, anúncio, propaganda, relatórios, biografia, tutorial**.

Exemplo:

Era uma casa (objeto da descrição) muito engraçada (adjetivo descritivo subjetivo)
Não tinha teto*, não tinha nada*
Ninguém podia entrar nela, não
Porque na casa não tinha chão*
Ninguém podia dormir na rede
Porque na casa não tinha parede*
Ninguém podia fazer pipi
Porque penico não tinha ali*
Mas era feita com muito esmero
Na rua dos bobos, número zero
(Vinicius de Moraes)

* Note que este texto, escrito em versos, é narrativo, mas dentro da narração há a descrição, que apresenta predicados verbais **com função objetivamente caracterizadora** de um objeto (a casa): *Não tinha teto, não tinha nada, não tinha chão, não tinha parede, penico não tinha ali.*

Texto Injuntivo

A **injunção** indica como realizar uma ação, aconselha, impõe, instrui o interlocutor. Chamado também de texto **instrucional**, o tipo de texto injuntivo é utilizado para predizer acontecimentos e comportamentos, nas leis jurídicas.

Características principais:

- Normalmente apresenta frases curtas e objetivas, com verbos de comando, com tom **imperativo**; há também o uso do futuro do presente (10 mandamentos bíblicos e leis diversas).
- Essas características são encontradas em vários gêneros textuais, como **horóscopos, receitas de bolo, discursos de autoridades, manual de instruções, livros de autoajuda, leis** etc.
- Marcas de interlocução: **vocativo, verbos e pronomes de 2ª pessoa ou 1ª pessoa do plural, perguntas reflexivas** etc.

Exemplo:

Impedidos do Alistamento Eleitoral (art. 5º do Código Eleitoral) *– Não podem alistar-se (verbo no imperativo) eleitores: os que não saibam exprimir-se na língua nacional, e os que estejam privados, temporária ou definitivamente dos direitos políticos. Os militares são alistáveis, desde que oficiais, aspirantes a oficiais, guardas-marinha, subtenentes ou suboficiais, sargentos ou alunos das escolas militares de ensino superior para formação de oficiais.*

Seção IV – Da Contingência na Votação – Art. 58. *Na hipótese de falha na urna, em qualquer momento da votação, o presidente da mesa receptora de votos, à vista dos fiscais presentes, deverá (verbo no futuro com tom imperativo) desligar e religar a urna, digitando o código de reinício da votação.*

Observação

Alguns concursos vêm trabalhando com um tipo de texto chamado **preditivo** (é um "primo" do texto injuntivo). Sua característica é indicar previsões, por isso horóscopos, profecias, projeções, por exemplo, são chamados de **texto preditivo**.

Texto Dialogal

O **texto dialogal** (ou diálogo, ou dialogismo) normalmente aparece dentro de um texto predominantemente narrativo para materializar o intercâmbio entre personagens (a interlocução), que vão apresentando a história através da conversa; presente no **gênero dramático (peças de teatro)**.

Características principais:

- Na organização gráfica, é normal o uso de pontuação (travessões ou aspas) para indicar as falas das personagens (iniciadas por letra maiúscula), antecipada por verbo **dicendi** (verbo elocutivo) e dois-pontos; resumindo: **discurso direto**.
- Pode conter marcas da linguagem oral, como pausas e retomadas.
- Marcadores conversacionais: *então, ora pois, pois é, bem, mas vá lá, diz lá, pronto, assim assim, e tal, não pode ser, não me digas, tipo, que tal?, não é (né)?, não é verdade?, não é assim?, não achas?, como assim?, que te parece?, e tu?, como assim?, diz quem? etc.*

Exemplo:

Uma senhora entra em uma concessionária de carros famosos. Ela olha ao redor, acha o carro perfeito e começa a examiná-lo. Ao inclinar-se para ver se tinha revestimento de couro, deixa escapar um sonoro pum. Muito envergonhada, ela nervosamente dá uma olhada para ver se alguém notou o pequeno incidente... Porém, ao virar-se, dá de cara com um vendedor que já estava atrás dela, que diz (com a maior cara dura):

— *Bom dia, senhora. Como posso ajudá-la hoje? (discurso direto)*

Muito sem graça, ela pergunta:

— *Por favor, qual o preço deste adorável veículo? (discurso direto)*

O vendedor responde:

— *A senhora me perdoe a sinceridade, mas se a senhora peidou somente ao vê-lo, vai se cagar toda quando souber o preço. (discurso direto)*

Texto Dissertativo

Antes de mais nada, o **texto dissertativo** pode ser **expositivo** ou **argumentativo**.

Dissertação Expositiva

Este tipo de texto é caracterizado por esclarecer um assunto de maneira atemporal com o objetivo de explicá-lo de maneira clara, sem intenção de convencer o leitor ou criar debate.

Características principais:

- Apresenta introdução, desenvolvimento e conclusão.
- O objetivo não é persuadir, mas meramente explicar, informar.

Capítulo 34 • Compreensão/Interpretação de Textos e Tipologia Textual **875**

- Normalmente a marca da dissertação é o verbo no presente.
- Amplia-se a ideia central, mas sem subjetividade ou defesa de ponto de vista.
- Apresenta linguagem clara e imparcial.

Exemplo:

O texto dissertativo consiste na ampliação, na discussão, no questionamento, na reflexão, na polemização, no debate, na expressão de um ponto de vista, na explicação a respeito de um determinado tema. (introdução) Existem dois tipos de dissertação bem conhecidos: a dissertação expositiva (ou informativa) e a argumentativa (ou opinativa). (desenvolvimento) Portanto, pode-se dissertar simplesmente explicando um assunto, imparcialmente, ou discutindo-o, parcialmente. (conclusão)

Note os verbos no presente: *consiste, existem, pode-se dissertar.*

Dissertação Argumentativa

Este tipo de texto – muito frequente nas provas de concursos! – apresenta posicionamentos pessoais e exposição de ideias apresentadas de forma lógica. Com razoável grau de objetividade, clareza, respeito pelo registro formal da língua e coerência, seu intuito é a defesa de um ponto de vista que convença o interlocutor (leitor ou ouvinte).

Características principais:

- Presença de estrutura básica (introdução, desenvolvimento e conclusão): ideia principal do texto (**tese**); argumentos (**estratégias argumentativas: causa-efeito, dados estatísticos, testemunho de autoridade, citações, confronto, comparação, fato-exemplo, enumeração...**); conclusão (**síntese** dos pontos principais com sugestão/solução).
- Principais gêneros textuais em que se observam características desse tipo de texto: **redação de concursos, artigos de opinião, cartas de leitor, discursos de defesa/acusação, resenhas...**
- Utiliza verbos na 1ª pessoa (normalmente nas argumentações informais) e na 3ª pessoa do presente do indicativo (normalmente nas argumentações formais) para imprimir uma atemporalidade e um caráter de verdade ao que está sendo dito.
- Constitui-se de linguagem cuidada, com estruturas lexicais e sintáticas claras, simples e adequadas ao registro culto.
- Privilegiam-se as estruturas impessoais, com certas modalizações discursivas (indicando noções de possibilidade, certeza ou probabilidade) em vez de juízos de valor ou sentimentos exaltados.
- Há um cuidado com a progressão temática, isto é, com o desenvolvimento coerente da ideia principal, evitando-se rodeios.
- Às vezes, usam-se elementos de primeira pessoa como recurso retórico para envolver o leitor no pensamento do autor do texto.
- Os verbos normalmente se encontram no presente do indicativo ou no futuro do presente.

Exemplo de texto dissertivo-argumentativo:

A maioria dos problemas existentes em um país em desenvolvimento, como o nosso, podem ser resolvidos com uma eficiente administração política (tese), porque a força governamental certamente se sobrepõe a poderes paralelos, os quais – por negligência de nossos representantes – vêm aterrorizando as grandes metrópoles (tópico frasal: todo este período). Isso ficou claro no confronto entre a força militar do RJ e os traficantes, o que comprovou uma verdade simples: se for do desejo dos políticos uma mudança radical visando o bem-estar da população, isso é plenamente possível (estratégia argumentativa: fato-exemplo). É importante salientar, portanto, que não devemos ficar de mãos atadas à espera de uma atitude do governo só quando o caos se estabelece; o povo tem e sempre terá de colaborar com uma cobrança efetiva (conclusão).

Note que a maior parte dos verbos estão no presente do indicativo, o que imprime um caráter de verdade ao texto. Isso influencia o leitor (ou ouvinte) a aceitar o ponto de vista exposto. Note também que há um desenvolvimento coerente das ideias ao longo do texto, as quais se centram na tese. Por fim, a linguagem polida com estratégia de argumentação consistente torna o texto bem persuasivo, afinal, a intenção de um texto dissertativo-argumentativo é sempre conduzir alguém a aceitar um ponto de vista.

Falemos mais agora das estratégias argumentativas, pois elas é que sedimentam a tese, influindo diretamente na opinião do interlocutor.

Estratégias Argumentativas

Existem muitas **estratégias argumentativas** – ou seja, recursos discursivos que servem para fortalecer a tese a respeito de um assunto – de que nos podemos valer para tornar nosso discurso mais convincente. Vejamos 12 tipos: a modalização, a exemplificação, a enumeração, o fato histórico, a comparação, a contraposição, a causa e efeito, os dados estatísticos, a definição, o testemunho de autoridade, a contra-argumentação e a pergunta retórica.

Modalização

Recomendo que releia os valores discursivos das classes gramaticais para relembrar o que é modalização.

*"Com a finalidade de evitar o desperdício, o que nos protegerá de futuros problemas, é **vital** que se faça um trabalho voltado para o reúso da água".*

A palavra destacada é modalizadora porque expressa um ponto de vista do autor do texto. Para ele, o fato de se fazer um trabalho voltado para o reúso da água é muito importante, ou melhor, é vital! O objetivo dessa palavra é provocar a reflexão do leitor sobre a importância do assunto em pauta.

Exemplificação (Fato-Exemplo)

Exemplificar é apresentar um fato ou cenário que confirma uma tese ou demonstra uma verdade.

*"Certos comportamentos humanos não podem ser tolerados e, por isso, precisam ser constantemente relembrados para que não se repitam, **como o massacre dos judeus pelos nazistas**".*

Observação

Não confunda explicação X explicitação X exemplificação. A **explicação** é a ação de fazer entender algo já apresentado; a **explicitação** é a ação de revelar algo, torná-lo conhecido; a **exemplificação** é a ação de ilustrar, representar ou confirmar aquilo de que se está falando. Já caiu uma questão sobre isso: FGV – MEC – Analista de Sistemas – 2009 – QUESTÃO 5 d).

Capítulo 34 • Compreensão/Interpretação de Textos e Tipologia Textual

Enumeração

Enumerar é fazer uma lista especificada, uma relação metódica de algo; normalmente há gradação em uma enumeração.

*"O Brasil, se quiser deixar de ser um país em desenvolvimento e se tornar um país desenvolvido, precisará urgentemente de algumas mudanças: **investimento em educação, saúde, segurança, saneamento básico, emprego etc.**".*

Fato Histórico

*"Tendenciosamente, a religião, principalmente a católica, sempre esteve envolvida com a política. **No golpe militar de 64, a Igreja esteve ao lado dos militares**. Só após os seus terem sido perseguidos e torturados passou a reagir e a lutar em defesa de seus membros".*

Comparação

Comparar é confrontar elementos, identificando pontos de analogia ou de similaridade entre si, numa relação de igualdade, superioridade ou inferioridade.

*"Não há dúvidas de que os eventos esportivos nos países em desenvolvimento os ajudam a modificar seu cenário econômico e social. **Assim como a África do Sul se beneficiou com o aumento de emprego e com o investimento em transporte, o mesmo ocorrerá no Brasil**".*

Contraposição

Contrapor significa confrontar, pondo lado a lado certos elementos.

"Segundo uma enquete realizada pela BVA para o vespertino Le Parisien, **58% dos franceses são favoráveis ao casamento homossexual, ante 63% no ano passado. Por outro lado, 50% entre eles não são contrários à adoção homoparental, ante 56% no ano passado**". (Gianni Carta; 06/11/2012)

Causa e Efeito

Reestude os conectivos de valor causal, conclusivo ou consecutivo (conjunções e preposições), pois são eles que estabelecem a relação de causa e efeito.

*"Como todos os outros, **o preconceito homofóbico é cultural, pois não se nasce com ele**. Não se escolhe ser homossexual, nem heterossexual".* (Içami Tiba)

Dados Estatísticos

*"O Vox Populi fez recentemente uma pesquisa de âmbito nacional. Deu o esperado: **48% dos entrevistados disseram simpatizar com algum partido. Mas 80% desses se restringiram a apenas três: PT (com 28% das respostas), PMDB (com 6%) e PSDB (com 5%)**. Olhado desse modo, o sistema é, portanto, bem menos heterogêneo, pois os restantes 26 partidos dividem os 20% que sobram".* (Marcos Coimbra; 30/05/2012)

Definição

Definir é retratar, descrever, explicar algo em sua natureza; é mostrar o significado de algo. A definição pode ser objetiva ou subjetiva.

*"Segundo Barbosa Filho, 'O amor **é um sentimento sublime, que supera os problemas e diferenças, resiste ao tempo e se fortalece com a distância'**. É a partir desse sentimento que muitas pessoas entregam suas vidas a favor de outras".*

Testemunho de Autoridade

Uma autoridade pode ser uma pessoa ou, até mesmo, uma instituição. Desde que goze de prestígio social, tal recurso é muito relevante na argumentação.

*"Deve-se ressaltar a importância da transparência nos governos para aprimorar a governança e a gestão. Tal afirmação foi, inclusive, sublinhada pela presidenta Dilma Rousseff: **'Quanto maior a transparência, maior a possibilidade de que o dinheiro público se destine ao que são os programas necessários.'"***

Contra-Argumentação

Contra-argumentar é apresentar argumento em contrário. Ou seja, expõe-se uma ideia para depois refutá-la (negando-a ou reduzindo sua importância) a fim de mostrar que a tese defendida (a contra-argumentação) é melhor que a refutada.

*"Muito se diz sobre **o cigarro de maconha ser prejudicial à saúde** (tese refutada), no entanto é importante que se saiba que **a erva tem ajudado pessoas com câncer a suportar a dor, pessoas com AIDS a se alimentar melhor, pessoas com esclerose múltipla a ter seus sintomas aliviados etc.** (tese defendida)"*

Pergunta Retórica

A pergunta retórica é aquela que não exige uma resposta imediata, pois seu objetivo é provocar a reflexão. Muitas vezes a resposta à pergunta retórica vem embutida.

*"Em vista da pacificação das favelas do Rio de Janeiro, a força militar vem sendo muito elogiada por sua precisão e competência. **Precisamos realmente de uma nova ação militar para restaurar a paz nas comunidades ou agora é o momento de levar cultura a elas?"***

A primeira parte da pergunta traz um "não" como resposta embutida, afinal, já houve pacificação. A segunda parte da pergunta é o foco, o próximo passo a ser dado a fim de trazer mais um elemento positivo a esses grupos sociais, a cultura. Percebeu que a pergunta levou a uma reflexão?

> **Observação**
>
> Caso queira ver boas questões sobre estratégias argumentativas, recomendo que consulte estas: UERJ – VESTIBULAR (1º EQ) – 2012 – QUESTÃO 11 b); UERJ – VESTIBULAR (1º EQ) – 2011 – QUESTÃO 5 b); UERJ – VESTIBULAR (2º EQ) – 2009 – QUESTÃO 5 d).

Métodos de Raciocínio

Os **métodos de raciocínio** ou **métodos argumentativos** servem para construir a argumentação de maneira lógica, partindo-se de um conceito geral para um conceito particular ou

Capítulo 34 • Compreensão/Interpretação de Textos e Tipologia Textual

vice-versa. Algumas vezes, porém, há raciocínios falhos, intencionalmente usados (ou não) para enganar o interlocutor, a que chamamos de **falácia**.

Vamos entender isso melhor a partir da análise dos conceitos de **silogismo** e dos derivados métodos **dedutivo, indutivo e dialético**.

Silogismo

O filósofo Aristóteles foi o "cara" responsável por cunhar este conceito. Ele "efetuou o conceito de argumentação lógica e perfeita baseada em três proposições relacionadas entre si".

Trata-se de um raciocínio dedutivo estruturado formalmente a partir de duas proposições, ditas **premissas (maior e menor)**, das quais, por inferência, se obtém necessariamente uma terceira, chamada *conclusão*.

Premissa maior: *Todos os homens são mortais.*
Premissa menor: *Os gregos são homens.*
Conclusão: *Logo, os gregos são mortais.*

É óbvio que haveria muito mais a dizer sobre isso, mas basicamente construímos nossa argumentação em cima de premissas (consideradas verdadeiras) para chegarmos a uma conclusão. É praxe a redação dissertativo-argumentativa trabalhar isso. Vamos continuar entendendo...

Método de Raciocínio Dedutivo

Consiste em apresentar primeiro um conceito abstrato (geral), partindo, em seguida, para um conceito concreto (particular). A conclusão é inquestionável. O exemplo do silogismo acima é dedutivo. Veja outro exemplo:

Premissa maior: *O estudo promove ascensão financeira.*
Premissa menor: *Meus filhos estudam nos melhores colégios.*
Conclusão: Logo, *meus filhos ascenderão socialmente.*

Em termos práticos, veja uma questão sobre isso: UERJ – VESTIBULAR (2º EQ) – 2009 – QUESTÃO 3 b).

Método de Raciocínio Indutivo

Consiste em apresentar primeiro um conceito concreto (particular), partindo, em seguida, para um conceito abstrato (geral). A conclusão é eficaz, mas questionável. Veja:

Premissa maior: *Os políticos do Brasil frequentemente estão envolvidos em corrupção, segundo lemos nos jornais todos os dias.*
Premissa menor: *A política é um meio corruptível.*
Conclusão: *Logo, a política no Brasil produz governantes antiéticos.*

Em termos práticos, veja uma questão sobre isso: UERJ – VESTIBULAR (1º EQ) – 2012 – QUESTÃO 6 a). UERJ – VESTIBULAR (2º EQ) – 2012 – QUESTÃO 7 d).

Método de Raciocínio Dialético

Apresenta-se a **tese**, depois a **antítese** e finaliza-se com a **síntese**. A **tese** é o ponto de vista do autor do texto. A **antítese** é o ponto de vista contrário ao do autor. A **síntese** é a desconstrução da antítese para validar a tese.

"A inclinação do ser humano para adorar um ser superior não é voluntária. (tese) É claro que, por outro lado, há os que creem ser possível crescer, viver e morrer sem a ideia de Deus, escolhendo a anulação de um ser superior como guia e/ou ajudador de suas vidas. (antítese) Não obstante, quanto mais passamos por experiências relacionadas a dificuldades, como doenças, pobreza, fome, vícios, mais reconhecemos que não podemos nos colocar na posição de juízes de nós mesmos. Necessitamos, portanto, de uma lei maior, de uma providência. (síntese)"

Falácia

Segundo o *Manual de Redação da PUC/RS*, falácias "são enunciados ou tentativas de persuadir o leitor mediante um raciocínio errôneo, mediante um argumento fraudulento, enganoso. As falácias, como você pode constatar, estão em todos os discursos: na publicidade, na política, nas religiões, na economia, no comércio etc. Falácia é, pois, todo o raciocínio aparentemente válido, mas, na realidade incorreto, que faz cair em erro ou engano".

Existem diversas maneiras falaciosas de convencer alguém: **ameaça, apelação, boato, sabedoria popular, testemunho de (não) autoridade, discurso religioso, falso dilema, generalização, falsa analogia, mudança do ônus da prova etc**.

Veja três exemplos de argumentos falaciosos (perceba o "engano" neles):

– *As práticas religiosas muçulmanas remontam a muitos e muitos séculos, logo não podemos questioná-las.*
– *O maior piloto brasileiro de todos os tempos já morreu, certamente não existirá outro igual a ele em profissionalismo e habilidade.*
– *"Deve-se coibir usos como estes: "Me dá um cigarro", "eu vi ele", "tu foi", etc., porque, com essa permissividade, vamos reduzir a língua de Camões a uma falação de brutos, a uma língua pobre, de poucas palavras e alguns grunhidos".*

Em termos práticos, veja uma questão sobre isso: UERJ – VESTIBULAR (PORTUGUÊS INSTRUMENTAL) – 2009 – QUESTÃO 5.

Gênero Textual

Gêneros textuais são formas diferentes de expressão comunicativa. As muitas formas de elaboração de um texto se tornam **gêneros**, de acordo com a intenção do seu produtor. Logo, os gêneros desempenham papéis sociais, próprios do dia a dia: **telefonema, sermão, cartas (comercial, pessoal, argumentativa, oficial...), romance, conto, crônica, poema, bilhete, reportagem jornalística, aula expositiva, reunião de condomínio, notícia jornalística, horóscopo, receita culinária, bula de remédio, lista de compras, cardápio de restaurante, panfletos, charges, quadrinhos, instruções de uso, *outdoor*, inquérito policial, resenha, edital de concurso, piada, fábula, conversação espontânea, conferência, carta eletrônica, bate-papo por computador, apostilas, aulas virtuais etc.**

Portanto, não confunda **tipo de texto** com **gênero textual**. Estes são desdobramentos daqueles (mais fixos). Olhamos para um texto e dizemos que ele é do t-i-p-o dissertativo por causa de sua estrutura e de sua função, no entanto esse mesmo texto dissertativo pode se desdobrar em **artigos (de opinião ou não), carta de leitor, carta de solicitação, carta argumentativa, discurso de defesa ou de acusação, resenha crítica, resumo, editorial, ensaio, seminário, conferência, palestra, verbete, resenha etc**. (todos esses, gêneros textuais).

Capítulo 34 • Compreensão/Interpretação de Textos e Tipologia Textual

Alguns gêneros textuais mais cobrados em provas são **carta (argumentativa ou não), publicidade, charge, textos literários (poemas, crônicas, fragmentos de contos e romances), quadros e textos jornalísticos (notícias, entrevista, artigo de opinião, reportagem, editorial, classificados...)**.

Infelizmente esta gramática não é um livro de redação, por isso recomendo que procure conhecer esses gêneros textuais em livros que tratam disso, como *Para Entender o Texto – Leitura e Redação*, de Platão e Fiorin e *Texto e Interação – Uma Proposta de Produção Textual a partir de Gêneros e Projetos*, de William Roberto Cereja e Thereza Cochar Magalhães.

No entanto, como meus dedos coçam e sei que a "crônica" aparece frequentemente em concursos, deixarei que o grande mestre das nossas letras, Machado de Assis, explique-nos o que é uma crônica por meio de uma crônica:

O nascimento da crônica

Há um meio certo de começar a crônica por uma trivialidade. É dizer: Que calor! Que desenfreado calor! Diz-se isto, agitando as pontas do lenço, bufando como um touro, ou simplesmente sacudindo a sobrecasaca. Resvala-se do calor aos fenômenos atmosféricos, fazem-se algumas conjeturas acerca do sol e da lua, outras sobre a febre amarela, manda-se um suspiro a Petrópolis, e *La glace est rompue*; está começada a crônica.

Mas, leitor amigo, esse meio é mais velho ainda do que as crônicas, que apenas datam de Esdras. Antes de Esdras, antes de Moisés, antes de Abraão, Isaque e Jacó, antes mesmo de Noé, houve calor e crônicas. No paraíso é provável, é certo que o calor era mediano, e não é prova do contrário o fato de Adão andar nu. Adão andava nu por duas razões, uma capital e outra provincial. A primeira é que não havia alfaiates, não havia sequer casimiras; a segunda é que, ainda havendo-os, Adão andava baldo ao naipe. Digo que esta razão é provincial, porque as nossas províncias estão nas circunstâncias do primeiro homem.

Quando a fatal curiosidade de Eva fez-lhes perder o paraíso, cessou, com essa degradação, a vantagem de uma temperatura igual e agradável. Nasceu o calor e o inverno; vieram as neves, os tufões, as secas, todo o cortejo de males, distribuídos pelos doze meses do ano.

Não posso dizer positivamente em que ano nasceu a crônica; mas há toda a probabilidade de crer que foi coetânea das primeiras duas vizinhas. Essas vizinhas, entre o jantar e a merenda, sentaram-se à porta, para debicar os sucessos do dia. Provavelmente começaram a lastimar-se do calor. Uma diria que não pudera comer ao jantar, outra que tinha a camisa mais ensopando que as ervas que comera. Passar das ervas às plantações do morador fronteiro, e logo às tropelias amatórias do dito morador, e ao resto, era a coisa mais fácil, natural e possível do mundo. Eis a origem da crônica.

Que eu, sabedor ou conjeturador de tão alta prosápia, queira repetir o meio de que lançaram mãos as duas avós do cronista, é realmente cometer uma trivialidade; e contudo, leitor, seria difícil falar desta quinzena sem dar à canícula o lugar de honra que lhe compete. Seria; mas eu dispensarei esse meio quase tão velho como o mundo, para somente dizer que a verdade mais incontestável que achei debaixo do sol é que ninguém se deve queixar, porque cada pessoa é sempre mais feliz do que outra.

Não afirmo sem prova.

Fui há dias a um cemitério, a um enterro, logo de manhã, num dia ardente como todos os diabos e suas respectivas habitações. Em volta de mim ouvia o estribilho geral: que calor! Que sol! É de rachar passarinho! É de fazer um homem doido!

Íamos em carros! Apeamo-nos à porta do cemitério e caminhamos um longo pedaço. O sol das onze horas batia de chapa em todos nós; mas sem tirarmos os chapéus, abríamos os de sol e seguíamos a suar até o lugar onde devia verificar-se o enterramento. Naquele lugar esbarramos com seis ou oito homens ocupados em abrir covas: estavam de cabeça descoberta, a erguer e fazer cair a enxada. Nós enterramos o morto, voltamos nos carros, e daí às nossas casas ou repartições. E eles? Lá os achamos, lá os deixamos, ao sol, de cabeça descoberta, a trabalhar com a enxada. Se o sol nos fazia mal, que não faria àqueles pobres-diabos, durante todas as horas quentes do dia?

O texto acima foi publicado no livro "Crônicas Escolhidas", Editora Ática – São Paulo, 1994, pág. 13, e extraído do livro "As Cem Melhores Crônicas Brasileiras", Editora Objetiva – Rio de Janeiro, 2007, pág. 27, organização e introdução de Joaquim Ferreira dos Santos.

> **Resumindo**: A **crônica** narra fatos do dia a dia, acontecimentos cotidianos e atuais, de uma maneira diferente, ora com intenção crítica, ora com intenção poética, ou de ambas as maneiras.

Estratégias para Compreensão/Interpretação de Textos

Agora chegou o momento de assimilar algumas estratégias que facilitarão a intelecção (compreensão) de um texto.

Antes, porém, já reparou que, normalmente, a banca põe no conteúdo programático "Compreensão e Interpretação de Texto"? Aí, meus alunos vêm a mim e lançam um direto no queixo: "Pestana, qual é a diferença entre compreensão e interpretação?" Minha resposta é basicamente esta: "Meu camarada (ou minha queridinha – sem ironia), **compreender** é ter a habilidade de perceber o significado de algo, analisar o que realmente está escrito. Já **interpretar** significa dar sentido a, deduzir de maneira lógica, inferir, chegar a uma conclusão do que se lê nas entrelinhas do texto". As bancas não exigem diretamente de você a diferença, então relaxe.

A interpretação está muito ligada ao subentendido, ou seja, ao que está nas entrelinhas (não vamos entrar aqui no mérito de **pressuposto** e **subentendido** novamente), logo ela trabalha com o que se pode deduzir de um texto. Veja estas duas piadas – elas são ótimas para que você entenda interpretação, afinal você só ri de uma se conseguir interpretá-la, "ver" o implícito. Tente deduzir as ideias contidas nelas (depois confira meus comentários):

Capítulo 34 • Compreensão/Interpretação de Textos e Tipologia Textual **883**

1ª piada:
- – Como é que chama um bandido armado até os dentes?
- – Eu o chamaria de senhor.

2ª piada:
- – O que o senhor fazia no emprego anterior?
- – Era funcionário público.
- – Ok... o senhor pode contar até dez?
- – Claro. Um, dois, três, quatro, cinco, seis... valete, dama, rei...

Comentários:

Para que haja o riso na primeira piada, é preciso que a **interpretação** aconteça da seguinte maneira: o **perguntador** esperava outra resposta, como "meliante", "perigoso", "delinquente", "marginal" etc., mas inusitadamente o interlocutor quebra a sua expectativa e diz: *"Eu o chamaria de senhor"*, ou seja, o tratamento dado a um bandido fortemente armado deve ser polido, cortês, para que o assaltado não sofra nenhuma represália.

Já o humor da segunda piada está centrado em um conhecimento de mundo, mais propriamente a uma opinião preconceituosa sobre funcionários públicos, a saber: o trabalho deles é um lazer; percebemos isso pelas palavras que remetem ao jogo de baralho.

> **Observação**
>
> Em suma, a interpretação depende do subentendido, do conhecimento de mundo. A compreensão depende do que está claramente percebido na leitura de um texto.

Quando alguém pergunta se entendemos este ou aquele texto, só dizemos "sim" caso tenha ficado percebida a ideia principal e as principais características do texto lido. Podemos não saber tudo dele, mas conseguimos sintetizá-lo. Veja o texto abaixo:

> "Portanto, o ideal é pensarmos o corpo como objeto da educação, ou seja, é reconhecer que o conhecimento emerge do corpo a partir das experiências vividas. Experiências, essas, que estão relacionadas tanto com a autonomia do corpo quanto com a sua dependência ao meio, a cultura e a sociedade em que vive. Nesse contexto, consideramos que, na própria ação, já há cognição, uma vez que a aprendizagem emerge do corpo a partir das suas relações com o entorno (...)
>
> A gestualidade ou os cuidados com o corpo podem e devem ser tematizados nas diferentes práticas educativas, inseridos nas grades curriculares e viabilizados por diferentes disciplinas. O desafio está para os educadores e, principalmente, para os educadores físicos, em desmitificar o culto ao corpo perfeito, dando subsídios para se pensar num corpo que contenha significações que singularizam o sujeito, que permitam a intercomunicação com a singularidade do outro indivíduo, sendo considerada base para a construção do conhecimento".
>
> (Fragmento conclusivo do artigo *Corpo objeto: um olhar das ciências sociais sobre o corpo na contemporaneidade*, de José Florentino e Fátima Rejane Ayres Florentino, na internet, em http://www.efdeportes.com/efd113/o-corpo-na--contemporaneidade.htm)

Podemos entender do texto que, para os autores, o corpo deve ser pensado em suas singularidades e em sua capacidade de interação, pois eles pensam em um corpo "que contenha significações que singularizam o sujeito, que permitam a intercomunicação com a singularidade do outro indivíduo". Opõem-se à ideia do "culto ao corpo" e asseveram que "diferentes disciplinas" (não apenas Educação Física) versem sobre ele.

O bom desse papo todo de interpretação e compreensão é que, na prova, a banca está realmente preocupada em nivelar os que têm uma boa capacidade intelectiva, por isso faço questão de revelar meu **método de boa leitura de um texto**, de modo que você se sinta confortável para fazer uma questão de compreensão/interpretação.

Meu método dos "dez mandamentos" é este (devo muito ao Bechara):

---

1 Leia o texto despretensiosamente uma primeira vez, como se quisesse apenas se inteirar do assunto; e uma segunda vez, para confirmar sua primeira percepção sobre como ele foi articulado: **narração, descrição, dissertação...**

2 Na segunda vez, sem muita pressa, resuma cada parágrafo, buscando sempre a ideia mais importante dele; parafraseie as ideias para ficarem mais claras em sua mente. Releia quantas vezes forem necessárias (administre seu tempo!).

3 Em textos dissertativos, não deixe de sublinhar o tópico frasal (a frase mais importante) de cada parágrafo, pois lá estará a opinião ou tese do autor.

4 Como normalmente os textos das provas de concurso são dissertativo-argumentativos, observe as estratégias de argumentação do texto: **causa-efeito, dados estatísticos, testemunho de autoridade, comparação, fato-exemplo, enumeração**.

5 Mais do que isso, observe entre cada par de parágrafos se há entre eles alguma relação de **esclarecimento, resumo, explicação, exemplificação, descrição, enumeração, oposição, conclusão** (estude os operadores argumentativos para este fim).

6 Importante: se o enunciado mencionar tema ou ideia principal, ele se refere à tese. Vá direto ao(s) parágrafo(s) de introdução ou conclusão do texto; sempre há uma reiteração do conteúdo principal do texto.

7 Não se desespere com palavras técnicas ou não usuais, pois elas não serão o foco da questão; no entanto, tente depreender o sentido delas pelo contexto.

8 Não queira adivinhar o que o autor quis dizer, mas apegue-se tão somente ao texto, nunca extrapole a visão dele. Seja objetivo, não "viaje", pois as respostas são encontradas no texto! Por isso, procure as "pistas" espalhadas nele.

9 Nas questões, busque o comando delas, e sublinhe, para manter o foco: "Infere-se... Deduz-se... Conclui-se... A ideia central é...".

10 MARQUE A QUESTÃO CERTA, POR FAVOR!

Descontraia-se! Fazer uma prova despretensiosamente é a melhor arma do candidato. Eu falei despretensiosamente, não "**desconcentradamente**"! Desconcentrado nunca! A despretensão tira de você aquele peso nas costas de fazer uma prova difícil.

O próximo tópico é bastante interessante. **Não deixe de considerá-lo!**

Análise de um Texto

Senti a necessidade de mostrar como se faz, isto é, mostrar o que se deve fazer para melhor analisar um texto, buscando sua compreensão máxima. Acompanhe!

Um semiparadoxo chamado *reality show*

Como se não bastasse a teatralização manipuladora das novelas brasileiras – exibidas de segunda a sábado! –, a população brasileira passou a conviver, a partir do início de 2002, com uma nova forma de nocivo controle mental que vai ao ar de segunda a segunda – durante alguns meses – com um curto intervalo entre um programa e outro: o *Big Brother Brasil* (BBB), um *reality show globalizado*. Por outro lado, o despertar do fascínio é criado pela mídia e sustentado por pessoas influentes, de discurso garboso, na sociedade, de modo que nos acabamos sabotando. E outros programas similares vêm *correndo por fora*.

Desde então, as ruas ficam muito desertas nas noites de quinta-feira, e mais abandonadas ainda nas imperdíveis e emocionantes terças-feiras. Não podemos perder "quem vai ser o líder" ou "quem vai ao paredão", certo? Além de tal aprisionamento em frente à TV, os espectadores ainda acreditam que podem participar deste programa, já que uma babá recebeu meio milhão de reais e, no ano seguinte, um homossexual levou para casa o dobro da quantia. Agora você pode ganhar R$1.500.000,00 (quem sabe mais, com prêmios extras ao longo do programa)! Mais do que este grande mote, há um fascínio pelo show. "O que torna o programa um sucesso se deve ao fato de que há uma necessidade inerente do homem do voyeurismo", diz o sexólogo Carlos Motta Noblat.

Não satisfeito, desde o primeiro ano, o centro de pesquisas VOX GENERALIS vem apresentando precisos números que corroboram o garantido sucesso no nosso intelectualmente atrasado país: assustadores 65% da população assistem assiduamente aos famosos "paredões". Dá para acreditar como a cultura da futilidade é tão popular? Assim como Chacrinha era um "estouro" na audiência, nos anos 80, o novo Chacrinha ressurge com nova roupagem atraindo os olhares alheios para mulheres seminuas – *quiçá nuinhas da silva*! Ainda nos resta alguma dúvida de que tal *reality show* vai perpetuar-se ao longo de bons anos pela frente? Pasmem: há um contrato deste "câncer" só até 2014.

Não obstante, quem não gosta de "dar uma espiadinha", como diz Bial? Se o próprio Jô Soares postou no *Twitter* (ele diz que não tem!): "BBB = desliga a TV", é porque ele sentiu aquele comichão do homem em investigar a vida alheia. O que se deduz é que o homem se vê no lugar do outro e tem a sensação de que está sendo representado por um *brother* da casa. Dessa forma, a indústria do espetáculo vem recrutando os ingênuos telespectadores, que se submetem às mais patéticas situações para gravarem seus DVDs e concorrerem a uma vaga no programa. Inclusive nós já nos devemos ter perguntado: "E se eu...?"

De qualquer modo, fico com o que diz meu bom senso: o programa é nocivo, pois desperta no homem muita baixaria e vilania. E não é falso moralismo; é simplesmente patético ver que, com a oscilação da audiência, o diretor tenta de tudo: paredão quádruplo com direito a duas eliminações de uma só vez; construção de uma casa de vidro num famoso shopping carioca para dar a chance de um dos cinco primeiros eliminados retornarem ao programa; a intervenção do apresentador (coitado!) apelando para os participantes "curtirem a vida dentro da casa" etc. O BBB entrou para a história como um dos programas mais abjetos e desprezíveis da televisão brasileira. Espere para assistir aos próximos BBBs...

Fernando J. V. Pestana

E aí?! 1) Leu o texto despretensiosamente? 2) Percebeu que este texto é dissertativo-argumentativo? 3) Resumiu cada parágrafo? 4) Sublinhou os tópicos frasais de cada parágrafo? 5) Observou as estratégias argumentativas nos parágrafos de desenvolvimento? 6) Percebeu as relações entre os parágrafos? 7) Consultou os parágrafos de introdução e de conclusão para ver se as ideias principais são reiteradas? 8) Observou os operadores argumentativos que estabelecem coesão no texto? 9) Leu o texto como um todo sem extrapolar as ideias dele?

Se você fez tudo isso, seus problemas acabaram! Antes, porém, veja se meus comentários (que respondem às perguntas) se conformam à sua tarefa de análise textual à base do meu método:

1 e 2) O texto é dissertativo-argumentativo, pois discorre sobre um assunto de forma metódica e abrangente, expondo um ponto de vista, uma tese defendida com argumentos.

3) No 1º §, fica clara a tese do autor, em que ele vê negativamente o *reality show*, mas contrapõe sua visão com o tom atrativo do programa. No 2º §, fala-se de algumas características do programa e de como o público o interpreta segundo uma autoridade. No 3º §, estratégias argumentativas de dados estatísticos e comparação corroboram o sucesso do programa. No 4º §, há a sugestão, contrapondo a visão geral negativa do autor de que nos sentimos de certa forma atraídos pelo espetáculo. No 5º §, a conclusão sintetiza a visão central negativa sobre a atração televisiva.

4) No 1º §, o primeiro período é a frase mais importante. No 2º §, o penúltimo período. No 3º §, o penúltimo período. No 4º §, o primeiro ou o terceiro período concorrem. No 5º §, o primeiro e o último período concorrem.

5) No 2º §, as estratégias argumentativas usadas para ratificar a tese do autor são: causa-efeito e argumento de autoridade/citação de autoridade. No 3º §, dados estatísticos, comparação e pergunta retórica. No 4º §, exemplificação. No 5º §, enumeração. Além dos vocábulos modalizadores ao longo do texto.

6) Entre o 1º § e o 2º §, há uma relação temporal relacionada à atração televisiva. Entre o 2º § e o 3º §, há a continuação de apresentação de estratégias de argumentação. Entre o 3º § e o 4º §, há uma contraposição (falseada, pois o autor quer espezinhar o programa). Entre o 4º § e o 5º §, há uma retomada para a real visão do autor sobre o assunto.

7) As ideias são reiteradas, pois no 1º §, fica clara a tese do autor, em que ele vê negativamente o *reality show*; no 5º §, a conclusão sintetiza a visão central negativa sobre a atração televisiva.

8) Sublinhei alguns dos operadores argumentativos e de alguns pressupostos mais relevantes no próprio texto. Percebeu? Tente perceber a relação que eles têm no texto.

Capítulo 34 • Compreensão/Interpretação de Textos e Tipologia Textual

O Que Cai Mais na Prova?

Se eu fosse você, estudaria os **tipos de texto** (narração e dissertação, principalmente). Sobre compreensão e interpretação de textos, procure sempre encontrar a resposta de uma questão dentro do texto. Outra dica: leia mais, faça questões de interpretação, leia mais um pouco, treine mais questões... este é o melhor método interpretativo. Aproveite as questões!

> *Concurseiro(a), quer uma dica de irmão? Guarde no seu coração o que vai ler agora: NUNCA DEIXE DE FAZER SEU PRÓPRIO RESUMO DE CADA CAPÍTULO. Esse processo cognitivo é **extremamente** valioso. Eu poderia ser legalzinho e fofinho pondo um quadro-resumo do que vimos no capítulo, mas, se fizesse isso, estaria sabotando você, impedindo-o(a) de ter esse trabalho de internalização imprescindível do conteúdo. **Por favor, não pule essa etapa!!!** Mesmo que seu resumo fique gigantesco (não vá escrever outra gramática... rsrs), nunca deixe de fazê-lo, para o seu próprio bem! Seu cérebro agradece e, quando passar no concurso, sua conta no banco também. Vá fundo na missão!*

Questões de Concursos

1. (Fundação Sousândrade – BNB – Analista Bancário – 2007) A argumentação textual está organizada, principalmente, em torno do sentido de restrição. Assinale a opção em que o termo destacado estabelece uma relação com esse **mesmo** sentido.
   a) "É um indicador usado **pelas** agências internacionais de classificação de risco para definir os países que, em tese, merecem a confiança dos investidores".
   b) "O atual é algo que, no idioma **de** economistas e operadores, recebe o nome de 'grau de investimento'".
   c) "São aqueles que, em princípio, têm um ambiente político-econômico mais estável que os demais **e** pagam em dia seus compromissos externos".
   d) "Até agora, **apesar da** consistência da política econômica praticada no país nos últimos anos, o Brasil ainda não conseguiu nota suficiente para ser aprovado no 'vestibular'".
   e) "Muitos analistas passaram a encarar a obtenção do 'grau de investimento' **como** uma panaceia, algo indispensável para garantir um futuro brilhante para o Brasil".

2. (FCC – MPU – Analista Processual – 2007) (Adaptada) A afirmação abaixo está correta ou incorreta?
   "(...) A experiência da Europa Central e Oriental no século XX é, genericamente falando, a de tentar atualizar-se mediante a sucessiva adoção e fracasso de vários modelos. (...)"
   – A expressão **genericamente falando** constitui estratégia do autor para orientar o processo de leitura do trecho.

3. (FGV – ICMS/SP – Fiscal de Rendas – 2008) "As alternativas atuais para a construção de uma economia sólida e menos suscetível passam necessariamente pelo controle de gastos públicos. Alguns países desenvolvidos, tendo em vista essa perspectiva, buscaram limitar gastos e muitas vezes editaram leis para esse fim. É impossível, na atualidade, visualizar qualquer Estado que se proponha ao desenvolvimento sem um minucioso projeto de controle de gastos públicos".
   O segundo período do trecho acima, em relação ao primeiro, constitui uma:
   a) explicação;
   b) explicitação;
   c) exemplificação;
   d) contraposição;
   e) retificação.

4. (Cespe/UnB – IRBr – Diplomata – 2008) No texto, a oposição ou contraste como estratégia argumentativa pode ser exemplificada em vários enunciados, entre eles: "***Não veio salvar o morto. Veio salvar a vida, a nossa vida.***" e "*encontrará não a folha escrita mas um vazio que você mesmo irá preencher*".
   ( ) CERTO   ( ) ERRADO

5. (Cespe/UnB – IRBr – Diplomata – 2009) (Adaptada) A afirmação abaixo está correta ou incorreta?
    "(...) Na oposição que o texto faz entre a arte de falar e a arte de escrever, podemos encontrar **não apenas** as razões da desqualificação da concepção gramatical da linguagem, **mas também** a indicação do estatuto que Rousseau confere à linguagem. (...)"
    – Os operadores "não apenas" e "mas também" possibilitam ao autor a apresentação de dois argumentos mutuamente excludentes.

6. (FCC – MRE – Oficial de Chancelaria – 2009) (Adaptada) A afirmação abaixo está correta ou incorreta?
    – O enunciado "*aquilo que o texto nos diz já não constitui o objeto preferido de nossa atenção*" contém pressuposto introduzido pelo advérbio *já*.

7. (FADESP – Pref. Conceição Araguaia/PA – Médico – 2009) No trecho "Em outras palavras, são adolescentes – que pela lei ainda não podem ser responsabilizados por seus atos – com atribuições como sustentar uma casa ou mesmo criar filhos", a locução grifada tem a função de:
    a) retomar e reformular a informação anterior;
    b) acrescentar um elemento decisivo à argumentação do autor;
    c) introduzir uma informação de pouca importância para a questão levantada;
    d) assinalar uma estratégia concessiva por meio da qual o autor introduz novas informações.

8. (UESPI – PC/PI – Delegado – 2009)

    Viver em sociedade

    (1) A sociedade humana é um conjunto de pessoas ligadas pela necessidade de se ajudarem umas às outras, a fim de que possam garantir a continuidade da vida e satisfazer seus interesses e desejos.

    (2) Sem vida em sociedade, as pessoas não conseguiriam sobreviver, pois o ser humano, durante muito tempo, depende de outros para conseguir alimentação e abrigo. E no mundo moderno, com a grande maioria das pessoas morando na cidade, com hábitos que tornam necessários muitos bens produzidos pela indústria, não há quem não necessite de outros muitas vezes por dia.

    (3) Mas as necessidades dos seres humanos não são apenas de ordem material, como os alimentos, a roupa, a moradia, os meios de transporte e os cuidados de saúde. Elas são também de ordem espiritual e psicológica. Toda pessoa humana necessita de afeto, precisa amar e sentir-se amada, quer sempre que alguém lhe dê atenção e que todos a respeitem. Além disso, todo ser humano tem suas crenças, tem sua fé em alguma coisa, que é a base de suas esperanças.

    (4) Os seres humanos não vivem em sociedade, apenas porque escolhem esse modo de vida, mas também porque a vida em sociedade é uma necessidade da natureza humana. Mas, justamente porque vivendo em sociedade é que a pessoa humana pode satisfazer suas necessidades, é preciso que a sociedade seja organizada. E não basta que a vida social permita apenas a satisfação de algumas necessidades da pessoa humana ou de todas as necessidades de apenas algumas pessoas. A sociedade organizada com justiça é aquela em que se procura fazer com que todas as pessoas possam satisfazer todas as suas necessidades; é aquela em que todos têm as mesmas oportunidades, aquela em que os benefícios e encargos são repartidos igualmente entre todos.

    (5) Para que essa repartição se faça com justiça, é preciso que todos procurem conhecer seus direitos e exijam que eles sejam respeitados; é preciso também que todos conheçam e cumpram seus deveres e suas responsabilidades sociais.

    O Texto, para ser compreendido com sucesso, deve ser percebido como um texto:
    a) Narrativo-descritivo; basta ver o cenário e os personagens que compõem o enredo apresentado.
    b) Expositivo-argumentativo; há a definição de um conceito em torno do qual é construída uma argumentação.
    c) Narrativo-dissertativo; os fatos são propostos ao leitor com uma finalidade claramente dissertativa.
    d) Descritivo-apelativo; predominam no texto estratégias de convencimento, semelhantes àquelas que ocorrem na publicidade.
    e) Expositivo-injuntivo; o texto é construído para indicar etapas e procedimentos que um determinado processo implica.

9. (Cesgranrio – Petrobras – Todos os Cargos (Nível Superior) – 2010) Em "**afinal**, sou humano...", o elemento destacado é um operador argumentativo de:
    a) condição;   c) conclusão;   e) concessão.
    b) consequência;   d) conformidade;

Capítulo 34 • Compreensão/Interpretação de Textos e Tipologia Textual **889**

10. (ADVISE – SESC/CE – Biblioteconomista – 2010)

A FÉ CURA

Pesquisas sugerem novíssimas evidências de que a religiosidade tem o poder de auxiliar na cura de vários problemas de saúde – de tumores a depressão.

por RAQUEL DE MEDEIROS

A recuperação de pacientes com câncer está diretamente ligada à sua religiosidade. Taxativo assim é o resumo dos resultados de um estudo realizado na Universidade de São Paulo, que foi divulgado há pouco. "Para começar, os pacientes que têm uma crença religiosa se mostram mais confiantes para lutar contra a doença", explica a psicóloga Joelma Ana Espíndula, que liderou a pesquisa. O trabalho ouviu 12 voluntários em tratamento e 11 especialistas em oncologia do Hospital Beneficência Portuguesa, em Ribeirão Preto, no interior paulista. O surpreendente é que até mesmo os profissionais de saúde entrevistados ressaltaram a importância da religião para a melhora do quadro dos doentes. "A maioria deles acredita que a fé ajuda a superar um problema grave. Os médicos dizem que o sistema imunológico desses indivíduos aparenta ser mais resistente, e talvez por isso eles apresentem uma recuperação mais satisfatória", conclui Joelma.

Outro estudo, que leva a assinatura da Universidade de Toronto, no Canadá, revela que a fé é um santo remédio contra a ansiedade e a depressão. Ele prova que pessoas religiosas ou que apenas acreditam na existência de Deus são menos angustiadas e sentem menor culpa em relação aos próprios erros. Os especialistas avaliaram a mente de 51 universitários por meio de testes e da eletroencefalografia, método que se vale de eletrodos dispostos na cabeça para medir as correntes elétricas do cérebro. A maioria dos participantes era cristã, mas no grupo também havia muçulmanos, hindus, budistas e ateus. "Nossa principal descoberta foi perceber que há um elo entre as crenças religiosas e a atividade de uma parte da massa cinzenta chamada de córtex cingulado anterior", conta a SAÚDE! O psicólogo Michael Inzlicht, que coordenou a pesquisa. "Quanto mais as pessoas acreditam em Deus, menos atuante é essa região". Só para ter uma ideia, o córtex cingulado anterior costuma trabalhar em dobro em indivíduos pra lá de ansiosos. O sentido que a religião dá para a vida dos pacientes pode ser a chave para explicar esse fenômeno. "Suspeitamos que se trata de uma proteção contra a ansiedade e a depressão porque ela dá um significado para a vida", afirma Inzlicht. A oncologista Nise Yamaguchi, de São Paulo, compartilha da mesma opinião. "A performance física de um indivíduo depende de aspectos emocionais, mentais e espirituais. Quem acredita que a vida continua após a morte tem uma postura diferente da pessoa que não crê na continuidade", diz Nise, uma das mais conceituadas especialistas em câncer do país. (...)

Para dar consistência a seu texto, Raquel Medeiros utiliza-se de estratégias argumentativas. Dentre as estratégias listadas abaixo, qual a autora emprega com mais frequência?

a) relação de causa e consequência;
b) apelo emocional;
c) comparação/contraste;
d) dados estatísticos;
e) argumentos de autoridade.

11. (FCC – TRF (4ª R) – Analista Judiciário (Taquigrafia) – 2010) (Adaptada) A afirmação abaixo está correta ou incorreta?

Ao se dirigir ao juiz, pediu-lhe o advogado de defesa que adiasse a sessão, informando ao magistrado que sua principal testemunha estava adoentada e, por essa razão, impossibilitada de comparecer.

– Em discurso direto, a fala correta do advogado seria: Solicito-lhe, Meritíssimo, que adie a sessão, uma vez que minha principal testemunha encontra-se adoentada, o que a impede de comparecer.

12. (FCC – AL-SP – Agente Técnico Legislativo – 2010) O velho e divertido Barão de Itararé já reivindicava (...): "Restaure-se a moralidade, ou então nos locupletemos todos!".

Transpondo-se adequadamente o trecho acima para o discurso indireto, ele ficará: *O velho e divertido Barão de Itararé já reivindicava que:*

a) *ou bem se restaurasse a moralidade, senão nos locupletaríamos todos.*
b) *fosse restaurada a moralidade, ou então que nos locupletássemos todos.*
c) *seja restaurada a moralidade, ou todos nos locupletávamos.*
d) *seria restaurada a moralidade, caso contrário nos locupletássemos.*
e) *a moralidade seja restaurada, quando não venhamos a nos locupletar.*

890   A Gramática para Concursos Públicos • Fernando Pestana

13. (FMZ/AP – SEAD/AP – Agente Penitenciário – 2010) O exercício diário da meditação limpa as impurezas impregnadas em nossa mente, como medo, raiva, ansiedade e culpa. Classificadas na Ayurveda (a tradicional medicina indiana) como mais perigosas toxinas que existem, essas emoções negativas nos desequilibram e quando se transformam em hormônios de estresse, causam envelhecimento precoce. Portanto, ao meditar, praticamos um exercício de rejuvenescimento – ao mesmo tempo em que aumentamos a produtividade, a criatividade, a concentração e a inteligência. Mais: a mente apaziguada auxilia na prevenção de doenças e acelera a recuperação física. E ainda é a melhor ferramenta para o autoconhecimento, o autodesenvolvimento e a realização espontânea dos desejos.

Agora, vamos à ação: coluna ereta solas dos pés firmes apoiadas no chão, feche os olhos e coloque atenção na respiração. Observe o ar entrando e saindo dos pulmões. E só. Em inglês, o estado meditativo é definido "restful alertness", que pode ser traduzido como "estado de alerta relaxado".

Não é uma delícia? Pratique hoje por 5 minutos, e amanhã, e depois e, gradativamente, vá aumentando esse tempo. O ideal é chegar a meia hora diária. Melhor ainda se conseguir meditar ao amanhecer e no fim do dia. Mas se entre o ideal e o possível a distância é grande, não se incomode. Faça o que der para a sua realidade. Você verá que nesse processo, a cada dia, fica mais fácil viver. Simples assim.

Analisando a forma de organização do texto, podemos dizer que ele se estrutura predominantemente por meio de sequências linguístico-textuais, denominadas de:
a) descrição e argumentação;
b) exposição e injunção;
c) narração e descrição;
d) argumentação e narração;
e) conversa e argumentação.

14. (Esaf – Auditor-Fiscal do Trabalho – AFT – MTE – 2010) A década de 1980 foi o marco do surgimento de um novo ator social nos países ricos: o *novo-pobre (nouveau-pauvre)*. Corolário do desmoronamento do sistema de proteção social, em um quadro agravado pela revolução tecnológica, que automatizou o sistema produtivo sem gerar novos postos de trabalho, esse novo personagem vai materializar uma inesperada e imprevisível reprodução, no mundo desenvolvido, do problema da desigualdade social, tão comum no terceiro mundo.

O *novo-pobre* é, cada vez mais, a expressão do fenômeno *da exclusão social*. Não é mais um indivíduo que está *à margem*, mas, sim, *fora* do sistema econômico e social prevalente. Não tem acesso ao mercado de trabalho (nem mesmo informal), não tem perspectiva de engajamento (independentemente de seu grau de qualificação profissional) e, cada vez mais, vai ficando de fora dos mecanismos de proteção social do moribundo *welfare state*.

No caso da *periferia*, o fenômeno global da emergência do *novo-pobre*, deserdado do neoliberalismo, soma-se ao histórico problema da pobreza. Os *velhos-pobres*, em países como o Brasil, são atores presentes na formação da sociedade nacional desde seus primórdios. O que se apresenta como fato novo é a constatação de que estes últimos caíram dos patamares da pobreza para os da miséria. E isso é tão evidente como tão mais urbana foi-se tornando a sociedade.

Assinale a opção que apresenta ideia que se confirma no texto.
a) A categoria social *novo-pobre* aplica-se à realidade observada apenas nos países pobres.
b) O processo de urbanização verificado no mundo na década de 1980 foi o fator principal do surgimento de um novo ator social, fadado à exclusão social.
c) Os efeitos do neoliberalismo no sistema produtivo são observados, a partir de 1980, tanto em países ricos quanto no terceiro mundo.
d) A partir da década de 1980, verifica-se a substituição do processo histórico de marginalização social pelo de exclusão, fenômeno que atinge exclusivamente as populações da periferia dos países do terceiro mundo.
e) Dado estar o neoliberalismo atrelado à exclusão social, não surpreende que seus efeitos se tenham manifestado nos países ricos, nos quais, à semelhança do que ocorreu no terceiro mundo a partir de 1980, a desigualdade social instaurou-se.

15. Leia:
Com devoção e entusiasmo, o sul do mundo copia e multiplica os piores costumes do norte. E do norte não recebe as virtudes, mas o pior: torna suas a religião norte-americana do automóvel e do desprezo pelo transporte público bem como toda a mitologia da liberdade de mercado e da sociedade de consumo. E o sul também recebe, de braços abertos, as fábricas mais porcas, as mais inimigas da natureza, em troca de salários que dão saudade da escravidão. No entanto, cada habitante do norte consome, em média, dez vezes mais petróleo, gás e carvão; e, no sul, apenas uma de cada cem pessoas tem carro próprio. Gula e jejum do cardápio ambiental: 75% da contaminação do mundo

Capítulo 34 • Compreensão/Interpretação de Textos e Tipologia Textual   **891**

provêm de 25% da população. E, nessa minoria, claro, não figuram o bilhão e duzentos milhões que vivem sem água potável nem o bilhão e cem milhões que, a cada noite, vão dormir de barriga vazia. Não é "a humanidade" a responsável pela *devoração* dos recursos naturais nem pelo apodrecimento do ar, da terra e da água. O poder encolhe os ombros: quando este planeta deixar de ser rentável, mudo-me para outro.

De acordo com o autor do texto, não é um fenômeno positivo que:
a)   apenas uma em cada cem pessoas dos países do hemisfério norte possua automóvel.
b)   75% da população mundial utilize água potável e se alimente de forma saudável.
c)   os países do norte do mundo atribuam a culpa por todas as mazelas da sociedade global aos países do hemisfério sul.
d)   o desenvolvimento dos países ricos seja pautado, principalmente, na instalação de indústrias nos países do hemisfério sul.
e)   ações predatórias do modelo de desenvolvimento de países ricos sejam bem recebidas nos países do hemisfério sul.

16. Em relação às ideias do texto abaixo, assinale a opção correta.
Na história do capitalismo, as crenças a respeito da relação entre Estado e mercado seguem uma dinâmica pendular, chegando a atingir os extremos do espectro ideológico. Períodos de maior confiança no livre mercado e na desregulamentação podem permitir intenso crescimento econômico, mas em geral se associam a deslocamentos abruptos e nocivos no tecido social. A reação comum nos momentos subsequentes, em especial após uma crise, é uma meia-volta em favor de maior intervenção do Estado.
Depois de 20 anos de marcante crescimento global, quando reinou o ultraliberalismo no Ocidente e irromperam a revolução da tecnologia da informação, a globalização acelerada e o protagonismo da China, nova reviravolta pendular foi deflagrada pela crise financeira de 2008, que fez ressurgir em muitos meios a crença no "Estado grande". Os adeptos desse *slogan* em geral colocam Estado e mercado como opostos. É um erro. Trata-se mais de uma simbiose do que de uma luta, pois, longe de existir em si mesmo, o mercado está inserido nas estruturas da sociedade e, por conseguinte, na política. Mas o fato é que, se antes o risco do ultramercadismo prevalecia, agora é a ameaça do ultraestatismo que cabe combater.
a)   Predomina na história do capitalismo a ideologia da desregulamentação.
b)   A confiança no livre mercado produz crescimento econômico sem crises.
c)   O ultraliberalismo provocou e intensificou o protagonismo da China.
d)   A crise financeira de 2008 estimulou a crença no intervencionismo do Estado.
e)   O mercado funciona de forma independente em relação ao Estado.

17. (Cespe/UnB – Correios – Analista de Correios (Letras) – 2011) *Você não acha que, daqui um tempo, todo mundo vai depender de tecnologias digitais para gerenciar a vida?"*
*É claro que sim. Quem disser que não estará reproduzindo o discurso daquelas pessoas que eram contrárias às linhas férreas, por exemplo. Elas diziam que aquilo não era seguro, que era mais fácil lidar com carroças e cavalos. Isso não existe! Nós vivemos na era da informação e as nações que quiserem realmente estar nesse tempo devem colocar cada vez mais informações na rede. **Não acredito** que seja possível nos desligarmos dessa dependência tecnológica, ainda mais se nós realmente quisermos nos manter competitivos. O que nós precisamos fazer é nos preparar para essa onda tecnológica.*
Na argumentação formulada como resposta à indagação proposta no início do fragmento de texto acima, o entrevistado recorre à estratégia de se posicionar a respeito da pergunta feita, tal como se percebe no emprego da expressão "Não acredito".
(   ) CERTO   (   ) ERRADO

18. (Cespe/UnB – IFB – Cargos de Nível Médio – 2011) O uso do imperativo "Acalmem-se" é uma das estratégias utilizadas pelo autor para aproximar a linguagem do texto da modalidade oral e para envolver o leitor, pondo-o no centro da mensagem.
(   ) CERTO   (   ) ERRADO

19. (Cespe/UnB – Analista de Correios (Letras) – 2011) Cinco curiosidades sobre Erasmo de Rotterdam (1467-1536)
Nos primeiros anos como seminarista, em Bois le Due, na Holanda, Erasmo dedicou-se mais à pintura e à música do que à filosofia e à religião.
Grande parte do êxito intelectual de Erasmo deu-se ao estudar os grandes clássicos humanistas enquanto seus colegas de monastério estavam nos cultos religiosos.

892 A Gramática para Concursos Públicos • Fernando Pestana

Foi na biblioteca do monastério, durante os estudos, que aprendeu e desenvolveu o domínio do latim – língua que o faria conhecido em toda a Europa.

Em 1508, Erasmo foi para Veneza, na Itália, e conheceu o famoso impressor Aldo Manúcio, que havia imprimido o seu livro Adágios.

Na Universidade de Oxford, terminou os estudos da língua grega – idioma dominado apenas por eruditos. A partir de então, conheceu o filósofo Juan Colet, que lhe apresentou a primeira versão da Bíblia. O acesso ao livro foi decisivo para Erasmo se afastar da filosofia escolástica.

O texto, de caráter informativo, é exemplo do gênero biografia.

( ) CERTO   ( ) ERRADO

20. (Cespe/UnB – STM – Analista Judiciário – 2011) Embora pareça absurdo, por muito tempo os exercícios físico--militares fizeram parte dos currículos das escolas civis brasileiras. Isso ocorreu na passagem do século XIX para o XX, período marcado por uma grande tensão política e militar entre as nações europeias, e que levou à Primeira Guerra Mundial. Os exercícios físico-militares eram ensinados por professores e militares e tinham como objetivo preparar os alunos para que pudessem defender a nação em conflitos armados no futuro.

A prática dos exercícios físico-militares nas escolas fazia parte de uma filosofia educacional geralmente desconhecida por regentes e pais. Alguns desses acreditavam que seus filhos corriam o risco de ter de entrar para a carreira militar por estarem participando dessas aulas nas escolas. Também havia aqueles que não viam qualquer sentido ou utilidade nos exercícios. Outros apontavam os riscos para a saúde de crianças e jovens, especialmente por inexistirem espaços físicos para a realização das atividades.

A falta de militares, professores mal preparados e a oposição dos pais criaram dificuldades para a realização dos exercícios nas escolas brasileiras. Havia um sentimento generalizado de que essas atividades representavam a formação de um espírito belicista, estranho à realidade brasileira. Em meados do século XX, esses exercícios caíram em desuso nas escolas. O fim da Segunda Guerra Mundial e a necessidade de se estabelecer um ambiente mais pacífico entre as nações certamente contribuíram muito para isso.

O texto filia-se ao gênero informativo, o que justifica a predominância do emprego de linguagem denotativa.

( ) CERTO   ( ) ERRADO

21. (Cesgranrio – Petrobras – Administração Júnior – 2012)

Um circo e um antipalhaço

Em 1954, numa cidadezinha universitária dos Estados Unidos, vi "o maior circo do mundo", que continua a ser o sucessor do velho Barnum & Bailey, velho conhecido dos meus primeiros dias de estudante nos Estados Unidos. Vi então, com olhos de adolescente ainda um tanto menino, maravilhas que só para os meninos têm plenitude de encanto. Em 1954, revendo "o maior circo do mundo", confesso que, diante de certas façanhas de acrobatas e domadores, senti-me outra vez menino.

(...)

O gênio de organização dos anglo-americanos é qualquer coisa de assombrar um latino. Arma e desarma um circo gigante como se armasse ou desarmasse um brinquedo de criança. E o que o faz com os circos, faz com os edifícios, as pontes, as usinas, as fábricas: uma vez planejadas, erguem-se em pouco tempo do solo e tomam como por mágica relevos monumentais.

(...)

Os trechos de "Em 1954 [...] encanto" e "O gênio de organização [...] monumentais" caracterizam-se, quanto ao tipo de texto predominante, por serem, respectivamente:

a) descrição e narração;   c) narração e descrição;   e) argumentação e narração.
b) narração e argumentação;   d) argumentação e descrição;

22. (FCC – TRE-RS – Defensor Público – 2011) A transformação da frase "Eu nunca parei de pensar sobre isso", disse Goodwin, para discurso indireto é:

a) Goodwin disse que nunca parara de pensar sobre aquilo.
b) Goodwin diz que nunca tivera parado de pensar sobre aquilo.
c) Goodwin disse: "Eu nunca parei de pensar sobre isso".
d) Goodwin diz: "Eu nunca parei de pensar sobre isso".
e) Goodwin disse o que pensava sobre aquilo.

Capítulo 34 • Compreensão/Interpretação de Textos e Tipologia Textual   **893**

Texto para as questões de 23 a 25:

PLANEJAMENTO PRETENDE DESBUROCRATIZAR

Brasília, 22/12/2011 – Para desburocratizar e modernizar a administração pública federal, o Ministério do Planejamento, Orçamento e Gestão (MPOG) assinou acordo de cooperação com o Instituto Nacional de Tecnologia da Informação (ITI). O objetivo do termo é propor e implementar o Plano Nacional de Desmaterialização de Processos (PNDProc), que prevê a utilização da documentação eletrônica em todos os trâmites de processos. O extrato do pacto entre as entidades foi publicado nesta quarta-feira, 21, no Diário Oficial da União.

Delfino Natal de Souza, secretário de logística e tecnologia da informação, defende que esta nova modalidade de gestão de documentos irá modernizar a gestão pública ao permitir que o gerenciamento de processos seja feito de forma eletrônica. "Na prática significa o reconhecimento de um documento digital. Significa nascer, ser encaminhado e decidido sem a utilização de papel", explica.

O acordo, que tem duração de três anos, prevê a criação de normas, implantação de projeto piloto, definição de padrões, metodologias e soluções tecnológicas para a disseminação do plano.

Para divulgar o PNDProc, também estão previstas no termo de cooperação a capacitação de servidores públicos que atuam na área de documentação, como os que trabalham em protocolos e secretarias, por exemplo.

Como órgão central do Sistema de Administração dos Recursos de Tecnologia da Informação (SISP), a Secretaria de Logística e Tecnologia da Informação (SLTI) deve prover o suporte para a realização das ações do PNDProc. A secretaria deve ainda atender aos Padrões de Interoperabilidade do Governo Eletrônico (e-Ping) e também do Modelo de Acessibilidade de Governo Eletrônico (e-MAG) na implementação do plano.

O secretário explica ainda que o acordo não prevê a digitalização de processos antigos. "As ações para a implantação do plano serão feitas no trâmite de novas documentações", relata. (Ministério do Planejamento)

23. (CEPERJ – SEPLAG – Analista de Planejamento e Orçamento – 2012) O primeiro parágrafo do texto desempenha a função de:
    a) despertar a curiosidade do leitor em relação ao conteúdo do texto;
    b) resumir os tópicos mais importantes do projeto publicado;
    c) explicar ao leitor menos informado as finalidades do MPOG;
    d) demonstrar a necessidade do processo de desburocratização proposto;
    e) justificar a necessidade de cooperação do MPOG com o ITI.

24. (CEPERJ – SEPLAG – Analista de Planejamento e Orçamento – 2012) O texto apresentado é do tipo informativo. Entre as marcas abaixo, aquela que é <u>inadequada</u> em relação a esse tipo de texto é:
    a) O enunciador do texto informativo é dono de um saber desconhecido do público leitor a que o texto se destina.
    b) O conteúdo do texto informativo pressupõe um interesse qualquer por parte do público leitor.
    c) A variedade linguística do texto informativo, pelo próprio fato de pretender que algo seja divulgado, é popular e informal.
    d) O texto informativo tem sua qualidade relacionada à precisão e atualidade das informações prestadas.
    e) A credibilidade e a autoridade do meio de divulgação é parte importante da eficiência do que é informado.

25. (CEPERJ – SEPLAG – Analista de Planejamento e Orçamento – 2012) Instituto Nacional da Tecnologia da Informação (ITI) é o nome da instituição com quem o MPOG assinou acordo de cooperação. Pelo que é expresso no texto, esse parceiro se encarregará de:
    a) substituir a documentação eletrônica por outra mais moderna;
    b) contornar o desconhecimento de usuários em relação à Informática;
    c) gerenciar os processos de forma a empregar pouco papel;
    d) digitalizar os processos antigos, em algum momento futuro;
    e) capacitar mão de obra para a implantação do projeto.

26. (CEPERJ – ITE/RJ – Analista de Gestão Organizacional (ADM) – 2012)
    A consolidação da regularização fundiária como política urbana no Brasil
    A promulgação da Constituição Federal em 1988 coroou o longo processo de democratização do país iniciado, ainda, no final dos anos 1970. A democratização do país foi a ocasião propícia para uma reflexão mais acurada sobre a integração socioespacial das camadas urbanas mais desprotegidas, tanto no plano jurídico quanto no plano social. Diante das pressões dos movimentos sociais urbanos, o capítulo constitucional sobre a política urbana (artigos 182 e 183) reconheceu que tanto a propriedade quanto a própria cidade devem exercer uma função social. Esse mesmo

artigo estabeleceu que o município exerce, de agora em diante, um papel central na elaboração e na aplicação das políticas de desenvolvimento urbano local. O instrumento de base dessa política é doravante o Plano Diretor municipal, exigência constitucional para todas as cidades com mais de 20 mil habitantes. As disposições desse capítulo constitucional se focalizam, assim, na instituição de medidas aptas a dissuadir a concentração especulativa do solo, assim como possibilitar a legalização das formas informais de acesso à moradia.

Este último aspecto revela-se crucial diante do índice de informalidade fundiária das cidades brasileiras. Segundo Edésio Fernandes (2002, p.52), essa informalidade pode atingir, por exemplo, quase 50% da população das duas principais metrópoles brasileiras (São Paulo e Rio de Janeiro). Ao regulamentar as disposições do supracitado capítulo constitucional, a lei do Estatuto da Cidade (Lei nº 10.257 de 10 de julho de 2001) contribuiu para consolidar a regularização fundiária como uma das principais diretrizes da política urbana no Brasil. Antes de analisarmos as disposições da legislação brasileira sobre esse assunto, impõe-se, inicialmente, uma breve análise das diferentes questões sociopolíticas relativas à legalização do solo.

A regularização fundiária consiste em regularizar a posse dos habitantes e promover a urbanização do local sem recorrer à remoção da população para outras localidades. A regularização fundiária é frequentemente limitada à transferência de títulos fundiários, sobretudo os de propriedade privada. Medida, aliás, preconizada como "solução milagrosa" pelas instituições internacionais e celebrizada, nos últimos anos, pelos trabalhos do economista peruano Hernando de Soto. Os governos dos países em desenvolvimento abandonaram, a partir dos anos 1980, os esforços para a construção em massa de moradias populares na periferia das cidades e se concentraram, sobretudo, na ideia de que a legalização do informal, aliada a uma desregulamentação mais acentuada do mercado imobiliário, poderia atenuar o preço do solo, suscitando, enfim, uma oferta mais consistente de moradias, erguidas, geralmente, pela autoconstrução. O balanço que se obtém 20 anos mais tarde é, todavia, um enorme fracasso. A regularização fundiária, onde foi efetivamente realizada, liberou o solo e desencadeou uma pressão do mercado imobiliário sobre os bairros beneficiados que eram, até então, relativamente protegidos, justamente em razão da sua ilegalidade. O fenômeno atual de segregação urbana torna-se, assim, mais um produto derivado das leis de mercado que o resultado da recusa, por parte das autoridades públicas, do reconhecimento oficial da existência dos bairros informais. A solução do mercado originou outras formas de exclusão que apenas fizeram aumentar o círculo de informalidade, agora concentrado nas regiões cada vez mais periféricas, insalubres e/ou ecologicamente precárias das cidades.

Esse modelo, ao menos no caso específico das favelas, foi apenas parcialmente aplicado no Brasil. A política de urbanização das favelas, implementada a partir dos anos 1980, não foi necessariamente seguida da regularização fundiária plena desses espaços. A ilegalidade fundiária, conjugada à violência imposta pelos narcotraficantes num grande número de favelas, desestimula, nos dias atuais, a entrada dos grandes promotores imobiliários no mercado imobiliário das favelas. O fim das políticas de remoções em massa e a ausência de um controle público mais efetivo sobre o crescimento das favelas asseguraram, todavia, a relativa segurança da posse dos habitantes das favelas e o florescimento do mercado imobiliário no interior desses espaços. Esse mercado se apresenta concentrado nas mãos de alguns "latifundiários", muitas vezes ligados às redes mafiosas locais. A flexibilidade urbanística nas favelas permite, ainda, uma oferta consistente de habitações a preços reduzidos. A despeito da especulação imobiliária, as favelas se revelam, pelo menos por enquanto, um relevante meio de acesso à moradia para as camadas mais desfavorecidas das metrópoles brasileiras.

Nesse contexto, a regularização fundiária deve-se concentrar menos sobre uma lógica mercadológica de fluidificação das transações imobiliárias e de alargamento da base fundiária fiscal do município do que sobre a redução da insegurança que afeta as relações fundiárias, como aliás já destacou a campanha pela segurança da posse, promovida pela UN-Habitat, desde 1997. A precariedade jurídica do acesso ao solo nas favelas sempre serviu como justificativa não somente para as expulsões arbitrárias, mas também para a ausência de serviços públicos adequados nesses espaços. A insegurança fundiária também limitou o investimento dos moradores em suas casas e em seus bairros. A regularização fundiária se manifesta, assim, como um elemento imprescindível para se materializar o direito à moradia, integrando, aliás, esse direito específico ao leque de direitos que constitui o direito à cidade.

A legalização da moradia garante, de fato, direitos sociopolíticos às populações das favelas que adquirem recursos jurídicos indispensáveis para enfrentar os diferentes conflitos de ordem fundiária/imobiliária, seja entre vizinhos, seja ante os pretensos proprietários dos terrenos ocupados pela favela, ou mesmo ante as autoridades públicas. A regularização fundiária pode, por sua vez, desempenhar um importante papel na planificação urbana, por meio da imposição de regras urbanísticas às construções e ao uso do solo nas favelas. Dependendo da natureza do título outorgado aos habitantes, ela pode até mesmo contribuir ativamente para a gestão do fundiário, limitando tanto a excessiva valorização do solo quanto o aumento da exclusão espacial no interior das metrópoles.

Capítulo 34 • Compreensão/Interpretação de Textos e Tipologia Textual   **895**

O texto é um fragmento de artigo acadêmico. Dentre as características desse gênero, o texto <u>não</u> apresenta:
a) predomínio da impessoalidade;
b) citações explícitas de outros textos;
c) preponderância de sequências descritivas;
d) emprego da norma de prestígio;
e) presença de argumentação.

Texto para as questões de 27 a 29:

A Nova Riqueza dos Pobres

Dezembro é o mês das compras, como maio é o das noivas, agosto é o do desgosto, junho é o das fogueiras e fevereiro é o do Carnaval. Os estudantes aguardam dezembro como o mês das férias; as crianças, como o do Natal. Para os trabalhadores, é o mês em que eles pensam que estão mais ricos.

Recebem o 13º salário ou parte dele – e compram. A verdade é que já há algum tempo vêm se sentindo menos pobres, vêm comprando. Compram de tudo. Um compra geladeira nova porque a velha, bom, gelar ela gelava direitinho, mas gastava muita energia. Outro compra televisão nova porque a velha não tem tela plana de LCD, 42 polegadas, e a vizinha pensa que é melhor do que a gente só porque comprou uma de 36 polegadas. Compram DVD, celular para a filha adolescente, forno de micro-ondas, MP3, 4, 5, freezer, videogames, fogão novo, carro. Qual é a mágica? É a prestação que "cabe no bolso".

Perdiam dinheiro para a inflação, agora perdem para os juros. Em vez de guardarem o dinheiro por seis meses e comprarem à vista com desconto, preferem parcelar em doze meses e pagar o dobro, ou em 24 meses e pagar o triplo. Ficam na mão de espertos, aqueles que lucravam com especulações de curto prazo durante a grande inflação e agora lucram financiando prestações. Os novos compradores não fazem essa conta. Cabendo no orçamento do mês, pagam. Querem se sentir parte da grande nação de consumidores, participar da vida colorida dos anúncios da televisão, esquecer por um momento que não têm escola, atendimento médico, transporte, esgoto, segurança...

O marido da senhora que faz limpeza na casa de uma amiga esteve desempregado quase um ano. Como não tem nenhum preparo técnico, integrava a turma do bico. Arranjou emprego e, no dia do primeiro pagamento, ele e a mulher compraram uma geladeira nova. Três meses depois, ele estava desempregado outra vez, de volta ao bico. Não se abalaram. O que importa para eles é que a geladeira está em casa há quatro meses e estão conseguindo pagar, seguem tocando a vida.

– Se nós não tivesse comprado a geladeira, não ia comprar nunca – diz ela, otimista, bebendo sua água geladinha e mantendo protegido o leite das crianças.

Essa atitude otimista acontece em um momento crítico para o trabalhador no mundo. Caem os investimentos e o comércio entre as nações. As indústrias investem em processos de produção que rendem mais e custam menos. Novas tecnologias provocam dispensas, e não só por lá. Resulta o que se poderia chamar de globalização do olho da rua. Mais de 200 milhões de trabalhadores formais perderam o emprego no mundo, segundo a Organização Internacional do Trabalho; quase 1 bilhão de pessoas em condições de trabalhar não encontram vagas, 700 milhões vivem de expedientes, se virando. É a globalização do bico. Milhões sem conta não conseguem nem se virar. É a globalização do dane-se.

Os temores que a crise lá de fora desperta nos analistas e alarmistas daqui parecem não atingir os moradores das áreas carentes das grandes cidades brasileiras. É fantástica a capacidade que eles têm de acreditar no melhor, em meio à incerteza.

Se alguma conclusão se pode tirar da ingênua tendência compradora daqueles que têm tão pouco, é a de que ela nasce de um incompreensível otimismo – incompreensível para nós, atormentados da classe média. Ao redor deles pipocam dificuldades, mas eles, confiantes, jogam com o destino como se ele fosse uma Mega-Sena que um dia vai dar.

27. (CEPERJ – Degase – Agente Socioeducativo – 2012) O texto é uma crônica, que comenta um aspecto da vida cotidiana a partir da visão do autor.
O fragmento que melhor demonstra a presença de uma opinião do autor é:
a) "Dezembro é o mês das compras, como maio é o das noivas..."
b) "Recebem o 13º salário ou parte dele – e compram."
c) "A queda da inflação deixou sobrar no bolso deles a parte do salário que se queimava na fogueira do aumento de preços."
d) "Em vez de guardarem o dinheiro por seis meses e comprarem à vista com desconto, preferem parcelar em doze meses e pagar o dobro..."
e) "As indústrias investem em processos de produção que rendem mais e custam menos."

896 A Gramática para Concursos Públicos • Fernando Pestana

28. A pequena narrativa do caso da senhora que faz limpeza na casa da amiga do cronista cumpre, no texto, a seguinte função:
   a) Contestar dados estatísticos posteriormente citados.
   b) Exemplificar atitude posteriormente descrita.
   c) Detalhar casos anteriormente narrados.
   d) Contradizer ideia anteriormente exposta.
   e) Reforçar discurso constantemente relatado.

29. "Resulta o que se poderia chamar de **globalização do olho da rua**.[...] É a **globalização do bico**. [...] É a **globalização do dane-se**".
   A sequência acima caracteriza a globalização a partir da desestruturação do mundo do trabalho.
   Do ponto de vista dos recursos da linguagem é correto afirmar que, no contexto, ocorre uma:
   a) gradação, com o aumento progressivo das dificuldades;
   b) contradição, entre os modos de sobrevivência do desempregado;
   c) ênfase, com a intensificação da afirmativa inicial;
   d) retificação, pela correção gradual das informações iniciais;
   e) exemplificação, pelo relato de situações específicas.

30. (CEPERJ – Procon/RJ – Agente de Proteção e Defesa do Consumidor – 2012)

O LENDÁRIO PAÍS DO RECALL
Moacyr Scliar

"MINHA QUERIDA DONA: quem lhe escreve sou eu, a sua fiel e querida boneca, que você não vê há três meses. Sei que você sente muitas saudades, porque eu também sinto saudades de você. Lembro de você me pegando no colo, me chamando de filhinha, me dando papinha... Você era, e é, minha mãezinha querida, e é por isso que estou lhe mandando esta carta, por meio do cara que assina esta coluna e que, sendo escritor, acredita nas coisas da imaginação. Posso lhe dizer, querida, que vivi uma tremenda aventura, uma aventura que em vários momentos me deixou apavorada. Porque tive de viajar para o distante país do recall.

Aposto que você nem sabia da existência desse lugar; eu, pelo menos, não sabia. Para lá fui enviada. Não só eu: bonecas defeituosas, ursinhos idem, eletrodomésticos que não funcionavam e peças de automóvel quebradas. Nós todos ali, na traseira de um gigantesco caminhão que andava, andava sem parar.

Finalmente chegamos, e ali estávamos, no misterioso e, para mim, assustador país do recall. Um homem nos recebeu e anunciou, muito secamente, que o nosso destino em breve seria traçado: as bonecas (e os ursinhos, e outros brinquedos, e objetos vários) que tivessem conserto seriam consertados e mandados de volta para os donos; quanto tempo isso levaria era imprevisível, mas três meses era o mínimo. Uma boneca que estava do meu lado, a Liloca, perguntou, com os olhos arregalados, o que aconteceria a quem não tivesse conserto. O homem não disse nada, mas seu sorriso sinistro falava por si.

Passamos a noite num enorme pavilhão destinado especialmente às bonecas. Éramos centenas ali, algumas com probleminhas pequenos (um braço fora do lugar, por exemplo), outras já num estado lamentável. Estava muito claro que para várias de nós não haveria volta.

Naquela noite conversei muito com minha amiga Liloca – sim, querida dona, àquela altura já éramos amigas. O infortúnio tinha nos unido. Outras bonecas juntaram-se a nós e logo formamos um grande grupo. Estávamos preocupadas com o que poderia nos suceder.

De repente a Liloca gritou: "Mas, gente, nós não somos obrigados a aceitar isso! Vamos fazer alguma coisa!". Nós a olhamos, espantadas: fazer alguma coisa? Mas fazer o quê?

Liloca tinha uma resposta: vamos tomar o poder. Vamos nos apossar do país do recall.

No começo, aquilo nos pareceu absurdo. Mas Liloca sabia do que estava falando. A mãe da dona dela tinha sido uma militante revolucionária e sempre falava nisso, na necessidade de mudar o mundo, de dar o poder aos mais fracos. Ora, dizia Liloca, ninguém mais fraco do que nós, pobres, desamparados e defeituosos brinquedos. Não deveríamos aguardar resignadamente que decidissem o que fazer com a gente.

De modo, querida dona, que estamos aqui preparando a revolução. Breve estaremos governando o país do recall. Mas não se preocupe, eu a convidarei para uma visita. Você poderá vir a qualquer hora. E não precisará de recall para isso".

O texto enquadra-se no gênero carta, o que pode ser percebido, dentre outros traços, pela seguinte marca linguística:
   a) narração detalhada;
   b) citações entre aspas;
   c) interrogações diretas;
   d) recursos de humor;
   e) vocativo inicial.

Capítulo 34 • Compreensão/Interpretação de Textos e Tipologia Textual   **897**

Economia relígiosa

Concordo plenamente com Dom Tarcísio Scaramussa, da CNBB, quando ele afirma que não faz sentido nem obrigar uma pessoa a rezar nem proibi-la de fazê-lo. A declaração do prelado vem como crítica à professora de uma escola pública de Minas Gerais que hostilizou um aluno ateu que se recusara a rezar o pai-nosso em sua aula. É uma boa ocasião para discutir o ensino religioso na rede pública, do qual a CNBB é entusiasta. Como ateu, não abraço nenhuma religião, mas, como liberal, não pretendo que todos pensem do mesmo modo. Admitamos, para efeitos de argumentação, que seja do interesse do Estado que os jovens sejam desde cedo expostos ao ensino religioso. Deve-se então perguntar se essa é uma tarefa que cabe à escola pública ou se as próprias organizações são capazes de supri-la, com seus programas de catequese, escolas dominicais etc.

A minha impressão é a de que não faltam oportunidades para conhecer as mais diversas mensagens religiosas, onipresentes em rádios, TVs e também nas ruas. Na cidade de São Paulo, por exemplo, existem mais templos (algo em torno de 4.000) do que escolas públicas (cerca de 1.700). Creio que aqui vale a regra econômica, segundo a qual o Estado deve ficar fora das atividades de que o setor privado já dá conta.

Outro ponto importante é o dos custos. Não me parece que faça muito sentido gastar recursos com professores de religião, quando faltam os de matemática, português etc. Ao contrário do que se dá com a religião, é difícil aprender física na esquina.

Até 1997, a Lei de Diretrizes e Bases da Educação acertadamente estabelecia que o ensino religioso nas escolas oficiais não poderia representar ônus para os cofres públicos. A bancada religiosa emendou a lei para empurrar essa conta para o Estado. Não deixa de ser um caso de esmola com o chapéu alheio.

31. (FCC – TRT/PE (6a R) – Analista Judiciário – 2012) No que diz respeito ao ensino religioso na escola pública, o autor mantém-se:
    a) esquivo, pois arrola tanto argumentos que defendem a obrigatoriedade como o caráter facultativo da implementação desse ensino;
    b) intransigente, uma vez que enumera uma série de razões morais para que se proíba o Estado de legislar sobre quaisquer matérias religiosas;
    c) pragmático, já que na base de sua argumentação contra o ensino religioso na escola pública estão razões de ordem jurídica e econômica;
    d) intolerante, dado que deixa de reconhecer, como ateu declarado, o direito que têm as pessoas de decidir sobre essa matéria;
    e) prudente, pois evita pronunciar-se a favor da obrigatoriedade desse ensino, lembrando que ele já vem sendo ministrado por muitas entidades.

32. Atente para estas afirmações:
    I. Ao se declarar um cidadão ao mesmo tempo ateu e liberal, o autor enaltece essa sua dupla condição pessoal valendo-se do exemplo da própria CNBB.
    II. A falta de oportunidade para se acessarem mensagens religiosas poderia ser suprida, segundo o autor, pela criação de redes de comunicação voltadas para esse fim.
    III. Nos dois últimos parágrafos, o autor mostra não reconhecer nem legitimidade nem prioridade para a implementação do ensino religioso na escola pública.
    Em relação ao texto, está correto o que se afirma em:
    a) I, II e III.
    b) I e II, apenas.
    c) II e III, apenas.
    d) I e III, apenas.
    e) III, apenas.

33. Pode-se inferir, com base numa afirmação do texto, que:
    a) o ensino religioso demanda profissionais altamente qualificados, que o Estado não teria como contratar;
    b) a bancada religiosa, tal como qualificada no último parágrafo, partilha do mesmo radicalismo de Dom Tarcísio Scaramussa;
    c) as instituições públicas de ensino devem complementar o que já fazem os templos, a exemplo do que ocorre na cidade de São Paulo;
    d) o aprendizado de uma religião não requer instrução tão especializada como a que exigem as ciências exatas;
    e) os membros da bancada religiosa, sobretudo os liberais, buscam favorecer o setor privado na implementação do ensino religioso.

898 A Gramática para Concursos Públicos • Fernando Pestana

34. (Cesgranrio – PROMINP – Nível Superior – Área de Qualidade – 2012) Os extratos 1 e 2 do texto apresentam características que permitem estabelecer diferenças entre a tipologia textual.
   1) "Você começa a escrever um *e-mail* de trabalho, e é interrompido pelo toque do celular. Atende à ligação e, quando desliga, vê avisos de mensagens na telinha. Abre uma delas e, antes mesmo de responder, algum colega chama você para terminar aquela conversa que começaram de manhã..." (linhas 1-5)
   2) "Como empreendia seus próprios projetos e trabalhava de casa, o empresário não sabia mais o que era horário de expediente, final de semana ou feriados. Mas reagiu a essa falta de limites e criou espaço para folgas e diversão." (linhas 30-33)
   Considerando tais características, constata-se que o extrato:
   a) 1 é argumentação, e o 2, narração;
   b) 1 é narração, e o 2, argumentação;
   c) 1 é narração, e o 2, descrição;
   d) 1 é descrição, e o 2, argumentação;
   e) 1 é descrição, e o 2, narração.

35. (ESAF – MPOG – EPPGG – 2013) Assinale a opção que está de acordo com as informações do texto.

   Pela PEC 37, os promotores e procuradores só podem supervisionar a atuação da polícia e solicitar ações durante a elaboração de inquéritos policiais, e a investigação criminal é de competência exclusiva da Polícia Federal e da Polícia Civil. Os líderes partidários acham que, se fizerem pequenas alterações no texto da PEC, poderão obter um acordo entre procuradores e delegados. Uma das sugestões é dispor sobre a possibilidade de o Ministério Público fazer investigações em situações excepcionais – como, por exemplo, nos casos em que houver indícios de inércia e inépcia nas investigações realizadas pela polícia. A sugestão, que prevê que as investigações sejam acompanhadas pela Justiça, parece ter agradado aos promotores e procuradores. Mas os representantes dos delegados não se comprometeram com os líderes partidários – segundo eles, a proposta ainda terá de ser submetida às entidades estaduais da categoria. A rivalidade entre delegados e procuradores é antiga. Embora a Constituição de 88 atribua competências específicas aos promotores e procuradores – como patrocinar com exclusividade ações penais públicas, promover inquérito, impetrar ação civil pública e exercer o controle externo da atividade policial –, ela não faz menção às prerrogativas da categoria em matéria de investigação criminal. (O Estado de S. Paulo, Editorial, 10.06.2013, com adaptações.)
   a) A PEC 37 estabelece que promotores e procuradores tenham ampliados seus poderes de investigação criminal.
   b) A Polícia Federal e a Polícia Civil, conforme disposto na PEC 37, compartilhariam com promotores e procuradores os procedimentos da investigação criminal.
   c) A Constituição de 1988 já definia a investigação criminal como prerrogativa exclusiva de procuradores e promotores.
   d) A proposta de que procuradores e promotores acompanhem as investigações criminais empreendidas pela Polícia Federal e pela Polícia Civil foi imediata e amplamente apoiada pelos delegados.
   e) Está em negociação um acordo entre procuradores e delegados para que o Ministério Público possa fazer investigações criminais em situações excepcionais, como no caso de as ações de investigação realizadas pela polícia se mostrem insatisfatórias.

36. (FCC – TRT 16ª – Analista Judiciário (Engenharia) – 2014)

   Da utilidade dos prefácios

   Li outro dia em algum lugar que os prefácios são textos inúteis, já que em 100% dos casos o prefaciador é convocado com o compromisso exclusivo de falar bem do autor e da obra em questão. Garantido o tom elogioso, o prefácio ainda aponta características evidentes do texto que virá, que o leitor poderia ter muito prazer em descobrir sozinho. Nos casos mais graves, o prefácio adianta elementos da história a ser narrada (quando se trata de ficção), ou antecipa estrofes inteiras (quando poesia), ou elenca os argumentos de base a serem desenvolvidos (quando estudos ou ensaios). Quer dizer: mais do que inútil, o prefácio seria um estraga-prazeres.
   Pois vou na contramão dessa crítica mal-humorada aos prefácios e prefaciadores, embora concorde que muitas vezes ela proceda – o que não justifica a generalização devastadora. Meu argumento é simples e pessoal: em muitos livros que li, a melhor coisa era o prefácio – fosse pelo estilo do prefaciador, muito melhor do que o do autor da obra, fosse pela consistência das ideias defendidas, muito mais sólidas do que as expostas no texto principal. Há casos célebres de bibliografias que indicam apenas o prefácio de uma obra, ficando claro que o restante é desnecessário. E ninguém controla a possibilidade, por exemplo, de o prefaciador ser muito mais espirituoso e inteligente do que o amigo cujo

Capítulo 34 • Compreensão/Interpretação de Textos e Tipologia Textual **899**

texto ele apresenta. Mas como argumento final vou glosar uma observação de Machado de Assis: quando o prefácio e o texto principal são ruins, o primeiro sempre terá sobre o segundo a vantagem de ser bem mais curto.

Há muito tempo me deparei com o prefácio que um grande poeta, dos maiores do Brasil, escreveu para um livrinho de poemas bem fraquinhos de uma jovem, linda e famosa modelo. Pois o velho poeta tratava a moça como se fosse uma Cecília Meireles (que, aliás, além de grande escritora era também linda). Não havia dúvida: o poeta, embevecido, estava mesmo era prefaciando o poder de sedução da jovem, linda e nada talentosa poetisa. Mas ele conseguiu inventar tantas qualidades para os poemas da moça que o prefácio acabou sendo, sozinho, mais uma prova da imaginação de um grande gênio poético.

(Aderbal Siqueira Justo, inédito.)

O primeiro e o segundo parágrafos estabelecem entre si uma relação de:

a) causa e efeito, uma vez que das convicções expressas no primeiro resultam, como consequência natural, as expostas no segundo.

b) de complementaridade, pois o que se afirma no segundo ajuda a compreender a mesma tese defendida e desenvolvida no primeiro.

c) inteira independência, pois o tema do primeiro não se espelha no segundo, já que o autor do texto quer apenas enumerar diferentes estilos.

d) contraposição, pois a perspectiva de valor adotada no primeiro é confrontada com outra que a relativiza e nega no segundo.

e) similitude, pois são ligeiras as variações do argumento central que ambos sustentam em relação à utilidade e à necessidade dos prefácios.

37. (ESAF – MPOG – Analista de Planejamento e Orçamento – 2015) Texto para a questão abaixo:

Como estamos às vésperas de celebrar os 500 anos da palavra "utopia" e do romance filosófico de Thomas Morus que a consagrou, o momento é mais do que oportuno para examinar que novas feições ela adquiriu após tantos sonhos desfeitos e outros tantos pervertidos e que atualização lhe deram as expectativas geradas pela informática, pelas biotecnologias, pelas nanociências, pelas ciências cognitivas e as perspectivas de clonagem, ectogênese (fecundação de útero artificial), artificialização dos órgãos do corpo e prolongamento da vida, abertas por elas. Seu étimo grego, significando não lugar, lugar nenhum ou, trocadilhescamente, lugar da felicidade (eutropia), designou primeiro uma ilha dos mares do Novo Mundo, em que foi bater um navegante português ligado a Américo Vespúcio. Terra prodigiosa, em tudo diferente da Europa do século 16, a perfeição imperava em suas cinquenta e poucas cidades. Morus imaginou-a empolgado pela descoberta da América e do "novo homem" que a habitava. Se bem que a República platônica já configurasse uma utopia, foi na ilha "descoberta" por Rafael Hitlodeu que surgiu o conceito de utopia como representação imaginária de uma sociedade que tenha encontrado soluções exemplares para todos os seus problemas. Outras sociedades ideais, fundamentadas em leis justas e instituições político-econômicas comprometidas com o bem-estar da coletividade, nasceram da imaginação de romancistas e pensadores, nos séculos seguintes, com particular insistência no século 19, auge do utopismo socialista de Charles Fourier, Étienne Cabet, Edward Bellamy e William Morris. A esses devaneios igualitários a dupla Marx-Engels combateu e contrapôs outro, supostamente científico, cuja caracterização como utopia pode livrar a cara do comunismo, mas não das sociedades que às suas ideias básicas deram concretude, a partir da revolução bolchevique, uma utopia que virou distopia. A distopia é uma distorção ou uma mutação da utopia, um sonho que se transforma em pesadelo. A ficção científica e a literatura de antecipação são pródigas em fantasias do gênero. De Jules Verne (Capitão Nemo era um utopista) ao Aldous Huxley de Admirável Mundo Novo, ao Orwell de 1984 e ao Ray Bradbury de Fahrenheit 451. Serão todos lembrados ao longo do ciclo.

(Adaptação da matéria "Um sonho de 500 anos", de Sérgio Augusto – jornal O Estado de S. Paulo, 02 de agosto de 2015)

De acordo com as ideias desenvolvidas no texto, assinale a opção <u>incorreta</u>.

a) Thomas Morus escreveu sua obra "Utopia" inspirado na descoberta da América.

b) Os regimes comunistas não lograram realizar as sociedades utópicas previstas por Marx e Engels.

c) Os pensadores têm-se ocupado em imaginar as bases para uma sociedade mais justa desde a Grécia Antiga.

d) Com o desenvolvimento da ciência e da tecnologia, a humanidade caminha para a realização dos ideais utópicos.

e) Diversos escritores do século XX interpretaram a sociedade contemporânea ou imaginaram as sociedades futuras como distopias.

38. (ESAF – ANAC – Analista Administrativo – 2016) Assinale a opção que apresenta informação correta depreendida do texto.

Com a pesquisa O Brasil que voa – Perfil dos Passageiros, Aeroportos e Rotas do Brasil é possível saber quem são os passageiros, quais as principais rotas que utilizam, quais as rotas que desejam ver implantadas e quais são os municípios influenciados por cada um dos 65 aeroportos. A pesquisa, feita em parceria com a Empresa de Planejamento e Logística (EPL), confirma que a democratização do transporte aéreo, o mais utilizado hoje pela população, é uma realidade. No ano passado, quase metade dos passageiros (45%) ganhava entre dois e dez salários mínimos – 6,1%, dois; 17,2%, entre dois e cinco; e 21,7%, entre cinco e dez. Enquanto o número de passageiros cresceu 170% entre 2004 e 2014, o preço das passagens caiu 48% no mesmo período. Acesso em: 13.12.2015 (com adaptações).

a) A utilização do transporte aéreo é atualmente uma prerrogativa das classes da população que têm alto poder aquisitivo.
b) Os municípios de todas as regiões brasileiras se desenvolvem de forma plena independentemente da influência de aeroportos.
c) O transporte rodoviário ainda é o preferido pelos brasileiros em virtude do menor custo em relação ao transporte aéreo.
d) A democratização do transporte aéreo se concretiza pelo acesso da população de baixa ou média renda a esse serviço.
e) Os usuários do transporte aéreo brasileiro são aqueles que pertencem a faixas da população que recebem mais de dez salários mínimos por mês.

39. (CESPE – TRF 1ªR – Analista Judiciário – 2017)
Texto
"Além de ter incorporado, no desempenho de seus cargos, conceitos como os da transparência e da impessoalidade, décadas antes de eles serem consolidados na Constituição Federal de 1988, o renomado escritor Graciliano Ramos foi um gestor em busca da eficiência e que agia com extremo zelo com os recursos públicos.
Não se trata apenas do seu combate ao patrimonialismo e ao nepotismo, mas também do que se designa, hoje, de foco no resultado com responsabilidade fiscal. Um exemplo disso é o fato de que, como prefeito de Palmeira dos Índios, município do agreste alagoano, de 1928 a 1930, ele construiu estradas gastando menos da metade do que se costumava gastar por quilômetro construído pela administração do estado.
O autor foi, também, um gestor público visionário que investia em planejamento urbano, fiscalizava obras pessoalmente e priorizava medidas preventivas para evitar desastres naturais, como enchentes".
O texto trata da biografia de Graciliano Ramos e informa os motivos que o levaram a abandonar o ofício de escritor para se dedicar à política.
( ) CERTO   ( ) ERRADO

40. (FGV – Tribunal de Justiça do Estado de Santa Catarina – Analista Administrativo – 2018) Observe a charge a seguir:

A charge acima é uma homenagem a Stephen Hawking, destacando o fato de o cientista:
a) ter alcançado o céu após sua morte;
b) mostrar determinação no combate à doença;
c) ser comparado a cientistas famosos;
d) ser reconhecido como uma mente brilhante;
e) localizar seus interesses nos estudos de Física.

41. (IDECAN – IF/PB – Jornalista (Superior) – 2019) "Algum tempo hesitei se devia abrir estas memórias pelo princípio ou pelo fim, isto é, se poria em primeiro lugar o meu nascimento ou a minha morte. Suposto o uso vulgar seja começar pelo nascimento, duas considerações me levaram a adotar diferente método: a primeira é que eu não sou propriamente um autor defunto, mas um defunto autor, para quem a campa foi outro berço; a segunda é que o escrito ficaria assim mais galante e mais novo. Moisés, que também contou a sua morte, não a pôs no introito, mas no cabo: diferença radical entre este livro e o Pentateuco.

Dito isto, expirei às duas horas da tarde de uma sexta-feira do mês de agosto de 1869, na minha bela chácara de Catumbi. Tinha uns sessenta e quatro anos, rijos e prósperos, era solteiro, possuía cerca de trezentos contos e fui acompanhado ao cemitério por onze amigos. Onze amigos! Verdade é que não houve cartas nem anúncios. Acresce que chovia — peneirava uma chuvinha miúda, triste e constante, tão constante e tão triste, que levou um daqueles fiéis da última hora a intercalar esta engenhosa ideia no discurso que proferiu à beira de minha cova: 'Vós, que o conhecestes, meus senhores, vós podeis dizer comigo que a natureza parece estar chorando a perda irreparável de um dos mais belos caracteres que têm honrado a humanidade. Este ar sombrio, estas gotas do céu, aquelas nuvens escuras que cobrem o azul como um crepe funéreo, tudo isso é a dor crua e má que lhe rói à Natureza as mais íntimas entranhas; tudo isso é um sublime louvor ao nosso ilustre finado'.

Bom e fiel amigo! Não, não me arrependo das vinte apólices que lhe deixei."

(Machado de ASSIS. *Memórias Póstumas de Brás Cubas*)

O gênero textual romance possui características predominantemente narrativas. No excerto acima, a sentença linguística que não consigna essa afirmação, e que – por isso – possui natureza mais descritiva, predominantemente, é:
a) "Algum tempo hesitei se devia abrir estas memórias pelo princípio ou pelo fim..."
b) "Suposto o uso vulgar seja começar pelo nascimento..."
c) "Tinha uns sessenta e quatro anos, rijos e prósperos..."
d) "Moisés, que também contou a sua morte..."
e) "Verdade é que não houve cartas nem anúncios."

42. (IDECAN – IF/RR – Técnico em informática (médio) – 2020)

Disponível em: https://www.facebook.com/tirasarmandinho/photos/a.488361671209144/9517950048 65806/?type=3&theater. Acesso em: 07/12/2019

Assinale a única alternativa que não represente uma interpretação (inclusive de pressupostos, subentendidos e implícitos) coerente da tirinha acima.
a) Punir é bem mais fácil que educar, embora seja menos eficiente.
b) Ao seguir o caminho de punir, nos desviamos do caminho de educar.
c) A educação é muito mais demorada que a punição, mas vale mais a pena.
d) Antes de iniciar o caminho para educar, precisamos passar pelo caminho de punir.
e) Se desejarmos seguir o caminho de educar, não deveremos passar pelo caminho de punir.

43. (FGV – Câmara de Aracaju/SE – Analista Legislativo – 2021) Uma reportagem sobre robótica começa do seguinte modo: "Soldar e pintar automóveis, realizar uma cirurgia delicada, preparar pizzas ou simplesmente fazer companhia para pessoas solitárias. Tarefas que há poucas décadas eram realizadas por seres humanos estão, cada vez mais, entregues a máquinas que, com a quarta revolução industrial, se aperfeiçoam em ritmo acelerado e desempenham funções só imaginadas em filmes de ficção." Um texto traz sempre relações implícitas; o que NÃO se pode inferir do texto acima é que:
a) já ocorreram três revoluções industriais;
b) os filmes de ficção anteciparam temas reais de hoje;
c) as máquinas vão acabar por substituir os seres humanos;
d) a ciência ocupa um espaço cada vez maior em nossa vida;
e) a substituição aludida pode trazer desemprego setorial.

44. (FGV – PC/RJ – Auxiliar policial de necropsia de 3ª classe – 2022) Um casal pretendia assistir a determinado filme, mas, à porta do cinema, para sua surpresa, havia uma fila incomensurável de pessoas nos guichês. Diante disso, o marido declarou: – Puxa! Eu esqueci que eram férias das crianças! Com essa frase, o marido indica que:
a) não gostaria de ter vindo em função do grande número de crianças na plateia;
b) arrependeu-se de não ter trazido o filho para o cinema;
c) lembrou-se de que o filme a ser assistido era destinado especialmente ao público infantil;
d) se enganou na opção do filme a ser assistido em função de informações incompletas dos jornais;
e) entendeu a razão do grande número de pessoas nas filas.

Gabarito

1. D.
2. CORRETA.
3. C.
4. CERTO.
5. INCORRETA.
6. CORRETA.
7. A.
8. B.
9. C.
10. E.
11. CORRETA.
12. B.
13. B.
14. C.
15. E.
16. D.
17. CERTO.
18. CERTO.
19. CERTO.
20. CERTO.
21. B.
22. A.
23. B.
24. C.
25. E.
26. C.
27. D.
28. B.
29. A.
30. E.
31. C.
32. E.
33. D.
34. E.
35. E.
36. D.
37. D.
38. D.
39. ERRADO.
40. D.
41. C.
42. D.
43. C.
44. E.

> Os comentários sobre as questões estão no *Material Complementar* do livro.
> Para acessá-lo, veja o passo a passo na orelha desta obra.

CAPÍTULO 35
COESÃO E COERÊNCIA

Definição

Bem, até aqui entendemos o que é um texto, conhecemos os tipos de texto e suas características. Agora, precisamos ir mais a fundo. Explico o porquê. Para que entendamos bem um texto, existe a premente necessidade de sabermos que, 1) se ele é um conjunto de frases que se relacionam, 2) mantendo um sentido harmonioso, isso se deve ao fato de que há nele a famosa **coesão** e a famosa **coerência** – tão massificadas nas provas de concursos variados.

 Dica de irmão: Reestude, pelo menos, o tópico *Valor Discursivo* dos capítulos 11 e 15. Vai sedimentar!

Coesão **é a ligação entre as partes do texto (palavras, expressões, frases, parágrafos) por meio de determinados elementos linguísticos.** Com ela, fica mais fácil ler e compreender um texto.

Veja um exemplo de texto coeso:

> **Último Recurso**
> *Clarice Lispector*
>
> ***Quando*** *fazemos tudo **para que** nos amem **e** não conseguimos, resta-nos um **último recurso***: *não fazer mais nada*. ***Por isso****, digo, quando não obtivermos o amor, o afeto ou a ternura **que** havíamos solicitado, melhor será desistirmos e procurar mais adiante os sentimentos que nos negaram. Não fazer esforços inúteis, **pois** o amor nasce, **ou** não, espontaneamente, **mas** nunca por força de imposição. **Às vezes**, é inútil esforçar-se demais, nada se consegue; **outras vezes**, nada damos e o amor se rende aos nossos pés. Os sentimentos são sempre uma surpresa. Nunca foram uma caridade mendigada, uma compaixão ou um favor concedido. Quase sempre amamos a quem nos ama mal, e desprezamos **quem** melhor nos quer. **Assim**, repito, quando tivermos feito tudo **para** conseguir um amor, e falhado, resta-nos **um** só caminho... **o** de mais nada fazer.*

Comentários sobre a função textual dos elementos coesivos destacados, na sequência:

- **Quando**: conjunção que introduz uma oração subordinada à outra, estabelecendo uma relação temporal.
- **para que**: conjunção que introduz uma oração subordinada à outra, estabelecendo uma relação de finalidade.

- *e*: conjunção que introduz uma oração coordenada à outra, estabelecendo uma relação de oposição, equivalendo a "mas".
- *último recurso*: expressão substantiva de valor catafórico, pois antecipa o que será dito, referindo-se a algo posterior.
- *Por isso*: locução conjuntiva que introduz um período o qual retoma a ideia do período anterior, estabelecendo uma relação de conclusão.
- *que*: pronome relativo retomando, por sua natureza anafórica, "o amor, o afeto ou a ternura".
- *pois*: conjunção que introduz uma oração coordenada à outra, estabelecendo uma relação de explicação.
- *ou*: conjunção que introduz uma oração coordenada à outra, estabelecendo uma relação de disjunção, exclusão; note a elipse do verbo na oração anterior (... ou não *nasce*...).
- *mas*: conjunção que introduz uma oração coordenada à outra, estabelecendo uma relação de oposição; note a elipse do verbo na oração anterior (... mas nunca *nasce*...)
- *Às vezes*: locução adverbial que situa um fato vago no tempo e introduz um argumento que se contrapõe ao seguinte.
- *outras vezes*: locução adverbial que situa um fato vago no tempo e introduz um argumento que se contrapõe ao anterior.
- *quem*: pronome interrogativo/indefinido de valor dêitico, pois refere-se a algo fora do texto.
- *Assim:* conjunção que introduz um período que estabelece uma relação de conclusão (desfecho) com tudo o que se disse antes no texto.
- *para*: preposição que introduz uma oração subordinada a outra, estabelecendo uma relação de finalidade.
- *um*: numeral de valor catafórico, pois antecipa o que será dito, referindo-se a algo posterior.
- *o*: pronome demonstrativo de valor anafórico, pois retoma o substantivo *caminho*.

Eu acho que você está começando a se dar conta de que um texto é muito mais do que uma porção de frases, certo? Querendo ou não, se você entendeu o texto da Clarice, é porque percebeu, mesmo que intuitivamente, os elementos coesivos e suas funções textuais.

Muitos me perguntam: "Pestana, afinal, qual é a diferença entre **coesão** e **coerência**?" A resposta é muito simples, e o melhor a responder isso é o mestre Bechara (com uma leve contribuição minha):

Coerência é a relação semântica que se estabelece entre as diversas partes do texto, criando uma unidade de sentido. Está ligada ao entendimento, à possibilidade de interpretação daquilo que se ouve ou lê. Enquanto a coesão está para os elementos conectores de ideias no texto, a coerência está para a harmonia interna do texto, o sentido.

Muitos professores, infelizmente, ainda ensinam que só há coerência se houver coesão. Não obstante, vejamos:

Coeso e incoerente

"Os jornalistas se comprometem a divulgar artigos políticos de maneira polida e imparcial, no entanto eles comumente afligem a opinião daqueles que se empenham em ter um cerne ou um ponto de vista menos fundamentalista".

Capítulo 35 • Coesão e Coerência **905**

Do que o texto fala mesmo? O elemento coesivo ***no entanto*** estabelece uma relação de oposição com o quê? Com o fato de os artigos ou os jornalistas afligirem a opinião de quem? Dos leitores, dos jornalistas ou dos artigos políticos?

Percebe que há uma confusão, que gera uma incompreensão do texto? Logo, podemos dizer que não houve coerência, apesar de ter havido coesão.

Incoeso e coerente

"Saí. Praia. Futebol. Volto à noite. Morto. Não espere nada de mim. Bj!"

Sabemos que ela vai falar muito no ouvido dele, não? Bem... depois do comentário machista... quero que você perceba que não houve nenhum elemento conectando as frases; houve apenas justaposição de frases. Realmente não houve coesão *stricto sensu*, mas houve total coerência, pois as frases mantêm relações de sentido bem típicas de um homem cara de pau (do ponto de vista da mulher). A **in**coesão, ausência de elementos conectores ou referenciadores, não prejudicou o sentido do texto, ou seja, a coerência.

Apoiando-me em grandes nomes, como Agostinho Dias Carneiro, Evanildo Bechara, José Luiz Fiorin e Francisco Platão Savioli, construí o restante do capítulo. Redobre sua atenção a partir de agora!

Coesão Referencial

Exceto a interjeição, as demais classes gramaticais colaboram para a construção de um texto coeso. A **coesão referencial** ocorre quando usamos as classes gramaticais para recuperar certos termos dentro do texto. O objetivo disso é evitar a repetição enfadonha, tornando o discurso mais fluido, mais dinâmico.

Observação

Tecnicamente falando, se um elemento tem como referente um termo anterior, dizemos que ele apresenta **valor anafórico**. Por outro lado, se um elemento tem como referente um termo posterior, dizemos que ele apresenta **valor catafórico**. Logo, a coesão referencial trata de termos que *substituem* outros.

Relembrou isso da aula de *Pronome*? Se não, releia pelo menos a teoria relativa aos pronomes demonstrativos e também o tópico *Valor Discursivo*. Vá por mim!

1) **Substantivos ou expressões substantivas**

   – *A **resignação** normalmente se enquadra no grupo de sentimentos próprios de pessoas fracas. No entanto, nem toda **submissão** deve ser mal interpretada.* (sinônimos)

   – ***Celso Cunha** é bem conhecido entre os "concurseiros". Até hoje, a obra desse **gramático** tem grande prestígio.* (hipônimo-hiperônimo)

   – *Estão circulando alguns boatos a respeito da premiação de um **ator** brasileiro na próxima festa do Oscar. **Rodrigo Santoro** realmente pode conseguir seu lugar ao sol.* (hiperônimo-hipônimo)

   – ***Jesus Cristo**, após sua morte, continuou sendo alvo de ataques. Alguns céticos até hoje duvidam da existência do **Salvador** e dos milagres atribuídos a ele.* (antonomásia)

   – *As **chaminés** estão com os dias contados. O governo aprovou finalmente critérios rígidos para as **indústrias** produtoras de gases nocivos ao meio ambiente.* (metonímia)

906 A Gramática para Concursos Públicos • Fernando Pestana

- *O **Cespe** é um órgão que integra a Fundação Universidade de Brasília, realizando diversos concursos públicos anualmente. É por isso que muitos candidatos procuram saber mais sobre o **Centro de Seleção e de Promoção de Eventos**.* (abreviação)
- ***Luiz Inácio Lula da Silva** foi presidente duas vezes. Todo o povo brasileiro amava Lula.* (repetição de parte do nome)
- *Depois de ter se **convertido** àquela religião, nunca mais foi a mesma pessoa. Como pode uma conversão, aparentemente positiva, afastar amigos?* (nominalização)
- ***A demora na liberação de verbas, na compra de material, na execução de serviços** tem provocado desconforto, por isso o presidente cobrou de seus ministros menos burocracia, com o intuito de ajudar os que mais necessitam.* (palavra-síntese)

> **Observação**
>
> Os casos anteriores costumam ser enquadrados também no que se chama **coesão lexical**. Também é digno de nota dizer o que é **expansão lexical**: trata do uso de palavras ou expressões sinônimas que, normalmente, indicam o ponto de vista do autor: *"**O professor Evanildo Bechara** ainda ministra aulas no Rio de Janeiro. Este grande mestre gosta de dividir sua sabedoria com os alunos".*

2) Elipse

- *Os verdadeiros mestres prezam a excelência no ensino e assistem os alunos da melhor maneira possível.*

Evita-se a repetição do sujeito por meio da elipse: *"... (verdadeiros mestres) assistem os alunos..."*.

3) Adjetivos

- *Relacionadas ao tabaco, dói imaginar que o Brasil tenha gastado 0,5% do Produto Interno Bruto (PIB) em 2011 para tratar **doenças** – cerca de 20 bilhões de reais.*

Note que o adjetivo *relacionadas* faz referência a *doenças*.

4) Artigos definidos

- *Um guarda de trânsito multou um carro estacionado em lugar irregular na rua em que deixo meu carro. Tenho sorte por conhecer o policial.*

Observe que o artigo definido destacado tem valor anafórico, pois remete ao guarda de trânsito mencionado anteriormente. Se, no lugar do **o**, fosse usado **um** (artigo indefinido), o sentido iria mudar e a relação coesiva entre *policial* e *guarda de trânsito* não seria estabelecida.

5) Pronomes

Todos os seis tipos (pessoal, possessivo, indefinido, interrogativo, demonstrativo e relativo) colaboram com a referenciação, seja anafórica, seja catafórica.

- *"Se o **diretor** é uma espécie de CEO (diretor-executivo) na escola, é necessário que ele desenvolva habilidades de liderança".* (Irma Zardoya)
- *"Ou o **sistema** muda de bom grado, ou as 'quebradeiras' e as multidões tomando as ruas vão obrigá-lo a mudar!"*
- *"A participação das **mulheres** no Congresso norte-americano ainda é considerada baixa (cerca de 17%), mas o resultado no Senado comprova um aumento sistemático da participação delas na tomada de decisões".* (José Antonio Lima)

Capítulo 35 • Coesão e Coerência **907**

– *Não deve ser fácil para* *Sua Santidade* *conter a vaidade, afinal,* **Francisco** *é hoje o líder religioso mais poderoso do mundo.*

– *"O governo do Equador deu asilo ao fundador do WikiLeaks, Julian Assange.* **O Reino Unido***, com* *seu* *conhecido respeito seletivo pela legislação internacional, desenterrou uma lei bisonha para afirmar que poderia invadir a embaixada do país latino-americano, a fim de capturar seu inimigo público".* (Vladimir Safatle)

– *O* **futebol** *é indiscutivelmente a paixão nacional do brasileiro, em segundo lugar vem o* **basquete***.* *Um* *apresenta Pelé como ídolo; o* *outro**, Oscar.*

– *Segundo algumas religiões cristãs, há dois governantes no mundo:* **Deus** *e* **Satanás***. A* *quem* *você serve?*

– *"Duas estradas se separam em uma floresta: eu* **tomo aquela que é menos viajada***, e* *isso* *tem feito toda a diferença".* (Robert Frost)

– *Os* **alunos** *cujas* *famílias estão no programa do governo têm frequência acima da média dos demais.*

6)   Numerais

– **João***,* **Pedro** *e* **Amanda** *passaram, mas só o* *primeiro* *se classificou para o concurso elaborado pelo Cespe. O* *segundo* *e a* *terceira* *desistiram da carreira e decidiram tentar o concurso elaborado pela Esaf.*

7)   Verbos vicários

Os verbos **fazer** e **ser** são substitutos de outros verbos para se evitar a repetição.

– *É preciso* **acabar** *com a corrupção de uma vez por todas, mas como* *fazê**-lo? (... mas como acabar)*

– *"Amo a liberdade, por isso as coisas que amo deixo-as livres. Se* **voltarem** *é* *(= voltaram) porque as conquistei. Se não* **voltarem** *é* *(= não voltaram) porque nunca as tive".* (Bob Marley)

8)   Advérbios

– *O* **Brasil** *e os* **Estados Unidos** *são países que conservam um certo grau de preconceito. Mas* *lá* *chega a ser pior que* *aqui**.*

– *É* *assim* *que quero morrer:* **na minha cama, num sono profundo***.*

Coesão Sequencial

Ocorre quando se usam conjunções, locuções conjuntivas, preposições, locuções prepositivas ou pronomes relativos que normalmente conectam orações dentro do texto, dando *sequência* à leitura, estabelecendo determinadas relações de sentido e concatenando as ideias dentro dele. Por isso, **sugiro que você recapitule estas classes gramaticais**.

– *Eu me esforcei muito* *e* *fiz grande investimento na minha carreira inicial,* *mas* *nada saiu como eu esperava* *ou* *como deveria ser,* *porque**, afinal, esse não era meu destino.* *Por isso* *hoje decidi fazer faculdade,* *a qual* *me fez muito feliz. Finalmente encontrei minha vocação* *para* *obter sucesso profissional.* *Em virtude d**isso, posso dizer* *que* *estou realmente realizado.*

Note que todos os termos destacados "jogam" o leitor para a frente na leitura, pois tais conectores (ou conectivos) servem para, além de introduzir argumentos, dar progressão ao texto.

Dica de irmão: Decore os conectivos, pois a maneira como isso cai na prova é simples: normalmente se pede a substituição de um conectivo por outro mantendo o mesmo sentido. Logo, se você não tem os conectivos no sangue, vai perder a oportunidade de acertar uma questão.

Coesão Recorrencial

Ocorre quando se usa a **repetição** (reiteração) de vocábulos, o **paralelismo sintático** (repetição de estrutura sintática semelhante) e a **paráfrase** (repetição de conteúdo semântico semelhante, introduzido por *ou seja, isto é, quer dizer...*)

– *"Uma em cada sete pessoas no mundo vai para a cama com **fome**, na maioria mulheres e crianças", disse a diretora da representação do PAM em Genebra (Suíça), Lauren Landis, no seminário intitulado Lutar Juntos Contra a Fome. "A fome mata anualmente mais pessoas do que o vírus que transmite a Aids, a malária e a tuberculose", acrescentou.* (repetição enfática)
– *Bom mesmo é passar no concurso, ganhar bem e ser feliz.* (paralelismo)
– *Ela não compareceu à prova, ou seja, perdeu a chance.* (paráfrase)

Dos três, o mais comum é o recurso do paralelismo sintático. Veja:

Questão 03 (Uerj – Vestibular (Português Instrumental) – 2006)
O homem de grandes negócios fecha a pasta de zíper e toma o avião da tarde. O homem de negócios miúdos enche o bolso de miudezas e toma o ônibus da madrugada. A mulher elegante faz Cooper e sauna na quinta--feira. A mulher não elegante faz feira no sábado. (l. 1 – 3)
Na passagem citada, estão implícitas comparações, que se constroem por meio de um mecanismo de coesão determinado.
A) Identifique e defina o mecanismo de coesão que estrutura essas comparações.
Gabarito Oficial: Paralelismo. Apresentação de estruturas sintáticas semelhantes.

Fatores de Coerência

Para que um texto tenha harmonia de sentido entre suas partes, e, portanto, **coerência**, é preciso que nele haja **textualidade**, um conceito que trata, dentre outras coisas, dos fatores de coerência de um texto. Conheça alguns:

Manutenção temática

Suponha que um parágrafo esteja falando sobre educação brasileira...

O investimento na educação brasileira precisa ser levado a sério, pois há jovens mentes brilhantes apenas esperando ser lapidadas a fim de produzir arte e novas tecnologias em benefício de toda a sociedade.

Faria sentido dar continuidade ao texto assim?

Por isso, o governo continuará desenvolvendo projetos relativos ao esporte, afinal, nosso país vem sendo considerado um dos grandes polos esportivos.

É claro que não... afinal, o **contexto** (o primeiro período) não mantém harmonia de sentido com a segunda parte do texto.

Capítulo 35 • Coesão e Coerência

Conhecimento de Mundo

Suponha que um parágrafo esteja falando sobre os oceanos...

Quase três quartos da superfície terrestre são cobertos pelos oceanos.

Faria sentido dar continuidade ao texto assim?

Dentre eles, o maior de todos, o Pacífico, banha grande parte do território brasileiro.

É claro que não... afinal, nosso conhecimento de mundo nos diz que tal oceano não banha o Brasil, mas sim o Atlântico.

Situação de Comunicação

Suponha que uma carta de demissão seja dirigida à área de departamento pessoal assim:

Prezado empregador,
Na boa, nunca gostei de trabalhar aqui nesse lugar horrível, que paga mal, que nos causa estresse e o escambau. Por isso estou metendo o pé. Quero que me paguem tudo certinho, senão vou meter a empresa no pau. Fui!

Percebe que falta **adequação à situação de comunicação**? Por mais que o empregado estivesse insatisfeito com a empresa, a situação exige um discurso mais formal (sem gírias) e desprovido de ofensas e ameaças.

Mecanismos Gramaticais e Semânticos da Língua

É preciso tomar cuidado com certas palavras da língua, como sinônimos e parônimos, pois, em alguns contextos, pode haver certa confusão no uso, gerando incoerência. Veja um exemplo de mau uso na escolha vocabular:

O sobrepeso é mais do que um problema com a aparência, é um perigo real para a saúde, haja vista os milhares de mortes relacionadas a ele. A questão é tão grave que muitos médicos, nutricionistas e professores de educação física militam contra o sobrepeso, alertando que ele provoca a diabetes tipo 2, doenças cardíacas, pressão alta, infarto e certos cânceres.

Percebeu que o autor quis dizer *obesidade*, mas usou *sobrepeso*? *Sobrepeso* é apenas o peso acima do ideal, levando-se em conta sexo, altura, idade etc. *Obesidade* é um excesso de gordura acumulada em todo o corpo que representa uma porcentagem muito maior em relação à massa magra. Em outras palavras, o sobrepeso representa apenas um risco do indivíduo tornar-se obeso. Ponto. Já a obesidade traz prejuízos à saúde.

Agora note que se usa equivocadamente uma palavra:

Enquanto os principais líderes da colisão e da oposição alimentaram a impressão em julho e agosto de que estavam preparados para que a Grécia deixasse o euro, a opinião comum hoje parece ser de que o país deve ser mantido no bloco monetário.

Percebeu que o autor quis dizer *coalizão*, ou seja, um acordo entre partidos políticos? Ao usar *colisão*, o sentido ficou absurdo, afinal, não houve choque entre dois corpos, ninguém colidiu com ninguém, nem conflito houve.

Intertextualidade

A **intertextualidade** é um recurso argumentativo muito bom quando o intuito é a defesa de uma tese. No entanto, se mal usada, além de nada acrescentar, pode provocar incoerência.

A falta de comedimento já levou o ser humano a se destruir, individual e coletivamente, muitas vezes. Por isso não podemos nos dar ao luxo de pensar que nossas atitudes são inconsequentes e só nos ferem a nós mesmos. Precisamos seguir o que disse o poeta Cazuza em um de seus raros momentos de lucidez moral e espiritual: "Até nas coisas mais banais, pra mim é tudo ou nunca mais".

Note que o conteúdo da citação, que é um tipo de intertextualidade (reveja este conceito no capítulo de Semântica), não corrobora a tese, mas vai em direção contrária a ela.

Intencionalidade

Quando se cria um texto, é preciso deixar clara a intenção ao interlocutor. Não se pode, por exemplo, apresentar duas teses num parágrafo introdutório de uma redação dissertativo--argumentativa, pois o leitor ficará confuso. Veja:

Para mantermos uma consciência sustentável, precisamos usar inteligentemente, hoje, os recursos do planeta, pois ninguém mais duvida que, por sermos seres dependentes deles, precisam ser bem utilizados e reutilizados. É certo que o homem precisa investir em empreendimentos sustentáveis, mas não se pode negar que há um alarmismo quanto ao esgotamento dos recursos naturais da Terra. Sendo assim, é preciso ação e menos discurso.

Observe de novo a primeira tese:

Para mantermos uma consciência sustentável, precisamos usar inteligentemente, hoje, os recursos (esgotáveis) do planeta, pois ninguém mais duvida que, por sermos seres dependentes deles, precisam ser bem utilizados e reutilizados.

Agora, a segunda:

É certo que o homem precisa investir em empreendimentos sustentáveis, mas não se pode negar que há um alarmismo quanto ao esgotamento dos recursos naturais da Terra.

Afinal, o autor do texto acredita que os recursos são esgotáveis ou não? Qual é o grau de importância que ele dá a isso na primeira tese e na segunda tese? O que ele vai defender ao longo do texto: a ideia de que precisamos manter uma consciência sustentável ou de que é preciso investir em empreendimentos sustentáveis?

Há uma incoerência, ou obscuridade (para dizer o mínimo), na *intenção* do autor.

Vamos conhecer agora os tipos de coerência mais comuns.

Coerência Narrativa

Há **coerência narrativa** quando um texto narrativo apresenta harmonia e logicidade entre as partes que o compõem.

A partir desse conceito, veja dois exemplos de fácil percepção:

Incoerência: *Assim que Manuela chegou à estação de trem, deu-se conta de que havia esquecido o objeto mais importante de sua vida até então, a foto de seu amor. Por isso, pegou o trem e partiu.*

Coerência: *Assim que Manuela chegou à estação de trem, deu-se conta de que havia esquecido o objeto mais importante de sua vida até então, a foto de seu amor. Por isso, retornou a sua casa, fazendo em seguida o trajeto de volta para pegar o trem.*

Raciocínio simples: se a personagem tinha como objeto mais precioso a foto de seu amor, não poderia ter partido sem ela.

Coerência Argumentativa

Há **coerência argumentativa** quando um texto dissertativo apresenta harmonia e logicidade entre as partes que o compõem, normalmente entre os argumentos e a tese.

A partir desse conceito, veja dois exemplos de fácil percepção:

Incoerência: *Doença que mais mata no país e que costuma ser associada a pacientes idosos, o acidente vascular cerebral (AVC) também atinge jovens. Por isso aqueles precisam investir nos exercícios físicos e na boa alimentação, mas não estes.*

Coerência: *Doença que mais mata no país e que costuma ser associada a pacientes idosos, o acidente vascular cerebral (AVC) também atinge jovens. Por isso ambos os grupos etários precisam investir nos exercícios físicos e na boa alimentação.*

Raciocínio simples: independentemente de o AVC matar mais idosos que jovens, ambos precisam se preocupar com a saúde.

Coerência Figurativa

Há **coerência figurativa** quando um texto, normalmente narrativo-descritivo, apresenta harmonia e logicidade entre as partes que o compõem – o assunto tratado e as figuras usadas para ilustrá-lo.

A partir desse conceito, veja dois exemplos de fácil percepção:

Incoerência: *Todo o velório foi profundamente triste, pois Laureliano era uma pessoa notável e assaz virtuosa. Pessoas contavam piadas, bebiam, comiam, dançavam, gargalhavam e se beijavam, como se o mundo estivesse acabando. O morto foi ignorado por completo.*

Coerência: *Todo o velório foi profundamente triste, pois Laureliano era uma pessoa notável e assaz virtuosa. Não havia piadas, nada se bebia, nada se comia, não havia dança, só choro; os beijos eram de condolências, o mundo havia acabado ali, pois o morto era o centro de todas as atenções.*

Raciocínio simples: se o morto é uma pessoa notável e assaz virtuosa, a expectativa é de que as pessoas deem total atenção a ele. Por estarem em um velório, as pessoas têm de comportar-se conforme a ocasião.

Coerência Temporal

Há **coerência temporal** quando um texto, normalmente dissertativo ou narrativo, apresenta harmonia e logicidade temporal entre as partes que o compõem, respeitando-se as leis da sucessividade dos eventos.

> A partir desse conceito, veja esta questão:
>
> Questão 2 (FUNRIO – MPOG – Analista Administrativo – 2009)
>
> A coerência textual se constrói de muitas maneiras. Uma delas é aquela que respeita as leis da sucessividade dos eventos ou apresenta uma compatibilidade entre os enunciados do texto, do ponto de vista da localização no tempo. Nesse caso, temos o que se chama de coerência temporal.

Qual dos trechos abaixo apresenta incoerência, pois os enunciados são incompatíveis do ponto de vista da temporalização?
a) Antes do jogo, a torcida cantou músicas que saudavam o seu time. Com a derrota por goleada, o coro da arquibancada só servia para execrar os jogadores e os dirigentes – responsabilizados por mais aquele fracasso.
b) Enquanto alguns povos se vangloriam dos feitos de seus antepassados e não se preparam para o futuro, aos povos que não têm grande tradição só resta buscar a organização de sua sociedade.
c) Quando a professora entrou, o menino já tinha posto o sapo na bolsa de seu colega e estava sentado tranquilamente no seu lugar. A mestra pegou-o em flagrante, bem no instante em que ele colocava o sapo na bolsa do colega.
d) A moça escolheu minuciosamente os grãos de feijão e de arroz e só depois disso colocou-os na panela e no fogo, pois sabia que no dia seguinte não teria tempo para fazer esse serviço.
e) Durante o temporal que caiu na semana passada na cidade onde eu nasci, vi muita gente comprando guarda-chuvas e capas protetoras, pois tudo aconteceu muito repentinamente.

Comentário: O gabarito é a letra C, pois, se ele já tinha posto o sapo na bolsa antes de ela entrar, não faz sentido algum dizer que ela o pegou no momento em que ele fazia isso.

Coerência de Registro

Há **coerência de registro** ou **coerência no nível de linguagem** quando um texto apresenta apenas um registro. Quando há mais de um registro no mesmo texto, normalmente o formal e o informal, ocorre uma incoerência.

A partir desse conceito, veja dois exemplos de fácil percepção:

Incoerência: "Cada descoberta científica é uma pequena história de aventura. Nas publicações científicas, o relato dessas paradas está encoberto por uma porrada de termos técnicos, descrição de métodos e um cuidado paranoico com a precisão da linguagem. O resultado é que o sabor da aventura se perde em um texto difícil pra dedéu" (Fernando Reinach).

Coerência: "Cada descoberta científica é uma pequena história de aventura. Nas publicações científicas, o relato dessas aventuras está encoberto por uma infinidade de termos técnicos, descrição de métodos e um cuidado paranoico com a precisão da linguagem. O resultado é que o sabor da aventura se perde em um texto quase incompreensível" (Fernando Reinach).

Observe que há incoerência no primeiro fragmento porque há mistura de linguagem sóbria, formal com linguagem chula, vulgar. Para haver coerência, é preciso manter uma uniformidade no registro linguístico.

Continuidade Textual

Este assunto, antes de qualquer coisa, é a cara da Esaf. Todo bendito ano cai uma questão a respeito disso (às vezes duas ou três). Vamos entender isso de uma vez por todas?

Todo texto coerente precisa apresentar **progressão textual**, ou seja, "cada segmento que se sucede precisa ir acrescentando informações novas aos enunciados anteriores". Não pode haver repetição de ideias, a não ser por motivo enfático, senão o texto vira uma ladainha, ficando "pobre". A partir desse conceito, veja um texto sem progressão textual seguido de sua reescritura com progressão:

Sem progressão textual: *A água potável sempre foi um recurso finito. Mesmo sendo um recurso renovável, pelo ciclo natural, suas reservas não são ilimitadas. Dizer que ela nunca vai acabar é um disparate, pois um dia isso pode acontecer. Afinal, a água que usamos para a sobrevivência (higiene e alimentação), pode ter um fim.*

Capítulo 35 • Coesão e Coerência **913**

Com progressão textual: *A água potável sempre foi um recurso finito. Mesmo sendo um recurso renovável, pelo ciclo natural, suas reservas hoje estão comprometidas, por causa de algumas ações humanas. Por exemplo, a indústria consome cerca de 24% da água do planeta, além de poluir lagos e rios, causando também perda de biodiversidade. Precisamos entender sua importância para que simultaneamente não tenhamos o mesmo fim.*

Note que o primeiro texto "roda, roda, e não sai do lugar". Há um discurso circular, sem informações novas e relevantes. O segundo texto é o oposto disso, por isso há progressão.

Às vezes, a progressão textual é comprometida por coesão inadequada ou incoerência. Veja quatro exemplos:

Texto com coesão inadequada:
O capitalista ganha na massa de produtos, porque em cada mercadoria produzida há sempre proporcionalmente menos peso da força de trabalho e, portanto, da mais-valia – que é o que lhe permite acumular capital.

No entanto, o capitalista está sempre buscando ampliar sua produção, para ganhar na competição, pela escala de produção e porque ganha na massa de mercadorias produzidas.
(Emir Sader – adaptado)

Texto com coesão adequada:
O capitalista ganha na massa de produtos, porque em cada mercadoria produzida há sempre proporcionalmente menos peso da força de trabalho e, portanto, da mais-valia – que é o que lhe permite acumular capital.

Por isso, o capitalista está sempre buscando ampliar sua produção, para ganhar na competição, pela escala de produção e porque ganha na massa de mercadorias produzidas.
(Emir Sader – adaptado)

A conjunção *no entanto*, que inicia o segundo parágrafo, não deveria ser usada, pois tal conectivo estabelece uma relação de oposição; mas, entre o primeiro parágrafo e o segundo, há uma clara relação de causa e consequência, por isso o elemento coesivo a ser usado no início do segundo parágrafo deveria ser um destes: *portanto, então, por isso, por conseguinte, em vista disso etc.*

Texto sem coerência:
Uma trágica guerra instaurou-se entre o crime organizado e a Polícia Militar de São Paulo. A selvageria e a violência tomaram conta do cotidiano de amplos setores da periferia da cidade. A população, sempre vítima maior deste conflito, vive momentos de intensa insegurança. A mídia comercial é estranhamente comedida nos espaços dedicados ao noticiário do tema.

Por isso a Comissão Global de Política sobre Drogas (CGPD), presidida pelo ex-presidente Fernando Henrique Cardoso, pediu nesta quarta-feira 24, em Varsóvia, políticas orientadas para a prevenção e o controle, justificando que a guerra contra as drogas foi um fracasso.
(Pedro Estevam Serrano – adaptado)

Texto com coerência:
Uma trágica guerra instaurou-se entre o crime organizado e a Polícia Militar de São Paulo. A selvageria e a violência tomaram conta do cotidiano de amplos setores da periferia da cidade.

A população, sempre vítima maior deste conflito, vive momentos de intensa insegurança. A mídia comercial é estranhamente comedida nos espaços dedicados ao noticiário do tema.

Por isso, os governos federal e estadual travaram acordo de cooperação com vistas à repressão comum do crime organizado por meio da criação de uma agência especializada.

(Pedro Estevam Serrano – adaptado)

Não se pode mudar de assunto de um parágrafo a outro sem que haja uma razão para isso. Note que o primeiro parágrafo fala sobre uma guerra na cidade de São Paulo entre o crime organizado e a Polícia Militar. No segundo, fala-se de guerra contra as drogas e políticas relativas a drogas. Cuidado com a manutenção temática! Ela é necessária para que possa haver coerência textual.

Dica de irmão: Normalmente a Esaf é a banca que trata de continuidade textual. Por isso saiba que, quando ela trabalha este assunto na prova, a maioria das vezes os enunciados dizem assim: "Assinale a opção que fornece uma continuidade coesa, coerente e gramaticalmente correta". Quando se diz "gramaticalmente correta", muitas vezes é possível eliminar opções só pelo conhecimento de regras gramaticais, como regência, crase, concordância, emprego de pronomes, ortografia, acentuação, pontuação etc. Por isso, ao fazer uma questão dessas, tente agilizar sua vida na hora da prova por perceber as alternativas que têm desvios gramaticais, ok?

 O Que Cai Mais na Prova?

Hoje as provas têm abordado muito a questão do valor coesivo dos pronomes. Eles têm o papel de recuperar ou fazer referência a termos *dentro do texto* (**coesão endofórica** – **anafórica**, que substitui termo ou ideia anterior – ou **catafórica**, que se refere a um termo ou ideia posterior). Os termos, expressões, ideias inteiras retomadas ou antecipadas por um pronome são chamados de referentes. Normalmente os pronomes são usados com tais funções para evitar a repetição viciosa no texto.

Portanto, estude **coesão referencial** e **sequencial** muito bem, e qualquer prova estará em suas mãos. Sobre progressão textual e coerência, preste atenção na manutenção temática e no uso dos conectivos. Por isso, **insisto: faça e refaça as questões deste capítulo e dos de *Conjunção, Preposição e Pronome***, pois há muitas questões que tratam de coesão e coerência! O conhecimento dessas classes gramaticais (e suas funções discursivas) será determinante para acertar uma questão na prova. Todas as bancas (todas!) adoram tratar de coesão e coerência. Não diga que não avisei!

*Concurseiro(a), quer uma dica de irmão? Guarde no seu coração o que vai ler agora: NUNCA DEIXE DE FAZER SEU PRÓPRIO RESUMO DE CADA CAPÍTULO. Esse processo cognitivo é **extremamente** valioso. Eu poderia ser legalzinho e fofinho pondo um quadro-resumo do que vimos no capítulo, mas, se fizesse isso, estaria sabotando você, impedindo-o(a) de ter esse trabalho de internalização imprescindível do conteúdo. **Por favor, não pule essa etapa!!!** Mesmo que seu resumo fique gigantesco (não vá escrever outra gramática... rsrs), nunca deixe de fazê-lo, para o seu próprio bem! Seu cérebro agradece e, quando passar no concurso, sua conta no banco também. Vá fundo na missão!*

Capítulo 35 • Coesão e Coerência **915**

Questões de Concursos

1. Em "Quando *confrontados pelos aspectos mais obscuros ou espinhosos da existência*" (1º §), "Após *muito me-ditar sobre as palavras do oráculo*" (2º §), "então *o verdadeiro sábio é aquele que tem consciência da própria ignorância*" (2º §), "A partir daí, *Sócrates começou uma cruzada pessoal contra a falsa sabedoria*" (2º §), e "Mas *havia grandes diferenças entre a dialética de Sócrates e a de seus antigos mestres*" (3º §). As expressões destacadas indicam, respectivamente, ideia de:
   a) Tempo, tempo, conclusão, conclusão, adversidade.
   b) Tempo, tempo, tempo, conclusão, adversidade.
   c) Tempo, tempo, conclusão, tempo, adversidade.
   d) Consequência, tempo, tempo, conclusão, adversidade.
   e) Tempo, tempo, tempo, conclusão, adição.

2. (Consulplan – Pref. Santo Antônio do Descoberto/GO – Advogado – 2011) *É impossível colocar em série exata os fatos da infância porque há aqueles que já acontecem permanentes, que vêm para ficar e doer, que nunca mais são esquecidos, que são sempre trazidos tempo afora, como se fossem d'agora. É a carga. Há os outros, miúdos fatos, incolores e quase sem som – que mal se deram, a memória os atira nos abismos do esquecimen-to. Mesmo próximos eles viram logo passado remoto. Surgem às vezes, na lembrança, como se fossem uma incongruência. Só aparentemente sem razão, porque não há associação de ideias que seja ilógica. O que assim parece, em verdade, liga-se e harmoniza-se no subconsciente pelas raízes subterrâneas – raízes lógicas! – de que emergem os pequenos caules isolados – aparentemente ilógicos! só aparentemente! – às vezes chegados à memória vindos do esquecimento, que é outra função ativa dessa mesma memória.* (Pedro Nava, Baú de Ossos)

   Considerando-se as relações de coesão do texto, assinale a opção em que o 2º elemento faz referência ao 1º:
   a) os fatos da infância – aqueles;
   b) tempo afora – d'agora;
   c) carga – os outros;
   d) carga – miúdos fatos;
   e) abismos do esquecimento – eles.

3. (Cesgranrio – BNDES – Engenheiro – 2011) Fragmentos de texto:
   Acho que foi o Hemingway quem disse que olhava cada coisa à sua volta como se a visse pela última vez.
   (...)
   Você sai todo dia, por exemplo, pela mesma porta. Se alguém lhe perguntar o que é que você vê no seu caminho, você não sabe. De tanto ver, você não vê. Sei de um profissional que passou 32 anos a fio pelo mesmo hall do prédio do seu escritório. Lá estava sempre, pontualíssimo, o mesmo porteiro. Dava-lhe bom-dia e às vezes lhe passava um recado ou uma correspondência. Um dia o porteiro cometeu a descortesia de falecer.
   Como era ele? Sua cara? Sua voz? Como se vestia? Não fazia a mínima ideia. Em 32 anos, nunca o viu. Para ser notado, o porteiro teve que morrer. Se um dia no seu lugar estivesse uma girafa, cumprindo o rito, pode ser também que ninguém desse por sua ausência. O hábito suja os olhos e lhes baixa a voltagem. Mas há sempre o que ver. Gente, coisas, bichos. E vemos? Não, não vemos.
   (...)

   A passagem transcrita em que **NÃO** há correspondência entre o pronome destacado e o referente a ele atribuído é:
   a) "...como se a visse pela última vez." (l. 2-3) – coisa
   b) "Lá estava sempre, pontualíssimo, o mesmo porteiro." (l. 20-21) – hall do prédio
   c) "Dava-lhe bom-dia..." (l. 21-22) – profissional
   d) "pode ser também que ninguém desse por sua ausência." (l. 29-30) – girafa
   e) "O hábito suja os olhos e lhes baixa a voltagem." (l. 30-31) – olhos

4. (Cesgranrio – FINEP – Técnico (Apoio Adm. e Secr.) – 2011) O período "Fiquei perturbada, mas acabei dando as costas para o resultado [...]" (L. 27-29) pode ser reescrito, mantendo-se o mesmo sentido, assim:
   a) Como fiquei perturbada, acabei dando as costas para o resultado.
   b) Antes de ficar perturbada, acabei dando as costas para o resultado.
   c) Conforme ficava perturbada, acabei dando as costas para o resultado.
   d) Caso tivesse ficado perturbada, acabei dando as costas para o resultado.
   e) Embora tenha ficado perturbada, acabei dando as costas para o resultado.

916 A Gramática para Concursos Públicos • Fernando Pestana

5. (FDC – Cremerj – Administrador – 2011) "As drogas medicinais ou 'drogas da virtude', prescritas pelos físicos, odontólogos e médicos homeopatas ou alopatas eram manipuladas por boticários, que importavam remédios europeus e usavam produtos nativos em sua formulação".

No texto há um conjunto de elementos que se prendem a termos anteriores a fim de produzir coesão (ligações formais e semânticas) entre esses elementos. A indicação **INCORRETA** de um desses termos é:
   a) o pronome possessivo *sua* tem como referente "remédios europeus";
   b) o particípio *prescritas* refere-se às duas espécies de drogas mencionadas antes;
   c) o conectivo *por* une a forma verbal *eram manipuladas* a seu agente;
   d) a forma verbal *usavam* repete o mesmo sujeito de *importavam*;
   e) o pronome relativo *que* refere-se a boticários.

6. (FCC – INSS – Perito Médico Previdenciário – 2012) Identifica-se uma consequência e sua causa, respectivamente, em:
   a) *Há felicidade coletiva // quando são adequadamente observados os itens que tornam mais feliz a sociedade.* (2º parágrafo)
   b) *E a sociedade será mais feliz // se todos tiverem acesso aos básicos serviços públicos de saúde...* (2º parágrafo)
   c) *A educação, a segurança, a saúde, o lazer, a moradia e outros mais são considerados direitos fundamentais de cunho social pela Constituição // exatamente por serem essenciais ao bem-estar da população no seu todo.* (5º parágrafo)
   d) *... por dizer a Constituição serem os direitos sociais essenciais à busca da felicidade, // se vai, então, forçar os entes públicos a garantir condições mínimas de vida ...* (3ª parágrafo)
   e) *O povo pode ter intensa alegria, por exemplo, ao se ganhar a Copa do Mundo de Futebol, // mas não há felicidade coletiva, e sim bem-estar coletivo.* (6º parágrafo)

7. (Consulplan – Pref. Nova Iguaçu/RJ – Médico Acupunturista – 2012) Dentre os trechos destacados a seguir, está expressa ideia de oposição em:
   a) "... atingido esse consenso, porém, não é motivo para a humanidade..."
   b) "Dar o mundo de presente aos filhos? Vá a uma loja de brinquedos lotada..."
   c) "... isso não garante que também eles serão capazes de repassar a fortuna..."
   d) "... sem nem mesmo respeitar o silencioso pacto de espera..."
   e) "Quanto mais vou a aniversários, menos confiante eu fico..."

8. Fragmento de texto
"Nesta altura do campeonato já dá para dizer que todos concordam com a importância de deixar um planeta melhor para os nossos filhos. E que, exatamente por isso, a sustentabilidade é uma questão importante dos nossos tempos. O fato de termos atingido esse consenso, porém, não é motivo para a humanidade bater no peito e acreditar que deu um passo à frente. (...)".

Tendo em vista a importância e função dos elementos de coesão textual, o termo destacado em "E que, exatamente por isso, a sustentabilidade é uma questão importante dos nossos tempos" refere-se:
   a) ao futuro das novas gerações;
   b) aos atos inconsequentes contra o meio ambiente;
   c) à importância da sustentabilidade em nossos tempos;
   d) à opinião em comum que todos possuem a respeito dos filhos;
   e) ao fato de que é importante deixar um planeta melhor para as próximas gerações.

9. (Ceperj – Procon/RJ – Agente de Proteção e Defesa do Consumidor – 2012) "Sei que você sente muitas saudades, **porque** eu também sinto saudades de você".

O conectivo "porque", no contexto acima, estabelece relação de:
   a) modo;   c) adversidade;   e) proporcionalidade.
   b) causa;   d) conformidade;

> *"Para os trabalhadores, é o mês em que eles pensam que estão mais ricos. Recebem o 13º salário ou parte dele – e compram. A verdade é que já há algum tempo vêm se sentindo menos pobres, vêm comprando. Compram de tudo".*

10. (Ceperj – Degase – Agente Socioeducativo – 2012) "A verdade é que já há algum tempo vêm se sentindo menos pobres, vêm comprando".

Capítulo 35 • Coesão e Coerência **917**

O período acima poderia ser reescrito com a introdução de um conectivo, de modo a explicitar a relação de sentido do contexto original.

A inserção do conectivo preserva o sentido original da frase na seguinte alternativa:

a) embora venham comprando;
b) para virem comprando;
c) porque vêm comprando;
d) contudo vêm comprando;
e) apesar de virem comprando.

11. (Ceperj – Seplag – Analista de Planejamento e Orçamento – 2012) "Delfino Natal de Souza, secretário de logística e tecnologia da informação, defende que <u>esta nova modalidade de gestão de documentos irá modernizar a gestão pública</u> / <u>ao permitir que o gerenciamento de processos seja feito de forma eletrônica</u>".

As relações lógicas entre os segmentos sublinhados são as de:

a) causa / consequência.
b) fato / justificativa.
c) previsão / retificação.
d) opinião / modo.
e) afirmação / exemplificação.

12. (Esaf – MDIC – Analista de Comércio Exterior – 2012) Assinale a opção que constitui continuação coesa, coerente e gramaticalmente correta para o texto abaixo.

O governo concedeu R$ 97,8 bilhões em benefícios fiscais a empresas, nos últimos cinco anos, e adotou dezenas de medidas para conter a valorização cambial e proteger a indústria da concorrência estrangeira – mas tudo isso teve resultados insignificantes, como demonstra o fraco desempenho brasileiro no mercado internacional de manufaturados. Incapaz de acompanhar o crescimento do mercado interno, a indústria de transformação perdeu espaço no Brasil para os concorrentes de fora e cresceu em 2011 apenas 0,1%, ou quase nada.

a) Por isso esse protecionismo seja uma forma de compensar a falta de uma estratégia minimamente eficaz. O resultado só poderá ser o desperdício de mais dinheiro, esforços e oportunidades.
b) Esses investidores tomam dinheiro barato na Europa e aplicam no Brasil, em troca de juros altos. A ação defensiva, nesse caso, é justificável, embora pouco eficaz.
c) Além disso, é consenso entre esses empresários, administradores e governantes que é preciso aplicar muito mais dinheiro em máquinas, equipamentos e obras de infraestrutura.
d) Portanto, diante desse bom desempenho é um erro atribuir os problemas nacionais a fatores externos. Mas é preciso responsabilizar os bancos centrais do mundo rico por uma parcela importante dos males econômicos do País.
e) Sem competitividade, essa indústria é superada pelos produtores instalados nas economias mais dinâmicas e mal consegue manter, mesmo na América do Sul, posições conquistadas em tempos melhores.

13. Assinale a opção que, na sequência, preenche corretamente as lacunas do texto.

Quando a crise financeira eclodiu em 2008, uma das ameaças mais temidas foi __1__ ela trouxesse consigo o protecionismo generalizado. A crise ainda não acabou, as perspectivas pessimistas __2__ comércio mundial não se concretizaram, e __3__ Brasil tenta agora é obter sinal verde para fechar por um tempo sua economia, abrindo caminhos __4__ outros países em situação semelhante façam o mesmo. A Organização Mundial do Comércio – OMC daria então aval a esse protecionismo, supondo que ela fosse capaz de estabelecer __5__ deveria ser a taxa de câmbio de equilíbrio de seus membros, e o período pelo qual uma taxa desalinhada poderia voltar ao seu nível "normal", que é o que o Brasil parece supor ao pedir proteção temporária. A proteção, se concedida ao Brasil, provavelmente elevaria seus substanciais saldos comerciais, valorizando mais sua moeda, __6__esse é apenas um dos problemas da proposta.

	1	2	3	4	5	6
a)	o de que	com o	aquilo que o	para	onde	porém
b)	que	do	o	de que	que	todavia
c)	a de que	a respeito do	o que o	para que	qual	mas
d)	que	sobre o	que o	dos quais	de quanto	no entanto
e)	qual	para com o	nosso	com que	como	porquanto

918 A Gramática para Concursos Públicos • Fernando Pestana

14. Assinale a opção que preenche de forma coesa, coerente e gramaticalmente correta a lacuna do trecho a seguir.
Brasil, Rússia, Índia, China e África do Sul são mais do que cinco economias emergentes em expansão num mundo em crise. Reunidas sob o acrônimo BRICS, abrigam mais de 40% da população global e somam perto de US$ 14 trilhões de PIB, ou seja, quase um quinto das riquezas produzidas no planeta. É natural que busquem maior participação no cenário internacional – o que seria facilitado por uma atuação conjunta, em bloco.

_____

_____

_____

A instituição permitiria aos países reduzir a dependência econômica em relação aos Estados Unidos e à União Europeia, em sérias dificuldades. Mais do que isso, a experiência poderia depois ser replicada para dar um pontapé inicial para mudanças políticas não apenas voltadas ao desenvolvimento sustentável, como também à segurança e à paz no universo, com um rearranjo das regras e dos organismos internacionais.
a) Maior dos BRICS, a China, segunda potência mundial, tem PIB de US$ 7,4 trilhões e reservas cambiais superiores a US$ 3 trilhões. Contudo, é uma ditadura que ganha mercados mundo afora com vantagens artificiais, como a desvalorização da moeda, o yuan, um calo inclusive para o Brasil, invadido por produtos chineses em condições desfavoráveis de competitividade.
b) Assim, reconhecer a necessidade de promover correções de rumo internas é desafio de primeira ordem para os cinco emergentes. Aproximações bilaterais, vale lembrar, também terminam por fortalecer o quinteto emergente.
c) A Rússia, por sua vez, apresenta desenvolvimento relativo e hoje consolida-se como economia de mercado ainda sob olhares desconfiados de parte dos governantes de outros países do globo.
d) Os demais países têm abismos sociais a superar, problemas de desigualdades evidentes, o que deixa o bloco, formalizado ou não, distante da pose de referência internacional na questão do desenvolvimento humano.
e) Avançar na criação de um banco de desenvolvimento, proposto pelo primeiro-ministro indiano, como alternativa ao Banco Mundial – Bird e ao Fundo Monetário Internacional – FMI, já seria grande passo.

15. (Esaf – CGU – Analista de Finanças e Controle – 2012) Leia o texto.
A oferta total de crédito na economia brasileira dobrou nos últimos oito anos. A queda da inflação, a diminuição da taxa básica de juros e também a criação de novas modalidades de financiamento, como o consignado, contribuíram para o aumento da disponibilidade de crédito. Isso foi decisivo para o crescimento do consumo e tem sido um dos principais dínamos do PIB. Mas começam a ficar evidentes os sinais de fadiga nessa expansão econômica baseada no endividamento. Mesmo com o barateamento do dinheiro provido pelo Banco Central, o crédito ficou mais caro para os consumidores. Preocupado com a falta de vigor da economia, o governo determinou que o Banco do Brasil e a Caixa Econômica Federal reduzissem as suas taxas. No cheque especial e no financiamento de veículos, por exemplo, os juros que agora serão cobrados pelos bancos públicos são praticamente a metade das taxas médias de mercado.
Assinale a opção que fornece uma continuidade gramaticalmente correta e coerente para a argumentação do texto.
a) Ou seja, esses bancos passaram a pagar menos pelo dinheiro que captam no mercado, aumentando as possibilidades de conssessão de empréstimos.
b) Essa e outras medidas teriam a finalidade de aquecer de novo a economia, por meio do estímulo ao consumo e impulso para os investimentos.
c) Mas essas medidas foram eclipsadas pelo aumento dos _spreads_ bancários como é chamada a diferença entre o juro que o banco paga e o juro que cobra.
d) Provisões para cobrir essa inadimplência e o peso da tributação responde por mais da metade do custo do dinheiro – que os bancos repassam aos consumidores.
e) No entender dos analistas essas medidas com respeito às taxas excessivas traz a ameaça de causar prejuízos que mais tarde terão que ser cobertos pelo Tesouro.

16. (Esaf – MI-CENAD – Analista de Sistemas – 2012) O texto Grandes cidades nem sempre são as mais poluentes diz estudo, da France Press, publicado em http://www1.folha.uol.com.br/ambiente/866228 (com acesso em 29/12/2011) foi adaptado para compor os fragmentos abaixo. Numere-os, de acordo com a ordem em que devem ser dispostos para formar um texto coeso e coerente.
( ) Nesse estudo, enquanto cidades do mundo todo foram apontadas como culpadas por cerca de 71% das emissões causadoras do efeito estufa, cidadãos urbanos que substituíram os carros por transporte público ajudaram a diminuir as emissões per capita em algumas cidades.

Capítulo 35 • Coesão e Coerência 919

( ) Pesquisadores examinaram dados de cem cidades em 33 países, em busca de pistas sobre quais metrópoles seriam as maiores poluidoras e por que, de acordo com estudo publicado na revista especializada "Environment and Urbanization".

( ) "Isso reflete a grande dependência de combustíveis fósseis para a produção de eletricidade, uma base industrial significante em muitas cidades e uma população rural relativamente grande e pobre", informa o estudo.

( ) Por fim, quando os pesquisadores olharam as cidades asiáticas, latino-americanas e africanas, descobriram emissões menores por pessoa. A maior parte das cidades na África, Ásia e América Latina tem emissões inferiores por pessoa. O desafio para elas é manter essas emissões baixas, apesar do crescimento de suas economias.

( ) O estudo também aponta outras tendências, como as cidades de climas frios terem emissões maiores, e países pobres e de renda média terem emissões per capita inferiores aos países desenvolvidos.

A sequência correta é:

a) (1) (2) (5) (4) (3);

b) (2) (1) (3) (5) (4);

c) (2) (5) (1) (3) (4);

d) (4) (1) (2) (5) (3);

e) (4) (2) (1) (3) (5).

17. (Esaf – SRF – Analista Tributário da Receita Federal – 2012) Assinale a opção que, ao preencher a lacuna do parágrafo, provoca erro gramatical e/ou incoerência na argumentação do texto.

A inflação, que deveria voltar a ser um problema só no ano que vem, vai causar preocupação no curto prazo._____, mais uma vez a taxa vai ficar acima do centro, ainda que permaneça dentro da margem de segurança. A alta foi pequena, mas dá uma ideia do pessimismo que anda dominando os mercados.

a) A serem confirmadas as expectativas do mercado.

b) Apesar de confirmá-las as expectativas do mercado.

c) Se a expectativa do mercado se confirmar.

d) Confirmando-se as expectativas do mercado.

e) Caso sejam confirmadas as expectativas de mercado.

18. Assinale a opção que constitui continuação gramaticalmente correta, coesa e coerente para o texto a seguir.

Apesar do nível de emprego ainda elevado, a situação da indústria brasileira piorou consideravelmente desde o ano passado e hoje destoa muito menos do padrão internacional. As medidas tomadas pelo governo para isolar o País da crise externa, ou para reduzir, pelo menos, o risco de contágio, foram insuficientes, até agora, para impulsionar a indústria de transformação. A manutenção do emprego, a elevação do salário real, a rápida expansão do crédito e a redução de impostos para alguns setores estimularam o consumo, mas a produção manufatureira foi incapaz de acompanhar a demanda interna.

a) Parte desse estímulo foi aproveitada por produtores estrangeiros bem mais preparados para disputar espaço nos mercados. O recuo da atividade industrial brasileira reflete, entre outros fatores, o aumento das importações e a deterioração do saldo comercial.

b) Diante dessa pequena reação de maio para junho foi amplamente insuficiente para a retomada do nível de atividade do ano passado. As maiores perdas em 2012 continuam no setor de bens de capitais, isto é, de máquinas e equipamentos. A fabricação desses bens aumentou 1,4% de maio para junho, mas a produção do primeiro semestre foi 12,5% inferior à de um ano antes.

c) Essa presença do concorrente de fora não ajuda a explicar os números ruins acumulados a partir de 2011. No primeiro semestre, a produção foi 3,8% menor que a de janeiro a junho do ano passado. O resultado acumulado em 12 meses diminuiu 2,3%.

d) Quando se examina esse período de 12 meses, há uma pequena mudança no conjunto, com redução de 7,6% na produção de bens duráveis de consumo e de 5,5% na fabricação de bens de capital. Durante esses 12 meses, no entanto, a política anticrise estimulou o consumo e abriu espaço para alguma recuperação das indústrias de bens duráveis, como a de automóveis e a da linha branca.

e) Essa iniciativa legal foi suficiente para levar o empresariado a investir com maior entusiasmo em máquinas e equipamentos. Autoridades fizeram apelos ao espírito aguerrido dos empresários, mas sem resultados. Mesmo nos setores beneficiados por facilidades fiscais e medidas protecionistas o efeito foi muito limitado.

19. (Cespe/UnB – TRE/RJ – Técnico Judiciário – 2012) "Sempre se soube que um dos principais entraves ao crescimento do Brasil é o gargalo educacional. Novas pesquisas, porém, revelam que o problema é muito mais grave do que se supunha. A mais recente, elaborada pelo Instituto Paulo Montenegro e pela ONG Ação Educativa, mostrou que 38% dos estudantes do ensino superior no país simplesmente "não dominam habilidades básicas de leitura e escrita". O Indicador de Analfabetismo Funcional, que resulta desse trabalho, não mede capacidades complexas".

A expressão "desse trabalho" é um recurso de coesão que retoma a informação anterior: "Indicador de Analfabetismo Funcional".

( ) CERTO   ( ) ERRADO

920 A Gramática para Concursos Públicos • Fernando Pestana

20. (FUMARC – TJ/MG – Técnico Judiciário – 2012) Em "É o desejo, e não já da cidade, <u>senão</u> de toda a população", a palavra assinalada pode ser substituída, sem que haja alteração de sentido, por:
   a) exceto;   b) mas sim;   c) portanto;   d) até porque.
   – O invejoso procura destruir a felicidade alheia.
   – O invejoso age movido também pelo ódio.
   – O invejoso nutre a expectativa de que o término da felicidade alheia traga felicidade a ele.

21. (FCC – TRT/PE (6ª R) – Técnico Judiciário – 2012) As frases acima se articulam com correção e lógica em:
   a) Movido também pelo ódio, o invejoso procura destruir a felicidade alheia, pois nutre a expectativa de que o seu término lhe traga felicidade.
   b) Com a expectativa na qual o término da felicidade do outro lhe traz felicidade, o invejoso, age também pelo ódio e procura destruí-lo.
   c) Por acreditar que, o término da felicidade alheia lhe trará felicidade, o invejoso procura destruir-lhe, agindo, também, pelo ódio.
   d) O invejoso, o qual age movido também pelo ódio, onde procura destruir a felicidade alheia, nutre a expectativa de que o término desta lhe traga felicidade.
   e) Como nutre a expectativa, de que o término da felicidade alheia lhe traga felicidade, o invejoso o qual procura destruir a felicidade alheia, agindo também pelo ódio.

22. (Vunesp – SEAP/SP – Agente de Escolta e Vigilância Penitenciária – 2012) "Inundado por investimentos, patrocínios e empréstimos de bancos, o futebol brasileiro vive um momento de crescimento financeiro que começa a mudar o mapa do esporte no mundo. Um panorama do futebol nacional mostra que, em vários aspectos, clubes começam a ter receitas parecidas com as dos grandes times europeus. Entre os cartolas de tradicionais equipes da Europa, a constatação é de que está cada vez mais caro tirar um jovem do Brasil. (...)"
   O termo em destaque no trecho – Entre os **cartolas** de tradicionais equipes da Europa, a constatação é de que está cada vez mais caro tirar um jovem do Brasil. – refere-se aos:
   a) dirigentes;   b) jogadores;   c) torcedores;   d) uniformes;   e) treinadores.

23. Texto:
   Há doenças piores que as doenças,
   Há dores que não doem, nem na alma
   Mas que são dolorosas mais que outras.
   Há angústias sonhadas mais reais
   Que as que a vida nos traz, há sensações
   Sentidas só com imaginá-las
   Que são mais nossas do que a própria vida.
   ...
   Dá-me mais vinho, porque a vida é nada.
   (Fernando Pessoa.)

   No verso – Sentidas só com imaginá-**las** – o termo destacado refere-se a:
   a) dores;   b) sensações;   c) doenças;   d) angústias;   e) pessoas.

24. (Cespe/UnB – MPE/PI – Cargos de nível superior – 2012) Na expressão "que o diga", o termo "o" refere-se à ideia expressa no período anterior.
   ( ) CERTO   ( ) ERRADO
   Texto
   "O seu método é simples. Harold utiliza garrafas de suco de laranja e se certifica de que as mensagens estão com data. Antes de enviá-las, checa o sentido dos ventos... (...)"

25. A forma pronominal "las", em "enviá-las", pode fazer referência tanto ao termo "garrafas" quanto ao termo "mensagens".
   ( ) CERTO   ( ) ERRADO
   "O aumento da população, o crescimento econômico e a sofisticação das relações sociais requerem mais serviços públicos, de maior qualidade e crescente complexidade. Para fazer frente a essas **demandas**, o dimensionamento adequado da força de trabalho no setor público é condição necessária, mas não suficiente. **Elas** requerem que o Estado atente também para a qualificação de uma força de trabalho às voltas com questões cada vez mais complicadas (...)"

Capítulo 35 • Coesão e Coerência   **921**

26. (Cespe/UnB – MP – Analista de Infraestrutura – 2012) No desenvolvimento da argumentação do texto, o pronome "Elas" retoma "demandas".

( ) CERTO   ( ) ERRADO

27. (Vunesp – Pref. Cubatão/SP – Fiscal de Tributos – 2012) No trecho – **Embora** as estatísticas completas da arrecadação de União, estados e municípios apenas venham a ser conhecidas em meados do ano, é razoável estimar (...), – o termo em destaque pode ser substituído, sem acarretar alteração de sentido, por:

a) entretanto;
b) contudo;
c) conquanto;
d) todavia;
e) no entanto.

28. (FEC – Pref. Angra dos Reis/RJ – Administrador – 2012) Em relação à construção textual, a expressão destacada em "Felizmente, a medicina atual dispõe de inúmeras drogas capazes de curar, controlar e até mesmo de evitar inúmeras doenças. Aparelhos eletrônicos sofisticados são capazes de fazer um diagnóstico apurado, passando informações importantes sobre o paciente. Os avanços NESTA ÁREA são rápidos e possibilitam uma vida cada vez melhor para as pessoas", coesivamente, se refere a:

a) aparelhos eletrônicos;
b) medicina atual;
c) informações;
d) doenças;
e) avanços.

29. Na frase destacada "Foi, contudo, no século XVII, que William Harvey fez uma nova descoberta: o sistema circulatório do sangue. A partir daí, os homens passaram a compreender melhor a anatomia e a fisiologia", a expressão A PARTIR DAÍ será corretamente substituída, de acordo com seu sentido no texto, por:

a) em consequência;
b) nesse instante;
c) nesse lugar;
d) ao contrário;
e) ao passo que.

1   A Educação é um processo de acúmulo de conhecimento, não de consumo de aulas. Mas as salas de aula de nossas faculdades estão parecendo restaurantes, onde se consomem aulas. (...)

5   Além de mais vagas em faculdades é preciso promover uma formação de qualidade para todos na educação de base. Isso exige uma revolução, não apenas um II Plano Nacional de Educação, possivelmente tão irrelevante quanto o IPNE. (...)

6   Um programa como esse pode ser iniciado de imediato, mas demora a ser implementado em todo o país, sobretudo por falta de recursos humanos em quantidade. A solução é executá-lo por cidades. (...)

7   Esta revolução foi iniciada no final de 2003, em 28 pequenas cidades, e interrompida antes mesmo de ser implementada. A posse de um novo ministro pode ser o momento para iniciar a execução dessa proposta que em 2003 recebeu o nome de Escola Ideal. Com ela, contaremos todos com uma educação de base qualificada e teremos a possibilidade de um sistema de ensino superior de qualidade, (...)"

30. (FEC – PC/RJ – Inspetor de Polícia 6ª Classe – 2012) Todos os pronomes em destaque fazem referência a elementos intratextuais, EXCETO o seguinte, cujo referente se encontra fora do texto:

a) "as salas de aula de NOSSAS faculdades estão parecendo restaurantes" (parágrafo 1).
b) "ONDE se consomem aulas" (parágrafo 1).
c) "ISSO exige uma revolução" (parágrafo 5).
d) "A solução é executá-LO por cidades" (parágrafo 6).
e) "Com ELA, contaremos todos com uma educação de base qualificada" (parágrafo 7).

Texto para as questões de 31 a 33:

"Para especialistas, arrecadação é reflexo do excesso da burocracia. Mais de quatro anos após a extinção da CPMF por decisão do Congresso, o governo continua engordando seu caixa com o tributo, cobrado de empresas e pessoas físicas.

De janeiro de 2008, quando o imposto do cheque deixou de existir, até o mês passado, já foi arrecadado R$ 1,750 bilhão. Esse valor é suficiente, por exemplo, para o governo arcar com um ano da desoneração da folha de pagamento de setores já beneficiados pela medida, como confecções e calçados. Segundo técnicos da Receita, a arrecadação residual da CPMF ocorre devido a ações administrativas e judiciais. Para especialistas, isso mostra o excesso e o tamanho da burocracia no país".

922 A Gramática para Concursos Públicos • Fernando Pestana

31. (DOM CINTRA – Pref. Belo Horizonte/MG – Analista de Políticas Públicas (Adm.) – 2012) Nesse segmento do texto, o termo destacado que se refere a um elemento do parágrafo anterior é:
a) isso;
b) quando;
c) esse valor;
d) o imposto do cheque;
e) a arrecadação residual.

32. (DOM CINTRA – Pref. Belo Horizonte/MG – Analista de Políticas Públicas (Adm.) – 2012) "Segundo técnicos da Receita..."; "Para especialistas...". A alternativa que mostra uma afirmação correta sobre esses dois segmentos do texto é:
a) As opiniões dos técnicos são superiores às dos especialistas.
b) Técnicos e especialistas se situam em diferentes escalões do Governo.
c) Os técnicos da Receita e os especialistas referem-se às mesmas pessoas.
d) As opiniões emitidas pelos técnicos e pelos especialistas dizem a mesma coisa.
e) Os vocábulos "segundo" e "para", nos segmentos, possuem o mesmo significado.

33. (DOM CINTRA – Pref. Belo Horizonte/MG – Analista de Políticas Públicas (Adm.) – 2012) A alternativa em que o vocábulo destacado apresenta um substituto **inadequado** é:
a) "Mesmo extinta, CPMF rende R$ 1,7 bilhão ao governo" / conquanto.
b) "Esse valor é suficiente, por exemplo, para o governo..." / ou seja.
c) "...ocorre devido a ações administrativas..." / em razão de.
d) "Segundo técnicos da Receita..." / conforme.
e) "Para especialistas..." / na visão dos.

34. (Dom Cintra – Pref. Itaboraí/RJ – Agente Administrativo Escolar – 2012) "Durante os últimos três anos, o historiador alagoano Nireu Cavalcanti (...) compilou informações a respeito do casamento no Brasil colônia, **período** que se encerra em 1815, **quando** o Brasil é declarado Reino Unido. (...) **Cavalcanti** reuniu um **material** rico em **detalhes**".
Nesse primeiro segmento do texto, o vocábulo que **NÃO** faz referência a qualquer termo anterior é:
a) Cavalcanti;
b) material;
c) detalhes;
d) período;
e) quando.

35. (PUC/PR – FEAES – Administrador – 2012) Leia o seguinte trecho, destacado do texto de Frei Betto, e assinale a alternativa **CORRETA**:
Zilda Arns nos deixa, de herança, o exemplo de que é possível mudar o perfil de uma nação com ações comunitárias, voluntárias, enfim, através da mobilização da sociedade civil. Não a mobilização que isenta o poder público de suas responsabilidades ou procura substituí-lo em suas obrigações. As instituições governamentais mantêm parcerias com a Pastoral da Criança e, esta exige-lhes recursos, participa de comissões e eventos convocados pelo governo, critica-o quando necessário, sem se deixar instrumentalizar por interesses partidários e eleitorais.
a) O pronome "lhes", utilizado em "exige-lhes", faz referência à "Pastoral da Criança".
b) O pronome "o", em "critica-o", faz referência a "recursos".
c) A palavra "nos", em "Zilda Arns nos deixa", é uma preposição.
d) A palavra "pelo", em "eventos convocados pelo governo", é um pronome demonstrativo.
e) A palavra "esta" faz referência à "Pastoral da Criança" e é um pronome demonstrativo.

36. (PUC/PR – DPE – Técnico Administrativo – 2012) (Adaptada) A afirmação abaixo está correta ou incorreta?
"O presidente da Ordem dos Advogados do Brasil (OAB), Ophir Cavalcante, pediu mais tempo ao Senado para que a proposta do novo Código Penal seja discutida. Cavalcante participou de audiência pública, nesta terça-feira, na comissão especial que analisa o texto do anteprojeto do código, formulado por juristas a pedido do presidente da Casa, José Sarney (PMDB-AP)".
– A palavra "Casa" se refere a "Senado"; trata-se de um exemplo de expansão lexical.

37. (Funcab – Pref. Aracruz/ES – Administrador – 2012) "(...) Então, retomando o início: vinha eu de volta do supermercado, com dois saquinhos de compras miúdas, caminhando atento às armadilhas das calçadas, quando vi, no chão, o cenário perturbador: pitangas caídas, maduras, vítimas de algum vento da manhã, muitas delas comidas pela metade, quantidade de caroços limpos de frutinhas já degustadas... Olhei para o alto: afe! Pé carregado, do verde ao roxo. Adiante, outro pé, igual! Ah, o que a chuva e o sol haviam feito em quinze dias... Foi automático: passei as compras de um saquinho do supermercado ao outro e comecei a colheita. Dava-me o prazer de escolher as mais bonitas. Quando ficaram mais difíceis, apanhei uma vassoura velha numa caçamba

Capítulo 35 • Coesão e Coerência **923**

de demolição ali perto e com ela verguei os galhos mais altos, engordando o saquinho. Geleia rende pouco, e a fartura de matéria-prima me empolgava. Nesse momento, passava de carro um ex-colega de jornal, que me reconheceu e parou. Eu me senti ridículo. Já estava ensaiando explicações, longas talvez, que nos cansariam os dois, quando ele cortou: – Maravilha! Eu sempre quis fazer isso e nunca tive coragem! Desceu do carro e me ajudou". O pronome ISSO da frase "– Maravilha! Eu sempre quis fazer isso e nunca tive coragem!", no contexto, refere-se a:
a) apanhar uma vassoura;
b) colher pitangas;
c) vergar os galhos mais altos;
d) fazer geleia;
e) engordar saquinhos.

38. (Funcab – Pref. Magé/RJ – Administrador – 2012) A alternativa em que, do ponto de vista semântico, há evidente equívoco na substituição da preposição empregada no texto pela locução prepositiva indicada é:
a) "Sei, PELA própria experiência, o quanto há de honrado e o quanto há de hipocrisia nesse proclamado interesse [...]" /EM RAZÃO DA;
b) "[...] reuniram-se fiéis e sacerdotes de todas as crenças PARA lembrar os meninos mortos [...]" / COM O INTUITO DE;
c) "[...] a pobreza deve ser eliminada no ventre, COM o ligamento de trompas [...]" / POR MEIO DE;
d) "[...] muitas mulheres foram esterilizadas CONTRA a própria vontade" / AO ENCONTRO DE;
e) "Há muitos que vivem DAS crianças abandonadas" / ÀS EXPENSAS DAS.

39. (Cespe – TRT (17ª Região) – Analista Judiciário (TI) – 2013) Fragmento de texto:
Em muitos lugares, as mulheres não têm apoio para funções essenciais da vida humana. (...) Quando tentam ingressar no mundo do trabalho, enfrentam obstáculos maiores, inclusive intimidação da família ou do cônjuge, discriminação sexual na contratação e assédio sexual no trabalho – todos frequentemente sem medidas de proteção legal eficazes. Obstáculos semelhantes costumam impedir sua participação efetiva na vida política.
O termo "todos" forma uma cadeia coesiva com o termo "obstáculos", retomando-o.
( ) CERTO ( ) ERRADO

40. (Cespe – ANTAQ – Nível Médio – 2014) Fragmento de texto:
Um dos principais desafios para o Brasil é conhecer a Amazônia. Sua vocação eminentemente hídrica impõe, ao longo dos séculos, a necessidade de deslocamento de seus habitantes...
O pronome "Sua" refere-se ao antecedente "Amazônia".
( ) CERTO ( ) ERRADO

41. (CESGRANRIO – Banco da Amazônia – Técnico Científico – 2015) No trecho "deveriam ser serviços dirigidos por pessoas de inteira confiança do empresário e que se dispusessem a defendê-lo", o pronome oblíquo "lo" exerce uma função coesiva, ao retomar, como seu referente, a expressão:
a) fundador.
b) serviço médico.
c) trabalho.
d) capital.
e) empresário.

42. (INSTITUTO AOCP – EBSERH – Analista Administrativo – Administração (CH-UFPA) – 2016) Na frase: "[...] Tornamo-nos, portanto, seres que se sentem seguros somente se conectados a essas redes.[...]", o termo em destaque pode ser substituído, sem prejuízo gramatical ou alteração de sentido, por
a) conquanto. b) porquanto. c) contudo. d) pois. e) todavia.

43. (AOCP Concursos – CODEM/PA – Advogado – 2017) "Metade de todas as pessoas com acesso à internet, no mundo, entra no Facebook pelo menos uma vez por mês. Em suma: é o meio de comunicação mais poderoso do nosso tempo, e tem mais alcance do que qualquer coisa que já tenha existido. A maior parte das pessoas o adora".
Nesse segmento do texto, o termo ou expressão em destaque que se refere a um outro termo anterior, estabelecendo a coesão textual, é
a) "Internet".
b) "o Facebook"
c) "o meio de comunicação".
d) "o nosso tempo".
e) "a maior parte das pessoas".

44. (FGV – TJ/AL – Técnico Judiciário (Área Judiciária) – 2018) "Tenho comentado <u>aqui</u> na Folha em diversas crônicas, os usos da internet, <u>que</u> se ressente ainda da falta de uma legislação específica que coíba não somente os usos mas os abusos deste <u>importante e eficaz veículo de comunicação</u>. A maioria dos <u>abusos</u>, se praticados em outros meios, seriam crimes já especificados em lei, como <u>a</u> da imprensa, que pune injúrias, difamações e calúnias, bem como a violação dos direitos autorais, os plágios e outros recursos de apropriação indébita". Nesse segmento do texto, o termo sublinhado que NÃO estabelece coesão com nenhum termo anterior é:
a) aqui;
b) que;
c) importante e eficaz veículo de comunicação;
d) abusos;
e) a.

45. (CESPE – PRF – Policial Rodoviário Federal – 2019) Fragmento de texto: "O do autor deste texto é um nome simples (João), apostólico, advindo do avô. No entanto, o sobrenome (Carrascoza), pelo qual passou a ser reconhecido, é incomum. Sonoro, hispânico. Com uma combinação incomum de nome e sobrenome, difícil seria encontrar um homônimo. Mas eis que um surgiu, quando ele andava pelos vinte anos".
O vocábulo "um" (Mas eis que um surgiu, quando ele andava pelos vinte anos) refere-se a um indivíduo cujo nome é idêntico ao do autor do texto.
( ) CERTO   ( ) ERRADO

46. (IDECAN – IF/RR – Técnico em informática – 2020) "A turma mais difícil é o 7º ano. Nunca tive alunos que me fizessem sentir tão vulnerável. Acho que desaprendi a ser professor."
O autor coloca três orações separadas por ponto final, sem utilizar mecanismos de coesão textual entre elas. Sabendo disso, analise a reescrita destas três frases e assinale a alternativa em que estejam utilizados adequadamente os mecanismos de coesão para ligar as referidas frases.
a) Nunca tive alunos que me fizessem sentir tão vulnerável quanto os que enfrentei este ano, por isso a turma mais difícil é o 7º ano, portanto acho que desaprendi a ser professor.
b) Acho que desaprendi a ser professor, apesar disso a turma mais difícil é o 7º ano, já que nunca tive alunos que me fizessem sentir tão vulnerável.
c) Apesar de nunca ter tido alunos que me fizessem sentir tão vulnerável acho que desaprendi a ser professor, porque os alunos do 7º ano compõem a turma mais difícil.
d) A turma mais difícil é o 7º ano e, desta vez, acho que desaprendi a ser professor, portanto nunca tive alunos que me fizessem sentir tão vulnerável.
e) Acho que desaprendi a ser professor pois nunca tive alunos que me fizessem sentir tão vulnerável. A turma do 7º ano, por exemplo, é a mais difícil.

47. (FGV – PC/RJ – Perito legista – 2021) Observe o seguinte texto, adaptado de uma pequena notícia de uma revista, em que um cantor famoso declara: "Não é que eu esteja cansado de viajar, mas o que eu não posso fazer é sair de um estúdio de gravação e começar imediatamente uma série de shows. Isso é impossível. Você fica, nessas horas, com a cabeça confusa. No entanto, voltei às excursões: no dia 2 de outubro terminei a gravação do meu último disco e no dia 3 já estava cantando em São Paulo. Nem física nem psicologicamente se pode suportar esse ritmo. Mas esta vai ser a última excursão, sabe? O que acontece é que para um cantor é muito importante excursionar com um disco novo". Na estruturação de um texto, é muito importante a presença de elementos de coesão; o segmento desse texto que é independente de elementos coesivos anafóricos, ou seja, ligados a elementos anteriores, é:
a) Isso é impossível;
b) Você fica, nessas horas, com a cabeça confusa;
c) Não é que eu esteja cansado de viajar;
d) Nem física nem psicologicamente se pode suportar esse ritmo;
e) Mas esta vai ser a última excursão, sabe?

48. (CESPE – MJSP – Técnico Especializado em Formação e Capacitação – 2022) Em "Nunca encontrei adolescentes: eram crianças ou mulheres feitas. Estas, no entanto, fanavam-se com menos rapidez do que suas antepassadas", o vocábulo "suas", em "suas antepassadas", refere-se a "crianças".
( ) CERTO   ( ) ERRADO

Gabarito

1. C.	13. C.	25. CERTO.	37. B.
2. A.	14. E.	26. CERTO.	38. D.
3. D.	15. B.	27. C.	39. CERTO.
4. E.	16. B.	28. A.	40. CERTO.
5. B.	17. B.	29. A.	41. E.
6. C.	18. A.	30. A.	42. D.
7. A.	19. ERRADO.	31. D.	43. C.
8. E.	20. B.	32. E.	44. A.
9. B.	21. A.	33. B.	45. CERTO.
10. C.	22. A.	34. C.	46. E.
11. D.	23. B.	35. E.	47. C.
12. E.	24. CERTO.	36. CORRETA.	48. ERRADO.

> Os comentários sobre as questões estão no *Material Complementar* do livro. Para acessá-lo, veja o passo a passo na orelha desta obra.

CAPÍTULO 36
REGISTROS E VARIAÇÕES LINGUÍSTICAS

Infelizmente, ainda, alguns brasileiros insistem em dizer para outros: "Para de falar assim, cara; você fala muito errado!". Interessante seria se o outro dissesse: "Meu amigo, então seja coerente com o seu pedido!".

Leitor, se você não entendeu a péssima piada, foi devido ao não conhecimento ou à não lembrança de um princípio chamado "uniformidade de tratamento", que trata do uso da mesma forma de tratamento do início ao fim do discurso. Além disso, note que houve o uso de gíria, típico de linguagem coloquial, ou seja, de uma linguagem que não se pauta na norma-padrão da língua portuguesa, vulgarmente chamada de "português correto".

Os brasileiros preconceituosos – do ponto de vista linguístico – acham que todos deveriam usar em qualquer situação comunicativa o "português correto", respeitando todas as prescrições gramaticais (e sem gírias!). O problema é que pessoas assim exigem algo que não conseguem fazer, ou seja, o personagem linguisticamente "preconceituoso" (para ser coerente com o modo de usar a língua que ele privilegia, a norma-padrão) deveria ter falado assim: "Para de falar assim, cara; tu falas muito errado!". Aí, sim, ele teria respeitado o princípio da modalidade padrão da língua (a uniformidade de tratamento, no caso) e sido coerente com o pedido inicial dele. Afinal, se ele começou o discurso usando uma forma de 2ª pessoa (Para – tu), deveria tê-la mantido até o fim de seu discurso.

Vamos combinar assim: ninguém consegue (nem precisa) usar o tempo todo o registro culto da língua. No entanto, em certas situações, como no dia da prova, é importante que você domine as regras gramaticais que vimos ao longo desta gramática para acertar uma questão. Entenda melhor, lendo o que segue...

Conceito de Erro

Não existe **erro** de português, propriamente dito! A língua não evolui nem involui, ela está em constante mudança. E todos os falantes da língua de uma nação conseguem se comunicar, pois usam o mesmo código para estabelecer comunicação e interação.

Assim, o **certo** e o **errado** na língua é, em geral, uma convenção, uma arbitrariedade, uma tradição que se baseia na ideia contida em ultrapassadas gramáticas normativas, as quais ensinavam que o "bem falar" e o "bem escrever" seriam ditados a partir do uso da língua por pessoas influentes na sociedade. Por isso, quando alguém diz: "A gente vamos na praia hoje?", vem outro e corrige: "NÓS vamos À praia hoje! Você não conhece concordância e regência, seu burro?!". Esse é só um exemplo de como as pessoas definem o que deve ser feito e o que não deve ser feito na língua portuguesa, como se, em todas as situações de uso da língua, tal uso fosse único e, portanto, obrigatório.

Apesar de esta gramática contemplar a modalidade culta da língua, não estamos cegos às variações (normais) da nossa língua. Assim, citamos Marcos Bagno: "... é preciso sempre lembrar que, do ponto de vista sociocultural, o 'erro' existe, e sua maior ou menor 'gravidade' depende precisamente da distribuição dos falantes dentro da pirâmide das classes sociais, que é também uma pirâmide de variedades linguísticas. Quanto mais baixo estiver um falante na escala social, maior número de 'erros' as camadas mais elevadas atribuirão à sua variedade linguística (e a diversas outras características sociais dele). O *'erro' linguístico, do ponto de vista sociológico e antropológico, se baseia, portanto, numa avaliação negativa que nada tem de linguística: é uma avaliação estritamente baseada no valor social atribuído ao falante, no seu poder aquisitivo, no seu grau de escolarização, na sua renda mensal, na sua origem geográfica, nos postos de comando que lhe são permitidos ou proibidos, na cor de sua pele, no seu sexo e outros critérios e preconceitos estritamente socioeconômicos e culturais*" (friso meu).

Por isso é que, muitas vezes, um mesmo suposto erro é considerado uma "licença poética" quando surge num texto assinado por um autor de renome ou na fala de um membro das classes privilegiadas, mas como um "vício de linguagem", quando se materializa na fala ou na escrita de uma pessoa estigmatizada socialmente.

Em resumo, não insistamos mais no discurso preconceituoso e desagregador de outrora, a saber, que, quando alguém produziu uma concordância fora da norma-padrão, cometeu um **erro de português**, mas sim que, no máximo, alguém cometeu um **desvio da norma-padrão (ou culta)**, ou **uma transgressão dessa norma**, ou **uma inadequação ao registro culto da língua**. É claro que agora você não vai sair por aí dizendo: "Ih, você viu? Ele não se adequou ao registro culto da língua". Seria risível, no mínimo. Vale ainda dizer que o falante de uma língua só comete falha **real** no uso da sua língua se aquilo que foi expresso não estabeleceu vínculo comunicativo, dentro duma situação comunicativa específica.

Observação

Quanto à norma culta, só podemos dizer que, em um discurso, há **inadequação** ou **adequação**, ou seja, seria inadequado falar com um juiz de direito assim: "E aí, maluco, beleza? Será que nós pode falar aí contigo pra gente trocar uma ideia sobre um bagulho da promotoria?", porque o contexto é formal, afinal, fala-se com uma autoridade. Sendo assim, seria preciso haver adequação à norma culta.

Vamos entender melhor quando o **registro** é **culto** ou **coloquial**.

Registro Culto e Coloquial

A Língua Portuguesa apresenta uma **unidade**, um padrão linguístico que permite a seus usuários a comunicação a partir do mesmo código, ou seja, um falante carioca consegue se comunicar com um falante gaúcho com irrisório esforço, pois ambos usam um **mesmo sistema** de **som, forma, construção frasal, léxico e sentido**. Assim, dizemos que há certa homogeneidade na língua portuguesa do Brasil.

Capítulo 36 • Registros e Variações Linguísticas **929**

Para ilustrar a questão da **unidade**, pense no jogo de futebol. Há um campo com dois gols, algumas linhas indicando algumas áreas importantes do espaço em que se joga, onze jogadores de cada lado, que obedecem a algumas regras previstas, com o objetivo primário de fazer a bola entrar no gol adversário etc. Essas características do futebol são **únicas** em qualquer lugar do Brasil (e do mundo). Ou seja, a equipe do Grêmio e a equipe do Flamengo falarão uma **mesma** "língua" no campo de futebol, pois ambas partilham do mesmo conhecimento sobre esse jogo.

> **Observação**
>
> Quanto à **diversidade** linguística, continuemos com a ilustração. De um lado, os cariocas; do outro, os gaúchos. As equipes partilham das mesmas regras para que o jogo ocorra (unidade), mas cada time apresenta **características** e habilidades **diferentes** em seu modo de jogar (diversidade)... e o jogo ocorre amistosamente. Assim, fica claro que a **diversidade** existe na **unidade** e a **unidade** não existe **sem diversidade**. Portanto, o padrão é a coexistência **unidade-diversidade**.

Linguisticamente falando, toda língua apresenta um relativo padrão no som das palavras, na forma das palavras, no vocabulário, na construção frasal e no sentido das palavras, compartilhado por um grupo de pessoas que se comunicam sem grandes problemas. Isso é **unidade**! A diversidade tem a ver com o "tempero" da língua. Imagine: cada cidadão brasileiro, por exemplo, fala de um modo peculiar devido a questões puramente particulares, regionais, socioculturais, sexuais, situacionais, etárias, profissionais, familiares etc. Isso é **diversidade**!

Existe um uso padrão, que permite a unidade da língua, e existe a **norma culta**. Estamos, nesta gramática, a destacar a **norma culta** presente nas gramáticas normativas, sobretudo, pois é do conhecimento dela que precisamos para fazer uma boa prova nos moldes ainda normativos. Percebeu o "normativos"? Por isso, estamos nos ocupando mais dessa modalidade da língua neste livro, que tem como público-alvo os alunos "concurseiros" e os professores desses alunos.

Como já dito na *Introdução* deste livro, a **norma culta** é um conjunto de regras gramaticais baseadas no uso formal da língua por pessoas cultas da sociedade. É o domínio da norma culta que nos fará acertar questões na maioria das provas de concursos, que ainda testam seu conhecimento do **registro culto**, isto é, **o modo de usar a língua segundo as regras gramaticais prescritas pelos gramáticos normativos**.

Antes de falar mais profundamente do **registro culto** e do **coloquial**, porém, vamos entender mais a respeito das variações linguísticas.

Variações Linguísticas

Assim como outras, a língua portuguesa no Brasil é extremamente heterogênea. As diferentes manifestações e realizações da língua, as diversas formas que a língua possui, decorrentes de fatores de natureza **histórica, regional, sociocultural ou situacional** constituem o que chamamos de **variações linguísticas**. Essas variações podem ocorrer nas camadas **fonológica, morfológica, sintática, léxica e semântica**; em certos momentos ocorrem duas ou mais variações ao mesmo tempo em um discurso.

930 A Gramática para Concursos Públicos • Fernando Pestana

> ### Observação
> Entenda: a variação linguística é inerente ao discurso dos falantes de qualquer língua, pois a língua é a forma que o homem tem de entender o seu universo interno e externo; portanto, a idade, o sexo, o meio social, o espaço geográfico, tudo isso torna a língua peculiar.

Vejamos melhor:

1) **Variação diacrônica** (histórica): a língua apresenta mudanças dentro da linha do tempo; normalmente isso acontece ao longo de um determinado período de tempo e pode ser identificado quando se comparam dois estágios de uma língua; é interessante dizer que o meio rural ainda conserva uma linguagem com traços antigos; as mudanças mais visíveis se dão no léxico e na semântica, como veremos neste trecho da crônica *Antigamente*, de Carlos Drummond de Andrade:

> *"(...) Acontecia o indivíduo apanhar **constipação**; ficando **perrengue**, mandava o próprio chamar o doutor e, depois, ir à **botica** para **aviar** a receita, de cápsulas ou pílulas fedorentas. Doença nefasta era a **phtysica**, feia era o **gálico**. Antigamente, os sobrados tinham assombrações, os meninos lombrigas, **asthma** os gatos, os homens portavam **ceroulas**, botinas e **capa-de-goma**, a **casimira** tinha de ser superior e mesmo X.P.T.O. London, não havia fotógrafos, mas **retratistas** (...)".*

2) **Variação diatópica** (geográfica, regional, dialetal): a língua apresenta mudanças de região para região; o sotaque (pronúncia típica de uma região) é o principal acusador do lugar onde determinado indivíduo vive, mas a peculiaridade se estende também ao vocabulário, sentido das palavras, estrutura sintática etc.; ilustram bem as músicas *Tremendo Vacilão*, da cantora Perlla e *A Feira de Caruaru*, de Luiz Gonzaga, respectivamente:

> "(...) Na madrugada / Abandonada / E não atende o celular / Tirando onda / Cheio de marra / Achando que eu / Vou perdoar... / Prá mim já chega / Eu tô bolada / Agora quem não quer sou eu / Não te dou bola / Senta e chora / Porque você já me perdeu... / Deu mole prá caramba / É um tremendo vacilão / Tá todo arrependido / Vai comer na minha mão / Pensou que era o cara / Mas não é bem assim / Agora baba, bobo / Vai correr atrás de mim...".

> "A Feira de Caruaru, / Faz gosto a gente vê. / De tudo que há no mundo, / Nela tem pra vendê, / Na feira de Caruaru. (...) Tem loiça, tem ferro véio, / Sorvete de raspa que faz jaú, / Gelada, cardo de cana, / Fruta de paima e mandacaru. / Bunecos de Vitalino, / Que são cunhecidos inté no Sul, / De tudo que há no mundo, / Tem na Feira de Caruaru".

3) **Variação diastrática** (social, sociocultural): a língua apresenta mudanças em camadas sociais diferentes (nível socioeconômico) e grupos sociais diversos (profissionais da mesma área, surfistas, funkeiros, políticos, comediantes etc.); as **gírias** e os **jargões** se destacam entre os grupos sociais ligados a uma profissão ou não; chamamos de **tecnoleto** a linguagem que se vale de termos técnicos compartilhados por um grupo (jargão) que pertence a uma mesma área de conhecimento profissional (o economês, o juridiquês, o cientifiquês etc.); chamamos de **socioleto** a linguagem compartilhada por um grupo com características sociais em comum.

Capítulo 36 • Registros e Variações Linguísticas — **931**

Observe os diálogos de um porteiro com um "doutor'" e de um médico com uma paciente, respectivamente:

O Porteiro e o doutor
– *Bom dia, dotô.*
– *Bom dia.*
– *Seu Jorge, os portero aqui da área tão fazendo uma caxinha pá comemorá o fim do ano com um churraquinho; ó só, os moradores vão poder estar participando, viu?*
– *Bem, Osvaldo, eu até gostaria de participar da comemoração de vocês, mas infelizmente só vou poder ajudar com a caixinha; ajuda?*
– *Claro, dotô! Brigadão!*
– *Disponha.*

O Médico e uma paciente
– *Boa tarde.*
– *Pois não, em que posso ajudar a senhora?*
– *Bem, eu estive aqui semana passada com uma dor nas articulações muito grande.*
– *Dona Kátia, sua prostração me incomoda muito e queremos evitar que sua condição avance para uma anquilose, certo?*
– *Prosta... o quê? Anqui... o quê?*
– *Fica calma, vou explicar e depois receito um remédio, ok?*

4) **Variação diafásica** (situacional, expressiva): a língua apresenta mudanças em função do contexto, das circunstâncias, da situação comunicativa; um falante varia o uso da língua se está em um ambiente familiar, profissional, formal, informal etc., considerando o grau de intimidade, o tipo de assunto tratado e quem são os receptores; basicamente é possível identificar dois limites extremos de estilo: o *informal*, quando há um mínimo de reflexão do indivíduo sobre as normas linguísticas, utilizado nas conversações imediatas do cotidiano; e o *formal*, em que o grau de reflexão é máximo, utilizado em conversações que não são do dia a dia e cujo conteúdo é mais elaborado e complexo.

Não se deve confundir o estilo formal e informal com língua escrita e falada, pois os dois estilos ocorrem em ambas as formas de comunicação; importante é dizer que existe uma maneira própria de cada falante usar a língua (*idioleto*): o uso preferencial de determinadas palavras ou construções frásicas, o valor semântico dado a um ou outro termo etc.; veremos alguns exemplos desse tipo de variação em um diálogo entre pais e filha, entre amigos jovens em um bar e entre um empregador e um candidato ao emprego:

Pais e filha
– *Papai, o que é sexo?*
– *Que isso, menina?! Que história é essa?*
– *Ah, papai, uma coleguinha minha me falou que a mamãe dela faz isso com...*
– *Quem é essa menina, filha?!*
– *É a Julinha.*
– *Michele, vem aqui.*
– *Que foi, Pedro?*
– *Mamãe, por que o papai ficou nervoso com o sexo? É ruim?*

– *Que isso, menina?! Que história é essa?*

– *Michele, ela quer saber o que é sexo, é isso.*

– *Ah, amorzinho, vem aqui pra eu te explicar. Não é nada, não. Sai daqui, Pedro! Bem, filha, é o seguinte: não tem quando o papai e a mamãe se beijam e se abraçam?*

– *Árrã.*

– *Então, isso é sexo. É beijo e abraço entre o papai e a mamãe.*

– *Ah... entendi. Posso te dar um beijo e um abraço então, né?*

– *Não!... Quer dizer... Claro, filhota! Vem cá.*

<u>Amigos jovens em um bar</u>

– *Fala aí, parceiro!*

– *E aí, muleque! Beleza?*

– *Pô, tranquilão.*

– *E aí, vamo jogá aquela sinuquinha?*

– *Junto com aquela gelada.*

– *Já é.*

<u>Empregador e candidato a emprego</u>

– *Bem, senhor Mário, por que devemos contratar o senhor para a vaga de inspetor dessa escola?*

– *Senhor Roberto, com o devido respeito ao senhor e a sua instituição, seria uma honra trabalhar aqui, uma vez que as referências que tenho dessa escola são ótimas. Agora, quanto a por que me contratar, só posso lhe dizer a verdade: eu sou uma pessoa comprometida com o que faço, sou perfeccionista e responsável com meu horário, além de gostar muito de me relacionar com o público infantojuvenil. Enfim, acho que o trabalho pode ser meu porque eu creio que tenho um bom perfil.*

– *Ok, senhor Mário, iremos entrar em contato depois; mas, desde já, agradeço sua apresentação.*

Registros Linguísticos: Língua Falada e Língua Escrita

Em linguística, **registro** designa a variedade da língua, **falada** ou **escrita**, definida de acordo com o seu uso em situações sociais. Assim, esse termo designa os diversos estilos que um falante pode usar de acordo com a situação comunicativa em que participa. Numa conversa informal num café com os amigos, por exemplo, utilizará um registro diferente do que utiliza em família, com a avó. Já um texto escrito formal dirigido a um professor com o propósito de pedir licença da prova por causa de um falecimento de alguém da família será diferente de uma carta dirigida a um presidente. E por aí vai...

> **Observação**
>
> Tanto a **língua falada** quanto a **língua escrita** apresentam graus de reflexão para a produção do discurso. Cada uma das variedades linguísticas pode-se apresentar na modalidade escrita ou falada. Não se pode fazer uma distinção total entre língua falada e língua escrita como se esta fosse mais pautada nas regras da norma culta e por isso menos espontânea, e aquela menos apegada às regras da norma culta e mais espontânea, pois o uso de uma ou outra modalidade depende da situação comunicativa.

Capítulo 36 • Registros e Variações Linguísticas **933**

Vale dizer que **língua falada** não é sempre sinônimo de **conversação**, pois nem sempre a fala é usada nas práticas diárias informais de um cidadão com outro; às vezes, usa-se a fala em um seminário, por exemplo, no qual não há conversação e o ambiente é formal. O fato é que algumas características da conversação ainda assim aparecem na oralidade, como desvios da norma culta, pausas de pensamento, ênfases etc.

A princípio, a escrita é tomada como uma representação da fala, mas não podemos negar que a **língua escrita**, por ser menos usada em comparação à falada e normalmente usada em um contexto formal, reflete, com maior regularidade, a norma culta.

A análise das duas modalidades de uso da língua é importante! Para sistematizar as marcas da oralidade e as marcas da escrita, vejamos algumas diferenças (é claro que algumas características da língua falada podem figurar na língua escrita e vice-versa):

<u>Língua Falada</u>

- normalmente não há planejamento do discurso, por isso é mais espontânea;
- normalmente há um contrato de comunicação entre o locutor e o interlocutor, em que o contexto, a situação comunicativa formam o discurso entre os interlocutores;
- normalmente há pausas para a seleção do vocabulário;
- normalmente ocorre contração e truncamento entre palavras (Ex.: *para o > pro*);
- normalmente ocorre entoação enfática, alongamento de vogal ou consoante, silabação etc.;
- normalmente ocorre quebra de sequência temática;
- normalmente as construções frasais são menos extensas;
- normalmente ocorre repetição de termos;
- normalmente se usam muitas expressões idiomáticas ou clichês;
- normalmente ocorrem muitos marcadores discursivos, como *tá?, né?, viu?, certo?, entendeu?, beleza?, e aí?, pô!, bem, então, pois é, olha, tipo (assim), aí, ah..., eh... ahn..., escuta, vem cá, ok, etc. e tal, tal e coisa, exato..., sei..., seguinte...* etc.;
- normalmente ocorre a monotongação de ditongos (*caixa > caxa, peixe > pexe, negócio > negoço...*);
- normalmente ocorrem muitos anacolutos;
- normalmente há um uso maior de frases interrogativas e exclamativas;
- normalmente os verbos se encontram na voz ativa;
- normalmente se usa próclise durante todo o discurso;
- normalmente ocorre redução e variação em algumas conjugações (Ex.: *está > tá; Quando eu vir você... > Quando eu ver você...*);
- normalmente algumas regras rígidas de concordância e regência são ignoradas;
- normalmente se usa o pronome reto na posição de objeto;
- normalmente se usa o verbo *ter* no lugar do *haver*, com sentido de existir;
- normalmente não se usa a forma de 2ª pessoa do imperativo, usa-se a forma de 3ª pessoa do presente do indicativo (*traze > traz*).

<u>Língua Escrita</u>

- normalmente há planejamento do discurso, por isso é menos espontânea e mais precisa;
- normalmente há maior seleção vocabular;

- normalmente se evitam transgressões gramaticais de todo tipo, pois é possível "corrigir" conforme a norma culta o que se escreve;
- normalmente tem fins utilitários, como contratos, correspondências comerciais, linguagem jornalística, escrituras, ofícios, requerimentos, atas etc.;
- normalmente na literatura com finalidade artística há um uso frequente de recursos expressivos;
- é a modalidade para a criação da língua artificial, a das novelas, telejornais, seminários, teatros etc.;
- normalmente a maioria das características da língua falada não aparece com frequência na língua escrita.

> **Observação**
>
> É importante frisar que a língua falada não é sinônimo de coloquialismo nem a língua escrita é sinônimo de erudição. O que vimos neste tópico é chamado de **variação diamésica**. Isso caiu em prova. Consulte: INSTITUTO AOCP – Câmara de Maringá/ PR – Assistente Administrativo – 2017 – Questão 2; AOCP – Prefeitura de João Pessoa/ PB – Enfermeiro – 2018 – Questão 3.

Normalmente o **registro culto** está associado à **língua escrita**, portanto as características alistadas em "Língua Escrita" são próprias do registro culto. No entanto, saiba que há mais alguns detalhes importantes para a resolução de questões que tratam do registro culto. Tais questões exploram normalmente seu conhecimento relativo a **acentuação, ortografia, emprego de classes gramaticais (pronomes e verbos principalmente), pontuação, concordância, regência e crase**. Por isso, cuidado!

Conheça alguns "erros" comuns:

Acentuação

— *Tem legislação de combate à homofobia, de acordo com a Pesquisa de Informações Básicas Municipais, dos municípios brasileiros, cerca de 2%.*

Os verbos *vir* e *ter*, na 3ª pessoa do plural, recebem acento circunflexo diferencial, logo a forma culta é esta, pois o núcleo do seu sujeito está na 3ª pessoa do plural (2%).

— *Têm legislação de combate à homofobia, de acordo com a Pesquisa de Informações Básicas Municipais, dos municípios brasileiros, cerca de 2%.*

Ortografia

— *José Vicente, reitor da Faculdade Zumbi dos Palmares, revela em entrevista* **porque** *ainda há resistência às cotas.*

Usa-se "*porque*" quando equivale a "pois", o que não é o caso. Logo, a forma culta é esta, pois a expressão equivale a "por qual razão":

— *José Vicente, reitor da Faculdade Zumbi dos Palmares, revela em entrevista* **por que** *ainda há resistência às cotas.*

Emprego de Classes Gramaticais (Pronomes e Verbos, Principalmente)

— *Se ninguém me criticar, atacar ou **fazer** qualquer tipo de denúncia, serei-**lhe** imensamente grato.*

O verbo *fazer*, como está no futuro do subjuntivo, deveria vir empregado diferentemente. Quanto ao emprego do pronome "*lhe*", também se deve fazer uma adequação ao registro culto da língua, a saber:

— *Se ninguém me criticar, atacar ou **fizer** qualquer tipo de denúncia, ser-**lhe**-ei imensamente grato.*

Pontuação

— *As cinco maiores e mais lucrativas filiais da marca campeã de venda de franquias do Rio de Janeiro, foram novamente premiadas.*

Não se usa vírgula, de acordo com a norma culta, entre o sujeito e o seu verbo. Logo, para haver adaptação ao registro culto da língua, é preciso retirá-la:

— *As cinco maiores e mais lucrativas filiais da marca campeã de venda de franquias do Rio de Janeiro foram novamente premiadas.*

Concordância

— **Devem haver** *pelo menos 128 milhões de hectares de áreas aptas para a agricultura, sem desmatamento, localizadas especialmente no Cerrado, na Pré-Amazônia e na Mata Atlântica. Por isso, é preciso deixar **claro** toda e qualquer proposta de exploração.*

O verbo *haver*, com sentido de existir, é impessoal, por isso fica obrigatoriamente na 3ª pessoa do singular. Como, no caso, faz parte de uma locução verbal, o verbo auxiliar irá ficar igualmente no singular. Além disso, o adjetivo deve concordar em gênero e número com o substantivo a que se refere. Logo, de acordo com o registro formal da língua, é preciso haver esta adequação:

— **Deve haver** *pelo menos 128 milhões de hectares de áreas aptas para a agricultura, sem desmatamento, localizadas especialmente no Cerrado, na Pré-Amazônia e na Mata Atlântica. Por isso, é preciso deixar **clara** toda e qualquer proposta de exploração.*

Regência

— *É certo que **as pessoas podem custar** a entender certas manobras políticas visando ao bem-estar social, no entanto muitas delas são simplesmente necessárias.*

O verbo custar, com o sentido de "ser custoso, ser difícil", é transitivo indireto e tem como sujeito uma oração subordinada substantiva subjetiva reduzida de infinitivo (*entender certas manobras políticas visando ao bem-estar social*), logo é preciso haver esta adequação à norma culta:

— *É certo que **pode custar às pessoas** a entender certas manobras políticas visando ao bem-estar social, no entanto muitas delas são simplesmente necessárias.*

Observação

A preposição *a* antes de *entender* é expletiva.

Crase

— *Em uma carta escrita pela atleta, divulgada em outubro de 2012, ela diz que perdoa **a** prima por denúncia.*

O verbo perdoar exige a preposição *a* antes de complemento (pessoa). Tal preposição se contrai com o artigo feminino *a* antes de *prima* (pessoa), gerando a crase. Logo, é preciso, segundo a correção gramatical, reescrever o texto assim:

— *Em uma carta escrita pela atleta, divulgada em outubro de 2012, ela diz que perdoa **à** prima por denúncia.*

 CUIDADO!!!

Resumindo o conceito de **certo** e **errado** (para as provas que testam seu conhecimento de norma culta!):

Certo: é todo uso da língua que segue as normas da língua-padrão/culta.

Errado: é todo uso da língua que não segue as normas impostas pela gramática.

Veja estes dois textos e suas correções para ilustrar as questões que você irá encontrar pela frente (retirados da Lição 26, do livro *Para Entender o Texto – Leitura e Redação*, de José Luiz Fiorin e Francisco Platão Savioli):

Sem correção:

Embora o clima fosse de grande tenção, os operários não hezitaram em apresentar suas reinvindicações, alegando que, com excessão de uns poucos previlegiados, todos vinham recebendo o pagamento com vários dias de atraso.

Com correção:

Embora o clima fosse de grande tensão, os operários não hesitaram em apresentar suas reivindicações, alegando que, com exceção de uns poucos privilegiados, todos vinham recebendo o pagamento com vários dias de atraso.

Sem correção:

Prezados senhores, prazerosamente remetemos à Vossas Senhorias os resultados de vossas aplicações em nosso Fundo de Investimentos. Cumprem-nos ainda informá-los que, já a uma semana, está à vossa disposição as bonificações referentes as ações do Banco Industrial.

Com correção:

Prezados senhores, prazerosamente remetemos a Vossas Senhorias os resultados de suas aplicações em nosso Fundo de Investimentos. Cumpre-nos ainda informá-los de que, já há uma semana, estão à sua disposição as bonificações referentes às ações do Banco Industrial.

 ## O Que Cai Mais na Prova?

As principais bancas são a Fundação Dom Cintra, a FCC, a Esaf e o Cespe/UnB. A primeira trata diretamente de língua coloquial e culta. As outras exigem de você um bom conhecimento

Capítulo 36 • Registros e Variações Linguísticas **937**

de **acentuação, ortografia, emprego de classes gramaticais (pronomes e verbos principalmente), pontuação, concordância, regência e crase**, pois trabalham questões com enunciados exigindo domínio das regras gramaticais associadas à correção de um texto! Os editais costumam chamar de "Aferição quanto ao domínio do registro culto da língua" ou "Redação (confronto e reconhecimento de frases corretas e incorretas)". Faça as questões com olho clínico!

> *Concurseiro(a), quer uma dica de irmão? Guarde no seu coração o que vai ler agora: NUNCA DEIXE DE FAZER SEU PRÓPRIO RESUMO DE CADA CAPÍTULO. Esse processo cognitivo é **extremamente** valioso. Eu poderia ser legalzinho e fofinho pondo um quadro-resumo do que vimos no capítulo, mas, se fizesse isso, estaria sabotando você, impedindo-o(a) de ter esse trabalho de internalização imprescindível do conteúdo. **Por favor, não pule essa etapa!!!** Mesmo que seu resumo fique gigantesco (não vá escrever outra gramática... rsrs), nunca deixe de fazê-lo, para o seu próprio bem! Seu cérebro agradece e, quando passar no concurso, sua conta no banco também. Vá fundo na missão!* ⌂

Questões de Concursos

Particularmente... cá entre nós... eu me *amarro* em questões desse tipo, pois elas são o termômetro de quem está realmente preparado em gramática! Por isso mesmo, estas são as questões que mais eliminam candidatos. Mas *relax!*... venha comigo... na humildade.

1. (CEPERJ – Pref. Angra dos Reis/RJ – Professor (Língua Portuguesa) – 2008) "Minha terra <u>tem</u> palmeiras" – o verbo ter foi usado segundo o registro coloquial na frase:
    a) O poeta tem saudades da sua terra.
    b) Tem coisas que não se explicam: a dor do exílio é uma delas.
    c) Muitos não têm ideia do que foi o exílio para o poeta.
    d) De poeta e louco, todos temos um pouco.
    e) O Brasil tem natureza exuberante e povo generoso.

2. (FCC – TRF (1ª R) – Técnico Judiciário – 2011) É clara e correta a seguinte redação:
    a) Na seção em que passou a trabalhar, o cenário de intrigas e favorecimentos vários, que o incomoda e quase o enlouquece, pois lhe parecem infernal.
    b) Ela sempre duvidou que o marido compusesse uma canção de tal fascínio, mas ele o fez exatamente para surpreender a esposa, à qual muito devia de sua trajetória artística.
    c) É o relato de um passeio que o pretenso advinho fez com dois amigos, o qual, no momento em que passavam por uma ponte, o céu cobriu-se de nuvens negras.
    d) Não há dúvidas de que têm-se um avanço tecnológico e científico nessa área, mas os professores e alunos até chegam a temer esse mundo que os cercam.
    e) São muitas as entidades que militam nesse âmbito para qual prestei assessoria, mas não tenho a presunção de ter conquistado algum prestígio em alguma delas.

3. (FDC – CREMERJ – Agente Administrativo – 2011) O texto é predominantemente expresso em língua culta, mas, em algumas passagens, aparece uma marca de linguagem coloquial. A alternativa em que uma dessas passagens aparece é:
    a) "Não arrisque sua saúde!"
    b) "Ouça um profissional antes de engolir qualquer remédio ou até mesmo um suplemento."
    c) "Outras têm o poder de anular ou potencializar os efeitos de medicamentos associados a elas."
    d) "Só eles conhecem as peculiaridades de cada substância e são capazes de prescrevê-las, garantindo a sua segurança."
    e) "No último caso, sintomas como sonolência, tontura, enjoo e falta de concentração podem perturbar o sujeito e até desencadear quadros mais graves."

938 A Gramática para Concursos Públicos • Fernando Pestana

4. (FDC – CREMERJ – Agente Administrativo – 2011) Como se trata de um texto relacionado à área médica, é justo que apareçam expressões que fazem parte do jargão (linguagem específica) dos médicos. A frase do texto em que **NÃO** ocorre qualquer vocábulo ou expressão desse tipo é:
   a) "Diante de uma dor de cabeça alucinante ou de uma queimação no estômago..."
   b) "A probabilidade de o micro-organismo envolvido na história..."
   c) "No último caso, sintomas como sonolência, tontura, enjoo..."
   d) "...e até desencadear quadros mais graves."
   e) "...e são capazes de prescrevê-las."

5. (FDC – Pref. de Itaboraí/RJ – Analista de Sistemas – 2012) Na frase "E, como nas festas caipiras, há torcedores que incentivam os candidatos..." há uma comparação estruturada com o conectivo **como**. O conectivo que, na forma coloquial popular, poderia substituí-lo é:
   a) tal qual;
   b) que nem;
   c) assim como;
   d) da mesma forma que;
   e) do mesmo modo que.

6. "Mas sei do que se trata". A frase que **NÃO** segue regras de norma culta é:
   a) Mas sei sobre que discute.
   b) Mas sei a quem obedece.
   c) Mas sei a que respondeu.
   d) Mas sei aonde se dirige.
   e) Mas sei do que lembra.

7. (FDC – Pref. de Itaboraí/RJ – Técnico de Informática (Itaprevi) – 2012) Exemplificam a linguagem coloquial as duas frases do texto na seguinte alternativa:
   a) "O mundo existe há mais de 4 bilhões de anos...". / "Quando os dinos caminhavam sobre a Terra, por exemplo, era muito mais quente...".
   b) "Quando os dinos caminhavam sobre a Terra, por exemplo, era muito mais quente...". / "Puxa, se tudo muda e se vai continuar mudando...".
   c) "...mas também muitas espécies que dividem a Terra com a gente" / "As principais feridas causadas na Terra são três".
   d) "Puxa, se tudo muda e se vai continuar mudando..." / "... mas também muitas espécies que dividem a Terra com a gente".
   e) "As principais feridas causadas na Terra são três". / "O mundo existe há mais de 4 bilhões de anos...".

8. (FAB – AFA – Oficial – 2012) Encontram-se exemplos de emprego de linguagem coloquial nos seguintes trechos do texto, EXCETO:
   a) "Fala-se muito, mesmo com a bola rolando."
   b) "... para saber quem grita gol mais alto e prolongado..."
   c) "... ninguém é louco para fazer pênalti nem tão canalha para querer quebrar o outro jogador."
   d) "... o jogador, no impulso, sem pensar, soltar o braço na cara do outro."

9. (FCC – TCE/AP – Analista de Controle Externo – 2012) A frase redigida corretamente é:
   a) No caso de elas virem até nós, teremos a oportunidade de esclarecer por que os documentos ainda não foram liberados, e também reiterar que o diretor os mantém devidamente resguardados.
   b) Quanto aos fabricantes, se se contraporem à decisão do juiz, terão de apresentar provas convincentes, que, segundo eles mesmos, não é garantia de sortir efeito em nova deliberação.
   c) Esclareço hoje, a uma semana da audiência de conciliação, que um acordo só será aceito por meu cliente se lhe convir não só o montante da indenização, mas também a forma de pagamento.
   d) Quando entrevisto candidatos, sempre os argúo acerca de sua descrição quanto a assuntos profissionais, pois esse é um dos quesitos avaliados no processo de ascenção na empresa.
   e) Ele incendia todas as reuniões com essa mania de projetos mirabolantes, a ponto de sempre alguém freiar sua participação em comissões de eventos.

Capítulo 36 • Registros e Variações Linguísticas **939**

10. (FCC – TCE/AP – Analista de Controle Externo – 2012) A frase redigida de forma clara e correta é:
    a) Funcionários sem acesso à sala das telefonistas confirmaram que deviam ter havido mais de dez chamadas para, segundo se apurou posteriormente, denunciar o falsário, e ninguém atendendo, perdeu-se a oportunidade de prendê-lo aonde estava.
    b) Existem, sim, grandes possibilidades de essa reutilização de tecidos com defeitos dar certo, entretanto é necessário que haja algumas reuniões, sejam quem forem os consultores, para definirem-se as linhas gerais do negócio.
    c) Talvez alguns não deem importância ao relato do chefe dos pedreiros sobre o incidente com a cal, mas o fato é que, minimizá-lo, será abrir a possibilidade de o desempenho de todos eles decaírem intensa e irreversivelmente.
    d) Senhor Ministro, é realmente confiável, segundo fontes fidedignas, os números que indicam quão séria é a questão que está sob sua responsabilidade enfrentar antes que se torne definitivamente insolúvel.
    e) Visto a oportunidade imperdível de rever as normas não mais aplicáveis àquele específico grupo de infratores, os legisladores não convenceram-se da necessidade de ver postergado, no último momento, as datas das primeiras reuniões setoriais.

11. (FCC – TCE/AP – Analista de Controle Externo – 2012) É frase clara e correta a apresentada na seguinte alternativa:
    a) Nessa época do ano, as enchentes, e mais do que previsíveis, como todos o sabem, transformam a cidade uma paisagem horrenda.
    b) A atividade docente por si só já exerce uma função de liderança nata, e isso é que às vezes a sociedade teme, pois nem todos os mestres primam por ética.
    c) Com a anuência do interessado, revisei o texto e assinalei os pontos que, a meu ver, são os mais sensíveis da questão, e que efetivamente não lhe estariam a favor no caso de querer levar a juízo esse já antigo litígio.
    d) Em detrimento do fenômeno de chuvas intensas, podemos destacar a significativa e essencial parceria entre distintos poderes – o municipal e o estadual – como avanço importante na área de prevensão de tragédias.
    e) Minha expressão de compromisso para com meus pares e o órgão a que passarei a pertencer há de ser demonstrado a cada passo de minha atuação, pela qual sempre zelarei, como venho demonstrando por anos consecutivos.

12. (FCC – TJ/PE – Técnico Judiciário – 2012) A frase redigida em conformidade com o padrão culto escrito é:
    a) A mãe sempre intervia nas discussões, mas os mal-entendidos entre o pai e o filho eram tão frequentes e tão excessivos, que um e outro já não dominavam a sua própria agressividade.
    b) Com aquele jeito bonachão, a cada passo da viagem recaptulava a esplêndida experiência que tivera anteriormente, a ponto dos colegas pedirem que dispensasse as descrições.
    c) Nesse processo de conscientização, são importantes o reconhecimento e respeito às diferenças, e como ele não as exercita só obstrói o crescimento do grupo.
    d) Se muitas perdas advissem daquela decisão, ele as lamentaria, mas sem imputá-las jamais aos que denominava "guardiães da boa conduta alheia".
    e) Ao término do prazo de exceção, em que os processos não tiveram andamento, requereu nova acareação, com vistas a questionar o réu sobre as incongruências da anterior.

13. A frase redigida em conformidade com o padrão culto escrito é:
    a) O projeto reformulado por implicar atitude descriminatória no tocante a raças foi sancionado pelo presidente, o que o fez ser saudado com grande entusiasmo.
    b) A assessoria negou que o dirigente obtem informações por meios considerados expúrios, mas se propôs a discutir a questão perante uma comissão técnica.
    c) Propuseram que todas as sexta-feiras, impreterivelmente ao mesmo horário, o grupo faça uma apresentação detalhando o avanço semanal da pesquisa.
    d) Havendo crido nos seus sócios, manifestou seu lado mais ingênuo, o que faz que o advogado do jovem crédulo alimente a pretensão de pugnar por sua inocência.
    e) São problemas, evidentemente, de ordem institucionais, que devem ser evitados sob pena de a barbárie vir a se instalar irreprimível na organização.

14. (FCC – TRT/AM (11R) – Analista Judiciário – 2012) Está clara e correta a redação deste livre comentário sobre o texto:
    a) Apesar de se ombrearem com outras artes plásticas, a fotografia nos faz desfrutar e viver experiências de natureza igualmente temporal.

940 A Gramática para Concursos Públicos • Fernando Pestana

b) Na superfície espacial de uma fotografia, nem se imagine os tempos a que suscitarão essa imagem aparentemente congelada...

c) Conquanto seja o registro de um determinado espaço, uma foto leva-nos a viver profundas experiências de caráter temporal.

d) Tal como ocorrem nos espelhos da Alice, as experiências físicas de uma fotografia podem se inocular em planos temporais.

e) Nenhuma imagem fotográfica é congelada suficientemente para abrir mão de implicâncias semânticas no plano temporal.

15. É preciso **reelaborar**, para sanar falha estrutural, a redação da seguinte frase:

a) O autor do texto chama a atenção para o fato de que o desejo de promover a igualdade corre o risco de obter um efeito contrário.

b) Embora haja quem aposte no critério único de julgamento, para se promover a igualdade, visto que desconsideram o risco do contrário.

c) Quem vê como justa a aplicação de um mesmo critério para julgar casos diferentes não crê que isso reafirme uma situação de injustiça.

d) Muitas vezes é preciso corrigir certas distorções aplicando-se medidas que, à primeira vista, parecem em si mesmas distorcidas.

e) Em nossa época, há desequilíbrios sociais tão graves que tornam necessários os desequilíbrios compensatórios de uma ação corretiva.

16. (FCC – TRE/PR – Analista Judiciário – 2012) Considerado o padrão culto escrito, a frase que NÃO exige correção é:

a) No memorial do professor está registrado que ingressou para a universidade em idade inferior à determinada pela lei.

b) O fato que o acusado se recusa a dar detalhes é o que mais pesará na decisão dos jurados.

c) O movimento que me filiei nos anos 70 foi grandemente responsável pela renovação da pintura no Brasil.

d) Esta é, enfim, a parca remuneração da qual arco totalmente com as despesas da casa.

e) Os valores por que tantos lutaram e morreram não serão jamais esquecidos, pois nossa geração se dedicará a relembrá-los a cada passo.

17. A frase construída em conformidade com o padrão culto escrito é:

a) Qualquer que sejam os motivos alegados pela comissão para justificar o atraso, lhe devem ser repassadas as anotações acerca dos itens em que houve perda do prazo de entrega anteriormente acordado.

b) Demos a eles a notícia que mais almejam e passeamos nosso olhar sobre seus semblantes: o que veremos surpreenderá, pois será muito mais do que alguém possa supor.

c) O empreiteiro jura que reconstróe a laje danificada em poucos dias, mas existe, na avaliação do engenheiro e do arquiteto, sérias dúvidas quanto à possibilidade de isso ser possível.

d) Pelo que tudo indica, os responsáveis pela empresa hão de questionar a advertência que lhes foi feita pelo setor de cobranças, que, durante dias, os procurou para tratar do assunto em pendência.

e) Registram-se em livros de história que aqueles artesãos eram bastante hábeis com as ferramentas que eles mesmo produziam, o que lhes garantiu a fama de burilar com criatividade qualquer tipo de material.

18. A frase que respeita o padrão culto escrito é:

a) Tudo que fizeram afim de angariar a simpatia do diretor pela proposta não deu bons frutos, por isso não lhes restaram, conforme estavam todos de acordo, outra ideia a não ser agregar valor ao projeto inicial.

b) Os jornalistas não creem que existam documentos espúrios em meio àqueles já examinados, e isso por que já haviam feito cuidadosa checagem, todavia, a transparência impondo, voltarão a tarefa de imediato.

c) A questão ficou cada vez mais descaracterizada quando, logo depois da visita o antropólogo defendeu que aquelas dificuldades não se restringiam para as nações indígenas daquela região, sendo mais universal.

d) A manutenção e apoio ao grupo de escoteiros dependem dele aceitar a contrapartida dos empresários, que não é, aliás, nada abuso, visto que eles executam as tarefas solicitadas cotidianamente, sem desgaste exaustivo.

e) Não obstante a grande aprovação recebida pelos candidatos da legenda, não se ignora que, se não revirem suas plataformas, cujas bases têm fragilidades que só há pouco os analistas expuseram, sairão lesados em futuro bem próximo.

Capítulo 36 • Registros e Variações Linguísticas **941**

19. (FCC – ISS/SP – Auditor-Fiscal Tributário Municipal I – 2012) Considerado o padrão culto escrito, a alternativa que apresenta frase correta é:
    a) Depois de muita hesitação, convim com as condições da compra e assinei um documento, cuja linguagem é bastante técnica, declarando irrevogáveis as cláusulas do contrato.
    b) Por mais que queiramos negar envolvimento dos menores no distúrbio, podem haver fatos que desconheçamos, por isso acataremos as orientações que advenham do episódio.
    c) Pelo que dissestes sobre a incrustação das joias, mereces parabéns, e também pela competência, pois, sem tê-las sequer mostrado à interessada, a tornou uma feliz compradora.
    d) A especialista à qual se deve as pesquisas educacionais diz que cada uma das escolas que se proporam a fornecer dados declararam o motivo particular que as pôs em movimento.
    e) As terras de que essa espécie de vinho provêm são as do tipo mais recomendáveis para a cultura da videira, motivo pelo qual são tão valorizadas e desejadas por viticultores.

20. A frase que se apresenta redigida de forma clara e correta é:
    a) Não quero e não devo contar qual foi a confusão em que me meti, nem porque idas e vindas acabei percebendo o real perigo que corria.
    b) Todos estando bastante, ou excessivamente, contrariados, nesse diapasão nada se podia fazer para acalmar o representante dos funcionários, cujo apoio sustentaria o evento.
    c) O debate seguia acalorado entre o jornalista e o entrevistado, sendo por essa razão o convite feito a um mediador, pois de sua presença dependia o impasse.
    d) Pior do que hostilizá-los é fazer os trabalhadores acreditarem que qualquer outro modo de reconhecimento pelo seu esforço, que não seja a justa remuneração, é tão honesto quanto ela.
    e) O indivíduo contribui com a cidadania, quando se posiciona a favor dos direitos, porém corrompe com a ética, se fizer contra os preceitos morais.

21. (Esaf – Analista de Comércio Exterior – MDIC – 2012) Os trechos a seguir compõem um texto adaptado do Editorial da Folha de S. Paulo de 29/3/2012. Assinale a opção em que o fragmento foi transcrito de forma gramaticalmente correta.
    a) Houveram muitas mudanças nas condições externas e internas da economia, que contribuíram para a estagnação da indústria brasileira. Do lado externo, os altos preços das matérias-primas exportadas pelo Brasil encorpam a entrada de divisas e valoriza o real.
    b) Internamente, a renda do trabalho ampliada por políticas salariais e previdenciárias generosas, estimula o consumo e o setor de serviços. O resultado seria a especialização da economia nos setores primário e terciário, cuja forte geração de emprego, em troca de menor competitividade industrial.
    c) A perda de mercado para importações, por sua vez, não seriam um problema, já que boa parte delas seria compras de bens de capital para investimento e modernização do parque industrial.
    d) Não se deve considerar que exportações de poucos produtos primários sejam confiáveis, pois uma inversão de preços traria problemas às contas externas. No que se refere às importações de bens de capital, é fato que o uso de equipamentos importados melhora a produtividade, mas a perda da base de conhecimento é uma ameaça para o futuro do país.
    e) É temerário considerar que, um país de renda média e com baixa escolaridade, como o Brasil possa manter tal padrão de crescimento. Serviços que geram renda, hoje, são atividades complexas como *design* industrial e *marketing*, de alto conteúdo intelectual.

22. (Esaf – Analista de Comércio Exterior – MDIC – 2012) Os trechos a seguir compõem um texto adaptado do Editorial do Valor Econômico de 29/3/2012. Assinale a opção em que o fragmento foi transcrito de forma gramaticalmente <u>incorreta</u>.
    a) Parece cada vez mais claro que a tendência de valorização do real vai durar um bom tempo. Há demanda futura garantida para as *commodities* que o país exporta e enormes possibilidades de novos negócios.
    b) Toda a estrutura de defesa comercial deveria ser aperfeiçoada e acelerada para barrar a concorrência desleal. Os instrumentos disponíveis para isso não têm sido usados intensamente como seria necessário. Resta, porém, a competitividade.

942 A Gramática para Concursos Públicos • Fernando Pestana

c) A bonança encontrou o país com uma carga de impostos maior do que a de competidores emergentes do mesmo porte, gargalos enormes na infraestrutura e, ainda por cima, uma taxa de juros astronômica – a conhecida conspiração de custos contra as empresas nacionais.

d) A valorização agravou problemas crônicos, em detrimento da indústria. A licença para se proteger que o Brasil pede agora já existe de alguma forma e ela deveria se voltar prioritariamente contra a China, cuja mágica de formação dos preços dos bens exportados é poderosa.

e) O investimento externo direto mudou de patamar. Até o ano passado eles cobriam praticamente o *déficit* em conta-corrente, ao que limitava o efeito, para explicação da valorização da moeda, de *tsunamis* monetários e capitais especulativos.

23. (Esaf – CGU – Analista de Finanças e Controle – 2012) Assinale a opção em que foi inserido <u>erro</u> gramatical na transcrição do texto abaixo.
Deve-se rejeitar o argumento <u>de que</u> a) uma das causas da baixa competitividade da indústria <u>seja</u> b) o alto custo do trabalho. Não se combate a <u>perda</u> c) de competitividade com redução de direitos trabalhistas. Pelo contrário, <u>foi</u> d) precisamente a <u>elevação</u> e) dos salários e a crescente formalização do trabalho os fatores responsáveis pelo aumento do poder aquisitivo da população e a ampliação de nosso mercado interno.
a) A.   b) B.   c) C.   d) D.   e) E.

Para responder as questões de 24 a 26, considere a informação abaixo:

Com relação à correção gramatical, julgue os itens subsequentes, que apresentam trechos reescritos do texto.

24. (Cespe/UnB – PEFOCE – Auxiliar de Perícia de 1ª Classe – 2012) Necessitam-se tanto da criação de métodos transparentes e previsíveis quanto da definição clara do que se considere violação ética, cujas alegações desse tipo seja submetido à investigação.
( ) CERTO   ( ) ERRADO

25. (Cespe/UnB – PEFOCE – Auxiliar de Perícia de 1ª Classe – 2012) Independentemente das razões que levem-nas a sujeitar, por exemplo, suas posses ou sua moradia ao trabalho pericial, à toda pessoa estão garantidos os direitos de: ser autor de seu destino e de optar por o caminho de sua conveniência.
( ) CERTO   ( ) ERRADO

26. (Cespe/UnB – PEFOCE – Auxiliar de Perícia de 1ª Classe – 2012) Mas apesar da grande importância da ética deontológica, ela parece que é insuficiente para se aprofundarem reflexões éticas quanto à condutas profissionais, em vistas de se entender que ela seja atendida quando os códigos são simplesmente obedecidos.
( ) CERTO   ( ) ERRADO

27. (Cespe/UnB – STJ – Técnico Judiciário – 2012) O trecho "A um coronel que se queixava da vida de quartel" poderia ser assim reescrito, sem prejuízo para a correção gramatical do texto: Para um coronel que queixava-se da vida em quartel.
( ) CERTO   ( ) ERRADO

28. (Cespe/UnB – STJ – Técnico Judiciário – 2012) O segundo período do texto (A antropologia tem demonstrado que muitas atividades atribuídas às mulheres em uma cultura podem ser atribuídas aos homens em outra) poderia ser corretamente reescrito da seguinte forma: Segundo a antropologia, várias atividades que são atribuídas ao sexo feminino em dada cultura podem atribuir-se ao sexo masculino em outra.
( ) CERTO   ( ) ERRADO

29. (Cespe/UnB – STJ – Técnico Judiciário – 2012) Sem prejuízo para a sua correção gramatical, o primeiro período do texto poderia ser assim reescrito: A espécie humana distingue-se entre si no que concerne a anatomia e a fisiologia, por meio do dimorfismo sexual, embora seja falso crer que as diferenças de comportamento verificado entre as pessoas de sexo distinto determine-se de forma biológica.
( ) CERTO   ( ) ERRADO

30. (Cespe/UnB – STJ – Técnico Judiciário – 2012) Mantendo-se a correção gramatical do texto, o trecho "Carregar cerca de vinte litros de água sobre a cabeça implica, na verdade, um esforço físico considerável" poderia ser reescrito da seguinte forma: Para que se carreguem aproximadamente vinte litros d'água na cabeça, requer-se, na realidade, um imenso esforço físico.
( ) CERTO   ( ) ERRADO

Capítulo 36 • Registros e Variações Linguísticas **943**

31. (Cespe/UnB – STJ – Técnico Judiciário – 2012) (Cespe/UnB – STJ – todos os cargos – 2012) O trecho "jamais poderiam localizá-la" poderia ser corretamente reescrito da seguinte forma: jamais a poderiam localizar.
( ) CERTO ( ) ERRADO

32. (Cespe/UnB – STJ – Técnico Judiciário – 2012) O último período do texto poderia ser assim reescrito, sem prejuízo para a correção gramatical do texto: Compreender, pois, o modo porque tais materialidades influenciam na elaboração do ato comunicativo é essencial para entender-se como elas chegam à afetar na própria organização do tecido social.
( ) CERTO ( ) ERRADO

33. (Cespe/UnB – IRBr – Diplomata – 2012) O trecho "a pequena causa, ou o motivo irrelevante, pode produzir um grande efeito" poderia ser reescrito, sem prejuízo para a correção gramatical ou para os sentidos do texto, da seguinte forma: a causa pouco significativa, ou o pequeno motivo, pode provocar um resultado de extensa repercussão.
( ) CERTO ( ) ERRADO

Para responder as questões 34 e 35, considere a informação abaixo:

Em cada um dos itens a seguir, são apresentadas propostas de reescrita do trecho "No entanto, o estudo dos impérios, antigos ou recentes, permite acessar as raízes do mundo contemporâneo e aprofundar nossa compreensão das modalidades de organização do poder político". Julgue-os com relação à correção gramatical.

34. (Cespe/UnB – PC/CE – Inspetor – 2012) Porém, estudando-se os impérios, antigos ou recentes, permite-se que seja acessado as raízes do mundo contemporâneo, e aprofundado, pela nossa compreensão, os modos como está organizado o poder político.
( ) CERTO ( ) ERRADO

35. (Cespe/UnB – PC/CE – Inspetor – 2012) Contudo, estudar os impérios, antigos ou recentes, proporciona-nos o acesso às raízes do mundo contemporâneo e leva-nos à aprofundar a compreensão dos modos conforme aos quais organiza-se o poder político.
( ) CERTO ( ) ERRADO

36. (ENEM – Vestibular – 2012/2013) eu gostava muito de passeá... saí com as minhas colegas... brincá na porta di casa di vôlei... andá de patins... bicicleta... quando eu levava um tombo ou outro... eu era a... a palhaça da turma... ((risos))... eu acho que foi uma das fases mais... assim... gostosas da minha vida foi... essa fase de quinze... dos meus treze aos dezessete anos...
A.P.S., sexo feminino, 38 anos, nível de ensino fundamental. Projeto Fala Goiana, UFG, 2010 (inédito).

Um aspecto da composição estrutural que caracteriza o relato pessoal de A.P.S. como modalidade falada da língua é:
a) predomínio de linguagem informal entrecortada por pausas;
b) vocabulário regional desconhecido em outras variedades do português;
c) realização do plural conforme as regras da tradição gramatical;
d) ausência de elementos promotores de coesão entre os eventos narrados;
e) presença de frases incompreensíveis a um leitor iniciante.

37. Leia o texto a seguir.

Entrevista com Marcos Bagno
Pode parecer inacreditável, mas muitas das prescrições da pedagogia tradicional da língua até hoje se baseiam nos usos que os escritores portugueses do século XIX faziam da língua. Se tantas pessoas condenam, por exemplo, o uso do verbo "ter" no lugar do verbo "haver", como em "hoje tem feijoada", é simplesmente porque os portugueses, em dado momento da história de sua língua, deixaram de fazer esse uso existencial do verbo "ter".
No entanto, temos registros escritos da época medieval em que aparecem centenas desses usos. Se nós, brasileiros, assim como os falantes africanos de português, usamos até hoje o verbo "ter" como existencial é porque recebemos esses usos de nossos ex-colonizadores. Não faz sentido imaginar que brasileiros, angolanos e moçambicanos decidiram se juntar para "errar" na mesma coisa. E assim acontece com muitas outras coisas: regências verbais, colocação pronominal, concordâncias nominais e verbais etc. Temos uma língua própria, mas ainda somos obrigados a seguir uma gramática normativa de outra língua diferente. Às vésperas de comemorarmos nosso bicentenário de independência, não faz sentido continuar rejeitando o que é nosso para só aceitar o que vem de fora.

Não faz sentido rejeitar a língua de 190 milhões de brasileiros para só considerar certo o que é usado por menos de dez milhões de portugueses. Só na cidade de São Paulo temos mais falantes de português que em toda a Europa! Informativo Parábola Editorial, s/d.

Na entrevista, o autor defende o uso de formas linguísticas coloquiais e faz uso da norma de padrão em toda a extensão do texto. Isso pode ser explicado pelo fato de que ele:

a) adapta o nível de linguagem à situação comunicativa, uma vez que o gênero entrevista requer o uso da norma padrão.

b) apresenta argumentos carentes de comprovação científica e, por isso, defende um ponto de vista difícil de ser verificado na materialidade do texto.

c) propõe que o padrão normativo deve ser usado por falantes escolarizados como ele, enquanto a norma coloquial deve ser usada por falantes não escolarizados.

d) acredita que a língua genuinamente brasileira está em construção, o que o obriga a incorporar em seu cotidiano a gramática normativa do português europeu.

e) defende que a quantidade de falantes do português brasileiro ainda é insuficiente para acabar com a hegemonia do antigo colonizador.

38. (Esaf – SRF – Auditor-Fiscal da Receita Federal – 2012) Assinale o trecho inteiramente correto quanto ao emprego do padrão formal escrito da língua portuguesa.

a) Quando falamos em prova, no direito, tem-se a ideia de que existe algo a ser defendido ou algo que venha a ser contestado. Dentro dessa linha cognoscível, entende-se que vai existir sempre um agente acusador e um agente acusado.

b) Pois bem, a prova é o meio de resolução desse conflito existente, da qual é dela que o juiz irá extrair aqueles meios exequíveis à resolução pendente.

c) O juiz não tem o ônus de buscar a verdade – ele somente apresenta as partes a verdade mais justa diante do caso em questão. A parte é quem tem o ônus de buscar a verdade, daí as provas serem de suma importância para a resolução do litígio.

d) Devido à atribuição de pontos a cada tipo de prova, o sistema tarifal de provas passou a facilitar as decisões dos juízes, que somente se encarregavam da somatória dos pontos que cada parte obtera mediante suas provas apresentadas e decidia o caso a favor de quem somou mais pontos.

e) Para adquirir força probatória no processo judicial, os meios "moralmente legítimos" de obtenção de provas devem estar em congruência com os aspectos lícitos do nosso ordenamento legal.

39. (Esaf – SRF – Analista-Tributário da Receita Federal – 2012) Assinale o trecho em que a transcrição do texto adaptado do jornal ***Correio Braziliense***, de 7 de agosto de 2012, desrespeita as regras gramaticais no uso das estruturas linguísticas.

a) Ao mesmo tempo em que os analistas do mercado financeiro elevam a perspectiva para a inflação este ano, eles trabalham cada vez mais com a possibilidade de queda para o Produto Interno Bruto (PIB) e também para a taxa de juros básica da economia.

b) A principal razão para isso é que o setor industrial não dá mostras de que vai reagir, revertendo a tendência de queda na atividade. Pela décima semana consecutiva, os analistas vêm revendo para baixo as expectativas de desempenho da indústria brasileira.

c) De acordo com o relatório Focus, a média das estimativas para o ano passou de uma contração na atividade no setor industrial de 0,44% para uma queda maior, de 0,69%. Com isso, as expectativas para o PIB, que já vinham diminuindo, caíram mais ainda.

d) Segue também em queda, segundo os analistas do mercado financeiro, a previsão para a taxa básica de juros. Agora, segundo a pesquisa Focus, a taxa Selic deve chegar a 7,25% no final do ano.

e) Até à semana passada, a estimativa que prevalescia era de que o ciclo de redução da Selic pararia em 7,5%. Atualmente a taxa está em 8%. Com a mudança o mercado financeiro passa a trabalhar com a perspectiva de que o Banco Central reduza a taxa mais duas vezes.

40. (ESAF – STN – Analista de Finanças e Controle – 2013) Nos últimos dez anos, o Brasil passou por grandes transformações e crescimento econômico contínuo que o induziu a figurar entre os países em desenvolvimento acelerado. Com a expansão formou-se uma nova classe média, composta por trabalhadores vindos das classes D e E. Atualmente o país possui 105 milhões de pessoas com renda mensal entre R$ 1.700 e R$ 7.400 e a tendência é que esses números cresçam nos próximos anos. Em uma entrevista à revista ***PLANETA***, o economista Marcelo

Capítulo 36 • Registros e Variações Linguísticas **945**

Neri analisa o impacto da nova classe média no consumo, no ambiente e na sociedade e mostra os desafios à frente dos brasileiros.
[...]
PLANETA – O fenômeno é passageiro?
NERI – Não, a nova classe média veio para ficar. O crescimento é contínuo, apesar das crises financeiras. Planos assistenciais e o aumento do crédito ao consumidor contribuíram. Mas o principal é que o número de trabalhadores que saíram da informalidade e passaram a ter carteira assinada dobrou desde 2004.
(Adaptado de Milton Correia Júnior, Cigarras e formigas. *PLANETA,* agosto de 2012.)

– Assinale a reescrita proposta para trechos do texto que preserva a correção gramatical e a coerência entre as ideias.

a) "... que o induziu a figurar entre os países..." > ... que induziu o Brasil a que se figure nos países (...)

b) "Com a expansão formou-se uma nova classe..." > Em decorrência formou uma nova classe (...)

c) "... que esses números cresçam..." > ... de esses números crescerem (...)

d "... apesar das crises financeiras." > ... apesar de haverem crises financeiras.

e) "... contribuíram. Mas o principal é que o número de trabalhadores..." > ... contribuíram para que o principal número de trabalhadores, no entanto, (...)

41. (FCC – TRT 2ª – Técnico judiciário (área administrativa) – 2014) Elementos do texto inspiraram as frases abaixo, que, entretanto, devem ser consideradas em sua independência.
A que está redigida em conformidade com a norma-padrão escrita é:

a) Para conhecer uma cidade não basta os guias com que as empresas de turismo inundam as lojas.

b) Se alguém se contrapor às ideias do autor do texto, que as combata em espaço próprio para isso.

c) A máquina de cujo o diagrama podemos nos valer é a mais moderna do lote recém-adquirido pela empresa.

d) O estudioso já prevera o desaparecimento daquela cidade muitas décadas antes de ela se tornar uma cidade-fantasma.

e) Em suas considerações, o autor, de certa forma, explica por que aquela célebre cidade desapareceu.

42. (ESAF – MPOG – Analista de Planejamento – 2015) Assinale a opção que contém erro gramatical.

a) Mais do que a linha dos prédios espelhados da Avenida Paulista, a imagem que os visitantes têm de São Paulo é a de duas vias castigadas com congestionamentos diários, seguindo o curso de rios infestados de poluição e emparedados pelo concreto.

b) Não é de se estranhar, portanto, que o prefeito da capital tenha criado uma celeuma quando resolveu diminuir o limite de velocidade das marginais Tietê e Pinheiros, as mais importantes da cidade.

c) A seção paulista da Ordem dos Advogados do Brasil (OAB) entrou com ação civil pública na Justiça e o Ministério Público abriu inquérito contra a mudança.

d) As marginais já são vias seguras em comparação com o restante da cidade. Campeãs de movimento e de acidentes fatais no município, em termos proporcionais, no entanto, a figura é diferente. Estima-se que 1 milhão de veículos passem por lá diariamente.

e) Em 2010, foi proibido a entrada de motos na pista expressa da Marginal Tietê – apesar de muitos motociclistas desobedecerem a regra.

43. (ESAF – ANAC – Técnico Administrativo – 2016) Assinale a opção cujas palavras completam com correção gramatical as lacunas do texto a seguir.

A versão oficial e clássica da Independência tem sido infelizmente por demais simplista e esquemática. Resolve-se sumariamente em torno de dois termos de uma oposição: Brasil colônia e Portugal metrópole. No contraste desses dois polos divergentes _____(1)_____ situar todo o movimento da nossa emancipação política, sem levar em conta o sem-número de ações e reações _____(2)_____ no seio e interior de cada qual.

(Caio Prado Júnior, "O Tamoio e a política dos Andradas", em: *O Brasil no pensamento brasileiro*. Brasília: Senado Federal 1998, p. 297.)

	(1)	(2)
a)	costumam-se	a se desenrolarem
b)	costuma-se	que se processam
c)	é hábito	de que ocorrem
d)	habituamos a	que desenvolvem
e)	habituamos-nos	a que instauram

44. (FGV – Prefeitura de Salvador/BA – Técnico de Nível Médio II – Operacional – 2017) Em São Paulo diz-se "bexigas", enquanto no Rio de Janeiro diz-se "balões".
Essa diferença é um exemplo de

a) linguagem coloquial.
b) gíria.
c) regionalismo.
d) linguagem erudita.
e) arcaísmo.

45. (CONSULPLAN – SEDUC/PA – Professor Classe I – (Português) – 2018) Dentre as considerações a seguir, acerca de alguns trechos do texto em relação à gramática normativa, está correto o que se afirma em:

a) "Não dá pra falar muito não" / A repetição indevida de vocábulo compromete a coesão textual não sendo aprovada pela norma padrão da língua.
b) "Espera passar o avião." / O verbo empregado "esperar" é pronominal no padrão urbano de prestígio da língua, contudo não há prejuízo para a compreensão do texto.
c) "Aqui tá fazendo calor," / Embora haja marca de coloquialidade no trecho destacado, a situação comunicacional faz com que tal forma seja aprovada pela gramática normativa.
d) "Eu acho que vou te buscar" e "Eu vi uns patins pra você" / A mistura dos tratamentos da 2ª pessoa do discurso compromete a aprovação dos trechos pela gramática normativa.

46. (VUNESP – SEDUC/SP – Oficial Administrativo – 2019) A frase do primeiro quadrinho "**Se** eu tivesse um computador, com certeza **ia tirar** notas melhores…" está corretamente reescrita, sem alteração do sentido do texto original e de acordo com a norma padrão da língua, em:

a) A fim de que eu tivesse um computador, com certeza tirava notas melhores…
b) Assim que eu tivesse um computador, com certeza tiro notas melhores…
c) Caso eu tivesse um computador, com certeza tiraria notas melhores…
d) Conforme eu tivesse um computador, com certeza tirarei notas melhores…
e) Uma vez que eu tivesse um computador, com certeza tirarei notas melhores…

47. (FGV – TJ/RS – Oficial de justiça – 2020) "É claro que somos livres para falar ou escrever como quisermos, como soubermos, como pudermos. Mas é também evidente que devemos adequar o uso da língua à situação, o que contribui efetivamente para a maior eficiência comunicativa."

Considerando o pensamento acima tendo conhecimento das atribuições de um oficial de justiça, chegamos à conclusão de que, nessa atividade, a língua escrita, o nível, o uso ou o registro do idioma deve ser predominantemente:

a) formal, de acordo com os princípios da gramática normativa;
b) informal, em busca de mais ampla compreensão da mensagem;
c) regional, adequando-o ao local onde ocorre a comunicação;
d) popular, tendo em vista que as mensagens são lidas por todos;
e) ultraformal, selecionando vocabulário erudito e construções elaboradas.

48. (FGV – Câmara de Aracaju – SE – Redator – 2021) Em situações de formalidade, é conveniente evitar o uso de linguagem informal; a frase abaixo que se mostra inteiramente formal é:

a) O Brasil não sabe mais o que é um porre feliz;
b) Um memorando serve não para informar a quem lê ele, mas para proteger quem o escreve;
c) Desde que organizado, o crime é que compensa;
d) Me disseram que o prazer é o grande incentivo para o mal;
e) Os ricos são diferentes de você e de mim. Eles têm mais crédito.

49. (CESPE – Telebras – Especialista em Gestão de Telecomunicações – 2022) Mantendo-se a correção gramatical e os sentidos originais do texto, o trecho "As tecnologias da comunicação foram utilizadas para coordenar a ajuda" poderia ser reescrito da seguinte forma: Usaram-se as tecnologias da comunicação afim de coordenar a ajuda.

( ) CERTO   ( ) ERRADO

Gabarito

1. B.	14. C.	27. ERRADO.	40. C.
2. B.	15. B.	28. CERTO.	41. E.
3. E.	16. E.	29. ERRADO.	42. E.
4. A.	17. D.	30. CERTO.	43. B.
5. B.	18. E.	31. CERTO.	44. C.
6. E.	19. A.	32. ERRADO.	45. D.
7. D.	20. D.	33. CERTO.	46. C.
8. B.	21. D.	34. ERRADO.	47. A.
9. A.	22. E.	35. ERRADO.	48. E.
10. B.	23. D.	36. A.	49. ERRADO.
11. C.	24. ERRADO.	37. A.	
12. E.	25. ERRADO.	38. A.	
13. D.	26. ERRADO.	39. E.	

Os comentários sobre as questões estão no *Material Complementar* do livro. Para acessá-lo, veja o passo a passo na orelha desta obra.

CAPÍTULO 37
REESCRITURA DE FRASES

Definição de Paráfrase

Paráfrase, segundo o dicionário Houaiss, é a "maneira diferente de dizer algo que foi dito; frase sinônima de outra".

Sendo assim, muitas questões de provas são criadas a partir desse conceito. Os enunciados das questões normalmente falam de "reescrita/reescritura de texto ou de frases". Muitas vezes também as questões tratam da **manutenção/preservação do sentido** ou **da alteração/prejuízo do sentido** de certos trechos. É válido dizer que as provas se preocupam em trabalhar este assunto junto com o conceito de "correção". Observe este texto:

— *Considerando que o cronograma estabelecido visa assegurar a qualidade do serviço, solicito alteração no procedimento estabelecido para instalações e imediata reposição dos computadores.*
Possibilidade de "reescritura" com "correção":
— *Considerando que o cronograma estabelecido visa a assegurar a qualidade do serviço, solicito alteração no procedimento estabelecido para instalações e imediata reposição dos computadores.*

Observe que apenas a preposição *a* foi utilizada para a reescritura. Não houve mudança de sentido. Mas a pergunta que se faz é: "Houve correção gramatical na colocação deste vocábulo antes do verbo?" Resposta: "Sim!" Explicando...: segundo a norma culta, o verbo *visar* (= *objetivar, almejar*) antes de verbo no infinitivo pode ou não vir seguido da preposição *a*.

Fique atento, pois existem cerca de 30 maneiras de parafrasear um texto:

— *Linguagem informal para formal.*
— *Mudança de posição dos vocábulos.*
— *Predicado converso e predicado simétrico.*
— *Substituição de locuções por palavras.*
— *Substituição de verbos por advérbios e vice-versa.*
— *Uso de sinônimos, hipônimos e hiperônimos.*
— *Mudança de tipos de discurso.*
— *Conversão de voz verbal.*
— *Emprego de antonomásias ou perífrases.*
— *Síntese ou resumo.*
— *Substituição de substantivos por pronomes.*
— *Mudança de tempo verbal sem alteração do sentido.*
— *Nominalização.*
— *Transformação de oração reduzida para desenvolvida e vice-versa.*

- *Inversão sintática.*
- *Mudança de pronome relativo por outro e pronome demonstrativo por outro.*
- *Mudança de pontuação por outra e pontuação facultativa.*
- *Dupla grafia.*
- *Possibilidades de colocação pronominal.*
- *Amplificação.*
- *Possibilidades de Paralelismo.*
- *Orações assindéticas em sindéticas.*
- *Elipse.*
- *Conectivos de mesmo valor semântico.*
- *Relação de causa e consequência.*
- *Antônimos apoiados em palavras negativas.*
- *Dupla regência.*
- *Crase facultativa.*
- *Dupla concordância.*

Tratarei neste livro apenas dos 10 casos que mais figuram em prova, ok? Acompanhe!

Mudança de Posição dos Vocábulos

Ora a mudança de posição de certos vocábulos ou termos da oração pode mudar o sentido da frase, ora não.

Uma simples frase como esta...

A vantagem de ter péssima memória é divertir-se muitas vezes com as mesmas coisas boas como se fosse a primeira vez. (Friedrich Nietzsche)

... pode ser invertida de diversas formas, sem alteração de sentido.

Veja algumas:

Divertir-se muitas vezes com as mesmas coisas boas, como se fosse a primeira vez, é a vantagem de ter péssima memória.

A vantagem de ter péssima memória é divertir-se com as mesmas coisas boas, como se fosse a primeira vez, muitas vezes.

Divertir-se com as mesmas coisas boas, muitas vezes, como se fosse a primeira vez, é a vantagem de ter péssima memória.

É a vantagem de ter péssima memória divertir-se muitas vezes com as mesmas coisas boas como se fosse a primeira vez.

A vantagem de ter memória péssima é divertir-se, como se fosse a primeira vez, com as mesmas boas coisas muitas vezes.

E por aí vai...

Capítulo 37 • Reescritura de Frases

Observação

Em outras palavras, a inversão de termos dentro de uma frase pode não alterar seu sentido. No entanto, não é sempre assim que ocorre, pois, às vezes, alguns vocábulos (adjetivos, pronomes, advérbios, palavras denotativas etc.), quando deslocados, a alteração de sentido fica visível.

Veja que o deslocamento, ou seja, a inversão dos termos pode gerar alteração de sentido:

– *João é um **alto** funcionário.*
– *João é um funcionário **alto**.*

– ***Qualquer** mulher merece respeito.*
– *Maria é uma mulher **qualquer**.*

– *Pedro **já** fez a prova.*
– *Pedro fez a prova **já**.*

– ***Até** aquela aluna o elogiou.*
– *Aquela aluna o elogiou **até**.*

Percebeu que houve flagrante mudança de sentido nestas duplas? Portanto, a inversão dos termos na frase pode ou não alterar o sentido dela.

Equivalência entre Locuções e Palavras e entre Conectivos

O que são locuções? São grupos de vocábulos com valor de uma palavra, normalmente. Existem locuções substantivas, adjetivas, pronominais, verbais, adverbiais, prepositivas, conjuntivas e interjetivas.

Nas questões de reescrituras de frases em provas de concurso público, é comum haver substituição de *locuções adjetivas, verbais, adverbiais, prepositivas e conjuntivas* por, respectivamente, *adjetivos, verbos, advérbios, preposições e conjunções*, semanticamente correspondentes.

Veja algumas substituições:

Locuções Adjetivas

Grupos de vocábulos iniciados por preposição caracterizando um substantivo, normalmente. Têm valor de um adjetivo.

– *A jogada **de mestre** serviu para exemplificar sua habilidade.*
– *A jogada **magistral** serviu para exemplificar sua habilidade.*

– *A população **das cidades** vem aumentando exponencialmente.*
– *A população **urbana** vem aumentando exponencialmente.*

Locuções Verbais

Grupos de vocábulos formados por verbos auxiliares + verbos principais no infinitivo, gerúndio ou particípio. Têm valor de um verbo.

– ***Estávamos viajando** pela Grécia quando recebemos uma má notícia.*
– ***Viajávamos** pela Grécia quando recebemos uma má notícia.*

- *Os cientistas **vêm lutando/têm lutado** para descobrir a cura definitiva da AIDS.*
- *Os cientistas **lutam** para descobrir a cura definitiva da AIDS.*

> **Observação**
>
> Estude os tempos compostos (locuções verbais formadas pelos verbos *ter/haver* + particípio).

Locuções Adverbiais

Grupos de vocábulos normalmente iniciados por uma preposição. Têm valor de advérbio.
- ***De repente** o tempo ficou nublado.*
- ***Repentinamente** o tempo ficou nublado.*

- *Ela faz provas **de seis em seis meses**.*
- *Ela faz provas **semestralmente**.*

Locuções Prepositivas

Grupos de vocábulos com valor de uma preposição. Sempre terminam em preposição.
- *Sempre estudo Português **a fim de** eliminar as dúvidas mais comuns.*
- *Sempre estudo Português **para** eliminar as dúvidas mais comuns.*

- *Quando estamos juntos, conversamos **acerca de** política.*
- *Quando estamos juntos, conversamos **sobre** política.*

Locuções conjuntivas

Grupos de vocábulos com valor de uma conjunção.
- ***Ainda que** eu veja mudanças no país, continuo descrente.*
- ***Embora** eu veja mudanças no país, continuo descrente.*

- ***Desde que** vocês entendam, ficarei satisfeito.*
- ***Se** vocês entenderem, ficarei satisfeito.*

Substituição de Verbos por Advérbios e Vice-Versa

Segundo Rodolfo Ilari, um tipo de paráfrase é a substituição de verbos por advérbios e vice-versa (aparentemente: parecer; possivelmente: poder; necessariamente: precisar; geralmente: costumar etc.):

- *Os ensaios da banda são feitos **habitualmente** na noite da quarta-feira. = Os ensaios da banda **costumam** ser feitos na noite de quarta-feira.*
- *Ele **parece** contente com o resultado da prova. = Ele ficou **aparentemente** contente com o resultado da prova.*

Uso de Sinônimos

Palavras, expressões e frases inteiras podem ser sinônimas de outras, contanto que preservem o sentido entre si. Veja exemplos:

Capítulo 37 • Reescritura de Frases

— *"Na perspectiva **maniqueísta** que domina hoje as formas vulgares do pensamento social existe a fome da esquerda e existe a fome da direita."* (José de Souza Martins)
— *Na perspectiva **dualista** que domina hoje as formas vulgares do pensamento social existe a fome da esquerda e existe a fome da direita.*

— *Em 1693, o explorador francês Leguat, que passou vários meses na ilha Maurício, **empenhou-se na procura** dos dodôs e não encontrou nenhum.*
— *Em 1693, o explorador francês Leguat, que passou vários meses na ilha Maurício, **dedicou-se com afinco à busca** dos dodôs e não encontrou nenhum.*

— ***Uma lei interdita o uso de vestimentas que impeçam a identificação da pessoa.***
— ***Certa prescrição proíbe a utilização de roupas que obstam a identidade pessoal.***

Substituição de Substantivos por Pronomes

Todos os pronomes (pessoais, possessivos, indefinidos, interrogativos, demonstrativos e relativos) podem substituir substantivos. Por isso, muitas questões tratam disso nas provas de concursos públicos. Veja exemplos bem simples que ilustram isso:

*João é estudioso, por isso **ele** consegue boas notas.*	"Ele" substitui "João".
***Ele** é um cara muito esforçado, por isso todos adoram o João.*	"Ele" substitui "João".
*O estudo é algo primordial, e eu **o** levo muito a sério.*	"O" substitui "o estudo".
*A aluna quer muito a vaga. **Sua** determinação é invejável.*	"Sua" substitui a repetição de "da aluna".
*João e Pedro passaram, mas **nenhum** ficou satisfeito.*	"Nenhum" substitui "João e Pedro".
*Ela e ele se classificaram, mas **quem** ficou realmente feliz?*	"Quem" substitui "ela e ele".
*Só **isto** me interessa: a aprovação.*	"Isto" substitui "a aprovação".
*O professor **que** me ajudou a passar foi o Pestana.*	"Que" se refere a "o professor".

Nominalização

Como foi falado muito sobre isso no capítulo de *Substantivo e Adjetivo*, "rolará" agora um *déjà vu*.

Nominalizar é, normalmente, transformar uma estrutura verbal em uma estrutura nominal, ou seja, substituir um verbo por um substantivo de mesmo radical (às vezes, por um adjetivo), a fim de evitar o exagero no uso de verbos. Isso se dá por meio de derivação sufixal ou de derivação regressiva, normalmente.

Segundo Ulisses Infante, a nominalização "constitui um recurso eficaz no momento de redigir, pois passamos a contar com diferentes possibilidades para estruturar nossas frases". Ele está falando aqui sobre reescritura de frases, sobre a qual falarei mais detalhadamente num dos capítulos finais. Continua Infante: "O uso de substantivos é mais frequente em textos científicos

954 A Gramática para Concursos Públicos • Fernando Pestana

e analíticos, em que os conceitos são mais utilizados do que as ações. Nos textos narrativos, as ações tendem a ser mais importantes do que os conceitos, o que acarreta predomínio de verbos".

Um texto dissertativo bem redigido é aquele que não abusa de verbos. Sem verbalização, um texto com mais nomes valoriza a concisão e a clareza.

Contando, também, com as informações essenciais da Prof.ª Dr.ª Maria Francisca Oliveira Santos, vejamos como isso ocorre na prática.

Nominalização por derivação sufixal	
-ção/-são: *fabricar > fabricação; ligar > ligação; adaptar > adaptação; expressar > expressão, ceder > cessão...*	
Fabricar *produtos sustentáveis está na moda.* (frase com dois verbos)	*A **fabricação** de produtos sustentáveis está na moda.* (frase com um verbo)
Ceder *meus direitos autorais ao artista foi difícil.* (frase com dois verbos)	*A **cessão** de meus direitos ao artista foi difícil.* (frase com um verbo)
Note que, assim como verbo exige dois complementos (Cede-se <u>algo</u> (1) <u>a alguém</u> (2)), o nome também exige (cessão de... (1) ao... (2)). Falarei mais sobre a relação dos verbos e dos nomes com seus complementos no capítulo de *Regência*. Não se empolgue, fica por aqui, senão vai se enrolar!	
-da: *sair > saída; chamar > chamada; chegar > chegada...*	
*Quando meu filho **chegou**, fiquei emocionada.* (frase com dois verbos)	*A **chegada** do meu filho me emocionou.* (frase com um verbo)
-mento: *conhecer > conhecimento; lançar > lançamento; surgir > surgimento...*	
Surgiram *novos problemas em minha tese que me deixaram preocupado.* (frase com dois verbos)	*O **surgimento** de novos problemas em minha tese me deixou preocupado.* (frase com um verbo)

Os demais sufixos seguem o mesmo paradigma (modelo):

-nça/-ncia: *mudar > mudança; tolerar > tolerância; concordar > concordância...*

-aria: *pescar > pescaria; piratear > pirataria...*

-agem: *abordar > abordagem; filmar > filmagem; reciclar > reciclagem...*

-dor: *pescar > pescador; acusar > acusador; dever > devedor...*

-nte: *participar > participante; fabricar > fabricante...*

-(t)ura: *ler > leitura; candidatar > candidatura...*

-eza: *Estar certo de > A certeza de...*

-dade: *Ser difícil de > A dificuldade de...*

Nominalização por derivação regressiva (3 casos)	
*Quem **canta** os males espanta.* (frase com dois verbos)	*O **canto** espanta os males.* (frase com um verbo)
*Ele **causou** o estardalhaço porque se revoltou com a postura dos políticos.* (frase com dois verbos)	*A **causa** do estardalhaço foi sua **revolta** com a postura dos políticos.* (frase com um verbo)
*Depois de **jantar** com a namorada, percebeu que foi um sucesso.* (frase com três verbos)	*A **janta** com a namorada foi um sucesso.* (frase com um verbo)

Capítulo 37 • Reescritura de Frases

No caso dos adjetivos, a nominalização se dá pela transformação de orações subordinadas adjetivas em meros adjetivos. Veja alguns exemplos:

– *O aluno **que é inteligente** passou na prova.*
– *O aluno **inteligente** passou na prova.*

– *Comprei para a minha frota dois carros **que estavam novíssimos**.*
– *Comprei para a minha frota dois carros muito **novos**.*

Note nesses exemplos que houve uma redução no número de verbos, tornando a leitura mais concisa. Simples assim.

Transformação de Oração Reduzida em Desenvolvida e Vice-Versa

Para reescrever corretamente uma oração reduzida, transformando-a em desenvolvida, é preciso saber:

1) o que é uma oração reduzida;
2) o que é uma oração desenvolvida;
3) correlação verbal;
4) transposição de voz verbal;
5) concordância verbal;
6) como se transforma a reduzida em desenvolvida.

Então, vamos por partes:
1) Uma oração reduzida é aquela que apresenta um verbo em sua forma nominal (infinitivo, gerúndio ou particípio) e iniciada ou não por preposição ou locução prepositiva. Enfim... veja dois exemplos de oração reduzida:

– Seria importante AJUDAR MAIS PESSOAS.
– Ela estuda muito PARA PASSAR NA PROVA.

2) Uma oração desenvolvida é aquela que apresenta um verbo em sua forma conjugada e vem iniciada normalmente por conjunção subordinativa ou pronome relativo. Veja dois exemplos de oração desenvolvida:

– Seria importante QUE SE AJUDASSEM MAIS PESSOAS / QUE MAIS PESSOAS FOSSEM AJUDADAS.
– Ela estuda muito PARA QUE PASSE NA PROVA.

3) A correlação verbal trata da harmonia de sentido que existe entre o verbo da oração subordinada e o verbo da oração principal. Note que, na primeira frase abaixo, há uma correlação adequada entre "seria" (futuro do pretérito do indicativo) e "ajudassem / fossem" (pretérito imperfeito do subjuntivo); na segunda frase abaixo, também há adequada correlação entre "estuda" (presente do indicativo) e "passe" (presente do subjuntivo).

4) A transposição de voz verbal tem a ver com a passagem de voz ativa para passiva, por exemplo. Observe que a oração reduzida da primeira frase foi transformada em oração desenvolvida e

que, nesse processo, houve uma passagem de voz ativa para passiva (Seria importante AJUDAR MAIS PESSOAS > Seria importante QUE SE AJUDASSEM MAIS PESSOAS [voz passiva sintética] > Seria importante QUE MAIS PESSOAS FOSSEM AJUDADAS [voz passiva analítica]).

5) A concordância verbal é importante nesse tipo de questão, pois as bancas vão trabalhar em cima desse conceito na hora de apresentar opções de transformação de oração reduzida em desenvolvida. Portanto, cuidado, pois você precisará estar atento a isso no dia D (observe que o verbo "ajudar", na voz passiva da oração desenvolvida, ficou no plural, concordando com o sujeito paciente "mais pessoas"; se ficasse no singular, estaria errada).

Observação

6) Afinal, como se transforma a reduzida em desenvolvida? Bem... é preciso levar em conta todos os aspectos acima. Mas basicamente é assim que se faz: é preciso transformar a preposição (se houver) em uma conjunção de valor semântico equivalente e é preciso passar o verbo em sua forma nominal para uma forma conjugada (Ela estuda muito PARA PASSAR na prova > Ela estuda muito PARA QUE PASSE na prova).

Como se viu, são vários assuntos interligados numa mesma questão.

Substituição de Pronome Relativo por Outro e Pronome Demonstrativo por Outro

Como assim? Bem, vamos lá! São 8 pronomes relativos, lembra? Relembrando: *que, o qual, quem, cujo, quanto, onde, como, quando.* Os relativos *que* e *o qual* substituem a maioria dos outros relativos, portanto vou-me fixar neste primeiro momento neles. Já os demonstrativos que nos devem interessar são estes: *o, a, os, as,* substituindo *isso, aquele(a/s), aquilo.*

Vejamos na prática a substituição de um pronome relativo por outro:

— *O rapaz da loja, **que** nos sugeriu aquela compra, era meu primo.*
— *O rapaz da loja, **o qual** nos sugeriu aquela compra, era meu primo.*

— *As senhoras **de que** eu falei são muito ativas.*
— *As senhoras **das quais** eu falei são muito ativas.*

Nesses exemplos, percebeu que o pronome relativo *o qual* (variável) substitui o pronome relativo *que*. Tal substituição é muito trabalhada em provas. Veja mais:

— *Estive ontem com minha coordenadora, **a que** devo meu emprego.*
— *Estive ontem com minha coordenadora, **à qual** devo meu emprego.*
— *Estive ontem com minha coordenadora, **a quem** devo meu emprego.*
— *O lugar **em que** estive ano passado era paradisíaco.*
— *O lugar **no qual** estive ano passado era paradisíaco*
— *O lugar **onde** estive ano passado era paradisíaco.*

Os demonstrativos *o, a, os, as* são substituíveis por *isso, aquele(a/s), aquilo.* Isso ocorre quando vêm antes de pronome relativo *que* e preposição *de*, **normalmente**. Veja:

Capítulo 37 • Reescritura de Frases   **957**

– *O que me chamou para trabalhar com vocês foi o Sandro.*
– *Aquele que me chamou para trabalhar com vocês foi o Sandro.*

– *As do estado da Bahia são mais atenciosas que as de Pernambuco.*
– *Aquelas do estado da Bahia são mais atenciosas que aquelas de Pernambuco.*

– *Você é o que você é. Ninguém precisa dizer como deve ser.*
– *Você é isso que você é. Ninguém precisa dizer como deve ser.*

Está percebendo que existem múltiplas possibilidades de reescrever um texto?

Possibilidades de Paralelismo

As que eu já vi sendo trabalhadas em prova são as que tratam de termos preposicionados. Quando dois ou mais elementos estão coordenados e o primeiro está introduzido por preposição, há apenas quatro possibilidades corretas de construção:

– *Todo brasileiro tem direito a saúde, educação e segurança.* (preposição)
– *Todo brasileiro tem direito a saúde, a educação e a segurança.* (preposição)
– *Todo brasileiro tem direito à saúde, educação e segurança.* (preposição + artigo)
– *Todo brasileiro tem direito à saúde, à educação e à segurança.* (preposição + artigo)

Lamento o *déjà vu* do capítulo de *Crase*, mas tal lição serve para qualquer outra preposição.

Relação de Causa e Consequência

Nas provas, a relação de causa e consequência se dá entre orações – sem presença de conectivo ou com presença de conectivo. Veja os exemplos:

Sem conectivo:
– *Faltam mecanismos para financiar a modernização (causa); ele opta pela expansão da área, que é muito mais barata (consequência).*

Com conectivo:
– *Ele opta pela expansão da área, que é muito mais barata (consequência), porque faltam mecanismos para financiar a modernização (causa).*

> **Observação**
>
> Peço que estude conjunções coordenativas conclusivas, conjunções subordinativas causais e consecutivas. Estude também preposições e locuções prepositivas que tenham valor semântico de causa ou consequência.

O Que Cai Mais na Prova?

Hoje em dia, a maior parte das bancas trabalha este assunto de uma maneira ou de outra, mas os tipos mais comuns são estes: **uso de palavras e expressões sinônimas, relação de causa e consequência, substituição de um conectivo por outro de igual valor semântico, transformação de oração reduzida em desenvolvida e vice-versa, substituição de substantivos por pronomes, nominalização e substituição de formas simples por formas perifrásticas (locuções).** Isso é o filé!

958 A Gramática para Concursos Públicos • Fernando Pestana

*Concurseiro(a), quer uma dica de irmão? Guarde no seu coração o que vai ler agora: NUNCA DEIXE DE FAZER SEU PRÓPRIO RESUMO DE CADA CAPÍTULO. Esse processo cognitivo é **extremamente** valioso. Eu poderia ser legalzinho e fofinho pondo um quadro-resumo do que vimos no capítulo, mas, se fizesse isso, estaria sabotando você, impedindo-o(a) de ter esse trabalho de internalização imprescindível do conteúdo. **Por favor, não pule essa etapa!!!** Mesmo que seu resumo fique gigantesco (não vá escrever outra gramática... rsrs), nunca deixe de fazê-lo, para o seu próprio bem! Seu cérebro agradece e, quando passar no concurso, sua conta no banco também. Vá fundo na missão!* ✂

Questões de Concursos

1. (Cespe/UnB – ANCINE – Técnico Administrativo – 2012) "O riso é tão universal como a seriedade; ele abarca a totalidade do universo, toda a sociedade, a história, a concepção de mundo. É uma verdade que se diz sobre o mundo, que se estende a todas as coisas e à qual nada escapa. É, de alguma maneira, o aspecto festivo do mundo inteiro, em todos os seus níveis, uma espécie de segunda revelação do mundo". Apesar do mesmo grau de universalidade atribuído pelo autor do texto ao "riso" e à "seriedade", se o trecho "O riso é tão universal como a seriedade" fosse reescrito como **A seriedade é tão universal como o riso**, as estruturas sintáticas e argumentativas do texto seriam prejudicadas.
( ) CERTO ( ) ERRADO

2. (Cespe/UnB – PM/CE – Soldado – 2012) Estaria mantida a correção gramatical do texto caso o trecho "estarem seguindo o exemplo" fosse reescrito da seguinte forma: **estarem aderindo ao exemplo**.
( ) CERTO ( ) ERRADO

3. (FAURGS – TJ/RS – Analista Judiciário – 2012) Considere as seguintes propostas de reescrita do trecho **A migração do morto, em vez de ser da vida para o nada, era só entre categorias verbais**.
I. A migração do morto, em lugar de ser da vida para o nada, era tão somente entre categorias verbais.
II. A imigração do morto, ao invés de ser da vida para o nada, era apenas entre categorias verbais.
III. A migração do morto, ao contrário de ser da vida para o nada, era restrita a categorias verbais.
Quais estão corretas do ponto de vista da norma?
a) Apenas I.   c) Apenas III.   e) Apenas II e III.
b) Apenas II.   d) Apenas I e II.

4. (FAURGS – TJ/RS – Analista Judiciário – 2012) Fragmento de Texto:
"(...) A biblioteca está e vai com você onde você estiver, como uma Babel feita do paradoxo do conhecimento: quanto mais se sabe, mais há para saber, de modo que, o máximo sendo também o mínimo, nunca nos falte nem a pergunta ilimitada, nem a resposta periódica... (...)"
A oração reduzida de gerúndio *o máximo sendo também o mínimo*, no período em que ocorre no texto, pode ser substituída, sem alteração de sentido, pela seguinte forma:
a) a despeito de o máximo ser também o mínimo;
b) contanto que o máximo seja também o mínimo;
c) a não ser que o máximo seja também o mínimo;
d) a fim de que o máximo seja também o mínimo;
e) visto ser o máximo também o mínimo.

5. (FUNIVERSA – PC/DF – Perito Criminal – 2012) Fragmentos de texto:
"Considerada ponto-chave em todas as investigações criminais, a perícia técnica vem ganhando destaque nos últimos anos por conta dos crimes de grande repercussão e que parecem ser de difícil solução. Além disso, seriados que mostram policiais ou peritos que utilizam ciência e tecnologia para desvendar casos complexos também ajudam a aumentar o interesse pela área. (...) Entrevistado hoje, Ferreira explicou que um perito não pode se envolver com nenhum caso. (...) A perícia é imparcial. Não importa se os vestígios ajudarem a defesa ou a acusação. (...)".

Capítulo 37 • Reescritura de Frases **959**

Assinale a alternativa que apresenta reescrita correta de fragmentos do texto, com preservação do sentido original.

a) Considerada ponto-chave em todas as investigações criminais, a perícia técnica vem ganhando destaque nos últimos anos em virtude de crimes de grande repercussão e de solução aparentemente difícil.

b) seriados que mostram policiais e peritos e que utilizam ciência e tecnologia para desvendar casos complexos também ajudam a aumentar o interesse pela área.

c) Entrevistado na noite da morte da menina Isabella Nardoni, em março de 2008, Ferreira explicou que o perito não pode ter envolvimento emocional com o caso que examina.

d) Por isso, policiais ou peritos que utilizam ciência e tecnologia para desvendar casos complexos também ajudam a aumentar o interesse pela área.

e) A perícia é imparcial, embora não tenha nenhum valor o fato de os vestígios ajudarem a defesa ou a acusação.

6. (FUNIVERSA – PC/DF – Perito Criminal – 2012) Fragmentos de texto:
"(...) para chegar à tal felicidade, precisamos ter amigos. (...) Outro benefício decorrente de ter amigos é manter a saúde em ordem. (...) 'A amizade libera substâncias hormonais no cérebro que favorecem a alegria de viver e o bem--estar'. (...) o único jeito de ultrapassar a barreira da solidão é justamente ter pelo menos um amigo e um amor. (...) Para termos pelo menos um amigo, diz ele, precisamos nos livrar daquilo que ele chama de 'avareza de si mesmo'".
Assinale a alternativa em que a reescrita de fragmento do texto preserva a correção gramatical e o sentido original.

a) para se chegar à tal felicidade, precisamos ter amigos.

b) Outro benefício resultante de ter amigos é a manutenção da saúde em ordem.

c) A amizade libera substâncias hormonais no cérebro que favorece a alegria de viver e o bem-estar.

d) o único jeito de ultrapassar a barreira da solidão é justo ter pelo menos um amigo e um amor.

e) Para termos pelo menos um amigo, diz ele, precisamos nos livrar daquilo que o amigo chama de "avareza de si mesmo".

7. (AOCP – BRDE – Assistente Administrativo – 2012) As alternativas abaixo apresentam propostas de reescrita de fragmentos do texto, que se encontram entre aspas. Assinale a alternativa em que a reescrita NÃO preserva a correção gramatical e o sentido original do texto.

a) "Não entendem a grandeza desses e outros grandes romances do passado": Não entendem a grandeza desses e de outros grandes romances do passado.

b) "uma etapa importante da formação do jovem: a da compreensão, análise e, por consequência, do domínio de textos complexos": uma etapa importante da formação do jovem: a da compreensão, da análise e, por consequência, do domínio de textos complexos.

c) "As ilustrações são feias e caricatas, limitando-se a servir aos balões e descrições extraídas diretamente do livro": As ilustrações são feias, caricatas, limitando-se a servir aos balões e às descrições extraídas diretamente do livro.

d) "Repare que esses grandes artistas dificilmente se submetem a adaptações feitas diretamente de uma obra": Repare que esses grandes artistas dificilmente se submetem às adaptações feitas diretamente de uma obra.

e) "Infelizmente, os quadrinhos são inocentes úteis, pois viraram instrumentos eficientes para a desmoralização da literatura": Infelizmente, os quadrinhos são inocentes úteis, pois viraram instrumentos eficientes à desmoralização da literatura.

8. (FCC – TCE/AM – Analista de Controle Externo – 2012) À época de Nabuco, os Estados Unidos despontavam já como um país poderoso, o moralismo desse país representando, no entanto, um entrave para que se promovesse nesse país uma disputa eleitoral em alto nível.

Evita-se a viciosa repetição de palavras na frase acima substituindo-se, de modo adequado, as expressões sublinhadas, respectivamente, por:

a) cujo moralismo representaria – lá se promovesse.

b) aonde o moralismo representa – ali se promova.

c) no qual o moralismo representasse – neles se promovam.

d) em cujo moralismo representa-se – neste se promovesse.

e) conquanto seu moralismo representa – lá se promova.

9. (NUCEPE – PM/PI – Agente de Polícia (Cabo) – 2012) Assinale a opção em que a reescrita do trecho "Se for assaltado, não reaja – entregue tudo" altera o sentido do que é dito na frase original.

a) "Sendo assaltado, não reaja – entregue tudo."
b) "Em caso de assalto, não reaja – entregue tudo."
c) "Caso seja assaltado, não reaja – entregue tudo."
d) "Assaltando, não reaja – entregue tudo."
e) "Para caso de assalto, não reaja – entregue tudo."

10. (COPESE – UFT – Vestibular – 2012) Em produções escritas é comum o uso excessivo do elemento "que". Substituí-lo por substantivos e orações reduzidas pode ser uma alternativa no sentido de eliminar seu uso exagerado. Considerando o enunciado "*A coordenadora exigiu que adiasse o encontro até que as infrações que o funcionário cometeu fossem solucionadas*", assinale a alternativa em que a substituição do "que" por substantivos e/ou orações reduzidas pode deixar o texto mais leve, sem alterar o sentido.

a) A coordenadora exigiu o adiamento do encontro com o funcionário até as infrações serem solucionadas.
b) A coordenadora exigiu o adiamento do encontro até a solução das infrações cometidas pelo funcionário.
c) A coordenadora exigiu o adiamento do encontro com o funcionário até as infrações serem solucionadas por ele.
d) A coordenadora exigiu o adiamento do encontro até as infrações cometidas serem solucionadas pelo funcionário.
e) A coordenadora exigiu o adiamento do encontro até o funcionário solucionar as infrações cometidas por ele.

11. (Esaf – SRF – Auditor-Fiscal da Receita Federal – 2012) Assinale a paráfrase (escrever a mesma coisa de forma diferente) correta e adequada do período "A solução foi muito simples: de todos os trabalhadores, sindicalizados ou não, era descontado anualmente, na folha de pagamento, o salário de um dia de trabalho".

a) Descontava-se um dia de trabalho do salário, na folha de pagamento anual, dos sindicalizados ou não, de todos os trabalhadores, como solução fácil para a falta de recursos do imposto sindical.
b) Para solucionar a escassez de recursos dos sindicatos, a solução se encaminhou no sentido de serem descontados, de todos os trabalhadores, sindicalizados ou não, da folha anual de pagamento, o salário de um dia de trabalho.
c) Para conseguirem sobreviver, os sindicatos adotaram uma solução simples de todos os trabalhadores, sindicalizados ou não – o desconto anual, na folha de pagamento, do salário de um dia de trabalho.
d) Não foi complicada achar a solução. De todos os trabalhadores, sindicalizados ou não, descontava-se um dia de trabalho, anualmente, juntamente com a folha de pagamento.
e) Foi simples a solução adotada – seria descontado anualmente, na folha de pagamento de todos os trabalhadores, sindicalizados ou não, o valor equivalente a um dia de trabalho.

12. (FCC – TST – Analista Judiciário (Taquigrafia) – 2012) Assinale a alternativa em que a nova redação para o fragmento está clara e correta.

a) *Colocava sob minha análise um texto que já nascera das vozes do folclore, e propunha-me entender as relações deste texto com suas variantes intertextuais.* / Submetia a meu escrutínio um texto que, como se não bastasse haver nascido das vozes da cultura popular, eu desejava interpretar tendo em vista as relações que mantém com suas variantes intertextuais.
b) *Escolhi Chapeuzinho Vermelho [...], que, por alguma razão, foi retomado tantas vezes, a serviço de outras enunciações.* / Elegi Chapeuzinho Vermelho, o qual foi recaptulado imensas vezes, a serviço de diferentes formações ideológico-discursivas – nem imagino por quê.
c) *A obra não poderia mais ser vista como um monólogo de um sujeito independente, que pressupõe, além de seus limites, apenas um leitor receptivo, privilegiado por uma intuição especial.* / O trabalho estaria impedido de ser enxergado como fala de uma pessoa com ela mesma, o que implica, além de seus limites, num só leitor para a recepção, sendo que ele seja dotado de sensibilidade diferenciada.
d) *Entendi que o que acontecia não era apenas a perda de um centro único. Era o diálogo que perpassa todo discurso.* / Atinei que não só estava se dando a perca de um centro restrito, mas também do diálogo que atravessa todo discurso.
e) *Teria de entender que há sempre a palavra de um outro, junto daquela que eu julgo ser de um.* / Haveria de compreender que permanece a palavra de outro, pegada naquela que eu penso ser do primeiro.

13. (FCC – TRF (5ª R) – Analista Judiciário – 2012) Atente para as afirmações abaixo.

I. A frase ***Sem essa consciência, não há poeta*** pode ser corretamente reescrita do seguinte modo: **Não há essa consciência em quem não seja poeta**.

II. A frase ***este palíndromo não só encantou o menino Cortázar, como decidiu o seu destino de escritor*** tem seu sentido corretamente reproduzido nesta outra construção: **este palíndromo, além de ter encantado o menino Cortázar, decidiu o seu destino de escritor**.

III. Em ***Mesmo para um menino aberto ao que der e vier, a frase é bastante surrealista***, a substituição do verbo **é** por **parecia** implica a alteração do segmento grifado para **um menino aberto ao que desse e viesse**.

Capítulo 37 • Reescritura de Frases **961**

Está correto o que consta em:
a) I, II e III.
b) II, apenas.
c) I e III, apenas.
d) II e III, apenas.
e) I, apenas.

14. (FCC – TRF (5ª R) – Analista Judiciário – 2012) *Devemos evitar, especialmente, posturas que venham a contribuir – ainda que indiretamente – para o estabelecimento de elo automático entre a coerção e a promoção da democracia e dos direitos humanos.*
Mantendo-se a correção e a lógica, uma redação alternativa para a frase acima está em:
a) Deve ser especialmente evitada posturas que possam contribuir, embora de maneira apenas indireta, para o estabelecimento de elo automático entre a coerção e a promoção da democracia e dos direitos humanos.
b) Posturas que contribuem, para o estabelecimento de elo automático entre a coerção e a promoção da democracia e dos direitos humanos, devem ser especialmente evitados, ainda que indiretamente.
c) Ainda que contribua, apenas indiretamente, para o estabelecimento de elo automático entre a coerção e a promoção da democracia e dos direitos humanos, tais posturas devem ser especialmente evitadas.
d) Posturas que contribuam, mesmo que de maneira indireta, para o estabelecimento de elo automático entre a coerção e a promoção da democracia e dos direitos humanos, devem ser especialmente evitadas.
e) Conquanto contribuam apenas de modo indireto, posturas que estabeleçam elo automático entre a coerção e a promoção da democracia e dos direitos humanos, devem ser especialmente evitados.

15. (Cespe/UnB – MPE/TO – Promotor de Justiça – 2012) Fragmento de texto:
"(...) Embora a realização de investigações criminais diretamente pelo MP não deva ser a regra – no dia a dia, as polícias têm maior estrutura para isso, além de ser essa a sua função primordial –, não se pode impedir que, em determinados casos, o MP investigue, sob pena de que criminosos permaneçam sem punição. Uma primeira vantagem da investigação direta do MP é o ganho de qualidade e rapidez, uma vez que a prova será obtida diretamente por aquele que avaliará sua pertinência e legitimidade para o processo. Sob a direção imediata do MP, serão produzidas somente as provas que realmente permitam a condenação dos culpados (ou o arquivamento dos autos, caso se verifique a inocência do investigado). Além de zelar pela regularidade da prova, o que contribui para evitar nulidades que muitas vezes levam à perda de investigações importantíssimas, é dever do MP assegurar o respeito aos direitos do investigado, evitando abusos lamentavelmente ainda rotineiros em procedimentos da polícia".
Seriam mantidos o sentido original e a correção gramatical do texto caso se substituísse o trecho
a) "evitando abusos lamentavelmente ainda rotineiros em procedimentos da polícia" por *ainda prevenindo abusos lamentáveis na rotina investigatória policial.*
b) "além de ser essa a sua função primordial" por *demais de essa ser a sua função desde os primórdios.*
c) "sob pena de que criminosos permaneçam sem punição" por *no risco de se manter criminosos na impunidade.*
d) "Sob a direção imediata do MP" por *Dirigidos imediatamente pelo MP.*
e) "caso se verifique a inocência do investigado" por *na hipótese de ser o investigado dado por inocente.*

16. (Cespe/UnB – TRE/RJ – Cargos de Nível Superior – 2012) "(...) O povo a que remete a ideia de soberania popular constitui uma unidade, e não, a soma de indivíduos. (...)".
De acordo com as informações presentes no texto, a expressão "de indivíduos" poderia ser substituída por **individual** sem que houvesse alteração do sentido textual.
( ) CERTO   ( ) ERRADO

17. (Cespe/UnB – TRE/RJ – Técnico Judiciário – 2012) Prejudica-se a correção gramatical do período ao se substituir "São considerados" (São considerados inelegíveis os enquadrados...) por **Consideram-se**.
( ) CERTO   ( ) ERRADO

18. (Cespe/UnB – TRE/RJ – Técnico Judiciário – 2012) Mantém-se a correção gramatical do período ao se substituir "onde" (Mas a realidade é bem outra na maioria dos municípios, onde a missão dos eleitos é discutível) por **nos quais**.
( ) CERTO   ( ) ERRADO

19. (Cespe/UnB – TRE/RJ – Técnico Judiciário – 2012) Ao se substituir "o que facilita" (... muitos não lembram em quem votaram, o que facilita o surgimento de...) por **o que vem facilitando** ou por **o que tem facilitado**, mantém-se a correção gramatical do período.
( ) CERTO   ( ) ERRADO

962   A Gramática para Concursos Públicos • Fernando Pestana

20. (CEPERJ – DEGASE – Técnico de Suporte e Comunicação – 2012) "A verdade é que já há algum tempo vêm se sentindo menos pobres, vêm comprando".
O período acima poderia ser reescrito com a introdução de um conectivo, de modo a explicitar a relação de sentido do contexto original.
A inserção do conectivo preserva o sentido original da frase na seguinte alternativa:
a) embora venham comprando;
b) para virem comprando;
c) porque vêm comprando;
d) contudo vêm comprando;
e) apesar de virem comprando.

21. (Cespe/UnB – TJ/AL – Auxiliar Judiciário – 2012) Assinale a opção que apresenta proposta de reescrita correta para trecho do texto indicado entre aspas.
a) "O igualitarismo formal vem decantado enfaticamente na Carta Política em dois trechos (art. 5.º, inc. I, e art. 226, § 5.º), o que não basta, por si só, para se alcançar a absoluta equivalência social e jurídica de homens e mulheres": A Carta Política menciona o igualitarismo formal em apenas dois artigos (art. 5.º, inc. I, e art. 226, § 5.º) e isso é insuficiente para conseguir a absoluta equivalência social e jurídica do ser humano.
b) "Agora, não mais é o marido o 'cabeça' do casal, o representante legal da família, nem o único responsável por prover o seu sustento": Antes, o representante legal da família era o homem. Era dele apenas a responsabilidade de prover o sustento da mesma.
c) "O simples estabelecimento do princípio da igualdade, no entanto, não logrou eliminar as diferenciações existentes": O mero estabelecimento do princípio da igualdade, entretanto, não conseguiu abolir as discriminações existentes.
d) "Resta nítida a intenção do novo sistema jurídico de consagrar a máxima aristotélica": A intenção do novo sistema jurídico de consagrar a iminência do princípio de Aristóteles é clara.
e) "A Constituição Federal de 1988 (CF) buscou resgatar a igualdade, cânone da democracia desde a Revolução Francesa e linha mestra da Declaração dos Direitos Humanos": A igualdade, a qual, desde a Revolução Francesa, é cânone da democracia e linha mestra da Declaração dos Direitos Humanos, foi resgatada pela Constituição Federal de 1988.

22. (CEPERJ – PROCON/RJ – Técnico em Contabilidade – 2012) "Àquela altura já éramos amigas. O infortúnio tinha nos unido".
O trecho acima poderia ser reescrito, unindo-se as orações por meio de um conectivo.
A reescritura que preservaria o sentido original do trecho seria:
a) contudo o infortúnio tinha nos unido;
b) porque o infortúnio tinha nos unido;
c) embora o infortúnio tinha nos unido;
d) portanto o infortúnio tinha nos unido;
e) enquanto o infortúnio tinha nos unido.

23. (CEPERJ – PROCON/RJ – Técnico em Contabilidade – 2012) "Mesmo não havendo registro de incidentes no País...".
O trecho acima poderia ser reescrito, sem alteração do sentido essencial, da seguinte forma:
a) Como não há registro de incidentes no país;
b) Embora não haja registro de incidentes no país;
c) Para que não haja registro de incidentes no país;
d) Enquanto não há registro de incidentes no país;
e) Quando não houver registro de incidentes no país.

24. (CONSULPLAN – TSE – Analista Judiciário – 2012) Assinale a alternativa em que a alteração estrutural de um trecho do texto NÃO tenha provocado inadequação de ordem gramatical ou discursiva nem alteração semântica.
a) *Se a moral é medida em dinheiro, não entregar-se a ele poderá parecer um luxo.* / Se a moral em dinheiro é medida, poderá parecer um luxo não se entregar a ele.
b) *Mas teria também todo o perdão?* / Mas teria também todo perdão?
c) *O simples fato de que essa pergunta seja colocada implica o pressuposto de que uma verdade ética tal como a honestidade foi transvalorada.* / O simples fato que essa pergunta seja colocada implica no pressuposto que uma verdade ética tal como a honestidade foi transvalorada.
d) *É por meio dela que se faz o cálculo do "sentido" no qual, fora da vantagem que define a regra, o sujeito honesto se transfigura imediatamente em otário.* / É através dela que faz-se o cálculo do "sentido" onde, fora da vantagem que define a regra, o sujeito honesto se transfigura imediatamente em otário.

Capítulo 37 • Reescritura de Frases **963**

25. (FEC – PC/RJ – Inspetor de Polícia Civil (6ª Classe) – 2012) A sugestão de reescrita que altera fundamentalmente o sentido de: "Um programa como esse pode ser iniciado de imediato, mas demora a ser implementado em todo o país, sobretudo por falta de recursos humanos em quantidade. A solução é executá-lo por cidades" encontra-se em:
    a) reescrever "Um programa como esse" como "Semelhante programa".
    b) simplificar a forma verbal composta "ser iniciado", escrevendo em seu lugar "iniciar-se".
    c) substituir a forma verbal auxiliar "pode" por "deve".
    d) coordenar as orações do 1º período com o uso de "não obstante", em vez da conjunção "mas".
    e) unir os dois períodos num período único, usando para tanto a conjunção "por conseguinte".

26. (FEC – PC/RJ – Inspetor de Polícia Civil (6ª Classe) – 2012) Preserva-se o sentido de: "A Educação é um processo de acúmulo de conhecimento, não de consumo de aulas" com a seguinte redação:
    a) A Educação é antes um processo de acúmulo de conhecimento que de consumo de aulas.
    b) A Educação não é um processo de acúmulo de conhecimento, senão de consumo de aulas.
    c) A Educação é, não só um processo de consumo de aulas, senão de acúmulo de conhecimento.
    d) A Educação é, não um processo de consumo de aulas, senão de acúmulo de conhecimento.
    e) A Educação é um processo de acúmulo de conhecimento, tanto quanto de consumo de aulas.

27. (FEC – PC/RJ – Inspetor de Polícia Civil (6ª Classe) – 2012) Altera-se o sentido de: "Mesmo considerando a necessidade de vagas para antigos concluintes do ensino médio, esta diferença é uma distorção absurda" reescrevendo-se a oração subordinada como:
    a) Ainda que considerada a necessidade de vagas para antigos concluintes do ensino médio.
    b) Conquanto se considere a necessidade de vagas para antigos concluintes do ensino médio.
    c) A despeito de se considerar a necessidade de vagas para antigos concluintes do ensino médio.
    d) Posto que considerando a necessidade de vagas para antigos concluintes do ensino médio.
    e) Visto considerar-se a necessidade de vagas para antigos concluintes do ensino médio.

28. (FEC – PC/RJ – Inspetor de Polícia Civil (6ª Classe) – 2012) Invertem-se os termos da relação causa/consequência expressa em: "Pela baixa qualificação dos alunos, o aumento nas vagas do ensino superior não trará o resultado desejado" na alternativa:
    a) Dado que é baixa qualificação dos alunos, o aumento nas vagas do ensino superior não trará o resultado desejado.
    b) É baixa a qualificação dos alunos, motivo por que o aumento nas vagas do ensino superior não trará o resultado desejado.
    c) O aumento nas vagas do ensino superior não trará o resultado desejado, porquanto é baixa a qualificação dos alunos.
    d) É baixa a qualificação dos alunos, a ponto de que o aumento nas vagas do ensino superior não trará o resultado desejado.
    e) O aumento nas vagas do ensino superior não trará o resultado desejado, portanto é baixa a qualificação dos alunos.

29. (Dom Cintra – Pref. Petrópolis/RJ (INPAS) – Advogado – 2012) Das alterações feitas abaixo na redação do período "Segundo o Instituto Nacional do Câncer (Inca), no ano passado, foram registrados 28.110 novos casos, sendo 13.310 em homens e 14.800 em mulheres", aquela em que foi mantido o sentido original do texto é:
    a) Análogo ao que diz o Instituto Nacional do Câncer (Inca), no ano passado, foram registrados 28.110 novos casos, uma vez que 13.310 em homens e 14.800 em mulheres.
    b) Consoante o Instituto Nacional do Câncer (Inca), no ano passado, foram registrados 28.110 novos casos, conquanto 13.310 em homens e 14.800 em mulheres.
    c) De acordo com o Instituto Nacional do Câncer (Inca), no ano passado, foram registrados 28.110 novos casos, dos quais 13.310 em homens e 14.800 em mulheres.
    d) Coincidente com o que informa o Instituto Nacional do Câncer (Inca), no ano passado, foram registrados 28.110 novos casos, onde 13.310 em homens e 14.800 em mulheres.
    e) Em conformidade com o Instituto Nacional do Câncer (Inca), no ano passado, foram registrados 28.110 novos casos, cujos 13.310 em homens e 14.800 em mulheres.

30. (Dom Cintra – Pref. Itaboraí/RJ – Analista de Sistemas – 2012) "Já vi muita coisa neste mundo, mas nunca assisti pessoalmente a um pau de sebo de verdade,..."; o segmento *assisti pessoalmente* poderia ser substituído por um só verbo: *presenciei*.

A frase em que esse mesmo tipo de substituição está corretamente feito é:
a) **Destruir completamente** um conjunto de apartamentos. / desmoronar.
b) **Acabar completamente com** a resistência dos traficantes. / aniquilar.
c) **Matar totalmente** as abelhas de uma colmeia. / esquartejar.
d) **Pagar integralmente** uma dívida ao banco. / negociar.
e) **Amar profundamente** a mulher. / extinguir-se.

31. (Dom Cintra – Câmara de Duque de Caxias/RJ – Consulto Contábil – 2012) Feitas as mudanças na ordem dos termos, tal como indicadas, o enunciado que mantém seu sentido básico original é:
a) até, finalmente, chamarem a atenção de alguém mais antenado / até chamarem a atenção de alguém, finalmente, mais antenado;
b) um mundo sem editoras seria um caos para nós, leitores / seria, leitores, um caos para nós;
c) até porque, como objeto, o livro é um produto singularmente bem resolvido / porque até;
d) há transformações já em curso que serão cada vez mais interessantes de acompanhar / já há transformações em curso;
e) as editoras têm linhas editoriais com as quais os editores aprendem a se identificar / aprendem os editores a se identificar.

32. (VUNESP – Academia Barro Branco – Aluno Oficial – 2012) Em – *Não posso auxiliar a nossa polícia legal, porquanto desde muito que não vou a cinematógrafos...* –, a conjunção destacada pode ser substituída, sem prejuízo de sentido, por:
a) no entanto;
b) enquanto;
c) uma vez que;
d) por conseguinte;
e) embora.

33. (VUNESP – Academia Barro Branco – Aluno Oficial – 2012) Em – ***Apesar disso tudo*** –, ***é na assistência delas que nasce muito amor condenado.*** –, a expressão destacada pode ser substituída, sem prejuízo de sentido, por:
a) Não obstante isso tudo;
b) Em detrimento disso tudo;
c) Conforme isso tudo;
d) De acordo com isso tudo;
e) Por conseguinte a isso tudo.

34. (VUNESP – Pref. Cubatão/SP – Agente Fiscal de Tributos – 2012) Assinale a alternativa que apresenta o trecho – ***Poderá também dizer que ocorreram reduções de impostos para alguns setores.*** – reescrito de acordo com a norma-padrão e sem alteração de sentido.
a) Poderá também dizer que houve reduções de impostos para alguns setores.
b) Poderá também dizer que ocorrera reduções de impostos para alguns setores.
c) Poderá também dizer que houveram reduções de impostos para alguns setores.
d) Poderá também dizer que ocorrerão reduções de impostos para alguns setores.
e) Poderá também dizer que haveria reduções de impostos para alguns setores.

35. (UFMT – COPEL – Profissional de Nível Médio – 2013) No trecho "Como o Brasil é o campeão mundial de mortes causadas por essa modalidade, o tema muito nos interessa", há uma relação de causa-consequência. Assinale a reescritura do trecho que NÃO conserva essa relação de sentido.
a) Por ser o Brasil o campeão mundial de mortes causadas por essa modalidade, o tema muito nos interessa.
b) Embora o Brasil seja o campeão mundial de mortes causadas por essa modalidade, o tema muito nos interessa.
c) Visto que o Brasil é o campeão mundial de mortes causadas por essa modalidade, o tema muito nos interessa.
d) Porque o Brasil é o campeão mundial de mortes causadas por essa modalidade, o tema muito nos interessa.

36. (FGV – Prefeitura de Cuiabá/MT – Contador – 2015) "A Prefeitura de São Paulo vai criar um manual PARA ORIENTAR funcionários de empresas de limpeza urbana sobre como proceder ao se depararem com grafites e pichações em muros públicos".
– Assinale a opção que indica o segmento destacado transformado em uma oração desenvolvida.
a) Para a orientação de funcionários.
b) Para se orientarem funcionários.
c) Para que se orientassem funcionários.
d) Para que se orientem funcionários.
e) Para que fossem orientados funcionários.

Capítulo 37 • Reescritura de Frases

Fragmento de texto

"Há quase dois anos fui empossado técnico administrativo na ANAC/SP... Nesse tempo já fui nomeado para outros dois cargo... Trabalho na área administrativa junto com outros técnicos e analistas... Tenho de analisar documentação, preparar processos..., resolver alguns 'pepinos' que sempre aparecem ao longo do mês, além, é claro, de efetuar trabalhos eventuais...".

37. (ESAF – ANAC – Técnico Administrativo – 2016) Assinale a substituição proposta que causa erro de morfossintaxe no texto.

	substituir:	**por:**
a)	Há	A
b)	Nesse tempo	Durante esse tempo
c)	junto	juntamente
d)	Tenho de	Tenho que
e)	ao longo do mês	no decorrer do mês

38. (FCC – TCE/SP – Agente de Fiscalização (Administração) – 2017) Assinale a alternativa cuja frase, redigida com base nos versos "Mesmo a quem não tem fé / A fé costuma acompanhar", está em conformidade com a norma-padrão.
    a) Podem haver pessoas sem fé, e mesmo assim a fé costuma acompanhar-lhes.
    b) Mesmo as pessoas que não têm fé costuma ter esta acompanhando-lhes.
    c) Há pessoas que não têm fé; mesmo assim, a fé costuma acompanhá-las.
    d) Se tem pessoas sem fé, mesmo assim esta costuma acompanhar elas.
    e) Se têm pessoas sem fé, esta, mesmo assim, tem acompanhado-as.

39. (CESPE – FUB – Cargos de Nível Médio – 2018) A correção gramatical e o sentido original do texto seriam mantidos se o trecho "A revolução (...) para o atual" fosse reescrito da seguinte forma: A revolução nas comunicações, na produção de alimentos, na diversificação de máquinas, nos equipamentos e na sofisticação da medicina atestam avanços extraordinários alcançados pela sociedade, na transição do século XX para o atual.
    ( ) CERTO   ( ) ERRADO

40. (CESPE – SEFAZ/RS – Auditor fiscal da receita estadual – 2019 – adaptada) Fragmento de texto: *"... o poder de tributar está na origem do Estado ou do ente político, a partir da qual foi possível que as pessoas deixassem de viver no que Hobbes definiu como o estado natural (ou a vida pré-política da humanidade) e passassem a constituir uma sociedade de fato...".*
    A supressão dos parênteses empregados no trecho "(ou a vida pré-política da humanidade)" alteraria os sentidos originais do texto.
    ( ) CERTO   ( ) ERRADO

41. (IDECAN – IF/RR – Técnico em informática – 2020) Assinale a única alternativa em que a reescritura do trecho fornecido permanece adequada ao que preceitua a norma culta da língua portuguesa e com o mesmo sentido presente no texto.

    "Levei um choque, e sua fala me fez perceber que todos enfrentamos turmas que colocam em xeque nossa habilidade e experiência."
    a) Fiquei muito surpreso, sua fala me fez compreender que todos nos deparamos com turmas que nos fazem questionar nossa habilidade e experiência.
    b) Me assustei, e seu sentimento me fez notar que todos enfrentamos turmas que nos fazem desconfiar da nossa habilidade e experiência.
    c) Levei um susto, mas sua fala me fez desconfiar que todos somos colocados diante de turmas que nos levam a perceber que não somos tão competentes quanto pensávamos.
    d) Fiquei perplexo, mas sua fala me fez notar que todos encaramos grupos que os fazem perceber o quanto somos habilidosos e experientes.
    e) Nossa habilidade e experiência é posta em cheque por turmas que enfrentamos e sua fala foi onde, assustado, percebi isso.

42. (FGV – IMBEL – Engenheiro de materiais – 2021) "Muita sabedoria unida a uma santidade moderada é preferível a muita santidade com pouca sabedoria." (Santo Inácio de Loyola)

Essa frase pode ser reescrita, mantendo-se o sentido original e sua correção gramatical tradicional, da seguinte forma:

a) É preferível a muita santidade com pouca sabedoria do que muita sabedoria unida a uma santidade moderada.
b) Deve-se preferir muita sabedoria unida a uma santidade moderada do que muita santidade com pouca sabedoria.
c) Muita santidade com pouca sabedoria é preferível a muita sabedoria unida a uma santidade moderada.
d) É preferível muita sabedoria unida a uma santidade moderada a muita santidade com pouca sabedoria.
e) Uma santidade moderada unida a muita sabedoria é preferível do que pouca sabedoria unida a muita santidade.

43. (CESPE – IBAMA – Analista Administrativo – 2022) Fragmento de texto: Incluindo o processo produtivo e as práticas sociais, a cultura é o que nos dá a consciência de pertencer a um grupo...
Seria mantida a coerência do texto se a oração "Incluindo o processo produtivo e as práticas sociais" fosse substituída tanto por "Por incluir o processo produtivo e as práticas sociais" quanto por "Como inclui o processo produtivo e as práticas sociais".
( ) CERTO   ( ) ERRADO

Gabarito

1. CERTO.	12. A.	23. B.	34. A.
2. CERTO.	13. D.	24. A.	35. B.
3. A.	14. D.	25. C.	36. D.
4. E.	15. E.	26. D.	37. A.
5. A.	16. ERRADO.	27. E.	38. C.
6. B.	17. ERRADO.	28. E.	39. ERRADO.
7. D.	18. CERTO.	29. C.	40. CERTO.
8. A.	19. CERTO.	30. B.	41. A.
9. D.	20. C.	31. E.	42. D.
10. B.	21. C.	32. C.	43. CERTO.
11. E.	22. B.	33. A.	

Os comentários sobre as questões estão no *Material Complementar* do livro.
Para acessá-lo, veja o passo a passo na orelha desta obra.

CAPÍTULO 38
SIMULADO DA BANCA CQIP

Não conhece a banca CQIP?! Uma das mais temidas e polêmicas bancas?! Não acredito!!! Então, está mais do que na hora de você conhecer!

CQIP: **C**ENTRO DE **Q**UESTÕES **I**MPOSSÍVEIS DO **P**ESTANA

O simulado a seguir vai trabalhar vários assuntos vistos ao longo do livro. Por isso, esta é a hora de você, depois de ter estudado tanto, saber como anda seu Português! Prepare-se! Ah! E nem tente entrar com recurso contra alguma questão... ☺

Simulado de Português

Texto: PAPOS

– Me disseram...
– Disseram-me.
– Hein?
– O correto é "disseram-me". Não "me disseram".
– Eu falo como quero. E te digo mais... Ou "digo-te"?
– O quê?
– Digo-te que você...
– O "te" e o "você" não combinam.
– Lhe digo.
– Também não. O que você ia me dizer?
– Que você tá sendo grosseiro, pedante e chato. E que vou te partir a cara. Lhe partir a cara. Partir a sua cara. Como é que se diz?
– Partir-te a cara.
– Pois é. Partir-la hei, se você não parar de me corrigir. Ou corrigir-me.
– É para o seu bem.
– Dispenso as suas correções. Vê se esquece-me. Falo como bem entender. Mais uma correção e eu...
– O quê?
– O mato.
– Que mato?
– Mato-o. Mato-lhe. Matar-lhe-ei-te. Ouviu bem?
– Eu só estava querendo...
– Pois esqueça-o e para-te. Pronome no lugar certo é para elitismo.
– Se você prefere falar errado...
– Falo como todo mundo fala. O importante é me entenderem. Ou entenderem-me?
– No caso... Não sei.
– Ah, não sabes? Não o sabes? Sabes-lo não?

968 A Gramática para Concursos Públicos • Fernando Pestana

– Esquece.
– Não. Como "esquece", ou "esqueça"? Ilumine-me. Mo diga. Ensines-lo-me. Vamos.
– Depende.
– Depende. Perfeito. Não o sabes. Ensinar-me-lo-ias se o soubesse, mas não sabes-o.
– Está bem, está bem. Desculpe. Fale como quiser.
– Agradeço-lhe a permissão para falar errado que me dás. Mas não posso mais dizer-lo-te o que dizer-te-ia.
– Por quê?
– Porque, com todo esse papo, esqueci-lo.

(Luis Fernando Veríssimo. ***Novas comédias da vida pública –
a versão dos afogados***. Porto Alegre: L&PM, 1997.)

1. **Pode-se afirmar da leitura do texto que:**
   a) o conteúdo da conversa que se desejava ter só chegou a se concretizar porque entraram numa discussão linguística sobre regras pronominais.
   b) o objetivo principal do primeiro enunciador era provocar uma discussão linguística relativa a pronomes, por isso iniciou a frase com próclise.
   c) a desavença foi motivada inicialmente pela correção no emprego do pronome, e não na sua colocação, pois o corretor aponta para a posição do pronome.
   d) um dos interlocutores reflete uma visão mais liberal sobre o uso da língua, por isso não demonstra dúvidas ao longo do diálogo, apenas ironias.
   e) aquele que corrige demonstra segurança na maioria dos apontamentos normativos sobre o emprego do pronome oblíquo átono.

Comentário: (A) Não chegou a se concretizar, pois, antes de começar, o primeiro enunciador foi interrompido pelo outro, corrigindo sua fala. (B) Nada no texto permite a inferência de que a intenção do primeiro enunciador era provocar uma discussão linguística. (C) A correção tem a ver não com o emprego do pronome, e sim com a posição (colocação) do pronome, tanto que ele corrige de próclise ("Me disseram") para ênclise ("Disseram-me"). (D) Tanto um quanto o outro, em algum momento do diálogo, demonstram dúvida sobre o emprego normativo do pronome oblíquo átono. (E) Eis o gabarito! Não se pode dizer que quem corrige demonstra total segurança em seus apontamentos, pois, em determinado momento do papo, ele diz "No caso... Não sei", o que prova que ele demonstra segurança na maioria das correções, e não em todas. **Gabarito:** E.

2. **Aponte a única reescritura gramaticalmente correta dos segmentos retirados do texto:**
   a) "E te digo mais..." > "E digo-te mais..."
   b) "E que vou te partir a cara" > "E que vou-te partir a cara"
   c) "Partir-la hei" > "Partí-la-ei"
   d) "mas não sabes-o" > "mas não sabe-lo"
   e) "o que dizer-te-ia" > "o que diria-te"

Comentário: (A) Eis o gabarito!!! A colocação pronominal é facultativa quando o verbo vem antecedido de conjunção coordenativa aditiva, por isso está correta a reescritura. (B) Em locuções verbais antecedidas de palavra atrativa, a ênclise ao verbo auxiliar é proibida, logo só é possível três colocações: "que te vou partir", "que vou te partir" ou "que vou partir-te". (C) A mesóclise (colocação do pronome no meio do verbo) ocorre quando o verbo está no futuro do presente ou no futuro do pretérito, logo "parti-la-ei" é a forma correta; observe que o que torna errada a reescritura é o acento agudo em "partí", pois não existe a regra de oxítona acentuada terminada em "i". (D) Apesar de verbos terminados em "r", "s", "z" seguidos de "o", "a", "os", "as" terem suas últimas consoantes eliminadas, e os pronomes oblíquos átonos virarem "lo", "la", "los", "las" ("sabe-lo"), a ênclise será proibida quando houver uma palavra atrativa antes do verbo, implicando próclise obrigatória; logo, o certo é "mas não o sabes". (E) Nunca ocorre ênclise com verbo no futuro. Nunca! **Gabarito:** A.

3. **Sobre o segmento "Agradeço-lhe a permissão para falar errado que me dás", afirma-se incorretamente que:**
   a) O verbo "agradecer" é bitransitivo, por isso "a permissão para falar errado que me dás" é objeto direto e o "lhe" é objeto indireto.
   b) O pronome "lhe" refere-se ao interlocutor do enunciador da frase acima, e não a uma terceira pessoa.
   c) Se a expressão "para falar errado" for deslocada para depois de "dás", não vai haver necessidade de emprego de vírgula, no entanto o sentido original será alterado.
   d) O vocábulo "errado", devido ao contexto empregado, sofreu derivação imprópria, pois sua classificação morfológica original mudou, em virtude de relacionar-se com o verbo "falar".
   e) Há erro claro de uniformidade de tratamento, haja vista que a forma verbal "dás" não mantém simetria com o outro elemento de interlocução ("lhe").

Comentário: (A) A afirmação é autoexplicativa. (B) O "lhe" equivale a "a você", por isso a afirmação é correta. (C) Eis o gabarito! A afirmação sobre a vírgula procede. Não obstante, com a mudança de posição do complemento nominal "para falar errado", o sentido não é alterado. Compare a reescrita proposta com o texto original: "Agradeço-lhe a permissão que me dás para falar errado". (D) Em condições normais de temperatura e pressão, o vocábulo "errado" é um adjetivo (objetivo errado, intenção errada, objetivos errados, intenções erradas). No entanto, por relacionar-se com o verbo "falar", torna-se contextualmente um advérbio de modo: "falar errado" equivale a "falar erradamente", "falar de modo errado". (E) A forma verbal "dás" é de 2ª pessoa do singular e o "lhe" é um pronome de 3ª pessoa, logo falta à frase uniformidade de tratamento. Para a frase ficar 100%, é preciso reescrevê-la assim: "Agradeço-lhe (a você) a permissão para falar errado que (você) me dá". **Gabarito:** C.

Texto: Círculo Vicioso

Bailando no ar, gemia inquieto vagalume:
"Quem me dera que eu fosse aquela loira estrela
Que arde no eterno azul, como uma eterna vela!"
Mas a estrela, fitando a lua, com ciúme:

"Pudesse eu copiar-te o transparente lume,
Que, da grega coluna à gótica janela,
Contemplou, suspirosa, a fronte amada e bela"
Mas a lua, fitando o sol com azedume:

"Mísera! Tivesse eu aquela enorme, aquela
Claridade imortal, que toda a luz resume"!
Mas o sol, inclinando a rútila capela:

Pesa-me esta brilhante auréola de nume...
Enfara-me esta luz e desmedida umbela...
Por que não nasci eu um simples vagalume?"...

(Machado de Assis)

4. **Levando em conta o texto, o título do poema se justifica**
   a) porque a grama do vizinho é sempre mais verde que a nossa.
   b) porque o vagalume inveja uma estrela, que inveja a lua, que inveja o sol, que inveja o vagalume.

970 A Gramática para Concursos Públicos • Fernando Pestana

c) pois ilustra as relações humanas envolvendo cobiça e invídia.
d) uma vez que demonstra, alegoricamente, a inerente insatisfação humana.
e) porquanto explicita a cíclica condição humana de desejar o que não se tem.

Comentário: A afirmação da letra B é autoexplicativa, pois resume o texto apontando para a noção contida no título ("círculo vicioso"). **Gabarito:** B.

5. **Marque a única afirmação incorreta sobre os elementos linguísticos do texto.**
   a) Em "Bailando no ar, gemia inquieto vagalume", há três encontros vocálicos e três dígrafos.
   b) Em "<u>Por que</u> não nasci eu um simples vagalume?", o emprego do termo destacado foi corretamente empregado por Machado de Assis, pois é uma locução adverbial interrogativa de causa substituível por "Por qual razão".
   c) O segmento "da grega coluna à gótica janela" apresenta um caso obrigatório de crase: "da X à Y". Se não houvesse artigo junto com a preposição "de", não haveria crase: "de X a Y".
   d) O trecho "Enfara-me esta luz e desmedida umbela" poderia ser reescrito, sem desvio gramatical e sem alteração de sentido, assim: Esta luz e este grandioso enfeite me entediam.
   e) Os vocábulos "inquieto", "claridade" e "imortal" foram formados pelo mesmo processo de formação de palavras: derivação.

Comentário: (A) Os três encontros vocálicos são: ditongo "ai" (de bailando), hiato "ia" (de gemia) e hiato "ie" (de inquieto). Os três dígrafos são: dígrafo vocálico "an" (de bailando), dígrafo vocálico "in" (de inquieto) e dígrafo consonantal "qu" (de inquieto). (B) Afirmação autoexplicativa. (C) Afirmação autoexplicativa. (D) Eis o gabarito! O erro está em substituir "umbela" por "enfeite", pois são palavras de significados diferentes. No texto, a palavra "umbela" reitera o argumento contido no verso anterior, quando o sol diz que é um fardo para ele a "brilhante auréola de nume", ou seja, o "posto de divindade" que ele carrega consigo (não é por nada que muitos povos adoravam o sol como um deus). A "umbela" usada no poema teria função semelhante à "umbela" literal, com todo o simbolismo envolvendo uma aura de santidade, pois originalmente tal palavra designava um artefato de madeira enfeitada com tecidos decorativos, geralmente franjado ao redor, utilizado para proteger ou cobrir o sacerdote durante o translado do Santíssimo Sacramento, de um altar para outro. (E) A palavra "inquieto" é formada por derivação prefixal; "claridade", por derivação sufixal; e "imortal", por derivação prefixal e sufixal. **Gabarito:** D.

6. **Aponte o comentário correto sobre os termos destacados em "Quem me <u>dera</u> que eu fosse <u>aquela</u> loira estrela / <u>Que</u> arde no eterno <u>azul</u>, como <u>uma eterna vela</u>!".**
   a) A forma verbal "dera" tem valor contextual volitivo, empregado com o mesmo sentido de "deu", sendo, portanto, intercambiáveis.
   b) O pronome demonstrativo "aquela" tem valor catafórico, pois se refere a "estrela", termo mencionado mais à frente no texto.
   c) À semelhança do primeiro "que", o "que" destacado é um pronome relativo, pois retoma o substantivo anterior: "estrela".
   d) O adjetivo "azul" tem valor qualificador, caracterizando o substantivo "eterno".
   e) O termo "uma eterna vela" exerce função de sujeito na oração em que se encontra.

Comentário: (A) De fato, a forma verbal "dera" tem sentido volitivo, pois contextualmente indica desejo, no entanto a forma verbal "deu" não tem essa mesma ideia, logo não são intercambiáveis. (B) Um termo de valor catafórico é aquele que se refere a um termo ou ideia mencionados posteriormente (dentro do texto), o que não é o caso, uma vez que "aquela" tem valor dêitico, pois quem usa esse pronome é o vagalume, apontando para a estrela (algo fora do texto dele) – isto é, "estrela" é um elemento que, <u>na fala dele</u>, não foi mencionado posteriormente, logo "aquela"

Capítulo 38 • Simulado da Banca CQIP **971**

não foi usado com valor catafórico. (C) O primeiro "que" é uma conjunção integrante, pois introduz uma oração subordinada substantiva (*bizu* para identificar a conjunção integrante: "Quem me dera ISSO"). O segundo "que" é, de fato, um pronome relativo, pois retoma o substantivo anterior: "estrela". (D) A palavra "azul" é usada metonimicamente em lugar da palavra "céu", logo "azul" não qualifica eterno, e sim é um designador; por sua vez, "eterno" é que cumpre papel adjetivo (ou seja, "o eterno azul" seria algo como "o extenso céu"). (E) Eis o gabarito! Observe que "como" é uma conjunção comparativa, que compara a estrela que brilha (arde) no céu a uma vela. Normalmente o verbo da oração subordinada adverbial comparativa vem implícito. Logo, a frase original diz o seguinte: "... que arde no eterno azul, como uma eterna vela (arde)". Aí fica claro que "uma eterna vela" exerce função de sujeito. **Gabarito:** E.

Texto: A importância do livro

O livro é de fundamental importância para o desenvolvimento das sociedades e para o crescimento intelectual do indivíduo, pois é ele que permite ao ser humano registrar fatos importantes da sua história e repassá-los às sociedades posteriores, atuando como vetor do conhecimento.

Após a invenção da escrita, o avanço intelectual que o ser humano teve foi notável. Afinal, foi a partir dela que se pôde catalogar e compartilhar as suas descobertas, dando origem ao que chamamos de livro. Os hebreus, por exemplo, a partir de um conjunto de livros conhecido como Pentateuco, formaram as bases do cristianismo ocidental. Além desses, os escritos fenícios contribuíram para as técnicas de navegação atual. Já os gregos deixaram um legado político e filosófico. Tudo isso só foi possível graças ao conjunto de obras escritas e organizadas em livros, favorecendo as civilizações posteriores.

É desta forma que a humanidade evolui: cada geração acrescenta e registra uma descoberta que será passada para a próxima geração. Além da importância diacrônica de levar o conhecimento de geração a geração, o livro tem uma importância sincrônica fundamental na disseminação do saber, ainda mais com o avanço das novas tecnologias e plataformas de leitura. É o acesso a tudo isso que promove o crescimento intelectual, possibilitando nossa ascensão sociocultural.

Sendo assim, o livro é (senão o principal) um dos principais responsáveis pela sociedade construída até então. O livro é o motor da sociedade civilizada. É graças a ele que todas as áreas do saber evoluem a cada geração, a qual, por sua vez, evolui proporcionalmente, produzindo mais e mais livros.

(Adaptado de <http://vestibuler.blogspot.com.br/2009/05/importancia-do-livro-na-sociedade-atual.html>.)

7. **Sobre o parágrafo introdutório, aponte a afirmação correta.**
   a) A conjunção "pois" pode ser substituída por qualquer uma das seguintes: porque, porquanto, visto que, já que, posto que, uma vez que.
   b) Sem que implicasse prejuízo gramatical, o verbo "registrar" poderia assumir sua forma plural (registrarem) para concordar por atração com "fatos importantes".
   c) O elemento coesivo "los" retoma anaforicamente "ser humano"; só está no plural devido à silepse de número.
   d) O pronome relativo "que", com função de sujeito da forma verbal "permite", retoma o pronome reto "ele".
   e) As características do parágrafo apontam para o seguinte modo de organização discursiva: dissertação argumentativa.

Comentário: (A) De todas as conjunções, a única que não pode ser causal é "posto que", pois é uma locução conjuntiva concessiva, segundo a tradição gramatical. (B) O termo "fatos importantes" é o objeto direto do verbo "registrar", logo é impossível que o verbo concorde com esse termo. (C) O pronome "los" retoma claramente o segmento "fatos importantes"; não tem nada a ver com silepse de número (isso foi só uma cortina de fumaça para lhe induzir ao erro). (D) O "que" não é um pronome relativo, e sim parte da expressão expletiva formada pelo "verbo ser +

972 A Gramática para Concursos Públicos • Fernando Pestana

que". Elimine essa expressão da frase para perceber que é apenas uma expressão expletiva e que nada tem a ver com pronome relativo: "... pois ele permite ao ser humano...". (E) Eis o gabarito! Observe que o objetivo do parágrafo é apresentar uma tese que será sustentada por argumentos, visando à defesa de um ponto de vista, à abordagem persuasiva de um tema. **Gabarito:** E.

8. **Sobre o segundo parágrafo, só não se pode afirmar que:**
   a) o autor teve como objetivo expor argumentos em defesa da tese usando as estratégias argumentativas da exemplificação com alusão histórica e testemunho de autoridade.
   b) a vírgula empregada no primeiro período é obrigatória por separar adjunto adverbial de grande extensão.
   c) o verbo chamar, no segundo período, por ter sentido de classificar ou nomear, exige um objeto direto, representado pelo pronome relativo "que", e um predicativo do objeto, representado pelo termo "de livro".
   d) a oração reduzida "favorecendo as civilizações posteriores" poderia ser corretamente desenvolvida assim: que favoreceu as civilizações posteriores.
   e) a expressão "graças a" tem valor prepositivo equivalente a "por causa de", e não a "a despeito de".

Comentário: (A) Eis o gabarito! A afirmação estaria plenamente correta se não fosse pela informação de que se usou a estratégia argumentativa de "testemunho de autoridade" (não há referência a nenhuma autoridade). (B) A afirmação é autoexplicativa. (C) A afirmação é autoexplicativa. (D) Como a oração é adjetiva explicativa reduzida de gerúndio, basta desenvolvê-la usando um pronome relativo e conjugando o verbo, em concordância com a expressão retomada "o conjunto de obras escritas e organizadas em livros". (E) Tanto "graças a" quanto "por causa de" são locuções com valor semântico causal, diferentemente de "a despeito de", que tem valor concessivo. **Gabarito:** A.

9. **Levando em conta o terceiro parágrafo, aponte a afirmação gramaticalmente correta.**
   a) Se a oração "que será passada para a próxima geração" for antecedida de vírgula, vai haver alteração semântica e prejuízo gramatical.
   b) A perífrase verbal "será passada" sinaliza que o verbo está na voz passiva, em que o agente da ação verbal vem retomado pelo relativo "que".
   c) O segmento que vem após os dois-pontos tem o papel de explicitar o conteúdo da oração anterior a esse sinal de pontuação.
   d) O adjetivo composto "sociocultural" deveria ser escrito por hífen, pois o acordo ortográfico vigente prevê uma separação entre vocábulo que termina em vogal seguido de vocábulo que se inicia por consoante.
   e) Os segmentos destacados em "importância sincrônica fundamental <u>na disseminação</u> <u>do saber</u>, ainda mais com o avanço das novas tecnologias e plataformas <u>de leitura</u>" são classificados sintaticamente como complementos nominais.

Comentário: (A) Com o uso da vírgula antes da oração subordinada adjetiva, ela deixará de ser restritiva e se tornará adjetiva explicativa. Com isso, haverá alteração de sentido, mas não haverá erro gramatical. (B) O pronome relativo, com função de sujeito, retoma um termo de valor paciente; afinal, se o verbo está na voz passiva analítica (ser + particípio: será passada), o sujeito só pode ser paciente, e não agente. (C) Eis o gabarito! Note que a oração antes dos dois-pontos apresenta a ideia de que a humanidade evolui de uma determinada forma, e essa forma é justamente esclarecida com a oração, à semelhança de um aposto, após os dois-pontos. (D) Exceto em raros casos, o acordo ortográfico vigente não prevê uma separação entre vocábulo que termina em vogal seguido de vocábulo que se inicia por consoante, logo "sociocultural" não tem hífen. (E) O termo "na disseminação" é complemento nominal do substantivo "importância", pois no contexto esse substantivo exige esse complemento, iniciado pela preposição "em"; o termo "do saber" é, por sua vez, complemento nominal do substantivo "disseminação" (note o valor

Capítulo 38 • Simulado da Banca CQIP **973**

passivo do complemento nominal: disseminação do saber > o saber é disseminado); por fim, "de leitura" é adjunto adnominal de "plataformas", pois esse substantivo é concreto. **Gabarito:** C.

10. Podem-se fazer as seguintes afirmações corretas a respeito do último parágrafo, exceto:

   a) Os parênteses podem ser substituídos por travessões sem que isso implique alteração morfossintática.

   b) Diferentemente de como é usado na frase "Estudei, então passei", o "então" que finaliza o primeiro período é um advérbio de tempo.

   c) O artigo definido "as" em "todas as áreas do saber" não poderia ser suprimido, pois, se vier um substantivo depois do pronome indefinido "todos(as)", o artigo antes dele será obrigatório.

   d) A expressão conectora "sendo assim" tem papel coesivo sequenciador, pois liga um parágrafo a outro, estabelecendo uma relação de causalidade.

   e) O último parágrafo é caracterizado predominantemente pela função da linguagem chamada de referencial, pois se centra no referente (no assunto em si), mesmo que haja a figura de linguagem metáfora no segmento "O livro é o motor da sociedade civilizada", pois se comparam elementos de naturezas distintas (livro = motor).

Comentário: (A) Qualquer segmento intercalado na frase pode ser substituído por travessões ou parênteses. (B) O "então" equivale a "este momento", logo é um advérbio de tempo, diferentemente do primeiro "então", que é uma conjunção conclusiva, equivalente a "portanto". (C) A afirmação é autoexplicativa. (D) Eis o gabarito! Na verdade, indica conclusão/desfecho, e não causa. Afinal, introduz o último parágrafo do texto, em que se concluem as ideias dele. (E) A afirmação é autoexplicativa. **Gabarito:** D.

> **Papo de amigo:** Se você gabaritou este simulado, você tem chance de gabaritar qualquer prova. Se acertou mais de seis, mandou bem, mas não entre na zona de conforto. Se acertou menos de seis questões, estude mais um pouco e *bola pra frente*! Enfim, treino duro, luta fácil! Heeeey!!!!

CAPÍTULO 39
RAIO-X DAS BANCAS

Abaixo seguem os perfis das **principais** bancas de concursos públicos. É claro que não há o perfil de todas, pois existem "milhões" de bancas diferentes. À medida que o perfil de novas bancas for traçado por mim, atualizarei este capítulo nas próximas edições.

Vale dizer que a esmagadora maioria das bancas consideradas de "pequeno porte", que não tiveram seu perfil abordado aqui, são muito semelhantes às bancas Cesgranrio, Vunesp e Consulplan. Logo, por mais que a banca do seu concurso não esteja discriminada neste capítulo, muito provavelmente ela se assemelha a essas três bancas mencionadas. Fechado?

Então, aproveite as informações a seguir e otimize seus estudos, para ter cada vez mais foco! *Simbora!*

Perfil da AOCP

Antes de tudo, vale dizer que o perfil das bancas Instituto AOCP e AOCP Concursos é extremamente semelhante. Logo, estudar uma ou outra banca dá no mesmo. Por isso, pus os perfis delas como um só. Aproveite!

1) Interpretação

Como se pôde observar, as bancas demonstram predileção por textos dissertativos longos, os quais defendem uma tese com base em estudos e pesquisas. Em cerca de dez questões, a média é de duas questões só de interpretação. Estude o capítulo 34.

2) Fonologia, acentuação, ortografia e semântica

Desses assuntos, Acentuação e Semântica são os mais recorrentes; quase sempre cai uma questão na prova. Em Acentuação, saiba todas as regras principais; em Semântica, aumente seu vocabulário, pois a banca adora sinônimos (e fatos e dificuldades da língua culta). Sobre Fonologia, estude dígrafos, encontros vocálicos (raramente cai algo além disso). Em Ortografia, vale estudar o emprego das letras S, C, Ç, X, Z. Estude os capítulos 1 a 4.

3) Estrutura e processo de formação de palavras; identificação de classes gramaticais

Estude derivação e composição, em Processo de formação de palavras. Mas saiba que o que mais cai é a Identificação de classes gramaticais: você precisa saber identificá-las, sobretudo o vocábulo "que", o qual é comumente um pronome relativo ou uma conjunção integrante ou uma preposição acidental (depois não diga que não avisei). Estude o capítulo 6 e os capítulos 7 a 16 (principalmente a parte de Identificação das classes).

4) Verbo e Pronome

Sobre Verbo, estude os tempos e modos verbais (identificação, sobretudo) e voz verbal; sobre Pronome, estude os pronomes pessoais e os relativos. Dominando isso, terá mais de 90% de chance de acertar uma questão sobre essas duas classes gramaticais gigantes. Estude os capítulos 11 e 12.

5) Análise sintática

Estou para ver uma prova dessas bancas sem trabalhar Análise sintática. É incrível. Elas adoram! Pode cair de tudo: funções sintáticas diversas e classificação de orações. Estude os capítulos 17 a 24.

6) Pontuação e concordância

Dois assuntos meio fracos na banca AOCP Concursos, sabia? Concordância, então... nem se fala! Galho fraco. Saiba o básico. Sobre Pontuação, estude vírgulas. Sobre o Instituto AOCP, a coisa muda de figura... Em relação à Pontuação, a vírgula depois dos adjuntos adverbiais deslocados foi o assunto mais recorrente, seguida pela separação de termos de mesma função sintática e de orações coordenadas assindéticas. Isso não significa que outros empregos da vírgula, como em expressões de valor explicativo, elipse verbal e diante de conjunções adversativas, não tenham aparecido. Além do emprego da vírgula, foi bastante cobrado o emprego das aspas, seguido pelo dos dois-pontos. As questões também abordaram o uso do travessão, dos parênteses e das reticências. Quando o assunto é Concordância, a concordância verbal ganhou em disparado. Dentro da concordância verbal, o sujeito simples foi predominante, com destaque para temas específicos, como o acento diferencial no verbo "ter" (3ª pessoa do plural no presente do indicativo), além do verbo "haver" na forma impessoal e da construção "a maioria de". Estude os capítulos 27 e 28.

7) Regência e crase

Regência é galho fraco, mas é preciso saber as regências dos principais verbos, que foi o que mais caiu (para isso, recomendo o aplicativo *Regência Verbal para Concursos*); é preciso saber regência para auxiliar em Crase, que cai com relativa frequência. Estude os capítulos 29 e 30.

8) Coesão e figuras de linguagem

Coesão cai sempre! Decore as conjunções, sobretudo as adversativas, conclusivas, explicativas, integrantes, causais, concessivas e condicionais! Nem pense em não decorar! O seu cargo público depende disso! Por favor, confie em mim!!! Figuras de linguagem é galho fraco; basta fazer as questões comentadas deste livro para dominá-las. Estude os capítulos 32 e 35.

9) Reescritura e questões híbridas

As bancas não trabalham tantas questões de reescritura, mas trabalham sempre uma (ou mais) questão híbrida, isto é, uma questão que trabalha vários conceitos gramaticais diferentes, como pontuação, regência, concordância, colocação pronominal etc.! Estude, principalmente, os capítulos 36 a 38.

Para fazer um curso de questões comentadas desta banca, entre no meu site: www.portuguescompestana.com.br.

Perfil do Idecan

A prova trabalha cerca de 40% de interpretação e textualidade (devore os capítulos 34 e 35); os outros 60% são diluídos nos tópicos abaixo.

1) Interpretação

A banca trabalha textos de diferentes tipos e gêneros, portanto esteja preparado para textos dissertativos, narrativos, injuntivos; tirinhas, charges, crônicas, artigos de opinião etc. Caem 3 questões por prova, em média. Estude o capítulo 34.

2) Textualidade

Tipologia textual, gênero textual, intertextualidade, linguagem verbal e não verbal, estratégias argumentativas, modalização... Tudo isso cai, portanto devore os capítulos 34 e 35 e a parte de Valor Discursivo nos capítulos 7 a 16.

3) Questão híbrida

As questões híbridas e as de reescritura podem trabalhar tudo de gramática, sobretudo identificação e emprego de classes gramaticais (principalmente, pronome, conjunção e verbo), análise sintática dos termos da oração, pontuação, concordância, regência, crase, coesão.

4) Coesão (referencial e sequencial)

Só digo uma coisa: estude tudo do capítulo 35 e a parte de Valor Discursivo nos capítulos 7 a 16.

5) Análise sintática

Cai muito mais questão de período simples, portanto estude bem os capítulos 19 a 21, mas não deixe de estudar os capítulos 22 a 24.

6) Pontuação

A esmagadora maioria das questões são sobre vírgula. A banca costuma ser tradicional nisso. Estude também aspas e dois-pontos, com carinho. Consulte o capítulo 27 para esta missão.

7) Reescritura

O que eu disse sobre "questões híbridas" vale aqui também. É bem frequente questões de reescritura.

8) Ortografia e Acentuação

Estude bem mais acentuação e hífen, pois é o que realmente cai. A banca curte as novidades (não tão novas assim) do não tão Novo Acordo Ortográfico. Estude os capítulos 2 (sobretudo!) e 3 (bem de leve).

9) Semântica

A banca adora trabalhar sinonímia, denotação x conotação, ambiguidade, mudança de posição de vocábulos alterando o sentido. Consulte o capítulo 4 e o capítulo 8 na parte de Valor Discursivo.

10) Verbo

Estude, sobretudo, correlação verbal, identificação de tempos e modos, voz verbal, imperativo e uniformidade de tratamento. Veja o capítulo 12.

11) Crase

Apesar de não cair muito, estude tudo do capítulo 30.

12) Identificação das 10 classes gramaticais

Apesar de não cair muito, fixe seus olhos na parte de Identificação dos capítulos 7 a 16.

13) Figuras de linguagem

Não cai muito, mas é preciso saber as figuras mais básicas (faça os exercícios do capítulo 32).

14) Funções morfossintáticas do "se" e do "que"

Sempre cai uma questãozinha de "se" pronome reflexivo, apassivador, indeterminador do sujeito. Sobre o "que", principalmente saiba a distinção entre pronome relativo e conjunção integrante. Devore o capítulo 31.

978 A Gramática para Concursos Públicos • Fernando Pestana

15) Colocação pronominal, concordância verbal, funções da linguagem, fonologia (nem sempre o edital traz este assunto)

Galhos fraquíssimos!!! Caem pouquíssimas questões!!! Tudo muito básico!!! Mas dê uma olhadela, respectivamente, nos capítulos 11, 28, 33 e 1, pois vai que...

> **Para fazer um curso de questões comentadas desta banca, entre no meu site:** www.portuguescompestana.com.br.

Perfil da Consulplan

1) Fonologia, ortografia, acentuação e semântica

Fonologia: conceitos básicos (normalmente em cima de dígrafos, encontros vocálicos e consonantais); é mais frequente em provas de nível fundamental e médio. Ortografia: emprego de letras e certas expressões que geram dificuldade na língua escrita; é mais frequente em provas de nível fundamental e médio. Acentuação: regras básicas; é mais frequente em provas de nível fundamental e médio. Semântica: em geral, sinônimos, antônimos, denotação e conotação. Sugiro que estude os capítulos de 1 a 4 desta gramática.

2) Formação e classes de palavras

A banca trabalha não só em cima de algumas questões de estrutura e processo de formação de palavras, mas também (principalmente) de identificação e características básicas das classes gramaticais em geral. No entanto, fique de olho em verbo (emprego de tempos e modos verbais) e pronome (emprego e colocação dos pessoais, demonstrativos e relativos, principalmente). Sugiro que estude os capítulos 5 a 16 e 31 desta gramática, dando foco aos pontos mencionados anteriormente.

3) Análise sintática

A banca trabalha, com pouca recorrência, questões diversas de análise sintática dos períodos simples e composto. Sugiro que estude os capítulos 17 a 24 desta gramática.

4) Pontuação e concordância

A banca trabalha, principalmente, questões de vírgula, aspas, travessões e parênteses; com pouca recorrência, porém, trabalha os casos básicos de concordância verbal. Sugiro que estude os capítulos 27 e 28 desta gramática.

5) Regência e crase

Tanto regência (verbal) quanto crase costumam ser trabalhadas pela banca em cima de casos básicos. Por isso, sugiro que estude os capítulos 29 e 30 desta gramática.

6) Coesão e coerência

A banca adora trabalhar coesão referencial (função textual dos pronomes, principalmente) e coesão sequencial (função textual das conjunções, principalmente). Sugiro que estude muito os capítulos 11 (valor discursivo), 15 (tudo!!!) e 35 desta gramática.

7) Reescritura e correção

A banca trabalha muito pouco esse tipo de assunto, mas, quando o faz, procura trabalhar em cima de assuntos gramaticais variados relativos ao emprego correto da língua culta. Sugiro que estude os capítulos 36 e 37 desta gramática.

8) Interpretação, textualidade e funções da linguagem

A banca trabalha questões de interpretação, facilmente respondidas por meio de uma leitura atenta do texto. Além disso, no que tange à textualidade, ela trabalha em cima de tipos de texto,

Capítulo 39 • Raio-X das Bancas **979**

gêneros textuais e características textuais, seja em linguagem verbal, seja em não verbal. Sobre funções da linguagem, é bem pouco frequente a banca criar questões sobre funções referencial, metalinguística, conativa, emotiva, poética e fática. Sugiro que estude os capítulos 33 e 34 desta gramática.

> **Para fazer um curso de questões comentadas desta banca, entre no meu site:** www.portuguescompestana.com.br.

Perfil do IBFC

1) Acentuação, ortografia, semântica e linguagem figurada
A banca gosta de trabalhar esse assunto, principalmente em cima das mudanças do Acordo Ortográfico, mas não é tão frequente. No entanto, há muitas de semântica (sobretudo, sinônimos) e de linguagem figurada (denotação, conotação e algumas figuras, como metáfora, metonímia, personificação, ironia, hipérbole, sinestesia etc.). Sugiro que estude os capítulos 2, 3, 4 e 32 desta gramática.

2) Formação e classes de palavras
A banca trabalha, principalmente, questões de estrutura e processo de formação de palavras, e de identificação e características básicas das classes gramaticais em geral. No entanto, fique de olho em verbo (emprego de tempos e modos verbais) e pronome (emprego e colocação dos pessoais, demonstrativos e relativos, principalmente). Em colocação, a banca não considera facultativa diante de sujeito explícito. Sugiro que estude os capítulos 5 a 16 desta gramática, dando foco às informações anteriores.

3) Análise sintática
A banca trabalha questões diversas de análise sintática dos períodos simples e composto. Tomar cuidado com o verbo "querer" (Ele quer estudar; para a banca, não forma locução verbal). Sugiro que estude os capítulos 17 a 24 desta gramática.

4) Pontuação e concordância
A banca trabalha questões de vírgula (principalmente) e de casos básicos de concordância verbal. Cai pouco, desde 2014. Sugiro que estude os capítulos 27 e 28 desta gramática.

5) Regência e crase
A banca trabalha, principalmente, questões de regência verbal (em cima de verbos clássicos) e de crase. Cai pouco, desde 2014. Sugiro que estude os capítulos 29 e 30 desta gramática.

6) Coesão e coerência
A banca trabalha coesão referencial (função textual dos pronomes, principalmente) e coesão sequencial (função textual das conjunções, principalmente). Sugiro que estude o capítulo 11 (valor discursivo), estude muito o 15 (tudo!!!) e o 35 desta gramática.

7) Emprego correto da língua culta e variação linguística
A banca trabalha muito pouco esse tipo de assunto, mas, quando o faz, procura trabalhar em cima de assuntos gramaticais variados relativos ao emprego correto da língua culta. Sobre variação linguística, basicamente a banca trabalha a diferença entre textos formais (norma culta) e informais (norma coloquial). Sugiro que estude os capítulos 36 e 37 desta gramática.

8) Interpretação, textualidade e funções da linguagem
A banca trabalha questões de interpretação, facilmente respondidas por meio de uma leitura atenta do texto. Além disso, no que tange à textualidade, ela trabalha em cima de

980 A Gramática para Concursos Públicos • Fernando Pestana

tipos de texto, gêneros textuais e características textuais, seja em linguagem verbal, seja em não verbal. Sobre funções da linguagem, é muito raro a banca criar questões sobre funções referencial, metalinguística, conativa, emotiva, poética e fática. Sugiro que estude os capítulos 33 e 34 desta gramática.

Para fazer um curso de questões comentadas desta banca, entre no meu site: www.portuguescompestana.com.br.

Perfil da Vunesp

1) Interpretação: a banca trabalha com textos dissertativos e narrativos, em sua maioria crônicas, artigos de opinião e quadrinhos. O nível delas é fácil e representa no máximo 30% da prova.

2) Regras básicas de acentuação gráfica e de ortografia (cai pouco); capítulos 2 e 3 desta gramática.

3) Denotação e conotação, sinônimos, antônimos, homônimos, parônimos, fatos da língua culta (uso dos porquês, mal *x* mau, mais *x* mas, acerca de *x* há cerca de *x* cerca de, há *x* a...); capítulo 4 desta gramática.

4) Pronomes pessoais, demonstrativos e relativos são os que mais caem; capítulo 11 desta gramática.

5) Sobre verbos, estude conjugação verbal (principalmente os verbos a seguir e seus derivados: pôr, vir, ter, ver) e emprego de tempos e modos verbais; capítulo 12 desta gramática.

6) Preposição (valores semânticos) e conjunção (estude tudo!); capítulos 14 e 15 desta gramática.

7) Pontuação (casos básicos de vírgula, principalmente); capítulo 27 desta gramática.

8) Concordância verbal e nominal (estude os casos mais comuns); capítulo 28 desta gramática.

10) Regência (estude os principais verbos); capítulo 29 desta gramática.

11) Crase (casos básicos, inclusive os proibitivos); capítulo 30 desta gramática.

12) Coesão (estude coesão referencial [uso de pronomes para retomada de termos, principalmente] e sequencial [uso de conjunções e seus valores semânticos, principalmente]); capítulo 35 desta gramática.

Para fazer um curso de questões comentadas desta banca, entre no meu site: www.portuguescompestana.com.br.

Perfil da Cesgranrio

O que estudar?

1) Regras básicas de acentuação gráfica e de ortografia (emprego de letras); capítulos 2 e 3 desta gramática.

2) Denotação e conotação, sinônimos, homônimos e parônimos; capítulo 4 desta gramática.

3) Identificação de certas classes gramaticais, principalmente o adjetivo e o substantivo (estude também processo de substantivação [derivação imprópria]); capítulos 7 e 8 desta gramática.

4) Pronomes pessoais, demonstrativos e relativos são os que mais caem; capítulo 11 desta gramática.

Capítulo 39 • Raio-X das Bancas

5) Sobre verbo, estude conjugação verbal (principalmente os verbos a seguir e seus derivados: pôr, vir, ter, ver), estude voz verbal, particípio duplo; capítulo 12 desta gramática.

6) Conjunção (estude tudo!); capítulo 15 desta gramática.

7) Sintaxe básica dos períodos simples e composto (não cai muito, mas é bom saber identificar, principalmente, as mais comuns funções sintáticas do período simples); capítulos 19 a 24 desta gramática.

8) Pontuação (casos básicos de vírgula, principalmente); capítulo 27 desta gramática.

9) Concordância (estude os casos mais comuns); capítulo 28 desta gramática.

10) Regência (estude os principais verbos); capítulo 29 desta gramática.

11) Crase (casos básicos); capítulo 30 desta gramática.

12) Vale a pena estudar as funções do "que" (conjunção integrante e pronome relativo, principalmente) e do "se" (partícula apassivadora e partícula de indeterminação do sujeito, principalmente); capítulo 31 desta gramática.

13) Coesão (estude coesão referencial [uso de pronomes para retomada de termos, principalmente] e sequencial [uso de conjunções e seus valores semânticos, principalmente]); capítulo 35 desta gramática.

14) As questões de interpretação são normalmente tranquilas e poucas (30%) em comparação com as de gramática (70%); capítulo 34 desta gramática.

Para fazer um curso de questões comentadas desta banca, entre no meu site: www.portuguescompestana.com.br.

Perfil da FGV

1) Os textos da FGV têm que perfil?

Normalmente são artigos de opinião, textos didáticos, textos publicitários, textos informativos, textos preditivos, crônicas, charges, quadrinhos, portanto domine as características desses gêneros textuais!!!

2) Quais são os assuntos encontrados nas provas da FGV?

1º lugar disparado: Questão de interpretação de texto e/ou análise textual (textualidade: tipologia e gêneros);

2º lugar: Questão de semântica (sentido de vocábulos, intertextualidade, modalização, ambiguidade, linguagem figurada);

3º lugar: Questão de reescritura e correção (envolvendo conectivos ou orações reduzidas para desenvolvidas);

4º lugar: Questão de coesão (normalmente conjunções e termos anafóricos, catafóricos ou dêiticos);

5º lugar: Questão de verbo (emprego de tempos e modos, voz verbal, conjugação, uniformidade de tratamento);

6º lugar: Questão de sintaxe (normalmente diferença entre CN e ADN ou orações subordinadas);

7º lugar: Questão híbrida (assuntos diversos numa mesma questão);

8º lugar: Questão de reconhecimento, emprego e/ou colocação de classes gramaticais (principalmente de pronomes pessoais, indefinidos, relativos, substantivos, **adjetivos [esta classe vem caindo muito!]**, advérbios e preposições);

9º lugar: Questão de estrutura e/ou processo de formação de palavras;
10º lugar: Questão de registro/variação linguístico(a);
11º lugar: Questão de pontuação;
12º lugar: Questão de concordância;
13º lugar: Questão de regência e crase;
14º lugar: Questão de ortografia e/ou acentuação;
15º lugar: Questão de palavra "que".

3) Qual é o nível das questões?
Difícil: 30%
Médio: 40%
Fácil: 30%
Obviamente esta análise varia, pois depende do grau de conhecimento de cada candidato.

4) A FGV tende a seguir a linha gramatical de que gramático(s)?
Pelo que pude perceber em minhas pesquisas, a FGV trabalha conceitos gramaticais praticamente unânimes entre os gramáticos.

5) A FGV é infalível na formulação de suas questões?
Não. Já encontrei muitas questões mal formuladas e passíveis de anulação, durante minhas pesquisas, mas raramente a banca anula alguma.

6) O que estudar para as provas da FGV?
Se eu fosse você, estudaria esses assuntos com muuuuuuita vontade:

- Interpretação de texto e/ou análise textual (textualidade: tipologia e gêneros) – capítulo 34 desta gramática;
- Reescritura (manutenção de sentido) – capítulos 36 e 37 desta gramática;
- Semântica (significação de palavras) – capítulo 4 desta gramática;
- Pontuação (vírgula) – capítulo 27 desta gramática;
- Coesão (normalmente conjunções e termos anafóricos, catafóricos e dêiticos) – capítulos 11, 15 e 35 desta gramática;
- Adjetivo (principalmente valor discursivo e adjetivo de relação), verbo (voz verbal e emprego de tempos e modos verbais), pronome (pessoais, demonstrativos e relativos) – respectivamente, capítulos 8, 12 e 11 desta gramática;
- Sintaxe (normalmente diferença entre CN e ADN ou orações subordinadas) – capítulos 19 a 24 desta gramática;
- Estrutura e processo de formação de palavras (prefixos e derivação) – capítulo 6 desta gramática.

> **Para fazer um curso de questões comentadas desta banca, entre no meu site:** www.portuguescompestana.com.br.

Perfil da FCC

1) Compreensão e interpretação de textos
A maioria dos textos são dissertativo-argumentativos ou narrativos (crônicas), por isso é importante saber todas as características desses tipos/gêneros textuais. Cerca de 40% da prova trabalha interpretação, muitas vezes de nível pesado. Por isso recomendo que faça as de gramá-

Capítulo 39 • Raio-X das Bancas **983**

tica primeiro, para não perder tempo lendo texto e refletindo/interpretando. Veja o capítulo 34 desta gramática.

2) Acentuação, ortografia e semântica

Cai pouco na FCC. Normalmente a banca trabalha em cima de algumas expressões que geram dificuldade na escrita (por que, por quê, porque, porquê; senão, se não; há, a; a cerca de, há cerca de, acerca de...). Também não é novidade para ninguém que ela trabalha o emprego de certas letras (x/ch, s/ss/z/ç...). Sobre semântica, fique de olho em expressões sinônimas, pois a banca adora trocar palavras por outras, muitas vezes incomuns (leia muito para melhorar seu vocabulário!). Veja os capítulos 3 e 4 desta gramática. É preciso saber todas as regras de acentuação, mas cai pouco nas provas dessa banca. Veja o capítulo 2 desta gramática.

3) Flexão nominal e verbal

Cai pouquíssimo, OK?! A banca trabalha em cima do plural de substantivos e adjetivos compostos e em cima da conjugação verbal de alguns verbos, como: ser, ir, haver, reaver, pôr (e derivados), vir (e derivados), ver, fazer, caber, valer, sortir, surtir, requerer, precaver, verbos terminados em -iar e -ear. Veja os capítulos 7, 8 e 12 desta gramática.

4) Pronomes: emprego, colocação e formas de tratamento

É preciso saber bem como usar os pronomes pessoais oblíquos átonos no lugar de substantivos e a colocação deles. Correndo por fora, é preciso saber o uso dos pronomes relativos, principalmente o "que" e o "cujo". Veja o capítulo 11 desta gramática.

5) Emprego e correlação de tempos e modos verbais, e vozes verbais

A banca trabalha muito a identificação dos tempos e modos verbais (o pretérito imperfeito do indicativo é o queridinho da banca). Além disso, sugiro que estude "correlação verbal"! Quanto a vozes verbais, é preciso saber fazer a transposição da voz ativa para a passiva, e vice-versa, e a transposição da voz passiva analítica para a passiva sintética, e vice-versa. Veja o capítulo 12 desta gramática.

6) Sintaxe da oração e do período

É importante saber identificar os principais termos sintáticos (essenciais, integrantes e acessórios) e estudar predicação/transitividade verbal. Veja os capítulos 19 a 21 desta gramática.

7) Pontuação

É preciso conhecer as principais regras de vírgula, ponto e vírgula, dois-pontos, travessão e parênteses. Veja o capítulo 27 desta gramática.

8) Concordância nominal e verbal

Não caem todos os casos de concordância, só os mais conhecidos. Trabalha-se muito a inversão do sujeito, a partícula apassivadora, sujeitos oracionais, a concordância com o antecedente do pronome relativo e os casos de dupla concordância (principalmente com sujeito coletivo/ partitivo seguido de especificador no plural). Não se esqueça de estudar de leve a concordância do verbo "ser" e dos adjetivos. Veja o capítulo 28 desta gramática.

9) Regência nominal e verbal

É galho fraco na FCC, mas é preciso entender o conceito de regência para acertar as questões de crase e as questões de complemento verbal, que são frequentes. Veja o capítulo 29 desta gramática.

10) Emprego do sinal indicativo de crase

É preciso dominar o conceito básico de crase e as regras mais básicas. Veja o capítulo 30 desta gramática.

11) Coesão e coerência

984 A Gramática para Concursos Públicos • Fernando Pestana

É preciso dominar principalmente as conjunções e seus valores semânticos diversos; dê uma olhada em preposições e locuções prepositivas de leve. Além disso, é bom estudar o papel coesivo dos pronomes. Veja os capítulos 11, 14 e 15 desta gramática.

12) Reescritura e correção (reconhecimento de frases corretas e incorretas)

Cai muito! Numa questão disso, a banca coloca cinco frases para você analisar gramaticalmente (nessa brincadeira, é preciso dominar todos os tópicos gramaticais já mencionados). Qual está certa e qual está errada? Este é o objetivo desse tipo de questão (normalmente são as duas últimas da prova). Veja os capítulos 36, 37 e 38 desta gramática.

13) Questões híbridas

Em concursos "pesados", a banca gosta de trabalhar questões que apresentam assuntos gramaticais diferentes a cada alternativa. Por exemplo, na letra A, ela cobra coesão; na B, pontuação; na C, concordância; na D, verbo; na E, crase. Veja os capítulos 36 e 38 desta gramática.

> **Para fazer um curso de questões comentadas desta banca, entre no meu site:** www.portuguescompestana.com.br.

Perfil do Cespe/UnB

A maioria das provas de língua portuguesa elaboradas pela banca Cespe/UnB apresentam cerca de 50% de questões de gramática, portanto é muito importante dominar esse assunto.

Muitos pensam que é necessário saber tudo de gramática, mas isso não é verdade. No entanto, é necessário dominar os tópicos gramaticais que aparecem frequentemente.

Os assuntos mais recorrentes são (relativos à gramática, e não à redação oficial – trata-se de um manual facilmente baixado na Internet, por ser de domínio público):

1) coesão referencial e sequencial;

2) ortografia;

3) acentuação gráfica;

4) semântica;

5) pronome;

6) verbo;

7) sintaxe;

8) pontuação;

9) concordância;

10) regência e crase;

11) partículas "que" e "se";

12) reescritura e correção gramatical.

Muitos pensam que esses tópicos gramaticais devem ser estudados na íntegra, mas isso também não é verdade. Há vários subtópicos a cada tópico. Por isso, para que o estudo fique bem focado, o que se deve estudar é isto:

1) é preciso estudar como os substantivos, pronomes pessoais, possessivos, demonstrativos e relativos estabelecem a coesão referencial; já a coesão sequencial é estabelecida por meio de preposições e conjunções (ter em mente todas as conjunções é megaimportante!!!)... veja o capítulo 35 desta gramática;

Capítulo 39 • Raio-X das Bancas **985**

2) é preciso estudar aquelas expressões que geram dificuldades na grafia: por que, porque, por quê, porquê; cerca de, a cerca de, há cerca de; mal, mau; há, a?... veja o capítulo 4 desta gramática;

3) é preciso estudar as regras das paroxítonas, das proparoxítonas e dos hiatos tônicos, principalmente... veja o capítulo 2 desta gramática;

4) é preciso ter em mente os conceitos de denotação, conotação e sinonímia... veja o capítulo 4 desta gramática;

5) é preciso estudar o emprego dos pronomes relativos, pronomes pessoais oblíquos e a colocação desses pronomes... veja o capítulo 11 desta gramática;

6) é preciso estudar o emprego dos tempos e modos verbais, correlação verbal, transposição de voz verbal, locução verbal/tempo composto... veja o capítulo 12 desta gramática;

7) é preciso saber identificar os termos essenciais, integrantes e acessórios da oração, além das orações coordenadas e subordinadas... veja os capítulos 19 a 24 desta gramática;

8) é preciso conhecer as regras básicas de vírgula, ponto e vírgula, travessões, parênteses e dois-pontos... veja o capítulo 27 desta gramática;

9) é preciso conhecer as regras básicas de concordância verbal e de concordância nominal... veja o capítulo 28 desta gramática;

10) é preciso apenas entender o conceito de regência, pois quase não se trabalham as regências específicas dos verbos; é preciso conhecer as regras básicas de crase... veja os capítulos 29 e 30 desta gramática;

11) é preciso dominar o uso de "que" como conjunção integrante e pronome relativo, e o uso de "se" como partícula apassivadora e partícula de indeterminação do sujeito, principalmente... veja o capítulo 31 desta gramática;

12) em uma questão, a banca cobra do candidato o conhecimento de várias regras gramaticais: ortografia, acentuação, pontuação, concordância, regência, crase, colocação pronominal... veja os capítulos 36 a 38 desta gramática.

> **Para fazer um curso de questões comentadas desta banca, entre no meu site:** www.portuguescompestana.com.br.

Perfil da Esaf

Antes de mais nada, preciso dizer que, se esta for a sua banca escolhida, sugiro que adquira meu livro de provas comentadas *Quebrando a Banca – Português – Esaf* (disponível pelo *site:* http://www.grupogen.com.br/portugues-esaf).

Assuntos gramaticais frequentes:
- Interpretação de texto (30% da prova, no máximo) – capítulo 34 desta gramática;
- Questão de coesão referencial ou sequencial – capítulos 11, 15 e 35 desta gramática;
- Questão de ordenação textual – capítulo 35 desta gramática;
- Questão só de concordância – capítulo 28 desta gramática;
- Questão só de regência e crase – capítulos 29 e 30 desta gramática;
- Questão só de pontuação – capítulo 27 desta gramática;
- Questão só de paráfrase (reescritura com correção gramatical) – capítulos 36 e 37 desta gramática;
- Questão só de verbo – capítulo 12 desta gramática;

- Questão só de semântica – capítulo 4 desta gramática;
- Questão híbrida*
- Questão de reconhecimento de frases corretas e incorretas* – capítulos 36 e 38 desta gramática;
- Questão de continuidade textual com coerência (com ou sem preenchimento de lacunas)* – capítulo 35 desta gramática;

* Tais questões tratam desses assuntos, distribuídos pelas alternativas (em forma de assertiva, de texto ou de frase), em que se julga a (in)correção gramatical: emprego de tempos e modos verbais, transposição de voz verbal, correlação verbal, conjugação verbal, ortografia, acentuação, coesão sequencial e referencial (conjunções, preposições, pronomes pessoais, demonstrativos e relativos, elipse), funções do "se", regência, crase, pontuação, transformação de oração reduzida para desenvolvida e vice-versa, colocação pronominal, semântica e concordância.

Regras/conceitos frequentes em cada assunto gramatical:
- Questão de interpretação de texto: basta ler o texto com calma e atenção, as respostas são encontradas facilmente no próprio texto;
- Questão híbrida: os assuntos mais cobrados nesse tipo de questão estão no asterisco acima (em uma opção, a banca cobra vários conceitos gramaticais);
- Questão de coesão referencial ou sequencial: é preciso perceber o valor coesivo dos pronomes pessoais, demonstrativos e relativos e conhecer o valor semântico das conjunções e preposições (normalmente adversativas, conclusivas, explicativas, causais, condicionais, concessivas e temporais);
- Questão de reconhecimento de frases corretas e incorretas: os assuntos mais cobrados nesse tipo de questão estão no asterisco acima;
- Questão de continuidade textual com coerência (com ou sem preenchimento de lacunas): os assuntos mais cobrados nesse tipo de questão estão no asterisco acima;
- Questão de ordenação textual: é preciso perceber a relação entre as partes que compõem sequencialmente o texto, por isso dominar o uso coesivo de pronomes demonstrativos, palavras sinônimas e conjunções é muito importante;
- Questão só de concordância: verbo concordando com sujeito posposto, verbo concordando com sujeito separado por expressão intercalada, verbo concordando com antecedente do pronome relativo "que", verbo concordando com sujeito oracional, verbo acompanhado de partícula apassivadora;
- Questão só de regência e crase: conhecimentos básicos;
- Questão só de pontuação: é preciso saber as regras de vírgula, ponto e vírgula e travessão;
- Questão só de paráfrase (reescritura com correção gramatical): trabalham-se expressões sinônimas;
- Questão só de verbo: é preciso saber emprego de tempos e modos verbais (principalmente a correspondência entre tempos simples e compostos), transposição de voz verbal, correlação verbal básica, flexão verbal;
- Questão só de semântica: uso de palavras sinônimas.

> **Para fazer um curso de questões comentadas desta banca, entre no meu site:** www.portuguescompestana.com.br.

Momento Mister M

O que um professor faz para saber o perfil duma banca?

Muitas vezes o concurseiro fica de boca aberta quando ouve o professor falando, com tamanho grau de conhecimento, sobre determinada banca. Mas... como VOCÊ pode saber o mesmo que um professor acerca de uma banca? Simples. Eis o momento MISTER M:

1) Selecione todas as provas anteriores dos últimos dois anos da banca-alvo.

2) Pegue o sumário de um livro especializado em concursos de uma matéria (o sumário desta gramática, por exemplo).

3) Analise questão por questão de cada prova e vá encaixando as questões nos assuntos do sumário. Por exemplo, quando você estiver diante de uma prova com 10 questões, separe--as por assunto: interpretação de texto (3), semântica (2), acentuação (1), conjunção (1), concordância (1), crase (1), colocação pronominal (1).

4) Depois de fazer isso com todas as provas selecionadas, some todas as questões separadas por assunto (estatística).

5) Agora, entenda uma coisa: você pode encaixar uma questão de verbo no conjunto "verbo", mas ela ser sobre voz verbal, ou emprego de tempos e modos verbais, ou correlação verbal, ou conjugação verbal... Enfim, existem subassuntos dentro dos assuntos, o que significa que você vai ter de filtrar o que já filtrou, para tornar a análise da banca ainda mais destilada e precisa.

6) Depois de fazer o filtro do filtro, você estará diante do perfil da banca.

– Ah, Pestana, mas eu vou ter que fazer isso com todas as matérias?

Se você quiser ter um estudo 100% focado no que você realmente deve estudar para chegar 100% focado no dia da prova, sim. Sem "mimimi", hein! Selva é selva!

Informações superimportantes: não pense que as dicas acima substituirão o professor; sempre existirão professores sensacionais facilitando o aprendizado por meio de videoaulas, PDFs ou aulas presenciais; não pense que comprar um curso on-line é jogar dinheiro fora, pois não é mesmo (afinal, o professor sempre saberá mais do que você, pois ele estuda uma matéria apenas, e você estuda umas 10 matérias diferentes)!

Portanto, o segredo é (momento *merchan*):

1) traçar o perfil da banca;

2) estudar focado com *A Gramática para Concursos Públicos*;

3) fazer bilhões de questões, comentadas por algum especialista no assunto estudado (pode ser o Pestana mesmo...);

4) fazer um curso (*on-line*) teórico, ou de questões, no meu *site*: www.portuguescompestana.com.br.

Agora é com você!
Muito sucesso!

CAPÍTULO 40
QUESTÕES MAL FORMULADAS E POLÊMICAS GRAMATICAIS

Questões Mal Formuladas

Por incrível que pareça, todos os anos são produzidas dezenas de questões mal formuladas pelas bancas. Algumas delas até são anuladas, mas **injustamente tantas outras não são**.

"Pestana, por que as bancas não anulam as questões mal formuladas?" Só Deus sabe a resposta a essa pergunta... Mas me responda uma coisa:

Você acha certo ser eliminado de um concurso público por causa de uma questão que deveria ter sido anulada por estar mal formulada (erro de conceito, erro de enunciado, gabarito errado etc.)?

Certamente que não! É um cenário bizarro de arbitrariedades, que lesam a vida de inúmeros concurseiros... anualmente.

Os que me seguem nas redes sociais sabem que eu bato nessa tecla há muito tempo e sabem que eu nunca me furtei a expor as arbitrariedades das bancas – elas quase nunca apresentam justificativa para a manutenção do gabarito oficial e, quando o fazem, muitas vezes cometem equívocos surreais nas justificativas toscas de indeferimento de recursos.

O mais "louco" é que esse problema seria minimizado ou solucionado com **duas medidas simples** por parte das bancas:

1) se quiserem trabalhar teorias e classificações gramaticais não unânimes ou não majoritárias entre os gramáticos da língua portuguesa em suas questões, PONHAM REFERÊNCIA BIBLIOGRÁFICA NOS EDITAIS para que professores e alunos tenham um parâmetro muito bem definido para a sua preparação;

2) se não quiserem pôr referência bibliográfica nos editais, simplesmente NÃO TRABALHEM TEORIAS E CLASSIFICAÇÕES GRAMATICAIS DIVERGENTES – *se ficar evidenciada alguma lição gramatical não majoritária entre os gramáticos, que procedam, de maneira honesta, à anulação da questão.*

Dito isso, vou mostrar a você só três questões (de centenas existentes no meu arquivo pessoal) que ilustram esse grave problema na vida dos concurseiros, que gastam dinheiro, tempo e lágrimas visando a um cargo público... e são lesados pelos erros das bancas:

990 A Gramática para Concursos Públicos • Fernando Pestana

FCC – ALESE – TÉCNICO LEGISLATIVO (APOIO TÉCNICO-ADMINISTRATIVO) – 2018
Embora controverso, na maioria dos festivais de cinema, é conferido o prêmio do público. Enquanto alguns enaltecem <u>o prêmio do público</u>, há aqueles que consideram <u>o prêmio do público</u> pouco representativo da qualidade de um filme; outros, ainda, interpretam <u>o prêmio do público</u> como mera estratégia mercadológica.
– Os elementos sublinhados acima podem ser substituídos, respectivamente, por:
- (A) lhe enaltecem – consideram-no – o interpretam
- (B) enaltecem-no – o consideram – interpretam-no
- (C) enaltecem-no – lhe consideram – lhe interpretam
- (D) o enaltecem – consideram-lhe – interpretam-lhe
- (E) enaltecem-lhe – consideram-no – interpretam-lhe

Comentário: O gabarito oficial foi B, o que é um absurdo, pois os gramáticos consagrados ensinam que a próclise é obrigatória diante de pronome indefinido: "Enquanto *alguns o* enaltecem...". Soma-se a isso a lição de que a próclise é recomendada em orações subordinadas (por sinal a própria FCC tem esse entendimento: para confirmar, consulte uma questão dessa banca no capítulo 11, em Colocação Pronominal, Próclise, número 3, dentro do quadro). A letra D está errada, pois não se usa "lhe" como complemento de verbos transitivos diretos, como "considerar" e "interpretar". Por falta de opção correta, a banca tinha de haver anulado a questão, mas... adivinha?

CESPE/CEBRASPE – PREFEITURA DE SÃO LUÍS/MA – TÉCNICO MUNICIPAL (NÍVEL MÉDIO) – 2017
*Tinha chegado o tempo da colheita, era uma manhã risonha, e bela, como o rosto de um infante, entretanto eu tinha um peso enorme no coração. Sim, eu estava triste, e não sabia **a que atribuir** minha tristeza. Era a primeira vez que me afligia tão incompreensível pesar. Minha filha sorria para mim, era ela gentilzinha, e em sua inocência semelhava um anjo. Desgraçada de mim! Deixei-a nos braços de minha mãe e **fui-me** à roça **colher** milho. Ah! Nunca mais devia eu vê-la... (...) Foi embalde que supliquei, em nome de minha filha, que me restituíssem a liberdade: os bárbaros **sorriam-se** das minhas lágrimas e me olhavam sem compaixão. Julguei enlouquecer, julguei morrer, mas não me foi possível... a sorte me reservava ainda longos caminhos. (...) É horrível **lembrar** que criaturas humanas tratem a seus semelhantes assim e que não lhes doa a consciência de levá-los à sepultura, asfixiados e famintos.*
Maria Firmina dos Reis. *Úrsula*. Florianópolis: Ed. Mulheres, 2004, p. 116-7 (com adaptações).
A correção gramatical do texto seria prejudicada caso fosse
- (A) empregado o sinal indicativo de crase no "a", em "a que atribuir".
- (B) inserido o vocábulo "de" logo após "lembrar".
- (C) inserido o vocábulo "para" imediatamente antes de "colher".
- (D) suprimido o pronome "me", em "fui-me".
- (E) suprimido o pronome "se", em "sorriam-se".

Comentário: Esta questão deveria ter sido anulada por haver duplo gabarito. O gabarito oficial foi a opção A; ninguém discorda disso. No entanto, a opção B também é o gabarito, pois há incorreção gramatical com o acréscimo da preposição "de" após "lembrar". Regência básica! Todos nós sabemos que o verbo "lembrar" só exige a preposição "de" se for pronominal ("lembrar-se"), como em "É horrível **lembrar-se de** que futuramente o Cespe vai criar outra questão mal formulada e não vai anular". Para saber mais a respeito da regência deste verbo, consulte o capítulo 29. Aproveito para sugerir a você que baixe meu aplicativo "Regência Verbal para Concursos". Você agora deve estar pensando: "Como pode a banca desconsiderar uma lição unânime da gramática normativa numa questão envolvendo correção gramatical?" Segue o baile...

FGV – IBGE – ANALISTA – PROCESSOS ADMINISTRATIVOS E DISCIPLINARES – 2016
"Havia um cego sentado numa calçada em Paris. A seus pés, um boné e um cartaz em madeira escrito com giz branco gritava: 'Por favor, ajude-me. Sou cego'".
A respeito dos componentes e do sentido desse segmento do texto, é correto afirmar que:
- (A) o cego gritava para ser ouvido pelos transeuntes;

Capítulo 40 • Questões Mal Formuladas e Polêmicas Gramaticais **991**

(B) as palavras gritadas pelo cego tentavam convencer o público que passava;
(C) as palavras do cartaz apelavam para a caridade religiosa das pessoas;
(D) a segunda frase do cartaz do cego funciona como consequência da primeira;
(E) o cartaz "gritava" porque o giz branco se destacava no fundo preto.

Comentário: Antes de mais nada, prepare-se para gargalhar! A opção E foi considerada o gabarito. Sim, foi isso mesmo! Kkkkkkk... Estou rindo de vergonha alheia. É ÓBVIO que a questão não tem resposta! Acompanhe: sobre (A) e (B), o cego não gritava, e sim o cartaz (conotativamente falando), porque as letras deviam ser bem grandes e bem evidentes, como se o cartaz gritasse – isso é uma figura de linguagem chamada de prosopopeia, uma extensão da linguagem metafórica, que atribui características humanas a seres não humanos; sobre a (C), o cartaz não faz alusão a nada de caráter religioso; sobre a (D), a segunda frase do cartaz ("Sou cego") é o motivo pelo qual o homem pede ajuda, logo não existe a mínima possibilidade de ser a consequência; sobre a (E), o texto diz que o giz estava escrito num cartaz de madeira, <u>mas nada diz sobre o fundo ser preto</u>; poderia ser de qualquer tonalidade que fizesse sobressair o giz branco. Enfim, é de rachar o bico... Imagine quantas pessoas não foram lesadas por causa duma piada!

Polêmicas Gramaticais

Ao longo de *A Gramática*, vimos várias polêmicas e divergências gramaticais – seja entre as bancas, seja entre os gramáticos. Infelizmente eu não tive muita opção quando decidi escrever minha gramática: ou escrevo um livro superficial, ou escrevo um livro que mostre a realidade dos fatos. E a realidade é cruel: as bancas não perdoam mais, elas vêm trabalhando cada vez mais minúcias. Por isso, ao longo de todo o livro, além de pôr questões superinteressantes dentro de cada conjunto de questões de concursos ao fim de cada capítulo (algumas antigas, mas ainda dentro da realidade do que se cobra em concursos pelo Brasil afora), eu faço questão de escrever no corpo do texto assim: "Consulte: Banca B – Órgão O – Cargo C – Ano A – Questão Q". Você percebeu isso? São quase 1.500 questões neste livro, com o intuito de não permitir uma ponta solta sequer. A ideia é fazer você ter uma fonte segura, que abrace todas as maldades possíveis e imagináveis que as bancas podem cometer, de modo que nada o surpreenda na hora H.

Vamos relembrar algumas? Importante: se rolar curiosidade ou dúvida na leitura dos pontos abaixo, não deixe de pesquisar os respectivos capítulos.

1) **Fonologia (capítulo 1)**
    - Em palavras como "praia" e "sereia", interpreta-se o encontro vocálico final ora como falso hiato, ora como dois ditongos ("glide").
    - Em palavras como "história" e "árduo", pode-se interpretar o encontro vocálico como ditongo ou hiato.

2) **Acentuação (capítulo 2)**
    - Devido à confusa redação do Acordo Ortográfico no que tange à regra de acentuação das oxítonas e das monossílabas tônicas, pode-se interpretar que as monossílabas tônicas são acentuadas pela mesma regra que as oxítonas, o que eu acho um absurdo! Já a maioria dos gramáticos, que sistematizam as regras de acentuação em suas gramáticas, separa esses dois grupos em duas regras distintas.

- Devido à pouca clareza do Acordo Ortográfico na sistematização da regra de acentuação das palavras paroxítonas, pode-se interpretar que paroxítonas com terminações diferentes pertencem a regras diferentes; por outro lado, pode-se interpretar que, independentemente da terminação das paroxítonas, todas seguem a mesma regra de acentuação.
- Paroxítonas terminadas em ditongo crescente podem ser interpretadas como proparoxítonas, o que significa que uma palavra como "colégio" pode receber acento com base na justificativa de duas regras (das paroxítonas ou das proparoxítonas).

3) Morfologia (capítulos 5 a 16)

- Interpreta-se o "o" de "menino" ora como vogal temática, ora como desinência de gênero.
- Em palavras formadas por acréscimo de prefixo e sufixo, como "transexualidade", interpreta-se que houve "derivação prefixal e sufixal" ou "derivação prefixal ou sufixal"; ainda, outras palavras, por falta de clareza nas gramáticas, como "desmatamento", dão margem a interpretações diferentes: "derivação parassintética" ou "derivação sufixal".
- Alguns interpretam "bi" como radical; outros, como prefixo. Os demais morfemas numéricos, como "tri", são sempre radicais.
- Palavras como "boteco" podem ser interpretadas como formadas por derivação regressiva nominal ou abreviação vocabular.
- O plural de substantivos compostos formados por "substantivo + substantivo", em que o segundo especifica o primeiro, pode ser interpretado de duas maneiras: pluraliza-se só o primeiro elemento ou ambos.
- O plural de substantivos compostos formados por "verbo + verbo" pode ser interpretado de duas maneiras: pluraliza-se só o segundo elemento ou ambos.
- Em frases como "Tenho muitos amigos, mas os que me ajudam são poucos", alguns estudiosos e bancas interpretam "o, a, os, as" – antes de pronome relativo "que" ou de preposição "de" – como artigos definidos; outros, como pronomes demonstrativos.
- Com o infinitivo flexionado precedido de preposição, alguns interpretam como correta só a próclise, outros entendem que é um caso facultativo de colocação.
- Alguns (poucos) entendem que pronomes demonstrativos são um fator de próclise; a maioria nada diz ou diz que é um caso facultativo de colocação.
- Quando não há palavra atrativa antes do verbo, alguns entendem que a ênclise é obrigatória, mas a maioria vê como caso facultativo de colocação pronominal.
- É facultativa a colocação pronominal após vírgula marcando intercalação, segundo a maioria dos gramáticos que tocam nesse ponto; alguns entendem que a ênclise é obrigatória; trata-se duma lacuna gigante na esmagadora maioria das gramáticas.
- A próclise ao verbo principal nas locuções verbais é polêmica; uns admitem, outros não.
- Alguns gramáticos ensinam que os demonstrativos "este(a/s), isto" não podem ser anafóricos (exceto quando acompanhados de "aquele[a/s], aquilo" na mesma frase), devendo-se usar "esse(a/s), isso"; outros ensinam que podem ser anafóricos, usados exatamente como "esse(a/s), isso".
- Antes do pronome relativo "que" (e não do "quem"), não se pode usar preposição com mais de uma sílaba, segundo a maioria dos gramáticos; a ínfima minoria ensina que se podem usar as preposições "contra", "para" e "sobre" antes desse relativo.

Capítulo 40 • Questões Mal Formuladas e Polêmicas Gramaticais **993**

- Em frases com "quem", como "Quem lê sabe mais" e "Quero saber quem está fazendo bagunça", esse pronome pode ser interpretado como "pronome indefinido (ou interrogativo)" ou como "pronome relativo indefinido (ou relativo sem antecedente)".
- Com o verbo "querer", pode-se interpretar "Quero passar na prova" como locução verbal ou dois verbos constituindo duas orações.
- Em voz verbal, alguns consideram como voz ativa a forma como o verbo se apresenta na frase, e outros consideram a forma como se apresenta e seu valor semântico. Por exemplo, em frases como "João nasceu em junho" ou "João tomou um soco", uns veem como voz ativa com verbo de sentido passivo; outros veem como ausência de voz.
- Segundo alguns, certos verbos transitivos indiretos podem ser transpostos para a voz passiva; segundo muitos, não se pode transpor verbo transitivo indireto para a voz passiva.
- Os verbos "emergir" e "imergir" são considerados como defectivos por alguns, mas por outros não; o mesmo vale para "adequar".
- Alguns ensinam que, além de modificarem verbo, adjetivo, outro advérbio ou uma oração inteira, os advérbios podem modificar substantivo, pronome, numeral etc.
- Alguns ensinam que os advérbios que modificam adjetivos só indicam intensidade; outros ensinam que podem indicar, nesse caso, circunstâncias diferentes, como modo ou meio.
- "Jamais" e "nunca" podem ser interpretados como advérbios de tempo ou de negação.
- Após o advérbio "talvez", alguns ensinam que o uso do modo indicativo é possível; outros (a maioria) ensinam que só se usa subjuntivo.
- Antes de particípios ou adjetivos, alguns consideram correta a forma "mais bem" ou "mais mal", "melhor" ou "pior", em frases como "Ela está mais bem vestida hoje" ("Ela está melhor vestida hoje"). A maioria vê como correta só a primeira construção.
- Alguns consideram como locução prepositiva a expressão formada por "advérbio + preposição" (perto de, longe de, dentro de, fora de...); outros (a minoria) veem não como locuções, e sim como advérbios seguidos de preposição, exigidas por eles.
- Alguns (a minoria) entendem que a conjunção "e", quando usada com valor adversativo, é uma conjunção adversativa, introduzindo oração adversativa.
- Após locuções conjuntivas concessivas, poucos admitem o uso de verbo no modo indicativo; a maioria ensina que o verbo tem de estar no subjuntivo.

4) **Sintaxe (capítulos 17 a 26)**
- Em construções típicas de voz passiva sintética, como "Vende-se casas", cuja concordância é condenada pela maioria, alguns a veem como correta, recebendo a seguinte justificativa: o verbo, na voz ativa, vem acompanhado de partícula de indeterminação do sujeito, e o termo que o segue (casas) é seu objeto direto.
- Segundo muitos, não se pode contrair preposição com artigo ou pronome que faz parte dum sujeito de verbo no infinitivo; segundo alguns, tanto faz haver ou não tal contração nesse caso: "Apesar do (ou de o) brasileiro acreditar na política...".
- Verbos que indicam deslocamento/movimento ou moradia, como "ir, chegar, voltar, morar, residir", podem ser interpretados como intransitivos ou como transitivos indiretos. Logo, a análise da frase "Ela chegou ao parque" pode ser feita de duas maneiras:

verbo intransitivo seguido de adjunto adverbial ou verbo transitivo indireto seguido de objeto indireto; há quem classifique "ao parque" como "complemento circunstancial" (sobre isto, nunca vi em concursos normais).

- Em frases com o verbo *ser* semelhantes a "São duas horas", segundo a maioria dos gramáticos, o verbo é de ligação seguido de predicativo do sujeito, mesmo não havendo sujeito; a minoria ínfima vê "duas horas" como adjunto adverbial ou sujeito.
- Em frases com locuções prepositivas formadas por "advérbio + preposição", como "Ele está perto da praia", alguns gramáticos veem "da praia" como complemento nominal, encarando "perto" como advérbio regencial; mas a maioria entende que só os advérbios terminados em "-mente" são regenciais, de modo que não haveria complemento nominal na frase, e sim um adjunto adverbial de lugar iniciado por locução prepositiva: "perto da praia".
- Os pronomes oblíquos átonos com valor possessivo podem ser interpretados como objeto indireto com valor possessivo ou como adjunto adnominal em frases como "Maria beijou-me o rosto".
- Com os verbos causativos e sensitivos + pronome oblíquo átono + infinitivo, há três análises sintáticas diferentes para o pronome: sujeito, objeto direto ou, ao mesmo tempo, sujeito e objeto direto.
- Alguns entendem que é facultativa a preposição antes de orações subordinadas substantivas objetivas indiretas e completivas nominais; a maioria não faz essa ressalva, de modo que inferimos ser, para esses, obrigatória sua presença.
- Na construção (e semelhantes) "Faz cinco meses que não viajo", interpreta-se o "que" como expletivo, conjunção subordinativa temporal ou conjunção integrante. Isso implica, obviamente, diferentes análises sintáticas.

5) **Pontuação (capítulo 27)**
- Em frases com objeto deslocado seguido de objeto pleonástico, como em "As explicações, eu as dei ao aluno", não há consenso (obrigatória, proibida ou facultativa).
- A vírgula antes do "e" ligando orações com sujeitos diferentes e marcando polissíndeto é vista como obrigatória por alguns estudiosos e, atualmente, mais como facultativa para outros.
- Conjunções adversativas ou conclusivas deslocadas são obrigatoriamente separadas por vírgula(s), segundo a maioria; a ínfima minoria dos gramáticos diz ser caso facultativo.
- Ao fim das orações adjetivas restritivas que têm longa extensão ou que apresentam o verbo da subordinada ao lado do da principal, pode-se usar uma vírgula (segundo alguns gramáticos), como em "Os que decididamente querem continuar a estudar, devem ser fortes"; a maioria não se posiciona a respeito disso, de modo que se criou uma virtual condenação a essa vírgula estilística.

6) **Concordância (capítulo 28)**
- Em sujeitos formados por numeral percentual ou fracionário seguidos de especificador, a regra de concordância é bem conflitante: uns ensinam que só se deve concordar com o núcleo; outros, com o especificador; ainda outros, com ambos, facultativamente.

Capítulo 40 • Questões Mal Formuladas e Polêmicas Gramaticais **995**

- A concordância do verbo com o sujeito composto de núcleos ligados pela conjunção "com" em construções com vírgula (*O técnico, com os jogadores, entrou no campo*) é conflitante: uns entendem que o plural do verbo também é possível; outros entendem que o singular é obrigatório.
- Se o sujeito composto é constituído de palavras sinônimas ou em gradação, alguns entendem que o verbo tem de ficar no singular, mas a maioria vê como caso facultativo (singular ou plural).
- Se o sujeito composto é constituído de "nem um nem outro", alguns entendem que o verbo tem de ficar no singular; outros, no plural; ainda outros (maioria), tanto faz.
- Se o sujeito composto é constituído de séries aditivas enfáticas ou conjunções correlativas aditivas, alguns entendem que o verbo tem de ficar no plural; já outros acham que é um caso facultativo.

7) **Regência e Crase (capítulo 29)**
- A maioria vê como incorretas construções com verbos de regências diferentes apresentando o mesmo complemento, como em "Gostei e publiquei a imagem", devendo ser "Gostei da imagem e publiquei-a"; outros (minoria) abonam ambas as construções.
- O verbo "assistir" (com o sentido de auxiliar) é só transitivo direto, como ensinam alguns; outros ensinam que pode ser transitivo direto ou indireto, facultativamente.
- Segundo poucos (minoria), o verbo "atender" é só transitivo direto quando seu complemento é "pessoa" e só transitivo indireto quando seu complemento é "coisa"; a maioria vê como transitivo direto ou transitivo indireto, sem ressalvas.
- Segundo a maioria, o verbo "implicar" (acarretar, provocar) é só transitivo direto; outros veem a possibilidade de ser também transitivo indireto.
- Segundo muitos, o verbo "visar" (com o sentido de almejar, objetivar) é transitivo direto ou transitivo indireto, mas alguns insistem em considerá-lo só transitivo indireto, nessa acepção.
- Alguns ensinam que o uso do acento grave é proibido em expressões de núcleo feminino indicando meio ou instrumento, como "à caneta", "à mão", "à vela", "à lenha", "à vista", etc., mas há muitos gramáticos consagrados que abonam o uso desse acento nesses casos.
- Alguns (maioria) ensinam que a locução "à distância" só recebe acento se vier especificada, mas outros entendem que o acento é empregado com ou sem especificação da distância.

<u>Palavra de cautela:</u> Tome muito cuidado com os **mitos gramaticais** que ensinam por aí. Há vários deles ensinados como a mais pura verdade gramatical. O problema é que esses mitos podem levar você ao buraco. Eis algumas *fake news*:
- "O adjetivo qualifica SEMPRE um substantivo."
- "Advérbio terminado em -<u>mente</u> SEMPRE indica modo."
- "Todas as classes gramaticais invariáveis são SEMPRE palavras atrativas."
- "A ênclise é SEMPRE obrigatória após vírgula."
- "Depois de vírgula, a próclise é PROIBIDA."
- "O advérbio <u>não</u> SEMPRE obriga a próclise."

- "NUNCA se usa este(a/s), isto com valor anafórico."
- "A construção para mim fazer está SEMPRE errada."
- "NUNCA ocorre crase antes de pronome indefinido."
- "Nome próprio não está sujeito às regras ortográficas."
- "SÓ se usa por quê em fim de frase."
- "Não se usa preposição com mais de uma sílaba antes do pronome relativo quem."
- "Pronome relativo SEMPRE exerce a mesma função sintática do termo que ele retoma."
- "Substantivo concreto SÓ representa aquilo que se pode ver/tocar."
- "SÓ se usa onde retomando lugar real/físico."
- "O predicativo do sujeito tem SEMPRE um adjetivo como núcleo."
- "O predicativo do sujeito SEMPRE vem ligado por um verbo de ligação ao seu sujeito."
- "Está SEMPRE errado usar mais bom/mais mau/mais grande/mais pequeno."
- "SÓ existem dois casos de sujeito indeterminado."
- "O verbo ser é SEMPRE um verbo de ligação."
- "NUNCA se usa vírgula depois de parêntese ou travessão."
- Etc. etc. etc.

Percebeu as palavras SEMPRE, NUNCA e SÓ. Elas são perigosas. Dão um ar de certeza, de tranquilidade, de zona de conforto, né? Pois é... O perigo é justamente esse! Enfim, se você já ouviu ou leu esses mitos em algum canto, por favor, delete-os da sua mente de uma vez por todas – afinal, Português não é Matemática. Combinado? Ouvi um amém?!

Ah! Posso lhe fazer um pedido de coração?

Seguinte... Caso queira conhecer mais casos assim, siga a hashtag **#fakenewsgramaticais** no meu Instagram **@profpest**. Lá eu explico em detalhes vários casos assim. Juro que vai valer muuuuuuito a pena!

BIBLIOGRAFIA

Saiba que esta bibliografia é cândida e honesta... Espero não ter esquecido alguém.

Ah! Recomendo que você adquira os três livros (**em azul**) que mudaram a minha vida!

ACADEMIA BRASILEIRA DE LETRAS. *Vocabulário ortográfico da língua portuguesa*. 5. ed. São Paulo: Global, 2009. (*Site*: http://www.academia.org.br/abl/cgi/cgilua.exe/sys/start.htm?sid=23)

ALI, M. S. *Dificuldades da língua portuguesa*. 5. ed. Rio de Janeiro: Livraria Acadêmica, 1957.

ALI, M. S. *Gramática elementar da língua portuguesa*. 9. ed. São Paulo: Melhoramentos, 1966.

ALI, M. S. *Gramática secundária da língua portuguesa*. 7. ed. São Paulo: Melhoramentos, 1966.

ALMEIDA, N. M. *Dicionário de questões vernáculas*. São Paulo: Caminho Suave, 1981.

ALMEIDA, N. M. *Gramática metódica da língua portuguesa*. 45. ed. São Paulo: Saraiva, 2005.

ANDRÉ, H. A. *Gramática ilustrada*. 2. ed. São Paulo: Moderna, 1982.

AZEREDO, J. C. *Gramática Houaiss da língua portuguesa*. 2. ed. São Paulo: Publifolha, 2008.

BAGNO, M. *Dramática da língua portuguesa*. São Paulo: Edições Loyola, 2000.

BAGNO, M. *Gramática pedagógica do português brasileiro*. 1. ed. São Paulo: Parábola, 2012.

BARRETO, M. *Novíssimos estudos da língua portuguesa*. 3. ed. Rio de Janeiro: Presença, 1980.

BASILIO, M. *Teoria lexical*. 8. ed. São Paulo: Ática, 2007.

BECHARA, E. *Moderna gramática da língua portuguesa*. 37. ed. Rio de Janeiro: Lucerna, 2003.

BECHARA, E. *Lições de português pela análise sintática*. 17. ed. Rio de Janeiro: Lucerna, 2005.

BECHARA, E. *Gramática escolar da língua portuguesa*. 1. ed. Rio de Janeiro: Lucerna, 2004.

BRANDÃO, C. *Sintaxe clássica portuguesa*. Belo Horizonte: Imprensa da Universidade de MG, 1963.

CÂMARA JR., J. M. *Dicionário de lingüística e gramática*. 18. ed. Rio de Janeiro: Vozes, 1997.

CÂMARA JR., J. M. *Estrutura da língua portuguesa*. Petrópolis: Vozes, 1970.

CAMPEDELLI, A. Y.; SOUZA, J. B. *Gramática do texto e texto da gramática.* São Paulo: Saraiva, 1999.

CASTILHO, A. T. *Gramática do português brasileiro.* 1. ed. São Paulo: Contexto, 2010.

CEGALLA, D. P. *Dicionário de dificuldades da língua portuguesa.* 1. ed. Rio de Janeiro: Lexicon; Porto Alegre/RS: L&PM, 2007.

CEGALLA, D. P. *Novíssima gramática da língua portuguesa.* 43. ed. São Paulo: Nacional, 2000.

CEREJA, W. R.; MAGALHÃES, T. C. *Gramática reflexiva*: texto, semântica e interação. São Paulo: Atual, 1999.

CRUZ, J. M. *Português prático: gramática.* 28. ed. São Paulo: Melhoramentos, 1959.

COSERIU, E. *Princípios de semántica estructural.* Madri: Gredos, 1977.

COSTA, J. M. *Manual de redação profissional.* Campinas: Millenium, 2002.

CUNHA, C.; CINTRA, L. *Nova gramática do português contemporâneo.* 3. ed. Rio de Janeiro: Lexicon, 2007.

DE NICOLA, J.; TERRA, Ernani. *1001 dúvidas de português.* 10. ed. São Paulo: Saraiva, 2000.

*DICIONÁRIO AULETE DIGITA*L. Disponível em: http://aulete.uol.com.br/.

DICIONÁRIO AURÉLIO ELETRÔNICO – SÉCULO XXI. Rio de Janeiro: Nova Fronteira e Lexicon Informática, 1999, CD-rom, versão 3.0.

DICIONÁRIO ELETRÔNICO HOUAISS DA LÍNGUA PORTUGUESA. Rio de Janeiro: Objetiva, 2001, CD-rom, versão 1.0, para Windows.

ELIA, H.; ELIA, S. *100 textos errados e corrigidos*: de acordo com a nova nomenclatura gramatical brasileira. 27. ed. Rio de Janeiro: Francisco Alves, 1985.

FARACO, C. E.; MOURA, F. M.; MARUXO, J. H. *Gramática.* 20. ed. São Paulo: Ática, 2006.

FERNANDES, F. *Dicionário de verbos e regimes.* 43. ed. Rio de Janeiro: Globo, 1999.

FERREIRA, M. *Aprender a praticar gramática.* São Paulo: FTD, 2003.

FIORIN, J. L.; SAVIOLI, F. P. *Lições de texto: leitura e redação.* 4. ed. São Paulo: Ática, 2001.

FIORIN, J. L.; SAVIOLI, F. P. *Para entender o texto: leitura e redação.* 2. ed. São Paulo: Ática, 1991.

GARCIA, O. M. *Comunicação em prosa moderna.* 14. ed. Rio de Janeiro: Fundação Getulio Vargas, 1988.

GÓIS, C. *Gramática expositiva primária.* 5. ed. Belo Horizonte: Oliveira, Costa, 1934.

HAUY, A. B. *Da necessidade de uma gramática-padrão da língua portuguesa.* São Paulo: Ática, 1983.

HENRIQUES, C. C. *Sintaxe portuguesa para a linguagem culta contemporânea:* teoria e prática. Rio de Janeiro: Oficina do Autor, 1997.

HENRIQUES, C. C. *Sintaxe: estudos descritivos da frase para o texto.* 3. ed. Rio de Janeiro: Elsevier, 2011.

ILARI, R.; GERALDI, J. W. *Semântica.* 2. ed. São Paulo: Ática, 1985.

INFANTE, U. *Curso de gramática aplicada aos textos.* São Paulo: Scipione, 2001.

KURY, A. G. *Novas lições de análise sintática.* 7. ed. São Paulo: Ática, 1997.

LEME, O. S. *Tirando dúvidas de português.* 2. ed. São Paulo: Ática, 1995.

LIMA, C. H. R. *Gramática normativa da língua portuguesa.* 35. ed. Rio de Janeiro: José Olympio, 2008.

LUFT, C. P. *A vírgula.* 2. ed. São Paulo: Ática, 1998.

LUFT, C. P. *Dicionário prático de regência nominal.* 4. ed. São Paulo: Ática, 2010.

LUFT, C. P. *Dicionário prático de regência verbal.* 3. ed. São Paulo: Ática, 2001.

LUFT, C. P. *Moderna gramática brasileira.* 1. ed. São Paulo: Globo, 2006.

MACIEL, Dr. M. *Grammatica descriptiva.* 5. ed. Rio de Janeiro: Francisco Alves, 1914.

MATEUS, M. H. M. et al. *Gramática da língua portuguesa.* 7. ed. Lisboa: Caminho, 2003.

MAURER JR., T. H. *O infinitivo flexionado português.* São Paulo: Nacional, 1968.

MELO, G. C. *Gramática fundamental da língua portuguesa.* Rio de Janeiro: Acadêmica, 1968.

NASCENTES, A. *Dicionário de dúvidas e dificuldades do idioma nacional.* 3. ed. Rio de Janeiro: Freitas Bastos, 1952.

NEVES, M. H. M. *Gramática de usos do português.* 1. ed. São Paulo: UNESP, 2000.

OITICICA, J. *Manual de análise léxica e sintática.* 10. ed. Rio de Janeiro: Paulo de Azevedo Ltda., 1953.

PEREIRA, E. C. *Gramática expositiva.* 101. ed. São Paulo: Nacional, 1957.

PERINI, M. A. *Gramática do português brasileiro.* São Paulo: Parábola, 2010.

RAPOSO, E. P.; NASCIMENTO M. F. B.; MOTA M. A. C.; SEGURA L.; MENDES A. *Gramática do português.* (v. 1, 2, 3). Lisboa: Fundação Calouste Gulbenkian, 2013-2020.

REIS, O. *Breviário da conjugação de verbos.* 38. ed. Rio de Janeiro: Francisco Alves, 1978.

RIBEIRO, J. *Grammatica portugueza.* 7. ed. São Paulo: N. Falcone & Comp., 1913 (1881).

SACCONI, L. A. *Não erre mais!* 4. ed. São Paulo: Moderna, 1979.

SACCONI, L. A. *Nossa gramática: teoria e prática.* São Paulo: Atual, 1999.

SAUSSURE, F. *Curso de linguística geral.* São Paulo: Cultrix & Edusp, 1969.

SILVEIRA BUENO, F. *Estudos de filologia portuguesa.* 6. ed. São Paulo: Saraiva, 1967.

SILVEIRA BUENO, F. *Antologia arcaica.* 2. ed. São Paulo: Saraiva, 1968.

SILVEIRA, S. *Lições de português.* 9. ed. Rio de Janeiro: Presença, 1983.

TERRA, E. *Curso prático de gramática.* 4. ed. São Paulo: Scipione, 2002.

TORRES, A. A. *Moderna gramática expositiva da língua portuguesa.* 14. ed. Rio de Janeiro: Fundo de Cultura, 1962.

ÍNDICE ALFABÉTICO-REMISSIVO

A

A baixo / abaixo, 81

A domicílio / em domicílio, 84

À medida que / na medida em que, 83

A par de / ao par de, 81

A princípio / em princípio, 82

Abreviação, 138, 142

  redução, 128

  vocabular, 135

Abreviaturas, 52

Acento

  agudo, 19

  circunflexo, 19

  gráfico, 20

  grave, 19, 61

  prosódico, 20

  tônico, 20

Acentuação, 934

  gráfica, 19, 61

Acerca de / há cerca de / (a) cerca de, 80

Acronímia, 69

Adjetivação, 186

Adjetivo(s), 183

  classificação, 187

  compostos, 191

  derivados regressivamente, 134

  formas estilísticas, 195

  linguística textual, 196

  ponto de vista

    morfológico, 183

    semântico, 183

    sintático, 183

  regra

    dos compostos, 192

    dos simples, 191

  valor discursivo, 196

  variação

    em gênero, 190

    em grau, 192

      comparativo, 192

      superlativo, 193

    em número, 191

Adjunto

  adnominal, 183, 559

    x adjunto adverbial, 572

    x agente da passiva, 561

    x aposto, 577

    x complemento nominal, 561

    x predicativo do sujeito e do objeto, 562

  adverbial, 570

    x adjunto adnominal, 572

    x agente da passiva, 574

    x objeto indireto, 573

    x predicativo do sujeito, 573

Advérbio(s), 22, 397

  asseverativos, 421

  assunto, 410

  causa, 408

  classificação dos, 402

  companhia, 410

  comparativo, 417

concessão, 409
condição, 409
conformidade, 409
consequência/conclusão, 414
de intensidade, 398
definição, 397
delimitadores, 422
do ponto de vista
morfológico, 397
semântico, 397
sintático, 398
dúvida, 407
e construção de sentido, 419
exclusão, 413
favor, 412
finalidade, 409
focalizadores, 423
formas estilísticas de grau dos, 418
identificação e particularidades, 399
inclusão, 413
instrumento, 410
intensidade, 407
linguística textual, 419
lugar, 406
matéria, 412
medida, 411
meio, 409
modalizadores, 421
modo, 403
ordem, 411
peso, 411
preço, 411
proporção, 412
quantidade, 411
quase asseverativos, 422
reciprocidade, 412
referência, 411
substituição, 412
tempo, 404
terminados em -mente, 400

valor(es)
anafórico, catafórico ou dêitico, 419
discursivo, 419
variação em grau, 417
Afim / a fim de, 80
Afixos, 112
Agente da passiva, 550
x adjunto adnominal, 561
x adjunto adverbial, 574
x complemento nominal, 552
Aglutinação, 137
Ainda, 420
Alfabeto, 38
Algarismos
arábicos, 227
romanos, 227
Aliteração, 830
Alomorfia, 103
Alusão, 73
Amálgama, 140
Ambiguidade, 70, 831
Anacoluto, 826
Anáfora, 271, 281, 827
Análise de um texto, 885
Anfibologia, 831
Antítese, 828
Antonímia, 63
frasal, 63
Antroponímia, 69
Ao nível de / em nível de, 82
AOCP, perfil da, 975
Aposto, 574
classificação do, 575
de uma oração, 576
distributivo, 576
enumerativo, 576
especificativo, 575

Índice Alfabético-Remissivo

1003

explicativo, 575

resumitivo/recapitulativo, 576

x adjunto adnominal, 577

x predicativo do sujeito, 578

x vocativo, 578

Apóstrofo, 20

Arcaísmo, 831

Artigo(s), 22, 205

classificação, 205

definição, 205

definido(s), 205, 209

identificação, 206

indefinido(s), 22, 205, 215

linguística textual, 216

valor discursivo, 216

versus

numeral, 209

preposição, 209

pronome

demonstrativo, 208

indefinido, 209

oblíquo átono, 208

Aspas, 685

Aspecto verbal, 306

cessativo, conclusivo, 307

cursivo, durativo, 307

durativo/cursivo, 306

genérico, universal, atemporal, 307

habitual/iterativo, 306

iminencial, 307

inceptivo, incoativo, 307

iterativo, frequentativo, reiterativo, 307

momentâneo, 306

permansivo (permanência), 307

pontual, 306

Assíndeto, 827

Assonância, 830

Aumentativo, 170

Axionímia, 69

B

Barbarismo, 832

Bibliônimos, 52

C

Ç, 41

Cacofonia, 832

Campo

lexical, 70

semântico, 70

Canal, 844

Catacrese, 825

Catáfora, 271

Causa e efeito, 877

Cedilha, 20

Cesgranrio, perfil da, 980

Cespe/UNB, perfil do, 984

Circunfixação, 131

Circunstâncias adverbiais

de afirmação, 402

de negação, 402

Citação, 72

Classes gramaticais, 935

Código, 844

Coerência, 903, 904

argumentativa, 911

de registro, 912

figurativa, 911

narrativa, 910

no nível de linguagem, 912

temporal, 911

Coesão, 903

recorrencial, 908

referencial, 905

sequencial, 907

Colisão, 832

Colocação pronominal, 247

1004 A Gramática para Concursos Públicos • Fernando Pestana

Com quanto / conquanto, 81

Com tudo / contudo, 82

Combinação(ões), 140, 142
  de figuras, 830
  de preposições, 436

Como, 280, 803

Comparação, 824, 877

Complemento nominal, 547
  x adjunto adnominal, 561
  x agente da passiva, 552
  x objeto indireto, 549

Composição
  por aglutinação, 137, 142
  por justaposição, 137, 142

Compreensão/interpretação de textos, 859

Comunicação, 843

Concordância, 699, 935
  do infinitivo, 715
  do parecer, 718
  do pronome com o substantivo, 727
  do sujeito oracional, 719
  dos verbos impessoais, 718
  nominal
    casos especiais de, 727
    com adjetivos, 724
  siléptica, 723
  verbal, 700
    atrativa, 701
    casos especiais de, 715
    com o sujeito composto, 708
    com o sujeito simples, 701
    do ser, 713

Conhecimento de mundo, 909

Conjunção(ões), 22, 457
  classificação, 459
  coordenativas, 459
    aditivas, 459
    adversativas, 462

    alternativas, 465
    conclusivas, 466
    explicativas, 467
  definição, 457
  do ponto de vista
    morfológico, 457
    semântico, 457
    sintático, 457
  identificação, 458
  linguística textual, 481
  subordinativas, 459, 467
    causais, 468
    comparativas, 471
    concessivas, 472
    condicionais, 473
    conformativas, 475
    consecutivas, 476
    finais, 476
    integrantes, 467
    proporcionais, 477
    temporais, 478
  valor discursivo, 481

Conotação, 74

Consoantes, 7

Consulplan, perfil da, 978

Contexto, 62
  da conjunção, 61
  da preposição, 61
  do advérbio, 61

Continuidade textual, 912

Contra-argumentação, 878

Contração(ões)
  de preposições, 436
    com artigo, 22

Contraposição, 877

Conversão, 135

Coordenação, 587

Correlação verbal, 346

Índice Alfabético-Remissivo

Crase, 777, 936
  casos
    especiais, 786
    facultativos, 784
    obrigatórios, 779
    proibitivos, 781
  e certas implicações, 794
  iniciando período, 793
Cujo, 279

D

Dados estatísticos, 877
De encontro a / ao encontro de, 81
De mais / demais, 81
Definição, 877
Dêixis, 271
Demonstrativos (valor discursivo), 271
Denotação, 74
Derivação
  composição, 128
  imprópria (conversão), 129, 135
  parassintética (circunfixação), 129, 131, 141
  prefixal, 129, 130, 141
  regressiva, 129, 133, 142
  sufixal, 129, 130, 141
Descrição, 380, 383, 872
Desinências, 102, 124
  modo-temporais, 125, 299
  nominais, 124
  número-pessoais, 125, 299
  verbais, 125, 299
Determinantes, 510
Diferenças ortográficas entre o português brasileiro (PB) e o português europeu (PE), 31
Dífono, 4
Dígrafo(s), 4
  ch, 46

consonantais, 4
  sc, 46
  ss, 45
  vocálicos ou nasais, 4
Diminutivo, 171
Discurso, 239
  direto, 870, 872, 874
  indireto, 870, 872
    livre, 870
Dissertação, 380
  argumentativa, 875
  expositiva, 874
Dissílabas, 7
  átonas, 22
Ditongo, 9
  crescente, 9, 23
  decrescente, 9, 23
Diversidade linguística, 929
Dois-pontos, 680
Dupla grafia, 49

E

Eco, 833
Elementos da comunicação, 843
Elipse, 827
  na análise sintática, 653
Em vez de / ao invés de, 80
Emissor, 844
Ênclise, 247, 251
Encontros
  consonantais, 10
  vocálicos, 8
Endófora, 271
Enumeração, 877
Epanáfora, 281
Epígrafe, 73
Equivalência entre locuções e palavras e entre conectivos, 951

Erro, conceito de, 927

ESAF, perfil da, 985

Escolha das palavras, 85

Estar / está, dar / dá, 85

Estilística, 823

Estilização, 73

Estrangeirismos, 69, 142, 834

Estratégias

argumentativas, 876

para compreensão/interpretação de textos, 882

Estrutura

das palavras, 101, 128

verbal, 297

Eufemismo, 829

Eufonia, 128

Exemplificação, 876

Exófora, 271

Expressões idiomáticas, 87

F

Falácia, 879, 880

Fato(s)

e dificuldades da língua culta, 74

histórico, 877

Fato-exemplo, 876

Fatores de coerência, 908

Fazer com que / fazer que, 84

FCC, perfil da, 982

FGV, perfil da, 981

Figuras

de construção, 826

de estilo, 824

de linguagem, 823

de palavras, 824

de pensamento, 828

de sintaxe, 826

fônicas, 829

Flexões dos verbos, 296

Fonema(s), 3

classificação dos, 5

semivocálicos, 6

Fonologia, 3

Formação

de palavras, processo de, 101, 128

do imperativo, 330

dos tempos

compostos, 332

primitivos e derivados, 326

Formas

de tratamento, 22

de vocábulos livres, dependentes e presas, 97

estilísticas de grau dos substantivos, 172

nominais, 299

nominais dos verbos, 308

presas, 98

Francesismo, 832

Frase(s), 505

declarativa, 505

exclamativa, 506

imperativa, 506

imprecativa, 506

interrogativa, 505

nominal, 505

optativa, 506

verbal, 505

Função(ões)

conativa (apelativa), 845

da linguagem, 845

distributiva, 273

emotiva (expressiva), 845

endofórica, 282

epanafórica, 281

espacial, 271

exofórica, 282

fática, 847

metalinguística, 846

Índice Alfabético-Remissivo   **1007**

poética, 846

referencial, 273

referencial (informativa/denotativa), 846

sintáticas dos pronomes

  pessoais oblíquos átonos, 563

  relativos, 615

temporal, 272

Futuro, 297

G

Galicismo, 832

Gênero(s), 61

  biforme, 159, 191

  confundíveis, 161

  dramático, 874

  textual, 880

  uniforme, 160, 191

Gerúndio, 310

Gradação, 828

Grau superlativo, 418

H

Há / a, 76

Hagiônimos, 52

Hiato, 8, 833

Hibridismo, 128, 140

Hífen, 20, 28

Hipérbato, 826

Hipérbole, 828

Hiperonímia, 68

Hiperônimo, 68

Hiponímia, 68

Hipônimos, 68

Holonímia, 69

Homófonos, 64

Homógrafos, 64

Homonímia, 63

Homônimos, 63

  perfeitos, 68

I

IBFC, perfil do, 979

Ícone, 848

Idecan, perfil do, 976

Identificação, 150, 185

  do substantivo, 150

Ilha

  enunciativa, 872

  textual, 872

Imperativo

  afirmativo, 330

  negativo, 330

Índice, 848

Infinitivo, 309

  impessoal, 326

Iniciais maiúsculas ou minúsculas, 50

Injunção, 380, 383, 873

Instrucional, 383

Intencionalidade, 910

Interfixos, 128

Interjeição, 493

  classificação, 494

  definição, 493

  do ponto de vista

    morfológico, 493

    semântico, 493

    sintático, 493

  identificação, 494

  linguística textual, 496

  valor discursivo, 496

Intertextualidade, 71, 910

Ironia, 829

J

Já, 419

Justaposição, 137

L

Letra, 4
  C, 41
  de ligação, 128
  diacrítica, 4
  E, 39
  G, 42
  H, 44
  I, 40
  J, 43
  O, 40
  S, 44
  U, 41
  X, 47
  Z, 47

Léxico, 62

Lexicologia, 61, 62

Licença poética, 831

Língua
  escrita, 932
  falada, 932

Linguagem, 843
  funções da, 845
  verbal, 843

Linguística, 847, 848
  textual, 174

Locução(ões)
  adjetiva, 189
  adverbiais classificação das, 402
  conjuntiva, 459
  interjetiva, 494
  prepositiva e valores semânticos, 437
  pronominais indefinidas, 264
  substantiva, 156
  verbal, 301

M

Mais / mas, 80

Mal / mau, 79

Malgrado / (de) mau grado, 80

Manutenção temática, 908

Mecanismos gramaticais e semânticos da língua, 909

Mensagem, 844

Meronímia, 69

Mesóclise, 247, 252

Metáfora, 824

Método(s)
  argumentativos, 878
  de raciocínio, 878
    dedutivo, 879
    dialético, 879
    indutivo, 879

Metonímia, 825, 830

Modalização, 197, 876
  em discurso segundo, 872

Modelo de análise de um período misto, 654

Modo(s), 296
  de citação do discurso alheio, 871
  imperativo, 296, 345
  indicativo, 296, 299, 334
  subjuntivo, 296, 299, 342

Monossílabas, 7
  átonas, 22

Morfema, 101
  derivacional, 102
  flexional, 102
  lexical, 102

Morfologia, 97

Morfossintaxe, 501

Mudança
  de posição dos vocábulos, 950
  de sentido, 162, 166

N

Narração, 380, 382

Nem um / nenhum, 82

Neologismo, 141
  de sentido, 142
  mórfico, 141
  semântico, 142

Nomes substantivos, 134

Nominalização, 953

Nominalizar, 154
  por derivação regressiva, 155
  por derivação sufixal, 155

Norma culta, 929

Notações léxicas, 19

Nova reforma ortográfica, 37

Núcleo, 510

Numeral(is), 225, 229
  cardinais, 227
  classificação, 227
  coletivos, 229
  definição, 225
  do ponto de vista
    morfológico e discursivo, 225
    semântico, 225
    sintático, 226
  fracionários, 227
  identificação, 226
  linguística textual, 231
  multiplicativos, 227
  ordinais, 227
  valor discursivo, 231

Número, 61, 297
  de sílabas, 7

O

O mais das vezes / as mais das vezes / no mais das vezes, 83

Objeto
  direto, 541
    interno (intrínseco ou cognato), 544

    pleonástico, 544
    preposicionado, 542
    x sujeito, 544
  indireto, 545
    x adjunto adverbial, 573
    pleonástico, 547
    por extensão (ou dativos), 547

Omissão, 447

Onde, 279

Onde / aonde / donde, 78

Oneonímia, 69

Onomatopeia, 128, 138, 142, 830

Operadores argumentativos, 860, 861

Oração(ões), 505, 506
  coordenadas, 587
    assindéticas, 588
    com subordinadas no mesmo período, 652
    sindéticas, 588
      aditivas, 589
      adversativas, 590
      alternativas, 591
      conclusivas, 591
      explicativas, 591
  equipolentes, 651
  intercalada(s), 647
    de citação (discurso direto), 647
    de desculpa, 649
    de desejo, 649
    de esclarecimento, 648
    de opinião, 649
    de permissão, 649
    de ressalva, 649
  reduzidas, 635
    de gerúndio, 638
    de infinitivo, 635
    de particípio, 639
  sem sujeito, 518
  subordinadas, 603
    adjetivas, 611

coordenadas entre si, 652
explicativas, 614
justapostas, 615
restritivas, 612
adverbiais, 619
causais, 620
x orações coordenadas sindéticas explicativas, 620
comparativas, 623
concessiva(s), 623
justaposta, 626
condicional(is), 623
justaposta, 626
conformativas, 623
consecutivas, 622
coordenadas entre si, 652
de assunto justaposta, 627
de companhia justaposta, 627
de favor justaposta, 627
finais, 624
justapostas, 626
locativa justaposta, 626
modais, 626
proporcionais, 625
temporal(is), 625
justaposta, 626
substantivas, 604
apositivas, 610
completivas nominais, 609
coordenadas entre si, 651
justapostas, 610
objetivas
diretas, 607
indiretas, 608
predicativas, 606
subjetivas, 605
Ortoepia, 11
Ortografia, 37, 934
Oxímoro, 828
Oxítonas, 8

P

Palavra(s), 97
composta, 129
denotativa(s), 415
expletiva, 415
derivada, 129
e locuções denotativas, 414, 415
designação, 415
exclusão, 415
explicação, 416
inclusão, 415
realce, 416
retificação, 416
situação, 417
polissêmica, 68
primitiva, 128
simples, 129
Palavra-valise, 128, 140
Paradigmas (modelos) de conjugação verbal, 355
Paradoxo, 828
Paráfrase, 72, 908, 949
Paralelismo, 830, 957
semântico, 595
sintático, 592, 789, 908
Paranomásia, 830
Parênteses, 684
Parequema, 833
Paródia, 72
Paronímia, 65
Paroxítonas, 8, 24
Particípio, 313
Passado, 297
Passagem de voz
ativa para passiva
analítica, 319
sintética, 321

Índice Alfabético-Remissivo **1011**

passiva analítica para voz passiva sintética, 322

Pastiche, 74

Perfeitos, 65

Perfil

da AOCP, 975

da Cesgranrio, 980

da Consulplan, 978

da ESAF, 985

da FCC, 982

da FGV, 981

da Vunesp, 980

do Cespe/UNB, 984

do IBFC, 979

do Idecan, 976

Pergunta retórica, 878

Perífrase, 825

Período(s), 505, 507

composto, 507

misto, 651

simples, 507, 508

Personificação, 829, 830

Pessoa, 297

Plágio, 72

Plebeísmo, 834

Pleonasmo, 826

Plural

do(s) substantivo(s)

em núcleo de locução adjetiva, 165

estrangeiros, 166

metafônico, 165

Polêmicas gramaticais, 989, 991

Polissemia, 67

Polissílabas, 7

Polissíndeto, 827

Ponto, 681

de exclamação, 682

de interrogação, 681

e vírgula, 679

Pontuação, 61, 661, 935

Por ora / por hora, 83

Por quanto / porquanto, 81

Por que / porque / por quê / porquê, 75

Por tanto / portanto, 82

Porventura / por ventura, 81

Posição

da sílaba tônica, 61

de certas palavras, 61

Possibilidades de período misto, 651

Preciosismo, 833

Predicação verbal, 522

Predicado, 521

classificação do, 530

nominal, 530

verbal, 531

verbo-nominal, 531

Predicativo, 183, 522, 527

do objeto

direto, 528

indireto, 530

do sujeito, 527

x adjunto adverbial, 573

x aposto, 578

e do objeto x adjunto adnominal, 562

Prefixo(s), 112

gregos, 112

latinos, 114

terminado em

consoante, 30

vogal, 30

Preposição, 22, 433

acidentais, 435

classificação, 435

definição, 433

do ponto de vista

morfológico, 433

semântico, 433

sintático, 434

essenciais, 435

identificação, 434

linguística textual, 449

valor discursivo, 449

Presente, 297

do indicativo, 326

Pressupostos, 863

Pretérito

imperfeito, 297

perfeito do indicativo, 326

Processo

de comunicação, 844

de formação das palavras, 101, 128

Próclise, 247

Progressão textual, 912

Prolixidade, 835

Pronome(s), 239

adjetivos, 240

casos facultativos, 252

de tratamento, 259

definição, 239

demonstrativos, 274

classificação e emprego do, 269

do ponto de vista

morfológico e discursivo, 239

semântico, 239

sintático, 239

identificação, 240

indefinido, 22, 282

classificação e emprego do, 263

invariáveis, 263

variáveis, 263

interrogativos, 283

classificação e emprego do, 268

linguística textual, 281

nas locuções verbais, 254

oblíquo(s)

átono, 22, 245

apassivador, 567

expletivo, 566

indeterminador do sujeito, 567

integrante do verbo, 566

reflexivo (recíproco), 566

tônicos, 256

pessoal(is), 282

classificação, emprego e colocação do, 241

possessivo(s), 282

classificação e emprego do, 261

relativo(s), 22, 276

classificação e emprego do, 274

funções sintáticas dos, 615

retos, 241

substantivo(s), 240, 241

indefinido, 264

valor discursivo, 281

pessoais oblíquos átonos funções sintáticas dos, 563

Pronúncias e grafias duplas, 13

Proparoxítonas, 8

Prosódia, 8, 11, 61

Prosopopeia, 829

Q

Quando, 281

Quanto, 279

Que, 276, 803

Quem, 278

Questões mal formuladas, 989

R

Radicais

gregos, 104

latinos, 110

Radical, 103, 298

Raio-X das bancas, 975

Índice Alfabético-Remissivo **1013**

Raiz, 103

Receptor, 844

Recomposição, 138

Recurso de nominalização, 154, 187

Redução, 138

Redundância, 834

Reescritura de frases, 949

Referente, 86, 844

Reflexividade, 323

Regência, 62, 741, 935
   nominal, 742, 764
   verbal, 742, 746

Registro(s)
   coloquial, 928
   culto, 928

Registro(s)
   e variações linguísticas, 927
   linguísticos, 932

Regra
   de acentuação
      para monossílabas tônicas, 21
      para o trema, 25
      para os acentos diferenciais, 25
      para os ditongos abertos, 24
      para os hiatos
         EEM e OO, 25
         tônicos, 24
      para oxítonas, 23
      para paroxítonas, 23
      para proparoxítonas, 22
   dos compostos, 167
   para o uso do hífen, 27

Regressão, 133, 134
   nominal, 135

Reiteração, 908

Relação de causa e consequência, 957

Repetição, 447, 908

Reticências, 686

S

Se, 803

Se não / senão, 76

Semântica, 61

Semiologia, 847

Semiótica, 847, 848

Semivogais, 6

Separação silábica, 10

Sequer / se quer, 84

Siglonimização, 128, 139, 142

Significado, 844

Significante, 844

Signo linguístico, 844

Sílaba, 7
   átona, 7
   tônica, 7

Silabada, 11

Silepse
   de gênero, 730
   de número, 723, 731
   de pessoa, 723

Silogismo, 879

Símbolo, 849

Sinais diacríticos, 19

Sínclise pronominal, 247

Sinestesia, 825

Sinonímia, 62
   frasal, 63
   vocabular, 62

Sinônimos, 62, 952

Sintagma, 502
   adjetival, 502
   adverbial, 503
   nominal, 502
   preposicional, 503
   verbal, 503

Sintaxe, 499

Situação de comunicação, 86, 909

Sobre tudo / sobretudo, 82

Solecismo, 833

Subentendidos, 863, 867

Subordinação, 603

Substantivação, 136, 150, 152

Substantivo(s), 149

  classificação dos, 156

  comum(ns),

    de dois gêneros, 160

    próprios, abstratos, concretos e coletivos, 156

  do ponto de vista

    morfológico, 149

    semântico, 149

    sintático, 149

  epiceno, 160

  não contáveis, 166

  no singular com sentido plural, 166

  primitivos, derivados, simples e compostos, 156

  sobrecomum, 160

  uniforme e o biforme, 158

  variação

    em gênero, 158

    em grau, 170

    em número, 163

Substituição

  de pronome relativo por outro e pronome demonstrativo por outro, 956

  de substantivos por pronomes, 953

  de verbos por advérbios e vice-versa, 952

Sufixo(s), 112

  adverbial, 123

  greco-latinos, 118

  que formam adjetivos derivados

    de substantivos, 122

    de verbos, 123

  que formam substantivos

    abstratos derivados de adjetivos, 120

    abstratos derivados de outros substantivos e adjetivos, 120

    derivados de outros substantivos, 119

    e adjetivos derivados de outros substantivos e adjetivos, 121

    e adjetivos derivados de verbos, 121

  que formam verbos derivados de substantivos e de adjetivos, 121

  que indicam o superlativo dos adjetivos, 123

Sujeito, 509

  classificação do, 512

  composto, 514

  desinencial, 513

  elíptico, 513

  implícito, 513

  indeterminado, 515

  inexistente, 518

  oculto, 513

  oracional, 521

  simples, 512

T

Tampouco / tão pouco, 82

Tautologia, 834

Tema, 298

Tempo(s), 296

  compostos da voz ativa, 332

  derivados do

    infinitivo impessoal, 327

    presente do indicativo, 326

    pretérito perfeito do indicativo, 326

  do discurso, 297

  e modos verbais, 334

  primitivos, 326

Teoria da comunicação, 843

Índice Alfabético-Remissivo **1015**

Termos

acessórios da oração, 559

essenciais da oração, 509

integrantes da oração, 541

Testemunho de autoridade, 878

Texto

descritivo, 872

dialogal, 874

dissertativo, 874

injuntivo, 873

instrucional, 873

narrativo, 868

Textualidade, 860

Til, 20

Timbre, 61

Tipologia textual, 859, 868

Topologia, 247

Toponímia, 69

Transformação de oração reduzida em de-senvolvida e vice-versa, 955

Transitividade verbal, 522

Translineação silábica, 11

Transposição

de vozes, 318

do discurso direto para o indireto, 871

Travessão, 682

Trema, 20

Trissílabas, 7

Tritongo, 9

Truncamento sintático, 618

U

Unidade, 929

Uniformidade

de tratamento, 330, 331

modo-temporal, 346

Uso dos porquês, 74

V

Valor(es)

circunstanciais das orações adjetivas, 614

discursivo, 174

estilísticos dos demonstrativos, 274

nocional, 440, 441

reflexivo recíproco, 324

relacional, 440

Variação(ões)

diacrônica, 930

diafásica, 931

diastrática, 930

diatópica, 930

em gênero, 158

em grau, 170

em número, 163

linguísticas, 929

Verbo(s), 293

abolir, 370

abundantes, 351

acidentalmente pronominais, 354

adequar, 374

anômalos, 350

arguir e redarguir, 378

auxiliares

de aspecto (acurativos), 302

de modo (modais), 303

de tempo composto, 302

de voz, 301

bitransitivo, 526

caber, 373

classificação dos, 349

com mais de uma regência sem mudança de sentido, 748

de ligação, 522

defectivos, 350

definição, 293

dicendi, 648, 870, 874

dizer, 377

do ponto de vista
morfológico, 293
semântico, 293
sintático, 294
eleger, 375
emergir e imergir, 369
estar, 372
flexões dos, 296
haver e reaver, 365
identificação, 294
impugnar, 376
intransitivo, 524
ir, 372
irregulares, 349
linguística textual, 380
notáveis, 359, 379
papéis temáticos, 380
particularidades gráficas e fonéticas, 379
pedir e medir, 373
pôr, 367
precaver(-se), 364
pronominais, 353
que normalmente mudam de sentido devido à regência, 750
querer e requerer, 363
reflexivos, 354
regulares, 349
ser, 371
soer, 371
terminados em
-ear, 48, 361
-iar, 48, 361
-oar, 362
-uar, 360
transitivo
direto, 525, 526
indireto, 526
trazer, 376
valer, 374
valor discursivo, 380

ver e prover, 366
vicários, 355
viger, 367
vir e ter, 368
Vícios de linguagem, 831
Vírgula, 661, 664
dentro do período composto, 671
dentro do período simples, 668
Vocabulário, 62
Vocábulo(s), 97
cognatos, 103
como, 812
como advérbio, 813
como conjunção coordenativa ou subordinativa, 813
como interjeição, 813
como preposição acidental, 813
como pronome relativo, 813
como substantivo, 812
como verbo, 813
polissêmicos, 68
que, 803
advérbio de intensidade, 804
conjunção coordenativa ou subordinativa, 807
e suas classificações, 803
interjeição, 804
partícula expletiva, 805
preposição acidental, 804
pronome
indefinido, 806
interrogativo, 805
relativo, 806
substantivo, 803
se, 809
conjunção subordinativa, 811
parte integrante do verbo, 810
partícula
apassivadora, 811

Índice Alfabético-Remissivo — 1017

de indeterminação do sujeito, 810

expletiva, 810

pronome

oblíquo átono, 809

reflexivo (ou recíproco), 809

substantivo, 809

Vocativo, 578

x aposto, 578

Vogal(is), 5

nasais, 5

orais, 5

temática, 126, 298

nominais, 127

verbais, 127

Voz

ativa, 315, 318

passiva, 316, 318

analítica, 316

sintética, 316, 317

reflexiva, 323

recíproca, 324

verbal, 314

Vunesp, perfil da, 980

Z

Zeugma, 827

MENSAGEM FINAL

    Nenhum livro irá substituir os grandes nomes dessa bibliografia, portanto, concurseiro e, principalmente, você, professor, tenham alguns deles em sua biblioteca, a fim de fazer consultas na íntegra. Esta dica é valiosa, pois certamente você precisará do Bechara, do Cegalla, do Celso Cunha, do Celso P. Luft, do Rocha Lima, do Napoleão Mendes de Almeida etc., pelo menos, para elaborar possíveis recursos contra questões polêmicas ou mal formuladas pelas bancas da vida. Não existe simpatia para passar em concurso. O segredo é simples: **estudar**! Muito sucesso em sua jornada... *Brasil!*